plurall

CB134575

Parabéns!
Agora você faz parte do **Plurall**, a plataforma digital do seu livro didático!
Acesse e conheça todos os recursos e funcionalidades disponíveis para as suas aulas digitais.

Baixe o aplicativo do **Plurall** para Android e IOS ou acesse **www.plurall.net** e cadastre-se utilizando o seu código de acesso exclusivo:

AAAPE3RC8

Este é o seu código de acesso Plurall.
Cadastre-se e ative-o para ter acesso aos conteúdos relacionados a esta obra.

@plurallnet

@plurallnetoficial

SOMOS EDUCAÇÃO

8944089 - Múltiplo - Ciên... ...único - 1ª edição - Mercado 2023 - 792329 - Aluno - 8245209 244

PROJETO MÚLTIPLO

CIÊNCIAS HUMANAS e Sociais Aplicadas

Claudio Vicentino
Bacharel em Ciências Sociais pela Universidade de São Paulo (USP)
Professor de História no Ensino Médio e em cursos pré-vestibulares
Autor de obras didáticas e paradidáticas para Ensino Fundamental e Ensino Médio

Eduardo Campos
Bacharel e licenciado em Geografia pela Universidade de São Paulo (USP)
Mestre em Educação pela USP
Coordenador educacional e pedagógico do Ensino Fundamental (anos finais) e do Ensino Médio
Professor na Educação Básica e no Ensino Superior

Eustáquio de Sene
Bacharel e licenciado em Geografia pela Universidade de São Paulo (USP)
Mestre e doutor em Geografia Humana pela USP
Professor de Geografia do Ensino Médio na rede pública e em escolas particulares
Professor de Metodologia do Ensino de Geografia na Faculdade de Educação da USP por cinco anos

ENSINO MÉDIO

VOLUME ÚNICO | PARTE A

Compreender o mundo

editora ática

editora ática

Presidência: Mario Ghio Júnior

Vice-presidência de educação digital: Camila Montero Vaz Cardoso

Direção editorial: Lidiane Vivaldini Olo

Gerência editorial: Julio Cesar Augustus de Paula Santos

Coordenação editorial: Mariangela Secco Dall Olio

Edição: Cassia Yuka de Andrade Tamura e Karine Costa

Aprendizagem digital: Renata Galdino (ger.), Beatriz de Almeida Pinto Rodrigues da Costa (coord. Experiência de Aprendizagem), Carla Isabel Ferreira Reis (coord. Produção Multimídia), Daniella dos Santos Di Nubila (coord. Produção Digital), Rogerio Fabio Alves (coord. Publicação) e Vanessa Tavares Menezes de Souza (coord. Design Digital)

Planejamento, controle de produção e indicadores: Flávio Matuguma (ger.), Juliana Batista (coord.) e Jayne Ruas (analista)

Revisão: Leticia Pieroni (coord.), Aline Cristina Vieira, Anna Clara Razvickas, Carla Bertinato, Daniela Lima, Danielle Modesto, Diego Carbone, Elane Vicente, Kátia S. Lopes Godoi, Lilian M. Kumai, Malvina Tomáz, Marília H. Lima, Patrícia Rocco S. Renda, Paula Freire, Paula Rubia Baltazar, Paula Teixeira, Raquel A. Taveira, Ricardo Miyake, Shirley Figueiredo Ayres, Tayra Alfonso e Thaise Rodrigues

Arte: Fernanda Costa da Silva (ger.), Catherine Saori Ishihara (coord.) e Daiane Alves (edição de arte)

Diagramação e Edição de arte: WYM Design

Iconografia e tratamento de imagens: Roberta Bento (ger.), Mariana de Souza Valeiro, Roberta Freire (pesquisa iconográfica) e Fernanda Crevin (tratamento de imagens)

Licenciamento de conteúdos de terceiros: Roberta Bento (ger.), Jenis Oh (coord.), Liliane Rodrigues, Raísa Maris Reina e Sueli Ferreira (analistas de licenciamento)

Ilustrações: Fórmula Produções, Mario Kanno, WYM Design

Cartografia: Eric Fuzii (coord.) e Robson Rosendo da Rocha

Design: Erik Taketa (coord.) e Talita Guedes da Silva (proj. gráfico e capa)

Foto de capa: Alfredo Lopez/Shutterstock

Logotipo: Saulo Dorico

Avenida Paulista, 901, 6º andar – Bela Vista
São Paulo – SP – CEP 01310-200
http://www.somoseducacao.com.br

Dados Internacionais de Catalogação na Publicação (CIP)

Vicentino, Cláudio
Projeto Múltiplo : Ciências Humanas e Sociais Aplicadas / Cláudio Vicentino, Eduardo Campos, Eustáquio de Sene. -- São Paulo : Ática, 2023.

ISBN 978-85-0819-797-2 (aluno)
ISBN 978-85-0819-792-7 (professor)

1. Ensino médio 2. História (Ensino Médio) 3. Geografia (Ensino Médio) 4. Sociologia (Ensino Médio) 5. Filosofia (Ensino Médio) I. Título II. Campos, Eduardo III. Sene, Eustáquio

22-0170 CDD 373

Angélica Ilacqua – Bibliotecária – CRB-8/7057

2023
1ª edição
2ª impressão
De acordo com a BNCC.

Impressão e acabamento: Vox Gráfica

Uma publicação SOMOS EDUCAÇÃO

Apresentação

Caro(a) estudante,

Este livro de Ciências Humanas e Sociais Aplicadas integra a coleção do Projeto Múltiplo e se divide em seis partes.

A Parte A prioriza o trabalho com alguns dos principais conceitos e categorias que compõem a área de Ciências Humanas e Sociais Aplicadas, assim como procedimentos de estudo, pesquisa e análise. Ao mesmo tempo, é promovida a compreensão das permanências e das mudanças ao longo da história, em diferentes sociedades e lugares.

Na Parte B, são trabalhados temas variados, como o estudo da origem e da dinâmica da população, que permitirá reflexões e aprendizagens sobre os encontros e os desencontros de povos e pessoas, a relação entre vencedores e vencidos e os deslocamentos populacionais (migrantes e refugiados) – fenômenos que ampliaram horizontes e fronteiras e que suscitam questões relevantes para a problematização de conflitos e a sensibilização para a cooperação e a solidariedade.

Na Parte C, o tema central do nosso estudo é a relação entre as sociedades e a natureza, seus impasses, desafios, conflitos e acordos. A questão ambiental é uma das maiores urgências do século XXI e seu enfrentamento exige encaminhamentos coletivos, que passam pela política, pela ação de governos, pela reflexão ética e pela ação dos cidadãos. É um tema de grande interesse e tem potencial para despertar o protagonismo juvenil.

O conceito central abordado na Parte D é o trabalho, uma das atividades que singularizam o ser humano pelos diferentes significados e características que assume ao longo da história, distinguindo grupos sociais e sendo umas das principais forças na produção e na organização do espaço geográfico.

A Parte E organiza-se em torno do conceito de democracia, enfocando os desafios da convivência coletiva no passado e no presente, destacando direitos e impasses. Trata-se de um tema essencial para a construção da cidadania, que considera o aprender a ser e o aprender a conviver e exige sujeitos efetivamente autônomos e não heterônomos, que agem apenas por obediência, medo ou para atender aos desejos do outro.

Na Parte F, foram mobilizados fatos, conceitos e procedimentos para ajudá-lo a compreender os processos de construção e de conquista da cidadania e da democracia ao longo da história. Você também vai estudar a imposição de poderes sobre populações locais durante os processos de colonização e de independência em diversos países da América Latina, as ditaduras e a questão dos Direitos Humanos.

Como em toda a coleção, os textos e as atividades são propostos tendo-se como objetivo a construção de um olhar crítico sobre fatos e fenômenos, passados e contemporâneos, com a perspectiva de construção de argumentação cientificamente embasada.

Você será estimulado a aplicar o repertório acumulado para avaliar o mundo e o lugar onde vive, trazendo para a sala de aula sua realidade, suas vivências e interpretações.

Cláudio, Eduardo e Eustáquio

Conheça seu livro

Seu livro está organizado em seis partes, que tratam de temas atuais e relevantes para sua formação durante esse período escolar. Ao longo das unidades de cada parte, você encontrará diferentes estruturas que utilizam variados recursos pensados para auxiliá-lo no processo de aprendizagem.

No início das unidades, a seção ***#TáNoFeed*** pode apresentar textos, imagens e atividades relacionados aos temas que serão abordados para que você possa refletir e debater sobre eles com os colegas. Aproximando os conceitos estudados das situações do cotidiano, o trabalho com metodologias ativas coloca você no centro de seu processo de aprendizagem.

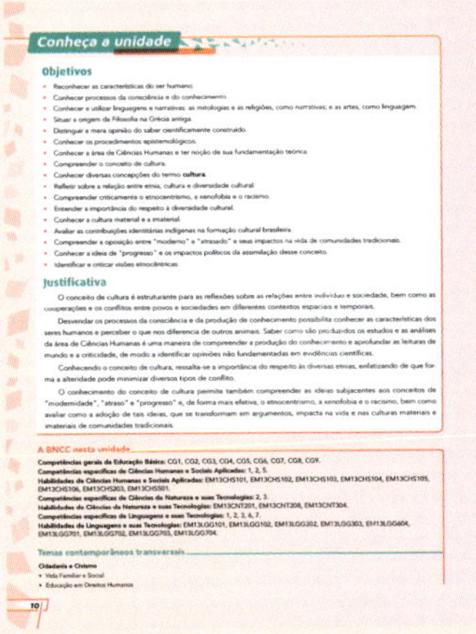

Em ***Conheça a unidade***, são apresentados os objetivos de aprendizagem e as justificativas da unidade, assim como um quadro com as competências, as habilidades mobilizadas e os temas contemporâneos transversais presentes nela.

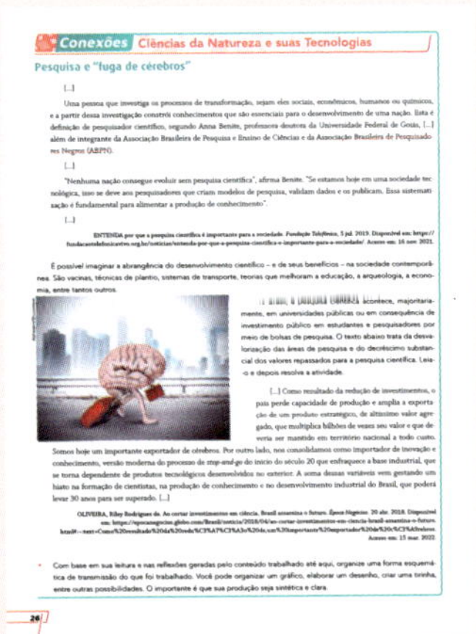

Em todas as unidades, você encontrará a seção ***Conexões***, que trabalha a interdisciplinaridade com componentes curriculares de outras áreas do conhecimento, bem como outras que não estão presentes no currículo escolar.

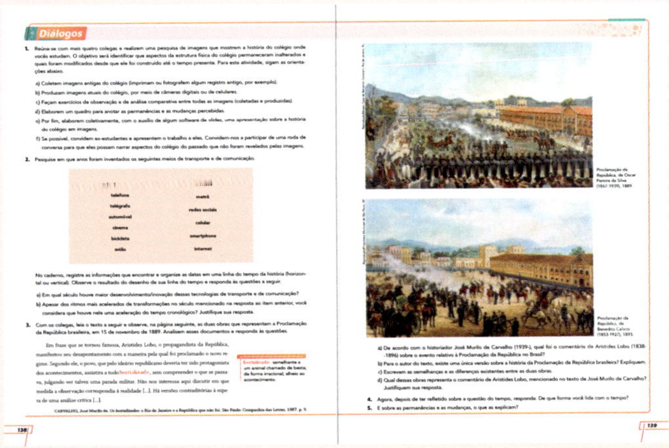

A seção ***Diálogos*** apresenta atividades em diversos formatos, pensadas para auxiliar no trabalho com diferentes competências específicas e habilidades estabelecidas pela BNCC, como identificar, analisar e comparar fontes e narrativas, elaborar hipóteses, selecionar evidências e compor argumentos que possibilitem o compartilhamento de pontos de vista, o diálogo e a reflexão.

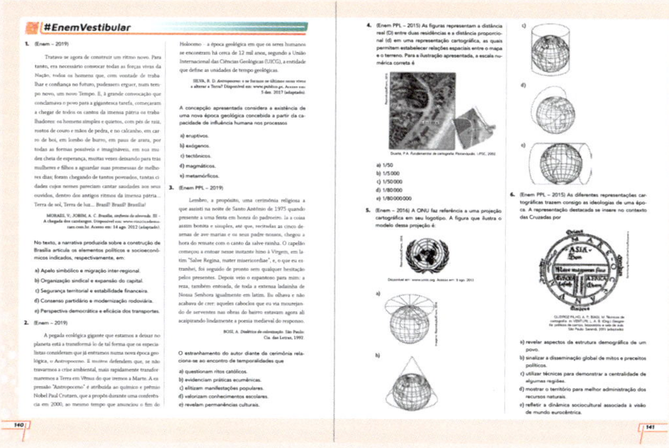

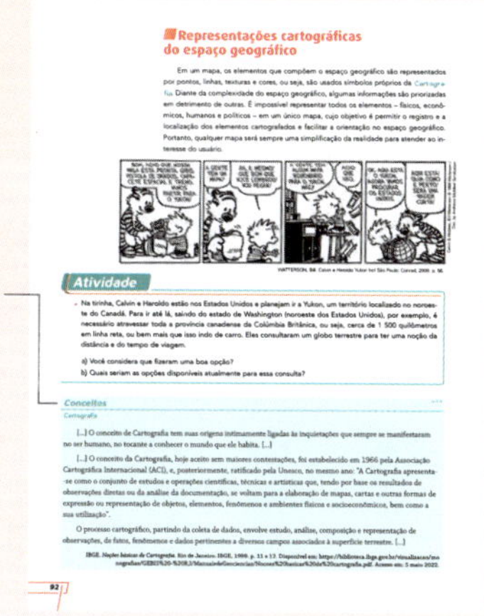

Este boxe apresenta conceitos estruturantes das Ciências Humanas e Sociais Aplicadas e de outras áreas do conhecimento.

A seção ***#EnemVestibular*** traz atividades de edições recentes de avaliações oficiais do Enem e dos principais vestibulares do país; por meio delas você poderá verificar como os temas trabalhados em sala de aula aparecem nessas provas.

Este boxe apresenta os significados de palavras destacadas no texto.

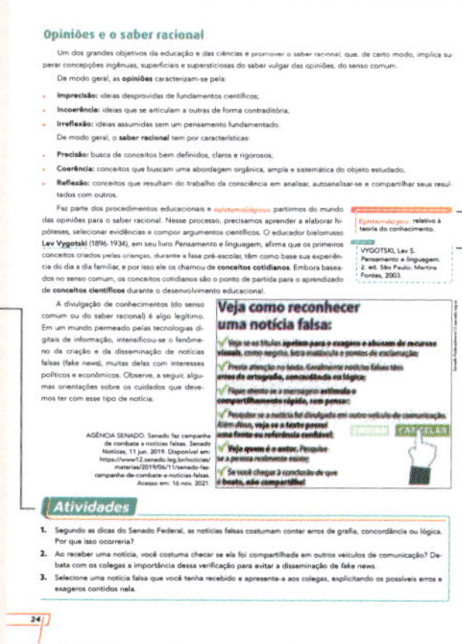

O boxe ***Atividades*** propõe o aprofundamento dos recursos que aparecem ao longo do material, como textos em seus mais diversos gêneros, fotografias, obras de arte, mapas e gráficos, explorando suas regras de composição, significado e sentido.

Este boxe traz a indicação de autores e obras que apresentam conceitos importantes para o trabalho com os temas propostos no livro.

No boxe ***Saiba+***, você encontra recursos de linguagens variados (livros, filmes, *podcasts*, músicas, *sites*, obras de arte, etc.) para aprofundar temas abordados nas unidades e complementar seu repertório cultural e científico.

A seção ***#Multiplicar*** apresenta uma proposta de projeto que aborda um tema relacionado ao contexto do material por meio das metodologias de pesquisa (como revisão bibliográfica, análise documental, construção e uso de amostragens ou observação participante). Os projetos propostos permitem a valorização dos conhecimentos, da ciência e da argumentação com base em fatos, além de articular os conhecimentos construídos em sala de aula com a realidade vivida.

Sumário

UNIDADE

1 Ciência, cultura, identidade e etnia

Rawpixel.com/Shutterstock

Atualmente, informações circulam com maior velocidade. A internet e as redes sociais contribuem para que o alcance atinja o maior número de pessoas. Com isso, as *fake news*, criadas com o objetivo de prejudicar um grupo, por exemplo, são espalhadas gerando uma onda de desinformação. Para combater as notícias falsas, veículos de comunicação criaram serviços de monitoramento para verificar conteúdos suspeitos.

#TáNoFeed

> Com a *web*, todo saber, toda informação possível, mesmo a menos pertinente, está lá, à nossa disposição. Então pergunta-se: quem filtra? [...] Ora, a incapacidade de filtrar é a impossibilidade de discriminar. [...] Ampliamos nossa capacidade de estocagem da memória, mas não encontramos ainda o novo parâmetro de filtragem.

ECO, Umberto. Para todos os fins úteis. [Entrevista cedida a] Catherine David, Frédéric Lenoir e Jean-Philippe Tonnac. *Entrevistas sobre o fim dos tempos*. Rio de Janeiro: Rocco, 1999. p. 189-190.

Rawpixel.com/Shutterstock

Pelo fato de a quantidade de informações disponibilizadas na *web* ser tão variada quanto a qualidade dessas informações, o filósofo e escritor Umberto Eco (1932-2016) comparou a internet a um "imenso Funes", referindo-se a Irineu Funes, personagem de um conto do escritor argentino Jorge Luis Borges (1899-1986) que possuía uma capacidade de memória ampliada, mas não conseguia elaborar pensamentos originais. Segundo Borges, Funes era assim por não conseguir pensar e pensar "é esquecer diferenças, é generalizar, abstrair".

Para não sermos como Irineu Funes ao lidarmos com notícias e informações da internet, o primeiro passo é filtrar seus conteúdos. Dessa forma, escapamos das armadilhas criadas pelas *fake news* (do inglês, "notícias falsas"). Pensar em critérios de filtragem não é o mesmo que censurar arbitrariamente (restringir ou proibir a circulação de ideias, atitude incompatível com as sociedades democráticas).

Os parâmetros de filtragem são, de fato, critérios de pesquisa. Para isso, precisamos desenvolver operações que são próprias das Ciências Humanas e de outras áreas do conhecimento.

Vivemos em um mundo repleto de notícias, opiniões, informações variadas e, por vezes, contraditórias.

Desde jovens, nossa curiosidade pode despertar a consciência sobre nós mesmos e o mundo. A internet pode prestar serviço a essa curiosidade intelectual, mas precisamos aprender a utilizá-la de forma crítica, ética e reflexiva, tanto para discriminar fontes de informações confiáveis quanto para decidir o que, mesmo sendo verdade, devemos ou não disseminar pelas redes de comunicação.

Em uma roda de amigos ou reunião da escola, quais seriam as respostas, as opiniões iniciais e os argumentos mais frequentes sobre as questões abaixo?

Atividades

1. É possível afirmar que opiniões pessoais ou veiculadas na imprensa independem do conhecimento produzido pelas ciências?

2. Com base em pesquisas (em livros, jornais, *sites*, etc.), cite exemplos comparativos divergentes entre conhecimentos advindos da ciência e opiniões.

3. Como avaliar a qualidade dos conteúdos disponíveis na internet e nos demais meios de comunicação?

Conheça a unidade

Objetivos

- Reconhecer as características do ser humano.
- Conhecer processos da consciência e do conhecimento.
- Conhecer e utilizar linguagens e narrativas: as mitologias e as religiões, como narrativas; e as artes, como linguagem.
- Situar a origem da Filosofia na Grécia antiga.
- Distinguir a mera opinião do saber cientificamente construído.
- Conhecer os procedimentos epistemológicos.
- Conhecer a área de Ciências Humanas e ter noção de sua fundamentação teórica.
- Compreender o conceito de cultura.
- Conhecer diversas concepções do termo **cultura**.
- Refletir sobre a relação entre etnia, cultura e diversidade cultural.
- Compreender criticamente o etnocentrismo, a xenofobia e o racismo.
- Entender a importância do respeito à diversidade cultural.
- Conhecer a cultura material e a imaterial.
- Avaliar as contribuições identitárias indígenas na formação cultural brasileira.
- Compreender a oposição entre "moderno" e "atrasado" e seus impactos na vida de comunidades tradicionais.
- Conhecer a ideia de "progresso" e os impactos políticos da assimilação desse conceito.
- Identificar e criticar visões etnocêntricas.

Justificativa

O conceito de cultura é estruturante para as reflexões sobre as relações entre indivíduo e sociedade, bem como as cooperações e os conflitos entre povos e sociedades em diferentes contextos espaciais e temporais.

Desvendar os processos da consciência e da produção de conhecimento possibilita conhecer as características dos seres humanos e perceber o que nos diferencia de outros animais. Saber como são produzidos os estudos e as análises da área de Ciências Humanas é uma maneira de compreender a produção do conhecimento e aprofundar as leituras de mundo e a criticidade, de modo a identificar opiniões não fundamentadas em evidências científicas.

Conhecendo o conceito de cultura, ressalta-se a importância do respeito às diversas etnias, enfatizando de que forma a alteridade pode minimizar diversos tipos de conflito.

O conhecimento do conceito de cultura permite também compreender as ideias subjacentes aos conceitos de "modernidade", "atraso" e "progresso" e, de forma mais efetiva, o etnocentrismo, a xenofobia e o racismo, bem como avaliar como a adoção de tais ideias, que se transformam em argumentos, impacta na vida e nas culturas materiais e imateriais de comunidades tradicionais.

A BNCC nesta unidade

Competências gerais da Educação Básica: CG1, CG2, CG3, CG4, CG5, CG6, CG7, CG8, CG9.
Competências específicas de Ciências Humanas e Sociais Aplicadas: 1, 2, 5.
Habilidades de Ciências Humanas e Sociais Aplicadas: EM13CHS101, EM13CHS102, EM13CHS103, EM13CHS104, EM13CHS105, EM13CHS106, EM13CHS203, EM13CHS501.
Competências específicas de Ciências da Natureza e suas Tecnologias: 2, 3.
Habilidades de Ciências da Natureza e suas Tecnologias: EM13CNT201, EM13CNT208, EM13CNT304.
Competências específicas de Linguagens e suas Tecnologias: 1, 2, 3, 6, 7.
Habilidades de Linguagens e suas Tecnologias: EM13LGG101, EM13LGG102, EM13LGG202, EM13LGG303, EM13LGG604, EM13LGG701, EM13LGG702, EM13LGG703, EM13LGG704.

Temas contemporâneos transversais

Cidadania e Civismo

- Vida Familiar e Social
- Educação em Direitos Humanos

O ser humano e suas características

Fazemos parte de uma espécie constituída de 7,7 bilhões de indivíduos, segundo a publicação *World Population Prospects 2019*, da Organização das Nações Unidas (ONU).

Demógrafos estimam que, no ano 1 da Era Cristã, a população mundial era de cerca de 170 milhões de pessoas. Até 2019, nossa espécie se multiplicou mais de 45 vezes, um crescimento que se acelerou a partir de 1800, com os avanços de inúmeras conquistas, especialmente do conhecimento científico.

Demógrafo: pesquisador que se dedica aos estudos dos fenômenos populacionais.

Por suas imensas realizações, os seres humanos são singulares entre os mamíferos. Pertencemos à espécie *Homo sapiens*, expressão latina que se refere ao "gênero humano que detém saber, conhecimento".

Cientistas apontam três características que nos distinguem de outros animais:

- **Posição ereta permanente** – contrariando a posição horizontal típica dos quadrúpedes, os humanos são verticais, ou seja, bípedes.
- **Liberação das mãos** – andando em pé, os humanos liberaram as mãos (membros superiores) para explorar o ambiente e realizar tarefas do seu interesse. Assim, as mãos foram adquirindo precisão motora, e a posição oposta do polegar aos demais dedos tornou-se valiosa para tarefas que exigem precisão, como segurar uma agulha ou um bisturi.
- **Desenvolvimento do cérebro** – entre todos os animais, os humanos são os que têm o cérebro mais complexo, apresentando três vezes mais células do que o cérebro do primata mais desenvolvido. Segundo a neurocientista brasileira **Suzana Herculano-Houzel** (1972-), nosso cérebro possui cerca de 86 bilhões de neurônios. Outros pesquisadores relativizam esse número, apontando que são necessárias mais pesquisas entre diferentes populações e faixas etárias para sua confirmação. De qualquer modo, serve para traçarmos uma comparação em sentido amplo com o cérebro de outros animais. O cérebro do gorila, por exemplo, tem aproximadamente metade dos neurônios do cérebro humano.

HERCULANO-HOUZEL, Suzana. *A vantagem humana*: como nosso cérebro se tornou superpoderoso. São Paulo: Companhia das Letras, 2017.

Collection Christophel/AFP

Cena do filme *A guerra do fogo*, de 1981, uma obra épica, ambientada no Período Paleolítico, que explora a relação do ser humano com o sobrenatural e o conhecimento.

Saiba +

A guerra do fogo. Direção: Jean-Jacques Annaud. França e Canadá, 1981. 101 min.
Obra épica, ambientada no Período Paleolítico, que explora a relação do ser humano com o sobrenatural e o conhecimento.

Evolução humana – USP Talks. Disponível em: www.youtube.com/watch?v=qpnnw23jDT4&feature=youtube. Acesso em: 15 mar. 2022.
Debate sobre a evolução da espécie humana entre os professores Walter Neves e Nelio Bizzo, ambos da Universidade de São Paulo (USP).

Consciência reflexiva

Conceitos

Paleolítico

Das várias divisões em períodos mais remotos de nossas origens, há uma convenção entre alguns historiadores para se referir como Paleolítico ao primeiro período histórico dos humanos. Tradicionalmente, o Paleolítico é dividido em três grandes momentos:

Paleolítico Inferior: inicia-se com o surgimento dos primeiros hominídeos e estende-se até aproximadamente 200 mil anos antes do presente (AP);

Paleolítico Médio: estende-se de 200 mil AP até 40 mil ou 30 mil AP;

Paleolítico Superior: estende-se de 40 mil ou 30 mil AP até 12 mil a 8 mil AP.

Essas características formam um sistema **interligando** corpo e mente. Essa interligação contribuiu para o desenvolvimento de um atributo fundamental da nossa espécie: a **consciência reflexiva**, que nos torna capazes de saber que sabemos. Por intermédio da linguagem, que provavelmente se desenvolveu no Paleolítico **Médio**, adquirimos a aptidão de comunicar saberes sobre coisas concretas e imaginadas, bem como de refletir sobre o passado e o presente e projetar o futuro.

Somente os seres humanos detêm saber? É claro que não. Constatamos isso observando o comportamento de diversos animais, como chimpanzés, leões e pássaros. Em múltiplos aspectos do seu comportamento, esses animais demonstram organização em grupo, eficientes ações conjuntas de caça e coleta, sinais de comunicação indicando perigo, etc. Isso, de forma bem geral, traduz um saber, ainda que seja uma inclinação **inata**, não proveniente de um comportamento **adquirido**.

A diferença humana, decorrente da consciência reflexiva, é que acumulamos conhecimentos e os transmitimos de geração para geração por meio de uma linguagem sofisticada. O desenvolvimento dessa linguagem ocorreu, provavelmente, entre 70 mil e 80 mil anos antes do presente. Trata-se de um processo gradual que pode ser chamado de **revolução cognitiva**.

A linguagem humana existe e, portanto, faz parte da realidade. Sua singularidade consiste em servir de instrumento para expressão de outras realidades, materiais ou imateriais. Isso significa que, além de se referir a coisas concretas, tangíveis, a linguagem se refere a coisas abstratas, intangíveis.

Para o historiador israelense Yuval Harari (1976-), essas criações coletivas promovem uma liga social, uma espécie de "cola" entre as pessoas. O mundo ficcional (abstrato) e o mundo não ficcional (concreto) são realidades diferentes, mas um influencia o outro. Uma ideia pode levar à construção de um objeto concreto, e as coisas concretas podem levar à concepção de uma ideia.

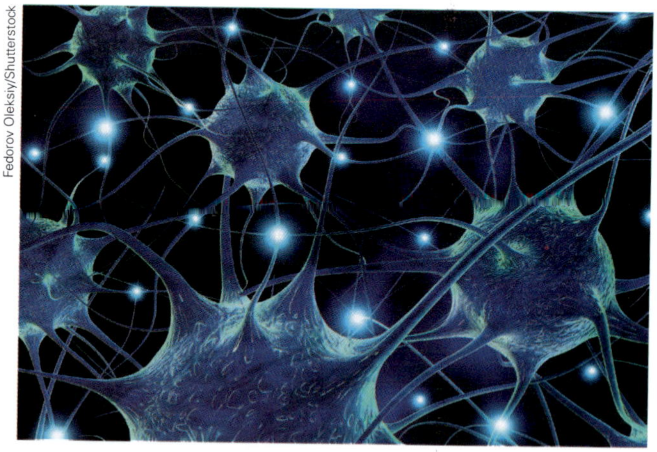

Fedorov Oleksiy/Shutterstock

Representação gráfica, com escalas suprimidas, de neurônios, que são células do sistema nervoso responsáveis por transmitir impulsos ao cérebro. Os neurônios comunicam-se por meio de sinapses, que transmitem impulsos nervosos entre as células.

Atividades

1. O que você já aprendeu no convívio com pessoas de outras idades? Quem eram elas?
2. Alguma história ficcional já influenciou sua vida? Qual? Compartilhe essa experiência com os colegas.

Processos da consciência e do conhecimento

A consciência humana é um espaço aberto para a aquisição de novos conhecimentos. Em outras palavras, nossa consciência é dinâmica, ampliando-se em busca de respostas às constantes indagações que fazemos sobre as **situações-problema** com as quais nos deparamos. No entanto, os problemas e suas eventuais soluções dependem dos valores vigentes em cada cultura.

Ao longo da história, vários caminhos foram seguidos na ampliação dinâmica da consciência. Em meio a essa pluralidade, é possível distinguir dois grandes processos:

- **A interioridade** – desenvolve a conexão da consciência e da linguagem consigo mesmo, com nossa maneira de estar no mundo, com nossos propósitos mais imediatos. Essa dimensão da interioridade contribui para a percepção do que somos e a construção da nossa identidade. A partir desse autoconhecimento, podemos argumentar e construir sensos e consensos.
- **A exterioridade** – desenvolve a conexão com os outros e o mundo mais amplo à nossa volta. Essa dimensão contribui para o convívio plural com a alteridade (do latim *alter*, que significa "outro"). Assim, podemos nos sintonizar com as realidades para além de nós mesmos e nos relacionar com elas. Essa consciência exterior está relacionada com a escuta social, a empatia (compreensão da realidade alheia) e a construção de projetos em comunhão com os outros.

Esses dois processos da consciência são complementares, isto é, precisam se desenvolver harmoniosamente. Do contrário, haverá a deformação da consciência. Assim, por exemplo, um foco unilateral centrado em si mesmo conduz os indivíduos a construir relações pouco afetivas com o outro, tornando-se ególatras, podendo levá-los ao isolamento, ou ainda a outros transtornos psíquicos, como o **narcisismo**. De outro lado, o foco centrado exclusivamente nos outros produz alienação (alheamento), massificação, moral de "rebanho".

Uma consciência voltada para a interioridade caracteriza pessoas mais introvertidas, ao passo que uma consciência voltada para a exterioridade caracteriza pessoas mais extrovertidas. Essas expressões, **introvertidas** e **extrovertidas**, foram criadas pelo psiquiatra suíço **Carl Gustav Jung** (1875-1961) para caracterizar tipos psicológicos básicos.

JUNG, Carl Gustav. *Tipos psicológicos*. Tradução de Álvaro Cabral. Rio de Janeiro: Vozes, 1971.

Sergey Nivens/Shutterstock

A meditação é um exercício de reflexão interior que auxilia na concentração e no alívio do estresse.

Conceitos

Narcisismo

Na mitologia grega, Narciso foi um belo jovem que se apaixonou pela própria imagem refletida na superfície da água. Esse mito foi estudado por Sigmund Freud (1856-1939), que lhe conferiu um conceito próprio na teoria psicanalítica.

Freud aplicou o termo **narcisismo** a transtornos psíquicos em que a pessoa concentra muita energia no próprio "eu", deixando de investir na compreensão dos outros sujeitos e objetos da realidade.

Atividades

1. Você se considera uma pessoa mais introvertida ou extrovertida? Explique por quê.
2. Há profissões e atividades mais adequadas às pessoas introvertidas? Há trabalhos voltados para pessoas mais extrovertidas? Dê exemplos e justifique suas respostas.

Diálogos

- O texto abaixo foi adaptado da introdução do livro *Então você pensa que é humano? – Uma breve história da humanidade*, escrito pelo historiador britânico Felipe Fernández-Armesto (1950-). Leia-o tendo em mente o que você viu sobre os critérios usados para distinguir o ser humano das demais espécies animais.

Durante os últimos trinta ou quarenta anos, temos investido muitos pensamentos, emoções, riquezas e sangue no que chamamos valores humanos, direitos humanos, a defesa da dignidade humana e da vida humana. Ao longo do mesmo período, silenciosa, mas devastadoramente, a ciência e a filosofia se combinaram para solapar o nosso conceito tradicional de humanidade. Consequentemente, a coerência de nosso entendimento do que significa ser humano está agora em discussão. [...]

O desafio tem vindo de seis fontes principais. Primeiro, a primatologia tem acumulado exemplos de como nós, humanos, somos semelhantes a outros macacos. É difícil encontrar hoje em dia qualquer capacidade supostamente racional que os primatólogos não digam que está replicada em outros macacos: uso de linguagem, fabricação de ferramentas, imaginação simbólica, autoconsciência – imagine qualquer uma, sempre haverá macacos não humanos que a exercem. [...] Estamos no estágio mais desconcertante de uma discussão que tem feito furor por séculos sobre as diferenças entre humanos e outros primatas. [...]

Terceiro, o debate a respeito das implicações morais da nossa autodefinição como humanos tem se tornado inseparável de uma questão da paleoantropologia: até que ponto remoto no passado evolutivo podemos distinguir os humanos de outros seres. Em todo caso, a paleoantropologia vem esvaziando os limites tradicionais do gênero *Homo*. Já não parece haver nada especialmente definidor sobre os espécimes que classificamos como no mesmo gênero a que pertencemos, em relação àqueles que relegamos aos reinos dos australopitecos "semelhantes ao macaco". Ora, quando olhamos para trás no registro fóssil, vemos características que outrora se imaginava serem definidoramente humanas – como bipedismo, cérebro grande, uso de ferramentas, dieta onívora – partilhadas entre várias espécies, incluindo algumas de fora da nossa linha de descendência. [...]

Quinto, a pesquisa sobre inteligência artificial tem estimulado um repensar filosófico de conceitos outrora essenciais para a autodefinição humana, como a consciência, a razão, a imaginação e as paixões morais. Assim como o trabalho primatológico e paleoantropológico nos convence de que essas qualidades evoluíram e poderiam novamente evoluir em outras espécies que não a nossa, a busca da inteligência artificial propõe a especulação de que outros seres, de nossa própria criação, poderiam ter todas as qualidades que nos tornam humanos [...]. Poderíamos partilhar nosso mundo com humanos que têm criadores humanos, em vez de progenitores humanos. Talvez nunca aconteça, mas essa ideia pode nos estimular ou conduzir, pelo pânico, a repensar a natureza da humanidade antes que isso ocorra.

Jirsak/Shutterstock

FERNÁNDEZ-ARMESTO, Felipe. *Então você pensa que é humano?* Uma breve história da humanidade. São Paulo: Companhia das Letras, 2007. p. 9-13.

a) De acordo com Felipe Fernández-Armesto, o conceito de humanidade vem sendo questionado por seis diferentes fatores, que ele enumera em seu livro. Na reprodução do trecho acima, apenas três desses fatores foram selecionados. Identifique-os e liste-os.

b) Retome o tópico "O ser humano e suas características". Qual é a característica humana definidora da nossa espécie?

c) No seu entendimento, a definição de humano que você estudou até aqui pode passar por modificações em função dos fatores anunciados por Fernández-Armesto? Justifique.

Linguagens e narrativas

Uma pessoa pode, por meio da consciência reflexiva e da linguagem, acumular saberes do seu grupo. Graças à comunicação entre os membros de uma sociedade, os conhecimentos de cada pessoa foram se integrando ao patrimônio coletivo, tornando-se disponíveis ao grupo social. Essa comunicação teve como principais marcos a manifestação dos gestos, o desenvolvimento da fala e, bem posteriormente, a invenção da escrita.

A linguagem verbal contribuiu de forma decisiva para que os saberes e as práticas de uma pessoa se integrassem a uma consciência coletiva. De fato, há uma interação recíproca entre essas duas dimensões da consciência, a individual e a coletiva. Foi desse modo que sucessivas gerações humanas não precisaram reinventar todas as soluções já desenvolvidas anteriormente pelos seus antepassados. Cada nova geração pôde assimilar e adaptar os conhecimentos das gerações anteriores, ficando com tempo disponível para realizar novas conquistas que respondessem aos problemas e desafios do seu momento histórico.

A linguagem é o grande instrumento dessa interação social. A todo instante, utilizamos diferentes linguagens para desenvolver narrativas sobre os outros, o mundo e nós mesmos.

Rawpixel.com/Shutterstock

Atividades

1. Com qual tipo de linguagem você mais interage no seu dia a dia: musical, audiovisual, televisiva, jornalística, de *podcasts*, cinematográfica?
2. Comente com os colegas quais são os principais meios (redes sociais, *e-mail*, bate-papos, brincadeiras, jogos, etc.) que você utiliza para se relacionar com os outros.
3. Como você se relaciona consigo mesmo?
4. Descreva as principais características de sua personalidade.

Saiba +

Janela da alma. Direção: João Jardim e Walter Carvalho. Brasil, 2001. 73 min.

Noventa pessoas com problemas de visão discutem o modo como elas veem a si mesmas, as outras pessoas e o mundo ao seu redor.

Mitologias

O termo **mitologia** tem muitos significados. Aqui, vamos utilizá-lo para nos referir a narrativas pertencentes à tradição cultural de um povo que, de forma simbólica, expressa situações sobre as origens, aventuras e façanhas de seres sobrenaturais (deuses, heróis, etc.). Essas narrativas foram fundamentais para atribuir sentido à vida humana.

Os mitos foram uma das primeiras interpretações elaboradas sobre o mundo e a sociedade. Em tempos remotos, diante de forças desconhecidas e, às vezes, ameaçadoras, nossos ancestrais recorreram à divinização da natureza. Assim, relâmpagos, tempestades, enchentes e os mais diversos fenômenos naturais foram vistos como forças e obras de deuses.

Os principais personagens míticos não são seres humanos, e sim deuses e heróis. Para intervir nos desígnios divinos, as pessoas buscaram relacionar-se com os deuses, criando ritos e lugares sagrados.

A seguir, leia um exemplo de mito grego.

Narciso, de Caravaggio (1571-1610), 1597-1599. Óleo sobre tela, 113,3 cm × 94 cm. Por meio de efeitos de luz e sombra, o pintor confere uma atmosfera de introspecção ao personagem mítico.

No início de tudo, o que primeiro existiu foi Abismo: os gregos dizem *Kháos*. O que é Caos? É um vazio escuro onde não se distingue nada. Espaço de queda, vertigem e confusão, sem fim, sem fundo. [...] Portanto, na origem há apenas esse Caos, abismo cego, noturno, ilimitado.

Depois apareceu a Terra. Os gregos dizem *Gaîa*, Gaia. Foi no próprio seio do Caos que surgiu a Terra. [...] Na Terra tudo é desenhado, tudo é visível e sólido. É possível definir Gaia como o lugar onde os deuses, os homens e os bichos podem andar com segurança. Ela é o chão do mundo. [...]

Gaia é a mãe universal. Florestas, montanhas, grutas subterrâneas, ondas do mar, vasto céu, é sempre de Gaia, a Mãe-Terra, que eles nascem. [...]

VERNANT, Jean-Pierre. *O Universo, os deuses, os homens*. São Paulo: Companhia das Letras, 2000. p. 17-20.

Atividade

5. Segundo o texto do historiador e antropólogo francês Jean-Pierre Vernant (1914-2007):

a) O que podemos entender por Caos? Qual é o sentido atual atribuído a essa palavra?

b) O que podemos entender por Gaia, a Mãe-Terra? Comente.

c) Pesquise outros mitos de origem do mundo e da humanidade para apresentar aos colegas.

Artes

As artes são linguagens que utilizam variados meios de expressão, como sons, imagens, movimentos, palavras, etc. Essas linguagens, intimamente ligadas ao sentimento humano, estão presentes nas mais diversas sociedades. Como as artes são diversificadas, é difícil conceituá-las. De modo geral, as linguagens artísticas criam narrativas quando, por meio de palavras ou imagens, expressam acontecimentos, reais ou ficcionais.

Segundo a filósofa e educadora estadunidense **Susanne Langer** (1895-1985), as artes são práticas voltadas para a criação de formas perceptíveis expressivas do sentimento humano. Entre as mais conhecidas expressões artísticas, podemos citar: a pintura, a música, a arquitetura, a escultura, a dança, o teatro, o cinema, etc. Vejamos alguns exemplos.

LANGER, Susanne K. *Ensaios filosóficos*. São Paulo: Cultrix, 1981.

Erika Alves/Fotoarena

Vista interna da Catedral de Brasília (DF), projetada pelo arquiteto brasileiro Oscar Niemeyer (1907-2012). Os vitrais permitem a entrada de luz natural e os pilares de concreto elevam-se ao céu, transmitindo sensação de leveza. Foto de 2020.

A_Lesik/Shutterstock

Apresentação de balé clássico no Teatro Bolshoi, em Moscou (Rússia). Foto de 2017.

Reprodução/Pinacoteca do Estado de São Paulo, SP.

O violeiro, pintura a óleo do artista brasileiro Almeida Júnior (1850-1899), de 1899. A obra foi produzida no contexto de construção da identidade nacional, que, neste caso, se traduz na figura do camponês em seus afazeres cotidianos.

OSTILL is Franck Camhi/Shutterstock

Esculturas de orixás instaladas nas águas do Dique do Tororó, em Salvador (BA).

Religiões

As religiões expressam, por meio de narrativas, comportamentos e sentimentos, a crença em um poder transcendental, juntamente com liturgias que buscam estabelecer sintonia com esse poder divino. A palavra **religião** vem do latim *religio*, que, provavelmente, deriva de *re* + *ligare*, indicando a ação de ligar novamente, reestabelecer vínculos que promovam a **salvação**. Nesse sentido, afirmou o filósofo francês Luc Ferry (1951-):

> O que desejamos, de fato, acima de tudo? Não queremos ficar sozinhos, queremos ser compreendidos, amados, não queremos ficar separados dos próximos, em resumo, não queremos morrer, nem que eles morram. Ora, a existência real, um dia ou outro, frustra todas essas expectativas. É, pois, na confiança em um Deus que alguns procuram a salvação, e as religiões nos asseguram que eles conseguirão.

FERRY, Luc. *Aprender a viver*. Rio de Janeiro: Objetiva, 2007. p. 21.

De certo modo, as religiões têm em comum com as mitologias as crenças que envolvem o sobrenatural. No entanto, as religiões, por meio da fé no poder transcendental, estabeleceram-se como instituições sociais, reunindo sacerdotes ou pastores (condutores da celebração religiosa), construindo templos e arrebanhando muitos fiéis ou seguidores.

Alguns estudiosos defendem que as **religiões politeístas** surgiram da vulnerabilidade humana diante das forças poderosas da natureza (vento, raio, trovão, água, Sol, Lua, etc.). Por meio do **animismo** (do latim *anima*, "alma"), tais forças naturais foram reverenciadas como deuses.

Já as **religiões monoteístas** derivam de uma **revelação** anunciada, por exemplo, por um personagem histórico, como o profeta Maomé (571-632), fundador do islamismo no século VII. No caso de Jesus Cristo, essa revelação foi apresentada pelo cristianismo como advinda do próprio Deus encarnado na figura humana.

Em termos sociológicos, as religiões são instituições fundamentais na história das sociedades. Elas inspiraram e direcionaram a conduta de pessoas e grupos sociais, tanto na esfera privada quanto na vida pública.

Nas religiões prevalecem dois mundos: um terreno e imperfeito, e outro sobrenatural e eterno. A crença religiosa está ligada aos limites da vida real, à nossa fragilidade, à inevitabilidade da morte e à incompletude da experiência humana.

Sergio Ranalli/Pulsar Imagens

O povo enawenê-nawê vive em uma única aldeia no vale do rio Juruena (MT). Todo ano, durante o período da seca, eles fazem o ritual *yãkwa*, destinado aos seres subterrâneos – *iakayreti* – e celestes – *enore nawe*, cantando, dançando e oferecendo-lhes comida para manter a ordem cósmica e social. Foto de 2018.

Bruno Castilho/Futura Press

A religiosidade brasileira manifesta-se por meio de vários credos, como catolicismo, protestantismo, candomblé, etc. Na imagem, missa realizada no Santuário Nacional de Nossa Senhora Aparecida, no município de Aparecida (SP), em 2018.

Joilson César/Futura Press

Às vezes, elementos de um credo mesclam-se a outros em um fenômeno conhecido como **sincretismo religioso**. Na imagem, a lavagem das escadarias da Basílica do Bonfim, em Salvador (BA), em 2020.

Daí se dizer que a religião, assim como a ciência e a filosofia, teria como ponto de partida as interrogações: "Quem somos?", "De onde viemos?" e "Para onde vamos?". Na religião, os desafios da existência procuram respostas na fé em Deus ou em outras divindades. O princípio da fé consiste em "crer para compreender". Já a ciência, em geral, procura "compreender para crer", o que exige a mobilização de vários pesquisadores e tempo investido em pesquisa, muito diferente da visão estereotipada do cientista como uma pessoa que tem uma grande ideia ou do saber científico como descoberta que se dá num instante, e não ao longo do tempo.

A seguir, leia trechos da Constituição federal relacionados à liberdade de consciência e de crença:

> Art. 5º Todos são iguais perante a lei, sem distinção de qualquer natureza, garantindo-se aos brasileiros e aos estrangeiros residentes no País a inviolabilidade do direito à vida, à liberdade, à igualdade, à segurança e à propriedade, nos termos seguintes: [...]
>
> II – ninguém será obrigado a fazer ou deixar de fazer alguma coisa senão em virtude de lei; [...]
>
> VI – é inviolável a liberdade de consciência e de crença, sendo assegurado o livre exercício dos cultos religiosos e garantida, na forma da lei, a proteção aos locais de culto e a suas liturgias; [...]
>
> VIII – ninguém será privado de direitos por motivo de crença religiosa ou de convicção filosófica ou política, salvo se as invocar para eximir-se de obrigação legal a todos imposta e recusar-se a cumprir prestação alternativa, fixada em lei [...].

BRASIL. [Constituição (1988)]. *Constituição da República Federativa do Brasil de 1988*. Brasília, DF: Presidência da República, [2020]. Disponível em: www.planalto.gov.br/ccivil_03/constituicao/constituicao.htm. Acesso em: 15 mar. 2022.

Atividades

6. Responda com base no art. 5º, inciso II, da Constituição federal: Você é obrigado juridicamente a cumprir qualquer regra que contraria as leis?

7. Explique, com base nos incisos VI e VIII do art. 5º, por que a Constituição federal assegura tanto a liberdade de crença religiosa quanto a liberdade daqueles que não têm religião.

Discurso racional

O discurso racional (do grego *logos*, "razão") instituiu outras formas de consciência que utilizam uma linguagem baseada em argumentos. O que significa argumento? É a exposição, por meio de palavras, de um raciocínio. E o que é raciocínio? É o processo pelo qual juntamos ideias (juízos) para chegarmos a uma conclusão.

APA-PictureDesk/AFP

Retrato de Sigmund Freud, em 1935.

Dessa maneira, podemos dizer que o *logos* pretende explicar as coisas por meio de argumentos. Tais explicações não recorrem a crenças sobrenaturais, mas ao raciocínio e à lógica. De acordo com especialistas em mitologia, os mitos em geral estão inseridos na tradição de um povo e constroem narrativas simbólicas e ficcionais. Já o *logos* pretende instituir discursos capazes de argumentar e convencer racionalmente.

Leia um texto do polêmico filósofo brasileiro Luiz Felipe Pondé (1959-) que faz uma reflexão sobre a questão da racionalidade humana.

> Você acha que como sou um filósofo deveria crer que o homem seja um ser racional, mas lamento dizer que julgo irracional pensar que o homem, diante de tantas provas, seja um ser racional. Ou, talvez, eu deveria ser mais comedido e dizer que o homem é apenas em parte racional, e assim não destruir sua fé no conhecimento. [...]
>
> A fé em que o homem seja um ser racional é uma bobagem recente. [...] que só com a emergência do mundo moderno burguês, que precisa de uma sociedade racionalizada em seus processos para que o dinheiro circule com segurança de retorno ainda maior, é que o homem começou a querer se ver como um ser plenamente racional. [...] A ideia de que o homem é um ser racional vai bem com a ideia, necessária no mundo burguês, de que ele é autônomo. Mas tanto a racionalidade quanto a autonomia são uma pequena parte da vida humana, ainda que não devamos buscar mais racionalidade e autonomia da vida. [...]
>
> O que faz o homem não ser racional plenamente? Muitas coisas. Instintos, [...] o corpo e sua fisiologia e patologia, o contexto psicológico em que nasceu, a falta de grana [...]
>
> Existe, entretanto, um motivo mais profundo para isso. Os gregos usavam a palavra *pathos* para descrever forças, internas ou externas, capazes de nos submeter. Traduzimos essa palavra por paixão ou emoção, mas também por doença (patologia). Nossa capacidade de agir racional e autonomamente depende do quanto de *pathos* age sobre nós. Portanto, desde a filosofia antiga, suspeita-se dos limites da autonomia racional humana. [...]
>
> Já na modernidade, autores como os românticos [...] duvidavam dessa racionalidade toda e achavam que ela poderia nos enlouquecer porque seria contra nossa natureza meio misteriosa e irracional. Foram esses românticos que pela primeira vez falaram em inconsciente. Freud e seus seguidores criaram uma disciplina, a psicanálise, que negava a plena autonomia do Eu [...]. Imersos em traumas inconscientes e em pulsões infinitas, para a psicanálise, conseguimos só com muito esforço um pouco de razão e um pouco de autonomia. [...]
>
> Então, o que sobra disso tudo? Vale a pena buscar ser racional e responsável? Claro que vale, mas não queira recompensas. Nada garante que vai dar certo, mas, creio, a experiência do amadurecimento mostra que, ainda que seja precária, a tentativa de olhar para o mundo pelos olhos da razão sempre nos ajuda a entendê-lo melhor. E isso nos leva a alguma experiência de autonomia.

PONDÉ, Luiz Felipe. *Filosofia para corajosos*. São Paulo: Planeta, 2016. p. 93-96.

Atividades

8. Que afirmações feitas no texto podem ser consideradas polêmicas?

9. Somos seres plenamente racionais? Após responder a essa questão, debata o assunto com os colegas.

Diálogos

- Observe a fotografia e leia o texto que a acompanha.

Roberto Burle Marx (1909-1994) desenvolveu uma estética moderna de paisagem incorporando um caráter de especulação plástica sobre forma e cor, uma projeção do espírito do homem moderno, que se questiona sempre pela razão das coisas, e que pretende sugerir uma estrutura estável diferente da mutabilidade da natureza. Utiliza, assim, a definição intelectual da forma através da geometria em luta contra a instabilidade da matéria viva, num gesto moderno de intervir.

VERDEIL Matthieu/Alamy/Fotoarena

Jardim do Sítio Roberto Burle Marx no Rio de Janeiro (RJ), em 2013.

Não ocorre em suas obras a intenção de simular romanticamente o ambiente natural. Ao contrário: mesmo os traçados de jardins com linhas livres e orgânicas, que aparentemente se aproximam da sinuosidade da natureza, são, na verdade, traçados de curvas geometrizadas, construídas, fruto de um exercício plástico abstrato próprio da ação do homem moderno no mundo. Nesse sentido, a aparente antigeometria de sua obra acaba passando pela geometria; cada linha tem um ponto de início e um ponto final completamente relevante e não arbitrário, fortemente relacionado às características naturais do local onde é implantado.

Esta atitude inaugura uma posição ativa frente à natureza, uma atuação construtiva e reguladora, que não propõe a mímesis, mas a construção de uma natureza humanizada, interpretada, reelaborada. [...].

POLIZZO, Ana Paula. *O jardim como ordenamento da natureza e a poética de Burle Marx*. Disponível em: https://docomomo.org.br/wp-content/uploads/2016/01/143.pdf. Acesso em: 28 set. 2021.

a) A fotografia retrata uma paisagem natural ou uma paisagem cultural? Por quê?

b) Roberto Burle Marx foi um conhecido paisagista brasileiro que viveu no século XX. Seus jardins espalham-se pelo Brasil e marcam presença também no exterior. Você classificaria esses jardins como obras de arte? Justifique.

Nelson Almeida/AFP

Instalação *Desvio para o vermelho*, de Cildo Meireles, concebida em 1967.

c) Se a pintura, a escultura, a dança e a música são tradicionalmente reconhecidas como expressões artísticas, a contemporaneidade veio acompanhada de outras manifestações no campo das artes. As instalações artísticas, que se caracterizam pela organização de elementos no ambiente – interno ou externo –, procuram mexer com a percepção sensorial do sujeito, convidando-o a interagir com a obra. Veja o exemplo acima, *Desvio para o vermelho*, de Cildo Meireles (1948-). Concebida em 1967, no auge da ditadura militar, a obra ganhou várias versões até 1984. Carregada de simbolismos, a instalação está desde 2006 em exibição permanente no Instituto Inhotim, em Brumadinho (MG).

Faça uma pesquisa sobre o contexto político brasileiro de 1967. Observe com atenção a instalação e busque interpretar seus significados. Para isso, tente se imaginar nesse ambiente e pense nas sensações que ele lhe causaria. Preste atenção às cores, à disposição dos móveis e dos objetos, à combinação dos elementos. Depois, compare a instalação com o jardim de Burle Marx: Como essas duas obras afetaram seus sentidos?

A cidade e o *logos*: a origem da Filosofia

Na história ocidental, foi na **Grécia antiga** que se desenvolveu uma forma de discurso racional conhecida como *logos*. Segundo historiadores, o desenvolvimento do *logos* esteve associado à racionalização da vida social nas cidades-Estado gregas, as pólis. As pólis gregas, que se constituíram entre os séculos VIII a.C. e VI a.C., foram uma invenção social dos povos **helenos**. Apesar de terem desenvolvido o *logos*, os **gregos** continuavam crendo nos poderes sobrenaturais de suas divindades.

Nessas cidades do mundo grego antigo, foram criadas formas de governo, normas jurídicas, modos de conduzir a produção econômica, etc. Tudo isso exigia uma racionalidade coletiva. A *Filosofia*, fruto dessa racionalidade e do *logos* das pólis gregas, desenvolveu-se construindo argumentos para investigar a natureza das coisas, as relações humanas e os rumos da coisa pública.

A palavra **filosofia** deriva de dois termos gregos: *filo*, que significa "amor", e *sofia*, que significa "sabedoria". Mas essa sabedoria que o filósofo "ama" não é qualquer tipo de saber. Quem esclareceu isso foi o filósofo Platão (427 a.C.-347 a.C.), ao distinguir um saber que decorre de uma simples opinião (*doxa*, em grego) do saber que resulta de um argumento racionalmente fundamentado. Assim, Platão separou o "amor às opiniões" (filodoxia) do amor ao saber racional reflexivo (filosofia).

Além disso, o filósofo caracteriza-se por estar em permanente procura de saber, isto é, incomoda-se com algo que desconhece e esforça-se para conhecê-lo. Porém, não se contenta com esse conhecimento como se fosse uma verdade completa e absoluta, imposta a todos. Por isso, está sempre lançando novas perguntas em um movimento contínuo que vai da ignorância ao saber e do saber à ignorância, como indicou o filósofo francês Maurice Merleau-Ponty (1908-1961).

Para designar esse saber sistemático, intensamente procurado, que é próprio do discurso racional, do *logos*, os gregos costumavam usar o termo *epistême* ("conhecimento", "saber") e os latinos usavam o termo *scientia* (do latim, "ciência", "saber", "conhecimento").

Suchart Boonyavech/Shutterstock

Vista do Partenon, templo construído em Atenas, na Grécia, entre 447 a.C. e 438 a.C. Esse templo era uma homenagem à deusa Atena, que representava a sabedoria e a razão. Foto de 2019.

Na Grécia antiga, a Filosofia designava a totalidade do saber racional. Posteriormente, desse tronco original foram surgindo outros ramos que, ao longo da história, constituíram campos especializados da ciência ou disciplinas científicas. Perceba que muitos campos da ciência utilizam em seu nome o sufixo *-logia*, por exemplo: Biologia, Ecologia, Antropologia, Sociologia, Odontologia, Geologia, etc.

Conceitos

Gregos ou helenos

A partir do segundo milênio antes de Cristo, diversos povos (aqueus, jônios, eólios e dórios) começaram a se estabelecer na região da Grécia antiga, ou Hélade. Ali mesclaram seus modos de ser e de viver e construíram certa unidade cultural. Esses povos reconheciam-se como **helenos** e nunca denominaram a si próprios de gregos. O termo **grego** é de origem latina. Com o tempo, esses dois termos tornaram-se sinônimos para se referir aos povos da Antiguidade que habitavam as regiões da península Balcânica e vizinhanças do mar Egeu.

Grécia antiga e Grécia atual

A Grécia atual e a chamada Grécia antiga não são a mesma coisa. Atualmente, a Grécia é um país com governo e fronteiras definidas. A Grécia antiga não era um país unificado, e sim uma porção de cidades independentes, cada uma com seu governo e suas leis.

Grécia: colonização nos séculos VIII a.C.-VI a.C.

Banco de imagens/Arquivo da editora

Grécia: século XXI

Banco de imagens/Arquivo da editora

Elaborados com base em: ALBUQUERQUE, Manoel Maurício de *et al*. *Atlas histórico escolar*. 8. ed. Rio de Janeiro: MEC/Fename, 1986. p. 77; ATLAS 2000. São Paulo: Círculo do Livro/Nova Cultural, 1995. p. 37; DUBY, Georges. *Atlas historique*: l'histoire du monde en 317 cartes. Paris: Larousse, 1987. p. 15; KINDER, Hermann; HILGEMANN, Werner. *Atlas histórico mundial*: de los orígenes a la Revolución Francesa. Madrid: Istmo, 1982. p. 56; MCNALLY, Randi. *Atlas Delta Universal*. Rio de Janeiro: Delta, 1980. p. 89.

Saiba +

Waking life. Direção: Richard Linklater e John Moore. Estados Unidos, 2001. 101 min.

Nessa animação, os personagens discutem questões filosóficas fundamentais, como o sentido da vida, a consciência, os sonhos e a liberdade.

Opiniões e o saber racional

Um dos grandes objetivos da educação e das ciências é promover o saber racional, que, de certo modo, implica superar concepções ingênuas, superficiais e supersticiosas do saber vulgar das opiniões, do senso comum.

De modo geral, as **opiniões** caracterizam-se pela:

- **Imprecisão:** ideias desprovidas de fundamentos científicos;
- **Incoerência:** ideias que se articulam a outras de forma contraditória;
- **Irreflexão:** ideias assumidas sem um pensamento fundamentado.

De modo geral, o **saber racional** tem por características:

- **Precisão:** busca de conceitos bem definidos, claros e rigorosos;
- **Coerência:** conceitos que buscam uma abordagem orgânica, ampla e sistemática do objeto estudado;
- **Reflexão:** conceitos que resultam do trabalho da consciência em analisar, autoanalisar-se e compartilhar seus resultados com outros.

Faz parte dos procedimentos educacionais e epistemológicos partirmos do mundo das opiniões para o saber racional. Nesse processo, precisamos aprender a elaborar hipóteses, selecionar evidências e compor argumentos científicos. O educador bielorrusso Lev Vygotski (1896-1934), em seu livro *Pensamento e linguagem*, afirma que os primeiros conceitos criados pelas crianças, durante a fase pré-escolar, têm como base sua experiência do dia a dia familiar, e por isso ele os chamou de **conceitos cotidianos**. Embora baseados no senso comum, os conceitos cotidianos são o ponto de partida para o aprendizado de **conceitos científicos** durante o desenvolvimento educacional.

Epistemológico: relativo à teoria do conhecimento.

VYGOTSKI, Lev S. *Pensamento e linguagem*. 2. ed. São Paulo: Martins Fontes, 2003.

A divulgação de conhecimentos (do senso comum ou do saber racional) é algo legítimo. Em um mundo permeado pelas tecnologias digitais de informação, intensificou-se o fenômeno da criação e da disseminação de notícias falsas (*fake news*), muitas delas com interesses políticos e econômicos. Observe, a seguir, algumas orientações sobre os cuidados que devemos ter com esse tipo de notícia:

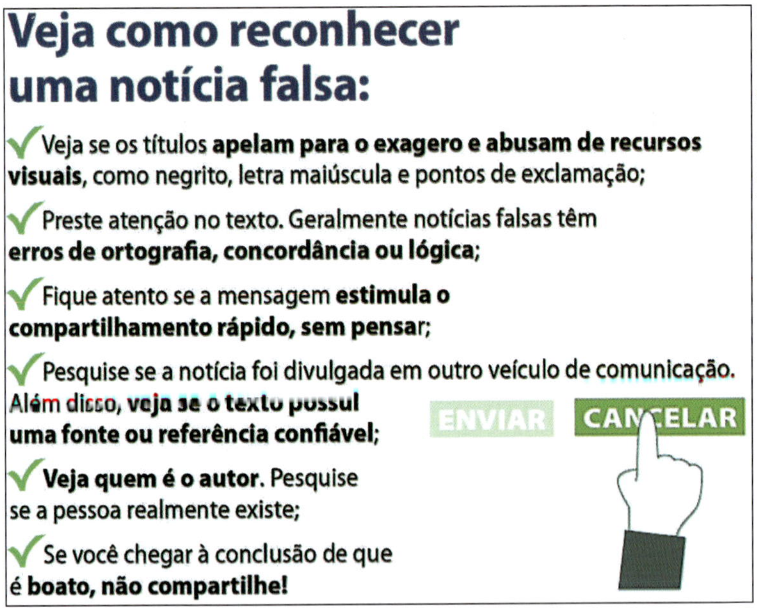

Senado Federal/www12.senado.leg.br

AGÊNCIA SENADO. Senado faz campanha de combate a notícias falsas. *Senado Notícias*, 11 jun. 2019. Disponível em: https://www12.senado.leg.br/noticias/materias/2019/06/11/senado-faz-campanha-de-combate-a-noticias-falsas. Acesso em: 16 nov. 2021.

Atividades

1. Segundo as dicas do Senado Federal, as notícias falsas costumam conter erros de grafia, concordância ou lógica. Por que isso ocorreria?
2. Ao receber uma notícia, você costuma checar se ela foi compartilhada em outros veículos de comunicação? Debata com os colegas a importância dessa verificação para evitar a disseminação de *fake news*.
3. Selecione uma notícia falsa que você tenha recebido e apresente-a aos colegas, explicitando os possíveis erros e exageros contidos nela.

Procedimentos epistemológicos

Como vimos, a palavra **ciência** é de origem latina. Em linhas gerais, a ciência busca construir conhecimentos sobre fenômenos da realidade. Trata-se de atividade fundamentada por métodos de pesquisa, ou seja, por procedimentos epistemológicos **rigorosos**, e não **rígidos**. Rigor tem a ver com precisão; rigidez, com inflexibilidade. Para o filósofo francês Edgar Morin (1921-), pelo critério do rigor e da rigidez, podemos distinguir **teorias** e **doutrinas**. As teorias, que são mais próprias das ciências, são produto de trabalho rigoroso e aberto. Já as doutrinas reúnem pensamentos que podem ser mais rígidos e fechados.

Há diversos procedimentos epistemológicos que caracterizam os métodos das disciplinas científicas ou dos ramos do conhecimento. Lembremos que o termo **método** vem do grego *meta*, "meio", + *hodos*, "caminho". Analisando as estruturas desses caminhos ou procedimentos, é possível reconhecer neles alguns elementos comuns de métodos experimentais amplamente utilizados nas Ciências da Natureza e nas Ciências Sociais:

- **Identificação de um problema:** consiste em enunciar um tema de investigação, um objeto de estudo, ao qual se procura oferecer uma resposta, uma solução;
- **Proposição de hipóteses:** consiste na proposição de possíveis caminhos para solução do problema investigado. Essas hipóteses, em certos casos, costumam ser testadas ou comparadas com percepções de outros sujeitos. Nesse caso, a avaliação de um investigador pode se associar também às avaliações de uma comunidade de pesquisadores;
- **Apresentação de resultados:** consiste na apresentação dos resultados da pesquisa científica, por meio de artigos em revistas especializadas, dissertações, teses, etc.

As concepções contemporâneas da ciência costumam traduzir-se numa busca permanente pelo saber. Com isso, foram abandonadas as pretensões do saber absoluto, total, pronto e acabado. Desse modo, a ciência é uma atividade contínua de pesquisas nos diversos ramos do conhecimento, e não algo que tenha um ponto final e definitivo. Uma teoria permanece como válida até que outra possa aprimorá-la ou contestá-la.

Luciana Whitaker/Pulsar Imagens

Cientistas brasileiros em laboratório de química industrial do curso superior de Tecnologia em Biocombustíveis. Instituto Federal de Mato Grosso, Cáceres, 2018.

Ciências Humanas e Sociais Aplicadas

Os conhecimentos produzidos pelos seres humanos podem ser classificados de diversas formas; por exemplo, levando em conta as áreas de Linguagens, Matemática, Ciências da Natureza e Ciências Humanas.

Nesta obra, vamos tratar das Ciências Humanas e Sociais Aplicadas, que abrangem os estudos das Ciências Humanas (História, Geografia, Sociologia e Filosofia) e das Ciências Sociais Aplicadas (Economia, Administração, Direito, Arquitetura, etc.). Essa área do conhecimento estuda a atuação dos seres humanos nas sociedades de diferentes tempos e espaços, buscando refletir sobre seus modos de ser e de viver, isto é, suas culturas.

Um dos objetivos da educação básica é utilizar os conhecimentos científicos para a construção de uma sociedade justa, democrática, inclusiva e sustentável ambientalmente. Dentro desse objetivo amplo, as Ciências Humanas no Ensino Médio contribuem para que você possa elaborar hipóteses e argumentos sobre o mundo em que vive e participar da vida social com protagonismo e cidadania, enfrentando os desafios do seu tempo.

Pesquisa e "fuga de cérebros"

[...]

Uma pessoa que investiga os processos de transformação, sejam eles sociais, econômicos, humanos ou químicos, e a partir dessa investigação constrói conhecimentos que são essenciais para o desenvolvimento de uma nação. Esta é definição de pesquisador científico, segundo Anna Benite, professora-doutora da Universidade Federal de Goiás, [...] além de integrante da Associação Brasileira de Pesquisa e Ensino de Ciências e da Associação Brasileira de Pesquisadores Negros (ABPN).

[...]

"Nenhuma nação consegue evoluir sem pesquisa científica", afirma Benite. "Se estamos hoje em uma sociedade tecnológica, isso se deve aos pesquisadores que criam modelos de pesquisa, validam dados e os publicam. Essa sistematização é fundamental para alimentar a produção de conhecimento".

[...]

ENTENDA por que a pesquisa científica é importante para a sociedade. *Fundação Telefônica*, 5 jul. 2019. Disponível em: https://fundacaotelefonicavivo.org.br/noticias/entenda-por-que-a-pesquisa-cientifica-e-importante-para-a-sociedade/. Acesso em: 16 nov. 2021.

É possível imaginar a abrangência do desenvolvimento científico – e de seus benefícios – na sociedade contemporânea. São vacinas, técnicas de plantio, sistemas de transporte, teorias que melhoram a educação, a arqueologia, a economia, entre tantos outros.

Alphaspirit/Shutterstock

No Brasil, a pesquisa científica acontece, majoritariamente, em universidades públicas ou em consequência de investimento público em estudantes e pesquisadores por meio de bolsas de pesquisa. O texto abaixo trata da desvalorização das áreas de pesquisa e do decréscimo substancial dos valores repassados para a pesquisa científica. Leia-o e depois resolva a atividade.

[...] Como resultado da redução de investimentos, o país perde capacidade de produção e amplia a exportação de um produto estratégico, de altíssimo valor agregado, que multiplica bilhões de vezes seu valor e que deveria ser mantido em território nacional a todo custo. Somos hoje um importante exportador de cérebros. Por outro lado, nos consolidamos como importador de inovação e conhecimento, versão moderna do processo de *stop-and-go* do início do século 20 que enfraquece a base industrial, que se torna dependente de produtos tecnológicos desenvolvidos no exterior. A soma dessas variáveis vem gestando um hiato na formação de cientistas, na produção de conhecimento e no desenvolvimento industrial do Brasil, que poderá levar 30 anos para ser superado. [...]

OLIVEIRA, Riley Rodrigues de. Ao cortar investimentos em ciência, Brasil assassina o futuro. *Época Negócios*. 20 abr. 2018. Disponível em: https://epocanegocios.globo.com/Brasil/noticia/2018/04/ao-cortar-investimentos-em-ciencia-brasil-assassina-o-futuro.html#:~:text=Como%20resultado%20da%20redu%C3%A7%C3%A3o%20de,um%20importante%20exportador%20de%20c%C3%A9rebros. Acesso em: 15 mar. 2022.

- Com base em sua leitura e nas reflexões geradas pelo conteúdo trabalhado até aqui, organize uma forma esquemática de transmissão do que foi trabalhado. Você pode organizar um gráfico, elaborar um desenho, criar uma tirinha, entre outras possibilidades. O importante é que sua produção seja sintética e clara.

Noções sobre cultura

A palavra **cultura** é usada em diversos contextos, como em: "tal pessoa tem muita cultura", referindo-se a uma pessoa com cultura erudita; "o agricultor introduziu novas técnicas na cultura da soja", em referência ao cultivo agrícola; "o biólogo desenvolveu uma cultura de células em seu laboratório", no sentido de um agrupamento de células. Esses significados podem ser encontrados em uma rápida consulta a um dicionário.

No entanto, para as Ciências Humanas e Sociais Aplicadas, a palavra **cultura** é utilizada para se referir ao conjunto de características específicas de diferentes grupos sociais, como costumes, normas, crenças, produções artísticas e materiais, etc. Essas características são critérios para distinguir um grupo de outro.

melitas/Shutterstock

De modo geral, cultura refere-se aos modos de ser e de viver de um grupo que são transmitidos de uma geração para outra. O conjunto de características que compõem a cultura de um povo envolve os costumes, as normas e as crenças que caracterizam as condutas individuais, assim como as produções artísticas e materiais, destinadas a manter a sobrevivência desse grupo e a transmitir suas características para as gerações futuras. Além desses fatores, os conhecimentos e as práticas de um grupo em determinado território, ao longo da história, caracterizam a cultura desse grupo.

Considerando a diversidade dos grupos humanos, alguns estudiosos da **Antropologia** e da **Arqueologia** caracterizam a cultura de acordo com a manifestação de determinados comportamentos, oriundos de tradições caracterizadas por saberes e práticas específicas. Com base nessa abordagem, o arqueólogo australiano **Gordon Childe** (1892-1957), em seu livro *A evolução cultural do homem* (publicado originalmente em 1936), destaca as grandes transformações culturais ocorridas em diversos agrupamentos humanos. As principais delas foram o surgimento do sedentarismo apoiado na agricultura e na domesticação de animais na Revolução Neolítica (de 10000 a.C. a 8000 a.C.), o surgimento das cidades na Revolução Urbana (a partir de cerca de 4000 a.C.) e as transformações produtivas e sociais da Revolução Industrial (a partir do século XVIII).

De acordo com Childe, essas mudanças inauguraram práticas sociais e econômicas que contribuíram para o desenvolvimento das técnicas e da tecnologia e para o crescimento populacional da espécie humana. Esses fatores foram fundamentais para que os seres humanos mudassem as formas de manter sua sobrevivência. Nesse sentido, foram alteradas tanto as formas de trabalho quanto as formas de organização das sociedades, assim como as normas e as crenças que orientavam o comportamento dos indivíduos. Essas mudanças, ao longo do tempo, também têm o potencial de influenciar e modificar a cultura de diferentes povos.

Antropologia: ciência que estuda a humanidade de maneira abrangente, desde os aspectos físicos (ou biológicos) até os aspectos culturais, que incluem crenças, costumes, rituais, linguagem, relações de parentesco, etc.
Arqueologia: ciência que estuda os costumes e as culturas dos povos antigos por meio de fósseis, artefatos e outros materiais restantes desses povos.

CHILDE, Gordon. *A evolução cultural do homem*. Rio de Janeiro: Guanabara, 1981.

Gordon Childe utilizou marcos históricos que alteraram a forma como os seres humanos lidavam com seus meios de sobrevivência, ou seja, como os grupos sociais lidavam com as produções materiais necessárias para o dia a dia, por exemplo a construção de moradias, o cultivo de alimentos, as relações comerciais e os recursos tecnológicos disponíveis nesses períodos. Trata-se de uma análise fundamentada nas transformações materiais pelas quais os seres humanos passaram.

De forma complementar, alguns antropólogos, como o estadunidense **Clifford Geertz** (1926-2006), compreendem a cultura como um conjunto de comportamentos que orientam a conduta humana, como planos, regras, instruções.

GEERTZ, Clifford. *A interpretação das culturas*. São Paulo: LTC, 1981.

Segundo Geertz, a distinção entre os grupos humanos ocorre tanto pelas práticas sociais que adotam quanto pelos aspectos simbólicos que guiam as condutas individuais. Cada povo tem um conjunto de elementos simbólicos que, combinados à forma de organização social e produção material, orientam a vida em sociedade. Nesse sentido, todo indivíduo teria uma vida pautada pela combinação das vontades particulares e das práticas simbólicas da cultura da sociedade em que vive. Por exemplo, uma criança nascida em Moscou (Rússia) e criada por uma família de Recife (Pernambuco) poderia crescer alheia à cultura russa tanto quanto uma criança pernambucana, já que ela cresceria imersa na cultura brasileira – e o contrário também poderia ocorrer. Esse aspecto mostra o poder que a cultura de um grupo tem sobre a vida individual.

Iakov Filimonov/Shutterstock

Caverna das Mãos, em Santa Cruz, Argentina. Essa pintura rupestre foi criada por diferentes grupos humanos nos primeiros tempos da ocupação da América do Sul, entre 13000 e 9500 anos atrás. Foto de 2017.

Diálogos

- Observe com atenção a fotografia abaixo. Trata-se do registro do lançamento do primeiro filme **kuikuro**, resultado de um projeto do cacique Afukaká Kuikuro.

Renato Soares/Pulsar Imagens

Indígenas da etnia Kuikuro filmam dança nativa, em 2008, no Alto Xingu (MT).

a) Cite os elementos da fotografia que você identifica como parte da tradição cultural kuikuro.

b) Explique por que a preservação desses elementos culturais é importante para os Kuikuro.

c) As câmeras e os microfones presentes na imagem não são elementos da cultura tradicional kuikuro. São objetos tecnológicos assimilados das sociedades industriais criadas pelos não indígenas. Em seu entendimento, que função eles podem ter para os Kuikuro?

d) Ao opinar sobre a demarcação de terras indígenas na região do Amazonas, uma autoridade local afirmou: "Esses aí não são mais índios, já estão de calça e camisa, já estão usando óculos e relógios, já estão falando português, não são mais índios". (Disponível em: www.kaninde.org.br/cinco-ideias-equivocadas-sobre-indios/. Acesso em: 15 mar. 2022).

Forme um grupo com mais cinco colegas e debatam essa afirmação. Os conhecimentos adquiridos no estudo endossam ou contrariam a visão da autoridade amazonense? Ao final da discussão, elejam um porta-voz para apresentar à turma a conclusão do grupo e os argumentos em defesa dela.

Kuikuro: etnia com maior população no Alto Xingu (MT). Vive em aldeias na região oriental da bacia hidrográfica dos rios Culuene, Buriti e Curisevo e fala o nahukuá, um dialeto do karib alto-xinguano, família linguística que inclui os Matipu, os Nahukuá e os Kalapalo. Cultiva especialmente a mandioca e pratica a pesca e a coleta. A caça não é uma atividade importante na cultura kuikuro.

Natureza e cultura

De modo geral, entendemos por natureza tudo o que existe no mundo sem a interferência dos seres humanos. Entre os seres humanos, a natureza diz mais respeito aos fatores hereditários, que são transmitidos biologicamente dos ascendentes para os descendentes, assim como à idade e à constituição física.

Entre os animais, a estrutura biológica orienta suas ações possibilitando variedades mais estreitas de comportamentos. Já no ser humano, a sua estrutura natural, inata, induz respostas bem gerais, variáveis e imprevisíveis. Nesse caso, os elementos naturais e genéticos associam-se aos padrões culturais, adquiridos desde o nascimento e desenvolvidos ao longo da vida. No entanto, ainda submetido às questões genéticas e culturais, de acordo com o filósofo italiano **Pico della Mirandola** (1463-1494), o ser humano tem a liberdade de construir a si mesmo, como juiz e artesão de sua vida, modelando-se na obra que ele próprio escolheu ser.

MIRANDOLA, Pico della. *Discurso sobre a dignidade do homem*. São Paulo: Edições 70, 2006.

Os seres humanos são criaturas da natureza e a utilizam para a satisfação de suas necessidades, assim como os demais seres vivos. Por isso, filosoficamente, dificilmente será possível estabelecer limites entre natureza e cultura. Entretanto, os seres humanos são criadores da cultura do mundo em que vivem. E, diferentemente dos demais seres vivos, as formas que desenvolvem para se relacionarem com a natureza são bastante diversificadas, variando não apenas no tempo e no espaço, mas também entre os grupos humanos, povos e sociedades em uma mesma época e região, como um continente ou zona climática.

Aaron Vincent Elkaim/The New York Times/Fotoarena

A construção do conceito de cultura

Durante muito tempo, até mesmo nos dias atuais, há pessoas que acreditam que todos os grupos sociais deveriam seguir uma forma linear (linha única) de evolução cultural. Se houvesse essa linha única de desenvolvimento, seria possível hierarquizar as culturas em inferiores e superiores, atrasadas e avançadas. Essa era a linha de pensamento adotada pelos antropólogos evolucionistas do século XIX, como o estadunidense Lewis Henry Morgan (1818-1881) e os britânicos Edward Burnett Tylor (1832-1917) e James Frazer (1854-1941). Para elaborar a teoria evolucionista, de cunho linear, eles se basearam nas ideias de evolução do britânico Charles Darwin (1809-1882), bastante adequadas a estudos biológicos, mas não culturais.

Esses antropólogos acreditavam que as sociedades deveriam ser classificadas de acordo com sua forma de organização e de produção material e tinham a sociedade europeia como um exemplo do estágio máximo do que seria uma sociedade civilizada – tratava-se de uma visão **eurocêntrica**. De acordo com essa ideia, os demais grupos sociais estariam destinados a se desenvolver e a alcançar o modelo europeu, desconsiderando as particularidades de cada grupo cultural.

Eurocêntrico: que tem como centro a Europa; que tende a interpretar o mundo segundo os valores da cultura europeia.

No entanto, essa visão linear de evolução foi abandonada após o desenvolvimento do trabalho de vários antropólogos, principalmente o de **Franz Boas** (1858-1942). Segundo Boas, em seu livro *Antropologia cultural*, cada cultura é construída conforme seu espaço geográfico, sua forma de produção material e de organização social. De acordo com o pensamento desse antropólogo, os grupos sociais desenvolvem-se considerando as próprias particularidades e não há estágios de desenvolvimento. Cada grupo deve ser estudado em si mesmo, sem tomar outra sociedade para comparação de desenvolvimento. Nesse sentido, não se poderia falar em uma cultura, mas em diversas culturas.

BOAS, Franz. *Antropologia cultural*. Tradução de Celso de Castro. 6. ed. Rio de Janeiro: Jorge Zahar Editora, 2010.

Na foto, o indígena da etnia inuíte Dami Sakiagak mostra como construir um iglu – tipo de casa usada pelos povos nativos das regiões árticas. Sakiagak se dedica à construção de iglus para transmitir às gerações mais jovens os ensinamentos técnicos relacionados à edificação dessas habitações tão peculiares. Para construir um bom iglu, é importante levar em consideração o tipo de neve a ser usado, de que forma essa neve será cortada, já que ela tem de formar os blocos de gelo ideais para esse tipo de edificação, e de que maneira esses blocos de gelo devem ser unidos para que a casa não desabe. Além desses cuidados, um iglu bem construído deve permitir a entrada de luz e manter o vento gelado do lado de fora. Kangiqsujuaq, Nunavik, Quebec, Canadá, 2017.

Diálogos

1. O texto citado abaixo é de Toumani Kouyaté (1965-), um *djéli* originário de Burkina Faso, na África ocidental. Com base nele, explique a importância da tradição oral para as sociedades ágrafas.

> Eu sou uma árvore de palavra.
> A palavra é toda sabedoria e
> todo segredo da família, levamos
> tudo para a grande árvore. A
> sabedoria de cada pessoa e cada
> família é uma folha, o djéli é
> uma árvore que vai guardar
> todas essas folhas, ele tem a raiz
> no mandê, no vestibular da palavra,
> mas os galhos vão a todo lugar no
> mundo.

KOUYATÉ, Toumani, 2017. *In*: PESSOA, Mônica. Existe um segredo entre nós: a trajetória do *djéli* Toumani Kouyaté. *História Oral*, v. 22, n. 1, jan./jun. 2019. Disponível em: https://www.revista.historiaoral.org.br/index.php/rho/article/view/889/pdf. Acesso em: 15 mar. 2022.

2. Forme dupla com um colega e, juntos, observem a charge abaixo.

a) Examinem a charge e transcrevam um trecho do texto didático que pode ser usado para elucidar o conteúdo dela.

b) Criem balões para os personagens imaginando como poderia ser um diálogo entre eles baseado no *logos*.

c) Criem uma história em quadrinhos em que dois personagens debatem um tema polêmico buscando fundamentar suas posições. Vocês podem escolher um tema de que gostem, desde que pesquisem dados e informações que deem sustentação às falas dos personagens. Para isso, poderão utilizar qualquer dispositivo eletrônico.

Rafael Corrêa/Acervo do cartunista

CORRÊA, Rafael. Disponível em: https://rafaelcartum.com/cartuns/. Acesso em: 15 mar. 2022.

3. Diante das sérias ameaças à humanidade impostas pelas consequências do aquecimento global e do aprofundamento da crise econômica causado pela pandemia da covid-19, muitos analistas alertaram que as sociedades industriais e o estilo de vida pautado pelo consumismo teriam de mudar radicalmente. Essa projeção colocou em evidência as sociedades indígenas tradicionais, cujo modo de vida sustentável passou a ser admirado e visto como inspiração para uma nova sociedade do futuro. Por essa razão, muitos veículos de imprensa e pesquisadores têm se interessado em escutar as lideranças indígenas, entre elas o escritor e ambientalista Ailton Krenak (1953-). Em uma entrevista concedida à Fundação Edson Queiroz em 2020, ele disse:

Cesar Borges/Fotoarena

Ailton Krenak é escritor, ambientalista e líder indígena.

> [...] Eu não uso o mesmo referencial para falar da Terra e dos outros seres vivos, separando o que é humano do que não é humano. Para mim, tudo é natureza, nós inclusive. Só que nós somos uma parte a que se atribui uma inteligência e uma particular qualidade de dominar os outros seres vivos e isso está, de certa maneira, na mitologia dos civilizados. Quando os portugueses vieram para o continente americano, eles vieram para colonizar a gente porque achavam que a gente era um povo muito selvagem, muito primitivo, e eles precisavam atualizar a nossa existência. Isso é colonizar. Eles mataram a maior parte das pessoas que eles encontraram aqui. Os que sobreviveram a eles estão sobrevivendo com dificuldade até hoje, não têm respeito nenhum. A gente tem que entender isso: se tiver aproximação entre esses mundos, o primeiro vai ser entre esse mundo colonial e os povos originários com suas formas de vida e pensamento. Depois dessa aproximação, talvez a gente possa inspirar uns aos outros, mas começar da ideia simplória de que os índios vão agora dar um remédio para curar a loucura dos brancos é uma hipótese totalmente furada. Furada porque os brancos não querem essa cura e também porque os índios não estão aí com um balaio de remédios para os brancos que só ficam detonando com a vida na Terra [...]

KRENAK, Ailton. Entrevista nota 10. [Entrevista cedida a] *Fundação Edson Queiroz*, Universidade de Fortaleza, Fortaleza, 4 maio 2020. Disponível em: https://www.unifor.br/-/entrevista-nota-10-ailton-krenak. Acesso em: 15 mar. 2022.

a) Diferencie a maneira como Ailton Krenak concebe a natureza da maneira como os brancos de origem europeia fazem isso.

b) Faça uma pesquisa sobre os primeiros encontros entre colonizadores portugueses e nativos das terras que deram origem ao Brasil e analise o conceito de civilização dos europeus no século XVI.

c) Com base nos principais debates presentes nos noticiários atuais, determine os fatores que têm colaborado para abalar a concepção tradicional de civilização. Organize os resultados das pesquisas em algum programa de *slides* ou arquivo de texto com fotografias e legendas.

d) Forme uma nova dupla com um colega de outra dupla que realizou a atividade anterior e, juntos, elaborem uma proposta estratégica para modificar algum hábito, comportamento ou característica da sociedade que vocês julgam prejudicial ao meio ambiente ou ao bem comum.

e) Por fim, para se aprofundar nas possíveis contribuições acumuladas por populações tradicionais para enfrentar os tempos atuais, faça uma pesquisa sobre o conceito de "bem viver" dos indígenas e descubra que valores e preceitos são veiculados por essa filosofia de vida.

O que é etnia e etnocentrismo?

Até o século XIX, parte dos pesquisadores acreditava que a identidade de um povo estaria necessariamente associada a um território e à soberania de um Estado nacional, já que o aparelho estatal era visto, no mundo ocidental, como uma representação de uma nação, que possuía uma língua oficial, costumes, religião, um exército e um território a ser defendido.

Entretanto, há muitos grupos sociais que não possuem um Estado formado, às vezes por compartilharem territórios com outros povos, por não se identificarem com os costumes desses povos ou por processos de independência após uma colonização. Esses grupos, muitas vezes, foram vistos como "incapazes" de formar um Estado que associasse povo, território e soberania. De acordo com a visão evolucionista, os grupos eram "incapazes" porque não eram iguais à sociedade europeia.

© Junião/Acervo do Cartunista

No entanto, ao reconhecer suas culturas, cada grupo social desenvolve uma identidade, formada com base na língua, nos costumes, na religião, na forma como o grupo se organiza, entre outros aspectos culturais, e compõe uma etnia. Da mesma forma que percebem as próprias características, os grupos sociais percebem as características dos outros, isto é, as alteridades. Por isso, **identidade** e **alteridade** estão relacionadas e, por vezes, entrelaçadas. Um grupo reconhece as próprias características culturais apenas quando depara com quem é diferente dele.

Costumamos chamar de **etnia** o grupo social que tem etnicidade, ou seja, consciência das suas especificidades culturais. Desse modo, é possível dizer que um grupo étnico é formado por pessoas que compartilham a mesma ancestralidade, história, língua, nação, além de características culturais.

Antes de se chegar a essa ideia de etnia, muitos estudos sobre as sociedades não europeias, as africanas em especial, refletiam uma visão eurocêntrica. Por não reconhecerem esses grupos como iguais, já que tinham características culturais diferentes, a classificação era feita com base em critérios estabelecidos por colonizadores preocupados em justificar a colonização, utilizando como argumento o fato de não encontrarem nesses grupos instituições políticas e sociais similares às europeias.

Quando alguns povos, em contato com outros grupos, valorizam demasiadamente a própria etnicidade, consideram a própria cultura como melhor ou superior à do outro. Esse posicionamento é chamado de **etnocentrismo**, ou seja, um grupo social estabelece as características culturais do grupo em que vive como referência e critério para julgar outros grupos sociais.

Para exemplificar essa situação, basta considerar o posicionamento dos conquistadores europeus quando entraram em contato com os povos nativos da América. A maioria desses conquistadores considerava os indígenas seres bárbaros, selvagens e inferiores que, por isso, deveriam ser submetidos à cultura europeia, vista como superior, ou ainda "civilizados" – ensinados a adotar o comportamento e os valores dos europeus. Mas nem todos os europeus pensavam da mesma forma no século XVI, como mostra um trecho escrito pelo filósofo francês Michel de Montaigne (1533-1592):

> Não vejo nada de bárbaro ou selvagem no que dizem daqueles povos; e, na verdade, cada qual considera bárbaro o que não se pratica em sua terra. [...]
>
> MONTAIGNE, Michel de. *Ensaios*. Tradução de Sérgio Milliet. São Paulo: Abril Cultural, 1980. p. 101. (Coleção Os Pensadores).

Desde tempos remotos até os dias atuais, o etnocentrismo pode ser uma grave causa de conflitos, pois sua prática implica negar o outro, rejeitá-lo e persegui-lo. Trata-se de repudiar quem é diferente – situação que pode levar a diversos tipos de violência.

Genya Savilov/AFP

As diferenças culturais entre russos e ucranianos são utilizadas como justificativa para os conflitos entre os dois países. Na fotografia de 2013, policiais das forças de segurança ucranianas diante de manifestantes que acampavam em uma praça da cidade de Kiev, capital da Ucrânia.

Ricardo Mazalan/AP Photo/Imageplus

Na foto, grupo de refugiados hutus atravessam a fronteira entre Ruanda e Tanzânia, África, em 1996. Hutu e Tutsi são duas etnias de Ruanda que, durante um período da história do país, disputaram o poder político do território, resultando em uma guerra civil com cerca de 800 mil mortos e 2 milhões de refugiados. Atualmente, há refugiados em países vizinhos, como República Democrática do Congo, na África, e Tanzânia.

Nós e o outro

Vimos até aqui uma das mais complexas facetas da relação entre o que chamamos de "nós" (aqueles com quem eu me identifico) e o que chamamos de "outros" (aqueles que são diferentes de mim). No estudo sobre etnia e etnocentrismo desta unidade, o conceito de alteridade é a condição daquilo que se constitui pelo contraste, a característica daquilo que é diferente.

Para a Antropologia, é no reconhecimento da existência do outro que eu me reconheço. O outro é condição necessária para a minha existência no sentido de que existe um "eu" apenas porque existe um "outro". Quando o indivíduo vê, reconhece e aceita que o outro é diferente, ele caminha para um maior entendimento sobre si próprio.

Leia um trecho do texto do missionário e escritor francês Jean de Léry (1536-1613), que esteve no Brasil em 1558, narrando o diálogo que teve com um indígena tupinambá sobre a necessidade de portugueses e franceses extraírem pau-brasil das florestas de forma excessiva.

> Por que vindes vós outros, maírs e pêros (franceses e portugueses), buscar lenha de tão longe para vos aquecer? Não tendes madeira em vossa terra? Respondi que tínhamos muita, mas não daquela qualidade, e que não a queimávamos, como ele o supunha, mas dela extraíamos tinta para tingir, tal qual o faziam eles com os seus cordões de algodão e suas plumas. Retrucou o velho tupinambá imediatamente: e porventura precisais de muito? – Sim, respondi-lhe, pois no nosso país existem negociantes que possuem mais panos, facas, tesouras, espelhos e outras mercadorias do que podeis imaginar e um só deles compra todo o pau-brasil com que muitos navios voltam carregados. – Ah! Retrucou o selvagem, tu me contas maravilhas, acrescentando depois de bem compreender o que eu lhe dissera: Mas esse homem tão rico de que me falas não morre? – Sim, disse eu, morre como os outros.
>
> Mas os selvagens são grandes discursadores e costumam ir em qualquer assunto até o fim, por isso perguntou-me de novo: e quando morrem para quem fica o que deixam? – Para seus filhos se os têm, respondi! – Na verdade, continuou o velho, [...] agora vejo que vós outros maírs sois grandes loucos, pois atravessais o mar e sofreis grandes incômodos, como dizeis quando aqui chegais, e trabalhais tanto para amontoar riquezas para vossos filhos ou para aqueles que vos sobrevivem! Não será a terra que vos nutriu suficiente para alimentá-los também? Temos pais, mães e filhos a quem amamos; mas estamos certos de que, depois de nossa morte, a terra que nos nutriu também os nutrirá, por isso descansamos sem maiores cuidados.
>
> LÉRY, Jean de. *Viagem à terra do Brasil*. Belo Horizonte: Itatiaia; São Paulo: Edusp, 1980. p. 170.

Atividades

1. Por que o indígena tupinambá não entendia a necessidade de extrair tanta madeira das florestas?
2. Que diferença cultural é possível perceber entre o modo de vida europeu e o modo de vida indígena?

Saiba+

Um rei no Xingu. Direção: Helena Tassara. Brasil, 2001. 28 min. Disponível em: https://portacurtas.org.br/filme/?name=um_rei_no_xingu. Acesso em: 15 mar. 2022.

Curta-metragem sobre a visita do rei Leopoldo III, da Bélgica, ao Parque Indígena do Xingu, em 1964. Esse curta levanta reflexões acerca dos contatos e dos confrontos entre diferentes culturas.

Xenofobia e racismo

O etnocentrismo exacerbado pode levar a práticas como a xenofobia e o racismo.

A palavra **xenofobia** (do grego *xeno*, "estrangeiro", e *fobia*, "medo") significa o medo e a desconfiança dos integrantes de uma sociedade em relação aos estrangeiros. Qualquer motivo pode gerar essa desconfiança: aparência física, idioma, religião ou hábitos e costumes. Trata-se de um conjunto de comportamentos e preconceitos que prejudica pessoas estranhas a uma comunidade e à sua identidade nacional.

A xenofobia ocorre por diferentes motivos: os integrantes de um grupo podem se sentir superiores aos de outros grupos; não possuir informações sobre outros grupos sociais; ter medo de perder estabilidade econômica e social; realizar a prática com o intuito de reafirmar a identidade cultural de uma nação.

No entanto, é importante ressaltar que a prática xenofóbica não é oriunda apenas de indivíduos em relação a outros indivíduos de países diferentes. Muitas vezes, essa prática é realizada pelos próprios representantes políticos por meio de políticas discriminatórias a determinados grupos ou por abusos de autoridade de agentes de segurança pública. Já entre os indivíduos, são comuns práticas como exclusão e difamação dos estrangeiros, além de intimidações e diversos tipos de violência.

As práticas xenofóbicas também podem ocorrer dentro de um mesmo território, como é o caso do preconceito de moradores de algumas regiões do Brasil contra nordestinos e indígenas. A xenofobia entre países pode ser identificada, por exemplo, no preconceito sofrido por africanos e árabes nos países europeus e por mexicanos e outros latinos nos Estados Unidos. Muitas vezes, a prática xenofóbica pode ser vista – e frequentemente é divulgada pela imprensa –, por exemplo, contra grupos envolvidos em conflitos ou contra jogadores de futebol.

Atualmente, em diversos países do mundo, há manifestações contra o racismo e a xenofobia organizadas por diferentes grupos da sociedade civil, como movimentos sociais e organizações que promovem a defesa dos direitos humanos. Outra forma de contestar essas práticas é a criação de políticas afirmativas e inclusivas que colaborem para a adaptação e o fortalecimento de grupos de estrangeiros nos países para os quais migraram.

Matteo Trevisan/Murphoto/Zuma Press/Fotoarena

Durante a pandemia de coronavírus, uma voluntária distribui máscaras para imigrantes próximo a uma estação de trem na cidade de Trieste, Itália, em 2020.

Saiba+

Povos indígenas no Brasil – Instituto Socioambiental (ISA). Disponível em: http://pib.socioambiental.org/pt. Acesso em: 15 mar. 2022.
Portal que reúne informações sobre os diversos povos indígenas que vivem no Brasil. O *site* apresenta artigos, notícias, imagens e verbetes relacionados à cultura e à história de diversas etnias indígenas.

Já o racismo, embora muito próximo da xenofobia, tem como base o preconceito contra uma "raça", especificamente. A Biologia, especialmente após o sequenciamento do genoma humano, já comprovou que o conceito de raça não é adequado para diferenciar os seres humanos. Diferenças de traços físicos e cor da pele não são atributos válidos que possam distinguir os seres humanos em raças distintas. Pertencemos todos à mesma espécie e raça, a humana. Entretanto, com base em características étnico-culturais, historicamente os seres humanos foram diferenciados a partir de suas religiões, línguas, culturas e também traços físicos, o que levou à construção do conceito de raça em sua perspectiva sociológica. Ou seja, raça não tem fundamento biológico, científico, mas existe o racismo como fenômeno sociológico.

No Brasil, o *racismo* é um crime, previsto na Lei n. 7.716/1989, que consiste na ofensa a toda uma coletividade indeterminada, sendo também considerado **inafiançável** e **imprescritível**, conforme a Constituição federal. Além do crime de racismo, há no Brasil o crime de injúria racial, que consiste em ofender a honra de determinada pessoa em razão de raça, etnia, cor, religião, etc.

Inafiançável: no caso dos crimes, inafiançáveis são aqueles em que não se permite o pagamento de fiança para que o acusado obtenha liberdade provisória enquanto responde a processos que correm na Justiça.

Imprescritível: no caso dos crimes, imprescritíveis são aqueles que não têm prazo máximo para que o envolvido possa ser punido pelo crime que cometeu.

Nas últimas décadas, atos de xenofobia e racismo tornaram-se frequentes em diversas partes do mundo por causa do aumento do fluxo migratório e do aumento no número de pessoas refugiadas de seus países de origem por causa de situações de guerra ou outras dificuldades. Na Alemanha, por exemplo, imigrantes turcos foram perseguidos sobretudo por grupos neonazistas. Na França, milhões de imigrantes e seus descendentes, vindos em sua maioria de suas ex-colônias na África, são discriminados e impedidos de exercer plenamente a cidadania.

Felipe Manorov Gomes/Shutterstock

Manifestação em São Paulo (SP), em 2020, contra a violência policial que atinge principalmente a população negra e pobre das grandes cidades.

A convivência democrática exige dos cidadãos a luta pela inclusão de populações marginalizadas, como mulheres, indígenas, negros, homossexuais, idosos, entre outras. O respeito ao outro é essencial para a construção de sociedades justas, solidárias e livres, fundadas na cultura da paz.

No final do século XX, ressurgiram fortes manifestações de xenofobia e de racismo, fenômenos que pareciam contidos desde a derrota do nazismo e da formação de governos democráticos na Europa ocidental. Leia o que o jornalista francês Gilles Lapouge (1923-2020) escreveu sobre esse assunto em artigo publicado no jornal *O Estado de S. Paulo*:

Ulf Andersen/Aurimages/AFP

Gilles Lapouge, em 2006.

> Nenhum país fica isento dessa praga: o estrangeiro, o diferente, o minoritário é detestado. O planeta parece ter entrado no tempo do ódio do outro.
>
> A crise econômica é um dos motivos mais apontados para o atual surto de racismo e xenofobia. Aí, sem dúvida, localizamos a raiz mais primitiva do racismo. Na origem, o comportamento de exclusão tem sua fonte no medo do outro. A passagem para o racismo é automática: passa-se a detestar esse outro que nos causa temor.
>
> Em tempos de crise econômica, os homens reproduzem de maneira alucinada antigos comportamentos de grupos primitivos que, na floresta, detestam tudo o que não pertence à sua tribo. Assim, o imigrante, o outro, aquele que tem religião diferente, cujos cabelos são crespos, aquele que não come batatas, cuja pele é morena, passa subitamente a ser visto como predador nos momentos em que a luta pela sobrevivência torna-se mais dura. Esse outro, esse homem diferente, passa a ser visto como um ladrão que vive em sua terra, invade seu solo e rouba seu emprego.

LAPOUGE, Gilles. Ódio é um velho cúmplice da humanidade. *O Estado de S. Paulo*, São Paulo, 20 jun. 1993.

Conceitos

Racismo

Durante o século XIX, alguns cientistas europeus desenvolveram "teorias" racistas que tinham por base o "conceito" de **raça**. De acordo com essas "teorias", que justificam situações imperialistas, os seres humanos se dividiriam em "raças" com diferentes "estágios evolutivos". A raça branca representaria o ápice dessa suposta "evolução", dentro da perspectiva eurocêntrica. Já os amarelos (asiáticos e indígenas americanos) e os negros (africanos) eram classificados como povos "menos evoluídos". Atualmente, diversas pesquisas, biológicas e antropológicas, demonstram que essas teorias raciais são totalmente equivocadas. No plano biológico, há consenso entre a maioria dos cientistas de que todos os seres humanos pertencem a uma mesma espécie: *Homo sapiens*.

Atividade

3. Para você, qual seria a principal causa para o surto de racismo e xenofobia no mundo atual? Discuta com os colegas formas de combater o racismo e a xenofobia.

Diálogos

- Leia o texto que se segue, observe a foto e o mapa para, depois, realizar as atividades propostas a seguir.

Já são mais de 200 países, territórios e áreas independentes afetados pela pandemia de coronavírus. Do Brasil ao Japão, do Canadá à Austrália, da Europa à África, diversas pessoas sofrem com a disseminação de um vírus que já atingiu mais de 3 milhões de seres humanos e matou mais de 190 mil. Mesmo com toda a globalidade da situação, ainda há pessoas mal-informadas ou mal-intencionadas que persistem em associar a doença a uma nacionalidade. Ataques xenofóbicos são registrados em diversas áreas do mundo, quase que diretamente proporcional ao aumento do número de casos. Diante disso, chineses e descendentes são os que mais sofrem, já que o primeiro caso da doença foi registrado na cidade de Wuhan.

Oliverouge 3/Shutterstock

Pessoas com máscaras caminham em rua de Paris (França) durante a pandemia. Foto de 2021.

Desde que o vírus se espalhou pelo mundo e chegou de forma intensa à mídia ocidental, os chineses vêm recebendo críticas e sendo associados diretamente a doença. No entanto, o discurso, que inicialmente era algo restrito a comunidades de redes sociais, acabou extrapolando a linha da informalidade e chegou, inclusive, a ser adotado por autoridades. [...]

Atualmente, 55 419 chineses vivem no Brasil e 1 521 em Minas, segundo a Polícia Federal. Roberto (nome aportuguesado) é um deles. Dono de um restaurante chinês na Região Centro-Sul de Belo Horizonte, ele mora no país há 33 anos. "O chinês não tem culpa, a doença não tem origem. Inclusive, o primeiro caso no Brasil veio da Europa, e não da China. O preconceito com a China não tem razão, eu não gostaria de sofrer esse preconceito. Ainda tem gente que fala que a China é que criou o vírus, mas isso é completamente mentiroso. Nós fomos as primeiras vítimas. Se nós o tivéssemos criado, não seríamos tão burros de mandar pra gente primeiro, e sim para os outros", defende. [...]

Até o momento, não se sabe como chegou ao ser humano o vírus que colocou o mundo de cabeça pra baixo. Atualmente, cientistas de vários países levantam dados e tentam descobrir o ponto inicial dessa cadeia de contaminação. Uma das hipóteses mais estudadas é a de que o vírus tenha vindo de morcegos, animal reconhecido por transmitir várias doenças. No entanto, caso essa teoria esteja certa, ainda não se sabe quando e como ocorreu a transmissão do morcego para o humano.

É em meio a esses estudos que pessoas ao redor do mundo vêm levantando teorias da conspiração de que a infecção primária se deu devido a hábitos alimentares dos chineses. "Muitas pessoas não leem, não sabem de nada e ficam jogando culpa nos chineses, falando que a gente come qualquer coisa, eu sofro com isso na internet. Sou chinês e nunca comi cachorro e morcego, nem sei onde posso comer isso. A nossa lei não permite comer isso, é ilegal. Quem não tem conhecimento acha que a gente come isso todo dia", questiona Zhang Ding Chun, de 37 anos, que mora no Brasil há 11.

Casado com uma brasileira, Zhang é natural de Shenyang, cidade de 8,29 milhões de habitantes, localizada a 690 quilômetros da capital, Pequim. Apesar de não ter sofrido nenhuma ofensa direta, ele conta que frequentemente recebe materiais nas redes sociais ofendendo chineses.

"Todo dia vejo pessoas postando coisas contra a China no Facebook, mas sou discreto e não comento nada não. Outro dia, um brasileiro me mandou um vídeo em chinês falando que a China é ruim. Eu vi aquele vídeo e percebi que a mulher que falava no vídeo não era da China continental; na verdade, o vídeo era de Taiwan", conta. O país vizinho é visto como um inimigo político da China, que, inclusive, o considera parte de seu território. [...]

LOVISI, P. Xenofobia, uma outra doença que veio com o coronavírus. *Estado de Minas*, Belo Horizonte, 27 abr. 2020. Disponível em: www.em.com.br/app/noticia/gerais/2020/04/27/interna_gerais,1142295/xenofobia-uma-outra-doenca-que-veio-com-o-coronavirus.shtml. Acesso em: 21 set. 2021.

Propagação do coronavírus durante a pandemia

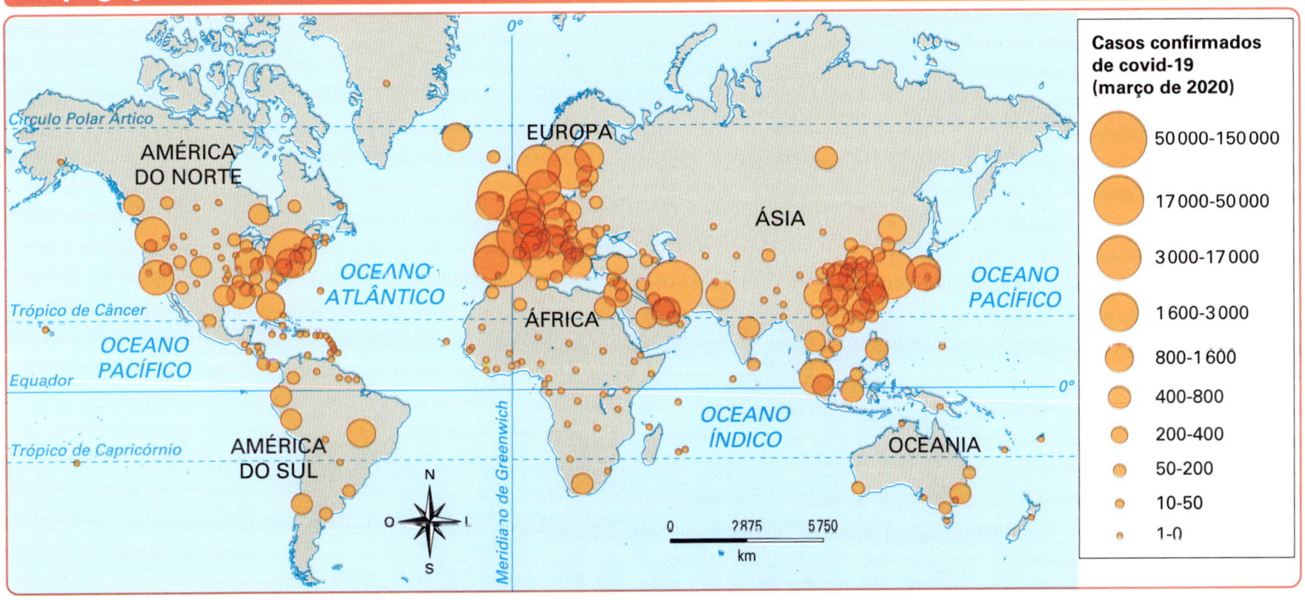

Banco de imagens/Arquivo da editora

Fonte: elaborado com base em CASTILHO, Denis. Um vírus com DNA da globalização: o espectro da perversidade. *Espaço e economia*: Revista Brasileira de Geografia Econômica. Ano IX, n. 17, 2020. Disponível em: https://journals.openedition.org/espacoeconomia/10332. Acesso em: 16 nov. 2021.

a) Tomando a notícia como referência, aponte ao menos dois importantes motores da xenofobia.

b) Faça uma pesquisa sobre o cenário geopolítico de 2020 e analise as razões pelas quais alguns líderes políticos usaram com frequência a expressão "vírus chinês" para se referir ao novo coronavírus, o que levou a ONU a se pronunciar contra o emprego de expressões preconceituosas.

c) O uso de expressões xenofóbicas e racistas não tem como alvo apenas os chineses. Forme um grupo com colegas e criem dramatizações curtas de situações discriminatórias reais que vocês já testemunharam ou experimentaram. Em data previamente marcada, apresentem as dramatizações para a turma. Ao final das apresentações, procurem diferenciar aquelas que trataram do racismo das que trataram da xenofobia. Avaliem qual das duas manifestações foi mais comum e se existe um padrão nelas.

Cultura material e imaterial

Os diversos grupos sociais, ao construírem a própria cultura e difundirem suas invenções, de diferentes tipos, criaram diversos recursos que são expressos em **bens materiais** (como habitações, vestimentas, arte, meios de transporte) e em **bens imateriais** (comportamentos, práticas, saberes e habilidades). O conjunto de todos esses bens faz parte da cultura. Essa constatação contribuiu para que historiadores, antropólogos, sociólogos e geógrafos ampliassem as suas fontes de pesquisa sobre os vários povos existentes no mundo.

Muitos desses pesquisadores trabalham com grande diversidade de fontes ou evidências em suas investigações. No entanto, essas fontes não fornecem resultados absolutos para as questões pesquisadas. Elas fornecem pistas, indícios sobre o tema pesquisado, e, por isso, devem ser identificadas, selecionadas e interpretadas pelo pesquisador, de acordo com a finalidade de cada pesquisa.

Saiba+

Cultura: um conceito antropológico. Roque de Barros Laraia. Zahar, 1986.

Esse livro, do antropólogo brasileiro e professor da Universidade de Brasília (UnB) Roque de Barros Laraia, introduz o conceito antropológico de cultura de forma didática, com exemplos referentes à sociedade da qual fazemos parte e às sociedades tribais que compartilham o território brasileiro.

Sou jovem, meu patrimônio é o mundo. Disponível em: https://youtu.be/fvDSugY79IM. Acesso em: 15 mar. 2022.

Vídeo produzido coletivamente por jovens latino-americanos que participaram do Fórum Juvenil do Patrimônio Mundial, em 2010.

Patrimônio histórico e cultural

O conjunto de bens naturais e culturais (sejam materiais, sejam imateriais) mais significativos forma o patrimônio histórico, cultural e natural de um povo ou país. Tal patrimônio pode ser constituído por construções como igrejas, esculturas, edifícios, entre outros elementos importantes para a história e a cultura de um local.

A Organização das Nações Unidas para a Educação, a Ciência e a Cultura (Unesco) adota diversos procedimentos para avaliar e definir patrimônios históricos e culturais.

Valorizar esse legado cultural é importante para conhecer e respeitar a memória coletiva dos grupos que construíram a sociedade da qual fazemos parte; trata-se de uma atitude de cidadania.

Muitas vezes, as obras de arte, os edifícios, um saber tradicional ou mesmo uma cidade inteira merecem cuidados especiais para que as gerações futuras conheçam a sua história.

Wagner Campelo/Shutterstock

Definir e legitimar os patrimônios históricos e culturais contribui para a preservação da história de um povo e de um lugar ou região, além de valorizar a diversidade cultural. Na foto, a cidade de Ouro Preto (MG), em 2018. Em 1980, ela foi declarada Patrimônio Cultural da Humanidade.

Difusão cultural

As invenções de um povo podem ser difundidas para outras sociedades em todo o mundo. Essa difusão pode ser mais lenta ou mais rápida, dependendo da tecnologia dos meios de transporte e de comunicação disponíveis em determinado período histórico, da receptividade de cada povo àquilo que vem de fora, bem como da política institucional.

Atualmente, essa difusão, tanto de inovações tecnológicas quanto de produções artísticas, ocorre de forma quase imediata, sendo facilitada por meio da divulgação pela internet e estando diretamente associada ao fenômeno da globalização.

No entanto, a difusão cultural ocorre há muitos séculos. No caso da Matemática, por exemplo, muitos conhecimentos foram propagados entre os povos, como a introdução dos algarismos hindus, que ficaram conhecidos como algarismos arábicos; o sistema sexagesimal (que tem como base o número 60), que continua sendo utilizado para medir os graus angulares (como 30°, 60°, 180° e 360°); e a contagem do tempo (1 hora tem 60 minutos, 1 minuto tem 60 segundos), conhecimento difundido pelos sumérios.

Outras contribuições importantes foram as invenções chinesas, como as seguintes:

- **Bússola:** esse instrumento foi provavelmente desenvolvido no século IV a.C. e era utilizado em práticas adivinhatórias. Foi somente no século XIII que a bússola foi aperfeiçoada e utilizada como instrumento de orientação geográfica dos navegadores marítimos.
- **Pólvora:** a princípio era utilizada em fogos de artifício. Para fins militares, a pólvora foi empregada apenas a partir do século X.
- **Papel:** durante muito tempo, os antigos chineses escreveram em madeira, especialmente em bambus. Posteriormente, inventaram a folha de papel. A divulgação desse invento ocorreu por volta do século II.
- **Seda:** por volta do século III a.C., os chineses passaram a fabricar tecidos de seda com fios obtidos dos casulos de uma lagarta conhecida como bicho-da-seda, cujo nome científico é *Bombyx mori*. A produção dos fios de seda gerou importante comércio na China, a partir do qual se desenvolveu a Rota da Seda, constituída de estradas que ligavam a China a algumas cidades ocidentais.

Outro exemplo marcante de difusão cultural foram as trocas alimentares que ocorreram entre os povos nativos da América e os povos europeus.

Trocas alimentares entre europeus e ameríndios

	Animais	Plantas
Levados da América para outros continentes	Peru	Abacate, abacaxi, abóbora, amendoim, batata, batata-doce, baunilha, cacau, caju, feijão, girassol, goiaba, mandioca, milho, pimentas, tomate.
Trazidos de outros continentes para a América	Carneiro, cavalo, galinha, ovelha, porco, vaca.	Alface, alho, banana, café, cana-de-açúcar, cebola, cevada, laranja, limão, maçã, pera, pêssego, repolho, trigo.

Fonte: NEVES, Eduardo G. Os índios antes de Cabral: arqueologia e história indígena no Brasil. In: SILVA, Aracy L. da; GRUPIONI, Luís Donisete B. (org.). *A temática indígena na escola*: novos subsídios para professores de 1º e 2º graus. Brasília, DF: MEC/Mari/Unesco, 1995. p. 197.

Atividades

1. No município em que você vive, há algum prato regional feito com alguma das plantas apresentadas na tabela? Qual?

2. Pesquise receitas consideradas tipicamente brasileiras e verifique se elas estão relacionadas a essas trocas na alimentação.

Podemos dizer que todas as pessoas vivem sob a influência de diversas culturas transmitidas por meio de trocas culturais. Leia o texto a seguir, do antropólogo estadunidense Ralph Linton (1893-1953), que aprofunda esse assunto.

> O cidadão norte-americano desperta num leito construído segundo padrão originário do Oriente Próximo, mas modificado na Europa Setentrional, antes de ser transmitido à América. Sai debaixo de cobertas feitas de algodão, cuja planta se tornou doméstica na Índia [...] Ao levantar da cama faz uso dos [sapatos] mocassins que foram inventados pelos índios das florestas do Leste dos Estados Unidos [...].
>
> Antes de ir tomar o seu *breakfast* [café da manhã], ele olha a rua através da vidraça feita de vidro inventado no Egito; e, se estiver chovendo, calça galochas de borracha descoberta pelos índios da América Central e toma um guarda-chuva inventado no sudoeste da Ásia. [...]
>
> De caminho para o *breakfast*, para para comprar um jornal, pagando-o com moedas, invenção da Líbia antiga. No restaurante [...] o prato é feito de uma espécie de cerâmica inventada na China. A faca é de aço, liga feita pela primeira vez na Índia do Sul; o garfo é inventado na Itália medieval; a colher vem de um original romano.
>
> [...] lê notícias do dia, impressas em caracteres inventados pelos antigos semitas, em material inventado na China e por um processo inventado na Alemanha. Ao inteirar-se das narrativas dos problemas estrangeiros, se for bom cidadão conservador, agradecerá a uma divindade hebraica, numa língua indo-europeia, o fato de ser cem por cento americano.

LINTON, Ralph. *O homem*: uma introdução à antropologia. São Paulo: Martins Fontes, 1976. p. 331-332.

Fabio Colombini/Acervo do fotógrafo

Família indígena realizando compra em supermercado na cidade de São Paulo (SP), em 2017.

De acordo com o *Censo Demográfico 2010*, do Instituto Brasileiro de Geografia e Estatística (IBGE), 818 mil pessoas se declaravam indígenas no Brasil. Essa população vive em cidades, áreas rurais e em terras indígenas.

Os indígenas que vivem no Brasil apresentam enorme diversidade cultural e muitos deles adotaram costumes dos brancos. Leia, a seguir, as palavras de Karaí Katu, um guarani da aldeia do Itatins, município de Itariri, SP.

> [...] As pessoas olham a gente nas feiras, usando estas roupas e sapatos e olham como se não fôssemos mais guarani. Como se a gente tivesse perdido nossa cultura. Eles não percebem que, por dentro, a gente continua o mesmo guarani.

BORGES, Paulo Humberto Porto. Guarani. *Barão em foco*, Campinas, 1994. Disponível em: http://baraoemfoco.com.br/historia/projeto/povoguarani.html. Acesso em: 16 nov. 2021.

Atividade

3. Com base no depoimento de Karaí Katu, responda: As transformações sociais e culturais são compatíveis com a preservação das identidades étnicas? Justifique sua resposta.

Diversidade e identidade cultural

Viver em sociedade significa partilhar a vida social. Você pode até não gostar do chamado esporte nacional, mas a sua opinião ou gosto pessoal não muda o fato de que aquela é a paixão da maioria dos indivíduos que vive na mesma sociedade que você. O conjunto de normas, valores, crenças, história, língua, religiões, etc. ao qual nos referimos como cultura forma um todo social com muitas particularidades. O desafio de viver a diversidade está em identificar essas particularidades e reconhecer que todas são igualmente importantes na formação da cultura de um povo.

A identidade cultural pode estar em pequenos grupos ou comunidades, como também dentro de regiões que compreendem ou não o território de um país. Nesse sentido é válido falar na identidade cultural das periferias dos grandes centros urbanos, como também na identidade cultural dos países de colonização espanhola. O que define a identidade cultural é o sentimento de pertencimento do indivíduo, o que lhe confere uma autoridade sobre si próprio para afirmar onde e como se reconhece. Junto com a possibilidade de autodefinição vem a incerteza sobre esse pertencimento e talvez um sentimento de perda de identidade. Na construção da identidade cultural na contemporaneidade, o indivíduo se choca com indefinições e fragmentações que, segundo o sociólogo britânico-jamaicano Stuart Hall (1932-2014), talvez sejam características do nosso próprio tempo: nós também seríamos pós qualquer definição fixa do termo **identidade**. A fragmentação ou deslocamento, nesse sentido, não seria uma crise de identidade, mas, antes, a conformação da nova configuração da identidade.

> [...] A identidade plenamente unificada, completa, segura e coerente é uma fantasia. Ao invés disso, à medida em que os sistemas de significação e representação cultural se multiplicam, somos confrontados por uma multiplicidade desconcertante e cambiante de identidades possíveis, com cada uma das quais poderíamos nos identificar – ao menos temporariamente. [...]

HALL, Stuart. *A identidade cultural na pós-modernidade*. Tradução de Tomaz Tadeu da Silva, Guaracira Lopes Louro. 11. ed. Rio de Janeiro: DP&A, 2006. p. 13.

Lunae Parracho/Reuters/Fotoarena

Em março de 2014, antropólogos localizaram indígenas considerados isolados na Floresta Amazônica, no Acre, próximo à fronteira com o Peru. Acredita-se que o isolamento seja por escolha dos indígenas. O monitoramento à distância preserva a identidade desse grupo e respeita a diversidade.

Atividades

1. O que define a identidade cultural de um povo?
2. Para o sociólogo Stuart Hall, as identidades culturais modernas estão em crise?
3. Olhando para você, quais elementos definem sua identidade cultural?

O respeito à diversidade

A Constituição federal de 1988 prevê, em seu artigo 3º, os objetivos fundamentais da República Federativa do Brasil. São eles:

> I – construir uma sociedade livre, justa e solidária;
>
> II – garantir o desenvolvimento nacional;
>
> III – erradicar a pobreza e a marginalização e reduzir as desigualdades sociais e regionais;
>
> IV – promover o bem de todos, sem preconceitos de origem, raça, sexo, cor, idade e quaisquer outras formas de discriminação.

BRASIL. [Constituição (1988)]. *Constituição Federal*. Brasília, DF: Senado Federal. Disponível em: www.senado.leg.br/atividade/const/con1988/CON1988_05.10.1988/art_3_.asp. Acesso em: 15 mar. 2022.

Assim, respeitar a diversidade não é um ato de boa vontade e decisão individual, mas uma determinação da lei maior, expressa também em outras leis do código jurídico brasileiro. O respeito à diversidade aparece atrelado à promoção do bem da população como um todo e ao desenvolvimento do país. O direito à liberdade de expressão, também garantido pela Constituição, implica responsabilização pelos seus atos e falas. Isso significa que ninguém tem o direito de ferir o outro com suas opiniões, sob pena de processo legal.

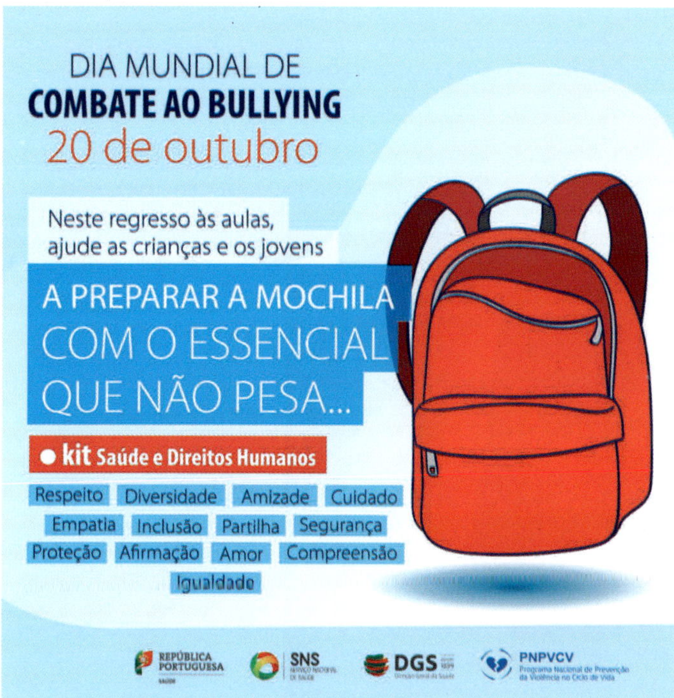

SNS Ministério da Saúde/Governo da República Portuguesa

Campanha do Dia Mundial de Combate ao *Bullying* promovida pelo Serviço Nacional de Saúde de Portugal.

O comportamento de estranhamento em relação ao que é diferente é comum no ser humano e, por isso mesmo, precisa ser desnaturalizado, isto é, precisa ser apontado, nomeado e combatido. Mas essa tarefa não cabe ao indivíduo sozinho: a sociedade e a escola têm de enfrentar o *bullying* de forma categórica desde muito cedo.

O Estado deve promover campanhas de inclusão promulgando leis que favoreçam os grupos de pessoas tradicionalmente marginalizadas na sociedade (mulheres, negros, indígenas, quilombolas, transexuais, refugiados, pessoas com deficiência física, etc.); as propagandas nos meios de comunicação devem garantir a representatividade da população; as empresas têm de abrir vagas específicas para contemplar a diversidade; quando se percebe uma atitude de preconceito contra grupos ou pessoas, é importante problematizar esse assunto. O respeito à diversidade não é escolha individual de tolerância; é projeto nacional indispensável de desenvolvimento político, econômico e social. E é obrigação ética de todo ser humano.

Atividades

4. O que você entende por "desnaturalizar" uma ideia e que estratégias podem ser mobilizadas para isso?

5. Com base em seus conhecimentos e em pesquisas, busque definir o que é racismo estrutural.

6. Compartilhe com a turma estratégias de intervenção para serem utilizadas em situações nas quais se testemunham ações de discriminação e hostilidade contra outra pessoa.

7. Pesquise na internet se, no município ou na região onde você mora, há algum projeto de acolhimento de refugiados e compartilhe essa informação com a turma.

Tradições de povos do Brasil

Ter noção das tradições, dos costumes, dos modos de fazer e de viver dos povos indígenas é importante para conhecermos a história desses povos. Ainda temos poucas informações sobre como viviam os indígenas no território que viria a ser o Brasil antes da chegada dos europeus.

Não sabemos os nomes de antigos líderes, as relações de poder entre os diferentes povos, as eventuais fases de ascensão e declínio de alguns deles, os acontecimentos gerais e tampouco se poderemos reconstruí-los. No entanto, é possível compreender costumes, movimentos populacionais e algumas relações entre as diversas etnias indígenas utilizando métodos da Antropologia e da **Linguística**. Cada etnia, a seu tempo, participou do legado indígena para a formação da sociedade brasileira. Desde o início da colonização, os indígenas contribuíram, entre outras coisas, para a adaptação do europeu ao clima, para a domesticação de plantas para uso agrícola e para um amplo conhecimento farmacológico de ervas, plantas e outros recursos da natureza.

Linguística: ciência que tem por objeto a linguagem humana nos seus mais variados aspectos, incluindo estrutura, origem, evolução, etc.

De acordo com a Antropologia, **tradição** é um conjunto de práticas e técnicas de povos com características comuns que persistem ao longo do tempo e que são registradas em determinada região ou lugar. Nas terras do atual Brasil, por exemplo, existiram várias tradições, cada uma identificada com um nome diferente. Dentre as diversas tradições linguísticas que existiram, destaca-se a tradição tupi-guarani. Os povos tupis-guaranis cultivavam várias plantas, como milho, mandioca, batata-doce, amendoim, abóbora, feijão e urucum. A caça e a pesca completavam a sua alimentação. Os tupis-guaranis alcançaram, a partir da Amazônia, o litoral e vales de rios no norte, leste e sul do atual território brasileiro.

Esse processo aconteceu em levas migratórias sucessivas, como mostra o mapa a seguir.

Brasil: migração dos povos tupis-guaranis

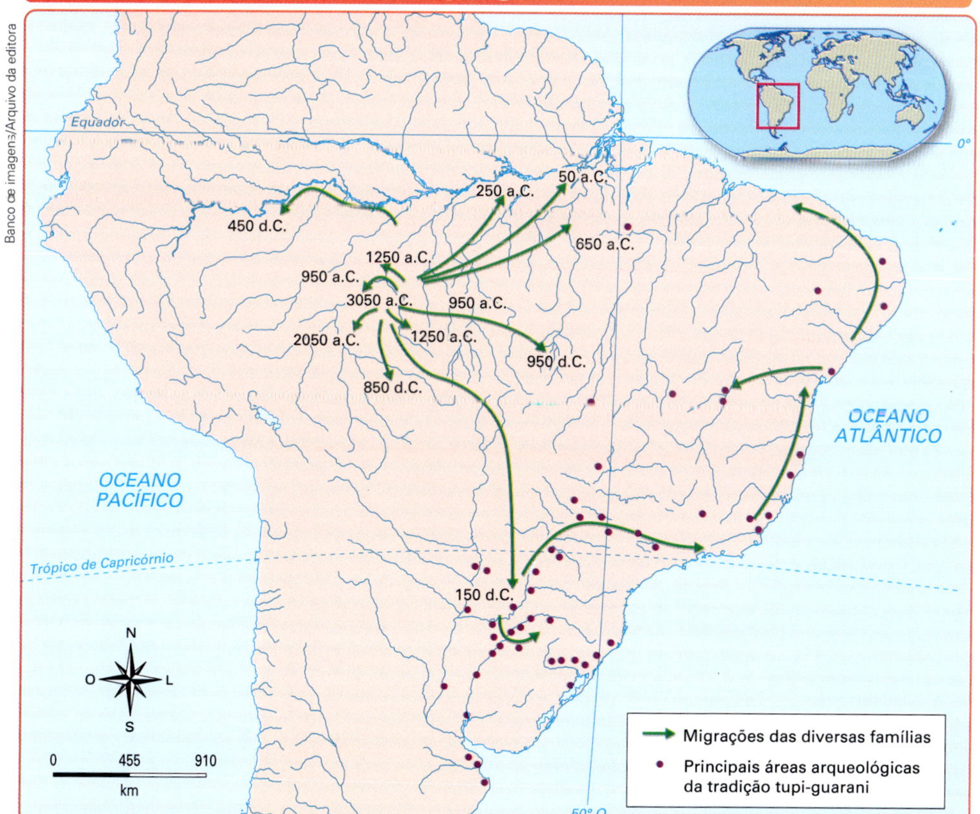

Ocupação dos povos tupis-guaranis e expansão territorial feita há milhares de anos, segundo vestígios encontrados em vários locais da região que viria a ser o Brasil.

Fonte: elaborado com base em SCHMITZ, Pedro Ignácio (ed.). *Pré-História do Rio Grande do Sul*. São Leopoldo, RS: Instituto Anchietano de Pesquisas – UNISINOS, 2006. p. 56. Disponível em: www.anchietano.unisinos.br/publicacoes/documentos/documentos05.pdf. Acesso em: 16 nov. 2021.

Observe o mapa do Brasil a seguir, que apresenta algumas tradições que existiram no país. Cada uma dessas tradições indica os estados atuais em que essas manifestações ocorreram.

Brasil: tradições dos povos originários

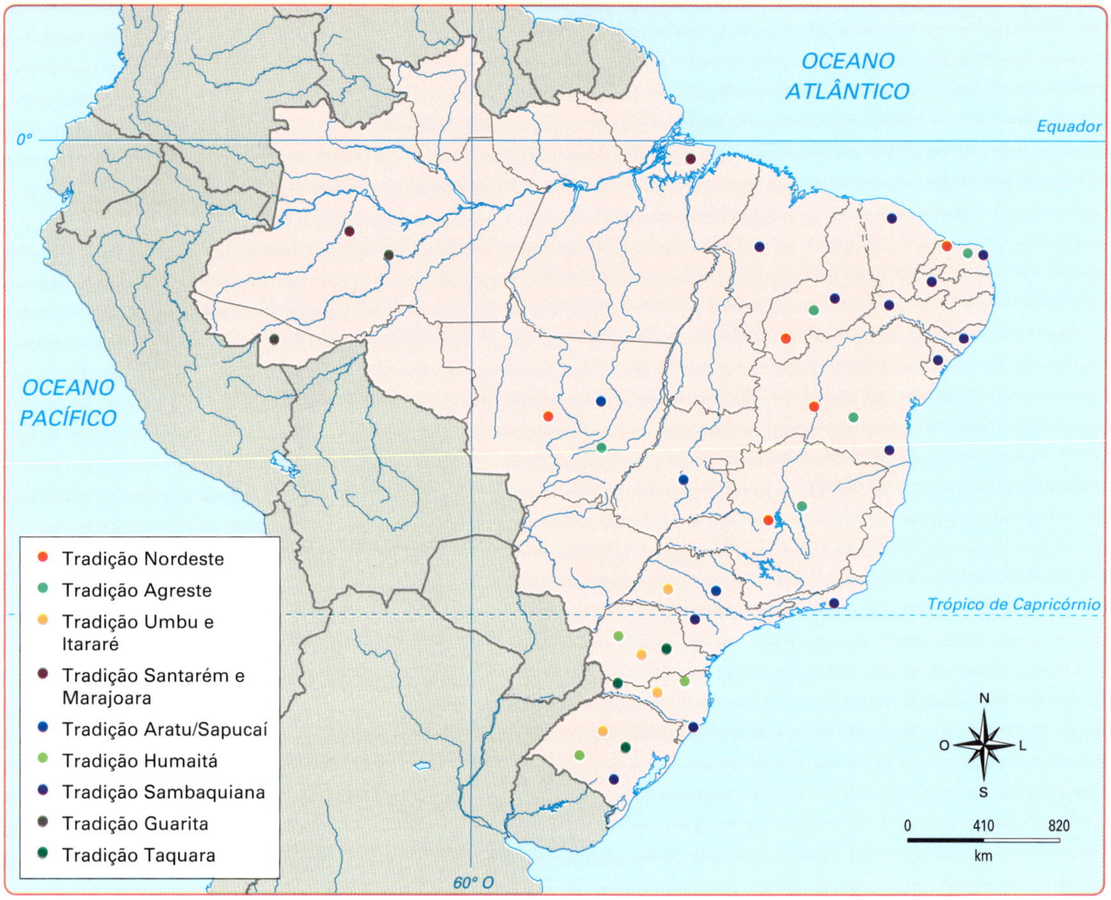

Banco de imagens/Arquivo da editora

- **Tradição Nordeste:** os artefatos de caça, as pinturas rupestres e os fósseis dos mais antigos habitantes do atual território brasileiro fazem parte dessa tradição. No atual estado do Piauí, foram encontrados vestígios dessa tradição datados de mais de 12 mil anos. Eles indicam que esses agrupamentos humanos caçavam grandes animais e tinham uma vida coletiva em cavernas. Porém, são poucas as informações de que dispomos sobre como esses grupos se organizavam. As pinturas rupestres dessa tradição representam cenas mais lúdicas, como rituais de dança, caça e ritos cerimoniais. Embora existam desenhos rupestres de homens e mulheres, diferenciados pela representação dos órgãos sexuais, muitas figuras foram feitas sem distinção entre os sexos. Por isso, alguns estudiosos sustentam hipóteses de que essas sociedades não eram patriarcais, permitindo que mulheres e homens compartilhassem de relativa igualdade.
- **Tradição Agreste:** existiu na mesma região da tradição Nordeste, há cerca de 10 mil anos. Seus povoadores criaram pinturas rupestres com cenas mais agressivas, frequentemente representando confrontos (talvez decorrentes do aumento demográfico e de mudanças ambientais).
- **Tradições Umbu e Itararé:** na região Sul, há registros da tradição Umbu, datada de 12 mil anos e composta de caçadores-coletores, dedicados à fabricação de instrumentos de caça. Na mesma região, também foram encontradas evidências da tradição Itararé, de cerca de 1500 anos, constituída de agricultores que construíam casas subterrâneas.
- **Tradição Santarém e Marajoara:** alguns povos desenvolveram a confecção de objetos de pedra e, posteriormente, de cerâmica desde pelo menos 5 mil anos atrás. A cerâmica produzida na área da atual cidade de Santarém, no estado do Pará, foi classificada como tradição Santarém. Por volta do ano 1000, sobressaiu a tradição Marajoara, como revelam os vestígios da cerâmica policromada que lhe é característica. Há cerca de 700 anos, a população da ilha de Marajó (Pará), berço dessa cultura, era estimada em 100 mil habitantes, aproximadamente.

- **Tradição Aratu/Sapucaí:** são vestígios que datam de antes do século VIII. Nessa tradição, destacam-se principalmente as cerâmicas utilitárias, como as usadas para preparo e consumo de alimentos.
- **Tradição Humaitá:** é composta de grupos dedicados à pesca, à caça e à coleta de raízes, moluscos e frutos silvestres, que habitaram o território dos atuais estados da região Sul. Também fabricavam objetos de pedra lascada e polida. Os registros mais antigos dessa tradição foram encontrados em Santa Catarina. São vestígios de fogueiras datados de mais de 8500 anos.
- **Tradição Sambaquiana:** nessa tradição, há vestígios de povos pescadores e coletores com datação de mais de 5 mil anos. Alguns sambaquis encontrados nos atuais estados da região Sul e da região Nordeste atingem 10 metros de altura. Por meio da análise das camadas de matéria orgânica e inorgânica dessas formações, é possível estudar a vida material e cotidiana – a base alimentar, por exemplo – dessas populações.
- **Tradição Guarita:** estima-se que, antes do ano 1000, cerca de 60 mil pessoas viviam na região dos atuais estados do Amazonas e do Acre. Essa tradição destacou-se pela produção de objetos cerâmicos cerimoniais utilizados em ritos, como os de sepultamento. Na área que hoje corresponde ao estado do Acre, encontram-se aproximadamente 200 sítios arqueológicos.
- **Tradição Taquara:** os vestígios dessa tradição compreendem principalmente cerâmicas e construção de casas abaixo do solo, para proteção dos ventos gelados, feitas entre 3 mil e 5 mil anos atrás.

Atividade

- Pesquise, em *sites* de universidades, museus e outras fontes confiáveis, tradições na região ou no lugar em que se insere a escola, apontando novos conhecimentos advindos de pesquisas mais recentes.

Saiba +

Fundação Museu do Homem Americano. Disponível em: http://fumdham.org.br/. Acesso em: 15 mar. 2022.

O Museu do Homem Americano, localizado em São Raimundo Nonato, no Piauí, reúne os resultados das pesquisas da fundação e de estudiosos que atuam na região desde a década de 1970.

Fundação Nacional do Índio. Disponível em: www.funai.gov.br. Acesso em: 15 mar. 2022.

Órgão indigenista oficial do Estado brasileiro, a Funai possui informações e pesquisas relacionadas aos povos indígenas do território nacional.

Eu já fui seu irmão. Direção: Vincent Carelli. Brasil, 1993. 40 min.

Documentário sobre o intercâmbio cultural entre os Parakatêje, do Pará, e os Krahô, do Tocantins.

Funeral Bororo. Direção: Maureen Bisilliat. Brasil, 1993. 47 min.

Documentário realizado a partir do registro do funeral de um chefe da nação bororo, em 1953, pelo fotógrafo alemão Heinz Forthman. No documentário, o antropólogo brasileiro Darcy Ribeiro (1922-1997) é convidado a rever as imagens existentes sobre esse trabalho.

Moderno e "atrasado"

O termo **moderno** não é só uma palavra. Ele descreve e explica um aspecto da realidade, o que faz dele um **conceito**. Usamos o conceito de moderno para definir tudo aquilo que incorpora aspectos do presente, desligando-se, de certa forma, do passado.

> **Conceito:** todo procedimento que possibilita a descrição, a classificação e a previsão de um objeto ou fenômeno no plano do pensamento. Sendo construções lógicas, os conceitos são estabelecidos de acordo com um quadro de referências, e o significado pode se alterar conforme um ou outro esquema de pensamento. Um exemplo histórico é o conceito de **moderno** e, entre tantos outros, também os conceitos de **democracia** e **cidadania**. Na origem, na cidade de Atenas, na Grécia antiga, a democracia cabia apenas aos **cidadãos**, cujo conceito se restringia aos homens livres com mais de 21 anos que fossem atenienses e filhos de pais atenienses. Na atualidade, a democracia cabe a todos, e todos são considerados cidadãos.

É comum vermos anúncios impressos, televisivos ou em redes sociais utilizando o conceito de moderno para dar um aspecto positivo aos produtos que estão sendo anunciados.

E não é só na hora de vender mercadorias que se usa esse conceito. Muitas ideias e programas de governo também se valem do conceito de modernidade. Provavelmente você já deve ter ouvido falar de "uma forma moderna de governar".

Os conceitos de moderno, modernização e modernidade foram construídos ao longo da história e utilizados em diferentes contextos; porém, apesar de sempre significar a oposição entre passado e presente, seu referencial mudou.

Originalmente, o termo **moderno** (do latim *modernus*, "recente, novo") era usado para fazer referência às práticas religiosas cristãs que se opunham ao paganismo. Já no século XVI, estava ligado à valorização do passado anterior ao cristianismo. Ou seja, o mesmo conceito foi usado em contextos distintos para valorizar ideias opostas.

A partir do final do século XVII e mais intensamente no XVIII, sob influência do Iluminismo, o termo **moderno** passou a ser utilizado para indicar práticas sociais e ideias consideradas novas e melhores, mais evoluídas e apropriadas.

Essa noção de moderno fortaleceu-se ao longo dos séculos XIX e XX, ao mesmo tempo que as ideias de progresso e desenvolvimento tecnológico se tornavam centrais no pensamento científico europeu. Um equipamento "moderno" ou uma prática social "moderna" tornaram-se sinônimos de uma melhoria inquestionável. A noção de modernização surgiu nessa atmosfera de expansão do capitalismo, sendo utilizada para designar um conjunto de ações para se tornar moderno, isto é, para atingir determinado nível de desenvolvimento tecnológico considerado adequado. Em geral, a modernização foi um modo de imposição de um modelo econômico dos países ricos sobre as antigas colônias e os países pobres; afinal, tornar-se moderno significava reproduzir os padrões econômicos e culturais europeus. Nesse contexto, o contrário de moderno era "atrasado".

Peça publicitária publicada no jornal *O Dia*, do Piauí, no ano de 1953. Um rádio que já foi um exemplar da "mais alta linhagem da moderna eletrônica" no passado já não pode ser considerado moderno nos dias de hoje.

Atividades

1. Dividam-se em grupos e entrevistem familiares, funcionários da escola e moradores das imediações da escola, perguntando a eles qual o conceito que têm de "povos atrasados" e "povos modernos". Peça aos entrevistados que forneçam exemplos.
2. Após a realização das entrevistas, elaborem um texto relatando como foram as declarações dos entrevistados. Cada grupo vai expor aos demais o que foi levantado.

A noção sobre povos "atrasados" está ligada à ideia de uma "Pré-História", ou seja, um grande período anterior à História propriamente dita. Como termo, **pré-história** surgiu proposto no livro *The archeology and prehistoric annals of Scotland*, publicado em 1851, pelo arqueólogo e etnólogo britânico-canadense Daniel Wilson (1816-1892). Ele propunha uma disciplina que trabalhasse os períodos em que os seres humanos e seus antepassados nada registraram pela escrita de forma intencional. Daí o termo se universalizou e ganhou a concepção de que haveria uma "Pré-História", a caminho da História propriamente dita, deixando evidente a ideia de um progresso.

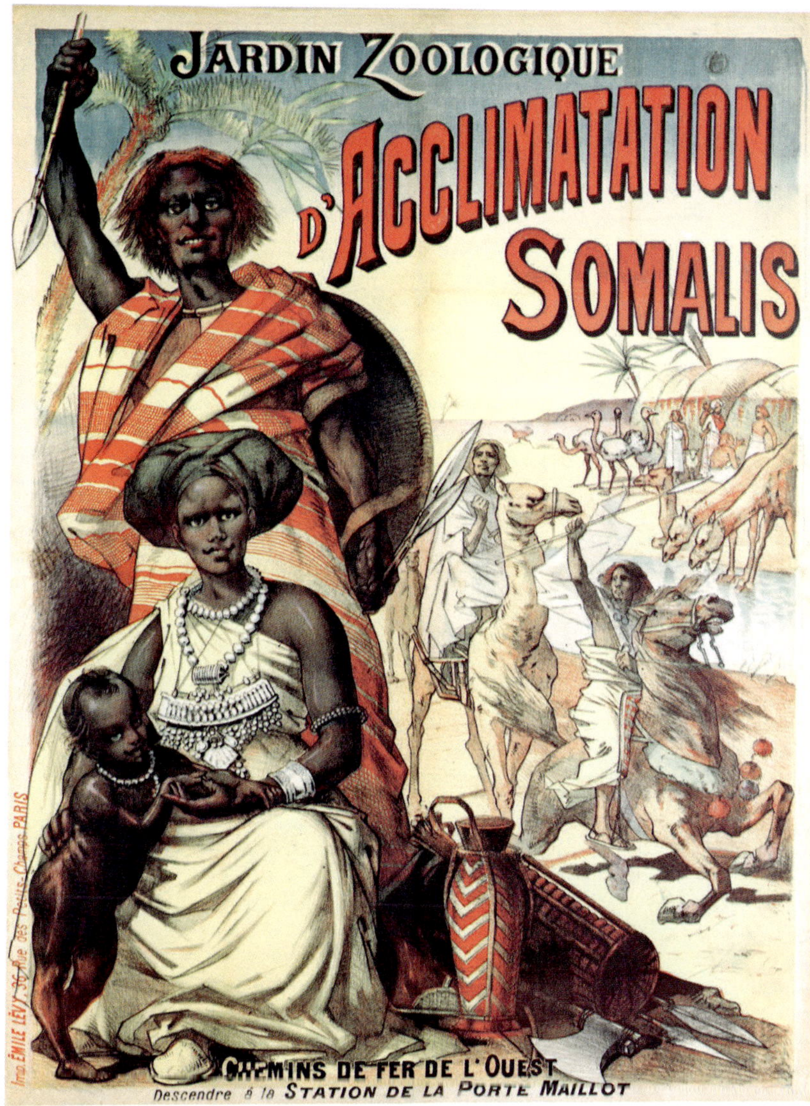

Bridgemam Images/Easypix Brasil

Cartaz de 1890 do Jardim Zoológico de Aclimatação, em Paris, França. O cartaz promove a exposição de uma aldeia africana dos somalis, montada dentro do parque. Essas exposições tiveram início no fim do século XIX e foram realizadas até o início do século XX. Em Paris, por exemplo, até 1912, foram organizadas cerca de 30 exposições desse tipo. Essas exposições frequentemente mostravam grupos africanos, indianos, nativos americanos, etc. enjaulados e atraíam a atenção da população. Eram muito populares nas feiras mundiais, vistas por milhões de pessoas em diversas cidades, como Paris (França), Hamburgo (Alemanha), Londres (Inglaterra), Nova York (Estados Unidos), Moscou (Rússia), Barcelona (Espanha).

Segundo essa concepção eurocêntrica, conforme o tempo passasse, a humanidade evoluiria de estágios menos desenvolvidos para situações de maior desenvolvimento. É como se existisse um roteiro, uma trajetória que devesse ser obrigatoriamente cumprida por todos os povos e sociedades. Dessa forma, a Pré-História corresponderia a um período em que a humanidade estaria ensaiando seus passos, em que ainda não se organizava em civilizações e engatinhava no domínio de tecnologias essenciais, como o uso do fogo e dos metais.

É preciso problematizar essa concepção, uma vez que foi com esse olhar que os europeus, já no século XVI, consideraram-se superiores às demais sociedades humanas e justificaram a conquista de povos, nações, reinos e até de continentes inteiros. Essa dominação foi, muitas vezes, apresentada como um "favor" aos povos submetidos e uma "missão" dos conquistadores, já que serviria para "melhorá-los", para "civilizá-los". Esses povos eram tidos como "atrasados", "selvagens", "primitivos". O discurso também se estendia para justificar a prática de violência, exploração, extermínio físico e cultural e escravização. Além disso, como vimos, a ideia de superioridade constituiu uma base falsamente científica para a prática do racismo.

Atividade

3. Em sintonia com a ideologia da "missão civilizadora", fortalecida no século XIX durante a corrida imperialista, foram realizadas inúmeras exposições de colonizados nos "zoológicos humanos", como a do cartaz. Elabore um texto articulando a noção de "povos exóticos" com políticas para desumanizar grupos sociais, ainda tão recorrente nos dias atuais, por meio de atuações discriminatórias.

Civilização e barbárie

Para vários pensadores do século XIX, **civilização** era um conceito que se referia a um estágio avançado da cultura humana, em oposição ao estado de **barbárie** ou selvageria. Esse conceito fazia parte da ideia de progresso que prevalecia no Ocidente. Industrialização, dinamismo tecnológico e conquista de áreas coloniais eram outros conceitos que também faziam parte dessa ideia de progresso.

Nesse contexto do século XIX, historiadores e outros cientistas sociais produziram versões eurocêntricas sobre o passado. Exemplo disso é o historiador e filósofo escocês James Mill (1773-1836), autor de *História da Índia Britânica*, que aponta a cultura e a civilização hindu como "rude" e "retrógada". Mill desconsidera que a Índia tinha sua própria história e produzira sua peculiar maneira de registrar o passado, com genealogias, biografias de monarcas, crônicas de dinastias e famílias dirigentes, entre outros elementos.

> James Mill escreveu em 1818 que não havia obras históricas na literatura dos indianos "porque não tinham alcançado o ponto de maturidade intelectual que permite começar a entender o valor de registrar o passado como guia para o futuro". Hegel acrescentaria "que uma civilização de três mil anos, como a da Índia, que não foi capaz de escrever a própria história é incapaz de evoluir culturalmente". Era evidente que os indianos precisavam de tutela para sair da estagnação.

FONTANA, Josep. *A história dos homens*. Bauru: Edusc, 2004. p. 28.

M Acharya/Dinodia Photo/AGB Photo Library

Apesar da tradição cultural milenar, muitos europeus consideravam a Índia e o povo indiano "atrasados", o que constitui um exemplo claro de etnocentrismo. Na imagem, a reprodução de algumas páginas dos *Vedas*, considerados os escritos religiosos mais antigos da humanidade, criados e reunidos há cerca de 3500 anos.

Atualmente, civilização equivale ao produto material e cultural do trabalho humano e às transformações da natureza que ele promove. Refere-se especialmente às organizações sociais, políticas e simbólicas construídas pelo ser humano.

Dessa forma, todas as culturas humanas podem ser consideradas civilizadas, sem que seja preciso compará-las. Essa perspectiva rompe com a visão evolucionista e eurocêntrica construída durante o período de conquistas pelos europeus e estabelece parâmetros para o estudo e a compreensão de outras civilizações desenvolvidas ao longo da história.

Eventos como o extermínio de milhões de pessoas promovido pelos nazistas durante a Segunda Guerra Mundial (1939-1945), o lançamento de bombas atômicas sobre as cidades japonesas de Hiroshima e Nagasaki, em 1945, realizado pelos Estados Unidos, bem como a corrida armamentista nuclear protagonizada por povos "avançados" e "civilizados" durante o período da Guerra Fria, no século XX, e outras guerras que aconteceram nas primeiras décadas do século XXI mostraram que a associação de "civilização" com valores "superiores" e humanistas não era tão verdadeira como se pensava até então.

Em outras palavras, civilização não é um estágio mais avançado que todos os povos teriam necessariamente de alcançar, como se fossem pessoas que passam por fases de crescimento e amadurecimento. Não é possível comparar as transformações das sociedades humanas com a evolução das espécies ou com o crescimento dos seres vivos, considerando a Europa um modelo a ser seguido.

Nick Ut/AP Photo/Imageplus

Atrocidades foram cometidas ao longo da história em nome da imposição de valores etnocentristas. Na imagem, Kim Phuc Phan Thi, ao centro, nua, com 9 anos de idade, e outras crianças correm desesperadas após serem atingidas em um bombardeio, em 1972, durante a Guerra do Vietnã (1955-1975), uma guerra promovida em nome da liberdade e que deixou mais de 2 milhões de mortos, a maioria civis.

No século XIX, o ideal imperialista de conquista da África e da Ásia contou com o *slogan* da "missão civilizadora", de modo que a conquista pelas potências e a exploração colonial foram justificadas pelo fato de a "civilização" estar sendo levada aos conquistados. Tratava-se de um discurso, uma ideologia para legitimar a dominação e a violência.

De maneira ainda bastante radical, a exemplo do filósofo alemão Friedrich Hegel (1770-1831), já citado anteriormente, chegou-se a conceber que a África subsaariana, por exemplo, não tinha história. Segundo Hegel, em afirmação de 1830:

> A África não é uma parte histórica do mundo, não oferece qualquer movimento, desenvolvimento ou qualquer progresso histórico próprio. [...] o que entendemos propriamente por África é o espírito sem história, o espírito ainda não desenvolvido, envolto nas condições naturais.
>
> HEGEL, Georg Wilhelm Friedrich. *Introdução à história da Filosofia*. São Paulo: Abril Cultural, 1985. p. 316-392. (Coleção Os Pensadores).

Durante muito tempo, o Egito antigo foi a única civilização da África estudada pelos historiadores ocidentais. Esse desinteresse foi compartilhado por Hegel, que afirmava, como vimos, que a África não fazia parte da história do mundo.

Evidentemente, o filósofo alemão sabia que uma civilização de milhares de anos se desenvolveu no Egito. Porém, ao se referir à África, ele certamente estava pensando no que se convencionou chamar de África subsaariana, ou seja, a porção do continente situada ao sul do deserto do Saara.

A despeito dessa opinião equivocada de Hegel e de outros pensadores do século XIX, os povos da África subsaariana têm a própria história, ou melhor, as próprias histórias. Essa região do continente reúne centenas de etnias e sediou desde a Antiguidade diversos reinos e cidades, cada um deles com sua cultura e história.

África subsaariana

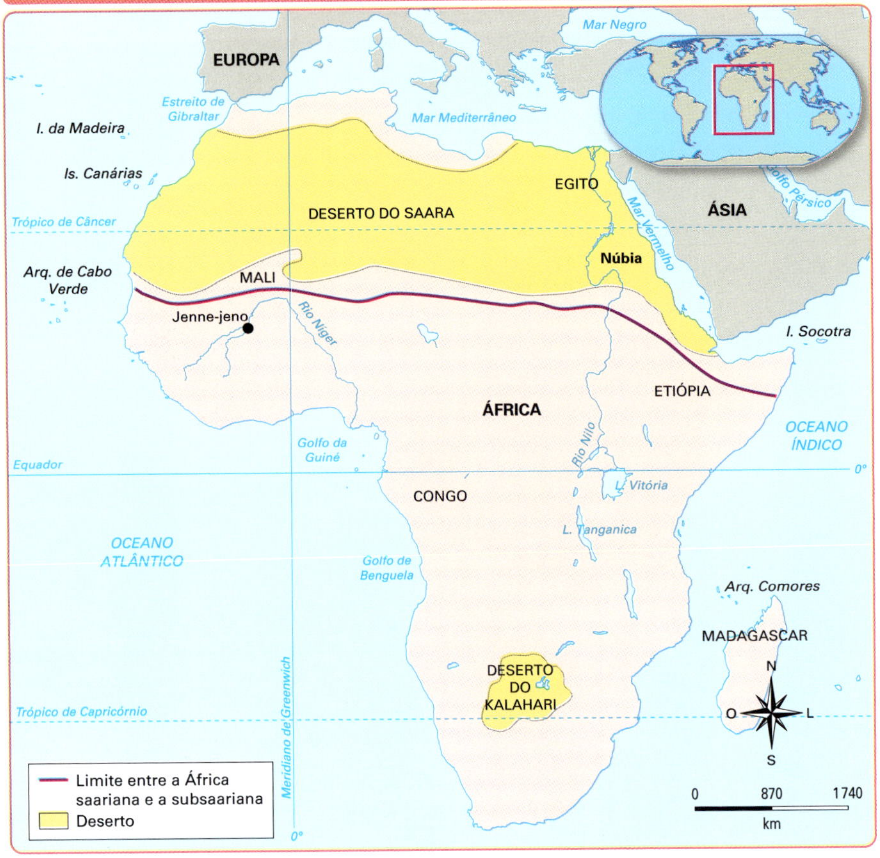

Banco de imagens/Arquivo da editora

Fonte: elaborado com base em SOUZA, Marina de Mello e. *África e Brasil africano*. São Paulo: Ática, 2006. p. 20.

Observe o mapa desta página. Nas regiões fronteiriças ao Egito antigo, por exemplo, formaram-se reinos na Etiópia e na Núbia. Mais ao sul, povos que dominavam a metalurgia do ferro e falavam o idioma banto instalaram-se na região do rio Níger, na África ocidental.

Nessa região, estima-se que as primeiras cidades tenham surgido há cerca de três séculos antes de Cristo. Um exemplo é Jenne-Jeno, no delta do Níger, no atual Mali, cuja existência e antiguidade só foram descobertas com escavações arqueológicas a partir da década de 1970. Por isso, embora essa cidade seja considerada patrimônio da humanidade pela Unesco, sua história ainda é pouco conhecida. As escavações já mostraram que em Jenne-Jeno se cultivavam arroz, sorgo, painço (um tipo de milho miúdo) e cereais em áreas inundadas. Sua população fazia joias e algumas ferramentas de ferro, embora não houvesse fontes de minério de ferro nas proximidades, o que indica a existência de relações comerciais com outras regiões.

O texto a seguir, do antropólogo congolês naturalizado brasileiro Kabengele Munanga (1940-), destaca a pluralidade étnica e cultural presente no continente africano e critica generalizações como "África Negra" ou "subsaariana", que desconsideram a existência de diversos povos com línguas, costumes e tradições distintos, bem como os descendentes de europeus presentes em seu território. Segundo a publicação *World Population Prospects* da ONU, a população do continente africano em 2019 era de 1,066 bilhão de habitantes.

Africanidades: um continente plural

A África é um imenso continente de 30 milhões de quilômetros quadrados de superfície, que abriga diversas civilizações, milhares de etnias e culturas distintas. Possui uma população [...] distribuída entre centenas de povos que falam diversas línguas ao mesmo tempo diferentes e semelhantes. Geograficamente, o deserto do Saara do Norte criou uma divisão natural do continente em duas partes desiguais em extensão territorial: a África do norte e a África subsaariana. A África do norte, chamada, segundo os interesses, ora de África Branca, ora de África árabe, abriga os países do Magreb (Marrocos, Argélia, Tunísia), Líbia e Egito.

A África subsaariana, geralmente conhecida como África Negra pelo fato de a maioria de sua população ser negroide, compreende todos os povos e países da África ocidental, oriental, central e austral. Considerar negra toda a África subsaariana pode se constituir numa espécie de discriminação ou exclusão de uma minoria demográfica dessa população africana de ancestralidade ocidental, os eurodescendentes, que se encontram em sua maioria na República da África do Sul, Zimbábue, Namíbia, Angola, Moçambique, Cabo Verde, Guiné-Bissau, São Tomé e Príncipe.

MUNANGA, Kabengele. *Origens africanas do Brasil contemporâneo*: histórias, línguas, culturas e civilizações. São Paulo: Global, 2009. p. 13.

Já o historiador francês Marc Ferro (1924-) destaca os reais interesses das potências europeias quando alegavam a necessidade de "civilizar" povos da África e da Ásia a partir de meados do século XIX. Ao propor a missão de levar o progresso e os conhecimentos que circulavam na Europa, tinham, de fato, interesses econômicos e expansionistas. Leia o trecho a seguir.

Missão civilizadora

Ilustração de René Georges Hermann-Paul, de 1899, em que o artista critica a visão colonialista sobre a violência: quando o personagem chinês ataca o soldado europeu, a ação é tida como barbárie, mas, quando é o contrário, o uso da violência é justificado como uma ação civilizadora.

Os glorificadores da expansão conseguiram fazer triunfar a ideia, hoje ainda viva em vários setores da vida econômica, de que a expansão ultramarina era o objetivo final da política, tendo sido os ingleses, entre outros, os primeiros a associar os benefícios do imperialismo ao triunfo da civilização, esse grande feito dos "povos superiores". No momento em que os avanços da ciência e o sucesso do darwinismo asseguravam aos mais dotados a tarefa de espalhar pelo mundo os benefícios do progresso, os ingleses se julgavam necessariamente destinados, em essência, a realizar essa tarefa. "Eu acredito nesta raça", dizia Joseph Chamberlain em 1895. Graças ao seu avanço, ao seu *savoir-faire* [expressão francesa que significa "saber fazer"], os ingleses se encarregavam de civilizar o mundo, "este fardo do homem branco". Os franceses, movidos pela doutrina das Luzes e pelo brilho da Revolução de 1789, julgavam sobretudo estar cumprindo uma missão libertadora [...]. Ademais, ao considerarem os indígenas como crianças, eram levados por suas convicções, republicanas ou não, a julgar que, educando-os, eles se civilizariam. Portanto, resistir-lhes era dar provas de selvageria.

Ora, essa ideia de civilização não era neutra. A história e o direito ocidental haviam codificado os fundamentos dela: princípio e formas da propriedade, modalidades de transmissão das heranças, legislação aduaneira, liberdade dos mares, etc. Assim, um conceito cultural, a civilização, e um sistema de valores tinham uma função econômica precisa. Aqueles que não se conformassem a essas regras de direito tornavam-se delinquentes, criminosos, e, portanto, passíveis de punição.

FERRO, Marc (org.). *O livro negro do colonialismo*. Rio de Janeiro: Ediouro, 2004. p. 22-23.

Atividades

1. Qual visão você tem hoje sobre o continente africano? Como essa visão foi construída?
2. Pesquise, em portais de notícias e jornais, o continente africano. Em sua maioria, as notícias veiculam aspectos e fatos positivos ou negativos? Qual impressão ou imagem se constrói do continente a partir dessas notícias?
3. Em grupo, relacionem a charge anterior ao conteúdo trabalhado até agora, comparando a imagem com as noções e os conceitos de civilização, atrasado, avançado, bárbaros, selvagens, vencedores e vencidos. Deem exemplos retirados do lugar onde vocês vivem.

Diálogos

- O texto a seguir é parte de um ensaio de Chinua Achebe (1930-2013), romancista, poeta e crítico literário nigeriano. Leia-o e responda às questões a seguir.

Ilustração da Cidade do Benin, na Nigéria, de 1668, de autoria do artista holandês D. O. Dapper.

Contar a história do povo negro na nossa época, e por um considerável período antes disso, tem sido uma responsabilidade que os brancos tomaram para si, e eles o fizeram sobretudo para atender aos propósitos de gente branca, naturalmente. Isso tem que mudar, e de fato está começando a mudar, mas não sem resistência e até hostilidade. [...] A razão é simples. Se você vai escravizar ou colonizar um povo, você não vai escrever um relato elogioso sobre ele, nem antes nem depois. Em vez disso, você vai descobrir ou inventar histórias terríveis sobre ele, de modo que seu ato de banditismo se torne algo fácil de você assumir.

Por volta de 1600 d.C., um viajante holandês que chegou a Benin, na moderna Nigéria, não teve dificuldade de comparar a cidade com Amsterdã, de forma favorável. A rua principal de Benin, escreveu ele, era sete ou oito vezes mais larga do que sua equivalente, Warmoes, em Amsterdã. As casas estavam em tão bom estado como as casas de Amsterdã.

Duzentos e cinquenta anos depois, antes de os ingleses saquearem a mesma Benin, eles primeiro a descreveram como "Cidade do Sangue" – um lugar cuja barbárie lhes revoltava a consciência civilizada de tal forma que eles simplesmente se viam obrigados a enviar um enorme exército para esmagá-la, expulsar seu rei e logo saquear a real galeria de arte, em benefício do Museu Britânico e de várias coleções particulares. Tudo isso feito, assim diziam eles com a cara mais séria do mundo, para acabar com práticas repugnantes como o sacrifício humano. Nenhuma menção, em absoluto, de algum motivo comercial, por exemplo os interesses comerciais britânicos de avançar para o interior, rico em palmeiras e borracha!

ACHEBE, Chinua. *A educação de uma criança sob o Protetorado Britânico* – ensaios. São Paulo: Companhia das Letras, 2012. p. 66-67.

a) Explique a razão pela qual os brancos tomaram para si a tarefa de contar a história dos negros.

b) Compare a maneira como um viajante holandês e os colonizadores ingleses caracterizaram Benin e seu povo.

c) Examine o uso dos conceitos de civilização e barbárie empregados pelos ingleses por ocasião do seu domínio sobre Benin.

Modernidade: evolução e progresso

A noção de modernidade surgiu como resposta estética às transformações culturais provocadas pelo desenvolvimento do capitalismo desde o século XVIII. Atribui-se ao poeta e crítico literário francês Charles Baudelaire (1821-1867) o uso do conceito de "modernidade" em *O pintor da vida moderna*, artigo escrito em 1863. Nele, Baudelaire afirma que a modernidade deveria ser um "estado de espírito" capaz de, ao mesmo tempo, romper com os modelos da Antiguidade e incorporar os valores estéticos antigos na arte do presente.

Durante o século XX, essa noção de modernidade associada à busca pelo transitório intensificou-se, transformando a arte moderna numa incessante procura pelo novo.

A convergência entre o acelerado desenvolvimento tecnológico e as rápidas transformações no gosto estético provocou mudanças na percepção do tempo moderno, bem como do espaço. Assim, somos estimulados a ter muito interesse pelas novidades, pelo original e pelas inovações, que passam a ter um valor positivo em si mesmos.

Charles Darwin e a origem das espécies

O inglês Charles Darwin (1809-1882) não demonstrou grande interesse pelos estudos durante a juventude. No entanto, em 1831, por intermédio de um professor, Darwin integrou uma missão de investigação que atravessaria o mundo a bordo de um veleiro, chamado Beagle. A viagem durou cinco anos e mudou para sempre sua vida e os rumos das ciências naturais, com posteriores desdobramentos sobre as ciências sociais.

Durante a viagem, Darwin passou a estudar profundamente as semelhanças e as diferenças entre os animais de diversas ilhas e continentes, em especial quando aportou no arquipélago de Galápagos, localizado na América do Sul. De volta à Inglaterra, passou a analisar e classificar os exemplares coletados ao longo da viagem. Utilizando-se de um método hipotético dedutivo, ele avançou no processo de estudiosos sobre a origem e evolução das espécies e transformou os estudos anteriores. Darwin chegou a uma das mais revolucionárias descobertas sobre a origem da vida.

Em 1859, Darwin publicou o livro *Sobre a origem das espécies através da seleção natural ou a preservação das raças favorecidas na luta pela vida*, também conhecido como *A origem das espécies*. Nesse livro, um dos mais importantes da história da Biologia, **Darwin** defendeu a **tese de que as espécies evoluíram por seleção natural, de que os indivíduos mais bem adaptados têm mais condições de deixar um número maior de descendentes.** Darwin construiu, assim, uma nova teoria, denominada **evolucionista**. Segundo ela, os seres vivos do planeta não eram imutáveis, como defendia certa concepção cristã, mas estavam em constante transformação.

DARWIN, Charles. *A origem das espécies*. São Paulo: Edipro, 2019. *E-book*.

Assim, ele pôde provar que espécies atuais de plantas ou animais descendiam de outras, já extintas pela própria seleção natural, que impedia a continuidade de espécies incapazes de se adaptar à dinâmica do meio ambiente. Ao aplicar essa teoria à espécie humana, Darwin chegou à conclusão de que o ser humano atual descendia de outras espécies de hominídeos e de que havia um antepassado comum entre nós e os macacos. Essa ideia provocou um imenso abalo nas concepções religiosas aceitas e difundidas inclusive nos meios intelectuais.

A origem das espécies provocou intensa polêmica, dividindo a comunidade científica britânica e internacional. Darwin era atacado por inúmeros religiosos e defendido pelos naturalistas. Ele continuou suas pesquisas e publicações, mas raramente defendia suas ideias em público.

Leia o texto abaixo, escrito pelo psicanalista Sigmund Freud (1856-1939) por volta de 1920, e observe a charge com atenção.

> No decurso do tempo, a humanidade teve de aguentar, das mãos da ciência, duas grandes ofensas a seu ingênuo amor-próprio. A primeira foi quando percebeu que a Terra não era o centro do Universo, mas apenas um pontinho num sistema de magnitude dificilmente compreensível. A segunda quando a pesquisa biológica lhe roubou o privilégio de ter sido criada especialmente, e relegou o homem a descendente do mundo animal.
>
> FREUD, Sigmund. *O mal-estar na civilização*. Rio de Janeiro: Imago, 1997. v. XXI. (Edição Standard das Obras Completas de Sigmund Freud).

Album/Fotoarena

Charge de Charles Darwin, publicada no periódico inglês *Fun*, em 1870.

Atividade

- Com base na leitura do texto, responda:
  a) O psicanalista Sigmund Freud está fazendo referência a qual pesquisa biológica?
  b) Por que essa pesquisa teria ferido o amor-próprio da humanidade?

No século XIX, época da supremacia econômica europeia e da expansão imperialista, ganhou força a doutrina racista do filósofo inglês Herbert Spencer (1820-1903), conhecida como **darwinismo social**. Segundo Spencer, a teoria da evolução de Darwin podia ser perfeitamente aplicada à evolução da sociedade: assim como ocorria uma seleção natural entre as espécies, com o predomínio dos animais e das plantas mais capazes, haveria uma seleção natural também na sociedade.

O darwinismo social deturpava as ideias de Darwin, que sempre evitou extrapolar os princípios do mundo animal e vegetal para as sociedades humanas, e era usado para justificar uma enganosa superioridade de uns sobre outros nas sociedades europeias (ricos sobre pobres; vencedores sobre vencidos; dominadores sobre dominados) e entre sociedades distintas. Seguindo essa lógica, haveria uma evolução histórica das civilizações em etapas, cabendo às sociedades europeias o estágio mais avançado, que afirmava sua superioridade, a dos brancos, sobre os demais.

No trecho a seguir, o historiador chileno Héctor H. Bruit comenta como o darwinismo social se relaciona com as teorias de Darwin.

> [...] a luta pela sobrevivência entre os animais correspondia à concorrência capitalista; a seleção natural não era nada além da livre troca dos produtos entre os homens; a sobrevivência do mais capaz, do mais forte, era demonstrada pela forma criativa dos gigantes da indústria, que engoliam os competidores mais fracos, em seu caminho para o enriquecimento. O sucesso dos negócios demonstrava habilidade superior de adaptação às mudanças; o fracasso indicava capacidade inferior. Por estas razões, a intervenção do Estado era prejudicial, já que interrompia o processo pelo qual a natureza impessoal premiava o forte e eliminava o fraco.
>
> BRUIT, Héctor H. *O imperialismo*. São Paulo: Atual, 1986. p. 9.

A falsa trajetória do avanço cultural à civilização, à modernidade e aos estágios de maior desenvolvimento, enfim, o progresso, requer cuidados. Como vimos, não existe um roteiro, uma trajetória a ser cumprida obrigatoriamente por todos os povos e sociedades.

A organização das sociedades, desde os primórdios da humanidade, desenvolveu funções e relações possíveis entre seus membros, estabelecendo suas estratificações sociais. As mais remotas ocorreram ainda nas sociedades nômades e sedentárias ágrafas, chegando às origens das cidades.

> Em seu clássico *A cidade na História*, Lewis Mumford defende algumas teses fascinantes sobre a origem das cidades. Entre outras, afirma que a cidade dos mortos (necrópolis) antecedeu a cidade dos vivos (pólis). As verdadeiras fundadoras de cidades e civilizações teriam sido as mulheres, que cultuavam seus mortos em lugares aos quais, mesmo em períodos de nomadismo, voltavam com regularidade, erguendo santuários para aqueles que haviam partido deste mundo. As mulheres ainda procuravam lugares seguros e protegidos para dar à luz, lugares esses simbolizados pelo círculo, remetendo à cidade com muralhas. A cruz, a grade ou o tabuleiro representariam de forma mais imediata as ruas da cidade e, metaforicamente, a ousadia, o expansionismo dos homens, sua atitude conquistadora e guerreira. Por isso, não surpreende que os hieróglifos de mulher, casa e cidade se confundem. [...]

FREITAG, Barbara. *Utopias urbanas*. Artigo resultante da conferência de mesmo nome apresentada para o encerramento do IX Encontro da Sociedade Brasileira de Sociologia, em 2001. Disponível em: https://teoriadoespacourbano.files.wordpress.com/2013/01/freitag-bc3a1rbara-utopias-urbanas.pdf. Acesso em: 15 mar. 2022.

Marcos Amend/Pulsar Imagens

Katya Tsvetkova/Shutterstock

ChameleonsEye/Shutterstock

Andrew Aitchison/Alamy/Fotoarena

Indígenas, tuaregues, aborígenes e pigmeus já foram considerados povos primitivos, no sentido de que eram pouco "evoluídos". No entanto, o que esses povos têm em comum é o fato de serem os primeiros a habitar as regiões em que vivem. Nas fotos, vemos, na linha superior, à esquerda, indígenas durante ritual na Terra Indígena Enawenê-Nawê, na cidade de Juína (MT), em 2020, e, à direita, tuaregues, vestindo roupas tradicionais, em 2014. Na linha inferior, à esquerda, idoso aborígene durante dança ritual, na Austrália, em 2019, e, à direita, família de pigmeus em floresta em Uganda, em 2018.

As sociedades ditas "primitivas" eram capazes de produzir e preparar tudo de que necessitavam para viver com os recursos que a natureza lhes oferecia. Embora também tenham desenvolvido práticas predatórias e promovido impactos ambientais, seu convívio com o meio ambiente geralmente se fazia de maneira harmoniosa.

Vale destacar que, hoje, o termo "primitivo" é considerado depreciativo, mas seu significado remete a "aquele que foi o primeiro a existir, que coincide com a origem".

Ao estudarmos sociedades diferentes da nossa, como já ressaltamos, é importante nos mantermos abertos à compreensão de suas culturas, sem preconceitos ou juízos de valor. Afinal, se formos avaliar a sabedoria das sociedades europeias ocidentais, veremos que "progresso" nem sempre significou "evolução" positiva e que a humanidade cria ameaças à existência de diversas espécies de animais e plantas e, atualmente, à sua própria sobrevivência.

A destruição do meio ambiente, o aquecimento global, a produção de enormes desigualdades sociais e regionais, de miséria, fome e violência, as trocas pessoais baseadas na cultura de mercado e no consumismo, a constante ameaça das armas nucleares, entre outros desafios da atualidade, são demonstração da necessidade de repensarmos nossos valores e nossa cultura.

Disse o acadêmico brasileiro Alfredo Bosi (1936-2021):

> O que estaria errado na "religião do progresso" não é, evidentemente, a justa aspiração que todos os homens nutrem de viver melhor, mas os hábitos de dominação que esse desejo foi gerando por via de uma tecnologia destrutiva e de uma política de violência. Em outras palavras: a sequência dos tempos não produz necessária e automaticamente uma evolução do inferior para o superior.

BOSI, Alfredo. O tempo e os tempos. *In*: NOVAES, Adauto (org.). Tempo e História. São Paulo: Companhia das Letras, 1992. p. 22.

Às estratificações nas sociedades urbanas, nos reinos, nos impérios e nas civilizações, seguiram-se as desigualdades, sociais e regionais, que chegaram a ser apontadas como naturais, **decorrentes do baixo desenvolvimento intelectual ou genético**, como defendia o darwinismo social de Spencer, tão articulado com os interesses imperialistas e com as noções do etnocentrismo e da "missão civilizadora".

Uma grande questão que nos acompanha é se, nestes tempos de internet e de novas sociabilidades, as desigualdades ganham mais impulso ou arrefecem.

Sendo um dos mais evidentes fatores da dinamização tecnológica dos últimos tempos, as **tecnologias digitais**, de certa forma, encarnam as contradições apontadas quanto ao que vimos em relação a "moderno", "modernidade" e "progresso": carregam avanços que se mostram inevitáveis e um imenso quadro de alertas. Impulsionadas pela rede mundial de computadores (*www*, abreviatura de *world wide web*), que conecta indivíduos na troca de arquivos, mensagens, notícias, imagens, etc., essas tecnologias têm sido consideradas com muita ênfase nos seus efeitos positivos, como as promessas de democratização do conhecimento.

Porém, essa possibilidade de estar conectado com o mundo inteiro não descarta, por exemplo, atuações e controles de grandes empresas nos direcionamentos dos acessos, que são motivo de processos e julgamentos em muitos países.

Ciência em transformação

O século XIX foi marcado pela ampliação do pensamento científico, pelo surgimento e desenvolvimento de novas ideias em diversas áreas do conhecimento, como a Química, a Física, a Geografia, a História, a Sociologia, a Matemática, a Medicina e a Biologia. O uso industrial do carvão mineral e do petróleo, entre outras novas fontes de energia, também estimulou uma série de transformações tecnológicas e espaçotemporais. Por exemplo, o motor a vapor foi desenvolvido pelo inventor escocês James Watt (1736-1819) no final do século XVIII e, no início do século XIX, passou a ser utilizado em trens, revolucionando os transportes e contribuindo para o encurtamento do tempo nas viagens de longas distâncias em comparação com a carruagem. Inúmeras outras descobertas científicas foram desenvolvidas no século XIX: a invenção da bateria em 1800, por Alessandro Volta (1745-1827), a do motor elétrico em 1823 e, nas décadas seguintes, uma série de invenções que possibilitaram o uso da energia elétrica na iluminação pública.

Os estudos das células e dos tecidos orgânicos aprofundaram-se graças ao avanço de equipamentos de investigação, como o microscópio. Em 1860, Louis Pasteur (1822-1895), um químico francês, desenvolveu estudos que ajudaram a comprovar que doenças infecciosas são provocadas por microrganismos. Essa descoberta contribuiu para o avanço da Medicina, reduzindo a incidência de doenças provocadas pela falta de higiene pessoal durante intervenções cirúrgicas. Os estudos de Pasteur também colaboraram para o desenvolvimento das vacinas e da imunização.

Na Física, os conceitos tradicionais de espaço e tempo, matéria e energia foram reinventados por meio de novas teorias e de uma série de experiências. Os tubos de raios catódicos (usados posteriormente em lâmpadas e televisores) e o raio X foram criados, e a radioatividade e o elétron foram descobertos.

No início do século XIX, os primeiros fogões a gás para uso doméstico foram aperfeiçoados. O capitão britânico George Manby (1765-1854) criou, em 1816, o extintor de incêndio. Diversas experiências com magnetismo levaram à criação da corrente elétrica. Em 1826, o francês Joseph Nicéphore Niépce (1765-1833) criou um processo químico que permitiu a invenção da fotografia.

O século XX também foi marcado por incrível desenvolvimento científico. A teoria da relatividade, elucidada pelo físico alemão Albert Einstein (1879-1955), a teoria do *Big Bang*, a decodificação da estrutura do DNA pelo estadunidense James Watson (1928-) e pelo britânico Francis Crick (1916-2004), o deciframento do genoma humano, entre outras experiências, mudaram completamente as percepções de mundo. Merecem destaque as pesquisas de uma cientista bastante especial: a polonesa Marie Curie (1867-1934), que foi a primeira pessoa a ganhar o prêmio Nobel duas vezes, um de Física, em 1903, com o marido, Pierre Curie (1859-1906), e um de Química, em 1911, sozinha.

> Além disso, Marie descobriu e mediu a radioatividade, esse atributo aterrador da Natureza, fulgurantes raios sobre-humanos que curam e matam, que fritam tumores cancerígenos na radioterapia ou calcinam corpos depois de uma deflagração atômica. É dela também a descoberta do polônio e do rádio, dois elementos muito mais ativos do que o urânio. O polônio, o primeiro que ela encontrou (por isso o batizou com o nome de seu país), foi logo ofuscado pela relevância do rádio, [...].
>
> MONTERO, Rosa. *A ridícula ideia de nunca mais te ver*. São Paulo: Todavia, 2019. p. 10.

Tempo de deslocamento por carruagem (1750, 1821) e trem (1845,1910)

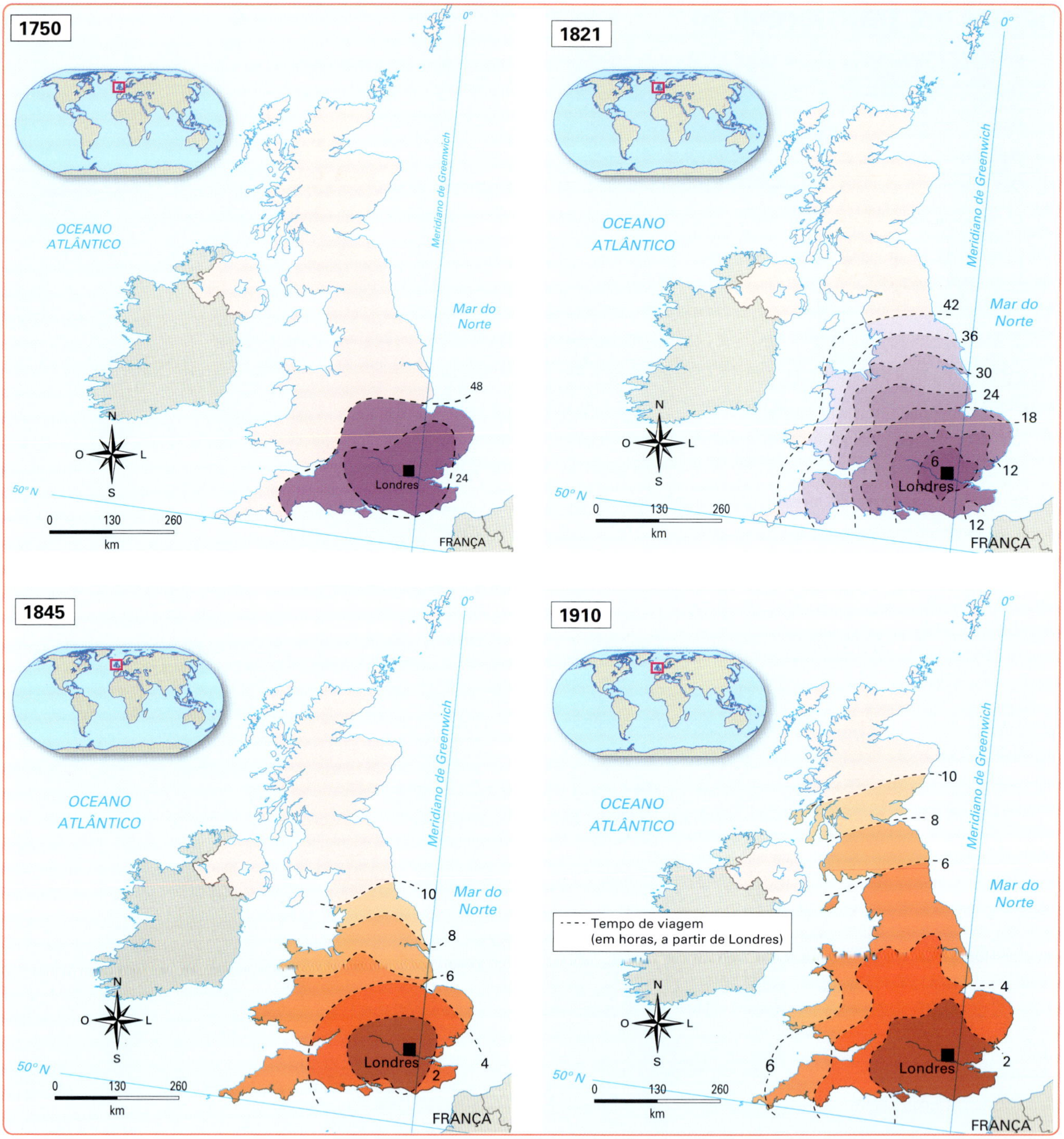

Banco de imagens/Arquivo da editora

Fonte: elaborados com base em LEYSHON, Andrew. Annihilating space?: the speed-ip of communications. *In*: ALLEN, John; HAMNETT, Chris. *A shrinking world?* Global unevenness and inequality. Milton Keynes: The Open University; Oxford: Oxford University Press, 1995. p. 23-24.

Exemplos de invenções criadas nos séculos XIX e XX são: o revólver, a metralhadora, o cortador de grama, a lâmpada incandescente, o éter analgésico, o barômetro, a máquina de escrever, a seringa hipodérmica, a montanha-russa, o papel higiênico, o telefone, a motocicleta, o automóvel, a escada rolante, o secador de cabelos, a garrafa térmica, o cinema, a penicilina, o avião, o radar, a televisão, a exploração espacial, a clonagem de mamíferos, o computador e a internet.

- Como você acredita que essas transformações e descobertas nas diferentes áreas do conhecimento humano impactam na produção do conhecimento nas Ciências Humanas? E como impactam na vida das pessoas?

Diálogos

1. Observe a tirinha abaixo e realize as atividades propostas a seguir.

André Dahmer/Acervo do cartunista

DAHMER, André. Disponível em: https://www.malvados.com.br/tirinha1712.jpg. Acesso em: 17 nov. 2021.

a) O humor crítico da tirinha está relacionado a uma contradição do mundo atual que é exposta pelo seu autor. Identifique-a.

b) A ideia de progresso foi cara ao filósofo francês Auguste Comte (1798-1857) e, no século XIX e começo do século XX, influenciou fortemente os estudos sobre as sociedades. Para Comte, o progresso científico conduziria a humanidade ao domínio sobre o mundo natural e à organização racional da sociedade. O ápice da evolução humana seria representado pelas sociedades industriais, nas quais reinariam a racionalidade científica e o desenvolvimento tecnológico. Avalie se a tirinha acima reforça essa ideia de progresso ou a contraria. Explique sua conclusão.

c) Escolha um tópico polêmico e leia os comentários deixados pelos internautas. Selecione pelo menos um comentário que, em seu entendimento, exemplificaria a crítica contida na tirinha. Justifique sua escolha.

2. Observe e compare os mapas a seguir. O primeiro dá um panorama do Índice de Desenvolvimento Humano (IDH) dos países no presente. O segundo identifica os domínios coloniais em 1914.

Índice de Desenvolvimento Humano – 2019

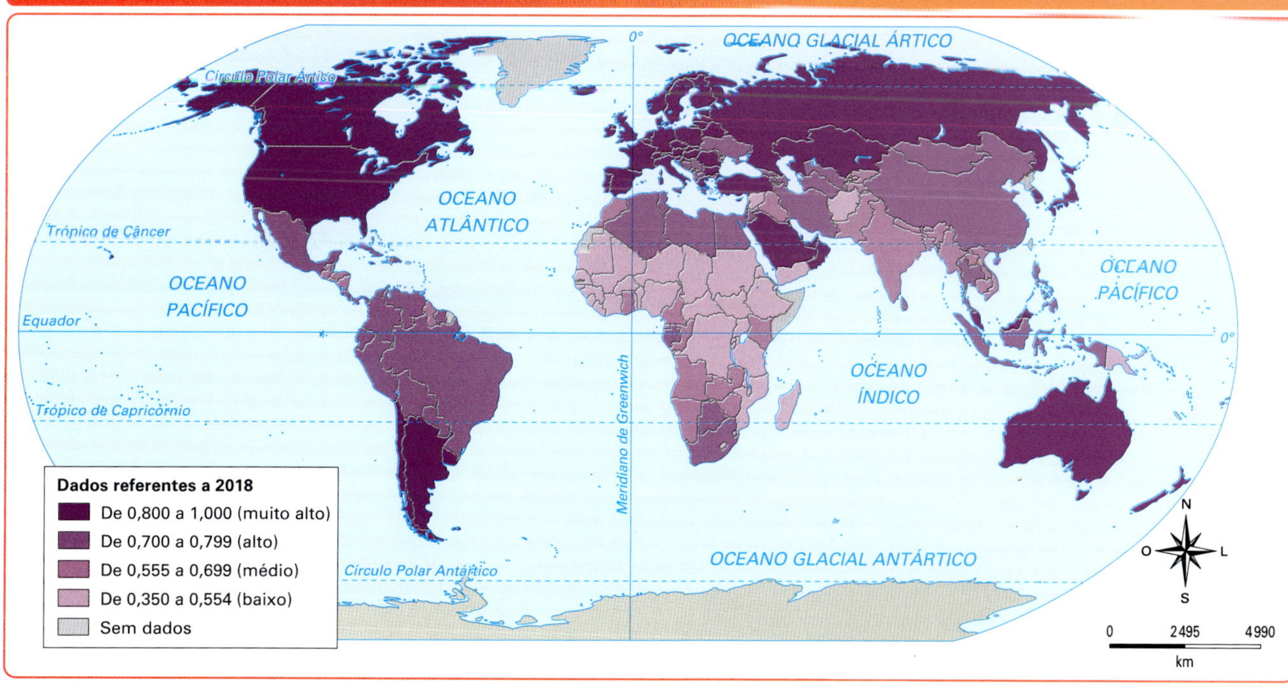

Banco de imagens/Arquivo da editora

Fonte: elaborado com base em PNUD. *Relatório de Desenvolvimento Humano 2019*. Nova York: Programa das Nações Unidas para o Desenvolvimento, 2019. p. 294-297.

Colônias em 1914

Banco de imagens/Arquivo da editora

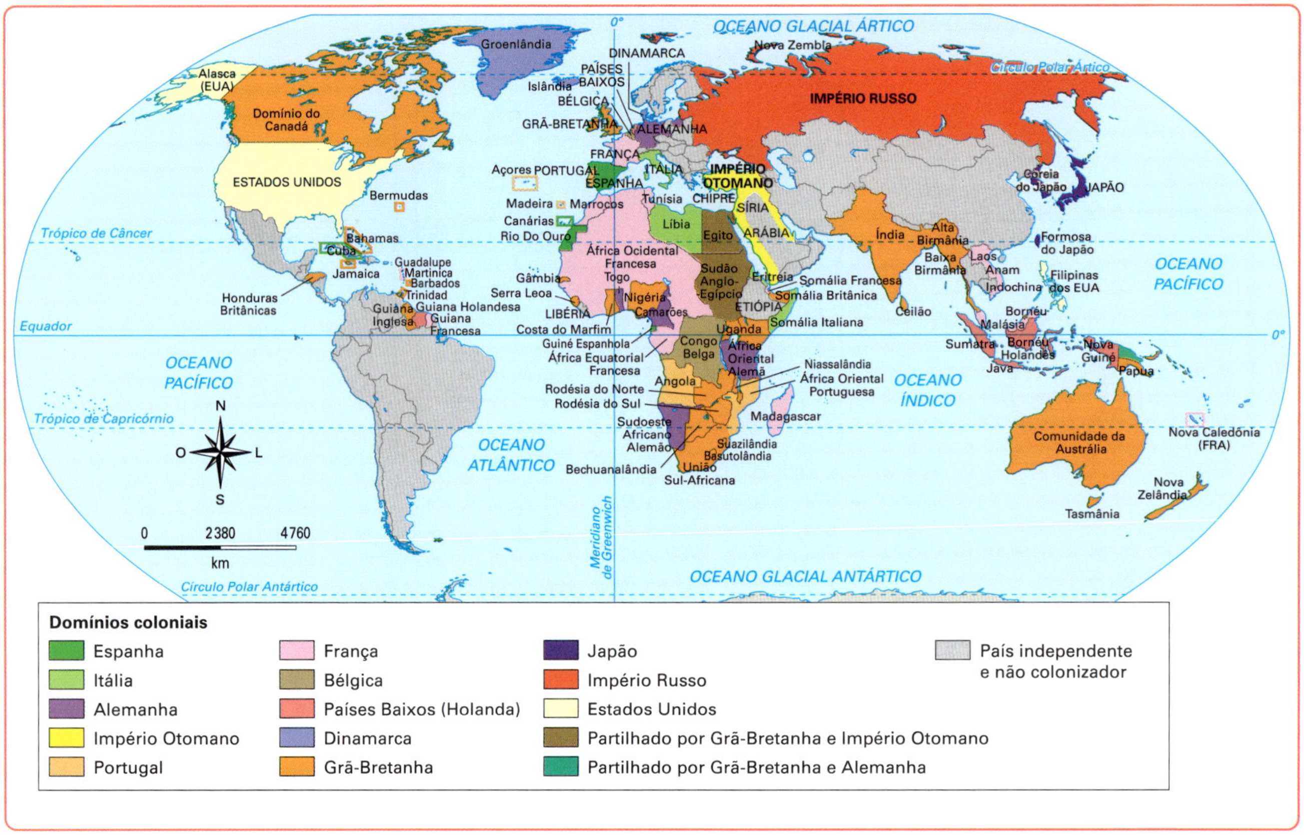

Fonte: elaborado com base em HAYWOOD, John. *Atlas histórico do mundo*. Colônia: Könemann, 2001. p. 176-177.

a) Faça uma pesquisa procurando informações que atendam aos tópicos a seguir e, com elas, escreva um parágrafo sobre o imperialismo:

- Defina imperialismo.
- Relacione imperialismo e neocolonialismo.
- Identifique os principais impérios coloniais do século XIX.
- Identifique os objetivos das práticas imperialistas.
- Avalie as consequências do neocolonialismo para os povos e territórios dominados.

b) Explique o que é o Índice de Desenvolvimento Humano (IDH) de um país.

c) Compare os dois mapas, identificando quais países ocuparam territórios coloniais e onde estes se localizavam, e quais os países com maiores e menores IDH. A seguir, indique que coincidências você pode perceber entre eles.

3. Forme um grupo com mais quatro colegas e releiam o item **Ciência em transformação**.

a) Com base nas leituras feitas, escolham **três palavras** que, no entendimento de vocês, melhor traduzam a dinâmica das relações sociais, políticas e econômicas no século XXI.

b) Com essas três palavras, criem uma dramatização de no máximo 3 minutos que represente os desafios do presente.

c) Em data previamente marcada pelo professor, apresentem a dramatização para os demais colegas.

d) Depois de todas as apresentações feitas, abram uma roda de conversa para avaliá-las. Procurem identificar se houve elementos em comum entre elas e se algum grupo surpreendeu com alguma situação inusitada. A partir das apresentações, tentem descrever como sua geração experimenta o presente: que angústias sente, que expectativas alimenta, que medos e dúvidas enfrenta. Tentem também refletir sobre que recursos e estratégias vocês têm para enfrentar os desafios que se apresentam para a sua geração.

1. (Enem – 2019)

A lenda diz que, em um belo dia ensolarado, Newton estava relaxando sob uma macieira. Pássaros gorjeavam em suas orelhas. Havia uma brisa gentil. Ele cochilou por alguns minutos. De repente, uma maçã caiu sobre a sua cabeça e ele acordou com um susto. Olhou para cima. "Com certeza um pássaro ou um esquilo derrubou a maçã da árvore", supôs. Mas não havia pássaros ou esquilos na árvore por perto. Ele, então, pensou: "Apenas alguns minutos antes, a maçã estava pendurada na árvore. Nenhuma força externa fez ela cair. Deve haver alguma força subjacente que causa a queda das coisas para a terra".

The English Enlightenment, p. 1-3, apud MARTINS, R. A. A maçã de Newton: história, lendas e tolices. In: SILVA, C. C. (org.). Estudos de história e filosofia das ciências: subsídios para aplicação no ensino. São Paulo: Livraria da Física, 2006. p. 169 (adaptado).

Em contraponto a uma interpretação idealizada, o texto aponta para a seguinte dimensão fundamental da ciência moderna:

a) Falsificação de teses.
b) Negação da observação.
c) Proposição de hipóteses.
d) Contemplação da natureza.
e) Universalização de conclusões.

2. (Enem – 2018)

O filósofo reconhece-se pela posse inseparável do gosto da evidência e do sentido da ambiguidade. Quando se limita a suportar a ambiguidade, esta se chama equívoco. Sempre aconteceu que pretenderam construir uma filosofia absolutamente positiva, só conseguiram ser filósofos na medida em que, simultaneamente, se recusaram o direito de se instalar no poder absoluto. O que caracteriza o filósofo é o movimento que leva incessantemente do saber à ignorância, da ignorância ao saber, e um certo repouso neste movimento.

MERLEAU-PONTY, M. *Elogio da filosofia*. Lisboa: Guimarães, 1998 (adaptado).

O texto apresenta um entendimento acerca dos elementos constitutivos da atividade do filósofo, que se caracteriza por

a) reunir os antagonismos das opiniões ao método dialético.
b) ajustar a clareza do conhecimento ao inatismo das ideias.
c) associar a certeza do intelecto à imutabilidade da verdade.
d) conciliar o rigor da investigação à inquietude do questionamento.
e) compatibilizar as estruturas do pensamento aos princípios fundamentais.

3. (Enem – 2019)

Antes de Roma ser fundada, as colinas de Alba eram ocupadas por tribos latinas, que dividiam o ano de acordo com seus deuses. Os romanos adaptaram essa estrutura. No princípio dessa civilização o ano tinha dez meses e começava por Martius (atual março). Os outros dois teriam sido acrescentados por Numa Pompílio, o segundo rei de Roma.

Até Júlio César reformar o calendário local, os meses eram lunares, mas as festas em homenagem aos deuses permaneciam designadas pelas estações. O descompasso de dez dias por ano fazia com que, em todos os triênios, um décimo terceiro mês, o Intercalaris, tivesse que ser enxertado. Com a ajuda de matemáticos do Egito emprestados por Cleópatra, Júlio César acabou com a bagunça ao estabelecer o seguinte calendário solar: Januarius, Februarius, Martius, Aprilis, Maius, Junius, Quinctilis, Sextilis, September, October, November e December. Quase igual ao nosso, com as diferenças de que Quinctilis e Sextilis deram origem aos meses de julho e agosto.

Disponível em: https://aventurasnahistoria.uol.com.br. Acesso em: 8 dez. 2018.

Considerando as informações no texto e aspectos históricos da formação da língua, a atual escrita dos meses do ano em português

a) reflete a origem latina de nossa língua.
b) decorre de uma língua falada no Egito antigo.
c) tem como base um calendário criado por Cleópatra.
d) segue a reformulação da norma da língua proposta por Júlio César.
e) resulta da padronização do calendário antes da fundação de Roma.

4. (Enem – 2019)

A hospitalidade pura consiste em acolher aquele que chega antes de lhe impor condições, antes de saber e indagar o que quer que seja, ainda que seja um nome ou um "documento" de identidade. Mas ela também supõe que se dirija a ele, de maneira singular, chamando-o portanto e reconhecendo-lhe um nome próprio: "Como você se chama?" A hospitalidade consiste em fazer tudo para se dirigir ao outro, em lhe conceder, até mesmo perguntar seu nome, evitando que essa pergunta se torne uma "condição", um inquérito policial, um fichamento ou um simples controle das fronteiras. Uma arte e uma poética, mas também toda uma política dependem disso, toda uma ética se decide aí.

DERRIDA, J. *Papel-máquina*. São Paulo: Estação Liberdade, 2004 (adaptado).

Associado ao contexto migratório contemporâneo, o conceito de hospitalidade proposto pelo autor impõe a necessidade de

a) anulação da diferença.
b) cristalização da biografia.
c) incorporação da alteridade.
d) supressão da comunicação.
e) verificação da proveniência.

5. (Enem – 2017)

Art. 231. São reconhecidos aos índios sua organização social, costumes, línguas, crenças e tradições, e os direitos originários sobre as terras que tradicionalmente ocupam, competindo à União demarcá-las, proteger e fazer respeitar todos os seus bens.

BRASIL. *Constituição da República Federativa do Brasil de 1988*. Disponível em: www.planalto.gov.br. Acesso em: 27 abr. 2017.

A persistência das reivindicações relativas à aplicação desse preceito normativo tem em vista a vinculação histórica fundamental entre

a) etnia e miscigenação racial.
b) sociedade e igualdade jurídica.
c) espaço e sobrevivência cultural.
d) progresso e educação ambiental.
e) bem-estar e modernização econômica.

6. (Uece – 2019)

"'Ser ou não índio' não diz respeito à identificação biológica e muito menos jurídica, mas a um autorreconhecimento da identidade étnica, que não é natural, e sim construída nos processos de sociabilidades ligados tanto às culturas indígenas como às estratégias sociais e políticas em contextos urbanos."

BARROSO, Milena Fernandes. *Rotas críticas das mulheres Sateré-Mawé no enfrentamento à violência doméstica*: novos marcadores de gênero no contexto indígena. Manaus: EDUA, 2015, p.31.

Considerando o enunciado, assinale a opção que corresponde à correta definição da identidade étnica e social dos índios no Brasil.

a) Índios estão em extinção no Brasil, porque sua grande maioria não habita mais as florestas nem vive isolada da dinâmica da vida moderna: por esta razão, ao absorver valores da cidade, deixam de ser índios.
b) O poder de definir quem é índio ou não índio é do Estado e de suas instituições que atuam junto às áreas onde habitavam os índios, cuja identidade é possível afirmar a partir de critérios jurídicos do Estado.
c) No Brasil, os critérios definidores da identidade indígena estão vinculados à perspectiva biológica que sobrepõe aos demais fatores identitários, tais como os aspectos políticos e culturais de pertencimento identitário.
d) O texto nos convida a pensar em novos instrumentos capazes de romper, simultaneamente, com o conhecimento que leva a ver simplesmente a ideia do ser índio associada à população rural e à natureza.

7. (UFT-TO – 2019)

Sobre o conceito de cultura, assinale a alternativa CORRETA.

a) A cultura de um povo é imutável, sendo transmitida de geração a geração, seguindo um padrão tradicional.
b) A cultura de um povo é dinâmica, sofrendo transformações históricas a cada geração subsequente.
c) A cultura de um povo permanece a mesma em decorrência das transformações do processo histórico.
d) A cultura de um povo é transmitida de geração a geração, por isso não se transforma durante esse processo.

8. (UFU-MG – 2019)

Reprodução/Fuvest-SP,2019

De acordo com a charge acima, a fala do religioso induz ao entendimento de que

a) as desigualdades sociais, após o descobrimento do Brasil, apontam relações que podem levar à diversidade cultural, à solidariedade mecânica e ao branqueamento da raça.
b) a ação social relacionada a tradições religiosas apontam relações que podem levar ao genocídio, à tolerância cultural e à alienação.

c) a ação social racional relacionada a valores religiosos apontam relações que podem levar ao branqueamento da raça, à alienação e à tolerância cultural.

d) as diferenças sociais e culturais existentes entre os indivíduos apontam relações que podem levar ao etnocentrismo, ao preconceito e à intolerância.

9. (Uece – 2019)

"A solidariedade que constatamos entre o nascimento do filósofo e o aparecimento do cidadão não é para nos surpreender. Na verdade, a cidade realiza no plano das formas sociais esta separação da natureza e da sociedade que pressupõe, no plano das formas mentais, o exercício de um pensamento racional. Com a Cidade, a ordem política destacou da organização cósmica; aparece como uma instituição humana que é o objeto de uma indagação inquieta, de uma discussão apaixonada. Nesse debate, que não é somente teórico, mas no qual se afronta a violência de grupos inimigos, a filosofia nascente intervém com plena competência."

VERNANT, Jean-Pierre. As origens da filosofia. In: *Mito e pensamento entre os gregos*. Tradução de Haiganuch Sarian. Rio de Janeiro: Paz e Terra, 1990, p. 365.

Segundo essa célebre passagem, Jean-Pierre Vernant considera que o surgimento da Filosofia se deve

a) à emergência de um pensamento racional, próprio à separação entre natureza e sociedade humana e, nesta, aos debates da Cidade grega.

b) à separação entre os homens e a Cidade grega, devido à violência dos debates políticos, o que levou o filósofo a retirar-se da Cidade.

c) à identidade entre a Cidade e a natureza, que fez os homens saberem-se parte dela e, portanto, a debaterem na Cidade sobre a organização do cosmo.

d) ao abandono da prática dos discursos e dos argumentos, o que levou a filosofia a ser a única atividade discursiva argumentativa na Cidade grega.

10. (UFPR – 2018)

Sobre a questão do etnocentrismo, Roque de Barros Laraia escreve que

"o fato de o indivíduo ver o mundo através de sua cultura tem como consequência a propensão em considerar o seu modo de vida mais correto e o mais natural. Tal tendência, denominada etnocentrismo, é responsável em seus casos extremos pela ocorrência de numerosos conflitos sociais. O etnocentrismo, de fato, é um fenômeno universal. É comum a crença de que a própria sociedade é o centro da humanidade, ou mesmo sua única expressão. [...] A dicotomia 'nós e os outros' expressa em níveis diferentes essa tendência. Dentro de uma mesma sociedade, a divisão ocorre sob a mesma forma de parentes e não parentes. Os primeiros são melhores por definição e recebem um tratamento diferenciado. [...] Comportamentos etnocêntricos resultam também em apreciações negativas dos padrões culturais de povos diferentes. Práticas de outros sistemas culturais são catalogadas como absurdas, deprimentes e imorais".

(LARAIA, Roque de Barros. *Cultura*: um conceito antropológico. Rio de Janeiro: Jorge Zahar Editora, 2001, p. 73-74.)

Em resumo, Laraia tenta nos mostrar que:

a) o etnocentrismo é um conceito amplamente difundido nas ciências humanas, mas incapaz de explicar de forma pormenorizada a construção das identidades nacionais, das práticas culturais e as relações formadas pelo "estranhamento" do contato entre diferentes grupos sociais. Afinal, quem dispõe dos instrumentos de análise pode escolher, conforme seus critérios próprios, como catalogar o outro.

b) a cultura tem um papel fundamental na elaboração de visões de mundo, e que o problema maior em considerar o etnocentrismo está no fato de que esse conceito não possui uma perspectiva cultural, mas apenas política, muito embora o autor não deixe claro essa contradição, já que ele próprio é etnocêntrico.

c) um dos pontos centrais que define o etnocentrismo, conceito amplamente difundido nos estudos antropológicos, é compreender como determinadas práticas culturais constituídas pelo "estranhamento" se tornam elementos fundamentais na construção das identidades de grupo, comunitárias, societárias e nacionais. Identidades que, por sua vez, estruturam-se por distinção, em que o observador assume para si e seu grupo a centralidade cognitiva.

d) para entendermos o real significado do etnocentrismo nas culturas ocidentais, será necessário pressupor que a dicotomia entre o "nós e os outros" é um aspecto que deve ser superado por todos que desejam construir uma visão genuinamente etnocêntrica.

e) não há problema em observar, agir e interagir a partir de seus próprios referenciais culturais. O conceito de etnocentrismo possui certa legitimidade, pois resguarda na centralidade cultural aquilo que uma raça tem de mais puro quando confrontada com outra.

#Multiplicar

Lendo notícias – o trabalho com a checagem de fatos

Para começar

Nesta unidade, conhecemos alguns fatores relacionados à disseminação das *fake news*, como o seu aspecto cultural, as consequências que elas podem trazer a determinados grupos e a forma como se distanciam do jornalismo, valendo-se do senso comum, o que, muitas vezes, prejudica o funcionamento das sociedades, sobretudo as democráticas.

Por definição, as *fake news* são boatos ou relatos mentirosos, que não possuem qualquer tipo de comprovação. No entanto, são escritas de modo que pareçam notícias verdadeiras e são divulgadas em *sites* pouco conhecidos ou transmitidas por meio de redes sociais ou aplicativos de mensagens instantâneas.

Por causa desse tipo de divulgação, as *fake news* circulam de forma rápida e, em razão do seu imediatismo e da falta de verificação, elas acabam sendo tomadas por verdadeiras.

A grande circulação de *fake news* tornou necessária a criação de agências de checagem de notícias, especializadas em verificar a veracidade das notícias veiculadas, principalmente na internet. Algumas dessas agências estão associadas a instituições jornalísticas ou a *sites* da internet. Alguns exemplos dessas agências são Agência Lupa, Aos Fatos, Fato ou Fake, entre outras. Geralmente, quando uma *fake news* envolve instituições particulares, é feita uma nota de retratação ou de esclarecimento, conforme mostra a imagem.

Essa situação ressalta a importância da ciência e dos procedimentos de investigação tanto para quem produz notícias como para quem as lê. Por isso, a checagem de informações, assim como a consulta a fontes confiáveis, são fundamentais para o exercício da cidadania, já que divulgar uma notícia verdadeira implica ter um posicionamento social responsável.

Nota de esclarecimento de uma instituição hospitalar sobre uma notícia que vincula ao hospital um médico que não trabalha na instituição.

Análise das mídias tradicionais (princípios de análise de discurso multimodal)

Há muitas ferramentas para analisar uma notícia; uma delas é a análise das mídias tradicionais. Trata-se de um método utilizado para investigar processos, estruturas e funções mercadológicas dos discursos veiculados por meios de comunicação, como o rádio, a televisão, os jornais e as revistas, que passaram a ser considerados tradicionais após a popularização da internet.

Atualmente, os meios de comunicação procuram atingir o maior número possível de espectadores para obter patrocinadores. Portanto, essas mídias expressam e produzem discursos baseados em contextos, situações sociais, históricas e/ou culturais, muitas vezes estruturados em conflitos, desigualdades sociais e manutenção das relações sociais de poder.

Fernando Eusebio/Shutterstock

Os meios de comunicação também são importantes para reforçar uma ação social ou mobilizar diversos grupos da sociedade para defender uma causa comum a todos. Atualmente, com a globalização, esse tipo de ação pode ser feito em escala nacional ou global, como mostra a imagem a seguir. Os meios de comunicação de diversos países realizaram ações similares durante o combate ao novo coronavírus em 2020.

JUAN MABROMATA/AFP

Os diversos veículos de comunicação podem reforçar um posicionamento perante um acontecimento mundial, como fizeram diferentes jornais argentinos ao publicar a mesma capa com a frase: "Paramos o vírus juntos. Vamos viralizar a responsabilidade".

A análise de discurso multimodal visa compreender como as composições de texto (em diferentes formatos, como fotografias, infográficos, gráficos, mapas em suas diferentes formas, cores e diagramações) se transformam em referências diretas ou indiretas à realidade que é retratada nas notícias. A escolha seletiva de recursos mostra de que forma a sociedade utiliza imagens para legitimar fatos e argumentos, além de contribuir para formações ideológicas construídas em espaços midiáticos, ou seja, os recursos multimodais são ferramentas multifuncionais que, articuladas, produzem significados.

Para fazer

Para aprofundar o trabalho com a análise das mídias, já que elas interferem nas relações sociais e políticas da sociedade, este projeto propõe analisar algumas notícias veiculadas pelas mídias tradicionais para verificar os elementos que atuam na constituição da sua legitimidade ou credibilidade, além de estimar o poder de influência delas sobre os indivíduos. Para tanto, serão pesquisadas, avaliadas e comparadas algumas notícias sobre um fato selecionado por grupo.

Ao final, para compartilhar os resultados da análise, deverá ser feito um relatório, que pode ser apresentado em forma de seminário.

Antes de iniciar o trabalho, é preciso que vocês:

- formem grupos com quatro ou cinco participantes – cada um deverá ser responsável por uma tarefa, de modo que todos participem e nenhum integrante do grupo fique sobrecarregado;
- determinem um local para a realização das reuniões do grupo – também é possível realizar os encontros por chamada de vídeo, caso todos os membros tenham acesso à internet e algum dispositivo que realize as chamadas (computador, *notebook*, celular, etc.);
- estabeleçam um cronograma para as atividades, que devem ser realizadas de acordo com as etapas indicadas a seguir – esse procedimento ajuda a organizar as etapas e evitar que elas se acumulem, o que pode prejudicar a qualidade do trabalho final.

Material necessário

Jornais e revistas impressos diversos; computador com acesso à internet e programa de processamento de textos; impressora; folhas de papel sulfite A4; gravador.

Etapa 1 – Definam o assunto da pesquisa e os meios de comunicação

1. Escolham um fato recente que tenha gerado muitos textos noticiosos nos meios de comunicação e que desperte a curiosidade de todos os integrantes do grupo. Quando diversos meios de comunicação tratam de um mesmo fato, as diferentes abordagens sobre ele ficam mais evidentes. É importante que o fato escolhido seja relevante para a turma e para a comunidade escolar.
2. Após definirem o tema, escolham as mídias tradicionais (jornal, revista, noticiário televisivo ou radiofônico) que serão usadas como fonte para a seleção das notícias.

Etapa 2 – Selecionem as reportagens

1. Pesquisem três a cinco notícias jornalísticas – notícias ou reportagens – sobre o acontecimento específico. Selecionar entre três e cinco matérias tornará possível realizar um estudo comparativo.
2. A pesquisa deve ser feita entre as mídias tradicionais. Caso tenham dificuldade de encontrar jornais e revistas impressos, podem ser realizadas visitas a bibliotecas do município ou a centros culturais, que costumam disponibilizar esses materiais. Também é possível consultar as edições digitais dos jornais e das revistas na internet, assim como os noticiários televisivos e radiofônicos.
   - É importante utilizar diferentes formatos de mídia para compreender a estrutura de cada meio de comunicação, bem como para aprender a analisar diferentes textos e linguagens.
3. Os conteúdos deverão ser retirados de jornais ou redes de comunicação de diferentes tipos: redes privadas, redes públicas, redes independentes ou alternativas, etc. Ou, então, podem ser retirados de publicações de grupos específicos: periódicos especializados, jornais de sindicatos, jornal de bairro, entre outras.
4. É necessário que haja diversidade de referências, ideologias e perspectivas expressas em cada matéria escolhida. Encontrar matérias que contenham informações diferentes ou que apresentem perspectivas divergentes sobre um mesmo tema pode dar mais trabalho, mas é uma tarefa essencial quando se pretende abordar uma temática de maneira rigorosa.

- A diversidade de opiniões, e até mesmo a contradição entre elas, tornará a pesquisa mais rica. Isso porque permitirá não apenas realizar uma conclusão mais precisa sobre o assunto, mas também verificar os diferentes discursos e argumentos acerca dele.

5. Ao encontrarem as notícias desejadas, é importante terem uma cópia delas – fotocópia ou arquivo digitalizado – ou um *link* confiável por meio do qual elas possam ser acessadas na etapa de análise.

Etapa 3 – Analisem os conteúdos obtidos

1. Iniciem a análise de cada notícia. Neste momento devem ser exploradas as informações que estão sendo veiculadas na matéria e o nível de credibilidade da notícia.
2. Cada matéria deverá ser analisada seguindo o roteiro apresentado abaixo. O roteiro servirá de guia de análise, apresentando elementos que devem ser avaliados e verificados em cada matéria jornalística selecionada.

Roteiro de análise do discurso	
Elementos que devem ser observados	**Pontos de atenção**
O título da matéria corresponde ao conteúdo?	Muitas vezes um título impactante ou polêmico serve para atrair a atenção, mas não corresponde ao conteúdo abordado.
A matéria tem autoria?	É comum textos noticiosos não terem autoria, o que dificulta saber os interesses de quem produziu o conteúdo, assim como avaliar sua credibilidade. Em caso de jornais, o conteúdo reflete os interesses e a credibilidade da equipe editorial.
Os autores da matéria são especialistas no tema?	A formação ou especialização dos autores pode garantir credibilidade àquilo que estão dizendo. Mas é necessário ter cuidado, pois esses dados podem ser falsos e usados no intuito de tentar dar credibilidade a conteúdos fraudulentos.
A matéria usa dados? Ela cita a fonte desses dados? É uma fonte confiável?	A base de toda matéria séria é a utilização de dados bem referenciados para justificar as informações transmitidas e os argumentos apresentados. Cabe avaliar se a fonte dos dados é confiável.
Existe contraponto de opiniões sobre o tema na matéria?	Matérias que trazem diversas perspectivas sobre o assunto são mais confiáveis, pois se baseiam menos na opinião dos autores e mais no debate construído sobre o tema.

insta_photos/Shutterstock

As pesquisas devem ser feitas em fontes confiáveis.

3. Depois, devem ser analisados o discurso e as estratégias textuais que os autores utilizaram para defender seu ponto de vista.

Roteiro de análise do conteúdo	
Elementos que devem ser observados	**Pontos de atenção**
Que linguagem é usada?	Pela análise da linguagem, é possível saber o público-alvo da matéria, bem como avaliar sua pretensão: linguagem coloquial cria proximidade entre os interlocutores e linguagem culta dá mais credibilidade ao enunciador.
Quais estratégias de persuasão são utilizadas no discurso?	Vale verificar como os argumentos da matéria são formados, pois eles podem ser de caráter mais lógico ou científico, ou de caráter mais apelativo, ou afetivo.
Quais elementos textuais e/ou visuais são utilizados para defender as hipóteses da matéria?	Algumas matérias utilizam recursos visuais ou textuais, por exemplo, fotografias ou depoimentos de pessoas especialistas ou envolvidas no assunto, como forma de tornar suas informações mais confiáveis e aceitáveis.
A matéria nega dados ou argumentos divergentes dos dela?	De que modo a matéria lida trata as opiniões divergentes das dela? Ela nega, ela não apresenta, ela debocha, etc.? O tipo de confronto com perspectivas divergentes que um discurso assume demonstra quanto ele é propício ou não à diversidade de posicionamentos.
Quais as consequências da perspectiva que a matéria apresenta?	Um dos pontos mais relevantes da análise é verificar as consequências que o conteúdo da matéria implica. Elas podem ser boas ou ruins e quase sempre representam diretamente as preocupações ou interesses dos seus autores.
O conteúdo da matéria assume algum posicionamento social, cultural ou político?	Pela análise da forma como o conteúdo da matéria foi abordado, deve ser possível inferir o posicionamento social, cultural ou político que ela assume.
É possível identificar os valores morais (ou a falta deles) dos autores? A matéria confirma isso?	Muitas vezes, um conteúdo tem como função somente confirmar os valores morais (ou a falta deles) e os interesses daqueles que o produzem. Para tanto, dados factuais costumam ser negados ou mascarados para defender tais pontos de vista.

4. Registrem todas as informações levantadas com base nos roteiros anteriores. É importante que as informações sejam organizadas para facilitar a elaboração do relatório final. Uma das formas de apresentar uma análise mais bem fundamentada é a inserção de trechos das notícias que exemplifiquem cada elemento analisado. Lembrem-se de indicar os dados do veículo de comunicação de onde os trechos foram retirados, como autor, título, data de publicação e nome do veículo, seja revista, seja jornal, sejam programas televisivos ou radiofônicos.

sek_suwat/Shutterstock

Se possível, criem uma pasta no computador e arquivem todas as informações levantadas para facilitar a escrita do relatório final.

Etapa 4 – Analisem os resultados

1. Tendo em mãos os roteiros preenchidos, comparem as informações entre as notícias selecionadas. Essa comparação permitirá verificar quais fontes de informação parecem mais seguras e confiáveis. Também possibilitará compreender como os diferentes discursos presentes nas matérias produzem um olhar distinto sobre o tema e traduzem certos interesses e valores explícitos ou implícitos em cada texto.
2. Comparem as informações para verificar quais parecem ser mais legítimas. Isso pode ser verificado com base nos roteiros de análise do discurso e do conteúdo, considerando quais delas continham dados mais bem justificados, ou quais traziam uma argumentação mais completa, ou, ainda, em quais delas havia mais referência a dados confiáveis, etc.
3. Por fim, comparem os roteiros de análise do discurso preenchidos e avaliem em cada notícia de que forma o conteúdo reflete os interesses e valores das instituições que a produziram ou disseminaram.

Etapa 5 – Produzam um relatório

1. A pesquisa será concluída com a produção de um relatório sobre as análises e uma apresentação resumida dos resultados obtidos. O relatório deverá conter os seguintes tópicos:
   - **Introdução:** apresentação do tema da pesquisa, do seu objetivo e da sua relevância.
   - **Metodologia utilizada:** explicação de como a pesquisa foi realizada.
   - **Descrição das análises:** descrição argumentativa das informações mais importantes encontradas na pesquisa. Nessa parte do relatório, é fundamental inserir alguns pontos dos roteiros das análises feitas, resumidos a seguir.
   - **Análise do conteúdo:** relação entre título e conteúdo; referência dos autores; uso de dados de fontes confiáveis sobre o assunto tratado; diferentes perspectivas sobre o assunto.
   - **Análise do discurso:** linguagem; estratégias de persuasão usadas no discurso; elementos textuais e/ou visuais utilizados para reforçar as hipóteses da matéria; posicionamento social, cultural ou político; identificação dos valores morais dos autores.
   - **Conclusão:** reflexão sobre os resultados encontrados por meio da pesquisa e as conclusões a que o grupo chegou. Se julgarem necessário, nesta parte do relatório, vocês também podem falar do processo da pesquisa e das dificuldades encontradas durante o desenvolvimento do projeto.
2. Ao final da elaboração do relatório, revisem o texto e as informações antes de imprimir ou publicar o trabalho.

Para compartilhar

1. Utilizem esse relatório para orientar a apresentação da pesquisa em formato de seminário. Antes da apresentação, dividam as informações que devem ser apresentadas à turma entre todos os membros do grupo.
2. Ao final das apresentações, aproveitem para trocar ideias com os colegas sobre a experiência de realizar este projeto.

Rawpixel.com/Shutterstock

UNIDADE 2

Espaço e tempo

IamDoctorEgg/Shutterstock

#TáNoFeed

No passado distante, era comum que as pessoas passassem a vida toda sem sair de seu lugar de nascimento e tivessem o dia a dia marcado pelo ritmo da natureza. Em 1500, a esquadra comandada por Pedro Álvares Cabral (1467-1520) demorou 45 dias para atravessar o oceano Atlântico desde Lisboa (Portugal) até o litoral do que viria a ser o território brasileiro, nos arredores de onde atualmente está Porto Seguro (BA). Nos dias atuais, o mesmo percurso, de avião, é feito em cerca de oito horas.

Em 1893, o escritor Júlio Verne (1828-1905) publicou um livro com uma ideia que na época parecia absurda: dar uma volta completa no mundo em oitenta dias. Esse foi um período de inovações e mudanças profundas nas sociedades, e o mundo passou gradativamente do ritmo da natureza para o ritmo das máquinas. Pouco mais de cem anos depois, em 1995, um voo comercial levou 31 horas e 27 minutos para completar essa mesma jornada.

O desenvolvimento tecnológico permitiu que nos deslocássemos mais rapidamente pela superfície terrestre, e isso fez com que a nossa percepção do espaço e do tempo mudasse também. Lugares distantes ficaram próximos. Ao acelerarmos as máquinas, aceleramos várias dimensões da vida.

Reúnam-se em grupos e reflitam coletivamente sobre questões espaço-temporais com base nas propostas a seguir.

Atividades

1. Observem seu cotidiano e apontem possibilidades de mensurar o tempo e o espaço, assim como de situar-se neles. Que tecnologias contribuem para isso?

2. Observem um mapa-múndi político ou consultem um aplicativo de mapas por satélite, localizem as cidades de São Paulo (SP), Pau dos Ferros (RN) e Lisboa (Portugal) e, depois, façam o que se pede.

a) Expliquem seu raciocínio geográfico sobre as distâncias e o tempo de viagem entre as cidades.

b) Qual cidade está mais perto de São Paulo: Pau dos Ferros ou Lisboa?

3. Identifiquem alguns aspectos comportamentais ou sociais do passado que continuam presentes atualmente e outros que não estão mais presentes, pensando em mudanças e permanências.

4. É possível afirmar que o mundo está ficando "menor"? Vocês concordam com essa ideia?

5. Caso a resposta à pergunta anterior seja positiva, que tecnologias contribuem para esse "encolhimento" do mundo? E que países e classes sociais têm acesso a elas?

Os deslocamentos realizados pelos trens também estão cada vez mais rápidos. Uma empresa ferroviária japonesa colocou em operação um trem-bala que alcança 360 km/h. O percurso de 504 km entre Tóquio e Osaka pode ser feito em menos de duas horas. Os trens de alta velocidade também são encontrados em outros países, como China, Alemanha, França e Espanha. Na foto, um Shinkansen, como são chamados os trens-bala no Japão, passando em frente ao monte Fuji. Foto de 2020.

Conheça a unidade

Objetivos

- Compreender que espaço é um termo ambivalente, que pode ser entendido como categoria filosófica e como conceito.
- Reconhecer que o espaço geográfico é produzido pelas sociedades humanas e identificar seus elementos.
- Perceber que as distâncias estão "encolhendo" e que tem havido uma convergência de lugares no mapa do espaço-tempo.
- Compreender como a ciência e a técnica se materializam no espaço e utilizar o conceito de meio técnico-científico-informacional.
- Compreender o significado dos nós das redes globais e utilizar os conceitos de cidades globais e tecnopolos.
- Entender os fatores que contribuem para o desenvolvimento de cidades globais.
- Saber como representar cartograficamente o espaço geográfico.
- Conhecer a escala cartográfica e saber utilizá-la para cálculos de distância.
- Identificar os tipos de projeção cartográfica e reconhecer a existência de várias visões de mundo e diversas possibilidades de representar o espaço geográfico.
- Conhecer as diversas concepções sobre o tempo.
- Compreender de que forma ocorre a construção do conhecimento histórico.
- Refletir sobre as permanências e as mudanças de diferentes elementos da sociedade ao longo do tempo.
- Diferenciar os ritmos e a duração das permanências e mudanças ao longo da história.
- Reconhecer fontes e documentos históricos e sua importância na elaboração de narrativas sobre o passado.
- Distinguir as narrativas históricas construídas por diferentes atores sociais, de acordo com seu posicionamento e poder na sociedade.

Justificativa

É relevante estudar o espaço geográfico do ponto de vista das Ciências Humanas porque ele é produzido pelas sociedades. As marcas culturais de cada sociedade são visíveis nas paisagens, que acumulam tempos diversos, isto é, contêm objetos técnicos de idades diferentes. Também é importante compreender como a ciência e a técnica se materializam no espaço geográfico.

Após assimilar o significado de espaço geográfico, é necessário saber como representá-lo, por isso é imprescindível o estudo da Cartografia.

Os conceitos relacionados à construção do conhecimento histórico são fundamentais para pensar as relações entre passado e presente, possibilitando uma compreensão mais profunda da atualidade. Para tanto, é destacado o trabalho do historiador na produção do saber histórico e no uso das fontes históricas. Também são discutidas a marcação do tempo e sua divisão, bem como suas relações com os sistemas de poder e dominação.

A BNCC nesta unidade

Competências gerais da Educação Básica: CG1, CG2, CG3, CG4, CG5, CG6, CG7, CG8, CG9, CG10.
Competências específicas de Ciências Humanas e Sociais Aplicadas: 1, 2.
Habilidades de Ciências Humanas e Sociais Aplicadas: EM13CHS101, EM13CHS102, EM13CHS103, EM13CHS104, EM13CHS105, EM13CHS106, EM13CHS202, EM13CHS206.
Competências específicas de Ciências da Natureza e suas Tecnologias: 2, 3.
Habilidades de Ciências da Natureza e suas Tecnologias: EM13CNT204, EM13CNT301, EM13CNT302, EM13CNT303.
Competência específica de Linguagens e suas Tecnologias: 7.
Habilidades de Linguagens e suas Tecnologias: EM13LGG703, EM13LGG704.

Temas contemporâneos transversais

Ciência e Tecnologia

- Ciência e Tecnologia

Cidadania e Civismo

- Vida Familiar e Social

Reflexões sobre o espaço

O espaço, assim como o tempo, pode ser tanto uma **categoria filosófica** como um **conceito disciplinar**. Mas, antes de iniciarmos a discussão sobre o espaço, precisamos saber a diferença entre categoria e conceito.

Apesar de esses termos, muitas vezes, serem usados como sinônimos, eles apresentam diferenças. Para o filósofo alemão Immanuel Kant (1724-1804), as categorias são intuições puras do entendimento de que o sujeito dispõe na consciência, antecedendo a experiência. Segundo o filósofo italiano **Nicola Abbagnano** (1901-1990), **categoria** é "qualquer noção que sirva de regra para a investigação ou para sua expressão linguística num campo qualquer" e **conceito** é "todo procedimento que possibilite a descrição, a classificação e a previsão dos objetos cognoscíveis".

ABBAGNANO, Nicola. *Diccionario de Filosofía.* México, D.F.: Fondo de Cultura Económica, 1998. p. 147 e 190.

Assim, conceituar é traduzir em palavras a realidade observada. O conceito é disciplinar e tem um grau de concretude maior que a categoria filosófica. Além disso, a categoria apresenta maior perenidade, enquanto o conceito é essencialmente dinâmico. Na busca de compreender a realidade no plano do pensamento, qualquer conceito deve se modificar à medida que a realidade se transforma.

Espaço e tempo são categorias filosóficas porque perpassam toda a realidade sensível. Tudo o que existe está em um espaço e em um tempo. Qualquer pessoa, em qualquer época, em qualquer cultura, desde que nasce e passa a ter consciência do mundo, tem a intuição do espaço e do tempo. Mas, se lhe for pedido que conceitue esses termos, terá dificuldade. O filósofo **Santo Agostinho** (354-430) responde à pergunta "O que é o tempo?" desta maneira: "Se ninguém me pergunta, eu sei; porém, se quero explicá-lo a quem me pergunta, então não sei".

AGOSTINHO, Santo. *As confissões*. Tradução de Frederico Ozanam Pessoa de Barros. São Paulo: Edameris, 1964.

O mesmo vale para o espaço. Quando buscamos conceituar espaço e tempo, percebemos que há diferenças, dependendo da disciplina em que são estudados, seja a Geografia, a História, a Física, seja a Astrofísica. No entanto, como categorias filosóficas, esses termos são invariáveis e atravessam todas as disciplinas.

Saiba+

Filosofia e ciência do tempo. Bernard Piettre. Edusc, 1997.
Obra de divulgação científica do filósofo francês Bernard Piettre. No capítulo 3 do livro, o autor discute o conceito de espaço-tempo físico e cosmológico.

Por exemplo, para o físico inglês Isaac Newton (1643-1727), espaço e tempo eram conceitos absolutos e independentes, mas, depois que o físico alemão Albert Einstein (1879--1955) desenvolveu a teoria da relatividade (publicada em 1915), essa abordagem mudou. Einstein, com conhecimento, imaginação, criatividade e estudo, mostrou que o tempo interfere no espaço e vice-versa. Por isso, os físicos não falam mais em espaço e tempo como realidades absolutas e separadas, mas em espaço-tempo como realidade relativa, como um conceito único, um contínuo espaçotemporal de quatro dimensões composto das coordenadas x, y, z e t. As coordenadas x e y definem o espaço bidimensional, a coordenada z define o espaço tridimensional, e o acréscimo da coordenada t, de tempo, define o espaço-tempo quadridimensional.

HAWKING, Stephen W. *Uma breve história do tempo*: do *Big Bang* aos buracos negros. Rio de Janeiro: Rocco, 1988.

Segundo o físico inglês **Stephen Hawking** (1942-2018), no livro *Uma breve história do tempo: do* Big Bang *aos buracos negros*, a teoria da relatividade nos obriga a mudar os conceitos de espaço e tempo; um não é isolado e independente do outro, mas combinam-se para formar um elemento chamado espaço-tempo.

O conceito de espaço dos físicos e de outros cientistas naturais é diferente do conceito dos geógrafos e de outros cientistas sociais. De forma mais ampla, os físicos, astrônomos e astrofísicos usam o conceito de espaço como sinônimo de espaço sideral, onde é possível registrar a velocidade da luz (aproximadamente 300 000 km/s) e comprovar as teorizações da relatividade einsteiniana, como a influência de campos gravitacionais e a contração do espaço-tempo, como mostra o filme *Interestelar*. De modo mais restrito, esses profissionais falam em espaço geométrico como sinônimo de localização de determinado corpo, onde é possível registrar os fenômenos físicos do dia a dia. A teoria newtoniana ainda dá conta de explicar os fenômenos físicos triviais.

Saiba+

***Interestelar*.** Direção: Christopher Nolan. Canadá, Estados Unidos, Reino Unido e Irlanda do Norte, 2014. 149 min.

Os recursos naturais estão se esgotando, a Terra está entrando em colapso e um grupo de astronautas tem a missão de encontrar planetas que sejam habitáveis para os seres humanos. Nessa aventura, viajam à velocidade da luz no espaço sideral.

No entanto, como apontam geógrafos como Milton Santos (1926-2001) e David Harvey (1935-), os conceitos da Física não servem ou pouco servem para compreender o espaço social. A compreensão do espaço real do homem deve ser buscada nas Ciências Humanas. Por isso, vamos estudar o espaço sob a perspectiva da Geografia, isto é, o espaço geográfico, onde se dão as relações entre os seres humanos (sociais, econômicas e políticas) e deles com a natureza (socioambientais).

Note que, quando a compreensão de determinado fenômeno da realidade muda, quando uma teoria científica evolui, os estudiosos do assunto são levados a mudar um ou outro conceito. Isso é próprio do método científico.

Milton Santos foi um dos mais importantes intelectuais brasileiros. Em 1994, foi agraciado com o prêmio internacional Vautrin Lud, concedido na França a um eminente geógrafo do mundo. Foi o primeiro pesquisador de um país em desenvolvimento a receber esse prêmio, considerado o "Nobel" da Geografia. Foto de 1995.

Claudia Guimarães/Folhapress

Daniel Lobo/Wikipedia/Wikimedia Commons 2.0

O geógrafo britânico David Harvey também está entre os mais reconhecidos profissionais da disciplina. Em 1995, foi sua vez de ganhar o Vautrin Lud. Foto de 2009.

Einstein e a ciência

Uma vocação popular para as questões científicas deveria, se possível, ser reativada, dadas as necessidades do século XXI. Isso não quer dizer que todos os estudantes de letras precisem fazer um curso de física simplificado, ou que um advogado corporativo deva ter noções de mecânica quântica. Na verdade, isso quer dizer que um conhecimento de método científico é útil para os cidadãos responsáveis. O que a ciência nos ensina, primordialmente, é a correlação entre evidências factuais e teorias gerais, algo bem ilustrado pela vida de Einstein.

Além do mais, a valorização das conquistas da ciência é indicador positivo de uma sociedade saudável. Ela nos ajuda a permanecer em contato com a capacidade infantil do deslumbramento perante ocorrências comuns como maçãs em queda e elevadores, características de Einstein e de outros grandes físicos teóricos.

É por isso que estudar Einstein vale a pena. A ciência é inspiradora e nobre, e sua meta, uma missão encantadora, como nos mostram as sagas de seus heróis. Perto do fim da vida, Einstein foi indagado pelo Departamento de Educação do Estado de Nova York a respeito do que a escola deveria enfatizar. "No ensino de história", respondeu ele, "deve haver um debate profundo sobre as personalidades que influenciaram a humanidade por meio de sua independência de caráter e julgamento." Einstein enquadra-se nessa categoria.

Numa época em que há uma nova ênfase na educação científica e matemática, em face da competição globalizada, devemos refletir sobre a outra parte da resposta de Einstein. "Comentários críticos de estudantes devem ser recebidos amigavelmente", disse ele. "A acumulação de material não deve sufocar a independência do estudante." A vantagem competitiva de uma sociedade não virá da eficiência com que a escola ensina multiplicação e tabela periódica, mas do modo como estimula a imaginação e a criatividade.

Eis aí a chave, creio, do brilhantismo de Einstein e de suas lições de vida. Quando estudante, ele nunca se deu bem com o aprendizado mecânico. Mais tarde, como teórico, seu sucesso não decorreu de uma imensa força de sua capacidade de pensamento, mas de sua imaginação e criatividade. Ele conseguia montar equações complexas; contudo, mais importante que isso, ele sabia que a matemática é a linguagem usada pela natureza para descrever suas maravilhas. Por isso ele conseguia visualizar o modo como as equações eram refletidas na realidade – como as equações dos campos eletromagnéticos descobertas por James Clerk Maxwell, por exemplo, iriam se manifestar a um menino que viajasse ao lado de um raio de luz. Como ele declarou certa vez: "A imaginação é mais importante que o conhecimento".

ISAACSON, Walter. *Einstein*: sua vida, seu universo. São Paulo: Companhia das Letras, 2007. p. 26-27.

- Após a leitura do texto, reflita sobre a ciência.

a) Por que o conhecimento científico é importante? Dê exemplos do dia a dia.

b) Discuta a frase "a valorização das conquistas da ciência é indicador positivo de uma sociedade saudável". Dê exemplos e contraexemplos.

c) Qual é a importância da imaginação e da criatividade no mundo de hoje?

d) Segundo Einstein: "A imaginação é mais importante que o conhecimento". Isso significa que a valorização da imaginação implica desconsiderar o conhecimento ou são processos interligados?

O que é o espaço geográfico?

Ao longo da história, o ser humano foi transformando gradativamente a **natureza** com o objetivo de garantir a subsistência do grupo social a que pertencia e melhorar suas condições de vida. Com isso, o **espaço geográfico** foi sendo produzido e ficando cada vez mais artificializado. Pela ação do trabalho humano, novas técnicas foram desenvolvidas e aos poucos incorporadas ao espaço, transformando-o e mudando sua configuração, isto é, a **paisagem**. Assim, as sociedades avançaram de um meio natural para um meio cada vez mais técnico, principalmente a partir da Primeira Revolução Industrial, no fim do século XVIII.

HABERMAS, Jürgen. *Técnica e ciência como "ideologia"*. Lisboa: Edições 70, 1994.

Um dos pensadores que abordam a relação, no capitalismo, entre ciência e técnica é o filósofo alemão **Jürgen Habermas** (1929-). Ele mostra que, já no final do século XIX, no contexto da Segunda Revolução Industrial, esse sistema econômico começou a mobilizar a ciência para a criação de novas técnicas, de novos produtos tecnológicos. No atual momento do capitalismo, em que ocorre uma revolução técnico-científica, ou revolução informacional, a ciência vem sendo ainda mais mobilizada para a criação de técnicas de produção e circulação de bens e serviços cada vez mais eficientes. A incorporação dessas técnicas ao território, com a intenção de aumentar a produtividade econômica e acelerar a circulação por redes que abrangem o espaço nacional, regional e mundial, produziu o que Milton Santos chamou de **meio técnico-científico-informacional**, como vamos ver a seguir.

Martyn Jandula/Shutterstock

Aeroportos estão entre os exemplos mais ilustrativos do meio técnico-científico-informacional. São objetos técnicos construídos para viabilizar o fluxo nacional e internacional de passageiros e cargas. Na foto, do ano de 2019, Aeroporto de Munique (Alemanha), um dos maiores da Europa.

A **paisagem** é a aparência da realidade geográfica, aquilo que nossa percepção auditiva, olfativa, tátil e, principalmente, visual capta. Embora as paisagens materializem relações sociais, econômicas e políticas travadas entre os grupos humanos, estas nem sempre são percebidas. Por exemplo, o plano diretor de muitas cidades define em quais bairros podem ser construídos prédios altos, quais são as zonas exclusivamente residenciais e quais são as de uso misto: comercial e residencial. Ou seja, nesse caso, a organização do espaço e a paisagem que a materializa são fruto de uma lei, de uma decisão política. Por isso, desvendar as paisagens requer observação, percepção e investigação; com isso, é possível apreender o espaço produzido pela sociedade em sua essência.

Cacio Murilo/Shutterstock

Ao se observar uma paisagem, todas as percepções fazem parte de sua leitura e interpretação, como o som das ondas do mar, das pessoas conversando, dos carros passando, a temperatura, a umidade, os cheiros do lugar. Vista de João Pessoa (PB), 2019.

Podemos dizer, então, que o **espaço geográfico** é formado tanto pela **sociedade** quanto pela **paisagem**, que é permanentemente construída e reconstruída pelos grupos humanos. Embora a paisagem, muitas vezes, seja associada à natureza, como vimos, ela também expressa a sociedade. Ou seja, a paisagem é composta de elementos culturais, construídos pelo trabalho humano, e de elementos naturais, resultantes da ação dos processos da natureza. O espaço geográfico materializa todos esses elementos mais as relações humanas que se desenvolvem na vida em sociedade. Em outras palavras, é no espaço geográfico que se desenrola a história humana.

Para ilustrar didaticamente essas relações e evidenciar a diferença entre espaço e paisagem, Milton Santos afirmou que, se por algum motivo a humanidade fosse extinta, teríamos o fim da sociedade e, consequentemente, do espaço geográfico, mas a paisagem construída permaneceria. No entanto, se a humanidade desaparecesse, quem chamaria a paisagem de paisagem? Os seres humanos, por viverem em sociedade, desenvolvem as técnicas, criam os objetos e também os conceitos que os definem. Não é possível dissociar o trabalho, o pensamento e a linguagem, que são características intrinsecamente humanas. Por isso, Lev Vygotski (1896-1934) afirmou, em suas obras, que a relação humana com o mundo se dá mediada pelo trabalho e pela linguagem. Além disso, caso a humanidade deixasse de existir, com o passar do tempo as formas construídas se degradariam pela ação do intemperismo e por falta de manutenção, como sugere o documentário *O mundo sem ninguém*.

Saiba+

Metamorfoses do espaço habitado. Milton Santos. Hucitec, 1997.
Uma das obras de leitura mais acessíveis do geógrafo brasileiro. No capítulo 5 do livro, o autor explica a diferença entre os conceitos de paisagem e espaço geográfico.

O mundo sem ninguém**.** The History Channel. Estados Unidos, 2008. 2 temporadas.
Esse documentário ficcional busca responder a uma pergunta recorrente: "O que aconteceria se o homem desaparecesse da Terra?". Feito por computação gráfica, a obra mostra o que poderia acontecer horas, meses e anos após o desaparecimento da humanidade.

O espaço está "encolhendo" ou "expandindo"?

O **tempo histórico**, o tempo real do homem, é concretizado no espaço geográfico pelo trabalho humano, por meio da existência de objetos técnicos de idades diferentes construídos na paisagem. Milton Santos chamava de rugosidade esse espaço construído, esse tempo histórico que se transformou em paisagem. Ele dizia que a paisagem é uma acumulação desigual de tempos. Diversos objetos técnicos de idades diferentes coexistem lado a lado, sobretudo nas paisagens urbanas: edifícios comerciais e residenciais, escolas, museus, antenas, aeroportos, estações de trem, terminais de ônibus, pontes, viadutos, etc. E, apesar de manter as mesmas formas, esses objetos técnicos podem, ao longo do tempo, ser usados com finalidades diferentes daquelas para as quais foram produzidos originalmente.

Por exemplo, ao caminharmos em uma avenida, como a Paulista, em São Paulo (SP), podemos observar que ela é ladeada por construções com diferentes idades e estilos arquitetônicos. Sequências de prédios com suas fachadas de vidro, estruturas metálicas e linhas modernas são interrompidas por um ou outro casarão de estilo clássico do final do século XIX e início do XX. Naquela época, a cidade e, em especial, a avenida representavam a opulência resultante da riqueza gerada pelo café, que era vendido no mundo todo. Hoje, por meio de seus edifícios envidraçados e antenas de comunicação, representa a pujança de ser a maior cidade do país e uma das maiores do mundo, um importante centro financeiro internacional e uma cidade global bastante conectada à rede urbana mundial. Os casarões que restaram são rugosidades, reminiscências de outros tempos.

Alf Ribeiro/Shutterstock

A Casa das Rosas, casarão situado na avenida Paulista, foi projetada pelo escritório de arquitetura de Ramos de Azevedo (1851-1928). Construída em 1935, foi habitada pelos herdeiros do arquiteto até 1986. Desde 2004, em suas instalações funciona o Espaço Haroldo de Campos de Poesia e Literatura. O casarão manteve-se no espaço geográfico, mas mudou de função. Observe que seu estilo arquitetônico clássico francês e os modernos prédios envidraçados ao seu redor expressam épocas diferentes. Fotografia de 2018.

O **tempo físico**, por sua vez, pode ser concretizado no espaço geográfico por meio da circulação, isto é, pela velocidade desigual de deslocamento, pela transposição desigual das distâncias entre os lugares, pela "convergência do espaço-tempo", como propõe o geógrafo britânico Andrew Leyshon (observe o segundo mapa a seguir). Ou seja, nessa perspectiva, distingue-se o espaço absoluto, aquele que é concreto, material e medido por unidades como metros e quilômetros, do espaço relativo, que é aquele medido por unidades de tempo, como minutos, horas e dias.

Bacia do Pacífico – mapa convencional

Banco de imagens/Arquivo da editora

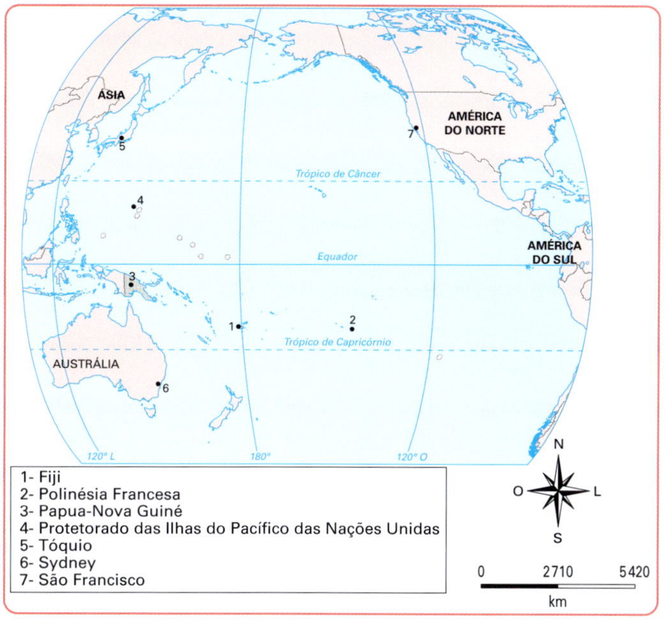

Bacia do Pacífico – mapa do espaço-tempo

Banco de imagens/Arquivo da editora

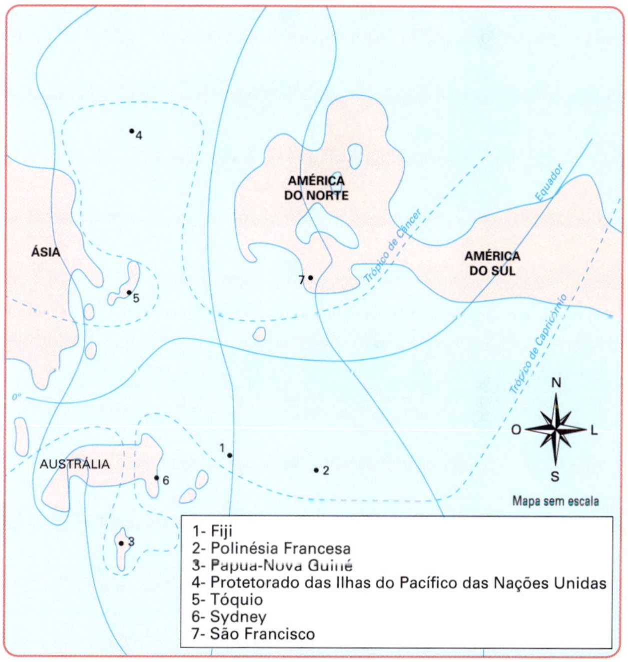

Fonte: elaborados com base em LEYSHON, Andrew. Annihilating space?: the speed-up of communications. *In:* ALLEN, John; HAMNETT, Chris. *A shrinking world? Global unevenness and inequality.* Milton Keynes: The Open University; Oxford: Oxford University Press, 1995. p. 18.

Atividade

- Observe e compare os mapas. Com base neles e em seus conhecimentos sobre a realidade, levante hipóteses para as questões propostas.

  a) Quais lugares mais convergiram no mapa do espaço-tempo?

  b) Explique os motivos dessa maior convergência.

  c) O lugar em que você mora converge mais com que outro lugar? Por quê?

Como sugerem os mapas anteriores, as cidades globais, como Tóquio, Sydney e São Francisco, são as mais bem equipadas de objetos técnicos, como grandes aeroportos e variada oferta de voos, para dar sustentação à convergência do espaço-tempo. Essa convergência nada mais é do que o resultado da redução do tempo de deslocamento de pessoas, mercadorias, capitais e informações.

Vamos retomar a situação-problema proposta na abertura desta unidade. São Paulo, que é uma importante cidade global, está mais "perto" de Lisboa, outra cidade global, com a qual é ligada por muitos voos diários, do que de Pau dos Ferros, uma cidade pequena situada no interior do Rio Grande do Norte, à qual o acesso é bem mais difícil. Ou seja, o conceito para avaliar a distância, nesse caso, é o espaço relativo, e não o espaço absoluto.

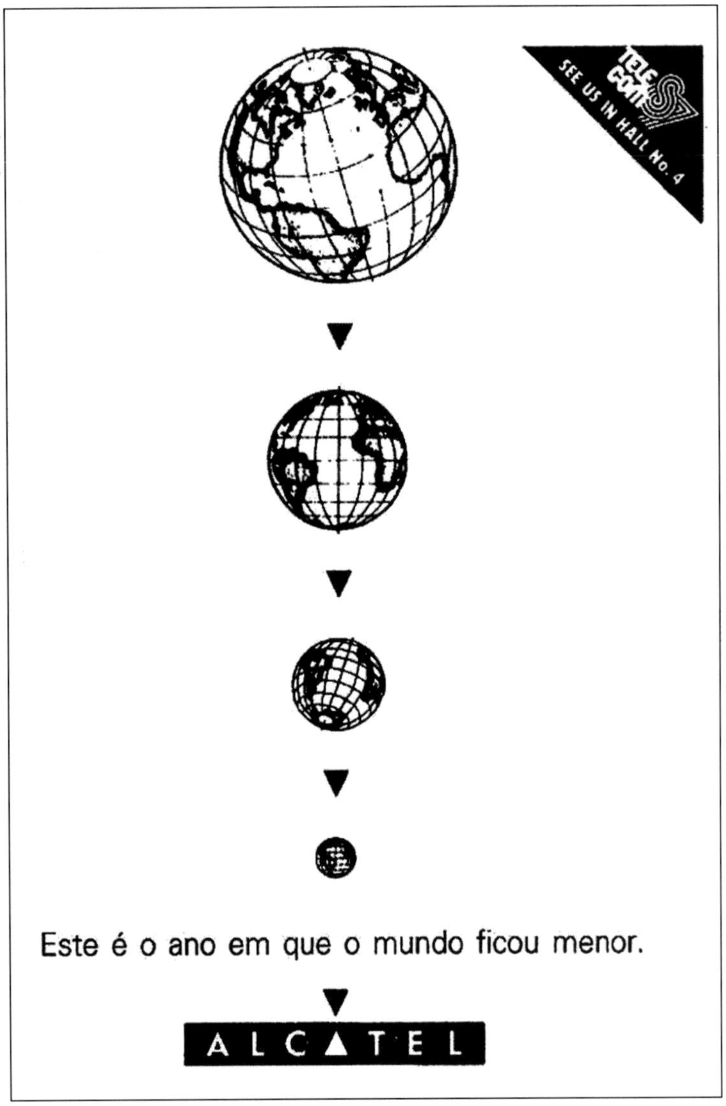

Fonte: HARVEY, David. *A condição pós-moderna*: uma pesquisa sobre as origens da mudança cultural. 2. ed. São Paulo: Loyola, 1993. p. 221.

A Alcatel é uma empresa francesa fabricante de produtos para telecomunicações.

O geógrafo David Harvey, tentando apreender o mesmo fenômeno resultante do avanço técnico, fala em "compressão do espaço-tempo". Para ilustrar essa ideia, ele usa a imagem do globo gradativamente "encolhendo" como consequência dos avanços tecnológicos nos transportes. Não por acaso, nos anos 1990, no auge do otimismo com a globalização, a imagem do mundo "encolhendo" foi muito explorada na publicidade de empresas de transporte aéreo, de telecomunicações e de informática, os setores que mais contribuíram para esse fenômeno.

O problema é que essas imagens podem nos induzir a pensar que o mundo "encolhe" por igual, porém não é bem isso o que ocorre. E isso vale tanto para os lugares como para as pessoas. Os consumidores que possuem maior renda e mais acesso aos objetos técnicos têm mais mobilidade e mais oportunidades. As possibilidades são diferentes, dependendo da renda auferida, da posição em que cada um se encontra no território e, por consequência, do acesso aos bens e serviços.

Essas imagens também podem induzir muitos a interpretar distância – uma propriedade do espaço geométrico – como espaço e daí concluir, erroneamente, que o espaço geográfico está "encolhendo". O "encolhimento" das distâncias, como resultado da maior densidade de objetos técnicos no espaço terrestre e do aumento da velocidade, faz com que se ampliem as possibilidades de contatos pessoais, profissionais e intelectuais, assim como as oportunidades de negócios, especialmente para os agentes (pessoas, empresas, instituições, etc.) mais bem preparados para produzir espaço e se apropriar dele. Com isso, podemos dizer que o espaço geográfico produzido pelo ser humano, que é denso de possibilidades e oportunidades sociais, econômicas, culturais, etc., ao invés de "encolher", está se "ampliando", principalmente sob a globalização e suas redes cada vez mais densas.

A revolução técnico-científica no espaço geográfico

Como vimos, a história do *Homo sapiens* na Terra é marcada pela incorporação de técnicas ao espaço geográfico, transformando-o para uso das sociedades que o produzem. A agregação de técnicas ao território não caracteriza a adaptação dos seres humanos ao meio geográfico em que habitam, mas a adaptação desse meio aos desígnios humanos. Segundo Milton Santos, a história da incorporação de técnicas ao espaço passou por três etapas distintas: o meio natural, o meio técnico e o meio técnico-científico-informacional.

Durante a maior parte da história humana, apesar da agregação de algumas técnicas ao território – edificações, estradas, diques, plantações, etc. –, a transformação do espaço geográfico foi bastante limitada e o meio permaneceu, em grande medida, natural.

Lopes/Coleção particular

Vista de trecho da praia de Ipanema, tomada do Arpoador, no Rio de Janeiro (RJ), entre 1900 e 1930.

Léo Burgos/Acervo do fotógrafo

Vista de trecho da praia de Ipanema, tomada do Arpoador, no Rio de Janeiro (RJ). Foto de 2016.

Atividades

1. Observe e compare as fotografias das paisagens, descrevendo o que aconteceu no espaço geográfico nelas representado.
2. Pesquise e reúna imagens de diferentes épocas do bairro onde a escola em que você estuda se localiza, organize-as temporalmente e aponte as principais mudanças e permanências na paisagem.

Meio técnico-científico-informacional

A incorporação de técnicas ao território deu-se muito lentamente até o início da Primeira Revolução Industrial. Desde então, o meio geográfico recebeu grande quantidade de novas infraestruturas, como fábricas, ferrovias, rodovias, linhas telefônicas, usinas hidrelétricas e portos. Com isso, tornou-se crescentemente artificial, transformando-se em meio técnico. A partir daí, ocorreu a junção entre ciência e técnica, o que deu origem à tecnologia do mundo moderno e resultou em uma enorme diversidade de objetos técnicos.

No atual período do capitalismo, desenvolve-se um novo meio geográfico, adaptado às exigências da economia globalizada e da atual revolução técnico-científica. Incorporam-se crescentemente ao espaço geográfico objetos como:

- modernas redes de telecomunicações: antenas parabólicas e de telefonia celular, cabos de fibra óptica, redes de computadores, etc.;
- grandes infraestruturas de transportes: aeroportos, sistemas portuários, rodovias, ferrovias, etc.;
- agropecuária moderna: máquinas agrícolas orientadas por GPS, alimentos geneticamente modificados (transgênicos), animais selecionados, etc.;
- indústrias 4.0 robotizadas e integradas: prédios comerciais e residenciais inteligentes, bolsas de valores eletrônicas, complexos hospitalares, etc.

Esse novo meio geográfico, chamado de **meio técnico-científico-informacional**, como vimos, serve para dar suporte à aceleração dos fluxos globais e regionais de capitais, mercadorias, informações e pessoas. Assim, a globalização pode ser interpretada como a atual fase do desenvolvimento capitalista, na qual se dá a universalização das técnicas.

O meio técnico-científico-informacional aparece na cidade e no campo, incorporando a agricultura, a indústria, o comércio e os serviços. Ele abrange o planeta inteiro e funciona como um sistema. Estudiosos do assunto, como o sociólogo estadunidense Immanuel Wallerstein (1930-2019) e o geógrafo francês Olivier Dollfus (1931-2005), afirmam que vivemos em um **sistema-mundo**. Esse conceito, criado por Wallerstein, busca apreender o fato de que os fenômenos sociais, econômicos, políticos e culturais mais importantes não acontecem isoladamente porque há uma interdependência entre os diversos lugares da Terra.

Sistema: conjunto formado por partes ou elementos de um todo organizado, que funciona de forma coordenada.

Benny Marty/Shutterstock

Empresas de alta tecnologia no Vale do Silício, no norte da Califórnia (Estados Unidos), desenvolveram-se em torno da Universidade Stanford. Foto de 2016.

Sem o meio técnico-científico-informacional não seria possível a atual aceleração dos fluxos de informações, capitais, mercadorias e pessoas nem a crescente interdependência entre os vários lugares do mundo. Sem ele, não ocorreriam o "encolhimento" do mundo, a "convergência do espaço-tempo". Assim, se observarmos atentamente, podemos identificar a crescente instalação desses objetos nas paisagens.

Embora os novos bens e serviços tecnológicos estejam se expandindo cada vez com mais rapidez, sobretudo os telefones celulares e a internet (observe o gráfico a seguir), sua difusão continua a se dar de modo bastante desigual social e espacialmente. Determinados países, regiões e lugares absorvem as novas tecnologias de forma mais rápida do que outros, assim como pessoas com renda mais alta têm mais possibilidade de acesso aos bens e serviços do que pessoas com renda mais baixa.

Difusão das novas tecnologias nos Estados Unidos – 1900-2005

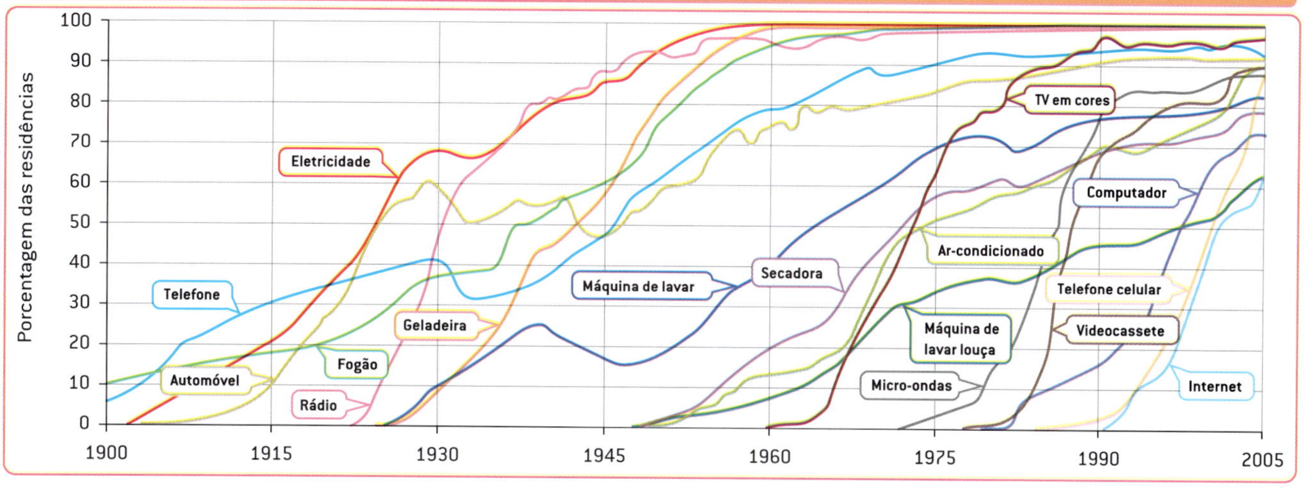

Banco de imagens/Arquivo da editora

Fonte: MADRIGAL, Alexis C. Most people didn't have A/C until 1973 and other strange tech timelines. *The Atlantic*, Estados Unidos, 27 jul. 2012. Disponível em: www.theatlantic.com/technology/archive/2012/07/most-people-didnt-have-a-c-until-1973-and-other-strange-tech-timelines/260427/. Acesso em: 20 out. 2021.

Segundo o Banco Mundial, em 2019, enquanto 100% das sociedades dos Estados Unidos e de outros países desenvolvidos eram abastecidas com eletricidade, em alguns países pobres da África subsaariana nem 20% da população tinha acesso a essa tecnologia, que existe desde a Segunda Revolução Industrial. Em dezembro de 2020, segundo a Internet World Stats, 95,6% dos habitantes dos Estados Unidos tinham acesso à internet, taxa semelhante à de outros países desenvolvidos, enquanto na República Democrática do Congo a taxa de conexão era de apenas 17,7%. Nesse país africano, somente 19,1% da população tinha acesso à eletricidade no final de 2019.

Atividades

3. Observe a paisagem do lugar onde você mora e identifique os objetos técnicos que compõem o meio técnico-científico-informacional.

4. Depois, discuta com os colegas as questões propostas a seguir. Por fim, escreva no caderno um texto sistematizando a conversa.

- Quais são esses objetos técnicos?
- Qual é a função deles?
- Eles funcionam isoladamente ou fazem parte de um sistema?
- Quais conexões vocês conseguem estabelecer entre esses objetos técnicos e o espaço geográfico local, regional, nacional e mundial?

Os nós das redes informacionais-globais

Durante um longo período da história, a informação circulou na mesma velocidade das pessoas e das mercadorias, pois, em sua maioria, dependia dos meios de transporte. É certo que alguns povos tradicionais desenvolveram técnicas de comunicação por sinais (reflexão da luz ou emissão de sinais de fumaça) e também sonoros, que não dependiam de meios de transporte. Porém, mesmo assim, essa forma de comunicação é limitada espacialmente, pois depende dos sentidos humanos.

Bit: contração do inglês *binary digit* (dígito binário), indica a menor unidade da informação armazenada ou veiculada.

Atualmente, o avanço tecnológico, além de acelerar todas as modalidades de circulação, diferenciou o tempo necessário ao transporte da informação (veiculada em tempo real na forma de ***bits***) do tempo do transporte da matéria (pessoas e mercadorias). Esse é um dos grandes avanços da era informacional.

O globo terrestre é atravessado por uma infinidade de redes, por meio das quais circulam pessoas, informações, dinheiro, mercadorias, etc.: redes de ferrovias, de hidrovias (fluviais, lacustres e marítimas), de aerovias nacionais e internacionais e redes de rodovias, as mais espraiadas pelo espaço geográfico. Também existem as redes de cabos de fibra óptica, de satélites de comunicação, de antenas que emitem e captam sinais na Terra, de computadores (como a internet) e de televisão, rádio, agências de notícias, bolsas de valores, eletricidade e oleodutos, entre outras.

Rede aérea

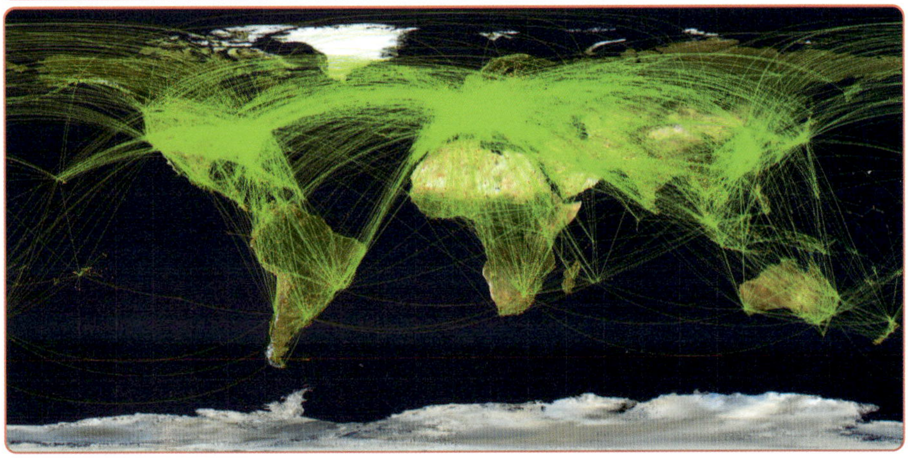

Banco de imagens/Arquivo da editora

Esse cartograma reproduz as rotas aéreas que conectam diferentes aeroportos no mundo. Além das linhas (rotas), a imagem mostra os nós (principais aeroportos) formando uma rede aérea global.

Essas redes abrangem o espaço geográfico mundial, mas são mais densas em alguns países, regiões e lugares. Por exemplo, os principais pontos de interconexão do fluxo aéreo são os maiores aeroportos do mundo, porque as aeronaves de grande porte, que fazem voos internacionais, não pousam em qualquer pista e, evidentemente, só são usadas em rotas nas quais há grande demanda de passageiros. Por isso, eles estão concentrados nas principais cidades globais, sobretudo nos países desenvolvidos. Também compõem essa rede os aeroportos menores, pontos de interconexão secundários que recebem aviões de médio e pequeno porte utilizados em voos regionais. Esses são mais espraiados no espaço geográfico mundial.

Atividade

5. Observe o cartograma e responda: Quais são os países e as regiões com maior concentração de aeroportos e, consequentemente, de fluxos aéreos? Por quê?

Com a globalização e a aceleração dos fluxos de investimentos produtivos pelo mundo, acirrou-se a competição entre os lugares para abrigar indústrias, centros de pesquisa, grandes redes de comércio varejista, galpões logísticos, etc. Os lugares que oferecem melhores condições para receber esses investimentos são os mais bem-sucedidos na globalização, principalmente as **cidades globais** e os **parques tecnológicos**. Muitos parques tecnológicos coincidem com importantes cidades globais ou estão próximos e fortemente conectados a elas.

A desconcentração das indústrias, que têm se deslocado para cidades distantes das grandes aglomerações urbanas, ao contrário do que se imaginava, tem contribuído para reforçar o papel de comando de muitas das grandes cidades. Essas cidades comandantes são importantes centros de serviços especializados e de apoio à produção – universidades e centros de pesquisa, grandes lojas, hospitais, bancos, bolsas de valores, entre outros. Um dos exemplos é São Paulo, que se consolidou como o principal centro de serviços e de negócios não só do Brasil, mas também da América do Sul. Observe o mapa.

Conceitos

Cidades globais e megacidades

As cidades globais são os principais nós da rede urbana mundial, e as megacidades são aglomerações urbanas (regiões metropolitanas) com 10 milhões de habitantes ou mais (de acordo com a ONU). Cidade global é uma definição qualitativa, e a megacidade é definida por um critério quantitativo. Assim, as principais cidades globais não coincidem necessariamente com as megacidades. Por exemplo, das duas principais cidades globais, Nova York é megacidade, mas Londres, não.

Segundo classificação da Globalization and World Cities (GaWC), rede de pesquisas da globalização e das cidades globais sediada no Departamento de Geografia da Universidade de Loughborough (Reino Unido), em 2020, havia 224 cidades globais. Essa pesquisa classificou-as em três níveis (alfa, beta e gama), com seus subníveis de acordo com a densidade e a qualidade da infraestrutura, a oferta de bens e serviços e, consequentemente, a capacidade de polarização de cada uma delas sobre os fluxos regionais e mundiais.

As cidades globais, segundo o GaWC – 2020

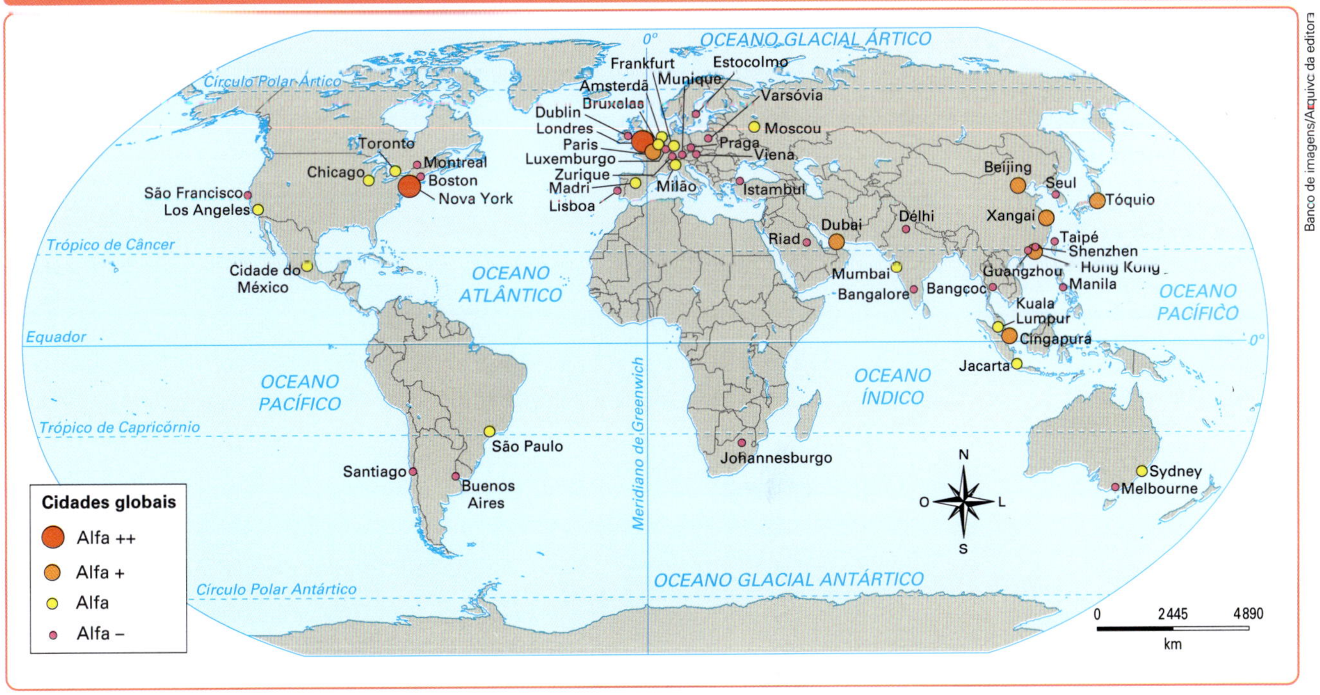

Fonte: elaborado com base em GLOBALIZATION AND WORLD CITIES. The World According to GaWC 2020. Loughborough: GaWC, ago. 2020. Disponível em: www.lboro.ac.uk/gawc/world2020t.html. Acesso em: 19 fev. 2022.

Os parques tecnológicos, também denominados **parques científicos** ou tecnopolos, são o exemplo mais representativo da geografia industrial da revolução técnico-científica, do meio técnico-científico-informacional. São os pontos de interconexão da rede mundial de conhecimentos e os principais centros irradiadores das inovações que caracterizam a atual revolução tecnológica.

Zigres/Shutterstock

Vista aérea de São Paulo (SP), o principal centro de serviços e de negócios da América do Sul. Foto de 2019.

Incubadora de empresas: estrutura destinada à criação e ao desenvolvimento de empresas, sobretudo micro e pequenas, do setor industrial ou de serviços, com o objetivo de reduzir o insucesso do novo negócio e estimular a inovação. Em geral, a incubadora dispõe de instalações para abrigar temporariamente a empresa selecionada. No Brasil, cerca de 90% das incubadoras estão vinculadas a uma universidade, em geral pública, muitas das quais funcionando no próprio *campus* universitário.

Nos tecnopolos, encontram-se especialmente as indústrias e os serviços da revolução informacional e, sobretudo, seus centros de pesquisa e desenvolvimento: tecnologias da informação e comunicação, semicondutores (*chips* para computadores), informática (equipamentos, programas e sistemas), internet, robótica, biotecnologia, produtos médicos e farmacêuticos, muitos dos quais se desenvolveram dentro de uma **incubadora de empresas**.

Conceitos

Parque científico

Um parque científico é uma organização administrada por profissionais especializados, cujo objetivo principal é incrementar a riqueza de sua comunidade promovendo a cultura da inovação e a competitividade das empresas e instituições baseadas em conhecimentos, instaladas no parque ou a ele associadas.

Para atingir tal objetivo, um parque científico estimula e administra o fluxo de conhecimento e tecnologia entre universidades, instituições de pesquisa e desenvolvimento, empresas e mercados; impulsiona a criação e o crescimento de empresas baseadas em inovação mediante processos de incubação e de geração de subprodutos (*spin-off*) e proporciona outros serviços de valor agregado, assim como espaço e instalações de alta qualidade.

INTERNATIONAL Association of Science Parks and Areas of Innovation (IASP). *Definitions*: Science Park. Disponível em: www.iasp.ws/our-industry/definitions. Acesso em: 19 nov. 2021. (Tradução dos autores).

De acordo com a Organização das Nações Unidas para a Educação, a Ciência e a Cultura (Unesco), em 2017 havia mais de 400 parques tecnológicos de diversos tamanhos e em variados estágios de consolidação espalhados pelo mundo, com destaque para os Estados Unidos, com mais de 150 tecnopolos (entre os quais se destaca o Vale do Silício, na Califórnia), e o Japão, com cerca de 110 (entre os quais se destaca a Cidade da Ciência de Tsukuba), não por acaso os maiores líderes da revolução técnico-científica.

Cada tecnopolo representado no mapa a seguir recebe pontos de 1 a 4 para os itens abaixo, conforme sua disponibilidade quantitativa e qualitativa:

- Universidades e centros de pesquisa que formam trabalhadores qualificados e geram desenvolvimento tecnológico.
- Empresas que oferecem competência técnica e estabilidade econômica.
- Empresas empreendedoras.
- Capital de risco.

O Vale do Silício alcançou a pontuação máxima, e Gauteng, na África do Sul, ficou com a pontuação mínima.

Principais parques tecnológicos

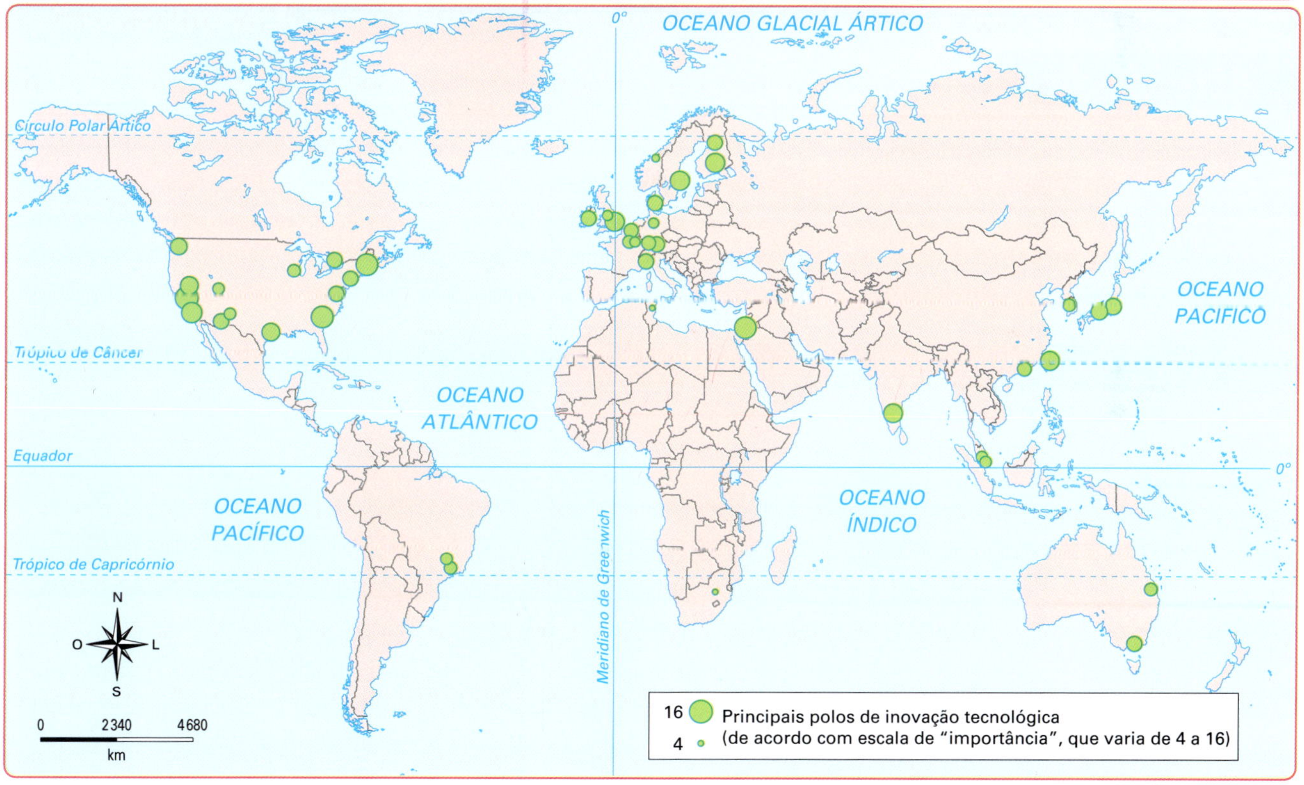

Banco de imagens/Arquivo da editora

Fonte: elaborado com base em CHARLIER, Jacques (dir.). *Atlas du 21e siècle édition 2012*. Groningen: Wolters-Noordhoff; Paris: Éditions Nathan, 2014. p. 196.

Atividades

6. Observe o mapa e responda: Como você explicaria a distribuição dos principais parques tecnológicos pelo mundo?

7. Qual é a relação entre os parques tecnológicos e a economia informacional-global?

Representações cartográficas do espaço geográfico

Em um mapa, os elementos que compõem o espaço geográfico são representados por pontos, linhas, texturas e cores, ou seja, são usados símbolos próprios da **Cartografia**. Diante da complexidade do espaço geográfico, algumas informações são priorizadas em detrimento de outras. É impossível representar todos os elementos – físicos, econômicos, humanos e políticos – em um único mapa, cujo objetivo é permitir o registro e a localização dos elementos cartografados e facilitar a orientação no espaço geográfico. Portanto, qualquer mapa será sempre uma simplificação da realidade para atender ao interesse do usuário.

Calvin & Hobbes, Bill Watterson © 1986 Watterson / Dist. by Andrews McMeel Syndication

WATTERSON, Bill. *Calvin e Haroldo*: Yukon ho! São Paulo: Conrad, 2008. p. 56.

Atividade

- Na tirinha, Calvin e Haroldo estão nos Estados Unidos e planejam ir a Yukon, um território localizado no noroeste do Canadá. Para ir até lá, saindo do estado de Washington (noroeste dos Estados Unidos), por exemplo, é necessário atravessar toda a província canadense da Colúmbia Britânica, ou seja, cerca de 1 500 quilômetros em linha reta, ou bem mais que isso indo de carro. Eles consultaram um globo terrestre para ter uma noção da distância e do tempo de viagem.

a) Você considera que fizeram uma boa opção?

b) Quais seriam as opções disponíveis atualmente para essa consulta?

Conceitos

Cartografia

[...] O conceito de Cartografia tem suas origens intimamente ligadas às inquietações que sempre se manifestaram no ser humano, no tocante a conhecer o mundo que ele habita. [...]

[...] O conceito da Cartografia, hoje aceito sem maiores contestações, foi estabelecido em 1966 pela Associação Cartográfica Internacional (ACI), e, posteriormente, ratificado pela Unesco, no mesmo ano: "A Cartografia apresenta-se como o conjunto de estudos e operações científicas, técnicas e artísticas que, tendo por base os resultados de observações diretas ou da análise da documentação, se voltam para a elaboração de mapas, cartas e outras formas de expressão ou representação de objetos, elementos, fenômenos e ambientes físicos e socioeconômicos, bem como a sua utilização".

O processo cartográfico, partindo da coleta de dados, envolve estudo, análise, composição e representação de observações, de fatos, fenômenos e dados pertinentes a diversos campos associados à superfície terrestre. [...]

IBGE. *Noções básicas de Cartografia*. Rio de Janeiro: IBGE, 1999. p. 11 e 12. Disponível em: https://biblioteca.ibge.gov.br/visualizacao/monografias/GEBIS%20-%20RJ/ManuaisdeGeociencias/Nocoes%20basicas%20de%20cartografia.pdf. Acesso em: 5 maio 2022.

O mapa é uma das mais antigas formas gráficas de comunicação, precedendo até mesmo a escrita. Os primeiros mapas foram esculpidos em pedra ou argila.

Mapa de Ga-Sur: original

Reprodução/Museu de Bagdá, Iraque

Mapa de Ga-Sur: interpretação

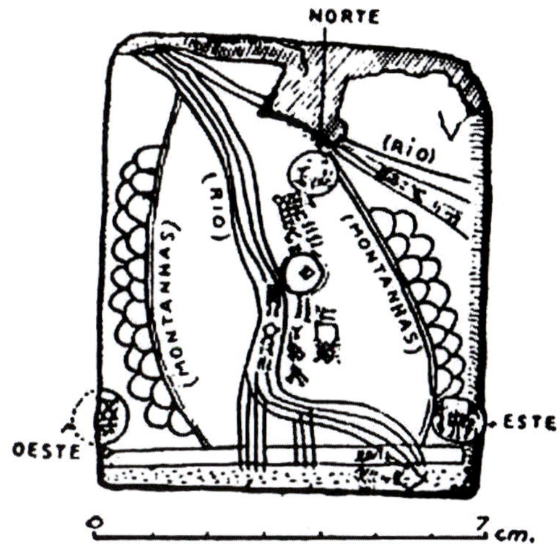

Reprodução/Arquivo da editora

O original do mapa de Ga-Sur, que pertence ao acervo do Museu de Bagdá, no Iraque, é um esboço rústico esculpido em um pedaço de argila de 8 cm × 7 cm. O original foi encontrado em 1930 nas ruínas dessa cidade, situada a cerca de 300 quilômetros ao norte da antiga Babilônia, em território do atual Iraque. Estima-se que tenha sido feito por volta de 2500 a.C., na Mesopotâmia, pelos sumérios.

O aprimoramento dos satélites e dos computadores permitiu grandes avanços nas técnicas de coleta, processamento, armazenamento e representação de informações da superfície terrestre, causando grande impacto nos processos de elaboração de mapas e nos conceitos da Cartografia. Por exemplo, hoje os mapas digitais não têm uma escala fixa.

Iraque: Bagdá, ruínas de Ga-Sur e Babilônia

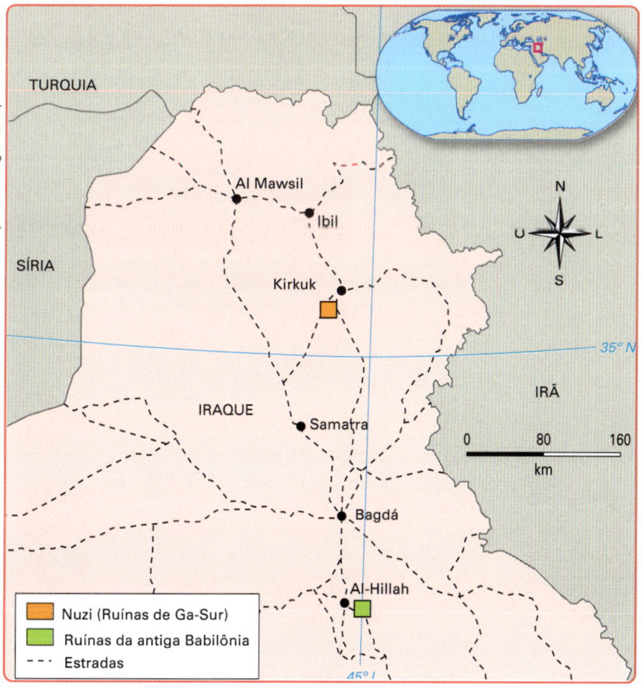

Vespucio Cartografia/Arquivo da editora

Fonte: elaborado com base em GOOGLE MAPS BRASIL. Disponível em: www.google.com.br/maps/@33.9428423,44.3281156,7.75z. Acesso em: 30 mar. 2022.

Saiba+

Google Maps. Disponível em: www.google.com.br/maps/. Acesso em: 16 fev. 2022.

Consulte o *site* do *Google Maps* e visualize a região onde o mapa de Ga-Sur foi encontrado, tanto no formato de mapa como no de imagem de satélite. Não é possível identificar as ruínas, mas pode-se localizar Kirkuk, a cidade mais importante da região, assim como o rio Tigre.

Os mapas e as cartas podem ser classificados em topográficos (ou de base) e temáticos.

No **mapa**, representa-se a superfície terrestre o mais próximo possível da realidade, dentro das limitações impostas pela escala. Nesse caso, a escala é pequena, o que significa representar grandes extensões da superfície terrestre com menor nível de detalhamento e precisão.

A **carta topográfica**, feita em escala média ou grande, representa áreas menos extensas e, por isso, mostra com maior detalhamento e precisão os fenômenos retratados. Por esse motivo, é possível identificar a posição planimétrica – representação de fenômenos geográficos no plano, na horizontal – e a altimétrica – representação vertical, altitude do relevo – de alguns elementos visíveis do espaço geográfico. Observe, na próxima página, um trecho de uma folha da Carta Topográfica do Brasil. Trata-se da reprodução de parte do município de Garuva (SC).

A **planta** é um tipo de carta cuja representação é feita em escala muito grande. Representa uma área pequena da superfície terrestre e, por isso, exibe alto grau de precisão e detalhamento.

Cartas e mapas topográficos são resultantes de **levantamentos sistemáticos** feitos por órgãos governamentais ou empresas privadas com o objetivo de conhecer o território e planejar sua ocupação.

Trecho da carta de Garuva, Santa Catarina

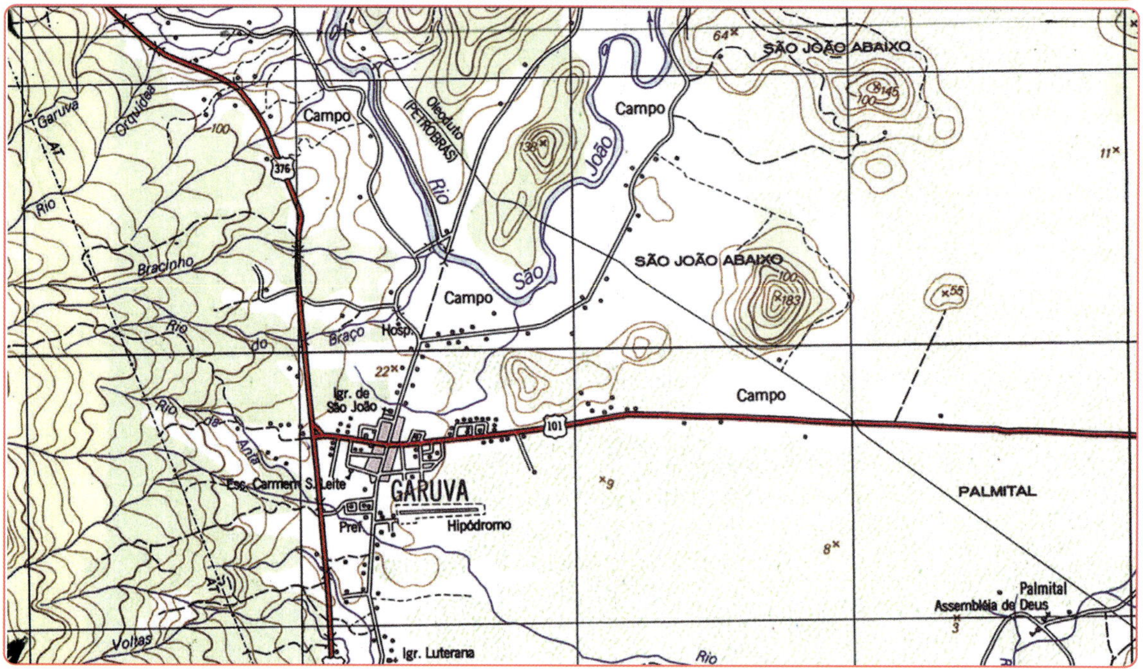

Reprodução/Arquivo da editora

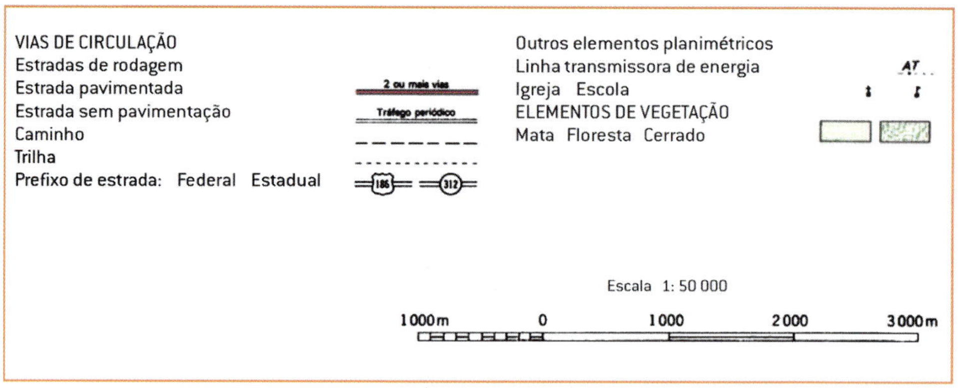

Reprodução/Arquivo da editora

Levantamento sistemático: conjunto de medidas planimétricas e altimétricas precisas de uma parte da superfície terrestre que atendem a uma série de regras fixas, como a precisão da escala, do traçado das coordenadas geográficas e das curvas de nível.

As curvas de nível (ou isoípsas) são linhas que unem os pontos do relevo que têm a mesma altitude. Traçadas na carta, permitem a visualização da declividade (inclinação) do relevo. Observe no mapa acima que a distribuição das curvas de nível e a organização da rede de drenagem (os rios, representados por linhas azuis) indicam as diferentes declividades das vertentes.

Os mapas topográficos servem de base para os mapas temáticos. Um mapa temático contém informações selecionadas sobre determinado fenômeno ou tema do espaço geográfico: naturais – geologia, relevo, vegetação, clima, solo, etc. – ou sociais – população, agricultura, indústrias, urbanização, etc. Nele estão representados fenômenos geográficos pelo uso de diversos tons de cores. Nesse tipo de mapa, a precisão planimétrica ou altimétrica tem importância menor; as representações qualitativa e quantitativa de temas selecionados são mais relevantes.

Escala cartográfica

Inicialmente é importante fazer uma distinção entre escala geográfica e escala cartográfica. A escala geográfica define a escala de análise geográfica, o recorte espacial: local, regional, nacional ou mundial. Já a escala cartográfica define a escala de representação, ou seja, indica a relação entre o tamanho dos objetos representados no mapa, carta ou planta e o tamanho deles na realidade.

A seguir, ao estudarmos a **escala cartográfica** e suas relações matemáticas, vamos perceber sua permanente relação com a escala geográfica. Por exemplo, a análise de fenômenos locais necessita de cartas ou plantas em escala grande; a análise de fenômenos nacionais exige mapas do Brasil em escala pequena; já a compreensão de fenômenos mundiais exige mapas em escala muito pequena. Ou seja, quanto maior a escala de análise geográfica, menor a escala cartográfica, e vice-versa.

É impossível encontrar uma rua, um elemento local, de qualquer cidade brasileira em um mapa-múndi ou no mapa político do Brasil. Observe o mapa "Brasil: divisão política". A escala utilizada nessa representação – 1 : 62 500 000 – é pequena; nela, 1 centímetro equivale a 625 quilômetros. Para representar uma rua, é preciso consultar uma planta na qual seja possível visualizar os quarteirões.

A escala utilizada na "Planta da cidade do Rio de Janeiro" – 1 : 14 000 000 – é grande; nela, 1 centímetro equivale a 0,14 quilômetro ou 140 metros. Perceba que, dependendo da escala utilizada, um mesmo fenômeno espacial, por exemplo, a cidade do Rio de Janeiro, pode ser representado como ponto (no mapa "Brasil: divisão política") ou como área (na "Planta da cidade do Rio de Janeiro").

Brasil: divisão política

Banco de imagens/Arquivo da editora

Fonte: elaborado com base em IBGE. *Atlas geográfico escolar*. 8. ed. Rio de Janeiro: IBGE, 2018. p. 90.

Em um mapa feito nessa escala, até mesmo as capitais dos estados ficam reduzidas a pequenos pontos, inclusive as duas maiores metrópoles do país: São Paulo (SP) e Rio de Janeiro (RJ), com 12,3 milhões e 6,7 milhões de habitantes, respectivamente (segundo estimativas do IBGE para 2021).

Planta da cidade do Rio de Janeiro

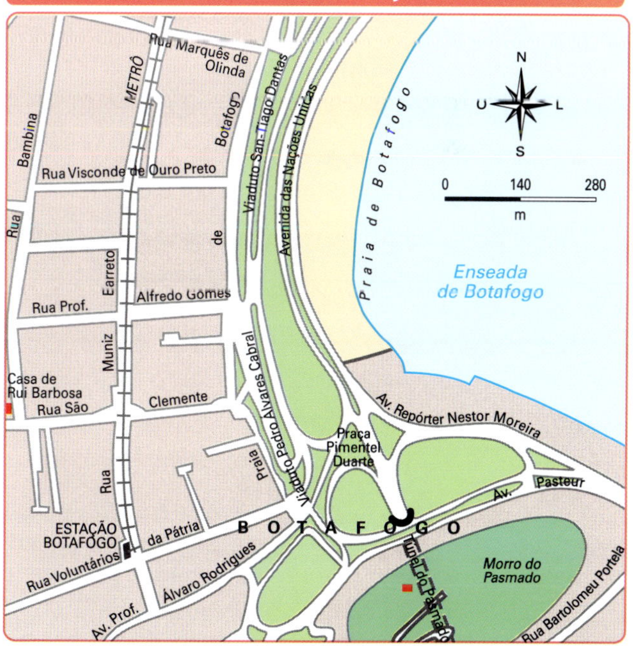

Banco de imagens/Arquivo da editora

Fonte: elaborado com base em FERREIRA, Graça Maria Lemos. *Moderno atlas geográfico*. 5. ed. São Paulo: Moderna, 2013. p. 11.

Decifrando a escala

Veja um exemplo de como a escala pode ser usada. Para acompanhar, observe novamente o trecho da carta de Garuva (SC) na página 94 e considere as seguintes convenções:

Escala = 1/N
N = denominador da escala
D = distância na superfície terrestre
d = distância no documento cartográfico

Suponha o seguinte problema: um motorista, vindo pela BR-376, após entrar na BR-101, percorrerá que distância até cruzar o oleoduto da Petrobras? Na carta apresentada, essa distância mede cerca de 8 centímetros.

Temos:

Escala da carta = 1/50 000 (N = 50 000); pode-se ler também 1 : 50 000 (um por cinquenta mil). Logo, 1 centímetro na carta equivale a 50 000 centímetros ou 500 metros ou 0,5 quilômetro na superfície terrestre. Assim, temos o denominador da escala já convertido para quilômetro e a distância na carta. Agora, queremos saber a distância na superfície terrestre.

N = 0,5 km
d = 8 cm
D = ?

Aplicando uma regra de três simples:

1 cm — 0,5 km
8 cm — D

D = 8 × 0,5
D = 4 km

Portanto: $D = d \times N$

Resposta do problema: a distância a ser percorrida pelo motorista é de 4 quilômetros.

Agora vamos supor que temos a distância na superfície terrestre, o denominador da escala, e queremos encontrar a distância na carta:

D = 4 km
N = 0,5 km
d = ?
1 cm — 0,5 km
d — 4 km
d × 0,5 = 1 × 4
$d = \dfrac{4}{0{,}5}$
d = 8 cm

Portanto: $d = \dfrac{D}{N}$

Finalmente, supondo que temos a distância na superfície terrestre e na carta, queremos saber o denominador da escala.

D = 4 km
d = 8 cm
Escala = ?
1 cm — N
8 cm — 4 km
N × 8 = 1 × 4
$N = \dfrac{4}{8}$
N = 0,5 km (que equivale a 50 000 cm)
$\text{Escala} = \dfrac{1}{N}$
$\text{Escala} = \dfrac{1}{50\,000}$ ou 1 : 50 000

Portanto: $N = \dfrac{D}{d}$

Uma escala pode ser expressa de duas formas:

- Numérica: 1 : 50 000
- Gráfica:

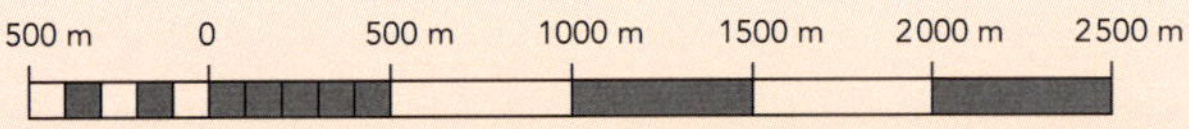

Em alguns mapas, abaixo da escala (numérica ou gráfica) ainda há um lembrete, por exemplo: 1 cm no mapa corresponde a 0,5 km no terreno.

Observe o mapa abaixo, com escala gráfica e numérica.

Banco de imagens/Arquivo da editora

Diálogos

1. A imagem apresentada é de um quadro de 1929, do pintor belga René Magritte (1898-1967), um expoente do movimento surrealista. A frase, em francês, significa "Isto não é um cachimbo".

Isto não é um cachimbo, a mais conhecida pintura da série *A traição das imagens*, de René Magritte. Óleo sobre tela, 62,2 cm × 81 cm, feito entre 1928 e 1929.

a) Que interpretação você faz dessa obra de arte, considerando em conjunto o texto e a imagem?

b) Pensando na imagem e no que você estudou sobre Cartografia, qual é a aparente contradição entre a frase e a imagem?

c) Que relações é possível estabelecer entre essa obra e o trabalho de um cartógrafo?

2. Leia o texto e observe o desenho a seguir, feitos por professores indígenas do Parque Indígena do Xingu.

Geografia é uma ciência que estuda o mapa do mundo

Geografia é uma ciência que estuda o mapa do mundo, os países, os homens, as florestas, os rios, os lagos, o Sol.

Geografia para mim é uma ciência que estuda os municípios, os estados, as montanhas, os planetas, a Terra, os meios de orientação, o movimento de rotação e os terremotos.

Geografia estuda as aldeias, estradas, limites das Terras Indígenas, divisas dos rios, córregos, cidades, cachoeiras, igarapés, onde está a pista de pouso e o campo de futebol.

Geografia estuda os animais, as aves e os peixes.

Além disso, a Geografia estuda o Parque Indígena do Xingu, onde tem muitos índios.

O estudo da Geografia é muito importante para nós aprendermos.

IKPENG, Maiwá. Geografia é uma ciência que estuda o mapa do mundo. *In*: INSTITUTO SOCIOAMBIENTAL. *Geografia indígena*. Brasília, DF: MEC/SEF/DPEF, 1988. p. 7. Disponível em: http://lemad.fflch.usp.br/sites/lemad.fflch.usp.br/files/geografia%20ind%C3%ADgena.pdf. Acesso em: 19 nov. 2021.

Capa do livro *Geografia indígena*, publicado em 1988 pelo Instituto Socioambiental.

a) Que elementos descritos no texto são exógenos à cultura indígena tradicional?

b) No desenho, assim como no texto, há elementos representados que estão intrinsecamente ligados ao modo de vida e à cultura de seus autores. Que elementos são esses?

3. Observe o trecho da carta de Garuva da página 94 e faça o que se pede:

a) Identifique a porção do espaço geográfico representado mais favorável à prática da agricultura mecanizada ou à instalação de indústrias.

b) Explique o porquê de sua opção.

4. Observe o mapa político do Brasil e a planta da cidade do Rio de Janeiro da página 95. Imagine que você está na esquina das ruas Marquês de Olinda e Muniz Barreto e quer pegar o metrô na Estação Botafogo.

a) Qual é a distância aproximada entre esses dois pontos?

b) Consulte o *Google Maps* e descubra qual é a distância a pé e quanto tempo você precisaria caminhar. Consulte também a opção de ir de ônibus. Você iria a pé ou de ônibus?

5. Imagine que você está na cidade do Rio de Janeiro e pretende viajar a Brasília.

a) Qual é a distância aproximada, em linha reta, entre as duas cidades?

b) Consulte o *Google Maps* e descubra qual é a distância de carro e de avião entre a antiga e a atual capital do Brasil. Quanto tempo dura a viagem nesses dois meios de transporte?

c) Qual desses dois meios de transporte permite maior convergência no mapa do espaço-tempo? Por quê?

6. Leia o texto, observe as imagens de satélite e faça o que se pede.

Imagens de satélite

Uma imagem de satélite é uma imagem da totalidade ou de parte da Terra. As imagens de satélite proporcionam uma visão sinóptica (de conjunto) e multitemporal (em diferentes datas) de extensas áreas da superfície terrestre.

A imagem de satélite é obtida de forma remota a partir de sensores imageadores acoplados a satélites artificiais.

Os sensores imageadores são as "máquinas fotográficas" dos satélites. Eles podem ser passivos, ou seja, utilizam a Radiação Eletromagnética (REM) natural refletida ou emitida a partir da superfície terrestre, ou ativos, utilizando a REM artificial, produzida por radares instalados nos satélites. [...]

AGÊNCIA ESPACIAL BRASILEIRA. *Imagens de satélite*. Disponível em: https://www.gov.br/aeb/pt-br/programa-espacial-brasileiro/aplicacoes-espaciais/imagens-de-satelites#:~:text=Uma%20imagem%20de%20sat%C3%A9lite%20%C3%A9,extensas%20%C3%A1reas%20da%20superf%C3%ADcie%20terrestre. Acesso em: 5 maio. 2022.

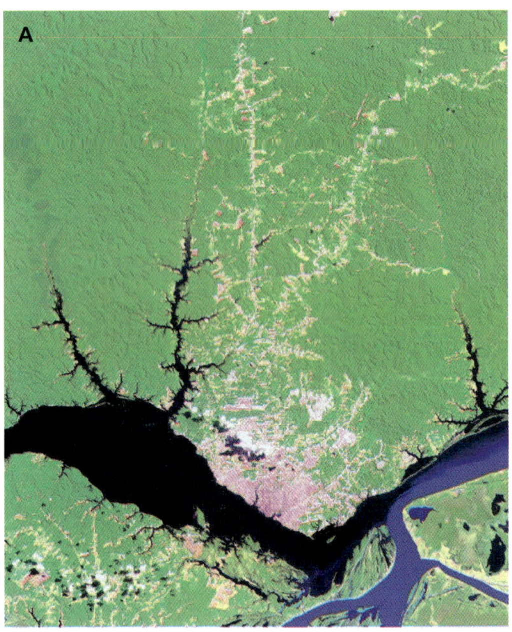

Imagens de satélite de região de Manaus (AM). Na imagem A, em 1985; na imagem B, em 2017.

- Em relação à cor rosa nas imagens de satélite, o que é possível interpretar?

Projeções cartográficas

Projeção cartográfica é o resultado de um conjunto de operações que permite representar no plano, tendo como referência paralelos e meridianos, os fenômenos que estão dispostos numa superfície esférica (a Terra é um planeta aproximadamente esférico).

Ao fazerem a transferência de informações inscritas numa superfície esférica para outra plana, os cartógrafos deparam com um problema insolúvel: qualquer que seja a projeção adotada, sempre haverá algum tipo de distorção nas áreas, nas formas ou nas distâncias da superfície terrestre representadas. Não há distorção perceptível somente em representações de escala suficientemente grande, como é o caso das plantas, nas quais não é necessário considerar a curvatura da Terra.

As projeções podem ser classificadas em **conformes**, **equivalentes**, **equidistantes** e **arbitrárias** (também conhecidas como afiláticas), dependendo das propriedades geométricas presentes na relação globo terrestre/mapa-múndi. Além disso, podem ser agrupadas em três categorias principais, dependendo da figura geométrica empregada em sua construção: **cônicas**, **cilíndricas** e **planas** (ou azimutais). Observe-as a seguir.

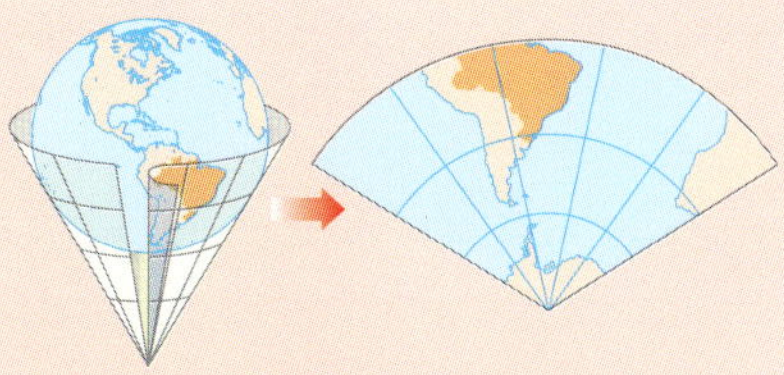

Na **projeção cônica**, o globo parece estar envolvido por um cone de papel no qual são projetados os paralelos e os meridianos.

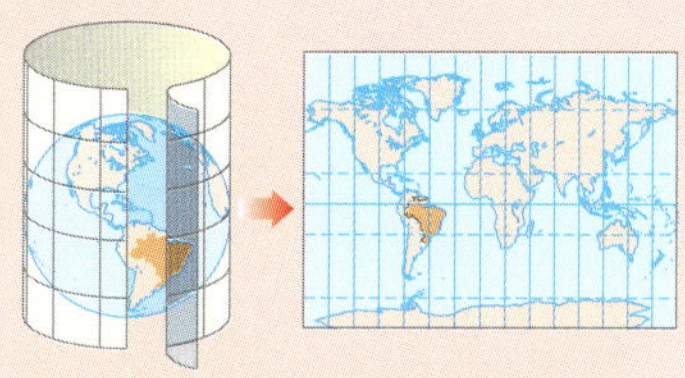

Na **projeção cilíndrica**, a mais comum, o globo terrestre parece estar envolvido por um cilindro de papel no qual são projetados os paralelos e os meridianos.

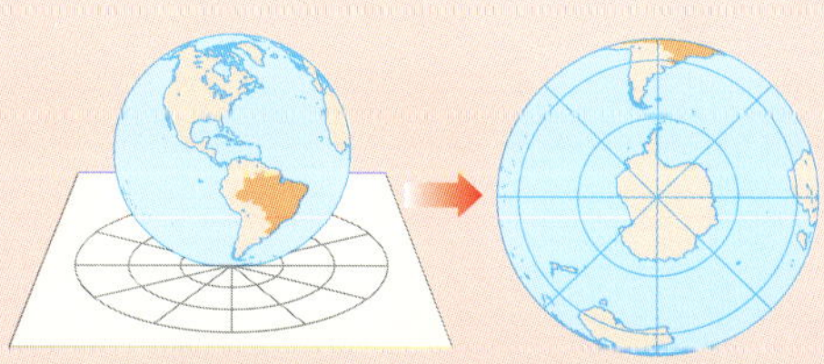

Na **projeção plana**, a Terra parece ser tangenciada por uma folha de papel na qual são projetados os paralelos e os meridianos. Quando o globo é tangenciado em um dos polos, dizemos que se trata de uma projeção polar.

Ilustrações: Banco de imagens/Arquivo da editora

Fonte: elaboradas com base em IBGE. *Atlas geográfico escolar.* 8. ed. Rio de Janeiro: IBGE, 2018. p. 21.

Conformes

Projeção conforme é aquela na qual os ângulos são idênticos aos do globo terrestre, seja em um mapa-múndi, seja em um mapa regional. Nesse tipo de projeção, as formas terrestres são representadas sem distorção, porém com alteração do tamanho de suas áreas. Apenas nas proximidades do centro da projeção, neste caso o equador, é que se verifica distorção mínima. Quanto maior o distanciamento a partir dessa linha imaginária, maior é a distorção. Observe no mapa "Projeção de Mercator (atual)" que a Groenlândia, com 2,2 milhões de km^2 de área, aparenta ser maior que o Brasil, com 8,5 milhões de km^2.

A mais conhecida projeção conforme é a de Mercator, cartógrafo e matemático belga cujo nome verdadeiro era Gerhard Kremer (1512-1594). Em 1569, época em que os europeus comandavam a Expansão Marítima, Mercator abriu novas perspectivas para a Cartografia ao construir uma projeção cilíndrica conforme que imortalizou seu codinome. Ela foi elaborada para facilitar a navegação, pois permitia representar com precisão, no mapa, a rede de coordenadas geográficas e os ângulos obtidos pela bússola (pontos cardeais).

O mapa-múndi de Mercator, no qual a Europa aparece em uma posição central, superior (com o norte em destaque) e, por se situar em altas latitudes, proporcionalmente maior do que é na realidade, acabou se transformando no principal representante da visão eurocêntrica do mundo. Durante séculos, foi uma das projeções mais usadas na elaboração de planisférios e, apesar do surgimento posterior de muitas outras, ainda hoje é utilizada.

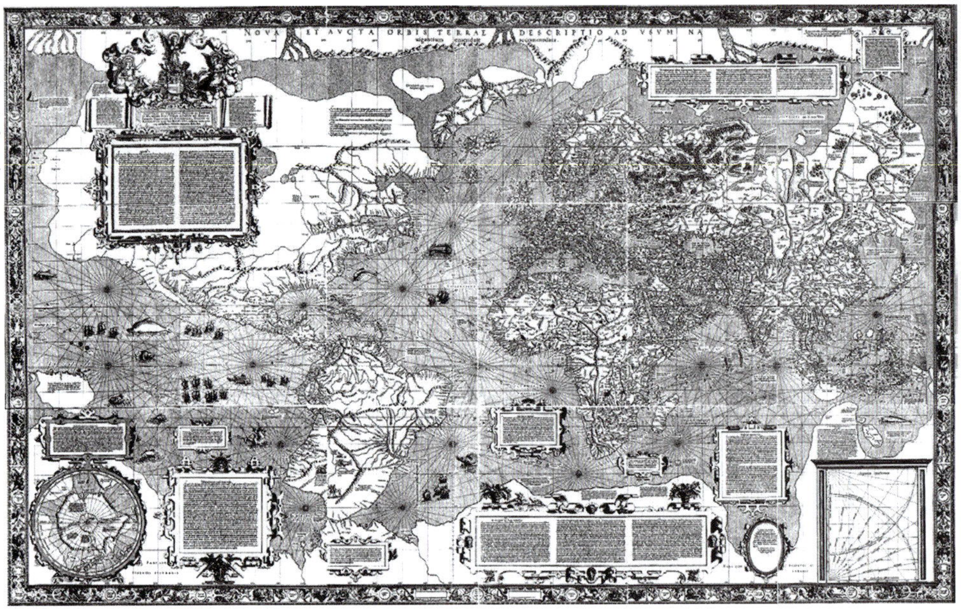

O mapa original de Mercator, como é possível observar, não mostrava os continentes de forma precisa.

Fonte: elaborado com base em WHITFIELD, Peter. *The Image of the World*: 20 Centuries of World Maps. London: The British Library, 1994. p. 66-67. (Original sem escala.)

Projeção de Mercator (atual)

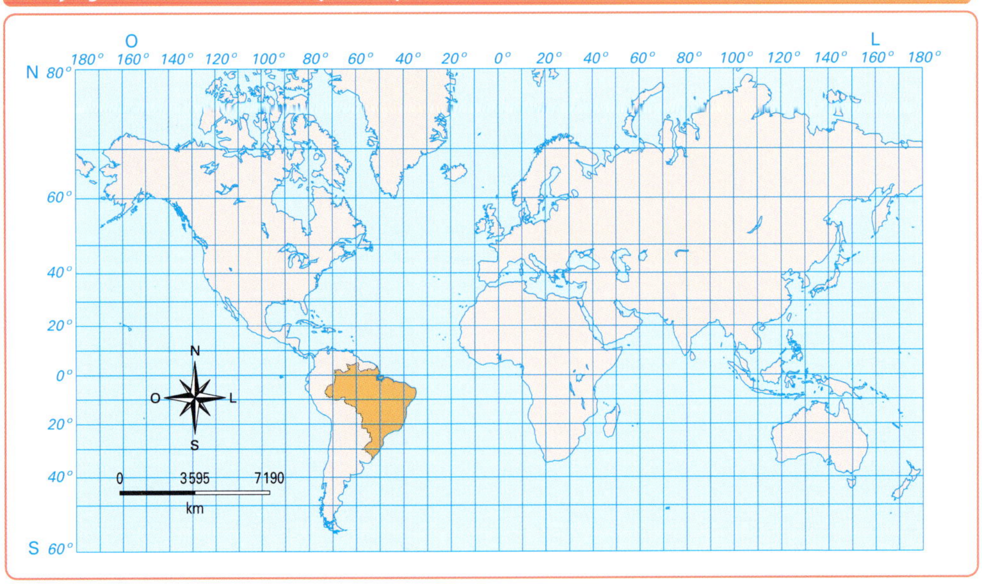

Planisfério elaborado de acordo com a projeção de Mercator, mas com as técnicas cartográficas disponíveis atualmente.

Fonte: elaborado com base em IBGE. *Atlas geográfico escolar*. 8. ed. Rio de Janeiro: IBGE, 2018. p. 23.

Equivalentes

Em um mapa-múndi ou regional com projeção equivalente, as áreas mantêm-se proporcionais às do globo terrestre, embora as formas fiquem deformadas em comparação com a realidade. Um exemplo desse tipo de projeção é o mapa-múndi de Peters, elaborado pelo historiador e cartógrafo alemão Arno Peters (1916-2002) e publicado pela primeira vez em 1973.

Embora essa projeção não tenha rompido completamente com a visão eurocêntrica, acabou dando destaque aos países de baixa latitude. Ela representava os anseios de afirmação dos Estados que se tornaram independentes após a Segunda Guerra Mundial (1939-1945), nessa época considerados subdesenvolvidos, situados em grande parte ao sul das regiões desenvolvidas. Em alguns países, essa projeção chegou a ser impressa de forma invertida em relação à convenção cartográfica dominante, mostrando o sul em destaque. O mapa-múndi de Hobo-Dyer, outra projeção equivalente, também representa o mundo de forma "invertida".

Projeção de Peters

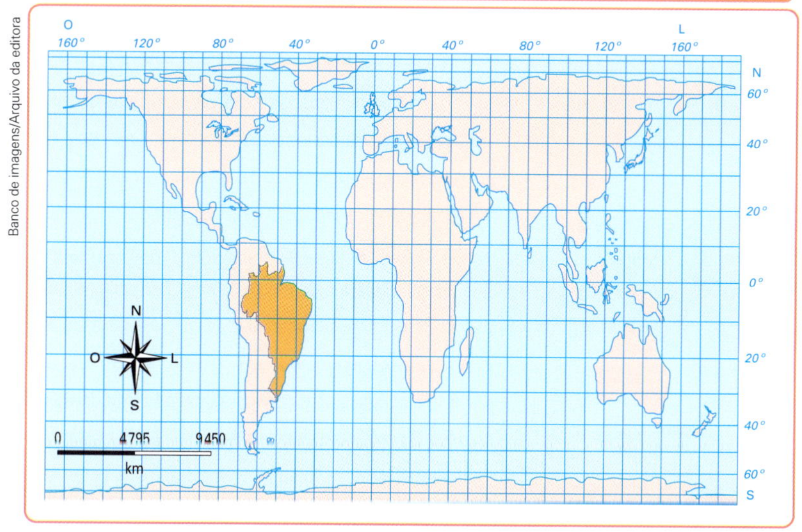

Nessa projeção cilíndrica equivalente, parece que os continentes e países foram alongados no sentido norte-sul. Há uma distorção em suas formas, mas todos mantêm seu tamanho proporcional. Por exemplo, a Groenlândia, embora irreconhecível, aparece bem menor que o Brasil e a América do Sul, como é na realidade.

Fonte: elaborado com base em IBGE. *Atlas geográfico escolar*. 8. ed. Rio de Janeiro: IBGE, 2018. p. 21.

Projeção de Hobo-Dyer

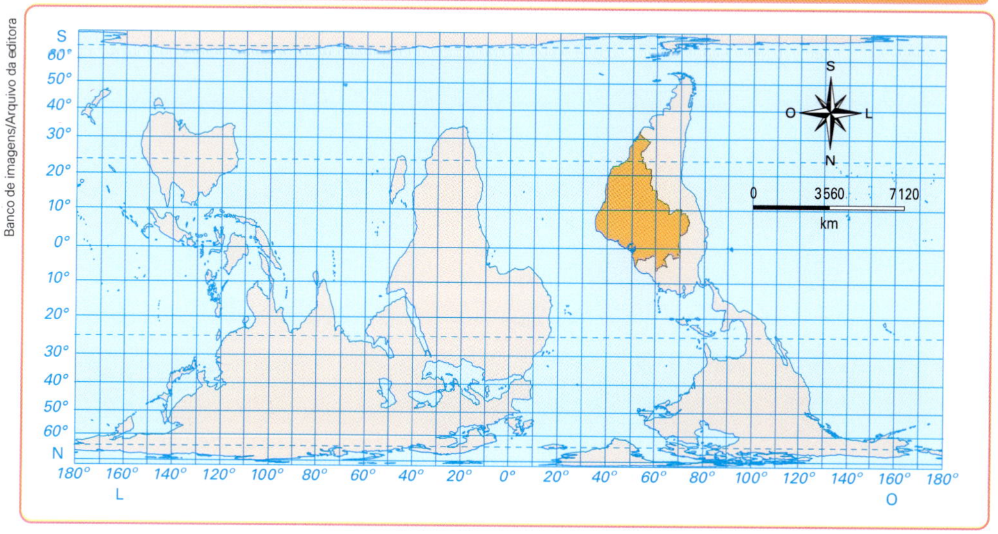

Esse mapa-múndi foi criado em 2002 para mostrar uma visão alternativa do mundo. Foi encomendado por Bob Abramms e Howard Bronstein (donos da empresa ODT Maps, sediada em Amherst, Estados Unidos) ao cartógrafo inglês Mick Dyer. O nome da projeção resulta da junção das sílabas iniciais dos nomes de Howard e Bob com o sobrenome de Mick. Está centrada na África e mostra o sul em destaque.

Fonte: elaborado com base em *Hobo-Dyer Map*. Disponível em: http://www.mapworld.co.nz/hobodeyer.html. Acesso em: 16 fev. 2022.

Equidistantes

Nos mapas-múndi com projeção plana ou azimutal equidistante, a representação da distância entre dois lugares é precisa. A projeção elaborada pelo astrônomo e filósofo francês Guillaume Postel (1510-1581) e publicada no ano de sua morte adota como centro um ponto qualquer do planeta para que seja possível medir a distância entre esse ponto e qualquer outro radial ao centro. Por isso, essa projeção é utilizada especialmente para definir rotas aéreas ou marítimas. Também tem valor geopolítico estratégico, pois é usada para definir rotas de aviões e mísseis militares.

A projeção plana mais comum é centrada em um dos polos, geralmente o polo norte. No centro da projeção pode-se situar a capital de um país, uma base aérea, a sede de uma empresa multinacional, etc. Entretanto, ela apresenta enormes distorções nas áreas e nas formas dos continentes, que aumentam com o afastamento do ponto central.

Projeção azimutal polar

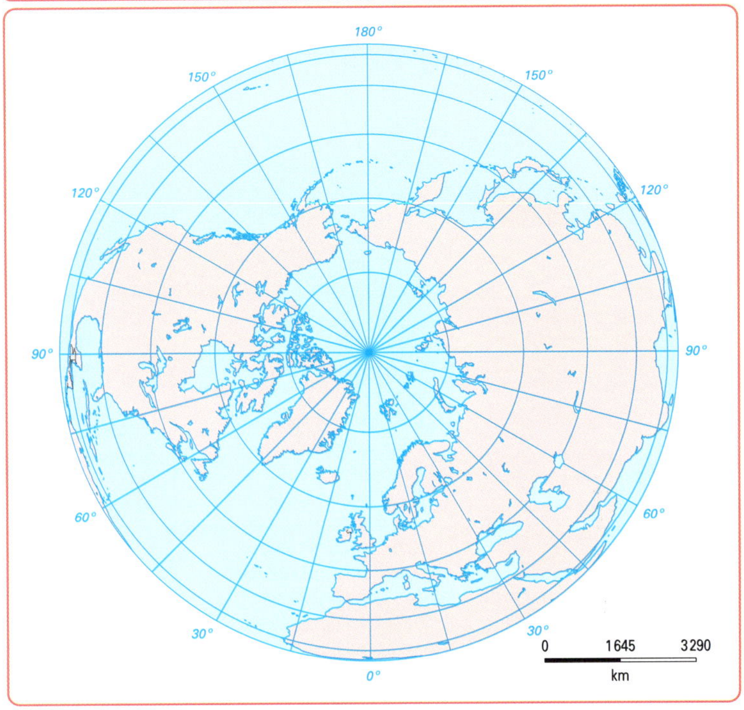

Banco de imagens/Arquivo da editora

Fonte: elaborado com base em NATIONAL GEOGRAPHIC. *Concise Atlas of the World*. 4th ed. Washington, D.C.: National Geographic Society, 2016. p. 24.

Na projeção plana equidistante, as distâncias só são precisas se traçadas radialmente a partir do centro – no caso desta, o polo norte – até um ponto qualquer do mapa.

Arbitrárias ou afiláticas

Atualmente, é comum a utilização de projeções com índices de distorção menores para o mapeamento da superfície terrestre, como a de Robinson (observe o mapa abaixo). Esse tipo de projeção, chamada de arbitrária ou afilática (do grego *aphylaxis*, "sem ordem"), não preserva nenhuma das propriedades de conformidade, equivalência ou equidistância, mas não distorce o planeta de forma tão acentuada como as projeções que vimos anteriormente. Por isso, as projeções arbitrárias têm sido muito utilizadas para mostrar o mundo em atlas escolares e mapas de divulgação.

Projeção de Robinson

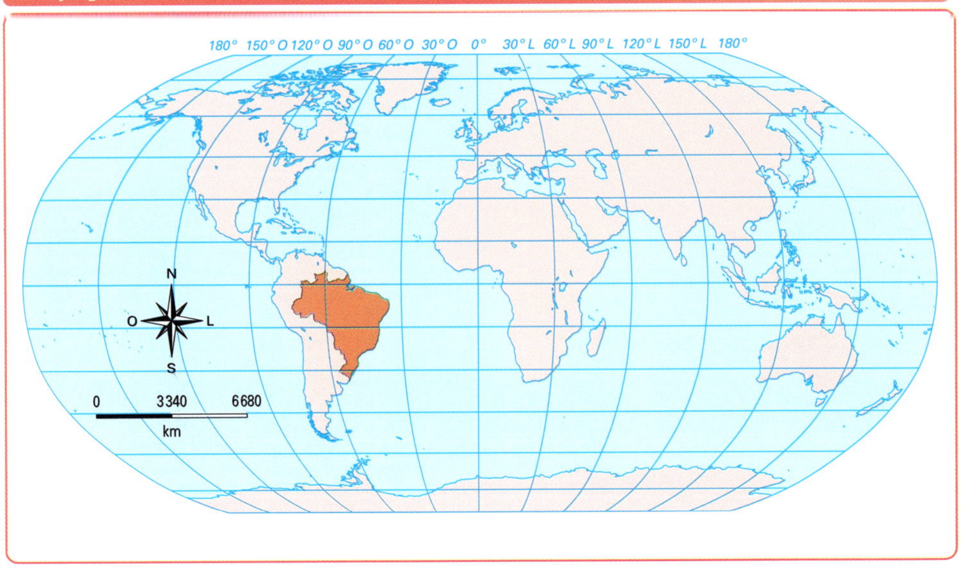

Banco de imagens/Arquivo da editora

Fonte: elaborado com base em IBGE. *Atlas geográfico escolar*. 8. ed. Rio de Janeiro: IBGE, 2018. p. 24.

Essa projeção foi desenvolvida em 1961 pelo geógrafo e cartógrafo estadunidense Arthur H. Robinson (1915-2004). Segundo o IBGE (2018, p. 24): "É uma projeção afilática (não é conforme, equivalente ou equidistante) e pseudocilíndrica (não possui nenhuma superfície de projeção, porém apresenta características semelhantes às da projeção cilíndrica)".

Um mundo, diversas visões

Nosso planeta é um só, mas, como vimos, pode ser representado de formas diferentes ou visto de perspectivas diversas: há várias visões do mundo.

Os mapas-múndi não mostram o planeta como ele é, mas como é visto ou representado. Como os mapas são feitos por profissionais que vivem em um lugar no território de um Estado nacional e têm diferentes valores culturais, costumam expressar um ponto de vista particular, além de interesses geopolíticos e econômicos. Em contrapartida, também podem expressar um questionamento desses interesses.

Mapa-múndi que ilustra o Saltério da Abadia de Westminster, de 1265, Londres, Reino Unido. O saltério é um livro com os 150 salmos que integram o Livro dos Salmos, obra que compõe a Bíblia cristã. É bastante usado nos cultos cristão e judaico. Biblioteca Britânica de Londres.

O mapa ao lado, por exemplo, representa o mundo sob um ponto de vista religioso. Produzido na Europa medieval, em um momento em que a Igreja católica tinha muito poder e exercia grande influência sobre a sociedade, esse mapa traz vários elementos da crença e dos valores cristãos. A cidade de Jerusalém está no centro da representação; o oriente, onde, segundo a crença, se encontraria o paraíso, aparece em destaque no "topo" do mapa (no medalhão estão representados Adão e Eva, separados pela "árvore da ciência do bem e do mal", plantada por Deus no Jardim do Éden, e uma pequena maçã, seu fruto proibido). A parte "de cima" do mapa foi reservada à imagem de Jesus Cristo abençoando o mundo e ladeado por anjos, e a parte "de baixo", aos dragões, que podem ser associados ao demônio.

Um dos primeiros mapas-múndi foi elaborado em 1508 por um cartógrafo de Florença chamado Francesco Rosselli (1448-1510). Esse mapa não tinha nenhuma precisão nem mostrava a Oceania, continente que ainda não era conhecido pelos europeus. Como vimos, um pouco mais tarde, em 1569, foi elaborado um dos mapas-múndi mais importantes da história da Cartografia: o mapa de Mercator.

Os primeiros mapas-múndi, especialmente o de Mercator, colocavam a Europa em destaque no "centro" do mapa, e o hemisfério norte, onde esse continente está localizado, na parte "de cima". Os europeus – portugueses, espanhóis, ingleses, franceses, etc. – estavam explorando o planeta e fundando colônias; portanto, era natural que, ao representá-lo, se vissem dessa forma. Podemos chamar essa visão de mundo de eurocêntrica.

O mapa eurocêntrico era a materialização cartográfica do etnocentrismo europeu. No entanto, como a Terra é um planeta esférico, em movimentos de rotação e de translação no espaço sideral, nela não existe nem "acima" nem "abaixo".

Como vimos, até o leste ou oriente já chegou a ganhar destaque, como era comum nos mapas elaborados na Idade Média, de onde surgiu o sentido original da palavra **orientar** ("direcionar-se para o oriente"). No entanto, depois que o norte se tornou a principal referência dos pontos cardeais, surgiu também a palavra **nortear**, cujo sentido original significa "direcionar-se para o norte".

O fato de o norte, o sul ou o leste aparecerem "acima" nos mapas, portanto, em destaque, é resultado de uma convenção estabelecida em determinado momento histórico. A representação dos mapas como estamos acostumados a ver, com o norte na parte "de cima" e a Europa no "centro", é apenas uma escolha, mais uma convenção.

Divisão regional do Brasil

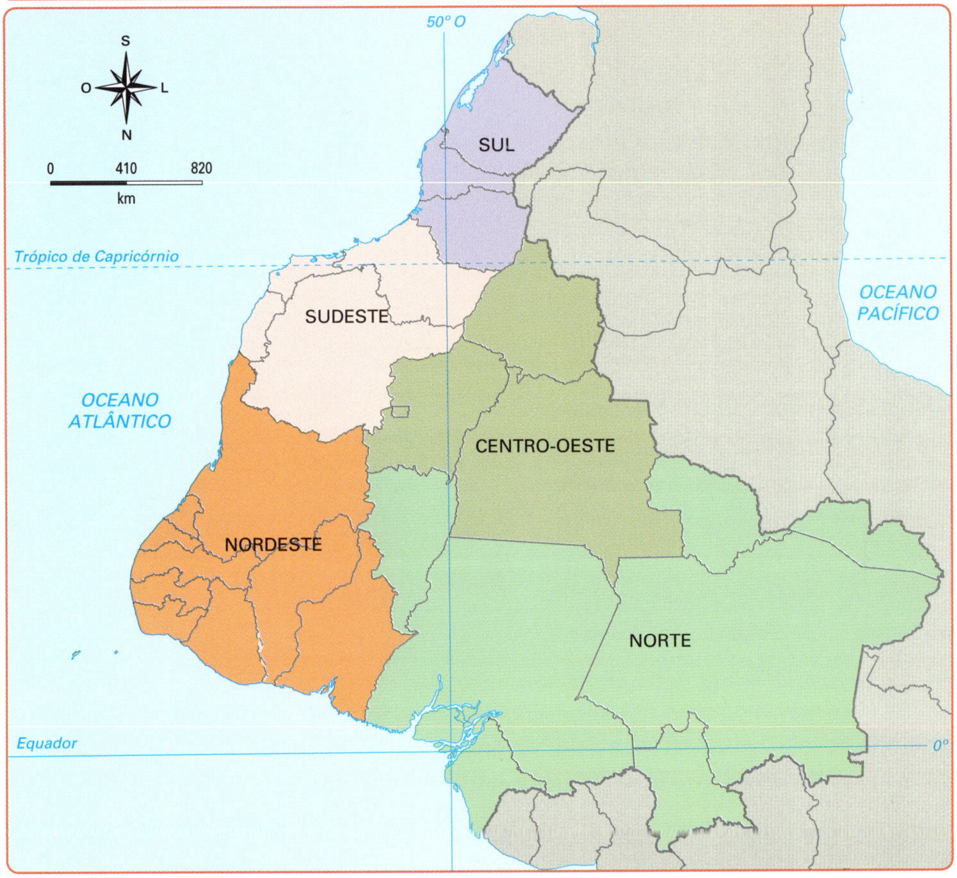

Mapa da divisão regional do Brasil, "invertido" em relação ao posicionamento tradicional.

Fonte: elaborado com base em FITZ, Paulo Roberto. *Cartografia básica.* São Paulo: Oficina de Textos, 2008. p. 36.

Entretanto, a visão eurocêntrica do mundo se consolidou em 1884, ano em que ocorreu a Conferência Internacional do Meridiano. Nesse encontro, realizado em Washington D.C. (Estados Unidos), 25 países acordaram que o meridiano principal, o zero da longitude, seria o meridiano de Greenwich (latitude: 51° 28′ 38″ N; longitude: 0° 00′ 00″), portanto, o "centro" do mundo no sentido leste-oeste. Já fazia tempo que as cartas náuticas inglesas, centradas em Greenwich, eram as mais usadas pelos navegadores.

Nada impede, porém, que o mundo seja visto de outras perspectivas e, em cada país, os mapas sejam produzidos valorizando sua localização no globo. Por exemplo, nos Estados Unidos, gerações de estudantes cresceram vendo seu país em destaque no mapa-múndi feito com a projeção de Mercator. Como antes aconteceu com os europeus, além de estar no "centro" do mundo, seu território ainda parece ampliado. Tal representação era a metáfora da superioridade geopolítica dos Estados Unidos no período pós-Segunda Guerra, a materialização cartográfica do etnocentrismo estadunidense.

O Brasil no "centro" de uma projeção cartográfica plana apareceu em 1981, no livro *Conjuntura política nacional: o Poder Executivo e geopolítica do Brasil*, do general Golbery do Couto e Silva (1911-1987), um dos expoentes do pensamento geopolítico do regime militar (1964-1985). Há outro mapa com o Brasil representado assim em um livro do geógrafo Cêurio de Oliveira, publicado pelo IBGE em 1993.

Visão americanocêntrica do mundo

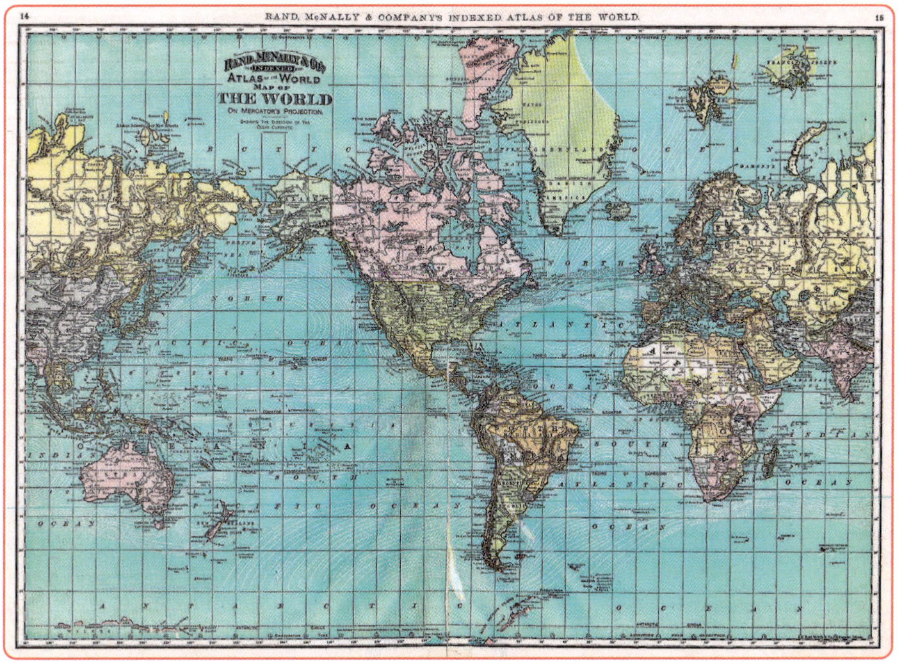

Esse mapa-múndi foi produzido pela empresa Rand McNally & Company até 2001. Naquele ano, admitindo seu caráter etnocêntrico, a Rand McNally parou de imprimi-lo, alegando que ele contribuía para difundir uma visão do mundo que contrariava sua missão como produtora de mapas.

Fonte: MCNALLY, Rand. *Cosmopolitan series*: world. Chicago: Rand McNally & Company, 1897.

Mais recentemente, mapas-múndi com o Brasil em destaque podem ser encontrados no *Atlas geográfico escolar* do IBGE (2018). Entretanto, uma visão brasileira do mundo nunca foi muito difundida e acabamos nos habituando a ver o planeta da perspectiva eurocêntrica.

Projeção azimutal centrada em Brasília

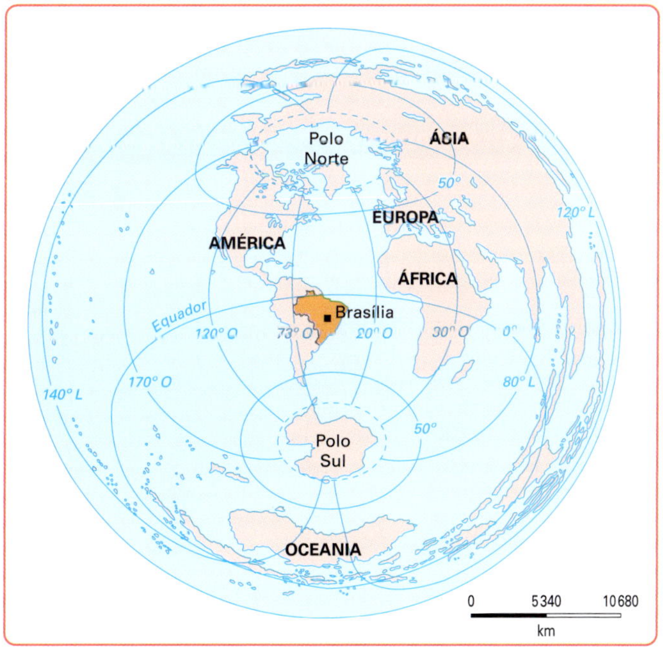

Na projeção azimutal ou plana, não é necessária a rosa dos ventos, porque o norte está indicado no próprio mapa.

Fonte: elaborado com base em OLIVEIRA, Cêurio de. *Curso de Cartografia moderna*. 2. ed. Rio de Janeiro: IBGE, 1993. p. 63.

Atividade

- Existe uma projeção correta para representar o mundo?

Diálogos

1. Leia, a seguir, a notícia sobre a percepção de um jovem jogador de Fortnite em relação ao Brasil e, depois, faça o que se pede.

Campeão mundial de Fortnite não sabia que Brasil é um país

Bugha, de 17 anos, chegou a abrir o mapa-múndi durante a transmissão para se certificar

Campeão da Copa do Mundo de **Fortnite** em 2019, Kyle "Bugha" mostrou que é craque no battle royale, mas fica devendo na geografia. Durante uma transmissão na Twitch, o jogador de 17 anos se mostrou surpreso ao descobrir que o Brasil é um país e que a América do Sul é um continente.

Fortnite: é um jogo eletrônico de *battle royale* (do inglês, "batalha real") no qual vários jogadores podem se enfrentar *on-line*.

– Espera, o Brasil é um país? Não estou trollando – afirmou o jogador durante uma conversa com amigos na stream. Na sequência, Bugha abriu o mapa-múndi para se certificar da nova descoberta.

– Não, Brasil não é um país. Fica na América do Sul... espera, América do Sul é um continente? – continuou o jogador, mostrando muita surpresa.

Depois da descoberta, Bugha culpou as escolas dos Estados Unidos e reforçou que "não estava trollando". Nas redes sociais, o norte-americano brincou que o mapa de Fortnite é o único que ele conhece. [...]

CAMPEÃO mundial de Fortnite não sabia que Brasil é um país. *GloboEsporte.com*, 14 maio 2020. Disponível em: https://globoesporte.globo.com/e-sportv/fortnite/noticia/campeao-mundial-de-fortnite-nao-sabia-que-brasil-era-um-pais.ghtml. Acesso em: 20 out. 2021.

Agora, observe a imagem ao lado, uma obra do artista uruguaio Joaquín Torres García (1874-1949) feita em 1943 e intitulada *América invertida*.

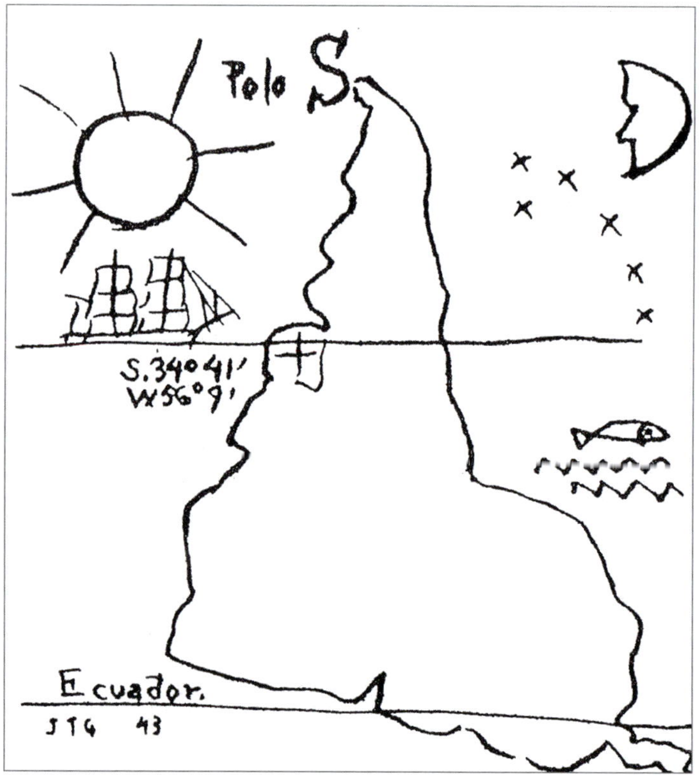

Reprodução/Museu Nacional de Artes Visuais, Montevidéu, Uruguai

América invertida, de Joaquín Torres García, feita em 1943 (desenho a caneta e tinta).

- A forma como os territórios do planeta são representados é bastante importante na criação da identidade cultural de cada pessoa. Pensando nisso, faça as atividades a seguir.

a) Na sua campanha para a presidência dos Estados Unidos, Donald Trump (1946-) utilizou o *slogan Make America great again* ("Faça a América grande de novo"). Estabeleça uma relação entre a reação de Bugha, a forma como os mapas-múndi são normalmente produzidos nos Estados Unidos e o *slogan* da campanha de Trump.

b) Que interpretação você faz da obra *América invertida*, do artista Joaquín Torres García? Que ideias e mensagens você avalia que ela transmite?

c) Para além das convenções cartográficas, que outros elementos são significativos, na sua opinião, tanto para o desconhecimento do jogador de Fortnite em relação ao Brasil quanto para o desenho e o manifesto criados por Joaquín Torres García?

d) Elabore um croqui cartográfico no qual a escola onde você estuda esteja no centro do papel. Indique os pontos cardeais para poder situar espacialmente seu croqui.

2. Leia os textos a seguir sobre migrações de japoneses e brasileiros entre os dois países e observe o planisfério na visão nipônica. Em seguida, faça a leitura do mapa e realize as atividades propostas.

História da imigração japonesa no Brasil

A vinda de imigrantes japoneses para o Brasil foi motivada por interesses dos dois países: o Brasil necessitava de mão de obra para trabalhar nas fazendas de café, principalmente em São Paulo e no norte do Paraná, e o Japão precisava aliviar a tensão social no país, causada por seu alto índice demográfico. Para conseguir isso, o governo japonês adotou uma política de emigração desde o princípio de sua modernização, iniciada na era Meiji (1868). Apesar de não serem favoráveis à imigração, em 1906, os governos do Japão e do Estado de São Paulo levaram adiante esse processo.

A imigração japonesa no Brasil tem como marco inicial a chegada do navio Kasato Maru, em Santos, no dia 18 de junho de 1908. Do porto de Kobe a embarcação trouxe, numa viagem de 52 dias, os 781 primeiros imigrantes vinculados ao acordo imigratório estabelecido entre Brasil e Japão, além de 12 passageiros independentes.

[...]

Os 793 japoneses recém-chegados foram distribuídos em seis fazendas paulistas. Enfrentaram, porém, um duro período de adaptação. O grupo contratado pela Companhia Agrícola Fazenda Dumont, por exemplo, não permaneceu ali mais que dois meses. As outras fazendas também foram sendo gradativamente abandonadas pelos exóticos trabalhadores de olhos puxados e costumes tão diferentes. Em setembro de 1909, restavam apenas 191 pessoas nas fazendas contratantes.

Não obstante, no ano seguinte, a segunda leva de imigrantes já estava a caminho. E no dia 28 de junho de 1910, o navio Ryojun Maru aportava em Santos com mais 906 trabalhadores a bordo. Distribuídos por outras fazendas, eles viveriam os mesmos problemas de adaptação dos compatriotas que os antecederam. Aos poucos, porém, os conflitos foram diminuindo e a permanência nos locais de trabalho ficou mais duradoura.

[...]

HISTÓRIA da imigração japonesa no Brasil. Assembleia Legislativa do Estado de São Paulo, 10 jan. 2008. Disponível em: www.al.sp.gov.br/noticia/?id=288309. Acesso em: 21 nov. 2021.

Saga dos decasséguis

[...]

Eles são filhos e netos de japoneses que imigraram para o Brasil no século passado. [...].

Com a mudança da situação política e econômica nos dois países, houve uma inversão no fluxo: os descendentes tomaram rumo contrário de seus pais e avós e passaram a buscar no Japão uma oportunidade de uma vida melhor. [...]

Oficialmente, o movimento teve início em junho de 1990, com a mudança na legislação de imigração japonesa.

Decasségui: do japonês *dekassegui*, "trabalhador temporário". Termo usado para se referir a descendente de japoneses que trabalha no Japão em caráter temporário.

[...] os descendentes nipônicos ganharam o direito a um visto temporário de longa estada, que permite trabalhar no país.

A lei deu início a uma grande onda de imigração – alguns **decasséguis** já tinham chegado antes, na segunda metade dos anos 80 [...]

No Brasil, o cenário era de inflação alta e desemprego, enquanto o Japão prosperava, com suas indústrias de eletrônicos, de carros e de autopeças em pleno vapor.

Faltava mão de obra não qualificada – o baixo índice de natalidade e o alto grau de instrução dos japoneses contribuíram para a falta de trabalhadores braçais.

[...]

No auge do movimento decasségui, em 2008, o número de brasileiros no Japão chegou a 320 mil. [...]

Mas, com a chegada da crise econômica, os trabalhadores braçais estrangeiros foram os primeiros a serem cortados das fábricas e, desde então, a comunidade brasileira diminuiu bastante.

[...]

TOBACE, Ewerthon. Saga dos decasséguis, 'tapa-buracos' da indústria japonesa, faz 25 anos. *BBC News Brasil*, 1º jun. 2015. Disponível em: www.bbc.com/portuguese/noticias/2015/06/150309_decassegui_25_anos_et. Acesso em: 20 out. 2021.

Kangsadarn.S/Shutterstock

Estátuas de família japonesa em homenagem aos imigrantes que embarcaram em navio com destino ao porto de Santos, em 1908. Cidade de Kobe (Japão). Foto de 2019.

Alf Ribeiro/Shutterstock

A comunidade japonesa no Brasil é considerada a maior do mundo fora do Japão. O bairro da Liberdade, um importante ponto turístico na cidade de São Paulo (SP), reflete a presença desses imigrantes na paisagem e nos restaurantes típicos.

Onde fica o Brasil?

No final dos anos 1980, momento em que os japoneses ainda não estavam habituados a conviver com trabalhadores estrangeiros, iniciou-se um movimento migratório para o Japão. Esse movimento fez com que a população local passasse a ter contato com pessoas que, apesar da semelhança física, falavam outra língua e tinham uma cultura diferente.

Naquele momento, a presença dos *decasséguis* era novidade, por isso as trabalhadoras japonesas logo se aproximaram de uma operária brasileira recém-contratada, curiosas para saber de onde ela viera. (Note que, aqui no Brasil, os *nisseis* e *sanseis* são considerados "japoneses". Lá no Japão eles são considerados brasileiros, o que de fato são.)

Para mostrar a localização do Brasil às suas colegas operárias, a brasileira esboçou um mapa-múndi sobre um pedaço de papel.

– Aqui está o Japão, estão vendo? Na Ásia. Continente em que também estão a China, a Índia, o Oriente Médio... Aqui está a África, ao norte, a Europa... Atravessamos o Atlântico e, pronto, chegamos aos Estados Unidos, na América do Norte, que vocês conhecem bem. Ali também ficam o México e o Canadá. Vejam a América Central e, aqui, na América do Sul, está o Brasil, país onde quase 200 mil japoneses aportaram desde 1908 e hoje vivem milhares de descendentes, como eu, que sou *nissei*. Como meus pais, milhares de japoneses emigraram em busca de melhores condições de vida, e agora muitos de seus descendentes estão fazendo o caminho inverso. Em busca de... melhores condições de vida!

Caras de interrogação, olhares de discordância...

– O que foi? Não entenderam meu mapa-múndi? Se é que se pode chamar de mapa este esboço rústico, não é mesmo?

– Não, seu esboço está muito bom, mas é que o Japão não fica aqui. Os Estados Unidos também não ficam onde você mostrou; a Europa também está fora de lugar, a África... Está tudo trocado!

Foi então que a brasileira descobriu que seu mundo não era o mesmo das japonesas.

Fonte: texto elaborado pelos autores com base em um relato pessoal.

Nisseis: primeira geração de descendentes de japoneses, isto é, filhos de imigrantes japoneses.

Sanseis: segunda geração de descendentes japoneses; netos de imigrantes japoneses.

Visão nipocêntrica do mundo

Esse mapa-múndi consta de um atlas geográfico escolar japonês publicado em 1993. O "centro" desta projeção é a longitude de Tóquio (139° 41′ 30″ E), e não a do Meridiano de Greenwich (0° 00′ 00″). Essa reprodução não está na escala original de 1 : 115 000 000.

a) Por que muitos japoneses vieram para o Brasil a partir de 1908?

b) Por que muitos brasileiros descendentes de japoneses foram trabalhar no Japão a partir do final dos anos 1980? Como está a situação deles atualmente?

c) Por que as japonesas não entenderam o mapa-múndi esboçado pela brasileira? Em outras palavras, por que o "mundo" dos brasileiros não é o mesmo "mundo" dos japoneses?

Vários viajantes no passado e no presente

Mudam-se os tempos, mudam-se as vontades

Mudam-se os tempos, mudam-se as vontades,
Muda-se o ser, muda-se a confiança;
Todo o mundo é composto de mudança,
Tomando sempre novas qualidades.

Continuamente vemos novidades,
Diferentes em tudo da esperança;
Do mal ficam as mágoas na lembrança,
E do bem, se algum houve, as saudades.
[...]

CAMÕES, Luís de. *Obra completa*. Rio de Janeiro: Aguilar, 1963. p. 284.

Saiba +

Apologia da história ou O ofício do historiador. Marc Bloch. Zahar, 2001.

Nesse livro, o autor debate para que serve a história e pontua algumas conclusões, como a obrigação do historiador de difundir e esclarecer os acontecimentos numa linguagem que todos compreendam.

A efervescência cultural do século XIX, ampliada no século seguinte, contribuiu para a afirmação das Ciências Sociais acadêmicas e educacionais, que apresentaram novos instrumentos teóricos e reflexões sobre a sociedade contemporânea. Na permanente busca de entender a sociedade em que vivemos, elas impulsionaram novas áreas específicas de estudos, a exemplo da **Geografia**, da **Sociologia**, bem como da **Economia** (voltada para as atividades da produção, circulação, distribuição e consumo de bens, serviços e renda), da **Ciência Política** (que trata as questões do poder) e da **Antropologia**. De modo similar, essa afirmação ocorreu com o **conhecimento histórico acadêmico** e a **História**, instituída como disciplina escolar autônoma também no século XIX, juntamente com a Geografia.

A pesquisa e escrita científica, acadêmica, produzida com base em regras rigorosas e em métodos aceitos na comunidade internacional dos historiadores, não é a única maneira de registrar a reflexão sobre o passado e socializar esse registro. A escola, de fato, articula diferentes formas de relacionar saberes, símbolos e práticas associados ao passado e à identidade coletiva, articulando, por exemplo, o jornalismo e os produtos editoriais para o grande público, a religiosidade das comunidades, as demandas de formação cívica, os apelos comportamentais, bem como conhecimentos históricos nem sempre privilegiados pela academia, como a história local.

A História acadêmica tem finalidades de especulação teórica e ampliação do campo conhecido, de reflexão compromissada com os objetivos científicos, sem se limitar a fatores externos. Por isso, grande parte de seus conteúdos não tem interesse direto para o ensino escolar, e é um erro imaginar que a História ensinada nas escolas seria melhor se estivesse no mesmo passo que a História acadêmica.

O saber histórico escolar tem identidade própria. Nele, a História acadêmica é tomada como um parâmetro de validação das afirmativas e dos métodos, servindo de referência; e os recortes, as ênfases, as formas de relação com o conhecimento não são, na realidade, mais simples ou mais restritos por isso, mas efetivamente diferentes.

Permanências e mudanças: tempo e história

No cotidiano, frequentemente temos a sensação de que diversas situações permanecem, enquanto outras se transformam ou deixam de existir. Por exemplo: se, por um lado, a frequência à escola ao longo de vários anos ou os hábitos alimentares das famílias, principalmente nos encontros festivos, como os aniversários, representam **permanências**, por outro, a conclusão do Ensino Médio, o falecimento de um familiar ou um novo emprego representam **mudanças** na nossa vida.

Para compreendermos uma sociedade, precisamos considerar as **permanências** e **mudanças** ao longo do tempo. Entretanto, é preciso lembrar que atividades econômicas, práticas sociais e ideias se transformam em ritmos diferentes. Assim, um acontecimento como a chegada dos europeus à América, em 1492, não representou uma mudança completa nos dois continentes, mas foi um indicativo de que determinados aspectos se transformaram, enquanto outros permaneceram inalterados. Portanto, **as mudanças históricas seguem ritmos diferentes**: alguns fenômenos transformam-se mais lentamente, outros surgem e desaparecem com rapidez.

Reprodução/Prefeitura Municipal de São Paulo, SP

Delfim Martins/Pulsar Imagens

Theatro Municipal de São Paulo, em São Paulo (SP). Fotos de 1911 e 2019.

Atividade

1. Observe as imagens e responda ao que se pede.

a) Quais mudanças e quais permanências você observa nas paisagens?

b) De que forma as paisagens retratadas se relacionam com o conceito de "rugosidade", estudado anteriormente?

c) Na sua vida pessoal, possivelmente ocorrerão muitas mudanças e permanências assim que você concluir o Ensino Médio. O que você gostaria que mudasse e permanecesse? O que você pode fazer hoje para esses seus desejos se concretizarem?

Permanências e mudanças de média e curta duração se entrelaçam no estudo das sociedades humanas. Por isso, é muito importante sempre levar em conta que o estudo de um tema em um livro de História implica o estudo de rupturas e transformações históricas no tempo e no espaço relacionado a esse tema, bem como traz uma reflexão sobre o que permanece inalterado na experiência humana.

Tomemos por exemplo as permanências e mudanças ocorridas nas sociedades europeias:

- **Permanências**: no século XVI, ainda estavam submetidas às mudanças climáticas que impactavam a produção de alimentos, visto que a agricultura e a pecuária dependiam basicamente das condições naturais. Portanto, os grupos humanos permaneciam dependentes dos fenômenos meteorológicos em relação aos trabalhos agrícola e pecuário.
- **Mudanças**: determinadas transformações econômicas estavam em curso desde o início da retomada do comércio e do crescimento das cidades, no século XIV, seguido pela Expansão Marítima e pela conquista da América, nos séculos XV e XVI, integradas à conquista do caminho para o Oriente. As distâncias eram medidas e o tempo era contado com base na organização das redes comerciais para tais viagens.

  A ampliação e a acumulação da riqueza mercantil lentamente alteraram as relações entre os grandes comerciantes e a aristocracia da terra. Essas mudanças seriam percebidas com maior intensidade apenas nos séculos XVIII e XIX, quando a burguesia assumiu o controle do Estado em países como a França e a Inglaterra.

  Até o século XVIII, os Estados nacionais viviam um processo de centralização do poder e unificação de territórios caracterizado por guerras civis, alianças monárquicas e complôs da alta aristocracia. Em diversos países, esses acontecimentos alteravam o rumo da política, promovendo ou derrubando dinastias, provocando conflitos sanguinários e curtos períodos de paz.

Assim, para compreender o movimento da História, é preciso compreender o ritmo das mudanças e identificar as permanências, conhecendo a dinâmica histórica. Ao estudar determinada época passada ou a atualidade, pode-se verificar a presença de diferentes ritmos e durações. Sobre as mudanças e permanências de uma época, leia o texto a seguir, de Georges Duby (1919-1996).

Ingredientes de uma nova civilização

A tradição situa no século V a passagem da Antiguidade para a Idade Média. Nesse momento a Europa não existe. Praticamente tudo o que o historiador é capaz de conhecer ainda se organiza em torno do Mediterrâneo, no quadro do Império Romano. No entanto, um movimento em marcha há muito tempo tende a desarticular tal quadro, afastando progressivamente a parte grega de sua parte latina. De fato, é a leste que se encontram toda a vitalidade, toda a riqueza, toda a força, e ali a civilização antiga prossegue a sua história sem rupturas, ao passo que se desagrega a oeste – desde sempre numa posição de fraqueza –, onde o desmoronamento é precipitado pelas migrações dos povos germânicos. Deste lado, instala-se a desordem por três séculos, durante os quais se misturam os ingredientes de uma nova civilização. De uma nova arte.

[...] por todo lado as cidades subsistem. São, é verdade, cada vez menos numerosas à medida que nos afastamos do Mediterrâneo, mas uma rede de caminhos indestrutíveis liga-as de uma ponta à outra do Império, criando uma estreita comunidade cultural. Essas cidades despovoam-se. Os dirigentes afastam-se aos poucos, vão viver em suas casas no campo. No entanto, continuam vivas, imponentes, com suas muralhas, suas portas solenes, seus monumentos de pedra, estátuas, fontes, termas, o anfiteatro, o fórum onde se discutem os negócios públicos, escolas onde se formam os oradores, colônias de negociantes orientais que usam a moeda de ouro, ainda sabem onde conseguir o papiro, as especiarias, os panos importados do Oriente, e, nas vastas necrópoles que se estendem extramuros, os mausoléus, os sarcófagos dos ricos cobertos de esculturas. Todas essas cidades se voltam para Roma, seu modelo. Roma, a cidade imensa, implantada na própria fronteira que separa a latinidade do helenismo. [...]

Album/Fotoarena/Galeria Tretyakov, Moscou, Rússia.

Saque de Roma pelos bárbaros, de Karl Briulov (1799-1852), 1833-1836, pintor do Romantismo russo. A obra é uma representação do ataque de Genserico dos Vândalos a Roma em 455. Os romanos denominavam bárbaros todos os povos que não tinham se romanizado e que não falavam o latim ou o grego.

Ao norte, a oeste, nos pântanos e nas florestas onde as legiões nunca penetraram, vivem as tribos "bárbaras". Essas populações dispersas, seminômades, de caçadores, criadores de porcos e guerreiros têm costumes e crenças muito diferentes. Também sua arte é diferente: não é a arte da pedra, mas a do metal, das contas de vidro, do bordado. Não há monumentos, apenas objetos que as pessoas transportam consigo, armas, e essas joias, esses amuletos com que os chefes se enfeitam na vida e que são postos ao lado de seus cadáveres no túmulo. Não há relevos, apenas o cinzelado. Uma decoração abstrata, símbolos mágicos entrelaçados em que às vezes se inserem as formas estilizadas do animal e da figura humana. Alguns desses povos, por terem se aproximado durante suas migrações dos territórios helenizados, foram evangelizados. São eles os primeiros, chefiados por seus reis, a se embrenhar no Império do Ocidente, assaltando o poder. Outros povos os seguem, sendo estes pagãos que em seu avanço pelas antigas fronteiras apagam nos territórios que ocupam os tênues vestígios da presença de Roma. É possível perceber a que ponto a cultura "bárbara", nesses tempos conturbados, se sobrepôs à cultura romana e a submergiu: a linha muito nítida que, curiosamente estável, cruza a Europa atual e separa a região das línguas românicas e a dos outros idiomas marca os limites desse avanço.

[...] Entretanto, a cultura romana conservou o seu prestígio. Fascinou os invasores. Foi para se alçarem ao seu nível, para participarem dessa espécie de felicidade que julgavam partilhada pelos cidadãos romanos, que os germanos atravessaram as fronteiras, que seus chefes, agora detentores do poder, não hesitaram em se autodenominar cônsules que moravam nas cidades, que favoreciam, como Teodorico, o desabrochar das letras latinas, que arrastavam os companheiros e, como Clóvis, mergulhavam nas águas do batismo. Tinham apenas um desejo: integrar-se. Para se integrarem de verdade, precisavam virar cristãos.

DUBY, Georges. *História artística da Europa*: a Idade Média. São Paulo: Paz e Terra, 1997. v. 1.

Atividades

2. Identifique permanências e mudanças na imagem e nos modos de vida relacionados ao contexto histórico apresentado no texto e converse com os colegas sobre elas.

3. Em seguida, apresente aos colegas outros exemplos de contextos históricos em que ocorram mudanças e permanências.

4. Para finalizar, troquem exemplos do dia a dia em que seja possível observar permanências e mudanças, diferenciando aquelas que são materiais, palpáveis, daquelas que são imateriais, como comportamentos e valores.

A História dos historiadores e o tempo

A **historiografia** é a escrita da história e a reflexão sobre essa escrita, portanto, não é estática nem isolada do tempo em que é feita, já que responde às demandas do período estudado.

Assim como outras áreas de conhecimento, a historiografia sofre a influência das grandes transformações ocorridas no campo das ciências. Dela fazem parte as mudanças que ocorrem na cultura, e estas também interferem na produção de conhecimentos de acordo com os parâmetros da disciplina História. Dizendo de outro modo, a reflexão historiográfica sobre os grupos humanos e os fenômenos resultantes das ações deles modificam-se ao longo do tempo porque os seres humanos também mudam.

Os principais fatores que impulsionaram a aceleração do tempo histórico foram os seguintes:

- **Boa parte do mundo urbanizou-se rapidamente no século XX:** a população humana aumentou e foram formadas grandes cidades, que passaram a ter diferentes ofertas profissionais no século XX. Além disso, a produção econômica, para satisfazer os grandes contingentes humanos, também aumentou. Essas situações mudaram o ritmo de vida, que passou a ser acelerado pela rapidez da divulgação de informações e do transporte de mercadorias e pessoas, possibilitados pelos avanços tecnológicos. O ritmo desse período tornou-se muito diferente do ritmo do mundo antigo, que era regido principalmente pelos ciclos do Sol, da Lua, das estações do ano, enfim, pelo tempo da natureza, quando os seres humanos viviam em áreas rurais.
- **A população mundial cresceu enormemente:** no século XX, viveram mais pessoas do que em qualquer outra época anterior da humanidade. No fim do século, havia no planeta mais de 6 bilhões de habitantes (em 2019, segundo a ONU, já éramos 7,7 bilhões). Com mais pessoas, houve um número maior de transformações nas sociedades humanas. Também aumentou o número de profissionais capacitados e interessados em registrar, narrar e analisar essas transformações. Assim, **o número de historiadores e as fontes à disposição também aumentaram**: a informática auxiliou no resgate de informações sobre o passado e multiplicou a quantidade de acervos documentais, ampliando as fontes de trabalho dos historiadores e a disponibilização delas a maior número de pessoas.
- **Os interesses da pesquisa mudaram:** atualmente são aceitos novos temas, objetos de estudo e abordagens para explicar, comparar, compreender a cultura, a economia e a política de diferentes partes do mundo, assim como de grupos específicos da sociedade, em épocas e locais diferentes.

Varavin88/Shutterstock

Segundo a ONU, a previsão é que a população mundial chegue a 9,7 bilhões de pessoas em 2050.

Até o início do século XX, a História explicava o desenvolvimento das nações por meio daqueles que detinham o poder, mas no período posterior isso mudou. Foram realizados novos estudos e interpretações que passaram a considerar grupos sociais que não detinham o poder: os subalternos – as pessoas marginalizadas, como os escravizados. O cotidiano e a trajetória desses grupos, assim como seus hábitos, crenças e posicionamentos ideológicos, passaram a ser estudados pelos historiadores e por outros profissionais das Ciências Humanas. Por meio dessas pesquisas, foram criados elementos para que as sociedades fossem compreendidas de forma mais abrangente.

Nas últimas décadas, a disciplina História passou por intensas mudanças e por seu período de maior desenvolvimento, decorrentes da transição para a sociedade da informação. Os meios de comunicação tornaram disponível, de maneira instantânea, uma grande quantidade de dados e informações, o que permitiu realizar muitas tarefas em menos tempo.

A internet, a integração econômica e tecnológica, o fenômeno da globalização capitalista, assim como o aumento do fluxo migratório – que favoreceu a disseminação de doenças, como a causada pelo novo coronavírus, responsável pela pandemia de covid-19, declarada em 2020 pela Organização Mundial da Saúde (OMS) –, levaram a mudanças constantes que exigiram soluções rápidas em todo o mundo. Diante disso tudo, embora o tempo cronológico continue o mesmo, o tempo histórico, que é o tempo dos ciclos de mudanças, acelerou-se.

M2020/Shutterstock

Devido à pandemia de covid-19, o número de cursos e aulas *on-line*, que já vinham apresentando crescimento, expandiu-se vertiginosamente. Muitos trabalhadores passaram a atuar em regime de trabalho remoto, no qual as tarefas, antes realizadas dentro da empresa, passaram a ser executadas em casa, reduzindo o número de pessoas que se deslocavam pelas ruas. O tempo, antes utilizado dentro de meios de transporte, passou a servir para a realização de outras tarefas, como estudos, atividades esportivas e outras formas de lazer.

A crise das utopias, ou seja, a inviabilidade de outras formas de produção econômica e organização social como alternativas ao capitalismo liberal democrático, também se consolidou nas últimas décadas. Contudo, a vigência predominante do capitalismo neoliberal levou a uma das crises econômicas mundiais mais profundas desde 1929: a de 2008, seguida pela crise sanitária, econômica e social gerada pela pandemia de covid-19. Esses fatos reafirmam a dinâmica da história.

A História, como outras disciplinas, é um conhecimento construído e que está em constante construção, conforme o curso dos acontecimentos. Com as utopias não é diferente: para continuarem válidas, não podem mais ser como eram antes, porque, afinal, como cantava **Renato Russo** (1960-1996), "o futuro não é mais como era antigamente".

ÍNDIOS. Intérprete: Legião Urbana. Compositor: Renato Russo. *In*: *Dois*. Intérprete: Legião Urbana. Rio de Janeiro: EMI-Odeon, 1986. 1 CD, faixa 12.

Juvenal Pereira/Agência Estado

O grupo brasiliense Legião Urbana (1982-1996) em São Paulo (SP), em 1986. Renato Russo, vocalista da Legião, compositor e músico brasileiro, um dos fundadores do grupo e o integrante de maior projeção da banda, é o segundo da direita para a esquerda. A Legião Urbana, que marcou a história do *rock* brasileiro ao lançar canções de crítica social contundente e canções líricas, alcançou grande sucesso, sobretudo entre os jovens.

A produção da história, e isso deve ser ressaltado, não é resultado da aplicação de uma metodologia única, capaz de trazer à luz tudo o que há para saber sobre o passado. Ao contrário, a história que conhecemos resulta da construção constante de trabalho intelectual e instrumentos práticos de pesquisa. Estes, por sua vez, resultam de várias e sucessivas perguntas feitas ao passado e ao presente, baseadas em questões já feitas e nas respostas obtidas, assim como em questões que continuaram sem respostas convincentes.

Assim, pode-se dizer que o saber histórico, embora possa ser considerado seguro, é sempre passível de novas interpretações. A História, portanto, também tem uma história! O conhecimento histórico é referenciado a seu tempo, dotado também de historicidade, como o(s) objeto(s) que ele busca reapresentar e explicar. De acordo com esse princípio, se o conhecimento foi construído por pessoas concretas com os instrumentos que tinham às mãos, ele pode ser objeto de contestações, dúvidas e reconstruções.

Conexões Ciências da Natureza e suas Tecnologias

A partir do século XX, houve uma aceleração do tempo histórico, ou seja, os eventos que modificam a realidade ganharam mais velocidade. E o trabalho dos historiadores, como as pesquisas na internet, também foi beneficiado pela tecnologia dos cabos submarinos, por exemplo.

Como funcionam os cabos submarinos?

A principal função dos cabos submarinos é transportar dados em altíssima velocidade. Estima-se que os mais atuais tenham capacidades de transmitir até 250 terabits de informações, com velocidades que já chegaram a até 26,2 terabits por segundo durante testes feitos em 2019.

Os cabos submarinos servem para viabilizar serviços de comunicação como um todo, e não somente a internet [...].

Entretanto, é natural que os principais serviços prestados pelos cabos sejam voltados para a internet, já que é possível transportar dados relacionados a fotos, mensagens de texto, áudios, [...].

Não é difícil imaginar como a internet como um todo precisa da interligação entre países de diferentes continentes – vários servidores estão localizados a uma distância muito grande do Brasil, por exemplo. Por isso, sem a presença dos cabos submarinos, a internet não existiria da forma em que ela é concebida nos dias atuais.

Onde eles ficam e quais os principais centros?

Cabos submarinos

Banco de imagens/Arquivo da editora

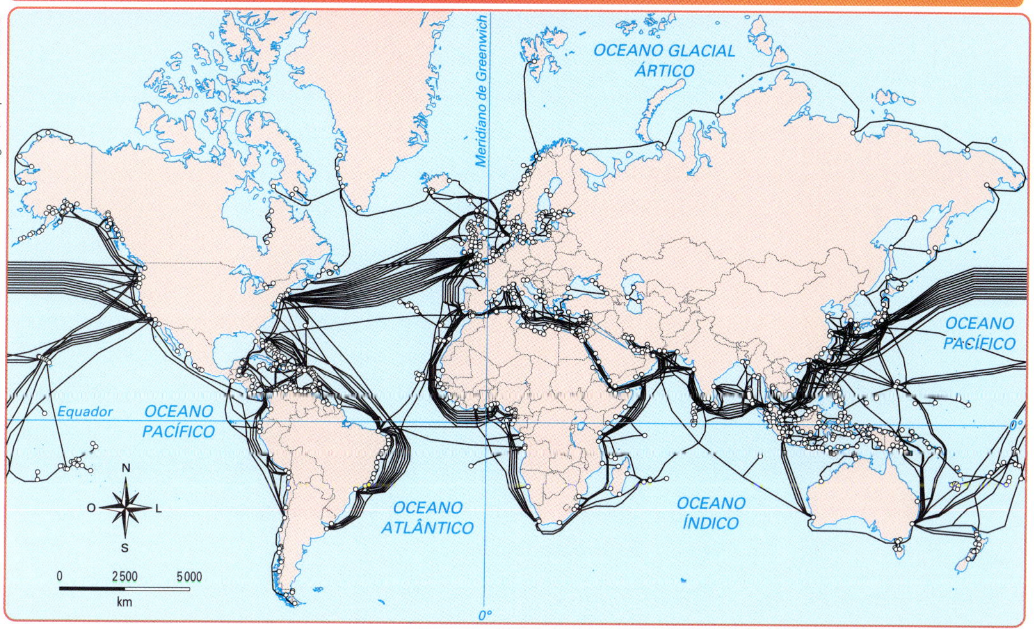

Fonte: SUBMARINE CABLE MAP. Disponível em: https://www.submarinecablemap.com/. Acesso em: 6 maio 2022.

[...] Os locais em que ficam centros industriais e comerciais mais importantes apresentam uma densidade de cabos maior – basta ver a quantidade de conexões que existem entre os Estados Unidos e a Europa, por exemplo. Também há grandes concentrações no fundo do Mar Mediterrâneo, Mar Vermelho e Mar Arábico para conectar áreas do Oriente Médio. Na Ásia, as áreas que cobrem territórios entre o Japão e Singapura também são cheias de cabos, passando por localidades como o Taiwan e Hong Kong, conhecidas por serem centros tecnológicos.

No Brasil, existem várias cidades que aparecem como polos estruturais do sistema de cabos submarinos – só um cabo da Embratel conecta as regiões sudeste e nordeste em 14 municípios da costa brasileira, por exemplo. Porém, é possível destacar quatro centros que possuem uma densidade maior de conexões: Santos e Praia Grande (ambos bastante separados por poucos quilômetros no litoral de São Paulo), além do Rio de Janeiro e Fortaleza. [...]

MOSCHEN, Vinícius. Como funcionam os cabos submarinos? *Canaltech*, 9 jan. 2022. Disponível em: https://canaltech.com.br/produtos/como-funcionam-os-cabos-submarinos-206018/. Acesso em: 6 maio 2022.

- Por que os cabos submarinos são importantes para o trabalho do historiador?

A produção do saber histórico

No século XIX, o saber e o ensino de História privilegiavam os fatos políticos e as ações dos homens públicos, voltando-se, principalmente, para a sustentação e a legitimação das nações que se desenvolviam ou se consolidavam. Grande parte dos relatos históricos era escrita com base nos documentos oficiais, vistos como a única e verdadeira versão dos acontecimentos.

Desde essa época até hoje, houve muitas mudanças na pesquisa e no ensino de História. A partir das primeiras décadas do século XX, as abordagens e temáticas de pesquisa, dos documentos considerados fontes históricas e do próprio papel do historiador foram renovadas e ampliadas, permitindo novos olhares sobre a construção do saber histórico, do estudo e do ensino de História.

Os pesquisadores passaram a se interessar por toda atividade humana, o que os levou à ideia de elaborar uma **História total**, que abrangesse todas as áreas da sociedade, e não apenas as situações que envolvessem pessoas públicas e acontecimentos marcantes. Há algumas décadas, estudar História deixou de significar apenas a memorização de datas, "fatos importantes" ou "personagens ilustres" e passou a **compreender uma leitura do passado com base nos questionamentos e problemas do presente**.

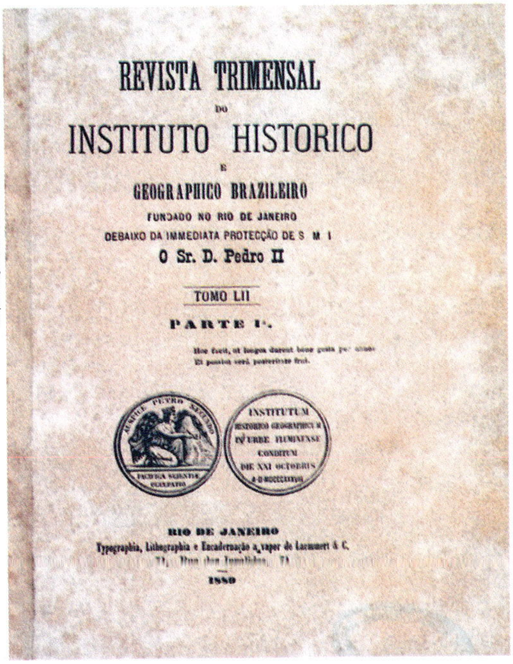
REVISTA TRIMENSAL

DO

INSTITUTO HISTORICO

E

GEOGRAPHICO BRAZILEIRO

FUNDADO NO RIO DE JANEIRO

DEBAIXO DA IMMEDIATA PROTECÇÃO DE S. M. I.

O Sr. D. Pedro II

TOMO LII

PARTE I.

RIO DE JANEIRO

Capa da *Revista Trimensal do Instituto Historico e Geographico Brazileiro*, de 1889. O IHGB foi criado em 1838, no governo de dom Pedro II (1825-1891), com o objetivo de marcar a autonomia da nação brasileira por meio da escrita de uma história oficial comprometida com a formação da identidade nacional.

Educadores passaram a entender que a simples repetição de dados memorizados, por parte dos estudantes, não fazia sentido algum. Era comum perceber neles o empenho em gravar informações sem, no entanto, compreender os assuntos abordados. Ao contrário, os estudos históricos visam desenvolver a consciência histórica, a capacitação de historicidade de interpretar as ações humanas através do tempo.

No estudo de História, a seleção de temas, períodos e elementos de pesquisa surge das preocupações do contexto atual. Mas precisamos tomar cuidado para não reduzir outros lugares e outros tempos à nossa visão de mundo. Isso vale tanto para os historiadores como para o estudo de História na escola: devemos tentar entender o passado considerando o contexto e o ponto de vista de quem viveu naquela época, com seus valores e conceitos, e não com os nossos. Ler o passado exclusivamente com as lentes do presente é um equívoco nomeado de **anacronismo**.

Outro aspecto relevante sobre os historiadores é a diversidade de sua origem, formação cultural, classe social e religião. As características individuais dos historiadores também possibilitam as diversas interpretações sobre a História, embora muitas das preocupações (por exemplo, os problemas ambientais e as desigualdades sociais) possam ser comuns.

A definição de passado é a de uma parte do tempo anterior ao presente, que inclui tudo o que já aconteceu e, portanto, sem possibilidade de modificação, apenas de reinterpretação. Nossas **formas de olhar para o passado** mudam conforme muda o presente e, também por isso, a História é um conhecimento dinâmico. O estudo de determinado assunto não se encerra em uma primeira abordagem, pois ele continua a ser pesquisado. O que sabemos, por exemplo, a respeito dos antigos romanos continua sendo constantemente atualizado, já que opiniões e afirmações são modificadas de acordo com os recortes temáticos de cada historiador, com novas pesquisas, descobertas e abordagens. E novas descobertas sobre o passado podem ressignificar o presente.

Esse dinamismo caracteriza o trabalho do historiador, que é um pesquisador dedicado a interpretar as experiências da humanidade com base em diversos tipos de registro: documentos escritos, pinturas, fotografias, vestígios materiais, etc.

O que distingue o conhecimento histórico de outras formas de conhecimento sobre o passado (como o discurso religioso ou o senso comum) é o modo como esse conhecimento é produzido. O método histórico pode ser chamado de racional, porque nele predomina o melhor argumento, sustentado por evidências e pelo raciocínio lógico. As evidências que sustentam os argumentos históricos são chamadas de fontes históricas.

Fontes históricas

Fonte histórica ou **documento histórico** é tudo aquilo que, de algum modo, está marcado pela presença humana. Além dos documentos escritos, as fontes históricas compreendem uma grande variedade de vestígios e evidências em objetos e materiais diversos.

Ao mesmo tempo que existe uma pluralidade de pontos de vista sobre o passado, são muitas as "vozes" que nos falam dele. Essas "vozes", ou melhor, essas **fontes materiais e imateriais** de informações, encontram-se em discursos orais e escritos, monumentos, obras literárias, pinturas, obras de arte, objetos de uso cotidiano, bem como em corpos preservados ou esqueletos de pessoas de agrupamentos antigos e até mesmo no DNA de seus descendentes. Portanto, para apreender as múltiplas "vozes" do passado, mesmo definindo um só enfoque, cabe ao historiador considerar a existência de outros.

As fontes não falam por si e não trazem a verdade pronta: é preciso que o pesquisador questione o contexto em que foram produzidas, o grupo ou valores que representam e a maneira como abordam e retratam os diferentes grupos sociais. Essas perguntas são geradas pelos interesses do historiador e pelas questões de sua época presente. Por isso, diferentes perguntas revelarão diferentes respostas sobre um mesmo documento ou, então, levarão a outros documentos.

dpa picture alliance/Alamy/Fotoarena

Nessa foto de 2013, um restaurador repara uma tapeçaria danificada produzida em 1823. A obra restaurada foi exposta ao público em Wismar, Alemanha. Obras de arte são evidências do período em que foram produzidas e, portanto, são fontes históricas.

Stephen Coyne/Alamy/Fotoarena

O Templo de Segesta, construído aproximadamente em 420 a.C., no território da atual Sicília, Itália, é um exemplo de fonte histórica. Edificações revelam características da sociedade que as construiu, por exemplo, o uso que era feito dessas construções, funcionando como fontes históricas. Foto de 2019.

Irene Abdou/Alamy/Fotoarena

Griô recita histórias para família em Burkina Faso. Foto de 2010. Os griôs são guardiães da memória de povos da África ocidental, responsáveis por transmitir os saberes e a história para sua comunidade por meio de poemas e canções. Os discursos orais são um tipo de fonte histórica.

Mauricio Simonetti/Pulsar Imagens

Objetos cotidianos, apesar de comuns, podem ser fontes históricas riquíssimas, já que permitem investigar características e costumes de um povo de determinado período. Lamparinas, ferros de passar roupa e outros objetos expostos em museu de Prudentópolis (PR), 2020.

Novos registros surgem a todo momento. O que antes os historiadores não viam como documento (por exemplo, as relações étnicas registradas no código genético humano) passou a ser concebido e aproveitado como evidência histórica, levando-os a reescrever e reinterpretar o passado.

O olhar sobre a História faz-se obrigatoriamente com base em situações concretas. Trabalha-se com partes e fragmentos, como em um quebra-cabeça cuja imagem completa não se conhece, mas sobre a qual podem ser criadas hipóteses. Ao historiador e ao estudante cabe não apenas analisar essa "realidade", que chega de forma fragmentada e interpretada por diferentes sujeitos no passado, mas também desvendar os pontos de vista e os interesses que transparecem em uma ou outra versão desses acontecimentos.

Atividade

- No lugar em que você vive é possível que exista algum monumento, como uma estátua, erguida em homenagem a alguma personalidade local. Outra possibilidade é quanto ao nome de uma praça ou rua. Esse monumento ou denominação é um marco de memória da comunidade. Pensando em tudo o que foi estudado até aqui, responda às seguintes questões:

a) Em qual contexto esse marco de memória foi criado na comunidade?

b) Qual grupo social ou valor é representado por esse marco?

c) Qual narrativa histórica se constrói com base nesse marco de memória?

d) Você avalia que a homenagem a esse personagem que identificou, com os conhecimentos de que dispõe hoje, é válida e justa?

O trabalho do historiador com as fontes históricas

Antes de chegar ao historiador como uma evidência, a fonte histórica precisa ser selecionada, recolhida e analisada.

As fontes não são uma janela que se abre e expõe diretamente o passado, pois entre o passado e o historiador há uma série de "filtros"; a própria preservação de uma fonte pode ser um desses filtros.

A primeira etapa do trabalho do historiador é realizar o levantamento dos documentos que pretende analisar. No entanto, algumas vezes não é possível obter determinados documentos: muitos se perderam ou se danificaram em desastres e fenômenos naturais, como incêndios, enchentes, umidade e temperaturas inadequadas, e ataques biológicos (de insetos ou fungos, por exemplo); outros, em fenômenos causados pelos seres humanos, intencionalmente ou não, como rasuras, danos provocados pelo uso de materiais, como grampos ou clipes, e ainda a destruição de documentos considerados irrelevantes.

Cecilia Bastos/Jornal da USP

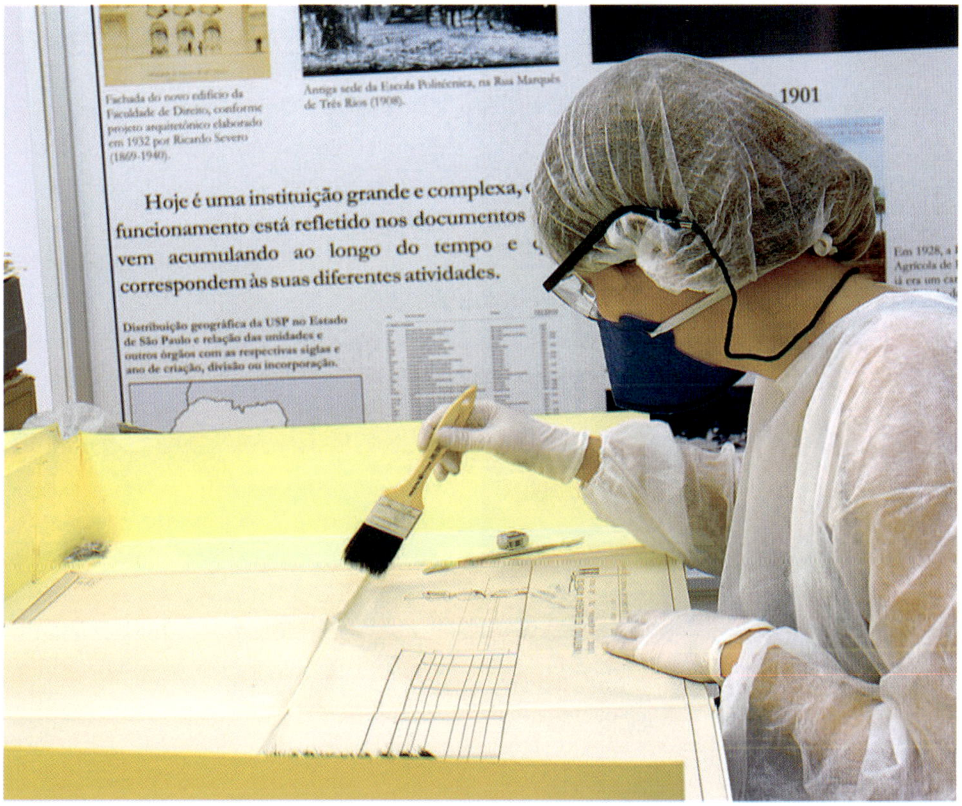

Profissional higieniza documentos no Serviço de Arquivos da Universidade de São Paulo (USP), em São Paulo (SP). Foto de 2011.

Quando um documento de importância histórica se deteriora pela ação do tempo, pela ação de insetos ou fungos ou pela ação humana, se possível, é necessário recuperá-lo. Para tanto, existem técnicas específicas e profissionais habilitados, como é possível ver na imagem acima, na qual se observa um documento deteriorado dos arquivos da USP sendo restaurado.

O levantamento e a seleção dos documentos são feitos de acordo com o tema, o interesse e outras variáveis adotadas pelo pesquisador. Assim, diferentes historiadores utilizarão diferentes fontes, e isso implicará reflexões e resultados também diversos. O modo como um historiador aproveita as informações dos documentos também não é sempre o mesmo, e isso constitui mais um filtro entre ele e o passado. Perceba que a variedade de procedimentos pode levar a conclusões distintas, porém isso não se trata de simples diferenças de opinião.

Avaliando fontes históricas

Ao analisar uma fonte, o pesquisador começa por se perguntar *por que* e *como* aquela fonte chegou até ele, *por quem* e *por que* foi produzida. Ele precisa definir a data do documento, sua autoria, se é autêntico ou não, e a quais outros documentos pode estar relacionado. Também deve avaliar as informações e as ideias que constam no documento, comparando-as com as de outros do período e com as do contexto em que foi produzido.

Alguns documentos podem ser falsificados (em relação à autoria ou porque não pertencem ao período indicado), o que indica que podem trazer informações importantes, já que testemunham um interesse em jogo no processo histórico que levou à falsificação.

Variáveis como essas nos ajudam a compreender que os documentos nos permitem "ler" o passado. O historiador faz uma **leitura** do passado, e a leitura implica uma **interpretação específica**.

A primeira missa no Brasil, quadro feito em 1861 pelo pintor catarinense Victor Meirelles (1832-1903).

Um exemplo interessante é a famosa carta de Pero Vaz de Caminha (1450-1500) ao rei de Portugal, dom Manuel (1469-1521), que foi escrita entre 26 de abril e 2 de maio de 1500. No final do século XIX, ela foi tida como uma espécie de "certidão de nascimento" do Brasil (considerando-se, sob essa visão, que o Brasil "surge" com a chegada dos portugueses). O documento – que descreve a terra, os habitantes, a fauna e a flora – esteve esquecido por séculos em um arquivo português, até ser recuperado e publicado por historiadores brasileiros. Esses historiadores estavam interessados em construir uma narrativa que valorizasse o nascimento da nação brasileira. Nessa interpretação, destacaram a exuberância da natureza e os aspectos exóticos dos povos que aqui viviam. Apenas no século XX esse documento foi submetido a outra análise, mais crítica. Os historiadores passaram a enxergar na carta de Caminha uma importante fonte de informações sobre a mentalidade dos navegantes europeus – que julgavam o que viam com a superioridade do conquistador (veiculando certo etnocentrismo e ideia de civilização) –, analisando a maneira como descreveram as populações indígenas que encontraram, entre outros aspectos.

Cartaz do filme *O descobrimento do Brasil*, do cineasta Humberto Mauro, lançado em 1937.

Considerado o pai do cinema brasileiro, o cineasta Humberto Mauro (1897-1983) realizou uma superprodução baseada na carta de Pero Vaz de Caminha e em outras fontes históricas, como o quadro *A primeira missa no Brasil*. Humberto Mauro foi responsável pela fotografia de diversos filmes oficiais do governo de Getúlio Vargas (1882-1954) durante o Estado Novo (1937-1945) e realizou uma obra de valorização da nação brasileira. O próprio filme é uma forma de documento de uma interpretação da história do país feita naquela época.

O importante é ter claro que a história não é uma narrativa única e definitiva de tudo o que aconteceu. Ela é construída com base em vestígios, fontes e documentos, e grande parte dessas informações foram produzidas por autores com objetivos específicos em relação ao que foi pesquisado e produzido.

As múltiplas formas de exercitar o poder

É preciso considerar que, ao longo do tempo, muitas vezes determinados grupos sociais passaram a escrever a história por meio da construção de um discurso quase uniforme da realidade social, encobrindo diversidades, conflitos, desigualdades e contradições. Entretanto, também existiram – e existem – outros tipos de escrita da história: aquelas que contam as memórias dos idosos, por meio dos relatos de suas vivências e seus modos de vida; os discursos criminais sob a ótica dos réus e das testemunhas; os registros materiais de intervenção no espaço geográfico; a visão das mulheres sobre determinados acontecimentos, entre outros. Existem muitas vozes e muitos suportes por meio dos quais elas se manifestam e podem ser estudadas. Dessa forma, é possível acessar outras perspectivas e narrativas sobre os mesmos fatos e fenômenos históricos.

De modo geral, podemos dizer que a escrita da história é o resultado de uma série de disputas entre grupos sociais, de acordo com sua forma de compreender e explicar o mundo. Quando um grupo ocupa as instituições políticas e coloca seu projeto em prática, uma de suas primeiras atitudes é procurar justificar, no campo das ideias, as estratégias de sua atuação. Para isso, recorre ao passado e encontra uma maneira que lhe pareça adequada de contar e explicar os eventos ocorridos. Às vezes, até apresenta narrativas deturpadas, inventadas e sem conexão com fatos comprovados, documentados.

Atividade

- A obra *1984*, último romance escrito por George Orwell, narra a história de Winston, prisioneiro de uma sociedade controlada por um Estado opressor, fundado exclusivamente pelo desejo do exercício do poder.

  Nesse futuro sombrio, criado por Orwell em 1948, Winston enfrentará o sistema opressor ao qual está submetido, passando por diversas situações, que vão da descoberta do amor à traição e à tortura.

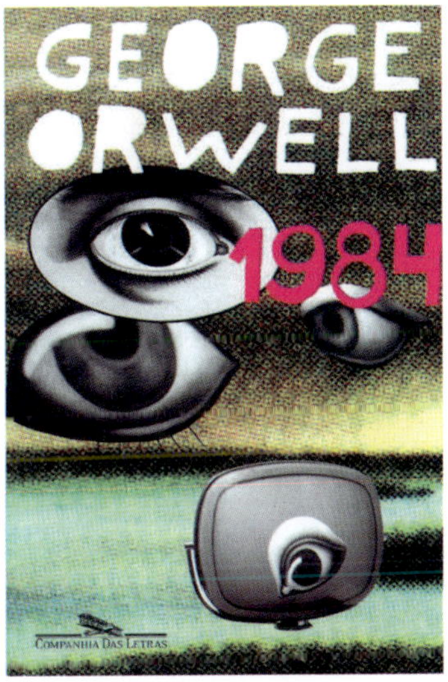

Reprodução/Editora Companhia das Letras

Capa do livro *1984*, de George Orwell (1903-1950).

a) Com base no que foi visto anteriormente, forme um grupo com três ou quatro colegas e conversem sobre o significado da seguinte citação de *1984*:

> Quem controla o passado controla o futuro; quem controla o presente controla o passado.
>
> ORWELL, George. *1984*. São Paulo: Companhia das Letras, 2009. p. 47.

b) Anotem suas ideias e conversem sobre elas com os colegas, sob orientação do professor.

Estar no poder implica ter acesso à maior parte dos recursos humanos e técnicos com que a sociedade conta (diferentes profissionais, estrutura de segurança pública, educacional, religiosa e de comunicação) e a possibilidade de influenciar – incentivando, desestimulando e até proibindo – o que as pessoas falam, leem e escrevem.

Isso não quer dizer que os outros grupos, que não estão no poder, não possam contar o passado do seu ponto de vista. Ainda que não registrados pelo discurso oficial, esses grupos podem se manifestar, atuar politicamente, registrar e escrever a própria história, mesmo que utilizando meios alternativos. Porém, em contextos governamentais não democráticos, esses registros não oficiais são censurados, adulterados, invalidados e até destruídos. Se não houver meios de se perpetuarem – seja pela possibilidade de criação de documentos escritos, orais ou visuais, seja por sua preservação –, as memórias e os registros de certos grupos podem ser silenciados, provocando uma lacuna entre as possíveis representações do passado.

Produção e interpretação de fontes históricas

Os casos retratados nesta página e na página seguinte são exemplos do que pode acontecer na produção e na interpretação das fontes históricas. O primeiro caso é a produção de uma prova policial (um documento oficial) com a intenção de justificar ou abrandar a falha da polícia londrina, que pode ser considerada, em determinado período, a "verdade" dos fatos.

A Polícia Metropolitana de Londres apresentou uma fotomontagem feita a partir das duas imagens apresentadas abaixo, justificando a morte do brasileiro Jean Charles (1978-2005) como resultado de uma série de eventos imprevisíveis e trágicos – um deles a suposta semelhança dele com Hussain Osman (1978-), um terrorista procurado. A família alegou que tanto a foto de Osman quanto a de Jean Charles utilizadas na fotomontagem não eram as mesmas a que os policiais tinham acesso no dia da operação policial e que Charles estava diferente da imagem no dia em que foi morto. Assim, a fotomontagem teria construído uma semelhança inexistente.

O caso foi concluído com um acordo extrajudicial, mas levantou-se dúvida sobre a interferência das autoridades policiais na produção das fotos divulgadas.

Police Handout MR/CLH/TC/Reuters/Fotoarena e Stringer/Reuters/Reuters/Fotoarena

À esquerda, fotografia de Hussain Osman, um terrorista procurado; e, à direita, a do brasileiro Jean Charles. Essas fotos foram utilizadas pela Polícia Metropolitana de Londres para a elaboração de uma fotomontagem.

Saiba+

Jean Charles. Direção: Henrique Goldman. Brasil e Reino Unido, 2009. 93 min.

Baseado em fatos reais, o filme conta a história de Jean Charles de Menezes, um brasileiro que foi assassinado pela polícia londrina dentro do metrô após ter sido confundido com um terrorista procurado.

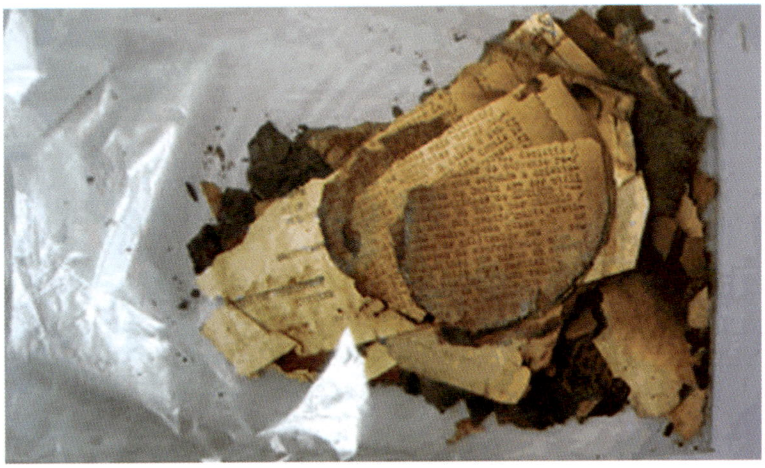

Restos de documentos incinerados na Base Aérea de Salvador (BA), em dezembro de 2004.

No segundo caso, o conteúdo dos documentos queimados (observe a foto acima) não estará disponível como fonte histórica se não existirem cópias ou se não houver estudos anteriores sobre eles.

De acordo com os peritos que analisaram o material, os documentos secretos e confidenciais foram produzidos entre 1964 e 1985 por diversos órgãos do governo militar. Acredita-se que os arquivos não estavam sediados na Base Aérea, mas foram levados até lá após a queima. Por falta de provas testemunhais e de indício dos responsáveis pela queima dos arquivos, o processo de investigação foi arquivado em fins de 2006.

É preciso considerar também que os grupos sociais que exercem o poder governamental não são sempre os mesmos. Quando falamos em elites econômicas ou grupos dominantes, devemos ter em mente que, ao longo da história, os grupos com maior poder ou força política compõem-se de setores com ideais, origens e interesses diversificados (e, em determinadas situações, até mesmo divergentes) e que, em períodos específicos da história, esses grupos se alternam no poder.

Além disso, se é certo que, geralmente, as elites dominam quase todos os setores da vida social, é verdade que a história está repleta de momentos em que os grupos que não estão no poder mudam essa ordem, estabelecendo estratégias de resistência e negociação e provocando alterações no sistema de dominação política e/ou de exploração econômica.

Leia abaixo um texto sobre a importância do acesso ao acervo de documentos do período da ditadura militar no Brasil.

> As pesquisas históricas dedicadas ao objetivo de compreender as violações cometidas pela ditadura militar brasileira contra os direitos humanos vêm apresentando progressos nos últimos anos. Cada vez mais, o problema do legado do regime autoritário nos diferentes espaços institucionais vem sendo revisitado pela historiografia, inclusive sob uma perspectiva mais regional e específica, que busca dar conta das experiências vivenciadas nos diferentes estados da federação.
>
> É preciso mencionar que esse avanço na produção do conhecimento sobre o alcance das violações protagonizadas pelo regime militar está intimamente relacionado a uma ruptura recente no arcabouço jurídico-político do país. Algumas medidas fundamentais implantadas pelos últimos governos democráticos foram úteis para enfraquecer o monopólio do Estado sobre a memória e a história nacional, ao legitimar o acesso público aos acervos da ditadura.

PELEGRINE, Ayala Rodrigues Oliveira. Ditadura militar e universidades: a importância do acesso aos arquivos da repressão política. *Revista do Arquivo*. Disponível em: http://www.arquivoestado.sp.gov.br/revista_do_arquivo/05/artigo_10.php. Acesso em: 6 maio 2022.

Saiba+

Memórias reveladas – Centro de Referência das Lutas Políticas, 1964-1985.

Disponível em: www.memoriasreveladas.gov.br/. Acesso em: 17 fev. 2022.

Em 2009, o governo federal anunciou a abertura, para consulta na internet, dos arquivos sobre as lutas políticas no Brasil durante a ditadura militar, por meio do projeto Memórias reveladas – Centro de Referência das Lutas Políticas, 1964-1985.

Formas de marcar o tempo

A história é o estudo das ações humanas ao longo do tempo e em determinado espaço geográfico. Como vimos anteriormente, as diferentes formas de organização e ocupação do espaço fazem parte do campo de estudo da Geografia, uma das ciências com as quais os estudos historiográficos dialogam. Em outra perspectiva, na formação do planeta Terra, identificam-se as eras geológicas, submetidas aos ritmos do tempo natural. O tempo geológico é o tempo do planeta Terra, e o tempo histórico é o tempo das sociedades humanas na sua superfície.

Tempo geológico

Desde sua origem, há aproximadamente 4,6 bilhões de anos, a configuração do planeta Terra está em constante transformação. Isso acontece porque há muita energia térmica no interior do planeta e também porque a superfície da crosta terrestre sofre a ação permanente de forças externas, como a chuva, o vento e, muito mais recentemente, o próprio ser humano, que constrói cidades, cultiva alimentos, desmata, reflioresta, extrai minérios, faz aterros e represas, desvia rios, etc.

> **Orogênese:** do grego *oros*, "montanha", e *genesis*, "origem". Corresponde a processos tectônicos que deformam e elevam a crosta terrestre, dando origem a grandes cadeias montanhosas.

Algumas mudanças de origem natural são facilmente percebidas. Por exemplo, terremotos e erupções vulcânicas são fenômenos que podem provocar alterações imediatas na paisagem. Outras mudanças naturais, como o afastamento dos continentes ou o processo de formação das grandes cadeias montanhosas, denominado **orogênese**, ocorrem em um intervalo de tempo tão longo que não conseguimos percebê-las em nosso curto período de vida.

Para entender melhor os 4,6 bilhões de anos da Terra, observe a seguir a escala geológica do tempo. A noção de tempo que temos em nosso cotidiano – o tempo histórico, medido em meses, anos, décadas, séculos ou milênios – não é suficiente para compreender os fenômenos geológicos. Para ter essa compreensão, é preciso pensar em termos de tempo geológico, medido em milhões de anos, divididos em éons, cujo nome vem

Escala geológica do tempo

Mario Kanno/Arquivo da editora

Éon	ARQUEOZOICO	PROTEROZOICO					
Era	PRÉ-CAMBRIANA		PALEOZOICA				
Período	PRÉ-CAMBRIANO	CAMBRIANO	ORDOVICIANO	SILURIANO	DEVONIANO	CARBONÍFERO	PERMIANO
Principais eventos	**Há 4,5 bilhões de anos** Aproximadamente há 4 bilhões de anos ocorreu a formação da crosta terrestre (camada mais externa da Terra). Há 3,5 bilhões de anos surgia a bactéria (unicelular), o organismo vivo mais antigo que se conhece, as algas marinhas. Há 2,5 bilhões de anos ocorriam erupções vulcânicas e terremotos gigantescos.	**Há 540 milhões de anos** Maior diversificação da vida. Formam-se os ancestrais de moluscos e de artrópodes.	**Há 495 milhões de anos** Surgem os primeiros vertebrados, os peixes sem mandíbula e as plantas terrestres.	**Há 440 milhões de anos** Aparecem os primeiros invertebrados terrestres, os artrópodes.	**Há 417 milhões de anos** Os vertebrados adaptam-se à vida terrestre.	**Há 360 milhões de anos** Surgem os primeiros répteis e os primeiros insetos com asas.	**Há 290 milhões de anos** Os répteis adquirem a capacidade de regular a temperatura corporal. Forma-se a Pangeia.

do grego *aion*, "eternidade", começando pelo hadeano (do grego *hades*, que significa "inferno") e indo até o fanerozoico (do grego *phaneros*, que significa "visível", e *zoico*, "vida"). Os éons, por sua vez, são subdivididos em eras, períodos e épocas.

Tempo histórico

Todos nós convivemos com fenômenos temporais: dia, noite, estações do ano, nascimento, crescimento, envelhecimento. Várias civilizações estabeleceram uma divisão do tempo adotando como base a observação dos ciclos da natureza: os movimentos da Terra, do Sol e da Lua. Além da Lua e do Sol, o calendário dos maias, povo que viveu numa região hoje conhecida por América Central e cujo auge ocorreu entre os séculos III e X, baseava-se na observação do planeta Vênus, por exemplo. Muitos calendários foram elaborados com base na análise dos astros, por sua influência sobre as plantações e pela necessidade de definir os tempos de plantio, poda e colheita.

Uma volta do planeta Terra em torno de seu eixo (rotação) foi interpretada por diversas culturas como um dia, que foi dividido em 24 partes iguais, chamadas de horas, por sua vez também subdivididas em minutos, e assim por diante. Decidiu-se que o dia não começa ao nascer do Sol, mas aproximadamente seis horas depois que ele desaparece no horizonte. Outras civilizações poderiam fazer divisões diferentes: afirmar que o dia começa logo que o Sol aparece. No século VIII a.C., na Babilônia, os astrônomos definiram o início do dia quando o Sol estava a pino, em seu ponto mais alto no céu. A semana de sete dias pode ter surgido de acordo com as fases da Lua.

Essas diferentes formas de dividir o tempo correspondem ao **tempo físico** ou **cronológico**. Cada civilização tem uma leitura particular do tempo, que pode ser a melhor, a mais adequada ou a mais confortável para os membros de seu grupo, de acordo com seus saberes, crenças ou cosmologias. Embora muitos tenham aceitado e incorporado as divisões do tempo como se fossem naturais, podemos perceber que suas bases são arbitrárias, artificialmente definidas, sendo passíveis de críticas ou de modificações. Ou seja, trata-se de uma convenção, uma invenção cultural.

Há 290 milhões de anos
Os répteis adquirem a capacidade de regular a temperatura corporal. Forma-se a Pangeia.

Há 248 milhões de anos
Surgem os primeiros mamíferos e os dinossauros.

Há 206 milhões de anos
Surgem os ancestrais dos pássaros.
A Pangeia começa a se dividir.

Há 142 milhões de anos
As angiospermas, plantas que produzem flores, se espalham.
Os dinossauros são extintos.

Há 65 milhões de anos
Surgem os ancestrais dos primatas.
Os mamíferos formam o grupo dominante.

Há 1,8 milhão de anos
Surgem os primeiros hominídeos.

Fonte: elaborado com base em VICENTINO, Claudio. *Atlas histórico*: geral e do Brasil. São Paulo: Scipione, 2011. p. 10-11.

O tempo cronológico, embora fundamental para a compreensão da história, não é seu objeto de estudo, e sim o **tempo histórico**, ou seja, os períodos da existência humana em que ocorrem eventos que fazem parte de estruturas e contextos mais amplos, como a economia, as ideias e a política.

Delpixel/Shutterstock

As fases da Lua são importantes para orientar diversas atividades econômicas, como a pesca e a agricultura.

Tempo
Horas, dias, semanas, meses e anos são divisões do tempo integradas à nossa vida. Quando se estuda história, as divisões do tempo assumem outra dimensão, mais ampla, que nos ajuda a entender períodos do passado.

Tempo físico
Os fenômenos da natureza que são de fácil observação, como o dia e a noite, as fases da Lua, o aparecimento do Sol, etc., deram origem às convenções de tempo que conhecemos hoje, as quais foram criadas por diferentes culturas.

Tempos históricos
As formas de marcar o passado são convenções criadas pelos seres humanos. Elas podem se constituir de datas significativas para determinadas culturas ou indicar períodos em que se destaca um conjunto de acontecimentos ou situações relacionados.

Album/Fotoarena

Detalhe de afresco do Monastério Moldovita, na Moldávia, Romênia, feito em 1537. Este afresco, que retrata a tomada de Constantinopla pelos turcos otomanos (1453), é uma representação de um período de transição histórica da Idade Média para a Idade Moderna, como se convencionou mais tarde.

Observe, a seguir, as fotos da praia de Ipanema, no Rio de Janeiro (RJ). Elas expressam um acontecimento histórico, que pode ter diferentes durações de tempo. Expressam também que a paisagem é dinâmica, está sempre mudando.

Jose Lucena/Futura Press

Praia de Ipanema, no Rio de Janeiro (RJ), em período normal. Foto de 2020.

André Cyriaco/Futura Press

Praia de Ipanema, no Rio de Janeiro (RJ), durante a pandemia do coronavírus. Foto de 2020.

É lógico que esses períodos só existem mentalmente, pois a vida das pessoas não muda de modo inesperado na passagem de um período para outro. Datas, períodos, eras e outras formas de demarcar o tempo histórico são convenções e orientam a leitura do passado, mas não representam mudanças definitivas nem rupturas em todos os aspectos da sociedade. Após uma revolução, por exemplo, algumas condições de vida ou o sistema de governo podem ser modificados de maneira brusca, mas o modo de pensar, as práticas e atitudes diante dos acontecimentos, as mentalidades, mudam mais lentamente, em ritmos diversos. Entretanto, estudando os períodos históricos, podemos compreender a história de modo mais amplo e realizar divisões de acordo com alguns critérios, como organização social, relações de trabalho e sistemas de governo.

O relógio, por exemplo, foi inventado para medir o tempo de modo matemático, mais preciso, e trouxe diversas mudanças para as sociedades. Leia o texto a seguir, que trata da relação entre essa convenção e as outras formas existentes de medir o tempo.

O tempo e o relógio

[...] O relógio mecânico surgiu entre 1300 e 1650 e trouxe mudanças importantes na percepção social e cultural do tempo na Europa Ocidental. O tempo do relógio ao mesmo tempo se inspirava na regularidade da natureza e a substituiu na organização da sociedade. O canto do galo não despertava mais para a aurora da jornada de trabalho e o movimento do sol não disciplinava mais as atividades do dia. Antes, o relógio diário era o da rotina das tarefas do pastoreio e da agricultura: reunir as vacas e ovelhas, ordenhá-las, soltá-las no pasto, capinar, plantar, colher, caçar, pescar. Cada tarefa tinha o seu momento e a sua duração previstos e orientavam a vida cotidiana. Havia também um tempo religioso de rezas, terços, missas, festas, procissões, sermões. Para **Le Goff**, este tempo religioso ritmado pelo repicar dos sinos organizava toda a vida social: nascimentos, batizados, crismas, casamentos, mortes. O surgimento das cidades reguladas pelo tempo mecânico do relógio pôs fim à exclusividade dessa vida camponesa e religiosa.

Jacques Le Goff (1914--2014): historiador francês especialista em Idade Média e referência no estudo medieval.

REIS, José Carlos. O tempo histórico como "representação intelectual". *Fênix: Revista de História e Estudos Culturais*, Uberlândia, v. 8, ano VIII, n. 2, p. 1-22, maio/ago. 2011. Disponível em: www.revistafenix.pro.br/revistafenix/article/view/312/296. Acesso em: 30 mar. 2022.

Atividades

1. Forme um grupo com mais colegas e conversem sobre as informações fornecidas pelo texto do historiador e filósofo José Carlos Reis. Em seguida, comentem as transições de tempo destacadas e as principais características históricas de cada uma delas.
2. Para fechar o trabalho do grupo, apontem exemplos da atualidade, com base em documentos obtidos por meio de pesquisa na internet, com o tema "o tempo das cartas via correios *versus* o tempo dos *e-mails* e das mensagens instantâneas".

O tempo histórico não é regular, contínuo e linear como o tempo físico ou cronológico, e sim composto de **diferentes durações**, já que está vinculado às ações de grupos humanos e aos conjuntos de fenômenos – mentais, econômicos, sociais e políticos – que resultam dessas ações. Podem existir diferentes divisões, de acordo com determinados pontos de vista: cultural, político, ideológico, etc. Por exemplo, para alguns historiadores, o século XIX começa não em 1801, mas em 1789 (início da Revolução Francesa), e termina não em 1900, mas em 1914 (início da Primeira Guerra Mundial). Já o século XX teria se iniciado em 1914 e se encerrado em 1991, com o fim da União Soviética. Isso porque essas datas – início da Revolução Francesa, início da Primeira Guerra Mundial e fim da União

Soviética – delimitam um período em que os eventos foram significativos para transformações sociais, culturais e políticas em nível mundial. Evidentemente, essa divisão não trata os séculos como tempo cronológico, mas como tempo histórico.

Com base nessa ideia – de que o tempo das ações humanas não segue exatamente os relógios e os calendários –, outros historiadores argumentam que o tempo histórico pode ser de **longa**, **média** ou **curta** duração. Nas relações do ser humano com o meio natural que o cerca e nas modificações climáticas e geográficas, como o aquecimento global, essas mudanças ocorrem de maneira bastante lenta. Nas formas de organização da produção, da distribuição e do consumo de bens materiais, nas relações econômicas e nas relações políticas, as mudanças seriam, em uma conjuntura de tempo médio, marcadas por rupturas e permanências. Já o tempo de curta duração se refere ao tempo do evento, do acontecimento, aquele que tradicionalmente era valorizado na história escrita ao longo do século XIX.

Medir o tempo histórico e **periodizá-lo** (dividi-lo em períodos) é igualmente um ato arbitrário, pois a escolha do ponto inicial da contagem e dos eventos mais importantes é feita por algumas pessoas, segundo sua compreensão do mundo e da existência humana, e seguida por outras, sem que necessariamente exista concordância entre todas. As periodizações também são expressões da cultura e evidenciam os principais valores de uma sociedade ou civilização.

Vejamos um exemplo: há pouco mais de duas décadas, chegamos ao ano 2000, mas os judeus já passaram dessa data há muito tempo, pois seu calendário está sempre 3 761 anos à frente do calendário cristão. Os islamitas, por sua vez, ainda não chegaram ao ano 2000, pois a contagem de seu calendário inicia-se no ano 622 do calendário cristão. Afirmar que "chegamos ao ano 2000" significa que, para o Ocidente, o tempo começa a ser contado a partir de um evento ocorrido há pouco mais de 2 mil anos – no caso, o nascimento de Jesus de Nazaré, chamado de Jesus Cristo.

O calendário cristão

No início da propagação do cristianismo, ainda não se contava o tempo a partir do nascimento de Cristo. Isso viria a ocorrer apenas algumas décadas depois do fim do Império Romano do Ocidente, em 525, quando Dionísio, o Exíguo (475-544) – na época, abade de Roma – fundamentado na informação sobre a idade de Roma e em detalhes históricos do período do nascimento de Cristo, estabeleceu o ano em que Jesus teria nascido. Com esses dados, Dionísio definiu o ano 1 do calendário cristão como o ano 754 da fundação de Roma. Em 1582, o papa Gregório XIII reformou o calendário, motivo pelo qual o calendário cristão ocidental é chamado de gregoriano.

> Abade: cargo superior de ordem religiosa que dirige uma abadia, ou seja, um mosteiro ou uma comunidade religiosa.

De acordo com essa abordagem, embora muitas pessoas no Ocidente não sejam cristãs, nossa periodização baseia-se na ideia de que o nascimento de Cristo é tão importante para a humanidade que o tempo deve ser dividido em dois períodos: antes de Cristo (a.C.) e depois de Cristo (d.C.). Também por isso, as sociedades cuja religião majoritária segue essa crença (como as das Américas pós-ocupação europeia e as da Europa) são chamadas, em conjunto, de **civilizações cristãs ocidentais**.

A contagem dos séculos a partir do nascimento de Cristo

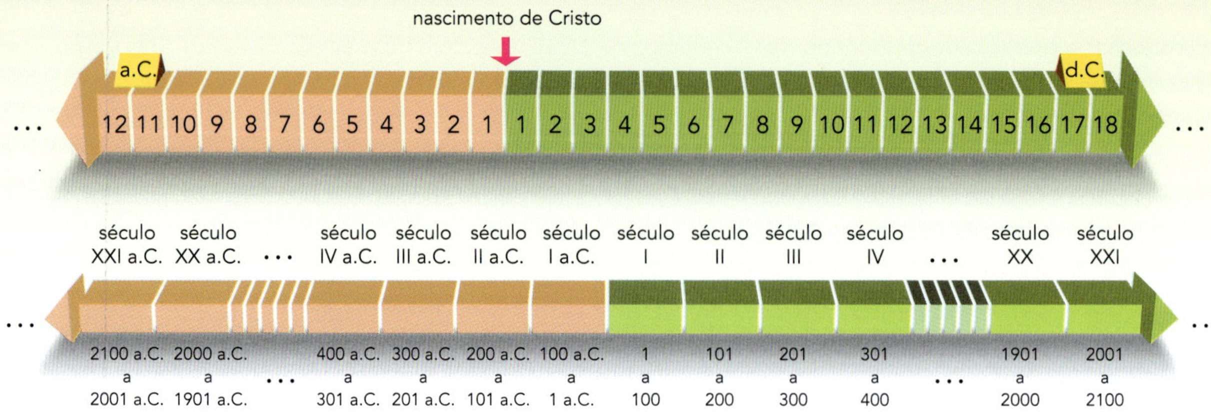

Banco de imagens/Arquivo da editora

Como a história lida com longos períodos, costuma-se usar uma unidade de tempo denominada século, equivalente a cem anos. O mecanismo de contagem dos séculos é similar ao de contagem dos anos. Por exemplo: o século XXI vai de 2001 a 2100; o século XX, de 1901 a 2000; o século XV, de 1401 a 1500; e o século IX a.C., de 801 a.C. a 900 a.C.

Diálogos

1. Existem muitos tempos diferentes: passado recente, futuro próximo, passado e futuro longínquos. No caderno ou em algum arquivo de edição de texto no computador, organize o tempo de sua vida, marcando as datas em anos e os eventos correspondentes a elas que considera importantes para sua história. Depois, reúna-se em grupo e compartilhem as datas e os eventos significativos de sua história com os colegas, ouvindo os relatos deles também. Ao final, conversem sobre a dinâmica da vida e da história, tentando responder às seguintes questões:

Inejah/Shutterstock

Prostock-studio/Shutterstock

a) Os tempos dos indivíduos são os mesmos?

b) O que foi importante para a história de uma pessoa constituiu um evento fundamental para a história de todos?

c) Houve memórias em comum? Se sim, quais?

d) Existem semelhanças entre as histórias apresentadas? Se sim, quais?

e) Quais diferenças foram percebidas entre as histórias?

f) As histórias de vida de cada indivíduo podem influenciar na construção de seus planos de futuro, de seus projetos de vida? Como?

2. Leia o trecho de um texto escrito pelo historiador Marc Bloch, em 1944, quando estava preso. Em seguida, responda às questões.

Do caráter da história como conhecimento dos homens decorre sua posição específica em relação ao problema da expressão. Será uma "ciência"? ou uma "arte"? [...] Não há menos beleza numa equação exata do que em uma frase correta. Mas cada ciência tem sua estética de linguagem, que lhe é própria. Os fatos humanos são, por essência, fenômenos muito delicados, entre os quais muitos escapam à medida matemática. Para bem traduzi-los, portanto para bem penetrá-los [...], uma grande finesse de linguagem [...] são necessárias. Onde calcular é impossível, impõe-se sugerir. [...]

"Ciência dos homens", dissemos. É ainda vago demais. É preciso acrescentar: "dos homens, no tempo". O historiador não apenas pensa "humano". A atmosfera em que seu pensamento respira naturalmente é a categoria da duração. [...]

BLOCH, Marc. *Apologia da história ou O ofício de historiador*. Rio de Janeiro: Jorge Zahar, 2001. p. 54-55.

a) O que Marc Bloch afirma sobre a história ser uma "ciência" ou uma "arte"?

b) Explique o significado da seguinte frase do historiador Marc Bloch: "Os fatos humanos são, por essência, fenômenos muito delicados, entre os quais muitos escapam à medida matemática.".

c) Para Bloch, qual seria a melhor definição para os estudos sobre história?

d) Você concorda que o tempo é um elemento importante para os estudos sobre história? Justifique.

3. Faça um exercício de reflexão para criar uma nuvem de palavras sobre o que você e os colegas esperam do futuro. Para isso, você deve fazer o que se pede a seguir.

a) Reflita sobre sua história como integrante de uma sociedade, inserido na história do entorno que o cerca (de sua escola, bairro, município, país, mundo).

b) Responda mentalmente: O que eu espero do futuro?

c) Acesse o *site* de criação de nuvem de palavras indicado pelo professor e, com os colegas da turma, escreva suas palavras pensando nas respostas aos itens anteriores. Ao final da atividade, em conjunto, reflitam sobre as palavras que apareceram mais vezes e os motivos de elas terem sido as mais mencionadas.

Reprodução/Arquivo da editora

Os calendários

A história registra a criação de diferentes tipos de calendário: **solares** (como o calendário cristão); **lunares** (como o islâmico ou o muçulmano); e **lunissolares**, em que os anos seguem o movimento da Terra em volta do Sol e os meses acompanham o movimento da Lua em torno da Terra (como o calendário hebreu).

Conceitos

Muçulmano

O termo "muçulmano" é, muitas vezes, empregado erroneamente como sinônimo de árabe; por isso, vale a pena esclarecer essa diferença. A palavra "árabe" designa um povo semita que ocupa, sobretudo, a península Arábica; muçulmano é aquele que, árabe ou não, segue a religião muçulmana ou islâmica, fundada pelo profeta árabe Muhammad ou Maomé (?-632) no século VII. O Alcorão (ou Corão) é o livro sagrado dos muçulmanos. O islamismo, num processo de expansão iniciado pelos árabes, acabou se tornando a religião de outros povos, como os turcos (na atual Turquia), os persas (no atual Irã) e vários povos africanos e orientais.

A importância da Lua para os povos que seguem o islamismo não se restringe ao calendário; ela também compõe os símbolos nacionais, como as bandeiras do Paquistão e da Turquia.

Cliker-Free-Vector-Images/Pixabay

Bandeira do Paquistão.

isakarakus/Pixabay

Bandeira da Turquia.

Zoroastrista: seguidor do zoroastrismo, religião dualista tida como fundada na antiga Pérsia pelo profeta Zaratustra ou Zoroastro (660 a.C.-583 a.C.). As crenças em um juízo final, na ressurreição, no retorno de um messias, entre outras questões, teriam influenciado as concepções religiosas judaicas, cristãs e islâmicas. O zoroastrismo admite a existência de duas divindades que representariam a dualidade entre o Bem (Aura-Masda) e o Mal (Arimã), vencida, ao final, pelo Bem.

Entre os gregos, os romanos e os maias, predominava a ideia de um tempo cíclico (em razão dos ritmos naturais e da cosmologia, que estuda a estrutura e a evolução do Universo em seu todo). Os povos antigos acreditavam que o tempo era circular e que os fenômenos se repetiam. Assim, não haveria um momento inicial de criação do Universo, ideia difundida pela tradição judaico-cristã.

A concepção de um tempo linear, não cíclico, marcado por acontecimentos únicos, era uma característica dos hebreus e dos persas zoroastristas, que acabou sendo adotada também pelos cristãos. O nascimento de Cristo e o fim do mundo (Apocalipse) são exemplos de demarcações do tempo que não poderiam se repetir.

BorisVetshev/Shutterstock

A Pedra do Calendário, ou Pedra do Sol, é uma gigantesca escultura asteca descoberta em 1790 na praça central da Cidade do México, no México. Pesando 24 toneladas e medindo quase 4 metros de diâmetro, esse baixo-relevo (c. 1300-1521) foi interpretado como a representação da divisão do tempo para os astecas. A escultura está exposta no Museu de Antropologia da Cidade do México.

Tempo e espaço: duas dimensões da história

Tomemos a Europa como exemplo. Embora as terras e águas que compõem o continente estejam lá há milhões de anos, não havia, historicamente, aquilo que chamamos hoje de Europa, isto é, um continente que, além desses elementos, tem uma história comum de cooperação e de grandes conflitos também. É essa história comum que permite aos europeus a unificação da moeda, chamada Euro, e de vários procedimentos públicos que aprofundaram a integração de seus territórios, a ponto de se falar em países da "zona do euro".

O que é a zona euro?

Todos os países da União Europeia fazem parte da União Económica e Monetária (UEM) e alinham as suas políticas económicas pelos objetivos económicos da UE. Alguns países da UE foram ainda mais longe, substituindo as moedas nacionais por uma moeda única, o euro. Estes países constituem a zona euro.

Quando o euro foi introduzido pela primeira vez em 1999 como "moeda escritural", a zona euro era constituída por 11 dos 15 países da UE. A Grécia aderiu em 2001, um ano antes da transição para o euro fiduciário. Seguiram-se-lhe a Eslovénia em 2007, Chipre e Malta em 2008, a Eslováquia em 2009, a Estónia em 2011, a Letónia em 2014 e a Lituânia em 2015. Atualmente, pertencem à zona euro 19 países da UE.

Dos países da UE que não fazem parte da zona euro, a Dinamarca recorreu a uma opção de não participação [...] estabelecida num protocolo [...], embora possa mudar de opinião no futuro se assim o desejar, e a Suécia ainda não satisfaz as condições necessárias para aderir à zona euro.

COMISSÃO EUROPEIA. *O que é a zona euro?* Disponível em: https://ec.europa.eu/info/business-economy-euro/euro-area/what-euro-area_pt. Acesso em: 6 maio 2022.

No período do Império Romano ainda não se podia falar em Europa. Ela começa a surgir no período medieval. Marc Bloch, em 1934, dizia que:

> O mundo europeu, enquanto europeu, é uma criação da Idade Média, que, quase ao mesmo tempo, rompeu a unidade, pelo menos relativa, da civilização mediterrânea e lançou desordenadamente no crisol dos povos outrora romanizados junto com os que Roma nunca tinha conquistado. Então, nasceu a Europa no sentido humano da palavra... E esse mundo europeu assim definido, depois disso, nunca cessou de ser percorrido por correntes comuns.

BLOCH, Marc *apud* LE GOFF, Jacques. *As raízes medievais da Europa*. Petrópolis: Vozes, 2007. p. 13.

Atividade

- Discuta o fragmento do livro com os colegas e, depois, elabore um parágrafo sobre as duas dimensões da história, considerando outro espaço e outro tempo como exemplos. Ressalte exemplos que abordem o tema "o ritmo das mudanças históricas".

Divisão de tempo e poder

Durante o processo de expansão de um povo, também se transmite a outros povos a forma de compreender, dividir e periodizar o tempo daquele povo. Ao conhecer a história do calendário cristão, percebemos que não basta determinada marcação do tempo; é preciso que ela esteja ligada aos indivíduos e aos grupos sociais que detêm o poder, tanto no âmbito econômico e político como no religioso, e que esses grupos permaneçam no poder. Como esse calendário foi adotado pelos povos europeus, que expandiram seu poder econômico e político por todo o globo, tornou-se referência para vários outros povos. Os líderes chineses, por exemplo, adotaram o calendário gregoriano em 1912, por causa das relações comerciais com o Ocidente, mas o povo chinês continua a seguir o próprio calendário tradicional, usado há mais de 5 mil anos, celebrando, assim, o Ano-Novo em data diferente daquela celebrada pelo mundo ocidental.

Steve Edreff/Shutterstock

Celebração do Ano-Novo chinês em Nova York (Estados Unidos). Foto de 2019.

Outro exemplo de uso político da marcação do tempo foi a criação de um calendário pelos revolucionários franceses ao final do século XVIII, para marcar o início de uma nova era com a Revolução Francesa. No entanto, ele deixou de ser adotado quando o grupo que o criou foi tirado do poder.

Segundo o historiador francês Jacques Le Goff, o calendário pode ser entendido como um recurso de controle do tempo, geralmente por parte dos poderosos.

> A conquista do tempo através da medida é claramente percebida como um dos importantes aspectos do controle do universo pelo homem. De um modo não tão geral, observa-se como numa sociedade a intervenção dos detentores do poder na medida do tempo é um elemento essencial do seu poder: o calendário é um dos grandes emblemas e instrumentos do poder; por outro lado, apenas os detentores carismáticos do poder são senhores do calendário: reis, padres, revolucionários.
>
> LE GOFF, Jacques. *História e memória*. Campinas: Ed. da Unicamp, 1990. p. 487.

Atividade

- Para grande parte da humanidade atualmente, é registrado o dia de nascimento das pessoas, e assim são contados seus anos de vida. Porém, será que isso sempre aconteceu? Será que há povos que utilizam outro critério para registrar seus tempos pessoais de vida? Faça uma pesquisa na internet sobre esse tema e compartilhe o resultado de sua busca com os colegas.

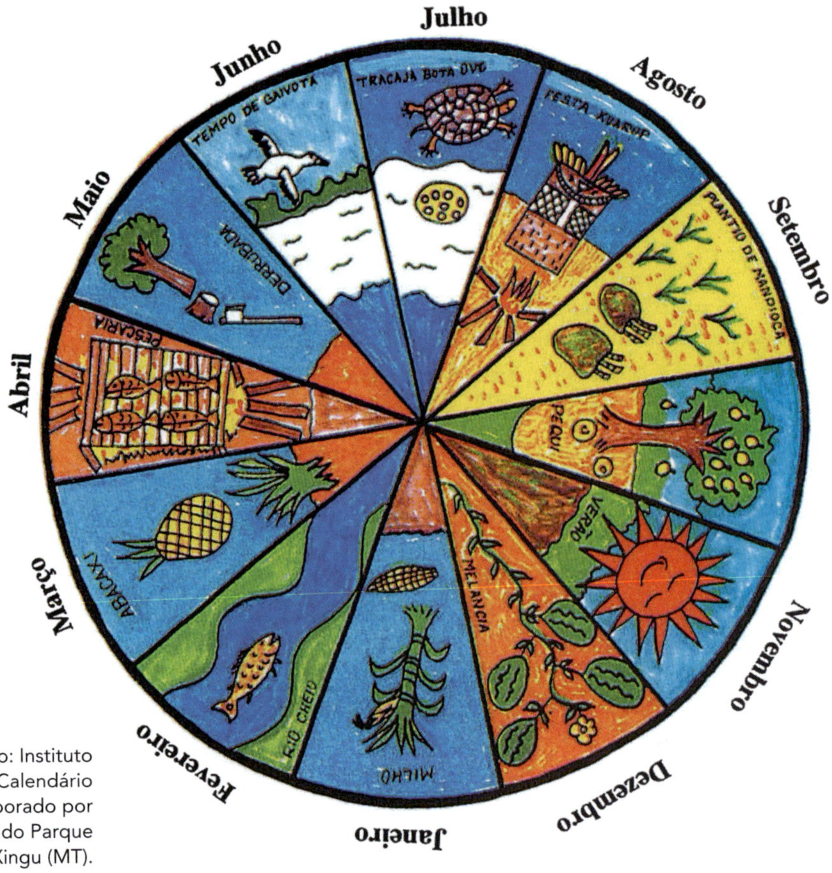

Geografia indígena - Parque Indígena do Xingu

São Paulo: Instituto Socioambiental/MEC. Calendário indígena agrícola elaborado por Thiayu Suyá, professor do Parque Indígena do Xingu (MT).

Podemos dizer que o fato de utilizarmos o calendário cristão resulta de um processo iniciado na conquista de territórios que os europeus chamaram de América. Diferentes povos nativos foram subjugados, inúmeras pessoas de povos africanos foram trazidas para cá e escravizadas, e muitas sociedades originárias foram moldadas com base nesses atos de violência e exploração do colonizador. O poder passou a ser exercido, inicialmente, pelos descendentes de europeus sustentados por instituições e modelos europeus (políticos, jurídicos, policiais, educativos, religiosos, etc.). Por isso, podemos dizer que o tempo (o calendário, a periodização) que utilizamos também é, até hoje, uma expressão da cultura do colonizador. O colonizador europeu moldou o tempo e também o espaço

Períodos históricos	Pré-História – 4000 a.C. – invenção da escrita	História – Idade Antiga
	 Charbonnier Thierry/Shutterstock. Dividido entre Paleolítico, Mesolítico e Neolítico, período do desenvolvimento dos hominídeos e da elaboração de novas ferramentas.	 Gumpanat Thavankitdumrong/Alamy/ Fotoarena. Da invenção da escrita até a desagregação do Império Romano do Ocidente, em 476.

Reprodução/Coleção particular

Obra *História*, 1892, óleo sobre tela, de Nikolaos Gyzis (1842-1901). O quadro mostra a história sendo escrita por um homem europeu e sendo transmitida a uma criança.

com as projeções eurocêntricas, como vimos anteriormente. O mesmo vale para a atribuição do nome dos continentes, feita de uma perspectiva da narrativa europeia, no contexto da Expansão Marítima: Velho Mundo (Europa), Novo Mundo (América) e Novíssimo Mundo (Oceania).

Nesse processo de colonização, herdamos ainda uma divisão da história de acordo com os grandes marcos ou eventos valorizados pela história cultural da Europa ocidental. Essa divisão foi ampliada ao final do século XIX, com a inclusão da Pré-História, formando assim a chamada periodização clássica (veja a linha do tempo a seguir).

Podemos questionar os critérios utilizados nos recortes adotados por essa divisão clássica.

Idade Média	Idade Moderna	Idade Contemporânea
Album/Fotoarena/Biblioteca Nacional, Paris, França  De 476 até a tomada de Constantinopla pelos turcos otomanos, em 1453.	 Reprodução/Museu Carnavalet, Paris, França De 1453 até a data do início da Revolução Francesa, em 1789.	 DreamArchitect/Shutterstock De 1789 até os dias de hoje.

Diálogos

1. Reúna-se com mais quatro colegas e realizem uma pesquisa de imagens que mostrem a história do colégio onde vocês estudam. O objetivo será identificar que aspectos da estrutura física do colégio permaneceram inalterados e quais foram modificados desde que ele foi construído até o tempo presente. Para esta atividade, sigam as orientações abaixo.

a) Coletem imagens antigas do colégio (imprimam ou fotografem algum registro antigo, por exemplo).

b) Produzam imagens atuais do colégio, por meio de câmeras digitais ou de celulares.

c) Façam exercícios de observação e de análise comparativa entre todas as imagens (coletadas e produzidas).

d) Elaborem um quadro para anotar as permanências e as mudanças percebidas.

e) Por fim, elaborem coletivamente, com o auxílio de algum *software* de *slides*, uma apresentação sobre a história do colégio em imagens.

f) Se possível, convidem ex-estudantes e apresentem o trabalho a eles. Convidem-nos a participar de uma roda de conversa para que eles possam narrar aspectos do colégio do passado que não foram revelados pelas imagens.

2. Pesquise em que anos foram inventados os seguintes meios de transporte e de comunicação.

máquina a vapor
telefone
telégrafo
automóvel
cinema
bicicleta
avião

televisão
metrô
redes sociais
celular
smartphone
internet

No caderno, registre as informações que encontrar e organize as datas em uma linha do tempo da história (horizontal ou vertical). Observe o resultado do desenho de sua linha do tempo e responda às questões a seguir.

a) Em qual século houve maior desenvolvimento/inovação dessas tecnologias de transporte e de comunicação?

b) Apesar dos ritmos mais acelerados de transformações no século mencionado na resposta ao item anterior, você considera que houve nele uma aceleração do tempo cronológico? Justifique sua resposta.

3. Com os colegas, leia o texto a seguir e observe, na página seguinte, as duas obras que representam a Proclamação da República brasileira, em 15 de novembro de 1889. Analisem esses documentos e responda às questões.

Em frase que se tornou famosa, Aristides Lobo, o propagandista da República, manifestou seu desapontamento com a maneira pela qual foi proclamado o novo regime. Segundo ele, o povo, que pelo ideário republicano deveria ter sido protagonista dos acontecimentos, assistira a tudo **bestializado**, sem compreender o que se passava, julgando ver talvez uma parada militar. Não nos interessa aqui discutir em que medida a observação correspondia à realidade [...]. Há versões contraditórias à espera de uma análise crítica [...].

Bestializado: semelhante a um animal chamado de besta; de forma irracional; alheio ao acontecimento.

CARVALHO, José Murilo de. *Os bestializados*: o Rio de Janeiro e a República que não foi. São Paulo: Companhia das Letras, 1987. p. 9.

Proclamação da República, de Oscar Pereira da Silva (1867-1939), 1889.

Proclamação da República, de Benedito Calixto (1853-1927), 1893.

a) De acordo com o historiador José Murilo de Carvalho (1939-), qual foi o comentário de Aristides Lobo (1838--1896) sobre o evento relativo à Proclamação da República no Brasil?

b) Para o autor do texto, existe uma única versão sobre a história da Proclamação da República brasileira? Expliquem.

c) Escrevam as semelhanças e as diferenças existentes entre as duas obras.

d) Qual dessas obras representa o comentário de Aristides Lobo, mencionado no texto de José Murilo de Carvalho? Justifiquem sua resposta.

4. Agora, depois de ter refletido sobre a questão do tempo, responda: De que forma você lida com o tempo?

5. E sobre as permanências e as mudanças, o que as explicam?

1. (Enem – 2019)

Tratava-se agora de construir um ritmo novo. Para tanto, era necessário convocar todas as forças vivas da Nação, todos os homens que, com vontade de trabalhar e confiança no futuro, pudessem erguer, num tempo novo, um novo Tempo. E, à grande convocação que conclamava o povo para a gigantesca tarefa, começaram a chegar de todos os cantos da imensa pátria os trabalhadores: os homens simples e quietos, com pés de raiz, rostos de couro e mãos de pedra, e no calcanho, em carro de boi, em lombo de burro, em paus de arara, por todas as formas possíveis e imagináveis, em sua mudez cheia de esperança, muitas vezes deixando para trás mulheres e filhos a aguardar suas promessas de melhores dias; foram chegando de tantos povoados, tantas cidades cujos nomes pareciam cantar saudades aos seus ouvidos, dentro dos antigos ritmos da imensa pátria... Terra de sol, Terra de luz... Brasil! Brasil! Brasília!

MORAES, V.; JOBIM, A. C. *Brasília, sinfonia da alvorada*. III – A chegada dos candangos. Disponível em: www.viniciusdemoraes.com.br. Acesso em: 14 ago. 2012 (adaptado).

No texto, a narrativa produzida sobre a construção de Brasília articula os elementos políticos e socioeconômicos indicados, respectivamente, em:

a) Apelo simbólico e migração inter-regional.

b) Organização sindical e expansão do capital.

c) Segurança territorial e estabilidade financeira.

d) Consenso partidário e modernização rodoviária.

e) Perspectiva democrática e eficácia dos transportes.

2. (Enem – 2019)

A pegada ecológica gigante que estamos a deixar no planeta está a transformá-lo de tal forma que os especialistas consideram que já entramos numa nova época geológica, o Antropoceno. E muitos defendem que, se não travarmos a crise ambiental, mais rapidamente transformaremos a Terra em Vênus do que iremos a Marte. A expressão "Antropoceno" é atribuída ao químico e prêmio Nobel Paul Crutzen, que a propôs durante uma conferência em 2000, ao mesmo tempo que anunciou o fim do Holoceno – a época geológica em que os seres humanos se encontram há cerca de 12 mil anos, segundo a União Internacional das Ciências Geológicas (UICG), a entidade que define as unidades de tempo geológicas.

SILVA, R. D. *Antropoceno*: e se formos os últimos seres vivos a alterar a Terra? Disponível em: www.publico.pt. Acesso em: 5 dez. 2017 (adaptado).

A concepção apresentada considera a existência de uma nova época geológica concebida a partir da capacidade de influência humana nos processos

a) eruptivos.

b) exógenos.

c) tectônicos.

d) magmáticos.

e) metamórficos.

3. (Enem PPL – 2019)

Lembro, a propósito, uma cerimônia religiosa a que assisti na noite de Santo Antônio de 1975 quando presente a uma festa em honra do padroeiro. Ia a coisa assim bonita e simples, até que, recitadas as cinco dezenas de ave-marias e os seus padre-nossos, chegou a hora do remate com o canto da salve-rainha. O capelão começou a entoar nesse instante hino à Virgem, em latim "Salve Regina, mater misericordiae", e, o que eu estranhei, foi seguido de pronto sem qualquer hesitação pelos presentes. Depois veio o espantoso para mim: a reza, também entoada, de toda a extensa ladainha de Nossa Senhora igualmente em latim. Eu olhava e não acabava de crer: aqueles caboclos que eu via mourejando de serventes nas obras do bairro estavam agora ali acaipirando lindamente a poesia medieval do responso.

BOSI, A. *Dialética da colonização*. São Paulo: Cia. das Letras, 1992.

O estranhamento do autor diante da cerimônia relaciona-se ao encontro de temporalidades que

a) questionam ritos católicos.

b) evidenciam práticas ecumênicas.

c) elitizam manifestações populares.

d) valorizam conhecimentos escolares.

e) revelam permanências culturais.

4. (Enem PPL – 2015) As figuras representam a distância real (D) entre duas residências e a distância proporcional (d) em uma representação cartográfica, as quais permitem estabelecer relações espaciais entre o mapa e o terreno. Para a ilustração apresentada, a escala numérica correta é

Reprodução/Enem, 2015.

Duarte, P. A. *Fundamentos de cartografia.* Florianópolis: UFSC, 2002.

a) 1/50
b) 1/5 000
c) 1/50 000
d) 1/80 000
e) 1/80 000 000

5. (Enem – 2016) A ONU faz referência a uma projeção cartográfica em seu logotipo. A figura que ilustra o modelo dessa projeção é:

Reprodução/Enem, 2016.

Disponível em: www.unric.org. Acesso em: 9 ago. 2013.

Imagens: Reprodução/Enem, 2016.

a)

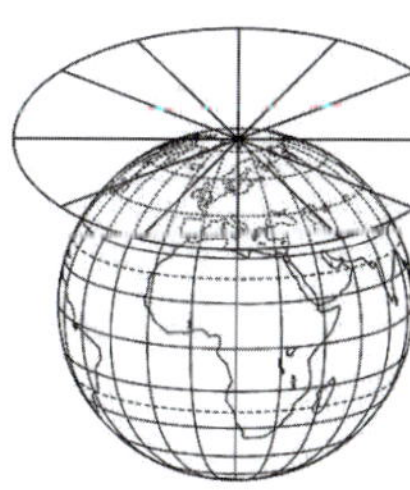

b)

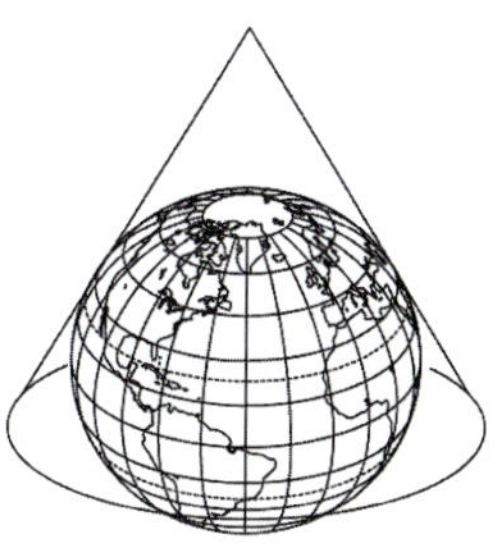

c)

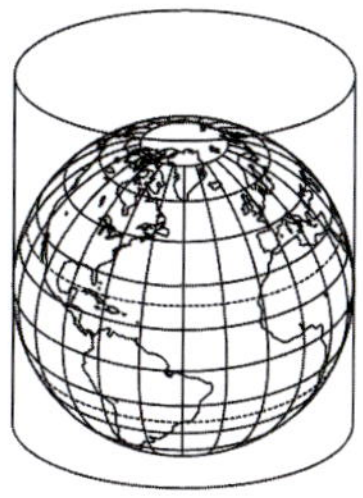

d)

e)

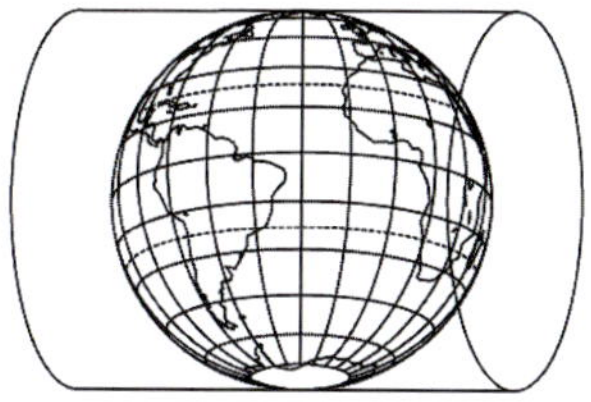

6. (Enem PPL – 2015) As diferentes representações cartográficas trazem consigo as ideologias de uma época. A representação destacada se insere no contexto das Cruzadas por

Sammlung Rauch/Interfoto/Fotoarena

QUEIROZ FILHO, A. P.; BIASI, M. Técnicas de cartografia. *In:* VENTURI, L. A. B. (Org.) *Geografia:* práticas de campo, laboratório e sala de aula. São Paulo: Sarandi, 2011 (adaptado).

a) revelar aspectos da estrutura demográfica de um povo.
b) sinalizar a disseminação global de mitos e preceitos políticos.
c) utilizar técnicas para demonstrar a centralidade de algumas regiões.
d) mostrar o território para melhor administração dos recursos naturais.
e) refletir a dinâmica sociocultural associada à visão de mundo eurocêntrica.

7. (Uece – 2022) Durante a construção de uma estrada, utilizou-se uma representação cartográfica cuja escala era de 1:25.000. Nesse mapa, a estrada foi representada por uma linha com 12,7 cm de comprimento. Assim, é correto afirmar que o comprimento real dessa estrada no terreno é

a) 3.175 m.
b) 1.968 m.
c) 2,51 km.
d) 4,27 km.

8. (Uece – 2021) A periodização espacial é de inestimável importância para a ciência geográfica, pois se o espaço geográfico é acumulação desigual de tempos, conforme afirmou Milton Santos, compreender a sucessão do tempo no espaço a partir da materialidade e do dinamismo do meio geográfico é primordial. Neste sentido, Santos divide, não de forma estanque, a história do território brasileiro em três períodos, os quais denomina de

a) rugosidades, fixos e fluxos.
b) meio natural, meio técnico e meio técnico-científico-informacional.
c) sistema de objetos, sistemas de ações e sistemas espaciais.
d) espaços luminosos, espaços opacos e espaços transitórios.

9. (Uece – 2020) Relacione, corretamente, os conceitos da Geografia com as respectivas definições, numerando os parênteses abaixo, de acordo com a seguinte indicação:

1. Espaço
2. Território
3. Paisagem
4. Lugar
5. Região
6. Rede

( ) De acordo com a corrente da Geografia Crítica, é considerada uma entidade concreta, resultado de múltiplas determinações que agem sobre um quadro territorial previamente ocupado, caracterizado por uma natureza transformada e heranças culturais, materiais e, portanto, sociais.

( ) É um conjunto de formas que, em um dado período, revela as heranças que representam as relações espacializadas entre homem e natureza, ou homem e espaço: trata-se apenas da porção da configuração territorial que é possível abarcar, contemplar e conhecer a partir dos órgãos dos sentidos.

( ) Diz respeito a um sistema de fixos conectados por meio de fluxos, em uma economia de mercado, e que podem ser hierárquicos. O melhor exemplo é o sistema de cidades.

( ) Em uma definição muito conhecida, é constituído por um conjunto indissociável, solidário e, ao mesmo tempo, contraditório de sistemas de objetos e sistemas de ações, os quais não podem ser considerados isoladamente, mas como um quadro único no qual a história e o tempo se manifestam.

( ) É definido e delimitado por e a partir de relações de poder como que projetadas no espaço, por meio das quais alguém exerce poder e influência sobre alguém. Pode estar relacionado tanto ao poder legítimo do Estado, como ao poder paralelo do crime organizado.

( ) Sua definição está relacionada à identidade, à vida cotidiana, ao nível do indivíduo e do seu sentimento de pertencimento e em função das suas práticas espaciais cotidianas.

A sequência correta, de cima para baixo, é:

a) 4, 2, 3, 1, 6. 5.
b) 1, 2, 3, 4, 5, 6.
c) 5, 3, 6, 1, 2, 4.
d) 4, 6, 1, 5, 2, 3.

10. (Uece – 2020) Considerando a Geografia como ciência, é correto afirmar que

a) se trata do estudo sistemático da natureza não alterada pela ação antrópica, abordando a articulação entre os sistemas geológicos, climáticos, geomorfológicos, hidrográficos e botânicos, através da síntese do geossistema.
b) se trata de uma técnica imprescindível para cartografar os objetos visíveis na paisagem geográfica em suas relações passadas e atuais, que compõem o espaço geográfica em sua multidiversidade.
c) é um constructo teórico e científico universal que combina a escala mais simples dos fenômenos e relações singulares à mais abstrata e complexa da totalidade, indo do singular, ao particular e ao geral, até a síntese do pensamento abstrato que é do domínio da ciência.
d) é o estudo do conjunto de elementos naturais e humanos que o olhar pode abarcar, isto é, a parte visível da superfície terrestre onde se dá a relação entre sociedade e meio.

11. (Uneb-BA – 2018) A hierarquia urbana corresponde à ordem de organização entre os diferentes níveis de complexidade econômica das cidades. Tendo por base a hierarquia urbana brasileira, as cidades de Curitiba, Belém e Rio de Janeiro são classificadas, respectivamente, como

a) metrópole regional / capital regional / metrópole nacional.

b) metrópole mundial / metrópole nacional / metrópole mundial.

c) metrópole nacional / metrópole regional / metrópole nacional.

d) metrópole nacional / metrópole regional / metrópole mundial.

e) metrópole regional / metrópole regional / metrópole nacional.

12. (UFU-MG – 2019) A partir da década de 1970, surgiu uma nova forma de organização espacial da indústria, tanto em países desenvolvidos quanto em subdesenvolvidos: os tecnopolos, também denominados no Brasil de Centros de Alta Tecnologia. A respeito da formação, da importância e da localização dos tecnopolos no Brasil é correto afirmar que

a) esses estão em fase de implantação, visto que há necessidade de ampliar a rede de infraestrutura básica para que esses polos sejam conectados a todo o território nacional.

b) existem dezenas de polos tecnológicos, criados por fatores de atração como, por exemplo, mão de obra barata e disponível à indústria.

c) para a instalação de um tecnopolo, há necessidade de que a cidade apresente um forte setor industrial de base, que forneça matéria-prima abundante e um sólido mercado consumidor.

d) esses concentram as atividades industriais de alta tecnologia como telecomunicação, aeroespacial, informática e biotecnologia em universidades e em centros de pesquisa e de desenvolvimento.

13. (Uncisal – 2020)

A teletela recebia e transmitia simultaneamente. Todo som produzido por Winston que ultrapassasse o nível de um sussurro muito discreto seria captado por ela; mais: enquanto Winston permanecesse no campo de visão enquadrado pela placa de metal, além de ouvido também poderia ser visto. Claro, não havia como saber se você estava sendo observado num momento específico. Tentar adivinhar o sistema utilizado pela Polícia das Ideias para conectar-se a cada aparelho individual ou frequência com que o fazia não passava de especulação. Era possível inclusive que ela controlasse todo mundo o tempo todo. Fosse como fosse, uma coisa era certa: tinha meios de conectar-se a seu aparelho sempre que quisesse, você era obrigado a viver – e vivia, em decorrência do hábito transformado em instinto – acreditando que todo som que fizesse seria ouvido, se a escuridão não fosse completa, todo movimento seria examinado meticulosamente.

ORWELL, George. 1984. São Paulo: Companhia das Letras, 2009 [1961].

O trecho anteriormente citado está no início do livro de ficção científica **1984**, publicado em 1961. Nele, o autor retrata uma sociedade totalitária, na qual a tecnologia é utilizada pelo Estado para controlar a vida das pessoas. Considerando-se a atualidade, com a Internet, as redes sociais e a disseminação de aparelhos *smartphones*, o trecho

a) antecipa a existência predominante de Estados totalitários, altamente tecnológicos, capazes de controlar todos os passos dos cidadãos.

b) mostra-se equivocado, uma vez que a conexão por meio das redes sociais elimina um poder central como o que detinham as empresas de televisão.

c) descreve algo atual, uma vez que a exposição pessoal na Internet permite que empresas e Estados utilizem a rede para controlar hábitos, costumes e opiniões.

d) mostra-se equivocado, uma vez que atualmente os meios de comunicação e de informação são democratizados, o que impossibilita que qualquer organização consiga controlar a Internet.

e) prenuncia os atuais mecanismos legais de prevenção de atentados terroristas colocados em prática por meio da vigilância da Internet por organismos internacionais de cooperação como o FBI e a CIA.

14. (UFPE – 2012)

A pesquisa histórica é importante para se entender as relações sociais. Para efetivá-la, temos que consultar fontes que:

a) contenham verdades oficiais e facilitem compreender o poder político.

b) tenham uma organização aceita pelos cursos de pós-graduação.

c) ajudem na elaboração da pesquisa e nas respostas às suas questões.

d) afirmem a coerência do estudo e as verdades conhecidas na Ciência.

e) sejam limitadas aos documentos atuais e escritos nas academias.

15. (Uece – 2015)

O calendário é um sistema muito antigo utilizado para registrar e medir o tempo e regulamentar os ritmos da vida humana. Nele temos a combinação de três elementos astronômicos: o dia, o mês e o ano. No decorrer da história ocidental houve dificuldades de combinar esses três elementos de modo satisfatório, resultando na elaboração de vários calendários. Atualmente está em vigor o calendário

a) Juliano.

b) Gregoriano.

c) Hebraico.

d) Metônico.

16. (UPE – 2021)

Observe o cartoon e leia o texto a seguir:

© Nani/Acervo do cartunista

Causa espanto que, recentemente, tenha ocorrido discussões a respeito da forma do planeta Terra. Esse espanto se deve ao fato de que, há muito tempo, já conhecemos a forma esférica do nosso planeta. Tal conhecimento se deve a observações astronômicas, cálculos matemáticos, experimentos dentro e fora de laboratórios, entre outros procedimentos.

Existe uma forma de conhecimento que se vale desses procedimentos para comprovar a veracidade de fenômenos físicos. Estamos tratando da/o

a) filosofia.

b) religião.

c) ciência.

d) mito.

e) arte.

17. (UFU-MG – 2020) O estudo e a escrita da História realizados por pesquisadores são chamados de historiografia. Essa é feita com base em pesquisa de documentos e na interpretação desses documentos pautados em teorias e métodos dos mais diversos, que criam sentidos e relações entre o passado e o presente.

Em relação a essas informações, assinale a alternativa correta.

a) O elemento central da pesquisa histórica é a opinião do historiador, pautada em sua convicção política e partidária.

b) O marxismo é a principal linha interpretativa que guia a historiografia contemporânea.

c) O que orienta a pesquisa histórica são as perguntas, ou os problemas, formulados em nosso próprio tempo a partir dos documentos disponíveis para a construção do conhecimento.

d) Uma vez que a pesquisa histórica está relacionada com o contexto do historiador, afirma-se que a História é uma ciência sem método.

18. (UEL-PR – 2018) Leia o texto a seguir.

> Eu vi coisas que vocês não imaginariam. Naves de ataque em chamas ao largo de Órion. Eu vi raios-c brilharem na escuridão próximos ao Portão de Tannhäuser. Todos esses momentos se perderão no tempo, como lágrimas na chuva. Hora de morrer.
>
> (Disponível em: <https://pt.wikiquote.org/wiki/Blade_Runner>. Acesso em: 11 jul. 2017.)

Esta é uma fala do androide Roy que queria eliminar Decard, no filme Blade Runner, o Caçador de Androides (1982), dirigido por Ridley Scott. No entanto, no combate, Roy o salvou da morte. Essa reflexão apresenta a noção de uma existência construída por múltiplas experiências as quais, que por serem as memórias de Roy, se perderiam para sempre.

Com base nos conhecimentos hoje predominantes sobre os fundamentos da história, atribua V (verdadeiro) ou F (falso) às afirmativas a seguir.

( ) A História privilegia, nos seus estudos, as experiências coletivas dos grandes grupos humanos, excluindo a vida do indivíduo comum.

( ) A historiografia desconsidera a memória oral para registrar as formas culturais de compreensão do mundo.

( ) Nos museus e cemitérios, descansam os personagens históricos cujas ideias não mais afetarão os vivos.

( ) Memória e história são noções diferentes, mas se complementam e interagem quando depoimentos orais são registrados em documentos.

( ) Um fato histórico gera uma diversidade de documentos, e as interpretações sobre ele ressignificam o seu teor.

Assinale a alternativa que contém, de cima para baixo, a sequência correta.

a) V, F, F, V, F

b) V, F, V, F, V

c) V, V, F, V, F

d) F, F, F, V, V

e) F, V, V, F, V

19. (Udesc – 2018) A História, segundo o historiador Marc Bloch, pode ser definida como a ciência do homem no tempo. Quando estudada em instituições escolares, ela é, comumente, dividida em: Idade Antiga, Idade Medieval, Idade Moderna e Idade Contemporânea.

Sobre este modelo de organização do tempo histórico em períodos ou idades, analise as proposições.

I. O modelo acima foi instituído na Grécia durante o século IV a.C. por Aristóteles que, na época, assumia as funções de tutor de Alexandre da Macedônia.

II. A adoção deste modelo demonstra o forte vínculo existente entre os programas escolares de história e a tradição europeia, na medida em que as idades são organizadas a partir de processos ocorridos majoritariamente no Continente Europeu.

III. O modelo citado foi desenvolvido e institucionalizado em 1837, pelo Instituto Histórico Geográfico Brasileiro, e refere-se, exclusivamente, aos processos ocorridos a partir do Descobrimento do Brasil, em 1500.

Assinale a alternativa correta.

a) Somente a afirmativa I é verdadeira.

b) Somente a afirmativa III é verdadeira.

c) Somente as afirmativas I e II são verdadeiras.

d) Somente as afirmativas II e III são verdadeiras.

e) Somente a afirmativa II é verdadeira.

#Multiplicar

As dificuldades do deslocamento nas cidades brasileiras

Para começar

Com o desenvolvimento tecnológico no período das Grandes Navegações, povos provenientes de longínquas distâncias encontraram-se pela primeira vez. Mais tarde, com a Revolução Industrial, o aperfeiçoamento dos meios de transporte existentes e o surgimento de outros novos – como as ferrovias – encurtaram as distâncias e propiciaram a contração do espaço-tempo entre continentes, facilitando o acesso de pessoas de uma região à outra.

No entanto, se o avanço da tecnologia permitiu a sensação de encurtamento da distância entre cidades de países diversos, a desigualdade regional verificada em um mesmo país manteve as dificuldades no deslocamento de um local para outro, ainda que dentro de um mesmo território.

Atualmente, ao observarmos a maioria das grandes cidades brasileiras, verificamos que a falta de planejamento urbano em sua construção, bem como os investimentos insuficientes no setor de transporte público, que muitas vezes são direcionados às áreas mais ricas da cidade em detrimento das periferias, impacta na mobilidade das pessoas, que chegam a levar horas para se deslocar de suas casas ao trabalho ou à escola.

Essa é uma questão que, provavelmente, você ou alguém conhecido já deve ter experimentado. Diante disso, faz-se importante saber o que os pesquisadores brasileiros discutiram sobre os problemas de mobilidade nas cidades para, a partir dessas discussões, pensar as soluções possíveis para resolver os percalços nos trajetos enfrentados pelos habitantes dos centros urbanos.

Marcos Amend/Pulsar Imagens

Congestionamento de veículos na Radial Leste, em São Paulo (SP). Foto de 2017.

Revisão bibliográfica – Definição e importância

Se o professor solicitar, como atividade avaliativa, uma revisão bibliográfica acerca das transformações ocorridas nos meios de transporte durante a Revolução Industrial inglesa, por exemplo, você saberia dizer o que é uma revisão bibliográfica, para que ela serve e qual sua importância, antes de dar início à atividade?

Vamos começar com a definição. Revisão bibliográfica é uma das primeiras etapas de uma pesquisa acadêmica, seguida da definição do tema e, algumas vezes, também do problema – o qual nada mais é do que um questionamento a ser respondido ao longo do processo de pesquisa. Porém, em muitos casos, o problema que norteará o trabalho surge ao longo ou depois da revisão bibliográfica, uma vez que a aquisição de novas informações pelo leitor/pesquisador durante a leitura de textos teóricos poderia fomentar novas ideias e, em certos momentos, obrigá-lo a reformular suas questões iniciais. Além disso, uma pesquisa acadêmica pode apresentar um problema principal e outros problemas secundários.

Com a revisão bibliográfica, parte-se do princípio de que toda pesquisa, ainda que dotada de certa originalidade, estabelece diálogos diretos ou indiretos com outros estudos. Dessa maneira, para a realização da revisão bibliográfica, é feita uma seleção de obras – como livros, capítulos de livros, dissertações de mestrado, teses de doutorado e artigos acadêmicos – que discutem assuntos relacionados à pesquisa a ser desenvolvida ou ao problema que se pretende resolver. Selecionar significa, muitas vezes, "escolher" uma opção em um conjunto aparentemente infinito de possibilidades. Assim, quanto mais bem definido estiver o tema, mais fácil será selecionar as obras que servirão de referência para a parte teórica da pesquisa.

Na nossa situação hipotética, o tema definido pelo professor seria "As transformações ocorridas nos meios de transporte após a Revolução Industrial inglesa". Com base nele, você e os colegas deveriam fazer um levantamento bibliográfico, selecionando fontes confiáveis, isto é, livros e trabalhos acadêmicos que tivessem relação com o tema de pesquisa proposto, evitando, portanto, selecionar textos de *sites* pouco confiáveis.

Por onde, no entanto, iniciar essa seleção? Uma das formas seria começar a procurar trabalhos acadêmicos em bancos digitais de teses e dissertações de universidades públicas federais ou estaduais, como o da Universidade de São Paulo (USP).

Outras fontes acadêmicas seriam os artigos científicos, disponíveis em *sites* como o da biblioteca eletrônica Scientific Eletronic Library Online (SciELO), que reúne artigos e periódicos científicos produzidos no Brasil.

Selecionados os trabalhos, iniciam-se as etapas de leitura e de fichamento de cada texto. Posteriormente, os fichamentos realizados serão essenciais para a composição de um texto dissertativo envolvendo os principais pontos de vista dos autores consultados.

Reprodução/www.teses.usp.br

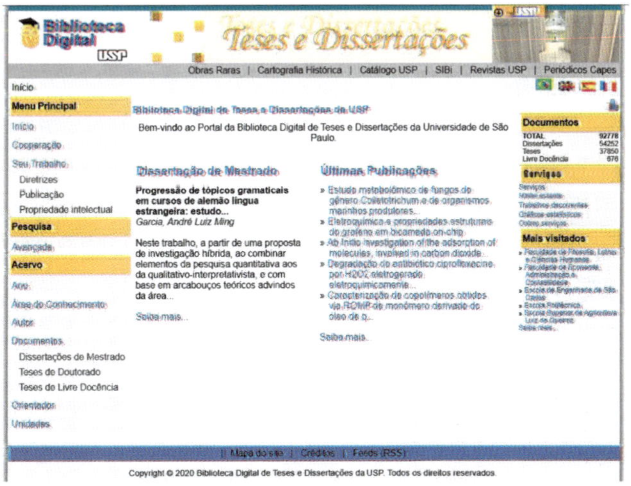

Página da biblioteca digital de teses e dissertações defendidas na USP.

Reprodução/www.search.scielo.org

Página de busca de artigos e periódicos da SciELO.

A palavra fichamento provém do verbo "fichar", que, nos dicionários de Língua Portuguesa, é definido como o ato de "registrar", "anotar em ficha" as informações presentes em um texto ou em um livro. Esse procedimento é realizado ao longo do processo de leitura ou de releitura de uma obra e se constitui em um importante ponto de partida para a composição da revisão bibliográfica.

Embora, teoricamente, o fichamento seja um procedimento simples de ser executado e que pode ser adaptado de acordo com os objetivos ou o estilo de cada leitor, existe o desafio de selecionar as partes mais importantes do texto, bem como de mapear as principais ideias presentes nele. Dessa forma, a leitura deve ser atenta e, sempre que possível, é aconselhável que ela seja realizada mais de uma vez.

Ao realizar um fichamento, tenha em mente que não existe uma forma única de fazê-lo, porém, conhecer alguns modelos pode ajudar você a se organizar. A seguir, apresentamos duas formas possíveis de organizar as fichas:

- Composição de pequenos parágrafos: em um fichamento composto de parágrafos (em geral, breves), pode haver transcrições de trechos do texto entre aspas e com indicação das páginas em que eles ocorrem, que mais tarde podem ser usados como citações; breves resumos de parágrafos do texto feitos pelo leitor e que, portanto, não são apresentados entre aspas; ou, ainda, comentários também produzidos pelo leitor, sobre informações que julgar pertinentes.
- Em tópicos: nesse modelo, as informações principais presentes no texto são organizadas em itens, com frases curtas ou palavras-chave.

Tomemos o seguinte trecho, extraído do livro *A era das revoluções: 1789-1848*, de Eric J. Hobsbawm (1917-2012).

O mundo na década de 1780

[...]

O final do século XVIII era, pelos padrões medievais ou do século XVI, uma era de comunicações rápidas e abundantes, e mesmo antes da revolução das ferrovias, eram notáveis os aperfeiçoamentos nas estradas, nos veículos puxados a cavalo e no serviço postal. Entre a década de 1760 e o final do século, a viagem de Londres a Glasgow foi reduzida de 10 ou 12 dias para 62 horas. O sistema de carruagens postais ou diligências, instituídas na segunda metade do século XVIII, expandiu-se consideravelmente entre o final das guerras napoleônicas e o surgimento da ferrovia, proporcionando não só uma relativa velocidade [...] como também regularidade. Porém o fornecimento de transporte de passageiros por terra era pequeno e o transporte de mercadorias, também por terra, era vagaroso e proibitivamente caro. [...]

HOBSBAWM, Eric J. *A era das revoluções*: 1789-1848. Rio de Janeiro: Paz e Terra, 1977. p. 26.

Com base no texto de Hobsbawm, apresentamos ao lado um modelo de fichamento contendo as partes do texto julgadas como as mais importantes. Obviamente, essa é uma consideração que varia de leitor para leitor, de acordo com o tema de sua pesquisa e aquilo que ele busca no texto.

Referência bibliográfica:

HOBSBAWM, Eric J. *A era das revoluções*: 1789-1848. Rio de Janeiro: Paz e Terra, 1977.

Título do texto: O mundo na década de 1780

Trechos do texto:

"O final do século XVIII era, pelos padrões medievais ou do século XVI, uma era de comunicações rápidas e abundantes, e mesmo antes da revolução das ferrovias, eram notáveis os aperfeiçoamentos nas estradas, nos veículos puxados a cavalo e no serviço postal." (HOBSBAWM, 1977, p. 26)

"Porém o fornecimento de transporte de passageiros por terra era pequeno e o transporte de mercadorias, também por terra, era vagaroso e proibitivamente caro." (HOBSBAWM, 1977, p. 26)

Os trechos extraídos das obras selecionadas e presentes no fichamento podem ser usados na composição da revisão bibliográfica, nas formas de citação direta e citação indireta. As citações nada mais são do que as menções, no texto, de ideias ou de informações extraídas de outros autores. Elas podem ocorrer de forma direta, isto é, com a reprodução literal, apresentada entre aspas, de uma frase, oração ou parágrafo de um texto escrito por outrem; de forma indireta, em que as ideias de outros autores são apresentadas com as palavras de quem está escrevendo a revisão bibliográfica; e, por fim, de citações de citações, que podem ser diretas ou indiretas, mas cujas informações não foram extraídas da obra original. As citações são importantes para dar credibilidade às informações do texto e também para evitar a apropriação indevida das ideias de outros autores.

Para fazer

Para colocar em prática o que você viu sobre revisão bibliográfica, este projeto propõe que, a partir do tema "Os problemas de deslocamento nas atuais cidades brasileiras", seja feita uma seleção de livros e/ou trabalhos acadêmicos mais relevantes relacionados ao tema proposto, seguida da leitura e do fichamento dos textos e, por fim, da produção de uma dissertação contendo citações de informações e de ideias extraídas das obras selecionadas. Ao final, a turma deverá criar um *blog* reunindo as produções de cada estudante, a fim de disponibilizar ao público de dentro e de fora da comunidade escolar um levantamento de autores que discutem a mobilidade nas cidades brasileiras.

Por meio do desenvolvimento deste projeto, além de exercitar sua habilidade de ler e de analisar textos acadêmicos, você poderá refletir acerca de um dos problemas que mais assolam as grandes cidades: as dificuldades de locomoção da população, que, muitas vezes, leva um grande período para deslocar-se por distâncias curtas, considerando o espaço absoluto.

Para a realização da proposta de revisão bibliográfica, considerem os passos a seguir.

- Formem grupos de até quatro participantes. Cada integrante do grupo deverá ser responsável por selecionar um artigo acadêmico ou um capítulo de livro, de dissertação de mestrado ou de tese de doutorado que dialogue com o tema proposto, realizando a leitura e o fichamento do texto selecionado.
- Procurem selecionar, quando possível, textos de bancos de dissertação e de tese de universidades públicas brasileiras ou de *sites* de revistas científicas para se familiarizar com as ferramentas de busca desses *sites*. Não façam a seleção de textos de *blog* ou outros *sites* que não apresentem autoria e cujas informações não tenham as origens especificadas.
- Marquem, pelo menos, uma reunião de grupo, a fim de que todos os integrantes apresentem os textos escolhidos. Nesse momento, o grupo poderá analisar rapidamente os textos que cada um selecionou e decidir se atendem aos seguintes critérios: confiabilidade da fonte (apuração para saber se a plataforma da qual os textos foram extraídos é idônea e averiguação de indicação ou ausência de autoria) e relação com o tema proposto pelo professor.
- Estabeleçam um cronograma para a realização das leituras e do fichamento dos textos, considerando a extensão do material coletado e seu nível de dificuldade de leitura.
- Na produção escrita da revisão bibliográfica, o trabalho deverá ser feito individualmente, mas os fichamentos serão compartilhados entre todos os membros do grupo. Vejam o material necessário.

Material necessário

Computador com programa de processamento de textos; impressora; folhas de papel sulfite A4.

Etapa 1 – Defina o tema e o problema da pesquisa

1. Escolha uma área de estudos de seu interesse. Dentro dessa área, identifique um assunto que lhe chame a atenção e que você deseje estudar. Esse será o tema da pesquisa. Nesta fase, contar com a orientação de alguém com experiência em pesquisa, como o professor, é muito importante para, juntos, avaliarem se seu tema de interesse dispõe de bibliografia de referência e localizarem as fontes de informação.
2. Procure se informar acerca do tema, selecionando e lendo as obras de autores que trataram do mesmo assunto. Geralmente, durante o processo de leitura da bibliografia levantada, surgem questões acerca do conteúdo lido. Esses questionamentos podem tornar-se o problema de uma pesquisa científica, ou seja, a pergunta que poderá ou não ser respondida ao longo do trabalho. Em outros casos, porém, um problema de pesquisa pode resultar das indagações do pesquisador, feitas com base em seu conhecimento prévio, isto é, antes da leitura de textos que aprofundem seus conhecimentos sobre o tema.

Etapa 2 – Selecione as obras de autores sobre o tema

1. Faça buscas em bancos de dissertação de mestrado e de teses de doutorado ou, ainda, em *sites* de revistas científicas para recolher alguns trabalhos que tratem do tema, além de livros que eventualmente o grupo encontrar em casa ou na biblioteca da escola. Observe a bibliografia ao final dos livros para identificar outras fontes que vocês podem consultar. Repare que alguns títulos e autores são citados com mais frequência; isso pode indicar que são obras e pesquisadores relevantes no tema que você selecionou e, portanto, importantes fontes de informação.
2. Leia o sumário das dissertações, das teses e dos livros para verificar qual capítulo desses trabalhos apresenta maior relação com o tema escolhido.
3. Selecione um texto para ser lido e fichado. É importante que o artigo ou o trabalho selecionado seja diferente dos textos que os demais integrantes do grupo pesquisaram e selecionaram.

Etapa 3 – Leia as obras selecionadas e os fichamento dos textos

1. Realize uma leitura atenta do texto, procurando identificar o ponto de vista do autor, os argumentos que mais lhe chamam a atenção e que tenham relação com o tema da pesquisa.
2. Copie os trechos mais importantes no caderno ou em algum arquivo no computador, anotando o número da página e o livro de onde foram retirados. Caso o livro seja seu, grife esses trechos.
3. Insira, em um programa de processamento de texto, a bibliografia do texto selecionado com base nas normas da Associação Brasileira de Normas Técnicas (ABNT), usadas nos trabalhos acadêmicos (disponível em: http://www.abnt.org.br/. Acesso em: 17 fev. 2022).
4. De acordo com essas normas, os livros devem ser referenciados do seguinte modo: sobrenome do autor (em letras maiúsculas), nome do autor, título da obra (em destaque), cidade de edição do texto, nome da editora, ano de publicação e número da página consultada. Já com os artigos de revistas, a referência segue este modelo: sobrenome do autor (em letras maiúsculas), nome do autor, título do artigo, título da revista (em destaque), cidade de publicação, volume, número, dia, mês e ano, páginas inicial-final. Por fim, nas citações de trabalhos acadêmicos (mestrado e doutorado), a forma correta é: sobrenome do autor (em letras maiúsculas), nome do autor, título do trabalho (em destaque), indicação entre parênteses se se trata de mestrado ou de doutorado, nome da universidade, ano de defesa.

Referências bibliográficas conforme a ABNT

Livro:

LEFEBVRE, Henri. *O direito à cidade*. São Paulo: Centauro, 2015.

Artigo:

COSTA, Renato Gama-Rosa; SILVA, Claudia G. Thaumaturgo da; COHEN, Simone Cynamon. *A origem do caos*: a crise de mobilidade no Rio de Janeiro e a ameaça à saúde urbana. *Cadernos Metrópole*, v. 15, n. 30, dez. 2013, p. 411-431.

Trabalho acadêmico:

ROSA, Silvio José. *Transporte e exclusão social*: a mobilidade da população de baixa renda da Região Metropolitana de São Paulo e trem metropolitano. Escola Politécnica da Universidade de São Paulo, 2006.

5. Transcreva os trechos mais importantes da obra lida, entre aspas e com indicação da página consultada, e/ou comente com suas palavras o que compreendeu das ideias do autor.

Etapa 4 – Produza um texto sintetizando as principais ideias dos autores

1. Elabore individualmente um texto dissertativo, com base nos fichamentos produzidos.
2. Não faça a transcrição literal do texto lido sem inserir aspas e indicar entre parênteses o nome do autor, o ano da publicação e a página da qual o trecho foi extraído. Por exemplo: (LEFEBVRE, 2015, p. 50). Depois, o livro aparecerá com referência completa na bibliografia.
3. Procure organizar suas ideias e argumentos antes da produção textual, a fim de evitar a falta de coesão e coerência no texto.

Para compartilhar

1. Criem um *blog* da turma para reunir as revisões bibliográficas e disponibilizá-las à comunidade de dentro e de fora da escola.
2. Dividam-se em três grupos, sendo cada um responsável por uma tarefa específica. O primeiro fará a inscrição do *blog* e cuidará de seu aspecto visual; o segundo vai inserir as revisões bibliográficas no *blog*, além de outros textos e imagens relevantes que tenham relação com o tema de trabalho proposto; o último fará a divulgação do *blog* para o público interno e externo à escola.
3. Realizem as atividades no laboratório da escola, consultando o professor, sempre que necessário, para tirar as dúvidas.
4. Na divulgação do *blog*, utilizem mídias eletrônicas, como o *e-mail* e as redes sociais, além da mídia impressa, como cartazes e folhetos.

Fernando Favoretto/Criar Imagem

Nos trabalhos em grupo, é importante que as decisões sejam tomadas democraticamente, de modo que todos expressem suas opiniões e elas sejam respeitadas.

Respostas #EnemVestibular

Unidade 1

1. (Enem – 2019): C.

2. (Enem – 2018): D.

3. (Enem – 2019): A.

4. (Enem – 2019): C.

5. (Enem – 2017): C.

6. (Uece – 2019): D.

7. (UFT-TO – 2019): B.

8. (UFU-MG – 2019): D.

9. (Uece – 2019): A.

10. (UFPR – 2018): C.

Unidade 2

1. (Enem – 2019): A.

2. (Enem – 2019): B.

3. (Enem PPL – 2019): E.

4. (Enem PPL – 2015): C.

5. (Enem – 2016): A.

6. (Enem PPL – 2015): C.

7. (Uece – 2022): A.

8. (Uece – 2021): B.

9. (Uece – 2020): C.

10. (Uece – 2020): C.

11. (Uneb-BA – 2018): D.

12. (UFU-MG – 2019): D.

13. (Uncisal – 2020): C.

14. (UFPE – 2012): C.

15. (Uece – 2015): B.

16. (UPE – 2021): C.

17. (UFU-MG – 2020): C.

18. (UEL-PR – 2018): D.

19. (Udesc – 2018): E.

Lista de siglas das atividades extraídas de provas oficiais

Udesc – Universidade do Estado de Santa Catarina
Uece – Universidade Estadual do Ceará
UEL-PR – Universidade Estadual de Londrina (Paraná)
UFPE – Universidade Federal de Pernambuco
UFPR – Universidade Federal do Paraná
UFT-TO – Universidade Federal do Tocantins
UFU-MG – Universidade Federal de Uberlândia (Minas Gerais)
Uncisal – Universidade Estadual de Ciências da Saúde de Alagoas
Uneb-BA – Universidade do Estado da Bahia
UPE – Universidade de Pernambuco

PROJETO MÚLTIPLO

CIÊNCIAS HUMANAS e Sociais Aplicadas

Claudio Vicentino
Bacharel em Ciências Sociais pela Universidade de São Paulo (USP)
Professor de História no Ensino Médio e em cursos pré-vestibulares
Autor de obras didáticas e paradidáticas para Ensino Fundamental e Ensino Médio

Eduardo Campos
Bacharel e licenciado em Geografia pela Universidade de São Paulo (USP)
Mestre em Educação pela USP
Coordenador educacional e pedagógico do Ensino Fundamental (anos finais) e do Ensino Médio
Professor na Educação Básica e no Ensino Superior

Eustáquio de Sene
Bacharel e licenciado em Geografia pela Universidade de São Paulo (USP)
Mestre e doutor em Geografia Humana pela USP
Professor de Geografia do Ensino Médio na rede pública e em escolas particulares
Professor de Metodologia do Ensino de Geografia na Faculdade de Educação da USP por cinco anos

ENSINO MÉDIO

VOLUME ÚNICO | PARTE B

Mundo em movimento

editora ática

Sumário

Unidade 2: Estado e capitalismo 224

UNIDADE

1 População, território e territorialidade

#TáNoFeed

O deslocamento de pessoas e de povos pela superfície terrestre é algo indissociável da história humana. É um dos princípios fundamentais previstos pela Declaração Universal dos Direitos Humanos, em seu Artigo 13:

> [...]
>
> 1. Todo ser humano tem direito à liberdade de locomoção e residência dentro das fronteiras de cada Estado.
>
> 2. Todo ser humano tem o direito de deixar qualquer país, inclusive o próprio, e a este regressar.
>
> [...]

DECLARAÇÃO Universal dos Direitos Humanos. Disponível em: https://www.unicef.org/brazil/declaracao-universal-dos-direitos-humanos. Acesso em: 29 abr. 2022.

A migração não é necessariamente algo em si bom ou ruim, apenas mais um entre tantos comportamentos dos seres humanos. Mas é claro que é uma ação de grande significado. Migrar transforma a pessoa, seu lugar de origem e seu destino.

As causas e as características da migração são muito variadas e se alteram ao longo do tempo. Podem ser decisões individuais ou um fenômeno coletivo. Podem ser a vontade própria ou forças externas ao desejo das pessoas.

Não é incomum a migração ser interpretada como um problema e não como um fenômeno social como tantos outros. Alguns discursos de governantes do mundo todo e conversas cotidianas transmitem a preocupação com a eventual chegada de pessoas "estranhas", revelando desconhecimento, medo e preconceito em relação ao migrante.

Sumit Saraswat/Shutterstock

Pessoas circulam pelas ruas em Beawar (Índia). Foto de 2021. A Índia é o segundo país mais populoso do mundo, ficando atrás apenas da China, e o Reino Unido está entre os países que mais recebem imigrantes indianos.

Atividades

1. O Brasil é um país de imigrantes. Se você não for indígena, seus antepassados não nasceram no Brasil. Mas mesmo os povos nativos deslocavam-se com frequência pelo território, antes de assim serem forçados a fazer após a invasão dos europeus. O que pode levar as pessoas a emigrarem, muitas vezes para países distantes? É possível classificar os motivos em positivos ou negativos, justos ou injustos?

2. Duas pesquisas realizadas no fim de 2018 indicam o desconhecimento que boa parte dos brasileiros tem sobre a migração e como encaminhar esse tema. Os imigrantes representam 0,4% da população, mas a percepção dos entrevistados é de que seja 30%, segundo o Instituto Ipsos. E, pelo levantamento do Instituto Datafolha, 67% dos brasileiros defendem medidas de restrição à entrada de imigrantes no país. O que explicaria, na sua opinião, essa percepção equivocada sobre o número de imigrantes? E por que esse posicionamento restritivo sobre a vinda de migrantes?

3. Você já pensou em emigrar? Por quê?

Conheça a unidade

Objetivos

- Compreender a expansão das populações e suas dinâmicas desde nossas origens mais remotas.
- Atentar para a diversidade das organizações humanas no tempo e no espaço.
- Identificar e caracterizar os movimentos populacionais, como migrações internacionais e de refugiados.
- Compreender a dinâmica dos fluxos populacionais, identificando seus efeitos estruturantes na constituição das sociedades.
- Relacionar fatores econômicos, políticos, culturais e ambientais aos deslocamentos populacionais.
- Reconhecer a migração e os deslocamentos como fenômenos sociais.
- Compreender a estrutura da população e interpretar as características das pirâmides etárias.
- Conhecer os conceitos de população, povo, etnia e nação.
- Reconhecer a desigualdade de gênero na sociedade e a necessidade de sua superação.
- Compreender o processo de crescimento demográfico e os fatores que o condicionam.
- Reconhecer a importância da educação para a melhoria das condições de vida da população.
- Compreender os conceitos de território e territorialidade.
- Reconhecer que poder e domínio são elementos constituintes de territórios e territorialidades.
- Identificar as especificidades da constituição das territorialidades dos jovens, tanto as materiais como as imateriais (territórios virtuais).
- Avaliar a importância do protagonismo juvenil no processo de constituição e socialização dos jovens.

Justificativa

Os deslocamentos populacionais têm papel estruturante na constituição dos povos e sociedades desde o início da civilização humana. Trata-se de um fenômeno social que certamente leva a conflitos e exploração, mas também a cooperação e solidariedade. É, portanto, tema central no mundo atual para a efetivação dos direitos humanos na prática cotidiana.

Esses deslocamentos proporcionam a construção de um complexo e rico sistema de hábitos e costumes, formando uma cultura plural e integrada a novos hábitos regionais que são institucionalizados no comportamento cotidiano.

A diversidade que nasce com os deslocamentos populacionais exige novos estudos sobre as características das sociedades que sofrem mudanças. O estudo da sociedade por meio da demografia permite, com base em dados quantificáveis, comparar diferentes realidades, identificar desigualdades, elaborar hipóteses sobre as dinâmicas singulares de cada povo e propor encaminhamentos para a resolução de seus problemas, como as desigualdades econômica e de gênero.

Por isso, é importante compreender os mecanismos de formação e domínio de territórios e territorialidades, pois isso contribui para o desenvolvimento do raciocínio espacial, ou seja, da habilidade de ler e interpretar o mundo como exercício da cidadania para se apropriar dos territórios e transformá-los, tanto os físicos como os virtuais.

A BNCC nesta unidade

Competências gerais da Educação Básica: CG1, CG2, CG3, CG4, CG6, CG7, CG8, CG9.

Competências específicas de Ciências Humanas e Sociais Aplicadas: 1, 2, 3, 4.

Habilidades de Ciências Humanas e Sociais Aplicadas: EM13CHS101, EM13CHS102, EM13CHS103, EM13CHS104, EM13CHS105, EM13CHS106, EM13CHS201, EM13CHS202, EM13CHS203, EM13CHS204, EM13CHS205, EM13CHS302, EM13CHS304, EM13CHS306, EM13CHS401.

Competências específicas de Linguagens e suas Tecnologias: 6.

Habilidades de Linguagens e suas Tecnologias: EM13LGG601, EM13LGG602, EM13LGG603, EM13LGG604.

Competências específicas de Ciências da Natureza e suas Tecnologias: 2.

Habilidades de Ciências da Natureza e suas Tecnologias: EM13CNT208.

Temas contemporâneos transversais

Cidadania e Civismo

- Vida familiar e social
- Educação em Direitos Humanos
- Economia
- Educação fiscal
- Multiculturalismo
- Diversidade cultural
- Educação para valorização do multiculturalismo nas matrizes históricas e culturais brasileiras

População mundial: origem e dinâmicas

Sucessos e fracassos acompanharam o processo civilizatório ao longo da História, em que prevaleceram desde as organizações sociais mais locais até as regionais e as mundiais. Foi assim ao longo de milhares de anos e continua na atualidade.

No contexto mais recente em que vivemos, o da globalização, firmaram-se imensos poderios econômicos e sociais, com suas inúmeras sequelas de movimentações populacionais, desigualdades, violências e impasses.

> [...] Se perguntarmos "Quais foram as sociedades mais bem-sucedidas do mundo?", tenderemos a pular para a pressuposição fácil e autolisonjeira de que a mudança é a marca do sucesso; as sociedades que alcançam sucesso, expansão e transformação ambiental espetaculares são saudadas como grandes civilizações e modelos a serem copiados, mesmo que tenham se enfraquecido e se desfeito em ruínas. Mas, se a meta é a sobrevivência, as sociedades mais bem-sucedidas são realmente aquelas que mudaram menos – que preservaram as suas tradições e identidades intactas, ou que perpetuaram a sua existência limitando racionalmente a exploração de seu ambiente. As sociedades de mais longa duração – aquelas que resistiram com sucesso aos riscos da mudança – são as que ainda levam uma vida de saqueadores: os kung san ou bosquímanos da África do Sul, os aborígenes australianos, alguns povos da floresta raramente encontrados. [...]

FERNÁNDEZ-ARMESTO, Felipe. *Então você pensa que é humano?* Uma breve história da humanidade. São Paulo: Companhia das Letras, 2007. p. 36.

ChameleonsEye/Shutterstock

A globalização tornou as sociedades atuais bastante diversas, com troca de informações entre grupos sociais heterogêneos. Apesar desse intercâmbio entre culturas, ainda é possível encontrar grupos que mantêm suas tradições preservadas. Na foto de 2016 em Queensland (Austrália), apresentação de aborígines australianos durante um festival cultural.

Ducngoc/Shutterstock

Anciãs trabalhando em cestos tradicionais de bambu usados como armadilhas para peixe, na vila de pescadores em Hung Yen (Vietnã). Foto de 2019.

Atividade

- Em que aspecto do texto o autor subverte a noção de "progresso" com a qual muitos de nós estamos acostumados?

Nossas origens e a expansão pelo planeta

A preocupação com as nossas origens tem sido constante desde as primeiras sociedades humanas. No conjunto de pesquisas e teorias de várias áreas do conhecimento, apontou-se que a vida surgiu na Terra há 3,6 bilhões de anos, aproximadamente. Entre milhares de espécies que a evolução produziu, está o ramo evolutivo dos hominídeos, separado dos outros primatas há cerca de 6 a 7 milhões de anos. Desse ramo, surgiram os gêneros *Australopithecus* (do latim *australis*, "do sul", e do grego *pithekos*, "macaco") e *Homo*, do qual fazem parte o *Homo habilis*, o *Homo erectus* e o *Homo sapiens*, por exemplo.

Puwadol Jaturawutthichai/Shutterstock

Crânio fóssil de Toumai, encontrado ao sul do deserto do Saara, na região que hoje corresponde ao Chade. Foto de 2013.

Muitos vestígios dessas espécies de hominídeos foram descobertos na África. No centro-norte do continente, mais exatamente na região que hoje corresponde ao Chade, pesquisadores encontraram o crânio fóssil do mais antigo hominídeo conhecido até agora, datado entre 6 e 7 milhões de anos. Pertencia à espécie *Sahelanthropus tchadensis* e foi apelidado de Toumai.

Na região que compreende a Etiópia, o Quênia e a Tanzânia, e em outras áreas da África também, viveram diversas linhagens paralelas de nossos ancestrais, que se entrelaçaram até o homem moderno, com o gênero *Australopithecus*, que viveu no continente há pelo menos 4 milhões de anos, e o gênero *Homo*, sobretudo das espécies *Homo habilis* (datados de cerca de 3 milhões de anos) e *Homo erectus* (datados de cerca de 2 milhões de anos). Existem fortes indícios de que os descendentes do ***Homo erectus*** foram os primeiros a povoar outros continentes, há 1,8 milhão de anos. Teria sido ***a primeira expansão em grande escala territorial***. Essa teoria é sustentada pelos diversos fósseis dessa espécie encontrados em diferentes regiões da Europa e, também, na Indonésia, na China e no Iraque.

Outras espécies do gênero *Homo* percorreram igualmente grandes distâncias para além da África. Foi o caso da espécie *Homo heilderbergensis*, cujos fósseis foram encontrados na Europa e datados de 600 mil anos atrás. Esses, talvez, sejam os ancestrais da espécie *Homo neanderthalensis*, que viveu apenas na Europa e no Oriente Médio, entre 135 mil e 30 mil anos atrás.

A espécie ***Homo sapiens***, à qual pertencemos, surgiu há mais de 200 mil anos, na África, e, por volta de 160 mil anos atrás, iniciou sua dispersão – a princípio, para o sul e o oeste do continente e, posteriormente, para o norte, até alcançar o oeste da Ásia.

Fósseis do homem moderno, conhecido como *Homo sapiens sapiens* (subespécie do *Homo sapiens*), têm sido encontrados em diversas partes do mundo. Pesquisadores afirmam que os fósseis mais antigos (até agora conhecidos) são os da África, que datam de cerca de 160 mil anos, ao passo que os de outras localidades teriam menos de 100 mil anos. Admitida essa origem africana do homem moderno, acredita-se que, há cerca de 100 mil anos, indivíduos ***Homo sapiens sapiens*** empreenderam uma **migração que fez com que nossa espécie se espalhasse pelos outros continentes**.

São as marcas deixadas pelos primeiros *Homo sapiens* que possibilitam a conclusão de que o continente africano foi o berço da humanidade. Segundo o historiador **Alberto da Costa e Silva**, pesquisas genéticas, apoiadas em estudos de DNA, colaboram com essa versão de que "todos os indivíduos investigados descendem de um só ancestral – de uma única Eva –, que viveu na África entre 143 mil e 285 mil anos", tendo migrado para fora do continente e tido contato com as populações de *Homo erectus* na Ásia e de *Homo neanderthalensis* na Europa. Essa teoria é conhecida como hipótese de origem única ou monogenismo.

SILVA, Alberto da Costa e. *A enxada e a lança*: a África antes dos portugueses. Rio de Janeiro: Nova Fronteira, 1996. p. 58.

As teorias da origem humana suscitam muitas divergências entre os pesquisadores, assim como a determinação de rotas migratórias e de datas. Quanto a esta última polêmica, há os que defendem, com base em pesquisas genéticas, que a origem da "Eva africana" é datada de aproximadamente 500 mil anos.

Expansão humana a partir da África

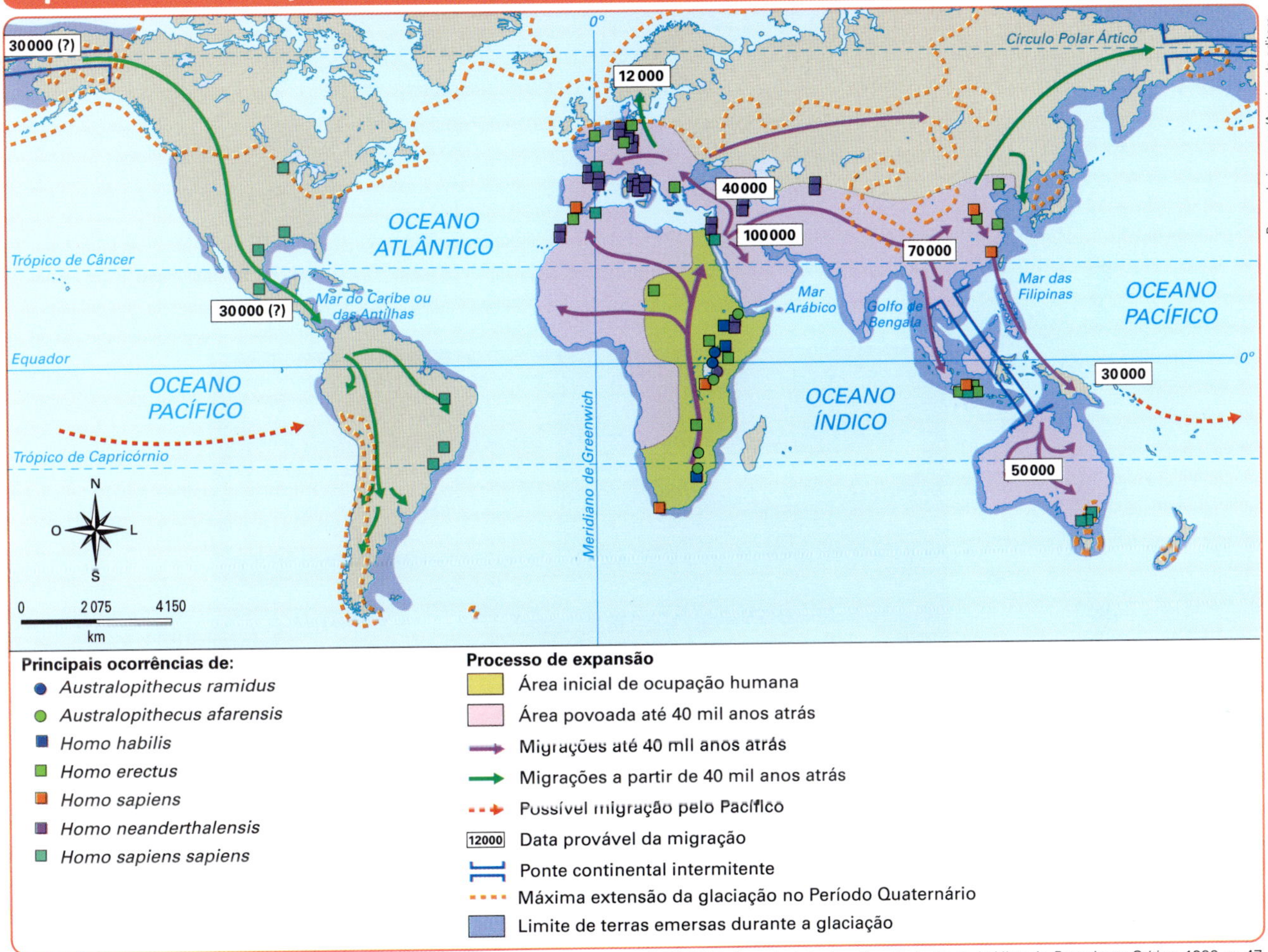

Banco de imagens/Arquivo da editora

Fonte: elaborado com base em FONTANA, Joseph. *Introducción al estudio de la Historia*. Barcelona: Crítica, 1999. p. 47.

Atividades

1. De onde partiram as primeiras grandes migrações?
2. Qual é a rota mais provável da chegada mais antiga ao nosso continente?
3. Entre os mais antigos ancestrais hominídeos, qual teria realizado essa primeira incursão para a América?
4. Existem outras hipóteses da chegada ao nosso continente? Quais?

Do nomadismo às sociedades sedentárias

O Paleolítico, ou Idade da Pedra Lascada, é considerado o primeiro período da história da humanidade e estendeu-se até 10000 a.C., um longo período de espalhamento por todo o planeta.

Os primeiros grupos humanos do Paleolítico viviam em bandos e empregavam grande parte de seu tempo e energia em busca de alimentos. Esses grupos consumiam produtos extraídos diretamente da natureza por meio da coleta, da caça e da pesca. Essas atividades eram realizadas com instrumentos fabricados principalmente de lascas de pedra, ossos ou madeira.

Os grupos humanos do Paleolítico ocupavam os lugares por períodos relativamente curtos. Deslocavam-se com frequência para encontrar novas áreas que lhes possibilitassem a sobrevivência, prevalecendo entre eles o **nomadismo**. Por isso, em geral habitavam abrigos provisórios, como grutas e cavernas, ou cabanas feitas de galhos de árvores e tendas de peles de animais, alterando muito pouco o meio natural.

Na história da Terra ocorreram períodos de queda drástica de temperatura, entremeados por ligeiro aquecimento, denominados Era do Gelo, Idade do Gelo ou Era Glacial. A última glaciação teve início há aproximadamente 100 mil anos, com temperaturas extremamente baixas, e terminou por volta de 13 mil anos atrás.

Essa última glaciação alterou as formas de vida existentes no planeta e estimulou a migração de outros animais e seres humanos para lugares onde houvesse abundância vegetal. Isso favoreceu a ocupação de diversas regiões do globo e possibilitou a sedentarização de grupos humanos, ou seja, sua fixação em um lugar.

Reprodução/Museu de História Natural de Toulouse, França.

Utilizado no dia a dia pelos hominídeos do período Paleolítico, o raspador era produzido geralmente em pedra lascada. 1908: escavado pelo arqueólogo Henri Breuil. Museu de Toulouse (França).

O processo de domesticação de animais e cultivo de plantas promoveu mudanças profundas na história da humanidade, nas relações tanto sociais quanto da sociedade com o espaço geográfico. Essas práticas, adotadas pouco a pouco em diferentes partes do planeta, não substituíram a caça e a coleta, mas foram incorporadas ao repertório de meios de sobrevivência. Tidas como uma "revolução", essas transformações caracterizam o período denominado **Neolítico**, ou Idade da Pedra Polida, que se estendeu de 100000 a.C. a 4000 a.C., aproximadamente. Diversos grupos, porém, permaneceram e adotaram outros modos de vida.

Germanofelipe/Shutterstock

Gravura rupestre gravada com auxílio de instrumentos de pedra. É possível observar a presença de baixos-relevos nas figuras. Sítio arqueológico no leito do rio Ingá de Bacamarte, em Ingá (PB).

A espécie mais invasiva de todas

[...] Em algum momento posterior a 70 mil anos atrás, nossa espécie, *Homo sapiens*, saiu da África para começar sua inexorável propagação por todo o globo. Outras espécies de hominídeos tinham se estabelecido na Europa e na Ásia, mas apenas nossos ancestrais *H. sapiens* acabaram conseguindo se dispersar para todos os grandes continentes. [...]

Paleoantropólogos debateram por muito tempo como e por que só humanos modernos conseguiram essa surpreendente façanha de propagação e dominância. Alguns especialistas argumentam que a evolução de um cérebro maior, mais sofisticado, permitiu que nossos ancestrais avançassem para novas terras e enfrentassem os desafios desconhecidos que encontraram ali. Outros sustentam que uma tecnologia inédita impulsionou a expansão da nossa espécie fora da África ao permitir que humanos modernos caçassem presas e liquidassem inimigo com uma eficácia sem precedentes. Um terceiro cenário postula que mudanças climáticas enfraqueceram as populações de neandertais e outras espécies arcaicas de hominídeos que ocupavam os territórios fora da África, permitindo que os humanos modernos conquistassem uma posição dominante e assumissem o controle de seus domínios. Mas nenhuma dessas hipóteses oferece uma teoria abrangente capaz de explicar plenamente a extensão do alcance dos *H. sapiens*. [...]

Escavações que conduzi ao longo dos últimos 16 anos em Pinnacle Point, no litoral austral da África do Sul, somadas a avanços teóricos em ciências biológicas e sociais, recentemente me levaram a um cenário alternativo para explicar como o *H. sapiens* conquistou o mundo. Acredito que a diáspora ocorreu quando um novo comportamento social evoluiu em nossa espécie: uma propensão geneticamente codificada para cooperar com indivíduos não aparentados. O acréscimo dessa tendência única às avançadas habilidades cognitivas de nossos ancestrais permitiu que eles se adaptassem agilmente a novos ambientes. Isso também fomentou a inovação, dando origem a uma tecnologia revolucionária que mudou tudo: armas avançadas de longo alcance. Equipados assim, eles partiram da África, prontos para subjugar o mundo inteiro de acordo com sua vontade.

[...]

Força da natureza

Grupos humanos arcaicos, incapazes de se unir e arremessar armas, não tinham a menor chance contra essa nova espécie. Cientistas vêm debatendo há tempos por que nossos primos neandertais foram extintos. Acho que a explicação mais perturbadora também é a mais provável: eles eram percebidos como concorrentes e como uma ameaça, e os humanos modernos invasores os exterminaram. Foi para isso que evoluíram.

[...]

MAREAN, Curtis W. A espécie mais invasiva de todas. *Scientific American Brasil*, ano 14 (2015), n. 160. São Paulo: Segmento. p. 27-34. (Adaptado.)

Atividade

5. O texto de Curtis Marean traz uma análise sobre um problema bastante debatido pela comunidade acadêmica. A partir de sua leitura, responda:

a) Qual é o problema científico investigado e discutido por Curtis W. Marean no artigo?

b) Quais são as principais hipóteses citadas pelo autor para explicar o sucesso evolutivo do *Homo sapiens*?

c) Qual é a nova hipótese levantada por Marean?

d) Em que estudos essa nova hipótese proposta por Marean foi baseada?

e) E hoje? Em quais circunstâncias os indivíduos adotam comportamento semelhante ao apontado por Marean como responsável pelo sucesso do *Homo sapiens*?

A ocupação do continente americano

Como e quando o continente que hoje chamamos de América começou a ser ocupado? Essa pergunta ainda gera grandes debates entre os pesquisadores. A teoria mais difundida afirma que os primeiros grupos humanos chegaram ao continente há cerca de 13 mil anos, quando a queda da temperatura do planeta criou imensas geleiras que ligavam a Ásia à América, no atual estreito de Bering.

Essa hipótese baseia-se em um vasto conjunto de objetos encontrados na cidade de Clóvis, no Novo México, Estados Unidos, na década de 1920. Esses artefatos foram datados de aproximadamente 10 mil anos e pertenciam a povos caçadores-coletores.

Entretanto, outras investigações contestam a ideia de que o estreito de Bering tenha sido o único caminho para a ocupação do continente. É nesse contexto que destacamos os olhares divergentes de dois pesquisadores brasileiros sobre as origens humanas da América: Walter Neves (1957-) e Niège Guidon (1933-).

Na década de 1990, o pesquisador Walter Neves ficou mundialmente conhecido graças às análises que realizou em um crânio humano desenterrado, na década de 1970, no sítio arqueológico de Lapa Vermelha, em Minas Gerais. Neves e sua equipe descobriram que ele tinha cerca de 11 500 anos e era, portanto, mais antigo que a cultura Clóvis. Eles batizaram esse crânio de **Luzia**. De acordo com o resultado das pesquisas de então, Luzia assemelhava-se mais aos povos africanos e aos aborígines da Oceania do que aos povos de origem asiática, chamados mongoloides. Essa conclusão, no entanto, foi modificada pelos estudos que se seguiram.

Saiba +

Museu do Homem Americano. Disponível em: http://fumdham.org.br/. Acesso em: 8 abr. 2022.

Acesse o *site* da Fundação Museu do Homem Americano para conhecer melhor o trabalho desenvolvido por Niède Guidon em São Raimundo Nonato, no estado do Piauí.

Raquel Cunha/Folhapress

Divulgação/Fapesp

Rogério Reis/Pulsar Imagens

A reconstituição (foto da esquerda) foi feita pelo especialista britânico Richard Neave (1936-) na década de 1990. O crânio de Luzia estava exposto no Museu Nacional, no Rio de Janeiro (RJ), e acabou sendo consumido pelo fogo no incêndio ocorrido em 2018 (imagem central), mas sobraram fragmentos desse crânio nos escombros.

Especialistas de vários países, com base na análise do DNA fóssil, deram continuidade aos estudos e concluíram ainda no fim de 2018 que o povo de Luzia pertencia ao mesmo grupo que atravessara o estreito de Bering, há cerca de 20 mil anos, na corrente migratória pela América do Norte, tendo afinidades com os povos da Sibéria e do norte da China. Como resultado, redesenharam a face de Luzia.

Os estudos desenvolvidos desde Walter Neves davam conta de que uma primeira leva de população semelhante aos asiáticos havia chegado à América há cerca de 16 a 20 mil anos, pelo estreito de Bering. Porém, há quem discorde de que essa tenha sido a única rota utilizada nas primeiras ondas migratórias humanas, como aponta a arqueóloga Niède Guidon.

Em 1973, Guidon iniciou suas pesquisas na Serra da Capivara, no estado do Piauí. Lá, ela descobriu dezenas de sítios arqueológicos ricos em pinturas rupestres, mas foi a descoberta de artefatos de pedra lascada e vestígios de uma fogueira no sítio arqueológico de Pedra Furada que lançou a pesquisadora no debate internacional. Em 1987, depois de anos de escavações, mais de seiscentos objetos foram encontrados. Segundo as análises feitas por Guidon e sua equipe, eles tinham cerca de 50 mil anos. Assim, as evidências levaram-na a afirmar que a ocupação do território teria aproximadamente 60 mil anos. Estudos arqueológicos mais recentes, desenvolvidos desde 2012 a partir da análise de instrumentos encontrados na caverna de Chiquihuite, no estado de Zacatecas (México), indicam a existência do *Homo sapiens* no continente americano desde cerca de 30 mil anos atrás.

Saiba+

Resgates. Coordenadoria de Comunicação Social (Coordcom) da UFRJ, 2019. Disponível em: https://www.youtube.com/watch?v=JvOPs4De4Sk. Acesso em: 8 abr. 2022.

O documentário mostra o trabalho de estudantes e funcionários da UFRJ no árduo e minucioso resgate de acervos do Museu Nacional.

Gonzalo Buzonni/ Shutterstock

Pintura rupestre no sítio arqueológico Toca do Boqueirão da Pedra Furada, em São Raimundo Nonato (PI). O sítio faz parte do Parque Nacional Serra da Capivara, criado em 1979 para proteger um dos mais importantes patrimônios da Pré-História humana. Ele conta com cerca de 700 sítios arqueológicos com artefatos, esqueletos humanos e mais de 30 mil figuras rupestres. Desde 1991, o parque é considerado patrimônio mundial pela Organização das Nações Unidas para a Educação, a Ciência e a Cultura (Unesco).

Mesoamérica: região do continente americano que compreende hoje, aproximadamente, o sul do México e os territórios da Guatemala, de El Salvador, de Belize e de parte da Nicarágua, de Honduras e da Costa Rica.

Região andina central: refere-se à área central da cordilheira dos Andes.

Diversidade de culturas no continente americano

Os dados sobre os primeiros povoadores são agrupados de acordo com a ocupação de regiões geográficas distintas, mesmo que não saibamos com plena certeza quais foram as rotas migratórias utilizadas.

Pesquisas arqueológicas têm demonstrado que a América contou com **civilizações** que desenvolveram técnicas de agricultura, metalurgia e engenharia, além de sistemas de escrita, arte, organização social e política. Entre as sociedades americanas mais antigas com o maior número de artefatos descobertos e preservados, estão as que povoaram a **Mesoamérica** e as que se estabeleceram na **região andina central**.

Conceitos

Civilização

Tradicionalmente, civilização era um conceito que se referia a um estágio avançado da cultura humana, em oposição a um suposto estado de barbárie ou selvageria. Esse conceito fazia parte da ideia de progresso que prevalecia no Ocidente. Industrialização, dinamismo tecnológico e conquista de áreas coloniais eram outros conceitos que também faziam parte dessa ideia de progresso. Essa noção de civilização era um reflexo do etnocentrismo eurocêntrico, que considerava a Europa um modelo a ser seguido. Atualmente, "civilização" equivale ao produto material e cultural do trabalho humano e às transformações da natureza que ele promove. Refere-se especialmente às organizações sociais, políticas e simbólicas construídas pelo ser humano. Dessa perspectiva, que rompe com a visão evolucionista e eurocêntrica construída durante o período de conquistas europeias, todas as culturas humanas podem ser consideradas civilizadas. Civilização, portanto, não é um estágio avançado que todos os povos deveriam alcançar como se fossem pessoas que passam por fases de crescimento e amadurecimento. O que existe são diferentes culturas, que não podem ser classificadas como melhores ou piores, ou mais ou menos "avançadas" do que outras.

É impossível representar todos os aspectos de uma civilização por meio de uma única imagem. Afinal, o termo engloba os modos de vida de um povo, e tudo o que a isso se relaciona: a língua e a escrita, os rituais, o jeito de pensar, as práticas de cultivo agrícola, os objetos e as instituições sociais, políticas e simbólicas, entre outros elementos.

Desenvolvimento agrário da Mesoamérica

Banco de imagens/Arquivo da editora

Fonte: elaborado com base em BLACK, Jeremy (org.). *World History Atlas*. London: Dorling Kindersley Book, 2008. p. 120.

Atividades

1. Como você acha que foi o encontro entre os europeus e os povos originários?

2. Como os filmes de faroeste feitos nos Estados Unidos mostravam esses encontros?

Os povos nativos do continente americano e a chegada dos europeus

Inúmeras populações nativas viviam no continente americano antes da chegada dos europeus no século XV. Esses povos são comumente chamados **pré-colombianos**. Dentre tantos deles, destacam-se os incas, os astecas e os maias, que desenvolveram grandes centros urbanos, reinos e até impérios.

O auge da civilização inca ocorreu no século XVI, com a formação de um império que reunia cerca de 10 milhões de pessoas. De acordo com teorias recentes, seus ancestrais eram caçadores que fizeram a travessia da Ásia para o Alasca, ocuparam a região andina central e tornaram-se agricultores sedentários, com a domesticação de animais e a utilização de técnicas agrícolas avançadas. A riqueza da cultura inca é revelada em vários campos de atividade: arquitetura, metalurgia, arte cerâmica, organização política e social, tradições agrícolas e alimentares, como o plantio e o consumo de batata, milho e cereais nativos como a quinoa.

Saiba+

Brasil 500 anos: território brasileiro e povoamento. Disponível em: https://brasil500anos.ibge.gov.br/territorio-brasileiro-e-povoamento/negros.html. Acesso em: 8 abr. 2022.

Acesse o *site* para saber mais sobre a participação do negro no povoamento brasileiro.

Os maias se estabeleceram por volta de 700 a.C., em um território que hoje se situa entre a América do Norte e a América Central. Suas cidades-Estados, por volta do ano 300, ocupavam as regiões dos atuais territórios do México, de Honduras e da Guatemala.

Os astecas viveram inicialmente no noroeste do atual território mexicano e, no século XIV, ocuparam o planalto central do México. Dedicavam-se às práticas da guerra e ao desenvolvimento de técnicas de cultivo do milho. A antiga capital asteca, Tenochtitlán, na época da chegada dos conquistadores em 1519, era maior que qualquer cidade espanhola. Após milênios de ocupação do continente americano, ocorreu o encontro entre as populações ameríndias e uma nova leva de conquistadores: os europeus. O quadro que os europeus encontraram ao chegar ao atual território do Brasil, por exemplo, era de expansão dos grupos Tupi-Guarani, responsáveis pela conquista e pela dizimação de grupos coletores-caçadores, como os povos sambaquianos. Os Tupi-Guarani ocuparam a maior parte da costa litorânea do sul do continente, e o território que corresponde hoje ao Paraguai e centro-sul do Brasil.

DeAgostini/Getty Images/Museu Nacional de Antropologia, Cidade do México, México.

Deus inca da agricultura decorado com milho e abóbora, século XVI. O milho era considerado um alimento sagrado e foi a principal fonte de subsistência para os povos nativos da América. Era utilizado também em trocas comerciais.

Esse encontro entre os europeus e ameríndios significou, ainda, a destruição das populações originárias, embora muitos aspectos de suas culturas tenham sido incorporados às culturas miscigenadas que se formaram a partir desse contato. Os conquistadores europeus também passaram a conhecer o cultivo da batata, originária da região andina, e do milho, cultivado inicialmente na Mesoamérica, hoje uma das bases da alimentação de vários povos.

Além das análises de fósseis e vestígios arqueológicos, as pesquisas genéticas têm desempenhado importante papel no estudo sobre o povoamento do continente. Leia mais sobre o assunto no texto a seguir.

Ancestrais de índios viajaram 7 000 km pelo mar, e ninguém sabe como

Eram os botocudos polinésios? Geneticamente falando, pelo menos dois indivíduos desses índios praticamente exterminados no século XIX eram, sim, parentes de habitantes de ilhas do Pacífico a mais de 7 000 km de distância. Mas ninguém sabe como nem por quê.

[...]

Crânios

A origem do povo botocudo é tão intrigante quanto sua aparência, marcada pelos lábios e orelhas alargados com discos de madeira.

Uma eficaz "guerra justa" foi movida contra suas aldeias em Minas Gerais, Espírito Santo e Bahia, no século XIX, por ordem de dom João VI. Aldeias da etnia também conhecida como "aimorés", que resistia ferozmente à assimilação, desapareceram sem deixar muitos registros.

Sobreviveu, no entanto, uma coleção de três dezenas de crânios de botocudos na coleção do Museu Nacional, no Rio de Janeiro.

Deles saíram os dentes que tiveram o DNA extraído para análise e renderam uma série de três artigos desconcertantes da equipe da UFMG, tendo [Sergio Danilo] Pena e sua aluna Vanessa Faria Gonçalves entre os autores principais.

O primeiro trabalho saiu em 2010 no periódico *Investigative Genetics*. Debruçou-se sobre o DNA mitocondrial, uma diminuta fração dos genes que só as mães transmitem para filhas e filhos.

A comparação do material extraído dos dentes de 14 crânios botocudos com moradores atuais da cidade de *Queixadinha* (MG) identificou variantes genéticas incomuns partilhadas entre eles. Concluiu-se que deixaram descendentes entre os mineiros.

O segundo artigo, de 2013, foi publicado na americana PNAS. Novo exame do DNA mitocondrial revelou que 2 daqueles 14 indivíduos, do sexo masculino, tinham marcadores característicos de populações polinésias.

A descoberta concordava, assim, com análises do formato dos crânios botocudos que sugeriam um parentesco com populações da Oceania. É esse também o caso de Luzia, o mais famoso esqueleto dos sítios arqueológicos de Lagoa Santa (MG).

[...] Em primeiro lugar, quase todo o DNA parece ter origem polinésia, o que exclui a possibilidade de miscigenação com ameríndios. Depois, a datação dos crânios mostra que os dois botocudos morreram antes do tráfico de escravos malgaxes no século XIX.

"Toda essa discussão presume que dois crânios polinésios não possam ter sido acidentalmente incluídos na coleção do Museu Nacional", diz Pena. Não há evidência disso: "Os crânios estavam identificados como botocudos por escrito, com tinta, na própria calota craniana". [...]

LEITE, Marcelo. Ancestrais de índios viajaram 7 000 km pelo mar, e ninguém sabe como. *Folha de S.Paulo*, São Paulo, 9 dez. 2014. Disponível em: www1.folha.uol.com.br/ciencia/2014/12/1559479-ancestrais-de-indios-viajaram-7000-km-pelo-mar-e-ninguem-sabe-como.shtml. Acesso em: 8 abr. 2022.

Walter Garbe/Fundação Biblioteca Nacional, Rio de Janeiro, RJ.

Indígenas botocudos em Cachoeiro de Santa Leopoldina, atual Santa Leopoldina (ES). Foto de 1909.

Atividades

3. De acordo com a notícia, que fontes de pesquisa foram usadas para determinar a ancestralidade dos indígenas botocudos?

4. Qual foi a conclusão dos pesquisadores?

5. Com base na notícia, descreva os passos necessários para que seja formulada uma teoria científica para explicar a ocupação das Américas.

Ocupação humana no atual território brasileiro

O esquema ao lado é uma espécie de linha do tempo na qual estão representados:

1) o período provável da primeira ocupação humana de terras que mais tarde pertenceriam ao Brasil;

2) as primeiras ocorrências de arte rupestre e de outras manifestações culturais e econômicas dos povos que pouco a pouco povoaram o território brasileiro.

Observe as diferenças entre as regiões e as áreas brasileiras em relação ao período de cada ocorrência.

Depois de observar a linha do tempo, leia o texto a seguir sobre a relação dos povos nativos com a natureza.

> Muita coisa se diz a respeito de os índios viverem "de acordo com a natureza" ou "naturalmente". Isto é errôneo e merece nossa atenção. Vivem os índios, como todo ser humano, de acordo com sua cultura. Como vimos, não existe, entre os seres humanos, maneira natural, instintiva ou inata de interagir com o meio ambiente.
>
> Toda a ação humana altera o estado natural dos materiais para melhor aproveitá-los e, assim, imprime à natureza as marcas características de uma determinada cultura. O que podemos dizer, isto sim, é que as sociedades indígenas convivem com o ambiente sem depredá-lo irreversivelmente.
>
> TASSINARI, Antonella Maria Imperatriz. Sociedades indígenas: introdução ao tema da diversidade cultural. *In*: SILVA, Aracy Lopes da; GRUPIONI, Luís Donisete Benzi (org.). *A temática indígena na escola*: novos subsídios para professores de 1º e 2º graus. Brasília, DF: MEC/Mari/Unesco, 1995. p. 453.

Atividades

6. Por que não podemos dizer que os indígenas vivem "de acordo com a natureza"?

7. Existem exemplos divulgados recentemente que confirmam a última afirmação da autora do texto? Quais?

Gian Cornachini/Wikipedia/Wikimedia Commons 4.0

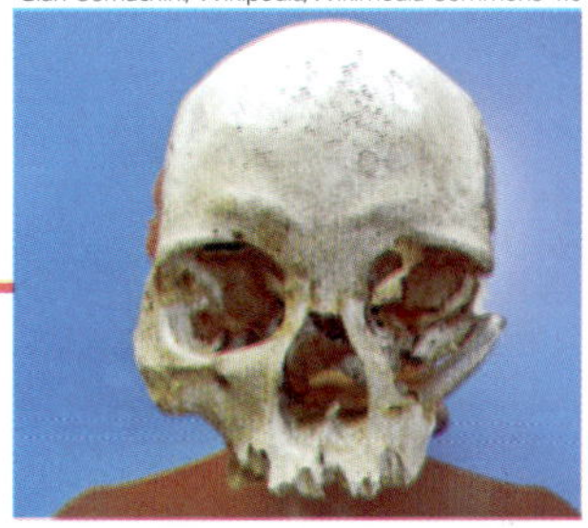

Há mais de 12 mil anos
Primeiros vestígios comprovados de ocupação humana em terras brasileiras (numa região que hoje denominamos Sudeste).

Luzia, o mais antigo fóssil humano conhecido da América, encontrado em Lagoa Santa (MG).

Gonzalo Buzonni/Shutterstock

Há mais de 8 mil anos
As mais antigas manifestações de arte rupestre em terras brasileiras (Nordeste e Centro-Oeste) e sambaquis (do tupi, "amontoado de conchas") no litoral e em rios do Sul e do Sudeste.

Pintura rupestre encontrada no Parque Nacional da Serra da Capivara em São Raimundo Nonato (PI).

Lan Nguyen/Wikipedia/Wikimedia Commons 2.5

Há mais de 5 mil anos
Primeiros objetos de cerâmica (Norte).

Urna funerária marajó (PA).

Fabio Colombini/Acervo do fotógrafo

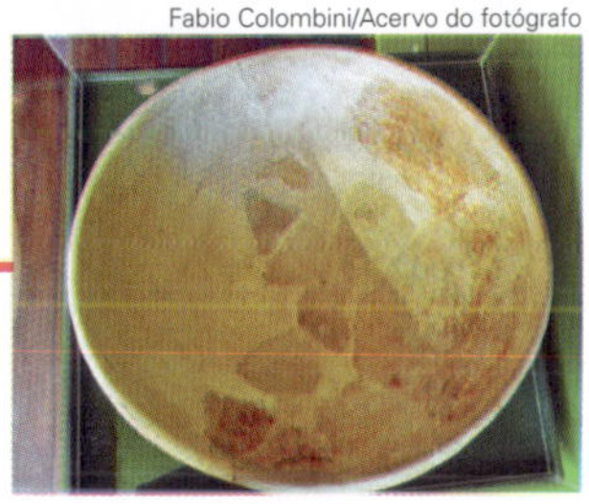

Há mais de 4 mil anos
Sambaquis, pesca e coleta (litoral do Sudeste e do Sul).

Tigela tupi-guarani utilizada em sepultamento. Encontrada em sambaqui em Rio das Ostras (RJ).

Fabio Colombini/Acervo do fotógrafo

Há mais de 2 mil anos
Primeiras práticas agrícolas em terras brasileiras.

Batedor utilizado para lascar pedras ou para moer grãos e frutas. Encontrado em Rio das Ostras (RJ).

Ricardo Azoury/ Pulsar Imagens

Há mais de mil anos
Comunidades organizadas em grandes aldeias (Centro-Oeste, Nordeste e Norte) e construções habitacionais subterrâneas (Sul).

Peça de cerâmica encontrada em sítio arqueológico em Calçoene (AP).

Diálogos

- Atualmente, na Amazônia, há diferentes ONGs missionárias, nacionais e estrangeiras, em projetos de evangelização e de integração cultural de povos indígenas à sociedade ocidental. Os métodos são tão sofisticados que envolvem curso de pilotagem de avião para os missionários e até a construção de réplicas de aldeias Yanomami na Pensilvânia, nos Estados Unidos, onde fazem encenações para angariar missionários e voluntários, que interagem com atores que se passam por indígenas, sensibilizando-os para sua causa e servindo para treiná-los sobre como realizar a aproximação com os nativos uma vez na Amazônia. Leia a seguir o trecho de uma reportagem no qual uma liderança indígena e um líder missionário expõem seus pontos de vista sobre o tema.

[...] Para Dinaman Tuxá, o coordenador-executivo da Apib [Articulação dos Povos Indígenas do Brasil], o trabalho missionário demoniza saberes tradicionais e "tenta desaculturar nossas comunidades".

Ele afirma que, embora indígenas brasileiros lidem com missionários desde 1500, nos últimos anos, evangelizadores têm se articulado com outro grupo poderoso na política brasileira, o agronegócio, impondo riscos adicionais às comunidades.

"Eles não querem mais só evangelizar, eles querem trazer as comunidades para o meio urbano e liberar nossas terras para plantar soja, tirar minérios, criar gado."

Para Edward Luz, presidente da Missão Novas Tribos do Brasil (MNTB), a evangelização altera a cultura de um povo tanto quanto o provimento de serviços de saúde e de educação. "A partir do momento em que você dá um antibiótico, um remédio antimalária, você alterou toda a cosmovisão de um povo. Você vai negar dar saúde para o índio?"

Brasil: bases da entidade missionária estadunidense Jocum (Jovens com uma Missão)

Banco de imagens/Arquivo da editora

Fonte: JOCUM BRASIL. Disponível em: https://jocum.org.br/onde-estamos/. Acesso em: 29 abr. 2022.

Ele afirma que missionários deveriam ser livres para atuar em qualquer comunidade indígena, inclusive as isoladas, e que esse trabalho pode salvar alguns grupos da extinção.

"Qualquer povo com menos de 400 pessoas está fadado ao extermínio por razões óbvias, como a consanguinidade. Tem que haver uma política de aproximação desses povos", defende. [...]

FELLET, João. Missionários até aprendem a pilotar avião para evangelizar índios na Amazônia. *BBC News Brasil*, 18 dez. 2018. Disponível em: www.bbc.com/portuguese/brasil-46569827. Acesso em: 8 abr. 2022.

Padres salesianos no Alto Rio Negro (AM), em 1914.

a) Releia os argumentos levantados no texto.

b) Com quais você concorda? Por quê?

c) Reflita sobre a avaliação que fez sobre os argumentos no texto e responda: Você saberia dizer se foi influenciado pelos próprios valores para se posicionar contra ou a favor de cada um deles?

d) Agora, reúna-se com um colega e debatam sobre a possibilidade ou impossibilidade de isenção sobre o tema e se a isenção é sempre um valor em si.

e) O texto apresenta apenas parte dos pontos de vista divergentes de duas lideranças. Porém, inúmeras abordagens podem ser feitas sobre essa questão. Divididos em pequenos grupos, façam uma pesquisa para conhecer mais a fundo o posicionamento de outros atores sociais e instituições sobre esse tema.

f) Cada grupo deve focar a pesquisa em uma das instituições listadas a seguir:

- Funai;
- Instituto Socioambiental;
- Testemunhas de Jeová;
- Conselho Indigenista Missionário;
- Lideranças indígenas da Amazônia contrárias à evangelização;
- Lideranças indígenas da Amazônia favoráveis à evangelização.

g) Apresentem à turma o resultado das pesquisas, destacando aquilo que consideraram mais importante.

h) Ao final, exponham seus pontos de vista sobre essa questão da evangelização dos povos indígenas que vivem na floresta, afastados dos modos de vida ocidentais.

Movimentos populacionais

Nomadismo e sedentarismo conviveram nos primórdios da história humana. Ainda hoje convivem, pois há alguns poucos povos mais isolados no meio da floresta ou em desertos quentes e frios que são nômades, mas o nomadismo é uma condição que já não caracteriza a humanidade como no passado distante.

Ao longo da História, as razões dos deslocamentos humanos foram se diversificando conforme aumentava a complexidade da organização da vida social, o que se deu em ritmos diferentes em um planeta no qual comunidades e povos não viviam em estreita relação como hoje; ao contrário, muitos nem sabiam da existência de outros.

A invasão e a conquista de outros territórios e a subjugação dos povos dominados por saques, aprisionamentos e escravização ou, ainda, pela anexação de novas áreas e promoção de algum tipo de imposição ou relativa integração cultural são recorrentes na história humana. Desde épocas imemoriais até há bem menos tempo podemos citar diversos exemplos: Impérios Macedônico, Romano, Otomano, Mongol, entre muitos outros.

Além de invasões, guerras e expansão de povos e civilizações, o comércio foi responsável pela promoção dos deslocamentos humanos. Entretanto, apesar da grande importância de todos esses eventos da história humana para os deslocamentos populacionais e o povoamento do planeta, é a partir das Grandes Navegações, no fim do século XIV, que o fenômeno ganha outra escala, caracterizando-se como **migração em massa**.

A diferença de intencionalidade e de duração das migrações nos impõe a complexa tarefa de distinguir e classificar os deslocamentos populacionais, que hoje são motivados por diferentes razões e apresentam diversas características, sendo, muitas vezes, difícil mesmo classificar aquilo tudo que é compreendido pelos conceitos utilizados para estudar esse tema.

Atualmente existem causas religiosas, naturais, político-ideológicas, psicológicas, associadas a esses movimentos populacionais, além dos conflitos bélicos. O que se verifica ao longo da História é que predominam os fatores de ordem econômica. Nas áreas de **repulsão populacional**, muitas vezes observam-se crescente desemprego, subemprego e baixos salários; já nas áreas de **atração populacional**, vislumbram-se melhores perspectivas de trabalho, salários mais elevados e, portanto, melhores condições de vida. É o caso da emigração em direção aos países-membros da Organização para Cooperação e Desenvolvimento Econômico (OCDE), com destaque para Estados Unidos, Canadá, Japão, alguns países da Europa ocidental e Austrália.

Os movimentos populacionais são geralmente classificados em:

- **voluntários** – quando o movimento é livre.
- **forçados** – como nos casos de escravidão, de guerras e de perseguição religiosa, étnica ou política.
- **controlados** – quando o Estado controla numérica ou ideologicamente a entrada e/ou a saída de migrantes.

Qualquer deslocamento de pessoas acarreta consequências demográficas, como o aumento no número de habitantes nas áreas de atração e a diminuição nas de repulsão. Há ainda as influências em relação à língua, à religião, à culinária, à arquitetura, às artes e às tradições em geral, que costumam ser positivas, pois os movimentos migratórios promovem a troca e o enriquecimento cultural por causa dos diferentes valores que entram em contato uns com os outros.

Ververidis Vasilis/Shutterstock

Campo de refugiados em Tessalônica (Grécia), em 2016. Migrantes sírios, iraquianos e de outras nacionalidades aguardam autorização para se deslocarem pelos países da Europa, após fugirem de zonas de conflito armado em seus territórios de origem.

Migrantes internacionais

Segundo a ONU, com o objetivo de estimar os **migrantes internacionais**, estes são definidos como "pessoas que estão morando em um território que não é seu país de nascimento ou seu país de cidadania". Migração envolve um processo voluntário, por exemplo, quando uma pessoa emigra para outro país em busca de melhores oportunidades econômicas, mas pode voltar ao país de origem. Segundo o relatório *International Migration* (Migração Internacional) 2020, da Divisão de População da ONU, naquele ano, 280,6 milhões de pessoas residiam fora de seu país de origem, número que superava o total da população brasileira (211 milhões) e equivalia a 3,5% da população mundial.

Ivan Romano/Getty Images

Imigrantes durante o Carnaval em bairro popular de Nápoles (Itália). Foto de 2018.

A maioria dos migrantes internacionais tem origem nos países de renda baixa e média, e a maior parte deles vai viver em países de alta renda, com destaque para os Estados Unidos. Dos imigrantes internacionais, 65% estão nos países ricos. De acordo com dados da tabela a seguir, o número de migrantes internacionais tem aumentado desde 1990, em termos tanto absolutos quanto relativos.

Número de migrantes internacionais

Região	Milhões de migrantes		% do total de migrantes sobre a população	
	1990	2020	1990	2020
Mundo	153,0	280,6	2,9	3,6
Países de renda alta	76,3	181,9	7,4	14,7
Países de renda média	67,2	85,9	1,7	1,5
Países de renda baixa	9,1	12,2	3,0	1,8

Fonte: UNITED NATIONS. Department of Economic and Social Affairs. *International Migrant Stock 2020*. Disponível em: https://www.un.org/development/desa/pd/content/international-migrant-stock. Acesso em: 29 abr. 2022.

Saiba +

Bem-vindo a Marly-Gomont. Direção: Julien Rambaldi. França, 2016. 96 min.

Seyolo Zantoko acabou de se formar em Medicina em Kinshasa, República Democrática do Congo, e emigra com sua família para uma pequena cidade do interior da França. Lá terá de vencer o preconceito e as diferenças culturais para se estabelecer como médico.

Bem-vindo. Direção: Philippe Lioret. França, 2009. 110 min.

Aborda as políticas de imigração em países europeus por meio da história de Bilal, um jovem refugiado curdo que foge do Iraque em guerra e viaja tentando reencontrar a namorada, que se mudara para a Inglaterra.

Atividade

1. **David Blunkett** (1947-), logo que assumiu o cargo de ministro do Interior do Reino Unido (2001-2004), referindo-se ao fato de seu país dar asilo a imigrantes, afirmou: "Não somos generosos. Somos humanitários". Considerando a ideia principal dessa afirmação, discuta com os colegas as dificuldades pelas quais os imigrantes passam e qual é a importância do respeito aos direitos humanos, assim como a questão do direito à nacionalidade.

BLUNKETT, David. Não somos generosos. Somos humanitários. *IstoÉ*, n. 1 668, 19 set. 2001. Disponível em: https://istoe.com.br/frase/nao-somos-generosos-somos-humanitarios/. Acesso em: 8 abr. 2022.

Países mais beneficiados com remessas internacionais de imigrantes – 2020			
País	PIB (bilhões de dólares)	Dinheiro recebido (bilhões de dólares)	Dinheiro recebido/ PIB (%)
Índia	2 660	83,1	3,1
México	1 074	42,9	4,0
Filipinas	361	34,9	9,7
Egito	365	29,6	8,1
Paquistão	263	26,1	9,9
França	2 630	25,1	0,9
Bangladesh	323	21,8	6,7
China	14 723	18,9	0,1

Fonte: WORLD BANK. *World Development Indicators 2022*. Disponível em: http://wdi.worldbank.org/tables. Acesso em: 29 abr. 2022.

Em muitos casos, os imigrantes são responsáveis por importante ingresso de dinheiro em seu país de origem, com a intenção de ajudar suas famílias ou de acumular uma poupança que lhes permita regressar no futuro (observe a tabela ao lado). No entanto, os países de onde emigram enfrentam a perda de trabalhadores, muitos deles qualificados, que poderiam contribuir para o crescimento econômico e para a melhoria das condições de vida da população local.

O Brasil, comparativamente, recebe poucos imigrantes: em 2020 havia, oficialmente, 1,08 milhão de migrantes internacionais no país, o que correspondia a 0,4% da população. No passado, o Brasil foi um país de imigração, recebendo grandes colônias de portugueses, italianos, alemães, espanhóis, japoneses, árabes, entre outros povos, mas atualmente tornou-se um país de emigração. De acordo com estimativas oficiais do Ministério das Relações Exteriores, em 2020, havia mais de 4,2 milhões de brasileiros vivendo no exterior, principalmente nos Estados Unidos, com 42% do total dos emigrantes do Brasil. Esses expatriados remeteram a seus familiares 3,6 bilhões de dólares em 2020, o que correspondeu a apenas 0,25% do PIB brasileiro daquele ano.

Atividades

2. Leia os dados da tabela e responda:

a) Qual país recebe mais dinheiro de seus emigrantes em termos absolutos? Também é o que mais recebe em termos relativos?

b) Qual é a situação da China?

3. Você conhece alguma pessoa que mora ou morou em outro país? Converse com os colegas e o professor sobre as motivações que levam as pessoas a deixar o Brasil e buscar oportunidades em outros países e sobre a importância das remessas de dinheiro enviadas aos familiares.

Refugiados

Segundo o **Alto Comissariado das Nações Unidas para os Refugiados (Acnur)**: "Refugiados são pessoas que estão fora de seus países de origem por fundados temores de perseguição, conflito, violência ou outras circunstâncias que perturbam seriamente a ordem pública e que, como resultado, necessitam de proteção internacional". Assim, essas pessoas não podem voltar em segurança ao país de origem.

ACNUR Brasil. "Refugiados" e "migrantes": perguntas frequentes, 22 mar. 2016. Disponível em: www.acnur.org/portugues/2016/03/22/refugiados-e-migrantes-perguntas-frequentes/. Acesso em: 8 abr. 2022.

Ververidis Vasilis/ Shutterstock

Refugiados desembarcam no porto de Tessalônica (Grécia) após serem transferidos do acampamento Moria, o maior da Europa, na ilha de Lesbos, no mesmo país. Foto de 2019.

No fim de 2020, havia no mundo 82,4 milhões de pessoas deslocadas de seu lugar de origem por perseguição ou falta de segurança, sendo que 48 milhões dessas pessoas eram refugiadas no próprio país de origem. A Convenção da ONU, adotada em 1951, assegura proteção aos refugiados. Veja no gráfico a seguir os países de origem dos refugiados e leia o texto que explica a diferença entre refugiados e migrantes.

Principais países de origem dos refugiados – 2020

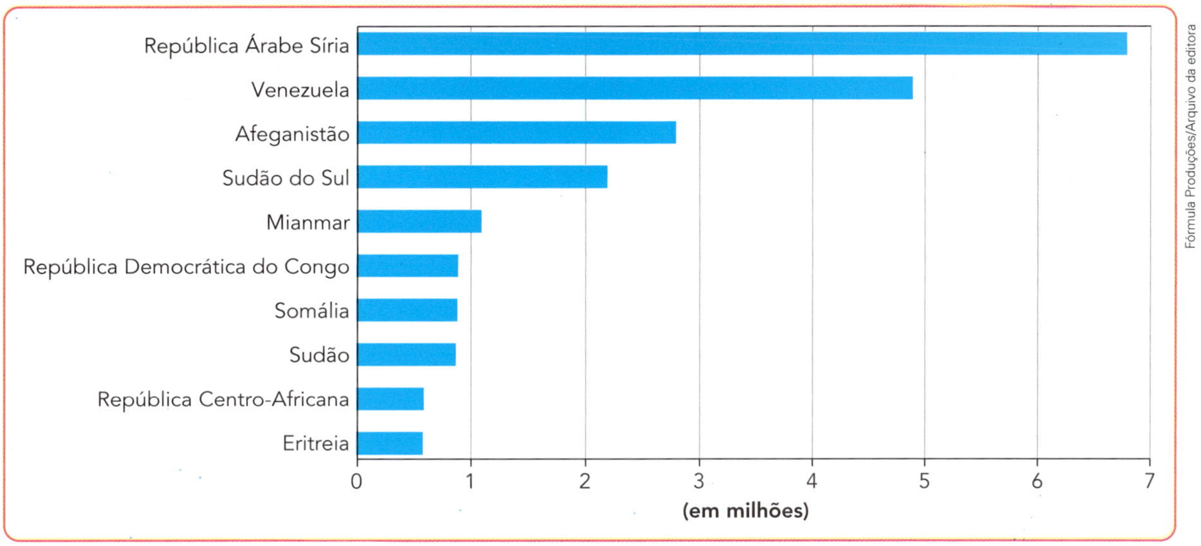

Fonte: elaborado com base em UNHCR. *Global Trends*. Forced Displacement in 2020. p. 7. Disponível em: https://www.unhcr.org/60b638e37/unhcr-global-trends-2020. Acesso em: 8 abr. 2022.

"Refugiados" e "migrantes"

[...]

5. A palavra "migrante" pode ser utilizada como um termo genérico para também abranger refugiados?

Uma definição legal uniforme para o termo "migrante" não existe em nível internacional. Alguns formuladores de políticas, organizações internacionais e meios de comunicação compreendem e utilizam o termo "migrante" como um termo generalista que abarca migrantes e refugiados. Por exemplo, estatísticas globais em migrações internacionais normalmente utilizam uma definição de "migração internacional" que inclui os movimentos de solicitantes de refúgio e de refugiados.

Em discussões públicas, no entanto, essa prática pode facilmente gerar confusão e pode também ter sérias consequências para a vida e segurança de refugiados. "Migração" é comumente compreendida implicando um processo voluntário; por exemplo, alguém que cruza uma fronteira em busca de melhores oportunidades econômicas. Este não é o caso de refugiados, que não podem retornar às suas casas em segurança e, consequentemente, têm direito a proteções específicas no escopo do direito internacional.

Desfocar os termos "refugiados" e "migrantes" tira atenção da proteção legal específica de que os refugiados necessitam, como proteção contra o *refoulement* [do inglês, "devolução"] e contra ser penalizados por cruzar fronteiras para buscar segurança sem autorização. Não há nada ilegal em procurar refúgio – pelo contrário, é um direito humano universal. Portanto, misturar os conceitos de "refugiados" e "migrantes" pode enfraquecer o apoio a refugiados e ao refúgio institucionalizado em um momento em que mais refugiados precisam de tal proteção. [...]

ACNUR Brasil. *"Refugiados" e "migrantes"*: perguntas frequentes. 22 mar. 2016. Disponível em: https://brasil.un.org/pt-br/72927-qual-diferenca-entre-refugiados-e-migrantes#:~:text=Desfocar%20os%20termos%20%E2%80%9Crefugiados%E2%80%9D%20e,para%20buscar%20seguran%C3%A7a%20sem%20autoriza%C3%A7%C3%A3o.. Acesso em: 29 abr. 2022.

Atividades

4. Explique a diferença entre migrante e refugiado. Quais causas explicam o deslocamento das pessoas que se encontram em cada uma dessas situações?

5. Você conhece algum imigrante ou refugiado? Comente as motivações que trouxeram essa pessoa ao Brasil ou, caso seja brasileiro, que o levaram a sair do país.

6. Por que a Acnur defende uma especificidade para o conceito de refugiado?

7. Por que é necessário ter uma relação de solidariedade com essas pessoas, especialmente com os refugiados?

Muitos artistas contemporâneos expõem ao público a questão dos refugiados e manifestam, em suas obras, críticas às políticas de restrição de imigração.

Leia o texto abaixo, que trata de um desses artistas, e observe algumas de suas obras.

Banksy critica tratamento de refugiados em grafite de Steve Jobs

[O artista] Banksy voltou a se manifestar a favor dos refugiados que procuram asilo na Europa e nos Estados Unidos. Ele inaugurou um grafite no campo que recebe essa população em Calais, na França, com a imagem de Steve Jobs (1955-2011), informou o "The Guardian".

Na imagem, o fundador da Apple segura um computador Macintosh em uma das mãos e um saco preto na outra. A escolha faz referência à origem de Jobs, filho de um sírio que imigrou para os Estados Unidos após a Segunda Guerra Mundial.

Philippe Huguen/AFP

Grafite de Banksy, feito em 2015 no campo de refugiados de Calais, na França, retrata Steve Jobs, fundador da Apple, como um imigrante.

O grafite veio acompanhado de uma declaração de Banksy: "Nós somos levados a acreditar que a imigração drena os recursos dos nossos países, mas Steve Jobs era filho de um imigrante sírio. A Apple é a companhia mais rentável do mundo, paga mais de US$ 7 bilhões ao ano em impostos e só existe porque deixaram um jovem de Homs [cidade síria] entrar."

Além da imagem de Jobs, Banksy também se manifestou nos muros do porto francês de Calais com a adaptação para o grafite de "A Balsa da Medusa", de Théodore Gericault.

Em agosto, Dismaland, parque temático temporário de Banksy [versão sombria da Disneylândia, funcionou em agosto e setembro de 2015 na cidade de Weston-super-Mare, Inglaterra], criticou o tratamento dado aos refugiados com uma instalação de barcos transportando corpos. Desde seu fechamento, em setembro, sua infraestrutura foi doada para construir abrigos provisórios para os imigrantes.

Philippe Huguen/AFP

Grafite de Banksy, de 2015, é uma adaptação de *A Balsa da Medusa*, de Théodore Gericault, 1818.

BasPhoto/Shutterstock

Obra de Banksy em Dismaland, de 2015, que aborda a questão dos refugiados chegando à Europa. O barco, tal como um brinquedo, podia ser pilotado por controle remoto no lago do parque.

BANKSY critica tratamento de refugiados em grafite de Steve Jobs. *Folha de S.Paulo*, 14 dez. 2015. Ilustrada. Disponível em: https://m.folha.uol.com.br/ilustrada/2015/12/1718831-banksy-critica-tratamento-de-refugiados-em-grafite-de-steve-jobs.shtml. Acesso em: 9 abr. 2022.

1. Cada uma das três obras reproduzidas no artigo busca estimular a reflexão do público de diferentes maneiras. Identifique e analise a crítica contida na obra que:

a) faz referência a uma tela que retrata um acontecimento histórico, associando o episódio à realidade atual dos imigrantes.

b) recorre à representação de descendente de imigrantes que, contrariando o senso comum, ampliou a riqueza material do país que o acolheu.

c) retrata de forma realista a experiência de muitos refugiados que cruzam o mar Mediterrâneo, com o intuito de, a partir da imagem, provocar desconforto e comoção por parte do público.

2. Esteticamente, qual das obras você prefere? E que sentimento ou emoção você sente ao apreciar cada uma delas?

Saiba +

Organização Internacional para as Migrações (IOM). Disponível em: www.iom.int. Acesso em: 9 abr. 2022.

Organização intergovernamental com mais de 120 países-membros que realiza estudos sobre migração e desenvolvimento, combate a migração forçada e incentiva meios de regulamentar a circulação de pessoas (*site* em inglês, espanhol e francês).

Circulação de migrantes no mundo

O crescimento demográfico acelerado (ainda por um bom tempo) em países menos desenvolvidos, aliado à falta de oportunidades econômicas oferecidas aos jovens, e a redução no ritmo de crescimento populacional nos países desenvolvidos (em menor escala também nos emergentes), aliada à carência de mão de obra em uma população envelhecida, devem aumentar o fluxo de migrantes em busca de melhores condições de vida.

Renda do país de origem e do país de destino

Atualmente, os principais movimentos migratórios internacionais ocorrem de países em desenvolvimento para países desenvolvidos.

Os migrantes que se deslocam de países em desenvolvimento, principalmente dos mais pobres, para os desenvolvidos têm rendimento maior do que a média vigente em seu país de origem.

Países onde mais entraram imigrantes – 2010-2020 (média anual)

Fórmula Produções/Arquivo da editora

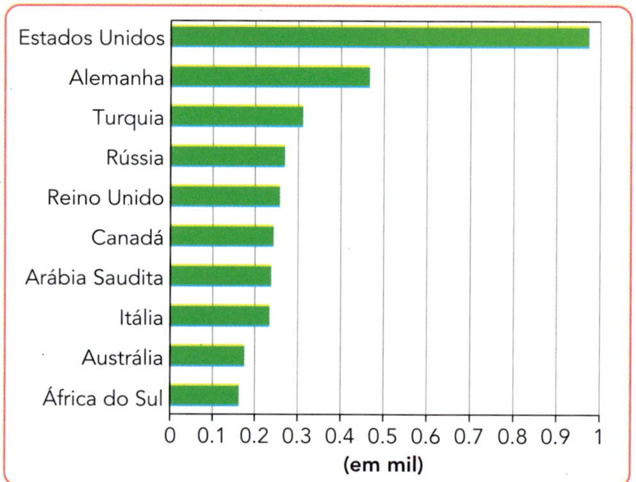

Fonte: elaborado com base em UNITED NATIONS. Department of Economic and Social Affairs. *International Migration 2019*: Report. Disponível em: www.un.org/en/development/desa/population/migration/publications/migrationreport/docs/InternationalMigration2019_Report.pdf. Acesso em: 9 abr. 2022.

Países de onde mais saíram emigrantes – 2010-2020 (média anual)

Fórmula Produções/Arquivo da editora

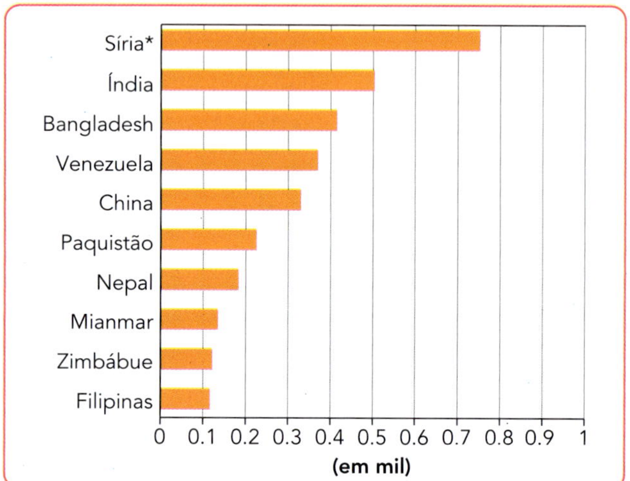

*Na Síria, boa parte dos emigrantes é, na verdade, refugiada da guerra.

Fonte: elaborado com base em UNITED NATIONS. Department of Economic and Social Affairs. *International Migration 2019*: Report. Disponível em: www.un.org/en/development/desa/population/migration/publications/migrationreport/docs/InternationalMigration2019_Report.pdf. Acesso em: 9 abr. 2022.

O "Eldorado"

Os Estados Unidos, desde o século XIX, são uma espécie de "Eldorado", tido como um território cheio de riquezas e oportunidades; por isso, há muito tempo é o país que mais atrai imigrantes. No entanto, as políticas restritivas adotadas pelo governo Donald Trump, logo após assumir o poder em janeiro de 2017, criaram muitas dificuldades para os imigrantes no país. Com a chegada ao poder de Joe Biden, em janeiro de 2021, foi enviada ao Congresso uma proposta de reforma da imigração que, entre outras medidas, busca regularizar a situação de mais de 10 milhões de imigrantes que vivem ilegalmente no país, os chamados "indocumentados".

Países com maior número absoluto de imigrantes – 2019 (em milhões)

Fórmula Produções/Arquivo da editora

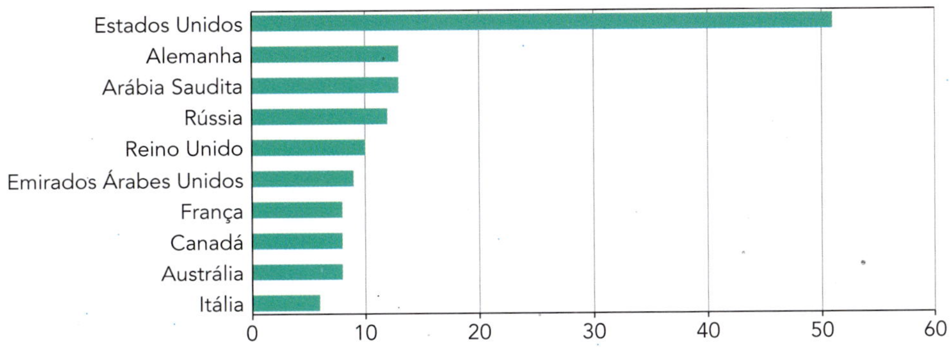

Fonte: elaborado com base em UNITED NATIONS. Department of Economic and Social Affairs. *International Migration 2019*: Wall Chart. Disponível em: www.un.org/development/desa/pd/sites/www.un.org.development.desa.pd/files/files/documents/2020/Feb/un_2019_internationalmigration_wallchart.pdf. Acesso em: 9 abr. 2022.

Principais rotas migratórias no mundo – 2019

Fórmula Produções/Arquivo da editora

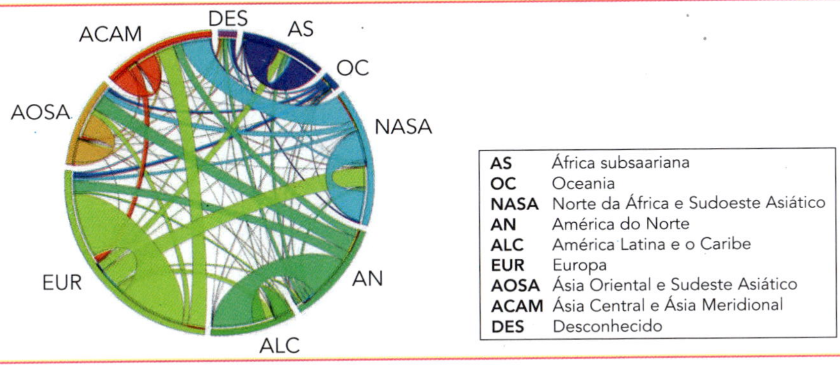

Fonte: elaborado com base em UNITED NATIONS. Department of Economic and Social Affairs. *International Migration Report 2019*: Highlights. Disponível em: www.un.org/en/development/desa/population/migration/publications/migrationreport/docs/MigrationReport2019_Highlights.pdf. Acesso em: 9 abr. 2022.

Percentual de imigrantes em relação à população do país – 2019

Banco de imagens/Arquivo da editora

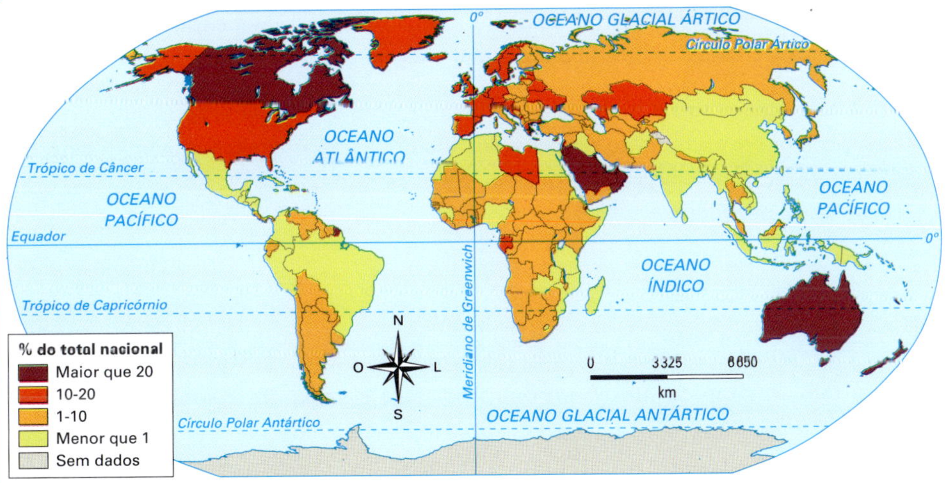

Fonte: elaborado com base em UNITED NATIONS. Department of Economic and Social Affairs. *International Migration 2019*: Wall Chart. Disponível em: www.un.org/development/desa/pd/sites/www.un.org.development.desa.pd/files/files/documents/2020/Feb/un_2019_internationalmigration_wallchart.pdf. Acesso em: 30 set. 2021.

Atividades

1. Qual foi o país que mais recebeu imigrantes no período 2010-2020 e em qual havia maior estoque de imigrantes em 2019? Explique a situação desse país.

2. De qual país mais saíram migrantes no período 2010-2020?

a) Por quê?

b) Justifique a inadequação do uso do termo **migrantes** para as pessoas que saem desse país.

3. De forma geral, de qual grupo de países mais saem migrantes e em qual grupo mais entram? Por quê?

1. A migração é um fenômeno social amplo e complexo, cheio de particularidades. Pesquise ou crie uma imagem que represente para você o significado da migração no mundo atual. Para isso:

   a) Escolha o suporte com o qual se sinta mais à vontade para trabalhar: sulfite, cartolina, estêncil, *software* de criação e edição de imagens e fotos, fotografia, colagem, etc.

   b) Pesquise imagens criadas por outros artistas que se inspiraram nos movimentos populacionais para criar alguma obra; dialogar com referências quase sempre é inspirador.

Vladimir Sviracevic/Shutterstock

Procure diversas referências para compor a sua imagem sobre os movimentos populacionais.

   c) Com os colegas e o professor, escolham um local comum da escola para expor os trabalhos produzidos ou, se preferirem, organizem uma exposição virtual, por exemplo, criando um perfil da turma em alguma rede social.

2. Você está aqui e agora muito provavelmente porque seus antepassados migraram. Eles podem ter enfrentado dificuldades e alegrias no processo e tiveram seus motivos para deixar os lugares de origem. Se você pudesse conversar com eles, o que gostaria de perguntar?

   a) Elabore as perguntas que você faria.

   b) Ao final, compartilhe com os colegas e, juntos, pensem em possíveis respostas que poderiam obter.

3. Você tem vontade de morar em outro país? Já pensou em ir estudar "fora"? Isso poderia fazer parte do seu projeto de vida? Apesar de não ser uma opção fácil para todos em razão dos desafios econômicos e logísticos, esse problema pode ser driblado com a obtenção de uma bolsa de estudos. Há algumas instituições nacionais e internacionais que oferecem auxílio aos estudantes brasileiros para arcar com transporte, moradia, alimentação e estudo. E muitas faculdades e universidades dispõem de convênios com instituições de ensino de outros países, o que pode ser um caminho para você, caso seja do seu interesse. Faça uma pesquisa sobre formas para obter bolsas para estudar no exterior, liste as exigências solicitadas e avalie se essa pode ser uma opção para você.

ProStockStudio/Shutterstock

4. Leia a seguir trecho de um texto publicado no *site* da Acnur, agência da ONU para refugiados, sobre o que está se passando na Venezuela:

> **Existem aproximadamente 4,6 milhões de refugiados e migrantes da Venezuela em todo o mundo. Quase 80% estão em países da América Latina e do Caribe**
>
> Os países que mais acolhem venezuelanos são a Colômbia, o Peru e o Equador. Atualmente o Brasil acolhe mais de 220 mil refugiados e migrantes venezuelanos. [...]
>
> Segundo projeções do Plano Regional de Resposta a Refugiados e Migrantes (RMRP), 6,5 milhões de refugiados e migrantes venezuelanos poderão estar fora do país até o final de 2020. Essa é a maior crise de deslocamento da história recente da América Latina. Desde o seu início, em 2014, o ACNUR atua para responder às necessidades de famílias venezuelanas.
>
> [...]

CAUX, Helene. *4 dados para entender a situação da Venezuela*. 28 nov. 2019. Disponível em: www.acnur.org/portugues/2019/11/28/4-dados-para-entender-a-situacao-da-venezuela/. Acesso em: 9 abr. 2022.

Daniel Andres Garzon/Shutterstock

Imigrantes venezuelanos, a maior emigração em massa na história moderna da América Latina, esperam em Bogotá (Colômbia) para retornar ao seu país. Foto de 2020.

a) Consulte diferentes mapas – político, demográfico, rodoviário – para localizar a Venezuela na América do Sul, identificar seus vizinhos, especialmente os citados no texto, e as possibilidades de conexões territoriais que estabelece com cada um deles. A partir dessa leitura, elabore uma hipótese para justificar os números apresentados no texto.

b) Converse com os colegas sobre as hipóteses que elaboraram e os argumentos que as sustentam.

c) O que podem fazer para verificar se as hipóteses se mostram verdadeiras?

Conceitos

População
É o conjunto de pessoas que vive em determinado território. Ela pode ser caracterizada de acordo com vários aspectos, como gênero, faixa etária, religião, etnia, idioma, local de moradia, atividades econômicas, entre outros. As condições de vida e o comportamento da população são retratados por meio de indicadores sociais: taxas de natalidade e mortalidade, expectativa de vida, índices de analfabetismo, participação na renda nacional, etc.

A diversidade da população

População, povo, etnia e nação

No Brasil, população e povo são conceitos diferentes do ponto de vista jurídico:

- A **população brasileira** é o conjunto de todos os habitantes do país, independentemente das diferenças étnico-culturais. Engloba, por exemplo, estrangeiros residentes e não naturalizados, com direitos assegurados por tratados internacionais e na Constituição federal. População é um conceito geográfico-quantitativo.
- O **povo brasileiro** é composto de habitantes natos e estrangeiros naturalizados que, de forma regulamentada, têm direitos e deveres de participação na vida política do país; nesse sentido jurídico-político, abarca a cidadania dos indivíduos.

A referência ao povo brasileiro, no sentido jurídico, aparece no preâmbulo da Constituição federal, que foi redigida por representantes do próprio povo.

Constituição da República Federativa do Brasil

Preâmbulo

Nós, representantes do povo brasileiro, reunidos em Assembleia Nacional Constituinte para instituir um Estado Democrático, destinado a assegurar o exercício dos direitos sociais e individuais, a liberdade, a segurança, o bem-estar, o desenvolvimento, a igualdade e a justiça como valores supremos de uma sociedade fraterna, pluralista e sem preconceitos, fundada na harmonia social e comprometida, na ordem interna e internacional, com a solução pacífica das controvérsias, promulgamos, sob a proteção de Deus, a seguinte CONSTITUIÇÃO DA REPÚBLICA FEDERATIVA DO BRASIL.

[...]

BRASIL. [Constituição (1988)]. *Constituição da República Federativa do Brasil de 1988*. Brasília, DF: Presidência da República, [2020]. Disponível em: www.planalto.gov.br/ccivil_03/constituicao/constituicao.htm. Acesso em: 9 abr. 2022.

Quando nos referimos à população de um país, também podemos considerar critérios para avaliar seu número absoluto e relativo. Um país é considerado **populoso** quando o número total de habitantes é alto, e **povoado** quando o número de habitantes por quilômetro quadrado é elevado.

Países mais populosos do mundo – 2019			
País	População (milhões)	Área (mil km^2)	Densidade demográfica (habitantes por km^2)
China	1 397,7	9 562,9	146
Índia	1 366,4	3 287,3	416
Estados Unidos	328,2	9 831,5	33
Indonésia	270,6	1 913,6	141
Paquistão	216,6	796,1	272
Brasil	211	8 515,8	25

Nota: Os valores da densidade demográfica foram arredondados.

Fonte: THE WORLD BANK. *World Development Indicators*: Size of the economy Disponível em: http://wdi.worldbank.org/table/WV.1. Acesso em: 9 abr. 2022.

Como se observa, atualmente o Brasil é o sexto país mais populoso do planeta, mas é considerado pouco povoado por causa da grande extensão de seu território. Entretanto, a distribuição da população pelo território ora se caracteriza como concentrada, ora como rarefeita, dependendo do lugar ou da região.

Dcstock/ Shutterstock

A população pode ser classificada de acordo com o gênero (feminino e masculino), a faixa etária (crianças, jovens, adultos, idosos), a etnia, a cor ou a raça (como utiliza o IBGE; veja o gráfico a seguir), o local de moradia (urbana e rural), entre outros aspectos. Na foto, jovens em Surubim (PE), 2019.

Um país não oferece melhores ou piores condições de vida a seus cidadãos simplesmente pelo fato de ser pouco ou muito povoado. O que deve ser levado em conta é a análise das condições de vida da população e do acesso que ela tem aos direitos humanos universais estabelecidos pela ONU e garantidos em muitas Constituições nacionais, como a brasileira, e não apenas a análise de dados demográficos.

Brasil: classificação da população por cor ou raça – 2019

Fórmula Produções/Arquivo da editora

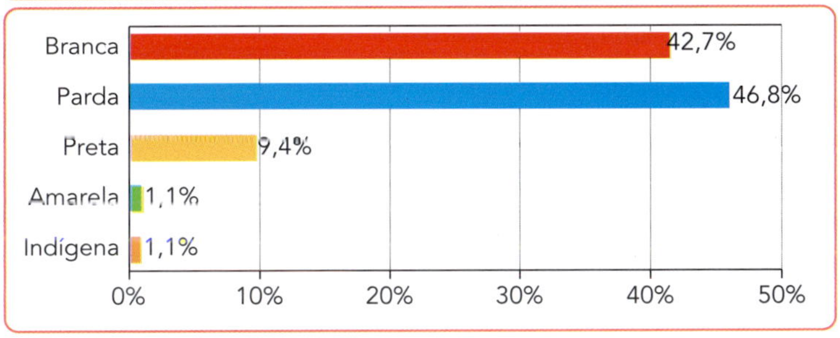

Fonte: elaborado com base em CONHEÇA o Brasil – população: cor ou raça. *IBGE Educa*. Disponível em: https://educa.ibge.gov.br/jovens/conheca-o-brasil/populacao/18319-cor-ou-raca.html. Acesso em: 9 abr. 2022.

Atividades

1. O IBGE utiliza o critério cor ou raça para distinguir as pessoas, e sua classificação é feita por autodeterminação, ou seja, é a própria pessoa quem define a qual grupo pertence entre as cinco cores. Organize uma pesquisa com os colegas da turma para comparar os dados estatísticos do gráfico com a realidade de vocês. Para isso, com os dados que levantarem, elaborem um gráfico semelhante ao apresentado. Que considerações vocês podem fazer?

2. Compare a composição dos vereadores do seu município com os dados do gráfico de classificação de cor ou raça do Brasil e com os colegas da turma.

O conceito de **nação** é muito importante nos estudos da população. Esse conceito pode ser utilizado, em **sentido antropológico**, como sinônimo de etnia (do grego *éthnos*, "povo", "nação"). O conceito de **povo** também costuma ser usado, em **sentido antropológico**, como sinônimo de etnia. É comum a afirmação de que o Brasil tem diversos povos, etnias ou nações indígenas. A Fundação Nacional do Índio (Funai), por exemplo, utiliza a expressão "povos indígenas" em seus textos e em suas atividades. De acordo com o Censo do IBGE realizado em 2010, a população indígena brasileira era de 818 mil pessoas distribuídas em 305 povos que falavam 274 línguas diferentes. Nesse caso, esses conceitos definem um grupo humano que apresenta características culturais próprias, o que lhe assegura uma identidade coletiva.

Pode-se distinguir uma etnia de outra com base em suas diferenças culturais: linguísticas, religiosas, arquitetônicas, de costumes e tradições, etc. Assim, a população de um território nacional pode conter várias nações ou etnias, como é bastante evidente na Rússia, na Índia, na China e no Brasil. Podemos dizer, portanto, que há países multinacionais ou multiétnicos. Mas fique atento: **os povos indígenas brasileiros** (em sentido antropológico, como sinônimo de etnia ou nação) fazem parte do povo brasileiro (em sentido jurídico, como sinônimo de cidadão).

Luciola Zvarick/Pulsar Imagens

Os habitantes do Parque Indígena do Xingu (MT) pertencem a diferentes etnias e são culturalmente distintos da maioria da população brasileira. Na foto, de 2019, ritual Kuarup na aldeia do povo waurá. O Kuarup marca o final do luto pela morte de entes queridos. Observe as vestimentas e os rituais característicos desse grupo étnico.

A palavra **nação** também pode ser usada como conceito jurídico-político e, nesse caso, é sinônimo de **Estado nacional**.

Com isso, podemos concluir que uma mesma palavra pode ter significados diferentes, isto é, expressar conceitos distintos, dependendo do contexto e da área do conhecimento ou da disciplina em que é utilizada – Geografia, História, Antropologia, Ciência Política, Direito, etc.

Desigualdade de gênero

Em muitos países ainda existe forte discriminação de gênero, isto é, não são oferecidas às mulheres as mesmas oportunidades que aos homens em relação a educação, segurança, atuação no mercado de trabalho, remuneração e participação política.

Nos países desenvolvidos, tem havido avanços na redução das desigualdades de gênero, decorrentes de mais de um século de lutas, mobilizações e manifestações. Embora em nível menor, o avanço também vem ocorrendo em alguns países em desenvolvimento da América Latina e do leste da Ásia. Entretanto, em muitos outros países em desenvolvimento, principalmente na África, no sul da Ásia e no Oriente Médio, as mulheres ainda sofrem forte discriminação e apresentam taxas de escolarização, participação política e condições de emprego bem inferiores às da população masculina.

PAU BARRENA/AFP

Manifestação feminista pela diversidade, contra o patriarcado, a violência e o feminicídio, em Barcelona (Espanha), no Dia Internacional da Mulher, em 2019. Muitos avanços na igualdade de gênero são atribuídos à luta das mulheres no mundo todo.

A participação das mulheres no mercado de trabalho e no sistema escolar é uma das condições mais importantes para a consecução de um dos Objetivos de Desenvolvimento Sustentável estabelecidos pela ONU: "Alcançar a igualdade de gênero e empoderar todas as mulheres e meninas" (quinto objetivo). Como mostra a tabela a seguir, apesar dos avanços recentes, ainda há muito a ser feito para chegar a uma igualdade de gênero efetiva.

Índice de desigualdade de gênero – 2018

Posição/país	Índice de desigualdade de gênero* (valor)	Assentos no Parlamento (% do sexo feminino)	População com pelo menos parte do Ensino Médio (% com 25 anos ou mais)		Taxa de participação na força de trabalho (% com 15 anos ou mais)	
			feminina	masculina	feminina	masculina
1ª Suíça	0,037	29,3	96,4	97,2	62,6	74,1
19ª Alemanha	0,084	31,5	96,0	96,6	55,3	66,2
23ª Japão	0,099	13,7	95,2	92,2	51,4	70,7
39ª China	0,163	24,9	75,4	83,0	61,3	75,9
42ª Estados Unidos	0,182	23,6	95,7	95,5	56,1	68,2
74ª México	0,334	48,4	58,4	61,1	43,8	78,9
89ª Brasil	0,386	15,0	61,0	57,7	54,0	74,4
122ª Índia	0,501	11,7	39,0	63,5	23,6	78,6
144ª Angola	0,578	30,5	23,1	38,1	75,4	80,1
154ª Níger	0,647	17,0	4,3	8,9	67,3	90,5

* Medida composta que reflete a desigualdade de realização entre mulheres e homens em três dimensões: saúde reprodutiva, capacitação e mercado de trabalho. Quanto mais próximo de zero, menor a desigualdade de gênero; quanto mais próximo de um, maior.

Fonte: PNUD. *Relatório de Desenvolvimento Humano 2019*. Nova York: Programa das Nações Unidas para o Desenvolvimento, 2019. p. 310-313.

Atividades

3. Em qual país há menor desigualdade de gênero no mundo? Qual é a situação do Brasil? O que você acha que é necessário para diminuir a desigualdade de gênero no país?

4. Apesar da diferença de incidência, são observados em todos os países violência e crimes praticados por homens contra as mulheres apenas pelo fato de elas serem mulheres. Trata-se de um desdobramento da misoginia, que é diferente do machismo. Que atitudes concretas os governos, as empresas e a população podem adotar para reduzir esse problema?

Saiba+

ONU Mulheres – Brasil. Disponível em: www.onumulheres.org.br. Acesso em: 9 abr. 2022.

Essa agência da ONU, criada em 2010 em defesa dos direitos humanos das mulheres, disponibiliza muitas informações sobre igualdade de gênero. Veja no *site* áreas de atuação da instituição, publicações, vídeos, etc.

Características da população mundial

Segundo dados da Divisão de População da ONU, em 2021 a Terra era habitada por 7,9 bilhões de pessoas, distribuídas de maneira bastante desigual pelos países e pelas regiões. Observe no mapa abaixo que existem regiões com elevada densidade demográfica e outras em que a concentração populacional é esparsa.

Densidade demográfica – 2017

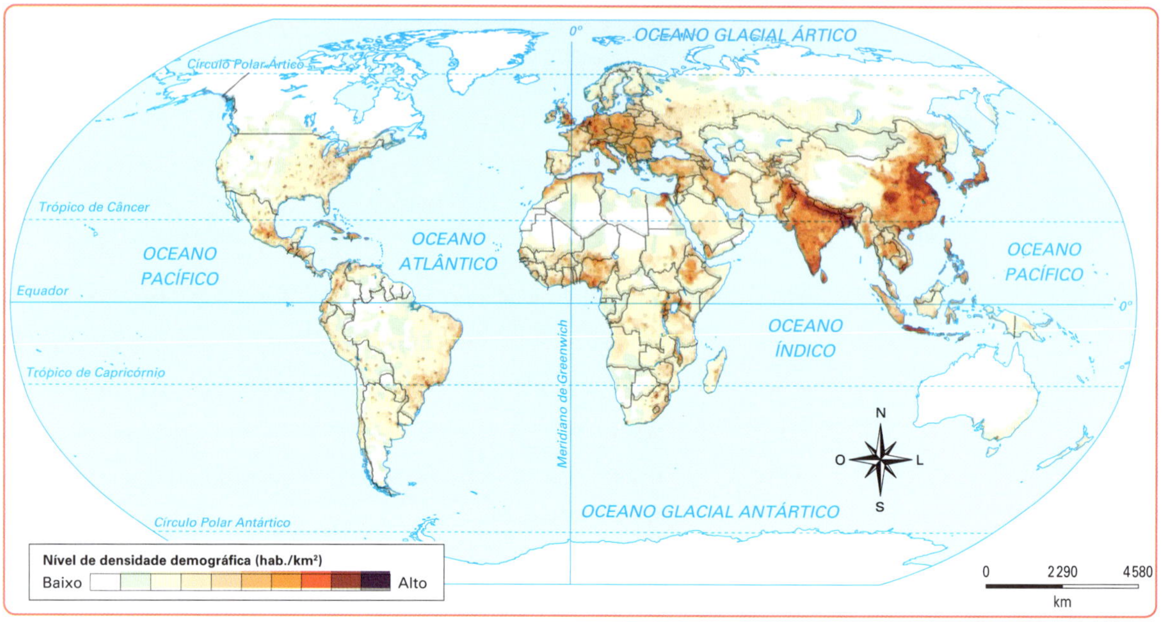

Fonte: elaborado com base em IBGE. Atlas geográfico escolar. 8. ed. Rio de Janeiro, 2018. Disponível em: https://atlasescolar.ibge.gov.br/images/atlas/mapas_mundo/mundo_nivel_de_densidade_demografica.pdf. Acesso em: 25 out. 2021.

As condições de vida e o acesso à renda e aos bens e serviços também são muito desiguais entre a população mundial. Em 2015, segundo o relatório *World Development Indicators* (Indicadores de desenvolvimento mundial), do Banco Mundial, 744 milhões de pessoas viviam em condições de pobreza extrema (com menos de 1,90 dólar por dia), o que correspondia a 10% da população mundial. A maioria vivia nos países menos desenvolvidos, sobretudo da África subsaariana, onde, em 2018, 40% da população vivia na pobreza extrema.

De acordo com o Banco Mundial, em 1990, cerca de 1,9 bilhão de pessoas viviam em condições de pobreza extrema, o que correspondia a 36% da população mundial da época. Esse número foi reduzido a menos da metade, apesar do crescimento populacional do período.

Muitos países, com destaque para a China, apresentaram expressivo crescimento econômico, e as condições de vida de suas populações melhoraram sensivelmente, em especial durante a segunda metade do século XX e o início do século XXI, o que se refletiu no aumento da expectativa de vida no período. Em 2016, apenas 0,5% da população chinesa vivia com menos de 1,90 dólar por dia.

Mundo: pessoas vivendo abaixo da linha internacional de pobreza extrema – 1990-2019 (em milhões de pessoas)

Região	1990	2019
Mundo	1 913,3	744,0**
África subsaariana	289,9	435,6***
Sul da Ásia	557,1	291,0*
Leste da Ásia e Pacífico	977,3	19,9
América Latina e Caribe	67,7	24,1
Oriente Médio e Norte da África	14,8	27,3***
Europa e Ásia Central	11,5	5,1

*Dado de 2013; ** dado de 2015; ***dados de 2018.

Fonte: THE WORLD BANK. *World Development Indicators*: Poverty rates at international poverty lines Part 2. Disponível em: http://wdi.worldbank.org/table/1.2.2. Acesso em: 23 jun. 2022.

Atividades

1. Leia a tabela e responda às questões.

a) Em qual região do mundo há mais pessoas vivendo na pobreza extrema? E em qual há menos pessoas vivendo na pobreza extrema?

b) Qual região do mundo foi mais bem-sucedida no combate à pobreza extrema? Graças principalmente a que país?

2. E no Brasil, a pobreza extrema atinge igualmente todas as regiões e as cores/raças da população? Faça uma pesquisa sobre a desigualdade brasileira segundo esses dois aspectos e compartilhe os resultados com os colegas da turma, dialogando com eles sobre as possíveis explicações para a realidade nacional.

A expectativa de vida média, indicador que sintetiza a qualidade de vida de uma população, também é muito desigual. Segundo o relatório *Situação da população mundial 2021*, publicado pelo Fundo de População das Nações Unidas (mais conhecido pela sigla em inglês, UNFPA), em 2021 a expectativa de vida média no mundo era de 73 anos; nos países mais desenvolvidos era de 80 anos, enquanto nos países menos desenvolvidos era de 66 anos. Essas médias dão um panorama da desigualdade mundial, mas, quando observamos por países, essa desigualdade fica ainda mais evidente (veja o gráfico abaixo).

Essas diferenças explicam-se pela deficiência ou, muitas vezes, pela completa falta de acesso a água potável, coleta e tratamento de esgoto, alimentação, educação, condições de habitação adequadas e, principalmente, programas de saúde destinados à população, incluindo campanhas de vacinação e hospitais e maternidades bem equipados.

Países selecionados: expectativa de vida ao nascer – 2021

Fórmula Produções/Arquivo da editora

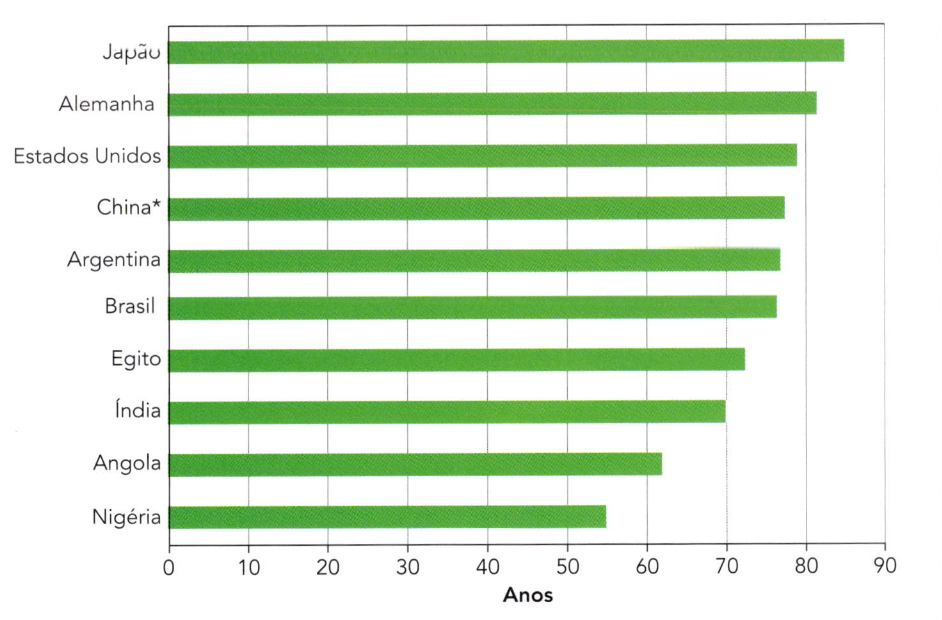

*Para fins estatísticos, os dados da China não incluem Hong Kong e Macau, as Regiões Administrativas Especiais (SAR) e a Província de Taiwan.

Fonte: elaborado com base em UNFPA. *Situação da população mundial 2021*. p. 142 a 144. Disponível em: https://brazil.unfpa.org/sites/default/files/pub-pdf/swop2021-report-br_web_0.pd. Acesso em: 29 abr. 2022.

Crescimento demográfico

Segundo o UNFPA, em um período de cinquenta anos (1970-2020), a taxa de crescimento da população mundial caiu de 2,1% para 1,1% ao ano, e o número médio de filhos por mulher (taxa de fecundidade) caiu de 4,8 para 2,4. Ainda assim, esse ritmo continua elevado e, caso se mantenha, a população do planeta saltará de 7,9 bilhões em 2021 para cerca de 9,7 bilhões em 2050. Apenas na China e na Índia, os países mais populosos do mundo, viviam 36% da população mundial em 2021.

Os países em desenvolvimento abrigavam 6,6 bilhões de pessoas em 2021 e, em 2050, estima-se que terão 7,9 bilhões de habitantes. Já nos países desenvolvidos, o crescimento nesse mesmo período será bem menor, com a população absoluta aumentando de 1,27 para 1,28 bilhão de pessoas e, caso não se considerasse o ingresso de imigrantes, haveria redução para 1,15 bilhão de habitantes. Com isso, a proporção de pessoas que vivem nos países desenvolvidos diminuirá de 16%, em 2021, para 13%, em 2050, por causa da redução em seu ritmo de crescimento vegetativo.

Observe o gráfico que mostra o crescimento da população por continente. O continente americano, no entanto, foi dividido em América do Sul e América Central e do Norte.

Crescimento da população por continente – 1750-2050

Fórmula Produções/Arquivo da editora

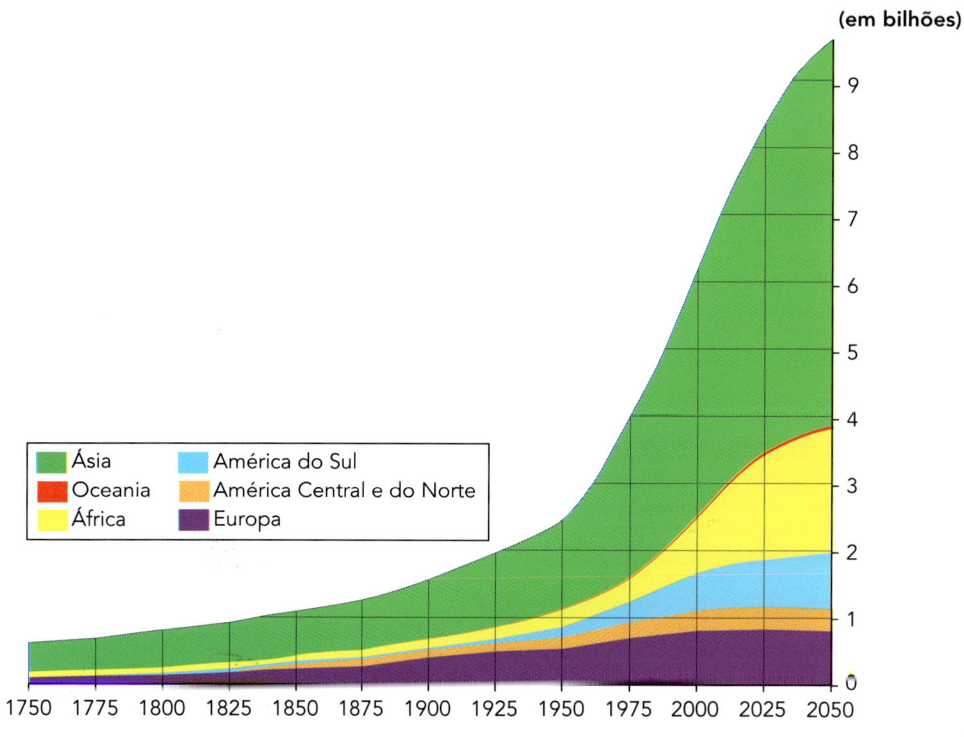

Fonte: elaborado com base em OXFORD Atlas of the World. 24th ed. London: Oxford University Press, 2017. p. 89.

Atividade

3. Observe o gráfico que mostra o crescimento da população mundial e responda às questões.

a) A partir de que momento houve uma aceleração do crescimento da população mundial? Por quê?

b) Em quais regiões houve maior aceleração desse crescimento?

c) Quais são, em sua opinião, algumas possíveis consequências da aceleração do crescimento demográfico? Converse com os colegas sobre isso.

O crescimento demográfico de determinado território está ligado a dois fatores: **crescimento natural** e **saldo migratório**. O primeiro, também denominado **crescimento vegetativo**, corresponde à diferença entre nascimentos (natalidade) e óbitos (mortalidade) verificada em uma população. O segundo corresponde à diferença entre a entrada e a saída de pessoas do território considerado. Tendo como referência essas duas taxas, o crescimento populacional poderá ser positivo ou negativo.

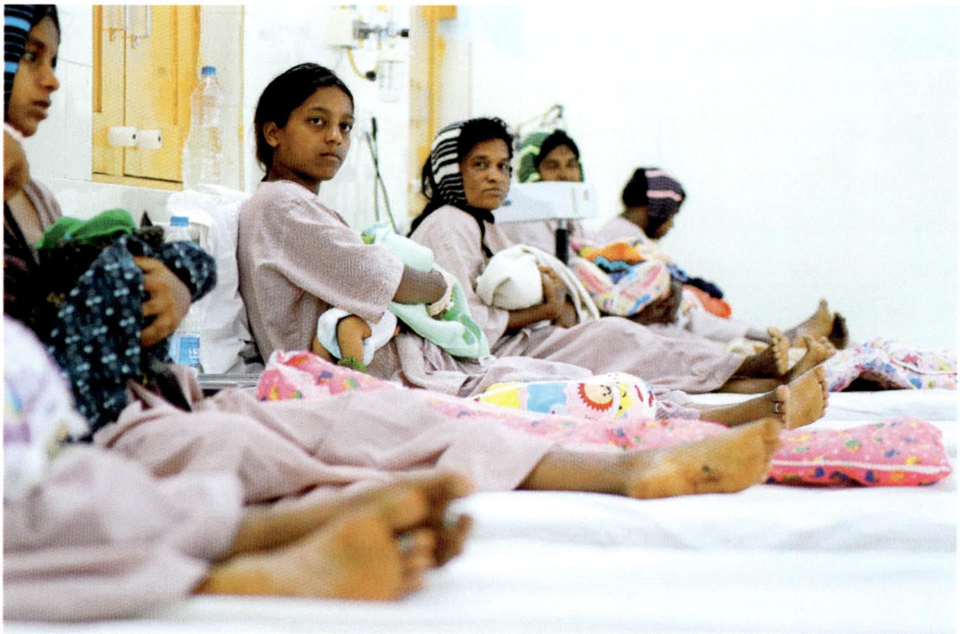

Anna LoFi/Shutterstock

Mães seguram seus bebês recém-nascidos em maternidade em Kalyandurg (Índia), 2018. A Índia é o país que tem a segunda maior população do mundo, atrás apenas da China. O país tem apresentado queda na taxa de fecundidade.

Segundo a ONU, a taxa média de fecundidade necessária para a reposição da população sem que haja decréscimo demográfico é de 2,1 filhos por mulher. Os números da tabela a seguir mostram que, enquanto em muitos países a taxa supera esse número, em outros ela é inferior. Nestes países, a natalidade e a entrada de imigrantes devem ser incentivadas, ou suas populações tendem a diminuir.

Caso a projeção da ONU se mantenha, até 2050 a população dos países menos desenvolvidos vai duplicar ou aumentar ainda mais e a dos países desenvolvidos ou emergentes vai decrescer.

Atualmente, o que se verifica na média mundial é uma queda dos índices de natalidade e mortalidade, embora em alguns países as taxas ainda se mantenham muito elevadas.

Crescimento demográfico em países selecionados

País	Taxa de fecundidade total (média de filhos por mulher) – 2021	Taxa média de crescimento vegetativo anual (%) – 2015-2020
Níger	6,6	3,8
Angola	5,3	3,3
Índia	2,2	1,0
Brasil	1,7	0,8
Estados Unidos	1,8	0,7
China	1,7	0,5
Alemanha	1,6	0,5
Japão	1,4	–0,2
Portugal	1,3	–0,3
Mundo	2,4	1,1

Fonte: UNFPA. *Situação da população mundial 2021*. p. 142-146. Disponível em: https://brazil.unfpa.org/sites/default/files/pub-pdf/swop-2021-report-br_web_0.pdf. Acesso em: 9 abr. 2022.

Os investimentos em educação, sobretudo da população feminina, são fundamentais para a melhoria de todos os indicadores sociais e a redução do índice de desigualdade de gênero, como vimos na tabela *Índice de desigualdade de gênero – 2018*, da página 185.

Estudantes assistem à aula em uma escola da Indonésia, em 2021. Nesse país, a taxa de fecundidade das mulheres está em torno de 2,4 filhos, um pouco acima da taxa de reposição populacional.

Fajar Herlambang/Shutterstock

Quanto maior a escolaridade da população, de forma geral, menor é a taxa de fecundidade. Isso porque, com educação mais elevada, as pessoas têm maior acesso a informações sobre métodos contraceptivos e podem optar por ter ou não filhos. Quando uma mulher é mãe ainda na adolescência, tende a ter sua vida escolar comprometida e a sofrer consequências futuras na vida profissional. A menor taxa de escolaridade implica baixa qualificação e, consequentemente, menores oportunidades de empregos e salários mais baixos. Entretanto, mesmo com formação igual ou superior à dos homens, as mulheres ocupam menos cargos de chefia e ainda têm média salarial inferior à dos homens.

Saiba +

Fundo de População das Nações Unidas (UNFPA). Disponível em: https://brazil.unfpa.org/pt-br. Acesso em: 9 abr. 2022.

Nesta agência da ONU estão disponíveis relatórios sobre a situação da população mundial e análises sobre temas como igualdade de gênero, crianças e adolescentes, estratégias de desenvolvimento e saúde reprodutiva, entre outros.

Mundo: taxa de fecundidade e escolaridade das adolescentes e jovens

Países	Taxa de fecundidade por 1 000 meninas (entre 15 e 19 anos) – 2003-2018	Taxa de matrícula líquida no Ensino Médio (%) – 2009-2019
Japão	3	*
China	9	*
Índia	11	52
Estados Unidos	19	96
Egito	52	77
Brasil	53	85
México	71	74
Níger	154	14
Angola	163	18
Mundo	41	65

* Dado não disponível.

Fonte: UNFPA. *Situação da população mundial 2021*. p. 136 a 139. Disponível em: https://brazil.unfpa.org/sites/default/files/pub-pdf/swop2021-report-br_web_0.pdf. Acesso em: 9 abr. 2022.

Vida nas cidades e demografia

Pinar Alver/Shutterstock

Mulheres trabalhando em fábrica têxtil, em Addis Abeba (Etiópia), em 2018.

Alguns aspectos que contribuíram para a queda dos índices de natalidade e de mortalidade das populações no meio urbano são:

1. Formação, trabalho feminino e queda na taxa de fecundidade

No meio urbano, é maior o percentual de mulheres que estudam e trabalham fora de casa e desenvolvem carreira profissional. Essas mulheres podem optar por priorizar seus estudos e sua carreira e adiar a maternidade ou mesmo por não ter filhos, evitando a tripla jornada de trabalho: trabalho doméstico, trabalho da educação dos filhos e trabalho profissional, em razão de modelos culturais machistas.

2. Custo de vida mais alto

Nas cidades, o custo de vida é mais alto, pois inclui gastos maiores com alimentação, moradia, transporte, educação, etc., o que leva muitos casais a terem menos filhos, ou mesmo nenhum.

Leandro Reichert/ Shutterstock

Crianças em escola da comunidade indígena de Galilea (Colômbia). Foto de 2019.

3. Elevada expectativa de vida ao nascer

Com a urbanização, principalmente nos países em desenvolvimento, as pessoas passam a ter mais acesso a educação, saneamento básico, hospitais, farmácias e postos de saúde, o que faz com que a expectativa de vida seja maior do que no campo.

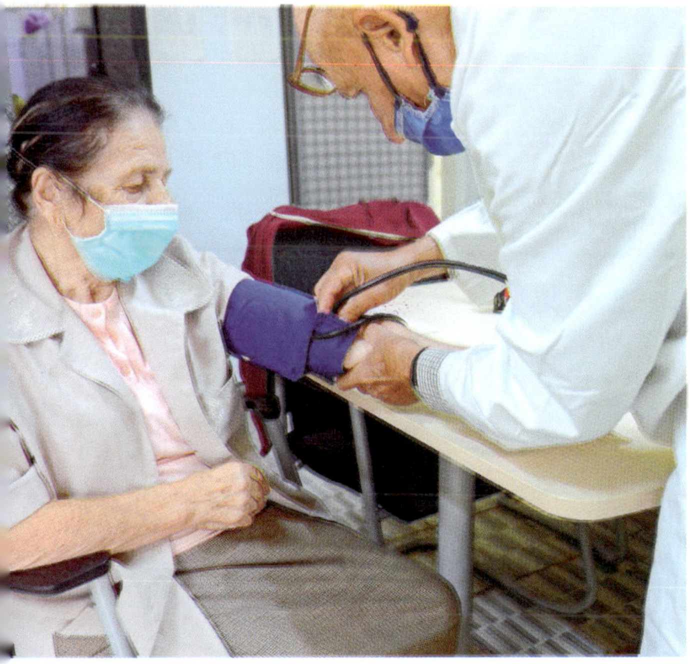

Ajdin Kamber/Shutterstock

Médico atendendo paciente idosa, em Banja Luka (Bósnia). Foto de 2020.

4. Planejamento familiar

Com a urbanização e a melhoria da educação e da assistência médica, as pessoas têm mais acesso à informação e a pílulas e outros métodos anticoncepcionais, o que permite a realização do planejamento familiar.

Reprodução/Prefeitura da Cidade de São Paulo, SP.

Cartaz da Secretaria Municipal da Saúde de São Paulo mostra os métodos contraceptivos oferecidos pelo SUS. Os métodos contraceptivos são um direito e o acesso está disponível para todos os interessados em adotar o planejamento familiar.

Atividade

4. Casar e ter filhos durante muito tempo foi o modelo cultural predominante na sociedade brasileira.

Ainda é, mas desde o fim do século passado outros modelos de vida adulta passaram a ser mais frequentes, como pessoas que decidem não se casar, outras que se casam e optam por não ter filhos, uniões homoafetivas e adoção de crianças.

a) Na sua opinião, há situações ideais ou condições mínimas para uma pessoa decidir ter filhos?

b) Como essa decisão deve dialogar com os projetos de vida das pessoas?

c) A gravidez não planejada, principalmente na adolescência, certamente traz novos desafios na vida de quem está envolvido nessa situação. Quais são os meios que podem ser utilizados para evitar esse risco?

Estrutura da população

A estrutura da população mundial deve ser analisada considerando diversos aspectos. A distribuição por número de pessoas, sexo, idade, ocupação, renda, educação, saúde e outros indicadores que expressam os aspectos quantitativos e qualitativos da organização social são importantes para ações de planejamento de investimentos tanto governamentais quanto privados.

Para fins didáticos, vamos dividir o estudo da estrutura da população em quatro categorias, que mostram informações sobre demografia, atividade econômica e qualidade de vida:

- número, sexo e faixa etária dos habitantes: esses dados, obtidos pelo censo demográfico, são expressos por um gráfico chamado **pirâmide etária**;
- distribuição da população economicamente ativa (PEA) nos três setores de atividades econômicas (primárias, secundárias e terciárias);
- distribuição da renda e do consumo;
- crescimento econômico e desenvolvimento social.

Saiba+

IBGE Explica – Pirâmide etária: uma viagem no tempo pelas características da população brasileira. Disponível em: https://www.youtube.com/watch?v=UPgR_LL0Fz0. Acesso em: 9 abr. 2022.

Para conhecer mais as pirâmides etárias e as transformações da estrutura etária da população brasileira, assista ao vídeo produzido pelo IBGE.

Pirâmide etária

A pirâmide etária, ou pirâmide de idades, é um gráfico de barras que mostra a quantidade de habitantes (em números absolutos ou relativos) e sua distribuição por sexo e idade. Pode retratar dados da população mundial de um país, estado ou município. É importante conhecer a distribuição etária da população de determinado território para o planejamento de investimentos sociais (educação, saúde, etc.) ou previdenciários. Sua visualização permite ainda inferir informações referentes à natalidade e à expectativa de vida da população, além do nível de desenvolvimento humano. Observe, nesta página e nas seguintes, pirâmides etárias e um gráfico de transição demográfica.

Pirâmide etária – Níger (2019)

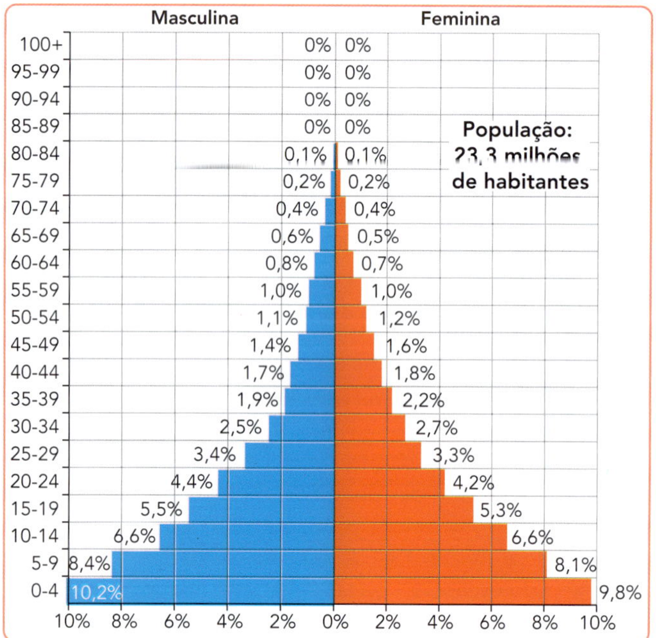

Fonte: elaborado com base em UNITED NATIONS. Population Division. *World Population Prospects 2019*. Online Edition. Disponível em: https://population.un.org/wpp/Download/Standard/Population/; NÍGER 2019. *PopulationPyramid.net*. Disponível em: www.populationpyramid.net/pt/níger/2019/. Acesso em: 9 abr. 2022.

Pirâmide etária – Brasil (2019)

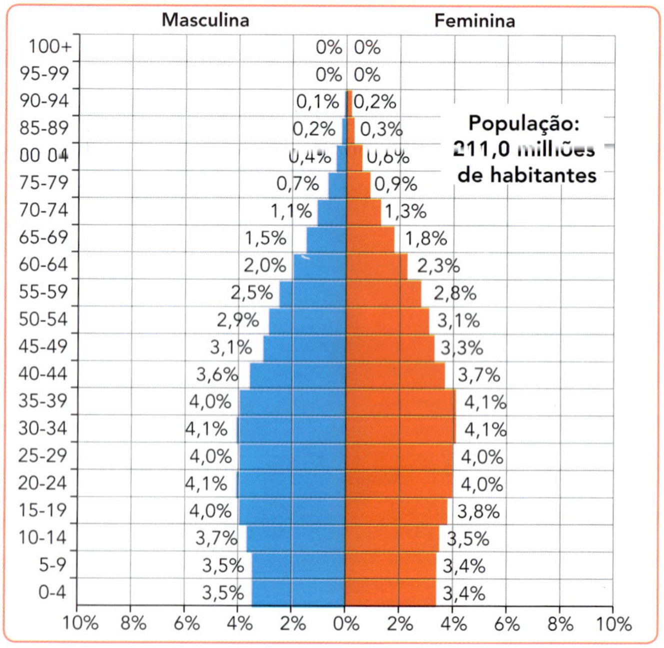

Fonte: elaborado com base em UNITED NATIONS. Population Division. *World Population Prospects 2019*. Online Edition. Disponível em: https://population.un.org/wpp/Download/Standard/Population/; BRASIL 2019. *PopulationPyramid.net*. Disponível em: https://www.populationpyramid.net/pt/brasil/2019/. Acesso em: 9 abr. 2022.

Gráficos: Fórmula Produções/Arquivo da editora

Pirâmide etária – Japão (2019)

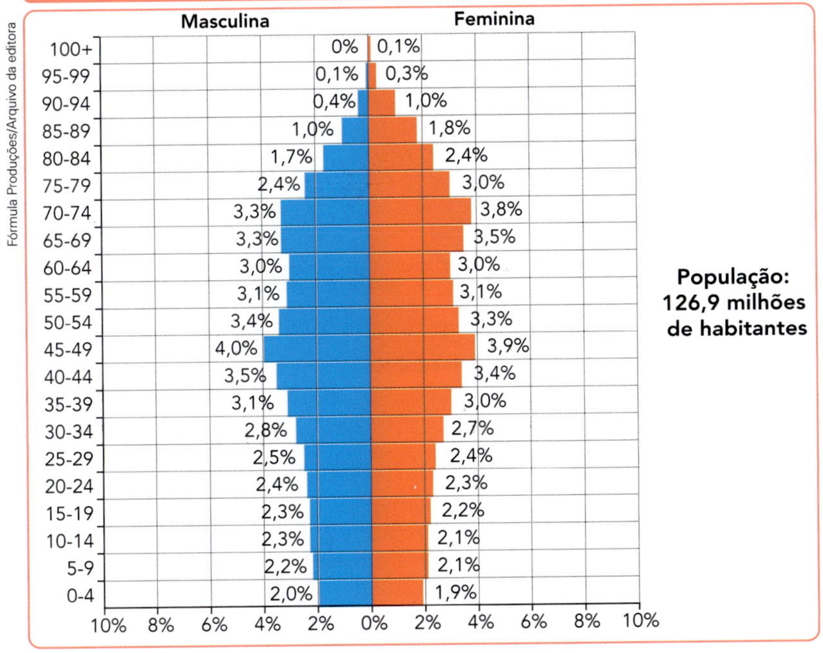

Fonte: elaborado com base em UNITED NATIONS. Population Division. *World Population Prospects 2019*. Online Edition. Disponível em: https://population.un.org/wpp/Download/Standard/Population/; JAPÃO 2019. *PopulationPyramid.net*. Disponível em: www.populationpyramid.net/pt/jap%C3%A3o/2019/. Acesso em: 9 abr. 2022.

Os cinco estágios da transição demográfica

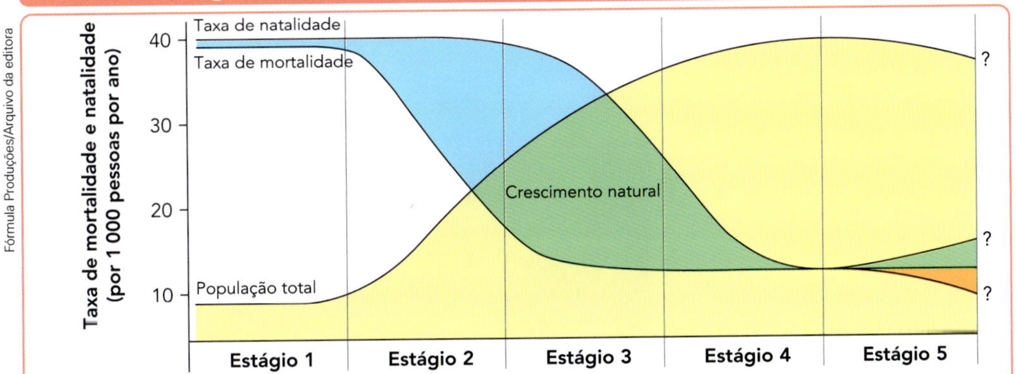

	Estágio 1	Estágio 2	Estágio 3	Estágio 4	Estágio 5
Taxa de natalidade	Alto	Alto	Caindo	Baixo	Possível queda ou possível crescimento
Taxa de mortalidade	Alto	Cai rapidamente	Cai mais devagar	Baixo	Baixo
Crescimento natural	Estável ou cresce devagar	Cresce rapidamente	Crescimento desacelera	Caindo e estabilizando	Pequena mudança
Pirâmide etária	Homem Mulher	Homem Mulher	Homem Mulher	Homem Mulher	Homem Mulher

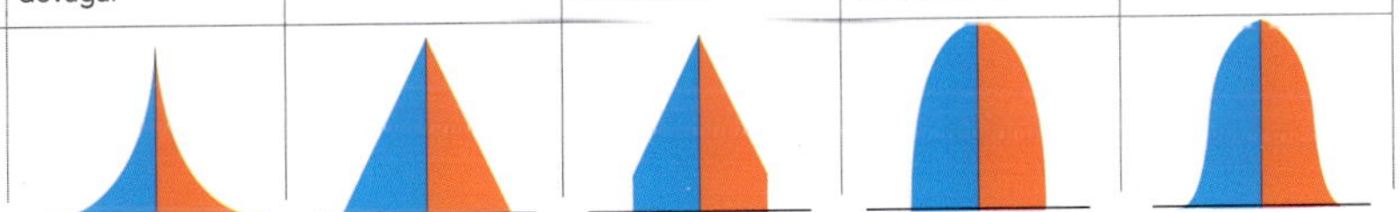

Fonte: elaborado com base em ROSER, Max; RITCHIE, Hannah; ORTIZ-OSPINA, Esteban. *World Population Growth*. *Our World In Data*, 2019. Disponível em: https://ourworldindata.org/world-population-growth. Acesso em: 9 abr. 2022.

Atividade

1. Observe as pirâmides etárias de Níger, Brasil e Japão e o gráfico de transição demográfica e faça o que é proposto.

a) Descreva as pirâmides etárias de Níger, Brasil e Japão. O que elas expressam? É possível classificar o nível de desenvolvimento humano desses países com base nelas? O que significa dizer que o Brasil vive uma situação de "bônus demográfico"?

b) Identifique grupos de países nos cinco estágios da transição demográfica. Em que estágio se encontra o Brasil? Em qual estágio um país pode precisar de mão de obra imigrante?

c) Considerando sua realidade e o lugar onde vive, você avalia que ela reflete a estatística representada na pirâmide etária brasileira?

População economicamente ativa (PEA)

As atividades secundárias (indústrias e construção civil) e terciárias (comércio e serviços) tradicionalmente são classificadas como urbanas, e as atividades primárias (agrícolas e extrativistas), como rurais.

A modernização da produção agrícola e dos sistemas de transportes e telecomunicações, verificada atualmente em diversas regiões, favoreceu a industrialização e a oferta de serviços no campo. Nas agroindústrias, as atividades secundárias (operação e manutenção das máquinas) e terciárias (administração, informática, *marketing*, etc.) têm empregado maior número de pessoas do que as primárias (preparo do solo, plantio e colheita). Além disso, a tecnologia tem permitido o desenvolvimento de agricultura urbana, sobretudo o cultivo de hortaliças em galpões fechados em meio à cidade.

Zapp2Photo/Shutterstock

A produção de vegetais em fazendas verticais em áreas urbanas já é uma realidade em alguns países, principalmente os que carecem de terras agricultáveis. Na foto, fazenda de morango em Chiangmai (Tailândia), 2018.

O setor industrial também passou por muitas transformações ao longo das últimas décadas. Até o fim dos anos 1970, a maioria dos funcionários das indústrias trabalhava em linhas de montagem. Atualmente, nas indústrias de alta tecnologia, a linha de montagem tem elevados índices de robotização e informatização e, por isso, utiliza número reduzido de trabalhadores.

savas_bozkaya/Shutterstock

Trabalhadores de um *call center* em Erzincan (Turquia), em 2018.

Já as atividades administrativas, jurídicas e as relacionadas a publicidade, vendas, alimentação, segurança e limpeza, entre outras, empregam um número crescente de mão de obra. Assim, a maioria dos empregados das indústrias de alta tecnologia está, na realidade, prestando serviços. Em razão dessa crescente inter-relação das atividades econômicas, muitos institutos de pesquisa que coletam dados em escala mundial têm agrupado as atividades econômicas em três setores: agropecuária (inclui extrativismo), indústria (inclui construção civil) e serviços (inclui o comércio).

Distribuição da PEA por setores de atividade em países selecionados – 2019

País	PEA total (milhões de trabalhadores)	Agropecuária (%)		Indústria (%)		Serviços (%)	
		homem	mulher	homem	mulher	homem	mulher
China	784,0	27,9	22,0	30,8	23,1	41,2	54,9
Índia	494,7	39,6	54,7	27,1	17,4	33,4	28,0
Estados Unidos	167,3	1,9	0,8	29,3	8,9	68,8	90,4
Brasil	107,5	12,8	4,0	27,0	10,6	60,2	85,4
Japão	68,8	3,7	3,0	32,4	13,9	63,9	83,2
Nigéria	63,2	44,5	23,6	11,3	12,9	44,3	63,6
México	57,8	17,9	3,6	30,7	17,1	51,5	79,3
Alemanha	43,9	1,5	0,8	38,7	13,9	59,7	85,3
Níger	8,4	74,8	69,5	4,8	9,4	20,4	21,2

Fonte: THE WORLD BANK. *World Development Indicators*: Labor force structure. Disponível em: http://wdi.worldbank.org/table/2.2; *World Development Indicators*: Employment by sector. Disponível em: http://wdi.worldbank.org/table/2.3. Acesso em: 9 abr. 2022.

Atividade

2. Leia os dados da tabela e responda:

a) Qual país apresenta a maior PEA? Qual é a posição do Brasil?

b) De acordo com o gênero, como estão distribuídos, de forma geral, os trabalhadores entre os três setores de atividade?

c) A que conclusões podemos chegar sobre a produtividade econômica dos países, sobretudo na agropecuária?

d) Como se configura o trabalho em sua família? Considere eventuais tios e tias, primos e primas ou ainda amigos próximos e verifique em qual segmento eles atuam, distinguindo-os por gênero.

e) Avalie em qual segmento você gostaria de atuar profissionalmente. Qual é o papel de sua família em sua escolha e possível trajetória profissional?

Distribuição da renda

A análise dos indicadores de distribuição de renda mostra que em muitos países em desenvolvimento (incluindo alguns emergentes, como o Brasil) há grande concentração da renda nacional bruta nas mãos de pequena parcela da população, enquanto nos desenvolvidos de forma geral ela está mais bem distribuída. Por exemplo, no Brasil, um dos países de maior desigualdade social do mundo, os 10% mais ricos da população detêm 42,5% da renda nacional, enquanto os 10% mais pobres ficam com apenas 1% da riqueza produzida internamente (Banco Mundial, 2018). No outro extremo está o Japão, um dos países de menor desigualdade social, onde os 10% mais ricos da população se apropriam de 26,4% da renda nacional, enquanto os 10% mais pobres ficam com 2,9% (Banco Mundial, 2013). O que faz a renda ser tão concentrada no Brasil?

Além do baixo grau de escolaridade, dos baixos salários, da dificuldade de acesso à propriedade regular (urbana ou rural) e das causas históricas da origem da desigualdade social (como o escravismo), há vários fatores que colaboram com a atual concentração da renda, como: mau direcionamento de investimentos públicos e privados; definição de políticas econômicas pela força de atuação de grupos mais acessíveis ao poder governamental estabelecido; **sistema tributário** (os impostos indiretos pesam mais para os mais pobres); e **inflação** (quase sempre não repassada integralmente aos salários). Esses últimos fatores aplicam-se a muitos outros países.

No Brasil, o índice oficial para medir a inflação é o Índice Nacional de Preços ao Consumidor (IPCA), medido pelo IBGE. Esse índice é composto de muitas variáveis – alimentação, moradia, transporte, vestuário, educação, saúde, lazer, serviços públicos; portanto, varia para as diferentes faixas de renda.

Vamos comparar o efeito da inflação para duas pessoas: uma com salário mensal de R$ 1 500,00 e outra com salário de R$ 15 000,00. Para simplificar a comparação e facilitar o entendimento, vamos considerar apenas o efeito do item alimentação sobre essas duas faixas de renda.

A pessoa que ganha R$ 1 500,00 gasta R$ 500,00 com alimentação, o que corresponde a 33,3% de seu salário. Quem ganha R$ 15 000,00 pode gastar, por exemplo, quatro vezes mais (R$ 2 000,00) e, mesmo assim, despender com alimentação apenas 13,3% de sua renda mensal. Se os gastos com alimentação sofrerem um aumento de 50%, o índice de inflação será de 16,66% para quem ganha R$ 1 500,00 (ou seja, R$ 250,00 a mais do que gastava: 250/1 500 × 100 = 16,66%), mas apenas de 6,66% para quem ganha R$ 15 000,00 (R$ 1 000,00 a mais do que gastava: 1 000/15 000 × 100 = 6,66%). Como o governo divulga um índice oficial de inflação, o IPCA, válido para todas as faixas de renda em todo o território nacional, perdem mais aqueles que ganham menos.

Saiba+

IBGE Explica – O que é inflação. Disponível em: https://www.youtube.com/watch?v=JVcDZOIIMBk. Acesso em: 9 abr. 2022.

O vídeo produzido pelo IBGE explica o que são os índices INPC e IPCA, para que servem e como o IPCA é usado no cálculo da inflação do país.

Além disso, os tributos indiretos, pagos no consumo de bens e serviços, pesam relativamente mais para os pobres. Por exemplo, um trabalhador que ganha R$ 10 000,00 por mês e compra um fogão que custa R$ 300,00, dos quais R$ 100,00 correspondem a impostos indiretos, compromete 1% de seu salário em impostos; já o trabalhador que ganha R$ 1 000,00 por mês despenderá, pelo mesmo fogão, 10% de seu salário apenas com impostos.

Outro fator preponderante para a desigualdade social é que no Brasil, assim como em muitos países em desenvolvimento, os serviços públicos em geral são muito precários. Os filhos de trabalhadores de baixa renda dificilmente têm acesso a sistemas eficientes de educação, constituindo, na maioria dos casos, mão de obra com baixa qualificação e mal remunerada, o que dificulta o rompimento do círculo vicioso da pobreza.

Brasil e alguns países da OCDE*: carga tributária – 2018

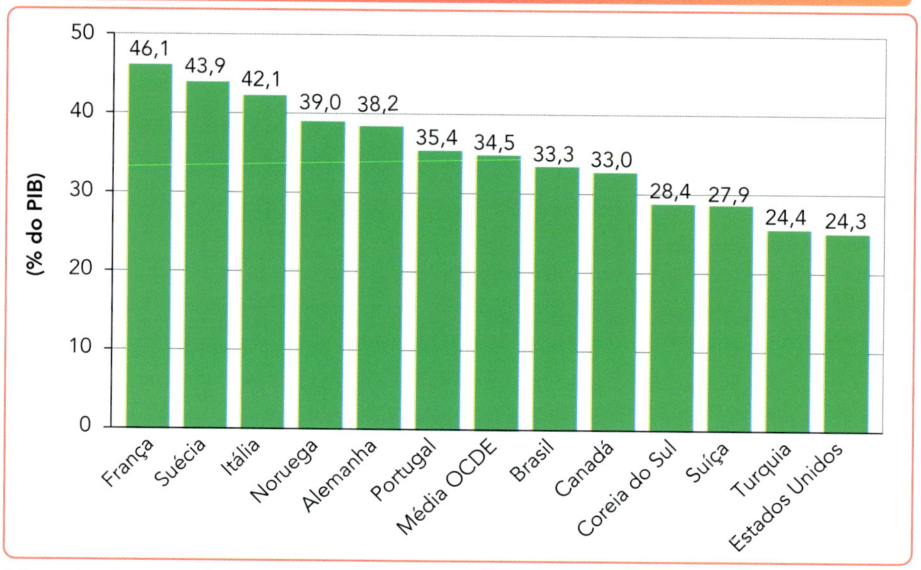

Fórmula Produções/Arquivo da editora

* Organização para a Cooperação e o Desenvolvimento Econômico.

Fonte: elaborado com base em RECEITA FEDERAL. *Carga tributária no Brasil 2019*: análise por tributos e bases de incidência. Brasília, DF, jul. 2020. p. 11. Disponível em: www.gov.br/receitafederal/pt-br/acesso-a-informacao/dados-abertos/receitadata/estudos-e-tributarios-e-aduaneiros/estudos-e-estatisticas/carga-tributaria-no-brasil/ctb-2019-v2-publicacao.pdf. Acesso em: 9 abr. 2022.

Atividade

3. Os debates sobre a carga tributária no Brasil são intensos, e as opiniões costumam ser bastante polarizadas, revelando diferentes compreensões do papel do Estado na regulação da vida em sociedade. Os tributos são um percentual monetário sobre renda, lucro, propriedades, bens e serviços que o Estado cobra das empresas e dos cidadãos para financiar suas atividades, que, teoricamente, devem servir a toda a sociedade. Isso suscita algumas questões para reflexão: Que serviços devem ser públicos, isto é, financiados pelo Estado? Qual é o percentual tributário necessário para financiá-los e como eles são geridos? De modo geral, como se observa no gráfico anterior, países que contam com elevado nível de desenvolvimento humano, com boas condições de vida, têm alta carga tributária, porém retornam à sociedade serviços públicos de boa qualidade, caracterizando o chamado Estado de bem-estar social.

Organizados em roda, apresentem as opiniões de vocês sobre quais serviços deveriam ser de responsabilidade do Estado e expliquem por que e como financiá-los. Vocês consideram que a carga tributária brasileira é alta ou baixa? Ela é compatível com os serviços públicos oferecidos aos cidadãos?

Diálogos

- A Reforma da Previdência, aprovada no Brasil no fim de 2019, estabelece a idade mínima para aposentadoria de 62 anos para mulheres e 65 anos para homens. Tendo em mente esses dados, observe o mapa a seguir e responda às atividades propostas.

São Paulo: idade média ao morrer – 2021

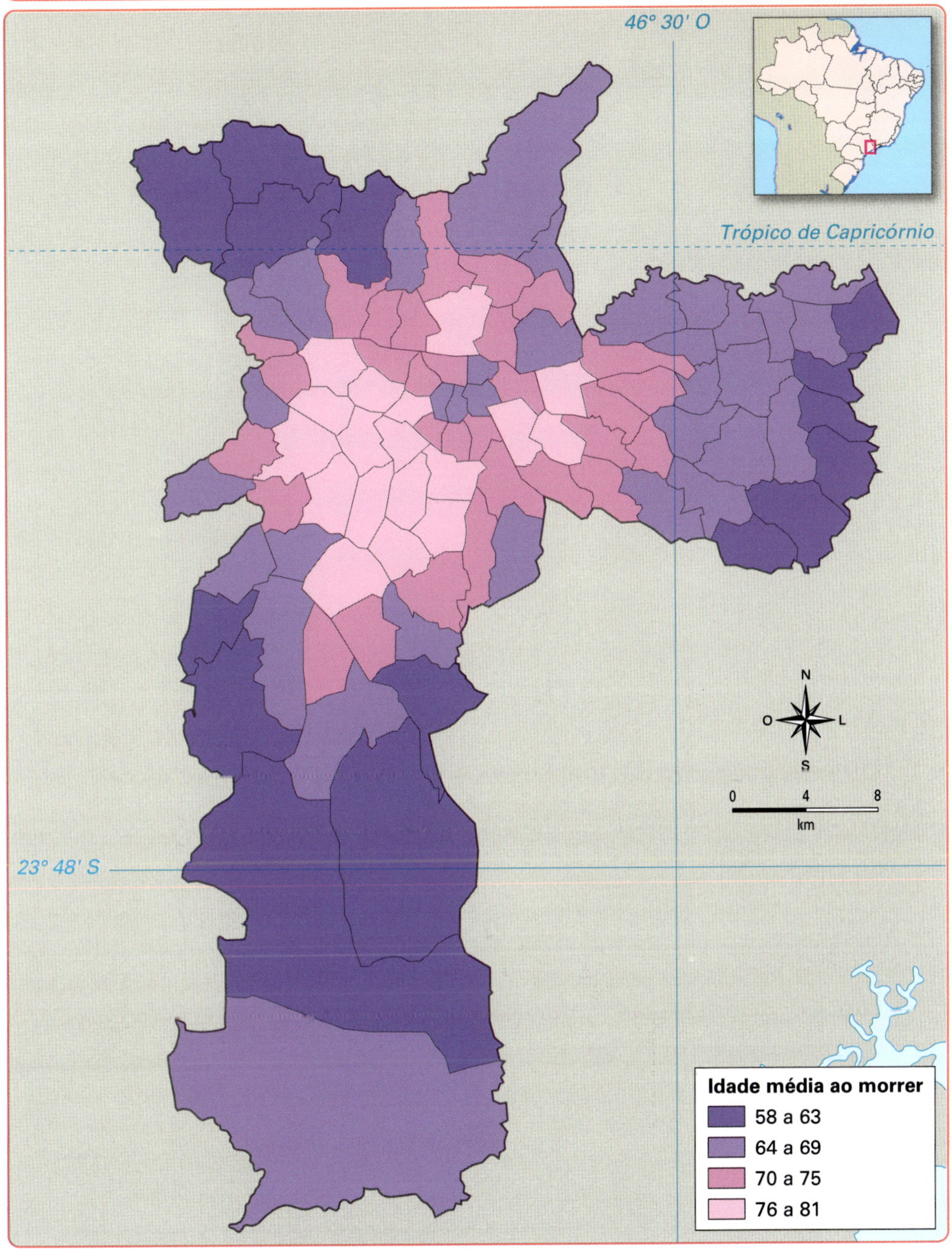

Banco de imagens/Arquivo da editora

Fonte: elaborado com base em REDE Nossa São Paulo. Mapa da desigualdade 2021. *In*: Disponível em: www.nossasaopaulo.org.br/wp-content/uploads/2021/10/Mapa-Da-Desigualdade-2021_Mapas.pdf. p. 37. Acesso em: 26 out. 2021.

a) Em que regiões da cidade de São Paulo a idade média ao morrer é menor do que a necessária para que os trabalhadores se aposentem?

b) Compare a localização, na cidade, dos bairros com a maior e a menor idade média ao morrer em 2021. Existe uma relação entre esses dois dados? Qual?

c) Em sua opinião, as idades estabelecidas pela Reforma da Previdência são adequadas à realidade da população brasileira? Por quê?

Espaço é poder

Mitch Hutchinson/Shutterstock

Ao longo da História, muitos territórios foram dominados. Ainda hoje, essa é uma situação que provoca diversos conflitos.

O território sob domínio de cada Estado é um fator de poder. Durante muito tempo e até pouco depois da Segunda Guerra Mundial (1939-1945), essa foi a principal perspectiva da **Geopolítica**, que passou a incorporar outros elementos de análise sobre a disputa pelo poder em razão da transformação da racionalidade técnica e econômica do mundo.

A apropriação do espaço, ou seja, a capacidade de mobilizar recursos naturais, **capital humano** e **capital técnico** existentes e de tirar proveito de sua localização estratégica, transforma seu **poder potencial** em **poder efetivo**. Nas palavras do geógrafo brasileiro Milton Santos (1926-2001):

> As configurações territoriais são o conjunto dos sistemas naturais, herdados por uma determinada sociedade, e dos sistemas de engenharia, isto é, objetos técnicos e culturais historicamente estabelecidos. As configurações territoriais são apenas condições. Sua atualidade, isto é, sua significação real, advém das ações realizadas sobre elas.
>
> SANTOS, Milton; SILVEIRA, María Laura. *O Brasil*: territórios e sociedade no início do século XXI. Rio de Janeiro: Record, 2001. p. 248.

Capital humano: conjunto de conhecimentos, experiências e capacidades que permitem às pessoas realizar atividades com diferentes graus de complexidade.

Capital técnico: conjunto de objetos e meios que permitem às pessoas realizar atividades com diferentes graus de complexidade.

Portanto, os atributos espaciais devem ser avaliados em conjunto e de acordo com o contexto histórico, que altera a relevância deles. Também dependem da capacidade financeira e técnica da sociedade. Leia a seguir outra explicação dada por Milton Santos sobre o entendimento dos fenômenos sociais por meio do espaço:

Objetos geográficos

> Os objetos que interessam à Geografia não são apenas objetos móveis, mas também imóveis, tal uma cidade, uma barragem, uma estrada de rodagem, um porto, uma floresta, uma plantação, um lago, uma montanha. Tudo isso são objetos geográficos. Esses objetos geográficos são do domínio tanto do que se chama a Geografia Física como do domínio que se chama a Geografia Humana e através da história desses objetos, isto é, da forma como foram produzidos e mudam, essa Geografia Física e essa Geografia Humana se encontram.
>
> SANTOS, Milton. *A natureza do espaço*: técnica e tempo, razão e emoção. São Paulo: Hucitec, 1996. p. 59.

Atividades

1. Na terminologia de Milton Santos, os objetos naturais seriam aqueles originados pela força da natureza, e os objetos técnicos, aqueles que resultam da ação humana. Destaque os principais objetos naturais e técnicos presentes no município onde você mora. Dos objetos técnicos citados, quais são os mais antigos e que permanecem na paisagem do município? Eles mantêm suas funções originais?
2. Como você avalia a quantidade de objetos técnicos no município em que você vive? Eles são numericamente maiores que os objetos naturais e ocupam uma área maior? E em comparação com as cidades vizinhas?

Conceitos relacionados ao espaço geográfico

Alguns conceitos são **polissêmicos**, ou seja, têm diferentes significados. Variam ao longo da História e de acordo com o tema estudado e dependem da fundamentação teórico-metodológica de quem os utiliza. Além disso, muitos conceitos são expressos por palavras comuns do dia a dia, o que pode dificultar sua compreensão, tomando coisas diferentes como sinônimas. Então, para evitar que isso ocorra, é necessário diferenciar e organizar os principais conceitos utilizados no estudo e na interpretação do **espaço geográfico**, isto é, seus recortes analíticos: lugar, região e território.

À medida que as sociedades transformam a natureza, produzem e organizam o espaço geográfico. Uma parte dessas transformações materializa-se nas paisagens; outra parte, não (aquilo que é imaterial). Então, podemos dizer que o espaço geográfico é formado tanto pela sociedade quanto pela paisagem, esta última permanentemente apropriada e transformada pelo trabalho humano. É um conjunto de fixos (ruas, edifícios, rios, morros, etc.) e fluxos (informações, leis, ordens, capital, etc.), agindo uns sobre os outros, dando sentido ou, ainda, transformando uns aos outros.

Lugar é a parcela do espaço geográfico na qual as pessoas se relacionam e estabelecem laços afetivos com parentes, amigos, colegas, vizinhos, etc. e com a paisagem. É no lugar que são construídas as relações de cooperação e de conflito e é nele que desenvolvemos nossa identidade cultural e territorial.

Dado Photos/Shutterstock

Os locais frequentados no dia a dia são aqueles que definem o lugar vivido pela pessoa que ali transita com facilidade e identifica sua localização e as distâncias dos demais locais que conhece e frequenta. Praça em Salvador (BA). Foto de 2021.

Região pode ser conceituada como determinada área da superfície terrestre com extensão variável e características próprias que a diferenciam de outras regiões, de acordo com o critério utilizado para sua definição. A região pode ser **natural**, quando o critério de distinção é a paisagem natural; ou **geográfica**, se a diferenciação for política, econômica, social ou cultural. Apesar de ser uma área que compreende certa especificidade, não é necessariamente homogênea, ou seja, internamente há particularidades.

Brasil: divisão regional, segundo o IBGE

Banco de imagens/Arquivo da editora

Fonte: elaborado com base em IBGE. *Atlas geográfico escolar*. 8. ed. Rio de Janeiro, 2018. p. 94.

No passado, as regiões eram relativamente isoladas e os estudos de Geografia regional eram dominantes. Essa linha de estudo foi inaugurada pelo geógrafo Paul Vidal de La Blache (1845-1918), ao analisar as regiões da França. Entretanto, com os avanços da globalização e da sociedade informacional, em um mundo organizado em redes, as regiões modernizaram-se e passaram a estabelecer cada vez mais relações entre si, reduzindo o isolamento e as diferenças que havia entre elas.

Território, na definição da Geografia Política clássica, é o recorte espacial definido por limites e divisas (e suas zonas de fronteira), sob o controle de um poder instituído – o Estado nacional e suas esferas subnacionais. Trata-se da projeção espacial da soberania do Estado, onde este mantém sua autoridade. Entretanto, é também um referencial identitário.

Atividade

3. Qual é o critério adotado para a divisão regional feita pelo IBGE? Pense em outras possibilidades de regionalizar o Brasil, considerando outros critérios. Em que região do Brasil, segundo a classificação do IBGE, está localizada a escola em que você estuda? Você está em alguma outra região com área menor do que a do IBGE? Que critério foi utilizado para a definição dessa outra região? Você se identifica mais com qual dessas duas regiões? Existe algum regionalismo (sentido de identidade, de pertencimento a uma região) no lugar em que você vive?

Territorialidade

Segundo o geógrafo **Robert David Sack** (1944-), em seu livro *Human territoriality*, a territorialidade é uma estratégia humana que influencia e controla o uso social do espaço. Dependendo desse uso, podemos identificar diferentes relações espaciais caracterizadas por um senso de identidade afetiva e cultural, de exclusividade territorial e de interação com outros grupos.

SACK, Robert David. *Human Territoriality*: its Theory and History. New York: Cambridge University Press, 1986.

Nesse livro, Sack afasta o conceito de territorialidade das Ciências Naturais – seu campo de origem – ao demonstrar a maior complexidade desse fenômeno entre os seres humanos e as sociedades. Os animais agem por instinto ao defender seus territórios, e os humanos têm motivações políticas, econômicas, culturais e simbólicas. Assim, ele define a territorialidade humana como um comportamento espacial, isto é, uma estratégia de indivíduos ou grupos para exercer o poder sobre uma área do espaço geográfico, a fim de **territorializá-la**, ou seja, exercer nela seu domínio e influência, mostrar quem é o líder, distinguindo-a das demais e até mesmo determinando quem pode e quem não pode frequentá-la.

Em ambientes urbanos, por exemplo, é possível identificar na paisagem marcas que indicam a situação de determinado território, por exemplo, se é uma área em conflito latente ou de domínio consolidado de algum grupo ou instituição. Tamanho e tipo das habitações, arborização, configuração dos arruamentos e natureza dos fluxos que essas áreas sustentam facilmente nos dizem qual classe social domina determinado território. **Grafites** e **pichações**, para aqueles que entendem esse tipo de registro, indicam quais são os grupos mais atuantes em determinados bairros, sendo que grupos rivais podem se desafiar ao deixar marcas em muros e paredes do território "inimigo".

A **identidade afetiva** consiste nas manifestações de amizade, cooperação e solidariedade entre pessoas afins. O senso de exclusividade decorre do impulso de repelir pessoas "estranhas" a um espaço identitário. Já a interação entre grupos promove aproximações com o objetivo de obter benefícios recíprocos. Dessa forma, ampliando a definição que vimos anteriormente, o território pode ser pensado não como uma simples delimitação de área sob o controle de um poder instituído, notadamente o Estado nacional, mas como o espaço no qual indivíduos e grupos sociais exercem sua territorialidade com a intenção de influenciar ou controlar recursos e pessoas.

A territorialidade pode ser exercida em diversas escalas geográficas e pode sofrer sobreposições. A **territorialidade estatal**, por exemplo, manifesta-se no território nacional, onde há outras territorialidades em ação, as quais, em alguns casos, entram em confronto com o Estado. A ação de um grupo guerrilheiro ou separatista para controlar parte do território nacional, por exemplo, é um tipo de territorialidade que se choca com o poder instituído do Estado e pode resultar em conflito armado.

Rogerio de Santis/Futura Press

A abertura do Parque Augusta, em São Paulo (SP), foi defendida por diversos grupos da sociedade civil, principalmente pelos mais jovens. Nos muros, é possível ver as marcas desses grupos sobre esse espaço urbano. Foto de 2017. O parque foi inaugurado e aberto para a população em 6 de novembro de 2021.

A ação de um grupo criminoso para controlar atividades ilícitas em uma área do território municipal ou do território metropolitano também é um exemplo de territorialidade que confronta o Estado, em suas esferas municipal e estadual (eventualmente, a esfera federal também pode ser acionada para controlar a segurança pública, como aconteceu na intervenção federal no Rio de Janeiro, em 2018, sob o comando do Exército Brasileiro). Essa situação gera violência e vítimas fatais dos dois lados do conflito, tanto entre membros do grupo criminoso como entre membros das forças de segurança que o combatem. Pode haver choque de territorialidades entre grupos criminosos rivais pelo controle do território, situação que também gera muita violência.

A população que vive nesse contexto socioterritorial sofre as consequências da violência, como frequentemente é noticiado pelos meios de comunicação – um exemplo são as vítimas de "balas perdidas".

Mas nem toda constituição de territorialidade é violenta. Muitas territorialidades identitárias buscam apenas influenciar parte do território ou exercer controle sobre ele em benefício de determinado grupo social, em busca de autoafirmação. São espaços de interesses culturais e de identidades comuns. Muitos jovens, por exemplo, reivindicam o uso do território, sobretudo o urbano, no qual vive a maioria da população, para diversos fins: praticar esportes (*skatistas*, ciclistas, corredores), apresentar e ouvir músicas ou festejar e dançar (duelo de MCs no *rap*, *raves* e festivais de música eletrônica, bailes *funk*), entre outros. Em 1985, o sociólogo francês **Michel Maffesoli** (1944-) chamou esses grupos que compartilham interesses e valores comuns de "tribos urbanas". E essas "tribos" costumam se socializar em partes específicas do espaço urbano, que são por elas apropriadas, territorializadas.

MAFFESOLI, Michel. *O tempo das tribos*: o declínio do individualismo nas sociedades de massa. 5. ed. São Paulo: Forense Universitária, 2014.

Abrahao do Carmo Bonfim/ Shutterstock

Jovem fazendo manobra com *skate* em Aracaju (SE), em 2018. Os jovens da "tribo" dos *skatistas*, ao darem um uso comum a esse espaço urbano, territorializam-no. Isso, no entanto, não se dá sem algum conflito com outros usuários desse mesmo espaço.

Atividades

1. Qual é a importância da música para você? Você apenas escuta música ou também compõe e canta? Ela serve para reivindicação, protesto ou apenas diversão?
2. O *rap* e o *funk* fazem parte do seu universo de interesses ou no local em que você vive outro gênero musical é mais importante para os jovens?
3. Na sua opinião, existe preconceito contra algum gênero musical? Há algum tipo de música ou artista com o qual o seu grupo não se identifica ou, ainda, seja contrário? Se sim, por qual motivo?

Saiba+

***Lemon Tree*.** Direção: Eran Riklis. Israel, Alemanha e França, 2008. 106 min.

O longa-metragem discute questões de território e territorialidade (o direito ao território), tendo como pano de fundo a tensa relação entre Israel e Palestina.

Territorialidade e comunicação

A disputa pelo poder territorial, ou seja, para saber quem exerce domínio sobre determinada parte do espaço geográfico, é um tema que permanece atual. Dividir a terra (solo) sempre foi motivo de muitas guerras.

No Brasil, a chegada dos europeus, com seus projetos de anexação e transformação do território, causou impacto na vida de muitos povos que viviam aqui. Após a independência do país, o Estado brasileiro gradativamente estimulou a interiorização de suas fronteiras por meio da tecnificação do território (com a instalação de estradas e hidrelétricas, por exemplo), do financiamento de empreendimentos privados e da adequação da legislação. Isso levou muitos migrantes a terras onde até então predominava o ritmo da natureza e que eram ocupadas por povos originários. Porém, essas medidas não encerraram o processo de "descobrimento do Brasil".

Sobre isso, leia o trecho de uma entrevista com Ailton Krenak (1953-), uma das lideranças indígenas mais importantes da atualidade:

Marcelo Camargo/Agência Brasil

Indígena em curso de Informática na "Oca Digital" durante os Jogos Mundiais dos Povos Indígenas, em Palmas (TO). Foto de 2015.

> [...] Antes se botava fogo na maloca ou matava um coletivo inteiro, mas isso não era nem notícia. Nos seringais antigos as pessoas sumiam; a notícia não saía nem no jornal do seringal. Nas pequenas vilas, nos primeiros assentamentos que estavam começando a colonizar na Amazônia, os madeireiros e os caçadores invadiam, botavam fogo e pronto. Hoje, temos comunidades indígenas de Norte a Sul do País interagindo e em uma rede ativa de informação e mobilização. Nós aumentamos nossa capacidade de resistir e mobilizar e estamos mais capacitados para enfrentar isso do que no passado. Assim, fica parecendo uma contradição, porque você vai dizer: "Não piorou?" E eu vou te dizer: "Não, não piorou". Estaria pior se a gente não tivesse conseguido se apropriar desses meios de comunicação que os brancos sempre dominaram. Então, antes da gente constituir uma narrativa, a gente teve que constituir uma tecnologia dos brancos. Eu lembro que há 30 anos o que as nossas aldeias tinham eram rádios-comunitárias e o rádio era um veículo sujeito a todo tipo de barreira. De ficar sem sinal, sem comunicação; às vezes uma semana ou um mês inteiro esperando ir lá um técnico trocar uma bateria ou algo do tipo. Hoje, a velocidade com que um evento sai de um lugar e chega a algum outro lugar do mundo... quando alguém chega comigo e fala: "Ah, um lugar remoto da Amazônia". Eu falo: "Remoto para você, porque para quem vive lá, quem está remoto é você". [...]

KRENAK, Ailton. "Não é a primeira vez que profetizam nosso fim; enterramos todos os profetas", diz Ailton Krenak. [Entrevista cedida a] Elaíze Farias. *Amazônia Real*, 11 fev. 2020. Disponível em: https://amazoniareal.com.br/nao-e-a-primeira-vez-que-profetizam-nosso-fim-enterramos-todos-os-profetas-diz-ailton-krenak/. Acesso em: 13 jun. 2022.

Atividades

4. Você provavelmente dedica parte de seu tempo para navegar na internet. Essa tecnologia, diferentemente de outras, possibilita maior protagonismo das pessoas, seja por meio de interação, até mesmo entre desconhecidos, seja por meio da veiculação de conteúdos próprios, que podem "viralizar" na rede – para utilizar um termo comum desse meio de comunicação. Em sua opinião, o que leva as pessoas a alimentar as redes sociais, por exemplo, com opiniões e conteúdos próprios? E quais são as consequências disso para o mundo material e para as pessoas?

5. Como ficam os territórios em tempos de grandes avanços da tecnologia, por exemplo, nos meios de transporte e de comunicação? Eles perdem sua importância? No futuro não haverá disputas e batalhas pela dominação de territórios, fato que marcou toda a História?

Conexões Ciências da Natureza e suas Tecnologias

Homem mestiço, obra do pintor Albert Eckhout, produzida no século XVII.

A transformação dos territórios ao longo da História influenciou a produção artística. Leia o texto a seguir, sobre a produção artística no Brasil ao longo do século XIX.

> As expedições artísticas e científicas, em geral organizadas e integradas por estrangeiros, têm no Brasil do século XIX o seu momento de expansão. Ao longo do período colonial brasileiro, a descoberta e a pesquisa científicas realizam-se de modo esporádico – com exceção do governo de Maurício de Nassau (1604-1679), em Pernambuco (1637-1644), que atrai para Recife sábios e artistas estrangeiros –, no século XIX tem início um processo mais sistemático de estudo e pesquisa da flora, fauna, geografia e vida social do país. O ano de 1808 é considerado um marco na história da investigação científica nacional em função da vinda de dom João VI (1767-1826) e da corte portuguesa ao Rio de Janeiro. A abertura dos portos brasileiros nesse ano traz a alteração do estatuto colonial que restringe as viagens de estrangeiros pelo país. Desde então, expedições artísticas e científicas são realizadas para registrar e coletar espécimes naturais e objetos, sendo que parte deles é encaminhada a museus e instituições europeias. Tem início um ciclo de viagens e missões científicas que, ao lado das instituições culturais criadas pelo governo português instalado na colônia – Jardim Botânico, Biblioteca Nacional e Academia Imperial de Belas Artes (Aiba), entre outras –, dão novo impulso ao desenvolvimento artístico e científico no Brasil. [...]

EXPEDIÇÕES artísticas e científicas do século XIX. In: ENCICLOPÉDIA Itaú Cultural de Arte e Cultura Brasileiras. São Paulo: Itaú Cultural, 2020. Disponível em: http://enciclopedia.itaucultural.org.br/termo3783/expedi%C3%A7%C3%B5es-artist%C3%ADcas-e-cient%C3%ADficas-do-s%C3%A9culo-xix. Acesso em: 9 abr. 2022.

Cachoeira de Paulo Afonso, obra do pintor Frans Post, criada em 1647.

Dança dos Tarairiu (Tapuias), obra do pintor Albert Eckhout, realizada no século XVII.

- Escreva um pequeno texto analisando a importância das obras dos chamados "Artistas viajantes" no desenvolvimento de políticas colonizadoras pela metrópole.

Territorialidades e culturas juvenis

Como vimos, em uma mesma cidade ou comunidade, existem territorialidades que se manifestam por meio de tipos de trabalho, afinidades musicais, reuniões festivas, formas de lazer, esportes (futebol, surfe, *skate*, etc.). Cada uma dessas manifestações constrói identidades que unem pessoas em determinado grupo, que, por vezes, disputa fronteiras com grupos considerados rivais.

Essa característica é observada com frequência entre os jovens em razão dos papéis sociais que ocupam e da atual importância de pertencimento a um grupo, principalmente entre as pessoas dessa faixa etária. Os jovens territorializam parcelas do espaço geográfico quando as frequentam e se apropriam delas.

O que há em comum na vida de uma jovem ou de um jovem de 15 anos que vive em Nova York, Paris, Tóquio, Cidade do Cabo ou Recife? Certamente, muitas coisas: convivem com muitas pessoas, dividindo o mesmo espaço; transitam por paisagens formadas por variados objetos artificiais, como edificações de alvenaria, ferro e vidro, ruas asfaltadas e com semáforos que regulam o fluxo de veículos e pedestres, instituições com regras e horários de funcionamento, como escolas, comércio, cartório, bancos, bares e restaurantes.

DerekTeo/Shutterstock

Jovens reunidos na rua Takeshita, em Tóquio (Japão). Foto de 2019.

trabantos/Shutterstock

Jovens no centro histórico da cidade de Alicante (Espanha). Foto de 2016.

Atividades

1. Compare as paisagens urbanas representadas nas duas fotografias. Identifique o que há de semelhante e de diferente nelas. Considere os objetos materiais, como arquitetura e arruamento, e o que se passa nesses lugares, quem os frequenta e com qual finalidade.
2. Há algo nessas fotografias que as associam a um país específico ou essas cenas poderiam transcorrer em muitos outros locais? Explique.
3. Perto de onde você vive há paisagens semelhantes a essas ou locais com as mesmas finalidades? Se possível, faça diversos registros fotográficos desse local, variando dia e horário, e compartilhe-os em um grupo exclusivo da turma criado em alguma rede social; comente a variedade de fluxos e funções desse local.

Saiba +

Nunca me sonharam. Direção: Cacau Rohden. Brasil, 2017. 84 min.

Documentário com relatos sobre as expectativas e os sonhos das juventudes brasileiras. Estudantes, educadores e especialistas refletem sobre a importância da educação para os jovens do país.

Se um morador urbano, da sua faixa etária, for levado a uma dessas cidades, pode ser que encontre muitas dificuldades para se virar sozinho. Ele provavelmente enfrentaria a eventual barreira do idioma e da cultura, mas saberia quando atravessar a rua, onde conseguir comida e, talvez, onde pode ou não andar, pois faria uma possível leitura da paisagem e interpretaria o território urbano, pelo menos em parte.

Se você é morador de uma cidade média ou grande, não teria dificuldade em reconhecer na paisagem das cidades citadas as marcas que indicam aonde ir para atender a alguma necessidade. Porém, seria assim tão fácil identificar com clareza as distintas territorialidades que coexistem nesse espaço urbano ainda desconhecido? Algumas, sim. Outras, não. Há ruas especializadas em oferecer entretenimento para jovens, parques com pistas de *skate* e praias turísticas repletas de surfistas. Mas, no início, você provavelmente sentiria um estranhamento, um sentimento de não pertencimento àquele lugar e eventualmente insegurança, pois ainda não é o "seu" território.

Ao passar mais tempo em um mesmo lugar, depois de conhecer pessoas e ir com mais frequência a certos locais, você vai se apropriando deles, territorializando-os – isso demanda tempo e vivência. Em muitos casos, até adota vocabulário, hábitos e vestuário que o identificam com a cultura local, ou seja, você **mimetiza** aqueles que são os "donos do pedaço" e passa a sentir que o território lhe pertence também, o que é atestado pelo reconhecimento de seus pares, que o aceitam e não o veem mais como um estranho.

Mimetizar: adquirir determinada forma por meio da adoção de comportamentos e identidades visuais de modo a fazer parte de um grupo.

Culturas juvenis

Para **Maria Zenaide Alves** e **Igor Oliveira**, "culturas juvenis são formas em que as experiências juvenis se expressam de maneira coletiva por meio de diferentes estilos de vida". Pensar no modo como o jovem se insere nos territórios é pensar no sujeito como um todo: os lugares que frequenta, as roupas que usa, a música que ouve, o emprego que tem ou que busca, a escola que o acolhe ou não, a vida com a família de origem, etc.

ALVES, Maria Zenaide; OLIVEIRA, Igor. Juventudes e territórios: o campo e a cidade. *In*: *Curso de Atualização Juventude Brasileira e Ensino Médio Inovador* – JUBEMI. Módulo V, Eixo Temático III. Projeto Diálogos com o Ensino Médio. Observatório da Juventude, UFMG, 2012, p. 12. Disponível em: http://observatoriodajuventude.ufmg.br/jubemi/pdf/modulo05_03.pdf. Acesso em: 9 abr. 2022.

A vivência de um jovem do campo é diferente da de um jovem de uma grande metrópole, isso porque, na interação dentro do território, os desafios propostos e as experiências são diferentes, e, por isso, essas vivências não podem ser hierarquizadas em termos de complexidade ou importância para a formação do sujeito.

Os autores ressaltam que a dicotomia entre campo e cidade também não limita a pluralidade cultural dos territórios porque há vários perfis de cidades e de campos, pois os territórios não permanecem fechados em seus limites. Além disso, a circulação entre diferentes territórios e o movimento cotidiano possibilitam a intensificação do surgimento de diferentes culturas e a formação de **identidades híbridas**, que não podem ser definidas estaticamente.

Qualquer influência externa é absorvida e remodelada culturalmente pelas especificidades da vivência de cada território. Questões sociais, étnicas e de gênero, por serem resultantes das interações das pessoas no espaço geográfico e ao longo do tempo histórico, são elementos fundamentais para o entendimento das culturas juvenis.

Conceitos

Identidade híbrida

Identidade constituída por componentes variados, que são elaborados e reelaborados no dia a dia e sofrem influências da circulação de pessoas, informações e mercadorias em determinado território e entre os territórios.

Territórios virtuais

As novas territorialidades não se limitam apenas ao uso dos espaços físicos, mas também estendem seus domínios a espaços virtuais como o ciberespaço, isto é, o território digital virtual. Elas são expressas por grupos que atuam em redes sociais variadas. Nesses territórios virtuais, como no território material, as pessoas também lutam por espaço, formam grupos e comunidades. Muitas buscam ganhar seguidores, comentários, *likes* e ter seus conteúdos vistos e compartilhados por um número expressivo de pessoas, o que acontece com alguns, conhecidos como influenciadores digitais. Pessoas com valores e comportamentos semelhantes associam-se, formam grupos e dão apoio mútuo de acordo com o código de cada rede social, onde isso mais se desenvolve. Alguns buscam afirmação e reconhecimento, assumem uma postura de oposição ao outro e se especializam em criticar, perseguir e sabotar outras pessoas, opiniões ou grupos. São os *haters* ("odiadores").

Boa parte dessas comunidades virtuais tem jovens entre seus integrantes, e muitas delas são exclusivamente formadas por jovens. Isso se justifica, em parte, pelo fato de o jovem, em geral, ter mais habilidade para lidar com as novas tecnologias. Entretanto, as redes sociais são dinâmicas. Algumas tornam-se tão populares que os jovens não as reconhecem mais como seu território. Isso porque, quando tais redes se popularizam, passam a ser utilizadas por pessoas mais velhas, que não compartilham a linguagem, os comportamentos e os valores dos jovens, que começam a usar outras ferramentas dentro da rede ou então migram para outras redes sociais. Isso também ocorre se as redes sociais virtuais servirem para a afirmação, apropriação ou mesmo embate e disputa por territorialidades físicas.

Wachiwit/Shutterstock

Os atuais aparelhos de celular, os *smartphones*, são verdadeiros computadores portáteis que possibilitam aos indivíduos acessar conteúdo e publicá-los nas redes sociais. Entretanto, o uso desses dispositivos fornece informações sobre os hábitos dos usuários para as empresas, deixando-os suscetíveis a golpes e a ter contato com discursos de ódio, caso não tomem cuidado.

Atividades

4. Como você faz uso das redes sociais? Você se sente mais à vontade em alguns ambientes virtuais do que em outros? Consegue sentir essa noção de territorialidade citada no texto e se sente confortável quando alguém que não pertence ao grupo "invade" o seu "território"?

5. Que estratégias você adota para se proteger de eventuais pessoas mal-intencionadas nas redes sociais, como perfis falsos, *haters* e possíveis tentativas de golpe e assédio sexual?

Protagonismo juvenil

O direito de ser jovem

Em 2020, o Estatuto da Criança e do Adolescente (ECA), criado pela Lei n. 8 069, de 13 de julho de 1990, completou trinta anos. O ECA reconhece que a criança e o adolescente são pessoas em desenvolvimento físico, mental, moral e social.

Essa qualificação especial deveria garantir as condições necessárias para o indivíduo ter o direito de ser jovem, ampliar seu leque de experiências e fazer suas escolhas, para se formar como um sujeito autônomo, consciente de si e do mundo à sua volta, **protagonista** da própria história.

A sociedade e as instituições devem pensar nos jovens como sujeitos em formação, que precisam investir parte de seu tempo em projetos de vida futuros. Entretanto, a vida do jovem não pode ser entendida apenas como um "vir a ser". O jovem tem necessidades e desejos no presente, como todos, crianças, adultos e idosos, e o conceito de protagonismo juvenil implica considerar o jovem o principal autor de sua vida, por isso os projetos e processos não devem ser apenas pensados para os jovens, mas também com eles. Assim, é o próprio jovem quem deve protagonizar seu processo de formação, sendo acolhido e cuidado pelo mundo adulto em seu processo de aprendizagem e socialização.

A socialização é o processo pelo qual todo indivíduo aprende a viver em sociedade, aprende os valores e as regras da cultura que o habilitam a ser um cidadão e o integram à coletividade. A socialização é um movimento contínuo e para toda a vida: inicia-se com a família, depois prossegue com a escola, o trabalho e todos os outros grupos de referência que nos formam e são formados por nós até o fim de nossa existência.

As sociedades contemporâneas, porém, têm falhado com frequência em incluir socialmente os jovens em atividades que façam sentido e que permitam a plena vivência juvenil. Na falha parcial ou total dos espaços institucionais, a música tem se apresentado na maioria dos territórios como a principal oportunidade de socialização desses jovens, uma das poucas possibilidades de serem protagonistas da própria história.

Para **Juarez Dayrell**, professor da Universidade Federal de Minas Gerais (UFMG), o *rap* e o *funk*, por exemplo, por não demandarem uma complexa aparelhagem técnica para sua criação e reprodução, favorecem a transformação dos jovens de consumidores em produtores de bens culturais. Essa experiência de mudança de expectador da vida para sujeito ativo criou formas particulares de viver a juventude. A música, que pode assumir uma dimensão mais política, possibilita aos jovens não só um meio de se divertirem e se expressarem, mas também uma forma de ter sua existência percebida diante de uma sociedade que os massifica e os transforma em anônimos.

DAYRELL, Juarez. *O* rap *e o* funk *na socialização da juventude*. Belo Horizonte: Humanitas, 2005. p. 107.

Mesmo assim, são inúmeros os caminhos musicais que têm sido escolhidos pelos jovens, como música clássica, chorinho, samba, pagode, sertanejo, músicas regionais, *rock*, *pop rock*, *gospel*, entre outros.

O *rap* e o *funk*, como manifestações culturais que são, absorvem influências dos meios de comunicação e se remodelam de acordo com as vivências dos indivíduos e grupos em cada território. Segundo Dayrell, é na originalidade e na criatividade das letras que os *rappers* e os *funkeiros* se comunicam,

São muitos os tipos de jovens. Eles variam em idade, gostos musicais e estéticos, valores e comportamentos, classes sociais, local de moradia, etc. Mas quase todos buscam pertencer a um grupo, uma turma, uma "tribo". Por isso é melhor falar em juventudes.

> [...] a partir das condições concretas em que vivem, dos recursos de que dispõem, excluindo elementos ou ressignificando práticas. [...] Nesse processo, é evidente como eles encontram poucos espaços nas instituições do mundo adulto para construir referências e valores por meio dos quais possam se construir com identidades positivas, colocar-se na cena pública como sujeitos, como cidadãos que são. [...] Apesar de motivados e envolvidos com a música, não encontram estímulos e espaços para aprimorar o potencial criativo que demonstram [...].
>
> DAYRELL, Juarez. O *rap* e o *funk* na socialização da juventude. *Educação e Pesquisa*, São Paulo, v. 28, n. 1, jan./jun. 2002. Disponível em: www.scielo.br/scielo.php?pid=S1517-97022002000100009&script=sci_arttext. Acesso em: 9 abr. 2022.

Para esse pesquisador, o *rap* e o *funk* são mais do que estilos musicais, são manifestações da vida, que acabam por influenciar a seleção dos amigos com o objetivo de proporcionar uma ampla rede de relações que incentiva todos a se apropriarem do território urbano. Na vivência dos jovens, de modo geral, o *rap* se apresenta mais como denúncia da realidade social, enquanto o *funk* se mostra mais como exaltação da vida, porém em ambos percebe-se uma proposta pacífica. Dayrell afirma que o *funk* tem caráter mais transitório do que o *rap*, sendo rapidamente substituído por outro: as temáticas do *funk* são compostas de

> [...] relações afetivas, a descrição de bailes e sua animação ou temas jocosos de situações ocorridas na cidade, além da exaltação das diferentes galeras [...] o baile *funk* representa, antes de tudo, [...] a explosão emocional da alegria, a identificação coletiva, o sentir-se em grupo.
>
> [...]
>
> Se os *rappers* se veem como porta-vozes da periferia, assumindo a dimensão da denúncia, os MCs se percebem como aqueles que contribuem para criar a alegria da festa. Assumem, assim, dimensões particulares de uma mesma realidade, pontuando questões cruciais vividas pelos jovens. [...]
>
> DAYRELL, Juarez. O *rap* e o *funk* na socialização da juventude. *Educação e Pesquisa*, São Paulo, v. 28, n. 1, jan./jun. 2002. Disponível em: www.scielo.br/scielo.php?pid=S1517-97022002000100009&script=sci_arttext. Acesso em: 9 abr. 2022.

Por meio do *rap* e do *funk*, os jovens estão exigindo o direito à juventude e à ocupação de seus espaços de (con)vivência.

Ronaldo Silva/Futura Press

Apresentação de *hip-hop* durante a Virada Cultural, na cidade de São Paulo (SP), em 2019.

Atividades

1. O texto afirma que as instituições sociais com frequência falham em oferecer espaços de socialização que permitam o desenvolvimento pleno dos jovens. Quais seriam essas instituições? Em seu cotidiano, como você percebe a falência delas?
2. Você concorda com a afirmação de que o *rap* tem uma dimensão maior de denúncia social, enquanto o *funk* tem uma dimensão maior de entretenimento?
3. Em sua opinião, por que o mundo adulto falha em oferecer referências positivas aos jovens?
4. Em pequenos grupos, discuta com os colegas: O que vocês reivindicariam como direito do jovem? E como fazer isso acontecer? Pensem sobretudo na realidade em que vocês vivem.

Diálogos

1. Com base na leitura dos textos que compõem esta unidade, aponte semelhanças e diferenças entre os conceitos de território e territorialidade, citando exemplos preferencialmente de seu cotidiano ou de sua experiência concreta.

2. É provável que você tenha algum conhecimento geoestratégico sobre o bairro ou o município onde mora. Circulando pelas ruas, pode identificar os locais mais altos e mais baixos, onde há maior ou menor fluxo de pessoas e veículos, onde há oferta de serviços e comércio, onde é seguro caminhar, etc.
Elabore um croqui cartográfico do bairro ou município em que você mora registrando essas informações e indique onde, em sua avaliação, estão faltando serviços públicos e pontos que poderiam ter potencial para a instalação de algum negócio privado, identificando esses serviços públicos e negócios que está sugerindo.
Na sala de aula, compartilhe seu croqui com os colegas e veja o que eles pensaram.

3. Leia o texto da filósofa alemã Hannah Arendt (1906-1975) e, depois, responda às questões.

> Pois o mundo não é humano simplesmente por ter sido feito por seres humanos e nem se torna humano simplesmente porque a voz humana nele ressoa, mas apenas quando se tornou objeto de discursos. Por mais afetados que sejamos pelas coisas do mundo, por mais profundamente que possam nos instigar e estimular, [estas] só se tornam humanas para nós quando podemos discuti-las com nossos companheiros. Tudo o que não se possa converter em objeto de discurso [...] não é exatamente humano. Humanizamos o que ocorre no mundo e em nós mesmos apenas ao falar, e no curso da fala aprendemos a ser humanos. Os gregos chamavam essa qualidade humana de philanthropia, "amor dos homens", pois se manifesta numa presteza em compartilhar o mundo com outros homens.
>
> Seu oposto, a misantropia, significa simplesmente que o misantropo não encontra ninguém com quem trate de partilhar o mundo, não considera ninguém digno de se regozijar com ele no mundo, na natureza e no cosmo. A filantropia grega sofre muitas alterações ao se converter na humanitas romana. A mais importante delas correspondeu ao fato político de que, em Roma, pessoas com origens e descendência étnicas muito diferentes podiam adquirir a cidadania.
>
> ARENDT, Hannah. *Homens em tempos sombrios*. São Paulo: Companhia das Letras, 1997. p. 31.

a) Segundo a filósofa Hannah Arendt, o que torna o mundo humano?

b) Com base na leitura dos textos sobre culturas juvenis e protagonismo juvenil, defina o *rap* e o *funk* como humanos, de acordo com o sentido exposto acima.

c) O isolamento social imposto para a contenção da disseminação do Sars-CoV-2, em 2020 e 2021, nos fez, no sentido exposto por Hannah Arendt, menos humanos? Em caso positivo, de que forma é possível nos reinventarmos para manter nossa humanidade?

4. Por não serem fechados e permitirem a transitoriedade, os territórios geram uma pluralidade cultural que se manifesta inclusive na escola. No território onde você vive e na escola em que você estuda, quais são as manifestações culturais que coexistem?

5. Com base na afirmação feita anteriormente: "Pensar no modo como o jovem se insere nos territórios é pensar no sujeito como um todo", reflita sobre quem é você "como um todo" e escreva um texto expondo suas conclusões.

6. Até a metade do século XX, no território brasileiro havia poucas rodovias e ferrovias, o que dificultava o deslocamento populacional por um país de dimensões continentais, além de retardar a integração das economias regionais – condição necessária para a constituição de uma rede solidária entre elas – e dificultar seu crescimento. Essas são algumas das razões para o Estado investir em projetos de instalação de infraestrutura em seu território, o que pode ser positivo, quando pensado para atender às necessidades da população, ou nem tanto, quando se observa mais a lógica de lucro demandada por grandes corporações externas. Leia o trecho a seguir.

A malha rodoviária construída a partir de meados do século XX já armava um sentido geral longitudinal e mais interiorizado da formação territorial se sobrepondo ao direcionamento histórico litoral-interior desenhado desde primórdios da colonização. As cidades planejadas para ocupar postos de comando (regional, estadual ou mesmo nacional), como Belo Horizonte, Goiânia, Londrina, Brasília, Palmas, entre outras, localizavam-se todas no **hinterland**, revelando nessa localização tanto o intuito geopolítico que as estabelecia quanto o dinamismo econômico que vai sustentá-las. Ao lado dos desígnios da geopolítica, respondiam ao fato de que uma economia nacional vinha se afirmando gradativamente envolvendo fluxos intrarregionais e definindo uma clara hierarquia geoeconômica dotada de uma forte divisão espacial do trabalho no país. Esse processo de formação territorial foi acompanhado de uma alta taxa de urbanização em todos os quadrantes do Brasil ao longo de todo o século passado, a qual resultou em implicações profundas na estratificação da sociedade brasileira.

MORAES, Antonio Carlos Robert. *Geografia histórica do Brasil*: cinco ensaios, uma proposta e uma crítica. São Paulo: Annablume, 2009. p. 115 e 116.

Hinterland: palavra alemã que poderia ser traduzida para o português como "interlândia", interior de um território dotado de menos infraestrutura e povoamento; algo semelhante ao Sertão brasileiro.

a) Compare esse texto com os dois mapas a seguir. Que relações é possível estabelecer entre eles?

b) No estado onde você mora, é possível estabelecer alguma relação entre rede viária, desenvolvimento econômico e desmatamento ou preservação? Justifique sua resposta citando o nome das regiões ou do entorno das cidades de seu estado.

Brasil: retração da vegetação e da cobertura atual

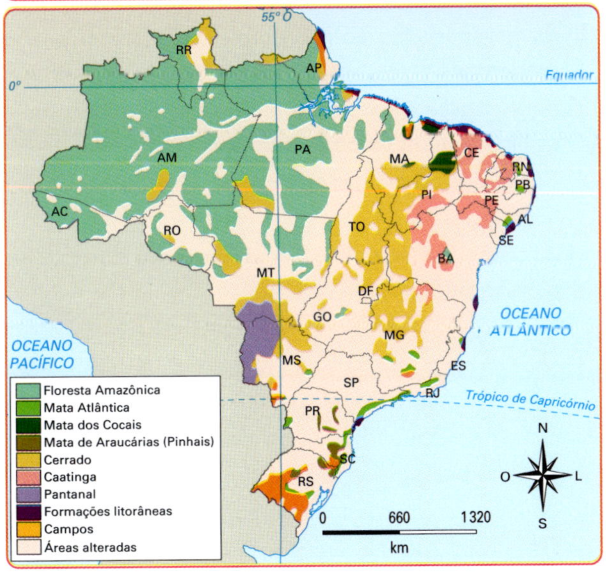

Fonte: elaborado com base em SIMIELLI, Maria Elena. *Geoatlas*. 35. ed. São Paulo: Ática, 2019. p. 121.

Brasil: malha viária – 2017

Fonte: elaborado com base em IBGE. *Atlas geográfico escolar*. 8. ed. Rio de Janeiro, 2018. p. 141.

Mapas: Banco de imagens/Arquivo da editora

1. (Enem – 2017)

Procuramos demonstrar que o desenvolvimento pode ser visto como um processo de expansão das liberdades reais que as pessoas desfrutam. O enfoque nas liberdades humanas contrasta com visões mais restritas de desenvolvimento, como as que identificam desenvolvimento com crescimento do Produto Nacional Bruto, ou industrialização. O crescimento do PNB pode ser muito importante como um meio de expandir as liberdades. Mas as liberdades dependem também de outros determinantes, como os serviços de educação e saúde e os direitos civis.

SEN, A. *Desenvolvimento como liberdade*. São Paulo: Cia. das Letras, 2010.

A concepção de desenvolvimento proposta no texto fundamenta-se no vínculo entre

a) incremento da indústria e atuação no mercado financeiro.

b) criação de programas assistencialistas e controle de preços.

c) elevação da renda média e arrecadação de impostos.

d) garantia da cidadania e ascensão econômica.

e) ajuste de políticas econômicas e incentivos fiscais.

2. (Enem – 2013)

O canto triste dos conquistados: os últimos dias de Tenochtitlán

Nos caminhos jazem dardos quebrados; os cabelos estão espalhados.

Destelhadas estão as casas,

Vermelhas estão as águas, os rios, como se alguém as tivesse tingido,

Nos escudos esteve nosso resguardo, mas os escudos não detêm a desolação...

PINSKY, J. et al. *História da América através de textos*. São Paulo: Contexto, 2007 (fragmento).

O texto é um registro asteca, cujo sentido está relacionado ao(à)

a) tragédia causada pela destruição da cultura desse povo.

b) tentativa frustrada de resistência a um poder considerado superior.

c) extermínio das populações indígenas pelo Exército espanhol.

d) dissolução da memória sobre os feitos de seus antepassados.

e) profetização das consequências da colonização da América.

3. (Enem – 2011)

Em geral, os nossos tupinambás ficaram admirados ao ver os franceses e os outros dos países longínquos terem tanto trabalho para buscar o seu arabotã, isto é, pau-brasil. Houve uma vez um ancião da tribo que me fez esta pergunta: "Por que vindes vós outros, mairs e pêros (franceses e portugueses), buscar lenha de tão longe para vos aquecer? Não tendes madeira em vossa terra?"

LÉRY, J. de. Viagem à Terra do Brasil. In: FERNANDES, F. *Mudanças sociais no Brasil*. São Paulo: Difel, 1974.

O viajante francês Jean de Léry (1534-1611) reproduz um diálogo travado, em 1557, com um ancião tupinambá, o qual demonstra uma diferença entre a sociedade europeia e a indígena no sentido

a) do destino dado ao produto do trabalho nos seus sistemas culturais.

b) da preocupação com a preservação dos recursos ambientais.

c) do interesse de ambas em uma exploração comercial mais lucrativa do pau-brasil.

d) da curiosidade, reverência e abertura cultural recíprocas.

e) da preocupação com o armazenamento de madeira para os períodos de inverno.

4. (Enem – 2019)

O processamento da mandioca era uma atividade já realizada pelos nativos que viviam no Brasil antes da chegada de portugueses e africanos. Entretanto, ao longo do processo de colonização portuguesa, a produção da farinha foi aperfeiçoada e ampliada, tornando-se lugar-comum em todo o território da colônia portuguesa na América. Com a consolidação do comércio atlântico em suas diferentes conexões, a farinha atravessou os mares e chegou aos mercados africanos.

BEZERRA, N. R. *Escravidão, farinha e tráfico atlântico*: um novo olhar sobre as relações entre o Rio de Janeiro e Benguela (1790-1830). Disponível em: www.bn.br. Acesso em: 20 ago. 2014 (adaptado).

Considerando a formação do espaço atlântico, esse produto exemplifica historicamente a

a) difusão de hábitos alimentares.
b) disseminação de rituais festivos.
c) ampliação dos saberes autóctones.
d) apropriação de costumes guerreiros.

5. (Enem – 2019)

Localizado a 160 km da cidade de Porto Velho (capital do estado de Rondônia), nos limites da Reserva Extrativista Jaci-Paraná e Terra Indígena Karipunas, o povoado de União Bandeirantes surgiu em 2000 a partir de movimentos de camponeses, madeireiros, pecuaristas e grileiros que, à revelia do ordenamento territorial e diante da passividade governamental, demarcaram e invadiram terras na área rural fundando a vila. Atualmente, constitui-se na região de maior produção agrícola e leiteira do município de Porto Velho, fornecendo, inclusive, alimentos para a Hidrelétrica de Jirau.

SILVA, R. G. C. Amazônia globalizada – o exemplo de Rondônia. *Confins*, n. 23, 2015 (adaptado).

A dinâmica de ocupação territorial descrita foi decorrente da:

a) mecanização do processo produtivo.
b) adoção da colonização dirigida.
c) realização de reforma agrária.
d) ampliação de franjas urbanas.
e) expansão de frentes pioneiras.

6. (Enem – 2010)

Um fenômeno importante que vem ocorrendo nas últimas quatro décadas é o baixo crescimento populacional na Europa, principalmente em alguns países como Alemanha e Áustria, onde houve uma brusca queda na taxa de natalidade. Esse fenômeno é especialmente preocupante pelo fato de a maioria desses países já ter chegado a um índice inferior ao "nível de renovação da população", estimado em 2,1 filhos por mulher. A diminuição da natalidade europeia tem várias causas, algumas de caráter demográfico, outras de caráter cultural e socioeconômico.

OLIVEIRA, P. S. *Introdução à sociologia*. São Paulo: Ática, 2004. (adaptado).

As tendências populacionais nesses países estão relacionadas a uma transformação:

a) na estrutura familiar dessas sociedades, impactada por mudanças nos projetos de vida das novas gerações.
b) no comportamento das mulheres mais jovens, que têm imposto seus planos de maternidade aos homens.
c) no número de casamentos, que cresceu nos últimos anos, reforçando a estrutura familiar tradicional.
d) no fornecimento de pensões de aposentadoria, em queda diante de uma população de maioria jovem.
e) na taxa de mortalidade infantil europeia, em contínua ascensão, decorrente de pandemias na primeira infância.

7. (UFPR – 2019)

A seleção de futebol da França, campeã da Copa de 2018, possui mais da metade dos seus jogadores de origem africana e/ou árabe. Desde 1998, a seleção francesa é conhecida em seu país como equipe *"black-blanc-beur"* (negra, branca e árabe). Uma razão histórica do aumento da diversidade étnica, racial e religiosa na Europa, presente nos dias atuais é:

a) a crescente imigração de pessoas oriundas de países em conflito étnico na África, de ex-colônias europeias na África e na Ásia e de nações desenvolvidas na Oceania e nas Américas a partir dos anos 1940.
b) a crescente imigração de pessoas oriundas de países em guerra no Oriente Médio, de países em descolonização na África e na Ásia e de nações pobres na África, Ásia e Américas a partir dos anos 1970.
c) a crescente imigração de pessoas oriundas de países em crise econômica na América do Norte, de países em guerra civil na América do Sul e de nações subdesenvolvidas na África a partir dos anos 1990.
d) a crescente imigração de pessoas oriundas de países em crise humanitária no Oriente Médio, de países em conflito civil pertencentes à antiga União Soviética e de nações do Primeiro Mundo durante a crise financeira de 2008.
e) a crescente imigração de pessoas oriundas de países asiáticos em decorrência da Revolução Cultural Chinesa, de países subdesenvolvidos pós-coloniais da África e de nações latino-americanas em crise a partir dos anos 1930.

8. (Vunesp – 2016)

O feminismo não é uma ideologia no sentido positivo de conjunto de ideias, muito menos é uma ideologia no sentido negativo de "falsa consciência" que serviria para acobertar a disputa de poder entre homens e mulheres. O feminismo não é uma inversão ideológica. Não é uma inversão do poder. Uma inversão pressuporia sua manutenção. Em outras palavras, o feminismo não é uma manutenção do poder patriarcal com roupagem nova ou invertida que se alcança por uma ideologia de puro oposicionismo. É preciso tirá-lo do clima puramente acadêmico, do clima de qualquer pureza, branca, de classe média ou alta, de corpos autorizados, de crenças em identidades estanques e propostas como naturais pelo sistema da razão que administra a não identidade evitando que ela floresça.

Marcia Tiburi. "O que é feminismo?". http://revistacult.uol.com.br. Adaptado.

De acordo com o texto, é correto afirmar que o feminismo

a) é um movimento político restrito a manifestações estéticas.

b) sustenta pressupostos metafísicos baseados em essências absolutas.

c) opõe-se à ideologia e ao poder baseando-se em noções científicas.

d) apoia-se em um conjunto de valores eurocêntricos e patriarcais.

e) manifesta-se favoravelmente a singularidades no campo do gênero.

9. (IFG-GO – 2019)

O gráfico representa a quantidade de refugiados recebidos pela União Europeia no ano de 2014. A explicação para a relação de sírios ser muito superior às demais nacionalidades é que

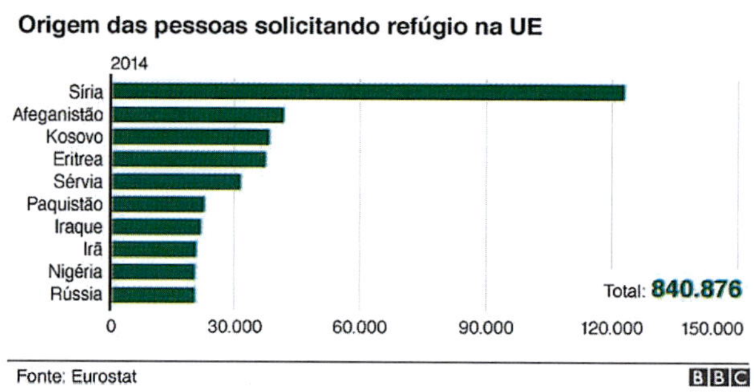

Disponível em: <https://www.bbc.com/portuguese/noticias/2015/09/150904_graficos_imigracao_europa_r>. Acesso em: 6 out. 2018.

a) a política externa do Estado sírio tem uma grande aproximação com os países europeus, facilitando, assim, esse deslocamento populacional.

b) a proximidade da Síria com o continente europeu e a guerra civil travada desde 2011 impulsionaram a quantidade de migrantes em direção à União Europeia.

c) a demanda por mão de obra qualificada no continente europeu é suprida pela população da Síria, devido ao elevado grau de instrução do povo.

d) a Síria foi colonizada por franceses, que povoaram grande parte do seu território, e devido a essa ligação há uma facilidade para essa migração.

10. (Uece – 2019)

A Sociologia conceitua "juventude" como uma "categoria social" que não possui definições fixas ou referenciais estáveis, pois qualquer definição está estreitamente ligada por condições psicológicas, históricas e socioculturais tais como condição de classe social, condição de gênero, orientação sexual, pertencimento a grupos étnicos, entre outras condicionalidades a que os jovens possam estar atrelados. Contudo, nenhuma de tais condições, de modo isolado, é o bastante para definir este conceito satisfatoriamente. Para complementar, a Sociologia compreende que a juventude é uma concepção fabricada pelos próprios indivíduos, tidos como jovens, para significar uma série de comportamentos e atitudes a ela atribuídos (GROPPO, 2000).

GROPPO, L. A. *Juventude*: ensaios sobre sociologia e história das juventudes modernas. Rio de Janeiro: DIFEL, 2000.

No que concerne ao conceito de "juventude", assinale a opção que corresponde a uma proposição sociologicamente correta.

a) A Sociologia, de modo geral, toma o conceito de juventude como um dado biológico, ou seja, como algo natural a todos os seres humanos.

b) A definição de juventude está fundada unicamente na condição de classe social a que um indivíduo dessa faixa etária pertence e no seu grupo étnico.

c) A juventude é determinada pelo período de vida entre a infância e a vida adulta, e passa por transformações dinâmicas da fisiologia do organismo.

d) As concepções sociológicas sobre a categoria juventude podem ser concedidas pelos próprios grupos sociais chamados genericamente de jovens.

11. (Ifal – 2009)

"O índio surge no encontro e desencontro com o 'branco'. O termo 'sociedades indígenas' abarca um conjunto grande e diverso de culturas e modos de vida, os quais só podem parecer relativamente semelhantes quando confrontados com o conjunto dos modos de vida da "nossa sociedade"

(Antonela Maria Imperatriz Tassinari in: A Temática Indígena na Escola. São Paulo: Global; Brasília: MEC: MARI: UNESCO, 2004).

Sobre as populações indígenas do Brasil, é correto afirmar

a) Não tinham propriedade privada, o que justificava a tomada das suas terras pelos colonizadores.

b) Praticavam a antropofagia ("canibalismo") porque desconheciam a civilização e a crença em Deus.

c) As sociedades indígenas convivem com o meio ambiente de forma integrada, por isso – quando possuem a terra – não separam as atividades produtivas das atividades religiosas e festivas.

d) Com a integração das sociedades indígenas às sociedades dos brancos, os índios já não convivem com o meio ambiente de forma integrada, por isso – quando possuem a terra – separam as atividades produtivas das atividades religiosas e festivas.

e) O fenômeno da globalização (aliado ao avanço da tecnologia) tem contribuído para o desaparecimento cada vez maior das sociedades indígenas no Brasil.

12. (Uece – 2016/2)

Analise as seguintes afirmações a respeito do homem de Neandertal – Homo sapiens neanderthalensis.

I. Representa uma forma humana que viveu há aproximadamente 100.000 anos e foi extinta há cerca de 35.000 anos.

II. Pertencia ao maior grupo de antropoides que, apesar de terem cérebros menos volumosos, eram caçadores e coletores.

III. Utilizava o fogo, construía cabanas e utensílios de pedra, e sabia fazer roupas a partir das peles de animais mortos.

IV. Pertencia à mesma espécie do homem de CroMagnon, e enquadrava-se perfeitamente na forma hominídea.

É correto o que se afirma apenas em

a) I, II e IV

b) II, III e IV

c) III e IV

d) I e III

13. (Famema-SP – 2022) Analise as tabelas a seguir, que mostram a evolução da população brasileira entre 1890 e 2010, refletindo o processo de transição demográfica, e uma previsão, para 2040.

Faixa Etária (em anos)	1890		1920		1950	
	N	%	N	%	N	%
0 a 4	2.121.790	14,8	4.593.163	15,0	8.370.880	16,1
5 a 9	2.068.685	14,4	4.575.530	14,9	7.015.527	13,5
10 a 14	1.709.800	11,9	3.909.630	12,8	6.308.567	12,1
15 a 19	1.399.778	9,8	4.217.917	13,8	5.502.315	10,6
20 a 24	1.351.702	9,4	2.139.364	7,0	4.991.139	9,6
25 a 29	1.181.548	8,2	2.487.431	8,1	4.132.271	8,0
30 a 39	1.802.272	12,6	3.560.225	11,6	6.286.052	12,1
40 a 49	1.233.137	8,6	2.401.200	7,8	4.365.359	8,4
50 a 59	733.361	5,1	1.451.319	4,7	2.650.314	5,1
60 a 69	429.554	3,0	800.866	2,6	1.451.468	2,8
70 ou +	243.711	1,7	433.310	1,4	753.873	1,5
Ignorada	58.577	0,4	65.650	0,2	116.632	0,2
Total	14.333.915	100,0	30.635.605	100,0	51.944.397	100,0
Variação Proporcional*			113,7		69,6	

Faixa Etária (em anos)	1980		2010		2040	
	N	%	N	%	N	%
0 a 4	16.423.700	13,8	13.796.159	7,2	11.267.417	4.9
5 a 9	14.773.741	12,4	14.969.375	7,8	11.813.256	5,2
10 a 14	14.263.322	12,0	17.166.761	9,0	12.360.437	5,4
15 a 19	13.575.971	11,4	16.990.870	8,9	13.019.512	5,7
20 a 24	11.513.220	9,7	17.245.190	9,0	13.717.223	6,0
25 a 29	9.442.217	7,9	17.104.413	9,0	14.514.616	6,4
30 a 39	14.039.109	11,8	29.633.093	15,5	31.914.624	14,0
40 a 49	10.377.274	8,7	24.842.718	13,0	32.893.266	14,4
50 a 59	7.250.094	6,1	18.416.621	9,7	32.447.959	14,2
60 a 69	4.474.511	3,8	11.349.929	5,9	25.811.887	11,3
70 ou +	2.741.506	2,3	9.240.670	4,8	28.393.007	12,4
Ignorada	128.041	0,1	-		-	
Total	119.002.706	100,0	190.755.799	100,0	228.153.204	100,0
Variação Proporcional*	129,1		60,3		19,6	

Sobre o ***processo de transição demográfica***, assinale a afirmativa incorreta.

a) A evolução da população brasileira resultou na diminuição da população abaixo de 15 anos e no aumento significativo da população idosa.

b) O crescimento da população brasileira, em 2040, deve ser negativo, e, a partir desta data, deve se iniciar o processo de redução da população.

c) A redução da taxa de mortalidade e da esperança de vida explicam o bônus demográfico, obtido graças ao aumento da população economicamente ativa.

d) A faixa etária de zero a nove anos, apesar de crescer em números absolutos até a década de 2010, reduziu-se proporcionalmente ao longo dos anos analisados.

e) A faixa etária acima de sessenta anos cresceu vertiginosamente, o que acarreta o envelhecimento da população, com uma estimativa de 23,4% de idosos, em 2040.

14. (UFPR – 2022)

> Muitas vezes usamos as palavras *sociedade, povo, nação e país* como sinônimos; mas essas palavras, apesar de terem sentidos bem parecidos, não significam exatamente a mesma coisa.
>
> (VESENTINI, J. W.; VLACH, V. *Geografia crítica*: o espaço social e o espaço brasileiro. 30. Ed. São Paulo: Ática, 2004, v. 2, p. 2.)

Sobre o tema, assinale a alternativa correta.

a) Povo é um agrupamento de pessoas que se organizam sob a forma de Estado para defender um território e seus recursos.

b) Nação é um grupo de pessoas que apresenta homogeneidade de características físicas e que partilha de uma história comum.

c) País é o espaço econômico organizado por um governo ou por uma associação de governos, como ocorre no exemplo da União Europeia.

d) Sociedade é um agrupamento de indivíduos que vivem juntos num certo espaço e que se relacionam de acordo com determinadas regras, como se vê na sociedade das formigas, das abelhas e na sociedade humana.

e) Países com unidade territorial e organização econômica estável são aqueles que representam um único povo, na medida em que a homogeneidade cultural evita pressões separatistas e conflitos internos.

15. (UEL-PR – 2022) Em 2020, o Instituto Brasileiro de Geografia e Estatística (IBGE) apresentou a segunda edição do estudo ***"Estatísticas de gênero: indicadores sociais das mulheres no Brasil"***, com informações fundamentais para análise das condições de vida das mulheres no País.

Infográfico: Estatísticas de gênero: indicadores sociais das mulheres no Brasil

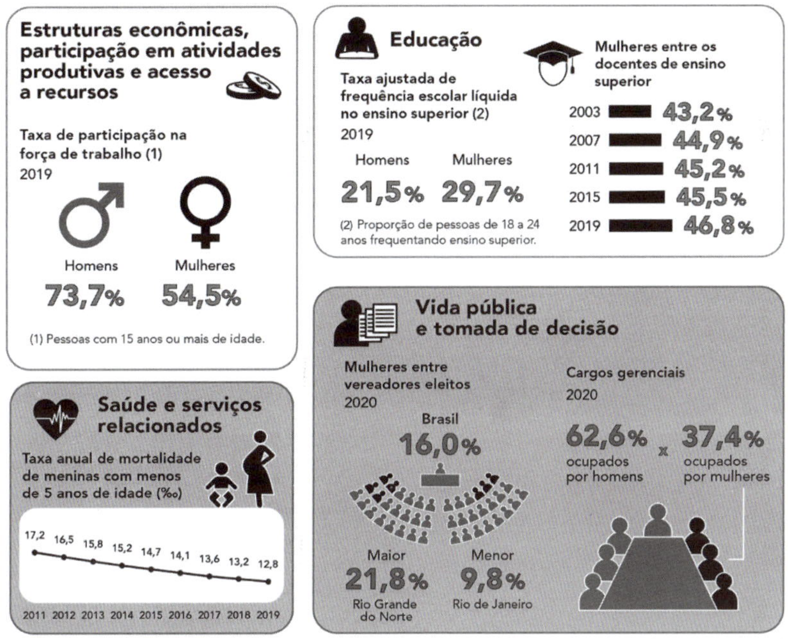

Adaptado de: https://www.ibge.gov.br/

Com base no infográfico, considere as afirmativas a seguir.

I. Comparando-se os cargos gerenciais ocupados por homens e mulheres, houve uma diferença de 35,2 pontos percentuais em 2020. As mulheres eleitas vereadoras nas câmaras municipais possuem representatividade de 84%.

II. No ensino superior, em 2019, as mulheres apresentam taxa de frequência maior se comparada aos homens. Em relação às mulheres entre os docentes de ensino superior, nos anos de 2003 a 2019, houve um aumento de 3,6 pontos percentuais.

III. Entre 2011 e 2019, a taxa anual de mortalidade de meninas com menos de 5 anos de idade foi reduzida em 4,4 pontos percentuais, indicando melhoria nas condições de saúde na primeira infância.

IV. Embora a população feminina com idade igual ou superior a 15 anos seja maior que a masculina, a taxa de participação das mulheres na força de trabalho é de 19,2 pontos percentuais menor que a dos homens, mostrando que estes estão mais inseridos no mercado de trabalho.

Assinale a alternativa correta.

a) Somente as afirmativas I e II são corretas.

b) Somente as afirmativas I e IV são corretas.

c) Somente as afirmativas III e IV são corretas.

d) Somente as afirmativas I, II e III são corretas.

e) Somente as afirmativas II, III e IV são corretas.

16. (Unesp-SP – 2022) O Instituto Brasileiro de Geografia e Estatística (IBGE) realiza periodicamente censos para analisar a distribuição da população brasileira segundo a cor da pele. Nesse contexto, as informações obtidas pelos censos permitem a

a) apresentação de planos de contingência à entrada de imigrantes, grupos constituídos por indivíduos com potencial de descaracterizar o perfil demográfico nacional.

b) construção de políticas afirmativas articuladas à hegemonia populacional, assegurando o combate aos preconceitos no Brasil.

c) reestruturação da territorialidade das comunidades tradicionais, deslocando populações segundo sua participação no todo nacional.

d) elaboração de políticas públicas que busquem reduzir desigualdades sociais, especialmente aos grupos minoritários.

e) reavaliação da definição dos grupos formadores da população brasileira, minimizando a participação de populações pouco expressivas.

Qual é a história do lugar em que você mora?

Para começar

Nesta unidade, estudamos os conceitos de **população** e **território** e as diversas relações que podem existir entre eles. Quando tratamos da população brasileira, por exemplo, referimo-nos ao conjunto de habitantes do Brasil, entre os quais estamos incluídos. Como parte dessa população, vivemos em um território demarcado pelos limites fronteiriços do Estado da República Federativa do Brasil e compomos o que se denomina **povo brasileiro**, que é formado por indivíduos natos ou naturalizados, com direitos e deveres como cidadãos, independentemente de etnia, classe social, gênero ou religião.

O fato de sermos brasileiros e habitarmos esse território nos concede um sentimento de brasilidade que indica uma identificação com esse país. Isso significa que, de forma geral, nos identificamos com os demais brasileiros ao compartilharmos determinadas semelhanças culturais (língua, valores, comportamentos, hábitos, etc.), além de estarmos submetidos a uma mesma legislação.

A percepção e a conscientização desse sentimento de pertencimento a um lugar e "domínio" de um território de forma mais profunda exigem observação e reflexão. Para isso, é necessário estudar a história desse lugar por meio da observação da paisagem, da pesquisa e da análise de diferentes fontes que podem fornecer informações importantes para conhecer a história e a cultura desse recorte do espaço geográfico. Analisar essas fontes, como documentos, fotografias, objetos, relatos e traços na paisagem, por exemplo, é uma tarefa comum entre os pesquisadores de Ciências Humanas, sobretudo entre historiadores, geógrafos e sociólogos.

Neste projeto, teremos a oportunidade de exercitar essa metodologia de pesquisa para conhecermos melhor a história do lugar em que vivemos.

bgblue/Getty Images

Falar de um país significa considerar as fronteiras, o território e os habitantes, além das relações políticas, sociais e culturais específicas de uma nação.

Análise documental (princípios de análise de discurso)

Existe um conjunto de materiais que, atualmente, são considerados documentos nas áreas de História e Geografia. Eles podem ser **registros escritos oficiais** (documentos institucionais de um município ou de um país, documentos individuais, etc.), **registros escritos extraoficiais** (reportagens de jornais e revistas, panfletos, etc.) e **registros informais** (cartas, diários, receitas culinárias, etc.). Outros materiais que podem ser considerados documentos são mapas, monumentos, gravações (de músicas, de filmes, de depoimentos, etc.), obras de arte e arquitetônicas, fotografias, entre outros. Observe a seguir alguns exemplos desses materiais.

Reprodução/Fundação Biblioteca Nacional, Rio de Janeiro, RJ.

Capa do *Jornal do Brasil*, publicado no Rio de Janeiro, de 12 de novembro de 1918, noticiou o armistício da Primeira Guerra Mundial. Além de documentar um acontecimento histórico, o texto do jornal fornece, de modo indireto, outras informações, por exemplo, a grafia utilizada na escrita da época.

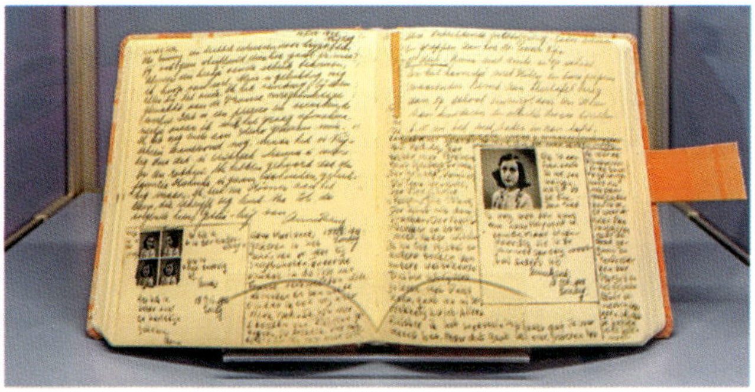

Diego Delso/ Wikipedia/Wikimedia Commons 4.0

Reprodução/Editora Record

O *diário de Anne Frank* tornou-se um livro mundialmente conhecido. As páginas manuscritas, atualmente expostas no Centro de Anne Frank, em Berlim (Alemanha), são um registro de uma garota que viveu com a família em um esconderijo durante o regime nazista na Alemanha.

Maarten Sea Trader/Shutterstock

O centro histórico de Ouro Preto (MG), assim como a área central de diversos municípios do país, traz muitas informações sobre a história de um lugar. Os monumentos históricos também podem ser considerados documentos, pois são elementos da paisagem que representam características de determinado período histórico. Foto de 2020.

Muitos desses documentos, independentemente do suporte em que se encontram escritos – visuais, sonoros, audiovisuais ou digitais –, são considerados fundamentais para algumas sociedades, pois expressam um esforço de diferentes grupos para deixar uma marca às futuras gerações. Geralmente, ela costuma ser positiva, uma vez que é uma forma de ressaltar a importância de um povo ou de registrar uma época marcante.

Os documentos históricos guardam em si muitos mistérios que precisam ser revelados pelos historiadores. Um dos segredos que mais intrigaram esses profissionais, desde o fim do século XIX até meados do século XX, era o de verificar a veracidade das fontes, ou seja, dos documentos. Mas como fazer isso? Como ter certeza de que o documento é verdadeiro e condiz com o que realmente aconteceu?

Vamos procurar entender alguns documentos que contam como a história do bairro em que você vive foi construída?

Mãos à obra!

Para fazer

Este projeto tem o objetivo de analisar um ou mais documentos que apresentem informações sobre a história do bairro ou da cidade (caso a escola fique em uma cidade muito pequena) em que você vive e ampliar sua compreensão sobre ele. Para isso, precisamos estudar a história oficial desse lugar e pesquisar documentos históricos que tragam novas informações sobre ele ou legitimem as já existentes. Chegar a uma conclusão sobre a confirmação ou refutação das informações será parte do trabalho de análise documental.

Como resultado deste projeto, elabore um painel expondo cópias dos documentos encontrados, que estarão acompanhadas de textos explicativos sobre a história do bairro em que você vive. O projeto também pode ser apresentado em um *blog* ou uma página em rede social. Para se inspirar, visite páginas de instituições culturais e museus no Brasil e no mundo que, durante a pandemia, disponibilizaram exposições virtuais em seus *sites*, como o Museu da Imagem e do Som (MIS). Ao final, o painel ou a exposição virtual deverá ser compartilhado com toda a comunidade escolar.

Saiba+

Museu da Imagem e do Som (MIS). Disponível em: https://www.mis-sp.org.br/exposicoes/list/virtual. Acesso em: 10 abr. 2022.

O MIS é um museu voltado para exposições ligadas à música, ao cinema, a fotografias e a artes gráficas. Acesse o *site* e navegue pelas exposições virtuais disponíveis.

Antes de iniciar as atividades, é necessário que você:

- leia com atenção todas as instruções do projeto e, em caso de dúvida, converse com o professor;
- forme um grupo com mais quatro colegas da turma.

Após a formação dos grupos, será importante que vocês:

- dividam as responsabilidades entre todos os integrantes;
- definam onde ocorrerão as reuniões para as atividades extraclasse;
- elaborem coletivamente um cronograma para a execução das tarefas e observem os materiais necessários.

Material necessário

Smartphone (ou máquina fotográfica digital ou analógica); computador com acesso à internet; impressora; rolo de papel *Kraft*; folhas de papel sulfite A4, canetinhas coloridas; caderno; lápis; caneta e borracha.

Etapa 1 – Estudar a história do bairro

1. Realizem uma pesquisa sobre a história do bairro em que está localizada a escola ou no qual vive um dos integrantes do grupo. Essas informações podem ser obtidas nos textos fornecidos pelo professor ou na internet – no *site* da prefeitura do município, em *sites* sobre a história do município ou, ainda, em *sites* com informações sobre turismo e de jornais locais. Alguns municípios e bairros têm sua história registrada em livros, que são ótimas fontes de pesquisa.
2. Façam leituras atentas dos materiais encontrados e conversem sobre as informações obtidas. Organizem-se de forma que cada integrante fique responsável pela leitura de um texto e registrem no caderno as informações encontradas.

Tyler Olson/Shutterstock

Também é possível obter informações sobre a história do município em *sites* de centros culturais ou museus.

3. Ao final desta etapa, combinem uma reunião para apresentar as informações encontradas nas diferentes fontes de pesquisa sobre a história do(s) bairro(s) escolhido(s). Aproveitem para conversar sobre elas e checar quais são semelhantes e quais são diferentes.

Representação do mapa ilustrado *Terra Brasilis*, do Atlas Miller, de 1519.

Etapa 2 – Fazer uma análise documental simulada

1. Antes de colocar a mão na massa, vamos realizar uma simulação de como realizar uma análise documental. Para isso, será usado um mapa muito antigo chamado *Terra Brasilis*, que apresenta informações sobre a história do Brasil. Para começar, observe-o, ao lado. Com base no que vocês sabem da leitura de mapas, anotem as informações identificadas nele.
2. Com a ajuda do professor, em sala de aula, sigam as orientações da ficha 1 para realizar a análise documental. É importante que vocês se familiarizem com esse tipo de ficha de análise e conheçam as perguntas que podem ser feitas em relação a um documento histórico. Com a orientação do professor, leiam a ficha e anotem o que chamar mais a atenção de vocês. Muitas vezes, para responder às questões preestabelecidas, será necessário realizar pesquisas na biblioteca ou na internet.

1. Ficha analítica para documento escrito	
Autor(es)	Descubra a identidade, a profissão e a história do(s) autor(es) do documento.
Contexto	A quem o(s) autor(es) se referiu(ram) no documento? Reflita sobre isso e investigue em qual contexto social e histórico ele foi elaborado. Busque compreender o contexto, evitando interpretações e julgamentos de valor com base na atualidade.
Confiabilidade	Verifique a relação existente entre o(s) autor(es) e o documento: o(s) autor(es) o produziu(ram) ou escreveu(ram) com base em interpretações de terceiros? Em caso positivo, quem são esses terceiros? Em quem ou em que ele(s) se inspirou(raram) para produzir o documento? Além disso, investigue se existem testemunhas, diretas ou indiretas, das informações que constam no documento. Se ele estiver em uma instituição, como museus ou centros de pesquisa, procure obter acesso aos dados levantados por essa instituição.
Natureza	Identifique se o documento trata de política, economia, cultura, religião, medicina, aspectos jurídicos, bem como se ele se refere a um indivíduo, a um grupo social ou a uma instituição. Sua análise deve considerar as particularidades de cada situação.
Hipótese(s)	Elabore hipótese(s) sobre os interesses e os motivos que levaram o(s) autor(es) a se expressar ou a construir esse documento da forma como você o encontrou.
Termos-chave	Identifique os termos (palavras, jargões, gírias ou expressões) empregados no documento para compreender a lógica interna do texto. Lembre-se de que esses termos podem conter regionalismos, assim como sofrer alterações em seus significados com o passar do tempo.

3. Preencham, com o professor, a ficha de análise sobre o mapa *Terra Brasilis*. É possível que algumas orientações da ficha 1 não sejam úteis para a análise do mapa. É necessário, portanto, avaliar a utilidade de cada orientação, de acordo com o documento.
4. Conversem com o professor e os colegas sobre suas ideias em relação ao documento apresentado, aproveitando para esclarecer dúvidas, caso elas surjam.
5. Preencham, com o professor, a ficha de análise do documento e guardem-na como exemplo a ser seguido posteriormente.

6. Em seguida, leiam com o professor a ficha 2 com orientações de análise de obras de arte ou de construções de um município. Conversem sobre as especificidades dessa ficha em relação à ficha 1 com o objetivo de compreender as características de cada tipo de documento a ser analisado.

2. Ficha analítica para obras de arte ou arquitetônica	
Autor(es)	Descubra a identidade, a profissão e a história do(s) autor(es) do documento.
Descrição	Descreva em que consiste a obra, onde ela está localizada e o que ela representa. Analise a obra de arte (ou a construção) prestando atenção especial às características e aos detalhes dela.
Natureza	Identifique qual é a natureza física desse documento: trata-se de uma pintura, uma escultura, uma fotografia, um prédio ou um conjunto de casas? Pesquise em qual movimento artístico o documento se encaixa e quais são as características fundamentais desse movimento, assim como o contexto social, histórico e político no qual ele surgiu.
Contexto	Investigue em qual circunstância social e histórica o documento foi elaborado. Busque compreender o contexto do qual ele faz parte e evite realizar julgamentos com base em seus valores pessoais.
Confiabilidade	Verifique a relação que existe entre o(s) autor(es) e a obra: em quem ou em que ele(s) se inspirou(raram) para produzi-la? Descubra se existem testemunhas, diretas ou indiretas, da produção da obra e pesquise os depoimentos dessas testemunhas em relação ao assunto. Caso o documento esteja em uma instituição como museus ou centros de pesquisa, é fundamental verificar os dados apresentados pela instituição.
Hipótese(s)	Elabore hipótese(s) sobre os interesses e os motivos que levaram o(s) autor(es) a se expressar ou a construir este documento da forma como ele chegou até você.

Etapa 3 – Selecionar documentos históricos

1. Com a ajuda do professor, descubram que locais do bairro escolhido guardam a história desse lugar (biblioteca, centro de pesquisa, fundação, museu, casas de moradores antigos da própria comunidade, etc.).
2. Escolham um desses locais para visitar.
3. Selecionem um ou mais documentos dos acervos escolhidos.
4. Tirem uma fotografia do documento histórico escolhido, sempre seguindo as regras do acervo e as instruções dos monitores locais.
5. Imprimam a fotografia do(s) documento(s) e guardem-na em local seguro, pois ela será exposta no painel final (o arquivo digital pode ser utilizado na exposição visual, assim como eventuais filmagens e áudios com o registro de alguma entrevista).

Rubens Chaves/Pulsar Imagens

Os museus trazem obras representativas de determinados períodos históricos e ajudam a entender a cultura de um lugar. Foto de 2017.

Etapa 4 – Analisar documento(s) e relatar conclusões

1. Na sala de aula e em grupo, vocês observarão com atenção a imagem impressa do(s) documento(s) escolhido(s) e, juntos, discutirão e preencherão a ficha de análise, de acordo com o tipo do(s) documento(s).
2. Ao término do preenchimento da ficha, elaborem um relatório sobre a análise do(s) documento(s), contemplando as seguintes informações:
   - Descrição do(s) documento(s).
   - Apresentação da(s) análise(s) feita(s) sobre o(s) documento(s).
   - Conclusões sobre o resultado da análise.

Etapa 5 – Produzam um painel

1. Para a confecção do painel, é importante que cada grupo cuide de uma etapa dessa produção. Cada grupo deve ficar com uma das seguintes tarefas:
   - Recolher as cópias dos documentos.
   - Imprimir um mapa do município.
   - Elaborar os textos explicativos.
   - Divulgar o painel para as demais turmas da escola.
2. Para traçar o contorno do município no papel *Kraft*, peçam a ajuda do professor de Geografia.
3. Após finalizarem o contorno do mapa, localizem aproximadamente os bairros pesquisados ao longo do projeto.
4. Com base nesses pontos de referência, anexem as cópias e os textos explicativos referentes aos bairros.
5. Ao final, com toda a turma, façam os ajustes que considerarem necessários e tratem do aspecto estético do painel. Observem se é possível deixar o painel mais atrativo para a comunidade escolar.
6. Definam, em conjunto com o professor, onde as imagens e os textos dos relatórios serão afixados.

Para compartilhar

Agora, chegou o momento de compartilhar os conhecimentos adquiridos com a comunidade escolar; afinal, as informações que vocês levantaram e as análises que fizeram dizem respeito à história de toda a população do bairro pesquisado. Para organizar esse momento, sigam os passos abaixo.

1. Para finalizar o projeto, divulguem nas redes sociais ou convidem os alunos de outras turmas a conhecer mais a história do bairro e do município.
2. Exponham o painel documental em um mural da escola, onde ele possa ser visto por várias pessoas.
3. Escolham, com o professor, um momento oportuno para apresentar oralmente o resultado deste projeto na escola e conversar com os demais membros da comunidade escolar sobre a importância de conhecer a história do bairro em que vocês vivem ou estudam.
4. Eventualmente, caso identifiquem algum local, monumento ou construção pública degradados, avaliem conjuntamente formas de propor encaminhamentos para sua recuperação, como a organização de um mutirão ou o envio de uma carta aos órgãos competentes.

UNIDADE 2

Estado e capitalismo

#TáNoFeed

A atual fase de expansão do capitalismo ficou conhecida como globalização. Como vimos, ela é consequência do avanço tecnológico empregado em diversos setores da economia e da modernização dos sistemas de transportes e telecomunicações, responsáveis pela aceleração dos fluxos de pessoas, mercadorias, capitais e informações. A globalização é fruto da atual revolução técnico-científica e seria inviável sem um meio geográfico preparado para lhe dar suporte.

Porém, como veremos nesta unidade, os fluxos da globalização não atingem o espaço geográfico mundial por igual, mas principalmente os lugares que receberam e recebem mais investimentos em infraestrutura, caracterizando o que Milton Santos (1926-2001) denominou de meio técnico-científico-informacional.

A globalização evidencia as desigualdades sociais entre vários países e exige uma efetiva participação do Estado. A relação entre capitalismo e Estado também interfere na forma como são estabelecidos os direitos dos cidadãos, ainda que estejam previstos em diversos documentos oficiais.

Além disso, em um mundo altamente globalizado, a lógica do capitalismo não para mesmo durante uma pandemia. Leia o texto abaixo:

> [...] Em janeiro de 2020, uma informação correu o mundo, mas não chamou a atenção de quase ninguém: as empresas Apple, Amazon, Alphabet (dona da Google), Microsoft e Facebook tinham alcançado, juntas, o valor de mercado de cinco trilhões de dólares. Menos de seis meses depois, em junho do mesmo ano, a Apple sozinha valia 1,5 trilhão de dólares. Aí, sim, o tema ganhou destaque.
>
> Naqueles dias, em meados de 2020, a pandemia da covid-19 já impusera um refluxo grave na economia do mundo. Estimativas do Banco Mundial davam conta de que o ano de 2020 traria uma contração do PIB global da ordem de 5,2%. A previsão para o PIB brasileiro, apontava uma retração igual ou pior: toda a riqueza produzida no Brasil em 2020, segundo os prognósticos, não ultrapassaria a casa de 1,5 trilhão de dólares. [...]
>
> Em agosto de 2020, quando a pandemia da covid-19 seguia ceifando vidas, com 750 mil mortos no planeta (mais de 100 mil deles no Brasil), o preço da Apple escalava os gráficos, ultrapassando a barreira dos dois trilhões, numa ascensão fulminante. [...]

BUCCI, Eugênio. *A superindústria do imaginário*: como o capital transformou o olhar em trabalho e se apropriou de tudo que é visível. Belo Horizonte: Autêntica, 2021. p. 15-17.

F11photo/Shutterstock

Tóquio (Japão) é considerado o lugar mais tecnológico do mundo. A foto une os elementos tradicionais da cultura japonesa, que permanece com suas singularidades em meio a um mundo cada vez mais tecnológico, marca da etapa informacional-global do capitalismo. Em destaque a Skytree, uma torre de radiodifusão com 634 metros de altura.

Atividades

1. Qual relação é possível estabelecer entre Estado e capitalismo?
2. Na sua opinião, de que forma o capitalismo pode influenciar a efetividade da cidadania?
3. Compare o valor de mercado da Apple com o PIB do Brasil.
4. Levante hipóteses para explicar a posição dessas empresas na fase atual do capitalismo e sua relação com os Estados. Cite uma possível consequência dos dados apresentados no texto.

Conheça a unidade

Objetivos

- Conhecer como se formaram os primeiros Estados desde a Antiguidade até a Idade Média.
- Compreender o processo que deu origem aos Estados modernos.
- Relacionar as transformações do Estado moderno com o advento do Iluminismo.
- Compreender o processo de surgimento dos Estados nacionais nos séculos XIX e XX.
- Utilizar de forma adequada os conceitos de Estado, país e nação e de fronteiras, limites e divisas.
- Identificar e diferenciar as formas e os regimes de governo existentes.
- Conhecer em linhas gerais a organização interna do Estado e identificar as modalidades de Estado.
- Conhecer as características mais importantes da globalização e compreendê-la como o atual momento da expansão do capitalismo em sua fase informacional.
- Compreender que a base geográfica da globalização é o meio técnico-científico-informacional, reconhecendo a centralidade das cidades globais.
- Identificar os principais fluxos da globalização, com destaque para os fluxos de capitais, mercadorias, serviços, informações e turistas, assim como suas características mais importantes.
- Ter uma noção de quais países ou grupos de países se destacam em cada um desses fluxos e compreender o porquê disso.
- Perceber que a globalização molda uma sociedade de consumo mundial influenciada pelo estilo de vida estadunidense.

Justificativa

Uma exigência importante para o pleno exercício da cidadania é conhecer o funcionamento do Estado e sua evolução histórica para perceber as mudanças ocorridas e o aperfeiçoamento das instituições ao longo do processo de consolidação da cidadania. Por isso, nesta unidade, vamos estudar a formação do Estado moderno, que, por sua vez, evoluiu para o Estado nacional, que assume grande parte das feições atuais a partir do século XIX. É muito importante que o cidadão saiba como o Estado está organizado e como ele funciona, bem como conheça, em linhas gerais, as leis que regem o funcionamento da sociedade para que possa exigir seus direitos e cumprir seus deveres.

É importante também estudar a globalização, situando-a como a atual fase da expansão capitalista, sustentada pela revolução técnico-científica nos três setores da economia, sobretudo nos transportes e nas telecomunicações, pois ela é responsável pela aceleração dos fluxos de capitais, mercadorias, serviços, informações e pessoas. Esse processo apresenta várias dimensões: econômica, política, cultural e social. No estudo, vamos enfatizar a dimensão econômica da globalização e seus desdobramentos culturais.

A globalização seria inviável sem um meio geográfico preparado para lhe dar suporte. Porém, como você verá a seguir, os fluxos da globalização não abarcam o espaço geográfico mundial como um todo e de forma semelhante. Os lugares que receberam e recebem mais investimentos em infraestrutura moderna, caracterizando o meio técnico-científico-informacional, são os mais atingidos pela globalização, com destaque para as cidades globais.

A BNCC nesta unidade

Competências gerais

Competências gerais da Educação Básica: CG1, CG2, CG4, CG6, CG7, CG8.

Competências específicas de Ciências Humanas e Sociais Aplicadas: 1, 2, 4.

Habilidades de Ciências Humanas e Sociais Aplicadas: EM13CHS101, EM13CHS103, EM13CHS106, EM13CHS201, EM13CHS202, EM13CHS203, EM13CHS204, EM13CHS206, EM13CHS401, EM13CHS403, EM13CHS404.

Competência específica de Linguagens e suas Tecnologias: 6.

Habilidade de Linguagens e suas Tecnologias: EM13LGG604.

Temas contemporâneos transversais

Cidadania e Civismo
- Vida familiar e social
- Educação em Direitos Humanos

Multiculturalismo
- Diversidade Cultural

Meio ambiente
- Educação para o consumo

Saúde
- Educação alimentar e nutricional

O nascimento do Estado moderno

O início da Idade Moderna foi um período de ampliação do desenvolvimento comercial com as Grandes Navegações e a subsequente colonização da América. Nessa época, a Europa passou a ser o principal centro do poder mundial. Foi também o período da constituição de Estados europeus sob formas mais próximas ao que conhecemos hoje.

Entre os séculos XVI e XVII, as monarquias europeias evoluíram rapidamente para uma forma de Estado muito mais centralizado, no qual o soberano detinha um poder quase absoluto. Nessas circunstâncias, o governante estava sempre inclinado a fazer prevalecer a "razão de Estado", ou seja, a agir em benefício de sua autoridade, restringindo liberdades individuais e praticando o autoritarismo e até a violência.

Nem por isso esse poder, chamado absolutista, era ilimitado. Apesar de toda a sua autoridade, o rei não podia dispor das propriedades e dos súditos arbitrariamente. Também não podia desrespeitar as tradições e os costumes da sociedade, pois acima dele estavam as "leis de Deus", defendidas pela Igreja e geralmente acatadas pela população.

Antes mesmo da concentração de poderes nas mãos do soberano, alguns teóricos do início da Idade Moderna já clamavam por Estados fortes, chefiados por reis cujo poder, incontestável, estaria livre de amarras limitadoras – entre elas, as que eram impostas pela Igreja. O filósofo florentino **Nicolau Maquiavel** (1469-1527) foi um dos primeiros grandes pensadores a justificar o poder centralizador dos reis. Defensor da unidade italiana, Maquiavel criticava a fragmentação política vigente na península Itálica e a rivalidade entre suas diversas repúblicas.

MAQUIAVEL, Nicolau. *O príncipe*. 3. ed. Tradução de Maria Júlia Goldwasser. São Paulo: Martins Fontes, 2004. p. 73.

Sua obra, *O príncipe*, propunha a separação entre moral e política, vistas como esferas inconciliáveis (pelo menos no que se refere à forma como a Igreja concebia o poder político, isto é, atrelado a princípios cristãos). A política, para ele, deveria tornar-se autônoma, independente da religião e da moral. De suas propostas derivou o termo "maquiavélico", que significa astuto, ardiloso.

Portanto, um príncipe não deve ter outro objetivo nem outro pensamento, nem praticar arte alguma fora a guerra, sua ordem e disciplina, pois esta é a única arte que se espera de um comandante e é de tal valor que não somente mantém o poder dos que nasceram príncipes, como também, muitas vezes, permite a cidadãos comuns subir a esse grau. Ao contrário, vê-se que os príncipes, quando pensaram mais nos prazeres da vida do que nas armas, perderam seu Estado. A primeira razão para perdê-lo é negligenciar essa arte. A razão para conquistá-lo é professá-la.

Para Maquiavel, a vontade do príncipe (ou do rei) deveria estar acima de tudo para afirmar sua autoridade e garantir o pleno funcionamento do Estado. Mesmo assim, o pensador não formulou uma teoria geral destinada a justificar ou legitimar o absolutismo. Isso seria feito posteriormente, por pensadores dos séculos XVI e XVII, que viam nessa forma de poder uma necessidade universal, imposta por um contrato entre os homens ou por um desígnio de Deus.

Wikipedia/Wikimedia Commons/Palazzo Vecchio, Florença, Itália.

Maquiavel, representado pelo pintor Santi di Tito (1536-1603), no século XVI. Entre suas indicações ao comportamento de um príncipe, ele diz: "[...] Daí ser necessário a um príncipe, se quiser manter-se, aprender a poder não ser bom e a valer-se ou não disto segundo a necessidade.".

Atividades

1. Procurem os significados de maquiavélico e maquiavelismo em um dicionário ou em *sites* e discutam, em uma roda de conversa, o que foi encontrado.
2. O termo **maquiavélico** surgiu como avesso à obra de Maquiavel. A mentalidade cristã e o poderio do clero tinham posições contrárias frente as propostas da obra *O príncipe*. Ampliem a discussão, levantando e descrevendo quais propostas de Maquiavel foram vistas em confronto com o poder da Igreja naquele período.
3. Para fechar a conversa, discutam sobre a existência de exemplos maquiavélicos na história recente.

Maria Kazakova1/Shutterstock

Na paisagem da cidade de Florença (Itália) ainda há muitos testemunhos da época em que ainda era uma cidade-Estado e nem existia o Estado italiano como o conhecemos hoje. A igreja de Santa Croce, que aparece no centro da foto, por exemplo, foi construída em 1294. Nela estão sepultadas várias personalidades importantes das ciências e das artes italianas, entre as quais se destacam: Nicolau Maquiavel, Michelangelo Buonarroti (1475-1564) e Galileu Galilei (1564-1642). Foto de 2019.

Diferentemente de Maquiavel, o inglês **Thomas Hobbes** (1588-1679), em sua obra *Leviatã*, publicada em 1651, articulou um sistema lógico e coerente para justificar a necessidade de um governo absolutista. Para Hobbes, o Estado absolutista representava a superação do "estado de natureza", no qual as pessoas viveriam em situação de guerra permanente, de todos contra todos. Segundo ele, por causa do egoísmo inerente ao ser humano (daí sua maldade), a sociedade teria uma tendência ao caos ou à desarticulação, pois os indivíduos estariam dispostos a destruir uns aos outros para satisfazer seus interesses. Foi essa concepção que deu origem à afirmação de Hobbes: "O homem é o lobo do homem".

Dotados de razão, os seres humanos tentariam superar esse caótico "estado de natureza" original, formando a sociedade civil e estabelecendo um contrato, segundo o qual todos cederiam seus direitos a um governo forte e centralizado em um indivíduo soberano. A sociedade deveria renunciar à liberdade em nome da sobrevivência.

> Diz-se que um Estado foi instituído quando uma *multidão* de homens concordam e pactuam, cada um com cada um dos outros, que a qualquer homem ou assembleia de homens a quem seja atribuído pela maioria o direito de representar a pessoa de todos eles (ou seja, de ser seu representante), todos sem exceção, tanto os que votaram a favor dele como os que votaram contra ele, deverão autorizar todos os atos e decisões desse homem ou assembleia de homens, tal como se fossem seus próprios atos e decisões, a fim de viverem em paz uns com os outros e serem protegidos dos restantes homens.

É desta instituição do Estado que derivam todos os direitos e faculdades daquele ou daqueles a quem o poder soberano é conferido mediante o consentimento do povo reunido. [...]

HOBBES, Thomas. *Leviatã*. Disponível em: http://clickeaprenda.uol.com.br/sg/uploads/UserFiles/File/Leviata1.pdf. Acesso em: 6 abr. 2022.

BOSSUET, Jacques-Bénigne. *Política retirada da Sagrada Escritura*. Publicado postumamente em 1709.

Na França, o bispo Jacques-Bénigne **Bossuet** (1627-1704) concordava com Hobbes sobre a necessidade de um poder altamente concentrado nas mãos de um soberano, mas discordava dele sobre a origem da legitimidade desse poder.

Bossuet expôs suas ideias no livro em que afirma que o poder real estaria próximo de Deus. Essa proximidade permitiria que as decisões do rei fossem infalíveis, graças à inspiração divina. De Deus emanaria a autoridade do rei, não de um contrato. Para Bossuet, o direito divino seria o fundamento do poder real, aquilo que lhe daria legitimidade. Segundo alguns historiadores, o governante que mais se serviu das ideias de Bossuet foi o soberano rei francês Luís XIV (1638-1715), chamado de "Rei Sol".

Outros estudiosos, contudo, destacam o caráter sagrado atribuído aos monarcas e à realeza desde a formação das monarquias medievais, incluindo a cura de doenças pelo simples toque do rei (taumaturgo). Luís XIV, assim, teria continuado tradições já existentes. Como afirma o historiador francês Marc Bloch (1886-1944) sobre os reis franceses e ingleses taumaturgos:

> [...] na história das doutrinas políticas (como em todas as outras espécies de história) convém não levar muito a sério o corte tradicional que, obedecendo aos humanistas, costumamos fazer do passado da Europa nas proximidades de 1500. O caráter sagrado dos reis, tantas vezes afirmado pelos escritores medievais, permanece nos tempos modernos uma verdade que se mostra sem cessar.

BLOCH, Marc. *Os reis taumaturgos*: o caráter sobrenatural do poder. São Paulo: Companhia das Letras, 1993. p. 233.

Reprodução/Museu do Louvre, Paris, França.

Luís XIV, o Rei Sol, representado em tela do pintor francês Hyacinthe Rigaud (1659-1743), feita em 1702. Observe os sinais de sua soberania: a coroa, o cetro de ouro, o manto real com a flor-de-lis (símbolo da monarquia francesa) bordada em fios de ouro e a espada.

Atividades

4. Thomas Hobbes foi o primeiro filósofo moderno a desenvolver uma teoria do contrato social. Transcreva um trecho do texto citado desse filósofo no qual fica evidente a defesa que o autor faz do contratualismo.

5. De acordo com Thomas Hobbes, é legítima a rebelião dos governados contra o governante? Por quê?

6. Na obra *Política retirada da Sagrada Escritura*, Jacques-Bénigne Bossuet escreve que "Deus protege todos os governos legítimos, qualquer que seja a forma em que estão estabelecidos: quem tentar derrubá-los não é apenas um inimigo público, mas também um inimigo de Deus". Identifique em que pontos essa ideia concorda e em que aspectos ela não concorda com a concepção de governo de Thomas Hobbes.

O Estado e o "Século das Luzes"

O auge dos Estados centralizados modernos no século XVIII significou também o ponto culminante de suas contradições. As tensões envolvendo monarcas, nobreza e burguesia geraram uma situação pré-revolucionária na Europa. A partir de meados daquele século, pensadores desenvolveram um conjunto de ideias que defendia a busca por novas formas de poder político e de organização econômica, valorizava o **uso da razão e da Ciência** e afirmava, em linhas gerais, que todos poderiam ter acesso ao conhecimento – o **Iluminismo**. É importante notar que o termo "Iluminismo" justifica a expressão "Século das Luzes", comumente usada para se referir ao século XVIII. Também devemos notar que a ideologia do Iluminismo foi incorporada pela burguesia, mas não foi algo exclusivamente utilizado por ela, já que nem toda nobreza era avessa às suas propostas. Basta lembrar que vários dos pensadores iluministas, assim como seus leitores, eram nobres, e não burgueses.

Reprodução/Museu Hermitage, São Petersburgo, Rússia.

Locke envolveu-se com a Revolução Gloriosa (1688--1689) e foi um dos principais ideólogos do liberalismo. Óleo sobre tela de John Locke, pintado por Godfrey Kneller (1646-1723) em 1704, aproximadamente.

O pensador inglês **John Locke** (1632-1704) costuma ser considerado um precursor do movimento. Locke rejeitava a teoria do "direito divino dos reis" e o absolutismo. Em sua obra *Segundo tratado sobre o governo civil*, defende a ideia de que os homens são portadores de direitos naturais, como a vida, a liberdade e a propriedade. Para garantir esses direitos, os homens criaram os governos por meio de um "contrato" entre eles. Ainda segundo Locke, por consentimento da maioria, o governante recebe a autoridade e o dever de garantir os direitos das pessoas. Seria um "contrato" entre governante e governados, como também havia proposto Thomas Hobbes. No entanto, ao contrário do que Hobbes propunha, Locke defendia também o direito de resistir à tirania. Para ele, se o governante viola o contrato, utilizando os poderes delegados pela sociedade em proveito próprio, visando obter vantagens, a sociedade teria o direito de destituí-lo.

Outro importante iluminista foi **Voltaire** (1694-1778), que, em seu livro *Cartas inglesas*, criticou não apenas a Igreja, mas também os resquícios da servidão feudal. Ao mesmo tempo, acreditava que a livre expressão era um dos direitos naturais do homem e condenava firmemente a censura. Uma frase da biógrafa de Voltaire, a inglesa Evelyn Beatrice Hall (1868--1956), autora de *The Friends of Voltaire*, sob o pseudônimo de Stephen G. Tallentyre, resume a postura iluminista de Voltaire: "Posso não concordar com uma única palavra do que dizeis, mas defenderei até a morte o direito de dizê-la".

/Album/Fotoarena/Instituto e Museu Voltaire, Genebra, Suíça.

Retrato de Voltaire por Nicholas Largilliere (1656-1746), feito em 1724.

Voltaire também criticava a guerra e rejeitava a ideia de revolução, acreditando que as reformas realizadas por monarcas, sob orientação dos filósofos, poderiam resultar em governos "esclarecidos". Durante sua vida, procurou aproximar-se de alguns reis absolutistas, como os da Prússia e da Rússia, sugerindo reformas. O movimento reformista inspirado nas ideias iluministas recebeu o nome de despotismo esclarecido.

Atividades

7. Discutam, em uma roda de conversa, sobre as diferenças entre o contrato de Hobbes e o contrato de Locke.

8. Ampliando a conversa: Locke apontava a propriedade como um "direito natural" e não construída historicamente, expressando um direito que não poderia ser ameaçado ou atacado. Isso separava ou unia membros de grupos sociais ingleses ou franceses com sua teoria? Quais seriam esses grupos no período da Idade Moderna?

9. Voltaire rejeitava a ideia de revolução. Dessa forma, pode-se dizer que havia uma posição pró ou contra as ideias de Locke? Quais seriam essas ideias?

Charles-Louis de Secondat (1689-1755), o barão de **Montesquieu**, autor de *O espírito das leis*, propunha a divisão dos poderes em três instâncias: Executivo, Legislativo e Judiciário. Dessa forma, o governante seria um simples executor da vontade da sociedade, conforme as leis redigidas por um corpo de legisladores e julgadas pelos tribunais, o que limitaria o poder absolutista dos reis. É o que hoje se chama de sistema de freios e contrapesos para garantir a harmonia dos poderes e evitar arbitrariedades.

Montesquieu também pregava a necessidade de um conjunto de leis que expressassem os valores da sociedade e que fossem obedecidas por todos, até pelos governantes: seria a Constituição de um Estado. Em seu livro *Cartas persas*, denunciou os abusos do poder autoritário e os excessos cometidos no reinado de Luís XIV na França.

Retrato do barão de Montesquieu, autoria desconhecida, 1728.

Em sua obra *O contrato social*, **Jean-Jacques Rousseau** (1712-1778) manifestou sua crença na liberdade dos homens, uma vez que nasciam todos iguais e, por meio de sua livre vontade, criavam as leis e organizavam a sociedade. Rousseau foi grande **defensor da democracia**, não como a compreendemos hoje, associada a eleições e ao voto universal, mas como expressão da vontade geral da população. Criticava o racionalismo excessivo, que, a seu ver, reprimia os indivíduos: o conhecimento e a felicidade humanos dependeriam, em grande parte, de cultivar e expressar os sentimentos.

Retrato de Jean-Jacques Rousseau pelo pintor Maurice Quentin de la Tour (1704-1788), feito em 1753.

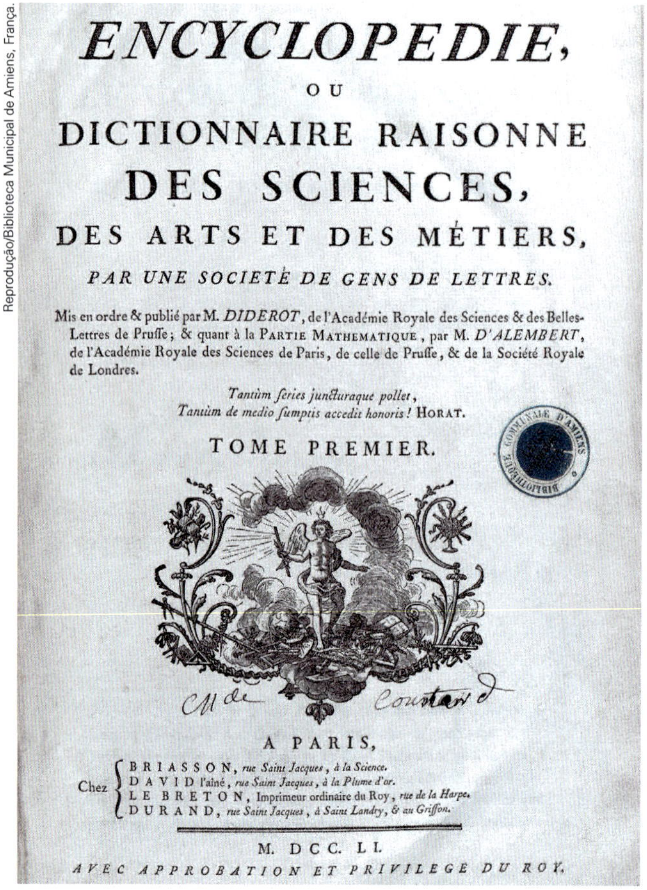

ENCYCLOPEDIE,
OU
DICTIONNAIRE RAISONNE
DES SCIENCES,
DES ARTS ET DES MÉTIERS,
PAR UNE SOCIETÉ DE GENS DE LETTRES.

Mis en ordre & publié par M. DIDEROT, de l'Académie Royale des Sciences & des Belles-Lettres de Pruſſe; & quant à la PARTIE MATHEMATIQUE, par M. D'ALEMBERT, de l'Académie Royale des Sciences de Paris, de celle de Pruſſe, & de la Société Royale de Londres.

Tantùm ſeries juncturaque pollet,
Tantùm de medio ſumptis accedit honoris! HORAT.

TOME PREMIER.

A PARIS,

Chez
BRIASSON, *rue Saint Jacques, à la Science.*
DAVID l'aîné, *rue Saint Jacques, à la Plume d'or.*
LE BRETON, Imprimeur ordinaire du Roy, *rue de la Harpe.*
DURAND, *rue Saint Jacques, à Saint Landry, & au Griffon.*

M. DCC. LI.
AVEC APPROBATION ET PRIVILEGE DU ROY.

A publicação da *Enciclopédia* enfrentou resistência e pressão dos grupos aliados ao Antigo Regime. Em 1759, foi condenada pelo papa Clemente XIII. Apesar da censura, foi decisiva como plataforma teórica da Revolução Francesa.

Suas ideias, rejeitadas pela alta burguesia em virtude das críticas ao racionalismo, ao elitismo governamental e à opulência, tiveram forte influência nos setores médios e populares, provocando grande impacto nos momentos mais radicais da Revolução Francesa (1789-1799).

Os filósofos **Diderot** (1713-1784) e **D'Alembert** (1717--1783) foram os responsáveis pela compilação da *Enciclopédia*, obra monumental, dividida em 35 volumes, que constituiu uma tentativa de reunir, de forma sistemática, todo o conhecimento humano acumulado até então, conforme entendido pelos iluministas. A empreitada teve 130 colaboradores, entre eles Voltaire, Montesquieu e Rousseau. A obra expressa valores como a substituição da fé pelo racionalismo, o estímulo à ciência, entre outros. Mesmo expressando divergência de opiniões entre seus autores, a *Enciclopédia* foi instrumento divulgador fundamental dos ideais liberais para a Política e a Economia.

A circulação dos primeiros volumes da *Enciclopédia* chegou a ser proibida em 1752. A Igreja católica chegou a incluir a *Enciclopédia* na lista dos livros proibidos aos católicos em 1759. No entanto, em 1782, mais de 25 mil exemplares já haviam sido vendidos.

Atividade

10. No mundo atual, há regimes políticos, governos ou religiões que proíbem a leitura de algum livro?

A emergência dos Estados nacionais: séculos XIX e XX

Na segunda metade do século XVIII, teve início o vendaval revolucionário que se estenderia pelo século XIX, apoiado nas ideias iluministas e socialistas decorrentes das transformações capitalistas vinculadas à industrialização. A independência dos Estados Unidos da América (1776) e a Revolução Francesa realizaram em seus redutos e espalharam pelo mundo as noções de pátria e liberdade, bem como princípios de atuação dos **Estados de Direito**, fundados em leis, e das **Constituições**, visando limitar as autoridades governamentais. A esses anseios e princípios juntaram-se as conquistas de independência política de ex-colônias no século XIX, na América ibérica, e no século XX, as de inúmeros outros Estados no processo de descolonização na África e na Ásia.

Quanto à ideia de pátria entre os europeus, até o século XIX, as pessoas construíam vínculos com a região em que nasciam ou viviam, e essa era a sua ideia de pátria. Embora todos pudessem ser súditos de um mesmo rei, não havia, ainda, um sentimento nacional. No entanto, esse sentimento recebeu forte impulso com as guerras napoleônicas (no período pós-Revolução Francesa) e principalmente com a unificação da Alemanha e da Itália, no final do século XIX. Ganhou intensidade no início do século XX, quando milhares de homens e mulheres se mobilizaram para defender a pátria numa guerra travada entre Estados nacionais na Primeira Guerra Mundial (1914-1918).

Wikipedia/Wikimedia Commons/Erich Lessing Culture and Fine Arts Archives

A obra *A liberdade guiando o povo*, de Eugène Delacroix (1798-1863), feita em 1831, celebra a revolução de julho de 1830, na qual diversos setores da população francesa se uniram para derrubar o rei Carlos X e derrotar suas tentativas de restaurar o absolutismo. A liberdade é representada por uma mulher, também símbolo da pátria. As pessoas do povo seguem-na, como se aguardassem sua voz de comando. Nos detalhes, percebem-se personagens representativas – o cidadão (com o sabre erguido), o migrante rural (caído aos pés da figura feminina, de lenço vermelho na cabeça) e o aluno parisiense (simbolizado pelo garoto com duas pistolas nas mãos).

A construção de identidades

A Europa do século XIX assistiu a um enorme crescimento demográfico e acentuado êxodo rural, provocados pelo desenvolvimento industrial. Nesse período, sua população saltou de menos de 190 milhões para pouco mais de 423 milhões. Isso sem contar com os milhões de pessoas que emigraram para outros países, como África do Sul, Austrália, Nova Zelândia, Canadá, Estados Unidos e Brasil.

Esse crescimento populacional concentrou-se nos centros urbanos. Em 1850, 22 cidades europeias tinham mais de 100 mil habitantes; dez anos depois, já eram 45 cidades; e, em 1913, esse número havia saltado para 184. No início do século XX, mais da metade da população da Europa ocidental já vivia em centros urbanos, atraída pelas oportunidades de trabalho e negócios geradas pela industrialização.

Um dos principais efeitos desse enorme deslocamento populacional foi a perda de **identidade** das pessoas. No campo, elas formavam comunidades, trabalhavam juntas e compartilhavam histórias de vida. Nas cidades, passaram a viver num meio desconhecido, perdendo muitos dos seus antigos vínculos afetivos e familiares. Essas mudanças impactaram profundamente seu cotidiano, levando-as a se sentirem "desenraizadas", "desterritorializadas".

Esse processo teve pelo menos três grandes consequências. A **primeira consequência** foi o fortalecimento da ideia de nacionalidade, ou seja, da sensação de pertencer a determinada coletividade, a uma **nação**, delimitada pela língua e por costumes comuns. Ao contrário das comunidades que existiam no campo, as nações não eram formadas por vínculos pessoais. Um camponês da Bavária (região sudeste da atual Alemanha) podia não ter relação nenhuma com um trabalhador urbano da Renânia (região oeste da atual Alemanha), mas sentia-se unido a ele pela língua germânica e por alguns costumes em comum.

Conceitos

Nação

O *Dicionário da Real Academia Espanhola* só registrou o sentido da palavra **nação** em 1884: "Um Estado ou corpo político que reconhece um centro de governo comum". [...] "território constituído por este Estado e seus habitantes, considerados como um todo". (*apud* HOBSBAWM, Eric. *Nações e nacionalismos desde 1870*. Rio de Janeiro: Paz e Terra, 1991. p. 27.).

Nação e nacionalismo

Segundo o historiador **Lucien Febvre** (1878-1956), nação é a "tomada de consciência de um passado tradicional por grupos reunidos, por vontade ou pela força, em um mesmo quadro e sofrendo a ação cotidiana da vida em comum".

O historiador **Josep Fontana** (1931-2018), um dos principais estudiosos dos séculos XX e XXI, afirma que, "se é difícil entender o que é 'nação', o mesmo não acontece quando se quer identificar o que é 'nacionalismo'. [...] O nacionalismo é, efetivamente, uma força que nasce da adesão dos homens a uma ideia. Porém, uma força é, em princípio, neutra: não é nem boa, nem má. Ser uma coisa ou outra depende da finalidade a que é aplicada; é como um martelo, que pode ser uma ferramenta para construir ou uma arma para matar".

FEBVRE, Lucien. *Honra e pátria*. Rio de Janeiro: Civilização Brasileira, 1998. p. 28.

FONTANA, Josep. *Introdução ao estudo da história geral*. Bauru: Edusc, 2000. p. 252.

A **segunda consequência** do "desenraizamento" das pessoas foi a valorização do folclore e da cultura popular. Por meio da coleta de canções, danças e outras práticas rurais que estavam desaparecendo, os artistas e intelectuais **românticos** procuravam compensar a perda dos laços comunitários reconstruindo a história, o idioma e os costumes do povo.

A **terceira consequência** foi o crescimento dos movimentos sociais e a valorização dos ideais revolucionários de liberdade, igualdade e fraternidade. A mobilização popular e as lutas operárias atemorizavam os empresários e os governantes. Para freá-las, além da repressão, foram elaboradas diversas reformas, como a limitação das jornadas de trabalho, a regulamentação do trabalho de mulheres e crianças, a ampliação do direito de voto, a aposentadoria e o acesso à educação. O principal objetivo dos reformistas era a manutenção da **ordem** – palavra que se tornou o lema dos grupos mais conservadores e autoritários da Europa (e também das Américas).

Na América portuguesa, a montagem do Estado de direito com a independência do Brasil firmou-se com a **Constituição de 1824**, a primeira de nossa história, outorgada por Dom Pedro I, regulando direitos e poderes. Contudo, tinha um forte caráter centralizador nas mãos do imperador e buscava forjar o ordenamento da nova **nação**.

A ideia de **identidade brasileira** não existia na época colonial, já que os habitantes das terras que hoje formam o Brasil não se reconheciam como "brasileiros", e sim como paulistas, pernambucanos, filhos de Minas (hoje conhecidos como mineiros), baienses (atuais baianos), etc. Muitos até se sentiam mais próximos das ideias e dos interesses dos portugueses do que dos demais habitantes da colônia. Mesmo depois da independência política, em 1822, demorou muito até que os habitantes do Brasil se considerassem e se sentissem "brasileiros". Ao contrário da unidade territorial alcançada no Brasil com a independência, a América espanhola fragmentou-se em diversos Estados nacionais.

Atividades

11. No Brasil, a ideia de brasilidade se firmou antes, durante ou após a independência? Ao se afirmar, a brasilidade tinha caráter irrestrito e abrangente a todos os estratos sociais?

12. Tomando o texto dos conceitos, discutam exemplos plausíveis de "nacionalismos". Quais seriam suas possíveis finalidades?

13. Vocês nutrem o sentimento de pertencimento a quê? Ao país, ao bairro, à comunidade, à escola, à igreja ou ao grupo de amigos?

Estado, país e nação

A palavra **Estado**, em seu sentido político, pode ser usada em duas acepções. Uma, usualmente grafada com "e" maiúsculo, corresponde à instituição social politicamente organizada que exerce a soberania e a jurisdição sobre um território e um povo: Brasil, Argentina, Estados Unidos, Japão, França, África do Sul, etc. A segunda acepção corresponde à divisão política interna de alguns Estados que formam uma federação. Nesses casos, as unidades internas são também chamadas de estado. Temos, assim, um Estado federal (União) com seus respectivos estados-membros (unidades da Federação), como é o caso dos Estados Unidos da América, Estados Unidos do México, República Federativa do Brasil, República Federal da Alemanha, etc. Há Estados em que as unidades internas recebem outros nomes, como províncias (Argentina, Canadá, China, etc.), departamentos (França), condados (Reino Unido), regiões (Itália), cantões (Suíça), repúblicas (Federação Russa).

Um Estado exerce a soberania sobre um território com limites precisamente definidos e defendido pelas Forças Armadas estatais, dispõe de uma burocracia administrativa e é organizado em três esferas de poder. No Brasil, denominamos essas três esferas de União, estados e municípios – ou esferas federal, estadual e municipal.

É importante distinguir Estado de governo. O Estado, como vimos, é uma instituição política. Já o governo é composto do conjunto de pessoas que, por determinado período, ocupam posições de autoridade dentro do Estado. Assim, o Estado perdura no tempo, enquanto o governo é transitório.

Embora vulgarmente "país" seja usado como sinônimo de "Estado", essas duas palavras não significam a mesma coisa. O primeiro termo tem uma conotação física e o segundo, uma conotação política.

País é a terra (vem do francês *pays*, mesmo radical do qual se deriva a palavra paisagem, do francês *paysage*), uma porção da superfície terrestre. Quando essa terra, no decorrer da história, foi delimitada por fronteiras com limites precisos e passou a ser controlada por um Estado, que exerce a soberania sobre ela, transformou-se em território. É esse território que chamamos de país, ou seja, o conjunto formado pelas paisagens naturais e culturais sob o controle do Estado que exerce o poder dentro de seus limites.

Como conceito antropológico, **nação** é sinônimo de etnia e refere-se a um conjunto amplo de indivíduos e grupos que participam de uma mesma comunidade por razões históricas e culturais: linguísticas, religiosas, etc. Partilham do mesmo idioma, têm uma história considerada comum e uma série de tradições e costumes que os diferenciam de outras comunidades.

A palavra **povo**, no sentido jurídico-político, é sinônimo de conjunto de cidadãos e refere-se à população que habita o território sob jurisdição de um Estado e que tem diversos direitos e deveres, o que exclui, por exemplo, os estrangeiros não naturalizados.

Atta Kenare/AFP

É comum que manifestantes, ao protestarem contra determinado Estado, queimem seu principal símbolo nacional: a bandeira. Na foto de 2018, manifestantes queimam bandeiras dos Estados Unidos em Teerã (Irã).

Estado e nação

A coincidência entre Estado e Nação vai-se tornando cada vez mais rara à medida que aumentam as facilidades de comunicação e a mobilidade dos indivíduos, de um para outro Estado. A pretensão de caracterizar o Estado moderno como Estado nacional baseou-se na relativa estabilidade obtida pela Europa no século XIX, com as fronteiras bem delimitadas e a nítida predominância de certas características nacionais em cada Estado. Daí a afirmação do princípio das nacionalidades, segundo o qual cada Nação deveria constituir um Estado. Mas o exame apenas superficial dos componentes de qualquer Estado contemporâneo, ressalvadas apenas algumas exceções relativas a Estados minúsculos, revela já que a regra é o plurinacionalismo, ou seja, em cada povo há indivíduos pertencentes a várias Nações.

Esse plurinacionalismo, significando a existência, dentro do mesmo Estado, de grupos sociais claramente distintos por sua cultura e por seus costumes, tem influência sobre a organização do Estado, que procura a unidade jurídica respeitando os valores fundamentais do homem, devendo, assim, conciliar a igualdade jurídica e a diversidade cultural. É óbvio que, quanto menores forem as desigualdades, mais fácil será a obtenção da harmonia social, pois a própria noção de bem comum será mais facilmente fixada se todo o povo tiver os mesmos valores culturais. Convém, pois, ao Estado, que haja a possibilidade de estabelecer o máximo possível de regras gerais uniformes para todo o povo, pois além de tudo é bem difícil manter um tratamento diferenciado e que todos os grupos considerem justo. Acrescente-se ainda que os diferentes grupos nacionais desejam igualmente participar do governo do Estado, e, não raro, cada um procura preponderar sobre os demais. Por todas essas dificuldades é que [o filósofo italiano Giorgio] Del Vecchio (1878-1970) chama de Estados imperfeitos os plurinacionais, embora reconheça que no mundo atual são raros os Estados efetivamente nacionais.

O fato é que não existe, a não ser em casos excepcionais, coincidência entre Estado e Nação, havendo nações cujos membros estão distribuídos entre vários Estados, como há, em regra, entre os componentes do povo de cada Estado, indivíduos pertencentes a diferentes grupos nacionais.

Isso tem levado os Estados a se organizarem de maneira a obter a unidade na diversidade, criando condições para a convivência harmônica das comunidades, ou proibindo discriminações, ou assegurando a participação de todos no exercício do poder político. Exemplo dessa orientação é o que se verifica nos Estados da África, onde é mais acentuada a característica plurinacional dos Estados, uma vez que as fronteiras são o simples reflexo das diferentes dominações dos Estados imperialistas do século XIX. [...]

Em conclusão, o Estado é uma sociedade e a Nação uma comunidade, havendo, portanto, uma diferença essencial entre ambos, não se podendo dizer, com propriedade, que o Estado é uma Nação ou que é um produto da evolução desta. Para obter maior integração de seu povo, e assim reduzir as causas de conflitos, os Estados procuram criar uma imagem nacional, simbólica e de efeitos emocionais, a fim de que os componentes da sociedade política se sintam mais solidários. [...]. Assim, a submissão a um governo comum, o uso da mesma língua, a aceitação de muitos valores culturais comuns, bem como a comunidade de interesses, tudo isso é insuficiente para fazer do Estado uma Nação, mas é útil para a obtenção de maior solidariedade na persecução dos objetivos da sociedade política.

DALLARI, Dalmo de Abreu. *Elementos de teoria geral do Estado*. São Paulo: Saraiva, 1998. p. 135-137.

Atividades

1. O que são os Estados plurinacionais? Cite exemplos de Estados plurinacionais na atualidade.
2. Que recursos os Estados mobilizam para garantir a integridade territorial e promover a integração de seu povo?
3. Quais nações você identifica no Estado brasileiro?

Forma e regime de governo

Na forma de governo monárquica, o poder é exercido pelo monarca e é vitalício e hereditário. Isso significa dizer que o monarca governa enquanto viver e que, após sua morte ou abdicação, seu lugar só pode ser ocupado por um de seus descendentes diretos. O soberano pode ser o rei, como na Espanha; a rainha, como no Reino Unido; ou o imperador, como no Japão.

O regime de governo parlamentarista evoluiu historicamente ao longo de séculos e, no século XIX, chegou ao modelo que conhecemos hoje. Embora se possa buscar a origem mais remota do Parlamento na Inglaterra do século XIII, foi a partir de 1689, como resultado da Revolução Gloriosa, que a representação parlamentar se impôs como centro das decisões políticas. Aí está a origem de um dos pressupostos fundamentais do parlamentarismo: a distinção entre o chefe de Estado, que tem o papel de representar o Estado, mas não participa diretamente das decisões político-administrativas, e o chefe de governo, o primeiro-ministro, que efetivamente exerce o Poder Executivo.

Atualmente, o primeiro-ministro é sempre o líder do partido majoritário no Parlamento ou o indicado por uma coligação que detenha a maioria dos assentos. Porém, ele não tem um mandato definido: pode permanecer no poder poucos dias ou vários anos. O regime parlamentarista pode ocorrer associado tanto à forma de governo monárquica, como na Espanha e no Reino Unido, quanto à republicana, como na Alemanha e na Itália.

Tendo como base as revoluções americana e francesa, gradativamente consolidou-se a república como forma de governo adotada pela maioria dos Estados do mundo ocidental contemporâneo, assim como o regime de governo presidencialista.

O presidente é eleito pelo povo (por meio de voto direto, no Brasil) para governar sempre por um período predeterminado, de quatro a seis anos. Em alguns países, o presidente pode se eleger por dois mandatos, mas, na maioria dos regimes, não há reeleição. Durante seu mandato, o presidente só pode ser destituído legalmente do poder por meio de um processo de impedimento (do inglês *impeachment*) aprovado pelo Poder Legislativo.

Em *A pátria*, de 1919, Pedro Bruno (1888-1949) representa o nascimento da república no Brasil, simbolizada pela confecção dos primeiros exemplares da bandeira nacional republicana. O Estado brasileiro constituiu-se em 1822 como uma monarquia, mas, em 1889, transformou-se em república.

Organização interna do Estado

O Estado tem três componentes indissociáveis: o povo, o território e a soberania. Para controlar um território, é necessário demarcar com precisão seus limites fronteiriços e, para zelar por sua soberania e pela inviolabilidade de suas fronteiras, é preciso a organização das Forças Armadas.

Com o objetivo de garantir a paz interna e mediar os conflitos sociais, o Estado também dispõe de forças policiais, tendo o monopólio da violência. Aliás, com base nisso, surgiu uma das mais célebres definições para Estado, elaborada pelo sociólogo alemão Max Weber (1864-1920), para quem o Estado é a instituição que detém o monopólio da violência legítima sobre a sociedade.

Entretanto, antes da utilização da força, reservada apenas para situações-limite, há leis que devem ser observadas para reger as relações sociais, as atividades da sociedade. Em um Estado democrático de direito, todos são formalmente iguais perante as leis, embora esse princípio democrático nem sempre seja observado no cotidiano (e não apenas no Brasil).

O Estado democrático de direito tem como característica fundamental a divisão de poderes entre o Executivo, o Legislativo e o Judiciário.

O Poder Executivo é responsável pelo gerenciamento do Estado – emissão de moeda, controle do câmbio e da taxa de juros, provimento de aposentadoria, de educação e saúde, construção e manutenção de infraestrutura, planejamento do desenvolvimento econômico e organização do território, além de diversas outras atribuições –, sempre pautado pelas leis que foram votadas e aprovadas pelo Poder Legislativo. Esse gerenciamento fica a cargo do presidente da República e dos auxiliares por ele escolhidos (ministros e secretários de Estado), quando o regime de governo é presidencialista, ou fica a cargo do primeiro-ministro e de seus auxiliares, quando o regime é parlamentarista. O Poder Judiciário tem a responsabilidade de garantir o cumprimento das leis e coibir desvios em todos os níveis da sociedade.

vitordemasi/Shutterstock

No Brasil, diferentemente dos representantes dos Poderes Executivo e Legislativo, que são eleitos, os membros do Poder Judiciário entram por concurso público ou indicação, e os ministros do Supremo Tribunal Federal (STF) são indicados pelo presidente da República e aprovados pelo Senado. Na foto de 2021, prédio do STF na praça dos Três Poderes, em Brasília (DF). Em frente a ele está a escultura *A justiça*, criada em 1961 pelo artista Alfredo Ceschiatti (1918-1989).

Modalidades de Estado

O modo como a organização das instituições estatais e suas funções atuam na gestão da ordem social e na regulação da economia tem variado bastante desde o século XIX até o presente. Afora os Estados socialistas, como a antiga União Soviética (1917-1991), destacaram-se também o Estado liberal, o Estado de bem-estar social e o Estado neoliberal, com características que variam nos diversos países. De forma geral, tais modalidades apresentaram os aspectos comentados a seguir.

O **Estado liberal** emergiu em vários Estados nacionais do século XIX, limitando o exercício do poder das autoridades públicas em relação aos cidadãos por meio das Constituições e de leis. Era a institucionalização dos poderes estatais e de suas limitações, cabendo ao Estado ater-se aos assuntos públicos sem intervir nos assuntos privados, exceto os que o mercado não tem capacidade de resolver por si mesmo.

O **Estado de bem-estar social** (*Welfare State*) ganhou força com as ideias do economista inglês John Maynard Keynes (1883-1946). A expressão "bem-estar social" entrou em uso a partir dos anos 1940. O Estado deveria atuar para que houvesse maior distribuição de benefícios sociais, garantindo empregos e promovendo o consumo ao conjunto da população. O intervencionismo por parte de países capitalistas, com diversidade de atuações, colocou o Estado como promotor do desenvolvimento econômico-social para garantir a cidadania social, por meio de saúde, educação e melhores condições de trabalho e de vida.

O **Estado neoliberal** ganhou impulso no final dos anos 1970, contrário ao Estado intervencionista. Os países que seguiram, principalmente, as orientações neoliberais implementaram políticas de venda de empresas estatais a empresários ou grupos privados, como também a redução dos gastos públicos com saúde, educação, previdência social e outras políticas sociais montadas pelo Estado de bem-estar social.

Atividades

4. Como vocês avaliam o preceito de que é o Estado que possui o monopólio legítimo da violência?

5. Os abusos de poder explicitados por policiais, agentes do Estado, na abordagem das pessoas, em sua grande maioria pretos e pobres, é um problema conhecido sobretudo nas periferias das grandes cidades brasileiras. O que explica essas ações? O que fazer para acabar com esse uso abusivo da força policial?

6. Além da situação de abuso da força policial, existem outras formas de violência que você consegue observar na ação do Estado ou de suas instituições?

Diálogos

1. Leia os textos a seguir, que discutem o pensamento de Hobbes e Locke, dois teóricos que tratam do pacto social.

Hobbes

Hobbes parte de que os homens não são naturalmente sociáveis e procura buscar as causas que têm provocado a sociedade. Para isso, remonta-se a um hipotético "Estado de Natureza" no qual os homens, antes de viver em sociedade, eram todos livres e iguais. Porém ao gozar todos do mesmo direito natural, a dizer, da mesma liberdade para conseguir seus fins, surge a concorrência, a insegurança e a glória, e se vive em uma situação de guerra (é o sentido da expressão a ele atribuída: "O homem é um lobo para o homem").

Nesta situação, o homem tem medo da morte; e este medo o faz desejar a paz e uma vida mais cômoda e segura. Estas são as paixões que o levam a descobrir as leis da natureza, segundo as quais "o homem há de evitar fazer o que pode destruir sua vida... assim como faz tudo o que ele cria melhor para preservá-la".

Estas leis impulsionam os homens a aceitar um contrato ou pacto social: "Autorizo e renuncio a meu direito a governar-me a mim mesmo, com a condição de que você, por sua vez, abandone teu direito e autoridade, todas as suas ações de maneira semelhante. Assim surge o grande Leviatã", este é o Estado. Nele os homens têm perdido sua liberdade a favor de um soberano, que está fora do pacto.

Locke

Locke analisa também o estado de natureza, em que vê a todos os homens livres e iguais, submetidos a uma lei moral natural (descoberta pela razão), que o leva a conservar e defender sua própria vida e o direito de propriedade privada, fruto e consequência do trabalho, e assim mesmo o respeito pela vida e pela propriedade dos demais.

É precisamente este direito à propriedade que leva os homens a formular um pacto para formar a sociedade. Neste pacto os homens cedem alguns de seus direitos e liberdades: especificamente, o direito a formular leis e castigar os transgressores das normas. Este é poder legislativo, que inclui também o judicial. Subordinado a esse poder, Locke situa o poder executivo, que leva consigo o federativo, ou seja, a relação com outros Estados.

CEREZO, José Joaquín. *Historia de la filosofía*: la Edad Moderna. Madrid: Acento Editorial, 2002. p. 66-68. (Tradução dos autores.).

a) Como Hobbes define pacto social? O que é o Leviatã, título de sua obra?

b) Por que, para Locke, os homens se uniram em sociedade?

2. Leia o texto a seguir, de Friedrich Engels (1820-1895), que descreve a situação dos bairros operários ingleses no século XIX.

Estes "bairros de má reputação" são organizados em toda a Inglaterra mais ou menos da mesma maneira, as piores casas na parte mais feia da cidade; a maior parte das vezes são construções de dois andares ou de um só, de tijolos, alinhadas em longas filas, se possível com caves habitadas e quase sempre irregularmente construídas. Estas pequenas casas de três ou quatro divisões e uma cozinha chamam-se cottages e constituem vulgarmente em toda a Inglaterra, exceto nalguns bairros de Londres, as habitações da classe operária. Habitualmente, as próprias ruas [...] são sujas, cheias de detritos vegetais e animais, sem esgotos nem canais de escoamento, [...]. Para além disso, o arejamento torna-se difícil, pela má e confusa construção de todo o bairro, e como aqui vivem muitas pessoas num pequeno espaço, e fácil imaginar o ar que se respira nestes bairros operários. [...].

ENGELS, Friedrich. *A situação da classe trabalhadora em Inglaterra*. Porto: Edições Afrontamento, 1975. p. 59.

- No município em que você mora, existem "bairros operários" ou bairros onde vive a classe trabalhadora? Em sua opinião, esses bairros são semelhantes aos bairros ingleses do século XIX ou diferentes deles?

As etapas do capitalismo

Podemos dividir a história do sistema capitalista em fases, de acordo com características predominantes em cada período. A fase entre os séculos XV e XVIII é denominada **capitalismo comercial** ou **mercantilista**, uma vez que a Expansão Marítima, que se iniciou no século XV, permitiu a ampliação mercantil da Europa. As estruturas de comércio, o poderio da burguesia e a capacitação financeira foram fortalecidos em empreendimentos comerciais cada vez maiores. Esse processo, que estabeleceu as bases para o capitalismo moderno, foi denominado pelo filósofo alemão Karl Marx (1818-1883) como "**acumulação primitiva**" de capitais.

Capital: de forma simplificada, é o conjunto dos meios de produção criados pelo trabalho e utilizados para a produção de outros bens.

A partir do final do século XVIII, teve início a fase denominada **capitalismo industrial**, que impulsionou a concentração de capitais e o completo amadurecimento do sistema capitalista, desdobrando-se em disputas por mercados internacionais e atuações na corrida imperialista do século XIX até 1914, início da Primeira Guerra Mundial. A estruturação capitalista industrial, com a formação de grandes empresas e tendo à frente industriais, banqueiros e comerciantes, deu origem ao denominado **capitalismo monopolista**, que perpassa tanto sua etapa industrial quanto a financeira e, em certa medida, se estende até hoje.

Em continuidade à fase anterior, a imensa concentração de capitais nos grandes bancos e nas empresas com ações nas bolsas de valores deu forma, ao longo do século XX, ao denominado **capitalismo financeiro**, etapa que segue até os dias atuais. Considera-se, ainda, que, com o impacto das tecnologias da informação e da eletrônica no mercado, o capitalismo financeiro interliga-se a uma nova etapa, o **capitalismo informacional**.

As transformações ocorridas desde o período de acumulação primitiva de capitais até a atualidade consolidaram o eixo constitutivo do sistema capitalista na busca do lucro e na acumulação da riqueza monetária.

Cada etapa do capitalismo esteve articulada com políticas econômicas que foram conduzidas pelo poder estatal. Em diferentes momentos, os Estados tiveram atuações políticas que permitiram a implementação das etapas do capitalismo. Entre essas atuações, estão: o **mercantilismo** intervencionista e colonialista da época do capitalismo comercial; os **ensaios liberais** da época do início da industrialização e as **medidas protecionistas** da época do capitalismo monopolista; o **liberalismo** da época pós-Primeira Guerra Mundial; o **keynesianismo** após os anos 1930; o **neoliberalismo** do final do século XX e do início do século XXI.

Dois dos mais importantes teóricos que abordaram o capitalismo foram os alemães Karl Marx e Max Weber. Marx descreve-o como um modo de produção, com seu conjunto de relações sociais, econômicas e políticas que ampliavam as formas de exploração, rivalizando capital com trabalho e aguçando confrontos que resultariam no fim do próprio capitalismo. Já Weber define o capitalismo como uma forma de organização racional, com a produção de bens voltada para o lucro, fundada no trabalho livre, que, na contemporaneidade, distancia-se das formas de exploração de períodos anteriores.

Desde a consolidação do sistema capitalista, a partir da Revolução Industrial (1760-1840) e reafirmado pelas fases seguintes até sua hegemonia mundial, houve um entrelaçamento desse sistema econômico com as inovações tecnológicas e o conhecimento científico.

Conceitos

Revolução

Originalmente, o termo **revolução** referia-se ao movimento de um astro em torno de outro (como o da Terra em torno do Sol), retornando sempre ao mesmo ponto, em uma repetição interminável.

No final do século XVIII, porém, esse termo ganhou novos sentidos e passou a indicar **ruptura**, transformações profundas nas estruturas de uma ordem social instituída.

De modo geral, revolução refere-se a uma mudança política, técnica, cultural ou econômica brusca e profunda, como a **Revolução Neolítica** (cerca de 10000 a.C.), a **Revolução Francesa**, – com a passagem do nomadismo ao sedentarismo –, ou até mesmo a chamada **Revolução Sexual**, ou Revolução Comportamental, que transformou as concepções sobre sexualidade, gênero e relacionamento afetivo no Ocidente, entre as décadas de 1960 e 1970.

Evolução do capitalismo

COMERCIAL

Mercantilismo

Surgiu com os Estados nacionais absolutistas e vigorou durante o capitalismo comercial. Foi a denominação dada ao conjunto de práticas econômicas europeias fundadas no protecionismo e na intervenção do Estado na economia. De forma geral, buscavam fortalecer o Estado e aumentar a riqueza nacional por meio do acúmulo de metais preciosos (ouro e prata) e da obtenção de *superavit* comerciais.

Tiaggo Gomes/Arquivo da editora

Thomas Mun (1571-1641). Economista inglês, um dos principais teóricos da doutrina mercantilista.

Wikipedia/Wikimedia Commons

Jean-Baptiste Colbert (1619-1683). Ministro das Finanças de Luís XIV, responsável pela aplicação das políticas mercantilistas na França.

INDUSTRIAL

Liberalismo

Os adeptos dessa doutrina criticavam o absolutismo e o mercantilismo; no plano político, defendiam a democracia representativa, a independência dos três poderes e a liberdade do indivíduo; e, no econômico, o direito à propriedade, a livre-iniciativa e a concorrência. Eram contrários à intervenção do Estado na economia e favoráveis à livre ação das forças do mercado. Para seus teóricos, a riqueza era gerada pela indústria (produção).

Album/Fotoarena

Adam Smith (1723-1790). Economista escocês, um dos mais importantes teóricos do liberalismo clássico e um de seus formuladores.

Wikipedia/WikimediaCommons/National Portrait Gallery London

David Ricardo (1772-1823). Economista inglês, tido como sucessor de Smith, contribuiu ativamente para a formulação da teoria econômica.

FINANCEIRO

Keynesianismo

Os adeptos dessa doutrina criticavam o pensamento econômico clássico e o princípio da "mão invisível", do suposto equilíbrio espontâneo do mercado; por isso, defendiam a intervenção do Estado na economia para evitar crises de superprodução, como a que ocorreu em 1929, após a quebra da Bolsa de Valores de Nova York. Propunham o aumento dos gastos públicos como mecanismo para estimular o crescimento econômico e a geração de empregos.

Album/Fotoarena

John Keynes (1883-1946). Economista inglês, um dos mais importantes teóricos até meados do século XX. Influenciou as políticas de recuperação da crise iniciada em 1929.

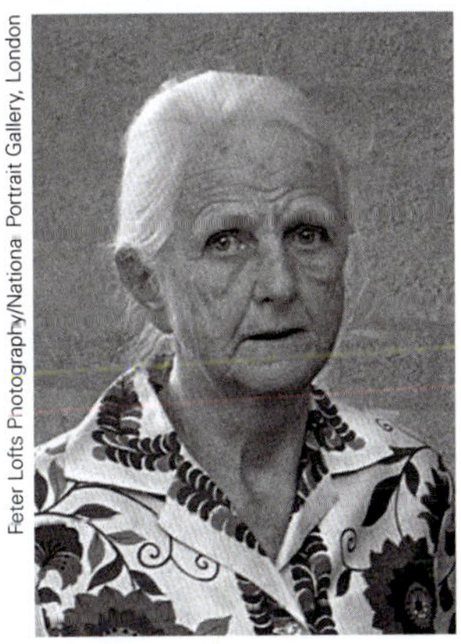

Peter Lofts Photography/Nationa Portrait Gallery, London

Joan Robinson (1903-1983). Economista inglesa, seguiu as propostas keynesianas e aperfeiçoou algumas delas.

INFORMACIONAL

Neoliberalismo

Os adeptos dessa doutrina buscam aplicar os princípios do liberalismo clássico ao capitalismo atual. Diferentemente dos anteriores, os teóricos neoliberais não creem na regulação espontânea do sistema. Visando disciplinar a economia de mercado, aceitam uma intervenção mínima do Estado para assegurar a estabilidade monetária e a livre concorrência. Também defendem as aberturas econômica e financeira e a privatização de empresas estatais.

Wikipedia/Wikimedia Commons

Friedrich Hayek (1899-1992). Economista austríaco, organizador do grupo Mont Pèlerin Society, conjunto de intelectuais alinhados aos princípios liberais em todo o mundo, como Ludwig von Mises (1881--1973) e Milton Friedman.

Alamy/Fotoarena

Milton Friedman (1912-2006). Economista estadunidense, ganhador do prêmio Nobel de Economia (1976) e um dos seguidores das propostas neoliberais. Assessorou os governos de Ronald Reagan (1911-2004) e de Margaret Thatcher (1925-2013).

A Revolução Industrial

O processo de desenvolvimento capitalista, intensificado pela Revolução Comercial nos séculos XVI e XVII, estava ligado, a princípio, à circulação de mercadorias. Na segunda metade do século XVIII, contudo, a produção em larga escala, por meio da mecanização industrial iniciada na Inglaterra, passou a ser o principal motor desse processo.

Novas formas de trabalho

No final do século XVIII, a Revolução Industrial dinamizou profundas mudanças na sociedade da Inglaterra. Enquanto para a burguesia essas mudanças traziam riquezas e ascensão social, para os trabalhadores representavam pobreza e exploração.

Na estrutura socioeconômica, a industrialização consumou a separação definitiva entre o capital, representado pelos capitalistas, donos dos meios de produção, e o trabalho, representado pelos assalariados. Na maior parte dos casos, eliminou-se a antiga organização corporativa da produção adotada pelos artesãos.

Classic Image/Alamy/Fotoarena

Representação do início da urbanização em Leeds, na Inglaterra. Por causa das dificuldades no campo e da demanda das indústrias, muitas pessoas migraram para as cidades. Na imagem, Leeds (Inglaterra), em representação de 1829.

Os trabalhadores já não eram os donos das ferramentas e das máquinas que utilizavam na produção e passaram a viver do único recurso que podiam vender: sua força de trabalho, transformada em mercadoria e explorada ao máximo pelos donos dos meios de produção. Para confrontar o quadro social da nova ordem industrial, os trabalhadores passaram a se unir em organizações, embriões dos futuros sindicatos.

Universal History Archive/Shutterstock

Os trabalhadores assalariados geralmente sofriam com as más condições de vida e, no início, era comum que todos os familiares trabalhassem em fábricas para garantir a sobrevivência. Na ilustração representando o início do século XIX, crianças em fábrica da Inglaterra.

Firmou-se progressivamente a supremacia burguesa, contando com a atuação dos poderes do Estado e a priorização da estrutura produtiva voltada para atender aos interesses dos donos dos meios de produção. Ao mesmo tempo, intensificavam-se o êxodo rural, o crescimento urbano e a formação da classe operária – ou proletariado. Inaugurava-se uma nova época, na qual a política, a ideologia e a cultura gravitariam entre dois polos: a **burguesia** e o **proletariado**.

Conceitos

Burguesia

Grupo social cujo papel variou ao longo do tempo. O termo surgiu por volta do ano 1000, referindo-se ao conjunto de habitantes dos burgos (centros fortificados) das cidades medievais. Podia referir-se também aos mercadores, artesãos e banqueiros enriquecidos na época medieval. Na Idade Moderna, o grupo ganhou destaque nos centros urbanos diante da aristocracia (nobreza) e dos grupos estamentais mais pobres. Na fase industrial, como definido por Marx e Engels, firmou-se como a classe dos capitalistas, proprietários dos meios de produção, em oposição à classe dos assalariados.

Proletariado

Grupo social surgido à época da industrialização, é composto dos setores sociais pauperizados e dos que tinham perdido os vínculos com as formas tradicionais de vida. Como operários, vendiam a sua força de trabalho às indústrias em troca de uma remuneração. A denominação retoma a concepção romana da classe daqueles que, por não terem propriedade, não tinham direito a voto ou a serviços militares. Tinham apenas seus filhos (a prole).

Atividades

1. Liste os elementos culturais da paisagem de Leeds e identifique suas funções na imagem de 1829.
2. Ao observar a representação sobre o início da urbanização de Leeds, que impressões você tem sobre esse momento e esse lugar?

Os avanços tecnológicos

Os inventos que marcaram a Revolução Industrial na Inglaterra ganharam maior capacidade quando passaram a ser acoplados à **máquina a vapor**, criada pelo inglês Thomas Newcomen (1664-1729), em 1712, e aperfeiçoada pelo matemático e engenheiro escocês James Watt (1736-1819), em 1765. Com a sofisticação das máquinas, houve um aumento na produção e na geração de capital, que, por sua vez, era reaplicado em novas máquinas. A mecanização, que teve início no setor têxtil, alcançou o setor metalúrgico e impulsionou a produção em série.

Entre as principais invenções mecânicas do período, destacam-se a **máquina de fiar**, de James Hargreaves (1720-1778), o **tear hidráulico**, de Richard Arkwright (1732-1792), e o **tear mecânico**, de Edmund Cartwright (1743-1823). Todas essas máquinas tinham em comum o fato de aumentarem a produção têxtil, ao mesmo tempo que diminuíam a necessidade de mão de obra.

Granger/Shutterstock

Máquina de fiar (*Spinning Jenny*), de James Hargreaves, de 1767.

Em 1805, o norte-americano Robert Fulton (1765-1815) revolucionou a navegação marítima ao criar o **barco a vapor**; em 1814, George Stephenson (1781-1848) idealizou a **locomotiva a vapor**; e, na década de 1830, os primeiros trens começaram a circular.

O uso do vapor em máquinas na impressão de jornais, revistas e livros desenvolveu também as comunicações e favoreceu a difusão cultural, o que abriu caminho para o surgimento de novas técnicas e invenções.

Conceitos

Alienação do trabalho
Segundo Karl Marx, o trabalho especializado, que caracterizou a industrialização, "aliena" o operário, ou seja, aparta-o do produto de seu trabalho. O trabalho, desse modo, em vez de ser uma expressão material do trabalhador, aliena-o e desumaniza-o, obrigando-o a exercer tarefas mecanicamente e sem sentido.

Além das mudanças tecnológicas, a Revolução Industrial alterou profundamente a organização e as relações de trabalho. Para aumentar os lucros, ampliou-se a especialização do trabalho, o que resultou na alienação do trabalhador em relação à sua atividade. Enquanto na Antiguidade ou na Idade Média o artesão conhecia todo o processo de produção, realizando ele mesmo todas as etapas – da matéria-prima ao produto final –, o operário industrial perdeu o controle do conjunto da produção e passou a ser responsável por apenas uma etapa do ciclo produtivo de uma mercadoria, ignorando os procedimentos técnicos envolvidos. Além disso, ao receber um salário em troca da atividade mecanizada, ele **alienava seu trabalho** aos capitalistas, transformando-o em mercadoria sujeita às leis do mercado.

Prisma/Album/Fotoarena

A utilização do vapor como força motriz também beneficiou os transportes. Gravura do século XIX da locomotiva projetada em 1814 pelo britânico George Stephenson (1781-1848).

Da Inglaterra, a Revolução Industrial alcançou a Bélgica, a França e, posteriormente, a Itália, a Alemanha, a Rússia, os Estados Unidos e o Japão. Essa expansão estimulou o imperialismo do século XIX, dando origem a uma grande corrida colonial por novos mercados e fontes de matérias-primas, indispensáveis para garantir o ritmo de produção, alimentando os lucros e os investimentos. Assim, assegurava-se o contínuo crescimento de capital, característico do sistema capitalista. Essa corrida por mercados envolveu conflitos de interesses que culminaram na Primeira Guerra Mundial.

Atividades

3. Que tipos de trabalho atualmente mantêm o trabalhador alienado?

4. E em que outros sentidos ou situações o adjetivo alienado é utilizado hoje em dia?

Condições de trabalho nas fábricas

Ao longo da Revolução Industrial, a mão de obra de mulheres e de crianças foi intensamente explorada. Essas pessoas enfrentavam longas jornadas de trabalho nas fábricas e recebiam baixos salários. Leia, a seguir, parte do depoimento que Michael Ward, um médico residente em Manchester, na Inglaterra, concedeu aos membros do governo inglês em 1819.

> [...] No último verão eu visitei três fábricas de algodão [e não pude] ficar mais do que dez minutos na fábrica sem arfar [ficar sem ar] para respirar. Como é possível que aquelas pessoas, que ficam lá por doze ou quinze horas, aguentem essa situação? Se levarmos em conta a alta temperatura e a contaminação do ar, é algo que me surpreende [...].
>
> Quando eu era cirurgião na enfermaria, acidentes eram muito comuns; mãos e braços de crianças ficavam presos nas máquinas [...]. No último verão eu visitei a escola da rua Lever. O número de crianças naquela ocasião, que estudavam na escola e também trabalhavam nas fábricas, era 106. [...] Dessas, havia 47 crianças [machucadas por acidentes nas fábricas]. [...]

SIMKIN, John. Michael Ward. *Spartacus Educational*, Sep. 1997. Disponível em: https://spartacus-educational.com/IRward.htm. Acesso em: 11 abr. 2022. (Texto traduzido pelos autores.)

O onoz/Album/Fotoarena

Para diminuir o custo da produção, era comum que os proprietários das indústrias contratassem crianças a fim de pagar salários mais baixos. Gravura de Auguste Trichon (1814-1898).

Atividade

5. O depoimento anterior pode ser considerado uma fonte primária para o conhecimento das condições de trabalho no período da Revolução Industrial inglesa, pois é um relato de um médico que testemunhou o cotidiano nas fábricas de algodão. Após a leitura, faça as atividades propostas.

a) De acordo com o texto, como os ambientes internos das fábricas de algodão (setor têxtil) caracterizavam-se?

b) Com base no depoimento, defina a situação das crianças que trabalhavam nas fábricas no contexto da Revolução Industrial.

c) Hoje, as sociedades democráticas contam com instrumentos de proteção às crianças diante da exploração do trabalho infantil e aos trabalhadores expostos a riscos em sua atividade profissional? Que instrumentos são esses? Dê exemplos.

Liberalismo e socialismo

O período que compreende o final do século XVIII e grande parte do século XIX foi marcado pelo surgimento de novas doutrinas, como o pensamento liberal e as ideias socialistas, que justificavam ou questionavam a ordem burguesa que então se estabelecia. O surgimento do movimento operário europeu também faz parte desse contexto.

O pensamento liberal

As premissas do **liberalismo**, formuladas por Adam Smith no contexto do Iluminismo, podem ser assim resumidas: defesa da propriedade privada e do individualismo econômico; liberdade de comércio, de produção e de contrato de trabalho (salários e jornada), sem controle do Estado ou pressão dos sindicatos.

Em sua obra *A riqueza das nações*, Smith argumenta que a divisão do trabalho é essencial para o crescimento da produção e do mercado e que a livre concorrência forçaria o empresário a ampliar a produção, buscando novas técnicas, aumentando a qualidade do produto e baixando ao máximo os custos de produção.

> [...] O esforço natural de cada indivíduo para melhorar sua própria condição quando se permite que ele atue com liberdade e segurança constitui um princípio tão poderoso que, por si só, e sem qualquer outra ajuda, não somente é capaz de levar a sociedade à riqueza e à prosperidade, como também de superar uma centena de obstáculos impertinentes com os quais a insensatez das leis humanas com excessiva frequência obstrui seu exercício. [...]

SMITH, Adam. *A riqueza das nações*: investigação sobre sua natureza e suas causas. São Paulo: Nova Cultural, 1996. p. 44. v. II.

O consequente decréscimo do preço final do produto lançado no mercado segundo a lei natural da oferta e da procura viabilizaria o sucesso econômico geral. O Estado deveria somente zelar pela garantia da propriedade e da ordem, não lhe cabendo intervir na economia. Segundo Smith, a harmonização econômica ocorreria por meio da "**mão invisível**" do mercado, princípio segundo o qual a economia de livre mercado, ao permitir a busca da realização dos interesses individuais próprios de cada agente, autorregula-se, favorecendo a todos.

> [...] A característica essencial do capitalismo é o motivo para obter lucro. Como Adam Smith, filósofo do século XVIII e pai da economia moderna, disse: "Não é da benevolência do açougueiro, do cervejeiro ou do padeiro que esperamos o nosso jantar, mas da consideração deles por seu próprio interesse". Ambas as partes de uma transação de troca voluntária têm seu próprio interesse no resultado, mas nenhuma delas pode obter o que deseja sem abordar o que a outra deseja. É esse interesse racional que pode levar à prosperidade econômica. [...]

JAHAN, Sarwat; MAHMUD, Ahmed S. What is capitalism? *International Monetary Fund.*, jun. 2015. Disponível em: www.imf.org/external/pubs/ft/fandd/2015/06/basics.htm. Acesso em: 11 abr. 2022. (Texto traduzido pelos autores.)

Atividades

1. Qual é o principal objetivo do capitalismo?

2. Por que os interesses particulares podem levar à prosperidade econômica?

No caminho aberto por Adam Smith, surgiram outros teóricos do liberalismo clássico, como David Ricardo, autor de *Princípios da economia política e tributação*, e Thomas Malthus (1766-1834). Em sua obra *Ensaio sobre o princípio da população*, Malthus afirma que a natureza impõe limites ao progresso material, já que a população cresce em progressão geométrica, enquanto a produção de alimentos aumenta em progressão aritmética. Para ele, a pobreza e o sofrimento são inerentes à sociedade humana, ao passo que as guerras e as epidemias contribuem para o equilíbrio temporário entre a produção e a população. No entanto, suas previsões demográficas sombrias não se realizaram em razão do avanço tecnológico na agricultura e na medicina.

A **Lei dos Pobres**, votada pelo Parlamento inglês em 1834, que determinava a centralização da assistência pública, foi reflexo das ideias de Malthus. De acordo com essa lei, os desempregados eram recolhidos às *workhouses* ("casas de trabalho"), onde ficavam confinados, em condições precárias, à espera de trabalho. Esse sistema, ao mesmo tempo que retirava das ruas boa parte da população miserável e a mantinha sob controle, desestimulava o crescimento populacional e fornecia mão de obra barata ou quase escrava para a indústria nascente.

Os industriais, interessados em obter a mão de obra mais barata possível, recrutavam mulheres e crianças, algumas com idade inferior a 8 anos, que trabalhavam em troca de alojamento e comida. Em 1802, um decreto parlamentar determinou que crianças oriundas das *workhouses* não trabalhariam mais de 12 horas diárias. Essa lei, a primeira a regular o trabalho infantil nas indústrias, foi, mais tarde, estendida a todas as crianças operárias.

Saiba +

Workhouses. Disponível em: www.workhouses.org.uk/. Acesso em: 7 abr. 2022.

O *site* traz informações sobre o sistema de ajuda social aos mais pobres e o registro das casas de trabalho (*workhouses*) por todo o território inglês, com fotografias e históricos de cada instituição.

Conceitos

Mais-valia

Valor da riqueza produzida pelo operário que excede o valor remunerado por sua força de trabalho pelo capitalista. Essa parte do trabalho excedente é apropriada pelos donos dos meios de produção. Caracteriza a exploração dos operários, fator imprescindível para a geração de lucros e a acumulação de capital pela burguesia capitalista.

As ideias socialistas

Em reação aos efeitos das condições sociais e das crises relacionadas à Revolução Industrial, surgiram correntes de pensamento como o **socialismo** e o **anarquismo**, que propunham transformações sociais e a construção de um mundo socioeconomicamente mais justo.

Socialismo

No *Manifesto comunista*, publicado em 1848, os pensadores alemães Karl Marx e Friedrich Engels esboçaram as proposições e os postulados que chamaram de socialismo científico. Essa expressão foi cunhada por Marx e Engels para designar a própria teoria, que se contrapunha às teorias de outros socialistas, como Saint-Simon (1760-1825), Robert Owen (1771-1858) e Charles Fourier (1772-1837), que faziam parte do chamado **socialismo utópico**. Estes defendiam que o socialismo seria conquistado por meio de reformas e da fraternidade entre os homens, ao passo que Marx e Engels supunham ter encontrado as "leis" que regeriam a História. Esse conceito foi desenvolvido posteriormente em *O capital*, considerada por muitos estudiosos a obra mais importante de Marx.

Wikipedia/Wikimedia Commons

Última fotografia de Karl Marx, tirada por E. Dutertre, Argel (Argélia), em 1882.

Em seus escritos, Marx e Engels apresentavam uma interpretação socioeconômica da história, conhecida como **materialismo histórico**, e definiam os conceitos de luta de classes, mais-valia e revolução socialista. Leia um trecho do *Manifesto comunista* a seguir:

A condição essencial da existência e da supremacia da classe burguesa é a acumulação da riqueza nas mãos dos particulares, a formação e o crescimento do capital; a condição de existência do capital é o trabalho assalariado. Este baseia-se exclusivamente na concorrência dos operários entre si. O progresso da indústria, de que a burguesia é agente passivo e inconsciente, substitui o isolamento dos operários, resultante de sua competição, por sua união revolucionária mediante a associação. Assim, o desenvolvimento da grande indústria socava o terreno em que a burguesia assentou o seu regime de produção e de apropriação dos produtos. A burguesia produz, sobretudo, seus próprios coveiros. Sua queda e a vitória do proletariado são igualmente inevitáveis.

MARX, K.; ENGELS, F. *Manifesto do partido comunista*. São Paulo: Expressão Popular, 2008. Disponível em: https://www.expressaopopular.com.br/loja/wp-content/uploads/2020/02/manifesto-comunista-EP.pdf. Acesso em: 11 abr. 2022.

Participantes do Congresso da Primeira Internacional Operária, reunidos em Genebra (Suíça), em 1866.

Atividades

3. Com base no texto, em que sentido aquilo que Marx aponta como condição essencial de existência do capitalismo, e, consequentemente, da supremacia da burguesia, seria o fator da própria queda?

4. De que forma o texto de Marx contrapõe-se aos socialistas utópicos a respeito do caminho para o socialismo?

Ideologia: sistema de ideias que legitima o poder econômico da classe dominante – de acordo com o pensamento marxista, a burguesia.

Segundo a interpretação do materialismo histórico, toda sociedade é determinada, em última instância, por suas condições socioeconômicas, que constituem sua **infraestrutura**. Adaptadas a ela, as instituições, a política, a **ideologia** e a cultura compõem a **superestrutura**.

A **luta de classes** seria o agente transformador da sociedade. O antagonismo entre dominadores e dominados – como senhores e servos na Idade Média, ou operários e burgueses no mundo contemporâneo – induziria às lutas e às transformações sociais e estaria relacionado à estrutura produtiva, sobretudo à existência da propriedade privada.

Contra a ordem capitalista e a sociedade burguesa, Marx considerava inevitável a ação política do operariado, que culminaria na **revolução socialista** e inauguraria a construção de uma nova sociedade. Em um primeiro momento, a **ditadura do proletariado** seria responsável pelo controle do Estado e pela socialização dos meios de produção, para eliminar a propriedade privada. Em uma etapa posterior, a meta seria o estabelecimento do **comunismo**, que representaria o fim de todas as desigualdades sociais e econômicas, incluindo o fim do próprio Estado.

Diálogos

- Leia os textos a seguir e responda às questões propostas.

Texto 1

Karl Marx pensou o capitalismo, no século XIX, como um entre vários modos de produção. Por ser um materialista histórico, buscou identificar e explicar o conjunto de relações sociais, econômicas e políticas desse sistema econômico, ou seja, o que caracterizava suas relações de produção, e o que tinha permitido o seu surgimento como modo de produção dominante. Nesse sentido, ele encarou a Era Moderna como a fase em que se deu a chamada "acumulação primitiva" de capital, que ocorreu a partir do crescimento das relações comerciais europeias com as áreas coloniais do mundo, o que equivaleria ao fenômeno designado como mercantilismo, fase sem a qual o capitalismo não teria surgido.

Para Marx, [...] no século XVI ainda predominavam estruturas ditas feudais na Europa, e aos poucos foi se iniciando um processo de intensificação do comércio mundial, cujo eixo central foi a Europa, e um processo de "fabricação" do que viria a ser o proletário – definido como o trabalhador livre, desprovido dos meios de produção –, típico da indústria capitalista. Um dos elementos centrais da tese de Marx é a constatação de que o sistema capitalista pressupõe uma dissociação entre os trabalhadores e a propriedade dos meios de produção. No feudalismo não havia essa dissociação [...]. Assim, a base de todo o processo que forjou o trabalhador assalariado e o capitalista foi a expropriação dos camponeses de suas terras.

SILVA, Kalina Vanderlei; SILVA, Maciel Henrique. *Capitalismo*. Dicionário de conceitos históricos. 3. ed. São Paulo: Contexto, 2015.

Texto 2

A acumulação primitiva é o termo usado por Marx no tomo I de *O capital* com a finalidade de caracterizar o processo político no qual se sustenta o desenvolvimento das relações capitalistas. [...] Sua importância está, especialmente, no fato de Marx tratar a acumulação primitiva como um processo fundacional, o que revela as condições estruturais que tornaram possível a sociedade capitalista. [...]

Porém, minha análise se afasta da de Marx por duas vias distintas. Enquanto Marx examina a acumulação primitiva do ponto de vista do proletariado assalariado de sexo masculino e do desenvolvimento da produção de mercadorias, eu a examino do ponto de vista das mudanças que introduziu na posição social das mulheres e na produção da força de trabalho. Daí que minha descrição da acumulação primitiva inclui uma série de fenômenos que estão ausentes em Marx [...] I) o desenvolvimento de uma nova divisão sexual do trabalho; II) a construção de uma nova ordem patriarcal, baseada na exclusão das mulheres do trabalho assalariado e em sua subordinação aos homens; III) a mecanização do corpo proletário e sua transformação, no caso das mulheres, em uma máquina de produção de novos trabalhadores. E, o que é mais importante, coloquei no centro da análise da acumulação primitiva a caça às bruxas dos séculos XVI e XVII; sustento aqui que a perseguição às bruxas, tanto na Europa quanto no Novo Mundo, foi tão importante para o desenvolvimento do capitalismo quanto a colonização e a expropriação do campesinato europeu de suas terras.

FEDERICI, Silvia. *Calibã e a bruxa*. Mulheres, corpo e acumulação primitiva. Tradução do coletivo Sycorax. São Paulo: Elefante, 2004. p. 15-17.

a) Qual é a relação que Karl Marx estabelecia entre a "acumulação primitiva", ocorrida na Era Moderna, com o domínio do capitalismo sobre os outros modos de produção?

b) A autora do **texto 2** faz uso de alguns conceitos de Karl Marx e, ao mesmo tempo, critica-o, trazendo novos elementos para a análise da "acumulação primitiva" e do capitalismo como modo de produção dominante. Identifique essas ideias e os novos elementos.

O capitalismo e a Segunda Revolução Industrial

Na segunda metade do século XIX ocorreram diversas inovações técnicas, como: a descoberta da eletricidade; o desenvolvimento do processo de transformação do ferro em aço; a ampliação das ferrovias e o surgimento de novos meios de transporte com a invenção do motor a combustão interna (do automóvel e do avião); a evolução dos meios de comunicação (invenção do telégrafo e do telefone); o desenvolvimento da indústria química e de outros setores. Esse conjunto de inovações propiciou às sociedades da época uma nova dinâmica e ficou conhecido como **Segunda Revolução Industrial**.

Com o objetivo de obter mais eficiência produtiva e maiores lucros, a especialização do trabalho foi intensificada. Além disso, com a produção ampliada, passou-se a fabricar artigos em série, o que barateava o custo por unidade.

As **linhas de montagem**, no início do século XX, com esteiras rolantes pelas quais circulavam as partes do produto a ser montado para agilizar a produção e aumentar sua eficiência, surgiram nessa dinâmica produtiva. Elas foram implantadas primeiro na **indústria automobilística Ford Motor**, nos Estados Unidos, de propriedade do empreendedor e engenheiro estadunidense Henry Ford (1863-1947). As esteiras conduziam o chassi do carro por toda a fábrica. Os operários distribuíam-se ao longo delas e montavam o carro acrescentando peças que chegavam a suas mãos em outras esteiras rolantes.

Esse método de racionalização da produção em série foi chamado de **fordismo** e estava ligado ao princípio de que a empresa deveria dedicar-se a apenas um produto e dominar as fontes de matéria-prima.

O fordismo integrou-se às teorias do engenheiro estadunidense Frederick Winslow Taylor (1856-1915), conhecidas como **taylorismo**, que propunham o aumento da produtividade por meio do fracionamento das etapas do trabalho, pelo controle dos movimentos das máquinas e dos homens no processo de produção.

Saiba +

Tempos modernos. Direção: Charles Chaplin. Estados Unidos, 1936. 86 min.

O filme apresenta a tentativa de adaptação de um trabalhador às máquinas modernas de uma indústria.

Wikipedia/Wikimedia Commons

O inventor Karl Benz sentado no Benz Motorwagen, em 1885. O Motorwagen foi o primeiro veículo motorizado a ser vendido ao público. Fabricado pela Benz and Company em Mannheim, Alemanha, tinha um motor de combustão interna de um cilindro e viajava a cerca de 14 quilômetros por hora.

Atividade

1. Comparem o primeiro automóvel vendido no mercado com os carros de hoje. Que mudanças ocorreram? Em que outros produtos vocês percebem mudanças tecnológicas em comparação aos primeiros exemplares fabricados? O que simboliza a posse de um automóvel? Vocês acham que essa tecnologia trouxe só aspectos positivos à vida em sociedade ou também aspectos negativos?

A concentração do capital industrial

A expansão industrial resultou em um grande crescimento da produção, bem como do consumo. Nesse período surgiram as primeiras grandes lojas de departamentos, como a Harrods, em Londres (1849), a Bon Marché (1852) e a Le Printemps (1865), em Paris. Também surgiu a publicidade para as vendas. Contudo, o **crescimento** econômico capitalista, impulsionado pela industrialização, não foi linear, mas descontínuo, seguido de crises: **recessões** e **depressões**.

Crescimento: fase de expansão dos indicadores econômicos, em geral associada ao aumento da produtividade, contando com impulso e expansão das novas tecnologias.

Recessão/depressão: crise econômica em que os indicadores de atividade em diversos setores pioram: queda da produção industrial, agrícola e de serviços; elevação do desemprego; diminuição dos lucros; aumento das falências. Quando a crise se arrasta por poucos meses, diz-se que a economia está em recessão, mas quando se prolonga por alguns anos, caracteriza uma depressão.

O sistema financeiro expandiu-se, o que deu maior importância ao sistema bancário, que por sua vez concentrava grandes volumes de capital. Algumas estratégias foram desenvolvidas para evitar a concorrência entre as diversas empresas ou atenuar seus efeitos. Dentre elas, destacam-se a formação de *holdings*, trustes e cartéis. Entenda o significado de cada uma delas:

- ***Holdings:*** conjunto de empresas controladas por uma empresa principal que detém a maioria ou parte significativa das **ações** de suas subsidiárias e geralmente atua em vários setores da economia, formando um conglomerado.
- **Trustes:** companhias que absorvem seus concorrentes ou estabelecem acordos entre si, dominando a produção de certas mercadorias, determinando os preços e monopolizando o mercado. Podem ser horizontais (com empresas do mesmo ramo) ou verticais (empresas de ramos diferentes).
- **Cartéis:** grandes empresas independentes, produtoras de mercadorias de um mesmo ramo de atuação, que se associam para evitar a concorrência, estabelecendo divisão de mercados e definindo preços.

Como sistema produtivo, o capitalismo sempre se caracterizou por flutuações periódicas de expansão e contração econômicas. Os estudos do economista russo do início do século XX Nikolai Dimitri Kondratieff (1892-1930) destacaram esses ciclos, conhecidos como Ciclos de Kondratieff. Observe a imagem a seguir.

Ciclos de Kondratieff

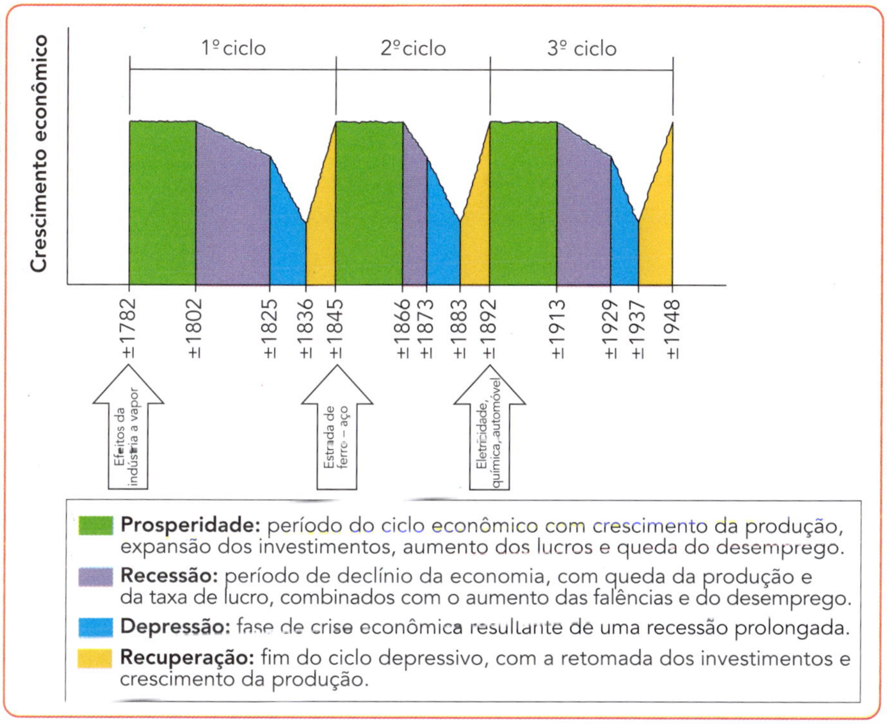

Fórmula Produções/Arquivo da editora

Elaborado pelos autores.

Ação: documento que representa uma parcela do patrimônio de uma empresa; assim, o detentor de um conjunto de ações é dono de uma fração da empresa que emitiu esses títulos.

Atividades

2. Os ciclos mostrados no gráfico "Ciclos de Kondratieff" continuaram até nossos dias. Com base na interpretação da imagem e em pesquisas, elabore em seu caderno ou em um *software* de construção de gráficos um novo gráfico como continuação dessas ondulações econômicas. Busque tomar como referência, para elaborar os novos ciclos, os seguintes itens: a Crise de 1929, a Segunda Guerra Mundial (1939-1945), a internet e seus desdobramentos, a crise e o pós-crise de 2008 e a crise da pandemia de covid-19 provocada pelo novo coronavírus. Justifique com uma legenda cada um dos itens utilizados.

3. No ciclo mais recente, comente como você, sua família ou conhecidos vivenciaram a crise/recuperação/depressão/prosperidade.

Conexões Arte

O Futurismo foi um movimento literário e artístico idealizado por Filippo Tommaso Marinetti (1876-1944), que, em 1909, publicou, na primeira página do jornal francês *Le Figaro*, seu "Manifesto futurista". Tinha como principal característica a valorização da industrialização e da tecnologia como progresso técnico. Além disso, os parâmetros baseavam-se no futuro, na velocidade, na vida moderna, na violência (militarismo) e na ruptura com a arte do passado.

Por meio da publicação desse manifesto, o poeta rejeitou o conservadorismo e tudo o que fosse considerado obsoleto em termos de arte. Assim, surpreendentemente, chegou a comparar museus com cemitérios. Propagou a celebração do mundo moderno, sua rapidez e propostas que remetiam ao novo, como a tecnologia.

O movimento futurista escolheu a propaganda como principal canal de comunicação. Predominou principalmente na França e na Itália, com uma ideologia que flertava, em muitos momentos, com o **movimento fascista**. Muitos de seus artistas consideravam a guerra essencial para higienizar o mundo. O Futurismo, na arte, sofreu um declínio após a Segunda Guerra Mundial. No entanto, vale ressaltar que a arte futurista influenciou muitos artistas, que, posteriormente, criaram outros movimentos modernistas.

Podemos destacar como principais características do movimento futurista:

- valorização da velocidade e do dinamismo;
- exaltação à tecnologia;
- ligação ideológica com o fascismo;
- ruptura com o passado;
- utilização da publicidade e de tipografias;
- tendência a justificar a violência por meio do militarismo.

Principais artistas e obras

Em 1910, alguns artistas decidiram elaborar um manifesto futurista dedicado principalmente à pintura. Esse novo documento foi assinado por Umberto Boccioni (1882-1916), Carlo Carrà (1881-1966), Luigi Russolo (1885-1947), Giacomo Balla (1871-1958) e Gino Severini (1883-1966).

Futurismo no Brasil

No Brasil, artistas modernistas, como Anita Malfatti (1889-1964) e Oswald de Andrade (1890-1954), foram bastante influenciados pelo Futurismo, tendo contato direto com Marinetti. Podemos notar essas influências em muitos artistas participantes da Semana de Arte Moderna de 1922, ocorrida em São Paulo (SP).

Wikipedia/Wikimedia Commons

A carga dos lanceiros, uma das principais pinturas futuristas, feita pelo pintor italiano Gino Severini, em 1916.

- Com base no que foi trabalhado ao longo desta unidade, discuta com os colegas a forma como as diversas expressões de arte são influenciadas pelos momentos históricos contemporâneos a elas, ou seja, toda arte tem um contexto histórico, geográfico e cultural.

O século XX: o desenvolvimento para o século XXI

A primeira metade do século XX foi marcada por diversos acontecimentos que resultaram em dezenas de milhões de vítimas: as Revoluções Mexicana (1910) e da Rússia (1917); a **Primeira Guerra Mundial**; a **Crise de 1929** e a Grande Depressão na economia mundial; a ascensão de regimes totalitários; a **Segunda Guerra Mundial**, a criação dos campos de extermínio e o lançamento de bombas atômicas sobre populações civis. Várias outras guerras localizadas, não menos violentas, marcaram a segunda metade do século passado.

Para o historiador inglês **Eric Hobsbawm** (1917-2012), o século XX foi "o mais mortífero de toda a História documentada. O número total de mortes causadas pelas guerras do século ou associadas a elas foi estimado em 187 milhões de pessoas...".

HOBSBAWM, Eric. *Globalização, democracia e terrorismo*. São Paulo: Companhia das Letras, 2007. p. 21.

Contudo, o século XX não foi um período somente de mazelas e tensões. Foi um tempo de avanços nas relações entre povos e de grandes transformações nas condições de vida de populações. Com a criação do avião, de novos meios de comunicação, da internet, as percepções do tempo e espaço se modificaram. Avanços na Química, na Medicina e na Microbiologia possibilitaram a conservação mais eficaz de alimentos, a invenção de vacinas e a cura de muitas doenças.

Foi o século em que se assistiu ao crescimento das populações em grandes cidades e a sua submissão a longas horas de deslocamento, o que alterou hábitos, tradições e relações interpessoais. Foi o tempo de engendramento do atual século XXI.

A grande crise capitalista de 1929

Terminada a Primeira Guerra Mundial, os Estados Unidos transformaram-se na maior potência do capitalismo mundial: de maior devedor (3 bilhões de dólares), o país passou à invejável posição de maior credor mundial (11 bilhões de dólares). Em 1918, mais de um terço da produção industrial mundial estava nos Estados Unidos; em 1929, o percentual passou para mais de 42%. O país atraía, ainda, grande fluxo de imigrantes: somente entre 1900 e 1910, entraram nos Estados Unidos cerca de 9 milhões de imigrantes europeus. A prosperidade econômica, entretanto, reunia contradições que se tornavam cada vez maiores.

Após dois mandatos do democrata Woodrow Wilson (1913-1921), todos os presidentes estadunidenses seguintes, até 1932, foram do Partido Republicano, fiéis defensores do liberalismo econômico, de acordo com o qual não cabia ao Estado interferir na ordem econômica. Assim, pouco fizeram para resolver as crescentes contradições do desenvolvimento econômico, que não foi acompanhado por um aumento nos salários nem na renda dos trabalhadores.

Apenas uma elite correspondente a 5% da população detinha um terço da renda do país, o que impossibilitava o aumento do consumo interno, resultando em uma grande estocagem de mercadorias. Os governos republicanos, defensores de políticas isolacionistas, também baixaram diversas leis restritivas à migração a partir de 1921, reduzindo drasticamente a entrada de estrangeiros no país.

A intensa atividade econômica nos Estados Unidos impulsionou, especialmente a partir de 1928, a especulação financeira por meio da compra e venda de ações de grandes empresas na **Bolsa de Valores de Nova York**. Em meados de 1929, o valor das ações quadruplicou, e cada vez mais investidores foram atraídos pela possibilidade de enriquecer facilmente.

O aumento do número de investidores e do volume de investimentos, contudo, tinha um limite físico. O mercado interno estava limitado, e os países europeus, arrasados pela Primeira Guerra Mundial, procuravam recuperar sua produtividade e importar menos produtos estadunidenses. Assim, a superprodução agrícola e industrial sem escoamento gerou uma estocagem enorme em razão do subconsumo, o que levou a especulação financeira ao descontrole. Ou seja, o valor das ações estava muito acima de seu valor real, com base apenas na confiança em que esses papéis continuariam valorizados, e não em lucros reais das vendas da produção.

O presidente Herbert Hoover (1874-1964), que exerceu seu mandato entre 1929 e 1933, manteve sua posição liberal e se recusou a realizar uma intervenção estatal para estancar ou reverter a situação.

A crise explodiu em 24 de outubro, quando muitas pessoas tentaram vender suas ações e não encontraram compradores, o que provocou uma redução drástica dos preços. Os investidores, atemorizados, tentavam livrar-se dos papéis, originando uma avalanche de ofertas de ações, o que derrubou ainda mais velozmente os preços, arruinando a todos. Esse dia ficou conhecido como "**Quinta-Feira Negra**".

Do dia para a noite, prósperos empresários passaram a ser donos de papéis sem nenhum valor. A desordem econômica atingiu profundamente toda a sociedade estadunidense: 85 mil empresas faliram, 4 mil bancos fecharam e as demissões de trabalhadores alcançaram um total aproximado de 12 milhões. O PIB dos Estados Unidos caiu 25% no total. Foi um período de pobreza e fome.

Everett Collection/Shutterstock

Na foto de 1930, desempregados em fila para receber refeições gratuitas em Nova York. Os efeitos da crise de 1929 podiam ser vistos em cenas como essa nas ruas das principais cidades dos Estados Unidos.

Atividades

1. Você já viu (na mídia ou pessoalmente) filas de desempregados no Brasil?
2. E sobre a entrega de refeições? Era em situações de grande crise?
3. E em períodos de recuperação econômica? É possível melhorar tais atuações sociais? Como?

New Deal e keynesianismo

Em meio à crise econômica, os republicanos foram derrotados nas eleições nacionais pelo Partido Democrata, em 1932. **Franklin Delano Roosevelt** (1882-1945) foi então eleito presidente dos Estados Unidos, e uma de suas primeiras providências foi limitar o liberalismo econômico, intervindo na economia por meio do ***New Deal*** ("Novo Acordo"), plano elaborado por um grupo de renomados economistas que se baseava nas teorias do economista inglês **John Maynard Keynes** (1884-1946).

Com o *New Deal*, o liberalismo de Adam Smith cedeu lugar ao keynesianismo, que defendia a intervenção do Estado para controlar o desenvolvimento da economia, de modo a combater as crises e garantir empregos e direitos sociais. Roosevelt determinou grandes emissões monetárias, inflacionando deliberadamente o sistema financeiro; fez grandes investimentos estatais, como hidrelétricas; estimulou uma política de empregos, entre outras medidas, o que ativou o consumo e possibilitou a progressiva recuperação da economia. Dez anos depois, os Estados Unidos aproximaram-se do patamar econômico em que se encontravam antes da Crise de 1929.

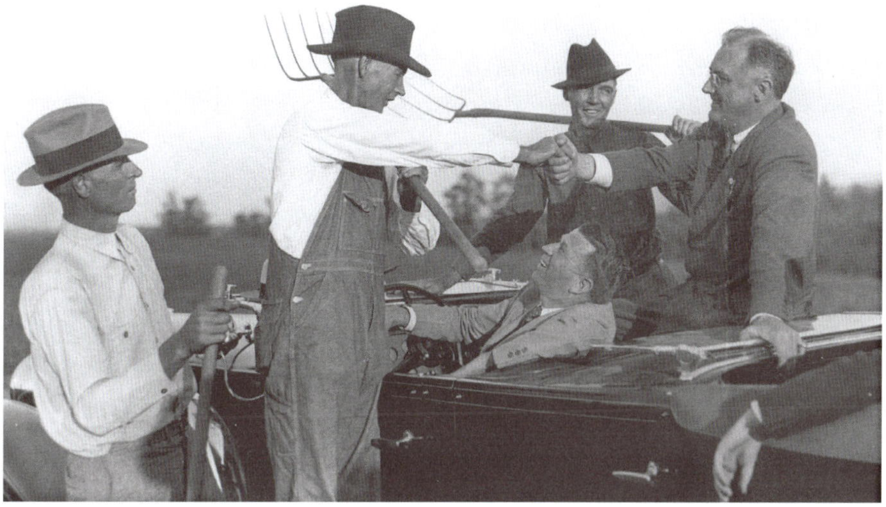

Granger/Shutterstock

O presidente Franklin D. Roosevelt cumprimenta um trabalhador rural durante campanha presidencial na Geórgia (Estados Unidos), em 1932.

A política keynesiana serviu de base para as políticas de bem-estar social desenvolvidas pelos países capitalistas, o chamado ***Welfare State*** ("Estado de bem-estar social"), expressão que entrou em uso principalmente a partir de políticas implementadas nos anos 1950.

A Terceira Revolução Industrial

Uma nova ordem nas relações internacionais ganhou força com o fim da Guerra Fria, fundamentada em novas relações econômicas e geopolíticas, que, sem o velho confronto entre o bloco capitalista e o socialista, não mais trazia a marca da divisão leste-oeste. Esse mundo passou a ter novas características, como a hegemonia da ordem capitalista, e compunha o que alguns preferiram chamar de **Nova Ordem Internacional**.

Desde a segunda metade do século XX, antes mesmo do fim da Guerra Fria, o capitalismo havia ingressado em uma nova fase de desenvolvimento chamada **Terceira Revolução Industrial**, também conhecida como **revolução técnico-científica**. Estava baseada em uma dinâmica produtiva com sofisticada tecnologia, principalmente em **Microeletrônica** – que envolvia Computação, Comunicações e Robótica –, **Biotecnologia** e **Química fina**.

Na região asiática, surgiu outro fator inovador da Nova Ordem Internacional: a emergência da **China**, cuja economia em constante crescimento a transformou em um dos mais dinâmicos eixos industriais e comerciais do mundo. A partir de 2010, o país tornou-se a segunda maior economia mundial: seu PIB superou o da Alemanha e o do Japão e está atrás apenas dos Estados Unidos.

A globalização e o neoliberalismo

Com o dinamismo de empresas ligadas a amplos mercados, a qualidade e o preço dos produtos, em meio à intensa competitividade, passaram a ser fatores decisivos para a garantia de lucratividade. Lentamente, em vários países do mundo, tomou corpo a tendência de queda das **reservas de mercado**, que haviam sido criadas por meio de barreiras protecionistas, favoráveis a apenas alguns setores da economia.

Reserva de mercado: barreira protecionista que dificulta a entrada de concorrentes.

Esse dinamismo impulsionou a expansão capitalista – e a consequente **globalização**, com a abertura dos mercados e a dinamização das comunicações – e contou com a queda do bloco soviético. Integrados a esse quadro, ganharam intensidade os acordos no âmbito da Organização Mundial do Comércio (OMC) e a formação de blocos econômicos, isto é, associações regionais de livre-comércio que derrubaram antigas barreiras protecionistas; vários desses blocos nasceram na década de 1990. À frente deles estão o Tratado Norte-Americano de Livre-Comércio (**Nafta**, de North American Free Trade Agreement), sob a liderança dos Estados Unidos e envolvendo o Canadá e o México, e a União Europeia, com a economia alemã como a mais forte e dinâmica entre os países que a compõem.

Paralelamente às associações econômicas regionais, com diminuição ou eliminação dos protecionismos e atração de investimentos internacionais, estabeleceu-se a limitação dos gastos governamentais, com a prevalência da economia de mercado e a busca de um "Estado mínimo".

O fortalecimento do setor privado e a crise do Estado intervencionista ocorreram em conformidade com os preceitos do **neoliberalismo**. Todos os países que seguiram as orientações neoliberais implementaram políticas de venda de empresas estatais a empresários ou grupos privados. Essas privatizações ampliaram o espaço econômico dos grandes conglomerados e a subordinação dos Estados ao mercado internacional.

Indústria 4.0

O desemprego decorrente da diminuição do uso de mão de obra acentua-se com os recentes avanços tecnológicos denominados **Indústria 4.0** ou **Quarta Revolução Industrial**. Há quem defenda, contudo, que sejam somente desdobramentos da Terceira Revolução Industrial, um *upgrade* (atualização) da automação digital. Tais dinâmicas sugerem impactos bem mais intensos na forma de viver em sociedade, em comparação com as últimas décadas.

Entre essas tecnologias disruptivas estão os **veículos autônomos**: automóveis, barcos, *drones*; a **impressão 3-D**, capaz de fabricar objetos, camada por camada, como peças de carros, por exemplo; os **robôs avançados**, capazes de variadas tarefas via sensores; e a **internet das coisas** (integração entre coisas, serviços, pessoas via redes "inteligentes"), além dos avanços vindos da Biologia, da Química, etc.

Assim, graças à alta tecnologia, boa parte do trabalho nas grandes indústrias passou a ser feita de forma intensiva e com menos mão de obra, levando ao declínio a filiação de trabalhadores às organizações sindicais. Ao lado disso, as empresas passaram a utilizar a terceirização, criticada por líderes sindicais como uma forma de burlar a legislação trabalhista.

André Dahmer/Acervo do cartunista

Especialização do trabalho, linhas de montagem, esteiras rolantes, fordismo: todas essas formas de produção que surgiram no final do século XIX e início do XX sofreram grandes transformações com as tecnologias das subsequentes revoluções industriais.

Atividade

- Considerando os conhecimentos que você adquiriu, comente o humor contido na tirinha. Em sua resposta, explique em que consistem a "tecnologia do século XXI" e a "ideologia do século XIX", citadas no último quadrinho. Explique também por que o autor da tirinha traçou uma relação entre esses dois elementos.

Diálogos

- Atualmente, cerca de 44,7 milhões de toneladas de lixo eletrônico (***e-waste***) são produzidas no mundo. Seguem alguns subsídios para a reflexão sobre essa temática.

Produção de lixo eletrônico – 2019

Banco de imagens/Arquivo da editora

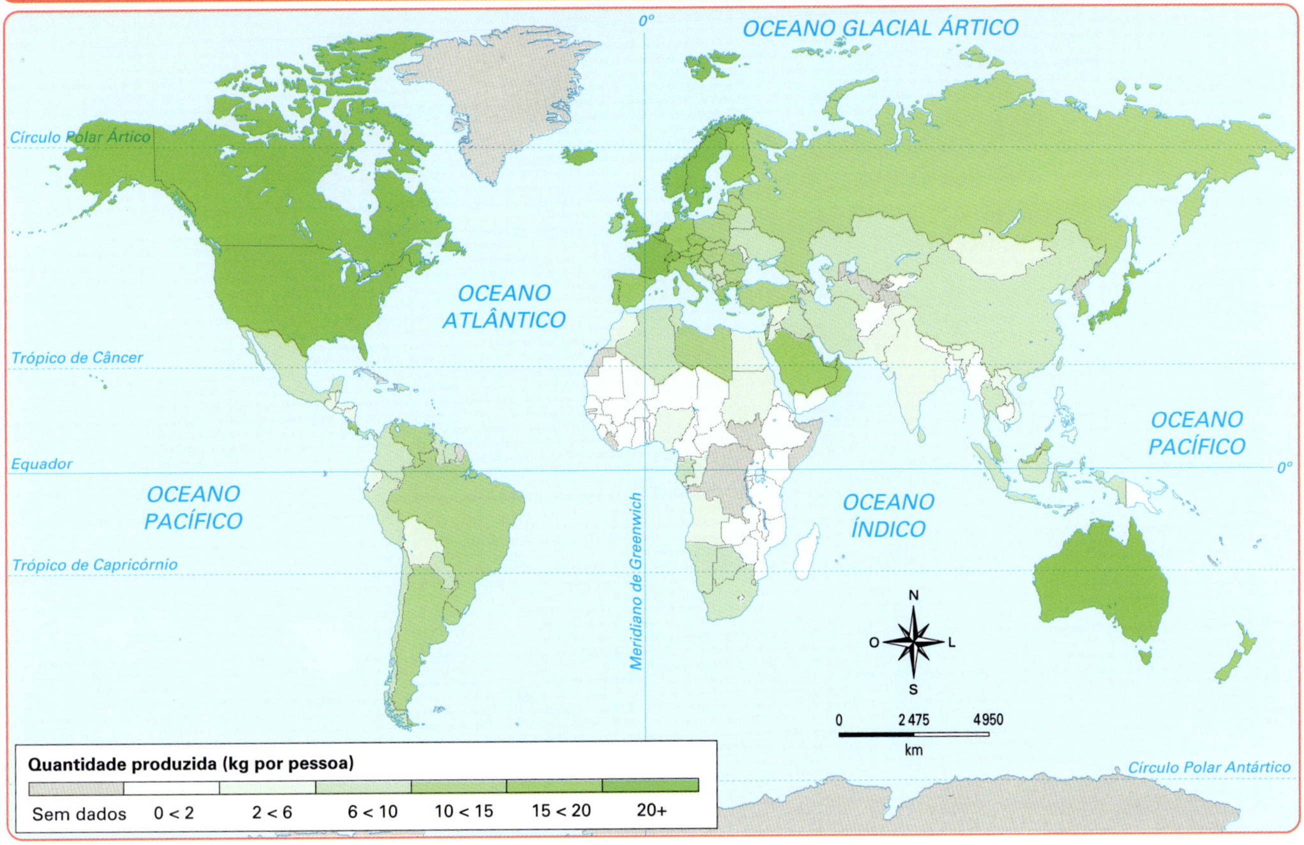

Fonte: elaborado com base em *The Global E-Waste Statistics Partnership*. Disponível em: https://globalewaste.org/map/. Acesso em: 7 abr. 2022.

[...] Ao contrário do que se imagina, computadores e celulares não são a maior parte do chamado *e-waste*: 31% são pequenos equipamentos eletrônicos, como micro-ondas, barbeadores elétricos e câmeras digitais; 28%, grandes equipamentos de linha branca, como lavadoras de louça e de roupas; 17%, equipamentos para mudança de temperatura, como geladeiras e aparelhos de ar-condicionado; 15% são de monitores (tanto de computadores como de TVs); 7% são constituídos de pequenos aparelhos de TI, como computadores e celulares; e 2% são lâmpadas.

Todo esse material acaba em "centros de reciclagem", um eufemismo para lixões altamente contaminados por chumbo, cádmio, dioxinas, furanos, arsênico, mercúrio, PCB, crômio, cloreto de vinila, antimônio e berílio, entre outras substâncias tóxicas provenientes dos eletrônicos. [...]

Dos cerca de 50 milhões de toneladas descartadas a cada ano, 70% vão parar nos países pobres, especialmente Gana, Nigéria e Costa do Marfim. Os fabricantes ignoram as leis internacionais e enchem navios com contêineres classificados como "bens de segunda mão" ou "doações para instituições de caridade" (80% dos computadores que chegam a Gana não funcionam).

Dois lugares ficaram conhecidos como os mais contaminados por eletrônicos descartados: a cidade chinesa de Guiyu e o subúrbio de Agbogbloshie, em Accra, capital de Gana. [...]

MARINHO, Julia. O lado sujo da era digital: saiba onde seu PC velho vai parar. *Nexperts para TecMundo*, 24 maio 2020. Disponível em: www.tecmundo.com.br/mercado/153435-lado-sujo-digital-saiba-onde-pc-velho-parar.htm. Acesso em: 11 abr. 2022.

Países que mais descartam e países que mais recebem lixo eletrônico – 2016

Banco de imagens/Arquivo da editora

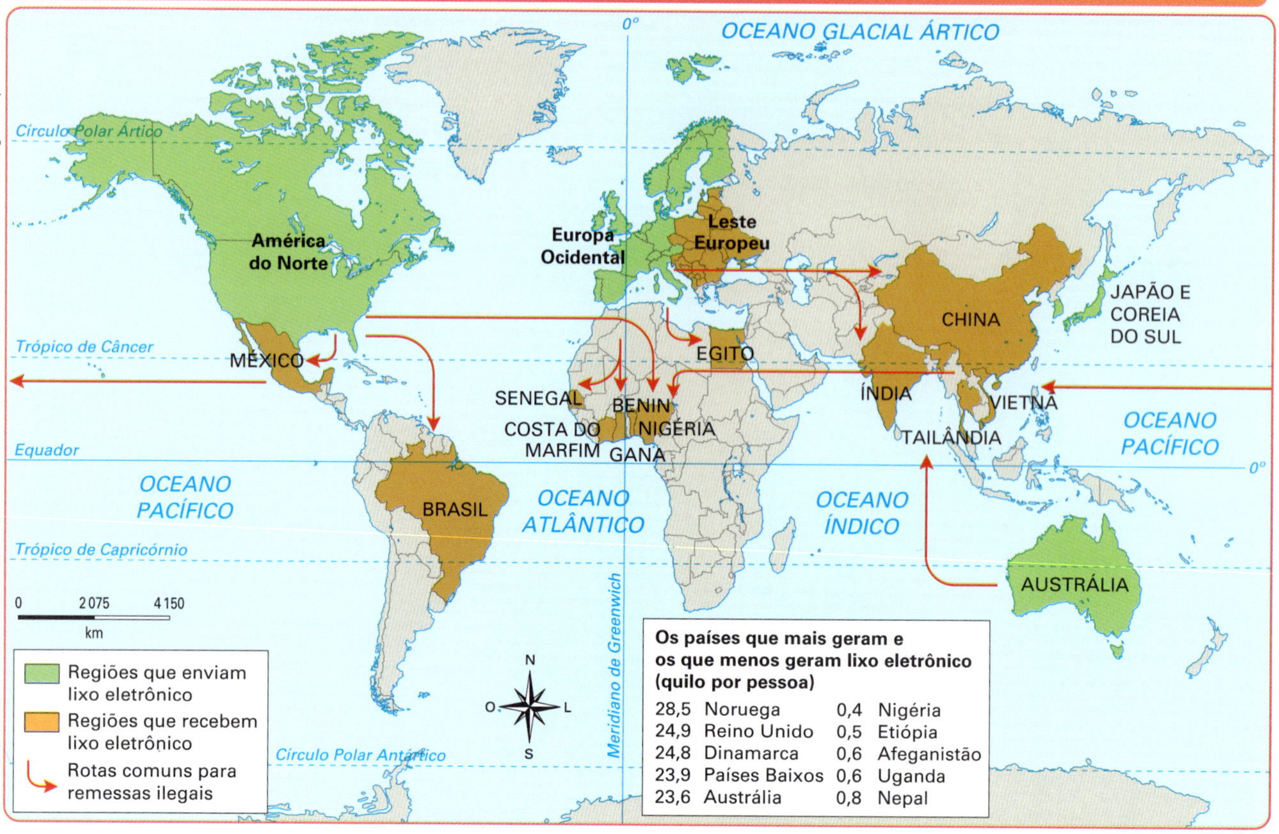

Fonte: elaborado com base em A NEW Circular Vision for Electronics: Time for a Global Reboot. Geneva: World Economic Forum, jan. 2019. p. 14. Disponível em: http://www3.weforum.org/docs/WEF_A_New_Circular_Vision_for_Electronics.pdf. Acesso em: 7 abr. 2022.

a) Identifique as fontes das informações que você leu e quando elas foram produzidas. Reflita se elas são confiáveis.

b) Segundo o mapa "Produção de lixo eletrônico – 2019", quais são os países que mais produzem lixo eletrônico no mundo?

c) Identifique, no trecho da notícia e no mapa acima, os países que recebem a maior parte do lixo eletrônico do mundo. Há um contrassenso entre geração de lixo eletrônico e o destino desse lixo? Como você explica isso? Converse com um colega sobre suas hipóteses.

d) Com o mesmo colega, elabore um texto descrevendo a geração e o destino do lixo eletrônico no espaço geográfico mundial, relacionando-os com o que vocês aprenderam sobre o capitalismo contemporâneo, a globalização e a distribuição de riqueza entre diferentes países e regiões do mundo.

e) Ainda em dupla, façam uma pesquisa sobre o impacto do lixo eletrônico na cidade chinesa de Guiyu ou no subúrbio de Agbogbloshie, em Acra, capital de Gana, analisando a situação do ponto de vista econômico e ambiental.

f) Por fim, reflitam: De que forma vocês poderiam contribuir para diminuir a produção de lixo eletrônico? Pensem em ações individuais e coletivas, relacionadas ao seu cotidiano e à ação política.

O conceito de globalização

A palavra **globalização** (do inglês *globalization*) começou a ser empregada nos anos 1980 por consultores de administração estadunidenses, inicialmente para definir estratégias de expansão global para empresas transnacionais. A partir dos anos 1990, foi muito debatida na academia e simultaneamente divulgada pela mídia, quando passou a fazer parte do dia a dia. No Brasil, muitos pesquisadores da área de Ciências Humanas e Sociais Aplicadas publicaram livros e artigos sobre a globalização e debateram intensamente o tema: geógrafos, como **Milton Santos** (1926-2001); sociólogos, como **Octavio Ianni** (1926-2004); economistas, como **Paulo Nogueira Batista Jr.** (1955-).

SANTOS, Milton. *Por uma outra globalização*: do pensamento único à consciência universal. Rio de Janeiro: Record, 2000.

IANNI, Octavio. *Teorias da globalização*. Rio de Janeiro: Civilização Brasileira, 1995.

BATISTA JR., Paulo Nogueira. *Mitos da "globalização"*. São Paulo: IEA-USP, 1997.

No entanto, continuava sendo um conceito pouco compreendido. Apesar de ter sua origem relacionada principalmente à expansão econômica ocorrida durante a revolução técnico-científica, iniciada nos anos 1970, a globalização é a continuidade de um longo processo histórico que remonta aos primórdios do capitalismo. Ela está para o atual período informacional do capitalismo como o colonialismo esteve para a etapa comercial, e o imperialismo, para a industrial e a financeira.

A globalização apresenta várias dimensões: econômica, mais evidente e perceptível; social; cultural; política; ambiental, entre outras. Contudo, todas elas se materializam no espaço geográfico em diversas escalas: mundial, nacional, regional e local. Praticamente todos os países estão conectados às redes globais, embora em graus diferentes. Os lugares estão conectados a uma rede de fluxos, controlada por poucos centros urbanos de poder econômico e político, localizados sobretudo nos países desenvolvidos. Não são todos os lugares que estão integrados ao **sistema-mundo**, como argumenta o geógrafo francês Olivier Dollfus (1931-2005). Os fluxos da globalização se dão em rede, mas seus nós mais importantes são os lugares que dispõem dos maiores mercados consumidores e das melhores infraestruturas. Esses lugares coincidem sobretudo com as cidades globais, com destaque para as classificadas como alfa.

Saiba+

Globalização e fragmentação. Disponível em: https://www.youtube.com/watch?v=7E1npVFukQw. Acesso em: 7 abr. 2022.

Para aprofundar a compreensão a respeito dos âmbitos cultural e social da globalização, assista ao vídeo.

Sistema-mundo: "O sistema-mundo conceitua um conjunto – a humanidade – de conjuntos – os Estados em seus territórios e as sociedades humanas no desdobramento geográfico de suas culturas, de suas empresas e dos mercados nos seus espaços." (DOLLFUS, Olivier. Geopolítica do sistema-mundo. *In*: SANTOS, Milton *et al*. (org.). *Fim de século e globalização*. São Paulo: Hucitec/Anpur, 1994. p. 24).

As cidades globais, segundo o GaWC – 2020

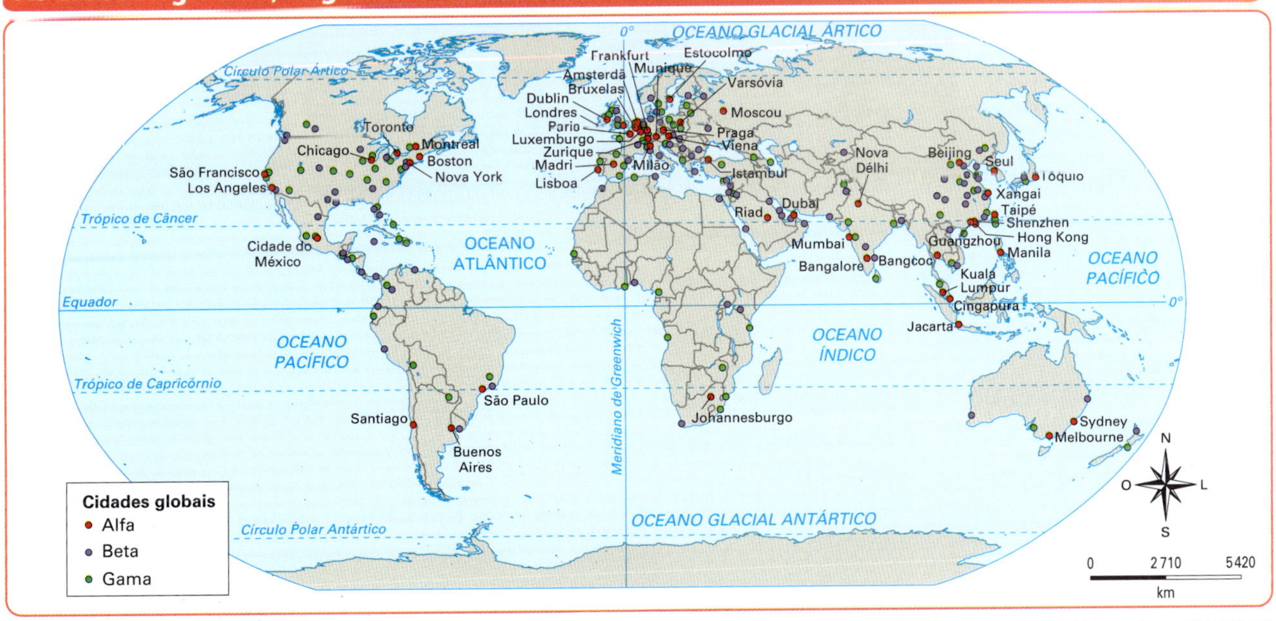

Banco de imagens/Arquivo da editora

Fonte: elaborado com base em GLOBALIZATION AND WORLD CITIES (GaWC). *The World According to GaWC 2020*. Disponível em: https://www.lboro.ac.uk/microsites/geography/gawc/world2020t.html. Acesso em: 7 abr. 2022.

A atual expansão capitalista

Atualmente, a **expansão do capitalismo** raramente ocorre pela invasão e ocupação territorial, ao contrário do que ocorria nas etapas anteriores. Durante o colonialismo e o imperialismo, ainda era necessário controlar o território onde os recursos naturais seriam explorados e, por isso, eles eram invadidos e ocupados.

Hoje, o acesso a recursos naturais pode ser feito via comércio internacional e a maioria das guerras contemporâneas envolve problemas como pobreza, injustiça e falta de oportunidades econômicas, muitas vezes com um pano de fundo étnico-nacionalista.

Com uma ou outra exceção, na era da globalização, a expansão capitalista é silenciosa, sutil e mais eficaz. Trata-se de uma "invasão" de mercadorias, capitais, serviços, informações e viajantes. As novas "armas" são a sedução pelo consumo de bens e serviços, além da agilidade e da eficiência das telecomunicações, dos transportes e do processamento de informações.

A "guerra" acontece nas bolsas de valores, envolvendo empresas em todos os mercados do mundo. As estratégias e táticas são estabelecidas nas sedes das corporações transnacionais, dos bancos globais, das corretoras de valores, etc. Entretanto, muitas vezes, essas estratégias e táticas mostraram-se arriscadas, gananciosas e, em alguns casos, fraudulentas. Isso ficou evidente na crise do mercado imobiliário/financeiro que começou nos Estados Unidos em 2008 e que nos anos seguintes atingiu muitos outros países.

Erik McGregor/LightRocket/Getty Images

A crise financeira, iniciada nos Estados Unidos em 2008, fez eclodir diversos movimentos contra o capitalismo, a ganância do sistema financeiro e a desigualdade social. Um dos maiores movimentos foi o Occupy Wall Street (em 2011), que teve variantes regionais em diversas cidades do mundo. Na foto de 2018, ativistas comemoram o sétimo aniversário do movimento, em seu local de origem, Nova York (Estados Unidos).

Atividades

1. Vocês avaliam que as manifestações de rua têm poder de transformação social? Deem exemplo de uma situação em que a população foi às ruas e obteve sucesso em suas reivindicações, e de outra em que não obteve. Pode ser algo pontual, que tenha ocorrido no bairro onde vocês vivem, ou de repercussão nacional ou mesmo internacional.
2. Por que será que algumas manifestações têm sucesso e outras não?
3. Vocês consideram legítimas as manifestações contra o elevado lucro concentrado nas mãos de poucas pessoas, decorrente do sistema capitalista, especialmente do setor financeiro, e da desigualdade social? Por quê?

Fluxo de capitais especulativos e produtivos

Os **capitais** que circulam pelo mundo podem ser classificados em: **produtivos** e **especulativos**. A propagação mais característica da globalização se dá por meio dos **capitais especulativos**, recursos que se movimentam com grande rapidez pelo sistema financeiro mundial conectado *on-line*. Os avanços tecnológicos na informática e nas telecomunicações possibilitaram que o dinheiro fosse transformado em um meio de pagamento virtual, isto é, dados numéricos decodificados em ***bites*** exibidos nas telas dos computadores.

O valor da quantia de capitais especulativos que circula pelo sistema financeiro mundial é desconhecido. No entanto, ao verificar o patrimônio dos maiores bancos do mundo, é perceptível que se trata de muito dinheiro, na casa dos trilhões de dólares. Parte desses recursos pertence a milhões de pequenos poupadores espalhados pelo mundo, sobretudo nos países desenvolvidos, que guardam seu dinheiro em um banco, aplicam em fundos de investimento ou poupam em fundos de pensão para garantir suas aposentadorias. Essa grande soma é transferida de um mercado para outro em diferentes países, sempre em busca das mais altas taxas de juros dos **títulos da dívida pública** ou da maior rentabilidade das ações, das moedas, etc. Os administradores desses capitais, muitas vezes, não estão interessados em investir na produção, cujo retorno é demorado, mas em especular em diversos mercados.

Os capitais especulativos servem para, entre outras coisas, financiar dívidas públicas nacionais, mas, quando um país entra em crise econômica, os investidores transferem seus recursos rapidamente para outros locais, agravando a crise financeira, como aconteceu, por exemplo, em 1997 no sudeste asiático, em 1998 na Rússia, em 1999 no Brasil e, sob os efeitos da crise iniciada em 2008, em vários países europeus.

Grande parte dos capitais especulativos, assim como uma parcela dos produtivos, é direcionada às bolsas de valores espalhadas pelo mundo, investindo em ações ou mercadorias.

Capital especulativo: capital alocado nos mercados de títulos financeiros, ações, moedas ou mesmo de mercadorias, com o objetivo de obter lucros rápidos e elevados. Na fase atual do capitalismo, é possível rastrear todos os mercados do mundo em busca dos títulos que oferecem as maiores taxas de juros, das ações com maior potencial de valorização, das moedas mais desvalorizadas, das mercadorias mais baratas, etc. Esse capital é de curto prazo, isto é, entra na economia nacional e sai dela em pequenos intervalos de tempo.

Bite: dígito binário (do inglês, *bit*, contração de *binary digit*), define a menor unidade de informação digital armazenada ou transmitida.

Títulos da dívida pública: título emitido e garantido pelo governo de um país, estado ou município, para obter recursos no mercado, com o objetivo de financiar o *déficit* orçamentário ou obter receita para investimentos em infraestrutura, educação, saúde, etc. Pode ser comprado por investidores do próprio país ou por estrangeiros.

Os nove maiores bancos do mundo e os dois maiores do Brasil – 2020

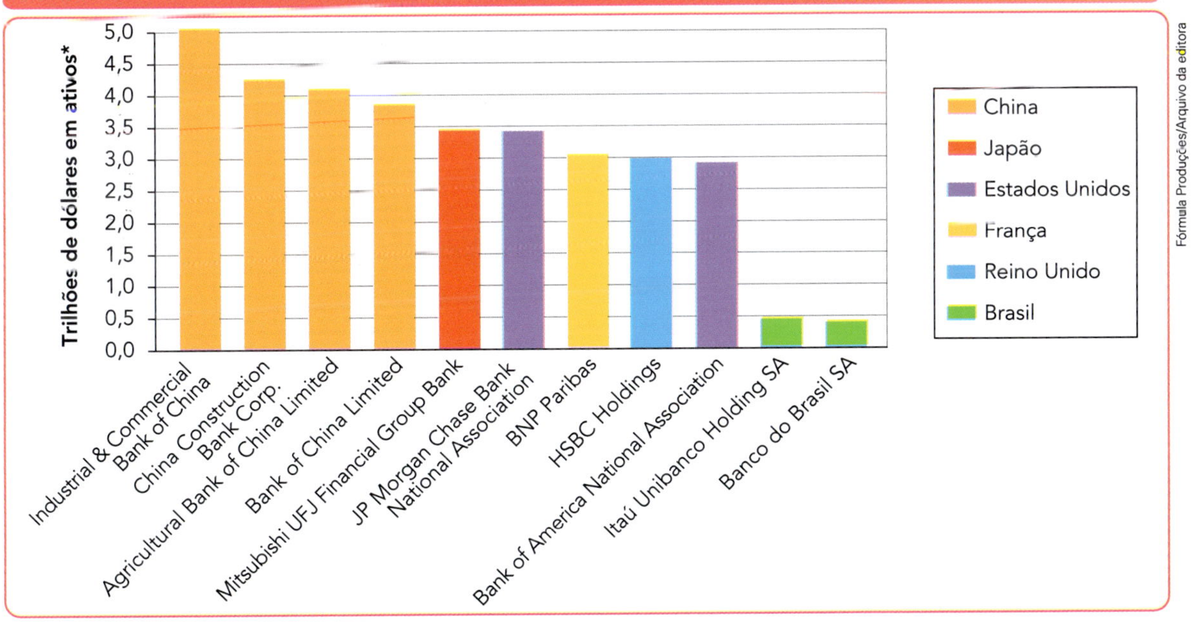

* Representa os bens e direitos de uma empresa, como saldo no banco, saldo em caixa, estoques, imóveis, marcas e patentes, dinheiro a receber, etc.

Fonte: elaborado com base em STATISTA. *Largest banks globally as of December 2020, by assets*. Disponível em: www.statista.com/statistics/269845/largest-banks-in-the-world-by-total-assets/; S&P Global Market Intelligence. *Latin America's 50 largest banks by assets, 2020*. Disponível em: www.spglobal.com/marketintelligence/en/news-insights/latest-news-headlines/latin-america-s-50-largest-banks-by-assets-2020-58040908. Acesso em: 2 maio 2022.

Alf Ribeiro/Shutterstock

O valor de mercado de uma bolsa de valores é dado pela soma de todas as ações das empresas nela negociadas. Esses valores oscilam o tempo todo, às vezes bruscamente, sobretudo nas crises mundiais. A última desvalorização acentuada ocorreu como resultado da crise financeira de 2008/2009. Depois disso, houve uma recuperação gradativa e, após atingir o pico de valorização em janeiro de 2020, no mês seguinte as bolsas mundiais sofreram fortes quedas, provocadas pela crise econômica resultante da política de isolamento social para conter a expansão do novo coronavírus. Como se observa no quadro, as ações negociadas nas bolsas mundiais se desvalorizaram drasticamente, reduzindo seus respectivos valores de mercado.

Escritório da B3 S.A. – Brasil, Bolsa, Balcão, a bolsa brasileira com sede em São Paulo (SP), em 2017. A B3 é resultante da fusão entre BM&FBovespa e a Central de Custódia e Liquidação Financeira de Títulos (Cetip), ocorrida naquele ano. Em maio de 2008, a Bolsa brasileira era a 10ª colocada em valor de mercado; em fevereiro de 2020, caiu para a 19ª posição.

As oito maiores Bolsas de Valores do mundo e a B3 – 2020

Ranking (fev. 2020)	Valor de mercado (bilhões de dólares)			
	maio 2008	fev. 2009	jan. 2020	fev. 2020
1º NYSE (Estados Unidos)	15 071	8 701	22 988	15 541
2º Nasdaq (Estados Unidos)	3 484	1 959	13 287	12 460
3º Japan Exchange Group (Japão)	4 329	2 563	6 062	5 440
4º Shangai Stock Exchange (China)	2 611	1 632	5 106	4 960
5º Hong Kong Exchanges (China)	2 355	1 197	4 632	4 645
6º Euronext* (Europa)	3 910	1 677	4 859	4 403
7º LSE Group** (Reino Unido)	3 556	2 000	4 055	3 621
8º Shenzen Stock Exchange (China)	628	420	3 502	3 572
19º B3 – Brasil Bolsa Balcão	1 577	596	1 106	975
Total WFE	56 910	28 860	92 489	80 615

* Inclui as bolsas de valores de Paris, Amsterdã, Bruxelas, Dublin, Oslo e Lisboa.

** Inclui a London Stock Exchange e a Bolsa Italiana.

Fonte: elaborado com base em WORLD FEDERATION OF EXCHANGES. Focus. *Market Statistics – April 2020.* Disponível em: https://focus.world-exchanges.org/issue/april-2020/market-statistics. Acesso em: 2 maio. 2022.

Atividades

1. Ao observar o quadro e o gráfico anteriores, o que chama sua atenção ao identificar a localização dos maiores bancos e das maiores bolsas de valores? Há alguma coincidência?
2. Qual é a posição do Brasil comparativamente aos líderes?

A circulação dos **capitais produtivos** é mais lenta porque são investimentos de longo prazo e por isso estão menos suscetíveis às oscilações repentinas do mercado. Esses capitais são aplicados em determinado território, possuem uma base física (fábrica, lojas, ferrovias, usina hidrelétrica, etc.) e estão em busca de lucros, que podem resultar de custos de produção menores, proximidade dos mercados consumidores e facilidades em driblar barreiras protecionistas. Observe no gráfico os países que mais recebem investimentos produtivos.

Capital produtivo: dinheiro investido na produção de bens, prestação de serviços e em infraestrutura. O investimento pode ser realizado diretamente, pela abertura de uma nova empresa ou filial de alguma já existente, ou indiretamente, por meio da aplicação de capital em ações nas bolsas de valores.

Anthony Souffle/Star Tribune/Getty Images

Fábrica da Gerdau em Saint Paul, estado de Minnesota (Estados Unidos), em 2019. Com sede em São Paulo (SP), a Gerdau é a maior siderúrgica das Américas. Essa multinacional brasileira tem fábricas em vários países, além do Brasil; 60% de seu faturamento vem do exterior, com destaque para os Estados Unidos, que respondem por 32% das vendas totais da empresa.

Os 12 principais países receptores de investimentos produtivos – 2019-2020

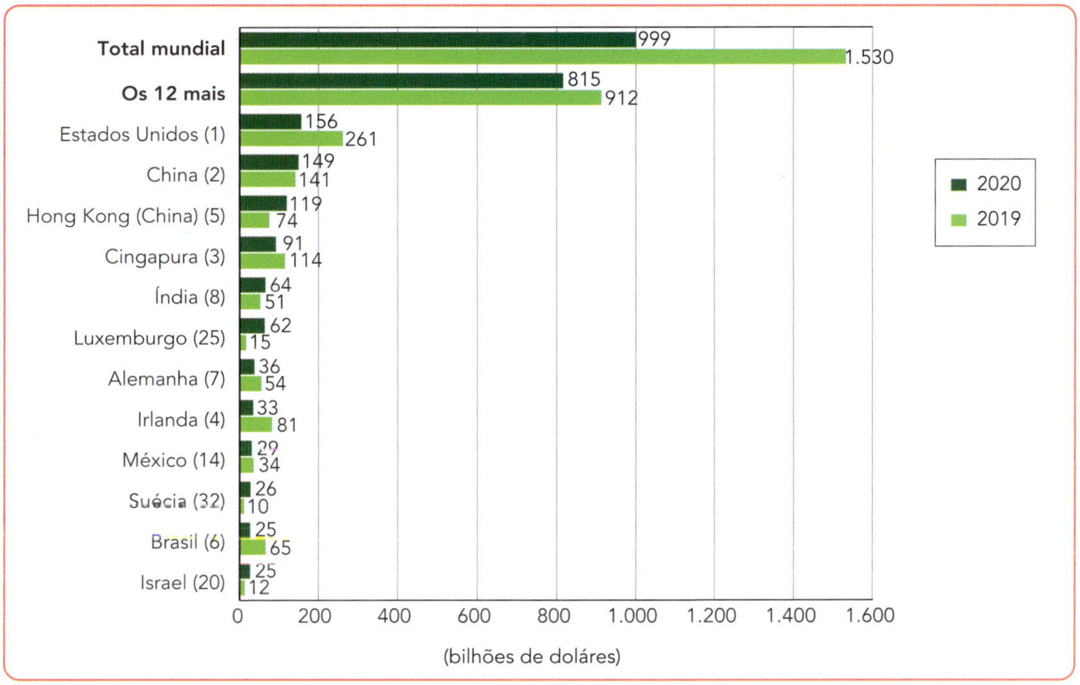

Banco de imagens/Arquivo da editora

Fonte: elaborado com base em UNITED NATIONS CONFERENCE ON TRADE AND DEVELOPMENT. *World Investment Report 2021*. Disponível em: https://unctad.org/system/files/official-document/wir2021_en.pdf. Acesso em: 2 maio. 2022.

Os números entre parenteses indicam o *ranking* dos países em 2019.

O gráfico da página seguinte mostra que, desde meados dos anos 1990, os investimentos produtivos no mundo aumentaram, até atingir o pico de 1,36 trilhão de dólares em 2000. Em 2001, houve uma queda acentuada, principalmente nos Estados Unidos, por causa dos ataques terroristas de 11 de setembro.

A partir de 2003, os investimentos produtivos mundiais voltaram a crescer, até atingir o recorde histórico de quase 2 trilhões de dólares em 2007. Contudo, com a crise financeira de 2008, caíram acentuadamente, atingindo 1,18 trilhão de dólares em 2009. Desde então, ocorreu uma breve recuperação dos investimentos estrangeiros diretos, mas, com o agravamento da crise financeira em vários países da Europa, esses investimentos voltaram a cair. Como se pode verificar, os países em desenvolvimento, com destaque para a China, considerada a estrela das economias emergentes, aumentaram sua participação no fluxo mundial de investimentos produtivos, mas, após superar a crise, os Estados Unidos recuperaram a primeira posição.

Mundo: investimentos produtivos (por grupos de países) – 1996-2020

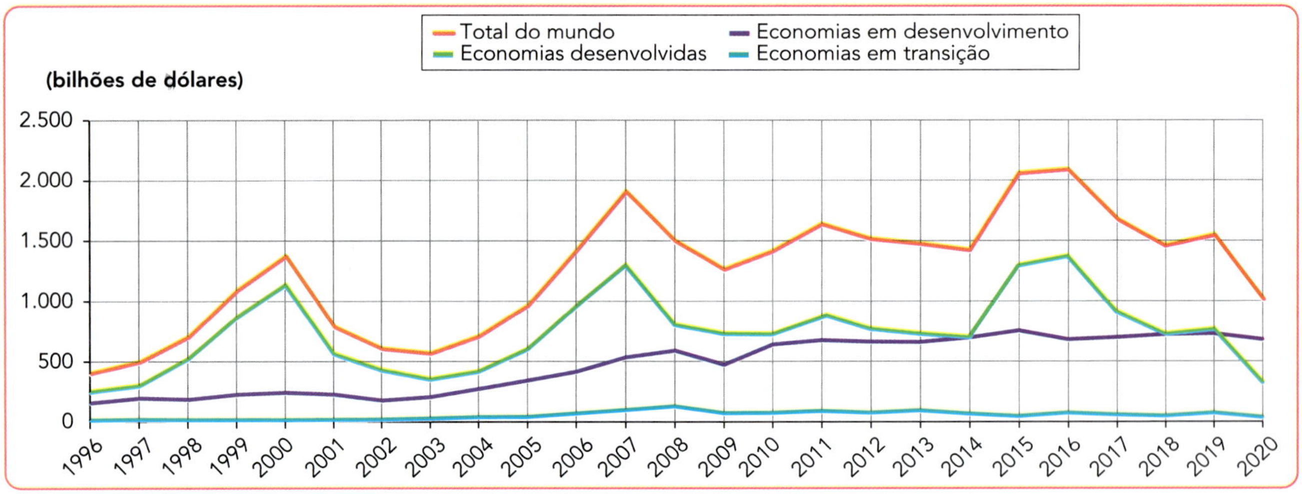

Fórmula Produções/Arquivo da editora

Fonte: elaborado com base em UNITED NATIONS CONFERENCE ON TRADE AND DEVELOPMENT. *World Investment Report*: Annex Tables. Disponível em: https://worldinvestmentreport.unctad.org/annex-tables/. Acesso em: 7 abr. 2022.

A expansão das transnacionais

As **transnacionais**, também conhecidas como **multinacionais**, são empresas que desenvolvem uma estratégia de atuação internacional com suporte de seu país-sede. O governo do país de origem de cada uma dessas empresas em geral lhes fornece apoio econômico e político na concorrência internacional. Isso porque, embora grande parte das operações ocorra fora do país-sede, as decisões estratégicas, o controle acionário e a maior parte dos investimentos em Pesquisa e Desenvolvimento (P&D) permanecem no território onde está sua base. Além disso, a maior parte dos lucros obtidos pelas filiais do exterior é enviada ao país-sede, contribuindo para o enriquecimento nacional.

Segundo a Conferência das Nações Unidas sobre Comércio e Desenvolvimento (Unctad), em 1990, o patrimônio das filiais de todas as transnacionais espalhadas pelo mundo era de 4,6 trilhões de dólares; em 2015, esse valor tinha subido para 105,8 trilhões de dólares. No mesmo período, o valor das vendas dessas empresas no exterior passou de 5,1 trilhões de dólares para 36,7 trilhões de dólares, e o número de empregados fora do país-sede aumentou de 21,5 milhões para 79,5 milhões de pessoas. Esses números revelam uma grande expansão das empresas transnacionais no período marcado pela globalização da economia. O processo de globalização e a aceleração de fluxos de capitais possibilitaram uma onda de fusões e aquisições, assim como de concentração de capitais que tornou as grandes empresas transnacionais ainda maiores.

Saiba+

A corporação. Direção: Mark Achbar e Jennifer Abbott. Canadá, 2004. 145 min.
O tema do filme é a atuação das grandes corporações e o poder que detêm no mundo globalizado, desvendando seus maiores objetivos: o compromisso com os acionistas e a busca de lucros, eventualmente em detrimento da ética, do ambiente e da saúde das pessoas.

Atividades

3. Você avalia que a expansão das empresas transnacionais pelo mundo tem apenas aspectos positivos ou também tem algum negativo? Liste alguns desses aspectos.

4. Existe alguma multinacional instalada no município ou na região em que você mora? Se sim, em que área atua e qual é seu país de origem?

De acordo com a Unctad, em 2020, a Toyota Motor Corp era a maior transnacional do mundo, considerando o valor do seu patrimônio no exterior. Observe o quadro com as maiores transnacionais, segundo patrimônio fora do país de origem, e o gráfico com as maiores corporações mundiais, considerando o faturamento.

As quatro maiores transnacionais e outras selecionadas, segundo o patrimônio no exterior – 2020

Posição/empresa/país-sede	Patrimônio no exterior (bilhões de dólares)	Patrimônio total (bilhões de dólares)	Índice de transnacionalidade* (%)
1ª Toyota Motor (Japão)	336,6	561,9	62,7
2ª Royal Dutch Shell (Países Baixos)	323,2	378,6	65
3ª Deutsche Telekom (Alemanha)	259,6	325	78,8
4ª Volkswagen (Alemanha)	258	610	59,6
6ª BP (Reino Unido)	234,7	267,2	60,8
28ª Nestlé (Suíça)	105,7	140,8	90,2
35ª Apple Computer (Estados Unidos)	95,8	323,8	39,8
54ª China National Offshore Oil (China)	74,9	185,6	35,3
94ª General Motors (Estados Unidos)	47,8	235,1	32,7
99ª Hanwha (Coreia do Sul)	45,5	175,5	22,8

* O índice de transnacionalidade, expresso em porcentagem, é a média de três índices: porcentagem do patrimônio no exterior sobre o patrimônio total, das vendas no exterior sobre as vendas totais e dos empregados no exterior sobre o total de empregados. Quanto maior o índice de transnacionalidade, mais internacionalizada é a empresa.

Fonte: elaborado com base em UNITED NATIONS CONFERENCE ON TRADE AND DEVELOPMENT. *World Investment Report 2021*: Annex Tables. The World's Top 100 Non-financial MNEs, Ranked by Foreign Assets, 2020. Disponível em: https://worldinvestmentreport.unctad.org/annex-tables/. Acesso em: 7 abr. 2022.

Segundo a Unctad, a indústria alimentícia suíça Nestlé está entre as mais internacionalizadas do mundo: em 2020, seu **índice de transnacionalidade** era de 90,2%. Ela também é uma das maiores corporações do mundo por faturamento, segundo a revista *Fortune*.

A maioria das empresas transnacionais está sediada nos países desenvolvidos, principalmente nos Estados Unidos. Entretanto, já há muitas sediadas em países emergentes, sobretudo na China. Entre essas multinacionais, estão evidentemente as maiores corporações, como mostra a *Global 500*, pesquisa anual da revista *Fortune* que lista as quinhentas maiores empresas do mundo por faturamento.

Saiba+

Visualize the Global 500. Disponível em: https://interactives.fortune.com/global_500_2020/dashboard/index.html?_ga=2.231400732.2041411440.1624496074-1727605614.1624496074. Acesso em: 7 abr. 2022.

Essa página em inglês apresenta um mapa com escala dinâmica que mostra a distribuição das 500 maiores corporações do mundo listadas na revista *Fortune* em 2020 representadas em tamanho proporcional ao faturamento. Indica também a cidade-sede da empresa e sua posição no *ranking* global.

As cinco maiores corporações e outras selecionadas, segundo o faturamento – 2021

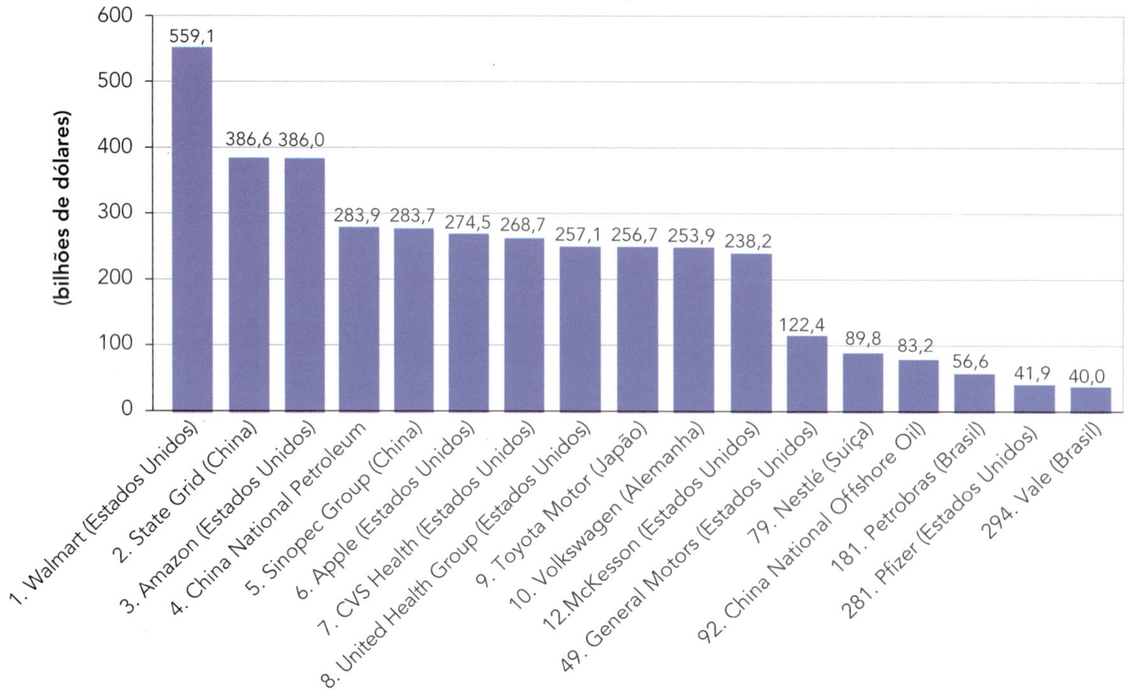

Fórmula Produções/Arquivo da editora

Fonte: elaborado com base em FORTUNE. Global 500 – 2020. *Fortune Media IP Limited*, 2020. Disponível em: https://fortune.com/global500/2021/search/. Acesso em: 7 abr. 2022.

Atividade

5. Observe o gráfico e o quadro anteriores e responda às questões a seguir.

a) Qual é a maior empresa do mundo, considerando o faturamento, e qual é a maior transnacional, considerando o patrimônio no exterior? Onde elas estão sediadas?

b) Pesquise no *site* da *Fortune Global 500* e descubra se o Brasil tem mais empresas na lista das quinhentas maiores do mundo além da Petrobras.

c) Segundo o Banco Mundial, em 2019 o Produto Interno Bruto (PIB) da Argentina era de 450 bilhões de dólares (25ª posição no mundo) e o do Uruguai era de 56 bilhões de dólares (82ª posição). Compare o PIB de nossos vizinhos com o faturamento das maiores empresas do mundo. Que conclusão você pode tirar dessa comparação?

As transnacionais continuam se expandindo pelo mundo, e algumas cresceram tanto que têm faturamento maior do que o PIB da maioria dos países, o que lhes assegura muito poder econômico e político. O poder econômico permite controlar e manipular mercados visando ao aumento de seus lucros; já o poder político possibilita influenciar governos em benefício de seus interesses.

Os dirigentes das transnacionais têm várias possibilidades para expandir sua atuação global:

- **Construir novas unidades (filiais) no exterior ou ampliar as já existentes**: isso ocorreu, por exemplo, quando a segunda maior montadora de automóveis do mundo, a Toyota, construiu fábricas no Brasil – em 1998 instalou uma unidade produtiva em Indaiatuba (SP) e, em 2012, concluiu a instalação de uma segunda em Sorocaba (SP).

- **Adquirir empresas estatais em processos de privatização**: isso foi muito comum nos anos 1990, fase áurea do neoliberalismo no Brasil. A espanhola Telefónica, por exemplo, comprou a Telecomunicações de São Paulo S.A. (Telesp), que era a maior empresa do grupo Telebras, privatizada no governo de Fernando Henrique Cardoso (1995-2003).
- **Adquirir empresas privadas no exterior**: por exemplo, em 1997, a italiana Magnetti Marelli, do Grupo Fiat, comprou a Cofap, uma empresa privada brasileira de autopeças. Em 2009, expandindo-se ainda mais, a Fiat comprou parte da montadora norte-americana Chrysler, que estava à beira da falência, e em 2013 arrematou o restante da companhia. Entre as empresas que o Grupo Gerdau S.A. adquiriu nos Estados Unidos está a Quanex Corp., especializada na produção de aço automotivo, comprada em 2007.

Tanto empresas de países desenvolvidos como as de países emergentes têm ampliado os negócios além de suas fronteiras. Por exemplo, a mineradora Vale (privatizada em 1997, permaneceu sob controle de sócios brasileiros), em seu processo de expansão mundial, comprou em 2007 a canadense Inco, maior produtora mundial de níquel.

A China é o país emergente que mais tem se expandido pelo mundo. Dirigentes de companhias controladas pelo governo chinês estão comprando empresas privadas e estatais pelo mundo todo. A maioria das corporações chinesas não se pauta apenas pelo interesse econômico imediato – a busca de lucros e a remuneração dos acionistas –, como uma companhia privada qualquer, mas também por interesses estratégicos de longo prazo. Muitas delas buscam garantir o fornecimento de energia e matérias-primas ao país, um dos maiores importadores de produtos primários do mundo. Isso explica o apoio do governo chinês à expansão de suas empresas, especialmente na África, na Ásia e na América Latina, onde há países com grandes reservas de recursos naturais. Portanto, a tendência é que cada vez mais empresas transnacionais de países emergentes, privadas ou estatais, ganhem espaço no mundo globalizado.

Saiba +

Fundação Dom Cabral (FDC). Disponível em: www.fdc.org.br. Acesso em: 7 abr. 2022.

No *site* dessa instituição de ensino e pesquisa na área de administração de empresas está disponível a publicação anual *Ranking FDC das Multinacionais Brasileiras*.

Issouf Sanogo/Afp

A China passou a fazer fortes investimentos em infraestrutura em países africanos. Na foto, técnicos chineses e africanos trabalham no porto de Abidjan (Costa do Marfim), 2019.

Diálogos

1. As empresas transnacionais, ou multinacionais – um dos principais agentes da globalização –, são as grandes responsáveis pelo fluxo de capitais produtivos possibilitado pela mundialização da produção.

Em grupo, troquem ideias sobre a expansão mundial das empresas transnacionais. Retomem a atividade realizada sobre o tema e listem os possíveis benefícios que essas corporações trazem e os problemas que causam aos países onde se instalam. Façam um quadro com os benefícios numa coluna e os problemas em outra.

2. Responda às questões a seguir.

a) Qual é sua opinião sobre as empresas transnacionais?

b) Como você observa a atuação delas em seu cotidiano?

c) Você identifica por parte dessas empresas um apelo ao consumo direcionado ao público adolescente?

d) Você já comprou algum bem de consumo de empresa multinacional? Descubra onde fica a sede dessa empresa e onde o produto foi fabricado.

3. Criada em 1953, no governo do então presidente Getúlio Vargas, a Petrobras tornou-se uma das maiores empresas do mundo, chegando, em 2012, alguns anos após a descoberta e o início de prospecção de petróleo do Pré-Sal, a ocupar a 23ª posição, segundo o *ranking* das 500 maiores companhias do mundo, realizado pela revista *Fortune*. A partir de 2016, a empresa começou a passar por um forte processo de desnacionalização. Observe o cartaz e responda:

Cartaz da campanha realizada em 2019 pela Federação Nacional dos Petroleiros.

a) De acordo com os dados do cartaz, é possível afirmar que o processo de privatização da Petrobras tem sido aceito por todos os setores da sociedade brasileira?

b) Segundo a Federação Nacional dos Petroleiros, qual seria uma das consequências do processo de privatização da Petrobras? Você concorda com isso? Esse assunto tem sido debatido pelas pessoas com as quais você convive?

c) Pesquise novamente o *site* da *Fortune Global 500* e descubra a posição mais recente ocupada pela Petrobras no *ranking* das 500 maiores companhias do mundo. O que é possível concluir a partir disso?

O comércio internacional

O **comércio** é uma atividade econômica que lida com a **compra e venda de bens materiais** tangíveis, como minérios, petróleo, cereais, vestuário, automóveis e eletrodomésticos. Quando ele é feito entre os diversos países do mundo, chamamos de comércio internacional. Esses bens podem ser extraídos da natureza, produzidos pela agropecuária ou transformados pela indústria. Para deslocá-los no espaço geográfico nacional e mundial, é essencial a utilização de meios de transporte, e muitas vezes tais produtos são estocados antes de ser comercializados, o que exige uma boa logística.

Desde o fim da Segunda Guerra Mundial, exceto em alguns anos, o comércio internacional de mercadorias cresceu mais do que o produto mundial bruto (a soma do PIB de todos os países). Logo após o conflito, foi constituído o Acordo Geral de Tarifas e Comércio (GATT, sigla em inglês), atual Organização Mundial do Comércio (OMC), cujo objetivo era ampliar as trocas entre os países.

Todos os anos, milhares de caminhões, trens, navios e aviões circulam entre países transportando toneladas de mercadorias – produtos industrializados, minerais e agrícolas.

Em 2018, as exportações de mercadorias de todos os países somaram quase 20 trilhões de dólares. O mapa desta página mostra os principais polos comerciais e os fluxos de mercadorias no mundo. Observe que há uma preponderância dos fluxos de comércio nos países da Europa ocidental, sobretudo da União Europeia; no Leste Asiático, com destaque para a China e o Japão; e na América do Norte, principalmente nos Estados Unidos.

Comércio de mercadorias – 2016

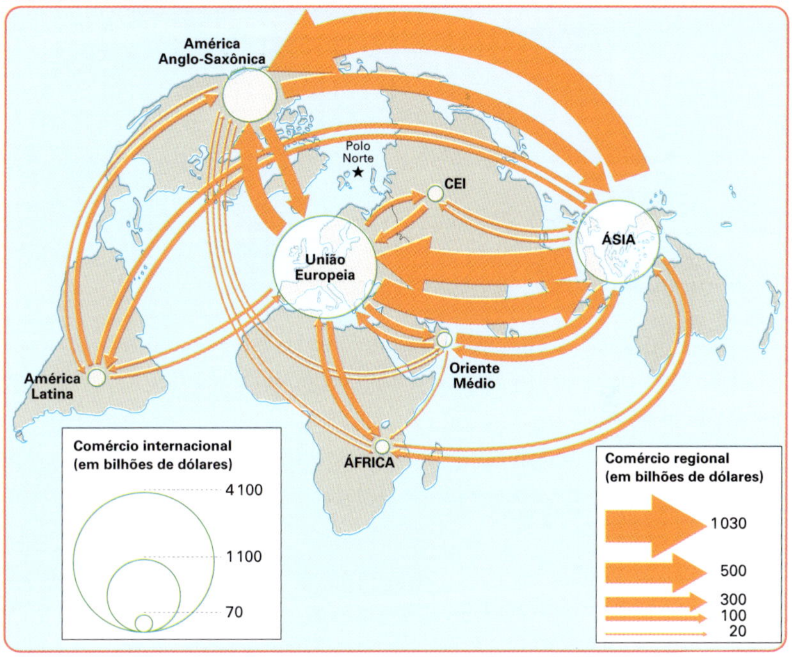

Fonte: elaborado com base em FNSP. Sciences Po. *Commerce de Merchandises, 2016*. Atelier de Cartographie, 2017. Disponível em: https://biblnum.sciencespo.fr/s/catalogue/ark:/46513/sc16fzbp#?c=&m=&s=&cv=&xywh=-147%2C180%2C2629%2C1158. Acesso em: 7 abr. 2022. (Mapa sem escala.).

O GATT, atual OMC, teve papel muito importante na expansão do comércio internacional, assim como os tratados comerciais firmados entre os países, tanto no âmbito dessas organizações como bilateralmente. A constituição de blocos econômicos, como a União Europeia, o Nafta (Acordo Norte-Americano de Livre Comércio, sigla em inglês) e o Mercosul (Mercado Comum do Sul), também contribuiu para a expansão regional do comércio.

Fluxos de mercadorias no mundo

Apesar da manutenção de algumas medidas protecionistas por parte dos países desenvolvidos, os acordos multilaterais da OMC têm contribuído para o crescimento do comércio internacional em um ritmo mais acelerado do que o do produto mundial bruto. Segundo a OMC, as trocas comerciais aumentaram em média 6,2% ao ano entre 1950 e 2007, ao passo que o PIB mundial cresceu, no mesmo período, 3,8% ao ano. Em 2009, em decorrência da crise financeira, o comércio internacional recuou 12,1% e o PIB mundial encolheu 2,1%. Passada a crise, retomou-se a tendência histórica, como mostra o gráfico a seguir. No entanto, a implantação de medidas protecionistas, como as praticadas pelos Estados Unidos sob o governo do ex-presidente Donald Trump em sua guerra comercial com a China, e a crise provocada pela covid-19 contribuíram para diminuir o ritmo de crescimento do comércio internacional.

Crescimento do comércio e do PIB mundial – 2011-2020

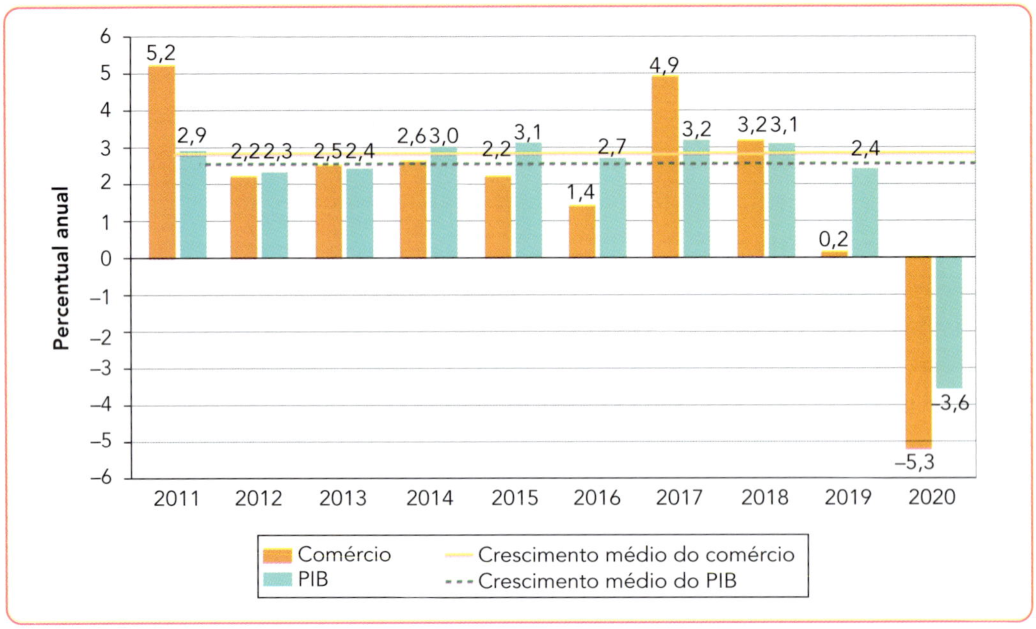

Fórmula Produções/Arquivo da editora

Fonte: elaborado com base em WORLD TRADE ORGANIZATION. *World Trade Statistical Review 2018-2019*. p. 3. *World Trade Statistical Review 2020-21*. p. 3. Disponível em: https://www.wto.org/english/res_e/statis_e/wts2019_e/wts2019chapter03_e.pdf; https://www.wto.org/english/res_e/statis_e/wts2021_e/wts2021chapter03_e.pdf. Acesso em: 7 abr. 2022.

A expansão do comércio na segunda metade do século XX ocorreu, em grande medida, graças aos avanços tecnológicos na área de logística, que permitiram melhorar a infraestrutura de transportes e de armazenagem, embora isso seja desigual no mundo.

Com a modernização de portos, aeroportos, rodovias e ferrovias, além de silos, depósitos e armazéns, a capacidade de carga foi ampliada e o tempo de deslocamento, reduzido. Atualmente, há supernavios que levam milhares de toneladas de mercadorias.

O transporte aéreo é usado para deslocamento de passageiros e carregamento de mercadorias leves e de alto valor unitário, como produtos eletrônicos, além de perecíveis, como flores e frutas. A rede de transportes terrestres também foi ampliada e modernizada.

Assim como a produção e a tecnologia, o comércio também está muito concentrado nos países desenvolvidos e em alguns emergentes. A tabela a seguir mostra os dez principais países exportadores e importadores de mercadorias e o Brasil.

Os dez maiores exportadores de mercadorias e o Brasil – 2020

Posição/país	Exportações (bilhões de dólares)	Exportações (% do total mundial)	Posição/país	Importações (bilhões de dólares)	Importações (% do total mundial)
1ª China	2.591	14,7	1ª Estados Unidos	2.408	13,5
2ª Estados Unidos	1.432	8,1	2ª China	2.056	11,5
3ª Alemanha	1.380	7,9	3ª Alemanha	1,171	6,6
4ª Países Baixos	674	3,8	4ª Reino Unido	635	3,6
5ª Japão	641	3,6	5ª Japão	635	3,6
6ª Hong Kong (China)	549	3,1	6ª Países Baixos	597	3,4
7ª Coreia do Sul	512	2,9	7ª França	582	3,3
8ª Itália	496	2,8	8ª Hong Kong (China)	570	3,2
9ª França	488	2,8	9ª Coreia do Sul	468	2,6
10ª Bélgica	419	2,4	10ª Itália	423	2,4
26ª Brasil	210	1,2	29ª Brasil	166	0,9
Mundo	17.583	100,0	Mundo	17.812	100,0

Fonte: elaborada com base em WORLD TRADE ORGANIZATION. *World Trade Statistical Review 2021*. Disponível em: https://www.wto.org/english/res_e/statis_e/wts2021_e/wts2021chapter05_e.pdf. p. 58. Acesso em: 7 abr. 2022.

Atividade

- Observe os dados da tabela e responda às questões propostas.
  a) Quais são os dez maiores exportadores do mundo? Como você classificaria esses países? Qual é a posição e a participação do Brasil no comércio mundial?
  b) Calcule a participação percentual dos dez maiores exportadores no total do comércio mundial. Após o cálculo, você conclui que a troca internacional de mercadorias é uma atividade concentrada em poucos países ou é distribuída igualmente pelo mundo?

Serviços no mundo

Conceito e inter-relação com outros setores

Como vimos, o comércio é uma atividade que lida com a troca de bens materiais tangíveis. Já os **serviços** contemplam uma enorme diversidade de **atividades econômicas terciárias**, muitas das quais imateriais e intangíveis, isto é, que você não pode pegar e, às vezes, nem ver. É por isso que a revista britânica *The Economist* define "serviços", de forma simplificada, como "produtos da atividade econômica que não se podem derrubar nos próprios pés, que vão de cabeleireiro a *website*", passando por educação, assistência médica, segurança pública, telecomunicações, serviços financeiros, turismo, etc. O intercâmbio internacional de serviços vem crescendo de forma significativa, estimulado pelo avanço tecnológico e pelo aumento da renda nos países emergentes.

Os serviços relacionam-se com os demais setores da economia: comércio, indústria e agropecuária. O esquema a seguir exemplifica a inter-relação dessas atividades econômicas.

Inter-relação das atividades econômicas

WYM Design/Arquivo da editora

Organizado pelos autores.

Quando o consumidor vai a uma loja e compra um aparelho celular, está adquirindo um bem de consumo fabricado por alguma indústria eletrônica. Para que esse celular funcione, contudo, é necessário que o usuário contrate um plano de alguma operadora de telefonia.

O celular é um produto tangível que podemos pegar na mão e "derrubar no pé". Sua conexão, no entanto, depende de um serviço prestado pela operadora de telefonia, que é intangível. Um celular não funciona sem uma antena, infraestrutura produzida por uma indústria e muito presente na paisagem das cidades e das estradas. O centro de operações da empresa de telefonia também se materializa na paisagem, mas ocorre no interior de prédios comerciais. Já as ondas de rádio, que entram e saem do aparelho celular, levando e trazendo voz, textos e imagens, não são visíveis.

Os serviços se distinguem das demais atividades da economia por três características básicas:

- **fluxo** – sua prestação ocorre num fluxo contínuo e tem início apenas quando solicitada pelo usuário; assim, não há estoque de serviços – como ocorre com mercadorias –, e sim disponibilidade;
- **variedade** – comporta uma enorme diversidade de técnicas de prestação e de qualidade dos serviços oferecidos, assim como de tipos e tamanhos das empresas prestadoras;
- **uso intensivo de recursos humanos** – por comportar muitas atividades interativas, nas quais o prestador e o usuário se relacionam, os serviços, em geral, utilizam grandes contingentes de mão de obra.

Os serviços podem ser classificados em:

- **intermediários** – são os serviços produtivos, encarregados de dar suporte às demais atividades econômicas, como a indústria, o comércio e a agropecuária;
- **finais** – são os serviços de consumo, voltados às atividades individuais, como as domésticas e de entretenimento, e às coletivas, como as de educação e de saúde.

Os serviços podem, também, ser classificados como públicos, quando são prestados pelo Estado em suas três esferas, ou por empresas privadas sob concessão estatal. São exemplos de serviços públicos a segurança, o transporte, a educação e a saúde. No entanto, os serviços são, em sua maioria, privados, prestados por indivíduos ou empresas de diversos portes.

Saiba+

Organização Mundial do Comércio (OMC). Disponível em: www.wto.org/english/tratop_e/serv_e/serv_sectors_e.htm. Acesso em: 7 abr. 2022.

A OMC elaborou uma classificação com 12 setores e 155 subsetores que contemplam praticamente a totalidade dos serviços prestados no mundo. Veja a lista completa (em inglês) no portal da instituição.

Ricardo Funari/Brazil Photos/LightRocket/Getty Images

Vinicius Bacarin/Shutterstock

O policiamento das ruas é um serviço de segurança pública prestado pelo Estado, enquanto os serviços de segurança em bancos, *shoppings* e eventos privados são prestados por empresas especializadas. Na foto à esquerda, de 2016, segurança no Pier Mauá, centro do Rio de Janeiro (RJ); à direita, em foto de 2019, policiais fazem a segurança no Calçadão de Londrina (PR).

Atividade

1. Quais são os serviços oferecidos no município em que se localiza a escola? Eles são públicos ou privados? De quais serviços você faz ou já fez uso? Como é a qualidade dos serviços prestados no município? O que poderia ser melhorado?

As atividades terciárias incluem o comércio e os serviços, e as contas nacionais dos países agregam os dois setores em um único dado numérico. Muitas vezes, como ocorre no relatório do Banco Mundial, esse dado aparece como "serviços", mas inclui o comércio. Na maioria dos países, são as atividades terciárias as que mais contribuem para a formação do PIB, e, no caso brasileiro, essa contribuição vem aumentando, embora inclua muito emprego precário e mal remunerado. Observe os dados da tabela e do gráfico a seguir.

Chandan Khanna/AFP

Muitas empresas, principalmente dos Estados Unidos e do Reino Unido, instalaram seus centros de teleatendimento ao consumidor na Índia, onde os custos de mão de obra e de telecomunicação são mais baixos e muitas pessoas falam inglês fluente. Na foto, atendentes em *call center*, em New Okhla Industrial Development Authoritty, também conhecida como Noia (Índia), em 2016.

As quatro maiores economias e outros países selecionados: participação dos setores no PIB – 2020

Posição/país	PIB (em bilhões de dólares)	Serviços (%)	Indústria (%)	Agropecuária (%)
1ª Estados Unidos	20.937	77	18	1
2ª China	14.722	55	38	8
3ª Japão	5.065	69	29	1
4ª Alemanha	3.806	64	26	1
6ª Índia	2.623	49	23	18
11ª Brasil	1.445	63	18	6
14ª México	1.076	60	30	4
24ª Nigéria	432	46	28	24
52ª Iraque	167	51	44	6

Fonte: elaborada com base em THE WORLD BANK. *World Development Indicators: Structure of output*. Disponível em: http://wdi.worldbank.org/table/4.2. Acesso em: 7 abr. 2022.

Participação dos setores da economia no PIB brasileiro – 1997-2018

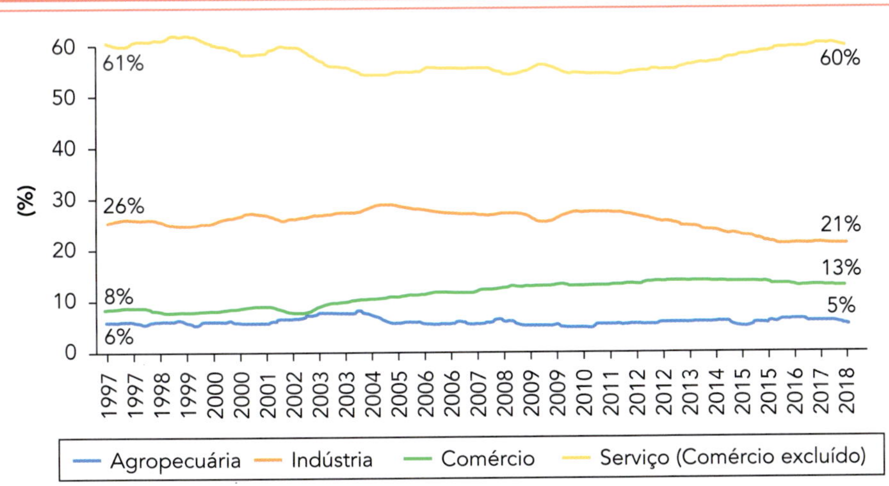

Fórmula Produções/Arquivo da editora

Fonte: elaborado com base em MINISTÉRIO DA ECONOMIA, INDÚSTRIA, COMÉRCIO EXTERIOR E SERVIÇOS. Contas Nacionais Trimestrais/IBGE. *In*: BRASIL. MINISTÉRIO DA ECONOMIA. SECRETARIA DE COMÉRCIO E SERVIÇOS. *A importância do setor terciário para a economia*. Brasília, 2020. Disponível em: www.mdic.gov.br/index.php/comercio-servicos/a-secretaria-de-comercio-e-servicos-scs/406-programas-e-acoes-scs. Acesso em: 7 abr. 2022.

O intercâmbio internacional de serviços

O avanço tecnológico nas telecomunicações e na informática e o aumento da classe média nos países emergentes, especialmente na China, contribuíram para a expansão dos serviços pelo mundo, com destaque para viagens internacionais, transportes, propriedade intelectual e outros serviços de negócios. No entanto, como já tínhamos observado no comércio, a crise provocada pela pandemia de covid-19 também impactou fortemente os serviços. Em 2019 as exportações mundiais de serviços atingiram o recorde de 6,1 trilhões de dólares, mas em 2020 recuaram para 4,9 trilhões – uma queda de 20%.

Assim como ocorre com o comércio de mercadorias, o intercâmbio de serviços também é concentrado em poucos países. Os dez maiores prestadores mundiais de serviços detêm 58% do total mundial. Apenas os cinco maiores são responsáveis por 38% do intercâmbio internacional de serviços. Analise a tabela a seguir.

Os cinco principais exportadores mundiais de serviços, a Índia e o Brasil – 2000-2020

Posição/país	Exportações (bilhões de dólares)	
	2000	2020
1ª Estados Unidos	275	684
2ª Reino Unido	100	339
3ª Alemanha	80	305
4ª China	30	278
5ª Irlanda	*	262
6ª França	81	245
7ª Índia	18	203
33ª Brasil	9	28
Total mundial	1.435	4.914

* Não há dado disponível.

Fonte: elaborada com base em WORLD TRADE ORGANIZATION. *World Trade Statistical Review 2021*. p. 60 e 61. Disponível em: https://www.wto.org/english/res_e/statis_e/wts2021_e/wts2021chapter05_e.pdf . Acesso em: 2 maio. 2022.

Atividade

2. Analise a tabela anterior e faça o que é proposto.

a) Descreva a importância da exportação de serviços nas economias da China e da Índia e aponte a mudança no papel desses dois países no mercado mundial neste século.

b) Compare a participação das exportações dos dois países com o total mundial e com as exportações dos Estados Unidos.

c) Descreva a situação do Brasil e compare-a com a da Índia e com a da China, igualmente economias emergentes.

Lerbank/Shutterstock

Fluxos de informações

As **informações** podem ser divulgadas em numerosos **veículos de comunicação**: jornais, revistas, rádio, televisão, internet, entre outros. Nos primórdios da comunicação, a difusão das informações era apenas local. Com o passar do tempo – e, principalmente, com os avanços tecnológicos –, sua área de abrangência foi se ampliando até atingir a escala planetária. Na atualidade, quase o mundo todo está interligado por cabos de fibras ópticas, como mostra o mapa a seguir, e os satélites de comunicação permitem conectar pessoas de qualquer lugar que tenha uma antena parabólica para captar ondas de rádio, televisão, telefonia celular e internet.

Um mundo conectado

Banco de imagens/Arquivo da editora

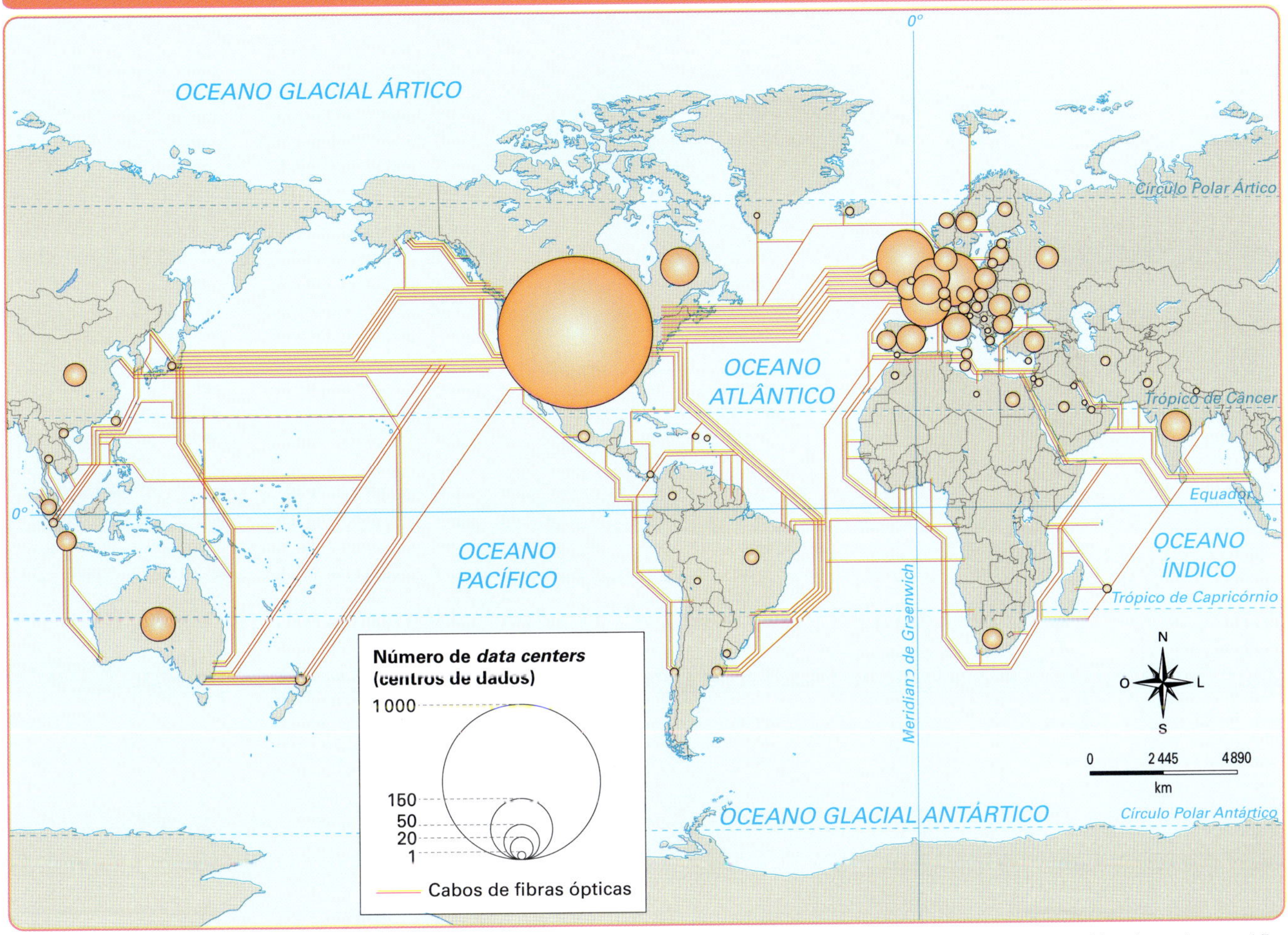

Fonte: elaborado com base em LE MONDE DIPLOMATIQUE. *L'Atlas 2013*. Paris: Vuibert, 2012. p. 71.

O mundo está cada vez mais conectado, mas, como se observa no mapa, há claramente um centro principal de controle das informações: os Estados Unidos. É nesse país que fica a sede de uma das principais redes internacionais de notícias televisivas, a Cable News Network (CNN), que veicula informações em inglês e outras línguas. Lá também está sediada a Associated Press (AP), uma das maiores agências de notícias do mundo, responsável pela distribuição de conteúdo jornalístico para diversos veículos de comunicação.

Atualmente, o veículo de difusão de informações e conhecimentos que mais tem crescido é a internet, um dos principais símbolos da atual Revolução Informacional. As principais empresas de internet, com destaque para o Google, também estão sediadas nos Estados Unidos. Mas nem todo mundo tem acesso às informações disponíveis na rede. Como mostram as tabelas a seguir, é muito desigual o acesso à internet entre os países e dentro deles.

Apesar da difusão desigual, a internet tem ampliado as possibilidades de contato entre as pessoas, de pesquisas, de trabalho remoto, de compras e de negócios. No entanto, a difusão dessa tecnologia também criou um ambiente favorável à maior e mais rápida disseminação de notícias falsas, conhecidas pela expressão em inglês *fake news*. Em março de 2020, 25,9% de todos os usuários de internet no mundo utilizavam o inglês para se comunicar, seguidos por 19,4% que utilizavam o chinês e 7,9%, o espanhol. O português estava na 5ª posição, com 3,7% do total.

Os maiores usuários de internet (em números absolutos) – 2021

Posição/país*	Total de usuários (milhões)	Usuários em relação à população do país (%)
1ª China	854	59,3
2ª Índia	560	40,9
3ª Estados Unidos	313	94,6
4ª Indonésia	171	62,4
5ª Brasil	149	70,3
6ª Nigéria	126	61,2
Mundo	4 574	58,7

Fonte: elaborada com base em INTERNET WORLD STATS. *Top 20 Countries with Highest Number of Internet Users*. Disponível em: www.internetworldstats.com/top20.htm. Acesso em: 7 abr. 2022.

Os maiores usuários de internet (em números relativos) – 2020

Posição/país*	Total de usuários (milhões)	Usuários em relação à população do país (%)
1ª Qatar	2,9	100
2ª Kuwait	4,3	99,1
3ª Noruega	5,4	98,0
4ª Dinamarca	5,8	96,5
5ª Emirados Árabes Unidos	9,9	96,4
6ª Estônia	1,3	96,2

* Estão listados os países com mais de 500 mil usuários.

Fonte: elaborada com base em INTERNET WORLD STATS. *Alphabetical List of Countries*. Disponível em: www.internetworldstats.com/list2.htm#a-c. Acesso em: 2 maio. 2021.

Saiba+

Ministério da Economia, Indústria, Comércio Exterior e Serviços. Disponível em: http://www.comexresponde.gov.br/portalmdic/sitio/interna/interna.php?area=5&menu=2283. Acesso em: 7 abr. 2022.

Veja a lista completa da OMC com os subsetores do setor de serviços traduzida para o português.

Atividade

- Observe os dados das tabelas e responda às questões propostas.
  a) Qual é o país mais conectado em termos absolutos e relativos?
  b) O que chama a sua atenção ao observar os dados das tabelas?
  c) Que precauções e cuidados elementares é preciso ter ao navegar pela internet para reduzir os riscos advindos dessa tecnologia?

Diálogos

- O trabalho remoto, ou teletrabalho (também chamado pela expressão em inglês *home office*), difundiu-se amplamente ao longo de 2020 em razão da pandemia da covid-19. O meio técnico-científico-informacional, sendo a base geográfica da globalização, é o pano de fundo dessa possibilidade de trabalho. Discute-se muito sobre quais serão as consequências após o experimento pelo mundo todo dessa mudança não somente nas relações de trabalho, mas também nas relações sociais e econômicas.

Para André Miceli, diretor-executivo da Infobase e coordenador do MBA em *Marketing*: Inteligência de Negócios Digitais, da Fundação Getúlio Vargas (FGV), a pandemia acelerou a tendência do trabalho remoto e acabou obrigando que ele funcionasse. Segundo ele:

> Muitas empresas não testavam. Algumas testavam, mas ficavam com aquela sensação de que não funciona, só que agora precisou funcionar. [...] é um modelo que agora foi posto à prova de uma forma que não havia sido antes.

BOEHM, Camila. Número de empresas com home office deve crescer 30% após pandemia. *Agência Brasil*, 24 abr. 2020. Disponível em: https://agenciabrasil.ebc.com.br/geral/noticia/2020-04/numero-de-empresas-adotam-home-office-deve-crescer-30-apos-pandemia. Acesso em: 7 abr. 2022.

fizkes/Shutterstock

As reuniões virtuais tornaram-se bastante comuns durante a pandemia de Covid-19 em 2020 e 2021.

a) Apresente argumentos que confirmem a ideia de que a tendência do *home office* é uma possibilidade graças ao meio técnico-científico-informacional que vigora atualmente.

b) A Reforma Trabalhista de 2017 (Lei n. 13.467/17) cita o teletrabalho como uma modalidade a ser considerada nos termos da lei como alternativa ao trabalho presencial. Faça uma pesquisa sobre como esse tipo de trabalho vem sendo aplicado em nosso país e realize um debate com a turma sobre sua aplicabilidade na realidade socioeconômica brasileira. Os seguintes itens devem ser contemplados:

- como se define teletrabalho de acordo com a Lei n. 13.467/17;
- quando foi regulamentado no Brasil;
- em que tipo de empresas é utilizado;
- quais são os direitos e deveres do trabalhador nessas condições;
- quais tipos de trabalho podem ser feitos remotamente;
- quais trabalhadores mais se beneficiam dele.

Conexões Direito

Internet e legislação

A internet passou a ser um recurso fundamental nas relações profissionais e pessoais. Para regulamentar essas relações, foi necessária a aprovação de uma legislação exclusiva (Lei n. 12.965, de 23 de abril de 2014), conforme exposto a seguir.

> Art. 1º Esta Lei estabelece princípios, garantias, direitos e deveres para o uso da internet no Brasil e determina as diretrizes para atuação da União, dos Estados, do Distrito Federal e dos Municípios em relação à matéria.
>
> Art. 2º A disciplina do uso da internet no Brasil tem como fundamento o respeito à liberdade de expressão.
>
> PRESIDÊNCIA DA REPÚBLICA. Casa Civil. Subchefia para assuntos jurídicos. Disponível em: http://www.planalto.gov.br/ccivil_03/_ato2011-2014/2014/lei/l12965.htm. Acesso em: 7 abr. 2022.

O texto a seguir ajuda a entender melhor essa lei:

> Privacidade. A inviolabilidade da intimidade e o direito à sua proteção e indenização por dano decorrente de violação são garantias dos usuários. O Marco Civil também obriga as empresas a informarem como estão coletando e usando os dados pessoais – e qualquer uso deve ser justificado e previsto em contrato. Se você parar de usar um serviço, seus dados devem ser excluídos definitivamente. O texto dessa legislação incorporou vários artigos sobre proteção de dados pessoais que não estavam em nenhuma das versões discutidas anteriormente.
>
> Outros pontos que regulam a privacidade estão garantidos: o Marco Civil determina que os dados de conexão (como IPs) deverão ser armazenados por um ano. Os provedores de internet não podem guardar nenhum tipo de dado de navegação, como histórico de navegação, uso de redes P2P ou outros serviços online. Além disso, os dados só poderão ser entregues às autoridades mediante ordem judicial.
>
> DIAS, Tatiana de Mello. Entenda o que muda no Marco Civil da Internet. *Revista Galileu*, 3 dez. 2013. Disponível em: https://revistagalileu.globo.com/Marco-Civil-da-Internet/noticia/2013/12/entenda-o-que-muda-no-marco-civil-da-internet.html. Acesso em: 7 abr. 2022.

- Elabore uma proposta de situação-problema que deverá ser julgada de acordo com a Lei do Marco Civil da Internet no Brasil. Construa argumentos favoráveis e contrários à situação. Ao final, posicione-se apresentando uma solução.

Fluxos de turistas

Outro importante aspecto da globalização é a crescente circulação nacional e internacional de **turistas**, com os impactos econômicos e culturais associados a ela. Um dos fatores que explicam o aumento da circulação de turistas pelo mundo e o consequente surgimento de novos **lugares turísticos** é o enorme avanço tecnológico da indústria aeronáutica: hoje os aviões são maiores, mais rápidos, econômicos, seguros e confortáveis. Em 2019, segundo a Organização Mundial do Turismo (OMT), 59% das viagens internacionais eram feitas por via aérea, seguida por rodovias, com 35% do total.

No século XIX, o turismo era circunscrito a poucos lugares da Europa ocidental e do nordeste da América do Norte. Apenas no século XX, sobretudo após a Segunda Guerra, ele se expandiu e se tornou um fenômeno global (observe o gráfico da página seguinte).

Mundo: crescimento do fluxo dos turistas – 1950-2019

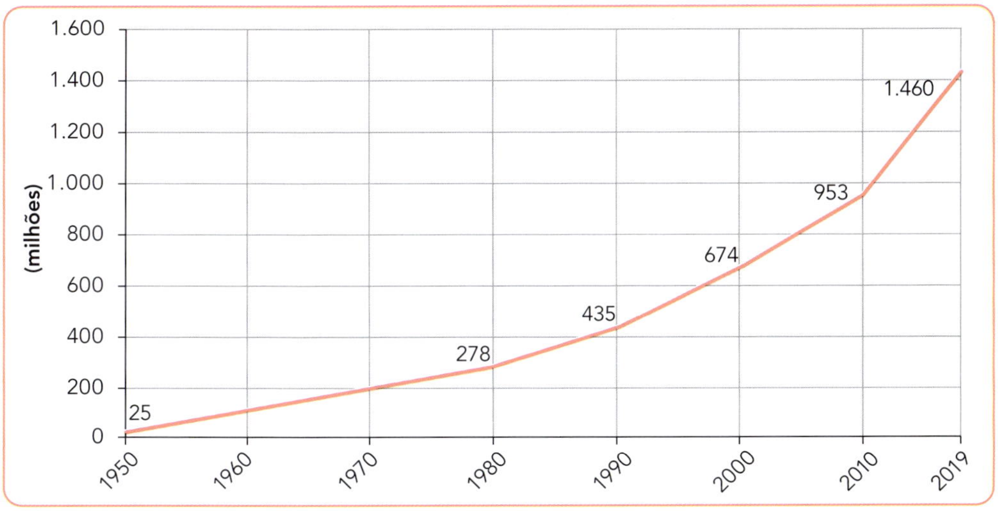

Fonte: elaborado com base em WORLD TOURISM ORGANIZATION. *International Tourism Highlights*: 2020 Edition. Madrid: UNWTO, 2019. Disponível em: https://www.e-unwto.org/doi/epdf/10.18111/9789284422456. Acesso em: 7 abr. 2022.

Fórmula Produções/Arquivo da editora

Os turistas viajam por motivos variados. Segundo a OMT, em 2019, 55% das viagens internacionais foram para lazer, recreação e férias; 28% foram visitas a amigos e parentes, interesses religiosos e cuidados com a saúde; e 11% por motivos profissionais e de negócios. Naquele ano, os países que constam no relatório da OMT receberam 1,45 bilhão de turistas. Entretanto, a maioria da população do planeta não participa da movimentação mundial de turistas, pelo fato de não ter renda suficiente para a compra de passagens e reservas de hotel.

Como se pode observar no gráfico a seguir, o turismo se concentra em poucos países, em territórios que oferecem variados atrativos culturais e apresentam melhor infraestrutura para receber os viajantes.

Os dez maiores receptores de turistas estrangeiros e o Brasil – 2019

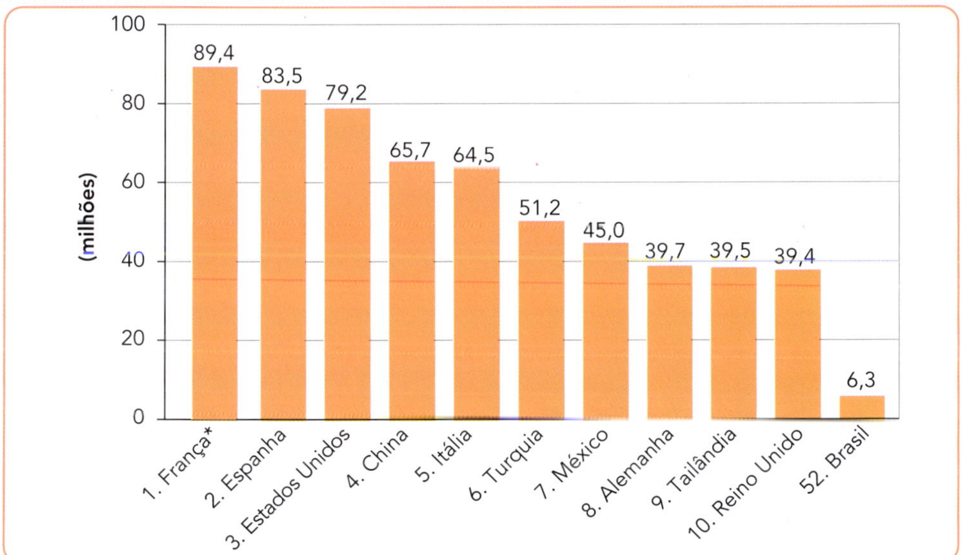

* Dados da França correspondem ao ano de 2018.

Fonte: elaborado com base em WORLD TOURISM ORGANIZATION. *International Tourism Highlights*: 2020 Edition. Disponível em: https://www.e-unwto.org/doi/epdf/10.18111/9789284422456. p. 18 a 20. Acesso em: 7 abr. 2022.

Fórmula Produções/Arquivo da editora

Atividade

- Analise os gráficos anteriores e responda às questões.
  a) Qual é o país que mais recebe turistas estrangeiros? Qual é a situação do Brasil?
  b) Em qual continente se concentra a maioria dos principais receptores de turistas? Por quê?
  c) Os 10 maiores países receptores foram responsáveis por receber quantos turistas em 2019? Qual é a participação deles no total mundial?

Saiba +

Encontro com Milton Santos ou O mundo global visto do lado de cá. Direção: Silvio Tendler. Brasil, 2006. 89 min.

Feito com base no pensamento de Milton Santos, esse documentário é uma leitura do mundo em tempos de globalização, e apresenta críticas a esse processo na perspectiva dos países da periferia do capitalismo. Há entrevistas concedidas pelo geógrafo, que acreditava na possibilidade de uma globalização não excludente, como defendeu em seu livro *Por uma outra globalização*.

Mundialização da sociedade de consumo

Com a intensificação dos fluxos comerciais e de serviços, tem ocorrido também uma **globalização do consumo**: a difusão de uma cultura de massas que se origina, sobretudo, nos Estados Unidos, a nação mais influente do mundo. Essa "invasão" cultural é difundida pelas grandes empresas globais e pelos meios de comunicação mundializados. A disseminação do ***american way of life*** (do inglês, "estilo de vida americano") ocorre por meio de anúncios de agências de publicidade; filmes de Hollywood e séries produzidas por canais de televisão; notícias de diversas redes; revistas de negócios; músicas, videoclipes; esportes.

O inglês é a língua da indústria cultural e dos negócios globalizados e é também o idioma mais utilizado na ciência e na tecnologia, assim como na internet. Isso explica a difusão mundial, muitas vezes sem tradução, de palavras e expressões do inglês.

As redes de restaurantes de *fast-food* (do inglês, "comida rápida") também disseminam o "estilo de vida americano". Foi nos Estados Unidos que começou, com Henry Ford, a produção em série de automóveis em sua empresa, a Ford Motor. Esse processo de produção, conhecido como fordismo, atingiu outros setores industriais. A "comida rápida" representa a chegada do fordismo na alimentação.

Globalização da comida – 2008

Banco de imagens/Arquivo da editora

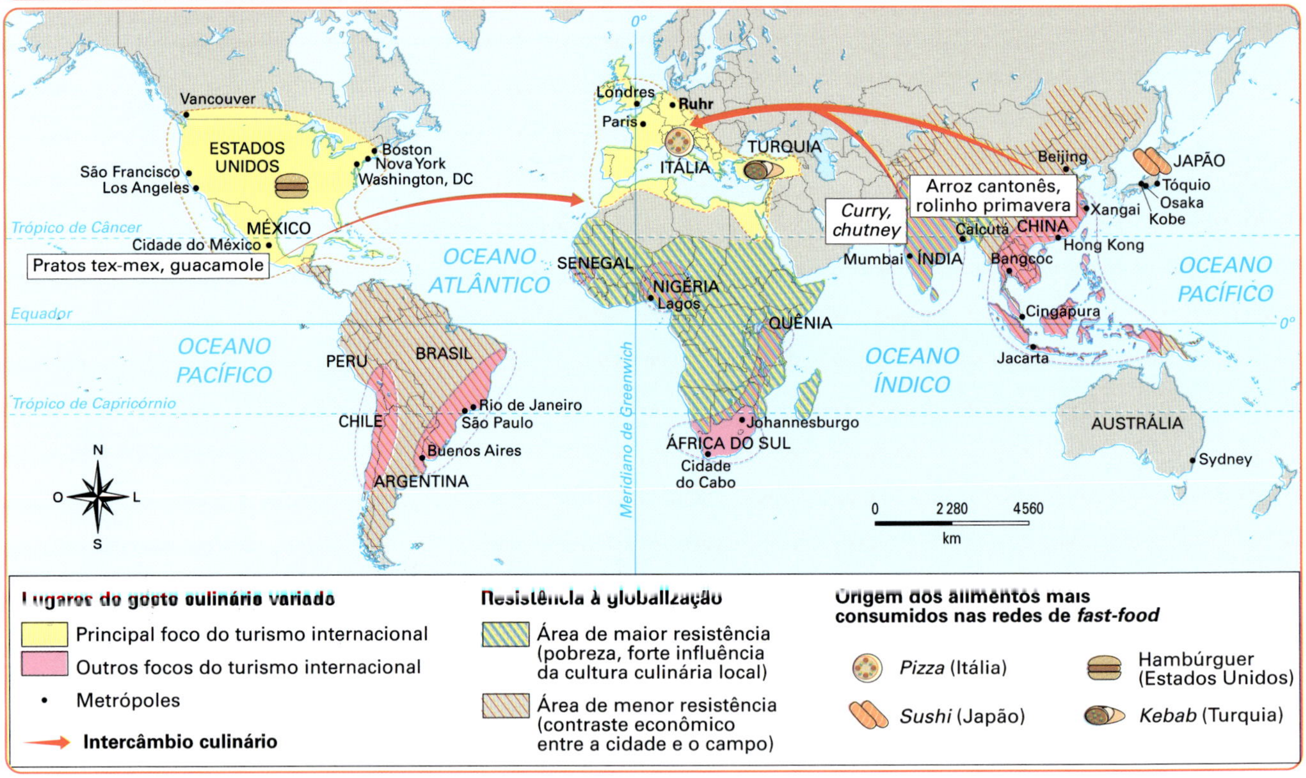

Fonte: elaborado com base em LE MONDE DIPLOMATIQUE. *El atlas de las mundializaciones*. Valencia: Fundación Mondiplo, 2011. p. 134-135.

Atividade

1. Observe o mapa, reflita sobre sua realidade e troque ideias com os colegas orientados pelas questões a seguir.

a) Que regiões do mundo oferecem maior resistência à comida globalizada? Por que vocês acham que ocorre essa resistência?

b) Qual é a situação do Brasil? No lugar em que vocês moram, há restaurante de redes de *fast-food*?

c) Vocês gostam desse tipo de alimentação? Por quê? Ou preferem outro tipo de comida? Qual? Por quê?

Entretanto, a comida globalizada não provém apenas dos Estados Unidos, embora a maioria das grandes redes de restaurantes de *fast-food* seja desse país. O hambúrguer, alimento mais comum dessas redes, tem origem nos Estados Unidos. Contudo, há alimentos originários de outros países, como a *pizza* (Itália) e o *taco* (México), servidos em redes globais de restaurantes de comida rápida sediados em território estadunidense. Ou seja, o processo de produção de alimento *fast-food* é tipicamente americano – sua industrialização e padronização –, mas não o tipo de alimento oferecido.

Apesar do poder da indústria cultural americana, muitos setores, em diversos lugares do mundo, resistem. No caso da alimentação, em 1986, após manifestação contra a instalação de um restaurante da rede McDonald's na praça de Espanha em Roma (Itália), nascia o movimento *slow food* ("comida lenta"), em nítida contraposição ao *fast-food* e a tudo o que ele representa. Em 1989, em Paris (França), foi oficialmente constituído o Movimento Internacional *Slow Food*, sediado na cidade de Bra (Itália), que hoje tem adeptos em diversos países, incluindo o Brasil.

O caracol contra a corporação

Para impedir que o patrimônio cultural gastronômico de várias regiões do mundo seja destruído pela ação dos alimentos industrializados, enlatados, congelados e sem personalidade, em 1991* surgiu na Itália o movimento Slow Food. O movimento é mais que uma reação à massificação e globalização da culinária representada pelas cadeias internacionais de *fast-food*, especialmente a rede internacional de lanchonetes McDonald's, que na virada da década de 1990 forçava sua presença aos italianos.

Em vez de engolir o Big Mac, os italianos reagiram. Mas o Slow Food abriga um conceito maior: valorizar o processo cultural que determinou a receita de cada alimento, de cada prato, disseminar o respeito pela qualidade dos ingredientes e desenvolver nos consumidores a percepção de que cada ambiente natural deixa sua marca nos produtos alimentícios. O símbolo do movimento Slow Food é o caracol, um bichinho lento, porém determinado.

CIAFFONE, Andréa. Turismo e gastronomia: o verdadeiro sabor da descoberta. *In*: FUNARI, Pedro Paulo; PINSKY, Jaime (org.). *Turismo e patrimônio cultural*. 3. ed. São Paulo: Contexto, 2003. p. 118.

* Na realidade, fundado em 1986 conforme o próprio *Slow Food* (disponível em: www.slowfood.com/about-us/our-history/, acesso em: 7 abr. 2022).

Reprodução/Arquivo da editora

Slow Food®

De acordo com a apresentação em sua página na internet, o *Slow Food* foi criado "como resposta aos efeitos padronizantes do *fast-food*; ao ritmo frenético da vida atual; ao desaparecimento das tradições culinárias regionais; ao decrescente interesse das pessoas na sua alimentação, na procedência e sabor dos alimentos e em como nossa escolha alimentar pode afetar o mundo".

Epidemia de "globesidade"

Estima-se que um quinto da população mundial esteja com excesso de peso. Entre esses, há 300 milhões que são considerados obesos. Pior: esses números têm aumentado nas últimas décadas.

Essas informações abriram a palestra "Atualização da epidemia global de obesidade", proferida pela professora Mary Schmidl, do Departamento de Nutrição e Ciência dos Alimentos da Universidade de Minnesota, nos Estados Unidos. A apresentação fez parte da programação do 8º Simpósio Latino-Americano de Ciências de Alimentos, realizado no mês passado na Universidade Estadual de Campinas.

[...]

"É uma doença que está em todas as faixas etárias, grupos étnicos e classes sociais. Ela também atinge tanto homens como mulheres. Essa espécie de onipresença motivou a criação do termo 'globesidade' (*globesity*, em inglês)", contou.

Segundo Mary, não há um vilão único para a epidemia. A escalada da obesidade teria muitos responsáveis, como a indústria alimentícia, políticas públicas, escolas, restaurantes, comunidades, pais e os próprios indivíduos. A pesquisadora apontou exemplos. A indústria e os comerciantes de alimentos estariam habituando os consumidores a porções cada vez maiores. Garrafas de refrigerante, hambúrgueres, pacotes de salgadinhos, caixas de cereais, entre outros produtos industrializados, têm aumentado de tamanho nos Estados Unidos desde a década de 1970. O mesmo ocorreu com os restaurantes. "A porção recomendada de batatas fritas por pessoa é de cerca de seis unidades (palito) por dia e a porção que estamos servindo é essa", disse ao apontar a foto de um prato com cerca de 500 gramas de fritas, comum nos restaurantes norte-americanos.

[...]

Os governos também têm a sua parte de culpa. As políticas públicas teriam muito ainda a avançar. Uma ideia é sobretaxar alimentos menos saudáveis e estimular o consumo de vegetais. "Se o governo estipulasse um imposto de US$ 0,01 para cada onça (28,3 gramas) de refrigerante vendido, só na cidade de Nova York seriam arrecadados US$ 1,2 bilhão por ano", disse.

A pesquisadora também coloca parte da responsabilidade nos próprios consumidores. Segundo ela, cada um teria que ter um compromisso com a sua saúde, não só procurando melhorar a qualidade e adequar a quantidade dos alimentos consumidos como também criar hábitos de fazer exercícios físicos.

[...]

Mary também propõe a rotulagem de alimentos explicitando a sua caloria e composição nutricional (o que já ocorre no Brasil) e a proibição das máquinas automáticas de guloseimas, que são mais comuns nos Estados Unidos. Para ela, essas máquinas deveriam vender somente água mineral, um produto cujo consumo, segundo ela, deveria ser mais incentivado de maneira geral.

REYNOL, Fábio. Epidemia de "globesidade". *Agência de notícias da Fundação de Amparo à Pesquisa do Estado de São Paulo (Fapesp)*, 9 dez. 2009. Disponível em: https://agencia.fapesp.br/epidemia-de-globesidade/11471/. Acesso em: 7 abr. 2022.

Saiba +

Super size me: a dieta do palhaço. Direção: Morgan Spurlock. Estados Unidos, 2004. 98 min.

Spurlock registra as transformações físicas que seu corpo sofreu e as psicológicas ocorridas durante o mês em que se alimentou no McDonald's. Ao fazer as três refeições diárias em restaurantes dessa rede de *fast-food*, depois de 30 dias, engordou 11 quilos e sofreu diversos impactos na saúde.

Atividade

2. Após ler o texto anterior, discuta-o com os colegas de grupo, procurando:

a) explicar o que é "globesidade";

b) relacionar esse fato com os dados apresentados no subtítulo "Mundialização da sociedade de consumo", destacando o papel das redes internacionais de *fast-food* e de outras indústrias alimentícias nesse processo, assim como resistências a ele, como o *slow food*;

c) refletir sobre algumas formas de frear o crescimento da obesidade entre a população, especialmente entre os mais jovens, destacando o papel dos governos e dos cidadãos-consumidores.

Diálogos

1. Com base na leitura atenta do trecho a seguir, reflita sobre a indústria cinematográfica no contexto atual da globalização e responda às questões a seguir.

Duas indústrias, dois mundos: o que Hollywood tem a ver com Bollywood?

É impossível não saber o que acontece em Hollywood. Sempre há um novo filme que promete renovar a indústria, fatura cifras exorbitantes e concorre às maiores premiações do mercado.

Na Índia, país com mais de 1 bilhão de habitantes, porém, quem domina é Bollywood. Essa outra face do mercado também produz enormes sucessos, fatura muito e possui premiações relevantes. Entretanto, é pouco conhecida no Ocidente e quase nunca mencionada por aqui. Os motivos para isso podem ser muitos. [...].

FRANZÃO, Luana. Duas indústrias, dois mundos: o que Hollywood tem a ver com Bollywood? *Jornalismo Júnior* – ECA-USP, 1º fev. 2020. Disponível em: http://jornalismojunior.com.br/duas-industrias-dois-mundos-o-que-hollywood-tem-a-ver-com-bollywood/. Acesso em: 7 abr. 2022.

Eros International/SLB Films Pvt/Collection ChristopheL/AFP

Atrizes indianas em cena de filme de Bollywood, lançado em 2015.

a) Conceitue indústria cinematográfica e explique por que o cinema se tornou um ramo industrial.

b) A indústria de Bollywood produz mais filmes, vende mais ingressos, mas a receita gerada é menor, quando comparada à de Hollywood. Aponte dois motivos econômicos pelos quais a receita gerada em Hollywood é bem maior do que a de Bollywood.

c) Como podemos relacionar a diferença nas receitas geradas com o fenômeno da globalização?

2. A alimentação ganhou um significativo espaço de discussão nas últimas décadas por causa da reivindicação de alguns grupos pela alimentação saudável surgida em contraponto à alimentação caracterizada pelo *fast-food*. Segundo Mitzy Danski, líder do grupo de pesquisa Tecnologia e Inovação em Saúde (TIS) da Universidade Federal do Paraná (UFPR):

Hábitos e práticas alimentares estão inseridos no âmbito da História da Alimentação, um tema atual que acompanha a história da evolução da humanidade e culmina com a obsessão moderna de consumir lanches como a nova maneira de alimentar-se.

Com a aceleração dos acontecimentos, do cotidiano e dos avanços tecnológicos, nota-se uma tendência moderna de deixar em segundo plano o momento de sentar-se à mesa e usufruir de uma alimentação saudável. Mitzy parte do pressuposto de que, para analisar essas mudanças históricas e comportamentais, é importante considerar que as grandes tendências de comportamento das pessoas com relação à alimentação nas sociedades de consumo dos países industrializados são ditadas por grandes corporações, cujo objetivo principal é o lucro e a homogeneização do gosto.

DANSKI, Mitzy Tannia Reichembach. História e alimentação: o advento do *fast-food* em Curitiba. *In*: *História Actual Online 2008*. p. 19-20.

Diante de tais considerações, reflita e responda às questões a seguir.

a) Como é possível relacionar o processo de globalização com o aumento do consumo de *fast-food*?

b) A atual legislação trabalhista brasileira estabelece o tempo mínimo de uma hora para almoço para todo trabalho contínuo que exceda 6 horas. Há demandas de setores empresariais para redução desse tempo para meia hora. Que possíveis consequências isso poderia trazer para o tipo de alimentação do trabalhador?

c) Em grupos, façam uma pesquisa sobre as consequências, para a saúde, da mudança nos hábitos alimentares ocorridos na sociedade nesse processo de globalização.

3. Leia o texto e faça as atividades a seguir.

Pandemia faz acelerar rejeição à globalização

O mundo já vinha experimentando políticas protecionistas e guerras comerciais que fizeram com que especialistas alertassem para uma trajetória de desglobalização nos últimos anos. Depois de atingir o pico no início dos anos 2000, o comércio global e o investimento direto estrangeiro tiveram uma diminuição como proporção do PIB mundial a partir da crise de 2008. Agora, a pandemia de coronavírus casada com a maior recessão desde a crise de 1929 deve aprofundar a tendência do que alguns chamam de "slowbalization", ou a desaceleração da globalização como conhecida até hoje.

[...]

O Fundo Monetário Internacional projeta uma queda de 11% no comércio mundial neste ano, sem plena recuperação em 2021. A Organização Mundial do Comércio tem cenários mais sombrios: nas estimativas otimistas, o comércio cairá 13%. Nas pessimistas, um terço do comércio mundial deve ser perdido neste ano. As projeções sobre fluxo de investimento também indicam perdas de dois dígitos.

[...]

BULLA, Beatriz. Pandemia faz acelerar rejeição à globalização. *Estadão*, 31 maio 2020. Disponível em: https://economia.uol.com.br/noticias/estadao-conteudo/2020/05/31/pandemia-faz-acelerar-rejeicao-a-globalizacao.htm. Acesso em: 7 abr. 2022.

a) Elabore, no caderno ou em outro meio de sua preferência, um *brainstorm* (do inglês, "chuva de ideias") acerca do termo desglobalização. Compartilhe as ideias com os colegas com a ajuda da mediação do professor.

b) Levante dados que justifiquem a utilização do termo desglobalização. Você pode buscar esses dados ao longo desta unidade e pesquisar na internet.

1. (Enem – 2012)

Não ignoro a opinião antiga e muito difundida de que o que acontece no mundo é decidido por Deus e pelo acaso. Essa opinião é muito aceita em nossos dias, devido às grandes transformações ocorridas, e que ocorrem diariamente, as quais escapam à conjectura humana. Não obstante, para não ignorar inteiramente o nosso livre-arbítrio, creio que se pode aceitar que a sorte decida metade dos nossos atos, mas [o livre-arbítrio] nos permite o controle sobre a outra metade.

MAQUIAVEL, N. *O Príncipe*. Brasília: EdUnB, 1979 (adaptado).

Em *O Príncipe*, Maquiavel refletiu sobre o exercício do poder em seu tempo. No trecho citado, o autor demonstra o vínculo entre o seu pensamento político e o humanismo renascentista ao:

a) valorizar a interferência divina nos acontecimentos definidores do seu tempo.
b) rejeitar a intervenção do acaso nos processos políticos.
c) afirmar a confiança na razão autônoma como fundamento da ação humana.
d) romper com a tradição que valorizava o passado como fonte de aprendizagem.
e) redefinir a ação política com base na unidade entre fé e razão.

2. (Enem – 2012)

É verdade que nas democracias o povo parece fazer o que quer; mas a liberdade política não consiste nisso. Deve-se ter sempre presente em mente o que é independência e o que é liberdade. A liberdade é o direito de fazer tudo o que as leis permitem; se um cidadão pudesse fazer tudo o que elas proíbem, não teria mais liberdade, porque os outros também teriam tal poder.

MONTESQUIEU. *Do espírito das leis*. São Paulo: Editora Nova Cultural, 1997 (Adaptado).

A característica de democracia ressaltada por Montesquieu diz respeito:

a) ao status de cidadania que o indivíduo adquire ao tomar as decisões por si mesmo.
b) ao condicionamento da liberdade dos cidadãos à conformidade às leis.
c) à possibilidade de o cidadão participar no poder e, nesse caso, livre da submissão às leis.
d) ao livre-arbítrio do cidadão em relação àquilo que é proibido, desde que ciente das consequências.
e) ao direito do cidadão de exercer sua vontade de acordo com seus valores pessoais.

3. (Enem – 2010)

"O movimento operário ofereceu uma nova resposta ao grito do homem miserável no princípio do século XIX. A resposta foi a consciência de classe e a ambição de classe. Os pobres então se organizavam em uma classe específica, a classe operária, diferente da classe dos patrões (ou capitalistas). A Revolução Francesa lhes deu confiança: a Revolução Industrial trouxe a necessidade da mobilização permanente".

HOBSBAWM, E. J. *A era das revoluções*. São Paulo: Paz e Terra, 1977.

No texto, analisa-se o impacto das Revoluções Francesa e Industrial para a organização da classe operária. Enquanto a "confiança" dada pela Revolução Francesa era originária do significado da vitória revolucionária sobre as classes dominantes, a "necessidade da mobilização permanente", trazida pela Revolução Industrial, decorria da compreensão de que:

a) a competitividade do trabalho industrial exigia um permanente esforço de qualificação para o enfrentamento do desemprego.
b) a completa transformação da economia capitalista seria fundamental para a emancipação dos operários.
c) a introdução das máquinas no processo produtivo diminuía as possibilidades de ganho material para os operários.
d) o progresso tecnológico geraria a distribuição de riquezas para aqueles que estivessem adaptados aos novos tempos industriais.
e) a melhoria das condições de vida dos operários seria conquistada com as manifestações coletivas em favor dos direitos trabalhistas.

4. (Enem – 2009)

Um certo carro esporte é desenhado na Califórnia, financiado por Tóquio, o protótipo criado em Worthing (Inglaterra) e a montagem é feita nos EUA e México, com componentes eletrônicos inventados em Nova Jérsei (EUA), fabricados no Japão. [...]. Já a indústria de confecção norte-americana, quando inscreve em seus produtos 'made in USA', esquece de mencionar que eles foram produzidos no México, Caribe ou Filipinas.

ORTIZ, Renato. Mundialização e cultura.

O texto ilustra como em certos países produz-se tanto um carro esporte caro e sofisticado quanto roupas que nem sequer levam uma etiqueta identificando o país produtor. De fato, tais roupas costumam ser feitas em fábricas – chamadas "maquiladoras" – situadas em zonas francas, onde os trabalhadores nem sempre têm direitos trabalhistas garantidos.

A produção nessas condições indicaria um processo de globalização que:

a) fortalece os Estados Nacionais e diminui as disparidades econômicas entre eles pela aproximação entre um centro rico e uma periferia pobre.
b) garante a soberania dos Estados Nacionais por meio da identificação da origem de produção dos bens e mercadorias.
c) fortalece igualmente os Estados Nacionais por meio da circulação de bens e capitais e do intercâmbio de tecnologia.
d) compensa as disparidades econômicas pela socialização de novas tecnologias e pela circulação globalizada da mão de obra.
e) reafirma as diferenças entre um centro rico e uma periferia pobre, tanto dentro como fora das fronteiras dos Estados Nacionais.

5. (Enem – 2013)

Disneylândia

Multinacionais japonesas instalam empresas em Hong Kong e produzem com matéria-prima brasileira

Para competir no mercado americano

[...]

Pilhas americanas alimentam eletrodomésticos ingleses na Nova Guiné

Gasolina árabe alimenta automóveis americanos na África do Sul

[...]

Crianças iraquianas fugidas da guerra

Não têm visto no consulado americano do Egito

Para entrarem na Disneylândia

ANTUNES, A. Disponível em: www.radiouol.com.br. Acesso em: 3 fev. 2013 (fragmento).

Na canção, ressalta-se a coexistência, no contexto internacional atual, das seguintes situações:

a) Acirramento do controle alfandegário e estímulo ao capital especulativo.
b) Ampliação das trocas econômicas e seletividade dos fluxos populacionais.
c) Intensificação do controle informacional e adoção de barreiras fitossanitárias.
d) Aumento da circulação mercantil e desregulamentação do sistema financeiro.
e) Expansão do protecionismo comercial e descaracterização de identidades nacionais.

6. (Enem – 2014)

TEXTO I

Disponível em: http://twistedsifter.com. Acesso em: 5 nov. 2013 (adaptado).

TEXTO II

A Índia deu um passo alto no setor de teleatendimento para países mais desenvolvidos, como os Estados Unidos e as nações europeias. Atualmente mais de 245 mil indianos realizam ligações para todas as partes do mundo a fim de oferecer cartões de créditos ou telefones celulares ou cobrar contas em atraso.

Disponível em: www.conectacallcenter.com.br. Acesso em: 12 nov. 2013. (adaptado).

Ao relacionar os textos, a explicação para o processo de territorialização descrito está no(a)

a) aceitação das diferenças culturais.
b) adequação da posição geográfica.
c) incremento do ensino superior.
d) qualidade da rede logística.
e) custo da mão de obra local.

7. (Vunesp – 2021)

Atualmente, muitos estudiosos acreditam que é possível identificar processos de globalização em sociedades pré-modernas, em vista de fenômenos como o encurtamento relativo das distâncias (através de meios de transporte e comunicação mais eficazes), maior conectividade entre regiões previamente isoladas [...].

(Rafael Scopacasa. Revista de História, nº 177, 2018.)

O uso contemporâneo do conceito de globalização envolve, além dos aspectos mencionados no texto,

a) imposição do setor industrial sobre o de serviços, autossuficiência energética dos países, ampla mobilidade de pessoas e mercadorias.
b) convergência de preços e mercados entre regiões distantes, meios de comunicação ultravelozes, formação de uma consciência global.

c) maior importância das barreiras geográficas, constituição de redes de contatos culturais, uniformização mundial de preços.

d) unidade ideológica e política entre os governantes econômicos regionais, internacionalização do movimento operário, redução das barreiras linguísticas.

e) imposição do poder dos blocos econômicos regionais, internacionalização do movimento operário, redução das barreiras linguísticas.

8. (Univesp – 2019)

Podemos definir globalização como um processo de integração econômica, social e cultural em escala global, e pode ser entendida como uma fase de expansão do modo de produção capitalista, tendo como ponto de partida as grandes navegações dos séculos XV e XVI.

Nesse processo, as grandes corporações buscam a

a) redução dos custos de produção para aumentar seus lucros.

b) eliminação do consumismo com a intencionalidade de terminar a exploração dos recursos naturais.

c) cessação das disputas entre as grandes empresas no sentido de diminuir os lucros abusivos.

d) equiparação do poder aquisitivo da população mundial com intuito de diminuir o consumo mundializado.

e) diminuição da utilização da tecnologia nos meios de transporte com o objetivo de aumentar a concorrência.

9. (Vunesp – 2018)

O cooperativismo de consumo não está morto, mas perdeu a batalha contra o grande capital comercial, que é atacadista e varejista ao mesmo tempo. Em termos de preços e qualidade, o grande capital é imbatível. Só que é impessoal, burocrático, não permite atentar para necessidades particulares. Suas vantagens se dirigem a um público cujas preferências são pautadas pela publicidade nos meios de comunicação.

(Paul Singer. *Introdução à economia solidária*, 2013. Adaptado.)

Um pressuposto das relações contemporâneas de consumo, coerente com a lógica do modo de produção capitalista, é

a) a pluralidade na produção.

b) a diversidade dos indivíduos.

c) a generalização de tarefas.

d) a massificação da sociedade.

e) a pequena escala produtiva.

10. (EsPCEx-Aman-RJ – 2019)

O ano de 1930 foi difícil para os cafeicultores brasileiros. De acordo com o historiador Boris Fausto, o volume de vendas do café caiu mais de 35% naquele ano. O motivo fundamental para a queda nas exportações do produto foi a crise mundial do capitalismo. A principal causa dessa crise mundial foi

a) a desindustrialização da economia norte-americana, que acabou por desabastecer o mercado internacional.

b) a superprodução da indústria dos Estados Unidos da América, que cresceu além das necessidades dos mercados interno e internacional.

c) a vigorosa industrialização da União Soviética, que supriu satisfatoriamente os mercados interno e internacional.

d) o excesso do capital financeiro na Europa, que afetou diretamente o surgimento de governos democráticos na Península Ibérica.

e) a quebra da Bolsa de Moscou, que acabou por induzir falências de empresas e de bancos e milhões de desempregados nos Estados Unidos.

11. (UFGD-MS – 2017)

"Diz-se que um Estado foi instituído quando uma multidão de homens concordam e pactuam, cada um com cada um dos outros, que a qualquer homem ou assembleia de homens aquém seja atribuído pela maioria o direito de representar a pessoa de todos eles (ou seja, de ser seu representante), todos sem exceção, tanto os que votaram a favor dele como os que votaram contra ele, deverão autorizar todos os atos e decisões desse homem ou assembleia de homens, tal como se fossem seus próprios atos e decisões, a fim de viverem em paz uns com os outros e serem protegidos dos restantes homens".

(HOBBES, THOMAS. *Leviatã ou matéria, Forma e Poder de um Estado Eclesiástico e Civil.* SÃO PAULO: NOVA CULTURAL, 1988. P. 107).

O fragmento citado é parte do texto "Leviatã ou matéria, Forma e Poder de um Estado Eclesiástico e Civil" de Thomas Hobbes, considerado o primeiro filósofo moderno a articular uma teoria detalhada do contrato social. Nesse sentido, argumenta-se que Hobbes:

a) Defendia a concepção da Monarquia Parlamentar.

b) Defendia a concepção da Monarquia Absoluta.

c) Defendia a concepção da Monarquia Constitucional.

d) Defendia a concepção da República Presidencial.

e) Defendia a concepção da República Federativa

12. (UFGD-MS – 2022)

O mundo que hoje conhecemos é filho da Revolução Industrial. Ela abre um período na história humana em que, pela primeira vez, os limites para a produção de riquezas pelos homens foram implodidos e nunca mais deixaram de ser superados e expandidos. Pode-se dizer, sem medo de exagero, que ela virou o mundo de ponta cabeça, fazendo com que hoje pensemos, vivamos, trabalhemos e produzamos de uma forma que está relacionada, direta ou indiretamente, à Revolução Industrial.

MORAES, Luís Edmundo. *História Contemporânea*. Da Revolução Francesa à Primeira Guerra Mundial. São Paulo: Editora Contexto, 2017. p. 47.

Sobre a Revolução Industrial, é correto afirmar que

a) a Inglaterra foi pioneira no processo de industrialização. No século XVIII, os ingleses iniciaram a mecanização da produção pela indústria têxtil de algodão.

b) ela teve início no século XVIII e a mecanização começou pela indústria de bens de produção, visando a atender o mercado interno alemão.

c) as primeiras máquinas, criadas no século XVII, eram movidas a energia elétrica, isso proporcionou um inaudito ganho de produtividade na indústria têxtil de lã.

d) as relações de trabalho, na Inglaterra, durante o século XIX, eram fortemente reguladas pelo Estado, garantindo condições de trabalho dignas e direitos previdenciários para os operários, a exemplo das indenizações em razão de acidentes de trabalho.

e) tendo em vista as condições insalubres do trabalho industrial, no século XIX, apenas homens adultos trabalhavam nas indústrias têxteis inglesas.

13. (Fuvest-SP – 2022) *A Grande Depressão* foi um período de recessão econômica que teve início em 1929 e se estendeu ao longo dos anos 1930, primeiramente nos Estados Unidos e, em seguida, em diversas outras partes do mundo. Entre os principais antecedentes desse período de crise, é correto indicar:

a) O conjunto de reformas econômicas e sociais implementadas durante o governo do presidente F. D. Roosevelt nos Estados Unidos.

b) A ascensão de regimes totalitários na Europa, como o fascismo na Itália ou o nazismo na Alemanha.

c) O endividamento da União Soviética, que havia tomado vultosos empréstimos dos Estados Unidos e se via em situação de insolvência.

d) A adoção de políticas econômicas de inspiração keynesiana, o que levou os Estados Unidos a um aumento dos gastos públicos e ao colapso econômico.

e) A facilidade de obtenção de crédito nos Estados Unidos ao longo dos anos 1920, que contribuiu para um aumento injustificado das ações negociadas na bolsa de valores de Nova York.

14. (FMC-RJ – 2022) No ano de 2021 ocorreu em Glasgow a COP26, conferência mundial do clima e do meio ambiente, onde novamente se afirmaram os problemas derivados do uso de combustíveis fosseis. O momento em que esse tipo de combustível passa a fazer parte da pauta energética está descrito em:

a) A Revolução Industrial inglesa do século XVIII inicia em escala econômica o uso do carvão para estabelecer os parâmetros que conduzem ao desenvolvimento do capitalismo industrial assegurando a urbanização e a industrialização no decorrer do século XIX e XX, mas provocando os primeiros sinais de poluição do meio ambiente.

b) A Revolução Industrial do século XVIII estabeleceu a base do que hoje conhecemos como meio ambiente e poluição. As chaminés das fábricas ilustram bem a paisagem urbana dos séculos seguintes sem a utilização do combustível fóssil e sem o equilíbrio das emissões de carbono no ar.

c) No processo resultante da invenção da máquina a vapor na Inglaterra do século XIX iniciou-se o movimento de utilização de combustível fóssil para o crescimento da industrialização e da urbanização nos séculos XX e XXI, levando mais confortável à vida urbana e superando a miséria e a fome provocadas pelo aumento da população nas cidades.

d) O movimento social decorrente da urbanização do século XVIII criou as bases da industrialização produzindo um modelo mundial de uso de combustível fóssil que se acelerou nos séculos XIX e XX com as descobertas do petróleo e deu iniciou ao controle do meio ambiente com o aumento da temperatura mundial a partir de 1750.

e) O desenvolvimento das atividades industriais baseado em combustível fóssil garantiu o progresso e a civilização do mundo ocidental traduzido no conforto e na segurança dos séculos seguintes, acabando com a pobreza mesmo que ao custo do aumento da temperatura do planeta e da poluição.

15. (Unesp-SP – 2022) Analise o mapa que se refere a um índice medido no ano de 2017.

Reprodução/Unesp-SP, 2022.

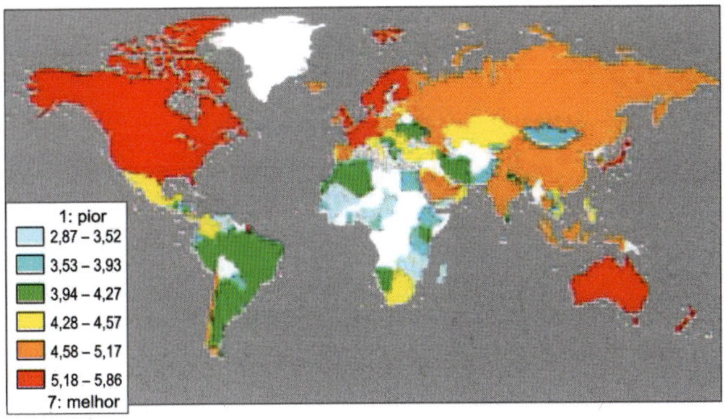

Considerando a espacialização dos dados e conhecimentos sobre a globalização, o índice medido em 2017 e um dos fatores mensurados por ele em cada país são, respectivamente:

a) competitividade global e produtividade.

b) desenvolvimento humano e distribuição de renda.

c) desenvolvimento sustentável e biodiversidade.

d) Gini e concentração de renda.

e) consumo de recursos naturais e padrões de consumo.

16. (Fuvest-SP – 2022) O diagrama faz referência aos modelos de gestão, poder, organização da produção, tipo de empresas e de produtos predominantes nas etapas recentes de desenvolvimento do capitalismo, ao longo do século XX e início do XXI.

Reprodução/Fuvest-SP, 2022.

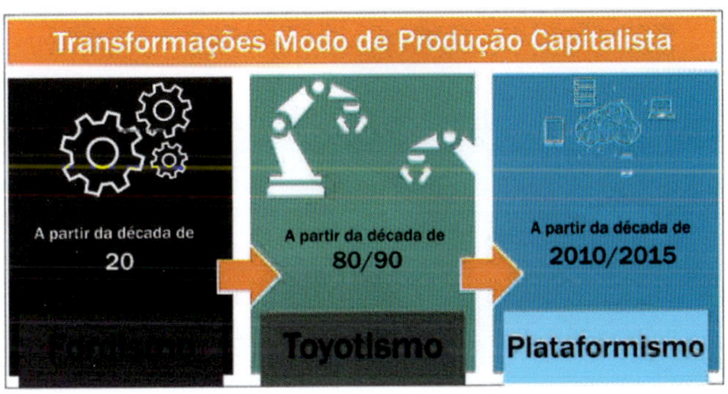

ComCiência, 16 de setembro de 2020. disponível em <https://www.comciencia.br/>.

Assinale a alternativa que melhor descreve essas etapas e suas particularidades distintas no caso do Brasil:

a) Entre as etapas do fordismo e do toyotismo não há diferenças importantes a não ser o fato de que, na primeira, a hegemonia era de uma empresa norte americana, ao passo que, na segunda, esse poder foi para as mãos do capitalismo japonês.

b) No Brasil, o fordismo só se esgotou com o recente enceramento das atividades da fábrica da Ford localizada em Camaçari (BA) e o toyotismo nunca se implantou completamente, pois a indústria japonesa no país está mais representada por outras marcas.

c) O Brasil, cuja economia é mais dependente do agronegócio, já em um estágio altamente tecnologizado graças à grande utilização de plataformas digitais, aderiu muito pouco aos esquemas de produção fordista ou toyotista.

d) As etapas esquematizadas têm menos relação com o predomínio de uma empresa, e mais com a hegemonia de setores produtivos, como os das plataformas digitais e as tecnologias de informação, no platamorfismo, ou com a otimização, especialização e automação da produção, como nas outras etapas.

e) Apenas com a pandemia de COVID-19 e a imposição das atividades remotas é que as plataformas digitais, aplicativos e empresas de alta tecnologia ganharam destaque a ponto de desbancar a era da produção de mercadorias, que predominava até então.

17. (Faculdade Albert Einstein – Medicina – 2022)

A queda no preço do minério de ferro em julho e agosto de 2021 está ligada à expectativa de diminuição da demanda chinesa pelo produto. Há duas frentes que explicam isso. Por um lado, a China colocou em abril de 2021 a meta de desacelerar o setor de siderurgia para tentar conter as emissões de gases poluentes no país. Por outro lado, há também os efeitos ligados aos sinais de desaceleração da economia chinesa como um todo. Em julho de 2021, diversos indicadores econômicos vieram abaixo da expectativa – incluindo a produção industrial.

(Marcelo Roubicek. www.nexojornal.com.br, 26.08.2021. Adaptado.)

Em uma economia globalizada, a menor demanda chinesa por minério de ferro é capaz de provocar

a) o colapso do modo de produção capitalista.

b) a queda da rentabilidade de empresas mineradoras brasileiras.

c) a redução das sanções comerciais impostas pelos EUA.

d) o fim da guerra fiscal com os países-membros da União Europeia.

e) a valorização das *commodities* ligadas à atividade industrial.

A opinião pública

Para começar

Para que a cidadania seja plenamente exercida dentro de uma democracia, os indivíduos, as agremiações partidárias, os movimentos sociais e outros coletivos precisam poder se manifestar livremente. O conjunto das expressões da sociedade civil constitui a chamada **opinião pública**, que é um dos fatores essenciais para o bom funcionamento da democracia. Por meio da comunicação da opinião pública, populações pressionam governos e setores privados a agir pelo bem comum da sociedade, por exemplo. Por isso, a expressão da opinião pública é parte essencial do exercício coletivo da cidadania.

Uma maneira de expressão da opinião pública é por meio dos artigos de imprensa, que manifestam pontos de vista específicos ou gerais e mostram tendências da sociedade em um dado momento. Esses veículos de imprensa podem dar voz a grupos com menos visibilidade. Outra possibilidade é a autopublicação por meio de páginas na internet e em perfis de redes sociais. Dessa maneira, os grupos e indivíduos podem manifestar livremente visões e interpretações em relação a assuntos públicos.

Mesmo com tanto material opinativo à disposição, não é trivial quantificar as posições dos brasileiros a respeito de questões sociais ou de preferências político-ideológicas. Dificilmente seria possível computar a opinião precisa de cada cidadão de um país, especialmente quando este tem dimensões continentais e grande número de habitantes, como é o caso do Brasil.

Assim, é necessário estabelecer maneiras de "medir" a opinião pública geral para melhor conduzir as políticas públicas. Para isso existem as **pesquisas de opinião pública**, instrumentos criados para expressar em números as posições dos cidadãos de um determinado país, estado, cidade ou até bairro.

Motortion Films/Shutterstock

Atualmente a maioria das pessoas expressa suas opiniões através das redes sociais. Essa é uma das maneiras de se perceber a opinião pública, que é parte importante da participação popular na defesa de seus direitos e nas transformações sociais.

Esse tipo de pesquisa por amostragem é amplamente utilizado em períodos eleitorais, por exemplo. Os institutos ou empresas vão às ruas ou telefonam para os eleitores para saber em quais candidatos eles pretendem votar, qual o posicionamento deles em relação a questões importantes para o país, entre outras perguntas.

Construção e uso de amostragens

Como é possível estimar a porcentagem de brasileiros que pretende votar em um candidato A ou B? A pesquisa de opinião é possível por meio de técnicas que permitem **inferir** o que um total de cidadãos pensa a partir de uma pequena parcela de pessoas entrevistadas. O segredo está na criação e definição de amostras. O que é isso?

Inferir: em estatística, inferência é a operação que consiste em fazer uma generalização a partir de amostras restritas.

Uma amostra é uma parte representativa de um total (chamado também de universo de pesquisa). Para criá-la, é necessário definir o número total de indivíduos a serem entrevistados, as características demográficas e socioeconômicas relevantes para a pesquisa, entre outros fatores. As pesquisas de opinião são, na maior parte das vezes, estudos que usam **a amostra quantitativa**, cujo objetivo é compreender certos fenômenos usando dados numéricos que dizem respeito a características socioeconômicas, preferências, comportamentos, etc. Tal pesquisa visa identificar padrões de distribuição desses dados em relação ao universo escolhido.

Vejamos um exemplo. O Instituto Datafolha publicou, em janeiro de 2020, uma pesquisa a respeito do apoio à democracia no Brasil. O estudo mostrou que

> [...] Seis em cada dez [entrevistados] (62%) concordam que a democracia é sempre a melhor forma de governo, para 22%, tanto faz uma democracia ou uma ditadura, para 12%, em certas circunstâncias uma ditadura é melhor do que um regime democrático e 4% não opinaram.

DATAFOLHA. Apoio à democracia recua no Brasil. UOL, 2 jan. 2020. Disponível em: http://datafolha.folha.uol.com.br/opiniaopublica/2020/01/1988569-apoio-a-democracia-recua-no-brasil.shtml. Acesso em: 7 abr. 2022.

De acordo com o estudo, a técnica usada para chegar a tal resultado foi **quantitativa**. O **universo** considerado era o de todos os brasileiros acima de 16 anos (a idade mínima para votar). Foram entrevistadas presencialmente 2 948 pessoas, escolhidas de modo randômico (aleatório), em 176 municípios do país. A margem de erro era de 2% (ou seja, os números encontrados podem variar em 2% para cima ou para baixo) e o nível de confiança era de 95%, o que significa que, caso a mesma pesquisa fosse repetida 100 vezes, ela obteria números iguais aos publicados pelo Datafolha em 95 vezes.

Franzi/Shutterstock

Ao elaborar uma pesquisa, é preciso definir qual será o universo de entrevistados, isto é, qual o perfil de indivíduos cuja opinião sobre determinado tema se deseja mapear. Os participantes, selecionados dentro desse universo, constituirão a amostra da pesquisa.

Outra maneira de construir amostras é por meio da **pesquisa qualitativa**, que trabalha com informações mais subjetivas, por exemplo, por meio de perguntas abertas, que não visam obter uma generalização numérica, mas informações detalhadas sobre a opinião do grupo. Esse método utiliza como amostra um conjunto específico de coisas ou pessoas, não mais um universo que simula a população total de um lugar.

A amostra qualitativa é mais adequada em campos de pesquisa ligados à História, Sociologia e Antropologia. Em geral, ela é usada para selecionar indivíduos que depois serão parte de entrevistas, grupos focais ou estudos de recepção.

Para fazer

As pesquisas de opinião são elementos essenciais da vida política do país. Elas ajudam a nortear as ações dos governantes, a cobertura da imprensa e até mesmo a opinião dos cidadãos.

Este projeto propõe a criação e a execução de pesquisas baseadas nos conceitos de amostragem qualitativa e quantitativa. Em grupos, vocês deverão elaborar uma pesquisa de opinião em duas fases: uma focada em dados, outra em percepções.

Ao final, apresentarão um relatório dos resultados encontrados para a turma, além de compartilhar os aprendizados e as dificuldades encontradas.

Antes de iniciar o trabalho, é preciso organizar a atividade e observar o material necessário:

Material necessário

Dispositivos com acesso à internet e programa de processamento de textos e de planilhas; impressora; folhas de papel sulfite A4; pranchetas; gravador.

- formem grupos com quatro ou cinco participantes. Cada estudante ficará responsável por uma tarefa, de modo que todos participem e nenhum integrante do grupo fique sobrecarregado;
- determinem um local para a realização das reuniões do grupo. Uma possibilidade é realizar os encontros por chamada de vídeo, caso todos os membros tenham acesso à internet e algum dispositivo que realize as chamadas (computador, *notebook*, *smartphone*, etc.);
- estabeleçam um cronograma com as atividades que devem ser realizadas de acordo com as etapas apresentadas no quadro a seguir. Esse procedimento ajuda a organizar as tarefas e a evitar que elas se acumulem, o que pode prejudicar o processo e a qualidade do produto final.

	Etapa 1	Etapa 2	Etapa 3	Apresentação
1	Definição da amostra e criação do questionário	Determinação do tamanho da amostra	Análise dos resultados	Compartilhamento dos achados com a comunidade
2	Escolha das turmas que constituirão o universo de estudo	Escolha de duas pessoas para a entrevista	Elaboração do relatório com as informações obtidas nas duas pesquisas	Apresentação da pesquisa, relato do processo de trabalho
3	Estudo das diferenças entre pesquisas qualitativa e quantitativa	Definição do tipo de amostra qualitativa, amostra por contraste	Tabulação dos dados de todas as turmas	Debate: a democracia no Brasil hoje
4	Criação do questionário	Criação do questionário da entrevista	Unificação dos relatórios das pesquisas qualitativas	//////////////////////////////
5	Digitalização, organização e impressão do questionário	Entrevista das pessoas escolhidas	//////////////////////////////	//////////////////////////////
6	Aplicação do questionário a estudantes das turmas escolhidas	Transcrição das gravações das entrevistas	//////////////////////////////	//////////////////////////////
7	Tabulação dos dados	Relatório com as informações obtidas e impressões gerais	//////////////////////////////	//////////////////////////////
8	Análise dos dados	//////////////////////////////	//////////////////////////////	//////////////////////////////

Etapa 1 – Definição da amostra da pesquisa de opinião e formulação do questionário

1. Você e o grupo assumirão o papel de pesquisadores. O exemplo de pesquisa apresentado anteriormente trata de democracia e ditadura. De forma similar, vocês perguntarão aos colegas qual é a visão deles sobre o cenário de participação dos estudantes nas decisões e atividades da escola.

Cada grupo deverá escolher uma turma do Ensino Médio, incluindo a de vocês. Elas serão o universo de cada grupo de trabalho. Se for possível, entreviste todos os estudantes de cada turma, mas, caso não consiga, deve ser entrevistada, no mínimo, metade dos estudantes de cada sala de aula.

2. Estudem as diferenças entre os dois tipos de pesquisa, qualitativa e quantitativa, com base nas definições a seguir.

3. Os grupos devem, em seguida, formular um questionário similar ao aplicado pelo instituto de pesquisa para saber qual é a opinião dos estudantes a respeito do papel deles no contexto da escola. Os estudantes sentem que a própria visão é levada em consideração na hora de a escola tomar decisões que afetam o dia a dia de todos? Eles têm espaço para sugestões e para atuar em prol da escola? Percebem que suas preferências são acolhidas e respeitadas?

Elaborem perguntas para obter um panorama sobre o tema. Pensem em tudo o que pode ser relevante para a pesquisa. Deve haver perguntas socioeconômicas? O gênero dos estudantes deve ser levado em consideração? A idade? Considerem esses pontos e criem o próprio questionário. Para que possam ser contabilizadas, as perguntas devem ser fechadas, ou seja, devem ser respondidas apenas com "Sim", "Não" ou "Não sei". Também podem ser questões de múltipla escolha.

Vejam alguns exemplos de questões:

a) Em relação à participação dos estudantes na escola, você pensa que:

- os estudantes devem ter participação nas decisões tomadas pela escola;
- tanto faz se os estudantes têm ou não participação nas decisões;
- é melhor que os estudantes não tenham qualquer tipo de participação na escola além dos estudos.

b) Na sua opinião, as visões e preferências dos estudantes:

- são levadas em consideração pela diretoria e pelos professores;
- não são levadas em consideração pela diretoria e pelos professores;
- não sei.

4. Com as perguntas formuladas, registrem-nas em um arquivo digital e imprimam tantos questionários quantos forem necessários para cada estudante que será entrevistado. Separem também um espaço para possíveis observações. A pesquisa será tabulada e computada de forma anônima, tal como fazem os institutos de pesquisa. Por isso, não é necessário registrar o nome dos participantes, mas é preciso atribuir um número de controle para cada questionário preenchido.

Quantitativa

Visa compreender fenômenos por meio de dados numéricos referentes a características sociais e econômicas, preferências, comportamentos e ações dos sujeitos. Identifica os padrões de distribuição desses dados (variáveis) no universo estudado.

Qualitativa

Busca compreender características do universo estudado por meio da coleta de dados mais subjetivos e em profundidade ao observar as particularidades e variações dos indivíduos e dos grupos de que fazem parte.

5. Tenham em mãos as páginas impressas, caneta e prancheta e, então, apliquem o questionário aos estudantes da sala determinada. Isso pode ser feito via comunicação remota, por vídeo, mensagem de texto, ligação telefônica. Se for preciso, enviem o questionário por meio de formulário escrito aos estudantes que dele necessitem para participar da pesquisa.
6. Uma vez que todos os estudantes tiverem sido entrevistados, tabulem os dados. Para isso, somem o número de vezes que cada resposta aparece. Em seguida, calculem a qual porcentagem da turma entrevistada aquela soma de respostas corresponde.
7. Analisem os dados. De uma maneira geral, os estudantes consideram a participação deles importante? Há algum recorte específico nas respostas obtidas? Por exemplo, de gênero ou de acordo com alguma característica socioeconômica, demográfica, etc. que a pesquisa discriminou?

Fernando Favoretto/Criar Imagem

Entrevistador faz pesquisa de opinião pública em São Paulo (SP), em 2016. Ao fazer a entrevista, é importante deixar os entrevistados à vontade para responderem às perguntas de forma espontânea.

Etapa 2 – Definição da amostra para uma pesquisa qualitativa

1. A partir das informações obtidas na etapa anterior, escolham duas pessoas dentro do universo estudado. Elas serão entrevistadas com mais profundidade para que o grupo possa fazer uma pesquisa qualitativa. Os critérios de seleção devem ser representativos de dados encontrados na pesquisa quantitativa. Por exemplo, podem ser escolhidas uma pessoa que defende que os estudantes participem das decisões e outra que acredita que os estudantes já têm participação suficiente.

Qualquer que seja a opção escolhida pelo grupo, ela deve estar amparada nos resultados obtidos anteriormente e deve ser justificada de maneira clara: Por que é importante se aprofundar na opinião dessas pessoas? O que elas podem revelar? Elaborem hipóteses.

2. Neste exercício, vamos usar um tipo específico de amostra qualitativa, chamada amostra por contraste. Leia a definição abaixo e enumere as vantagens e os limites dela. O que vocês imaginam que vão encontrar a partir dessa exploração de opiniões?

Amostra por contraste

É uma amostra comum em estudos comparativos, nos quais se observam as diferenças entre sujeitos. Utiliza pelo menos um representante de cada grupo teórico em relação ao objeto de estudo, com variáveis definidas de acordo com pesquisas anteriores e com hipóteses teóricas. Exemplo: selecionam-se dois indivíduos com visões divergentes sobre o mesmo tema para compreender e confrontar a perspectiva ou vivência de cada um.

3. Definidos os critérios de seleção dos dois colegas, elaborem uma lista de perguntas. Ela deve considerar a resposta dada na sondagem quantitativa e os questionamentos devem tentar procurar justificativas, raciocínios e valores que levam o indivíduo a defender a posição em questão. Alguns exemplos: Por que você defende a participação dos estudantes? Na sua opinião, que vantagens ela traz? Como você acredita que deva ser a atuação dos estudantes: no horário de aula, por meio de grêmios?
4. Uma vez selecionados, convidem os estudantes para a entrevista e verifiquem se eles autorizam que sejam identificados no relatório e se aceitam ter as entrevistas gravadas. Também há a possibilidade de serem usados pseudônimos, caso os entrevistados não queiram ser identificados. Se não for possível fazer a entrevista pessoal, ela pode ser feita por meio de chamada de áudio ou videoconferência. Nesse caso, não é recomendável que as respostas sejam dadas por escrito para não perder a espontaneidade da conversa.
5. Ouçam as gravações e resumam em pontos principais as bases das opiniões dos entrevistados. Transcrevam as gravações, anotando até mesmo pausas, risos e outros acontecimentos, e escrevam as mesmas palavras ditas pelos entrevistados. Selecionem falas que sejam representativas das conversas.

6. Façam um relatório com os principais achados das duas entrevistas. Alguma coisa surpreendeu o grupo? Há alguma informação interessante? Algo que parece comum entre as pessoas da mesma idade, da mesma sala, etc.?

Etapa 3 – Articulação das informações das duas pesquisas

1. A partir do que o grupo encontrou nas duas pesquisas, elaborem um relatório usando os dados de ambas e os aprendizados obtidos.

   O relatório deve estar estruturado da seguinte maneira:

   - Uma introdução que explique a relevância de saber a opinião dos estudantes a respeito da participação deles na pesquisa.
   - Um relato resumido das informações obtidas pela pesquisa quantitativa feita com as turmas. Elaborem gráficos adequados para representar a divisão das opiniões entre os colegas entrevistados.
   - Um relato resumido das informações obtidas pelas duas entrevistas qualitativas.
   - Uma consideração a respeito do cenário de participação e reconhecimento dos estudantes na escola, levando em conta se o resultado confirma ou contraria o que era esperado pelo grupo.
   - Uma conclusão, reunindo todos os aprendizados do projeto.

2. Por fim, todos os grupos devem reunir os dados encontrados. Isso deve ser feito tanto com a parte qualitativa quanto com a quantitativa. Dessa maneira, o trabalho da turma toda formará uma grande pesquisa a respeito da opinião dos estudantes sobre a percepção da participação democrática na escola. Por isso, todos os grupos deverão unificar os dados quantitativos encontrados e calcular as porcentagens relativas às perguntas, dessa vez em relação ao universo de todas as salas entrevistadas.

Para compartilhar

1. O relatório unificado será a base da apresentação que deve ser feita a toda a comunidade escolar. Integrantes de cada grupo devem participar da apresentação, explicando os resultados obtidos e contando como foi o processo de trabalho.
2. Ao final da apresentação, separem um momento para perguntas da turma, de outros estudantes ou de qualquer um dos presentes. A pesquisa deve servir de base para a discussão do reconhecimento da importância dos estudantes no ambiente escolar e de que forma é possível melhorar a participação de todos.

Fernando Favoretto/Criar Imagem

Estudantes em São Paulo (SP) reúnem-se para debater coletivamente os resultados de pesquisas. Foto de 2019.

Respostas #EnemVestibular

Unidade 1

1. (Enem – 2017): D.
2. (Enem – 2013): B.
3. (Enem – 2011): A.
4. (Enem – 2019): A.
5. (Enem – 2019): E.
6. (Enem – 2010): A.
7. (UFPR – 2019): B.
8. (Vunesp – 2016): E.
9. (IFG-GO – 2019): B.
10. (Uece – 2019): D.
11. (Ifal – 2009): C.
12. (Uece – 2016/2): A.
13. (Famema-SP – 2022): C.
14. (UFPR – 2022): D.
15. (UEL-PR – 2022): E.
16. (Unesp-SP – 2022): D.

Unidade 2

1. (Enem – 2012): C.
2. (Enem – 2012): B.
3. (Enem – 2010): B.
4. (Enem – 2009): E.
5. (Enem – 2013): B.
6. (Enem – 2014): E.
7. (Vunesp – 2021): B.
8. (Univesp – 2019): A.
9. (Vunesp – 2018): D.
10. (EsPCEx-Aman-RJ – 2019): B.
11. (UFGD-MS – 2017): B.
12. (UFGD-MS – 2022): A.
13. (Fuvest-SP – 2022): E.
14. (FMC-RJ – 2022): A.
15. (Unesp-SP – 2022): A.
16. (Fuvest-SP – 2022): D.
17. (Faculdade Albert Einstein – Medicina – 2022): B.

Lista de siglas das atividades extraídas de provas oficiais

EsPCEx-Aman-RJ – Escola Preparatória de Cadetes do Exército – Academia Militar das Agulhas Negras (Rio de Janeiro)
Faculdade Albert Einstein – Medicina – Faculdade Israelita de Ciências da Saúde Albert Einstein (São Paulo)
Famema-SP – Faculdade de Medicina de Marília (São Paulo)
FMC-RJ – Faculdade de Medicina de Campos (Rio de Janeiro)
Fuvest-SP – Fundação Universitária para o Vestibular (São Paulo)
Ifal – Instituto Federal de Alagoas
IFG-GO – Instituto Federal de Educação, Ciência e Tecnologia de Goiás
Uece – Universidade Estadual do Ceará
UEL-PR – Universidade Estadual de Londrina (Paraná)
UFGD-MS – Universidade Federal da Grande Dourados (Mato Grosso do Sul)
UFPR – Universidade Federal do Paraná
Unesp-SP – Universidade Estadual Paulista "Júlio de Mesquita Filho" (São Paulo)
Univesp – Universidade Virtual do Estado de São Paulo
Vunesp – Fundação para o Vestibular da Universidade Estadual Paulista

PROJETO
MÚLTIPLO

CIÊNCIAS HUMANAS e Sociais Aplicadas

Claudio Vicentino
Bacharel em Ciências Sociais pela Universidade de São Paulo (USP)
Professor de História no Ensino Médio e em cursos pré-vestibulares
Autor de obras didáticas e paradidáticas para Ensino Fundamental e Ensino Médio

Eduardo Campos
Bacharel e licenciado em Geografia pela Universidade de São Paulo (USP)
Mestre em Educação pela USP
Coordenador educacional e pedagógico do Ensino Fundamental (anos finais) e do Ensino Médio
Professor na Educação Básica e no Ensino Superior

Eustáquio de Sene
Bacharel e licenciado em Geografia pela Universidade de São Paulo (USP)
Mestre e doutor em Geografia Humana pela USP
Professor de Geografia do Ensino Médio na rede pública e em escolas particulares
Professor de Metodologia do Ensino de Geografia na Faculdade de Educação da USP por cinco anos

ENSINO MÉDIO

VOLUME ÚNICO | PARTE **C**

Consciência ambiental

editora ática

Sumário

UNIDADE

1 O ser humano e sua relação com a natureza

Na foto de 2020, antes da quarentena decretada durante a pandemia da covid-19, a poluição atmosférica costumava ser visível no horizonte da cidade de São Paulo (SP).

Durante a quarentena global para impedir a propagação do novo coronavírus em 2020, a diminuição da atividade industrial e da circulação de pessoas e automóveis foi expressiva. Cidades habitualmente poluídas passaram a apresentar céu e ar mais limpos, como a cidade de São Paulo (SP). Foto de 2020.

Ronny Santos/Folhapress

Ronny Santos/Folhapress

#TáNoFeed

A necessidade de isolamento social forçado imposta pela pandemia da covid-19 para bilhões de pessoas em todo o mundo, sobretudo entre 2020 e 2021, teve como uma de suas consequências a redução dos deslocamentos em veículos automotores e do consumo de bens e serviços, o que colateralmente acabou por evidenciar os impactos ambientais que essas atividades provocam.

Leia o texto a seguir, que trata da relação entre o isolamento social durante a pandemia e o meio ambiente, e responda às questões propostas.

Pandemia e Meio Ambiente: Impactos momentâneos ou nova normalidade?

Desde que a Organização Mundial da Saúde (OMS) declarou estado de pandemia para a Covid-19, diversas tentativas de conter a disseminação do vírus foram propostas e implementadas, como, por exemplo, o isolamento social da população. A baixa atividade humana dos últimos meses gerou uma série de consequências e impactos, e, no tangente ao meio ambiente, muitas das mudanças foram positivas.

O professor do Programa de Pós-graduação em Ecologia, da Universidade Federal de Juiz de Fora (UFJF), Fabrício Alvim Carvalho, afirma que as medidas de quarentena são positivas não só para a sociedade, mas para a fauna e flora silvestres. “É nítida a diminuição da exposição humana à poluição ambiental; consequentemente, diminui-se também os problemas respiratórios relacionados. De certa maneira, também é positivo para a fauna silvestre, igualmente exposta a essas elevadas concentrações de gases.”

[...]

Imagens de satélite mostram que a pandemia do coronavírus está temporariamente diminuindo níveis de poluição do ar ao redor do mundo. Especialistas apontam a quarentena como o evento de maior escala já registrado em termos de redução de emissões industriais. [...]

Essas mudanças ambientais, no entanto, são de teor temporário. São alterações de curto prazo, dependentes do que está acontecendo atualmente, sem uma garantia de durabilidade, conforme explica Carvalho. “Tenho uma visão muito cética e realista quanto aos problemas ambientais da humanidade. Eu não acredito, enquanto especialista, que essa pandemia será o suficiente para romper esse paradigma de consumo exagerado, que é a principal causa de degradação da natureza”, observa. “É óbvio que uma pequena parte da sociedade, com mais informação e um pouco mais de consciência ambiental, vai diminuir seu padrão de consumo. Mas, para o geral, é algo momentâneo. Não há o que se comemorar em médio ou longo prazo, pois, ao contrário de uma possível paralisação por uma questão de conscientização ou uma súbita revolução da consciência ambiental e de políticas de sustentabilidade, essa quarentena é pura e simplesmente uma imposição forçada por um problema de saúde pública. Isso é muito momentâneo, e assim que a pandemia acabar, as coisas voltam ao normal.”

[...]

PANDEMIA e Meio Ambiente: Impactos momentâneos ou nova normalidade? *UFJF Notícias*, 24 abr. 2020. Disponível em: https://www2.ufjf.br/noticias/2020/04/24/pandemia-e-meio-ambiente-impactos-momentaneos-ou-nova-normalidade/. Acesso em: 14 abr. 2022.

Atividades

1. O que causou a redução dos impactos ambientais durante a epidemia da covid-19?

2. O professor entrevistado considera viável manter a redução dos impactos ambientais dessa forma?

3. Você acha que seria possível manter os ganhos ambientais evidenciados pelo isolamento social após a pandemia?

Conheça a unidade

Objetivos

- Entender o elo entre os ambientes natural e social, facilitador de contatos com agentes infecciosos.
- Conhecer os desdobramentos de algumas das mais importantes epidemias e pandemias.
- Entender a urgência da redução das desigualdades sociais e valorizar a ciência.
- Conhecer os conceitos de natureza, ambiente e meio ambiente e aplicá-los adequadamente.
- Admitir noções diferentes em relação à natureza, conforme a época, a sociedade e a atuação social.
- Avaliar as consequências socioambientais da exploração dos recursos naturais.
- Identificar a dinâmica da agricultura moderna e as consequências socioambientais dessa atividade.
- Compreender a dinâmica econômica que leva à produção e ao descarte de resíduos.
- Saber o que é poluição, seus tipos e consequências.
- Entender o efeito estufa como causa do aquecimento global, responsável pelas mudanças climáticas.
- Compreender que a cultura é dinâmica e que os processos culturais se modificam ao longo do tempo e do espaço por meio do contato entre povos e civilizações.
- Reconhecer as transformações sociais e econômicas relacionadas ao desenvolvimento da cultura de massa.
- Compreender o conceito de indústria cultural e problematizar sua influência no cotidiano.
- Reconhecer a juventude como categoria construída na modernidade.
- Identificar diferentes critérios de juventude em diferentes períodos históricos e contextos espaciais.
- Identificar as características, as formas de comportamento e os valores do grupo a que os jovens podem pertencer.

Justificativa

Os desequilíbrios na relação sociedade-natureza têm crescido devido ao maior consumo de recursos naturais e da interferência humana em vários ecossistemas. Além disso, a expansão econômica mundial e o aumento do fluxo de pessoas favoreceram a dispersão de microrganismos, deflagrando epidemias e pandemias; sabe-se que mudanças ambientais também influem no surgimento de zoonoses.

Consumir em excesso aumenta a produção de resíduos poluidores dos solos, das águas e do ar. Crescentes impactos socioambientais ameaçam o modelo de desenvolvimento predominante. A elevação da temperatura média do planeta está provocando mudanças climáticas severas. É preciso conhecer esses problemas para melhor enfrentá-los.

Para além das relações sociedade e natureza, nesta unidade destacam-se o reconhecimento da indústria cultural e sua relação com o consumo de massa e a análise e avaliação dos impactos das transformações sociais, culturais e tecnológicas em nosso modo de vida atual. Além disso, a mobilização de conteúdos relacionados ao tema **juventude** possibilita a proposição de reflexões e aprendizagens vinculadas diretamente ao momento da vida do estudante do Ensino Médio, contribuindo para a sua autonomia e reflexão sobre suas possibilidades de projetos de vida.

A BNCC nesta unidade

Competências gerais da Educação Básica: CG1, CG2, CG3, CG4, CG5, CG6, CG7, CG8, CG10.

Competências específicas de Ciências Humanas e Sociais Aplicadas: 1, 2, 3, 4, 5, 6.

Habilidades de Ciências Humanas e Sociais Aplicadas: EM13CHS101, EM13CHS102, EM13CHS103, EM13CHS104, EM13CHS105, EM13CHS106, EM13CHS202, EM13CHS206, EM13CHS301, EM13CHS302, EM13CHS303, EM13CHS304, EM13CHS305, EM13CHS401, EM13CHS502, EM13CHS503, EM13CHS504, EM13CHS602.

Competências específicas de Ciências da Natureza e suas Tecnologias: 2, 3.

Habilidades de Ciências da Natureza e suas Tecnologias: EM13CNT104, EM13CNT105, EM13CNT203, EM13CNT206, EM13CNT207, EM13CNT309.

Competências específicas de Linguagens e suas Tecnologias: 1, 2, 3, 6, 7.

Habilidades de Linguagens e suas Tecnologias: EM13LGG101, EM13LGG102, EM13LP04, EM13LP12, EM13LP20, EM13LP24, EM13LGG201, EM13LP24, EM13LGG301, EM13LGG302, EM13LGG303, EM13LP05, EM13LP24, EM13LP27, EM13LGG601, EM13LP20, EM13LGG701, EM13LGG702, EM13LGG703, EM13LP27.

Temas contemporâneos transversais

Meio ambiente

- Educação ambiental
- Educação para o consumo

Saúde

- Saúde

Multiculturalismo

- Diversidade cultural

Nós, os microrganismos e o meio ambiente

Desde as épocas mais remotas, a humanidade viveu surtos de contaminações por microrganismos, incluindo as primeiras migrações dos *Homo sapiens*, há mais de 100 mil anos, que partiram da África e se difundiram em diversas áreas do planeta.

> [...] O estudo do material genético dos microrganismos mostra que os primeiros hominídeos não estavam sós. Vírus ancestrais do herpes labial e genital humano os acompanhavam e saltaram para as próximas espécies que surgiriam enquanto as anteriores se extinguiam. Os vírus seguiam firmes nas novas espécies emergentes. Saltaram e evoluíram nos *Australophitecus*, nos *Homo erectus*, *Homo ergaster*, *Homo habilis* e assim por diante, até chegarem ao homem moderno africano. [...]

UJVARI, Stefan Cunha. A história da disseminação dos microrganismos. *Estudos Avançados*, São Paulo, v. 22, n. 64, p. 172, dez. 2008. Disponível em: www.scielo.br/pdf/ea/v22n64/a11v2264.pdf. Acesso em: 14 abr. 2022.

Ao longo da história, os contatos e as inter-relações entre os povos durante a expansão humana pelos continentes levaram a surtos de doenças, que muitas vezes se disseminaram pela coletividade e alcançaram diferentes grupos, deixando rastros de morte e sofrimento. Situações como essas foram ocasionadas pelo fato de haver aglomerações populacionais em diferentes regiões do mundo e desconhecimento de formas de prevenção.

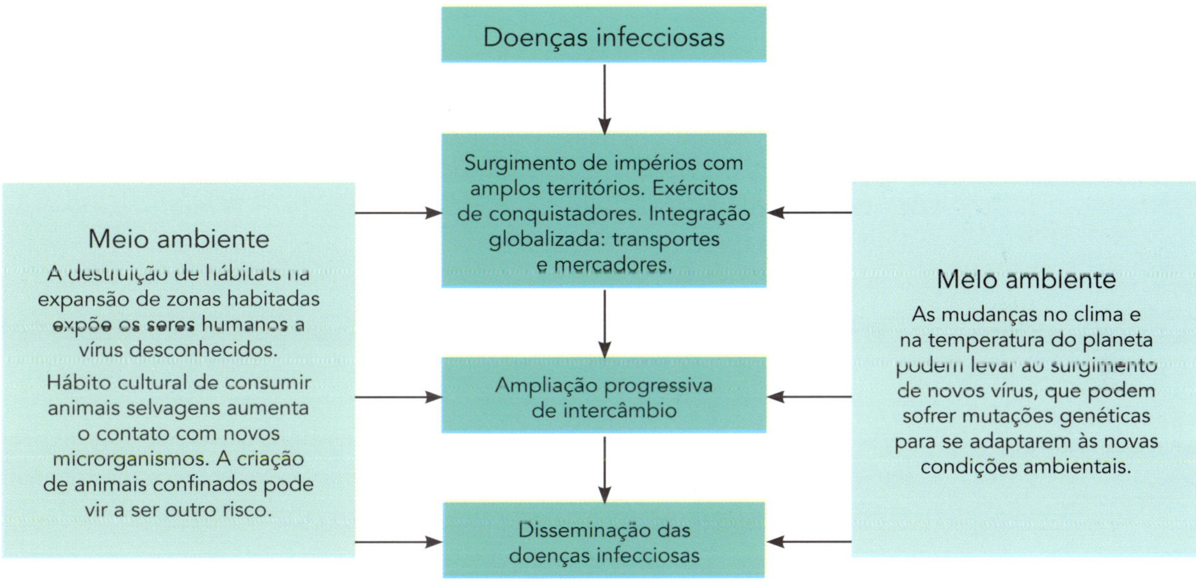

Atividades

1. As contaminações infecciosas só surgiram recentemente na história do Brasil?
2. Quais fatores explicam a disseminação de surtos de doenças?
3. Considerando a situação regional e nacional, estamos, de modo geral, contendo ou impulsionando contaminações?
4. Que atitudes individuais preventivas devem ser adotadas para evitar a contaminação por vírus, bactérias e protozoários? Dê exemplos.

Epidemia: doença infecciosa que surge em um local e se espalha rapidamente por um país ou região, atingindo escala regional. A palavra tem origem grega: *epidēmía* ("estadia, permanência em um país ou região").

Pandemia: doença infecciosa que se espalha por outros países e continentes, atingindo escala mundial. O prefixo grego *pan* pode ser traduzido como "todos", "totalidade".

Os microrganismos e a questão ambiental no mundo globalizado

Nos últimos séculos, caracterizados pelo aumento crescente da mundialização, as contaminações tornaram-se mais comuns e mais fáceis de serem disseminadas entre os países, por meio da transmissão de doenças, gerando **epidemias** e **pandemias**. Uma das consequências da globalização, processo bem mais recente, é a interação entre práticas costumeiras locais e a economia globalmente integrada: por exemplo, o fato de animais muito próximos aos seres humanos serem usados como alimento, sendo eles portadores de vírus, bactérias e fungos, embora imunes a eles, fez com que se tornassem o meio de difusão de diferentes microrganismos que passaram a potencializar novas epidemias e/ou pandemias.

> [...] Quando qualquer um de nós consome carne, madeira, combustíveis fósseis ou minerais estratégicos, estamos colocando ecossistemas naturais sob pressão e aumentando a probabilidade de que um vírus perigoso chegue aos humanos. Basta ter um celular. Os aparelhos que usamos contêm metais obtidos a partir do coltano, um mineral existente no leste da República Democrática do Congo. A mineração do coltano faz que muita gente acabe tendo contato com animais que são reservatórios do vírus Ebola, ou de outros vírus potencialmente letais. [...]

QUAMMEN, David. Autor de 'Contágio' diz que pecuária, tráfico de animais e até celular elevam riscos de novos vírus. [Entrevista cedida a] Reinaldo José Lopes. *Folha de S.Paulo*, São Paulo, 13 maio 2020. Disponível em: www1.folha.uol.com.br/equilibrioesaude/2020/05/autor-de-contagio-diz-que-pecuaria-trafico-de-animais-e-ate-celular-elevam-riscos-de-novos-virus.shtml. Acesso em: 14 abr. 2022.

Atualmente, questões sanitárias e ambientais têm imposto enormes desafios à sociedade. Em 2020 e 2021, o desafio foi a pandemia da covid-19 ("doença do coronavírus 2019", em inglês), causada por um tipo de coronavírus, o Sars-CoV-2 (forma abreviada em inglês de "síndrome respiratória aguda grave de coronavírus 2"). Estudos apontam que o surto teve início na cidade de Wuhan, província de Hubei, na República Popular da China, em dezembro de 2019. No Brasil, ao que tudo indica, a covid-19 chegou em fevereiro de 2020, vinda da Europa, e juntou-se a outras doenças infecciosas recorrentes, como febre amarela (urbana e rural), zika, chikungunya, *influenza*, cólera, leptospirose, meningite meningocócica, sarampo, malária, dengue, aids e outras.

Conceitos

Ecossistema

Ambiente composto da interação de todos os elementos vivos (organismos) e não vivos (ar, solo, água) que estão em determinada área. Além disso, implica autossuficiência e, portanto, a existência de organismos produtores de matéria e energia, e de consumidores e decompositores.

A covid-19 trouxe à tona discussões relacionadas a questões ambientais, como poluição, aquecimento global, queimadas, desmatamentos, entre outros problemas da relação entre seres humanos e natureza. A expansão das populações por diversos **ecossistemas**, nos quais são encontrados novos agentes infecciosos, favorece o surgimento de infecções de origem viral.

Cesar Diniz/Pulsar Imagens

Segundo o Instituto Nacional de Pesquisas Espaciais (Inpe), o desmatamento na Amazônia, entre janeiro e julho de 2021, cresceu 50% em relação à média para o período. Na foto de 2020, trecho desmatado da floresta em Poconé (MT), na Amazônia Legal.

Enfrentando doenças transmissíveis

Os microrganismos unicelulares, como as bactérias e os protozoários, surgiram há cerca de 3,5 bilhões de anos, época de grandes transformações no planeta Terra. Bem mais tarde, por volta de 600 milhões de anos atrás, surgiram os organismos multicelulares, como os vermes, que se adaptaram ao ambiente terrestre. Ao longo do tempo, esses microrganismos sofreram diferentes mutações enquanto surgiam novas espécies, como os hominídeos.

As doenças infecciosas existem desde o surgimento dos hominídeos. Entretanto, foi apenas a partir do século XIX que as pesquisas e os estudos científicos começaram a apresentar resultados para o combate às infecções. Durante o século XX e no início do XXI, as formas de tratamento se tornaram cada vez mais eficazes, porém ainda podem aparecer novos agentes causadores de doenças e ocorrer surtos de contaminação.

A descoberta de substâncias antibióticas contra as bactérias e o desenvolvimento de drogas antivirais e de vacinas foram fundamentais para o avanço conseguido até o momento. As diversas pesquisas em andamento na área das Ciências Biológicas também colaboram para melhor compreensão e tratamento das **doenças transmissíveis**, redução dos danos causados pela malária e descoberta de vacinas cada vez mais eficazes contra varíola, sarampo, caxumba, rubéola, catapora, *influenza*, etc.

Os avanços da área médica e a evolução da estrutura técnico-científica nas últimas décadas foram cruciais para o enfrentamento das emergências de saúde e para o desenvolvimento da sociedade e da ordem econômica. Ainda assim, grande parcela da população mundial não tem acesso à assistência médica por causa de seu alto custo e da elevada procura pelo sistema público de saúde.

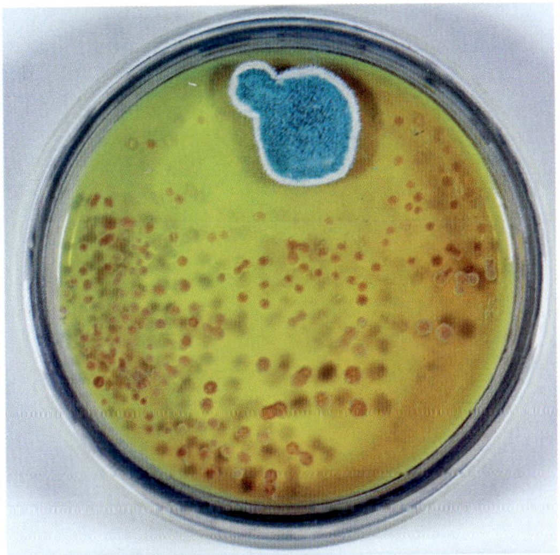

© The British Library Board/Leemage/Bridgeman Images/Easypix Brasil

Reprodução da placa de Petri do experimento do bacteriologista britânico Alexander Fleming (1881-1955). A penicilina, substância empregada no desenvolvimento dos primeiros antibióticos, foi descoberta por Fleming em 1928, ao observar que bactérias numa placa morriam ao contato com uma colônia de fungos do gênero *Penicillium*. Os antibióticos foram fundamentais para o desenvolvimento da medicina do século XX e a cura de diversas doenças.

A OMS e a Organização das Nações Unidas (ONU), associadas aos centros de pesquisa científica de vários países, definiram os objetivos prioritários para implementar medidas preventivas de controle da disseminação de doenças. Essas ações objetivam descobrir com rapidez os patógenos que surgem e acompanhar a evolução das doenças que causam, assim como buscar formas de combatê-las, por meio da criação de vacinas ou de aplicação de remédios já existentes.

Em 2005, com a finalidade de garantir o intercâmbio de informações entre a OMS e os países que a compõem, foi aprovado o Regulamento Sanitário Internacional (RSI), que tem o propósito de prevenir e controlar a propagação mundial de doenças e seus agentes causadores. Assim, foram definidas como ações prioritárias detectar e comunicar o nível de gravidade e a repercussão em saúde pública, se o evento é inesperado ou raro, o risco de propagação internacional e o risco de imposição de restrição a viagens de comércio.

Conceitos

Doença transmissível

É qualquer doença causada pela transmissão de um agente infeccioso específico ou de seus produtos tóxicos. Pode ser transmitida diretamente, por uma pessoa ou um animal infectado, ou indiretamente, por meio de um hospedeiro intermediário, de natureza vegetal ou animal, de um vetor ou do ambiente inanimado. Novas doenças transmissíveis podem ocorrer em razão de mudanças ou evolução dos organismos existentes.

Elas podem propagar-se por áreas que passam por mudanças ecológicas (por exemplo, desmatamento ou reflorestamento), que aumentam a exposição humana a insetos, animais ou fontes ambientais que abrigam agentes infecciosos novos ou não usuais.

Para fortalecer a vigilância em saúde internacional, todos os países-membros, incluindo o Brasil, assumiram o compromisso de cumprir as ações estabelecidas pelo RSI.

Essa vigilância é mais difícil nos países menos desenvolvidos. Neles, as desigualdades sociais são evidentes: o índice de pobreza é elevado, parte da população não tem acesso a serviços de saneamento básico e, geralmente, o sistema de saúde e a rede de assistência hospitalar são precários e deficientes.

No caso do Brasil, merece destaque o **Sistema Único de Saúde (SUS)**, sistema público e universal que garante atendimento gratuito a todos os cidadãos, independentemente da posição socioeconômica. É considerado referência internacional, apesar de suas enormes limitações orçamentárias, de suas carências e dificuldades políticas e administrativas.

As **conferências internacionais** também são importantes para o desenvolvimento das pesquisas científicas sobre doenças infecciosas. Esses encontros servem para comunicar e difundir informações e novos conhecimentos, apresentar diversos estudos em andamento sobre saúde e meio ambiente, além de reforçar a importância de unir esforços para combater essas doenças. Soma-se a isso a atuação conjunta de representantes de Estados com o propósito de debater as ações necessárias, assim como estabelecer metas e objetivos a serem alcançados para reduzir os efeitos das doenças na sociedade.

Instrumento de decisão para avaliação e notificação de eventos que podem constituir uma emergência de saúde de importância internacional

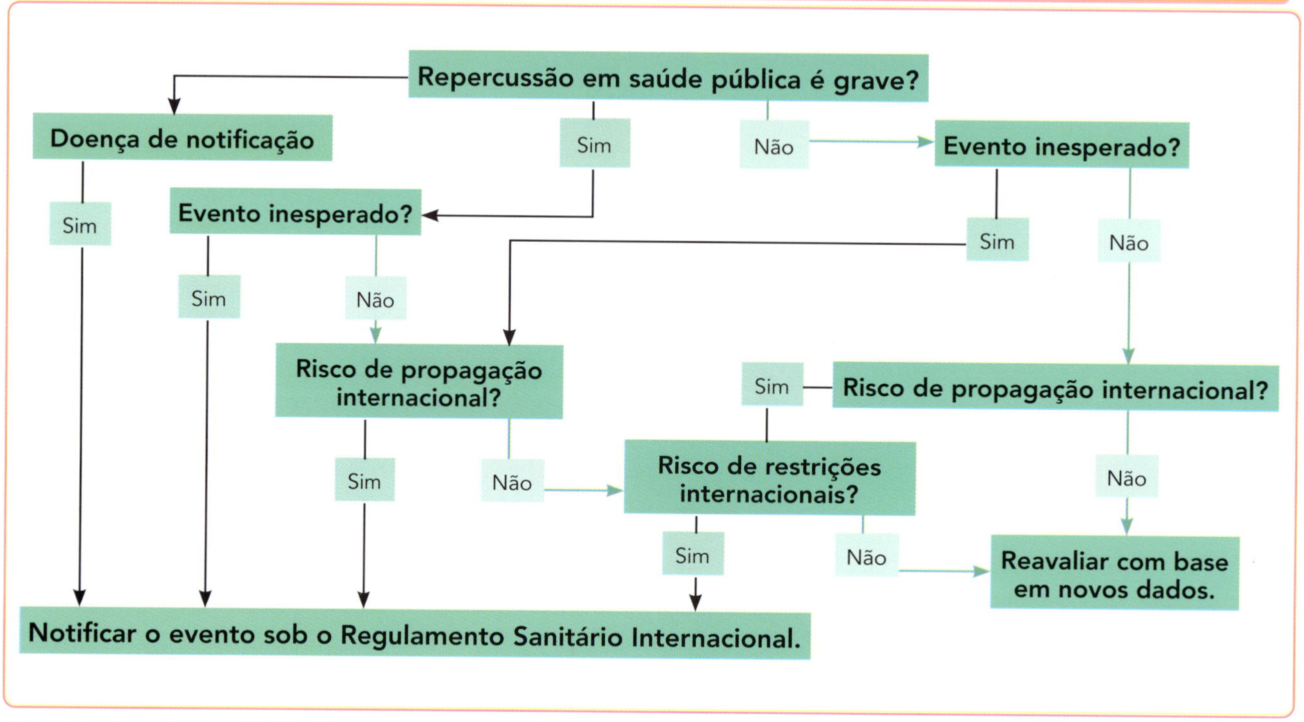

Fonte: elaborado com base em ORGANIZAÇÃO PAN-AMERICANA DA SAÚDE. *Módulo de princípios de Epidemiologia para o controle de enfermidades (Mopece)*. Módulo 4: vigilância em saúde pública. Brasília: Organização Pan-Americana da Saúde; Ministério da Saúde, 2010. p. 16. Disponível em: www.paho.org/bra/index.php?option=com_docman&view=download&category_slug=informacao-e-analise-saude-096&alias=952-modulos-principios-epidemiologia-para-controle-enfermidades-mopecemodulo-4-2&Itemid=965. Acesso em: 14 abr. 2022.

Atividade

5. Discutam o tema **organismos públicos de saúde** na região da escola ou de moradia, seja no bairro, seja na cidade. A conversa pode ser guiada pelas seguintes questões:

a) Como vocês avaliam o papel deles na pandemia recente? Eles foram atuantes na saúde do bairro?

b) Quais são as experiências vividas (suas, de familiares, amigos ou conhecidos) em tais centros de saúde e/ou hospitais?

c) É preciso melhorar o atendimento em tais locais? De que forma?

Conexões Ciências da Natureza e suas Tecnologias

Como são feitas as vacinas?

A forma mais comum de vacina é a injeção de formas enfraquecidas ou mortas dos microrganismos causadores de uma doença. Uma vez dentro do nosso corpo, esses antígenos induzem respostas imunológicas, gerando anticorpos. Dessa forma, se o indivíduo for infectado pelo **patógeno** ativo, seu corpo já terá a memória imune, ou seja, os anticorpos específicos para combater o invasor, evitando o desenvolvimento da doença.

> **Patógeno:** agente direta ou indiretamente causador de doença.

Em alguns casos, é injetada a toxina que certo microrganismo produz, causadora da doença, e a vacina atua em sua neutralização. Quando a doença se origina da quantidade do vírus no organismo, a vacina visa impedir sua multiplicação. As vacinas são produzidas de acordo com a ação do vírus no corpo e, por isso, são específicas para cada doença.

O princípio da vacinação consiste, portanto, em "ensinar" o sistema imunológico a combater a doença, por meio do uso controlado dos microrganismos causadores de doenças ou suas toxinas, de modo que ele saiba como se defender do patógeno.

No Brasil, temos um calendário nacional de vacinação que determina a vacina que deve ser tomada conforme cada idade. Todas podem ser encontradas na Unidade Básica de Saúde (UBS) mais próxima.

Governo Federal/Ministério da Saúde

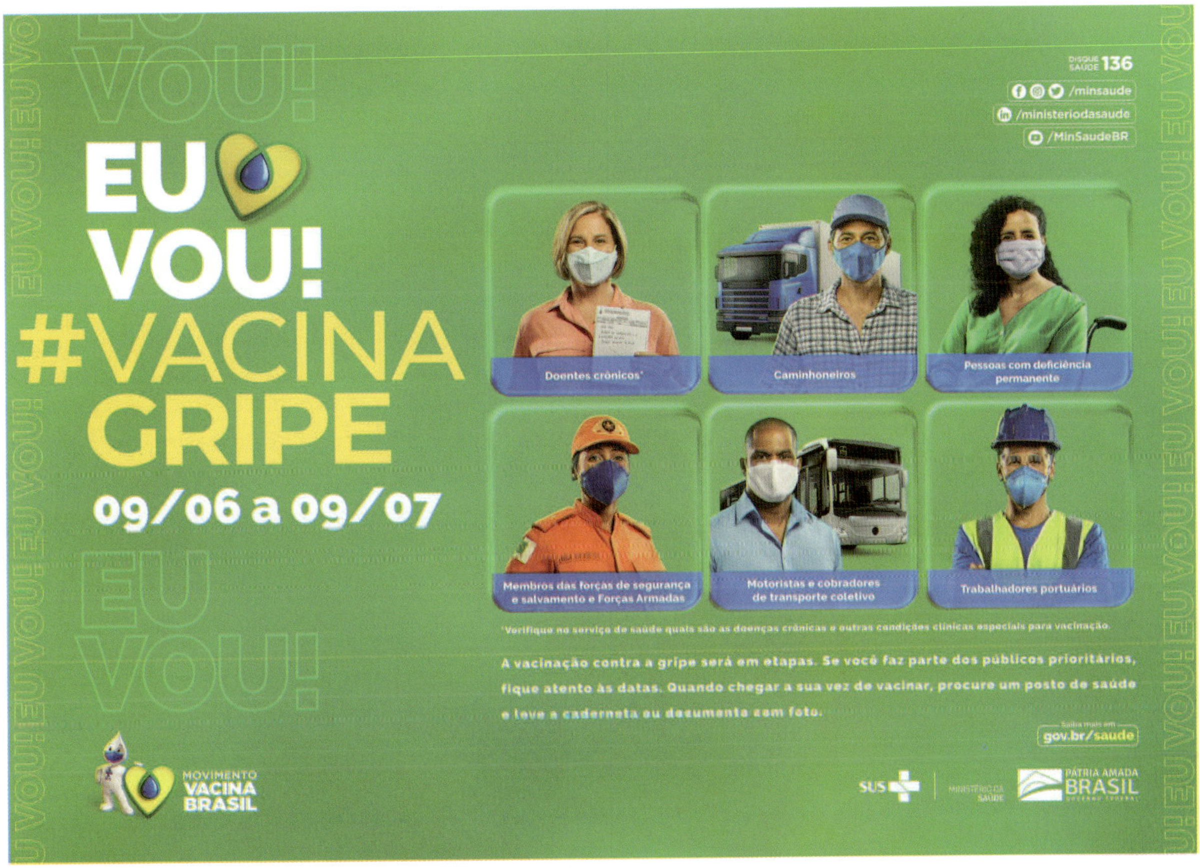

Cartaz de divulgação da campanha de vacinação do Sistema Único de Saúde (SUS).

1. Pesquise as vacinas que fazem parte do calendário nacional oficial e obtenha informações sobre seu histórico no país: quais são as faixas etárias para as quais são indicadas e outras informações relevantes sobre sua aplicação e seu efeito no organismo.
2. Elabore um pequeno texto dissertativo-argumentativo a respeito da importância da imunização em uma população tão grande, diversa e de diferentes perfis socioeconômicos como a brasileira. Para isso, escolha duas vacinas do calendário oficial e utilize-as como exemplos da relevância das campanhas de imunização pública.

Epidemias e pandemias na Antiguidade e na Idade Média

Difusão da peste negra – século XIV

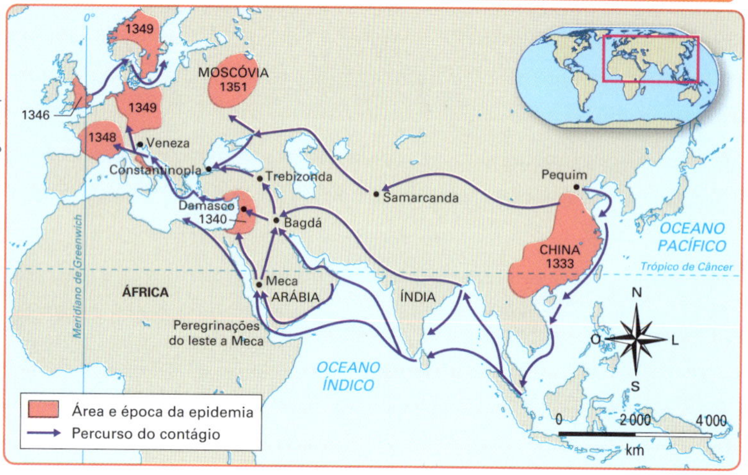

Elaborado com base em: PAOLUCCI, Silvio; SIGNORINI, Giuseppina. *Il Corso dela Storia*. Bolonha: Zanichelli, 1997. p. 382.

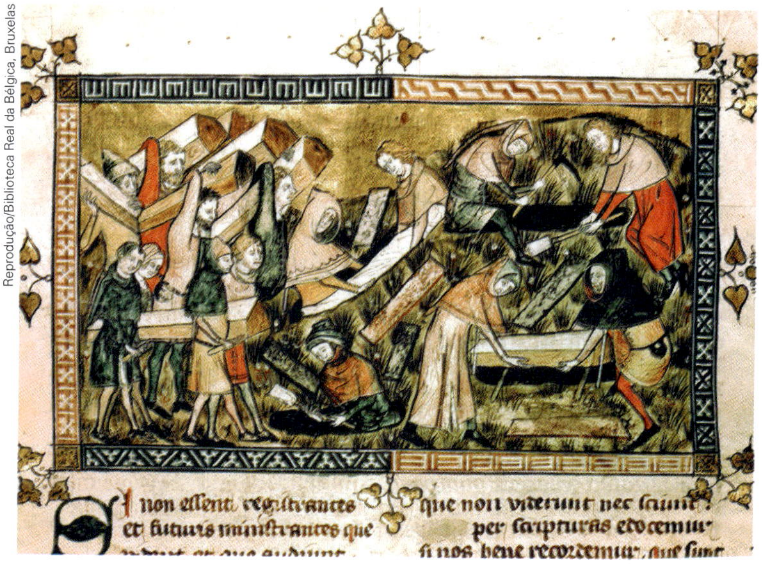

Representação de enterro das vítimas da peste negra na cidade de Tournai, França, em 1349, em pergaminho de autoria do abade Gille le Muisit (1272-1352).

Desde o final do século XX, avanços nas pesquisas sobre o DNA e o RNA dos microrganismos causadores de doenças ao ser humano permitiram traçar a trajetória da humanidade desde as primeiras migrações até os deslocamentos nos períodos históricos mais recentes, revelando informações valiosas sobre as infecções que acompanharam os seres humanos ao longo da história.

A disseminação de doenças, bastante limitada na época das comunidades agrárias, aumentou com o processo de urbanização, o crescimento populacional das cidades e a intensificação das relações comerciais. Consequentemente, as epidemias tornaram-se mais frequentes e letais.

As infecções, assim como os fenômenos da natureza, eram consideradas expressão da vontade divina pelos povos da Antiguidade. Peste e praga eram termos usados para doenças com elevado índice de mortalidade. São inúmeros os registros e relatos de pestes e pragas que assolaram civilizações clássicas, como a grega e a romana.

Já na Baixa Idade Média europeia, a maior epidemia foi a peste negra, também chamada de peste bubônica, uma **zoonose** altamente contagiosa transmitida por uma bactéria, mais tarde denominada *Yersinia pestis*, por meio da picada de pulgas de animais infectados, sobretudo, dos ratos em meio urbano.

A peste bubônica ficou conhecida como peste negra por causa das manchas escuras que surgem no corpo das pessoas que a contraem. Inchaço nas axilas, virilha e pescoço é outro sintoma da doença. Em meados do século XIV, quando as condições de higiene, alimentação e moradia eram precárias, a doença espalhou-se muito rápido, principalmente em contextos urbanos e nas regiões de rotas comerciais, e matou cerca de um terço da população europeia, num total estimado de 25 milhões de pessoas.

Zoonose: doença transmitida de animais a seres humanos, ou vice-versa.

Atividades

1. Observe o mapa "Difusão da peste negra – século XIV" acima e descreva a rota, pelas vias terrestre e marítima, dessa epidemia.
2. Pesquise informações sobre a difusão da doença e indique os motivos econômicos que explicam essa rota.

Epidemias e pandemias do século XV ao XXI

Colheitas ruins ou epidemias não raramente serviam de pretexto para perseguições àqueles que eram acusados de ter provocado as dificuldades enfrentadas, como acontecera na época da peste negra. Judeus, mouros, homens e mulheres acusados de praticar bruxaria, discordantes da religiosidade predominante (cristianismo), entre outros, eram perseguidos e tinham seus bens confiscados. Muitos foram queimados vivos nas fogueiras em praças públicas.

Europa: da conquista da América à industrialização

As Grandes Navegações, a partir do século XV, e a chegada dos europeus ao continente que denominaram América trouxeram também os agentes infecciosos que já haviam se espalhado pela Europa. Transportaram em suas embarcações vírus, bactérias e parasitas e retornaram às suas terras de origem levando outros. Por exemplo, entre os estudiosos, há um intenso debate sobre a origem da sífilis: surgiu na América em direção à Europa ou, do continente europeu, se disseminou pelo continente americano; indicadores apontam sua existência prévia no continente europeu, mas estudos genéticos destacam indícios de origem americana.

Vírus da varíola, do sarampo e da gripe chegaram ao litoral americano e se espalharam pelo interior, dizimando a população originária. A varíola foi especialmente desastrosa para a população local diante das conquistas chefiadas por Hernán Cortés (1485-1547), que destruiu o Império Asteca (na região do atual México) entre 1519 e 1521. O mesmo aconteceu com os incas, cujo império sucumbiu em 1572, sob o ataque comandado por Francisco Pizarro (1476-1541) e Diego Almagro (1475-1538), na região do atual Peru. Já a gripe, com a qual os nativos americanos não haviam tido contato e para a qual não tinham anticorpos, foi devastadora.

Na América portuguesa, a gravidade do contato dos indígenas com doenças para as quais não tinham anticorpos pode ser constatada nos escritos do padre Anchieta (1534-1597):

> No mesmo ano de 1562, por justos juízos de Deus, sobreveio uma grande doença aos índios e escravos dos portugueses e, com isto, grande fome, em que morreu muita gente, e dos que ficavam vivos muitos se vendiam e se iam meter por casa dos portugueses a se fazer escravos, vendendo-se por um prato de farinha [...]: foi tão grande a morte que deu neste **gentio**, que se dizia que entre escravos e índios forros morreriam 30 mil no espaço de dois ou três meses.
>
> ANCHIETA, José de. Cartas: informações, fragmentos históricos e sermões. In: ANCHIETA, José de. *Cartas Jesuíticas 3*. Belo Horizonte: Itatiaia; São Paulo: Edusp, 1988. p. 356.

Gentio: atribuição dada no século XVI ao conjunto de pessoas consideradas selvagens e não civilizadas.

Considerando os indígenas que vivem no território que hoje denominamos Brasil, essas doenças foram o primeiro impacto a provocar a queda demográfica das populações autóctones.

Desde o final do século XVIII, com a Revolução Industrial e seus desdobramentos, houve um imenso impulso no processo de urbanização. As cidades se expandiam com sistemas de esgoto e abastecimento de água ausentes ou inadequados, o que, então, favorecia a proliferação de agentes infecciosos em meio ao lixo, dejetos e rios poluídos, disseminando surtos de doenças.

Alamy/Fotoarena

Planta da Tenochtitlán do século XVI. A ilustração foi atribuída ao conquistador Hernán Cortés como parte de sua segunda carta a Carlos V (1500-1558), então imperador do Sacro Império Romano-Germânico. A capital asteca foi construída em uma ilha do lago Texcoco, com vários caminhos que ligavam a cidade ao continente. As estimativas de sua população variam bastante, entre 80 mil e 500 mil habitantes.

Em contrapartida, especialmente nas últimas décadas do século XIX, o avanço das pesquisas científicas resultou na descoberta de que as doenças infecciosas eram causadas por bactérias, parasitas, fungos e vírus, o que possibilitou ações mais eficazes contra as doenças.

No caso do Brasil, por exemplo, foi somente no início do século XX, diante do conhecimento de que era um mosquito (*Aedes aegypti*) que transmitia a febre amarela, que se empreenderam campanhas de combate para erradicar os focos de reprodução dos mosquitos.

Séculos XX e XXI – tempos de mais epidemias

Library of Congress/Interim Archives/Getty Images

Enfermeiras da Cruz Vermelha trabalham durante a epidemia da gripe espanhola em 1918, no Missouri (Estados Unidos). Assim como aconteceu em 2020, as máscaras de tecido – proteção facial que atua como barreira física contra vírus – foi usada não só por profissionais de saúde, mas também pela população para evitar a contaminação.

Outra grande enfermidade que se espalhou no final da segunda década do século XX ficou conhecida como **gripe espanhola** ou *influenza hespanhola*. Essa doença não surgiu na Espanha, mas este foi o país que primeiro a identificou e difundiu a notícia da gripe. Uma das hipóteses atuais é de que ela se originou nos Estados Unidos e foi propagada pelos soldados enviados à Europa na Primeira Guerra Mundial (1914-1918). Contou com grandes navios para se alastrar e alcançou quase todas as regiões do planeta.

No Brasil, a *influenza* se disseminou tendo como ponto de partida o navio inglês SS Demerara em setembro de 1918, cuja tripulação contaminada e com muitos doentes a bordo passou pelos portos de Recife, Salvador e Rio de Janeiro. Estima-se que, nesta última, mais de 60% da população foi infectada. A pandemia matou em todo o mundo entre 20 milhões e 50 milhões de pessoas e teve centenas de milhões de infectados.

Com um século de distância, são várias as semelhanças com a pandemia do novo coronavírus, como corrida às farmácias e aos mercados. Outra semelhança foi a subestimação da gravidade da doença, acreditando-se, erroneamente, que infectava principalmente as pessoas mais idosas.

Durante o século XX e início do século XXI, o conhecimento científico avançou ainda mais, assim como a globalização de doenças infecciosas. De um lado, foram ampliados os meios para limitar os danos de diversas doenças, contando com o emprego em larga escala da penicilina e outros antibióticos a partir da década de 1940 e, mais tarde, com a disseminação de vacinas contra várias doenças, entre outras ações. De outro lado, as viagens internacionais aéreas, possibilitando alcançar qualquer lugar do planeta em poucas horas, têm permitido o contato com microrganismos desconhecidos de áreas remotas e rápidos contágios.

Atividades

1. Levantem dados a partir de uma pesquisa na internet sobre a gripe espanhola no Brasil e compartilhem, em uma roda de conversa, as informações que conseguiram encontrar.
2. Há possíveis comparações com a pandemia da covid-19? As orientações dadas pelos órgãos de saúde e os cuidados adotados pela população eram similares?
3. Quais cuidados pessoais vocês costumam fazer uso para evitar a contaminação da covid-19?

Uma das grandes epidemias urbanas das últimas décadas foi a **dengue**. Esta decorreu da disseminação do mosquito *Aedes aegypti* contaminado, responsável também pela transmissão de zika e chikungunya, bem como da febre amarela. No Brasil, mais de 3 milhões de casos de dengue foram notificados desde 1986 e, no mundo, são estimados mais de 390 milhões. Contra a dengue que se espalhou por todo o país, são insistentes as recomendações de contenção, combatendo a reprodução de mosquitos vetores das doenças.

Uma das doenças emergentes mais letais do século XX foi a **aids**. Causada pelo vírus HIV (sigla, em inglês, de vírus da imunodeficiência humana), ao que se sabe, teve origem nas regiões centrais africanas, decorrente de vírus mutantes que circulavam entre primatas. Avançou intensamente entre africanos na década de 1960 e, na década seguinte, alcançou a América, disseminando-se pelos Estados Unidos e por outros países.

Segundo o **Master's in Public Health**, publicação especializada em saúde pública, o número de mortos vitimados pela aids foi estimado em 36 milhões desde 1981 (cujo auge se deu entre 2005 e 2012); calcula-se que mais de 31 milhões de pessoas sejam portadoras de HIV, a maioria na África subsaariana (cerca de 21 milhões). Seu contágio pode ocorrer por relações sexuais sem uso de preservativo, por compartilhamento de objetos cortantes ou perfurantes contaminados (agulhas, alicates, etc.) e, mais raramente, por transfusão de sangue.

Outro destaque de surto epidêmico do século XX, que continua sendo uma ameaça, é a doença provocada pelo vírus ebola. Descoberta em 1976, nas proximidades do rio Ebola (daí o nome), no antigo Zaire, hoje República Democrática do Congo, a doença se disseminou principalmente na África subsaariana, ocasionando surtos esporádicos. É considerado um dos vírus mais letais que se conhece, com uma taxa de mortalidade que pode chegar a 90%, o que limita sua maior propagação. Ainda não existe tratamento específico ou vacina para o ebola, o que dificulta ações mais efetivas. Em fevereiro de 2019, a organização Médicos Sem Fronteira (MSF) manifestou preocupação com o crescimento de casos da epidemia de ebola na República Democrática do Congo. O surto iniciado em 2018 havia contaminado mais de 1 200 pessoas, com 760 mortes, e, em 2019, novos casos foram notificados. Não há registros de casos do ebola no Brasil.

Master's in Public Health. Outbreak: 10 of the worst pandemics in history. *MPH Online*, 2020. Disponível em: www.mphonline.org/worst-pandemics-in-history/. Acesso em: 18 maio 2022.

Saiba +

Dengue e dengue grave. Organização Pan-Americana da Saúde (Opas). Disponível em: https://www.paho.org/pt/topicos/dengue. Acesso em: 18 maio. 2022.

Página com informações esclarecedoras sobre a contaminação pelo mosquito vetor da dengue.

Profissionais da organização de ajuda humanitária Médicos Sem Fronteiras (MSF) na cidade de Masisi (República Democrática do Congo), 2019.

Alexis Huguet/AFP

Pandemia da covid-19

No início do ano 2020, o mundo mergulhou numa nova pandemia de rápida expansão, a covid-19, causada por um novo tipo de coronavírus. Ao que tudo indica, é mais uma pandemia que pode ser seguida por outras. Há um século, na época da gripe espanhola, as sociedades eram muito desiguais, o que favorecia a distribuição desproporcional dos efeitos quanto a contágios, mortes e dificuldades econômicas. Os mais pobres eram os mais atingidos. E nesta primeira pandemia global do século XXI, sob esse aspecto, até se ampliou, porque a população mundial é muito maior e há profundas desigualdades socioeconômicas e grandes aglomerações urbanas.

O Brasil, assim como muitos outros países em desenvolvimento, com suas imensas favelas insalubres e sem saneamento básico, condições de higiene e alimentação precárias e enorme densidade demográfica, transformou-se em palco de imensas taxas de contaminação, levando o atendimento hospitalar ao limite de sua capacidade.

Podemos dizer que, mesmo depois de tantas epidemias, não nos preparamos adequadamente, no nível mundial nem no nacional, com investimentos suficientes para esses enfrentamentos. Não faltam tecnologias e meios para avançar em conhecimentos especialmente na priorização da área das ciências, das pesquisas e de sua aplicação a fim de buscar diminuir significativamente impactos epidêmicos como os da covid-19.

Nelson Antoine/Shutterstock

No Brasil, a vacinação contra a covid-19 teve início em 17 de janeiro de 2021 por grupos prioritários. A vacina tem-se mostrado fundamental para a diminuição de casos graves e de óbitos. Na foto, idosos usando máscaras aguardam para serem vacinados, na cidade de São Paulo (SP), em 9 de fevereiro de 2021.

Andressa Anholete/Getty Images

Profissionais da saúde se manifestam em homenagem aos colegas de profissão que morreram de covid-19, em Brasília (DF), 2020.

Não é diferente no Brasil, onde os profissionais da saúde estão à frente no combate à doença, atendendo os contaminados e os demais pacientes em um momento de sobrecarga do sistema. Um dos grupos que foram mais expostos aos vírus, com suporte muitas vezes precário no exercício de seu trabalho, os profissionais da saúde apresentaram alta taxa de contaminação e foram parte significativa das vítimas da pandemia.

Ficam pendentes para a sociedade e para os indivíduos a cobrança das mudanças necessárias no modo de conduzir a saúde pública e a gestão do meio ambiente para evitar ou minimizar os desdobramentos negativos para a sociedade.

Saiba +

Painel da OMS sobre a coronavírus (covid-19). Disponível em: https://covid19.who.int/. Acesso em: 18 maio. 2022.

Site da Organização Mundial da Saúde (OMS) que fornece, por meio de mapas e gráficos interativos, dados em constante atualização sobre a situação da pandemia da covid-19 em todo o mundo.

Atividade

4. Reflitam sobre o papel dos profissionais da saúde.

a) O que vocês pensam sobre a atuação desses profissionais no contexto da pandemia da covid-19? Apontem aspectos positivos e negativos.

b) Vocês acreditam que eles tiveram suporte adequado para enfrentar a pandemia?

c) O que é necessário para que os profissionais da saúde estejam preparados para atender às exigências da saúde pública?

Diálogos

Leia um trecho do artigo do historiador e professor Luiz Marques a respeito da pandemia e a crise ambiental e faça as atividades propostas.

A pandemia incide no ano mais importante da história da humanidade. Serão as próximas zoonoses gestadas no Brasil?

[...] Na última década, as megacidades da Ásia do leste, principalmente na China, têm sido o principal "**hotspot**" de infecções **zoonóticas**. Não por acaso. Esses países estão entre os que mais perderam cobertura florestal no mundo em benefício do sistema alimentar carnívoro e globalizado.

[...] No Brasil, a remoção de mais de 1,8 milhão de km^2 da cobertura vegetal da Amazônia e do Cerrado nos últimos cinquenta anos, para converter suas magníficas paisagens naturais em zonas fornecedoras de carne e ração animal, em escala nacional e global, representa o mais fulminante **ecocídio** jamais perpetrado pela espécie humana.

[...] O caos ecológico produzido pelo desmatamento [...] da área original da floresta, pela degradação do tecido florestal [...] e pela grande concentração de bovinos na região cria as condições para tornar o Brasil um "*hotspot*" das próximas zoonoses. Em primeiro lugar porque [...] entre os morcegos brasileiros, cujo habitat são sobretudo as florestas (ou o que resta delas), circulam pelo menos 3.204 tipos de coronavírus. Em segundo lugar porque [...] o grupo taxonômico dos Artiodactyla (de casco fendido), ao qual pertencem os bois, hospedam, juntamente com os primatas, mais vírus, potencialmente zoonóticos, do que seria de se esperar entre os grupos de mamíferos, incluindo os morcegos.

[...] a pandemia intervém no momento em que o aquecimento global e todos os demais processos de degradação ambiental estão em aceleração. [...] não é mais plausível esperar, passada a pandemia, um novo ciclo de crescimento econômico global e ainda menos nacional. Se algum crescimento voltar a ocorrer, ele será **conjuntural** e logo truncado pelo caos climático, ecológico e sanitário. [...] Não são mais atuais, portanto, em 2020, as variadas agendas desenvolvimentistas, típicas dos embates ideológicos do século XX. [...] Sobreviver requer, hoje, lutar por algo muito mais ambicioso. [...] Supõe redefinir o próprio sentido e finalidade da atividade econômica, vale dizer, em última instância, redefinir nossa posição como sociedade e como espécie no âmbito da biosfera.

Hotspot: áreas com grande biodiversidade que sofreram grande perda da cobertura vegetal.

Zoonótica: relativo à zoonose.

Ecocídio: destruição do ambiente planejada em larga escala ou exploração sistemática de recursos não renováveis.

Conjuntural: que depende de certo contexto, geralmente uma situação de curto prazo.

MARQUES, Luiz. A pandemia incide no ano mais importante da história da humanidade. Serão as próximas zoonoses gestadas no Brasil? *Unicamp*, 5 maio 2020. Disponível em: www.unicamp.br/unicamp/noticias/2020/05/05/pandemia-incide-no-ano-mais-importante-da-historia-da-humanidade-serao-proximas. Acesso em: 14 abr. 2022.

1. Segundo o autor, quais regiões brasileiras estão propensas a se tornarem *hotspots* de novas pandemias? Por quê?
2. Quais especificidades tornam a expansão indiscriminada da pecuária de bovinos um risco ainda maior para o surgimento de pandemias no Brasil?
3. Proponha pelo menos três resoluções que contribuiriam para redefinir as práticas socioeconômicas, considerando os impasses apresentados no texto. Compartilhe suas ideias com a sua turma, em uma discussão coletiva.

Andre Dib/Pulsar Imagens

Criação ilegal de cabeças de gado na terra indígena Uru-eu-wau-wau em Governador Jorge Teixeira (RO), 2019. Nas últimas décadas, grandes áreas da cobertura vegetal do país têm sido desmatadas para a pecuária e a monocultura.

A natureza como recurso

Natureza é uma palavra de uso comum, mas cujo conceito é bastante complexo, como veremos a seguir. Outros dois conceitos que muitas vezes são utilizados como sinônimos entre si ou ainda de natureza, mas têm significados diferentes, são **ambiente** e **meio ambiente**.

A **natureza**, do latim *natura* (palavra composta da junção de *natus*, particípio passado do verbo *nascere*, e *urus*, que significa "a força que gera"), pode ser pensada como uma força que gera objetos animados e inanimados, independentemente da ação humana ou de sua consciência.

Cultura e natureza

Tudo que existe e não foi produzido pelo ser humano faz parte da natureza. Nesse sentido, natureza opõe-se à cultura, à construção humana, que vem da raiz latina *colere* ("cultivar"). Em sentido antropológico, cultura define o conjunto das representações e dos comportamentos, assim como de obras, instituições, técnicas, tecnologias e tradições cultivadas, produzidas por um grupo social. A palavra **cultura** também é muito utilizada, mais próxima de seu sentido etimológico, em agricultura, atividade que visa cultivar o solo para gerar diversas espécies de plantas; daí se falar em cultura de trigo, de milho, de feijão, de hortaliças, etc.

Alguns especialistas defendem que não existe a natureza em si, pois ela é sempre pensada pelo **homem** (entendido, em sentido antropológico, como sinônimo de **espécie humana, de ser humano**, como aparecerá ao longo desta unidade, inclusive em textos de outros autores). Outros argumentam que a natureza existe independentemente da consciência do ser humano e, quando este pensa sobre ela, a conhece e a explora, transforma-a em **ambiente**. Assim, o ambiente, a natureza conhecida pelo homem, é formado por elementos como climas, rochas, solos e águas, que sustentam a vida animal e a vida vegetal, e é composto do conjunto de **meios ambientes** do próprio ser humano e das diversas espécies conhecidas por ele.

Ambiente tem um caráter mais abrangente, é toda a natureza conhecida; **meio ambiente** tem um caráter mais restrito, refere-se ao meio no qual vive determinada espécie. Assim, podemos falar em meio ambiente das onças do Pantanal, meio ambiente dos leões da Savana, meio ambiente das minhocas de determinado solo e, por fim, em meio ambiente humano. Os meios ambientes são compartilhados por diversas espécies, e o ser humano é responsável por transformar não apenas o próprio meio ambiente, mas também o de outros seres vivos.

Andre Dib/Pulsar Imagens

Indígena da etnia Uru-eu-wau-wau, autodenominados Jupaú, colhendo milho em terra indígena. Governador Jorge Teixeira (RO), 2019.

A história da natureza é contada pela humanidade, a própria concepção é uma criação humana e, portanto, vem mudando com o passar do tempo. Durante a maior parte da história, os seres humanos e a natureza compunham a mesma trama. Homens e mulheres primitivos não se viam separados da natureza, mas como parte dela. Enquanto era caçador-coletor, o ser humano retirava da natureza somente aquilo de que precisava para sua subsistência. Quando se tornou agricultor, passou a cultivar a terra para produzir alimentos para sua subsistência. Em nenhum dos dois casos via a natureza como fonte de lucro, como ocorre na maioria das sociedades modernas.

Atualmente, a natureza tem significados diferentes, dependendo da pessoa ou do grupo social que a observa ou pensa sobre ela. Para um madeireiro, a natureza, a floresta, é fonte de madeira; para um empresário do setor de mineração, a natureza, o subsolo, é fonte de minérios; para um cientista ou ambientalista, a natureza, em sentido amplo, é objeto de conservação em razão de seus serviços ambientais; para um indígena que tenha preservado sua cultura, a natureza é sua fonte de sobrevivência e o espaço simbólico onde estão seus ancestrais e suas divindades.

Diferentes concepções de natureza

Leia um trecho do clássico discurso de Seattle (1786-1866), cacique dos Duwamish, feito para Isaac Stevens, então governador do estado de Washington (Estados Unidos), em 1856, diante da proposta de compra das terras indígenas de seu povo. Hoje, a maior cidade do estado de Washington chama-se Seattle, em homenagem a ele.

Alan/Flickr/Frye Art Museum, Seattle, EUA.

Cacique Seattle, de Henry Rashen (1854-1937), 1916. Museu de Arte Frye, Seattle (Estados Unidos).

Discurso de Seattle

O Grande Chefe de Washington mandou dizer que deseja comprar nossa terra. [...] Tal ideia é estranha para nós. Se não somos donos da pureza do ar ou do respledor da água, como então podes comprá-los? Cada torrão desta terra é sagrado para o meu povo. Cada folha reluzente de pinheiro, cada praia arenosa, cada véu de neblina na floresta escura, cada clareira e inseto a zumbir são sagrados nas tradições e na consciência do meu povo. A seiva que circula nas árvores carrega consigo as recordações do homem vermelho. O homem branco esquece a sua terra natal, quando, depois de morto, vai vagar por entre as estrelas. Os nossos mortos nunca esquecem esta formosa terra, pois ela é mãe do homem vermelho. [...] Portanto, quando o Grande Chefe de Washington manda dizer que deseja comprar nossa terra, ele exige muito de nós. [...] O ar é precioso para o homem vermelho, porque todas as criaturas participam da mesma respiração, os animais, as árvores e o ser humano. Todos participam da mesma respiração. O homem branco não parece perceber o ar que respira. Como um moribundo em prolongada agonia, ele é insensível ao ar fétido. Mas se te vendermos nossa terra, terás de te lembrar que o ar é precioso para nós, que o ar reparte o espírito com toda a vida que ele sustenta. [...] Assim, pois, vamos considerar tua oferta de compra de nossa terra. Se decidirmos aceitar, farei uma condição: o homem branco deve tratar os animais desta terra como se fossem seus irmãos. [...] Porque tudo o que acontece aos animais, logo acontece também ao homem. Tudo está relacionado entre si. [...] Ensina a teus filhos o que temos ensinado aos nossos: que a terra é nossa mãe. Tudo quanto fere a terra, fere os filhos e filhas da terra. Se os homens cospem no chão, cospem sobre eles próprios. De uma coisa sabemos: a terra não pertence ao homem. É o homem que pertence à terra. Disto temos certeza. Todas as coisas estão interligadas como o sangue que une uma família. Tudo está relacionado entre si. O que fere a terra fere, também, os filhos e as filhas da terra. Não foi o homem que teceu a trama da vida: ele é meramente um fio da mesma. Tudo o que fizer à trama, a si mesmo fará. [...]

DISCURSO de Seattle, 1856. Disponível em: https://wp.ufpel.edu.br/direitosdosanimais/files/2017/02/Discurso-de-Seattle.pdf?file=2017/02/Discurso-de-Seattle.pdf. Acesso em: 14 abr. 2022.

Atividades

1. Aponte a principal diferença entre a relação sociedade-natureza dos Duwamish e das sociedades tecnológicas atuais.
2. O que você depreende desta frase: "[...] a terra não pertence ao homem. É o homem que pertence à terra."? Que outra palavra poderia ser utilizada no lugar de "terra"?
3. Relacione a fala do cacique Seattle com a realidade ambiental atual. Há algum alerta que ele tenha feito que deva ser considerado?

A separação entre o homem e a natureza é uma construção relativamente recente na história humana. Os gregos, por exemplo, viam a natureza como algo externo à humanidade e em benefício dela. Aristóteles (385 a.C.-323 a.C.), por exemplo, define a natureza (*phisys*, em grego) como tudo aquilo que não for produto do homem, mas também como o substrato do qual as coisas são feitas. Para ele, na natureza, todas as coisas têm o seu lugar.

Andriy Blokhin/Shutterstock

Turistas no Parque Nacional de Skaftafell (Islândia), 2018. Com a intensificação do modo de vida urbano, cresce a procura pelo contato com a natureza em práticas de lazer e turismo. A ideia de que a natureza é aquilo que está fora da esfera do humano remonta à antiguidade clássica e às concepções greco-romanas.

No entanto, foi a partir do século XVI, com os autores racionalistas, dentre os quais se destacam o filósofo inglês Francis Bacon (1561-1626) e o filósofo e matemático francês René Descartes (1596-1650), que a separação entre o homem e a natureza se intensificou. Eles tinham uma visão mecanicista da natureza e, dessa forma, contribuíram para ampliar essa separação e aumentar o poder humano sobre ela. Para Bacon, o conhecimento filosófico tinha como finalidade servir ao ser humano e dar-lhe poder sobre a natureza. Para Descartes, a natureza seria uma máquina perfeita sujeita às leis mecânicas e, assim, poderia ser descrita objetivamente.

Com base nessas ideias racionalistas e mecanicistas e, sobretudo, com os avanços tecnológicos a partir da Primeira Revolução Industrial, a natureza passou, cada vez mais, a ser vista como um recurso disponível para servir ao ser humano. Com isso, foi aumentando a exploração da natureza pelas sociedades humanas e, ao mesmo tempo, seu distanciamento dela, na medida em que cada vez mais passam a viver num meio ambiente construído.

Vale lembrar que, atualmente, o hábitat humano por excelência, a cidade, é um meio ambiente muito transformado pelo trabalho. Segundo a publicação World Cities Report 2020 da UN-Habitat, naquele ano, 56,2% da população mundial era urbana; nos países de alta renda, essa taxa atingiu 81,9%. Tudo o que existe na cidade, mesmo os objetos artificiais, teve origem na natureza. O cimento, os tijolos, o asfalto, o ferro, os plásticos, etc., tudo isso é feito a partir de recursos naturais, isto é, a natureza transformada pelo trabalho humano. A expansão das atividades humanas só pode ter como resultado o aumento do consumo de recursos naturais, com todos os efeitos decorrentes disso.

O aumento do ritmo de transformação da natureza tem provocado crescentes desequilíbrios nos ecossistemas terrestres, causando diversos tipos de impactos ambientais. Além disso, cada vez mais essas interferências humanas têm causado impactos sociais. Como disse o cacique Seattle: "Tudo está relacionado entre si. [...] O que fere a terra fere, também, os filhos e as filhas da terra". Por isso, para destacar essa inseparabilidade, muitos especialistas da área no Brasil têm utilizado também a expressão **impactos socioambientais**.

T photography/Shutterstock

A mineração está entre as atividades que geram maiores impactos ambientais no planeta. A imagem mostra parte da cratera escavada por uma das maiores minas de cobre a céu aberto do mundo, Chuquicamata, em Calama (Chile). A mina possui cerca de 900 metros de profundidade, 4,5 km de comprimento e 3,5 km de largura. O cobre tem vários usos industriais: é muito usado na fabricação de ligas, como latão e bronze, de canos de gás e água quente, e sobretudo de fios e cabos elétricos.

Atividade

4. O que é natureza para você? Nós, humanos, somos ou não parte da natureza? Dê exemplos para justificar uma ou outra posição. Você concorda que houve um distanciamento entre o ser humano e a natureza? Dê exemplos.

Exploração dos recursos naturais e impactos ambientais

A palavra **recurso** nos remete à ideia de riquezas ou de bens dos quais podemos dispor. Então, quando falamos em recursos naturais, pensamos em riquezas oferecidas pela natureza das quais o ser humano pode dispor para satisfazer suas necessidades de sobrevivência. Nos primórdios da humanidade, essas necessidades eram básicas, praticamente apenas abrigo e alimento.

Com o passar do tempo, e especialmente com o advento das revoluções industriais, essas necessidades foram se expandindo. Atualmente, as sociedades humanas, ou parte dela que tem renda suficiente para isso, consomem muito além de sua necessidade de sobrevivência. Hoje prevalece um consumismo que gera cada vez mais pressão sobre os recursos naturais, causando crescentes impactos no ambiente e na sociedade. Por isso, cresce a noção de que os recursos naturais devem ser utilizados de forma equilibrada e sustentável.

Os recursos naturais podem ser classificados em **renováveis**, isto é, aqueles que se renovam na natureza, como a radiação solar, os ventos e as águas, ou que podem ser reproduzidos pelo ser humano, como os produtos agrícolas, os quais podem ser utilizados para a alimentação humana e animal, produção de matérias-primas e de energia. Também podem ser classificados como **não renováveis**, isto é, aqueles que não se renovam na natureza (ou se renovam no tempo geológico) e por isso podem se esgotar definitivamente, como é o caso do petróleo, do solo, do carvão mineral e de muitos tipos de minérios. Atualmente, com o objetivo de destacar a importância do uso responsável e sustentável dos recursos da natureza, muitos os têm chamado de **recursos ambientais**. Esse termo dá maior ênfase à importância da conservação dos recursos naturais.

Há diversas formas de utilizar os recursos naturais com base no **extrativismo**, especialmente o mineral, feito em escala industrial, por isso chamado de indústria extrativa, e na **agricultura**, que se utiliza dos solos e de água para produzir alimentos e matérias-primas. Vejamos a seguir essas duas formas de aproveitamento dos recursos naturais.

Saiba+

Classificação Nacional de Atividades Econômicas (CNAE) – IBGE. Disponível em: https://concla.ibge.gov.br/busca-online-cnae.html?view=estrutura. Acesso em: 14 abr. 2022.

Para saber mais sobre a classificação de atividades econômicas, consulte as seções e subseções da CNAE no *site* da Comissão Nacional de Classificação (Concla) do IBGE.

Extrativismo mineral

Segundo a Classificação Nacional de Atividades Econômicas (CNAE) do Instituto Brasileiro de Geografia e Estatística (IBGE), todas as atividades desenvolvidas na economia brasileira estão agrupadas em 21 grandes categorias. As atividades primárias estão classificadas em **A** – agricultura, pecuária, produção florestal, pesca e aquicultura – e as atividades secundárias em **B** – indústrias extrativas – e em **C** – indústrias de transformação.

Todo ano, a indústria extrativa retira milhões de toneladas de recursos minerais do subsolo do planeta. O minério de ferro é a principal matéria-prima para a produção de aço, material muito utilizado em diversas indústrias de transformação e da construção civil. O petróleo ainda é a principal fonte de energia do mundo, e seus derivados – gasolina, *diesel*, querosene, etc. – são queimados nos transportes e nas indústrias, além de servir de matéria-prima para diversos produtos fabricados pelas indústrias petroquímicas.

Copernicus Sentinel Data 2017/Orbital Horizon/Gallo Images/Getty Images

Exploração de minério de ferro na serra dos Carajás, no sul do estado do Pará, 2017.

Mundo: maiores produtores de minério de ferro – 2020

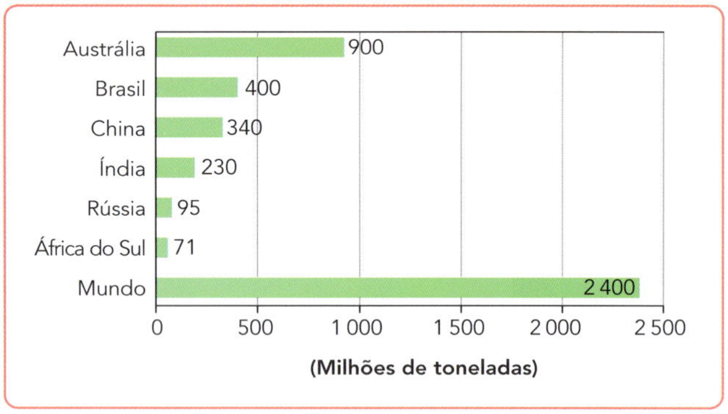

Fórmula Produções/Arquivo da editora

Fonte: elaborado com base em U.S. GEOLOGICAL SURVEY. *Mineral Commodity Summaries*, January 2021. Disponível em: https://pubs.usgs.gov/periodicals/mcs2021/mcs2021-iron-ore.pdf. p. 2. Acesso em: 14 abr. 2022.

Mundo: maiores produtores de petróleo – 2020

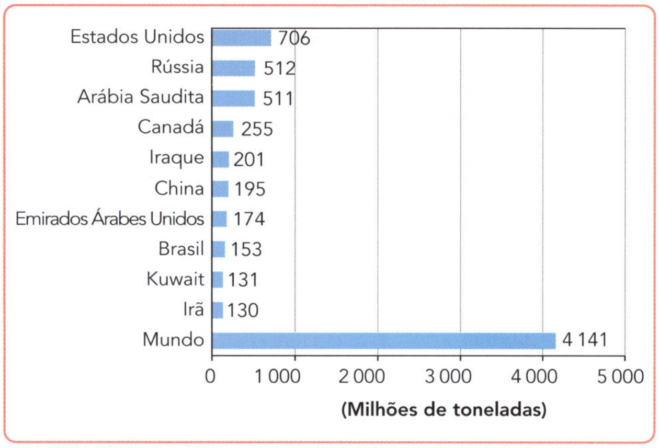

Fórmula Produções/Arquivo da editora

Fonte: elaborado com base em IEA. *Key World Energy Statistics*, 2021. Disponível em: https://www.iea.org/reports/key-world-energy-statistics-2021/supply#oil. Acesso em: 14 abr. 2022.

A indústria extrativa causa muitos impactos socioambientais durante a exploração dos recursos, em razão dos **desmatamentos**, da **retirada de povos autóctones**, da **poluição química** e do **assoreamento** de rios e lagos, além da **intensa modificação na paisagem natural**. No caso da exploração de minério de ferro, esta é uma das atividades extrativistas de maior impacto socioambiental.

O Brasil é o segundo produtor mundial dessa *commodity* e, atualmente, as regiões de maior produção nacional são as minas da **serra dos Carajás** (PA), em meio à Floresta Amazônica, onde também são encontrados outros minerais metálicos não ferrosos, como níquel, cobre e ouro, e o **Quadrilátero Ferrífero** (MG), que está em uma região montanhosa e de grande adensamento populacional e, por isso, sujeita a desastres socioambientais mais intensos.

Em 2015, houve o rompimento da barragem do Fundão, formada por rejeitos de mineração de ferro da empresa Samarco S.A. (pertencente à brasileira Vale S.A. e à anglo-australiana BHP Billiton), em Mariana (MG). O vazamento desses rejeitos é considerado o maior desastre ambiental da história do país. Foi responsável pelo lançamento de mais de 40 milhões de metros cúbicos de "lama" tóxica no rio Doce e pela morte de dezenove pessoas.

2015 DigitalGlobe/Google Earth

Imagem de satélite do distrito de Bento Rodrigues, em Mariana (MG), antes do rompimento da barragem, ocorrido em 5 de novembro de 2015.

2015 DigitalGlobe/Google Earth

Imagem de satélite do distrito de Bento Rodrigues, em Mariana (MG), depois do rompimento da barragem.

Em 2019, a história se repetiu, agora na barragem da Mina Córrego do Feijão, em Brumadinho (MG). Essa barragem também acumulava rejeitos da mineração de ferro da empresa Vale S.A., a maior mineradora do Brasil e uma das maiores do mundo. Embora tenha poluído o rio Paraopeba com cerca de 10 milhões de metros cúbicos de rejeitos, esse desastre teve menores impactos ambientais que o desastre anterior, porém maior impacto social, com a morte de 270 pessoas.

Atividades

1. Quais são os maiores produtores mundiais de minério de ferro e de petróleo?

2. Desenvolva uma pesquisa na internet e responda: Esses países são os maiores consumidores e/ou exportadores desses recursos? Qual é a posição do Brasil?

Extrativismo vegetal

O extrativismo vegetal está classificado na categoria "A", segundo a CNAE do IBGE, assim como a agricultura. A atividade consiste na extração de produtos vegetais encontrados na natureza e que não foram cultivados pelo ser humano. Quando isso é feito sem controle, de forma insustentável, pode causar grandes impactos ambientais – **mudanças climáticas**, **perda de biodiversidade**, **erosão** dos solos, **assoreamento** de rios, entre outros –, como vem acontecendo nas Florestas Tropicais, sobretudo na Amazônia.

A primeira consequência do desmatamento é o comprometimento da biodiversidade, por causa da diminuição ou, algumas vezes, da extinção de espécies vegetais e animais, muitas delas ainda nem descobertas e estudadas.

Espécies endêmicas: espécies animais ou vegetais que ocorrem exclusivamente em determinados locais ou regiões geográficas.
Biomassa: quantidade total de matéria viva de um ecossistema, geralmente expressa em massa por unidade de área ou de volume.

Na Floresta Amazônica, há grande quantidade de espécies endêmicas. Parte desse patrimônio genético é conhecida pelas várias etnias indígenas que ali habitam, além de outras populações tradicionais, denominadas "povos da floresta", que são os seringueiros, ribeirinhos, castanheiros, quebradeiras de coco-babaçu, etc. No entanto, a maioria dessas comunidades nativas está passando por um processo de integração à sociedade urbano-industrial, o que tem levado à perda do patrimônio cultural desses povos, dificultando a preservação de seus conhecimentos. Também sofrem com a invasão de suas terras por garimpeiros, e algumas comunidades são objeto de evangelização por missionários nacionais e estrangeiros.

Outro ponto importante que afeta os interesses nacionais dos países onde há Florestas Tropicais, incluindo o Brasil, é a biopirataria, por meio da qual muitas empresas assumem práticas ilegais para garantir o direito de explorar, futuramente, possíveis matérias-primas para indústrias farmacêuticas e de cosméticos, entre outras.

No Brasil, os incêndios ou as queimadas de florestas, que consomem quantidade incalculável de biomassa todos os anos, geralmente são provocados para o desenvolvimento de atividades agropecuárias, muitas vezes em grandes projetos que recebem incentivos governamentais, portanto, sob o amparo da lei. Os incêndios podem também ser resultado de práticas criminosas ou ainda de acidentes, incluindo os naturais.

No entanto, é possível uma exploração racional e sustentável da floresta, que, do ponto de vista socioeconômico e socioambiental, é muito mais valiosa quando preservada do que cortada ou queimada.

Zig Koch/Pulsar Imagens

Coleta de castanha-do-pará em reserva de desenvolvimento sustentável do rio Iratapuru, em Laranjal do Jari (AP), 2019. Fora do Brasil, essa semente é conhecida como castanha-do-brasil.

Bruno Rocha/Fotoarena

Os incêndios florestais provocam uma série de impactos na fauna, na flora, no solo e na atmosfera. Na foto, de 2019, queimada na Amazônia, próximo de Porto Velho (RO).

Agricultura moderna e impactos socioambientais

Ao longo da história, a humanidade sempre buscou interferir nos ritmos da natureza para garantir o atendimento às suas necessidades e interesses, produzindo bens e alimentos cada vez em maior quantidade. Conhecer o funcionamento da natureza, como vimos, é transformá-la em recurso. Desde os tempos mais remotos, são noticiados casos de fenômenos naturais, como secas, enchentes, geadas e ataques de pragas e insetos, que provocam perda total na produção de alimentos e sujeitam populações inteiras à inanição. Quanto mais aprendemos sobre isso, mais podemos tentar nos precaver de seus efeitos indesejados e diminuir as perdas e os danos.

Assim, para ampliar a chance de sucesso na produção, o ser humano desenvolveu técnicas com o propósito de reduzir a dependência da atividade agrícola em relação a algumas adversidades naturais.

chinahbzyg/Shutterstock

Cultivo de morangos em estufa, na província de Hebei (China). Foto de 2020. As estufas são utilizadas para proteger a lavoura das grandes variações de temperatura e de geadas.

Entre essas técnicas podemos citar a irrigação, para reduzir a dependência das chuvas, e a utilização de adubos, originariamente orgânicos, como esterco de animais, para aumentar a produção. O estudo dos solos foi muito importante para conhecer sua composição mineral e fazer uma adubação (ou fertilização) mais adequada. Com o desenvolvimento tecnológico, cresceu a utilização de adubos químicos, para recompor a fertilidade dos solos; inseticidas, para combater o ataque de insetos e pragas; fungicidas, para inibir a ação de fungos; e herbicidas, para evitar o crescimento das chamadas "ervas daninhas", que reduzem a produtividade nas plantações.

Dessa forma, a utilização de produtos químicos na agricultura tem dois objetivos básicos: evitar redução ou quebra na safra e aumentar a produtividade. Porém, esses compostos químicos têm grande potencial para provocar sérios impactos socioambientais, como contaminação do solo e dos recursos hídricos e danos à saúde humana. O sufixo latino *cida* ("que mata") indica que esses produtos são venenosos; por isso, de forma geral, são chamados de pesticidas ou agrotóxicos. Como reação a isso, é crescente a retomada do uso de adubos orgânicos e o controle biológico de pragas com o desenvolvimento da agricultura orgânica ou biológica.

O consumo de fertilizantes químicos, agrotóxicos e sementes selecionadas teve grande impulso na década de 1950, mas sua utilização era praticamente restrita aos países desenvolvidos. A partir da década de 1960, passaram a ser consumidos em larga escala também

Eduardo Zappia/
Pulsar Imagens

Plantação de arroz no litoral catarinense, em Paulo Lopes (SC), 2019. O sistema mais utilizado pelos países que seguiram as premissas da Revolução Verde foi a monocultura, o que resultou em sérios impactos ambientais pelo elevado uso de agrotóxicos e pela degradação do solo que essa técnica ocasiona.

em países em desenvolvimento. Tais fatores, associados aos melhoramentos genéticos das sementes e à mecanização da agricultura, promoveram grande aumento de produtividade em vastas regiões agrícolas do planeta, e esses avanços iniciais caracterizaram a chamada **Revolução Verde**. Porém, com o tempo surgiram consequências socioambientais negativas dessa "revolução".

Segundo a Organização das Nações Unidas para a Alimentação e a Agricultura (FAO, sigla em inglês para *Food and Agriculture Organization*), em 2019, 37% das terras emersas estavam ocupadas com agricultura e pecuária, 31% cobertas por florestas e outras formações vegetais, e o restante eram desertos, geleiras, altas montanhas e áreas urbanas.

Mundo: ocupação do solo – 2019

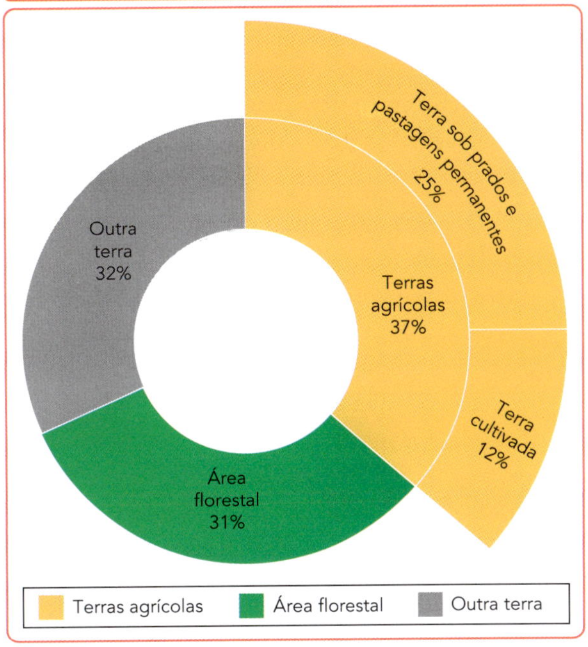

Fonte: FAO. *Land use statistics and indicators*: global, regional and country trends 1990-2019. p. 14. Disponível em: https://www.fao.org/3/cb6033en/cb6033en.pdf. Acesso em: 18 maio. 2022.

A agricultura empresarial

A maior parte da agricultura feita no mundo é desenvolvida com o uso intensivo de capital e alto grau de modernização. É a chamada **agricultura empresarial**, que prospera em grandes propriedades mecanizadas, com produção em larga escala e utilização de mão de obra assalariada.

Sua produção é voltada ao abastecimento dos mercados interno e externo e é mais comum, sobretudo, nos países desenvolvidos – Estados Unidos, Canadá, Austrália e alguns países da União Europeia –, em economias emergentes – como China, Brasil, Índia, Argentina e Indonésia – e em algumas regiões tropicais da África que vêm recebendo investimento estrangeiro, principalmente da China.

As atividades agrícolas e pecuaristas estão integradas aos setores industriais e de serviços, criando uma grande cadeia produtiva. Ao longo dela estão envolvidos os setores de transporte, energia, telecomunicações, administração, vendas, seguros e muitos outros.

Sergio Ranalli/Pulsar Imagens

Cesar Diniz/Pulsar Imagens

Antes da produção, são acionadas indústrias de máquinas, adubos, agrotóxicos, vacinas, rações, etc. Após a produção, vêm as etapas de atividades na agroindústria, na armazenagem e na comercialização. Nas fotografias, à esquerda, colheita mecanizada de algodão, em Cambé (PR), 2019, e, à direita, carretas aguardando descarga em armazém, em Primavera do Leste (MT), 2020.

A extensa cadeia produtiva está ligada aos complexos agroindustriais, que são as fazendas, onde se obtém a produção, e ao **agronegócio**, que consiste em uma rede de produção que abrange todas as atividades primárias, secundárias e terciárias que fazem parte da cadeia produtiva ligada à agropecuária: produção de sementes, adubos, tratores, frigoríficos, curtumes e muitas outras.

Agronegócio brasileiro: importância e complexidade do setor

Em meio à crise sanitária da covid-19, o desempenho do agronegócio brasileiro se mostrou resiliente e, mais do que isso, surpreendente. Prova disso são os diversos recordes atingidos pelo setor em 2020. O PIB do agronegócio, calculado pelo Centro de Estudos Avançados em Economia Aplicada (Cepea) em parceria com a Confederação da Agricultura e Pecuária do Brasil (CNA), avançou importantes 24,3% no ano passado, alcançando participação considerável de 26,1% do PIB brasileiro. Pesquisa do Cepea, realizada com base nos dados da Secretaria de Comércio Exterior (Secex), mostra que o agronegócio atingiu recordes de volume e de receita com as exportações, com respectivos crescimentos de 10% e de 4% em relação a 2019.

O bom desempenho do setor está, a propósito, diretamente ligado às suas exportações. Para se entender tal assertiva, deve-se considerar os seguintes cenários: a alta dos preços internacionais das commodities, predominantes na pauta de exportações brasileiras, em função do aumento da demanda mundial por alimentos, e a forte desvalorização do Real frente ao dólar. Ambos os fatores fazem das exportações o "caminho dos tijolos amarelos" para a produção agropecuária, pois seus produtos estão mais valorizados e seus preços, em dólar, mais competitivos.

Combinado a isso, foram observadas produções recordes para a agricultura brasileira em 2020. As safras de algodão, soja e milho atingiram, respectivamente, 7,4 milhões de toneladas, 124,8 milhões de t e 102,6 milhões de t (crescimentos de 4,9%, 4,3% e 2,5%, respectivamente), resultado da combinação de aumento da área e de ganhos de produtividade. No caso da pecuária, apesar do crescimento mais modesto da produção, a alta dos preços foi a principal responsável pela expansão do faturamento das atividades, que está atrelada, por sua vez, ao forte aumento da demanda externa por carnes brasileiras. Os embarques de carne suína cresceram 39% em 2020 e os de proteína bovina, 12%. Dentre os parceiros comerciais do agronegócio brasileiro, a China predomina como o principal, sendo destino de 33,7% do total embarcado, de 73% da soja em grão, de 56% da carne suína e de 48% da proteína bovina. [...]

MACHADO, Gabriel Costeira. Agronégocio brasileiro: importância e complexidade do setor. *CEPEA-ESALQ-USP*. Piracicaba, 14 jun. 2021. Disponível em: https://www.cepea.esalq.usp.br/br/opiniao-cepea/agronegocio-brasileiro-importancia-e-complexidade-do-setor.aspx. Acesso em: 19 abr. 2022.

Atividades

1. Considere os alimentos que você consome no dia a dia. Quais deles vêm da agricultura e da pecuária? Quais vêm do agronegócio? Onde são produzidos?

2. Há alguma atividade agrícola no município onde vive? Há agroindústrias? Essas atividades empregam muitos trabalhadores?

Para ilustrar a importância econômica do agronegócio, observe os dados quantitativos. Em 2020, segundo o Banco Mundial, a agropecuária contribuiu com 45,9% do PIB brasileiro, mas, segundo o Centro de Estudos Avançados em Economia Aplicada (Cepea/USP), o agronegócio foi responsável por 26% do PIB do país.

Os governos também costumam analisar o setor agropecuário considerando sua relação com outros setores socioeconômicos: a importância do agronegócio para o mercado de trabalho e o combate ao desemprego, a garantia de abastecimento alimentar em quantidade e qualidade satisfatórias e, finalmente, sua influência na balança comercial ao reduzir as importações e estimular as exportações. Esses fatores levam muitos países, sobretudo os desenvolvidos, a

Brasil: participação do agronegócio nas exportações – 2021

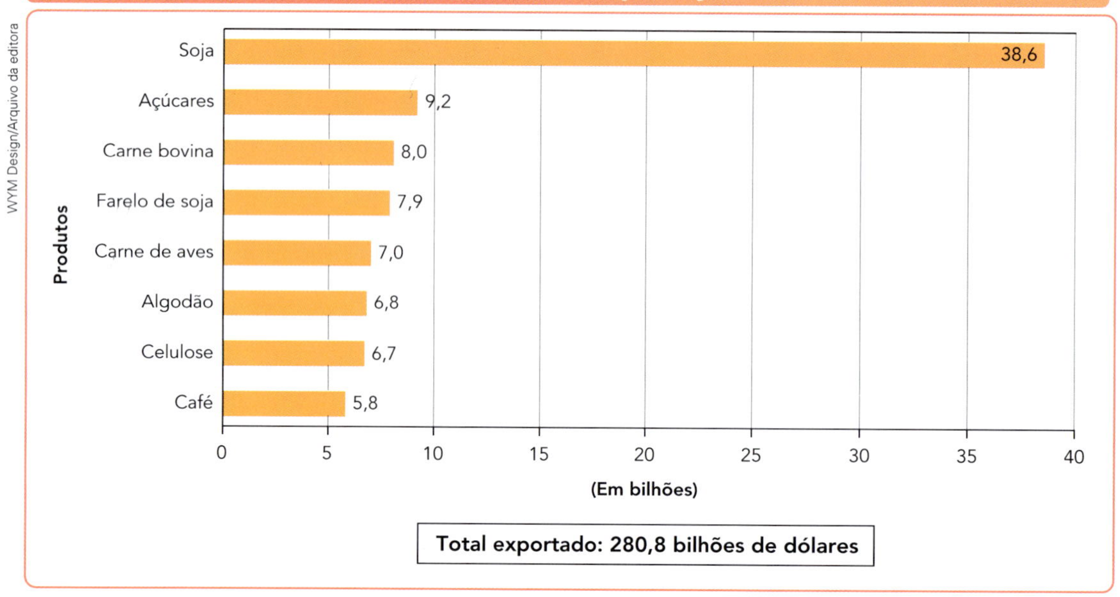

Fonte: elaborado com base em BRASIL. Ministério da Economia. *Resultados do Comércio Exterior Brasileiro – Dados Consolidados*. 8 abr. 2022. Disponível em: https://balanca.economia.gov.br/balanca/publicacoes_dados_consolidados/pg.html. Acesso em: 19 abr. 2022.

estabelecer políticas protecionistas e subsídios à produção agropecuária, o que cria fortes distorções no mercado mundial e prejudica os países em desenvolvimento, que têm no setor agropecuário um importante pilar de suas economias.

Nos países desenvolvidos e nas regiões modernas dos países em desenvolvimento onde os complexos agroindustriais foram introduzidos, verificou-se uma tendência à concentração de terras, com a formação de grandes propriedades, e à especialização produtiva. Em agroindústrias, produzem-se alimentos, fontes de energia (álcool combustível), remédios, produtos de higiene e limpeza, além de muitos outros bens de consumo.

Mundo: maiores consumidores de pesticidas* – 2019

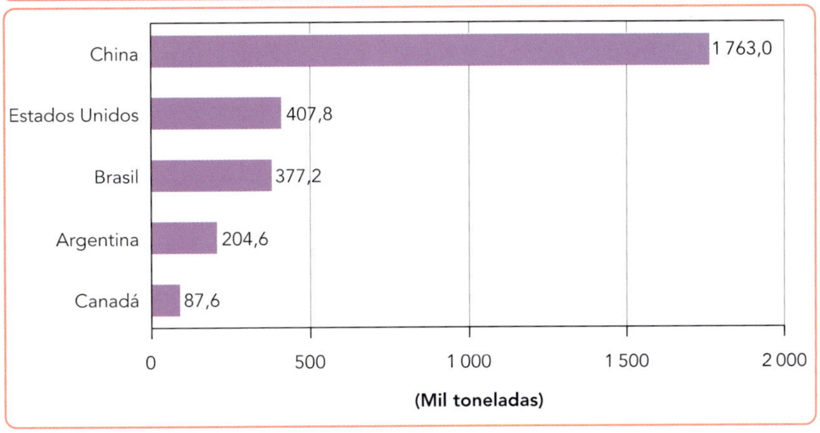

WYM Design/Arquivo da editora

* Pesticidas: inseticidas, herbicidas, fungicidas e reguladores de crescimento vegetal.

Fonte: elaborado com base em FOOD AND AGRICULTURE ORGANIZATION. *Pesticides use*. FAOSTAT, 2019. Disponível em: www.fao.org/faostat/en/#data/RP. Acesso em: 14 abr. 2022.

Outro problema relacionado à agricultura intensiva e monocultora é o elevado consumo de agrotóxicos e os impactos socioambientais inerentes a essa prática. Segundo a FAO, toda a agricultura realizada no mundo em 2019 consumiu 4,2 milhões de toneladas de pesticidas. Como representado no gráfico acima, esse consumo é muito concentrado nos maiores produtores agrícolas. Os cinco maiores consumidores de agrotóxicos são responsáveis por 68% do total utilizado na agricultura mundial.

Como vimos, o uso descontrolado de agrotóxicos causa muitos impactos socioambientais negativos, com destaque para a poluição do solo e das águas e a contaminação dos trabalhadores que aplicam os pesticidas, além dos consumidores finais.

Quando chove, os pesticidas utilizados na agricultura penetram no solo e são levados pela água das chuvas para córregos e rios da região. Em consequência, além de ocasionar a morte de insetos, fungos e pragas que prejudicam a produção agrícola, eliminam os microrganismos que vivem nos solos e que são importantes para a manutenção de seu equilíbrio, provocando, por exemplo, a aceleração da decomposição da matéria orgânica que faz parte de sua composição.

Saiba+

Geografia do uso de agrotóxicos no Brasil e conexões com a União Europeia. Larissa Mies Bombardi. FFLCH – USP, 2017. Disponível em: https://ecotoxbrasil.org.br/comunicacao-cientifica/8/atlas-geografico-do-uso-de-agrotoxicos-no-brasil-e-conexoes-com-a-uniao-europeia/. Acesso em: 18 maio 2022.

Atlas elaborado pela geógrafa com base em extenso levantamento de dados sobre o consumo de agrotóxicos no Brasil e em comparação à União Europeia.

A mesma agressão acontece nos córregos e rios que recebem adubos em quantidades que excedem seu poder de autodepuração ou agrotóxicos contaminantes, ocasionando a morte de microrganismos e bactérias que alimentam os peixes, a migração ou extinção das aves que se alimentam desses peixes e outras alterações que rompem o equilíbrio ecológico.

Dirceu Portugal/Fotoarena

Na agricultura, é grande a utilização de fertilizantes químicos e pesticidas. Até aviões e drones são empregados na pulverização das plantações. Na fotografia, pulverização em lavoura de milho na região de Campo Mourão (PR), 2020.

Diálogos

1. Leia a seguir um trecho do livro escrito pelo líder indígena yanomami Davi Kopenawa, em parceria com o antropólogo Bruce Albert, e depois responda às atividades propostas.

No começo, a terra dos antigos brancos era parecida com a nossa. Lá eram tão poucos quanto nós agora na floresta. Mas seu pensamento foi se perdendo cada vez mais numa trilha escura e emaranhada. [...] Derrubaram toda a floresta de sua terra para fazer roças cada vez maiores. [...] Aí começaram a arrancar os minérios do solo com voracidade. Construíram fábricas para cozê-los e fabricar mercadorias em grande quantidade. Então, seu pensamento cravou-se nelas e eles se apaixonaram por esses objetos como se fossem belas mulheres. Isso os fez esquecer a beleza da floresta.

[...]

Flavio Moraes/Fotoarena

Davi Kopenawa, líder indígena yanomami, recebeu em Estocolmo (Suécia), em 2019, o Prêmio Right Livelihood, considerado o "Nobel alternativo", pela sua trajetória de luta em defesa do meio ambiente e dos direitos indígenas.

As mercadorias não morrem. É por isso que não as juntamos durante nossa vida e nunca deixamos de dá-las a quem as pede. Se não as déssemos, continuariam existindo após nossa morte, mofando sozinhas, largadas no chão das nossas casas. Só serviriam para causar tristeza nos que nos sobrevivem e choram nossa morte. Sabemos que vamos morrer, por isso cedemos nossos bens sem dificuldade [...] Somos diferentes dos brancos e temos outro pensamento. Entre eles, quando morre um pai, seus filhos pensam, satisfeitos: "Vamos dividir as mercadorias e o dinheiro dele e ficar com tudo para nós!". Os brancos não destroem os bens de seus defuntos, porque seu pensamento é cheio de esquecimento. Eu não diria a meu filho: "Quando eu morrer, fique com os machados, as panelas e os facões que eu juntei!". Digo-lhe apenas: "Quando eu não estiver mais aqui, queime as minhas coisas e viva nesta floresta que deixo para você. Vá caçar e abrir roças nela, para alimentar meus filhos e netos. Só ela não vai morrer nunca!".

[...]

KOPENAWA, Davi; ALBERT, Bruce. *A queda do céu*. Palavras de um xamã yanomami. São Paulo: Companhia das Letras, 2015. p. 407-412.

a) Segundo o texto de Kopenawa, quais as diferenças que os Yanomami e os "brancos" estabelecem quanto às mercadorias e à herança?

b) Qual o impacto dessas diferentes concepções na exploração dos recursos naturais? Se necessário, pesquise quais são as atividades produtivas dos Yanomami.

c) Os Yanomami têm tido suas terras invadidas por garimpeiros desde a década de 1970. Em 2020 e 2021, essas invasões tornaram ainda mais difícil a luta contra a covid-19 em suas aldeias. Por quê? Pesquise o garimpo nas terras indígenas yanomamis.

2. Observe a charge do ilustrador Fredy Varela e responda às atividades.

a) Como você a interpreta, com base nos estudos que realizou nesta unidade?

b) Crie uma charge retratando algum aspecto que chamou a sua atenção durante as discussões relacionadas a esta unidade.

- Lembre-se de que a charge é um gênero jornalístico que usa a imagem associada ao texto para expressar ao leitor o posicionamento de seu autor ou do veículo (jornal, revista, etc.) na qual é publicada. Ela retrata sempre um fato social ou político de relevância na atualidade e utiliza-se do humor para fazer uma crítica.

© Fredy Varela/Acervo do cartunista

Charge de Fredy Varela publicada em fevereiro de 2020 em versão eletrônica de jornal diário da cidade de Caxias do Sul (RS).

Principais problemas ambientais urbanos

Produção e descarte de resíduos

A cidade é consumidora de recursos naturais que não produz, por isso interfere em vários ecossistemas, muitas vezes, situados a milhares de quilômetros de distância.

Ela é um sistema que consome matéria e energia e que gera subprodutos – resíduos sólidos, líquidos e gasosos –, mas não os decompõe. O sistema urbano não pode ser considerado um ecossistema, porque não é autossuficiente. Por isso, esses subprodutos vão se acumulando em escala cada vez maior. Com o aumento da população, o estímulo ao consumismo e os baixos índices de reciclagem do lixo coletado, o problema tende a se agravar.

Popularmente, os resíduos sólidos são chamados de lixo, no entanto, essa palavra ganhou uma conotação pejorativa, como se fosse algo sujo e descartável. Isso pode mascarar o fato de que no "lixo" há muito material ou objetos que podem ser reaproveitados, daí a importância da coleta seletiva, definida pelo Ministério do Meio Ambiente (MMA) como "a coleta diferenciada de resíduos que foram previamente separados segundo a sua constituição ou composição".

Os resíduos sólidos produzidos nas cidades e na zona rural devem ser analisados também sob a ótica da saúde pública, uma vez que problemas ou carências na coleta, na reciclagem, no tratamento e no destino são importantes fatores que trazem consequências imediatas para a saúde da população. Nos locais onde não é feita a coleta de lixo ou onde ela acontece de forma irregular, a transmissão de doenças e a intensa degradação ambiental são recorrentes.

Embora a coleta de lixo acarrete melhoria nas condições ambientais, é importante, também, o estabelecimento de ações voltadas ao combate dos efeitos nocivos da má destinação do lixo, como a poluição do solo e das águas provocada pelo chorume (líquido tóxico que se forma com a decomposição do lixo). Outra ação muito importante é o incentivo a programas de reciclagem de materiais (papéis, vidros, plásticos e metais) e à realização de compostagem da matéria orgânica, que pode ser usada como adubo nas plantações. Leia o texto a seguir.

> A compostagem é um processo biológico de decomposição e reciclagem de matéria orgânica, como sobras de frutas, verduras e fezes de animais herbívoros. O processo acontece na presença de oxigênio. O resultado é uma espécie de "terra preta", um composto orgânico, que pode ser aplicado para melhorar o solo sem a possibilidade de contaminação do meio ambiente. [...] você vai colocar o que iria para o lixo na composteira e o processo transformará esses descartes em um adubo natural. [...]

VISCENZO, Giacomo. O que é compostagem e qual sua importância para o meio ambiente? *Ecoa UOL*, 26 fev. 2021. Disponível em: https://www.uol.com.br/ecoa/ultimas-noticias/2021/02/26/o-que-e-compostagem.htm. Acesso em: 14 abr. 2022.

Jerome.Romme/Shutterstock

A compostagem colabora com a diminuição dos resíduos que seriam despejados em aterros sanitários.

Saiba +

Ilha das flores. Direção: Jorge Furtado. Brasil, 1989. 12 min.

O curta-metragem mostra as contradições sociais do Brasil por intermédio da rede de produção de tomates. Acompanha a produção, o transporte, o consumo e o descarte no lixo.

Lixo extraordinário. Direção: João Jardim, Karen Harley e Lucy Walker. Reino Unido e Brasil, 2011. 99 min.

O documentário acompanha o trabalho feito com lixo pelo artista plástico brasileiro Vik Muniz no Jardim Gramacho, bairro de Duque de Caxias (RJ). Esse bairro abrigou o maior lixão da América Latina.

Mundo: participação na população e na produção de resíduos sólidos – 2019

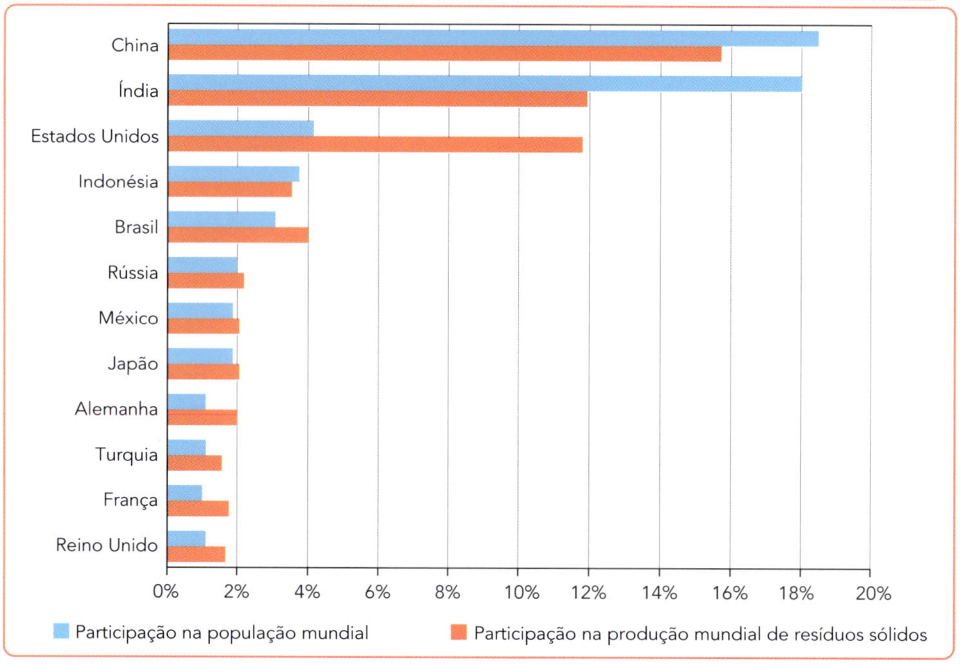

Fórmula Produções/Arquivo da editora

Fonte: elaborado com base em VERISK MAPLECROFT, 2019. *In*: LINNENKOPER, Kirstin. Ranking the biggest waste producers worldwide. *Recycling International*, 2 out. 2019. Disponível em: https://recyclinginternational.com/business/ranking-the-biggest-waste-producers-worldwide/27792/. Acesso em: 14 abr. 2022.

Atividade

1. Analise o gráfico e responda:

a) Qual é o maior produtor de resíduos sólidos do mundo em termos absolutos? E qual é o maior produtor considerando o tamanho da população?

b) Qual é a situação do Brasil nesse cenário?

c) O que é possível fazer para reduzir a produção de resíduos sólidos?

A construção dos aterros sanitários acata técnicas que mantêm a segurança da deposição de resíduos sólidos, garantindo a coleta e o tratamento do biogás e do chorume por meio da impermeabilização das áreas que receberão os resíduos, protegendo, assim, o solo e as águas subterrâneas. Na foto, aterro sanitário Sítio das Neves às margens da rodovia Cônego Domênico Rangoni (SP-055) em Santos (SP), 2018.

Tales Azzi/Pulsar Imagens

O Brasil é um dos maiores produtores de resíduos sólidos no mundo e enfrenta diversos problemas com relação a sua coleta e destinação.

Segundo o Panorama dos Resíduos Sólidos 2021, produzido pela Associação Brasileira das Empresas de Limpeza Pública e Resíduos Especiais (Abrelpe), em 2020, o Brasil produziu 82,5 milhões de toneladas de resíduos sólidos. Desse total, 92% dos resíduos foram coletados (76,1 milhões de toneladas) e o restante foi depositado no solo de forma inadequada. Do total coletado, 60,4% dos resíduos receberam destinação adequada em aterros sanitários e 39,6% foram depositados em lixões ou aterros inapropriados, que não garantem a integridade do meio ambiente e da população do entorno.

A coleta seletiva, que é uma forma de reciclar diversos materiais e objetos lançados no lixo comum, é feita em poucos municípios brasileiros, como mostra o mapa a seguir. Segundo o Cempre (Compromisso Empresarial para a Reciclagem), em 2020 a taxa de reciclagem variou bastante no Brasil: foi de 97,4% das latas de alumínio (a mais alta) a 23,1% das embalagens plásticas, passando por 46,7% das latas de aço, 47% do vidro, 66,9% do papel.

Brasil: destinação do lixo – 2015

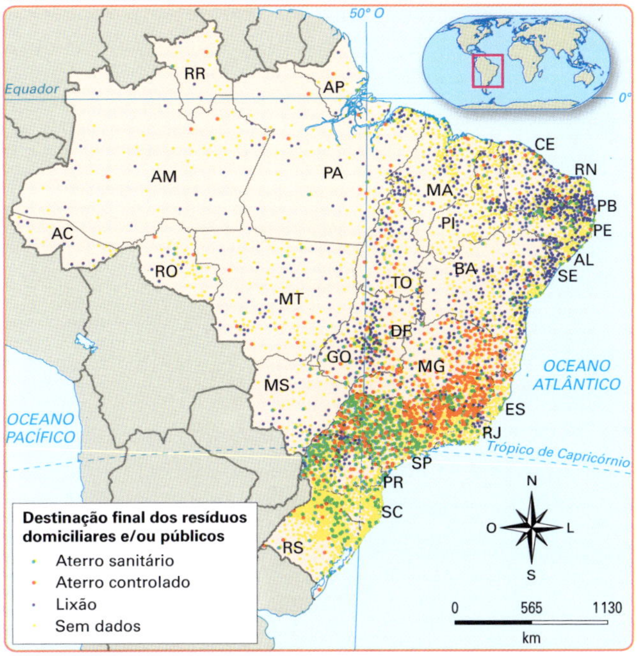

Banco de imagens/Arquivo da Editora

Fonte: elaborado com base em IBGE. *Atlas geográfico escolar*. 8. ed. Rio de Janeiro: IBGE, 2018. p. 148.

Brasil: coleta seletiva – 2015

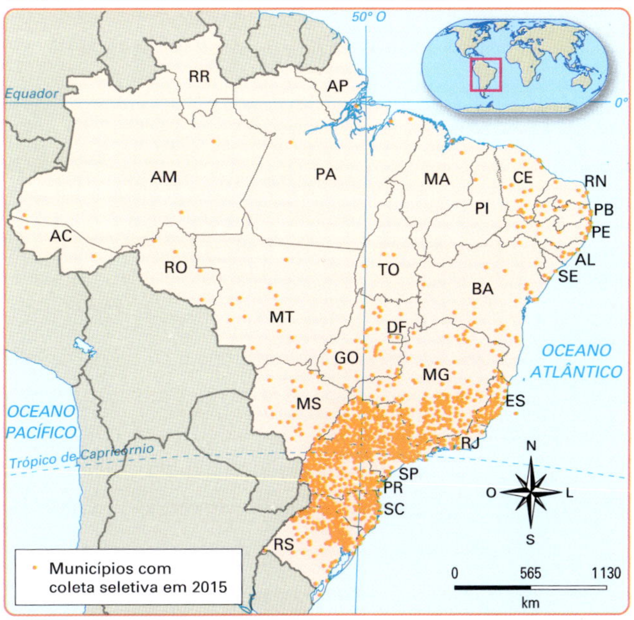

Banco de imagens/Arquivo da Editora

Fonte: elaborado com base em IBGE. *Atlas geográfico escolar*. 8. ed. Rio de Janeiro: IBGE, 2018. p. 148.

O lançamento de esgotos residenciais e industriais não tratados em córregos, rios, lagos e mares é um dos grandes fatores de **poluição** das águas, sobretudo nas grandes cidades dos países em desenvolvimento, onde é insuficiente a infraestrutura de saneamento básico (rede de coleta e tratamento de esgotos). Segundo o Atlas Esgotos, publicado em 2017 pela Agência Nacional de Águas (ANA), são geradas 9,1 mil toneladas de esgoto por dia no Brasil. Desse total, 3,9 mil toneladas são coletadas e encaminhadas para tratamento adequado (42,9% do total); 1,7 mil toneladas são coletadas, mas não são tratadas (18,7%); 1,1 mil toneladas são encaminhadas para fossas sépticas, uma solução individual adequada (12,0%); e 2,4 mil toneladas são despejadas em córregos, rios, lagos e mares (26,4%).

Van Campos/Fotoarena

Na foto de 2020, construções irregulares às margens dos afluentes do rio Pinheiros, localizado na cidade de São Paulo (SP), que também contribuem para agravar o problema da falta de saneamento básico e poluição de córregos e rios.

Conceitos

Poluição

Poluição é qualquer alteração provocada no meio ambiente. Essas alterações podem ser:

- inicialmente, apenas das proporções ou das características de um dos elementos que formam o próprio meio. É o caso do aumento da concentração de dióxido de carbono (CO_2), naturalmente presente na atmosfera;
- resultado da introdução de substâncias naturais, porém estranhas, em determinado meio ambiente. São exemplos o despejo de matéria orgânica no leito de um rio e o derrame de petróleo cru no mar;
- causadas pela introdução de substâncias artificiais e, portanto, estranhas a qualquer meio ambiente, por exemplo, a deposição de agrotóxicos e de recipientes plásticos no solo ou nas águas e o lançamento de resíduos radiativos artificiais na atmosfera, no solo ou nas águas. Muitas vezes, esse tipo de poluição causa também contaminação do meio ambiente, porque, em geral, esses elementos não são biodegradáveis e, em alguns casos, nem degradáveis.

Poluição atmosférica

A poluição atmosférica é um dos problemas socioambientais mais críticos das cidades, principalmente nas metrópoles e megalópoles, e que mais causam ou agravam problemas respiratórios nas pessoas. A poluição do ar é resultado do lançamento de enorme quantidade de gases e materiais particulados na atmosfera, seja de gases que já fazem parte de sua composição, causando desequilíbrio nas proporções (caso da elevação da concentração de CO_2), seja de gases estranhos a ela, como é o caso do dióxido de enxofre ou do monóxido de carbono, ou ainda de elementos ou partículas que naturalmente não aparecem na composição atmosférica, como é o caso do chumbo, das fumaças industriais, dos materiais particulados, entre outros.

Os principais responsáveis pela poluição do ar nas cidades são os meios de transporte com motores a combustão, as fábricas, as centrais termelétricas e as instalações de aquecimento. Além de responsáveis pela poluição do ar, os veículos automotores causam a poluição sonora, com destaque para os milhões de automóveis particulares que circulam nas grandes cidades do mundo. Somente na cidade de São Paulo (SP), a maior metrópole do país, havia em 2020, segundo o IBGE, uma frota de 8,76 milhões de veículos automotores, dos quais 5,95 milhões eram automóveis de passeio e 1,06 milhão, motocicletas.

O transporte urbano que prioriza os veículos particulares, além de consumir muita energia e de ser altamente poluente, causa outro transtorno no cotidiano dos cidadãos urbanos: os intermináveis congestionamentos no trânsito. A solução seria uma política de estímulo ao transporte coletivo, principalmente de veículos não poluidores movidos a eletricidade: metrô, trem e VLT (Veículo Leve sobre Trilhos). Além de reduzir o consumo de energia e de poluírem menos, tornariam o trânsito mais fluido, possibilitando melhor condição de vida no ir e vir diário, com relação ao trabalho, à escola, ao lazer, etc.

Para ter uma ideia de quão poluentes são os veículos automotores, vamos observar as imagens abaixo.

Imagens: Knmi/Esa/SPL/Science Photo Library/Fotoarena

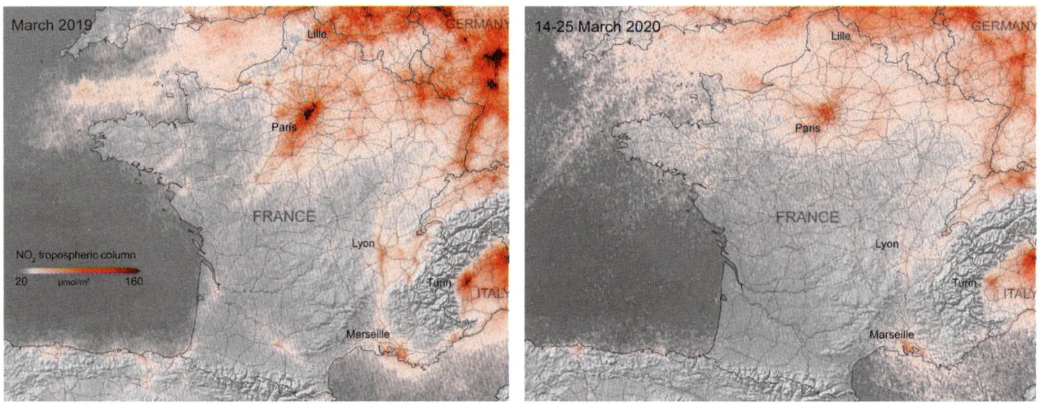

Imagens do satélite de observação Sentinel-5 Precursor, desenvolvido pela Agência Espacial Europeia (sigla ESA, em inglês), mostram os níveis médios de dióxido de nitrogênio (NO_2) em parte da Europa, em março de 2020 comparativamente com março de 2019. O NO_2 é um gás poluente produzido durante a combustão de combustível fóssil industrial e pelo tráfego rodoviário.

Fonte: MCMAHON, Jeff. New data show air pollution drop around 50 percent in some cities during coronavirus lockdown. *Forbes*, 16 abr. 2020. Disponível em: www.forbes.com/sites/jeffmcmahon/2020/04/16/air-pollution-drop-surpasses-50-percent-in-some-cities-during-coronavirus-lockdown/#2f94e4b9557b. Acesso em: 18 abr. 2022.

Atividades

2. Levante uma hipótese para explicar as diferenças constatadas nas duas imagens que mostram a concentração de dióxido de nitrogênio (NO_2) na troposfera, camada situada até cerca de 12 quilômetros de altitude, em média, onde se concentram aproximadamente 75% dos gases e 99% do vapor de água disponíveis na atmosfera.

3. Relacione essas imagens com alguns problemas ambientais que a humanidade vem enfrentando. O que elas evidenciam?

Principais problemas ambientais globais

A poluição atmosférica causa diversos problemas em escala local, sobretudo no meio urbano, como vimos. Além disso, é responsável por problemas ambientais globais, destacando a intensificação do efeito estufa, com a consequente elevação da temperatura média do planeta, fenômeno mais conhecido como aquecimento global, e as mudanças climáticas decorrentes.

O aquecimento global e as mudanças climáticas

O efeito estufa é um fenômeno natural e fundamental para a vida na Terra. Ele consiste na retenção do calor irradiado pela superfície terrestre nas partículas de gases e de água em suspensão na atmosfera, evitando que a maior parte desse calor se perca no espaço exterior. Sem esse fenômeno, seria impossível a vida na Terra como a conhecemos hoje. O efeito estufa natural mantém a temperatura média do planeta em torno de 15 °C. Se não houvesse retenção de calor na atmosfera, a temperatura média do planeta seria negativa, próxima de –18 °C.

Mundo: emissão de dióxido de carbono, por fonte – 1990-2021

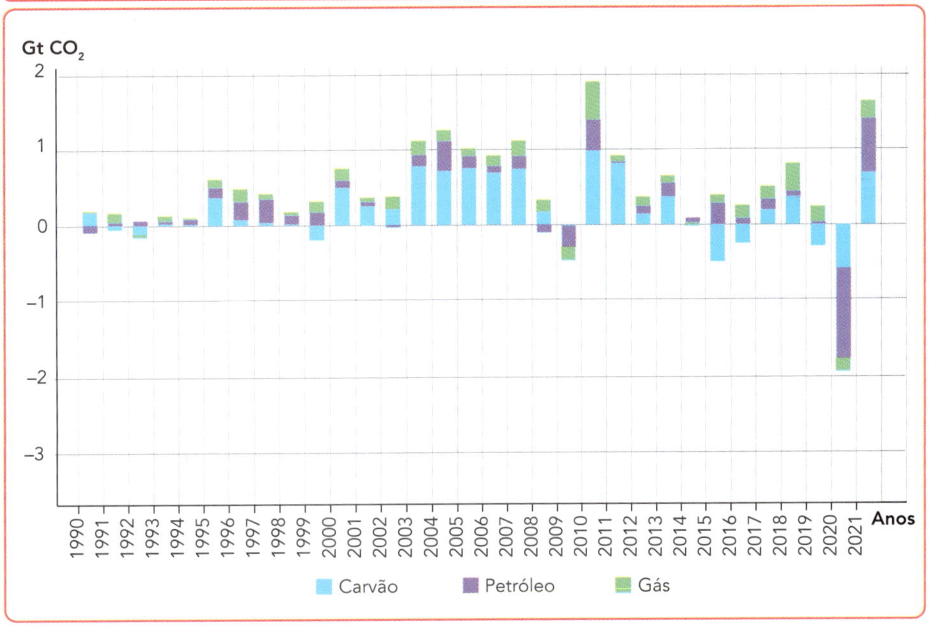

Banco de imagens/Arquivo da editora

Fonte: elaborado com base em INTERNATIONAL ENERGY AGENCY. *Global Energy Review 2021*. Disponível em: https://www.iea.org/reports/global-energy-review-2021/co2-emissions. Acesso em: 18 abr. 2022.

A crescente emissão de certos gases que têm capacidade de absorver calor, como o metano e, principalmente, o dióxido de carbono, faz com que a atmosfera retenha mais calor do que deveria em seu estado natural. O problema, portanto, não está no efeito estufa, mas em sua intensificação, causada pelo desequilíbrio da composição atmosférica. A intensa e permanente queima de combustíveis fósseis e de florestas tem elevado os níveis de dióxido de carbono na atmosfera desde a Primeira Revolução Industrial, com efeitos cumulativos. O primeiro gráfico revela que o aumento da emissão global desse gás continua, e os maiores emissores listados no segundo gráfico são responsáveis por cerca de 70% do total emitido.

Em 2020, além do NO_2, visto no mapa anterior, houve uma redução das emissões de CO_2 devido à diminuição das atividades econômicas imposta pelo isolamento social para controlar a pandemia da covid-19. Como vimos na abertura desta unidade, isso é temporário e não será suficiente para diminuir a concentração desse gás na atmosfera e a consequente intensificação do efeito estufa.

Mundo: principais emissores de dióxido de carbono – 1990-2019

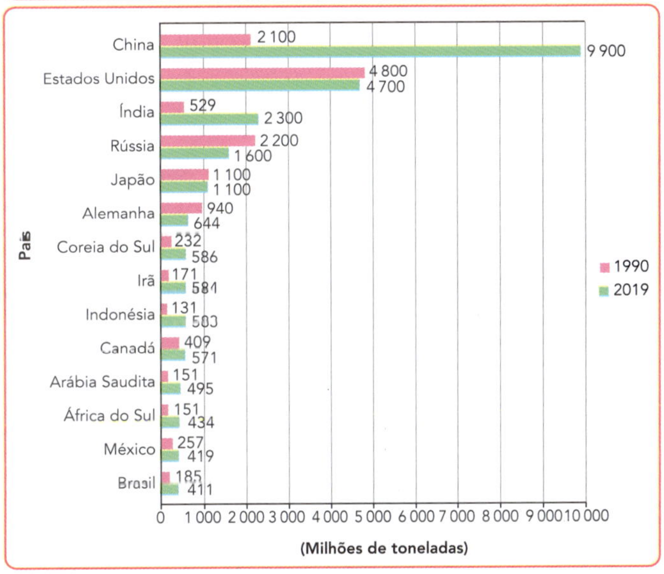

Fórmula Produções/Arquivo da editora

Fonte: elaborado com base em INTERNATIONAL ENERGY AGENCY. *Atlas of Energy*. Disponível em: http://energyatlas.iea.org/#!/tellmap/1378539487. Acesso em: 18 abr. 2022.

Atividade

- Analise os dois gráficos e responda:

  a) A emissão de CO_2 na atmosfera está aumentando ou diminuindo? O que contribui para a emissão de CO_2?

  b) Todos os países têm intensificado a emissão de CO_2?

  c) Por que é importante conter o aumento da emissão desse gás?

A Organização Meteorológica Mundial (WMO, sigla em inglês para *World Meteorological Organization*) e o Programa das Nações Unidas para o Meio Ambiente (Pnuma) criaram, em 1988, o Painel Intergovernamental de Mudanças Climáticas (IPCC, sigla em inglês para *Intergovernmental Panel on Climate Change*), um grupo formado por 2 500 cientistas de 130 países para discutir o aquecimento global provocado pela intensificação do efeito estufa e as mudanças climáticas decorrentes da elevação da temperatura média do planeta.

Mundo: projeções para o aquecimento global – 1950-2070

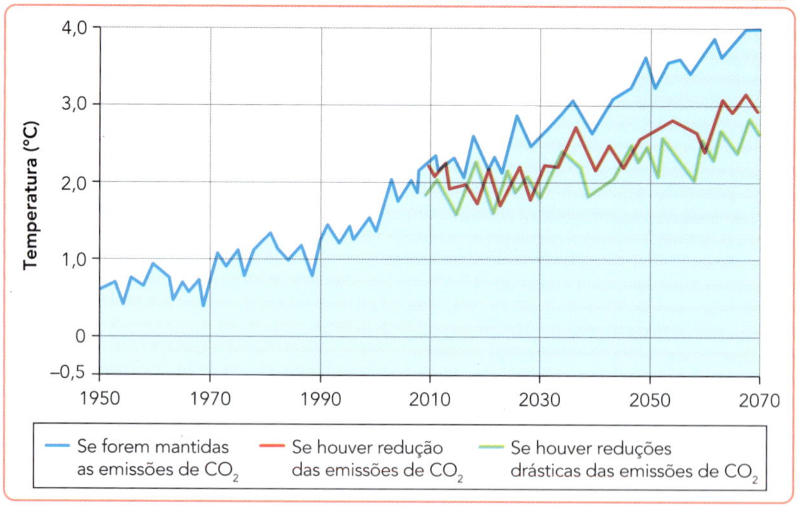

Fórmula Produções/Arquivo da editora

Fonte: elaborado com base em OXFORD *Atlas of the World*. 24th ed. London: Oxford University Press, 2017. p. 81.

Segundo o 5º Relatório do IPCC, divulgado em 2013, poderá ocorrer um aumento de 4 °C na temperatura do planeta até 2100, caso nada seja feito para reduzir as emissões de gases de efeito estufa. O gráfico mostra os cenários possíveis para a elevação da temperatura média do planeta.

O relatório também afirma que a concentração de gases estufa na atmosfera continua aumentando, o nível do mar está subindo e a probabilidade de o aquecimento global ser causado por ações humanas é de 95%. Outra consequência do aquecimento da atmosfera planetária é a mudança climática, com aparecimento de eventos extremos, como chuvas intensas, secas, ondas de calor e frio, etc.

O aumento na temperatura média do planeta provoca aumento da evaporação e, portanto, da concentração de vapor de água na atmosfera, o que causa um armazenamento ainda maior de calor e o aumento dos índices pluviométricos, ou seja, chuvas mais intensas em algumas regiões, mas que também pode causar secas em outras, em consequência da alteração na circulação das massas de ar. O aumento da temperatura modifica o metabolismo e a transpiração das plantas, alterando a quantidade de água necessária ao seu desenvolvimento. Disso devem decorrer o aumento da produtividade agrícola em algumas regiões e a diminuição em outras.

Saeed Khan/AFP

Incêndio ocorrido em East Gippsland (Austrália), em 4 de janeiro de 2020. O verão de 2019/2020 foi o mais quente registrado na história australiana, período em que esse país enfrentou um dos piores incêndios florestais de todos os tempos, responsável pela destruição de mais de 2 600 casas e a morte de 29 pessoas, além de um número incalculável de animais, como cangurus e coalas. Este é um exemplo de evento climático extremo que está ocorrendo com maior frequência no planeta como resultado do aquecimento global.

M. Volk/Shutterstock

As mudanças climáticas têm sido apontadas como a causa de eventos extremos ocorridos nos hemisférios norte e sul. Em 2021, a onda de frio no Brasil foi uma das mais rigorosas das últimas décadas, com temperaturas negativas em boa parte da região Sul e geadas alcançando o Sudeste e o Centro-Oeste. Por outro lado, houve uma onda de calor intensa no hemisfério norte, provocando temperaturas de 49,6 °C no Canadá e chuvas torrenciais seguidas de inundações na Alemanha e na China. Na foto, inundação em Monreal (Alemanha), em 2021.

Diálogos

A concessão florestal foi instituída no Brasil em 2006, por meio da Lei de Gestão de Florestas Públicas (n. 11 284/2006), que permite ao governo

> [...] conceder a Pessoas Jurídicas, incluindo empresas, cooperativas e associações de comunidades locais, permissão para realizar o manejo florestal sustentável para extrair produtos madeireiros e não madeireiros e para oferecer serviços de turismo.

BRASIL. Ministério da Agricultura, Pecuária e Abastecimento. Serviço Florestal Brasileiro. Concessões florestais. Disponível em: www.florestal.gov.br/o-que-e-concessao-florestal. Acesso em: 18 abr. 2022.

- Leia a notícia, analise o gráfico e a tabela e responda às questões a seguir.

BNDES e Ministério da Agricultura iniciam estudos para concessão de cinco florestas na Amazônia

Projeto visa à conservação dos recursos naturais e a incentivar o desenvolvimento regional sustentável, por meio de parceria com iniciativa privada. [...]

O Banco Nacional de Desenvolvimento Econômico e Social (BNDES) e o Ministério da Agricultura, Pecuária e Abastecimento (Mapa), por meio do Serviço Florestal Brasileiro (SFB), iniciaram, nesta quarta-feira (16), os estudos para a estruturação do projeto de concessão de cinco florestas públicas federais na Região Norte [...].

Estão previstas no projeto a proposição de arranjos produtivos e jurídicos que incentivem o desenvolvimento local; a avaliação do potencial de implementação de novos serviços e tecnologias que utilizem a infraestrutura a ser implantada nas florestas; e a geração de receitas acessórias, que deverão contar com mecanismos de compartilhamento com a administração pública. [...]

As florestas que são objeto dos estudos apresentam grande potencial econômico. A unidade de Balata-Tufari, localizada nos municípios de Canutama, Humaitá e Tapauá, possui 1,08 milhão de hectares — dos quais 626 mil a serem contemplados pela concessão — e tem perspectiva para extração de óleos e resinas, além da produção de castanhas, sementes e frutos, o que vai gerar renda para uma população residente de aproximadamente 200 famílias.

[...] Além das cinco unidades localizadas na Região Norte, o projeto abrange também três florestas nacionais na Região Sul: Três Barras e Chapecó, em Santa Catarina, e Irati, no Paraná, cujos estudos para a concessão começaram em janeiro deste ano [2021]. [...]

Brasil: área de florestas públicas federais sob concessão florestal – 2008-2016

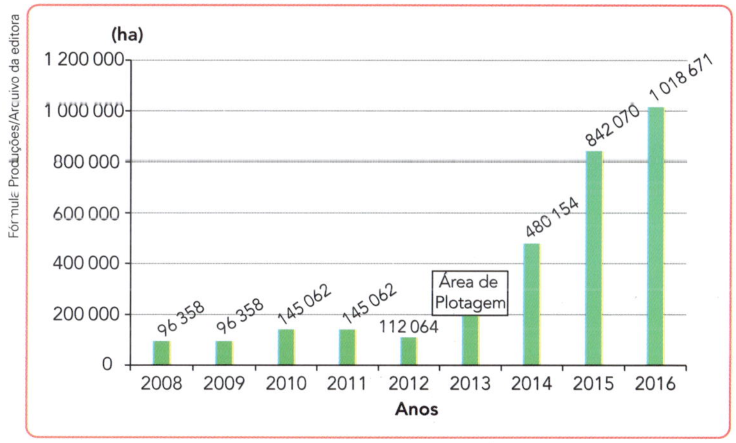

Fonte: elaborado com base em BRASIL. Ministério do Meio Ambiente. *Indicadores Ambientais Nacionais*. Serviço Florestal Brasileiro. Disponível em: https://antigo.mma.gov.br/component/k2/item/11252-area-de-fp-federais-sob-concessao. Acesso em: 18 abr. 2022.

A titularidade da terra permanece pública, sob gestão do governo, durante todo o período da concessão, conforme explica a secretária especial do PPI, Martha Seillier: "É um patrimônio dos brasileiros; [a terra] não será vendida. A questão da concessão é trazer o investidor para trabalhar de mãos dadas com você, porque é um contrato em que você tem o setor público e o setor privado". Além disso, os concessionários pagam ao governo quantias que variam em função da proposta de preço apresentada durante o processo de concorrência pública. [...]

BNDES e Ministério da Agricultura iniciam estudos para concessão de cinco florestas na Amazônia. *BNDES*, 16 jun. 2021. Disponível em: https://www.bndes.gov.br/wps/portal/site/home/imprensa/noticias/conteudo/bndes-e-ministerio-da-agricultura-iniciam-estudos-para-concessao-de-cinco-florestas-na-amazonia. Acesso em: 18 abr. 2022.

Histórico de assinatura de contratos de concessão florestal federal						
Flona	UMF	Concessionários	Área (em ha)	Data de assinatura do contrato	Número do contrato	Início das operações
Jamari (RO)	I	Madeflona Industrial Madeireira Ltda.	17 176,36	16/10/08	02/2008	Setembro/2010
	III	Amata S/A	46 184,20	30/9/08	01/2008	Setembro/2010
	IV	Madeflona Industrial Madeireira Ltda.	32 294,99	19/8/19	01/2019	Previsto para o 2º semestre/2020
Saracá-Taquera (PA)	II	Ebata Produtos Florestais Ltda.	29 769,82	12/8/10	Concorrência 01/2009 – UMF II	Setembro/2010
	III	Golf Indústria, Comércio e Exploração de Madeiras Ltda.	18 933,62	12/8/10	Concorrência 01/2009 – UMF III	Setembro/2010
Jacundá (RO)	I	Madeflona Industrial Madeireira Ltda.	55 014,27	5/6/13	01/2013	Setembro/2010
	II	Madeflona Industrial Madeireira Ltda.	32 757,96	5/6/13	02/2013	Outubro/2014
Saracá-Taquera Lote Sul (PA)	IA	Ebata Produtos Florestais Ltda.	26 898,00	25/3/14	01/2014	Setembro/2015
	IB	Samise Indústria, Comércio e Exportação Ltda.	59 408,00	25/3/14	02/2014	Junho/2015
Crepori (PA)	II	Brasad'Oc Timber Comércio de Madeiras Ltda.	134 148,31	6/6/14	03/2014	Contratos suspensos juridicamente antes do início das operações
	III	Brasad'Oc Timber Comércio de Madeiras Ltda.	59 863,90	6/6/14	04/2014	
Altamira (PA)	I	RRX Mineração e Serviços Ltda. – EPP	39 073,00	28/4/15	01/2015	Novembro/2017
	II	RRX Mineração e Serviços Ltda. – EPP	112 994,00	28/4/15	02/2015	Outubro/2016
	III	Patauá Florestal Ltda. – SPE	98 414,00	28/4/15	03/2015	Agosto/2016
	IV	Patauá Florestal Ltda. – SPE	111 436,00	28/4/15	04/2015	Junho/2017
Caxiuanã (PA)	I	Benevides Madeiras Ltda. – EPP	37 365,15	30/11/16	01/2016	Novembro/2018
	II	Benevides Madeiras Ltda. – EPP	87 067,18	30/11/16	02/2016	Previsto para o 2º semestre/2019
	III	Cemal Comércio Ecológico de Madeiras Ltda. – EPP	52 168,08	30/11/16	03/2016	Setembro/2018
Total	1 050 966,84					

Fonte: elaborado com base em BRASIL. Ministério da Agricultura, Pecuária e Abastecimento. *Serviço Florestal Brasileiro*, 4 set. 2019. Seis florestas nacionais abrigam concessão florestal. Disponível em: https://www.florestal.gov.br/florestas-sob-concessao. Acesso em: 18 abr. 2022.

a) Identifique as três principais finalidades da concessão de florestas públicas.

b) Por meio da análise da tabela, é possível concluir qual das finalidades está sendo mais contemplada com a concessão florestal? Se sim, explique quais as consequências econômicas, sociais e ambientais desse fato.

c) Em julho de 2020, o governo repassou para o Ministério da Agricultura a decisão para a concessão das florestas para a exploração da madeira. Observa-se no gráfico um aumento significativo das áreas de florestas públicas sob concessão ao longo dos anos. A notícia retrata os estudos do BNDES para a exploração de florestas públicas. Qual é a tendência esperada nos números do gráfico? Argumente.

Cultura

O que nos faz humanos? Por mais simples que possa parecer, essa pergunta ainda é motivo de muitos debates. Nas Ciências Biológicas, por exemplo, os critérios de classificação de espécies são até hoje alvo de debates acadêmicos. No campo filosófico, muitos estudiosos têm se esforçado para diminuir o componente eurocêntrico do conceito de ser humano civilizado. Afinal, durante muitos séculos, podiam ser considerados humanos, em toda a complexidade social a que esse termo se refere, apenas aqueles que se assemelhavam ou viviam como os europeus.

University of Minnesota/Critical Ethnical Studies

Do Cabo ao Cairo, de Joseph Keppler (1838-1894), 1898. Litografia, um tipo de gravura, que ilustra soldados e colonos britânicos com uma bandeira branca, na qual se lê *Civilization* ("civilização", em português), avançando contra povos africanos nativos da região onde hoje se localiza o Sudão, que carregam a bandeira *Barbarism*, numa indicação clara de como os europeus descreviam os povos originários como bárbaros, inferiores. Essa representação remete ao processo de colonização da África a partir do final do século XIX e é um exemplo evidente de narrativa construída com base na ideologia do **eurocentrismo**.

Apesar do caráter eurocêntrico que a expressão **ser humano** adquiriu em alguns momentos da história, hoje podemos dizer que, usualmente, nos classificamos como humanos usando critérios de distinção entre as espécies, isto é, diferentemente do restante do mundo natural, somos seres racionais, capazes de organizar pensamentos complexos e de expressar tais pensamentos por meio da linguagem. Além disso, somos capazes de fazer projetos e de pensar o futuro, buscando sentido para a nossa existência; lamentamos a morte e imaginamos o que ela pode significar; criamos regras para a vida social; produzimos arte e tecnologia; entre outros critérios. Esses atributos estão presentes há muito tempo na nossa maneira de ser, pois são traços fundamentais daquilo que chamamos cultura.

Conceitos

Eurocentrismo

Expressão que indica uma suposta condição de superioridade dos europeus em relação a outros povos ou culturas. O Positivismo, vertente filosófica do século XIX que exalta a ciência e o progresso das sociedades industriais, acabou corroborando visões de mundo eurocêntricas, tal como a ideia de que os europeus estariam em estágios superiores aos dos povos originários da África ou da América, por exemplo, e que pertenciam a nações mais avançadas e civilizadas.

Atividade

1. Observe a litografia *Do Cabo ao Cairo* e descreva como estão representados os dois grupos rivais. Identifique-os por meio do texto, de suas indumentárias, dos instrumentos e de traços fenotípicos.

a) Que recursos foram utilizados para caracterizar os "civilizados" e os "bárbaros"?

b) Pesquise em jornais ou na internet narrativas semelhantes a essa da litografia utilizadas para justificar projetos denominados "modernizadores", como erradicação de favelas e integração de povos da floresta à sociedade urbana.

c) Compartilhe com os colegas de classe as informações levantadas e discutam sobre as visões preconceituosas e racistas que sustentam essas narrativas.

Muito do que nos faz humanos está relacionado ao fato de produzirmos cultura. As culturas são diferentes entre si, mas o fato de recriarmos a natureza e de transmitirmos informações que interpretam e significam o mundo é o que nos torna humanos.

Comunicação e escrita

Outro aspecto fundamental sobre as culturas é que elas são aprendidas e transmitidas, sobretudo, por meio da comunicação. Os seres humanos, ao longo do tempo, criaram estratégias e desenvolveram saberes, **técnicas** e **tecnologias** para facilitar a comunicação.

Da língua falada, que transmite oralmente saberes e valores, aos recursos mais sofisticados de transmissão por ondas eletromagnéticas, como as redes de internet sem fio distribuídas globalmente: é a comunicação que permite o acúmulo de informações e aprendizagens que se tornaram a grande marca da humanidade.

Asit Jain/Shutterstock/

Pinturas em rochas de cerca de 5 000 anos, em caverna de Bhim Baithika (Índia), local que abriga registros rupestres do período Paleolítico. As pinturas transmitem mensagens por meio de registros pictóricos em paredes rochosas.

A técnica e a tecnologia de comunicação podem produzir um sinal de luz ou de fumaça, criar algum instrumento capaz de gerar um ruído tão alto que possa ser escutado em um local muito distante ou, ainda, escrever um texto ou transmitir uma mensagem via rádio. Assim como as culturas são dinâmicas, as muitas formas de comunicação estão continuamente sendo aprimoradas. Repare que há uma relação **dialética** entre cultura e comunicação: ao mesmo tempo que as culturas dependem das técnicas e tecnologias de comunicação para se propagarem, as técnicas e tecnologias de comunicação garantem a sobrevivência das mais variadas culturas e sua existência dinâmica.

O aparecimento da escrita, sistema gráfico para representar ideias, permitiu o acúmulo e a propagação de informação e conhecimento ao longo da história. Saberes, leis e até mesmo as religiões, geralmente, estruturaram-se de forma mais complexa a partir desse momento.

Conceitos

Técnica e tecnologia

Para o filósofo grego Aristóteles (384 a.C.-322 a.C.), a palavra grega *tekhné*, em sentido amplo, podia ser compreendida como "arte" e representava a forma imediata de contato com o mundo. Daí sua apropriação para traduzir algo que é produto do conhecimento adquirido da prática e da experiência direta, sem a necessidade de um discurso elaborado e sistematizado. A *tekhné* se referia aos saberes empíricos de uma cultura, transmitidos entre gerações de maneira informal e oral, dos mais velhos para os mais jovens.

Nessa época, as técnicas não dispunham de caráter científico, ou seja, não tinham uma explicação demonstrativa dos fenômenos por meio de metodologia e linguagem própria e sistematizada.

A tecnologia é, portanto, a fusão entre técnica e estudo, que, com base em procedimentos técnicos e metodologias, passam a ser elaborados pelos conhecimentos científicos.

Dialética

Designa, no campo filosófico, uma contradição entre termos conceituais ou dados empíricos. O contraste que marca as relações dialéticas permite, na tradição platônica, o aprimoramento do conhecimento. Essas bases são retomadas por outras tradições filosóficas a partir do século XIX. Nesse texto, a expressão **dialética** se refere a um fenômeno que é marcado por uma contradição.

Saiba+

***A caverna dos sonhos esquecidos*.** Direção: Werner Herzog. Estados Unidos, 2010. 90 min.

O documentário exibe raras filmagens das criações pictográficas na caverna de Chauvet, as mais antigas encontradas até hoje. Estudiosos de diversas áreas relatam suas hipóteses, na tentativa de desvendar os significados dos registros na caverna.

Os diversos sistemas de registro gráfico atrelados ao processo histórico da escrita foram, aos poucos, modificando as próprias civilizações em que surgiram. As formas de explicação da realidade começaram a ser propagadas, e áreas de conhecimento como a Matemática e a Filosofia ganharam condições para se estruturar.

A técnica da escrita começou a se consagrar em importantes civilizações nas regiões próximas ao mar Mediterrâneo e à Mesopotâmia milênios antes de Cristo. Bem mais tarde, a partir do século VII a.C., com os gregos, a escrita, então acessível somente aos homens mais abastados, passou a ocupar lugar de destaque nas cidades-Estados. O historiador e antropólogo francês **Jean-Pierre Vernant** (1914-2007) nos alerta para o fato de que a Grécia experimentou, nesse período, uma relação paradoxal com a escrita: o prazer inerente à palavra falada se contrapunha à rigidez e à precisão de um texto capaz de reter o que está dito.

VERNANT, Jean-Pierre. *As origens do pensamento grego*. Tradução de Ísis Borges B. da Fonseca. Rio de Janeiro: Difel, 2002.

Na Filosofia, houve quem duvidasse da força do texto escrito e desconfiasse de sua capacidade de trazer mudanças significativas para as sociedades que o utilizavam. No diálogo *Fedro*, escrito pelo filósofo grego Platão (428 a.C.-347 a.C.), conhecemos um Sócrates (469 a.C.-399 a.C.), também filósofo grego, que se posiciona contrário ao uso da escrita. Ele acreditava que a leitura de textos diminuía a capacidade de reter informação na memória e que isso tornava o sujeito menos criativo. Platão, seu discípulo mais importante, foi quem registrou os pensamentos do mestre, uma vez que Sócrates preferiu se ocupar com o exercício do diálogo, habilidade que, em sua visão, seria uma arte muito mais profunda e capaz de revelar as contradições da realidade, incitando a busca racional pela verdade.

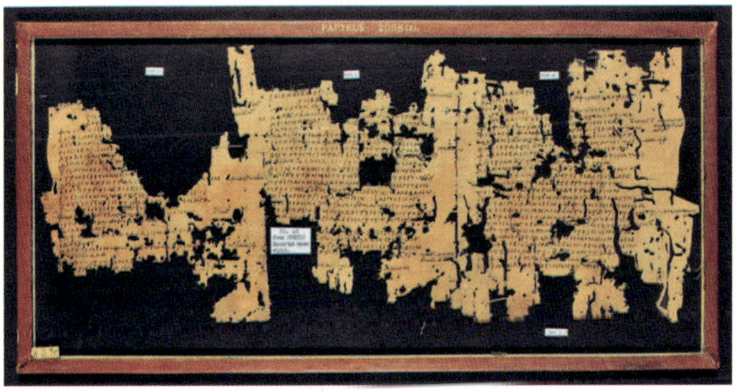

Reprodução/Biblioteca Britânica, Londres, Inglaterra

Fragmentos de um rolo de papiro contendo trechos da obra *Perseguindo sátiros*, do dramaturgo grego Sófocles, século V a.C. Descobertos por arqueólogos ingleses em Oxirrinco (Egito), entre o fim do século XIX e o início do XX, esses fragmentos são os únicos exemplares de uma peça do gênero sátira preservados.

Dima Moroz/Shutterstock

Código de Hamurabi, conjunto de 282 leis criadas pelo rei Hamurabi da Babilônia em 1792 a.C.-1750 a.C. Museu do Louvre, em Paris (França). Esse monumento foi encontrado em uma expedição arqueológica francesa em 1901, na região da antiga Mesopotâmia, e é um dos registros mais bem preservados de escrita cuneiforme.

Leia um trecho do diálogo entre Sócrates e Fedro, segundo Platão:

> SÓCRATES: É que a escrita, Fedro, é muito perigosa [...]. Uma vez definitivamente fixados na escrita, rolam daqui dali os discursos, sem o menor **discrime**, tanto por entre os conhecedores da matéria como os que nada têm a ver com o assunto de que tratam, sem saberem a quem devam dirigir-se e a quem não.
>
> PLATÃO. Fedro. *Diálogos*. Tradução de Carlos Alberto Nunes. Belém: UFPA, 1975.

Discrime: o mesmo que discernimento, distinção.

Atividades

2. Que argumentos Sócrates usa para defender seu ponto de vista?

3. Nos tempos atuais, com a escrita consolidada há milênios, esse debate talvez não faça sentido. Entretanto, com a popularização das novas tecnologias de informação e comunicação, como celulares, *tablets* e computadores pessoais, o foco da discussão hoje é a substituição dos livros tradicionais por livros no formato digital. Na sua opinião, os livros em papel estão fadados a perder a importância ou até mesmo desaparecer? Liste argumentos que sustentem seu ponto de vista.

Diálogos

- Leia os textos a seguir e faça as atividades.

Texto 1

A escrita cuneiforme

A maior parte das especulações das civilizações antigas perdeu-se para sempre. No entanto, é como se um frágil alento tivesse, miraculosamente, deixado resíduos nessas obras extraordinárias – o alento daqueles que, no passado distante, refletiram sobre quem somos e como nos tornamos o que somos. A sobrevivência desses resíduos tem tudo a ver com seu lugar de origem – as planícies aluviais ao longo do Tigre e do Eufrates, cujos campos laboriosamente cultivados sustentavam os habitantes de grandes e organizadas cidades amuralhadas – e com o meio físico em que esses resíduos foram gravados: tábulas de argila úmida inscritas com sinais legíveis e depois postas a secar ao sol ou cozidas num forno.

Wikimedia Commons/Museu do Louvre, Paris, França.

Tábula mencionando os doze reis da dinastia Awan e os doze reis da dinastia Simashki. (c. 1800 a.C.-1600 a.C.). Escrita cuneiforme em argila. Museu do Louvre, Paris (França).

A escrita nessas tábulas, uma mistura de sinais fonéticos e símbolos visuais, era feita com um caniço aparado que, comprimido contra a argila úmida, deixava marcas em forma de cunha. Como o termo latino para "cunha" é cuneus, essa escrita ficou conhecida como **cuneiforme**, ou seja, "em forma de cunha". Muito usada por sumérios, acadianos, babilônios, assírios, hititas e outros povos da Mesopotâmia, a escrita cuneiforme foi pouco a pouco superada pela escrita em caracteres alfabéticos, mais simples e mais fácil, e quando os romanos passaram a controlar a região já caíra em desuso. A última inscrição cuneiforme conhecida, um texto sobre astronomia, foi feito no ano 75 EC [Era Comum]. Não tardou para que as marcas em forma de cunha se tornassem absolutamente indecifráveis.

GREENBLATT, Stephen. *Ascensão e queda de Adão e Eva*. Tradução de Donaldson M. Garschagen. São Paulo: Companhia das Letras, 2018. *E-book*.

Texto 2

A pichação

Pichar é crime, não preciso lembrar. Mas ainda assim isso constitui uma tribo que no Brasil conta com milhares de representantes, concentrados principalmente em São Paulo.

No mundo inteiro existe pichação, e em cada lugar ela é vista de um jeito, em cada lugar ela serve para alguma coisa, não seria bom se alguém tentasse entender por que isso é tão forte por aqui? A melhor teoria que já ouvi sobre o porquê de pichar veio do grafiteiro Chivitz, que em um debate na MTV opinou que, por não haver opções razoáveis de lazer na periferia, a molecada inventa o que fazer [...].

Não sei o que leva alguém a pichar, só adianto que é necessário ter certa vocação. A maioria dos pichadores famosos são pessoas que são boas em outras coisas, e todos os que conheci têm aquela caligrafia invejável que, mesmo se você fizer anos de treinamento, não vai alcançar. A caligrafia paulistana, aliás, deveria ser objeto de estudo profundo, porque os traços daqui não são vistos em canto nenhum do mundo – Chivitz também defendeu isso.

PEREIRA, Leonardo. Quer saber como funciona a pichação? *Blog Uma pera*, 1º jul. 2013. Disponível em: https://medium.com/umapera/quer-saber-como-funciona-a-pichacao-d866a387c8bc. Acesso em: 18 abr. 2022.

Sergio Ranalli/Pulsar Imagens

Pichação em totem na cidade de Londrina (PR), 2019.

Após a leitura, compartilhe com o professor e os colegas suas percepções sobre os textos e as imagens. Em seguida, pesquise e responda às seguintes questões.

a) Em sua percepção, por que o autor do Texto 1 usa a palavra "resíduos" para se referir aos registros escritos de civilizações antigas? Qual é a importância desses registros?

b) Você avalia que as pichações podem adquirir, para as gerações futuras, um significado diferente do que elas têm hoje, passando a ser compreendidas como resíduos de algo significativo?

c) Agora faça uma pesquisa sobre a pichação e verifique se no lugar onde você vive esse tipo de manifestação está presente. Ao finalizar, compartilhe os resultados com o professor e os colegas. Considere, em suas pesquisas e reflexões, ao menos dois dos seguintes tópicos:

- o significado das pichações e as motivações dos pichadores;
- os locais escolhidos para pichar;
- como a pichação se enquadra nas leis da cidade em que você mora;
- quando as pichações começaram a ser feitas;
- se as pichações antigas têm o mesmo significado das atuais;
- se a pichação embeleza a paisagem urbana;
- se a pichação pode ser considerada arte.

A cultura na modernidade

A invenção da prensa de tipos móveis desencadeia gradativamente uma série de novas condições, desde o barateamento da produção dos livros e a facilitação de sua propagação até o surgimento dos primeiros jornais. Essa invenção está por trás até mesmo da consolidação dos primórdios de um mercado literário.

No início da era moderna, passos significativos foram dados para que as informações pudessem circular pelo mundo de maneira mais ágil e com menos restrições. Contudo, ainda no século XVII, quando os primeiros jornais impressos começaram a ser publicados em várias localidades da Europa, poucas pessoas eram de fato alfabetizadas.

A democratização do texto escrito é um desafio bastante debatido no contexto filosófico do Iluminismo, quando pensadores, como o francês Voltaire (1694-1778), questionaram as formas tirânicas do poder do Estado no Antigo Regime e as superstições propagadas pelo excesso da religiosidade. A defesa de um conhecimento laico, racional, técnico e científico que pudesse legitimar as mudanças que se apresentavam aos olhos dos europeus no século XVIII vai motivar o desenvolvimento da primeira *Enciclopédia*, editada em 1772 pelos franceses Diderot (1713-1784) e D'Alembert (1717-1783). O século seguinte foi marcado pela proliferação de invenções que caracterizam a modernidade.

Atividade

1. Estudos sugerem que o uso intensivo e indiscriminado das novas tecnologias para armazenar informações subutiliza o cérebro e enfraquece a memória. Considerando sua experiência de vida e de pessoas próximas, você acredita que o uso desenfreado de facilidades tecnológicas afeta o ser humano no campo cognitivo?

Cultura de massa

Com o fim das monarquias absolutistas europeias, a partir do século XVIII, aos poucos começou a diminuir a influência da Igreja e dos governos monárquicos sobre a produção artístico-cultural. Os artistas do final daquele século, estimulados pela Revolução Francesa e pelo espírito iluminista, passaram a escolher livremente os temas que queriam retratar.

Com a instalação de academias de ciências e artes e a ascensão da burguesia capitalista, os artistas encontraram meios de divulgar e vender a própria arte, uma vez que havia interesse do público. Pintores passaram a expor suas obras em salões de arte para atrair compradores e receber novas encomendas.

Com a Revolução Industrial, conquistas científicas transformaram o mundo. O alto investimento na indústria mineira, metalúrgica e de transporte acelerou o crescimento das cidades e o consumo de bens. Ao final do século XIX, com o avanço da indústria química, o processo de fotografia se tornou cada vez mais acessível. Em 1850, a fotografia já era um negócio comercial na França, e sua influência mudaria o curso das artes visuais.

Além disso, para alimentar o sistema de produção e consumo, cartazes, rótulos e revistas eram produzidos para ampliar a comunicação e a publicidade. Esse seria o início do processo de formação do que hoje nomeamos **cultura de massa**. Vamos entender isso em mais detalhes.

A classe burguesa buscava consumir novas produções, que simbolizavam o novo tempo histórico. Essas produções passaram a se destacar nos contextos urbanos. Na literatura, por exemplo, o século XIX foi marcado pelo Romantismo e, posteriormente, pelo

Realismo e pela profissionalização do escritor. Nessa época, a classe média também passou a consumir as obras literárias que os escritores produziam justamente para atender a esse mercado emergente.

Uma das formas literárias que ganhou maior destaque nesse período foi o romance de folhetim, gênero em prosa que surgiu na França, no começo do século XIX, considerado um dos precursores da literatura de mercado e um dos marcos iniciais da formação de uma cultura de massa. Nessa época, as obras eram publicadas de maneira seriada em jornais e revistas, e os autores utilizavam técnicas para manter o público atraído pela história, cujo desfecho, geralmente, aguçava a curiosidade do leitor. Como muitos escritores usavam suas produções literárias como meio de sobrevivência, havia uma forte tendência de padronização de estilos e simplificação dos textos, muitas vezes adaptados ao gosto da maior parte do público.

Alguns escritores, hoje consagrados, chegaram a publicar romances de folhetins para sobreviver no mercado literário. Na França, ficaram famosas as obras de Honoré de Balzac (1799-1850) e Alexandre Dumas (1802-1870). No Brasil, os expoentes do gênero foram José de Alencar (1829-1877), Manuel Antônio de Almeida (1830-1861) e Machado de Assis (1839-1908). O romance *A moreninha*, de Joaquim Manuel de Macedo (1820-1882), que retratava os costumes da alta sociedade carioca do século XIX, foi originalmente publicado em formato de folhetim, rendendo imenso prestígio ao autor.

Wikipedia/Wikimedia Commons

Cartaz anunciando um espetáculo no cabaré Moulin Rouge, em Paris (França), em 1891. Litografia de Henri de Toulouse-Lautrec (1864-1901). Inspirado pelas gravuras japonesas e pela obra do pintor francês Edgar Degas (1834-1917), Toulouse-Lautrec revolucionou a linguagem dos cartazes.

Frontispício da revista *A Estação*, número 11, de 15 de junho de 1886, em que estreou o folhetim *Quincas Borba*, de Machado de Assis.

Apesar de alguns autores terem adentrado ao cânone literário, outros, porém, produziram apenas sucessos de época, obras que não marcaram a história da literatura. Textos relacionados à crítica artística, veiculada por jornais e revistas, como *A Estação*, adquiriram o poder de fazer e desfazer reputação de artistas e escritores, muito semelhante a algumas discussões em redes sociais digitais que presenciamos na cultura contemporânea.

Podemos dizer que esses folhetins são os antecessores diretos das novelas de rádio, que se popularizaram na primeira metade do século XX, graças ao formato oral, que não dependia da alfabetização do público, o que no Brasil de 1930 era um fator de acesso relevante. As novelas de rádio, por sua vez, deram origem às novelas televisivas que marcaram a segunda metade do século XX e que se tornaram uma modalidade cultural brasileira muito popular, chegando a ser exportadas para muitos países.

Atividades

2. Na sua opinião, as séries, acessadas via *streaming* em provedores globais, cada vez mais populares, sobretudo entre os jovens, são as novas telenovelas?

3. Produções que hoje agradam um vasto público, como o *funk* brasileiro ou o sertanejo universitário, são consideradas produções vulgares e de "gosto duvidoso" por parte da sociedade. No passado, o samba também recebeu qualificações negativas e preconceituosa por alguns segmentos da sociedade e hoje é um gênero consagrado da MPB. O *funk* e o sertanejo universitário já são ou podem, em breve, vir a ser considerados gêneros fundamentais da musicalidade brasileira?

Indústria cultural

Refletindo sobre esse amplo processo histórico de transformações que vimos até aqui, filósofos, sociólogos e pensadores de outros campos do conhecimento identificaram o desenvolvimento de um setor da produção cultural voltado ao entretenimento, à circulação da informação e à propagação das artes e da cultura para o grande público, a chamada "indústria cultural".

Nesse cenário, gravadoras, emissoras de rádio e de televisão, estúdios cinematográficos, editoras e, mais recentemente, agências produtoras de conteúdo para a internet se tornaram as principais ramificações dessa "indústria". A propagação de seus produtos e conteúdos surgiu da popularização dos chamados meios de comunicação de massa, como jornais e revistas; aparelhos de rádio e televisores; e computadores, *smartphones* e *tablets* com acesso à internet, mais recentemente. Alguns avanços técnicos e tecnológicos no campo da comunicação tornam esses meios possíveis. E eles se adaptam com facilidade à modernidade capitalista e sua economia de mercado. São meios de comunicação de massa justamente porque se dirigem a muitas pessoas, simultaneamente.

Tony Oliveira2/Shutterstock

Visitantes da Comic Com Experience (CCXP) 2018, maior evento da cultura *pop* do mundo, com atrações da indústria de séries, histórias em quadrinhos e *videogames*, realizada na cidade de São Paulo (SP).

Desse modo, a indústria cultural vai, aos poucos, formando uma cultura de massa ou, em outras palavras, gerando um processo de massificação da cultura. A expressão **cultura de massa** refere-se a formas culturais padronizadas e voltadas para o consumo rápido de um grande contingente de pessoas. Já a **massificação** designa um processo de uniformização de comportamentos, gostos, valores e estilos de vida promovido, em ampla escala, pelos meios de comunicação.

A expressão **indústria cultural** começa a marcar os estudos nas áreas da Filosofia e da Sociologia com a publicação da obra *Dialética do esclarecimento* (1947), dos filósofos alemães Theodor W. Adorno (1903-1969) e Max Horkheimer (1895-1973), principais representantes da chamada **Escola de Frankfurt**. Em suas interpretações críticas da época, os autores apontam que a indústria cultural marcava um processo de produção artística feito de forma industrial, isto é, de forma padronizada e em grande escala, como os filmes de Hollywood. Para isso, essa indústria se apropriava das manifestações artísticas e culturais e, por meio do mercado, tornava-as produtos a serem vendidos em larga escala, alimentando o consumo em massa ao mesmo tempo que colocava em questão a qualidade dessas produções, isto é, se elas seriam de fato manifestações artísticas ou mercadorias a serem comercializadas.

Conceitos

Escola de Frankfurt

Escola de pensamento filosófico e sociológico associada ao Instituto de Pesquisa Social, criado em 1923, e, posteriormente, vinculada à Universidade de Frankfurt, na Alemanha. Produziu a chamada teoria crítica, corrente teórico-metodológica baseada numa leitura não dogmática do marxismo, que se ancorava em quatro pressupostos principais: o comportamento crítico, a autocrítica ou autorreflexão, a análise do momento presente e a orientação para a transformação social e a emancipação humana. Com isso, buscava compreender a realidade daquele tempo histórico, como a ascensão e a queda do nazifascismo, o stalinismo e a emergência de uma sociedade de consumo no pós-Segunda Guerra Mundial, com especial atenção à indústria cultural. De acordo com seu pressuposto metodológico, buscava pensar em soluções no contexto do Estado democrático de direito, enfoque que foi aprofundado pelo filósofo e sociólogo alemão Jürgen Habermas (1929-), remanescente da Escola de Frankfurt.

Saiba +

***Dialética do esclarecimento*.** Theodor W. Adorno e Max Horkheimer. Tradução de Guido Antonio de Almeida. Zahar, 1985.

Escrito em parceria por Adorno e Horkheimer, é considerada a obra fundamental das ideias da Escola de Frankfurt. A expressão **indústria cultural** foi cunhada pela primeira vez nesse livro.

Falácia: falsidade; argumentação que estabelece relação de causa e efeito equivocada.
Alienação: na crítica social, geralmente, relaciona-se à incapacidade de um indivíduo pensar por conta própria; na crítica marxista, designa a relação do trabalho na sociedade industrial, em que os produtos não pertencem ao trabalhador e os processos tornam-se repetitivos e sem sentido; assim, o trabalhador perde a consciência do lugar que ocupa na sociedade.
Obsolescência: processo de se tornar fora de moda, ultrapassado.

Desse modo, o valor crítico e questionador das produções culturais se perderia à medida que as obras passassem a se destacar como bens de consumo. Assim, a suposta liberdade do artista moderno (que não deveria produzir para agradar a um mecenas ou à Igreja, por exemplo) é, para esses pensadores, uma **falácia**. Os artistas podem escolher apenas se vão ou não adaptar suas produções ao mercado, mas caso não o façam, provavelmente não terão como sobreviver do próprio trabalho.

Outro ponto relevante da crítica desses dois pensadores, expoentes da Escola de Frankfurt, é que a indústria cultural potencializa os processos de **alienação**. Ao se alimentar de uma arte facilitada, que não exige repertório ou quaisquer esforços intelectuais do público, a massificação torna a sociedade culturalmente semelhante, com gostos parecidos, consumindo aquilo que está na moda. E a moda, ancorada na **obsolescência** programada, continuamente se recicla para que o consumo nunca cesse. Se hoje a moda é usar determinados itens em seu vestuário, estejamos certos de que, mais adiante, em uma década, tudo será diferente. Assim como qualquer indústria, a cultural precisa, acima de tudo, assegurar seus lucros. Entretanto, a lógica de estímulo ao consumo e ao rápido descarte repercute no aumento da pressão sobre os recursos naturais e em maior geração de resíduos e poluição, ampliando os impactos ambientais.

Vale lembrar que, quando Adorno e Horkheimer criticaram a indústria cultural, eles se referiam ao rádio e ao cinema. A televisão estava engatinhando como tecnologia e a internet não existia. O que eles diriam sobre o nosso cotidiano, em que a internet e as redes sociais são tão presentes?

Wikipedia/Wikimedia Commons

Horkheimer (à esquerda) e Adorno (à direita) em fotografia de 1964, em Heidelberg (Alemanha).

Atividade

4. Como você avalia a influência que a internet – com suas redes sociais, aplicativos de mensagens, vídeos, áudios, *sites*, e todas as pessoas e empresas que produzem e fazem circular conteúdos para esse meio digital – exerce no comportamento das pessoas? Qual é a principal diferença desse meio de comunicação em relação ao rádio e à televisão?

Apropriação cultural

Atualmente, é muito difícil encontrar alguma manifestação artístico-cultural que possa ignorar completamente o mercado. Isso ocorre porque os meios de comunicação permitem que o público tenha acesso a essas manifestações. Tratar a indústria cultural como algo que descaracteriza uma obra talvez seja um pensamento que desconsidere toda a complexidade do cenário atual, uma vez que há vários segmentos do mercado com características muito diferentes entre si. O mercado cultural não somente inventa modas, mas absorve e divulga produções legítimas da cultura popular. No Brasil, o samba, em um primeiro momento deslegitimado por causa do seu vínculo com camadas populares e da influência recebida de ritmos africanos, foi incorporado pela indústria fonográfica por volta dos anos 1930 e se tornou sucesso de público. Aos poucos, passou a ser exportado para todo o mundo como música genuinamente brasileira.

Algo semelhante aconteceu com o *rock 'n' roll*, que, a princípio, era considerado subversivo e vinculado à rebeldia, mas que ganhou amplo espaço no mercado com ícones da cultura *pop*, como o cantor e compositor estadunidense Elvis Presley (1935-1977) e a banda inglesa The Beatles (1960-1970). No final dos anos 1990, o *rap*, um estilo proveniente das periferias das grandes cidades, caiu no gosto do mercado fonográfico. O disco *Sobrevivendo no inferno* (1997), do grupo Racionais MC's, maior expoente do gênero musical no Brasil, passou a ser tocado nas rádios e a ser escutado pelas classes médias, alcançando um reconhecimento de que antes não desfrutava.

Além disso, não podemos deixar de notar os processos de massificação e alienação que ainda marcam o mundo atual e quanto a mídia de massa é conivente com tais processos para atingir mais vendas. A indústria da moda é uma das mais criticadas pelo fato de promover uma apropriação de estilos e elementos culturais, bem como de estimular o consumismo. Muitas vezes, essa apropriação é feita sem nenhum critério, de modo que as raízes culturais desses elementos são descaracterizadas para que se possa proporcionar o consumo massivo das novas mercadorias.

Van Campos/Fotoarena

Grupo Racionais MC's em turnê de comemoração pelos 30 anos de carreira, em São Paulo (SP), 2019. O disco *Sobrevivendo no inferno*, atualmente, é reconhecido como um marco da cultura brasileira. Foi transformado em livro e passou a integrar a lista de leituras para o vestibular da Unicamp.

Saiba +

Funk ostentação. Direção: Renato Barreiros e Konrad Dantas. Brasil, 2012. 36 min. Disponível em: https://www.youtube.com/watch?v=5V3ZK6jAu. Acesso em: 18 abr. 2022.
O documentário mostra a trajetória do *funk* ostentação desde seu primeiro lançamento, mostrando que, além de um elemento cultural, ele é instrumento de emancipação dos jovens e inspiração para as novas gerações.

Happiness. Direção: Steve Cutts. Reino Unido, 2017. 5 min. Disponível em: https://www.stevecutts.com/animation.html. Acesso em: 18 abr. 2022.
No curta-metragem de animação *Happiness*, "felicidade", em inglês, Steve Cutts usa a animação para criticar a noção de felicidade usualmente propagada pela sociedade de consumo, que levaria à alienação do ser humano.

Leia a seguir trechos de uma reportagem sobre apropriação cultural.

O uso de turbantes por pessoas brancas é apropriação cultural?

[...] O debate sobre a apropriação cultural [...] ultrapassa as fronteiras de uma discussão individual sobre se pessoas brancas podem ou não usar adereços como turbante, cabelos trançados ou *dreads*.

Trata-se, principalmente, de uma discussão sobre racismo, etnocentrismo, capitalismo e sobre o uso que instituições como a indústria da moda fazem de produções de grupos minorizados. Pesquisadora na área de representação do negro na mídia, a bacharel em História e educadora Suzane Jardim explica como se dá o processo de apropriação cultural.

Lisa Maree Williams/Getty Images

Há vários tipos de turbante e seu uso está associado a culturas de diferentes épocas e locais. Na fotografia, a estilista australiana Camilla Franks usa turbante em evento social em Sidney (Austrália), 2019.

O fenômeno acontece quando um estrato social historicamente dominante marginaliza uma etnia, religião ou cultura, tornando seus símbolos e práticas abomináveis aos olhos da sociedade. Com isso, o grupo marginalizado abandona tais práticas, como uma forma de se adequar, na tentativa de sofrer menos preconceito [...].

"A mulher branca que não faz parte de religiões de matriz africana usa o turbante, as tranças ou os *dreads* porque viu em revistas de moda que aquilo a deixa bela, porque encontrou locais onde poderia comprar tudo aquilo e sabe que receberá elogios com o uso", afirma Suzane Jardim. Segundo ela, em geral esses elementos são vistos apenas como adereços estéticos.

Assim, explica ela, existe um aval sistêmico para o uso desses objetos, reforçado pela mídia e pela publicidade. Por outro lado, pondera, o mesmo não ocorre com uma mulher negra que toma as mesmas decisões. "É essa diferença de tratamento e de percepção na sociedade que causa o choque".

[...]

O USO de turbantes por pessoas brancas é apropriação cultural? *Carta Capital*, 18 fev. 2017. Disponível em: www.cartacapital.com.br/sociedade/turbantes-e-apropriacao-cultural/. Acesso em: 18 abr. 2022.

Em termos culturais, essas discussões nos levam ao conceito de mundialização da cultura, que, por sua vez, conecta-se a reflexões sobre a hipótese da emergência de uma sociedade global. Estarmos interligados independentemente de nossas vontades faz dessa experiência um **fato social**. O global nos alcança por meio de notícias de toda a parte e por meio de marcas e modos de comportamento que se tornam parte da vida das pessoas. Chocolates, aviões, *smartphones*, redes de *fast food*, Copa do Mundo de Futebol, Champions League ("Liga dos Campeões"), filmes e *videogames*: coisas antes longínquas agora estão espalhadas pelo globo.

Conceitos

Fato social
Conceito da Sociologia que se refere às estruturas, aos valores e às normas sociais que transcendem o indivíduo. São os hábitos e as maneiras de agir de determinados grupos ou mesmo da humanidade em geral. O sociólogo francês Émile Durkheim (1858-1917) defendia que a Sociologia é o estudo empírico dos fatos sociais.

Atividades

5. O que é apropriação cultural?

6. Qual é a polêmica sobre a apropriação cultural do turbante por pessoas brancas?

7. Observe o seu cotidiano, nas ruas, na televisão e no que é veiculado na internet, e identifique outros exemplos de apropriação cultural. Anote e compartilhe com os colegas.

Diferentes culturas

Olhar a questão da cultura de uma perspectiva global chega a ser algo paradoxal. As culturas se definem por sua pluralidade de modos de vida, valores e pensamentos. Dessa forma, falar de uma hipotética **aldeia global** seria o mesmo que dizer que essas diferenças seriam apagadas? Vale lembrar que foi **Marshall McLuhan** (1911-1980) o primeiro pensador a utilizar essa expressão. Em seguida, ela viria a se tornar o mantra da globalização. Essa expressão, no entanto, obscurece o fato de que a globalização não apaga as diferenças culturais, não atinge igualmente todos os lugares do mundo nem todas as pessoas e hierarquiza o papel dos diferentes sujeitos.

MCLUHAN, Marshall. *Os meios de comunicação como extensões do homem*. Tradução de Décio Pignatari. São Paulo: Cultrix, 1969.

ORTIZ, Renato. *Mundialização e cultura*. São Paulo: Brasiliense, 2000. p. 26-27.

Perceba como esses debates nos aproximam das reflexões que fizemos sobre indústria cultural, uma vez que ela está relacionada ao advento de uma cultura de massa, e esta, por consequência, marca um processo de padronização de nossas experiências no campo da cultura. Há modas, filmes, livros e produtos conhecidos em todos os lugares. Há ídolos da música *pop* ou dos esportes em toda a parte do mundo. Porém, como afirma o sociólogo **Renato Ortiz** (1947-), "uma cultura mundializada não implica o aniquilamento das outras manifestações culturais. Ela coabita e se alimenta delas".

Por fim, é importante notarmos que essas experiências que analisamos não se deslocam do contexto histórico em que vivemos, que também se conecta a uma série de discussões de caráter socioambiental. Os efeitos dos variados modos de vida e das culturas não são notados somente no campo das relações interpessoais e nas dinâmicas de consumo, mas também em aspectos que envolvem trabalho, economia, política e meio ambiente.

Cultura e juventudes

Considerando a trajetória de vida dos seres humanos, entre o nascimento e a morte, é possível identificar alguns períodos: infância, adolescência, vida adulta e velhice. De modo geral, esperam-se determinados comportamentos e atitudes das pessoas em cada um deles: as crianças brincam, os jovens estudam, os adultos trabalham e os idosos descansam. E todos eles consomem. Mas, ao analisarmos detalhadamente esse aspecto, não é exatamente assim que a realidade se apresenta.

Demarcar precisamente os limites entre cada uma das supostas fases da vida dos seres humanos é bastante difícil e, quase sempre, vai configurar uma escolha baseada em alguma ideia previamente concebida. Sabemos hoje que as dimensões biológica e cronológica (etária) não são suficientes para essa classificação. As dimensões sócio-históricas também são fundamentais para entender os comportamentos, as atitudes e os desejos de determinados grupos humanos. Vamos estudar especificamente uma dessas fases ou períodos, a juventude.

Atividades

1. O que o sociólogo Renato Ortiz quis dizer com a coabitação entre a cultura mundial e as demais culturas?

2. Como uma cultura mundial coabita e se alimenta de manifestações culturais locais? Dê exemplos da sua realidade, observados no seu cotidiano.

- Leia a seguir um trecho de um artigo científico que caracteriza e diferencia o desenvolvimento corporal durante a puberdade entre os indivíduos do sexo masculino e feminino.

Crescimento, maturação e desenvolvimento durante a puberdade

Durante a puberdade (aproximadamente dos 11 aos 16 anos de idade), ocorrem diversas alterações morfológicas e funcionais que interferem diretamente no envolvimento e na capacidade de desempenho esportivo. A puberdade é um período dinâmico do desenvolvimento marcado por rápidas alterações no tamanho e na composição corporal. Um dos principais fenômenos da puberdade é o pico de crescimento em estatura, acompanhado da maturação biológica (amadurecimento) dos órgãos sexuais e das funções musculares (metabólicas) [...].

Nos meninos, o pico de crescimento em estatura ocorre aproximadamente aos 14 anos de idade, com grandes variações individuais, sendo normal sua ocorrência entre os 12 e os 16 anos de idade. Aproximadamente seis meses após o pico de crescimento em estatura, ocorre o pico de ganho de massa muscular, diretamente associado à elevação do hormônio testosterona [...].

Nas meninas, o pico de crescimento em estatura ocorre por volta dos 12 anos de idade e apresenta consideráveis variações em relação à idade cronológica, podendo ocorrer entre os 10 e os 14 anos [...]. Após o pico de crescimento em estatura, ocorre a menarca, diretamente associada à elevação da produção de hormônios femininos (estradiol). Entretanto, não há um ganho acentuado de massa muscular, uma vez que não há elevação significativa na produção de testosterona [...]. Assim, as meninas aumentam o percentual de gordura corporal (principalmente na região dos seios e quadris) [...].

RÉ, Alessandro H. N. Crescimento, maturação e desenvolvimento na infância e adolescência: implicações para o esporte. *Motricidade*, jul. 2011. Disponível em: http://www.scielo.mec.pt/pdf/mot/v7n3/v7n3a08.pdf. Acesso em: 19 maio 2022.

a) Que tipo de transformações você vem observando no seu corpo nos últimos três anos?

b) As mudanças pelas quais você passou ou vem passando lhe trouxeram insegurança ou algum desconforto?

c) Que cuidados e orientações você avalia que sejam positivos para as pessoas que vivem esse momento?

As diferentes experiências de juventude

Observando a realidade em seu entorno, deve estar claro para você que os jovens de uma mesma geração experimentam essa fase da vida de diferentes formas. Os que vivem em áreas rurais, por exemplo, podem ter possibilidades de estudo, lazer e trabalho distintas das possibilidades dos que vivem em áreas urbanas. As grandes cidades apresentam maior quantidade e diversidade de opções de ensino, trabalho, lazer, entretenimento, consumo e acesso a serviços que não ocorrem na mesma proporção nas cidades de pequeno e médio porte ou na zona rural, limitando o acesso e o usufruto dos jovens a essas atividades.

Em muitas cidades, um jovem proveniente da periferia ou de uma comunidade tem, em geral, uma realidade social e econômica muito diferente da de um adolescente oriundo de um bairro "nobre". De acordo com o geógrafo **Milton Santos** (1926-2001), o desigual acesso a bens e serviços básicos, como educação e lazer, varia em função da classe social e da localização da pessoa no território. No território urbano há lugares privilegiados e lugares segregados, assim como as pessoas que neles vivem.

SANTOS, Milton. *O espaço do cidadão*. 7. ed. São Paulo: Edusp, 2007.

Mauro Akiin Nassor/Fotoarena

Dream Team do Passinho, grupo originário da cidade do Rio de Janeiro (RJ), em evento em Salvador (BA), 2018. O passinho é uma dança caracterizada por movimentos leves e que acontece ao som de *funk*.

Além do contexto socioeconômico em que vivem os jovens, as oportunidades e as experiências de juventude de cada um podem ser fortemente influenciadas por fatores como cor da pele, etnia, gênero, sexualidade e religiosidade. Logo, é possível afirmar que são muitos os aspectos que direcionam o percurso e os projetos de vida dos jovens, conferindo características particulares e específicas à vivência concreta de cada um; e o acesso a bens de consumo e culturais é apenas um deles.

Pelas distintas experiências, trajetórias de vida, hábitos, costumes e propósitos dos jovens, recomenda-se hoje a utilização do termo **juventudes**, no plural. Todo jovem tem suas idiossincrasias e tende a traçar um percurso de vida único, singular. Entretanto, ao analisar e comparar esses percursos, é possível reconhecer valores e comportamentos em comum, suficientes para agrupar e identificar esses jovens como um grupo social.

Saiba+

***A batalha do passinho*.** Direção: Emílio Domingos. Brasil, 2013. 73 min.
Documentário que aborda o fenômeno da dança do passinho, que começou a se difundir nas comunidades do Rio de Janeiro no começo dos anos 2000, e acompanha a vida dos dançarinos de perto e a evolução desse movimento cultural, que se expandiu para além dos bailes *funk* e das favelas.

A juventude como modelo cultural

Ao final do século XX, a juventude ganhou relevância social e passou a ser admirada, valorizada e até mesmo desejada por causa, em grande parte, dos atributos positivos que os meios de comunicação de massa passaram a associar a essa fase da vida, como alegria, potência, beleza, vigor, coragem, inovação, etc. Essa estratégia bem-sucedida de *marketing* e publicidade tem como objetivo orientar o lançamento de produtos e serviços associados aos jovens, aproveitando-se de um nicho de mercado bastante definido. O sucesso dessa estratégia é tamanho que conseguiu libertar simbolicamente a juventude das amarras cronológicas de um grupo etário, transformando-a em um estilo de vida. Trata-se de um modo de se colocar no mundo.

bbernard/Shutterstock

Frequentemente a publicidade retrata a juventude como um momento de liberdade e felicidade, sem tédio ou frustração, uma fase plena de desafios e estímulos, rodeada de amigos, sob a mensagem de que só se vive uma vez: aqui e agora. No entanto, obscurece o fato de que é um período marcado também por muitas contradições e inseguranças.

Apesar das possibilidades e das limitações de cada idade cronológica, a valorização da juventude levou grande parte da sociedade a assumir comportamentos e valores, até mesmo estéticos, identificados com os jovens – ou melhor, com a imagem que foi artificialmente construída do que é ser jovem.

Essa valorização recente da juventude também é responsável pela emergência de uma nova categoria social compreendida por jovens-adultos, ou seja, aqueles que postergam, cada vez mais, a passagem para o mundo adulto, simbolizada na conquista de sua autonomia financeira, o que implica deixar a casa dos pais ou constituir a própria família. A explicação para esse fenômeno é multifatorial e depende, entre outros aspectos, da classe social. Em termos econômicos, essa situação pode ser explicada pelos baixos salários e pelos altos índices de desemprego, aliados a um mercado de trabalho cada vez mais competitivo, que exige do jovem mais anos de estudo e de experiência profissional, a fim de melhorar sua qualificação no mercado de trabalho e, consequentemente, aumentar seu rendimento salarial, fatos que retardam sua autonomia financeira.

Os aspectos culturais também estão relacionados às características comportamentais dos jovens-adultos. Pais protetores e acolhedores retardam a saída dos filhos de casa; o matrimônio e a maternidade tiveram sua importância atenuada e postergada por muitos jovens; a valorização social da juventude inibe o desejo de ser reconhecido como adulto; entre outros fatores que influenciam as decisões e as ações dos jovens.

No imaginário, a juventude representa algo que a sociedade moderna burguesa valoriza: a liberdade. A adolescência, portanto, seria uma espécie de paraíso perdido, um estado de "férias eternas", uma vida sem responsabilidades financeiras, quando seria possível desfrutar dos muitos prazeres oferecidos pela sociedade capitalista industrial. Seria um tipo de vida que o adulto "burguês" desejaria viver se não tivesse tantas obrigações e responsabilidades: educação dos filhos, trabalho, etc.

A vida do jovem, portanto, sobretudo a de um adolescente, é uma idealização para muitos adultos. Seria uma etapa de fantasiar e alimentar utopias e esperanças a respeito do que está por vir e sentir-se potente para encarar os desafios da vida, até mesmo o futuro desconhecido.

Atividades

3. Quais são as alegrias, os desafios e as inseguranças de ser jovem hoje na comunidade onde você vive? Isso condiz com a idealização da juventude?

4. O que todos os jovens como você têm em comum e o que possibilita subdividi-los em grupos diferentes?

5. No contexto em que você vive, há muitos jovens-adultos? Justifique sua resposta.

O cuidado com as novas gerações

De modo geral, na sociedade contemporânea, entende-se que os adultos são responsáveis por cuidar das crianças e dos jovens e educá-los. Esse processo, segundo a filósofa alemã **Hannah Arendt** (1906-1975), envolve dois sentidos do verbo educar. O primeiro deles é cuidar da criança e do jovem, protegendo-os dos perigos do mundo. Logo, explicar como o mundo funciona, observando-os e orientando-os nesse processo, seria uma forma de evitar que os mais novos se submetam a condições de vida que atrapalhem ou impeçam seu desenvolvimento físico e emocional ou que lhes provoquem outros prejuízos. Trata-se de apresentar-lhes o legado que herdamos das gerações anteriores e de apresentá-los ao mundo da cultura e da civilização, além de lhes transmitir saberes e conhecimentos.

ARENDT, Hannah. *Entre o passado e o futuro*. São Paulo: Perspectiva, 2011.

O segundo sentido, de acordo com Arendt, refere-se a cuidar do mundo, considerando a força transformadora e, muitas vezes, destruidora dos próprios jovens. Por exemplo, diante de uma criança engatinhando pela sala, os adultos devem evitar que ela coloque o dedo na tomada elétrica ou que pegue algum objeto cortante que possa feri-la (proteger a criança do mundo); ao mesmo tempo, espera-se que os adultos impeçam a criança de quebrar algum objeto de valor que possa estar ao alcance dela (proteger o mundo da criança).

Portanto, uma vez protegido e educado, espera-se que o jovem chegue à fase adulta sendo capaz de reconhecer e valorizar o legado cultural que herdou e também de se engajar na realização de projetos de vida, considerando os desafios criados e não solucionados pelas gerações anteriores sem menosprezar seus desejos e suas necessidades pessoais. Dentre esses desafios, destacam-se o combate à pobreza e à miséria; a universalização dos direitos humanos, a manutenção da paz entre os povos; o desenvolvimento sustentável, etc.

Luciola Zvarick/Pulsar Imagens

Escola indígena da etnia Waurá, na aldeia Piyulaga, Parque Indígena do Xingu, no município de Gaúcha do Norte (MT), em 2019. O cuidado com a juventude é um direito garantido pela Constituição e um dever do Estado. No Brasil, a Constituição Federal de 1988 garantiu aos indígenas o direito de preservarem suas culturas e seus modos de vida. Essa diretriz garantiu escolas em terras indígenas que valorizam e ensinam conhecimentos tradicionais, oferecendo educação bilíngue e intercultural.

Atividades

6. Por serem complexos, esses desafios podem desencorajar os jovens a lutar por causas coletivas, fazendo-os focar apenas em seus desejos e suas necessidades pessoais? Ou seria o contrário? Por quê?

7. Na sua opinião, por que o adulto, ao mesmo tempo que teme a força transformadora do jovem, deposita tanta expectativa nele?

LIPOVETSKY, Gilles. *O império do efêmero*. São Paulo: Companhia das Letras, 2009.

O jovem diante da sociedade e do ambiente

Ao classificar a contemporaneidade como uma hipermodernidade, o filósofo francês **Gilles Lipovetsky** (1944-) apresenta o conceito de **império do efêmero**, expressão que dá nome ao seu livro mais famoso. Nessa obra, ele analisa a dinâmica da moda como aspecto marcante de uma sociedade de consumo e descarte permanente. Ao mesmo tempo, constata que a moda funciona como um forte demarcador de nossa identidade pessoal e das ideias de liberdade.

Hedonismo: refere-se à doutrina filosófico-moral, originada na Grécia antiga, que preconiza ser o prazer a finalidade da vida.

Graças a uma ampliação do individualismo, do **hedonismo** e de um afrouxar das normas tradicionais, as identidades são construídas nesses fluxos permanentes do mercado, alimentados pela comunicação e pelo consumo, que cultuam a individualidade e seu estilo de vida, sempre no âmbito de uma vida privada e potencialmente feliz. Essa realidade inverte a ordem entre o cidadão e o consumidor. O consumo deixa de ser um direito e passa a ser um dever e um desejo. A cidadania tende a ser resumida à dimensão do consumo, ou seja, consumir é o único direito que a maioria quer desfrutar, preferencialmente de forma ilimitada, para se destacar socialmente e reproduzir um único ideal de comportamento e felicidade.

Como já vimos, os seres humanos são seres sociais. Precisamos viver em sociedade para atendermos a nossas necessidades materiais e imateriais, como afeto, admiração, cuidado, diversão, aprendizagem, entre outras. Os vínculos sociais que estabelecemos são fundamentais para construir o sentimento de pertencimento, de comunidade, de se sentir parte de algo, de ser aceito pelo outro ao mesmo tempo que o aceitamos. E para

Lucas Lacaz Ruiz/Fotoarena

Na foto, jovens fazem mutirão de limpeza para criação de hortas urbanas para a comunidade, ação promovida em parceria entre a prefeitura e o Ecomuseu de São José dos Campos (SP), 2021.

a maioria dos jovens, que estão em fase de construção do próprio repertório intelectual e emocional, a identificação com outro grupo social, que não mais a família, tem sido fundamental para a construção de suas identidades e autonomia. Porém, até isso se consolidar, não são incomuns os momentos de inadequação, isto é, de insegurança diante da dúvida de aceitação pelos seus pares e da conquista da admiração deles.

Essa característica, vivida em um mundo marcado por uma cultura hegemônica, que estabeleceu o consumo como um valor em si e que fabrica novas necessidades a todo tempo, impacta o jovem de forma muito intensa.

O mercado, alimentado por uma lucrativa e bem-sucedida indústria cultural, veicula padrões de comportamento que vinculam felicidade ao consumo insaciável, sempre renovado por novas tendências. O novo se torna obsoleto rapidamente. O que é "descolado" hoje deixa de ser amanhã. Tudo dura pouco, é passageiro, efêmero, conforme afirma Lipovetsky.

Além dos variados sentimentos e emoções que a velocidade dos acontecimentos causa, como vertigem, ansiedade, dissociação, solidão, abandono, insegurança – que são, muitas vezes, a causa do mal-estar individual e coletivo da sociedade –, há outras consequências materiais do acelerado ritmo de produção, consumo e descarte: a enorme pressão sobre os recursos naturais, a poluição e a degradação ambiental.

Apesar da pressão de uma cultura hegemônica, a realidade não é apenas uma. Há outros tipos de comportamento espalhados por diferentes sociedades e diferentes juventudes ao redor do mundo e, claro, no Brasil. Nem todos os indivíduos são consumidores alienados e individualistas. Cada vez mais se têm desenvolvido formas alternativas para esse modelo que a indústria cultural tenta impor como único possível. E isso não se manifesta apenas em sociedades isoladas, como as tradicionais comunidades indígenas, que há muito tempo mantêm ritmos alinhados com a natureza.

Neste momento, há jovens se mobilizando e inventando o mundo em que gostariam de viver. Jovens que estão mais interessados em usufruir de um bem ou de um serviço do que possuí-lo, alimentando, assim, a chamada economia do compartilhamento. Muitos não têm mais como ideal a compra do carro próprio, preferindo se deslocar de bicicleta ou usar o transporte coletivo e, eventualmente, os serviços de transporte por aplicativo. Repensam a cadeia de produção das roupas que consomem e, quando possível, optam por marcas independentes ou as compram em brechós. E, para além de repensarem seus hábitos de consumo, constroem projetos de vida engajados em ações coletivas para a melhoria do bem-estar social e ambiental dos mais variados tipos: a instalação e manutenção de hortas urbanas, a recuperação e reciclagem de móveis, a construção de moradias de baixo custo e sustentáveis para a população carente são apenas alguns exemplos.

Portanto, o poder de ação e transformação do jovem pode ser canalizado para ações muito variadas, dependendo da construção de sentido que eles dão à vida e de como se enxergam e são enxergados pela sociedade.

Saiba+

Greta Thunberg. Disponível em: https://news.un.org/pt/story/2019/12/1697531. Acesso em: 18 abr. 2022.

Vídeo do discurso completo, com legendas em português, da jovem ativista sueca Greta Thunberg (2003-), na Conferência das Nações Unidas sobre Mudanças Climáticas (COP25) que aconteceu em Madri, Espanha, em 2019.

Diálogos

1. Será que ser jovem tem a ver com o sentimento singular de cada um, com suas atitudes e com a forma como os outros nos enxergam? Quando, então, alguém começa a ser jovem? E quando deixa de ser? Você se lembra do dia em que deixou de ser criança e "virou" um jovem? E o adolescente, é uma criança ou um jovem? Reflita sobre as perguntas propostas a seguir, anote suas respostas ou algumas palavras-chave que encontrou para responder a elas para, em seguida, dialogar com os colegas, sob orientação do professor.

a) Na sua opinião, qual é a faixa etária que pode ser chamada de "juventude"?

b) Em que momento da sua vida você avalia que se tornou jovem?

c) Que gostos e hábitos que mantinha quando criança você abandonou? E que novos valores e comportamentos você tem atualmente que não tinha na infância?

d) E os outros, sobretudo os adultos, como eles olhavam para você e o tratavam quando era criança e como o enxergam e o tratam agora?

e) Quais são seus projetos depois que finalizar o Ensino Médio? As possibilidades de vida futura do jovem são as mesmas para todos?

2. A foto da capa do *Jornal do Commercio*, publicado em 2 de janeiro de 1904, circulou nas redes sociais recentemente por chamar a atenção ao classificar uma mulher de 42 anos como "velhinha".

a) Se você tivesse recebido essa imagem em alguma rede social digital da qual faz parte, teria acreditado que ela era verdadeira? Se não, que procedimento adotaria para certificar-se da veracidade dela?

b) O que explica a classificação de uma pessoa de 42 anos, vivendo no estado do Amazonas em 1904, como "velhinha"? Pesquise e apresente dados sobre a pirâmide etária brasileira e do estado do Amazonas, em particular, para justificar sua resposta.

c) Se esse acidente, noticiado pelo jornal, tivesse ocorrido atualmente, como poderia ser a manchete? Reescreva esse texto, adequando-o para o contexto histórico e etário atual.

EDIÇÃO DE HOJE
8 PÁGINAS
JORNAL
Compra dos navios pelo Ama
Onibus entrou na casa humilde e foi apanhar a velhinha de 42 anos

Reportagem do *Jornal do Commercio*, de Manaus (AM), da edição de 2 de janeiro de 1904.

3. Leia o texto a seguir, responda às questões e depois participe de uma conversa com os colegas.

Jovens, qual será o futuro?

[...]

No que diz respeito às políticas públicas, percebe-se como os jovens há muito têm constado como seu alvo privilegiado. Isso se deve em grande medida à ideia de pensá-los, principalmente se pobres, como um problema. O equívoco maior de muitas políticas públicas de trabalho e formação profissional para a juventude é justamente pautar-se por, ou tomar como pressuposto, um caminho apenas utilitário de garantir ou oferecer subsídios para a inserção no mercado de trabalho, seja ela qual e como for. Quando se preparam os jovens apenas segundo essa concepção, sem considerar a importância de uma ampliação de repertório que lhes possibilite a construção de um projeto por si e para si, a formação é reduzida a uma dimensão meramente instrumental, que pode inclusive gerar culpas individuais e sofrimentos por eventuais fracassos, não garantindo a necessária autonomia.

[...]

PEREIRA, Alexandre Barbosa. Jovens, qual será o futuro? *Le Monde Diplomatique Brasil* (ed. 99), 1º out. 2015. Disponível em: https://diplomatique.org.br/jovens-qual-sera-o-futuro/. Acesso em: 18 abr. 2022.

a) Qual é a crítica central presente no texto?

b) Vocês concordam com a tese do autor do texto? Justifiquem a posição de vocês, preferencialmente com exemplos concretos.

c) Que políticas públicas voltadas aos jovens são de conhecimento de vocês? O que é preciso fazer para se beneficiar delas? Elas atendem satisfatoriamente às necessidades dos jovens? Por quê?

4. Leia os textos a seguir.

Texto 1

O sambista João da Baiana tinha problemas com a polícia quando andava com seu pandeiro pelas ruas do Rio de Janeiro. No início do século 20, ele foi preso várias vezes com o instrumento musical na mão. Na época, sambista era sinônimo de criminoso.

Quase cem anos depois, o Senado analisa uma proposta que pode criminalizar outro ritmo musical brasileiro, o funk. A proposta foi enviada em janeiro por Marcelo Alonso, um webdesigner de 47 anos, morador de um bairro da zona norte de São Paulo. Teve 21.985 assinaturas de apoio. [...] o Congresso permite que ideias de cidadãos possam virar projeto de lei se conseguirem 20 mil assinaturas de apoio em quatro meses. Agora, audiências públicas para debater o tema devem ocorrer no Senado. [...]

A possível criminalização do funk vem causando polêmica. Adeptos da música dizem que, apesar de o ritmo ser um dos mais tocados no país, ainda sofre repressão e preconceito. Especialistas afirmam que a proposta legislativa lembra perseguições sofridas por ritmos e manifestações surgidas dentro da comunidade negra, como o samba, a capoeira e o *rap*. [...]

Segundo Almeida [Reinaldo Santos de Almeida, professor de Direito Penal da Universidade Federal do Rio de Janeiro], cuja tese de doutorado foi sobre a criminalização do samba, a perseguição ao ritmo símbolo do país era essencialmente racista. “Era tão racista quanto o sistema de Justiça criminal brasileiro, cujo critério determinante é a posição de classe do autor, ao lado da cor de pele e outros indicadores sociais negativos, tais como pobreza, desemprego e falta de moradia”, diz.

No século passado, o sambista João da Baiana (1887-1974), por exemplo, precisou de ajuda de um congressista para não ser mais preso nas ruas. [...]

A criminalização durou até a Presidência de Getúlio Vargas, que passou a valorizar elementos da cultura brasileira para reforçar o nacionalismo, uma de suas bandeiras. Porém, alguns sambistas ainda sofreram com a censura. Músicas que ironizavam o trabalhismo, um dos pilares do Estado Novo, sofreram intervenção. [...]

MACHADO, Leandro. Projeto de lei de criminalização do funk repete história do samba, da capoeira e do *rap*. *BBC Brasil*, 29 jul. 2017. Disponível em: https://www.bbc.com/portuguese/brasil-40598774#:~:text=O%20sambista%20Jo%C3%A3o%20da%20Baiana,sambista%20era%20sin%C3%B4nimo%20de%20criminoso. Acesso em: 18 abr. 2022.

Texto 2

Reprodução/Arquivo da editora

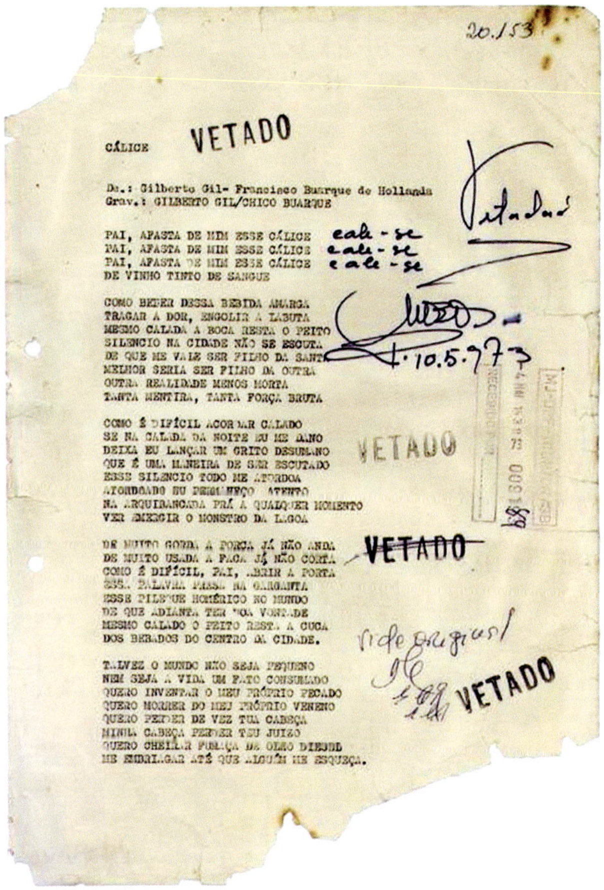
20.153

CÁLICE VETADO

Da.: Gilberto Gil- Francisco Buarque de Hollanda
Grav.: GILBERTO GIL/CHICO BUARQUE

PAI, AFASTA DE MIM ESSE CÁLICE
PAI, AFASTA DE MIM ESSE CÁLICE
PAI, AFASTA DE MIM ESSE CÁLICE
DE VINHO TINTO DE SANGUE

COMO BEBER DESSA BEBIDA AMARGA
TRAGAR A DOR, ENGOLIR A LABUTA
MESMO CALADA A BOCA RESTA O PEITO
SILENCIO NA CIDADE NÃO SE ESCUTA
DE QUE ME VALE SER FILHO DA SANTA
MELHOR SERIA SER FILHO DA OUTRA
OUTRA REALIDADE MENOS MORTA
TANTA MENTIRA, TANTA FORÇA BRUTA

COMO É DIFÍCIL ACORDAR CALADO
SE NA CALADA DA NOITE EU ME DANO
DEIXA EU LANÇAR UM GRITO DESUMANO
QUE É UMA MANEIRA DE SER ESCUTADO
ESSE SILENCIO TODO ME ATORDOA
ATORDOADO EU PERMANEÇO ATENTO
NA ARQUIBANCADA PRÁ A QUALQUER MOMENTO
VER EMERGIR O MONSTRO DA LAGOA

DE MUITO GORDA A PORCA JÁ NÃO ANDA
DE MUITO USADA A FACA JÁ NÃO CORTA
COMO É DIFÍCIL, PAI, ABRIR A PORTA
ESSA PALAVRA PRESA NA GARGANTA
ESSE PILEQUE HOMÉRICO NO MUNDO
DE QUE ADIANTA TER BOA VONTADE
MESMO CALADO O PEITO RESTA A CUCA
DOS BEBADOS DO CENTRO DA CIDADE.

TALVEZ O MUNDO NÃO SEJA PEQUENO
NEM SEJA A VIDA UM FATO CONSUMADO
QUERO INVENTAR O MEU PRÓPRIO PECADO
QUERO MORRER DO MEU PRÓPRIO VENENO
QUERO PERDER DE VEZ TUA CABEÇA
MINHA CABEÇA PERDER TEU JUIZO
QUERO CHEIRAR FUMAÇA DE OLEO DIESEL
ME EMBRIAGAR ATÉ QUE ALGUÉM ME ESQUEÇA.

VETADO
VETADO
VETADO

Reprodução do documento de censura da canção “Cálice”, de Gilberto Gil e Chico Buarque, 1973.

a) Os textos apresentados referem-se a perseguições (criminalização ou censura) de manifestações culturais brasileiras. Perceba que as motivações por trás desses atos são diferentes. Reflita, analise e aponte quais são essas motivações.

b) Escolha um dos motivos citados no item anterior e realize uma pesquisa sobre casos semelhantes.

c) Produza algum material informativo (cartaz de campanha publicitária, vídeo ou texto opinativo) sobre os casos pesquisados.

1. (Enem – 2019)

A criação do Sistema Único de Saúde (SUS) como uma política para todos constitui-se uma das mais importantes conquistas da sociedade brasileira no século XX. O SUS deve ser valorizado e defendido como um marco para a cidadania e o avanço civilizatório. A democracia envolve um modelo de Estado no qual políticas protegem os cidadãos e reduzem as desigualdades. O SUS é uma diretriz que fortalece a cidadania e contribui para assegurar o exercício de direitos, o pluralismo político e o bem-estar como valores de uma sociedade fraterna, pluralista e sem preconceitos, conforme prevê a Constituição Federal de 1988.

RIZZOTO, M. L. F. et al. Justiça social, democracia com direitos sociais e saúde: a luta do Cebes. **Revista Saúde em Debate**, n. 116, jan.-mar. 2018 (adaptado).

Segundo o texto, duas características da concepção da política pública analisada são:

a) Paternalismo e filantropia.
b) Liberalismo e meritocracia.
c) Universalismo e igualitarismo.
d) Nacionalismo e individualismo.
e) Revolucionarismo e coparticipação.

2. (Enem – 2013)

O canto triste dos conquistados: os últimos dias de Tenochtitlán

Nos caminhos jazem dardos quebrados; os cabelos estão espalhados.

Destelhadas estão as casas,

Vermelhas estão as águas, os rios, como se alguém as tivesse tingido,

Nos escudos esteve nosso resguardo, mas os escudos não detêm a desolação...

PINSKY, J. et al. **História da América através de textos**. São Paulo: Contexto (fragmento).

O texto é um registro asteca, cujo sentido está relacionado ao(à)

a) tragédia causada pela destruição da cultura desse povo.
b) tentativa frustrada de resistência a um poder considerado superior.
c) extermínio das populações indígenas pelo Exército espanhol.
d) dissolução da memória sobre os feitos de seus antepassados.
e) profetização das consequências da colonização da América.

3. (Enem – 2006)

As florestas tropicais úmidas contribuem muito para a manutenção da vida no planeta, por meio do chamado sequestro de carbono atmosférico. Resultados de observações sucessivas, nas últimas décadas, indicam que a floresta amazônica é capaz de absorver até 300 milhões de toneladas de carbono por ano. Conclui-se, portanto, que as florestas exercem importante papel no controle

a) das chuvas ácidas, que decorrem da liberação, na atmosfera, do dióxido de carbono resultante dos desmatamentos por queimadas.
b) das inversões térmicas, causadas pelo acúmulo de dióxido de carbono resultante da não dispersão dos poluentes para as regiões mais altas da atmosfera.
c) da destruição da camada de ozônio, causada pela liberação, na atmosfera, do dióxido de carbono contido nos gases do grupo dos clorofluorcarbonos.
d) do efeito estufa provocado pelo acúmulo de carbono na atmosfera, resultante da queima de combustíveis fósseis, como carvão mineral e petróleo.
e) da eutrofização das águas, decorrente da dissolução, nos rios, do excesso de dióxido de carbono presente na atmosfera.

4. (Enem – 2018)

A primeira fase da dominação da economia sobre a vida social acarretou, no modo de definir toda realização humana, uma evidente degradação do ser para o ter. A fase atual, em que a vida social está totalmente tomada pelos resultados da economia, leva a um deslizamento generalizado do ter para o parecer, do qual todo ter efetivo deve extrair seu prestígio imediato e sua função última. Ao mesmo tempo, toda realidade individual tornou-se social, diretamente dependente da força social, moldada por ela.

DEBORD, G. **A sociedade do espetáculo**. Rio de Janeiro: Contraponto, 2015.

Uma manifestação contemporânea do fenômeno descrito no texto é o(a)

a) valorização dos conhecimentos acumulados.
b) exposição nos meios de comunicação.
c) aprofundamento da vivência espiritual.
d) fortalecimento das relações interpessoais.
e) reconhecimento na esfera artística.

5. (Enem – 2016)

Ser moderno é encontrar-se em um ambiente que promete aventura, poder, alegria, crescimento, autotransformação e transformação das coisas em redor – mas ao mesmo tempo ameaça destruir tudo o que temos, tudo o que sabemos, tudo o que somos. A experiência ambiental da modernidade anula todas as fronteiras geográficas e raciais, de classe e nacionalidade: nesse sentido, pode-se dizer que a modernidade une a espécie humana. Porém, é uma unidade paradoxal, uma unidade de desunidade.

BERMAN, M. **Tudo que é sólido desmancha no ar**: a aventura da modernidade. São Paulo: Cia. das Letras. 1986 (adaptado).

O texto apresenta uma interpretação da modernidade que a caracteriza como um(a)

a) dinâmica social contraditória.
b) interação coletiva harmônica.
c) fenômeno econômico estável.
d) sistema internacional decadente.
e) processo histórico homogeneizador.

6. (Enem – 2016)

Não estou mais pensando como costumava pensar. Percebo isso de modo mais acentuado quando estou lendo. Mergulhar num livro, ou num longo artigo, costumava ser fácil. Isso raramente ocorre atualmente. Agora minha atenção começa a divagar depois de duas ou três páginas. Creio que sei o que está acontecendo. Por mais de uma década venho passando mais tempo *on-line*, procurando e surfando e algumas vezes acrescentando informação à grande biblioteca da internet. A internet tem sido uma dádiva para um escritor como eu. Pesquisas que antes exigiam dias de procura em jornais ou na biblioteca agora podem ser feitas em minutos. Como disse o teórico da comunicação Marshall McLuhan nos anos 60, a mídia não é apenas um canal passivo para o tráfego de informação. Ela fornece a matéria, mas também molda o processo de pensamento. E o que a *net* parece fazer é pulverizar minha capacidade de concentração e contemplação.

CARR, N. **Is Google Making us Stupid?** Disponível em: www.theatlantic.com. Acesso em: 17 fev. 2013 (adaptado).

Em relação à internet, a perspectiva defendida pelo autor ressalta um paradoxo que se caracteriza por

a) associar uma experiência superficial à abundância de informações.
b) condicionar uma capacidade individual à desorganização da rede.
c) agregar uma tendência contemporânea à aceleração do tempo.
d) aproximar uma mídia inovadora à passividade da recepção.
e) equiparar uma ferramenta digital à tecnologia analógica.

7. (Esamc-SP – 2018)

Leia o texto a seguir:

O Brasil é o país que mais consome agrotóxicos no mundo e os paranaenses ingerem em média 7,5 litros por pessoa a cada ano. "O Paraná fica entre a segunda e terceira colocação nacional de estados que mais consomem agrotóxicos, revezando com São Paulo. O Mato Grosso é o primeiro, mas nós somos grandes consumidores de veneno", avalia a procuradora do Ministério Público do Trabalho (MPT) Margaret Matos de Carvalho.

(Cada paranaense consome 7,5 litros de agrotóxico por ano. Disponível em: https://www.brasildefato.com.br/2018/03/14/cada-paranaense-consome-75-litros-de-agrotoxico-por-ano/. Acesso em: 19 ago. 2018, às 14h10).

Em relação ao uso de agrotóxicos no Brasil está correto:

a) A contaminação por agrotóxicos é exclusiva dos ambientes rurais. Nas cidades, o risco está presente apenas nas áreas limítrofes à zona rural, sem grandes impactos à saúde dos cidadãos.
b) Em São Paulo, a agricultura canavieira é a grande responsável pelo elevado consumo de agrotóxicos. Desde o final do séc. XIX o estado é considerado um monocultor açucareiro, com uso intenso de defensivos agrícolas.
c) O consumo de agrotóxicos no Mato Grosso está diretamente ligado à soja. Para sua produção na floresta amazônica, região famosa pela elevada acidez do solo, é necessária constante pulverização de defensivos agrícolas.
d) No estado do Paraná, o elevado consumo de agrotóxicos está diretamente relacionado com a produção agrícola dos grandes centros urbanos. Os pequenos produtores não são afetados pelo problema.
e) O uso de agrotóxicos é comum no meio rural e suas consequências repercutem, também, no meio urbano, com a contaminação dos alimentos e dos lençóis freáticos.

8. (UFU-MG – 2019)

"[...] é um fenômeno natural e possibilita a vida humana na Terra. Parte da energia solar que chega ao planeta é refletida diretamente de volta ao espaço ao atingir o topo da atmosfera terrestre – e parte é absorvida pelos oceanos e pela superfície da Terra [...]. Uma parcela desse calor é irradiada de volta ao espaço, mas é bloqueada pela presença de gases [...] que, apesar de deixarem passar a energia vinda do Sol (emitida em comprimentos de onda menores), são opacos à radiação terrestre, emitida em maiores comprimentos de onda. Essa diferença nos comprimentos de onda se deve às diferenças nas temperaturas do Sol e da superfície terrestre."

Ministério do Meio Ambiente. Disponível em: http://www.mma.gov.br/informma/item/195. Acesso em 25.mar.2019.

O processo descrito acima refere-se

a) ao efeito estufa.
b) ao aquecimento global.
c) à camada de ozônio.
d) à ilha de calor.

9. (Unifesp – 2017)

No Brasil, os "lixões" e os aterros sanitários são os locais de destinação do lixo doméstico mais utilizados. Nos aterros sanitários, os resíduos domésticos são

a) incinerados em altos-fornos, e as cinzas são colocadas em sacos plásticos, que são enterrados.
b) empregados em processos bioquímicos realizados por micro-organismos e reutilizados.
c) compactados, embalados, lavados e repassados posteriormente para as empresas de reciclagem.
d) distribuídos aos catadores, previamente cadastrados pelas prefeituras e, posteriormente, reciclados.
e) separados, depositados em terreno impermeabilizado, compactados e aterrados.

10. (Uema – 2017)

A indústria cultural é um fenômeno desenvolvido no século XX a partir do emprego da tecnologia industrial sobre as formas de expressões artísticas e de informações, gerando bens voltados para o consumo e para o divertimento superficial. Analise as imagens abaixo que fazem alusão às pinturas de Romero Britto, pintor brasileiro contemporâneo.

Da perspectiva da Indústria Cultural, é possível perceber que a lógica da produção industrial capitalista é

Reprodução/UFMA, 2017.

http://temasdeartecontemporanea.blogspot.com/2015/07/a-obra-de-arte-na-epoca-de-sua.html

a) produzir artisticamente mercadorias voltadas para as diferenças culturais entre os povos.
b) vender produtos sociais para intelectuais e para apreciadores da cultura erudita.
c) transformar bens culturais em mercadoria voltada para o consumo de massa.
d) fornecer objetos de valor sentimental no mercado local para consumo imediato.
e) satisfazer as necessidades fisiológicas da população de um país.

11. (IFRS – 2018)

Leia o trecho a seguir.

O que diz o primeiro documento escrito da história

Na Antiguidade, acreditava-se que a escrita vinha dos deuses. Os gregos pensavam tê-la recebido de Prometeus. Os egípcios, de Tot, o deus do conhecimento. Para os sumérios, a deusa Inanna a havia roubado de Enki, o deus da sabedoria.

Reprodução/IFRS

Mas à medida que essa visão perdia crédito, passou-se a investigar o que levou civilizações antigas a criar a escrita. Motivos religiosos ou artísticos? Ou teria sido para enviar mensagens a exércitos distantes?

O enigma ficou mais complexo em 1929, após o arqueólogo alemão Julius Jordan desenterrar uma vasta biblioteca de tábuas de argila com figuras abstratas, um tipo de escrita conhecida como "cuneiforme", com 5 mil anos de idade [...].

As tábuas estavam em Uruk, uma cidade [...] das primeiras do mundo – às margens do rio Eufrates, onde hoje fica o Iraque. Ali, desenvolveu-se uma escrita que nenhum especialista moderno conseguia decifrar.

Disponível em: <http://www.bbc.com/portuguese/geral-39842626>. Acesso em: 04 set. 2017.

De acordo com o trecho, podemos identificar que o texto está tratando do modelo de escrita antiga desenvolvido

a) no Egito do período faraônico.
b) na China anterior ao primeiro imperador.
c) em uma das primeiras civilizações da Mesopotâmia.
d) na Anatólia do período bíblico.
e) na Grécia dos tempos homéricos.

12. (Uneb-BA – 2015)

A TV e os demais produtos da cultura de massa são fenômenos, sem dúvida, controversos e complexos. Ora manipulam, ora servem como resistência frente a uma cultura do status quo. Ora educam, segundo uma lógica hedonista, ora educam para a emancipação. Os usos das mensagens desses veículos são heterogêneos e circunstanciados. Estão estreitamente influenciados pela trajetória e apropriação de um capital cultural oriundo da família e das instituições educativas as quais quase todos experimentam ao longo de suas vidas.

Concordando com as colocações de Edgar Morin, apoio a ideia de que a cultura de massa pode ser considerada uma terceira cultura, ou seja, uma cultura que se alimenta a partir de uma relação de interdependência com outras culturas, seja esta escolar, seja nacional, seja religiosa.

Creio que, para que se possa analisar a cultura de massa ou, em uma versão mais moderna, para se analisar a cultura das mídias, é necessário empreender uma análise interdisciplinar. Creio que, dessa forma, posso compreender o processo comunicativo proposto pela TV e demais mídias como um processo de interação, um diálogo contínuo entre criação (produtor) e consumo (receptor). Diferente de grande parte das leituras que se faz sobre o fenômeno, acredito que o receptor da mensagem midiática, televisiva ou não, não é passivo, não apreende as mensagens tal como foram propostas. A recepção não é o estágio final do processo comunicativo. Ao contrário, a recepção é uma fase que dá início a etapas criativas de apropriação e novas produções de sentido. Saliento que existe uma margem de liberdade no processo de apreensão dos conteúdos por parte dos indivíduos. A etapa da interiorização é essencialmente particular e singular, derivada, sobretudo, da trajetória anterior de cada um.

Dessa forma, é preciso explicitar que não considero os produtos e/ou conteúdos das mídias em sua totalidade como ideológicos. Apoiando-me em Thompson (1995), creio que são ideológicas apenas as mensagens que reforçam relações de dominação, ou seja, toda explicitação de sentido que sustenta hierarquias e relações de poder.

SETTON, Maria da Graça Jacintho. **A educação popular no Brasil**: a cultura de massa. Disponível em: <file:///C:/Users/Ana%20Paula/ Documents/Scanned%20Documents/06-maria-graca.pdf>. Acesso em: 10 nov. 2014. Adaptado.

De acordo com as ideias desenvolvidas pela articulista, é correto afirmar que a cultura de massa

a) é vista pela sociedade como um fenômeno positivo, capaz de mobilizar reflexões e comportamentos críticos.
b) constitui a principal representante da ideologia de instituições consolidadas na sociedade, como a família e a escola.
c) oferece conteúdos que fundamentalmente reiteram as relações de poder em contextos educacionais, religiosos e sociais.
d) representa a ideologia hedonista e manipuladora do poder, apresentando valores consumistas que desconstroem o conceito de cidadania.
e) apresenta, alternativamente, aspectos positivos e negativos, havendo um diálogo entre os elementos de produção e os de recepção, como sujeitos agentes do processo comunicativo.

13. (UPE SSA 3 – 2022) Com relação ao tema Agronegócio, estudado pela Geografia Agrária, é CORRETO afirmar que

a) os principais produtos de exportação do agronegócio brasileiro são as *commodities*: soja, café e arroz.
b) a expansão do agronegócio tem contribuído para a agricultura sustentável e diversificada, de caráter circular e inovador, estimulando a pequena produção familiar.
c) por meio da inovação tecnológica, o agronegócio brasileiro, mediante a campanha "Agro: a Indústria-Riqueza do Brasil", vem promovendo o preceituado nos Objetivos de Desenvolvimento Sustentável (ODS) da Agenda 2030, contribuindo para a

redução do desmatamento, da pobreza e regulação das mudanças climáticas.

d) o "Agronegócio" ou "*Agrobusiness*" preconiza a utilização de monocultivos pelos produtores rurais, no pressuposto de maximização da produção por intermédio da aquisição de *agritechs* e outras bases tecnológicas aplicáveis, ampliando o escoamento da lavoura por meio da exportação de *commodities* agrícolas (*agrocommodities*).

e) a biotecnologia não vem sendo empregada na geração de plantas resistentes a geadas, secas, pragas e doenças, impedindo, assim, o cultivo de alimentos mais ricos e até com poder medicinal pelo Agronegócio.

14. (UEL-PR – 2022) Leia o texto a seguir.

> Andrea Araújo, professora doutora da Universidade Federal do Mato Grosso do Sul (UFMS), pesquisou sobre os incêndios no Pantanal em 2020 e afirma que "com a queima descontrolada da vegetação, há redução na quantidade de flores para polinizadores, além de afetar a disponibilidade e a ciclagem de nutrientes".
>
> Adaptado de: https://www.comciencia.br/

Com base nos conhecimentos sobre o bioma Pantanal, considere as afirmativas a seguir.

I. Além de sua fauna e rica vegetação, destaca-se como uma das áreas contribuintes para a redução do aquecimento global, dada sua capacidade de absorção do gás carbônico.

II. Possui clima tropical continental, com duas estações climáticas bem definidas: verão quente e chuvoso com precipitações concentradas entre outubro e março, e inverno seco e frio, que ocorre entre abril e setembro.

III. O aumento dos focos de incêndios está fortemente ligado à atividade econômica, que ainda é concentrada na agropecuária extensiva, com a prática da queima de pastagens naturais para possibilitar a rebrota do capim.

IV. As queimadas de grande magnitude possuem efeito positivo para a vegetação, pois esta se renova de forma rápida em função da disponibilidade de matéria orgânica gerada pelo fogo.

Assinale a alternativa correta.

a) Somente as afirmativas I e II são corretas.
b) Somente as afirmativas I e IV são corretas.
c) Somente as afirmativas III e IV são corretas.
d) Somente as afirmativas I, II e III são corretas.
e) Somente as afirmativas II, III e IV são corretas.

15. (UPE-SSA 2 – 2022) Observe a tirinha a seguir:

Reprodução/UPE, 2022.

Mafalda destaca a relação que as pessoas estabelecem com os meios de comunicação, responsáveis por estabelecer importantes relações consideradas anônimas e casuais, constituindo um agregado social denominado de

a) multidão.
b) público.
c) massa.
d) utópicos.
e) elite ideológica.

16. (UEG-GO – 2021) Leia os trechos da música a seguir.

> 3ª do Plural
> Engenheiros do Hawaii
>
> Corrida pra vender cigarro
> Cigarro pra vender remédio
> Remédio pra curar a tosse
> Tossir, cuspir, jogar pra fora
>
> Corrida pra vender os carros
> Pneu, cerveja e gasolina
> Cabeça pra usar boné
> E professar a fé de quem patrocina
>
> Eles querem te vender
> Eles querem te comprar
> Querem te matar (de rir)
> Querem te fazer chorar
>
> Quem são eles?
> Quem eles pensam que são?
> Quem são eles?

Quem eles pensam que são?
[...]
Satisfação garantida
Obsolescência programada
Eles ganham a corrida
Antes mesmo da largada

Eles querem te vender
Eles querem te comprar
Querem te matar (a sede)
Eles querem te sedar

Quem são eles?
Quem eles pensam que são?
Quem são eles?
Quem eles pensam que são?
[...]

Composição: Humberto Gessinger.
Disponível em: https://www.letras.mus.br/engenheiros-do-hawaii/747530/. Acesso em: 04 nov. 2020.

Os trechos da música "3ª do Plural", da banda Engenheiros do Hawaii, exprimem uma crítica direta a um importante tema da Sociologia, qual seja:

a) "Modernidade e modernização", ao expressar uma crítica à velocidade com que as interações sociais são desenvolvidas na sociedade moderna.

b) "Sociedade de consumo e consumismo", ao expressar uma crítica à publicidade das grandes empresas que promove o consumo exacerbado.

c) "Ideologia", ao expressar uma crítica ao uso de bonés de patrocinadores ao invés da transmissão de mensagens imparciais.

d) "Urbanização e evolução das cidades", ao expressar uma crítica à tecnologia presente em carros, pneus, cerveja e gasolina.

e) "Desigualdade social", ao expressar uma crítica elitista por meio da pergunta "Quem eles pensam que são?".

17. (FCMMG – 2022) Analise a imagem abaixo.

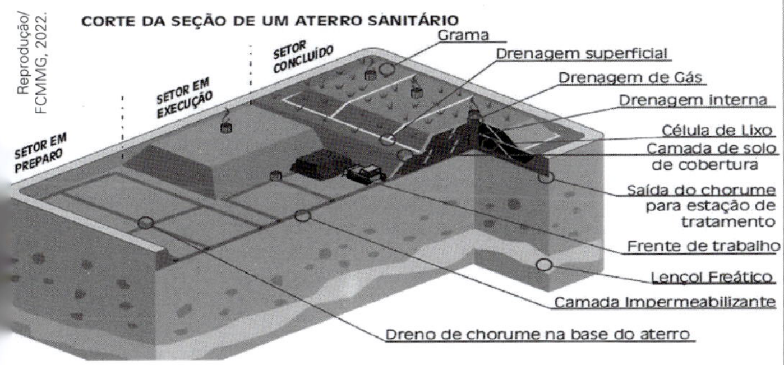

(Disponível em https://portalresiduossolidos.com/aterro-sanitario/. Acesso em 27/10/2021. Adaptada.)

Com base nas informações presentes na imagem e em seus conhecimentos, é CORRETO afirmar:

a) O gás produzido não pode ser utilizado como fonte de energia.

b) O mau cheiro é de tamanha proporção que afasta urubus e pequenos animais.

c) Ocorre uma aceleração da contaminação dos lençóis freáticos superficial e profundo.

d) O líquido produzido pode ser utilizado como fertilizante se não contiver metais pesados.

18. (UPE-SSA 3 – 2022) Leia a tirinha a seguir:

A tirinha apresenta um conceito sociológico importante para se entender a relação entre membros de um grupo social e a mídia. No Brasil, esse conceito pode ser compreendido a partir da(o)

a) crise política provocada pelo governo Vargas, ordenada pelas novas relações sociais do país.

b) progressivo fortalecimento do parque industrial produtor de cultura e do mercado de bens culturais.

c) padrão normativo e dos objetivos da indústria fabril, iniciada durante o período colonial brasileiro.

d) surgimento da televisão e do rádio na década de 1980 e da internet no ano 2000, impulsionada pelo mercado consumidor externo.

e) oferta de condições produtivas dos oprimidos em troca de posições sociais e econômicas mais elevadas.

O *funk*: dos bailes ao estrelato

Para começar

Vimos nesta unidade o conceito de indústria cultural, que se caracteriza pela apropriação de manifestações populares na formação de uma base comercial para a criação de produtos culturais e sua difusão em larga escala por meio das diversas mídias.

De acordo com pensadores como Theodor Adorno, diversas produções culturais foram encaixadas nessa lógica. Para ele, uma vez submetida às demandas de um modo de produção que tem como fim principal o lucro, a legitimidade artística de um objeto fica seriamente comprometida. Ele já não é mais criado com o objetivo de ser significativo, de proporcionar a fruição estética, ou de carregar elementos de crítica social, aspectos que são próprios das obras de arte, mas o que importa é apenas a certeza de que ele será consumido na maior escala possível. Ao estudarmos essa dinâmica, constatamos que diversos meios de manifestação cultural passaram pelo processo de adaptação de sua produção para uma escala industrial; das artes plásticas e literatura ao cinema e à música. O *rap*, por exemplo, é outro gênero musical que já foi considerado puramente contestatório, muitas vezes difamado por grupos sociais, mas, nas últimas décadas, submetido à lógica da indústria cultural, foi plenamente incorporado à lógica de produção e consumo industrial, com extensa propaganda; associação a outros bens de consumo, como roupas, bebidas, etc.; e grandes espetáculos patrocinados por marcas internacionais.

Publius Vergilius/Folhapress

O *funk* carioca se originou nos anos 1970 e levou anos até ser difundido como um produto da indústria fonográfica, quando explodiu para o grande público no final dos anos 1990 e início dos 2000. Na foto, baile *funk* na cidade do Rio de Janeiro (RJ), em 2001.

Para que possamos analisar quais são as consequências e os limites desse processo, vamos nos voltar para o caso de um gênero musical mais recente, criado no Brasil. O *funk* carioca nasceu nos morros da cidade do Rio de Janeiro a partir dos anos 1970, quando eram realizados bailes dançantes comandados por DJs. O gênero se tornou conhecido no final dos anos 1980 e começo dos 1990, quando o DJ Marlboro (1963-) ajudou a popularizar o *funk* ao lançar a coletânea *Funk* Brasil 1 (1989), considerada o marco zero do *funk* carioca. O antropólogo Hermano Vianna (1960-) também teve papel central nesse processo; Vianna pesquisava os bailes *funk* e seus estudos ajudaram a divulgar a cultura popular do *funk* carioca para o restante do Brasil.

Embora o *funk* carioca tenha começado a se tornar conhecido do público nessa época, passaram-se anos até que ele fosse de fato incorporado à lógica da indústria cultural. Durante o processo, houve artistas de *funk* que chegaram ao chamado **mainstream**, embora de maneira isolada. Foi a partir dos anos 2010, com a cantora Anitta, que o gênero realmente começou a ganhar as paradas de sucesso nacionais e internacionais.

Mainstream: do inglês, literalmente, "corrente principal". Denomina aquilo que é amplamente difundido ou popular em certo contexto cultural.

CPI: Comissão Parlamentar de Inquérito. Investigação conduzida pelo Poder Legislativo.

Christian Bertrand/Shutterstock

Na década de 2010, a cantora Anitta foi alçada ao sucesso internacional, num processo de divulgação e comercialização mundial do *funk* brasileiro. Na foto, a cantora se apresenta em festival em Barcelona, Espanha, em 2014.

No entanto, embora o gênero musical tenha sido alçado ao estrelato, os grupos sociais que deram origem a esse estilo musical ainda sofrem forte estigmatização social. No Rio de Janeiro, já houve **CPIs** municipal e estadual para investigar a ligação do movimento do *funk* com o tráfico e o crime organizado. Nenhuma delas encontrou tal conexão. Em São Paulo, vereadores propuseram a proibição dos bailes na cidade, mas o projeto não foi aprovado. Da mesma forma como aconteceu com o samba no início do século XX, que era criminalizado, o *funk* ainda enfrenta preconceito e opressão institucional.

Apesar de estar no radar da cultura *pop* de consumo mundial, o *funk* ainda sofre discriminação social e das autoridades quando associado ao seu contexto de origem, os bailes populares. Em 2019, por exemplo, uma ação policial violenta em um baile *funk* na favela de Paraisópolis, na cidade de São Paulo (SP), gerou tumulto e nove pessoas morreram pisoteadas.

ROCHA, Camilo. Popular e perseguido, *funk* se transformou no som que faz o Brasil dançar. *Nexo Jornal*, 22 out. 2017. Disponível em: https://www.nexojornal.com.br/explicado/2017/10/22/Popular-e-perseguido-funk-se-transformou-no-som-que-faz-o-Brasil-dan%C3%A7ar. Acesso em: 18 abr. 2022.

Para entender melhor a trajetória do *funk* e identificar as mudanças pelas quais esse movimento passou dos anos 1990 até hoje, a proposta do projeto é que a turma faça um estudo de recepção com base na análise do álbum *Rap Brasil – Volume 1*, coletânea de sucessos dos bailes *funk* cariocas lançado no período em que o gênero musical ainda se consolidava, e compará-lo com *Bang!*, álbum que levou a cantora Anitta à fama mundial. Vocês deverão ficar atentos às letras, ao arranjo musical e aos temas abordados em cada faixa. Essas serão as bases para compreendermos a inserção desse gênero musical no mercado cultural brasileiro, mas não será apenas isso. Ao mesmo tempo, refletiremos a respeito da imagem e do significado das periferias e da cultura popular nos meios de comunicação e na indústria cultural.

Estudo de recepção

Essa técnica de pesquisa investiga as interpretações possíveis de um produto cultural a partir da relação do público que recebe determinada obra. Ou seja, trata-se da análise de um livro, filme ou álbum musical, por exemplo, considerando as possíveis interpretações e questões motivadas pela sua análise.

Para dar forma a um objeto cultural, seu autor utiliza elementos que carregam significado, um conjunto de códigos. São justamente esses elementos que devem ser avaliados/explorados no estudo de recepção, sempre do ponto de vista de quem está na outra ponta do processo: o receptor. Ou seja, o espectador de um filme, o leitor de um livro ou, no nosso caso, o ouvinte de uma música. A recepção de determinado objeto cultural ou midiático é o ponto central desse tipo de estudo.

No contexto do estudo de recepção, deve-se levar em conta que quem recebe os produtos culturais não é passivo; nesse caso, especificamente, o ouvinte considera seu contexto, suas referências, suas vivências e outros elementos constitutivos da sua identidade cultural e social no momento em que aprecia qualquer obra, de forma que a interação com cada receptor produz novos sentidos e interpretações para um objeto.

Um mesmo objeto pode, inclusive, ganhar atribuições e significados diversos, dependendo do contexto histórico de sua recepção. Um álbum de música de muito sucesso nos anos 1980 provavelmente terá efeitos muito diferentes sobre o público em 2021.

Isso porque obras de arte e produtos culturais não apenas contêm significados em si mesmos, mas também têm o potencial de revelar aspectos importantes da cultura e da sociedade tanto pela autoria de seu criador como na maneira pela qual tais objetos são recebidos e percebidos.

Existem algumas perguntas centrais que um estudo de recepção faz ao defrontar-se com seu objeto de estudo e que devem ser consideradas no projeto:

- Quem diz?

  Quem é o **emissor**, ou seja, o criador da mensagem veiculada pelo objeto?

- O que diz?

  Qual é a **mensagem** que o objeto cultural ou obra carrega?

- Por qual meio?

  Qual **meio** (ou mídia) é utilizado para emitir a mensagem?

- Para quem diz?

  Quem é o **receptor** que a mensagem pretende alcançar? Ou quais são os receptores que a mensagem de fato atinge?

Saiba+

O empresário por trás de KondZilla. Disponível em: https://www.meioemensagem.com.br/home/videos/2017/07/17/o-empresario-por-tras-de-kondzilla.html. Acesso em: 18 abr. 2022.
Entrevista com Konrad Dantas, conhecido como KondZilla, produtor musical de um dos maiores perfis de música do mundo. Ele apresenta um pouco de suas estratégias de negócio por trás da indústria fonográfica do *funk*.

- Qual efeito quer produzir?

Que **efeitos** são gerados no receptor pela interação com o objeto? Quais são os efeitos sobre o objeto após a recepção do público?

Com base nas respostas a essas perguntas, um estudo de recepção deve relacionar aspectos históricos correspondentes ao objeto de estudo a elementos da cultura, apontando quais são as transformações sociais e de consumo potenciais dessa obra.

GoodStudio/Shutterstock

A maneira como cada receptor interpreta e se relaciona com certo produto cultural é subjetiva e única, porém a recepção é sempre mediada pelo contexto da interação, como o meio pelo qual o objeto é veiculado e o contexto social no qual o receptor está inserido.

Para fazer

Nossa prática será feita em grupos. Cada turma deve se dividir em grupos de quatro ou cinco pessoas. A carga de trabalho deve ser distribuída igualmente entre os integrantes, que também devem colaborar entre si nas leituras, na audição das obras e nas discussões a respeito do conteúdo e na interpretação delas. Certifiquem-se de que vocês têm acesso aos dois álbuns. Caso seja necessário, peça ajuda ao professor para encontrar as obras.

Dividam o estudo em etapas e definam quem ficará responsável pela organização de cada uma delas. Isso facilitará o planejamento e a execução das tarefas. Os passos apresentados a seguir são apenas sugestões. Você e seu grupo podem segui-los ou adaptá-los, caso considerem necessário.

- Passo 1: Ouçam as canções dos álbuns em grupo, anotando impressões e percepções.
- Passo 2: Pesquisem referências relacionadas aos álbuns.
- Passo 3: Pesquisem referências que tratem o contexto social do Brasil.
- Passo 4: Reúnam-se para discutir as impressões e informações obtidas.
- Passo 5: Reúnam-se com o professor para discutir os encaminhamentos até o momento.
- Passo 6: Redijam um relatório consolidando o trabalho até aqui.
- Passo 7: Criem uma letra de canção com base nas pesquisas e discussões feitas e em uma das canções do álbum.

É importante também estabelecer um cronograma de atividades determinando prazos para cada etapa do trabalho. Isso ajuda a manter o projeto organizado e evita o acúmulo de tarefas.

Etapa 1 – Definir o objeto da pesquisa

1. O objeto do estudo de recepção a ser feito pela turma são os álbuns *Rap Brasil – Volume 1*, do DJ Marlboro, e *Bang!*, de Anitta. A primeira tarefa é conseguir informações sobre os dois objetos que possam ser relevantes para o estudo de recepção, que será feito em seguida.

   Façam uma pesquisa para descobrir a data de lançamento de cada álbum. Em que formatos eles foram lançados? Existem dados sobre o número de vendas de cada um deles?

2. Em seguida, consolidem essas informações em uma ficha técnica para cada álbum. Elas serão a base para o estudo.

Material necessário

Computador com acesso à internet e programa de processador de textos; caixas de som; impressora; folhas de papel sulfite A4; cadernos para anotações.

Etapa 2 – Estabelecer a abordagem da pesquisa

1. Um estudo de recepção pode ser feito por meio de entrevistas a terceiros. Uma alternativa é que o próprio pesquisador use suas impressões como base para esse método de pesquisa. É isso o que faremos aqui; neste caso, o público receptor dos objetos culturais estudados será os próprios estudantes.
2. Por isso, o grupo organizará a sua audição dos álbuns. Pode ser feita de maneira individual, ou seja, cada integrante fará a audição das músicas separadamente do restante do grupo. Se for possível, organizem uma audição em grupo, presencial ou virtualmente, pois isso pode facilitar a discussão posterior. Mas, em ambos os casos, cada um deverá ouvir os álbuns integralmente e anotar suas impressões, durante ou após a audição, com base nas seguintes perguntas:
    - Que significado você atribui às letras e aos temas tratados nos álbuns?
    - Como você interage com os objetos e por quanto tempo?
    - Como você descreveria cada álbum?
    - Quais são as emoções que sentiu ao apreciar as canções?
    - Como tais canções influenciam seu cotidiano?
    - Como tais canções influenciam suas práticas de consumo?
    - Como tais canções interferem em suas relações sociais?
3. Anote individualmente suas respostas de maneira clara e organizada. Releia suas anotações e considere: Você consegue identificar se sua recepção é marcada pelo contexto social e cultural no qual está inserido? E pelo contexto social e histórico das obras? Sua idade também influencia nos efeitos da recepção? De que forma?

Etapa 3 – Analisar os objetos

1. Agora é hora de explorar um pouco mais os dois álbuns. Façam uma pesquisa de notícias, matérias, relatos, resenhas e críticas sobre cada um dos álbuns ou sobre faixas dos álbuns, sejam elas atuais, sejam da época de lançamento deles. Procurem as seguintes informações:
    - Quais são as características de quem elaborou os álbuns?
    - Por quais meios eles eram e são reproduzidos?
    - Qual é sua função e seu propósito?
    - Quais símbolos e linguagens são usados para transmitir as mensagens?
    - O que dizem os estudiosos a respeito dos álbuns?
2. Anexem o material que encontrarem às fichas técnicas.
3. Levem em consideração as informações obtidas salientando o local onde vivem, ao analisarem a produção e difusão das obras, já que os receptores analisados são vocês.

   Também devem considerar as relações sociais, culturais e históricas que dão o pano de fundo para os dois objetos estudados. Não se esqueçam de que as interações e as relações sociais e culturais com o produto transformam-se com o tempo.
4. Cada integrante do grupo deve anotar sua resposta.
5. Individualmente, analise o que o grupo produziu até agora e faça uma comparação entre os diferentes momentos do estudo: É possível estabelecer relações entre as informações obtidas sobre os álbuns e as anotações que você fez na etapa de audição? Quais?

Etapa 4 – Analisar as informações coletadas

1. Em grupo, reúnam todos os dados, informações e anotações coletados até aqui.
2. Discutam quais são os efeitos de cada um dos produtos culturais analisados nos receptores, ou seja, em cada integrante do grupo. Comparem o que foi anotado por cada um e busquem padrões: Existem impressões que se repetiram entre os integrantes?
3. Depois dessa análise, vocês vão sintetizar tudo o que coletaram. A ideia é identificar as possíveis representações que as obras têm, assim como as influências que promovem na sociedade e seus significados, sempre considerando o contexto, o tempo e as vivências nos quais as obras estão inseridas.
4. Ao final, façam a comparação entre a recepção de vocês e as informações que coletaram sobre a recepção do restante da sociedade referente aos álbuns e gênero musical analisados. É possível dizer que elas têm semelhanças ou diferenças? Quais?
5. Se o grupo considerar interessante, vocês podem escolher uma faixa de um dos dois álbuns analisados da qual todos tenham gostado. Com base no ritmo e na estrutura musical dessa faixa, elaborem uma letra com os principais pontos do relatório final.

Para compartilhar

1. Cada grupo vai preparar uma apresentação para compartilhar seus achados com a sala. O professor deve promover uma discussão a respeito das semelhanças e diferenças entre os dois álbuns, os impactos que cada um tem na sociedade e mostrar como o *funk* passou por um processo de incorporação pela indústria cultural local e global.
2. Discutam também as diferenças entre a realidade social na qual o *funk* é produzido e sua incorporação pela indústria cultural. Há contradições nesse processo? Como a sociedade percebe o *funk*? E como ela o consome?
3. Os grupos que tenham sintetizado o estudo numa letra de *funk* podem fazer a apresentação da música para a turma. Se tiverem disponibilidade, montem um dispositivo com saída de som.

Mauro PIMENTEL/AFP

Grupo de dançarinos de *funk* se apresentam em frente ao Teatro Municipal do Rio de Janeiro (RJ). Foto de 2017. O *funk* se popularizou em círculos sociais muito variados.

UNIDADE 2
Alternativas para o desenvolvimento

Vinz Oz/Shutterstock

Na foto de 2018, uma baleia com 12 metros de altura e cinco toneladas, feita de plástico, foi instalada no canal de Bruges (Bélgica). O objetivo é sensibilizar a população para a poluição dos oceanos. O volume de plástico descartado pelas sociedades humanas vem se acumulando no meio ambiente, principalmente nos mares, o que provoca a morte de muitas espécies da fauna e da flora marinha e prejudica os ecossistemas.

#TáNoFeed

A intervenção artística retratada na imagem tem o intuito de chamar a atenção da população para o grave problema da poluição dos oceanos por resíduos plásticos. De acordo com dados da revista *National Geographic*, a produção de plásticos no mundo teve um crescimento exponencial nas últimas décadas. Saltou de 2,3 milhões de toneladas em 1950 para 448 milhões de toneladas em 2015. E a previsão é que este número dobre até 2050. A cada ano cerca de 8 milhões de toneladas de resíduos plásticos escapa dos países costeiros para os oceanos. Isso equivale a colocar cinco sacos de lixo cheios de resíduos plásticos em cada metro de litoral ao redor de todo o mundo.

A baleia que salta do canal de Bruges, na Bélgica, foi construída com cinco toneladas de plástico coletadas em oceanos do mundo todo. O objetivo é demonstrar a necessidade de alterar o atual modelo de desenvolvimento das sociedades industriais, pautado apenas no crescimento econômico e responsável pela maior parte dos impactos socioambientais negativos no mundo atual.

Poluição, degradação ambiental e perda da qualidade de vida se tornaram uma realidade cada vez mais cotidiana, evidenciando que a forma como a sociedade moderna ocidental está organizada, pautada no elevado consumo de recursos naturais, a levará para um futuro distópico. Uma parte da comunidade científica e da sociedade civil tomou consciência de que os recursos naturais necessários para manter o ritmo de consumo das camadas mais ricas das sociedades não seriam suficientes para sustentar toda a população do planeta.

A questão socioambiental atual é resultado da forma que a humanidade encontrou para reproduzir sua vida. E é muito importante que fique claro: é consequência das escolhas que fizemos como sociedade. É verdade que precisamos nos alimentar, nos abrigar, nos vestir e nos divertir, mas o modo como fazemos tudo isso pode ser muito variado, exercendo maior ou menor pressão sobre o meio ambiente.

Muitos recursos naturais são finitos, e a capacidade dos sistemas naturais de suportar o seu uso, a exploração e a recepção dos rejeitos dos processos produtivos e do consumo também tem um limite ou velocidade de processamento. E desde o início da história da humanidade tem-se privilegiado o aumento da capacidade de exploração da natureza por meio do conhecimento e do uso de máquinas e ferramentas cada vez mais eficientes nesse objetivo. É uma questão de equacionar o ritmo social com o ritmo natural, o tempo humano e tempo da natureza, que são bem distintos. E compreender que algumas formas como temos escolhido levar a vida precisam ser revistas.

Reciclar é renovar e, nesse caso, é necessária a renovação da ideia de que os seres humanos e o desenvolvimento econômico estão dissociados das necessidades das outras espécies e do equilíbrio ambiental do planeta. A semente para essa conscientização já foi plantada, e apenas por meio dela será possível criar coletivamente alternativas de desenvolvimento que beneficiem não apenas as gerações atuais, mas também as futuras, sendo, portanto, ambientalmente sustentáveis e socialmente justas.

Atividade

- Reúnam-se em grupos e, com base em seus conhecimentos e em suas observações cotidianas, troquem ideias sobre os motivos pelos quais a busca por modelos alternativos de desenvolvimento é necessária.

Conheça a unidade

Objetivos

- Conhecer o significado de Antropoceno e o debate acerca da validade de sua utilização.
- Compreender que o modelo de desenvolvimento econômico atual está esgotado e conhecer alternativas.
- Periodizar as questões ambientais e situar nesse contexto as conferências e os acordos sobre o meio ambiente.
- Compreender a origem do conceito de desenvolvimento sustentável, seu significado e sua aplicação na prática.
- Conhecer as principais legislações ambientais brasileiras e os órgãos de regulação, fiscalização e controle.
- Conhecer e aplicar o conceito de pegada ecológica.
- Identificar sistemas de produção agrícola e extrativista dentro do contexto da sustentabilidade, com destaque para os princípios da agroecologia e práticas agrícolas sustentáveis.
- Compreender a importância das questões ambientais e da promoção da consciência socioambiental para a concepção de um novo modelo de desenvolvimento.
- Reconhecer a relevância da ética ambiental como parâmetro para avaliar as relações dos seres humanos entre si e com a natureza.
- Refletir sobre a inviabilidade ambiental da sociedade de consumo capitalista.
- Reconhecer e valorizar as práticas sustentáveis das sociedades tradicionais.

Justificativa

Visando conter os eventos climáticos extremos decorrentes do aquecimento global e das mudanças climáticas, muitos encontros intergovernamentais foram realizados e muitos acordos foram firmados, mas o que tem sido colocado em prática não é suficiente para reduzir os problemas socioambientais. A pressão da sociedade civil mundial tem aumentado, especialmente por parte dos jovens, para que os governos adotem as medidas necessárias à redução dos impactos socioambientais negativos. Para mudar esse quadro, é preciso compreender o conceito de desenvolvimento sustentável, sua origem, significado e propósito, assim como agregar a sustentabilidade às noções de desenvolvimento, para a adoção de ações práticas, na busca por modos de vida que garantam o bem-estar atual de todos sem comprometer o bem-estar das gerações futuras.

Atualmente já é possível reconhecer a necessidade de caminhos alternativos para o desenvolvimento, tomando por base os conhecimentos construídos acerca das relações entre sociedade e natureza e a identificação dos problemas ambientais presentes no século XXI, acarretados pela prevalência do modelo de desenvolvimento da sociedade moderna capitalista. Para esse reconhecimento, é preciso entender como emergiram a consciência dos problemas ambientais e a reflexão sobre a ética ambiental na época contemporânea e a necessidade de pôr em prática novas relações da sociedade com a natureza. Nessa perspectiva, a promoção da educação ambiental é um convite a toda a sociedade para participar da construção de uma nova ética que oriente as formas de viver.

A BNCC nesta unidade

Competências gerais da Educação Básica: CG1, CG2, CG3, CG4, CG5, CG6, CG7, CG8, CG9, CG10.
Competências específicas de Ciências Humanas e Sociais Aplicadas:1, 2, 3.
Habilidades de Ciências Humanas e Sociais Aplicadas: EM13CHS101, EM13CHS102, EM13CHS103, EM13CHS104, EM13CHS105, EM13CHS106, EM13CHS202, EM13CHS303, EM13CHS304, EM13CHS305, EM13CHS306.
Competências específicas de Ciências da Natureza e suas Tecnologias: 1, 2, 3.
Habilidades de Ciências da Natureza e suas Tecnologias: EM13CNT105, EM13CNT206, EM13CNT302, EM13CNT309.

Temas contemporâneos transversais

Meio Ambiente
- Educação Ambiental
- Educação para o consumo

Ciência e Tecnologia
- Ciência e Tecnologia

Economia
- Trabalho e Educação Financeira

A interação humana com a natureza

Desde que o *Homo sapiens* surgiu, há mais de 200 mil anos, a espécie humana vem transformando a natureza. No início, essa transformação causava impacto ambiental reduzido, seja pela pequena população vivendo no planeta, seja pela limitação técnica dessas comunidades nômades.

Mas, com o tempo, alguns grupos humanos passaram a cultivar alimentos e a domesticar animais, fixando-se em determinados lugares, o que caracterizou a primeira revolução agrícola. Essas mudanças técnicas resultaram no aumento da produção de alimentos e, consequentemente, em alguns casos, no desenvolvimento das primeiras cidades. Dessa forma, os impactos ambientais foram aumentando gradativamente, acompanhando o crescimento da população mundial.

O Antropoceno

Segundo o historiador espanhol Josep Fontana (1931-2018), há cerca de 10 mil anos (início do **Holoceno**, época que marca o fim da última glaciação), a população mundial era estimada em 4 milhões de habitantes, e aproximadamente 8 mil anos depois, no ano 1 da Era Cristã, a população mundial já era de 170 milhões de pessoas.

Depois, a população mundial precisou de "apenas" 1800 anos para quintuplicar, atingindo os 950 milhões no início da Revolução Industrial. A partir daí, passou a crescer em um ritmo ainda mais acelerado até atingir os 7,8 bilhões de humanos em 2020 (segundo a Divisão de População da ONU).

Observar apenas esse aspecto da questão ambiental pode nos levar à crença equivocada de que o aumento dos impactos ambientais é resultado apenas do crescimento demográfico. Entretanto, além do aumento populacional, devemos considerar os avanços técnicos – sobretudo a partir da dinamização capitalista com a Revolução Industrial, nos séculos XVIII e XIX –, que aumentaram a capacidade de o ser humano transformar a natureza e, portanto, causar impacto ambiental.

As transformações que as sociedades humanas impõem ao planeta já deixaram tantas marcas que muitos pesquisadores argumentam que elas definem uma nova era geológica: o **Antropoceno** (a época do ser humano), que sucederia ao Holoceno.

Escala geológica do tempo

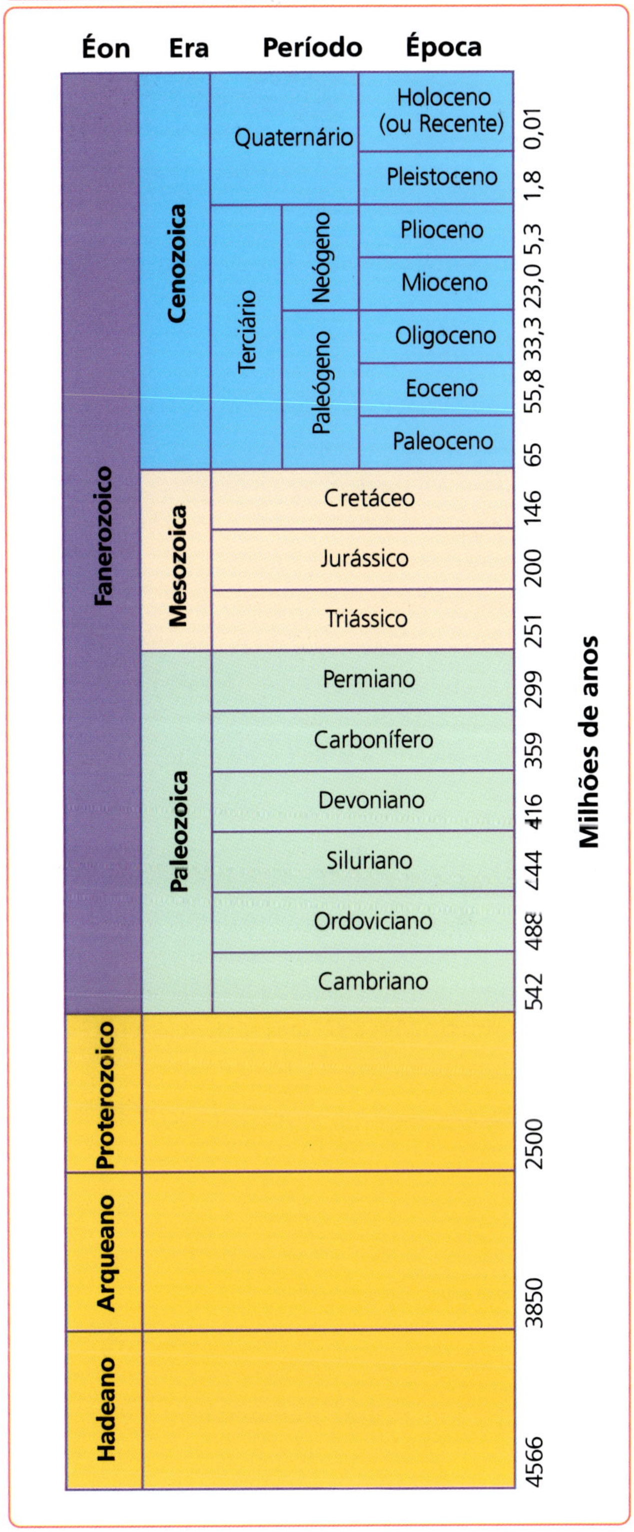

Banco de imagens/Arquivo da editora

Fonte: elaborado com base em PETERSEN, James; SACK, Dorothy; GABLER, Robert E. *Fundamentos de Geografia física*. São Paulo: Cengage Learning, 2014. p. 260. (Ilustração esquemática sem escala)

Os ecossistemas têm grande capacidade de regeneração e recuperação ante eventuais impactos esporádicos, descontínuos ou localizados, muitos dos quais decorrentes da própria natureza. Contudo, o impacto causado pelas atividades humanas é contínuo ou muito intenso, o que impede que o ambiente se regenere de acordo com seu ciclo e ritmo natural.

Joa Souza/Shutterstock

Entre agosto de 2019 e março de 2020, manchas de óleo apareceram em diversas praias do litoral brasileiro. O derramamento foi causado por um petroleiro grego.

Cesar Diniz/Pulsar Imagens

Em 2020, o Pantanal sofreu com queimadas. Nesse ano, pesquisadores indicaram que 60% dos focos de incêndio foram provocados pelo ser humano.

A era humana

No final de abril [de 2016], um grupo internacional formado por geólogos, arqueólogos, geoquímicos, oceanógrafos e paleontólogos participou de um encontro em Oslo, na Noruega. O objetivo inicial da reunião, que fez sentar à mesma mesa pesquisadores de áreas tão distintas, era consolidar uma proposta a ser apresentada em agosto na África do Sul para marcar o início do processo de reconhecimento oficial de que a Terra vive uma nova época geológica: o Antropoceno, a era dos seres humanos. [...]

Segundo o grupo que esteve na Noruega, dos anos 1950 para cá, as atividades humanas teriam causado alterações nos processos geológicos da Terra – modificando o ritmo de desgaste de rochas e acúmulo de sedimentos desde a superfície dos continentes até o fundo dos oceanos – muito mais intensas do que as que ocorrem naturalmente. Uma característica marcante desse novo estágio na história da Terra seria a presença cada vez mais abundante de um sedimento artificial, formado por lama e areia misturadas com grãos de materiais sintéticos, em especial o plástico, vindos do lixo produzido pelo ser humano. [...]

Entre os críticos da proposta está o geólogo Stanley Finney, da Universidade do Estado da Califórnia em Long Beach, Estados Unidos. [...]. No texto, Finney e Lucy [Edwards, do United States Geological Survey] afirmam que muitas das camadas depositadas nos últimos 70 anos nas porções mais profundas do oceano não têm mais de 1 milímetro (mm) de espessura. Eles dizem ainda que a maioria das evidências apresentadas pelos defensores do Antropoceno se baseia em previsões sobre o potencial registro em rochas de um futuro remoto. A inclusão do Antropoceno na tabela cronoestratigráfica teria uma razão mais política (denunciar o impacto ambiental da humanidade) do que científica.

"Para se definir uma nova época é necessário que o material depositado tenha expressão na coluna de sedimento em muitos lugares do planeta e em ambientes diversos", explica o geólogo Michel Mahiques, professor do Instituto Oceanográfico da Universidade de São Paulo (IO-USP). [...]

ZOLNERKEVIC, Igor. A era humana. *Revista Pesquisa Fapesp*, ed. 243, maio 2016. Disponível em: https://revistapesquisa.fapesp.br/a-era-humana/. Acesso em: 19 abr. 2022.

Atividade

- Leia o texto, reveja a escala geológica do tempo e responda:

a) O que caracterizaria o Antropoceno?

b) Há consenso entre os cientistas sobre a criação dessa nova época geológica?

c) A rigor, o título do artigo está incorreto. Por quê?

A questão ambiental ganha importância

No início da década de 1970, as principais correntes de pensamento sobre as causas da degradação ambiental culpavam a busca incessante do crescimento econômico e a "explosão demográfica" pelo aumento da exploração dos recursos naturais, pela poluição, pelo desmatamento e pela redução da biodiversidade.

Em 1972 foi publicado um estudo chamado *Os limites do crescimento*, elaborado por um grupo de cientistas do Instituto Tecnológico de Massachusetts (MIT, na sigla em inglês), liderado por Donella Meadows (1941-2001) e financiado pelo Clube de Roma, organização não governamental criada em 1968 pelo industrial italiano Aurelio Peccei (1908-1984) e pelo cientista britânico Alexander King (1909-2007) e que reúne cientistas, economistas, empresários e políticos de vários países. Esse estudo fez projeções com base em modelos computacionais e analisou cinco variáveis: **população**, **produção agrícola**, **produção industrial**, **esgotamento dos recursos naturais não renováveis** e **poluição**, concluindo que o planeta entraria em colapso nos próximos cem anos a partir de então caso fossem mantidas as tendências de **produção** e **consumo** vigentes. Para evitar o colapso, sugeriam a redução tanto do crescimento populacional quanto do crescimento econômico, política que ficou conhecida como "crescimento zero". Seus defensores passaram a ser chamados de "zeristas".

Imediatamente, os países em desenvolvimento – os que mais necessitavam de crescimento econômico para promover as melhorias da qualidade de vida da população – contestaram essa análise, acusando-a de ser muito simplista e de considerar que todos os países eram homogêneos quanto ao consumo de energia e matérias-primas. O "crescimento zero" não seria viável para os países que apenas iniciavam seu processo de desenvolvimento. Os defensores dessa política pró-desenvolvimento, entre eles o Brasil, ficaram conhecidos como "desenvolvimentistas". Embora criticada, a política do "crescimento zero" tornou pública a noção de que o desenvolvimento poderia ser limitado pela disponibilidade finita dos recursos naturais do planeta.

Qualquer modelo de desenvolvimento que impeça a satisfação das necessidades básicas de moradia, alimentação, saúde, vestuário e educação dos seres humanos é insustentável do ponto de vista tanto social quanto ambiental, uma vez que a manutenção da pobreza dificulta o enfrentamento das questões ambientais. É necessário redefinir os objetivos e as estratégias de desenvolvimento, o que pressupõe um padrão menos dispendioso de consumo entre a parcela mais rica da população mundial e novos paradigmas para a sociedade como um todo.

Matthew Horwood/Getty Images

Vista aérea da cidade de Port Talbot (País de Gales), em 2020.

Atividade

- Sob a orientação do professor, organizem-se em dois grupos. Um deles deve defender a posição dos "zeristas", e o outro, a posição dos "desenvolvimentistas". Cada um dos dois grupos deve defender seus pontos de vista e, no final, o melhor argumento deve se sobressair, sempre respeitando os pontos de vista divergentes. Para isso, é necessário pesquisar mais informações sobre essas duas correntes de pensamento e identificar os pontos fortes e fracos de seus argumentos. Também é preciso combinar as regras do debate, como tempo para perguntas, respostas, réplicas e comentários. Eventualmente, podem ser formados outros grupos para mediar o debate e para julgar e avaliar as argumentações e definir quem apresentou os melhores argumentos e por quê.

Contradições do desenvolvimentismo

A China apresentou, por mais de duas décadas, os mais elevados índices de crescimento econômico do mundo, com grande incremento na produção industrial (segundo o Banco Mundial, seu PIB cresceu em média 10,6% ao ano no período de 1990-2000, 10,9% entre 2000-2010 e 7% entre 2010-2020). Esse crescimento explosivo observado na China foi resultado da implantação de reformas de cunho capitalista e de sua inserção na economia global a partir de 1980. Embora venha desacelerando o ritmo de crescimento nos últimos anos (em 2019 seu PIB cresceu 6,1%), o índice de crescimento permanece elevado, e sua demanda por matérias-primas e fontes de energia é muito grande. Consequentemente, a produção de resíduos sólidos, líquidos e gasosos também é elevada. Em 2008, a China tornou-se o maior emissor de dióxido de carbono na atmosfera, superando os Estados Unidos.

O aspecto positivo desse crescimento acelerado é que o país reduziu o percentual de pessoas vivendo na pobreza, de mais de 90% da população em 1980 para 1,7% em 2019. O problema é que grande parte da população que ascendeu à condição de classe média adotou o padrão de consumo de alto impacto ambiental dos países desenvolvidos, como a utilização de automóveis, o que contribuiu para aumentar o trânsito e os índices de poluição do ar.

Vicky Aokx/Shutterstock

Vista da cidade de Pequim (China), 2021. O céu cinza é resultado dos altos índices de poluição apresentados pela capital chinesa, uma das cidades mais poluídas do mundo.

Como a preservação do meio ambiente reduziria a competitividade de sua economia, até o final do século passado o governo chinês permitiu que os níveis de poluição atingissem patamares quase insustentáveis. Ao transformar-se num grande importador de matérias-primas e fontes de energia, a China também contribui para a elevação do preço de muitos produtos primários no mercado internacional e interfere no meio ambiente de países distantes de seu território, especialmente africanos.

Embora atualmente a China seja um dos países que mais investem em energias renováveis e não poluentes e em preservação ambiental, algumas regiões de seu território ainda apresentam sérios problemas de abastecimento de água e poluição atmosférica.

O caso chinês nos mostra que a questão que se coloca atualmente para todos os países é a busca de um modelo de desenvolvimento que não seja apenas entendido como crescimento econômico, mas que seja social e ecologicamente sustentável, isto é, que não cause tantos impactos ao meio ambiente e que promova melhor distribuição da riqueza.

Os países desenvolvidos abrigam em torno de um quinto da população mundial, ou cerca de 1,2 bilhão de habitantes. No entanto, respondem pelo consumo de mais da metade de todos os recursos extraídos da natureza. Por isso, além de rever o modelo de consumo de alto impacto ambiental, é necessário, como muitos especialistas propõem, que os países desenvolvidos façam mais concessões para conter as agressões ao ambiente, permitindo, assim, a elevação do padrão de vida das populações dos países mais pobres.

Essa discussão esteve presente em várias conferências mundiais sobre meio ambiente, população e desenvolvimento.

Conferências e acordos internacionais

Conferência de Estocolmo-72

Ainda que, nos séculos XVIII e XIX, os impactos socioambientais provocados pela crescente industrialização fossem perceptíveis, eles estavam mais presentes no cotidiano das camadas mais pobres da população, dos trabalhadores. A população rica morava distante das regiões fabris e tinha como se refugiar das diversas formas de poluição. Com o passar do tempo, em razão da expansão do processo de industrialização e urbanização, os impactos socioambientais aumentaram, até que, após a Segunda Guerra Mundial (1939-1945), passaram a ter consequências globais.

Já nos anos 1950 havia uma preocupação com a poluição do ar, das águas e dos solos, e alguns países começaram a criar leis nacionais para enfrentar o problema, como a Lei do Ar Limpo (*Clean Air Act*), votada em 1956 pelo Parlamento do Reino Unido, que introduziu uma série de medidas para reduzir a poluição do ar. Foi elaborada como resposta ao Grande Nevoeiro (*Great Smog*), ocorrido em Londres no inverno de 1952, episódio em que cerca de 100 mil pessoas ficaram doentes e entre 4 mil e 6 mil morreram.

Central Press/Hulton Archive/Getty Images

Praça Piccadilly Circus, na cidade de Londres (Inglaterra), durante o período em que ocorreu o nevoeiro que ficou conhecido por *Great Smog*, 1952.

Entre 5 e 16 de junho de 1972, foi realizada a **Conferência das Nações Unidas sobre o Meio Ambiente Humano**, em Estocolmo (Suécia), que ficou conhecida como **Conferência de Estocolmo**, o primeiro grande encontro intergovernamental para discutir a questão ambiental. A **Declaração de Estocolmo**, documento elaborado ao final do encontro, composto de uma lista de 26 princípios, estipulou ações para que os países buscassem resolver os conflitos inerentes entre as práticas de **conservação** ambiental e o crescimento econômico.

Ficou determinado o respeito à soberania das nações, uma prerrogativa ainda válida hoje, que é o estabelecimento de medidas diferentes para os países desenvolvidos e em desenvolvimento, para resolução ou atenuação dos problemas ambientais. E a tese do crescimento zero, defendida pelos zeristas, foi rejeitada. Esse documento expandiu o entendimento de qualidade de vida, incorporando na sua avaliação o meio ambiente e a justiça social.

Keystone Press/Alamy/Fotoarena

Em Estocolmo (Suécia), ação policial tenta reprimir manifestante que protestava contra a poluição e a guerra do Vietnã durante Conferência das Nações Unidas sobre o Meio Ambiente, 1972.

Outras decisões importantes desse encontro foram a criação do **Programa das Nações Unidas para o Meio Ambiente (Pnuma)** e a instituição do dia 5 de junho, data do seu início, como **Dia Internacional do Meio Ambiente**.

Ao longo da década de 1970, após a Conferência de Estocolmo, vários países passaram a criar órgãos de defesa do meio ambiente e legislações de controle da poluição ambiental – em muitos deles, poluir passou a ser crime.

Relatório Brundtland

Em 1983, a Assembleia Geral da ONU indicou a então primeira-ministra da Noruega, Gro Harlem Brundtland (1939-), para presidir a **Comissão Mundial sobre o Meio Ambiente e o Desenvolvimento**. Em 1987, foi publicado um estudo denominado *Nosso futuro comum*, também conhecido como **Relatório Brundtland**. Esse estudo, que defendia o desenvolvimento para todos, buscava equilíbrio entre as posições antagônicas surgidas na Conferência de Estocolmo e criou a noção de **desenvolvimento sustentável** como "aquele que atende às necessidades do presente sem comprometer a possibilidade de as gerações futuras atenderem às suas próprias necessidades". Já as sociedades sustentáveis estariam baseadas em igualdade econômica, justiça social, preservação da diversidade cultural, da autodeterminação dos povos e da integridade ecológica. Isso obrigaria pessoas e países a mudanças não apenas econômicas, mas também sociais, morais e éticas. A Constituição federal brasileira de 1988 foi promulgada um ano após a publicação desse relatório e incorporou em seu texto o conceito de desenvolvimento sustentável.

Após a publicação do Relatório Brundtland, a Assembleia Geral das Nações Unidas decidiu convocar uma Conferência sobre o Meio Ambiente e o Desenvolvimento.

Alain Pitton/NurPhoto/Getty Images

O estabelecimento de um modelo de desenvolvimento sustentável envolve ações individuais e coletivas nas escalas local, regional, nacional e mundial. Na foto, de 2018, pessoas protestam em Toulouse (França) contra o armazenamento de lixo nuclear.

Conceitos

Preservação e conservação

Esses conceitos têm significados diferentes e expressam concepções filosóficas distintas da relação sociedade-natureza. A **preservação** é sinônimo de proteção absoluta de espécies naturais, de ecossistemas e biomas. O preservacionismo não encara a natureza de forma utilitária, isto é, não vê valor de uso econômico nela, não a vê como um recurso. Assim, preservar a natureza é mantê-la intocada, sem nenhuma intervenção do ser humano, visto como o grande causador dos desequilíbrios ecológicos.

Já a noção de **conservação** é mais flexível, encara a natureza de forma utilitária, como um recurso, mas se preocupa em utilizá-la de forma racional, sem destruí-la. O conservacionismo propõe a integração do ser humano com a natureza, mas de forma sustentável e harmônica, conservando-a para as gerações futuras.

As duas concepções convivem e estão presentes nas distintas políticas ambientais. Exemplo dessa convivência é a diferenciação entre finalidade e uso das unidades de conservação no Brasil.

Atividades

1. Identifiquem no cotidiano de vocês práticas ou atitudes que contrariam a premissa do desenvolvimento sustentável.
2. Quais práticas podem ser adotadas no cotidiano para que vocês, como indivíduos, possam contribuir para o desenvolvimento sustentável?

Rio-92

A **Conferência das Nações Unidas sobre Meio Ambiente e Desenvolvimento**, também conhecida como **Cúpula da Terra**, **Rio-92** ou **Eco-92**, foi realizada em 1992 no Rio de Janeiro e reuniu representantes de 178 países, além de milhares de membros de Organizações Não Governamentais (ONGs) em uma conferência paralela. Essa cúpula teve como base o Relatório Brundtland, em sua fase preparatória. Definiu uma série de resoluções, visando alterar o atual modelo consumista e excludente de desenvolvimento para outro, social e ecologicamente sustentável.

Reprodução/ONU

Logotipo da Rio-92.

José Varella/Estadão Conteúdo

Líderes de vários países reunidos para a foto oficial durante a Rio-92.

Na busca pelo desenvolvimento sustentável, foram elaboradas duas convenções, uma sobre biodiversidade e outra sobre mudanças climáticas; uma declaração de princípios relativos às florestas e um plano de ação.

Biodiversidade: total de espécies da flora e da fauna encontradas em um ecossistema. Quanto maior o número de espécies, maior a biodiversidade

As **convenções** têm como agente financiador o **Fundo Global para o Meio Ambiente** (GEF, na sigla em inglês), criado em 1990 e dirigido pelo Banco Mundial, com apoio técnico e científico do **Programa das Nações Unidas para o Desenvolvimento (Pnud)** e do **Programa das Nações Unidas para o Meio Ambiente (Pnuma)**. Essas convenções tratavam de:

- **biodiversidade**: em vigor desde 1993, buscava frear a destruição da fauna e da flora, concentradas principalmente nas florestas tropicais, as mais ricas em biodiversidade, preservando a vida no planeta;
- **mudanças climáticas**: em vigor desde 1994, estabeleceu medidas para diminuir a emissão de gases estufa pelas indústrias, automóveis e outras fontes poluidoras. No âmbito dessa convenção, foi assinado o Protocolo de Kyoto (Japão, 1997).

A **Declaração de princípios relativos às florestas** é uma série de indicações sobre manejo, uso sustentável e outras práticas voltadas à preservação desses biomas.

O **Plano de ação**, mais conhecido como **Agenda 21**, é um programa para a implantação de um modelo de desenvolvimento sustentável em todo o mundo durante o século XXI. Como requer recursos volumosos, os países desenvolvidos comprometeram-se a contribuir com 0,7% de seus PIBs para essa finalidade. Para fiscalizar a aplicação da Agenda 21, foi criada a **Comissão de Desenvolvimento Sustentável**, que agrega 53 países-membros, entre os quais o Brasil. Muitos países, contudo, não estão cumprindo o compromisso (com raras exceções, caso dos países nórdicos).

Rio+10 e Rio+20

Em 2002, a **Cúpula Mundial sobre o Desenvolvimento Sustentável**, conhecida como **Rio+10**, foi realizada em Johannesburgo, África do Sul, reunindo delegações de 191 países. O principal objetivo desse encontro foi realizar um balanço dos resultados práticos obtidos depois da Rio-92.

Reprodução/Arquivo do editor

Logotipo da Rio+20.

Dez anos mais tarde, em junho de 2012, a **Conferência das Nações Unidas sobre Desenvolvimento Sustentável** foi realizada novamente no Rio de Janeiro e reuniu delegações de 193 países.

Inicialmente, havia a expectativa de que fossem apresentadas ações concretas para pôr em prática os temas discutidos durante a Rio-92, como a implantação da **Agenda 21** em escala global e outros também ligados ao desenvolvimento sustentável, na busca de maior justiça social, com a erradicação da pobreza extrema, crescimento econômico e preservação ambiental. Entretanto, o documento final, chamado *O futuro que queremos*, embora tenha ficado equilibrado e atendesse às aspirações de países desenvolvidos e em desenvolvimento, ficou restrito a uma série de declarações e não vinculou nenhuma obrigação aos países participantes.

A novidade foi o lançamento do processo de negociação intergovernamental para a criação dos Objetivos de Desenvolvimento Sustentável (ODS) e o incentivo ao fortalecimento do Pnuma.

Saiba+

Rio+10 Brasil. Disponível em: www.ana.gov.br/AcoesAdministrativas/RelatorioGestao/Rio10/Riomaisdez/index.html. Acesso em: 19 abr. 2022.

No *site* oficial da Rio+10 há informações sobre o encontro de 2002, como entrevistas, documentos oficiais e ações práticas.

Protocolo de Kyoto

Está comprovado que alguns ciclos de aquecimento e resfriamento da Terra ocorrem naturalmente. Embora não se saiba se hoje vivemos um período interglacial, no qual ocorre a elevação natural da temperatura do planeta, excetuando uns poucos cientistas chamados de "céticos", há consenso de que a ação humana provoca o aquecimento global.

Como vimos, a gradativa elevação da temperatura média do planeta acarreta diversos problemas socioambientais, com destaque para as mudanças climáticas. Como medida para enfrentar o problema, em 1997 foi firmado um acordo na **Convenção da ONU sobre Mudanças Climáticas**, em Kyoto (Japão), chamado **Protocolo de Kyoto**, para a redução da emissão de gases de efeito estufa, com destaque para o CO_2. Esse acordo definia uma redução média de 5,2% nas emissões, com base nos níveis de 1990.

A meta deveria ter sido atingida em 2012, mas, nesse ano, na **Conferência da ONU sobre Mudanças Climáticas de 2012**, também chamada **COP 18**, realizada em Doha (Catar), o cumprimento da meta teve o prazo estendido para 2020. Para os principais países emissores, o índice fixado foi maior (membros da União Europeia, 8%; Estados Unidos, 7%; Japão, 6%). Já para os países em desenvolvimento não foram estabelecidos índices de redução, o que de fato é problemático, uma vez que entre eles estão países que contribuem bastante com a emissão de gases de efeito estufa, como China, Índia e Brasil.

As principais estratégias para redução do nível de emissões de gases são: a reforma dos setores de energia e transportes para reduzir a emissão de CO_2; o aumento na utilização de fontes de energia renováveis; a limitação das emissões de metano no tratamento e destino final do lixo; a proteção das florestas e outros sumidouros de carbono.

Entre 1990 e 2001, o **Painel Intergovernamental sobre Mudanças Climáticas** (IPCC, na sigla em inglês) divulgou três relatórios sobre as mudanças climáticas, nos quais apontava a ocorrência do aquecimento global, mas não era conclusivo quanto às causas do fenômeno. O cenário mudou a partir de 2007, quando foi divulgado o quarto relatório do IPCC, que indicava a emissão de gases de efeito estufa como a grande responsável pelo aquecimento global, com consequências ambientais, sociais e econômicas.

O Protocolo de Kyoto contém um mecanismo de compensação, proposto pela diplomacia brasileira, chamado **Mecanismo de Desenvolvimento Limpo (MDL)**, que possibilita a um país desenvolvido, que não consiga se adaptar no prazo estabelecido pelo Protocolo, financiar projetos que sequestrem o carbono emitido em países em desenvolvimento, reduzindo a emissão global de gases de efeito estufa. Seus críticos apontam que se trata de uma forma de mercantilizar o problema e que pode desestimular os países ricos a investirem em novas tecnologias, processos e mudanças de paradigmas, uma vez que, com os "créditos de carbono", eles podem comprar o direito de emitir gases de efeito estufa.

Conexões Psicologia

Muitas vezes, as pessoas compram roupas, objetos, calçados, entre outros itens, sem necessidade. O consumismo desenfreado, além de implicar o uso desnecessário dos recursos naturais, pode causar diversos problemas para o próprio indivíduo e a sociedade. Para saber mais sobre esse assunto, leia o texto a seguir.

Como saber se o seu consumismo virou doença, a oneomania

[...] Mas o que diferencia um consumista de um comprador compulsivo? O sofrimento psicológico que a compra causa. Quem tem o transtorno sente euforia enquanto compra, mas não sente prazer ao abrir as sacolas quando chega em casa. Enquanto o consumista gosta de mostrar as compras que fez, o comprador compulsivo tem vergonha e esconde.

"É uma ressaca. Depois que acaba a compulsão do momento, a pessoa sente profunda depressão e desinteresse pelo que comprou", explica a psicanalista Denise Gimenez Ramos, professora titular do Programa de Estudos Pós-Graduados em Psicologia Clínica da PUC-SP. [...]

"A dependência é o encontro de uma estrutura emocional frágil desde a infância com um grande apelo de consumo na sociedade", explica. [O psicanalista e professor da ESPM Pedro de] Santi esclarece que consumir não é errado e que só se torna um problema quando o consumidor sofre de abstinência e não consegue escolher quando comprar.

LEWGOY, Júlia. Como saber se o seu consumismo virou doença, a oneomania. *Exame*, 22 dez. 2017. Disponível em: https://exame.com/seu-dinheiro/como-saber-se-o-seu-consumismo-virou-doenca-a-oneomania/. Acesso em: 19 abr. 2022.

Miguel Schincariol/AFP

O consumo excessivo ou desnecessário é incentivado pelo mercado e pela publicidade. Na foto, consumidores se aglomeram em supermercado durante *Black Friday* em São Paulo (SP), 2019.

- Em uma roda de conversa, abordem como vocês lidam com o consumo. Podem satisfazer suas necessidades e desejos ou enfrentam restrições? Costumam refletir antes de comprar algo novo?

Conferências das Partes e Acordo de Paris

A ONU realiza, anualmente, reuniões entre representantes de seus países-membros nas quais se discutem ações práticas para a execução de acordos ambientais internacionais. Esses encontros, intitulados **Conferências das Partes (COP)**, são conhecidos pelo número de ordem de sua realização e o nome da cidade onde são realizados.

Para implementação do que foi acordado na Convenção sobre Mudança do Clima das Nações Unidas, desde 1995 são realizados encontros anuais sobre o tema, e a **COP 21**, realizada em Paris (França), em 2015, provocou grande repercussão internacional. Nesse encontro, que contou com representantes de 195 países, pela primeira vez as partes chegaram a um acordo sobre ações que deveriam ser implantadas para dar continuidade ao Protocolo de Kyoto.

Em 2016, o Acordo de Paris foi ratificado por 175 países e, assim, entrou em vigor a primeira legislação internacional na qual todos os países signatários têm obrigações a cumprir para minimizar os efeitos do aquecimento global, destacando-se a meta de limitá-lo a 1,5 °C até o final deste século em relação aos níveis pré-industriais. No entanto, em 2017, após a eleição de Donald Trump, os Estados Unidos, o segundo maior emissor de gases de efeito estufa do planeta, anunciaram sua retirada do Acordo, sob a alegação de que sua manutenção criaria reflexos negativos no crescimento da economia do país. Com a eleição de Joe Biden, os Estados Unidos voltaram ao Acordo de Paris, em 2021.

As mudanças climáticas têm provocado o aumento na frequência, na intensidade e na duração de eventos climáticos extremos em todo o planeta: ondas de calor, grandes furacões, chuvas intensas, estiagem e, consequentemente, queimadas de grandes proporções. Os exemplos a seguir, somados ao fato de que as temperaturas médias do planeta vêm se elevando consistentemente, são indícios de desequilíbrios na atmosfera terrestre:

- **Ondas de calor**: o número de países com verões cada vez mais quentes tem aumentado e batido recordes sucessivos em intervalos mais curtos. O verão de 2021 foi marcado por extremos de temperatura em locais da Europa, Estados Unidos e Canadá.
- **Furacões/ciclones com alto potencial de destruição**: aumento da frequência de grandes furacões, como o Dorian, que atingiu as Bahamas no final de agosto de 2019.
- **Queimadas de grandes proporções**: as queimadas têm sido mais devastadoras em países de diferentes latitudes. No verão de 2019/2020, o mais quente já registrado na Austrália, em razão da seca, das altas temperaturas e dos ventos fortes, o país enfrentou um dos piores incêndios florestais de todos os tempos. No verão de 2020/2021, o sul da Europa registrou uma série de queimadas em países como Grécia, Itália, Turquia e Espanha. Milhares de pessoas tiveram de evacuar suas casas, e as chamas têm consumido florestas e cidades.
- **Chuvas intensas**: os índices pluviométricos têm aumentado em vários lugares. Em janeiro de 2020, choveu 935 milímetros em Belo Horizonte (MG). Aquele foi o mês mais chuvoso da história da capital mineira desde o início das medições, há 110 anos. Em julho de 2021, enchentes assolaram regiões da Alemanha e da China, resultando em centenas de mortes.

PMGphotog/Shutterstock

Esses eventos climáticos extremos têm levado à mobilização de amplos setores da população mundial, especialmente os jovens. A COP 26, realizada em Glasgow (Escócia) em novembro de 2021, reuniu líderes de quase 200 países, muitos dos quais vêm enfrentando crescente pressão da população mais jovem para que os governos adotem metas mais rígidas visando ao controle do aquecimento global e, assim, assegurem seu futuro.

Ativistas ambientais durante a COP 26, realizada na cidade de Glasgow (Escócia), em 2021.

Diálogos

1. Leia o texto e responda às questões.

Qual é o impacto ambiental das viagens aéreas?

Embora viajar de avião esteja mais popular do que nunca, a maior parte da população mundial nunca pisou numa aeronave. Mas a tendência está mudando, e quem sofre é o meio ambiente. Voar menos será a única solução? [...]

Muitos cálculos colocam a contribuição da aviação para as emissões globais de dióxido de carbono em apenas 2%, um número que a própria indústria costuma aceitar. Para Stefan Gössling, contudo, professor nas universidades suecas de Lund e Linnaeus e coeditor do livro *Climate change and aviation: Issues, challenges and solutions* ("Mudanças climáticas e aviação: Questões, desafios e soluções", em tradução livre), "essa é apenas metade da verdade".

Outras emissões da aviação têm efeitos adicionais sobre o aquecimento global: óxido de nitrogênio, vapor d'água, material particulado, trilhas de condensação e alterações das nuvens do tipo cirro também contribuem para esquentar o clima.

"A contribuição do setor para o aquecimento global é pelo menos duas vezes maior que o efeito isolado do CO_2", explicou Gössling à DW. Ele estima o impacto total dos voos de avião sobre a mudança climática em "no mínimo" 5%. [...]

A calculadora de pegada ambiental da rede WWF é bastante elucidativa: até mesmo um ambientalista convicto, vegano, que aquece a casa com energia solar e vai para o trabalho de bicicleta, deixa de ser especialmente ecológico se continua a ocasionalmente viajar de avião. Pois bastam dois voos curtos e um longo por ano para transformar um ambientalista em vilão do clima. [...]

DW. Qual é o impacto ambiental das viagens aéreas? Clima, 14 jan. 2018. Disponível em: www.dw.com/pt-br/qual-é-o-impacto-ambiental-das-viagens-aéreas/a-42118916. Acesso em: 19 abr. 2022.

a) Qual é o tipo de impacto ambiental provocado pela prática apresentada no texto?

b) Reúna-se com um colega e realizem uma pesquisa sobre quais práticas podem ser adotadas no cotidiano para reduzir as emissões de gás carbônico na atmosfera. Listem e expliquem essas práticas e qual o efeito positivo que elas exercem sobre a redução da emissão.

2. O movimento juvenil Fridays for Future (Sextas-Feiras para o Futuro), liderado pela ativista ambiental sueca Greta Thunberg (2003-) destacou-se em uma luta mundial reconhecida pela ONU. Observe a imagem a seguir e responda às questões.

a) De acordo com a imagem, o que se pode inferir sobre a luta da ativista Greta Thunberg? Justifique sua resposta.

b) Acesse o *site* do Fridays for Future Brasil (Disponível em: https://fridaysforfuturebrasil.org/. Acesso em: 19 abr. 2022) e escreva um parágrafo resumindo as principais reivindicações desse movimento.

c) Busque informações sobre o compromisso da cidade em que você vive com as metas do Fridays for Future. Avalie como as questões climáticas e ambientais são tratadas no município e como você pode contribuir para essa causa.

Chesnot/Getty Images

Greta Thunberg segura um cartaz escrito em sueco no qual se lê "greve escolar pelo clima" em protesto em Paris (França), 2019.

Legislação ambiental brasileira e órgãos de fiscalização

A legislação brasileira relativa ao meio ambiente é ampla e detalhada. Os problemas socioambientais que observamos com frequência, amplamente divulgados pelos meios de comunicação, não resultam da limitação da legislação, e sim do não cumprimento da lei.

Solano José/Estadão Conteúdo

Construção da rodovia Transamazônica em Altamira (PA), em 1972. A abertura das rodovias de integração provocou grandes impactos socioambientais.

Durante o período do regime militar (1964-1985), foram criados projetos de ocupação humana e econômica das regiões Norte e Centro-Oeste que provocaram grandes impactos socioambientais. Esses projetos previam a expansão da agricultura e a criação de gado em áreas de floresta e a prática de garimpo, mineração e extração de madeira, facilitada pela abertura das rodovias de integração, como a BR-230 (conhecida como Transamazônica), e a instalação de usinas hidrelétricas e seus imensos reservatórios de água, formados pelo represamento de rios em áreas planas, causando a inundação de vastas áreas de floresta, como se deu com a usina de Balbina e a de Tucuruí, forçando o deslocamento de populações autóctones.

Esses impactos socioambientais, principalmente na Floresta Amazônica, causaram repercussão negativa em escala mundial e, com isso, cresceram as pressões interna e externa para uma melhor gestão ambiental. Cedendo a essas pressões, muito influenciadas pela Estocolmo-72, em 1973 o governo brasileiro promoveu mudanças de estratégia, implantando ações de proteção ambiental: combate à erosão, criação das **Estações Ecológicas** e **Áreas de Proteção Ambiental**, metas para o zoneamento industrial e criação da **Secretaria Especial do Meio Ambiente (Sema)**.

Em 1979, foi criado o **Conselho Nacional do Meio Ambiente (Conama)**, que instituiu, em 1981, a **Política Nacional do Meio Ambiente (PNMA)** pela Lei n. 6 938. Essa lei promoveu um grande avanço ao apresentar as bases para a proteção ambiental e conceituar expressões como "meio ambiente", "poluidor", "poluição" e "recursos naturais".

A PNMA busca a conservação e a recuperação das áreas ambientalmente degradadas, visando garantir condições de desenvolvimento social e econômico, a segurança nacional e a proteção da dignidade da vida humana. A partir de sua publicação se instituiu que o meio ambiente é um bem público a ser resguardado e protegido, em prol da coletividade.

Em 1986, o Conama publicou uma resolução sobre o tema, em que destaca a exigência de elaboração do **Estudo de Impacto Ambiental (EIA)**, de caráter técnico e detalhista, e do seu respectivo **Relatório de Impacto Ambiental (Rima)**, menos detalhado e acessível aos que não são especialistas na área para um conjunto de atividades sociais e econômicas com potencial de modificar o meio ambiente. Esses dois documentos são necessários para o licenciamento e a autorização – expedidos pelo **Instituto Brasileiro do Meio Ambiente e dos Recursos Naturais Renováveis (Ibama)** – de um conjunto de empreendimentos relacionados na lei.

Outra grande etapa na evolução do Direito ambiental brasileiro foi alcançada com a Constituição federal de 1988, a primeira de nossa história a dedicar um capítulo a esse tema e a incorporar o conceito de desenvolvimento sustentável. Ela estabelece, no artigo 225, que "Todos têm direito ao meio ambiente ecologicamente equilibrado, bem de uso comum do povo e essencial à sadia qualidade de vida, impondo-se ao poder público e à coletividade o dever de defendê-lo e preservá-lo para as presentes e futuras gerações". O parágrafo terceiro desse mesmo artigo estipula que: "As condutas e atividades consideradas lesivas ao meio ambiente sujeitarão os infratores, pessoas físicas ou jurídicas, a sanções penais e administrativas, independentemente da obrigação de reparar os danos causados".

A previsão de sanções penais significa a criminalização das atividades prejudiciais ao meio ambiente, o que foi regulamentado somente dez anos depois da promulgação da Constituição, com a Lei n. 9 605/1998. Conhecida como Lei dos Crimes Ambientais, ela define os crimes contra a fauna e a flora, além dos relacionados à poluição, ao ordenamento urbano, ao patrimônio cultural e outros. Quem comete agressões ambientais como desmatamento, poluição do ar ou das águas ou falsificação de Relatório de Impacto Ambiental é punido com multa, proibição do exercício de certas atividades e até prisão. Alguns crimes ambientais são inafiançáveis.

Em 1989, por meio da Lei n. 7 735, foi criado o Ibama, **autarquia** vinculada ao Ministério do Meio Ambiente com a responsabilidade de fazer a gestão ambiental no país de forma integrada. A fusão de diversos órgãos federais deu origem ao Ibama, que ficou responsável por executar a política nacional de meio ambiente: licenciamento ambiental, autorização de uso de recursos naturais, fiscalização, monitoramento e controle ambiental.

Autarquia: entidade vinculada ao Estado, porém com autonomia econômica, técnica e administrativa em relação a ele.

Avener Prado/Folhapress

Fiscais do Ibama em operação de combate contra o garimpo ilegal na comunidade Aruri, em Itaituba (PA), 2017.

Saiba+

Instituto Brasileiro do Meio Ambiente e dos Recursos Naturais Renováveis (Ibama). Disponível em: www.ibama.gov.br. Acesso em: 19 abr. 2022.

Conheça o histórico desse órgão do Ministério do Meio Ambiente em seu *site*, que oferece também várias informações e imagens sobre recursos naturais, legislação, fiscalização e outros temas.

Atividade

1. Pesquisem na internet e em *sites* de jornais e revistas e descubram se em seu município há algum órgão de controle e fiscalização ambiental. Ele está funcionando a contento? Que indicadores vocês podem utilizar para avaliar a qualidade do serviço prestado?

Código Florestal

O **Código Florestal** foi criado em 1934 e reformulado duas vezes: em 1965 e em 2012 (Lei n. 12 561). Em 2012, houve muitos embates entre ambientalistas – que queriam ampliar as áreas de preservação e a obrigação de recompor o que foi desmatado irregularmente – e grandes proprietários de terra (ruralistas) – que queriam autorização para ampliar as áreas de agricultura e pecuária sem recompor os biomas. Essa é uma das mais importantes leis ambientais do país e estabelece as normas de ocupação e uso do solo em todos os biomas brasileiros. Os incisos II e III do artigo 1º, parágrafo 2º, merecem destaque, pois definem as áreas de preservação e as reservas legais:

- **Áreas de Preservação Permanente**: só podem ser desmatadas com autorização do Poder Executivo Federal e em caso de uso para utilidade pública ou interesse social, como a construção de uma rodovia. São as margens de rios, lagos ou nascentes, várzeas, encostas íngremes, mangues e outros ambientes. A principal função das APP é preservar a disponibilidade de água, a paisagem, o solo e a biodiversidade.
- **Reservas Legais**: em cada um dos seis biomas brasileiros, os proprietários de terras são obrigados a preservar uma parte de vegetação nativa. Na Amazônia, são obrigados a manter 80% da propriedade com floresta nativa, índice que cai para 35% no Cerrado localizado dentro da Amazônia e 20% em todas as demais regiões e biomas do país.

Ilan Ejzykowicz/Shutterstock

Os manguezais sofrem os impactos gerados pelas ações humanas.

O Código Florestal rege apenas as propriedades que podem ser utilizadas para atividades agrícolas e não se aplica, portanto, ao interior das unidades de conservação, como os parques e as reservas ecológicas, que têm legislação própria para regular sua preservação.

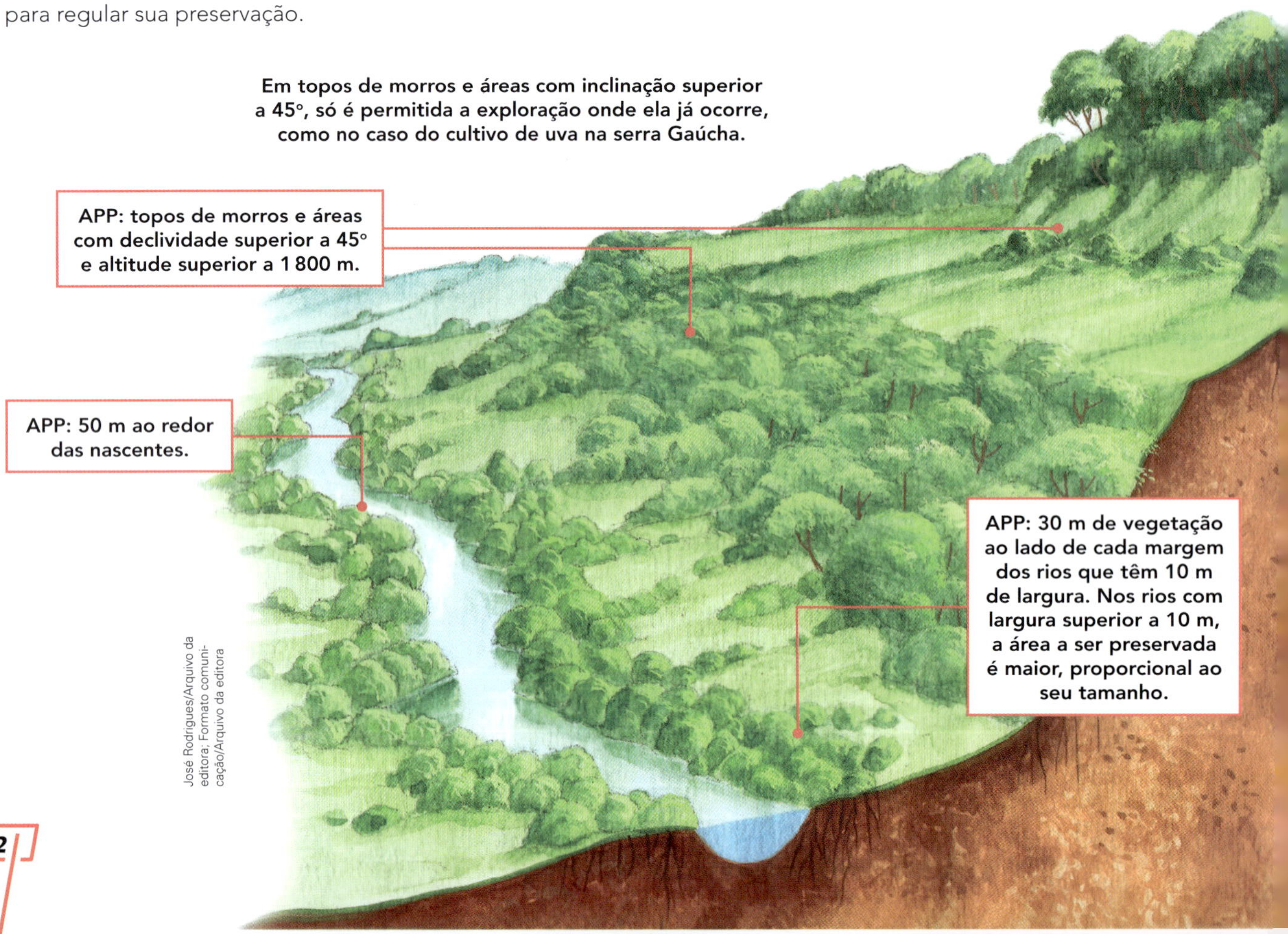

José Rodrigues/Arquivo da editora; Formato comunicação/Arquivo da editora

Unidades de conservação

O Sistema Nacional de Unidades de Conservação da Natureza (SNUC), instituído pela Lei n. 9 985/2000, é constituído por doze categorias de unidades de conservação (UC), nas esferas municipal, estadual e federal, com diferentes finalidades e, portanto, com graus variados de restrição de uso. Algumas atendem a propósitos preservacionistas, e outras, a propósitos conservacionistas.

As unidades classificadas como de restrição total são denominadas **Unidades de Proteção Integral**, como os Parques Nacionais, por exemplo. Aquelas cujo nível de restrição é menor e têm uso voltado ao desenvolvimento cultural, educacional e recreacional são denominadas **Unidades de Uso Sustentável**, como as Reservas Extrativistas.

Unidades de conservação conforme a restrição ao uso

Unidades de Proteção Integral	Unidades de Uso Sustentável
Estação Ecológica	Área de Proteção Ambiental
Reserva Biológica	Área de Relevante Interesse Ecológico
Parque Nacional	Floresta Nacional
Monumento Natural	Reserva Extrativista
Refúgio de Vida Silvestre	Reserva de Fauna
	Reserva de Desenvolvimento Sustentável
	Reserva Particular do Patrimônio Natural

Fonte: BRASIL. Lei n. 9 985/2000. Institui o Sistema Nacional de Unidades de Conservação da Natureza. Presidência da República Federativa. Disponível em: www.planalto.gov.br/ccivil_03/leis/l9985.htm. Acesso em: 19 abr. 2022.

Brasil: unidades de conservação federais e biomas – 2015

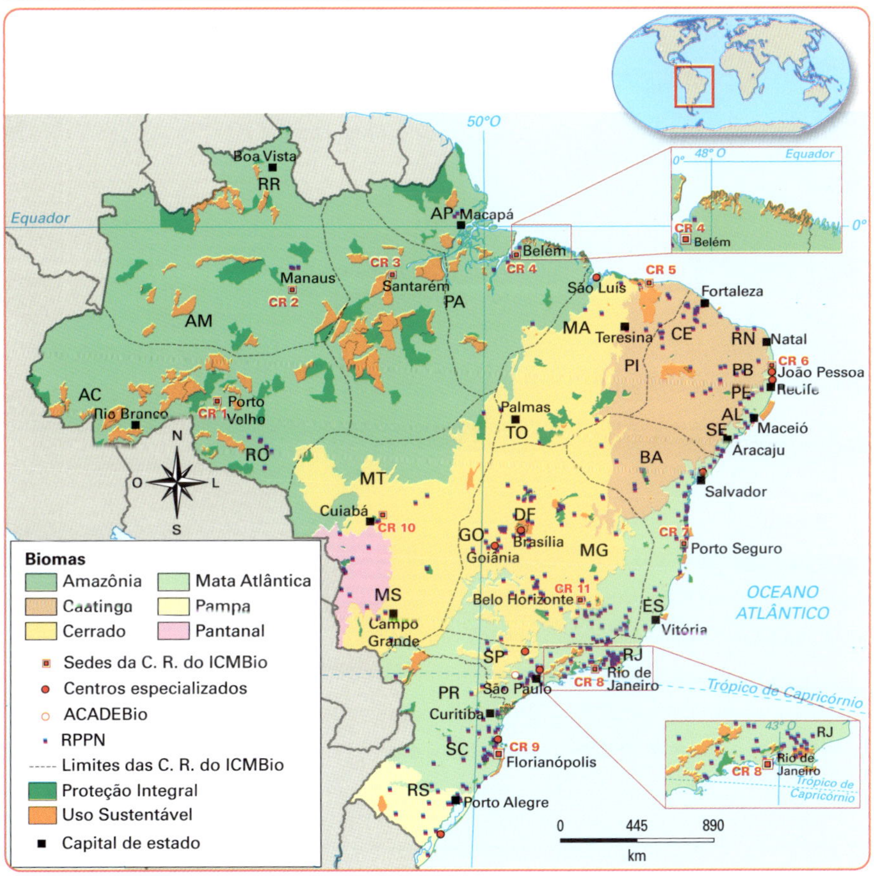

Banco de imagens/Arquivo da editora

Fonte: elaborado com base em MINISTÉRIO DO MEIO AMBIENTE. ICMBio. *In*: BRASIL. Ministério do Meio Ambiente. *Unidades de Conservação Federais*. Brasília, 2015. Disponível em: www.icmbio.gov.br/portal/images/stories/servicos/geoprocessamento/DCOL/Mapa_UC_fed_fev_2015.pdf. Acesso em: 19 abr. 2022.

Atividades

2. Observe o mapa e responda: Em qual bioma há mais unidades de conservação? Por quê?

3. Você sabe se há alguma unidade de conservação no município onde mora? Pesquise e faça uma lista das unidades de conservação e seus respectivos tipos de proteção (integral ou de uso sustentável).

Chico Ferreira/Pulsar Imagens

Fachada do ICMBio em Itaituba (PA). Foto de 2017.

De acordo com a Lei n. 11 516/2007, foi criado o **Instituto Chico Mendes de Conservação da Biodiversidade (ICMBio)**, autarquia vinculada ao Ministério do Meio Ambiente. Segundo o artigo 1º dessa lei, em seu inciso I, o ICMBio tem como finalidade: "executar as ações da política nacional de unidades de conservação da natureza referentes às atribuições federais relativas à proposição, implantação, gestão, proteção, fiscalização e monitoramento das unidades de conservação instituídas pela União". Cabe também ao órgão desenvolver programas de pesquisa, de educação ambiental, de preservação e conservação da biodiversidade, assim como promover e executar programas recreacionais, de uso público e de ecoturismo, e, por fim, exercer o poder de polícia ambiental para proteger as unidades de conservação.

Unidades de conservação federais atingem novo recorde de visitação em 2021

Os parques nacionais brasileiros sob a gestão do Instituto Chico Mendes de Conservação da Biodiversidade (ICMBio) atingiram um novo recorde histórico de visitação e alcançaram a marca de 6,9 milhões de visitas em 2021, contra 4,4 milhões no ano anterior. [...]

Somada a dos parques nacionais, a demanda de outras categorias de unidades de conservação administradas pelo ICMBio, como as Áreas de Proteção Ambiental, Florestas Nacionais e Reservas Extrativistas, passou de 9,2 para 16,7 milhões de visitas. [...]

Unidades de conservação mais visitadas no Brasil – 2021

Colocação	Unidade de conservação	Total de visitas
1º	Área de Proteção Ambiental Baleia Franca	7 042 228
2º	Parque Nacional da Tijuca	1 739 666
3º	Parque Nacional de Jericoacoara	1 669 277
4º	Parque Nacional da Serra da Bocaina	718 453
5º	Parque Nacional do Iguaçu	696 380
6º	Reserva Extrativista Marinha do Arraial do Cabo	653 857
7º	Área de Proteção Ambiental Fernando de Noronha	559 638
8º	Parque Nacional Marinho de Fernando de Noronha	532 988

Na lista das unidades de conservação mais visitadas, o destaque absoluto ficou por conta da Área de Proteção da Baleia Franca [...] correspondendo a mais de 42% da demanda total da visitação do ano em todas as UCs federais do país. [...]

Fonte: MINISTÉRIO DO MEIO AMBIENTE. Instituto Chico Mendes de Conservação da Biodiversidade (ICMBio). *Unidades de conservação federais atingem novo recorde de visitação em 2021*. 12 abr. 2022. Disponível em: https://www.gov.br/icmbio/pt-br/assuntos/noticias/ultimas-noticias/unidades-de-conservacao-federais-atingem-novo-recorde-de-visitacao-em-2021. Acesso em: 22 abr. 2022.

Saiba+

Instituto Chico Mendes de Conservação da Biodiversidade (ICMBio). Disponível em: www.icmbio.gov.br/portal. Acesso em: 19 abr. 2022. No *site* do ICMBio há muitas informações sobre as unidades de conservação e a biodiversidade.

A criação de leis, decretos, normas e órgãos de proteção e fiscalização voltados à questão ambiental ao longo da história brasileira é consequência do aumento da importância do tema no mundo e no país. Essa evolução deu-se de forma lenta, mas contínua, e foi influenciada pelas conquistas obtidas em âmbito internacional nas diversas conferências mundiais voltadas ao meio ambiente. Parte da sociedade civil brasileira cumpriu um importante papel ao pressionar os governos e legisladores a aprovar leis eficazes e incluir o tema na própria Constituição federal.

Atividade

4. Durante as discussões sobre a elaboração do texto-base do Código Florestal Brasileiro, foram apresentadas opiniões contrárias e a favor do texto-base.

a) Pesquise opiniões contrárias e opiniões a favor do texto-base do Código Florestal.

b) Organizem-se em dois grupos: um que concorda com as opiniões a favor e outro, com as opiniões contrárias.

c) Após a discussão das opiniões contrárias e das opiniões a favor do texto-base, os integrantes de cada grupo devem elaborar sua argumentação para o debate.

Diálogos

- Leia o texto abaixo, que trata da situação do Ibama durante a pandemia da covid-19. Depois, faça a atividade proposta: analise a atuação da instituição, discutindo sua importância para o país e os desafios que enfrenta atualmente para desempenhar o seu papel de forma adequada.

Exonerações na fiscalização do Ibama expõem ameaças à Floresta Amazônica durante a pandemia da Covid-19

O desmatamento na Amazônia cresceu 279% em março de 2020, em comparação ao mesmo mês do ano passado, segundo o Sistema de Alerta de Desmatamento (SAD) do Imazon. O cenário de destruição marca o início da temporada da devastação anual da floresta, com um componente grave este ano: o começo da disseminação da pandemia do novo coronavírus nas terras indígenas dos estados da Amazônia Legal. Mesmo diante dessa vulnerabilidade sanitária, os principais chefes da fiscalização do Instituto Brasileiro do Meio Ambiente e dos Recursos Naturais Renováveis (Ibama), responsáveis pelas megaoperações de combate às ações de madeireiros, garimpeiros, grileiros e fazendeiros, foram exonerados e estão cada vez mais ameaçados por grupos de ruralistas [...].

Foi no Pará que, em agosto de 2019, madeireiros e fazendeiros se uniram para promover o ato criminoso de atear fogo nas florestas nos municípios de Novo Progresso e São Félix do Xingu, ação que ficou conhecida como "o dia do fogo". O objetivo era cobrar [...] que o governo desenvolvesse projetos econômicos nas regiões sul e sudeste do estado para impulsionar o agronegócio. Após o ato, o ex-coordenador de operações de fiscalização do Ibama, Hugo Loss, disse, em entrevista à Amazônia Real, que "não se desenvolve um país rico como o Brasil debaixo do sabre de uma motosserra ou com mercúrio nos igarapés. Isso não é desenvolvimento, isso não é o futuro, isso é o passado".

SANTOS, Izabel. Exonerações na fiscalização do Ibama expõem ameaças à Floresta Amazônica durante a pandemia da Covid-19. *Amazônia Real*, 1º maio 2020. Disponível em: https://amazoniareal.com.br/exoneracoes-na-fiscalizacao-do-ibama-expoem-ameacas-a-floresta-amazonica-durante-a-pandemia-da-covid-19/. Acesso em: 19 abr. 2022.

Vinícius Mendonça/Ibama

Agente do Ibama apreende maquinário em ação de combate ao desmatamento e ao garimpo na Terra Indígena Tenharim do Igarapé Preto (AM), em 2018.

O desenvolvimento sustentável

Você já parou para pensar o que realmente significa o termo **desenvolvimento** quando empregado para descrever as transformações de uma sociedade ao longo do tempo? E quanto à palavra **sustentável**? Para que possamos unir esses termos em um só conceito, primeiro precisamos analisar cada um deles separadamente.

A inviabilidade ambiental do atual modelo de desenvolvimento

Saiba+

***Pegada ecológica*.** Disponível em: http://www.pegadaecologica.org.br/2019/pegada.php. Acesso em 19 abr. 2022.

A WWF Brasil, em parceria com o Ministério do Meio Ambiente e outras instituições, mantém um *site* no qual é possível calcular sua pegada ecológica. Calcule a sua e compare com a de seus colegas.

A dinâmica capitalista das sociedades industriais, de modo geral, perpetuou durante muito tempo valores que atribuíam um sentido prioritariamente econômico ao termo **desenvolvimento**. Afinal, desenvolvimento é sinônimo de progresso, de crescimento econômico e de condições que, invariavelmente, são associadas à geração de riqueza e à economia.

Em virtude dos graves impactos que passaram a ser verificados com maior intensidade na segunda metade do século XX, cientistas que atuam na área ambiental e economistas perceberam a inviabilidade de manter esse modelo de desenvolvimento econômico no longo prazo.

Para sustentar esse modelo produtivista e consumista, precisaríamos utilizar uma quantidade de recursos naturais equivalente à capacidade de renovação do planeta; no entanto, a humanidade já ultrapassou esse ponto na década de 1980. Estimativas apontam para o fato de que, atualmente, já utilizamos cerca de 50% a mais de recursos do que eles estão disponíveis. Isso significa que seria necessário um planeta Terra e meio para atender às demandas atuais de produção e consumo.

A inviabilidade do modelo de desenvolvimento atual ficou ainda mais evidente quando os cientistas Mathis Wackernagel (1962-) e William Rees (1943-) elaboraram o conceito de **pegada ecológica**, que indica as marcas, as "pegadas" que as sociedades deixam no planeta ao retirar recursos naturais para satisfazer todas as suas formas de produção e consumo.

Protesto realizado por jovens ativistas em Turku (Finlândia), em 2019, no contexto do movimento Fridays for Future ("Sextas-Feiras para o Futuro"), cobrando ações contra o aquecimento global. Em um dos cartazes, é possível ler a frase em inglês "*We are destroying our future*" ("Estamos destruindo nosso futuro").

Juha Jarvinen/Alamy/Fotoarena

Pegada ecológica

[...] A pegada ecológica é uma metodologia de contabilidade ambiental que avalia a pressão do consumo das populações humanas sobre os recursos naturais. Expressada em hectares globais (gha), permite comparar diferentes padrões de consumo e verificar se estão dentro da capacidade ecológica do planeta. Um hectare global significa um hectare de produtividade média mundial para terras e águas produtivas em um ano. [...]

WWF. *Pegada ecológica? O que é isso?* Disponível em: https://www.wwf.org.br/natureza_brasileira/especiais/pegada_ecologica/o_que_e_pegada_ecologica/. Acesso em: 19 abr. 2022.

A insustentabilidade desse modelo, por sua vez, tem gerado uma crescente consciência ambiental. Sobretudo entre os jovens, está se tornando cada vez mais arraigada a noção de que vivemos em uma sociedade cujo estilo de vida tem comprometido o desenvolvimento das gerações atuais e, principalmente, das futuras.

A sustentabilidade

Para a Sociologia, a sociedade é um sistema com características próprias, em geral definida por um território, em que a população compartilha elementos em comum e uma consciência coletiva. Na perspectiva da Biologia, os ecossistemas também representam sistemas com características próprias, mas todos dependem do equilíbrio de interações entre a litosfera, a hidrosfera e a atmosfera no planeta Terra. A palavra **sustentar** deriva do termo em latim *sustentare* e refere-se a algo que se sustenta ou que está em equilíbrio, a exemplo dos ecossistemas saudáveis.

Esse equilíbrio, ou capacidade de se sustentar, não pode ser perturbado, ou todas as esferas serão afetadas, com consequências graves para as sociedades humanas. Nesse contexto, o significado de **sustentável** chega a ser antagônico ao de **desenvolvimento**, quando este último é encarado somente sob uma perspectiva tradicional, apenas sob seu aspecto econômico. O planeta encontra-se, portanto, cada vez mais ameaçado pela expansão da antroposfera e seus recursos são explorados sem levar em conta a manutenção desse delicado equilíbrio. Dessa forma, a capacidade de sustentação dos ambientes terrestres, da forma como os conhecemos, poderá entrar em colapso.

> A natureza representa muitas coisas para o homem e, por essa razão, ele faz muitas coisas com ela. A natureza nunca é a mesma depois dessa atividade. É essencial olhar o ponto onde as dinâmicas social e natural convergem, uma análise que Marx vislumbrou muito antes do nascimento da ecologia. [...]
>
> CAJKA, Frank. Antropologia ecológica: uma maneira de ver o mundo. *In*: DIEGUES, Antônio Carlos; MOREIRA, André de Castro C. (org.). *Espaços e recursos naturais de uso comum*. São Paulo: Nupaub/USP, 2001. p. 278.

Conceitos

Biosfera

O planeta é composto de litosfera (camada de rochas), hidrosfera (camada de água) e atmosfera (camada de gases). A **biosfera** abrange a camada mais superficial da litosfera, onde estão os solos e as águas, e a parte baixa da atmosfera (troposfera), onde se desenvolve a vida, e é composta do conjunto de ecossistemas.

Antroposfera: espaço da biosfera, da hidrosfera, da atmosfera e da litosfera que foi transformado pelos seres humanos para atender às suas necessidades de consumo.

Fanatic Studio/Gary Waters/Getty Images

O conceito de sustentabilidade está ligado à ideia de equilíbrio.

Atividade

1. Cite exemplos para explicar de que forma as dinâmicas naturais e sociais convergem no município ou estado em que você vive. Mencione riscos e impactos socioambientais que poderiam ser evitados caso existisse um planejamento adequado.

Saiba+

***Home* – Nosso planeta, nossa casa**. Direção: Yann Arthus-Bertrand. França, 2009. 120 min.

A antroposfera e as dinâmicas naturais convergem em um planeta profundamente transformado pelos seres humanos. Neste filme, feito apenas com imagens aéreas da Terra, é possível compreender a insustentabilidade do modelo de desenvolvimento vigente no mundo atual.

Conceitos

Ecoeficiência
Conjunto de práticas, técnicas e tecnologias voltadas a tornar os sistemas de produção e serviços mais sustentáveis por meio do aumento da produtividade, do melhor aproveitamento de recursos e matérias-primas e da redução dos resíduos gerados.

Tripé da sustentabilidade
Esse conceito, desenvolvido pelo empreendedor e ambientalista britânico John Elkington (1949-) na década de 1990, parte do princípio de que as atividades humanas devem levar em conta a economia, a justiça social e o equilíbrio ambiental.

A expressão **sustentabilidade** vem do termo alemão *Nachhaltigkeit*, criado pelo engenheiro Hans Carl von Carlowitz (1645-1714) em um livro publicado em 1713. Originalmente, foi empregada para propor o manejo racional das florestas, muito exploradas na Europa da época, por causa do uso da lenha e do carvão vegetal. Na base desse pensamento estava um modelo de exploração de recursos que respeitasse o ciclo reprodutivo das espécies e a capacidade da floresta de se regenerar sozinha, garantindo sua manutenção para o aproveitamento econômico de forma indefinida.

Com o passar do tempo, essa ideia passou a ser aplicada a outros contextos e agregou novos significados. Destacam-se nesse sentido a **ecoeficiência** e o **tripé da sustentabilidade**. Para ser sustentáveis, portanto, os sistemas produtivos devem ser eficientes do ponto de vista ecológico e contemplar as esferas econômica, ambiental e social.

Na segunda metade do século XX, essa ideia passou a fazer parte da gênese do desenvolvimento sustentável, que, como veremos em seguida, busca agregar a sustentabilidade ao desenvolvimento socioeconômico. Colocar isso em prática no dia a dia envolve um conjunto de ações que podem ser aplicadas em diferentes escalas e exigem o comprometimento de indivíduos, governos, empresas privadas e da sociedade com o equilíbrio socioambiental.

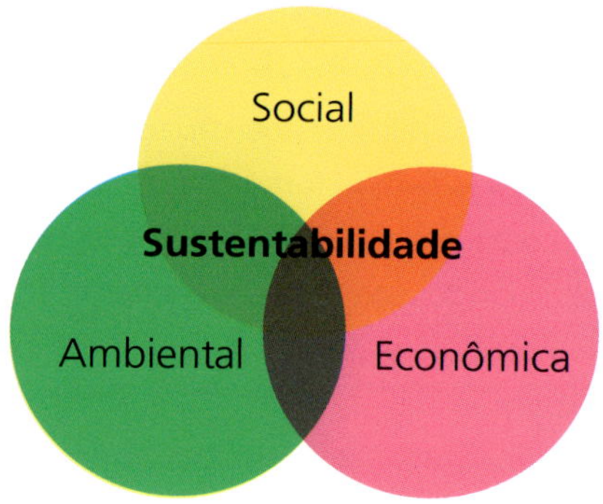

Banco de imagens/Arquivo da editora

Mas afinal, o que é sustentabilidade?

[...] Sustentabilidade é um conceito sistêmico, relacionado com a continuidade dos processos econômicos, sociais, culturais e ambientais globais. [...]

A sustentabilidade abrange vários níveis de organização, desde o local até o planetário e permite que se mude a forma de se relacionar com o meio. Dessa forma, princípios de sustentabilidade podem ser aplicados em um empreendimento, uma pequena comunidade ou até no planeta como um todo.

O termo sustentabilidade rapidamente foi implantado no vocabulário politicamente correto de empresas, organizações da sociedade civil, meios de comunicação de massa, etc. Entretanto, é realmente importante estar atento se o seu uso está de acordo com a sua definição e seus pilares: a atenção às questões sociais, ambientais e econômicas de qualquer empreendimento, comunidade e sociedade, como citamos acima. [...]

LASSU. Laboratório de Sustentabilidade. Universidade de São Paulo. Escola Politécnica. Departamento de Engenharia da Computação e Sistemas Digitais. Disponível em: www.lassu.usp.br/sustentabilidade/conceituacao/. Acesso em: 19 abr. 2022.

Atividade

2. Leia o texto e, com base nele e em seus conhecimentos sobre a realidade, responda às questões propostas.

a) Em quais escalas pode ser aplicada a sustentabilidade? Justifique.

b) Em quais contextos podem ser aplicados os princípios da sustentabilidade? Levante hipóteses de exemplos práticos de sustentabilidade no contexto indicado, de modo a justificar a resposta.

A origem do conceito de desenvolvimento sustentável

Como vimos, em virtude do risco de um colapso ambiental e climático, muitas conferências e acordos internacionais foram realizados desde a década de 1970 envolvendo representantes de governos, organizações internacionais e membros da comunidade científica de vários países, e muitos estudos foram publicados.

Neste momento é interessante conhecer um pouco mais a respeito do estudo intitulado *Nosso futuro comum*, publicado pela Comissão Mundial sobre Meio Ambiente e Desenvolvimento da Organização das Nações Unidas (ONU) em 1987, também conhecido como **Relatório Brundtland**, como vimos. Esse relatório apresentou oficialmente o conceito de **desenvolvimento sustentável**, modelo de desenvolvimento socioeconômico com base no uso racional dos recursos naturais, isto é, um modelo cujo uso pelas gerações atuais não compromete a capacidade de atender às necessidades das gerações futuras.

Um futuro ameaçado

Há uma só Terra, mas não um só mundo. Todos nós dependemos de uma biosfera para conservarmos nossas vidas. Mesmo assim, cada comunidade, cada país luta pela sobrevivência e pela prosperidade quase sem levar em consideração o impacto que causa sobre os demais. Alguns consomem os recursos da Terra a um tal ritmo que provavelmente pouco sobrará para as gerações futuras. Outros, em número muito maior, consomem pouco demais e vivem na perspectiva da fome, da miséria, da doença e da morte prematura.

BRUNDTLAND, Gro Harlem *et al. Nosso futuro comum*. 2. ed. Rio de Janeiro: Ed. da FGV, 1991. p. 430.

Saiba +

***Sustentabilidade: o que é – o que não é*.** Leonardo Boff. Vozes, 2016.

O livro apresenta um histórico do conceito de sustentabilidade desde as suas origens até os dias atuais, submetendo a uma rigorosa crítica os vários modelos de desenvolvimento sustentável existentes.

A principal diferença entre os conceitos de **desenvolvimento sustentável** e **sustentabilidade** reside no fato de que o primeiro se refere a um objetivo a ser alcançado, enquanto o segundo diz respeito a uma maneira de ser, agir e pensar, considerando as potencialidades e limitações de cada ambiente, assim como a capacidade de renovação dos recursos naturais.

O desenvolvimento sustentável compreende de forma indissociável a viabilidade econômica, a justiça social e a conservação do meio ambiente. É a melhor expressão para designar uma visão mais ampla e generosa que podemos ter com o planeta, com nós mesmos e com as gerações futuras.

Colocando em prática o desenvolvimento sustentável

O desenvolvimento sustentável não surgiu como uma solução mágica nem trouxe definições precisas em relação ao desenvolvimento de políticas públicas. Tratava-se de um objetivo a ser buscado em um contexto de desigualdade socioeconômica existente entre os países e os indivíduos.

Zig Koch/Pulsar Imagens

Extrativismo de castanha-do-pará na Reserva de Desenvolvimento Sustentável do Rio Iratapuru em Laranjal do Jari (AP), 2017. Reserva de Desenvolvimento Sustentável é uma unidade de conservação que abriga populações locais, que há gerações desenvolvem sistemas de exploração sustentáveis dos recursos da floresta utilizando técnicas tradicionais de manejo.

PEARCE, David; MARKANDYA, Anil; BARBIER, Edward. *Blueprint for a green economy*. New York: Earthscan, 1989.

Esse conceito já vinha sendo pensado e esboçado desde o início dos anos 1970, quando surgiu sob o rótulo de **ecodesenvolvimento**. Na década de 1980, diversas concepções sobre o tema despontaram internacionalmente. Entre as muitas obras dedicadas ao assunto, que influenciaram a comunidade científica e a sociedade em geral, algumas focaram na economia ambiental e introduziram novos conceitos, como o de **economia verde**, proposto no livro *Plano para uma economia verde*, publicado em 1989 pelos economistas ambientais britânicos **David Pearce** (1941-2005), **Anil Markandya** (1945-) e **Edward Barbier** (1957-). De acordo com esse modelo, deve ser atribuído um valor econômico ao equilíbrio ambiental e aos recursos da natureza. Esse objetivo está no seio do pensamento conservacionista moderno, que considera o desenvolvimento socioeconômico e o meio ambiente interdependentes: os processos produtivos e a desigualdade social impactam o ambiente e este, por sua vez, influencia a economia. Portanto, um não pode ser privilegiado em detrimento do outro.

Cabe aos poderes público e privado reconhecer os potenciais econômicos da conservação ambiental e as limitações de cada ambiente ao realizar obras de infraestrutura; ao planejar e orientar a ocupação do espaço geográfico e a organização das atividades econômicas; e ao realizar negócios e investimentos. Igualmente necessária é a justa distribuição da riqueza gerada pela exploração dos recursos naturais, assim como a conscientização do papel de todos os cidadãos na busca por um objetivo comum

Conceitos

Economia verde
Modelo econômico no qual os processos produtivos e as decisões econômicas devem levar em conta o ambiente. No contexto da economia verde, o preço das mercadorias deveria refletir o custo ambiental da produção, e o crescimento econômico somente poderia ser planejado a longo prazo levando em conta as gerações futuras. Para adotar esse modelo, os Estados utilizariam ferramentas como incentivos econômicos e/ou tributos para que as empresas reduzam os impactos ambientais gerados e adotem práticas sustentáveis.

Objetivos de Desenvolvimento Sustentável (ODS)

Durante a Conferência das Nações Unidas sobre Desenvolvimento Sustentável (CNUDS), realizada em 2012 no Rio de Janeiro (RJ), foram elencados **17 Objetivos de Desenvolvimento Sustentável** de forma a orientar o planejamento de políticas públicas, do setor privado e da sociedade. Eles foram adotados formalmente em um encontro de chefes de Estado e de governo na sede da ONU, em Nova York, Estados Unidos, em 2015, e devem ser colocados em prática até 2030.

Reprodução/ONU

Saiba+

Transformando nosso mundo: a agenda 2030 para o desenvolvimento sustentável. Disponível em: https://nacoesunidas.org/pos2015/agenda2030/. Acesso em: 19 abr. 2022.
Saiba mais sobre a agenda 2030 e os Objetivos de Desenvolvimento Sustentável no *site* das Nações Unidas Brasil, que traz informações detalhadas sobre cada um dos 17 objetivos, além da história da elaboração do documento e seu contexto.

Agricultura, extrativismo e sustentabilidade

Como vimos, o modelo de produção adotado no campo é caracterizado pelo predomínio do agronegócio e do extrativismo comercial em larga escala, atividades que tendem a gerar uma série de impactos sociais e ambientais, como desmatamento, degradação do solo, poluição de recursos hídricos, êxodo rural, entre outros.

A seguir, você conhecerá alguns conceitos e práticas inseridos na agricultura ou no extrativismo sustentáveis, objetivando a conservação do solo e da biodiversidade e a garantia do equilíbrio ambiental e social, de forma semelhante ao que já é realizado por inúmeras sociedades tradicionais ao redor do mundo.

Agricultura sustentável

De acordo com a Organização das Nações Unidas para a Alimentação e a Agricultura (FAO), a **agricultura sustentável** envolve a prática da agricultura em conformidade com os princípios da sustentabilidade por meio do uso de sistemas economicamente viáveis e que levem em consideração o desenvolvimento social. Isso também pode ser aplicado às atividades pecuárias, considerando tanto as necessidades do planeta e dos animais como a saúde e o bem-estar da população.

Piotr Kloska/Shutterstock

Cultivo de arroz por meio de terraceamento em Dazhai Village (China), em 2018. Esse sistema de produção é considerado um patrimônio imaterial mundial pela sua sustentabilidade, pois evita a perda do solo por erosão hídrica, emprega muita mão de obra e gera alta produtividade por hectare.

Pedro Lotti Carvalho Dias/Shutterstock

O Sistema agroflorestal (SAF) é uma agricultura sustentável porque combina o cultivo ou criação de animais com vegetação da floresta. O sistema protege o solo contra erosão e reduz impacto ambiental. Na foto, sistema de agrofloresta em fazenda de café.

A agricultura depende do meio ambiente

[...] A ideia é desfazer o pensamento de que agricultura e meio ambiente são mutuamente exclusivos. Na verdade, a agricultura depende do meio ambiente e precisa ser praticada com critérios de sustentabilidade. Precisamos produzir alimentos que atendam à demanda atual, sem degradação do solo e dos recursos hídricos, sem perda da biodiversidade e sem o uso indiscriminado de fertilizantes e agrotóxicos.

A agricultura sustentável é, antes de tudo, respeito ao meio ambiente e à saúde dos consumidores. [...]

SÃO PAULO (Estado). Secretaria do Meio Ambiente. *Agricultura sustentável*. São Paulo: Secretaria do Meio Ambiente, 2014. (*Cadernos de educação ambiental*, 13). p. 6. Disponível em: http://arquivo.ambiente.sp.gov.br/cea/2014/11/13-agricultura-sustentavel1.pdf. Acesso em: 19 abr. 2022.

Saiba+

Cowspiracy: o segredo da sustentabilidade. Direção: Kip Andersen e Keegan Kuhn. Estados Unidos, 2014. 91 min.

O documentário inicia-se com o diretor Kip Andersen avaliando, do ponto de vista da sustentabilidade, a criação de animais em grande escala no mundo.

Atividade

1. Após a leitura do texto, discutam: Por que a agricultura depende do meio ambiente? Vocês conhecem algum exemplo para ilustrar a conclusão a que chegaram?

Conceitos

Sistema agroflorestal
Sistema de produção no qual as plantas selecionadas pelos agricultores são cultivadas em consórcio com espécies nativas que compõem as florestas locais.

Sistema agropastoril
Sistema de produção que une elementos da agricultura e do pastoreio, levando em consideração as dinâmicas de cada uma dessas atividades e a manutenção do equilíbrio ambiental.

Agroextrativismo
Sistema de produção que combina a prática da agricultura com atividades extrativistas, considerando a capacidade de renovação e o ciclo de reprodução das espécies exploradas, assim como a sustentabilidade socioambiental. Em geral, é baseado na exploração de espécies nativas e no uso de conhecimentos tradicionais.

A importância dos Sistemas Agrícolas Tradicionais

Os povos indígenas e as comunidades tradicionais possuem formas únicas de praticar a agricultura e o extrativismo. Os **Sistemas Agrícolas Tradicionais (SAT)** representam o conjunto de técnicas, saberes e formas de organização social e de trabalho aplicados para a produção agrícola e de modo sustentável, resultantes de conhecimento tradicional e da herança cultural dessas comunidades e povos.

No contexto da sustentabilidade aplicada ao campo, os SAT muito nos ensinam sobre as relações entre o ser humano e o meio ambiente e fornecem exemplos de como manejar ecossistemas voltados à produção de alimentos, remédios e matérias-primas, de maneira a proporcionar a subsistência e promover a conservação e a regeneração de áreas degradadas ou desmatadas.

Os SAT baseiam-se em diferentes tipos de sistemas, a exemplo dos **sistemas agroflorestais**, dos **sistemas agropastoris** e do **agroextrativismo**. Todos eles representam um patrimônio cultural imaterial das comunidades que os praticam, e existem diversos SAT reconhecidos pela FAO como **Sistemas Importantes do Patrimônio Agrícola Mundial (Sipam)**, instrumento voltado à sua valorização e proteção.

> O Brasil possui hoje mais de 230 povos indígenas, que falam cerca de 180 línguas diferentes. Aproximadamente 3 mil comunidades quilombolas já foram identificadas, distribuídas em 24 Unidades da Federação. Somam-se aos indígenas e quilombolas mais de 20 povos e comunidades tradicionais (pescadores artesanais, quebradeiras de coco, fundo de pasto, faxinais, geraizeiros, vazanteiros, entre outros), esses distribuídos em todo o território nacional, reconhecidos pelo Decreto nº 6.040, de 7 de fevereiro de 2007. Segundo dados do Plano Nacional de Fortalecimento das Comunidades Extrativistas e Ribeirinhas (Planafe), em 2017, havia aproximadamente 394 mil famílias e 2,7 milhões de pessoas vivendo nessas comunidades. No campo agrícola, a diversidade sociocultural, aliada à biodiversidade, se expressa na multiplicidade de sistemas agrícolas tradicionais brasileiros.
>
> Define-se Sistema Agrícola Tradicional (SAT) como um conjunto estruturado, que é formado por elementos interdependentes: plantas cultivadas e criação de animais, redes sociais, artefatos, sistemas alimentares, saberes, normas, direitos e outras manifestações associadas. Esses elementos envolvem espaços e agroecossistemas manejados, formas de transformação dos produtos agrícolas e cultura material e imaterial associada, bem como sistemas alimentares locais que interagem e resultam na agricultura, na pecuária e no extrativismo.

EIDT, Jane Simoni; UDRY, Consolacion (editoras técnicas). *Sistemas Agrícolas Tradicionais no Brasil*. Brasília, DF: Embrapa, 2019. p. 23.

Fernanda Testa Monteiro/ONU

O sistema agrícola da serra do Espinhaço (MG) é praticado por seis comunidades dessa região. Na foto, coletores de flores na Serra do Espinhaço.

No Brasil, o primeiro SAT a ser reconhecido como patrimônio imaterial foi o Sistema Agrícola Tradicional do Rio Negro, no Amazonas. Em 2010 ele foi inscrito no *Livro dos Saberes* do Instituto do Patrimônio Histórico e Artístico Nacional (Iphan) e recebeu o título de Patrimônio Cultural do Brasil. Esse sistema envolve modos tradicionais de produção de alimentos e é compartilhado por mais de 22 etnias indígenas que vivem ao longo do rio Negro.

Há diversos outros SAT espalhados pelo Brasil. Entre eles vale destacar o Sistema Agrícola Tradicional da Serra do Espinhaço, em Minas Gerais, que envolve comunidades apanhadoras de flores sempre-vivas no Cerrado. Em 2020 ele foi reconhecido pela Organização das Nações Unidas para a Alimentação e a Agricultura (FAO) como Patrimônio Agrícola Mundial. É o primeiro SAT brasileiro a fazer parte do SIPAM (Sistemas Importantes do Patrimônio Agrícola Mundial), composto de 59 sistemas agrícolas gerenciados pela FAO em 22 países. Esse sistema ilustra o potencial econômico e social do agroextrativismo e dos SAT para biomas considerados ***hotspots* de biodiversidade**. O termo *hotspot* (do inglês, "ponto quente"), criado por Norman Myers (1934-2019), especialista britânico em biodiversidade, define um bioma que apresenta elevada biodiversidade e necessita de ações urgentes de conservação diante das ameaças sofridas.

Comunidades tradicionais e agroextrativismo

[...] O Agroextrativismo permite a inserção produtiva de famílias camponesas, melhorando substancialmente seu padrão de vida e, ao mesmo tempo, minimizando os impactos negativos ao meio natural.

[...] Assim, o Agroextrativismo pode ser encarado como importante alternativa ao agronegócio, de forma que alia geração de renda e manutenção dos biomas, ao valer-se da biota dos diversos ecossistemas como fonte de produção agrícola, conduzindo então à utilização sustentável dos bens naturais. Comunidades tradicionais, como indígenas e quilombolas, além dos diversos grupos camponeses, têm no Agroextrativismo importante fonte de produção de bens para autoconsumo e para a comercialização de excedentes. Dessa forma, o Agroextrativismo assume outro caráter relevante, o de contribuir com a construção de um projeto socialmente justo para o campo, reduzindo o êxodo para as grandes cidades já inchadas e carentes de infraestrutura, construindo um novo paradigma de desenvolvimento socioeconômico.

Outro aspecto importante quando se trata do Agroextrativismo como instrumento para a conservação de biomas é a delimitação de reservas extrativistas, unidades de conservação de uso sustentável que garantem a produção de bens agropecuários valendo-se da biodiversidade dos ecossistemas sem sua degradação, respeitando sua capacidade de resiliência.

Ricardo Azoury/Pulsar Imagens

Quebradeiras de coco-babaçu após coleta dos frutos em babaçual no povoado de Barreiro, no município de Viana (MA), em 2019. As quebradeiras de coco-babaçu realizam tradicionalmente o extrativismo sustentável em áreas do estado do Maranhão.

O Brasil, considerando a amplitude de sua biodiversidade, é campo importante para o Agroextrativismo. Amazônia, Cerrado, Caatinga, Mata Atlântica, Pantanal, Pampas e Zona Costeira apresentam altos índices de endemismo e biodiversidade que pode ser aproveitada para a produção de alimentos, artesanato, dentre vários outros fins. Porém, estes biomas têm sido, recorrentemente, suprimidos para dar lugar às plantações de monocultura ou de pastagens para a pecuária extensiva, formando amplos espaços onde o Agronegócio tem hegemonia. Vale ressaltar que este modelo (Agronegócio) é desenvolvido a partir de uma base técnica que tem impactado de forma irreversível a natureza (DUARTE, 2002). Destaque seja dado aos impactos direcionados ao bioma Cerrado, que foi consolidado como espaço privilegiado do Agronegócio. [...]

DUTRA, Rodrigo Marciel Soares; SOUZA, Murilo Mendonça Oliveira de. Agroextrativismo e geopolítica da natureza: alternativa para o Cerrado na perspectiva analítica da cienciometria. *Ateliê Geográfico*, Goiânia, v. 11, n. 3, 2017. p. 4. Disponível em: https://revistas.ufg.br/atelie/article/view/43644. Acesso em: 19 abr. 2022.

Atividade

2. Converse com os colegas sobre a importância dos Sistemas Agrícolas Tradicionais e, em grupo, busquem na internet outros exemplos de SAT no Brasil, descubram as atividades neles desenvolvidas, sua importância cultural e identifiquem as fontes de pesquisa utilizadas.

Erosão genética: provocada pelo uso excessivo de técnicas de manipulação genética e seleção artificial, leva a um cenário no qual cultivamos cada vez menos espécies e as plantas cultivadas tendem a partilhar da mesma base de genes e a ter menor diversidade genética.

Conservando a agrobiodiversidade

De acordo com a FAO, a **agrobiodiversidade** representa o "componente domesticado da biodiversidade", formado pelo conjunto de espécies (animais, plantas ou microrganismos) necessárias para "manter as funções essenciais dos agroecossistemas, suas estruturas e processos para produção de alimentos, segurança alimentar e melhoria da qualidade de vida".

Esse enorme conjunto de recursos naturais dos quais dependemos é resultado de milhares de anos de um processo que se iniciou com a domesticação de plantas para a agricultura e envolveu séculos de seleção de espécies e variedades, construção e aprimoramento de Conhecimento Tradicional Associado (CTA).

O conceito de agrobiodiversidade vem sendo utilizado principalmente para se referir à biodiversidade no contexto de seu aproveitamento ou potencial de aproveitamento pelos agroecossistemas. Considerar a relevância desses sistemas como um todo e seu equilíbrio é importante para combater impactos como a erosão genética e evitar a perda de produção em virtude de insetos, fungos e doenças.

Philippe Psaila/SPL/Fotoarena

Espécies de milho cultivadas na América Central. Essa diversidade advém de séculos de acúmulo de CTA e garante uma ampla base genética. No caso das plantas cultivadas no modelo do agronegócio, contudo, elas tendem a partilhar a mesma base de genes.

Saiba +

Entrevista – Stephen Gliessman fala sobre agroecologia. Agroecologia e Desenvolvimento Rural Sustentável, Porto Alegre, v. 1, n. 3, jul./set. 2000. Disponível em: http://www.emater.tche.br/docs/agroeco/revista/n3/03-entrevista.htm. Acesso em: 20 abr. 2022.

Leia a entrevista que Stephen Gliessman, professor e pesquisador da Universidade da Califórnia, concedeu a Ângela Felippi, jornalista da revista da Associação Riograndense de Empreendimentos de Assistência Técnica e Extensão Rural (Emater/RS), na qual ele aprofunda os conceitos de Agroecologia e agricultura sustentável.

Conceitos

Conhecimento Tradicional Associado (CTA)

Envolve o conjunto de informações e saberes, individuais ou coletivos, acumulados por povos indígenas e comunidades locais. O CTA está associado ao patrimônio genético e tem grande relevância para a conservação da biodiversidade e o aproveitamento de seu potencial. Essas informações são transmitidas ao longo de gerações e resultam de práticas sociais, culturais, produtivas e religiosas relacionadas à adaptação ao ambiente.

Agroecossistema

De acordo com o agroecólogo estadunidense Stephen R. Gliessman, um agroecossistema é uma área destinada à produção agrícola entendida como um ecossistema. Envolve, portanto, todos os elementos naturais que fazem parte desse sistema, assim como o conjunto de insumos utilizados, as técnicas de produção e a relação entre esses componentes.

O caminho da Agroecologia

O campo do conhecimento que aplica o conjunto de procedimentos e preceitos ecológicos à agricultura é a **Agroecologia**. Essa linha de pensamento agrega diversas disciplinas e muitos elementos dos SAT e tem como principal objetivo o uso desses princípios em empreendimentos agropecuários que sejam sustentáveis. A seguir, você vai conhecer alguns dos princípios da Agroecologia e como eles podem ser aplicados.

Du Zuppani/Pulsar Imagens

Plantação orgânica de alho-poró e couve em canteiros entremeados com plantas silvestres. Mogi das Cruzes (SP), 2018.

Agricultura orgânica

O princípio fundamental da **agricultura orgânica** é a manutenção da biodiversidade, o uso de fertilizantes e defensivos agrícolas que sejam naturais, além do manejo sustentável de um sistema agrícola baseado nas condições climáticas, do solo, da topografia e em outros fatores naturais verificados em determinado local. Dessa forma, objetiva tanto a produção de alimentos saudáveis como a não degradação do meio ambiente. Inseridos nessa proposta, podemos citar:

- Combinação e rotação de culturas, isto é, cultivar em conjunto ou em rotação espécies de plantas diferentes, com distintas necessidades nutricionais e que possam se complementar.
- Adubação orgânica, realizada com adubos naturais, como vermicomposto de minhocas, esterco curtido e biofertilizantes enriquecidos com micronutrientes produzidos com resíduos.
- Uso de defensivos agrícolas naturais, capazes de estimular a defesa das plantas contra outros organismos e que não são tóxicos e poluidores como os defensivos agrícolas químicos.

Fabio Colombini/Acervo do fotógrafo

Crotalária, espécie de planta leguminosa utilizada como adubo verde. Plantação em Primavera do Leste (MT), 2018.

Diversos alimentos de origem animal também podem ser produzidos seguindo o princípio orgânico. Nesse caso, esses animais são criados, muitas vezes, em pastagem natural, sem que exista a utilização de antibióticos e hormônios. No Brasil, a certificação de produtos orgânicos é realizada por instituições certificadoras credenciadas pelo Ministério da Agricultura, Pecuária e Abastecimento (Mapa) e qualificadas pelo Instituto Nacional de Metrologia, Normalização e Qualidade Industrial (Inmetro).

Cesar Diniz/Pulsar Imagens

Agricultor aplica esterco em canteiros de hortaliças de agricultura orgânica em Ibiúna (SP), 2017.

De acordo com critérios técnicos, as certificadoras concedem um selo orgânico a alimentos produzidos segundo os princípios e as práticas da agricultura orgânica. Esse selo é, em geral, encontrado no rótulo ou na embalagem dos produtos.

Reprodução/www.organicsnet.com.br

Selo de certificação de produto orgânico.

Luciana Whitaker/Pulsar imagens

Plantação de palma e maniçoba na Caatinga em sistema de permacultura no município de Cafarnaum (BA), 2019.

Permacultura

A palavra **permacultura** tem origem no termo em inglês *permanent agriculture* ("agricultura permanente"). Esse sistema comunitário de cultivo de plantas e criação de animais abrange elementos da Ecologia e outros campos da ciência, assim como de conhecimentos tradicionais, e caracteriza-se pelo uso de energia limpa e implementação de um manejo racional dos recursos naturais de forma a criar um sistema sustentável.

Os princípios da permacultura são baseados em três éticas principais: cuidar da terra, das pessoas e do futuro. Dentre esses princípios, destacam-se:

- Observância dos padrões e ciclos da natureza e a conservação da biodiversidade como um todo. A prática da policultura e a manutenção das demais espécies são prioridades.
- Criação de um sistema de baixo consumo energético e autossuficiente, recorrendo ao aproveitamento de fontes de energia limpas e renováveis, como os fluxos locais da água e do vento.
- Organização do sistema de modo eficiente e racional, levando em consideração a disponibilidade e renovação dos recursos do ambiente e priorizando o reaproveitamento ao descarte.
- Prática da autorregulação, de acordo com os ciclos de reforço positivo e negativo verificados no ambiente, de forma a promover uma interação com a natureza e reconhecer os saberes das comunidades locais.
- Incentivo à cooperação entre pequenos produtores, na forma de cooperativas agrícolas. As relações competitivas, nessa perspectiva, não são benéficas a ninguém.

Saiba +

***Permacultura passo a passo*.** Rosemary Morrow. Editora Mais Calango, 2016.
A autora aborda a permacultura, sistema criado pelos ecologistas australianos Bill Mollison (1928-2016) e David Holmgren (1955-) na década de 1970. O objetivo do livro é apresentar conceitos de vida sustentável ao leitor.

Permacultura

A permacultura, também chamada de **agricultura permanente**, foi criada na segunda metade dos anos [19]70, por meio das ideias de Bill Mollison e David Holmgren, na Austrália. As espécies vegetais são dispostas da forma mais próxima possível dos ecossistemas naturais e integrados com animais e florestas, baseando-se em princípios agroecológicos. O **Centro Rural de Educação** é considerado a primeira instituição oficial da permacultura nos EUA e foi fundado em consequência da viagem feita por Bill Mollison e outros pioneiros daquele país.

Nesta corrente se procura praticar uma agricultura da forma mais integrada possível com o ambiente natural, imitando a composição espacial das plantas encontradas nas matas naturais. Envolve o cultivo de plantas aliadas à produção de animais. Algumas vezes é referido como um sistema "agrossilvopastoril", que busca integrar lavouras, com espécies florestais e pastagens e outros espaços para os animais, considerando os aspectos paisagísticos e energéticos. [...]

SÃO PAULO (Estado). Secretaria do Meio Ambiente. *Agricultura sustentável*. São Paulo, 2014. (Cadernos de educação ambiental, 13). p. 33. Disponível em: http://arquivos.ambiente.sp.gov.br/cea/2014/11/13-agricultura-sustentavel1.pdf. Acesso em: 20 abr. 2022.

Atividade

3. Leia o texto e, com base nele e em seus conhecimentos sobre a realidade, identifique práticas de permacultura que visam à adaptação aos ambientes e às paisagens, levantando hipóteses que justifiquem sua utilização.

Conexões Ecologia

Leia o texto e realize as atividades propostas.

Manejo ecológico do solo

Um ecossistema natural sempre está no seu nível máximo de produtividade (clímax), dentro dos potenciais do ambiente, sendo limitado pela disponibilidade de água, de radiação e de nutrientes. A intervenção humana sempre interfere no equilíbrio natural e de maneira geral leva à sua degradação. Quanto maior o seu grau de artificialização, mais precários se tornam os mecanismos de recuperação das condições naturais de equilíbrio. No entanto, como para atender as necessidades humanas é necessário a intervenção no ambiente é imprescindível que sejam levados em conta dois princípios básicos: A intervenção em determinada gleba não deve causar impacto em seu entorno. A área sob intervenção deve ser produtiva e continuar produtiva (com produtividades iguais ou maiores) ao longo do tempo. De maneira geral as intervenções devem ser muito mais no sentido de conviver com as limitações ambientais, utilizando os ciclos naturais para otimizar os processos; ao invés de procurar corrigir e eliminar as limitações.

Sistemas de preparo do solo

[...] Sistemas de manejo ecológico utilizam cobertura máxima do solo, com plantas vivas ou com cobertura morta, com o objetivo de proteger a superfície do solo da intensa radiação solar, evitando a queima da matéria orgânica do solo, reduzindo a amplitude térmica da superfície, a perda de água por evaporação, o impacto das gotas de chuva sobre a superfície e a velocidade do escorrimento superficial do excesso de água das chuvas. [...]

Redução das perdas de nutrientes

[...] A diversificação de espécies no sistema, obtida através da rotação ou consorciação de culturas, cultivos em faixas ou aleias bem como do manejo adequado das plantas espontâneas, possibilita uma melhor ciclagem e conservação dos nutrientes devido às diferentes capacidades de extração de nutrientes de cada espécie. O aumento da capacidade de infiltração da água no solo, se por um lado pode aumentar as perdas de nutrientes por lixiviação, por outro pode ser compensado com a introdução de espécies com sistema radicular profundo, capazes de recuperar e trazer para a superfície os nutrientes lixiviados. [...]

Fornecimento de nutrientes às plantas e correção da acidez

[...] Uma unidade de produção agroecológica deveria sempre conter a componente produção animal, pois permite otimizar os ciclos de nutrientes através do aproveitamento dos resíduos da produção agrícola na alimentação animal e os resíduos animais, principalmente fezes e urina como fontes de fertilizantes. [...]

Estímulo à atividade biológica

[...] A importância da atividade biológica do solo está relacionada com os processos de mineralização e imobilização dos nutrientes, entrada e saída dos mesmos do sistema, ação sobre organismos indesejáveis e estímulo aos desejáveis. Inúmeros processos biológicos são desejáveis e podem substituir ou reduzir o aporte de nutrientes externos. Entre os mais conhecidos está a fixação biológica do nitrogênio, principalmente por bactérias associadas às leguminosas. No entanto, são importantes também as bactérias fixadoras de vida livre, as associadas à rizosfera [...]

FEIDEN, Alberto. *Conceitos e princípios do manejo ecológico do solo*. Seropédica (RJ): Embrapa Agrobiologia, dez. 2001. Disponível em: www.agencia.cnptia.embrapa.br/recursos/doc140ID-iGDeCyVfXk.pdf. Acesso em: 20 abr. 2022.

1. Por que o solo precisa ser protegido e como isso é feito?
2. Como se reduz a perda de nutrientes no manejo ecológico?
3. Por que é importante a criação de animais em uma unidade de produção agroecológica?
4. Qual é a importância das leguminosas para a atividade biológica?

Diálogos

1. Observe a imagem a seguir. Depois, responda às questões.

MintArt/Shutterstock

a) De acordo com o que você estudou sobre desenvolvimento sustentável, o que essa imagem representa?

b) Em sua opinião, por que o mapa do continente africano está no centro dessa representação? Explique sua resposta.

2. Observe a imagem a seguir. Ela representa um desastre ambiental ocorrido em várias praias do Nordeste brasileiro em 2019. Pesquise esse desastre ambiental e crie uma legenda para a imagem, sensibilizando o mundo acerca desse problema.

Reprodução/TV Brasil

3. O mapa abaixo indica os países que mais produziram resíduos plásticos em 2016. Observe os dados e responda às questões.

Produção de lixo – 2016

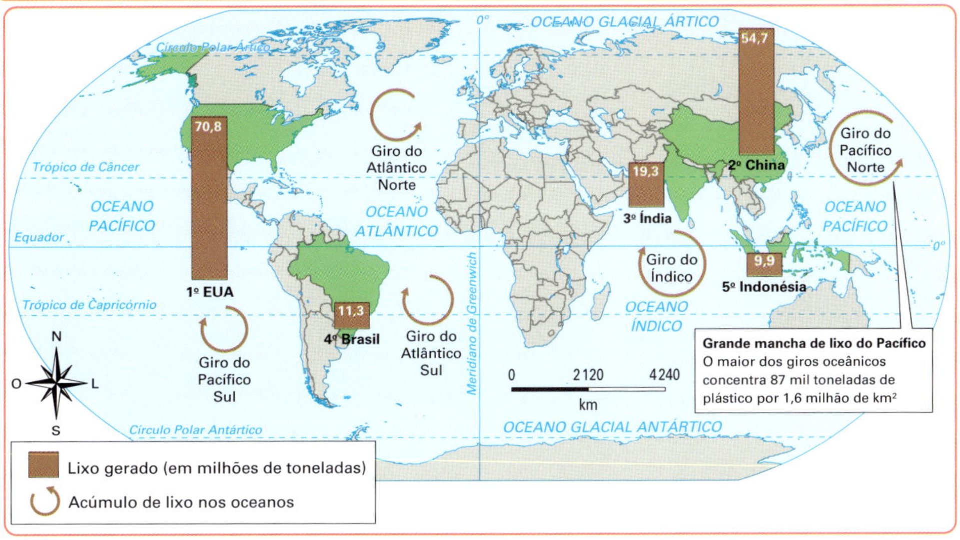

Banco de imagens/Arquivo da editora

Fonte: elaborado com base em CHAVES, Léo Ramos. Planeta plástico. *Revista Pesquisa Fapesp*. Disponível em: https://revistapesquisa.fapesp.br/planeta-plastico/. Acesso em: 20 abr. 2022.

a) Analise a posição do Brasil apresentada no mapa, identificando as implicações socioambientais decorrentes do volume de resíduos plásticos gerado pelo país.

b) Proponha algumas medidas que possam ser adotadas individualmente e que contribuam para a diminuição do volume de resíduos plásticos gerado no Brasil. Em seguida, reflita se você tem conseguido colocar essas medidas em prática.

4. Um passo importante para a conscientização quanto ao consumo excessivo de energia e matérias-primas, que gera desperdícios e impactos socioambientais, foi dado com a promulgação da Lei n. 9 795, que dispõe sobre a educação ambiental. Leia seus artigos iniciais:

Artigo 1º – Entendem-se por educação ambiental os processos por meio dos quais o indivíduo e a coletividade constroem valores sociais, conhecimentos, habilidades, atitudes e competências voltadas para a conservação do meio ambiente, bem de uso comum do povo, essencial à sadia qualidade de vida e sua sustentabilidade.

Artigo 2º – A educação ambiental é um componente essencial e permanente da educação nacional, devendo estar presente, de forma articulada, em todos os níveis e modalidades do processo educativo, em caráter formal e não formal. [...]

Artigo 5º – São objetivos fundamentais da educação ambiental:

I. o desenvolvimento de uma compreensão integrada do meio ambiente em suas múltiplas e complexas relações, envolvendo aspectos ecológicos, psicológicos, legais, políticos, sociais, econômicos, científicos, culturais e éticos;

II. a garantia de democratização das informações ambientais;

III. o estímulo e o fortalecimento de uma consciência crítica sobre a problemática ambiental e social;

IV. o incentivo à participação individual e coletiva, permanente e responsável, na preservação do equilíbrio do meio ambiente, entendendo-se a defesa da qualidade ambiental como um valor inseparável do exercício da cidadania; [...]

BRASIL. Presidência da República Federativa. Lei n. 9 795, de 27 de abril de 1999. Dispõe sobre a educação ambiental, institui a Política Nacional de Educação Ambiental e dá outras providências. Disponível em: www.planalto.gov.br/ccivil_03/Leis/L9795.htm. Acesso em: 20 abr. 2022.

Após ler o trecho da lei, discuta as seguintes questões com os colegas:

a) Por que é importante a educação ambiental?

b) O que tem sido feito em sua escola para colocá-la em prática?

Os "três erres"

O ambientalista estadunidense **Paul Hawken** (1946-), em seu livro *A ecologia do comércio: uma declaração de sustentabilidade*, defende a ideia de que a economia deve ser restaurativa. Os sistemas produtivos devem ter seus resíduos restaurados ou reaproveitados para servir a outro processo, de modo a criar um ciclo que não dependa da degradação do meio ambiente para sua manutenção.

No contexto do desenvolvimento sustentável, são cada vez mais valorizados os processos de utilização racional das matérias-primas e o aproveitamento dos resíduos, a fim de minimizar os danos ao meio ambiente. Destacamos como exemplo a prática dos "**três erres**": **reduzir**, **reutilizar** e **reciclar**. Os "três erres" fazem parte de um conjunto de procedimentos que ajudam a conservar os recursos naturais e a diminuir a geração de resíduos. Aos "três erres" podemos acrescentar um quarto, "reparar" um produto que estragar, em vez de comprar um novo.

Reduzir

O princípio da redução do consumo e da produção está relacionado ao Objetivo do Desenvolvimento Sustentável 12: assegurar padrões de produção e de consumo sustentáveis. Procura, em essência, gerar menos resíduos. Isso envolve limitar ou mesmo abandonar as embalagens plásticas descartáveis e exige que as pessoas repensem a necessidade de consumir em excesso.

Reutilizar

O arquiteto estadunidense **William McDonough** (1951-) e o engenheiro químico alemão **Michael Braungart** (1958-) defendem a ideia de que atingir a sustentabilidade não é apenas diminuir a quantidade de resíduos, mas eliminar o conceito de resíduo e desenvolver sistemas produtivos cíclicos baseados no reaproveitamento.

Em um livro publicado em 2002 com o título *Cradle to Cradle* (Do berço ao berço), McDonough e Braungart propuseram com esse conceito, que ficou conhecido como **C2C**, a ideia de que os recursos sejam aproveitados seguindo uma lógica circular de produção e reutilização. Era uma crítica ao conceito **do berço ao túmulo**, que expressa um processo linear de extração, produção e descarte, causador de um elevado impacto ambiental. Reutilizar envolve dar outra finalidade a objetos que seriam descartados ou doá-los para que sejam utilizados por outros, a fim de reduzir o consumo de energia e o volume de matérias-primas necessárias à sua fabricação.

HAWKEN, Paul. *The Ecology of Commerce*: a Declaration of Sustainability. New York: Harper Collins, 1993.

MCDONOUGH, William; BRAUNGART, Michael. *Cradle to Cradle*: remaking the way we make things. New York: North Point Press, 2002.

Reciclar

A reciclagem é realizada de diversas formas e possibilita o reaproveitamento de resíduos secos e orgânicos. Materiais como papel, vidro, metal e plástico passam por reciclagem e voltam a ser utilizados como matérias-primas em vários processos produtivos.

Já os resíduos orgânicos podem ser utilizados na produção de adubo por meio da compostagem, que é um processo no qual restos de alimentos e outros resíduos sólidos orgânicos são digeridos por fungos e bactérias e deixam sais minerais no ambiente. A mistura de argila, areia e silte (limo) do solo com esses restos em decomposição forma o húmus, uma massa úmida e escura rica em sais minerais.

Sergio Ranalli/Pulsar Imagens

Cooperativa de reciclagem, em Londrina (PR), 2020.

Atividade

- Com os colegas, pensem em um quarto erre, isto é, em uma palavra que comece com a letra r e que represente uma ação sustentável que complemente as demais.

A relação entre a sociedade e a natureza

Ao avaliarmos a relação entre o ritmo social e o ritmo natural, podemos verificar se a quantidade e a velocidade do uso que fazemos da natureza são suficientemente adequadas para que ela possa continuar a oferecer o que tomamos e consiga absorver o que lhe devolvemos. Nessa conta, é preciso incluir o consumo de todos os seres humanos e considerar o necessário para que todos desfrutem de uma vida digna, sem que bilhões de pessoas vivam na pobreza e na miséria, como atualmente.

A crise ambiental ou socioambiental que vivemos é resultado do modo como as sociedades se relacionam com a natureza, bem como dos impasses de nosso modelo civilizatório, de nossas concepções de mundo, sociedade, natureza, trabalho, poder, bem-estar, enfim de nossos valores e práticas. Portanto, o encaminhamento da questão ambiental exige encontrar novas formas de pensar e agir.

© Joaquín Salvador Lavado (Quino)/Fotoarena

A tirinha da Mafalda, personagem do cartunista argentino Quino (1932-2020), sugere que o mundo está "doente" e que é preciso cuidar dele. Os seres humanos, como parte do planeta, sofrem as consequências de seus próprios modelos de exploração.

O pensamento antropocêntrico

As transformações do ambiente, acarretadas pelas atividades econômicas de produção de bens e serviços e de geração de energia, ocorrem nas sociedades que se pautaram pelo modelo de desenvolvimento centrado no crescimento econômico e industrialização com tal rapidez que, segundo muitos especialistas, suas consequências ainda serão perceptíveis na biosfera daqui a milhares de anos, mesmo que o ser humano deixe de existir. Esse cenário demonstra o predomínio do **pensamento antropocêntrico**, que coloca o ser humano e seu modo de vida acima das demais espécies e dinâmicas da natureza.

> **Conceitos**
>
> **Antropocentrismo**
> Concepção de mundo que reconhece o ser humano como o centro do Universo, dotado de uma razão que justifica sua superioridade perante outras espécies e o usufruto dos recursos naturais do planeta.

Em grande medida, a atual crise ambiental é resultado da construção e prevalência da razão instrumental ocidental, sua ideia de progresso e da visão sobre o lugar que o homem ocupa no mundo que, se por um lado nos afastou de crenças obscurantistas, por outro distanciou o ser humano da natureza. A construção da racionalidade e objetividade científica destituiu os seres vivos e a natureza da realidade mítica que lhes era atribuída em outros momentos históricos.

O racionalismo moderno

A queda do império Romano do Oriente, em 1453, somada a fatores internos que corroíam o sistema político-econômico do feudalismo, como a ascensão da burguesia mercantil, contribuiu para que algumas cidades-Estados italianas financeiramente poderosas, como Florença e Veneza, produzissem o **renascimento** da arte e da cultura greco-romana da Antiguidade, a chamada cultura **clássica**.

> **Renascimento:** redescoberta da arte (escultura, pintura), da ciência, da filosofia e reinterpretação dos valores greco-romanos, mas dentro do contexto cristão.

Teocêntrico: concepção que reconhece Deus ou o aspecto religioso como centro do cosmos ou da existência.
Cosmologia: estudo racional das origens e estrutura do cosmos, ou Universo.
Transcendente: no contexto platônico, princípio divino, superior e externo à realidade sensível.

Enquanto a cultura da Idade Média era teocêntrica, expressão do poder político, social e cultural da Igreja católica, a cultura da Antiguidade clássica era **antropocêntrica** a seu modo. Tal cultura, centrada no pensamento filosófico, lógico e racional, exaltava aquele que era (e, para a cultura ocidental, ainda é) considerado o principal atributo do ser humano: a **razão**, entendida como o pensamento ordenado, capaz de descrever, organizar e compreender as coisas tal como elas são.

A razão está na base da Matemática, muito desenvolvida na Antiguidade. Ela também está na base da Filosofia e de áreas do conhecimento como a Química e a Astronomia (atualmente chamadas Ciências da Natureza), que começam a se destacar das narrativas tradicionais por volta do século VI a.C. Para os pensadores gregos pré-socráticos, o mundo natural, se observado, poderia ser interpretado e traduzido em cosmologias; as respostas sobre suas origens estariam firmadas nos próprios fenômenos naturais.

Grandes defensores da razão humana no período foram os filósofos gregos Platão (c. 427 a.C.-347 a.C.) e Aristóteles (c. 384 a.C.-322 a.C.). Para Platão, a razão conecta os seres humanos à verdade, e a realidade estaria dividida em dois planos, o sensível e o inteligível. O primeiro, vinculado aos sentidos corpóreos, é potencialmente ilusório e incapaz de gerar conhecimento confiável. O segundo seria a dimensão transcendente, imutável e verdadeira, da qual nos aproximamos por meio do desapego às crenças e opiniões subjetivas e, especialmente, pelo aprimoramento contínuo da racionalidade, para além da existência corpórea.

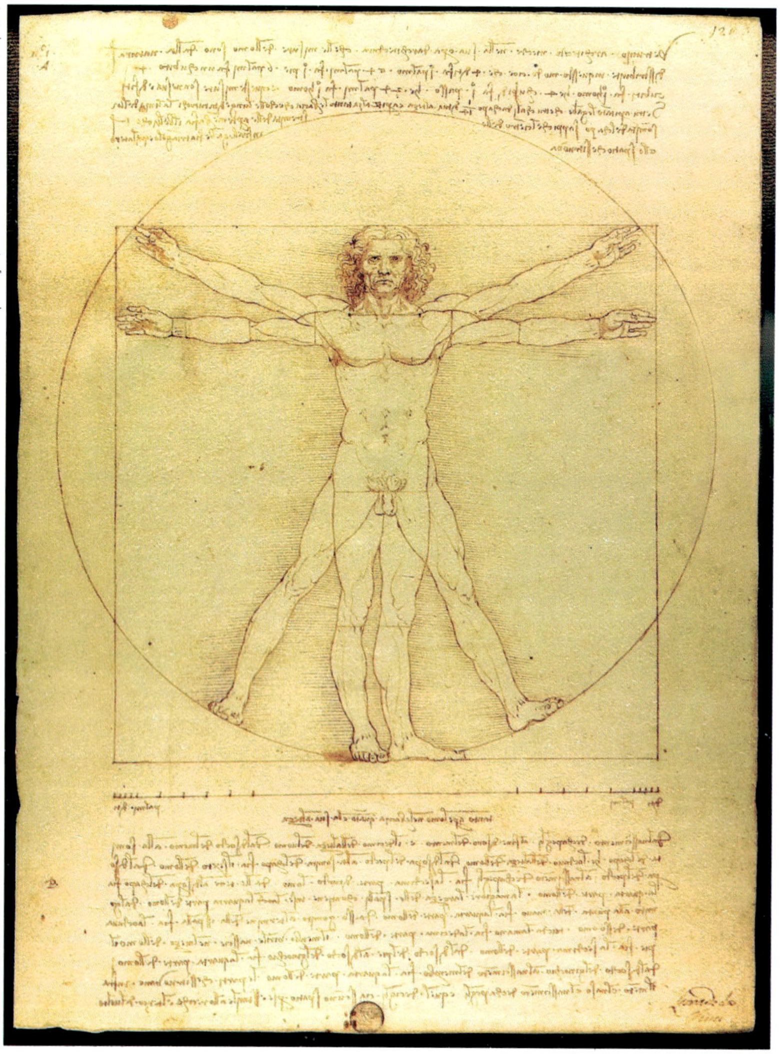

O *Homem Vitruviano* (c. 1490), célebre desenho de Leonardo da Vinci (1452-1519), se tornou símbolo do antropocentrismo, concepção própria do Renascimento, pela sua ênfase na perfeição matemática das proporções do homem.

Já para Aristóteles, a razão estaria na base da lógica, da ética e do entendimento do mundo. Porém, para ele, a formulação de teorias universais se daria pela observação cuidadosa do mundo, a partir da qual formularíamos nossas ideias, e não pela busca de uma ordem transcendente. A filosofia aristotélica é, desse modo, mais empírica, embasada na ordem natural.

Na Europa renascentista, o antropocentrismo e o racionalismo da Antiguidade clássica encontraram terreno fértil em uma sociedade cada vez mais mercantil e cosmopolita. O pensamento lógico-racional e a crença nas capacidades humanas se articularam perfeitamente com a visão de mundo da nascente burguesia mercantil, que acreditava no domínio do ser humano sobre a natureza, buscava vencer a barreira dos oceanos nas Grandes Navegações, "descobrir" novos continentes e dar a volta ao globo terrestre, estabelecendo com isso novas rotas comerciais no início do **capitalismo comercial**.

Experimentalismo

Essa postura promoveu o desenvolvimento de uma nova atitude em relação à realidade material denominada **experimentalismo** (empirismo). Só é real e verdadeiro o que pode ser comprovado ou demonstrado por meio da observação e da experiência, que pode ser explicado e compreendido pela razão mediante experimentos concretos. Mais tarde, essa atitude seria chamada de científica.

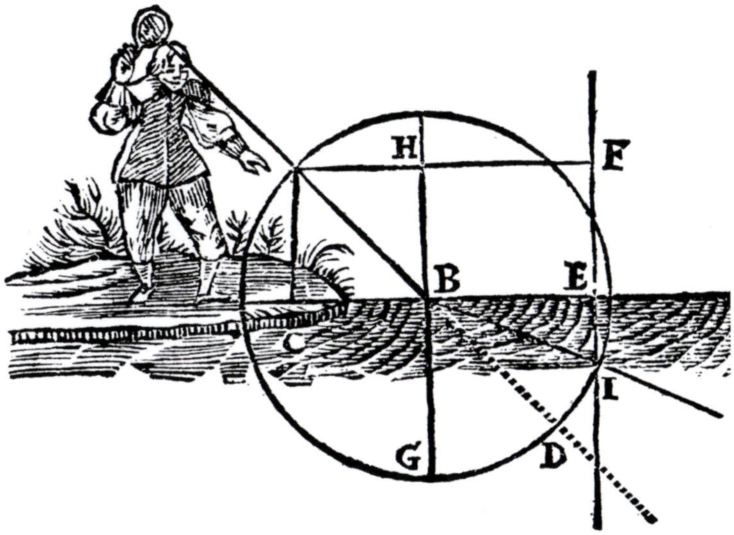

Universal History Archive/UIG/ Bridgeman Images/Easypix Brasil

Ilustração sobre a refração da luz na água, da obra *O mundo ou tratado da luz e o Homem* (1629-1633), de René Descartes (1596-1650). A ilusão de óptica provocada pelo desvio da luz na água era, para o racionalismo moderno, um exemplo de como os sentidos podem causar percepções distorcidas, daí a necessidade de um método racional, objetivo e matemático para compreender os fenômenos naturais.

A ênfase e a valorização do empirismo seriam algumas das bases da **ciência** então nascente, que marcou o período tanto pela promoção de um novo conhecimento acerca da natureza e seus fenômenos como por abrir caminho para o desenvolvimento de novas técnicas e tecnologias, que permitiram um maior domínio sobre o mundo natural. O ser humano, entendido aqui como sinônimo para o homem branco europeu, poderia alcançar o que seria o seu grande objetivo no mundo, como elemento privilegiado da criação (racional): o **progresso**, entendido principalmente nos termos do crescimento econômico e material.

Reconhecer os efeitos negativos da transformação do espaço geográfico pelas ações humanas envolve, portanto, problematizar o antropocentrismo como concepção que confere superioridade à espécie humana, que toma o mundo natural apenas como fonte de recursos para o desenvolvimento econômico; envolve colocar em cena outras formas de a humanidade se relacionar com a natureza, refletindo sobre os limites da exploração de seres vivos não humanos para alimentação, trabalho, lazer e testes em laboratório; envolve questionar a manipulação genética para a criação de novas espécies; envolve limitar a exploraçao dos recursos naturais, as alterações da paisagem e a geração de resíduos. Tudo isso é parte da reflexão sobre a ética ambiental ou socioambiental.

Saiba+

***A última hora*.** Direção: Nadia Conners e Leila Conners Petersen. Estados Unidos, 2007. 91 min.

O documentário expõe tragédias naturais e mudanças climáticas provocadas pelas ações humanas. Apresenta depoimentos de cientistas e pensadores que ajudam a esclarecer como chegamos a esse nível de urgência climática e o que devemos fazer para reverter a situação.

Conceitos

Racionalismo

Para o filósofo e matemático francês René Descartes, cujo pensamento formou as bases do racionalismo moderno, a razão (a capacidade racional do ser humano) seria independente da experiência sensível e fonte do verdadeiro conhecimento, ou seja, é a razão que dá sentido à experiência.

Empirismo

O filósofo britânico, pensador do Empirismo, John Locke (1632-1704) afirmava o inverso: ele defendia que o pensamento racional é determinado e produz conhecimentos somente a partir da experiência sensível. O empirismo se voltava às Ciências Naturais e experimentais, que hoje conhecemos como Biologia, Química e Física.

Ética ambiental

A reflexão sobre como e por que agimos é objeto central da ética e ampara a definição das regras morais de convivência, indicando obrigações, deveres e direitos. A noção de ética tem sua origem na palavra *ethos* – do grego antigo, "caráter" e "hábito" ou "costume". Em seu sentido filosófico, ética diz respeito ao conjunto de valores, crenças e regras – a distinção entre o bem e o mal – que regulam o comportamento dos indivíduos. A ética é a reflexão crítica sobre a moral.

Para filósofos gregos clássicos como Platão e Aristóteles, a ética era indissociável da ação política. Para eles, agir eticamente, ou seja, de acordo com bons costumes, é uma prática individual, mas que visa ao bem coletivo. Uma forma atual de entender a conduta ética, contudo, é tomá-la como a ação consciente e criteriosa, baseada na reflexão que leva em conta princípios morais, isto é, o entendimento acerca do que é "certo" e "errado" para uma sociedade, em determinada época.

A construção da **ética ambiental ou socioambiental** é fruto dos avanços da ciência e do conhecimento, que atravessam a compreensão das relações ecológicas dos seres vivos entre si e também com o meio ambiente, e de reflexões sobre as relações que as diversas sociedades mantêm com a natureza, advindas do reconhecimento de que os seres humanos são parte dela e têm o dever de garantir a manutenção da vida e o equilíbrio ambiental na Terra, assim como promover a justiça social.

Saiba+

***Amanhã*.** Direção: Cyril Dion e Mélanie Laurent. França, 2015. 118 min.
O documentário, em tom otimista, acompanha os diretores em sua viagem pelo mundo para conhecer ações locais de formas de produção e economia alternativas que respeitam o ambiente e promovem a sustentabilidade socioambiental.

A crônica a seguir, de Marina Colasanti, discute alguns exemplos de práticas ou situações não desejáveis presentes no cotidiano:

Eu sei, mas não devia

Eu sei que a gente se acostuma. Mas não devia.

A gente se acostuma a morar em apartamentos de fundos e a não ter outra vista que não as janelas ao redor. E, porque não tem vista, logo se acostuma a não olhar para fora. E, porque não olha para fora, logo se acostuma a não abrir de todo as cortinas. E, porque não abre as cortinas, logo se acostuma a acender mais cedo a luz. E, à medida que se acostuma, esquece o sol, esquece o ar, esquece a amplidão.

Mike Kemp/In Pictures/Getty Images

Protesto de integrantes do grupo *Extinction Rebellion*, fundado em 2018 no Reino Unido, reivindicando compromisso efetivo por parte do governo britânico para evitar as mudanças climáticas. Na fotografia, pode-se ver um cartaz no qual se lê "A mudança climática é uma emergência de saúde". Londres (Inglaterra), 2019.

A gente se acostuma a acordar de manhã sobressaltado porque está na hora. A tomar o café correndo porque está atrasado. A ler o jornal no ônibus porque não pode perder o tempo da viagem. A comer sanduíche porque não dá para almoçar. A sair do trabalho porque já é noite. A cochilar no ônibus porque está cansado. A deitar cedo e dormir pesado sem ter vivido o dia. [...]

A gente se acostuma a pagar por tudo o que deseja e o de que necessita. E a lutar para ganhar o dinheiro com que pagar. E a ganhar menos do que precisa. E a fazer fila para pagar. E a pagar mais do que as coisas valem. E a saber que cada vez paga mais. E a procurar mais trabalho, para ganhar mais dinheiro, para ter com que pagar nas filas em que se cobra. [...]

A gente se acostuma à poluição. Às salas fechadas de ar-condicionado e cheiro de cigarro. À luz artificial de ligeiro tremor. Ao choque que os olhos levam na luz natural. Às bactérias da água potável. À contaminação da água do mar. À lenta morte dos rios. Se acostuma a não ouvir passarinho, a não ter galo de madrugada, a temer a hidrofobia dos cães, a não colher fruta no pé, a não ter sequer uma planta.

COLASANTI, Marina. *Eu sei, mas não devia*. Rio de Janeiro: Rocco, 1996, p. 9.

Atividades

1. Converse com os colegas sobre de que forma as pessoas podem exercer a ética ambiental no dia a dia. Levantem exemplos com base em seus conhecimentos e suas vivências.

2. Após a leitura da crônica de Marina Colasanti, responda às questões.

a) Destaque do texto problemas socioambientais citados pela autora e cite outros, do seu cotidiano e do contexto do mundo atual.

b) Como os costumes, hábitos e valores pessoais são determinados? É possível alterá-los? Se sim, como?

c) Ao longo da história ocorreram muitas alterações na forma como a sociedade ocidental se relaciona com a natureza. Entre as práticas das sociedades humanas, nos apropriamos de recursos naturais vivos e não vivos para satisfazer nossas necessidades e desejos. O que nos dá esse direito?

Dilemas éticos ambientais

Poluição, degradação ambiental e perda da qualidade de vida se tornaram uma realidade e evidenciam que a organização da sociedade moderna capitalista, pautada no consumo elevado de recursos naturais, pode levá-la a um cenário distópico. Parte da comunidade científica e da sociedade civil tomou consciência de que os recursos naturais utilizados para manter o elevado consumo das classes média e alta, predominantes nos países desenvolvidos, excedem o necessário para sustentar toda a população do planeta.

Todos precisamos nos alimentar, abrigar, vestir e divertir, mas há muitos modos de realizar tudo isso, exercendo maior ou menor pressão sobre o ambiente, o que envolve o impacto na vida de outros seres vivos sencientes, ou seja, capazes de perceber e sentir o que lhes acontece e aquilo que os rodeia. O questionamento do direito que temos de satisfazer nossas necessidades às custas desses seres vivos é uma das questões ligadas à ética ambiental.

Sobre o especismo, leia a seguir um trecho da entrevista com o filósofo australiano Peter Singer (1946-).

> ***Fronteiras do Pensamento*: Dois conceitos parecem ser os mais importantes em sua filosofia: especismo e utilitarismo preferencial.**
>
> **Peter Singer**: [...] Especismo é uma ideia mais específica, é a opinião que humanos tipicamente têm. É uma atitude de preconceito ou de pré-julgamento contra seres que não são membros de sua espécie, e há uma tendência a ignorá-los ou a não nos interessarmos por eles. E obviamente o termo foi cunhado para fazer um paralelo com sexismo e racismo.
>
> Em todos os casos, existe sempre um grupo especial que se autointitula possuidor de um status especial e discrimina quem não é desse grupo. [...]
>
> ***Fronteiras do Pensamento*: Quais seriam algumas das consequências de se recusar o especismo?**
>
> **Peter Singer**: A maior consequência seria que nós não comeríamos animais a não ser que não houvesse outra forma de sobreviver. [...]
>
> Isso significaria que haveria bilhões de animais que não precisariam ser criados em fazendas industriais e matadouros para consumo humano. Haveria também uma drástica redução nas emissões de gases de efeito estufa e acho que as pessoas seriam mais saudáveis. [...]
>
> Por isso os limites continuariam a ser discutidos e debatidos sobre o que realmente é ético e o que não é. Mas haveria muitas coisas que poderíamos mudar de maneira rápida e fácil e que seriam melhores para nós e para os animais, caso não fôssemos especistas.

SINGER, Peter. Peter Singer: "Filosofia é uma maneira de viver". *Fronteiras do pensamento*, 26 set. 2019. Disponível em: www.fronteiras.com/entrevistas/peter-singer-filosofia-e-uma-maneira-de-viver. Acesso em: 20 maio 2022.

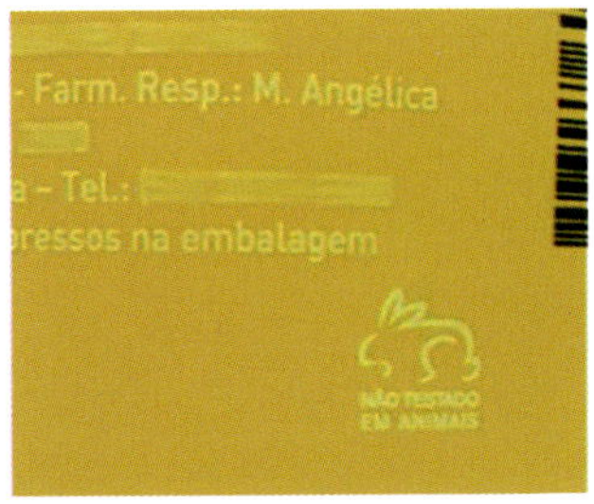

Rafaela Fernanda/www.impactounesp.com.br/

Muitas marcas no mercado têm aderido a iniciativas que visam evitar a testagem dos produtos em animais.

PETA/www.peta.org

Organizações de proteção aos animais, como a ONG PETA (People for the Ethical Treatment of Animals), têm comandado ações de conscientização a esse respeito. O cartaz mostra o ator Joaquin Phoenix protagonizando campanha contra o especismo, 2019.

SINGER, Peter. *Libertação animal*. São Paulo: Martins Fontes, 2010.

Atividades

3. Que ponto de vista Peter Singer defende nessa entrevista?

4. Faça uma pesquisa para definir o conceito de especismo e avalie se contribui para a reflexão sobre o uso que os seres humanos fazem dos outros seres vivos e do ambiente.

5. Que princípios éticos deveriam orientar as relações que a sociedade desenvolve com a natureza atualmente, incluindo os demais seres vivos e também os elementos naturais não vivos? Explique.

Biotecnologia, há limites?

O emprego intencional pelos seres humanos de processos biológicos para alterar as condições de vida de outro ser vivo é praticado pela humanidade há milênios, muito antes de termos entendimento bioquímico desses processos. É o caso do uso da fermentação biológica para a produção de pão e bebidas, por exemplo. O aproveitamento de outros animais para combater ou controlar pragas em lavouras também é um tipo de **biotecnologia**; a seleção de sementes que produzem um determinado fruto com as características desejadas e abandono de outras, que naturalmente poderiam germinar com mais facilidade, assim como também as vacinas, entre outros tantos exemplos.

O desenvolvimento da biotecnologia exige, no entanto, reflexões éticas sobre cuidados necessários a suas aplicações para que atenda às demandas da humanidade sem colocar em risco outras espécies ou a própria humanidade, em decorrência de impactos causados por associações ecológicas ou até mesmo pela criação artificial de organismos. O que tem exigido mais atenção nesse campo é a biotecnologia recombinante, ou **engenharia genética**, que manipula e altera o material genético dos seres vivos.

Na agricultura, a aplicação da biotecnologia na engenharia genética de sementes produzidas em laboratório é muito discutida em razão de vantagens, desvantagens e riscos de seu uso. Além de questões que envolvem a possibilidade de maior produtividade no campo, potencialidades positivas na produção de fármacos e criação de alimentos mais proteicos, por exemplo, o cultivo de espécies **transgênicas** pode criar relações de dependência do produtor rural às grandes corporações e apresenta riscos tanto ao meio ambiente quanto à saúde humana.

Ainda não sabemos ao certo que consequências a ingestão continuada de alimentos geneticamente modificados pode causar ao organismo humano, assim como não há estudos conclusivos sobre os possíveis impactos da inserção de organismos transgênicos em ambientes naturais. Mesmo assim, muitos países permitem o cultivo de alimentos transgênicos em seu território, sobretudo de milho e soja (como é o caso do Brasil), vendidos diretamente para o consumo da população ou utilizados na indústria de alimentos processados ou de ração animal.

A avaliação dos riscos e benefícios da biotecnologia recombinante deve considerar a evolução do conhecimento científico sobre o tema e o que de fato seu uso poderia solucionar. É sempre preciso identificar quais setores da sociedade ganham e perdem com isso para melhor entender as motivações tanto de seus detratores quanto de seus defensores.

Saiba+

O mundo segundo a Monsanto. Direção: Marie-Monique Robin. França, Canadá e Alemanha, 2008. 108 min.

O documentário, baseado em investigação empreendida pela diretora durante três anos, expõe os riscos e os interesses por trás de práticas de biotecnologia feitas por grandes corporações privadas.

Daniel Cymbalista/Fotoarena

No Brasil, os alimentos de origem transgênica ou que contêm em sua composição algum ingrediente transgênico devem apresentar um sinal de alerta em seus rótulos. Entretanto, há Projetos de Lei para retirar essa obrigatoriedade.

Problemas semelhantes, diferentes consequências

Também fazem parte do escopo da ética ambiental ou socioambiental a reflexão crítica sobre as diversas consequências da degradação ambiental, dos "desastres ecológicos", e a forma como distintos tipos de poluição impactam os diferentes segmentos da sociedade.

São frequentes, após episódios relacionados a eventos naturais que vitimam pessoas, discursos que responsabilizam as vítimas por um problema que na realidade é maior do que elas, como no caso da ocupação de margens de córregos poluídos ou de encostas de morro. Há mesmo explicações reducionistas, como atribuir ao lixo jogado pelos transeuntes nas ruas e o consequente entupimento de alguns bueiros a única causa das enchentes urbanas, ocultando os problemas advindos do modelo de urbanização empreendido.

Fabio Teixeira/NurPhoto/Getty Images

O escorregamento de encostas íngremes é um fenômeno natural que ocorre com frequência em solos sob climas tropicais, mesmo em áreas florestadas, intocadas. Pode ser acelerado pela ação humana por meio da retirada da cobertura vegetal do solo. Habitações construídas nessas encostas, ou próximas ao seu sopé, estão sujeitas a serem destruídas pela massa de solo, rochas e vegetação que vem abaixo. Esse fato é algo previsível, não um acidente. Rio de Janeiro (RJ), 2020.

Apesar de realmente existirem problemas globais, que atingem a todos, seus efeitos na população variam. A redução da camada de ozônio, por exemplo, aumenta a incidência de câncer de pele e catarata. Porém, os mais pobres estão mais suscetíveis a tais males do que os mais ricos. Estes, em geral, têm mais acesso à informação e à educação para a prevenção de tais doenças, além dos recursos econômicos que permitem a aquisição de filtros solares, óculos com proteção aos raios solares e acesso a atendimento médico.

Lógica semelhante, porém, com consequências talvez mais nefastas, é aquela associada ao contágio por doenças causadas por bactérias e vírus. Sua disseminação tende a ser muito mais rápida em bairros pobres e favelas, tanto pelas condições sanitárias precárias como pelo grande adensamento urbano e populacional, o que dificulta o controle dos focos de contágio e a manutenção de isolamento social necessário em períodos de quarentena, como o vivido durante a pandemia da covid-19, decretada pela OMS no início de 2020, como vimos anteriormente.

Todo esse debate está no escopo da ética ambiental, um modelo novo de ética, desvinculado de noções antropocêntricas equivocadas tais como a de que o ser humano compete com a natureza ou não é parte dela; ou de que somos superiores a outros seres vivos; ou ainda de que os povos e comunidades tradicionais são atrasados e o progresso e o desenvolvimento econômico por si só justificam a degradação ambiental.

Embora possa ser adotada como uma postura individual, essa ética ambiental deve necessariamente estar articulada às ações do poder público e do setor privado. Essa reflexão é um desdobramento da evolução do pensamento ecológico, dos movimentos ambientalistas e do conceito de desenvolvimento sustentável.

Diálogos

1. Leia os textos a seguir e responda às questões.

Texto 1

O que é saneamento?

Saneamento é o conjunto de medidas que visa preservar ou modificar as condições do meio ambiente com a finalidade de prevenir doenças e promover a saúde, melhorar a qualidade de vida da população e à produtividade do indivíduo e facilitar a atividade econômica. No Brasil, o saneamento básico é um direito assegurado pela Constituição e definido pela Lei n. 11.445/2007 como o conjunto dos serviços, infraestrutura e instalações operacionais de abastecimento de água, esgotamento sanitário, limpeza urbana, drenagem urbana, manejos de resíduos sólidos e de águas pluviais.

O QUE é saneamento? Trata Brasil: Saneamento é saúde. Disponível em: www.tratabrasil.org.br/saneamento/o-que-e-saneamento. Acesso em: 20 abr. 2022.

Texto 2

IBGE: 35,7% dos brasileiros vive sem esgoto, mas 79,9% já tem acesso à internet

Pouco mais de um terço dos brasileiros vivem em domicílios sem coleta de esgoto sanitário. O quadro, que se mantém praticamente inalterado nos últimos anos, é pior nas regiões Norte e Nordeste. São 74,156 milhões de brasileiros, ou 35,7% da população total, vivendo nessas condições, mostra a Síntese de Indicadores Sociais (SIS), com dados de 2018, divulgada nesta quarta-feira, 06 [nov. 2019], pelo Instituto Brasileiro de Geografia e Estatística (IBGE). Apesar da mazela, o acesso à internet, disponível para 166 milhões de brasileiros, segue crescendo rapidamente.

AMORIM, Daniela; NEDER, Vinicius. IBGE: 35,7% dos brasileiros vive sem esgoto, mas 79,9% já tem acesso à internet. *UOL – Estadão conteúdo*, 6 nov. 2019. Disponível em: https://economia.uol.com.br/noticias/estadao-conteudo/2019/11/06/ibge-357-dos-brasileiros-vive-sem-esgoto-mas-799-ja-tem-acesso-a-internet.htm. Acesso em: 20 abr. 2022.

a) Analise os dois textos e relacione as informações apontadas. Existe alguma incongruência entre essas informações? Explique.

b) Converse com os professores de Geografia, de Química e de Biologia e pergunte a cada um deles: Por que o saneamento básico é essencial para o desenvolvimento sustentável dos municípios? Registre, com suas palavras, as respostas obtidas.

c) Você sabe se existe ou como funciona o saneamento básico em seu município? Pesquise essas informações e registre-as a seguir.

2. Filosoficamente, talvez o compromisso com o futuro de outras pessoas, uma das premissas do desenvolvimento sustentável, seja aquilo que mais qualifica o ser humano como um animal diferente dos demais.

Nossa aguda capacidade teleológica e a adoção atual de práticas com as quais não vamos nos beneficiar (uma vez que não estaremos vivos) demonstrariam nosso respeito, ou amor, à humanidade.

> **Teleológico:** do grego *telos*, finalidade. Relativo aos fins, objetivos e propósitos da ação humana.

a) Você concorda que o ser humano é um animal?

b) O que diferencia os seres humanos das demais espécies sencientes?

c) Os seres vivos não humanos também têm direitos? Pesquise o que a legislação nacional diz sobre maus-tratos em animais, domésticos ou não.

d) Há pensadores que defendem a não exploração de seres vivos não humanos pelos seres humanos. Que argumentos eles apresentam para sustentar esse posicionamento?

e) E você, o que pensa sobre isso? Até onde vai o direito do ser humano na relação com outros seres vivos não humanos?

O despontar da visão ecológica

Reprodução/Acervo da Pinacoteca do Estado de São Paulo, SP

Mata virgem perto de Mangaratiba, obra do pintor alemão Johann Moritz Rugendas (1802-1858), 1835. No decorrer do século XIX, com a realização de grande número de expedições científicas, a valorização da natureza se tornou uma tendência cultural, influenciando artistas europeus, como Rugendas, que viajaram pelo Brasil retratando as paisagens naturais.

No século XIX, os cientistas que, sobretudo na Europa, se dedicaram ao estudo dos diversos elementos do mundo natural eram conhecidos como naturalistas e tinham uma visão interdisciplinar. Debruçavam-se sobre diversas áreas do conhecimento humano, como a Botânica, a Geologia, a Zoologia, a Geografia, entre outras, antes de esses saberes serem sistematizados e organizados em campos disciplinares específicos da Ciência.

Muitos dos pesquisadores conhecidos como naturalistas eram exploradores. O cientista alemão Alexander von Humboldt (1769-1859) foi precursor da Ecologia moderna e um dos pioneiros da Geografia acadêmica. Humboldt realizou inúmeras expedições por regiões como a Floresta Amazônica e a cordilheira dos Andes, na América do Sul, e fez medições e observações que lhe permitiram estabelecer relações de causa e efeito para comprovar sua hipótese sobre a ligação entre os seres vivos e o ambiente.

Em 1866, o naturalista alemão Ernst Haeckel (1834-1919), influenciado pela obra de Humboldt e pela teoria evolucionista de **Charles Darwin** (1809-1882), propôs o nome **Ecologia** (do grego *oikos*, que significa "casa" e *logos*, "pensamento" ou "estudo") para o novo ramo interdisciplinar da Ciência, dedicada ao estudo da distribuição das espécies pelo planeta e das relações entre os organismos e o meio ambiente que habitam, concebidos como parte de um sistema integrado e interdependente.

DARWIN, Charles. *A origem das espécies*. São Paulo: Ubu, 2018.

A partir do enfoque ecológico, foi crescendo gradativamente a visão **ecocêntrica** entre alguns grupos sociais, sobretudo de países desenvolvidos, na qual o ser humano é parte de um todo e depende das dinâmicas naturais para sua existência. Daí se originaram os movimentos ecológicos ou ambientalistas, que se tornariam internacionalmente conhecidos no século XX, e desenvolveram duas visões teóricas distintas: o preservacionismo e o conservacionismo.

De fato, essa visão vem sendo retomada, pois muitos povos originários já se relacionavam dessa forma com a natureza.

Conceitos

Ecocentrismo

Também conhecido como biocentrismo. A natureza e seu equilíbrio estão no centro dessa perspectiva, para a qual todas as espécies devem ser reconhecidas como iguais, sendo a espécie humana parte integrante do todo. Nessa perspectiva, a natureza é compreendida pelo seu valor intrínseco, independentemente de sua função e utilidade para a espécie humana.

Atividades

1. Contraponham a visão antropocêntrica de mundo, historicamente dominante nas sociedades modernas, à visão ecocêntrica, que se difundiu com o surgimento da Ecologia.
2. Deem exemplos de que a visão ecocêntrica já era parte das práticas de povos originários.

O movimento ambientalista

Desde o final do século XIX, ecologistas têm se unido e lutado pela defesa do meio ambiente, mas esse movimento ainda se mostrava, em larga medida, de caráter **preservacionista**, corrente que considera os seres humanos como "vilões" na interação com a natureza, defende a proteção total do ambiente e é, em parte, responsável pela concepção de reservas naturais, de Parques Nacionais, entre outras iniciativas. Tal modelo de preservação foi inaugurado com a criação do Parque Nacional de Yellowstone, nos Estados Unidos, em 1872.

Esse marco significativo, o primeiro Parque Nacional do mundo, é exemplo do que são hoje no Brasil as **Unidades de Conservação de Proteção Integral**. Como vimos, são reservas naturais que visam à proteção integral de um bioma e proíbem ou limitam as atividades humanas em sua área de extensão. No Brasil, a primeira unidade de conservação, o Parque Nacional do Itatiaia, no Rio de Janeiro, foi criado em 1937.

Saiba+

ICMBio. Parque Nacional do Itatiaia. Disponível em: www.icmbio.gov.br/parnaitatiaia. Acesso em: 20 abr. 2022.

Para conhecer mais esse parque pioneiro que fica na divisa entre os estados do Rio de Janeiro, São Paulo e Minas Gerais, acesse o *site* do ICMBio.

Contudo, ainda no início do século XX surgiu, na Inglaterra, uma nova corrente ambientalista que defendia a conservação das áreas naturais, mas associada ao uso racional dos recursos, ou seja, feito de forma a evitar sua degradação. Essa corrente de pensamento, o **conservacionismo**, passou a coexistir com o preservacionismo nas estratégias de proteção ambiental e, em muitos casos, a complementá-lo, ainda que às vezes existisse um embate entre ambos.

As propostas e os encaminhamentos que prevalecem dentro das agências da ONU, como a **Organização das Nações Unidas para a Educação, a Ciência e a Cultura** (Unesco, na sigla em inglês), a **FAO** e o **Pnuma**, por exemplo, seguem a corrente conservacionista. O desenvolvimento sustentável também compartilha de seus princípios.

A vertente que deposita expectativa na ciência e na tecnologia como a solução para os problemas decorrentes da intensa exploração dos recursos naturais, sem o questionamento sobre a racionalidade que orienta essa forma de reprodução da vida e, portanto, favorável à sua manutenção, também se enquadra na linha conservacionista. Fazem parte desse grupo todos aqueles que lucram com a fabricação, venda e manutenção de sistemas de controle de poluição, caracterizando o **ecocapitalismo** ou capitalismo verde.

Avalon/Universal Images Group/Getty Images

Bisões em área protegida no Parque Nacional de Yellowstone (Estados Unidos), 2018. A criação do primeiro Parque Nacional do mundo teve como um de seus objetivos a proteção dessa espécie, que havia sido quase extinta na América do Norte durante a expansão para o oeste.

Atividades

3. Discuta com os colegas e elenquem as principais diferenças entre as correntes preservacionista e conservacionista. Se necessário, façam uma pesquisa a respeito.

4. Em seguida, organizem-se em dois grupos, cada um com defensores de um dos dois pontos de vista, e exponham seus argumentos. O enfoque deve ser a viabilidade da proteção ambiental em cada modelo.

5. Por fim, avaliem se é desejável a manutenção e o convívio dessas duas correntes.

A pauta ambiental ganha visibilidade

A partir de meados do século XX, a degradação ambiental acelerada tomou proporções cada vez maiores e, em 1945, um acontecimento despertou a preocupação internacional: bombas atômicas foram lançadas pelos Estados Unidos nas cidades japonesas de Hiroshima e Nagasaki e subsequentes testes nucleares passaram a ser realizados em áreas despovoadas por diversos países nas décadas seguintes. São muitos os problemas decorrentes da exposição intensa ou prolongada à radiação nuclear para os seres vivos. Variam entre queimaduras e lesões ao desenvolvimento de câncer e de mutações genéticas, que podem ser legadas aos descendentes. Os ambientes e objetos contaminados por rejeitos radiativos devem ser mantidos isolados, pois são necessários entre 50 e 300 anos para a sua descontaminação.

Radiação

[...] Desde 1945, os EUA construíram dezenas de milhares de armas nucleares e testaram mais de mil delas em áreas despovoadas. A principal fábrica de bombas era a Hanford Engineering Works, no rio Columbia, no centro sul de Washington, que produziu o artefato que destruiu Nagasaki. Durante os 50 anos seguintes, Hanford liberou bilhões de litros de dejetos radioativos no rio Columbia e deixou parte atingir o lençol freático. Um teste de bomba em Hanford em 1949 emitia radiação em níveis entre 80 e mil vezes o limite então considerado tolerável. Os cidadãos locais só souberam desses testes em 1986. A limpeza parcial de 50 anos de produção de bombas nos Estados Unidos deve demorar 75 anos e custar US$ 100 bilhões a US$ 1 trilhão, o maior projeto ambiental da história; a limpeza total é impossível. [...]

BROWN, Cynthia Stokes. *A Grande História – Do big bang aos dias de hoje*. Rio de Janeiro: Civilização Brasileira, 2010. p. 348.

PhotoQuest/Getty Images

Explosão atômica em teste realizado em Nevada (Estados Unidos), em 1957.

Atividade

6. O texto trata da prática de fabricar ogivas nucleares e realizar testes em áreas despovoadas. Esse foi um dos primeiros impactos ambientais que entraram na pauta internacional dos movimentos ambientalistas.

Em seu entendimento, esses testes contrariam quais princípios éticos? Justifique, mencionando as implicações socioeconômicas envolvidas.

Foi após a criação da ONU, em 1945, e de suas agências especializadas, como a FAO, a Unesco e o Pnuma, que a temática ambiental realmente passou a ser incorporada à pauta internacional, porém ainda liderada por segmentos sociais dos países desenvolvidos.

Soma-se a esse fato político o grande salto no desenvolvimento da ciência e da tecnologia visto após a Segunda Guerra Mundial. Avanços na informática e na robótica, lançamento de satélites na órbita terrestre, novos sistemas de detecção de informações e imagens, aumento e melhoria da qualidade das pesquisas sobre os ecossistemas possibilitaram maior conhecimento sobre o planeta e a identificação das causas e consequências dos problemas ambientais.

Conceitos

Contracultura

Diz-se de qualquer movimento de contestação da cultura dominante em dado momento histórico. No contexto da Guerra Fria e da Guerra do Vietnã, os movimentos de contracultura reuniam principalmente jovens, que se manifestavam a favor da liberdade de expressão, dos direitos civis e do pacifismo.

CARSON, Rachel Louise. *Primavera silenciosa*. São Paulo: Gaia, 2010.

A expressão do ambientalismo na cultura

Pesquisadores conceituados, de grandes universidades e de diversos campos do conhecimento, das Ciências Naturais e Humanas, passaram a se dedicar ao tema e a publicar estudos sobre os problemas ambientais. Artistas passaram a trazer a pauta para a literatura, o teatro, a pintura, o cinema e ajudaram a tornar essa questão de conhecimento público.

Na esteira da **contracultura**, dos movimentos pacifistas e do movimento *hippie* que despontavam nos Estados Unidos, durante as décadas de 1960 e 1970, a temática ambiental ganhou cada vez mais visibilidade, tanto nos meios acadêmicos quanto entre o público em geral, via meios de comunicação de massa, como reportagens nos jornais impressos e televisivos e também em canções ditas de protesto. Foi desse modo que se consolidou o **movimento ambientalista**, caracterizado por uma atuação mais radical e por questionar o sistema capitalista e os impactos do modelo de desenvolvimento das sociedades industriais, mas ainda bastante centrado nos problemas da poluição e esgotamento dos recursos naturais.

Um dos marcos da internacionalização do movimento ambientalista foi a publicação do livro *Primavera silenciosa*, da bióloga estadunidense **Rachel Louise Carson** (1907-1964), em 1962. O título do livro faz referência ao silêncio dos pássaros, chamando atenção para o grande número de mortes das aves devido ao uso do diclorodifeniltricloroetano (DDT). Esse agrotóxico, criado em 1939 e amplamente utilizado contra insetos durante a Segunda Guerra Mundial, passou a ser usado em larga escala na produção agrícola. A obra serviu para sensibilizar e conscientizar segmentos da sociedade a respeito dos impactos desse pesticida, que atualmente é proibido na maioria dos países.

Joe Burbank/TNS/ZUMA Press/Imageplus

Cientistas recuperam ovos de aves ao longo da costa da Flórida (Estados Unidos) para testar contaminação por pesticidas. Foto de 2005.

National Library Of Medicine/SPL/Fotoarena

Soldados estadunidenses pulverizam DDT em quartel de Corramabade (Irã), em 1944.

Esse ambientalismo ativista da época se opunha às práticas que, em larga medida, eram as grandes responsáveis pela degradação ambiental do planeta: o desmatamento para abertura de grandes pastos ou plantações, a construção de complexos de mineração, de polos siderúrgicos e petroquímicos, o uso de fertilizantes químicos e pesticidas e os programas nucleares.

Atividade

7. Atualmente, o movimento ambientalista tem destaque nas mídias, na música ou em outras formas de divulgação em massa? Você acompanha o trabalho de artistas que promovem a causa ambiental? Converse com os colegas sobre a relevância desse movimento.

Mobilizações populares e o aprofundamento da discussão

Nos anos 1970, o movimento ambientalista teve seu início simbólico no primeiro "Dia da Terra", em 22 de abril de 1970, quando ocorreram gigantescas mobilizações populares contra a poluição nos Estados Unidos. Ganhou força com a publicação do estudo encomendado ao MIT pelo Clube de Roma, *Os limites do crescimento*, publicado em 1972, e sobretudo com a realização, no mesmo ano, da **Conferência das Nações Unidas sobre o Meio Ambiente Humano**, em Estocolmo (Suécia). Ao mesmo tempo, organizações ambientalistas, como a ONG Greenpeace, recorriam a ações mais radicais de protesto e combate aos impactos ambientais.

FINAL ★★★★

DAILY NEWS

NEW YORK'S PICTURE NEWSPAPER ®

8¢

10¢ OUTSIDE L.I. AND SUBURBS

Vol. 51. No. 259 Copr. 1970 News Syndicate Co Inc. New York, N.Y. 10017, Thursday, April 23, 1970★ WEATHER: Mostly cloudy, breezy, mild.

EARTH DAY!

NEWS photo by Frank Castoral

Making their feelings about pollution perfectly clear, throngs take over auto-free Fifth Ave. You're looking north from 42d St.

Stories start on page 3; other pictures in the centerfold

NY Daily News/Getty Images

Na capa do jornal *Daily News* de Nova York (Estados Unidos), a manchete "*Earth Day*!" (Dia da Terra!) em 22 de abril de 1970, quando cerca de 20 milhões de pessoas foram às ruas protestar contra a poluição atmosférica e dos rios, bem como contra o derramamento de petróleo nos mares e oceanos, entre outros problemas ambientais.

Atualmente, grupos ambientalistas identificados com o preservacionismo adotam ações diretas de grande impacto, como: destruição de plantações de transgênicos; interposição de seus barcos à frente dos arpões de navios baleeiros; intervenções em símbolos da sociedade de consumo, como redes de lanchonete, marcas de roupas ou lojas de equipamentos eletrônicos com pouca responsabilidade ambiental. Seus opositores classificam essas ações de **terrorismo ecológico** ou **terrorismo verde**. Para esses ecologistas, considerados radicais ou profundos, a resolução do problema é urgente e não é possível aguardar o tempo da política, dos debates e das negociações governamentais, pois julgam que essas discussões são longas e muito influenciadas pelas grandes corporações, que privilegiam a razão econômica em detrimento da ambiental. Esses grupos esperam mobilizar a opinião pública com ações espetaculares e pontuais para poder enfrentar forças tão poderosas.

A conferência Estocolmo-72 foi o estopim para políticas públicas mais efetivas voltadas para o meio ambiente em diversos países, representando significativa conquista do movimento ambientalista em todo o mundo. Entretanto, até então, ainda predominava uma visão da questão ambiental dissociada das necessidades humanas, que muitas vezes via os seres humanos como um problema para o meio ambiente, como evidenciou o discurso dos zeristas, o que começa a se alterar nos anos seguintes.

Atividade

8. O que vocês consideram que é possível fazer para denunciar os graves problemas ambientais? E para evitá-los ou mitigá-los? Como avaliam a atuação mais radical de algumas organizações ambientalistas?

Conexões Ciências da Natureza e suas Tecnologias

Leia o texto a seguir e realize as atividades.

Mico-leão-dourado: o mascote da conservação da biodiversidade no Brasil

O mico-leão-dourado (*Leontopithecus rosalia*) chama a atenção pela cor vibrante de seus pelos, que varia de dourado a vermelho-dourado. [...]

A imagem do pequeno primata de cerca de 60 centímetros de altura já correu o mundo e, desde os anos 70, é um dos símbolos da luta pela conservação da diversidade biológica. Isso porque o mico-leão-dourado está há muito tempo ameaçado de extinção. [...]

A devastação da Mata Atlântica quase exterminou toda a população de micos-leões-dourados. Originalmente, a espécie era encontrada em todo o litoral fluminense, chegando até o Espírito Santo. Com a intensa ocupação da zona costeira no estado, acompanhada de extração de madeira e atividades agropecuárias, e a consequente destruição da mata, os micos estão agora confinados a cerca de 20 fragmentos florestais.

Apesar de serem pequenos, os micos-leões-dourados precisam de bastante espaço. Eles vivem em grupos de aproximadamente oito indivíduos, podendo chegar a 14, e cada grupo ocupa em média 110 ha [hectares].

Os pesquisadores afirmam que, para o mico-leão-dourado sair da lista de espécies ameaçadas de extinção, é preciso que, até 2025, haja cerca de 2.000 indivíduos vivendo soltos, em uma área de 25.000 ha de florestas. Atualmente, as populações selvagens não somam nem 1.000 indivíduos, que estão espalhados em remanescentes de florestas que, em sua maioria, não passam de 1.000 ha. [...]

Na década de 80, foi iniciada a reintrodução em ambientes naturais de grupos de micos nascidos em cativeiro, com resultados muito bons. Até o ano 2000, cerca de 150 animais haviam sido soltos na mata.

Além da reprodução em cativeiro, os pesquisadores também investiram na translocação de micos-leões-dourados, ou seja, eles retiram os animais que estão vivendo em fragmentos florestais muito pequenos e os levam para áreas maiores. Essas duas técnicas de manejo são muito importantes para ampliar a área de distribuição da espécie e para aumentar a sua variabilidade genética, o que reduz a vulnerabilidade da mesma a doenças ou destruição de determinados fragmentos. [...]

A importância das unidades de conservação

As unidades de conservação, mais conhecidas pela sigla UCs, desempenham um papel fundamental para que os micos-leões-dourados deixem de correr risco de extinção. Para se ter uma ideia, as maiores populações da espécie encontram-se em UCs. As duas maiores estão na Reserva Biológica Poço das Antas e na Reserva Biológica União, ambas no Rio de Janeiro. [...]

MICO-LEÃO-DOURADO: o mascote da conservação da biodiversidade. WWF. Disponível em: www.wwf.org.br/natureza_brasileira/especiais/biodiversidade/especie_do_mes/maio_mico_leao_dourado.cfm. Acesso em: 20 abr. 2022.

1. Explique como os biólogos que trabalham na recuperação dessa espécie manejam os animais para que eles aumentem em número na natureza e mantenham a variabilidade genética.

2. O tipo de unidade de conservação citado, a Reserva Biológica, é um tipo de UC de proteção integral, concebida de acordo com o preceito preservacionista, que não admite a ocupação humana e a exploração dos recursos naturais. Levando em conta o caso do mico-leão-dourado, podemos considerar que a lógica preservacionista pode ser tão importante para a proteção da biodiversidade quanto as reservas de uso sustentável? Justifique.

3. O que justifica o esforço humano para preservar as espécies animais da extinção?

O socioambientalismo

A temática ambiental ou socioambiental encerra pontos de vista variados, alguns até mesmo divergentes, que partem da compreensão de mundo, de natureza, de humanidade, de política, de economia, de cultura, entre outros recortes. A própria nomeação do problema em ambiental ou socioambiental já expressa concepções diferentes. Essa segunda terminologia, mais recente, foi cunhada no contexto da consolidação do conceito de desenvolvimento sustentável, que agrega a qualidade de vida humana à temática ambiental, que até então tomava a sociedade apenas como agressora ao meio ambiente, sem a compreensão de que a humanidade, como parte intrínseca da natureza, também sofre as consequências negativas de seu desequilíbrio, degradação e poluição.

Os defensores da nomenclatura **socioambiental** consideram que, entre outros argumentos, a alteração da terminologia utilizada desconstrói essa abordagem, que julgam simplificada e equivocada, ao dar visibilidade para o impacto sofrido também pelos seres humanos.

> **Conceitos**
>
> **Socioambientalismo**
> Pensamento conservacionista que objetiva não apenas a manutenção do equilíbrio ecológico, mas a garantia de que as populações locais sejam as mais contempladas e interessadas na conservação do ambiente, por meio de sua educação, conscientização e pela distribuição justa dos benefícios advindos da exploração dos recursos naturais locais.

As concepções de desenvolvimento socioeconômico que surgiram a partir da década de 1970 englobam, em sua maioria, as necessidades das populações locais, com a valorização de seus conhecimentos e a preservação de sua cultura, para que a combinação entre gestão dos recursos e proteção ao ambiente seja viabilizada. Nesse contexto, países em desenvolvimento não apenas vivenciaram um afloramento de movimentos ambientalistas como puderam participar diretamente da construção desse novo ambientalismo, com forte consideração das necessidades da população local. Esses princípios são observados em pensamentos, políticas e ações em muitos países, porém, localmente nem sempre é adotada a expressão socioambiental.

Ativistas de perspectiva socioambiental

No Quênia, por anos, o Movimento Cinturão Verde (MCV), fundado em 1977 e liderado pela bióloga Wangari Maathai (1940-2011) é um exemplo de ativismo socioambiental. Esse movimento socioambiental combate o desmatamento por meio de campanhas educacionais e de incentivos financeiros às famílias do campo, envolvendo principalmente mulheres.

O MCV foi responsável pelo plantio de milhões de árvores para formar um cinturão que não apenas atenuou os problemas ambientais relativos ao solo e às bacias hidrográficas, como fortaleceu as comunidades locais, por meio da educação ambiental, levando a um envolvimento efetivo no plantio das árvores e estreitamento do sentimento de pertencimento e dos laços sociais, além de ter proporcionado as bases para uma cultura da conservação no Quênia.

O MCV se propagou para outros países africanos, e hoje sua técnica de replantio é uma importante ferramenta na contenção da desertificação no Sahel (região de transição entre o clima Árido do deserto do Saara e o clima Tropical das Florestas e Savanas).

Micheline Pelletier/Corbis/Getty Images

Wangari Maathai no Quênia, em 2004, ano no qual a bióloga e ativista ambientalista recebeu o Prêmio Nobel da Paz por seu trabalho na promoção e na luta pelos direitos humanos e pela conservação do meio ambiente.

No Brasil, o líder seringueiro Chico Mendes (1944-1988) se destacou na defesa da Floresta Amazônica. Ao perceber que grandes extensões da floresta estava sendo derrubadas e que logo os seringueiros perderiam a fonte de seu sustento, Chico Mendes elaborou, em 1985, uma proposta inovadora de unidade de conservação na qual as atividades das famílias de seringueiros fossem permitidas, desde que se incumbissem do extrativismo sem comprometer a integridade dos ecossistemas, empenhados em proteger a floresta.

Homero Sérgio/Folhapress

Chico Mendes, líder seringueiro e defensor da Amazônia, em fotografia ao lado de sua esposa Ilzamar Mendes e um de seus filhos em sua casa em Xapuri (AC), 1988. Nesse mesmo ano, Chico Mendes foi assassinado a mando de fazendeiros interessados em derrubar a floresta para o desenvolvimento de atividade agropecuária.

Ricardo Azoury/Pulsar Imagens

Extração de látex na Reserva Extrativista Chico Mendes, em Xapuri (AC), 2012.

Atualmente, no Brasil, as **Unidades de Uso Sustentável** integram o Sistema Nacional de Unidades de Conservação (reveja no mapa da página 381), administrado pelo Instituto Chico Mendes de Conservação da Biodiversidade (ICMBio), e são áreas protegidas que visam à conservação ambiental, mas admitem a presença de moradores e comunidades, autorizados a explorar uma parcela dos recursos naturais, de acordo com as categorias de manejo. Esse é um legado de Chico Mendes, considerado referência em todo o mundo.

Conceitos

Plano de Manejo

O plano de manejo é um documento consistente, elaborado a partir de diversos estudos, incluindo diagnósticos do meio físico, biológico e social. Ele estabelece as normas, restrições para o uso, ações a serem desenvolvidas e manejo dos recursos naturais da UC [unidade de conservação], seu entorno e, quando for o caso, os corredores ecológicos a ela associados, podendo também incluir a implantação de estruturas físicas dentro da UC, visando minimizar os impactos negativos sobre a UC, garantir a manutenção dos processos ecológicos e prevenir a simplificação dos sistemas naturais.

Uma das ferramentas mais importantes do plano de manejo é o zoneamento da UC, que a organiza espacialmente em zonas sob diferentes graus de proteção e regras de uso. O plano de manejo também inclui medidas para promover a integração da UC à vida econômica e social das comunidades vizinhas, o que é essencial para que a implementação da UC seja mais eficiente. É também neste documento que as regras para visitação são elaboradas.

BRASIL. Ministério do Meio Ambiente. *Plano de manejo*. Disponível em: https://antigo.mma.gov.br/areas-protegidas/unidades-de-conservacao/plano-de-manejo.html. Acesso em: 20 abr. 2022.

Atividades

1. Quais são as finalidades do plano de manejo e que estratégias de ação ele pode compreender?

2. Os planos de manejo, segundo sua descrição, foram criados com base em qual lógica de proteção ambiental, preservacionista ou conservacionista? Apresente trechos do texto para justificar sua resposta.

Diálogos

- Após dois anos de sua candidatura, no ano de 2020, o Sistema de Agricultura Tradicional (SAT) da Serra do Espinhaço, em Minas Gerais, se tornou o primeiro Patrimônio Agrícola Mundial brasileiro, título dado pela FAO/ONU. Na região, vivem comunidades rurais tradicionais que realizam a coleta de flores sempre-vivas. Junte-se a um colega e, juntos, leiam o texto a seguir e respondam às questões.

Agricultura tradicional dos apanhadores de flores sempre-vivas pode ser o primeiro patrimônio agrícola mundial brasileiro

[...] O sistema representa o modo de vida de cerca de 20 comunidades, entre quilombolas e descendentes de indígenas, que se estabeleceram há séculos na região. [...]

As sempre-vivas são espécies características endêmicas do cerrado. As comunidades preservam conhecimentos ancestrais no manejo das flores, no cultivo de roças e na criação de raças caipiras de animais. [...]

Andre Dib/Pulsar Imagens

Apanhador de sempre-vivas no Parque Nacional das Sempre-Vivas. Diamantina (MG), 2013.

Guardiões

Os apanhadores de sempre-vivas se intitulam guardiões tanto das sementes das flores como de outras plantas agrícolas tradicionais. Estudos da Universidade Federal dos Vales do Jequitinhonha e Mucuri (UFVJM) mostram que os mais de 90 tipos de flores sempre-vivas já identificados foram preservados pelas comunidades. A contribuição está na técnica ancestral de fazer a coleta, prática da agroecologia, rotatividade no plantio das roças e o uso de sementes crioulas, cultivadas ao longo de gerações. [...]

Conhecimento transmitido entre gerações

Na família de dona Jovita Maria Correia, 60 anos, da comunidade Mata dos Crioulos, a coleta de sempre-vivas vem de gerações. Ela conta que desde a infância acompanhava os pais nas idas para o alto da serra. "Meus pais me levavam desde bebê para colher flor na chapada. Sempre foi a renda da família", relata.

A quilombola passou os conhecimentos ancestrais para os sete filhos que hoje a acompanham na plantação de roças e coleta de flores. [...]

AGRICULTURA tradicional dos apanhadores de flores sempre-vivas pode ser o primeiro patrimônio agrícola mundial brasileiro. *Organização das Nações Unidas para a Alimentação e a Agricultura*: FAO no Brasil. Disponível em: http://www.fao.org/brasil/noticias/detail-events/pt/c/1142103/. Acesso em: 20 abr. 2022.

a) Identifiquem no texto quais são as comunidades rurais tradicionais que manejam e coletam flores sempre-vivas, em Minas Gerais. Na opinião de vocês, por que elas são consideradas tradicionais?

b) Essas comunidades mantêm com o ambiente que ocupam uma relação de preservação ou de conservação? Justifiquem.

c) Na opinião de vocês, é importante para as comunidades rurais brasileiras o título de Patrimônio Agrícola Mundial concedido a esse sistema de agricultura tradicional mineiro? Por quê?

d) Procurem mais informações e selecionem ao menos um outro sistema agrícola reconhecido pela FAO como patrimônio agrícola mundial. Em que se assemelha aos apanhadores de sempre-vivas? Em que se diferencia?

Os saberes dos povos e das comunidades tradicionais

Existem inúmeras interpretações em diversos campos da ciência sobre o que caracteriza as sociedades modernas e as sociedades tradicionais. De modo geral, podemos entender as sociedades modernas como aquelas que se articulam em função de estruturas e modelos de organização social e produtiva como o capitalismo, a industrialização e a urbanização. Já os povos e comunidades tradicionais são grupos culturalmente diversos, com formas próprias de organização social, que habitam e usam territórios e recursos naturais para sua sobrevivência por meio da agricultura em pequena escala e do extrativismo vegetal e animal.

Essas culturas, durante muito tempo consideradas atrasadas por vários segmentos das sociedades modernas, são cada vez mais valorizadas na perspectiva socioambiental em função da utilização de saberes e práticas que lhes são próprios e que respeitam as dinâmicas da natureza. Esse conhecimento acumulado, transmitido de geração para geração, resulta da observação e interação com o meio ambiente local por um longo período, sendo adquirido através das tradições herdadas dos mais velhos. Um conjunto de saberes que se reflete em estratégias e práticas usadas para explorar os recursos da natureza, mas de modo que eles não se esgotem, o que possibilita seu aproveitamento contínuo.

Philou1000/Shutterstock

Pastor da etnia massai no Quênia, África Oriental, em 2020. Os massais praticam um sistema tradicional agropastoril para subsistência, aliando elementos da agricultura e do pastoreio nômade para se adaptar ao bioma das Savanas e seus períodos de seca. Esse sistema, baseado em conhecimentos acumulados durante séculos, é globalmente reconhecido por atender às necessidades dos massais sem degradar o meio ambiente.

Saiba+

O mito moderno da natureza intocada. Antônio Carlos Diegues. Hucitec, 1996.

O livro discute a origem romântica do ideário preservacionista da natureza selvagem e apresenta impasses relativos a essa perspectiva, como a perda de sentido dessa noção diante do modo de vida de comunidades tradicionais, bem integradas ao meio ambiente.

Biopirataria

A biopirataria é a exploração ou comercialização de recursos naturais e saberes tradicionais de forma ilegal. Os biomas brasileiros têm sido alvo de biopirataria de empresas estrangeiras e de alguns países há muitos anos. Algumas pessoas, disfarçadas de voluntários, missionários e pesquisadores, tentam descobrir e surrupiar algum produto com potencial de exploração econômica, como na elaboração de cosméticos, medicamentos e alimentos. Ou se apropriar de conhecimentos que as populações tradicionais, sobretudo povos indígenas, têm sobre os diversos usos de plantas e animais para produzir e comercializar diferentes produtos sem as devidas autorizações e remuneração pelos direitos de propriedade. Há mesmo casos de tentativas de patentear o uso e para impedir que esses saberes sejam veiculados livremente.

Esse usufruto do ambiente, em geral, é feito em ritmo e intensidade que não concorrem com os ritmos naturais, ou seja, são modos de vida organizados de acordo com os ciclos naturais. Por isso, o desenvolvimento de programas de conservação ambiental em territórios onde vivem povos tradicionais deve promover o seu protagonismo, pois, além de esses povos deterem saberes adequados ao manejo desses ambientes, constituem a parcela da população que será mais impactada pela política de regulamentação do uso do território onde vivem.

CALENDÁRIO INDÍGENA

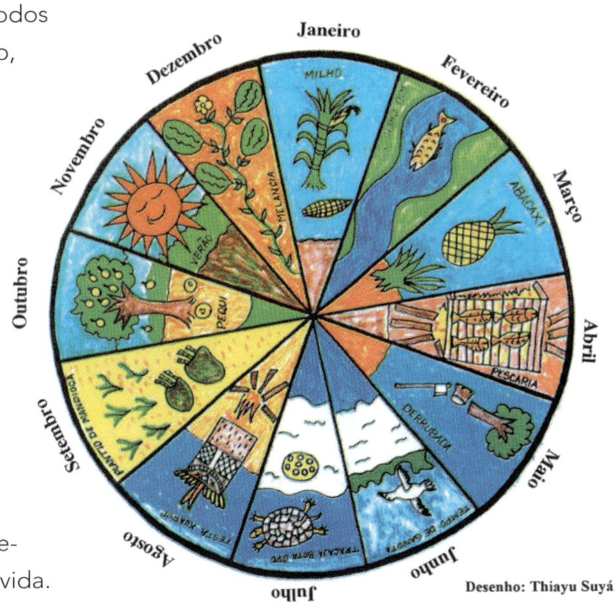

Desenho: Thiayu Suyá

Thiayu Suyá/Instituto Sócio-Ambiental

O calendário indígena mostra a forma como alguns povos organizam a passagem do tempo de acordo com os ritmos da natureza.

A Convenção Sobre Diversidade Biológica (CDB), assinada durante a Eco-92, estipula entre seus objetivos a conservação da biodiversidade e a exploração dos recursos naturais de maneira equilibrada. Compromissadas com o acordo, as nações signatárias devem preservar os conhecimentos e as técnicas empregados pelas sociedades tradicionais, relevantes para a conservação da biodiversidade e seus modos de vida.

Além de promoverem o envolvimento e a participação dessas sociedades na luta pela conservação do meio ambiente, acordos como esse preveem que as técnicas originárias dos saberes tradicionais possam ser reconhecidas e adotadas pelas sociedades modernas para diversos fins, seja para o manejo eficiente, seja para ampliar o uso medicinal e terapêutico de elementos da biodiversidade com potencial de aproveitamento pela indústria cosmética e farmacêutica, por exemplo.

Para além das técnicas que as sociedades tradicionais desenvolveram para obter os gêneros materiais de que necessitam, muitas delas também construíram formas de relação com a natureza, com o trabalho, com os demais seres vivos e entre os seres humanos distintas daquelas amplamente propagadas pelo paradigma capitalista urbano e industrial. Essas formas de se relacionar envolvem o campo do simbólico e da constituição de um conjunto de valores que organizam suas vidas. Dois exemplos desses modos de vida, desses saberes tradicionais, têm ganhado destaque nos debates sobre a construção de outro mundo, de outra forma de viver. Trata-se do **ubuntu**, vivido por alguns povos na África, e do **bem viver** indígena, dos povos originários da América.

Hector MATA/AFP

Raoni (1930-), líder indígena caiapó, na Cúpula da Terra Rio-92, a Eco-92, na cidade do Rio de Janeiro (RJ), 1992.

Saiba+

Em minha terra**.** Direção: John Boorman. Reino Unido, Irlanda e África do Sul, 2004. 80 min.

O filme apresenta referências do *ubuntu* aplicadas à justiça e à reparação ao contar a história de um jornalista estadunidense que vai à África do Sul cobrir julgamentos da Comissão da Verdade e Reconciliação do *apartheid* sul-africano.

Conceitos

Ubuntu

É uma palavra do vocabulário zulu e xhosa, línguas de raiz bantu, traduzida como "humanidade para com os outros", e designa uma ética, uma filosofia que compreende a relação intrínseca entre o indivíduo e a comunidade, ou seja, a conexão que há entre todos, o cuidado de si mesmo e do outro como um todo: "eu sou porque nós somos". Valoriza a fraternidade, a colaboração e o altruísmo e se opõe ao individualismo. *Ubuntu* significa que ninguém deve obter vantagem pessoal em detrimento do bem-estar do outro ou da comunidade. É o princípio que inspirou Nelson Mandela na reconciliação nacional após o fim do *apartheid* na África do Sul.

Bem viver

Conceito criado para dar visibilidade às cosmogonias e aos modos de vida dos povos ameríndios, com destaque para os povos andinos e os povos das florestas tropicais, que compreende a vida em harmonia com os demais humanos e com a natureza, alicerçados pela solidariedade e pela sustentabilidade. Esses diferentes povos compartilham perspectivas e práticas que muitas vezes tomam os elementos da natureza como parte de suas famílias ou povos, ou ainda mantêm relações de sacralidade com eles. O rio Doce, em Minas Gerais, por exemplo, é denominado Watu (ou Uatu) pelo povo Krenak e é por eles tratado como um irmão responsável pela saúde, religião e cultura da comunidade.

Povos e comunidades tradicionais do Brasil

Após a assinatura da CDB, foi instituída no Brasil, por meio do Decreto n. 4 339, de 2002, a Política Nacional da Biodiversidade, que acolhe o modo de vida dos povos e comunidades tradicionais por suas práticas de manejo da biodiversidade, garantindo a conservação dos ambientes. Entre essas comunidades tradicionais brasileiras, podemos citar:

- **Os povos indígenas**. Segundo o IBGE, existem 305 etnias indígenas no Brasil. Esses povos detêm técnicas e saberes tradicionais relacionados à agricultura, como o **plantio em consórcio** e em agroflorestas, e, também, às práticas extrativistas que envolvem o uso medicinal da biodiversidade, além da caça e pesca realizadas dentro de uma concepção na qual os ciclos de reprodução das espécies é respeitado, de maneira que sua população no ambiente não é reduzida.

Plantio em consórcio: técnica de plantio que prevê o cultivo de duas ou mais espécies em uma mesma área.

Saiba +

***Povos e comunidades tradicionais*: *os sujeitos e seus deslocamentos*.** Davys Sleman de Negreiros *et al.* Editora CRV, 2019.

O livro apresenta uma série de artigos sobre os modos de vida e saberes de diferentes comunidades tradicionais brasileiras, pautados pela perspectiva de que os conhecimentos dessas sociedades, outrora consideradas atrasadas, têm muito a ensinar para a sociedade dita moderna.

Tarso Sarraf/AFP

Chefe indígena da etnia Kunaruara faz infusão medicinal à base de mel. Aldeia Kunaruara, ao lado do rio Tapajós, município de Santarém (PA), 2020.

- As **comunidades de remanescentes de quilombolas**. Formadas por afrodescendentes, segundo critérios de autoatribuição, que vivem em áreas de comunidades remanescentes de quilombos. Existem territórios quilombolas em todo o Brasil; a maioria se localiza em áreas rurais e pratica a agricultura de subsistência. O trabalho, em geral, é realizado de forma comunitária.
- As **comunidades caiçaras**. Essas sociedades, formadas pela mescla da contribuição étnico-cultural de indígenas, portugueses e africanos, herdaram um conjunto de conhecimentos aplicados às atividades da pesca artesanal, da construção de embarcações e de artesanato em geral. Essa cultura se desenvolveu principalmente nas áreas costeiras do Rio de Janeiro, São Paulo, Paraná e Santa Catarina.
- Os **ribeirinhos**. Os povos que vivem às margens de rios da bacia Amazônica e de rios de outras bacias hidrográficas brasileiras se destacam pelo conhecimento profundo acerca dos regimes dos rios e das muitas espécies que compõem a biodiversidade aquática, o que se reflete em suas estratégias tradicionais para uso desses recursos por meio do extrativismo.

Diversos outros grupos se enquadram nessa categoria, como os **seringueiros** da Amazônia, as **quebradeiras de coco de babaçu**, os **pantaneiros**, os **sertanejos**, entre outros.

Eduardo Zappia/Pulsar Imagens

Produtor rural colhendo hortaliças em plantação orgânica da comunidade quilombola Macacu, em Garopaba (SC), em 2020.

De Paula/Shutterstock

A pesca artesanal no mar é característica das comunidades caiçaras. Foto em Cananeia (SP).

Saiba+

Portal Ypadê. Ministério do Meio Ambiente. Disponível em: http://portalypade.mma.gov.br/. Acesso em: 20 abr. 2022.
Acesse o portal para consultar um breve perfil sobre os demais povos e comunidades tradicionais do Brasil, bem como seu histórico, questões ambientais de suas terras, imagens, vídeos, etc.

Atividade

- A Política Nacional de Desenvolvimento Sustentável dos Povos e Comunidades Tradicionais, instituída em 2007 por meio do Decreto n. 6 040, objetiva promover o desenvolvimento sustentável dos povos e comunidades tradicionais com ênfase no "reconhecimento, fortalecimento e garantia dos seus direitos territoriais, sociais, ambientais, econômicos e culturais".

  Converse com os colegas sobre a importância dos saberes dos povos tradicionais e sua manutenção, tendo como base as questões a seguir.

  a) A demarcação de terras indígenas e territórios quilombolas no Brasil é essencial para a manutenção dos modos de vidas dessas populações tradicionais, que, sem seus territórios, deixam de existir, o que já seria razão suficiente para terem esse direito garantido. Além disso, a manutenção desses modos de vida também traz benefícios para as sociedades modernas. Explique que benefícios são esses.

  b) Compare os modelos de exploração dos recursos naturais pelas sociedades tradicionais e modernas. Quais são as principais diferenças entre eles?

A inviabilidade do modelo consumista

Corporações e consumo

KLEIN, Naomi. *Tudo pode mudar*: capitalismo vs clima. Queluz de Baixo [Portugal]: Editorial Presença, 2016.

A amplificação dos impactos ambientais envolvidos no atual modelo capitalista de produção e desenvolvimento ocorre dentro de um ciclo cada vez mais forte de incentivo ao consumismo, por meio de estratégias de publicidade e de venda.

A jornalista e ativista ambiental canadense **Naomi Klein** (1970-) alerta para o fato de que o capitalismo atingiu um estágio no qual as grandes corporações transnacionais suplantaram o PIB de muitos países e têm mais poder que muitos governos na construção e gestão do espaço geográfico. Essas grandes corporações não têm como principal objetivo o bem-estar social, mas sim o aumento do lucro e a distribuição de dividendos aos seus acionistas, e influenciam os governos a persistir em práticas não sustentáveis do ponto de vista socioambiental. Em muitos casos essas companhias nem ao menos são responsabilizadas pelas consequências dos inúmeros impactos sociais e ambientais negativos ocasionados por suas atividades produtivas nem obrigadas a arcar com elas.

Compliance: termo da língua inglesa para "observância" ou "cumprimento". No contexto institucional, significa o conjunto de códigos regulamentares e legais que uma pessoa física ou jurídica deve cumprir.

Nesse cenário, a ética ambiental é fundamental para empresas e empreendedores que compartilham um perfil sustentável estarem em ***compliance*** com as leis ambientais, alinhados ao objetivo de garantir uma sociedade justa e promover a conservação do ambiente.

O papel desempenhado pelo consumidor também é crucial. O filósofo e ambientalista estadunidense Dale Jamieson (1947-) formulou o conceito de **ética do Antropoceno** para se referir ao conjunto de virtudes e atitudes que promovem a cooperação social e o respeito ao meio ambiente em uma época marcada pela transformação dramática da natureza pelas atividades humanas. Essa conduta ética envolve não apenas se conscientizar a respeito dos impactos ambientais causados pelo ser humano, sobretudo pelas grandes empresas, mas também consiste em mudar comportamentos relativos ao consumo.

Saiba +

Ética & meio ambiente: uma introdução. Dale Jamieson. Ed. Senac, 2010.

O livro aborda questões filosóficas que envolvem a relação com o meio ambiente e evocam valores pelos quais deve se pautar uma ética voltada para a questão ambiental.

Todas as pessoas consomem produtos que, para serem fabricados, envolveram um grau maior ou menor de impacto ambiental e cujo descarte também causará impactos. Por isso, as escolhas de consumo precisam ser conscientes e informadas, bem como devem levar em conta a postura das empresas e a necessidade de evitar o consumismo e o desperdício.

Luciola Zvarick/Pulsar Imagens

Nas feiras públicas, geralmente organizadas nas ruas das cidades, os produtos são vendidos sem embalagem e frequentemente são provenientes de produtores locais. Além disso, estão localizadas próximo à moradia do consumidor, exigindo menos gasto de combustível e tempo e fortalecendo o sentimento de pertencimento à comunidade, pois as pessoas se encontram e se conhecem. Ir à feira perto de casa é uma boa prática socioambiental. Na foto, Feira da Agricultura Familiar, com adoção de protocolos de segurança sanitária, durante a pandemia de covid-19. Carmo do Rio Claro (MG), 2020.

A efetiva **conscientização ambiental** leva a políticas e práticas concretas, protagonizadas por cidadãos, empresas e governos, com a intenção de promover as transformações necessárias para o desenvolvimento humano e a proteção ambiental. Isso implica a busca de alternativas ao uso indiscriminado de recursos naturais e de fontes de energia não renováveis, como os combustíveis fósseis; a contestação das práticas individualistas e consumistas; a compreensão da questão ambiental para além de seu caráter físico e biológico, mas valorizando as necessidades sociais e culturais das sociedades como um todo.

A conscientização em relação aos problemas gerados pelo consumo em excesso é uma importante reflexão que pode auxiliar na adoção de políticas e práticas necessárias para evitar um colapso ambiental e o esgotamento ou a degradação dos recursos naturais dos quais dependeremos no futuro. A percepção de que nosso comportamento de consumo afeta o planeta como um todo, gerando um problema coletivo, é fundamental para o desenvolvimento da cidadania. Ter essa percepção implica uma reeducação em relação ao consumo e a valorização de práticas sustentáveis, como os 3Rs (reduzir, reutilizar e reciclar), que vimos no início.

Veja a seguir quantos planetas Terra precisaríamos ter para viver e consumir conforme os padrões médios atuais de cada continente.

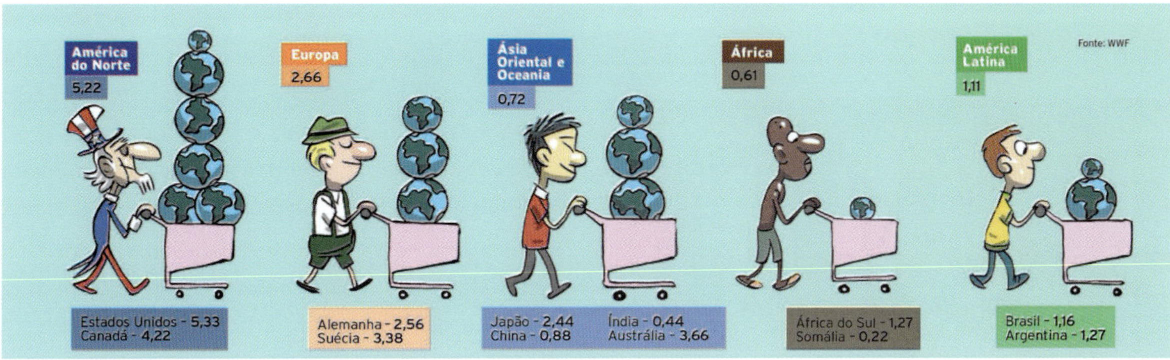

Fonte: INSTITUTO NACIONAL DE PESQUISAS ESPACIAIS. *O futuro que queremos*: economia verde, desenvolvimento sustentável e erradicação da pobreza. INPE, 2012. Disponível em: www.inpe.br/noticias/arquivos/pdf/RIO+20-web.pdf. Acesso em: 9 dez. 2021.

Conheça os 12 princípios do consumo consciente

1. Planeje suas compras

Não seja impulsivo nas compras. A impulsividade é inimiga do consumo consciente. Planeje antecipadamente e, com isso, compre menos e melhor.

2. Avalie os impactos de seu consumo

Leve em consideração o meio ambiente e a sociedade em suas escolhas de consumo.

3. Consuma apenas o necessário

Reflita sobre suas reais necessidades e procure viver com menos.

4. Reutilize produtos e embalagens

Não compre outra vez o que você pode consertar, transformar e reutilizar.

5. Separe seu lixo

Recicle e contribua para a economia de recursos naturais, a redução da degradação ambiental e a geração de empregos.

[...]

CONHEÇA os 12 princípios do consumo consciente. *Instituto Akatu*, 18 mar. 2011. Disponível em: www.akatu.org.br/noticia/conheca-os-12-principios-do-consumo-consciente. Acesso em: 20 maio 2022.

Atividade

- Entre no *site* na fonte do texto e leia mais sobre os 12 princípios do consumo consciente. Aproveite para explorar os demais conteúdos que mostram diversas dicas para o consumo consciente. Converse com seus colegas sobre o que seria necessário para uma "reeducação" do comportamento da comunidade escolar. Planejem uma ação visando à conscientização sobre o consumo consciente em sua escola.

Para além da reciclagem

Como vimos, o Brasil apresenta índices de reciclagem de materiais sólidos, sobretudo aqueles com maior valor de revenda, como o alumínio, semelhantes ou superiores aos apresentados por países desenvolvidos, alguns com forte tradição e consciência ecológica, como a Noruega e a Alemanha. Porém, diferentemente desses países, a explicação para tamanho sucesso na taxa de reciclagem em nosso país está na miséria e pobreza de boa parte da população e no desemprego. Muitas pessoas recolhem materiais para vender para reciclagem, principalmente latinhas de alumínio, garantindo uma renda pessoal ou familiar.

Percebe-se que a reciclagem é a prática mais valorizada nos meios de comunicação entre as que cada um de nós poderia adotar para contribuir com a redução dos impactos socioambientais negativos. Porém, campanhas que poderiam alterar nossos hábitos e ter mais impacto positivo para o meio ambiente, como a redução do consumo e o reúso, são muito menos veiculadas. Por que será? A educação ambiental não pode se limitar a campanhas de reciclagem. No limite, os fabricantes e revendedores são os responsáveis pelos bens e embalagens que produzem e colocam em circulação, como já é previsto pela Política Nacional de Resíduos Sólidos (instituída pela Lei n. 12 305/2010).

Jair Ferreira Belafacce/Shutterstock

Catador de materiais recicláveis com sua carroça em São Paulo (SP), em 2020. Alguns catadores atuam solitariamente, são os populares carroceiros (a designação depende da região onde atuam), outros fazem parte de cooperativas de catadores. Todos prestam um importante serviço para a sociedade e para o meio ambiente e têm na atividade a fonte do seu sustento, porém, trata-se de uma profissão sem regulamentação e pouco valorizada.

Rever nossos hábitos e comportamentos de consumo tem a ver com algo mais amplo, com a vida que queremos levar e o valor que damos ao bem-estar de todos os seres humanos e dos demais seres vivos. Implica avaliar as bases sobre as quais erguemos nossas crenças e modos de vida. Para muitos pensadores, a lógica do crescimento econômico da modernidade é a principal responsável pela ampla perda da qualidade de vida, tanto que alguns defendem um novo modelo, a "sociedade do decrescimento", como o sociólogo francês Serge Latouche (1940-).

As vantagens do decrescimento

Para conceber a sociedade de decrescimento sereno e chegar a ela, é preciso literalmente sair da economia. Isto significa questionar a dominação da economia sobre o resto da vida na teoria e na prática, mas sobretudo em nossas cabeças. A redução feroz do tempo de trabalho imposto para garantir a todos um emprego satisfatório é uma condição prévia. [...]

A descolonização do imaginário

Vê-se imediatamente quais são os valores que devem ser privilegiados e que deveriam ser prioritários em relação aos valores dominantes atuais. O altruísmo deveria preceder o egoísmo, a cooperação, preceder a competição desenfreada, o prazer do lazer, preceder a obsessão pelo trabalho, a importância da vida social, preceder o consumo ilimitado, o gosto pela bela obra, preceder a eficiência produtivista, o razoável, preceder o racional etc. O problema é que os valores atuais são sistêmicos. Isso significa que são suscitados e estimulados pelo sistema e que, em contrapartida, contribuem para reforçá-lo. É claro que a escolha de uma ética pessoal diferente, como a simplicidade voluntária, pode mudar a direção da tendência e solapar as bases imaginárias do sistema, mas sem um questionamento radical deste último, a mudança corre o risco de ser limitada.

LATOUCHE, Serge. As vantagens do decrescimento. *Le Monde Diplomatique Brasil*, 1º nov. 2002. Disponível em: https://diplomatique.org.br/as-vantagens-do-decrescimento. Acesso em: 20 abr. 2022.

Diálogos

1. Os castanheiros representam povos e comunidades tradicionais que praticam atividades de extrativismo no território brasileiro. O trabalho dessas pessoas integra a cadeia produtiva, já que coletam matéria-prima para diversos ramos industriais.

Com base na leitura da notícia e na análise da imagem, reflita e responda às questões.

Lançado aplicativo para facilitar gerenciamento da produção por castanheiros

A Castanhadora pode ser uma ferramenta valiosa para os extrativistas de Castanha-do-Brasil. O aplicativo permite que os castanheiros anotem de forma prática seus custos durante a produção e calculem o preço de venda durante a safra. Além disso, pode ser usado por cooperativas e técnicos para gerenciamento da produção.

A ferramenta foi desenvolvida pelo coletivo SEMEAR Castanha – uma rede que reúne conhecimentos e experiências em torno da castanha-do-Brasil a partir dos atores envolvidos na cadeia de valor, como indígenas, ribeirinhos, gestores de cooperativas e servidores públicos dos estados do Amazonas e Rondônia. [...]

"A ideia de um aplicativo surgiu durante as discussões sobre os custos de produção, e do que seria prático para o produtor usar", explicou Sávio Gomes do Pacto das Águas, um dos idealizadores da ferramenta. "Vai cair como uma luva para os castanheiros porque a coleta é um processo familiar ou individual e a ferramenta vai ajudar a calcular os custos".

[...]

Os desenvolvedores explicaram que o aplicativo foi pensado para funcionar na realidade da Amazônia, onde a conexão com a Internet é instável ou inexistente em alguns lugares. A ferramenta é leve e pode ser baixada rapidamente em telefones compatíveis, e funciona completamente off-line.

SEMEAR Castanha lança aplicativo para facilitar gerenciamento da produção por castanheiros. *Parceria para a Conservação da Biodiversidade na Amazônia (PCAB)*. Disponível em: https://pcabhub.org/pt-br/noticias/noticias-destaques-pcab/semear-castanha-lanca-aplicativo-para-facilitar-gerenciamento-da-producao-por-castanheiros. Acesso em: 20 abr. 2022.

Zig Koch/Pulsar Imagens

Coleta de castanha-do-pará na Reserva de Desenvolvimento Sustentável do Rio Iratapuru, em Laranjal do Jari (AP). Foto de 2017.

a) Identifique o trecho que explicita como a prática do extrativismo se tornou um negócio lucrativo.

b) Mesmo apresentando hábitos de vida distintos das sociedades ditas modernas, os povos e as comunidades tradicionais também têm acesso a aspectos da modernidade, como os aplicativos para *smartphone*. Você acha que isso descaracteriza as sociedades tradicionais? Argumente.

c) Leia um trecho sobre o histórico das comunidades castanheiras.

A Amazônia brasileira foi e continua sendo estruturada na extração de matéria-prima para exportação e na relação entre sociedade e exploração da natureza, subordinada ao sistema político e econômico vigente em cada época.

BRASIL: Ministério do Meio Ambiente. Castanheiras. *Portal Ypadê*, 13. jul. 2016. Disponível em: http://portalypade.mma.gov.br/castanheiras-historico. Acesso em: 20 abr. 2022.

Com base nessa afirmação, façam uma pesquisa, em grupo, sobre os diferentes usos que a Amazônia brasileira já teve desde o chamado descobrimento e elaborem uma linha do tempo explorando as principais informações coletadas.

2. A reciclagem, como vimos, é uma prática muito conhecida e uma das principais soluções apontadas para promover um descarte adequado do que seria considerado lixo, mas que pode ser reutilizado. Projetos de reciclagem de amplo alcance exigem, entre inúmeros fatores, a disponibilidade dos cidadãos de fazer a coleta e de empresas parceiras que pratiquem a reciclagem, porém a realidade brasileira ainda se mostra deficiente nesses aspectos.
Segundo Anna Carolina Lobo, coordenadora do Programa Mata Atlântica e Marinho do WWF-Brasil:

[...] "Se a gente pensar que nem saneamento básico chegou para todo mundo, imagina a reciclagem. Tem também a falta de estrutura para fazer coleta seletiva em larga escala e a questão da educação ambiental de fazer a separação do lixo. E falta também uma conscientização por parte das empresas de que elas precisam ser responsáveis pelo produto durante todo o ciclo de vida." [...]

COELHO, Tatiana. Brasil é o 4º maior produtor de lixo plástico do mundo e recicla apenas 1%. *G1*, 4 mar. 2019. Disponível em: https://g1.globo.com/natureza/noticia/2019/03/04/brasil-e-o-4o-maior-produtor-de-lixo-plastico-do-mundo-e-recicla-apenas-1.ghtml. Acesso em: 20 abr. 2022.

- Em grupos, pesquisem e selecionem dados relevantes a respeito de empresas que agem de acordo com as competências legais dos organismos de fiscalização ambiental. Selecionem aquelas que têm uma ação responsável em relação a todo o processo de produção e agem de acordo com a Política Nacional de Resíduos Sólidos e preparem uma apresentação para que a turma compartilhe as informações obtidas.

3. Considerando suas atitudes, sua autonomia e suas possibilidades de escolha, você se considera alguém com ética socioambiental? Reflita e argumente.

4. Atualmente, existem diversos espaços de diálogo destinados a repensar as práticas sociais, ambientais e econômicas, na busca por qualidade de vida atrelada a um desenvolvimento sustentável das nações. Leia a fala do fundador do Welcome Tomorrow, um evento anual que pretende levar discussões sobre sustentabilidade ao mercado de consumo:

"Acredito que as pessoas não fazem mais porque não são convocadas a fazer, e a principal premissa do nosso evento é mostrar isso. Podemos criar grandes mobilizações no Brasil e no mundo despertando as pessoas a fazer algo relevante com suas vidas na otimização do tempo." Flavio Tavares, fundador da Welcome Tomorrow.

SARAIVA, Aléxia. Welcome Tomorrow: o futuro da mobilidade desembarca antes em São Paulo. *Gazeta do Povo*, 29 out. 2019. Disponível em: www.gazetadopovo.com.br/economia/welcome-tomorrow-o-futuro-da-mobilidade-desembarca-antes-em-sao-paulo/. Acesso em: 20 abr. 2022.

Considerando esse ponto de vista e o contexto atual em que vivemos, reflita sobre o consumo sustentável e responda às questões a seguir.

a) Cite um exemplo de conflito entre o ritmo social das sociedades modernas com o ritmo natural e um exemplo de como as sociedades tradicionais fazem para viver sem colocar esses ritmos em conflito.

b) Mesmo existindo espaços destinados a repensar os hábitos e o cotidiano do homem moderno, a lógica do sistema capitalista, de expansão do capital por meio da elevação dos níveis de consumo, ainda é um obstáculo para um desenvolvimento sustentável.
O desafio do século torna-se, então, gerar desenvolvimento, emprego e renda sem comprometer o meio ambiente.
Em grupos, debatam essa questão. Em seguida, elaborem e apresentem pelos menos três exemplos do que pode ser colocado em prática para melhorar a qualidade de vida das sociedades sem prejudicar o meio ambiente e o equilíbrio dos ecossistemas.

#EnemVestibular

1. (Enem – 2008)

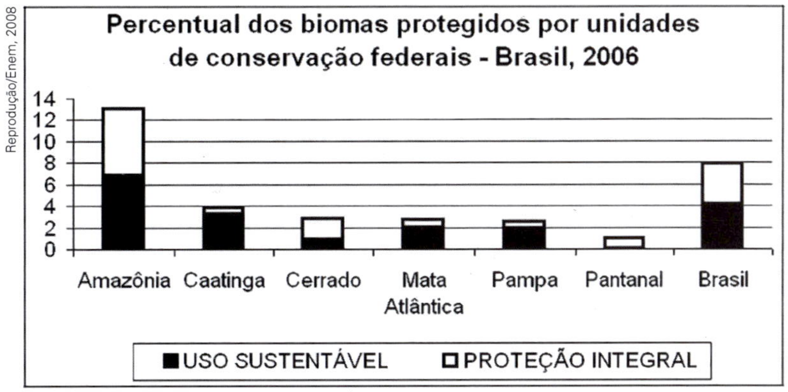

MINISTÉRIO DO MEIO AMBIENTE. Cadastro Nacional de Unidades de Conservação.

Analisando-se os dados do gráfico apresentado, que remetem a critérios e objetivos no estabelecimento de Unidades de Conservação no Brasil, constata-se que

a) o equilíbrio entre Unidades de Conservação de proteção integral e de uso sustentável já atingido garante a preservação presente e futura da Amazônia.

b) as condições de aridez e a pequena diversidade biológica observadas na Caatinga explicam por que a área destinada à proteção integral desse bioma é menor que a dos demais biomas brasileiros.

c) o Cerrado, a Mata Atlântica e o Pampa, biomas mais intensamente modificados pela ação humana, apresentam proporção maior de unidades de proteção integral que de unidades de uso sustentável.

d) o estabelecimento de Unidades de Conservação deve ser incentivado para a preservação dos recursos hídricos e a manutenção da biodiversidade.

e) a sustentabilidade do Pantanal é inatingível, razão pela qual não foram criadas unidades de uso sustentável nesse bioma.

2. (Enem PPL – 2014)

Uma cidade que reduz emissões, eletrifica com energia solar seus estádios, mas deixa bairros sem saneamento básico, sem assistência médica e sem escola de qualidade nunca será sustentável. A mudança do regime de chuvas, que já ocorre por causa da mudança climática, faz com que inundações em áreas de esgotos e lixões a céu aberto propaguem doenças das quais o sistema de saúde não cuidará apropriadamente.

ABRANCHES, S. A sustentabilidade é humana e ecológica. Disponível em: www.ecopolitica.com.br. Acesso em: 30 jul. 2012 (adaptado).

Problematizando a noção de sustentabilidade, o argumento apresentado no texto sugere que o(a):

a) tecnologia verde é necessária ao planejamento urbano.

b) mudança climática é provocada pelo crescimento das cidades.

c) consumo consciente é característico de cidades sustentáveis.

d) desenvolvimento urbano é incompatível com a preservação ambiental.

e) desenvolvimento social é condição para o desenvolvimento sustentável.

3. (Enem PPL – 2015)

A razão principal que leva o capitalismo como sistema a ser tão terrivelmente destrutivo da biosfera é que, na maioria dos casos, os produtores que lucram com a destruição não a registram como um custo de produção, mas sim, precisamente ao contrário, como uma redução no custo. Por exemplo, se um produtor joga lixo em um rio, poluindo suas águas, esse produtor considera que está economizando o custo de outros métodos mais seguros, porém mais caros de dispor do lixo.

WALLERSTEIN, I. Utopística ou as decisões históricas do século vinte e um. Petrópolis: Vozes, 2003.

A pressão dos movimentos socioambientais, na tentativa de reverter a lógica descrita no texto, aponta para a

a) emergência de um sistema econômico global que secundariza os lucros.
b) redução dos custos de tratamento de resíduos pela isenção fiscal das empresas.
c) flexibilização do trabalho como estratégia positiva de corte de custos empresariais.
d) incorporação de um sistema normativo ambiental no processo de produção industrial.
e) minimização do papel do Estado em detrimento das organizações não governamentais.

4. (Enem – 2007)

Quanto mais desenvolvida é uma nação, mais lixo cada um de seus habitantes produz. Além de o progresso elevar o volume de lixo, ele também modifica a qualidade do material despejado. Quando a sociedade progride, ela troca a televisão, o computador, compra mais brinquedos e aparelhos eletrônicos. Calcula-se que 700 milhões de aparelhos celulares já foram jogados fora em todo o mundo. O novo lixo contém mais mercúrio, chumbo, alumínio e bário. Abandonado nos lixões, esse material se deteriora e vaza. As substâncias liberadas infiltram-se no solo e podem chegar aos lençóis freáticos ou a rios próximos, espalhando-se pela água.

"Anuário Gestão Ambiental" 2007, p. 47-8 (com adaptações).

A respeito da produção de lixo e de sua relação com o ambiente, é correto afirmar que

a) as substâncias químicas encontradas no lixo levam, frequentemente, ao aumento da diversidade de espécies e, portanto, ao aumento da produtividade agrícola do solo.
b) o tipo e a quantidade de lixo produzido pela sociedade independem de políticas de educação que proponham mudanças no padrão de consumo.
c) a produção de lixo é inversamente proporcional ao nível de desenvolvimento econômico das sociedades.
d) o desenvolvimento sustentável requer controle e monitoramento dos efeitos do lixo sobre espécies existentes em cursos d'água, solo e vegetação.
e) o desenvolvimento tecnológico tem elevado a criação de produtos descartáveis, o que evita a geração de lixo e resíduos químicos.

5. (Enem – 2014)

Panayiotis Zavos "quebrou" o último tabu da clonagem humana – transferiu embriões para o útero de mulheres, que os gerariam. Esse procedimento é crime em inúmeros países. Aparentemente, o médico possuía um laboratório secreto, no qual fazia seus experimentos. "Não tenho nenhuma dúvida de que uma criança clonada irá aparecer em breve. Posso não ser eu o médico que irá criá-la, mas vai acontecer", declarou Zavos. "Se nos esforçarmos, podemos ter um bebê clonado daqui a um ano, ou dois, mas não sei se é o caso. Não sofremos pressão para entregar um bebê clonado ao mundo. Sofremos pressão para entregar um bebê clonado saudável ao mundo."

CONNOR, S. Disponível em: www.independent.co.uk. Acesso em: 14 ago. 2012 (adaptado).

A clonagem humana é um importante assunto de reflexão no campo da bioética que, entre outras questões, dedica-se a

a) refletir sobre as relações entre o conhecimento da vida e os valores éticos do homem.
b) legitimar o predomínio da espécie humana sobre as demais espécies animais no planeta.
c) relativizar, no caso da clonagem humana, o uso dos valores de certo e errado, de bem e mal.
d) legalizar, pelo uso das técnicas de clonagem, os processos de reprodução humana e animal.
e) fundamentar técnica e economicamente as pesquisas sobre células-tronco para uso em seres humanos.

6. (FICSAE-SP – 2020)

Ao traçarem as origens do conceito de desenvolvimento sustentável, vários autores enfatizam sua utilização, a partir de meados da década de 1980, associando-o a uma mudança de enfoque na definição da problemática ambiental, de visões eminentemente preservacionistas dos anos de 1960 e 1970 para uma visão que relaciona o crescimento econômico à preocupação ambiental.

(Heloísa S. M. Costa. Meio ambiente e desenvolvimento, um convite à leitura. In: Cássio Eduardo V. Hissa (org.). *Saberes ambientais*, 2018.)

Coerente ao novo enfoque sobre a problemática ambiental, o desenvolvimento sustentável

a) dialoga com a transgenia dos recursos naturais, que vislumbra a possibilidade de preservação ambiental no desenvolvimento tecnológico.
b) nega a possibilidade de a relação sociedade-natureza inaugurar novas formas de apropriação do meio ambiente, ampliando a reprodução do capital.
c) legitima o desenvolvimento capitalista pautado na rápida e constante transformação de matérias-primas, aumentando a produtividade.
d) destaca a preservação de ecossistemas diante do caráter predatório do sistema capitalista, de modo a salvaguardar a fauna e a flora integralmente.
e) responde ao interesse de se manter a produção, a circulação e o consumo de bens sem comprometer os recursos para futuras gerações.

7. (IFMT – 2018)

Texto I

Conferência que consagrou a importância da temática ambiental para a política internacional, o que foi acompanhado por um grande número de chefes de Estado e de governo presentes na circunstância. Também firmou o conceito de "desenvolvimento sustentável", descrito no relatório "Nosso futuro comum", de 1987, como "Aquele que atende às necessidades do presente sem comprometer a possibilidade de as gerações futuras atenderem às suas próprias necessidades".

Texto II

Primeira grande conferência governamental sobre meio ambiente, foi influenciada pelo pensamento neomalthusiano e marcada pelo embate entre preservacionistas e desenvolvimentistas. Países centrais defendiam as teses do "zerismo" ou crescimento zero como forma de preservar o meio ambiente da degradação do desenvolvimento econômico. Já os países periféricos defendiam o direito ao desenvolvimento e ao crescimento econômico para diminuir as disparidades entre Norte e Sul. Desse embate surgiu a ideia de conservacionismo, no qual o modelo de desenvolvimento a ser empregado pelos países deve ser utilizado de forma a alcançar crescimento econômico, mas sem atingir níveis de degradação ambiental insustentáveis.

Os textos acima referem-se às grandes conferências internacionais sobre o meio ambiente, denominadas, respectivamente, como:

a) Conferência das Nações Unidas sobre Meio Ambiente Humano (Estocolmo/1972) e Conferência de Nairóbi (1982).
b) Conferência das Nações Unidas sobre Meio Ambiente e Desenvolvimento (Rio/1992) e Cúpula Mundial sobre Desenvolvimento Sustentável (Johanesburgo/2002).
c) Conferência das Nações Unidas sobre Desenvolvimento Sustentável (Rio/2012) e Conferência das Nações Unidas sobre Meio Ambiente Humano (Estocolmo/1972).
d) Conferência de Nairóbi (1982) e Conferência das Nações Unidas sobre Meio Ambiente e Desenvolvimento (Rio/1992).
e) Conferência das Nações Unidas sobre Meio Ambiente e Desenvolvimento (Rio/1992) e Conferência das Nações Unidas sobre Meio Ambiente Humano (Estocolmo/1972).

8. (Esamc-SP – 2019)

Leia o texto:

"De 2007 a 2014 o Brasil registrou 25 mil casos de intoxicações por agrotóxicos. Recente pesquisa da Professora Larissa Bombardi (USP) apontou que 25% do total de vítimas que sofreram danos causados pela exposição aos pesticidas é composta por crianças e adolescentes... Segundo o Instituto Nacional do Câncer (INCA) os efeitos associados à exposição continuada e frequente aos produtos tóxicos compreendem: "além do câncer, infertilidade, impotência, abortos, malformações fetais, neurotoxicidade, desregulação hormonal e efeitos sobre o sistema imunológico... A pergunta perturbadora é: como chegamos a essa situação?"

(Quando o preço do desenvolvimento é o envenenamento de crianças. Publicado em 10 ago. 2018. Disponível em: https://www.cartacapital.com.br/sociedade/quando-o-preco-do-desenvolvimento-e-o-envenenamento-de-criancas. Acesso em: 21 ago. 2018, às 16h10.)

Com base no texto acima, bem como em seus conhecimentos sobre a agricultura brasileira, assinale a alternativa correta:

a) A legislação brasileira que regula a produção agrícola proibiu, terminantemente, o uso de quaisquer agroquímicos nesta atividade.

b) No Brasil, a fiscalização ambiental, sanitária e do trabalho tem sido cada vez mais rigorosa, reduzindo drasticamente as contaminações no campo por agrotóxicos.

c) Os agroquímicos, usados indiscriminadamente, expõem a doenças sobretudo as famílias camponesas, que são os maiores consumidores desses pesticidas.

d) No campo brasileiro, a aplicação de agroquímicos, na teoria e na prática, é um trabalho restrito aos adultos, apesar disso, muitas crianças são vítimas de intoxicação por agrotóxicos.

e) A agricultura brasileira é dominada pelo agronegócio, que utiliza mais agroquímicos; em detrimento da campesina que, por outro lado, utiliza práticas ligadas à agroecologia.

9. (FICSAE-SP – 2019)

Analise os mapas.

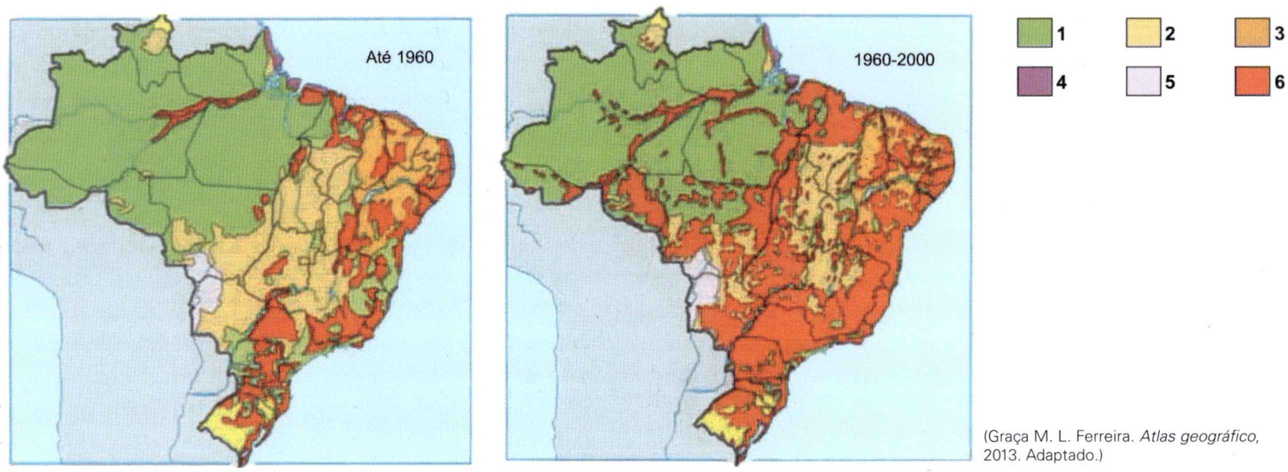

(Graça M. L. Ferreira. *Atlas geográfico*, 2013. Adaptado.)

Da análise dos mapas, conclui-se que o número 6, indicado na legenda, corresponde a

a) remanescentes da Mata Atlântica.

b) áreas antropizadas.

c) corredores ecológicos nacionais.

d) áreas de florestas secundárias.

e) unidades de conservação.

10. (Fuvest-SP – 2018)

Observe os mapas referentes à delimitação da bacia hidrográfica do rio Xingu, com o detalhamento da parte sul, onde fica o Parque Indígena do Xingu (PIX).

Com relação às áreas delimitadas nos mapas, está correto o que se afirma em:

a) Devido ao avanço do desmatamento nessa bacia hidrográfica nas últimas quatro décadas, processo iniciado pela atividade pecuária ao longo dos rios e seguido pelo avanço da monocultura de eucalipto, inviabilizam-se quaisquer ações de recuperação e de conservação do bioma Amazônico.

b) O Parque Indígena do Xingu, criado principalmente para proteger diversas etnias indígenas, atua hoje como inibidor do avanço do desmatamento, função esperada para as diversas unidades de conservação previstas pelo Sistema Nacional de Unidades de Conservação.

Delimitação da Parte sul da bacia do Rio Xingu – desmatamento

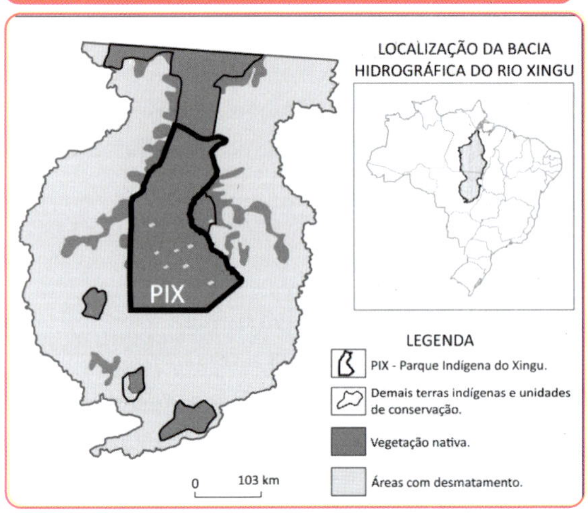

A Bacia do Rio Xingu em Mato Grosso. Cartô Brasil Socioambiental. *Instituto Socioambiental*. São Paulo, 2010. Adaptado.

c) Dentre as grandes bacias hidrográficas amazônicas, a bacia hidrográfica do rio Xingu, na disposição leste-oeste, é uma das bacias da margem esquerda do rio Amazonas com importante conectividade entre dois biomas brasileiros: a Caatinga e o bioma Amazônico, ambos biológica e geologicamente diversos.

d) O desmatamento, observado no mapa, é resultado da monocultura de babaçu, praticada pelos indígenas que extraem seu óleo e vendem-no para indústrias de cosméticos.

e) O avanço do desmatamento nessa área deve-se às monoculturas de cana-de-açúcar e laranja, ambas cultivadas com variedades transgênicas adaptadas ao bioma Amazônico.

11. (FCL-SP – 2017)

Observe atentamente a imagem a seguir.

Reprodução/Cásper Líbero, 2018

Arte do grafiteiro Thiago Mundano em apoio aos catadores adorna carroça: "Agente ambiental trabalhando. Não buzine". Fonte: https://goo.gl/9ooqdj. Acesso em 07/11/2017.

A reportagem "Reciclagem ainda engatinha em São Paulo e Rio", publicada pela revista Veja em 21 de junho de 2012, informa que na capital paulista, apenas 1,3% do lixo é reciclado. "Nos Estados Unidos, esse índice é superior a 30%. Na Alemanha, chega a 67%. Segundo dados da própria prefeitura, 20% do lixo que vai para os aterros poderia ser reciclado. E pior: 60% do que é separado pelo cidadão em casa acaba indo parar nos aterros e misturado ao lixo comum".

Considerando as informações da imagem e da matéria publicada pela revista Veja, pode-se afirmar:

a) A matéria e a imagem explicitam a ausência de regulamentação do serviço de carroceiros no Brasil, ao contrário de outros países como EUA e Alemanha, impondo a necessidade de criação de vias adequadas para o tráfego de carroças.

b) Inspirada nos modelos da Alemanha e EUA, a prefeitura de São Paulo passou a converter carroceiros em agentes ambientais remunerados pelo Bolsa Família para aumentar o percentual de reciclagem na cidade.

c) O combate ao serviço informal dos carroceiros, por parte da administração municipal, é uma medida necessária para atrair a iniciativa privada em direção a um setor que é estratégico, mas não é economicamente viável devido à concorrência desleal dos carroceiros.

d) No Brasil, a incapacidade do poder público de organizar a coleta seletiva de lixo faz com que a reciclagem seja um subproduto da situação de miséria de inúmeros indivíduos que, como carroceiros, só dispõem da coleta de material reciclável como meio de vida.

e) O problema do Brasil é que o poder público não incentiva que as pessoas trabalhem na cadeia de reciclagem, pois, diferentemente da Alemanha e EUA, só 60% do lixo despejado nos aterros sanitários é reaproveitado e reciclado.

12. (UFJF-Pism-MG 1 – 2022)

Reprodução/UFJF/Pism-MG, 2022.

Em meio às negociações realizadas durante a 26ª Conferência das Nações Unidas sobre Mudanças Climáticas (COP26), em Glasgow, 77 países assinaram um documento de compromisso para zerar a produção de energia à base de carvão. Sobre a participação do Brasil nos acordos assinados, analise as alternativas abaixo e assinale a única correta.

a) Corte de emissões de gases do efeito estufa: a nova previsão do Brasil é cortar 50% das emissões de gases de efeito estufa até 2030, bem como antecipar a meta de zerar o desmatamento ilegal de 2030 para 2028.

b) Redução do desmatamento em 2100: aportando os recursos internacionais recebidos no apoio de atividades como a restauração de terras degradadas, na luta contra os incêndios florestais, na expansão do agronegócio e na defesa dos direitos das comunidades indígenas.

c) Comércio sustentável: o acordo internacional fornecerá financiamento para países que ampliarem, com sucesso, as emissões do desmatamento, desde que as mesmas tenham sido verificadas e confirmadas de forma independente.

d) Aumento das emissões de metano: aumentar as emissões de metano em contrapartida à redução do dióxido de carbono, decorrente das queimadas florestais e das atividades industriais na retomada da economia no pós-pandemia da COVID-19.

e) Neutralidade de emissões até 2100: atingir a neutralidade (saldo zero) de emissões até 2100 compensando cada tonelada de carbono e outros gases do efeito estufa com algum tipo de absorção, como o reflorestamento, por exemplo.

13. (Famema-SP – 2021)

A agricultura urbana tem crescido nos últimos anos. No entanto, essa prática gera preocupações quanto à qualidade dos alimentos. Uma medida capaz de promover maior confiabilidade a essa produção é

a) a avaliação dos impactos de maior albedo no solo exposto.

b) a utilização de defensivos agrícolas no combate a pragas.

c) a identificação da densidade e porosidade do solo.

d) a análise da capacidade de rebaixamento do lençol freático.

e) a avaliação dos indicadores de risco de contaminação do solo.

14. (FMJ-SP – 2022)

A análise da imagem e os conhecimentos sobre o espaço rural brasileiro permitem afirmar que a produção agrícola retratada evidencia a

a) agroecologia, concebida por agricultores familiares que aplicam insumos orgânicos e químicos.
b) agricultura de subsistência, aperfeiçoada por comunidades quilombolas que cultivam monoculturas.
c) agrofloresta, desenvolvida em comunidades ribeirinhas que fazem uso da técnica da coivara.
d) agricultura orgânica, implementada por agricultores tradicionais que adotam o manejo do plantio direto.
e) agrobiodiversidade, praticada por agricultores familiares que empregam uso das sementes crioulas.

15. (Unesp-SP – 2022)

> Junto a um vasto grupo de pessoas que trabalharam ao seu lado desde o final da década de 1970, Chico Mendes idealizou o modelo que traduziu com perfeição a ideia de desenvolvimento sustentável bem antes desse conceito se popularizar. Uma invenção brasileira que não tem comparação com qualquer outra no mundo.
>
> (www.nationalgeographicbrasil.com, 05.11.2020. Adaptado.)

O modelo abordado no excerto corresponde à

a) reserva extrativista, que assegura a proteção florestal e das populações tradicionais.
b) estação ecológica, que permite a realização de pesquisas científicas básicas e aplicadas.
c) área endêmica, que abriga exemplares raros da biota regional.
d) área agroecológica, que permite a prática da permacultura e garante a justiça social.
e) reserva biológica, que preserva o equilíbrio natural sem a intervenção humana.

16. (Famerp-SP – 2022) Examine os mapas.

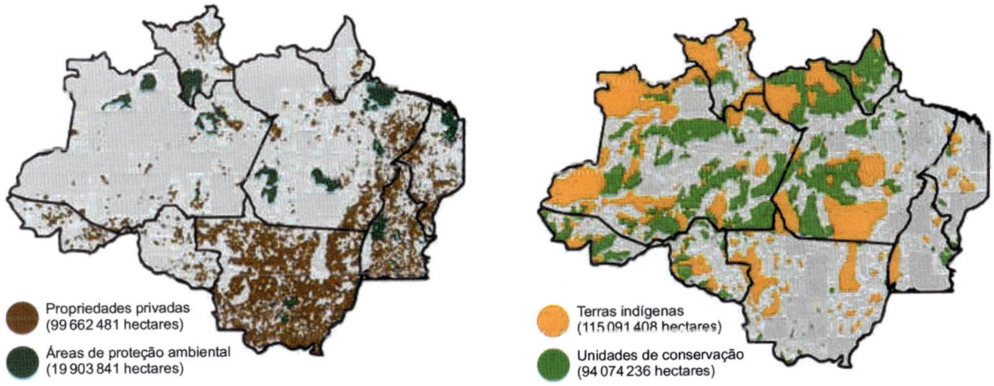

Considerando o uso e a ocupação do solo típicos das áreas representadas nos mapas,

a) as unidades de conservação, atreladas às bacias hidrográficas regionais, caracterizam a saída para a crise hídrica nas regiões meridionais do Brasil.
b) as propriedades privadas, com intensa transformação dos espaços naturais, territorializam o chamado arco do desmatamento.
c) as áreas de interesse ambiental, em suas diferentes classificações, sinalizam os recentes avanços do Brasil no cuidado com o meio ambiente.
d) as terras indígenas, espaços privados de interesse coletivo, sinalizam os eixos de desenvolvimento para atividades sustentáveis no Brasil.
e) as áreas de proteção ambiental, livres do desmatamento, impulsionam as atividades agropecuárias na região.

Lixo na escola: transformando resíduos orgânicos em adubo

Para começar

Nesta unidade, conhecemos a origem e o significado da palavra **sustentabilidade**, atualmente utilizada para designar o equilíbrio entre o uso dos recursos naturais pelos seres humanos e a capacidade da natureza de autorregeneração. Entretanto, quando os recursos são usados de forma desenfreada e não há uma prática de sustentabilidade, muitas vezes o resultado são problemas de desertificação, poluição do ar e das águas, além da extinção de espécies vegetais e animais.

Infelizmente, boa parte da história da humanidade está marcada pela relação exploratória da natureza pelo homem, sobretudo após o avanço do capitalismo industrial, a partir do século XVIII, quando a produção de bens aumentou consideravelmente e em escala mundial. Esse processo continua a ocorrer, e novas necessidades são criadas, levando as pessoas a consumir cada vez mais.

O desenvolvimento econômico acelerado também foi a causa de graves problemas ambientais, entre os quais o aquecimento global, sem contar problemas como enchentes, deslizamentos e o descarte irregular do lixo em terrenos a céu aberto, onde proliferam doenças e insetos indesejados. No entanto, desde a segunda metade do século XX, cada vez mais pessoas têm se preocupado com as questões ambientais e buscado soluções para reduzir o consumo e o uso excessivo de recursos naturais pelos seres humanos. Uma dessas soluções é a adoção da prática de reciclagem, isto é, a transformação em matéria-prima de materiais que seriam descartados como lixo.

Apesar disso, ainda são muitas as ações que precisam ser feitas para evitar que ocorra uma situação de escassez dos recursos naturais disponíveis. A prática da reciclagem, por exemplo, deveria ser muito mais intensa e começar na escola. De acordo com a ONU, somente 9% do plástico descartado no mundo é enviado para a reciclagem. Além disso, quando se fala em reciclagem, muitas vezes as pessoas se lembram apenas de materiais como papéis, plástico, vidro e latas de alumínio e se esquecem dos resíduos orgânicos que, por meio do processo de compostagem, poderiam ser transformados em adubo e utilizados na agricultura e na jardinagem.

A reciclagem é uma ação que requer principalmente a atuação e o empenho dos governos e das empresas, mas não só: as pessoas em geral devem fazer a sua parte, realizando a separação do lixo doméstico e destinando os materiais, sempre que possível, para os postos adequados de coleta para reciclagem.

Segundo a Associação Brasileira das Empresas de Limpeza Pública e Resíduos Especiais (Abrelpe), o Brasil produz, em média, 37 milhões de toneladas de resíduos orgânicos por ano e somente 1% disso é reaproveitado, de acordo com notícia veiculada pela CBN. Ou seja, 99% dos resíduos orgânicos gerados são descartados em locais como aterros sanitários ou em lixões a céu aberto, resultando, muitas vezes, na proliferação de insetos e animais nocivos à saúde (baratas e ratos) e na produção do chorume e do gás metano, que causam, respectivamente, a poluição de lençóis freáticos e do ar.

In Images: Plastic is Forever. United Nations Exhibits. Disponível em: https://www.un.org/en/exhibits/exhibit/in-images-plastic-forever. Acesso em: 20 abr. 2022. Exposição mostra impacto duradouro da poluição por plástico no planeta.

KIRKLEWSKI, Bianca; SOARES, Lucas. Apenas 1% do lixo orgânico é reaproveitado no Brasil. *CBN*, 5 fev. 2019. Disponível em: https://cbn.globoradio.globo.com/default.htm?url=%2Fmedia%2Faudio%2F243607%2Fapenas-1-do-lixo-organico-e-reaproveitado-no-brasi.htm. Acesso em: 20 abr. 2022.

Sergio Ranalli/Pulsar Imagens

Caminhão descarregando lixo em aterro sanitário em Londrina (PR), 2019.

Talvez a questão do descarte do lixo já tenha chamado sua atenção e das pessoas que vivem com você. Em muitas residências é feita a separação de resíduos secos, isto é, papéis, latas e vidros usados, destinados à reciclagem, mas ainda poucos se preocupam com a questão dos restos de alimentos consumidos.

Que tal você e sua turma se juntarem para transformar essa realidade e dar um destino adequado aos resíduos orgânicos produzidos na escola? Uma das formas possíveis de isso ocorrer seria por meio de uma metodologia denominada pesquisa-ação, que, como o nome diz, envolve investigação e prática.

Pesquisa-ação

Na pesquisa-ação, o aprimoramento das ações que visam transformar determinadas realidades ou solucionar algum problema é feito por meio de pesquisas, as quais, no entanto, não permanecem no plano teórico.

De acordo com essa metodologia, a identificação do problema é seguida de uma atividade investigativa em que são apresentadas propostas de solução, de implementação de um projeto transformador e de avaliação dos resultados com objetivo de melhora constante. Observe o diagrama a seguir, que apresenta a dinâmica dessa metodologia de pesquisa.

Representação em quatro fases do ciclo básico da investigação-ação

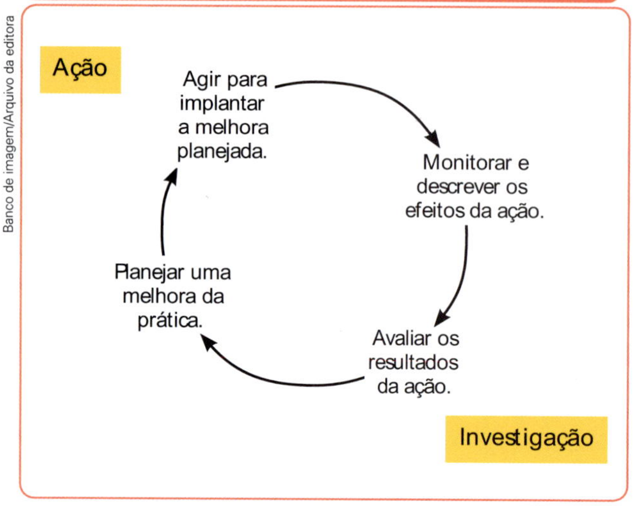

Elaborado com base em: TRIPP, David. Pesquisa-ação: uma introdução metodológica. Tradução de Lólio Lourenço de Oliveira. *Educação e Pesquisa*, São Paulo, v. 31, n. 3, p. 443-466, set./dez. 2005. p. 446.

Com relação à produção de resíduos orgânicos no ambiente escolar, considerando o fato de que, na maioria das escolas, esses resíduos são recolhidos por caminhões de lixo e destinados a "lixões" e aterros sanitários, o planejamento iniciaria com a utilização das sobras da cozinha, como as cascas de verduras, além das folhas secas presentes no jardim, para a prática da compostagem, que nada mais é do que a transformação do material de origem orgânica (restos de vegetais e animais) em adubo (substância rica em nutrientes para o solo e que por isso ajuda no crescimento das plantas). Na compostagem, estariam excluídos os alimentos processados e os restos dos alimentos deixados nos pratos pelos estudantes na hora da merenda (esse também é um ponto a ser explorado: conscientizar a comunidade escolar a evitar o desperdício, colocando no prato apenas aquilo que vai consumir).

A partir da decisão de transformar parte dos resíduos orgânicos em adubo, vocês devem aprender sobre o processo de compostagem e como realizá-lo. Apesar de muito simples, esse processo exige alguns cuidados, como escolher um local adequado para a sua realização. Dessa forma, com o apoio da direção, se a escola dispuser de um pedaço de solo não cimentado, poderá ser feito um buraco quadrangular com cerca de 1 m de cada lado e 0,50 m de profundidade para a compostagem em local arejado e com sombra. No entanto, caso a escola não disponha de terreno, a solução é utilizar caixotes como os de feira, onde ocorreria a transformação do material orgânico em adubo.

Em seguida, seria preciso estudar a forma pela qual o material orgânico seria recolhido. Para isso, é essencial contar com a participação dos funcionários responsáveis pela produção da merenda, que devem separar as cascas de batata, de cebola, etc., os tomates, as alfaces ou outros legumes e verduras não processados e que estiverem impróprios para o consumo. Quanto maior a variedade de vegetais, mais microrganismos agirão no processo de compostagem e mais rico será o adubo obtido. Depositado o material orgânico úmido (sobra de alimentos) e o material orgânico seco (como folhas caídas das árvores) – misturados com terra e minhocas nas composteiras –, o segundo passo é revolver essa mistura pelo menos uma vez por semana e molhá-la com água sempre que ela estiver seca. Por fim, deve-se cobri-la com uma tampa de madeira ou com um pedaço de lona plástica. Em aproximadamente dois meses, o material orgânico terá sofrido a decomposição, apresentando um aspecto escuro, como o de solo fértil.

Ao longo do processo de compostagem, algumas pessoas envolvidas podem analisá-lo, verificando semanalmente a transformação dos resíduos orgânicos em adubo.

Também podem ser avaliados, ao final do projeto, os impactos da implantação do sistema de compostagem na escola por meio de pesquisas e entrevistas, observando quanto diminuiu o volume de resíduos orgânicos que antes compunha o lixo da escola e se foi alterado o comportamento das pessoas, isto é, se se tornaram mais conscientes e responsáveis em relação ao cuidado com o meio ambiente e à produção de lixo.

Por meio dessa proposta, além de observarem um processo bioquímico, realizado com a ação de microrganismos como fungos e bactérias decompositoras, vocês poderão adquirir maior consciência ambiental, compreendendo melhor que nem tudo o que vai para o lixo é de fato lixo.

Compostagem com cascas de frutas e sobras de verduras.

Para fazer

Cada etapa deste projeto pode ser feita por grupos com aproximadamente cinco estudantes ou todas as etapas podem ser realizadas por todos vocês.

Realizar todas as etapas do projeto com todos os integrantes da turma pode ser difícil, porque exige maior organização; porém, o trabalho fica mais dinâmico e divertido! É importante que vocês estejam preparados para fotografar e filmar todas as etapas deste projeto. Ao final, esses registros serão fundamentais para a conclusão desta proposta.

Em uma roda de conversa e com o auxílio do professor, compartilhem ideias sobre a forma como o projeto pode ser realizado com o objetivo de beneficiar o maior número de pessoas e se tornar permanente na escola. Boa parte do material necessário para o projeto está bastante presente no nosso dia a dia.

Etapa 1 – Pesquisar o que é compostagem

1. Façam uma pesquisa na internet para compreender melhor o que é compostagem, quais tipos de sobras de alimentos podem ser utilizados nesse sistema de reciclagem dos resíduos orgânicos, quais são os materiais necessários para a criação de composteiras e qual o tempo necessário para a transformação dos resíduos orgânicos em adubo.
2. A apresentação da pesquisa pode ser feita por meio de *slides* ou com cartazes para a própria turma e também para as outras turmas da escola. Há também a possibilidade de criação de um *blog* ou página em alguma rede social para divulgação.
3. Com as informações obtidas na pesquisa, aproveitem para preparar um folheto explicativo que pode ser exposto em espaços comuns da escola ou divulgado por meio das redes sociais. Dessa forma, vocês difundem o trabalho que estão desenvolvendo para outros estudantes e aproveitam para convidá-los a conhecer o projeto. As imagens que compõem o folheto também devem contribuir para a explicação do processo de compostagem.

Material necessário

Computador com acesso à internet; projetor; câmera fotográfica ou aparelho celular com câmera fotográfica; pá ou enxada; caixotes de madeira; luvas de borracha; sobras de alimentos (cascas de legumes e vegetais crus, por exemplo); papéis e papelões; folhas secas; tampa de madeira ou lona de plástico para tampar a composteira; terra fértil e minhocas; água.

Etapa 2 – Investigar o lixo produzido na escola

1. Marquem um horário para visitar a cozinha da escola e descubram como funciona a administração dos resíduos orgânicos produzidos nela.

2. Converse com os funcionários sobre o projeto e vejam de que forma eles podem contribuir para o trabalho.
3. Verifiquem se é possível realizar outras tarefas para contribuir com a administração do lixo produzido na escola.

Etapa 3 – Planejar o que fazer com parte dos resíduos orgânicos produzidos na escola

1. Verifiquem com o professor e com a direção da escola o local para a criação da composteira ou para o armazenamento dos caixotes onde ocorrerá o processo de compostagem. Lembrem-se de escolher um local bem arejado e com sombra, preferencialmente em solo não cimentado, mesmo que a opção adotada para a criação das composteiras sejam os caixotes.
2. Conversem com os funcionários da escola responsáveis pelo preparo da merenda sobre a necessidade de guardar parte dos resíduos orgânicos úmidos. Expliquem a eles que sobras dos pratos e alimentos processados não entram no processo de compostagem, e sim cascas de cebola, de batata, de ovo, etc.
3. Verifiquem onde e como poderão conseguir o material necessário para a criação das composteiras, como os caixotes de feira, a pá ou enxada, uma lona de plástico para cobrir as composteiras ou uma tampa de madeira.
4. Organizem uma planilha de controle para marcar as vezes em que a mistura deve ser revolvida e regada com água.

Etapa 4 – Implementar o sistema de compostagem na escola

1. Com o auxílio de uma trena façam, em um local arejado e com sombra, um quadrado no solo medindo 1 m de cada lado e 0,50 m de profundidade ou organizem alguns caixotes de feira em solo não cimentado. Os caixotes precisam ter aberturas ou furos nos lados e na extremidade inferior, para que haja a entrada do ar na composteira e a saída do chorume, controlando a umidade que, em excesso, impede a ação dos microrganismos que atuam na compostagem.
2. Depositem, diariamente, os resíduos orgânicos úmidos sem espalhá-los muito na composteira. Em seguida, depositem uma camada de resíduos orgânicos secos, como folhas de árvores, palha, serragem, papéis ou papelões picados. Os papéis não podem ser coloridos nem conter tintas.
3. Acrescentem um pouco de terra e, se possível, minhocas, as quais têm a função de auxiliar no processo de compostagem, fragmentando os resíduos orgânicos.
4. Molhem a composteira e tampem-na. Depois, uma vez por semana, mexam a mistura e reguem-na.
5. Utilizem o adubo gerado no processo de compostagem para nutrir a terra do jardim ou os vasos de plantas da escola, ou, ainda, para fazer uma horta, caso a escola disponha de área para isso.

Etapa 5 – Monitorar e descrever os resultados

1. Marquem, na planilha de controle criada na etapa de planejamento, os dias em que o material orgânico foi regado e mexido. Fiquem atentos para ver se não há necessidade de que a mistura seja regada mais de uma vez por semana. É importante compreender que ela não deve ficar nem seca nem muito molhada.

Jurate Buiviene/Shutterstock

Composteira em caixote.

2. Certifiquem-se de que a composteira encontre-se sempre bem fechada na parte superior e de que não haja cheiro desagradável.
3. Avaliem se a equipe responsável por regar, mexer a mistura e inserir diariamente material orgânico até que tenha atingido a capacidade da composteira está tomando os devidos cuidados de higiene. É importante utilizar luvas e sempre lavar as mãos depois de realizar essas tarefas.
4. Anotem os dias em que observarem as primeiras e as últimas transformações do material orgânico em adubo. Além disso, descrevam o que observaram do processo de compostagem.
5. Organizem as informações coletadas e conversem sobre o que descobriram ao longo do processo de compostagem, assim como as dificuldades que encontraram e as soluções que buscaram para resolvê-las.

Etapa 6 – Avaliar os resultados

1. Conversem entre vocês para saber a opinião da turma sobre o processo de compostagem. Entre os questionamentos formulados, podem ser levantados os seguintes pontos:
   - O que cada um avaliou das etapas do processo de compostagem?
   - É importante reciclar resíduos orgânicos? Por quê?
   - Que reflexões sobre o cuidado com o meio ambiente esse projeto trouxe para a turma?
   - É preciso repensar nossa forma de consumo e descarte do lixo?
   - Qual é o papel da sociedade e do governo na preservação do meio ambiente?
   - É viável adotar o processo de compostagem nas residências?
2. Conversem também com os funcionários da escola sobre o que acharam da participação que tiveram nas atividades do projeto.
3. Para ter uma visão do alcance do projeto, escrevam um relatório único: com ele, pode ser feito um balanço da opinião geral da comunidade escolar que teve participação no projeto sobre o processo de compostagem e sua importância para diminuir o impacto ambiental provocado pelo excesso de lixo produzido.
4. Revisem o relatório e divulguem-no para a comunidade escolar por meio das redes sociais, de panfletos ou façam uma apresentação para outras turmas.

Para compartilhar

1. Criem uma página em uma rede social de sua preferência.
2. Descrevam o que é o processo de compostagem, como ele foi desenvolvido na escola e de que forma diversos funcionários contribuíram para a realização do projeto.
3. Ilustrem a página com fotos e vídeos das equipes e da composteira, mostrando a evolução semanal do processo de compostagem.
4. Compartilhem o processo e os resultados do projeto com a comunidade escolar utilizando a página de rede social criada pela turma.

True Touch Lifestyle/Shutterstock

Aproveitem para divulgar a página da rede social da turma para amigos e familiares.

Respostas #EnemVestibular

Unidade 1

1. (Enem – 2019): C.

2. (Enem – 2013): B.

3. (Enem – 2006): D.

4. (Enem – 2018): B.

5. (Enem – 2016): A.

6. (Enem – 2016): A.

7. (Esamc-SP – 2018): E.

8. (UFU-MG – 2019): A.

9. (Unifesp – 2017): E.

10. (Uema – 2017): C.

11. (IFRS – 2018): C.

12. (Uneb-BA – 2015): E.

13. (UPE-SSA 3 – 2022): D.

14. (UEL-PR – 2022): D.

15. (UPE-SSA 2 – 2022): C.

16. (UEG-GO – 2021): B.

17. (FCMMG – 2022): D.

18. (UPE-SSA 3 – 2022): B.

Unidade 2

1. (Enem – 2008): D.

2. (Enem PPL – 2014): E.

3. (Enem PPL – 2015): D.

4. (Enem – 2007): D.

5. (Enem – 2014): A.

6. (FICSAE-SP – 2020): E.

7. (IFMT – 2018): E.

8. (Esamc-SP – 2019): E.

9. (FICSAE-SP – 2019): B.

10. (Fuvest-SP – 2018): B.

11. (FCL-SP – 2017): B.

12. (UFJF-Pism-MG 1 – 2022): A.

13. (Famema-SP – 2021): E.

14. (FMJ-SP – 2022): E.

15. (Unesp-SP – 2022): A.

16. (Famerp-SP – 2022): B.

Lista de siglas das atividades extraídas de provas oficiais

Esamc-SP – Escola Superior de Administração, Marketing e Comunicação (São Paulo)
Famema-SP – Faculdade de Medicina de Marília (São Paulo)
Famerp-SP – Faculdade de Medicina de São José do Rio Preto (São Paulo)
FCL-SP – Faculdade Cásper Líbero (São Paulo)
FCMMG – Faculdade de Ciências Médicas de Minas Gerais
FICSAE-SP – Faculdade Israelita de Ciências da Saúde Albert Einstein (São Paulo)
FMJ-SP – Faculdade de Medicina de Jundiaí (São Paulo)
Fuvest-SP – Fundação Universitária para o Vestibular (São Paulo)
IFMT – Instituto Federal do Mato Grosso
IFRS – Instituto Federal de Educação, Ciência e Tecnologia do Rio Grande do Sul
UEG-GO – Universidade Estadual de Goiás
UEL-PR – Universidade Estadual de Londrina (Paraná)
Uema – Universidade Estadual do Maranhão
UFJF-Pism-MG – Universidade Federal de Juiz de Fora/Programa de Ingresso Seletivo Misto (Minas Gerais)
UFU-MG – Universidade Federal de Uberlândia (Minas Gerais)
Uneb-BA – Universidade do Estado da Bahia
Unesp-SP – Universidade Estadual Paulista "Júlio de Mesquita Filho" (São Paulo)
Unifesp – Universidade Federal de São Paulo
UPE-SSA – Universidade de Pernambuco/Sistema Seriado de Avaliação

PROJETO MÚLTIPLO

CIÊNCIAS HUMANAS e Sociais Aplicadas

Claudio Vicentino

Bacharel em Ciências Sociais pela Universidade de São Paulo (USP)
Professor de História no Ensino Médio e em cursos pré-vestibulares
Autor de obras didáticas e paradidáticas para Ensino Fundamental e Ensino Médio

Eduardo Campos

Bacharel e licenciado em Geografia pela Universidade de São Paulo (USP)
Mestre em Educação pela USP
Coordenador educacional e pedagógico do Ensino Fundamental (anos finais) e do Ensino Médio
Professor na Educação Básica e no Ensino Superior

Eustáquio de Sene

Bacharel e licenciado em Geografia pela Universidade de São Paulo (USP)
Mestre e doutor em Geografia Humana pela USP
Professor de Geografia do Ensino Médio na rede pública e em escolas particulares
Professor de Metodologia do Ensino de Geografia na Faculdade de Educação da USP por cinco anos

ENSINO MÉDIO

VOLUME ÚNICO | PARTE D

Importância do trabalho

editora ática

Sumário

UNIDADE 1

Trabalho na História

#TáNoFeed

Diariamente, fazemos escolhas que impactam a nossa vida. É assim também durante o Ensino Médio, quando os estudantes começam a fazer escolhas que vão impactar a **vida profissional** deles.

Para saber quais decisões tomar, os estudantes precisarão conhecer a si mesmos, reconhecer as oportunidades que existem, suas aptidões, seus sonhos e os caminhos que devem ser percorridos para que alcancem seus objetivos.

Pensando nisso, o Novo Ensino Médio traz o **Projeto de Vida**, em que o professor é um orientador que ajudará os estudantes a reconhecer habilidades, competências e desejos para que desenvolvam seu potencial.

O mundo do trabalho mobiliza aspirações, esforços, esperanças, medos e frustrações. Apesar de realizarmos muitos "trabalhos" ao longo da vida, geralmente nos definimos como sujeitos na sociedade com base em nossas ocupações ou profissões formais. E somos considerados bem-sucedidos se essas ocupações nos geram prestígio social ou uma boa qualidade de vida, o que em nossa sociedade vincula-se ao consumo de bens e serviços que proporcionam conforto, por meio do acesso ao dinheiro. Por isso, as palavras trabalho, emprego e renda geralmente encontram-se atreladas. Você já pensou sobre seus diferentes significados?

Há, além dos conceitos formais que mencionamos e de um leque de indicadores sobre a situação oficial do trabalho, inúmeros outros desdobramentos sobre esse tema no interior de nossa sociedade. É comum ouvirmos pessoas defendendo a ideia de que o sucesso profissional depende de nossos esforços pessoais. Porém, há muitos outros fatores e variáveis a serem considerados. As sociedades estão estratificadas há séculos e as oportunidades de trabalho e emprego não são as mesmas para todas as pessoas. Ao pensarmos sobre o futuro, medos e expectativas por vezes se entrelaçam. Sonhamos com o tal sucesso profissional, mas nos deparamos com relações nada idealizadas ao vivenciarmos a realidade. O que de fato separa esse imaginário de sucesso de uma realidade desigual, em que os bons empregos são dificilmente acessados e muitas funções estão precarizadas? Será que do modo como as relações sociais estão organizadas há, de fato, oportunidades de sucesso profissional a todos? E será que a palavra "sucesso" só faz sentido pensada individualmente? Será que temos uma sociedade bem-sucedida em termos de distribuição de empregos, oportunidades e renda?

Azami Adiputera/Shutterstock

Jovem estudante cortando aço em oficina industrial, em Muadzam Shah (Malásia). Foto de 2020.

Atividade

- Pensando em seus projetos de vida, responda às questões a seguir.
  - **a)** Você já pensou sobre o que fará profissionalmente?
  - **b)** Sua futura atuação profissional está relacionada ao seu projeto de vida? Que aspectos seu projeto de vida também compreende?
  - **c)** O lugar em que você vive oferece oportunidades para que você desenvolva suas potencialidades ou meios para atingir seus objetivos? Explique.
  - **d)** A área profissional na qual você pretende atuar se relaciona de alguma forma com as novas tecnologias?

Conheça a unidade

Objetivos

- Construir diferentes visões sobre o conceito de trabalho, diferenciando os contextos históricos em que foram desenvolvidos.
- Diferenciar as manifestações sociais do trabalho, como escravidão, servidão, trabalho livre e trabalho assalariado.
- Aplicar os conceitos de grupos sociais, como castas, estamentos e classe social, para a compreensão da realidade.
- Diferenciar o significado do trabalho na Antiguidade e na Idade Média europeia.
- Compreender a escravidão doméstica africana e a escravidão capitalista dos tempos modernos.
- Conhecer discussões sobre trabalho assalariado, cooperativas e trabalho criativo.
- Identificar as principais transformações sociais e econômicas ocorridas no contexto das Revoluções Industriais.
- Compreender como o processo de industrialização se desenvolveu em diferentes países, do final do século XVIII até o final do século XIX, levando em consideração semelhanças e diferenças entre eles.
- Relacionar o conceito de trabalho às formas diversificadas que ele assume na sociedade e às noções de emancipação e alienação política e econômica.
- Conhecer os contextos de lutas da classe trabalhadora, seus ganhos sociais e políticos e a formação de sindicatos em diferentes tempos e espaços.
- Valorizar o legado de direitos humanos para o estabelecimento de condições justas e dignas de trabalho nas sociedades contemporâneas.
- Reconhecer o conceito de divisão internacional do trabalho e relacioná-lo à evolução do sistema econômico capitalista.

Justificativa

O trabalho é a forma como os seres humanos agem sobre a natureza de modo a transformá-la para produzir coisas úteis à sua sobrevivência. O conceito de trabalho mudou ao longo da história e foi usado na organização de diferentes estruturas sociais. Assim, o trabalho livre assalariado não é a forma que predominou na maior parte da história das civilizações ocidentais.

Esta unidade busca analisar as transformações do conceito de trabalho e propõe um encaminhamento para desenvolver a habilidade crítica dos estudantes para analisar as relações de produção e sua atual ou futura participação no mercado de trabalho.

A unidade ainda apresenta perspectivas contemporâneas em relação à questão do trabalho, mobilizando conceitos fundamentais sobre o tema, como alienação e divisão internacional do trabalho, para o desenvolvimento de competências e habilidades da Educação Básica, em uma perspectiva de participação social e respeito aos direitos humanos.

A BNCC nesta unidade

Competências gerais da Educação Básica: CG1, CG2, CG3, CG4, CG5, CG6, CG7, CG8, CG9, CG10.
Competências específicas de Ciências Humanas e Sociais Aplicadas: 1, 2, 4, 5.
Habilidades de Ciências Humanas e Sociais Aplicadas: EM13CHS101, EM13CHS103, EM13CHS201, EM13CHS202, EM13CHS401, EM13CHS402, EM13CHS403, EM13CHS404, EM13CHS502, EM13CHS504.
Competências específicas de Linguagens e suas Tecnologias: 2, 4.
Habilidades de Linguagens e suas Tecnologias: EM13LGG202, EM13LGG401.

Temas contemporâneos transversais

Economia

- Trabalho

Ciência e Tecnologia

- Ciência e Tecnologia

Cidadania e Civismo

- Vida familiar e social
- Educação em Direitos Humanos

Sobre o conceito de trabalho

Ao pensarmos na palavra **trabalho**, é provável que a maioria de nós a associe a uma linha de montagem em uma fábrica ou a alguma atividade em um escritório, com muitos funcionários. E não estaremos errados se pensarmos dessa maneira. Afinal, no mundo contemporâneo a atuação profissional da maioria das pessoas acontece nos setores da indústria e, principalmente, de serviços, que se caracterizam, geralmente, por grandes fábricas e escritórios.

Bilanol/Shutterstock

Trabalhadores da construção civil em Kiev (Ucrânia). Foto de 2019.

BK Awangga/Shutterstock

Funcionários de empresa responsável pela montagem de refeições servidas em aeronaves, na cidade de Tangarão (Indonésia). Foto de 2018.

Mas não devemos nos limitar a essas duas representações sobre o trabalho. Isso porque, em primeiro lugar, as áreas de atuação profissional vão muito além de fábricas e escritórios e, em segundo lugar, porque trabalho é um conceito com múltiplos sentidos, que é utilizado por diferentes áreas do conhecimento e extrapola uma atividade profissional remunerada.

Nas **Ciências da Natureza**, em especial na **Física**, trabalho é um conceito que relaciona uma força ao deslocamento de um corpo. Esse conceito será útil para iniciar nossa discussão.

Em termos mecânicos, trabalho é uma **quantidade de energia** transferida pela aplicação de uma força a um corpo que o desloca em determinada direção.

Pode parecer estranho, à primeira vista, recorrer à **Física** para o estudo de um tema na área de Ciências Humanas. Contudo, relacionar esse tema à Física evidencia um dos traços essenciais do trabalho nas Ciências Humanas: a **aplicação de energia com vistas a um objetivo**. Ou seja, o trabalho, para as Ciências Humanas, é a aplicação da energia de um indivíduo para a realização de uma tarefa, para a realização de um objetivo.

Cineberg/Shutterstock

Equipe de filmagem durante a gravação de um filme em um bairro de Berlim (Alemanha). Foto de 2018.

Quando um agricultor manuseia uma enxada para plantar sementes que em pouco tempo vão germinar e se tornar alimentos, o trabalho realizado pode ser descrito como a energia que o lavrador transfere à enxada e que resulta na força empregada no revolvimento do solo.

Também podemos pensar em outros trabalhadores cuja "força em ação" (esse é o sentido da palavra **energia**) é empregada para a realização de determinada finalidade. O trabalho é a causa dessa realização.

O trabalho está presente na vida dos seres humanos desde tempos remotos, seja por meio da coleta de alimentos e da caça e pesca de animais, seja pela construção dos abrigos mais rudimentares para se protegerem e terem suas necessidades básicas minimamente atendidas.

Albino Oliveira/ASCOM SEAD

Agricultores trabalham em plantação de hortaliças em Marília (SP). Foto de 2019.

Diferentes sociedades criaram mitos sobre uma época em que os seres humanos não precisavam trabalhar para viver. Nas sociedades ocidentais e cristãs, um dos mitos mais difundidos é o de **Adão e Eva**.

Nesse mito, o primeiro homem e a primeira mulher foram criados por Deus e viviam no Paraíso: o jardim do Éden, repleto de árvores com diversos frutos, bastando colhê-los para se alimentar e viver. Nenhum trabalho ou esforço eram necessários para a manutenção da vida. Deus disse a Adão e a Eva que eles poderiam colher os frutos que quisessem, a não ser o da árvore do conhecimento. Mas Eva, ludibriada pela serpente, colhe e oferece a Adão o fruto dessa árvore, e ambos o comem. Por descumprirem a ordem de Deus, Adão e Eva foram expulsos do Paraíso. Desde então, eles e todos os demais seres humanos passaram a ser obrigados a "lavrar a terra de que fora tomado". "No suor do teu rosto comerás o teu pão" (Gênesis 3:19;23).

Reprodução/Museus do Vaticano, Cidade do Vaticano, Roma, Itália.

O pecado original e a expulsão do Paraíso, de Michelangelo Buonarroti (1475-1564), de 1509. Essa é uma das obras-primas do artista e é uma das cenas do conjunto de afrescos pintados na Capela Sistina, no Vaticano, em Roma, Itália, sobre passagens da Bíblia, tanto do Antigo Testamento quanto do Novo Testamento.

Dessa forma, o mito da queda de Adão e Eva relaciona o trabalho à sobrevivência dos seres humanos: se não trabalharmos, não nos alimentaremos e, consequentemente, morreremos. O trabalho responde às necessidades que são próprias da condição humana, necessidades essas ligadas à sua vida econômica.

Atividades

1. Qual é o sentido de trabalho para você? Trata-se de uma punição (uma obrigação ou necessidade) ou envolve realização pessoal, uma forma de o ser humano contribuir para a construção de um mundo melhor? Qual é a sua visão sobre o trabalho? Explique.

2. Você acha que a sua visão sobre o trabalho é decorrente de aspectos do meio social do qual você faz parte ou de aspectos culturais mais amplos? Justifique.

Na Antiguidade, sobretudo entre os gregos, o trabalho era majoritariamente realizado pelos escravos, sobretudo aqueles que, à época, contavam para a economia como produção e fabricação de bens. Para podermos compreender melhor o trabalho como toda atividade humana que transforma ou dá nova forma a uma matéria com vistas a um fim ou objetivo, será válido nos debruçarmos sobre a teoria da causalidade de Aristóteles, resumida abaixo pela filósofa Marilena Chaui (1941-):

> O filósofo Aristóteles afirmou que só há conhecimento da realidade (portanto, da permanência e do movimento dos seres) quando há conhecimento da causa -- "conhecer é conhecer pela causa". Para tornar possível o conhecimento, elaborou então uma teoria da causalidade que ficou conhecida como teoria das quatro causas.
>
> Uma causa é o que responde ou se responsabiliza por algum aspecto da realidade, e as quatros causas são responsáveis por todos os aspectos de um ser. Haveria, assim, a causa material (responsável pela matéria de alguma coisa), a causa formal (responsável pela essência ou natureza da coisa), a causa motriz ou eficiente (responsável pela presença de uma forma em uma matéria) e a causa final (responsável pelo motivo e pelo sentido da existência da coisa).
>
> Tomemos uma coisa qualquer, por exemplo, uma mesa de madeira. Diremos que a causa material da mesa é a madeira; a causa formal é o que faz esse pedaço de madeira ser uma mesa (ter as propriedades e características de uma mesa, e não de outra coisa); a causa motriz ou eficiente é o artesão, que coloca na madeira a forma da mesa; a causa final é o uso da mesa, o motivo ou a razão pela qual ela foi fabricada.
>
> CHAUI, Marilena. *O que é ideologia*. São Paulo: Brasiliense, 2008. p. 10.

Foi preciso esperar até a modernidade, com a ascensão da burguesia ao poder nas sociedades ocidentais, para que o trabalho fosse redefinido como trabalho assalariado, "trabalho pelo qual se paga", trabalho livre. Desde então, o trabalho até se revestiu de dignidade, emergindo a visão de que aquele que não trabalha é indigno, um desocupado por vadiagem, preguiça ou acomodação.

Atividades

3. A qual das quatro causas apresentadas no texto corresponderia o trabalho?

4. Escolha um objeto comum do cotidiano e descreva-o segundo as quatro causas que, de acordo com a teoria aristotélica, contribuíram para produzir esse objeto.

Trabalho como transformação

Tomando as causalidades de Aristóteles, se identificarmos o trabalho com a causa motriz ou eficiente, é porque temos em mente o trabalho manual. Mas, se considerarmos, por exemplo, a construção de uma casa, teremos as seguintes causas:

- Causa final: moradia para uma família ou um indivíduo.
- Causa material: tijolos e cimento, definidos em função do conforto térmico e acústico e de outras propriedades.
- Causa eficiente: são os trabalhadores (mestres de obras, pedreiros, encanadores, eletricistas, entre outros).
- Causa formal: é o projeto da casa, realizado pelo arquiteto ou engenheiro.

João Prudente/Pulsar Imagens

Pedreiros trabalhando na construção de uma casa em São Pedro da Barra (MG), em 2016.

Assim, o trabalho do arquiteto ou do engenheiro se relaciona com a **causa formal** da casa, embora em relação ao projeto esses profissionais sejam **causas eficientes**. Os demais trabalhadores, como pedreiros, eletricistas e outros, estão subordinados às ordens do arquiteto ou do engenheiro, que, por sua vez, estão subordinados a quem responde pela **causa final**, ou seja, a quem contratou o projeto, o proprietário da futura casa.

Essa divisão entre causas estabelece uma hierarquia entre elas. Todo o processo de construção da casa está subordinado, em última medida, à pessoa que contratou os serviços dos vários profissionais envolvidos nesse trabalho. Já no modelo de autoconstrução, no qual é o morador quem edifica a própria casa, as causas final, eficiente e formal estão concentradas na mesma pessoa.

Leia o texto abaixo, que trata sobre essa hierarquização entre as causas aristotélicas:

> Um aspecto fundamental dessa teoria da causalidade consiste no fato de que as quatro causas não possuem o mesmo valor, isto é, são concebidas como hierarquizadas indo da causa mais inferior à causa superior. Nessa hierarquia, a causa menos valiosa ou menos importante é a causa eficiente (a operação de fazer a causa material receber a causa formal, ou seja, o fabricar natural ou humano), e as causas mais valiosas ou mais importantes são a causa formal (a essência da coisa) e a causa final (o motivo ou finalidade da existência de alguma coisa). Por isso, a causa material e a eficiente são ditas causas externas, enquanto a formal e a final são ditas causas internas. Percebe-se que são mais importantes as causas da permanência e menos importantes as causas da mudança ou do movimento.
>
> Se examinarmos as ações humanas, veremos que a teoria das quatro causas leva a uma distinção entre dois tipos de atividades: a atividade técnica (ou o que os gregos chamam de *poiésis*) e a atividades ética e política (ou o que os gregos chamam de práxis). A primeira é considerada uma rotina mecânica, em que um trabalhador é um causa eficiente que introduz uma forma numa matéria e fabrica um objeto para alguém. Esses alguém é o usuário e a causa final da fabricação. A práxis, porém, é a atividade própria dos homens livres, dotados de razão e de vontade para deliberar e escolher uma ação. Na práxis, o agente, a ação e a finalidade são idênticos e dependem apenas da força interior ou mental daquele que age. Por isso, a práxis (ética e política) é superior à *poiésis* (o trabalho). [...]
>
> À primeira vista, a teoria aristotélica da causalidade é uma pura concepção metafísica que serve para explicar de modo coerente e objetivo os fenômenos naturais (física) e os fenômenos humanos (ética, política e trabalho). Nada parece indicar a menor relação entre a explicação causal do universo e a realidade social grega. Sabemos, porém, que a sociedade grega antiga é escravagista e que a sociedade medieval se baseia na servidão, isto é, são sociedades que distinguem radicalmente os homens em superiores – os homens livres, que são cidadãos, na Grécia, e senhores feudais, na Europa medieval – e inferiores – os escravos, na Grécia, e os servos da gleba, na Idade Média.
>
> CHAUI, Marilena. *O que é ideologia*. São Paulo: Brasiliense, 2008. p. 11 e 12.

Saiba +

Grécia e Roma. Pedro Paulo Funari. Contexto, 2001.
O livro traz uma rica introdução das civilizações grega e romana e suas contribuições para a formação das sociedades ocidentais, abordando, entre outros temas, a questão do trabalho na estrutura dessas sociedades.

Atividade

5. O texto estabelece um paralelo entre a composição social da Grécia antiga e a da sociedade medieval com duas causas aristotélicas. Identifique o paralelo, relacionando a causa a que correspondem os homens livres e os senhores feudais e a causa a que correspondem os escravos e servos.

Público, privado, liberdade e punição

Conhecer a etimologia dos termos ligados ao universo do trabalho nos permite compreender um pouco da história sobre o trabalho em si e as questões que a ele estão relacionadas.

A palavra **trabalho** vem da palavra latina *tripalium*, que significa, literalmente, "três (*tri*) paus (*palium*)". Inicialmente utilizado na lavoura como ferramenta para separar os grãos do trigo, o *tripalium* passou a ser usado como instrumento de tortura. E, curiosamente, da mesma forma que na narrativa de Adão e Eva, da tradição judaico-cristã, o trabalho passou a ser associado a uma forma de punição.

Mas, mesmo antes dos romanos, o trabalho era identificado com a privação da liberdade.

Na Grécia antiga, tratar dos assuntos públicos, das coisas da cidade (pólis, em grego), era um privilégio para aqueles que não precisavam se dedicar aos assuntos da casa (*oikos*, em grego).

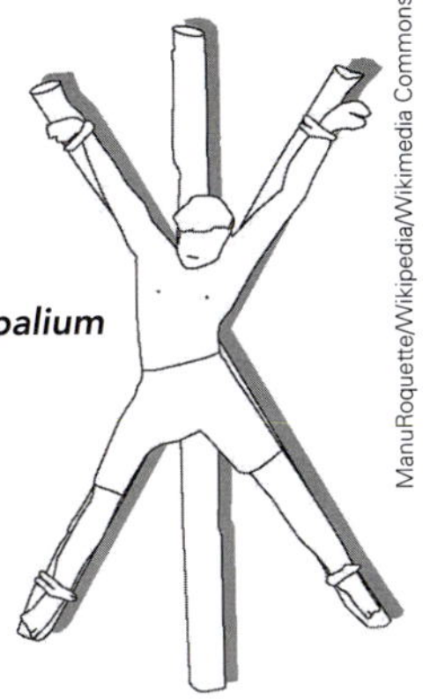

Tripalium

ManuRoquette/Wikipedia/Wikimedia Commons

Tudo o que é relativo ao que conhecemos hoje por "esfera privada"; a **família**, os **bens materiais**, a **propriedade** e, por extensão, toda a **produção material para a subsistência** pertencem à ideia de *oikos*. Assim, a esfera privada inclui também o mundo dos negócios.

Como a própria sonoridade do termo sugere, **negócio** nada mais é do que a "negação do ócio". **Ócio** significa "repouso, descanso, tempo livre", ou seja, o "não trabalho". Portanto, negócio é ocupação, trabalho e privação de liberdade para discutir os temas da cidade. Da mesma forma, a economia estava subordinada ao universo doméstico, uma vez que a palavra **economia** deriva do grego *oikonomía*: as "leis" (*nómos*) que presidem a "casa" (*oikos*).

Em oposição a *oikos* – esfera privada – está a pólis, isto é, a "cidade", que corresponde a tudo o que hoje entendemos por "esfera pública".

Se a esfera privada é regida pela necessidade, a esfera pública, a política, da forma como os gregos antigos a praticaram, era regida pela liberdade: apenas os cidadãos livres participavam da política.

1. Discutam em grupos cada um destes itens:

a) *Tripalium* e trabalho.
b) Trabalho e liberdade.
c) Assuntos públicos e a pólis grega.
d) Assuntos privados, negócios, economia e a ideia de *oikos*.

2. Quais relações podem (ou não podem) ser feitas com base nas discussões com o trabalho nos dias atuais na sua cidade?

3. Dê exemplos.

Saiba +

Entre o tripalium e a revolução 4.0. Ana Maria Aparecida de Freitas, Fábio André de Farias e Laura Pedrosa Caldas. RTM, 2019.

O livro traz o registro de pesquisadores sobre o mundo do trabalho, abordando suas transformações e sua influência na saúde e no bem-estar dos trabalhadores.

O trabalho como exploração

Qualquer que seja a visão que tenhamos sobre o trabalho (se manual ou intelectual, se dignificante ou punitivo), todas elas partem de um mesmo ponto: o trabalho envolve algum grau ou etapa de transformação da natureza ou da matéria, com vistas à produção de algo que tenha importância para alguém ou que seja visto como válido pela sociedade no qual está inserido.

Na sociedade capitalista moderna, o trabalho parece algo **individual**, dependente apenas do indivíduo. O trabalho é, contudo, essencialmente **social**. Nenhuma empresa, nenhum empreendedor produz todos os materiais e componentes necessários para a confecção do produto que fabrica. Tomemos como exemplo uma empresa que produz celulares. Ela não produz o *chip*, a tela, o plástico, os circuitos, etc.: ela reúne todas essas peças, produzidas por outras empresas, para fabricar o celular.

Muitas vezes, a empresa não fabrica um produto, apenas o projeta e terceiriza sua fabricação, ou seja, outra empresa o fabrica. Esse fato revela que o trabalho é configurado com base em uma divisão social.

No interior de uma mesma empresa, o trabalho também é dividido em funções, que podemos separar em dois grandes grupos: os gestores e os subordinados. Esses dois grupos também estão sujeitos a novas divisões: diretores e gerentes coordenam o trabalho de mecânicos, engenheiros e pintores em uma montadora automobilística, por exemplo. Enquanto os trabalhadores produzem o produto que será vendido no mercado, gestores acompanham e coordenam o trabalho dos demais funcionários da empresa.

Essa divisão entre grupos de acordo com diferentes funções no processo produtivo também ocorria em sociedades em que o trabalho estava estruturado de diferentes formas: escravos e homens livres; servos e senhores feudais; etc. Estas eram hierarquizações formadas por **estratos sociais** (o termo **estrato** vem do latim *stratum*, que significa "camada"), segundo as diferentes funções que grupos desempenhavam no processo produtivo.

A sociologia busca compreender a constituição das hierarquizações e suas desigualdades, designada **estratificação social**, por meio da qual "vantagens e recursos, como riqueza, poder e prestígio, são distribuídos sistemática e desigualmente nas ou entre sociedades".

Uma das representações mais comuns da estratificação social é o gráfico na forma de triângulo, no qual as camadas menos favorecidas ficam na base e as camadas de maior nível socioeconômico ficam no topo. (Observe a imagem da pirâmide que representa o sistema de castas.) Mas a estratificação social não é exatamente a mesma em toda época ou em todo lugar. Os modos de organização social mudam muito de uma sociedade para outra; contudo, de forma geral, podem ser destacados três grandes sistemas de estratificação social: as castas, os estamentos e as classes sociais.

Rodval Matias/Arquivo da editora

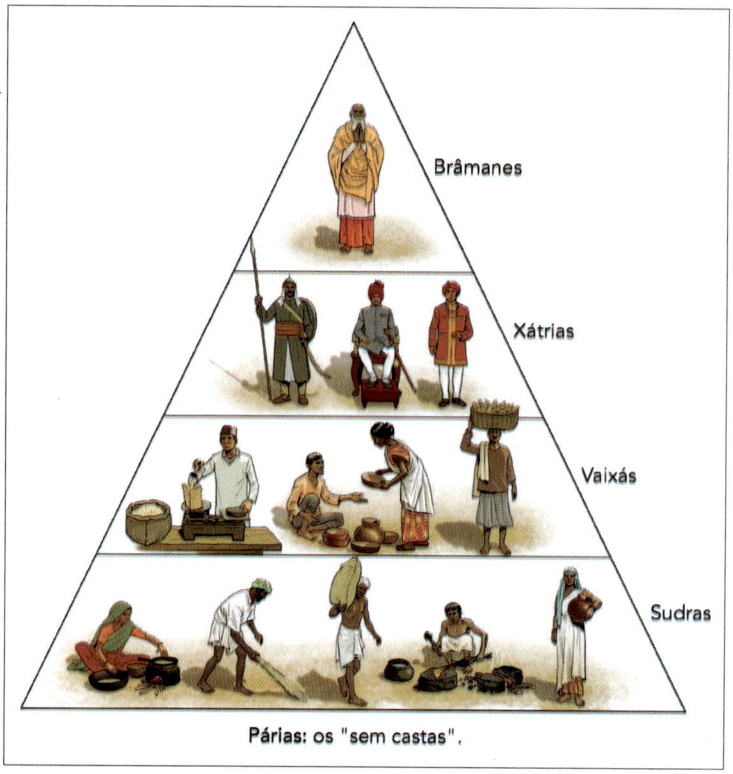

Pirâmide representando o sistema de castas na Índia. Apesar de terem sido banidas por lei, as castas ainda permanecem, sobretudo na zona rural do país.

O **sistema de castas** é uma forma de estratificação social que leva em consideração fatores como linhagem familiar, ofícios, tradições, religiosidade e uma noção cultural de pureza ou impureza de indivíduos pertencentes a determinadas famílias. Não há mobilidade social nesse sistema. A Índia, por exemplo, é um país de religião hinduísta marcado pela existência de castas, sendo a mais elevada a dos brâmanes (responsáveis pelas atividades religiosas e intelectuais) e a mais baixa a dos sudras (que realizam atividades serviçais); há ainda os párias ou *dalits* (também chamados de intocáveis porque são considerados impuros e não são tocados pelas pessoas das outras castas). Embora as castas tenham sido banidas por lei, na prática elas permanecem vigentes nas relações sociais, principalmente na zona rural da Índia.

O **sistema de estamentos** é aquele nos quais as camadas são definidas com base nas atividades desempenhadas pelas pessoas e em seu *status* social, mas sem considerar os aspectos religiosos nem as noções de pureza característicos das castas. As sociedades estamentais se distinguem, ainda, pelo baixo nível de mobilidade social. Diferentemente das castas, nas quais um indivíduo jamais muda sua posição na sociedade, a mudança de um estamento a outro pode acontecer, embora isso seja muito difícil. O exemplo mais tradicional de um sistema estamental é a Europa na época da **Idade Média** feudal.

Rodval Matias/Arquivo da editora

Na ordenação estamental da Idade Média, a camada superior e dominante era formada pelo clero (especialmente o alto clero, composto de bispos, de arcebispos e do papa) e pelos nobres. Abaixo dos senhores feudais ficavam alguns trabalhadores rurais, chamados vilões, que eram submetidos a esses senhores e se instalavam nas terras destes. O estamento inferior era constituído pelos servos, a maioria da população, geralmente descendentes dos antigos colonos romanos. Os servos eram obrigados a pagar diversos tributos aos senhores.

O **sistema de classes** é aquele em que as camadas sociais são definidas principalmente com base em diferenciações de ordem econômica e no qual é possível haver mobilidade social. Em um sistema de classes, a desigualdade econômica está geralmente associada à desigualdade de capital cultural e de poder político. Existe desigualdade de capital cultural nesse sistema porque são geralmente as camadas mais ricas que têm mais acesso a bens culturais, como escolarização e outros meios de acesso à informação e ao conhecimento. E existe desigualdade de poder político no sistema de classes, porque, geralmente, também são as camadas mais altas aquelas que detêm maior capacidade de atuação nas instituições políticas.

Na prática, em uma sociedade de classes, é raro, mas não proibido ou impossível, que apenas pela via do trabalho uma pessoa que tenha nascido em uma família pobre suba na escala social e se torne milionária, ou vice-versa. Mas há situações em que a mobilidade social pode ser significativa, o que pode ocorrer, por exemplo, se houver a implementação de programas sociais que retirem milhões de famílias da miséria, ou uma crise econômica que leve ao "achatamento" das classes sociais. De qualquer modo, o conceito de classe se aplica às sociedades nas quais a desigualdade social não é vista como tendo origem na natureza ou como fruto de um desígnio divino, mas sim como resultado das ações humanas.

Em várias referências e pesquisas de mercado, como vemos frequentemente em publicações , é comum usar **classe** no sentido de "estrato" ou "camada". Essa palavra é utilizada para se referir a dados ou opiniões obtidos, por exemplo, de indivíduos da classe A (de alta renda), da classe B (de renda média) e da classe C (de baixa renda). Essas classes são descrições da sociedade fundadas na renda dos indivíduos e que não são baseadas em uma visão histórica dos conflitos e das tensões que permeiam o conjunto social. Em contraposição, vejamos o conceito de classe social advindo dos trabalhos do filósofo e economista alemão Karl Marx (1818-1883) e, em seguida, algumas indicações do sociólogo e economista alemão Max Weber (1864-1920).

Segundo a teoria marxista, a relação entre classes é sempre de contraposição, ou seja, uma explora o trabalho da outra. Com base nisso, podemos compreender a frase de Karl Marx na qual ele diz: "a história da humanidade é a história da luta de classes".

Segundo Marx, na sociedade capitalista, na qual o trabalho assume a forma assalariada, as classes que compõem o processo produtivo são os capitalistas (ou a burguesia), que detêm os **meios de produção**, e os trabalhadores (ou o proletariado ou operariado), que, por não terem nada além de seu corpo e de sua energia, vendem sua força de trabalho em troca de um salário.

Conceitos

Meios de produção

Meios de produção são as máquinas, os instrumentos, as instalações e as terras necessárias para a atividade produtiva realizada pelo trabalhador. Na visão marxista, tais meios de produção sob controle da classe burguesa formam o **modo de produção** capitalista, com suas relações sociais de classes em confrontos, sendo um estágio após os modos de produção do comunismo primitivo, o da sociedade escravocrata antiga e o do feudalismo.

Esse processo pelo qual o trabalhador, despossuído de meios, vende sua força de trabalho resulta na alienação. A palavra **alienação** vem do latim *alienare*, que significa "que não pertence a si". Por vender sua força de trabalho, nem a atividade realizada nem o produto que é produzido pelo trabalhador pertencem a ele. O trabalhador não escolhe como vai trabalhar nem em que ritmo e, muitas vezes, nem sequer escolhe o que vai produzir.

Leia o texto a seguir, em que a questão da alienação no trabalho é retratada.

> O trabalhador só se sente junto a si quando fora do trabalho e fora de si quando no trabalho. Está em casa quando não trabalha e, quando trabalha, não está em casa. O seu trabalho não é, portanto, voluntário, mas forçado, trabalho obrigatório. O trabalho não é, por isso, a satisfação de uma carência, mas somente um meio para satisfazer necessidades fora dele [...]. Finalmente, a externalidade do trabalho aparece para o trabalhador como se o trabalho não fosse seu próprio, mas de um outro, como se o trabalho não lhe pertencesse, como se ele no trabalho não pertencesse a si mesmo, mas a um outro. Assim a atividade do trabalhador não é a sua autoatividade. Ela pertence a outro, é a perda de si mesmo.

MARX, Karl. *Manuscritos econômico-filosóficos*. São Paulo: Boitempo, 2010. p. 83.

Atividades

1. É necessário que o trabalho seja obrigatório, forçado e alienado a outro? Por quê?
2. Há formas de trabalho que não estão submetidas à alienação? Quais?

Entre a burguesia e o operariado, eixos da sociedade capitalista, existe outro grupo social (formado por pequenos negócios, pequenas e médias propriedades, funcionários públicos, profissionais liberais, etc.), denominado classe média. Esse grupo não é homogêneo e oscila na atuação social e política, segundo a visão marxista.

Para Marx, classe social é uma categoria histórica, como burguesia e proletariado, ligada ao desenvolvimento das sociedades e fundamental para a concepção das relações sociais com seus antagonismos.

Para o sociólogo Max Weber, diferentemente de Marx (para quem o eixo analítico está na produção social e na exploração do trabalho), o indivíduo é o elemento central da explicação da realidade social. Weber toma como chave de sua análise a ação social, realizada pelo agente ou pelos agentes.

Assim, Weber utiliza o termo **classe** referindo-se às oportunidades da vida, às conquistas do que se deseja e se consegue do mercado, com outras duas dimensões de desigualdade, o poder e o prestígio. **Allan G. Johnson** explicita: "O enfoque multidimensional de Weber não só amplia a análise da classe, como ajuda a identificar as complexidades da posição e relações de classe, em especial se as relações são consideradas no contexto das três dimensões de desigualdade e dos fatos que as afetam".

JOHNSON, Allan G. *Dicionário de Sociologia*: guia prático da linguagem sociológica. Rio de Janeiro: Jorge Zahar Editor, 1997. p. 38.

Trabalho em comunidades tradicionais

No Brasil, de acordo com o Decreto n. 6 040/2007, em seu artigo 3º, inciso I, Povos e Comunidades Tradicionais são "grupos culturalmente diferenciados e que se reconhecem como tais, que possuem formas próprias de organização social, que ocupam e usam territórios e recursos naturais como condição para sua reprodução cultural, social, religiosa, ancestral e econômica, utilizando conhecimentos, inovações e práticas gerados e transmitidos pela tradição". As comunidades tradicionais podem ser formadas por caboclos, indígenas, posseiros negros e colonos de ascendência europeia. São homens e mulheres cuja identidade está ligada à terra e ao trabalho comunitário.

Para as comunidades tradicionais, sobretudo aquelas remanescentes de quilombos, a grande questão que ainda se coloca nos dias de hoje é a obtenção oficial da propriedade da terra. Desde o passado, há um esforço dessas comunidades para a consolidação dos espaços ocupados por elas. Em 1850, com a promulgação da Lei de Terras, o governo brasileiro impediu a entrega gratuita de terras pelo Estado, forçando a compra dos lotes, reforçando assim o poder das elites proprietárias, e praticamente impediu o acesso à terra aos escravizados que seriam libertos algumas décadas depois. Essa luta secular resultou na aprovação do artigo n. 68, do Ato das Disposições Constitucionais Transitórias, pela Constituição de 1988:

> Art. 68. Aos remanescentes das comunidades dos quilombos que estejam ocupando suas terras é reconhecida a propriedade definitiva, devendo o Estado emitir-lhes os títulos respectivos.

BRASIL. [Constituição (1988)]. *Constituição da República Federativa do Brasil de 1988*. Brasília, DF: Presidência da República, [1988]. Disponível em: www.planalto.gov.br/ccivil_03/constituicao/constituicao.htm#adct. Acesso em: 9 maio 2022.

Marcos Amend/Pulsar Imagens

Maloca da comunidade Ingarikó do Manalaiula, usada para aulas na Terra Indígena Raposa Serra do Sol, em Uiramutã (RR). Foto de 2018.

Um traço marcante das comunidades tradicionais é o esforço para a manutenção de suas memórias e de seus elementos simbólicos que compõem a identidade dos grupos. Um dos elementos de manutenção das culturas tradicionais é a forma como o trabalho é desempenhado. Nele é comum o uso de recursos naturais de modo equilibrado porque há a preocupação em manter a estrutura construída para as gerações posteriores, que são, geralmente, comunidades marcadas pela economia de subsistência.

As comunidades tradicionais, diferentemente de outras comunidades, consideram o território elemento simbólico e mítico, um lugar no qual seus valores são constantemente reconstruídos em conexão com seu passado e com conhecimentos ancestrais, produzindo um modo de vida associativo e/ou coletivo. Ou seja, o ritmo de reprodução do modo de vida social se dá no compasso do ritmo natural.

Dessa forma, o trabalho das comunidades tradicionais mantém profunda interdependência com a natureza. Essa relação entre trabalho e natureza, aliada ao desejo de viver em comum, às redes de solidariedade, à partilha igualitária dos valores de uso e dos valores monetários, à posse comunitária da terra e de outras riquezas inscritas nas comunidades e à não exploração de outro indivíduo são o eixo estruturante da organização social dessas comunidades. Segundo os pesquisadores Ângela Souza e Carlos Brandão, as comunidades tradicionais apresentam relações sociais que:

> [...] dão características de vínculos e afeição com o lugar de existência. Os viventes deste lugar constroem laços interativos de afetividade, considerando o território como uso, apropriação, afeições e símbolos característicos de um espaço heterogêneo.

BRANDÃO, Carlos R.; SOUZA, Angela F. G. de. Ser e viver enquanto comunidades tradicionais. *Mercator*, Fortaleza, v. 11, n. 26, p. 111, set./dez. 2012. Disponível em: http://www.mercator.ufc.br/mercator/article/view/724. Acesso em: 12 maio 2022.

Muitas vezes, o termo **tradicional** pode ser mal compreendido, carregado de significados pejorativos, que fazem referência a algo ultrapassado, "atrasado", que se opõe ao que é novo e moderno. São tradições que carregam uma perspectiva de vida e visão de mundo que podem não ser compreendidas de acordo com os paradigmas da sociedade moderna, causando certa estranheza em relação à produção material e imaterial da vida cotidiana. No entanto, é importante salientar que as comunidades tradicionais preconizam outro modo de vida, que pode conviver em harmonia com as conquistas da modernidade e até mesmo incorporá-las para o melhoramento do seu bem-estar.

Atividade

3. Existem povos e comunidades tradicionais no município ou no estado em que você vive? Pesquise e elabore um texto descrevendo as principais características culturais desses povos e comunidades e indicando os principais desafios que esses grupos encontram atualmente para manter seu modo de vida. Busque dados sobre a questão fundiária do local onde eles vivem e inclua essa informação em seu texto.

Do escravismo antigo à sociedade medieval do feudalismo

A escravidão de pessoas capturadas como prisioneiras de guerra era comum nas civilizações da Antiguidade. Isso ocorria no Egito, na Babilônia, na Assíria, na Índia e na China. No caso do Egito antigo, os escravos constituíam a minoria da população e eram muito requisitados na construção de pirâmides, na manutenção de diques, no cultivo das terras reais/sacerdotais, etc. Houve um número bem mais elevado de escravos durante o período das conquistas do Novo Império (1580 a.C.-525 a.C.). Na Mesopotâmia também prevaleceu essa variação de minoria, embora mais ampliada na época das guerras de conquistas. Já na Grécia antiga e na Roma antiga, o número de escravos foi bem mais significativo, tendo existido também a escravidão por dívida.

No mundo antigo greco-romano, os escravos trabalhavam em atividades privadas, ligadas à agricultura, ao artesanato, ao comércio e à mineração, e em atividades públicas, relativas ao Estado. Na época do Império Romano, havia grande quantidade de escravos e essa camada constituía a maioria da mão de obra naquele período. Por isso se afirma que a escravidão era um dos principais eixos do mundo greco-romano. Com a crescente crise do Império Romano, essa relação foi substituída pelo colonato: os trabalhadores livres rurais se fixavam nas grandes propriedades, cultivando a terra dos grandes proprietários em troca de proteção.

Shakko/Museu Pushkin, Moscou, Rússia.

Busto do escritor Esopo (620 a.C.-564 a.C.). Museu Estatal Pushkin de Belas Artes, Moscou (Rússia). Acredita-se que Esopo tenha nascido no norte da África e vivido como escravo na Grécia.

Considerar que, no mundo antigo, a força de trabalho era dividida entre homens livres e escravos é arriscar fazer uma divisão demasiado simplificadora. O historiador Ciro Flamarion Cardoso (1942-2013) optou pelo uso da expressão **trabalho compulsório**:

> [...] aquele trabalho para o qual o trabalhador tiver sido recrutado sem seu consentimento voluntário; e/ou do qual não se puder retirar se assim o desejar, sem ficar sujeito à possibilidade de uma punição. Uma definição como esta leva a considerar entre as formas de trabalho compulsório a escravidão de qualquer tipo, como é evidente: mas também muitas outras modalidades de relações sociais de produção vigentes em sociedades da Antiguidade.

CARDOSO, Ciro Flamarion S. *O trabalho compulsório na Antiguidade*. Rio de Janeiro: Graal, 2003. p. 22.

O mesmo historiador menciona também que a divisão simplificadora entre homens livres e escravos para o mundo antigo fica mais evidente quando nos referimos ao antigo Oriente Próximo:

> No extremo inferior da escala social temos escravos. Devemos recordar que a dicotomia clássica dos seres em escravos e livres não foi sempre tão claramente marcada quanto o pretenderam os antigos e, seja como for, só faz sentido cabal numa sociedade na qual os homens livres sejam em alguma medida, e por pouco numerosos que forem, os senhores de seu próprio destino. Na Atenas clássica, os cidadãos livres tinham direitos e deveres políticos; os escravos, nenhum. Mas numa sociedade autocrática governada por um monarca, é difícil afirmar que qualquer homem, a não ser o rei, seja verdadeiramente livre.

CARDOSO, Ciro Flamarion S. *O trabalho compulsório na Antiguidade*. Rio de Janeiro: Graal, 2003. p. 22.

Em razão da crescente derrocada do Império Romano do Ocidente e da entrada, por migrações, dos povos germânicos, denominados "bárbaros", pouco a pouco foi sendo desmontada a estrutura escravista romana e sendo montado um novo tipo de relação social.

O feudalismo

As migrações bárbaras não se encerraram com a queda de Roma e continuaram ocorrendo durante boa parte da Alta Idade Média (século V ao X). São justamente as invasões, as trocas culturais e o estado de guerra constante na Europa ocidental que nos permitem compreender a nova ordenação predominante: o feudalismo. Foi essa estrutura econômica, social, política e cultural que predominou na Europa ocidental durante a Idade Média.

Migrações bárbaras (400-800)

Banco de imagens/Arquivo da editora

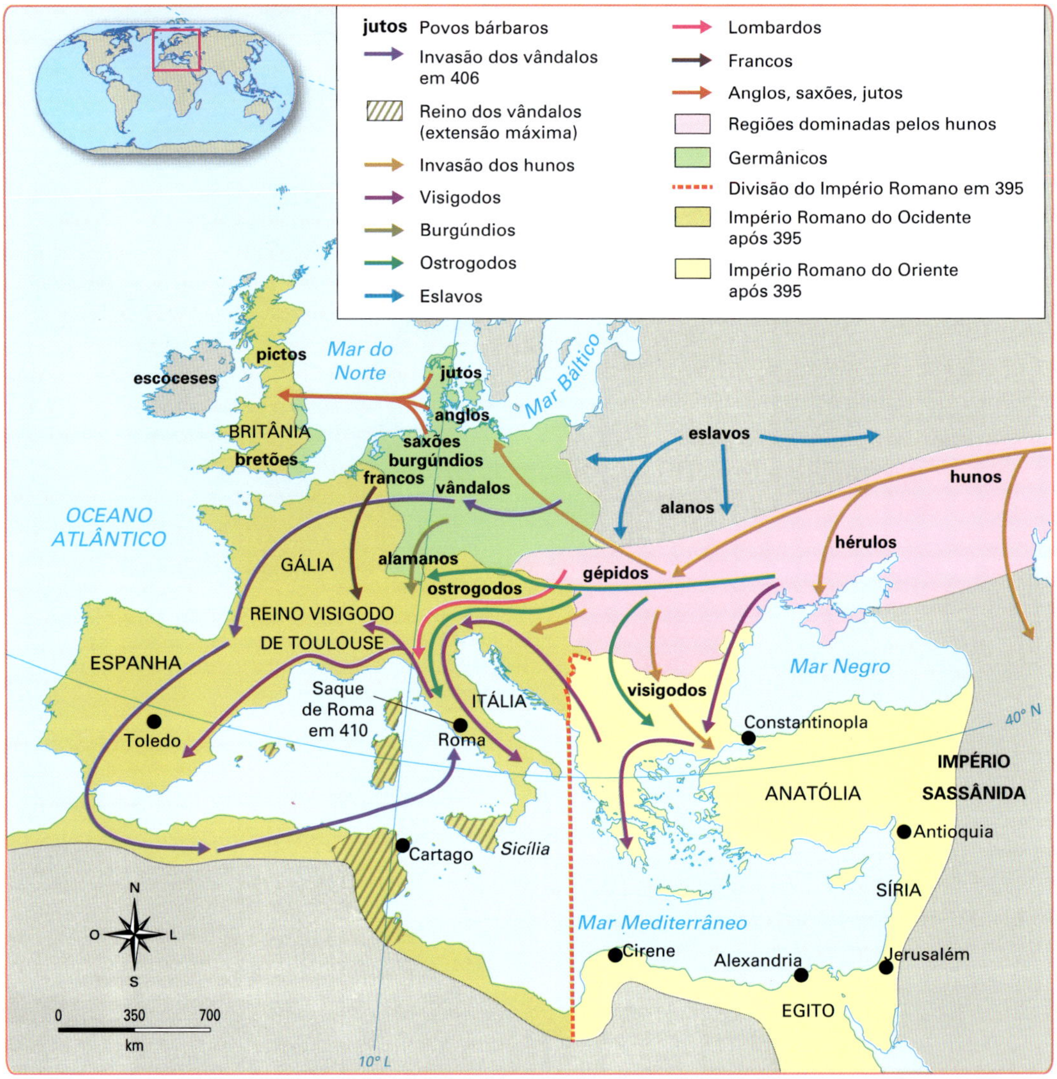

Fonte: elaborado com base em BASCHET, Jérôme. *A civilização feudal*: do ano mil à colonização da América. São Paulo: Globo, 2006. p. 42.

É importante ressaltar que esse sistema político e econômico não foi imóvel e muito menos estagnado. Ao contrário, formou-se durante a Alta Idade Média e, principalmente a partir do século XI, no início da Baixa Idade Média (século XI ao XV), com o desenvolvimento das cidades e das atividades artesanais e comerciais, passou a ser mais dinâmico. Destaque-se, ainda, que as características do feudalismo, cuja forma considerada a mais completa foi a do norte da França, variaram de região para região e de época para época, ao longo dos séculos.

De modo geral, do ponto de vista econômico, o sistema feudal, em sua formação, era caracterizado pelo predomínio da produção para consumo local, por um comércio bastante reduzido ou quase inexistente e pela ausência ou baixa utilização de moeda. O feudo, unidade de produção agrária, pertencia a uma camada de senhores feudais que eram membros do alto clero ou nobres guerreiros.

A sociedade estamental fundada na dependência e na servidão

Apesar de continuar existindo escravidão em algumas regiões europeias, o trabalho na sociedade feudal estava baseado principalmente na **servidão**, relação que mantinha os trabalhadores (servos ou vilãos ou aldeões) presos à terra e subordinados a uma série de obrigações em impostos feudais e serviços. Nessa época, era comum que as pessoas nascessem, vivessem e morressem sem jamais sair do lugar de origem, atreladas às obrigações com o senhor do feudo.

A sociedade feudal baseava-se na existência de dois grupos sociais principais – senhores e servos – e podia ser caracterizada como **estamental**, uma vez que as categorias eram claramente definidas e não era comum haver nenhum tipo de mobilidade.

O estamento inferior – a camada produtiva constituída pelos servos – formava a maioria da população. Destaque-se que, além desse quadro geral, dependendo da região da Europa e ao longo do tempo, existiram desde indivíduos mais subordinados à servidão e submissos às tributações até alguns com um pouco mais de liberdade ou mesmo isentos de algumas obrigações. Os principais tributos pagos pelos servos eram:

- **talha:** correspondia, em geral, a mais da metade da produção das terras trabalhadas;
- **corveia:** era pago com trabalho obrigatório nas terras do senhor pelo menos dois ou três dias por semana;
- **banalidades:** pagamentos em produtos pelo uso de instrumentos de trabalho e das dependências comuns do feudo, como moinhos, fornos, celeiros e pontes.

A exploração do trabalho servil era legitimada pela Igreja. Para ela, cada membro da sociedade tinha funções a cumprir em sua passagem pela Terra, o que disseminava uma mentalidade favorável à condição subordinada dos servos. Segundo essa mentalidade, era função do servo trabalhar (*laboratores*); do clérigo rezar (*oratores*); e do nobre proteger militarmente a sociedade (*bellatores*).

Os senhores feudais, por sua vez, estabeleciam entre si relações de suserania e vassalagem. Isso ocorria, por exemplo, quando um nobre doava terras a outro nobre em troca de ajuda em guerras e outras obrigações, como tributos. O senhor que doava o feudo tornava-se suserano e o que o recebia passava a ser seu vassalo, sendo obrigado a prestar, principalmente, ajuda militar àquele. Um suserano poderia ter diversos vassalos, e cada vassalo também poderia ter muitos vassalos, de forma que diversos senhores feudais, nobres guerreiros de uma região, assumiam compromissos mútuos de defesa. Também ocorria de um nobre tornar-se suserano não por doar terras, mas por fazer outros tipos de concessão: por exemplo, ceder ao vassalo o direito de explorar pedágios em pontes ou estradas, ou recolher taxas em uma aldeia ou região.

Tratava-se de uma teia de relações em forma de pirâmide, em cuja base estavam os senhores feudais menos poderosos, que eram somente vassalos; no meio estavam nobres vassalos de um e suseranos de vários; e, no topo, geralmente, estava o senhor feudal mais poderoso: o **rei**.

Ao longo dos séculos, na progressiva complexidade de relações medievais de dependência e fidelidade entre senhores, surgiram até mesmo reis que eram vassalos de outros suseranos. O fundamental, já que havia uma fragmentação de poderes nas mãos dos senhores e um poder central fraco, é que as relações de suserania e vassalagem garantissem a coesão mínima entre os membros do grupo social dominante, o que era indispensável para enfrentar ameaças que pudessem subverter a ordem estabelecida, especialmente por parte dos servos.

> O termo vilão, que de início não é pejorativo, é sem dúvida o mais adequado, em primeiro lugar porque a noção moderna de "camponês" não tem equivalente nas concepções medievais. Nelas, os homens rurais não eram definidos por suas atividades (o trabalho na terra), mas pelo termo vilão, que abrange todos os aldeãos, seja qual for sua atividade (aí incluídos os artesãos), e que indica essencialmente residência local. [...] A base fundamental dessa relação social é antes de tudo de ordem espacial: ela designa todos os habitantes de um senhorio, os vilãos (ou, se quisermos, aldeãos) que sofrem a dominação do senhor do lugar.
>
> BASCHET, Jérôme. *A civilização feudal*: do ano mil à colonização da América. São Paulo: Globo, 2006. p. 128.

Atividade

- Em pequenos grupos orientados pelo professor, discutam as questões:
  a) Atualmente, qual é o sentido cotidiano da palavra **vilão**?
  b) Reflitam sobre a condição social dos vilões na Idade Média e levantem hipóteses para explicar por que o termo **vilão** adquiriu o significado atual.

Europa: as Grandes Navegações e a colonização

Até o século XVI o mundo era um mosaico de povos, civilizações e culturas, no qual as trocas e os contatos eram pouco frequentes. Destacavam-se a China, a Europa cristã, o Império Turco Otomano e a África com forte presença islâmica ao norte e composta de diversos reinos ao sul. Na Índia, o Sultanato de Délhi seria substituído em pouco tempo pelo Império Grão-Mogol, islâmico. No Sudeste Asiático, a cidade mercantil de Malaca exercia influência sobre toda a região. Na América, destacavam-se os impérios Inca e Asteca. Entretanto, em todos os continentes havia povos com culturas singulares, vivendo em maior ou menor isolamento.

Comércio chinês

Fonte: elaborado com base em BARRACLOUGH, Geoffrey. *Atlas da história do mundo*. 4. ed. São Paulo: Folha de S.Paulo, 1995. p. 150.

Aos poucos, porém, a partir das Grandes Navegações, a Europa assumiria o papel de catalisador de um processo histórico que levaria à integração de diversos povos e civilizações em um mercado mundial.

Entretanto, as Grandes Navegações europeias não foram as únicas responsáveis por isso. Embora o comércio tenha existido desde épocas remotas, o capitalismo foi a "invenção" que permitiu (e exigiu) essa transformação mundial.

É nessa formação do capitalismo – etapa denominada por muitos teóricos de capitalismo comercial ou mercantil – que se insere o processo de colonização da América portuguesa, bem como de todo o continente americano. A colonização, em muitas regiões da América, se desdobrou em uma sociedade formada pela fusão do colonizador branco com os povos originários e com o negro africano, na forma de uma sociedade senhorial-escravista.

A estruturação colonial firmou-se progressivamente: muito poder e riqueza para uma minoria branca; **clientelismo** e vantagens limitadas para alguns; trabalho compulsório, opressão e sofrimento para a maioria.

Para a maioria da população, prevaleceu o sistema escravista da colonização, sustentáculo da maior parte da elite branca da América portuguesa, como destaca a afirmação do padre jesuíta italiano **André João Antonil** – pseudônimo de Giovanni Antonio Andreoni (1649-1716): "Os escravos são as mãos e os pés do senhor de engenho, porque sem eles não é possível fazer, conservar e aumentar fazenda, nem ter engenho corrente".

Clientelismo: relação política ou econômica na qual uma pessoa dotada de poder dá proteção a outras em troca de apoio ou de serviços prestados.

ANTONIL, André João. *Cultura e opulência do Brasil*. Belo Horizonte: Itatiaia, 1982. p. 89.

África: da "escravidão doméstica" à escravização colonial

Bem antes da expansão marítima europeia, em muitas regiões da África antiga também havia escravos de guerra. Era a chamada **escravidão doméstica**, que consistia em aprisionar escravos para utilizar sua força de trabalho, em geral na agricultura de pequena escala, e não raramente eles eram incorporados à estrutura familiar. Conforme os reinos africanos se expandiam, era comum que a escravidão também crescesse.

Mas em nenhuma dessas regiões a escravidão era uma instituição socioeconômica dominante.

A partir da ocupação árabe no norte da África, durante a Idade Média europeia, o fluxo do comércio de escravos cresceu em direção ao noroeste da África e em partes da Europa e do Oriente Médio. Eles eram levados por mercadores muçulmanos pelas rotas transaarianas (que cruzavam o deserto do Saara).

Principais rotas do tráfico de escravizados africanos

Banco de imagens/Arquivo da editora

Fonte: elaborado com base em VICENTINO, Cláudio. *Atlas histórico*: geral e Brasil. São Paulo: Scipione, 2011. p. 93.

O tráfico transaariano de escravizados (650-1600)		
Período	**Média anual**	**Total estimado**
650-800	1 000	150 000
800-900	3 000	300 000
900-1100	8 700	1 740 000
1100-1400	5 500	1 650 000
1400-1500	5 300	430 000
1500-1600	5 500	550 000
Total	—	4 820 000

Fonte: elaborado com base em LOVEJOY, Paul E. *A escravidão na África*: uma história de suas transformações. Rio de Janeiro: Civilização Brasileira, 2002. p. 61.

Tráfico de escravizados no mar Vermelho e na África oriental (800-1600)		
Costa do mar Vermelho	**Costa da África oriental**	**Total**
1 600 000	800 000	2 400 000

Fonte: elaborado com base em LOVEJOY, Paul E. *A escravidão na África*: uma história de suas transformações. Rio de Janeiro: Civilização Brasileira, 2002. p. 61.

Contudo, com a abertura de rotas de tráfico de escravizados através do oceano Atlântico, a partir do século XV, teve início a exploração desenfreada do comércio de escravizados principalmente para a América, desestabilizando a organização das comunidades da África.

Esse impulso europeu em expansão teve origem no Renascimento comercial da Baixa Idade Média, que, apesar das adversidades europeias de meados do século XIV e do século XV – como a peste negra e as guerras –, ganhou novo e forte avanço quando grupos mercantis portugueses e espanhóis, com o apoio de seus monarcas, lançaram-se na navegação atlântica.

Foi essa expansão marítima europeia, denominada **Grandes Navegações**, que montou as áreas coloniais americanas, com destaque para a América portuguesa, fundadas na exploração do trabalho escravo.

Os escravizados africanos de variadas regiões do continente africano foram obrigados a abandonar suas origens e a enfrentar uma nova vida de imposições e sofrimentos e a conviver com culturas desconhecidas. Transformaram-se em "peças", em mercadorias, sendo desumanizados em um sistema de exploração, em uma escravidão atlântica completamente distinta da escravidão tradicional africana e que foi um dos eixos econômicos desse período. Para a África, que já tinha passado por várias migrações forçadas anteriormente, a partir do tráfico Atlântico o custo humano e seus desdobramentos foram imensos como impulsionadores na disseminação da violência e escravidão no continente.

O trabalho escravo na América

A escravidão se caracteriza pela sujeição total de um ser humano ao outro, concretizada e mediada pelo uso de alguma forma de violência: física ou psicológica. No caso da escravidão americana, ambas as formas de violência foram usadas para sujeitar os cativos.

Em um primeiro momento da escravidão, ao longo do século XVI, os povos originários da América foram os alvos do trabalho escravo imposto pelos colonizadores europeus e, depois, em certas áreas do litoral, gradativamente foram substituídos por populações negras trazidas à força da África, ainda que os povos indígenas continuassem a ser escravizados e a sofrer inúmeras e variadas formas de perseguição no decurso da história americana. Até os dias atuais os povos indígenas continuam sendo discriminados, o que resultou na expressiva redução do número dos primeiros habitantes do continente americano e no deplorável extermínio de nações indígenas inteiras.

A escravidão nas Américas seguiu o rito tradicional de sujeição completa dos seres humanos, mas introduziu novos elementos à prática escravocrata. Esses elementos estavam ligados a uma nova racionalidade surgida com a modernidade capitalista em seus primórdios. Cabe ressaltar que dentro dessa nova racionalidade capitalista os sujeitos escravizados passaram a ser tratados como uma mercadoria insignificante, destituídos de qualquer direito ou subjetividade, e a ser comercializados em um espaço próprio: os mercados de escravos.

Saiba+

***12 anos de escravidão*.**
Direção: Steve McQueen.
Estados Unidos, 2014.
134 min.
O filme conta a história real de Solomon Northup, violinista negro nascido livre que, ao aceitar um trabalho em outra cidade, é sequestrado e forçado a trabalhar como escravo. O filme, que se passa em 1841, antes da abolição da escravatura, aprofunda as diferentes relações de trabalho que coexistiam entre homens livres e escravizados nos Estados Unidos, no século XIX.

Engenho de Pernambuco (detalhe), tela pintada no século XVII pelo holandês Frans Post (1612-1680). Na imagem, observam-se as instalações do engenho de produção e os escravizados.

Wikipedia/Wikimedia Commons/Coleção Acervo Artístico do Ministério das Relações Exteriores, Palácio Itamaraty, Brasília, DF.

Reflexos dessa prática escravocrata sobre a valorização das pessoas segundo seus atributos e suas qualidades subsistem até os nossos dias, o que podemos perceber quando deparamos com a diferença de importância que é dada aos tipos de trabalho realizados em nossa sociedade: trabalhos manuais e trabalhos considerados intelectualizados. Estes, mais valorizados, remetem aos colonizadores, e aqueles, menos valorizados, aos submetidos à escravização.

Ainda sobre os povos indígenas, os primeiros contatos com os europeus, já no primeiro século de colonização (século XVI), ocorreram por meio de "escambo", pelo qual os portugueses interessados nos produtos tropicais – notadamente no pau-brasil – trocavam quinquilharias com os indígenas. Depois os indígenas também passaram a receber, dos portugueses, armas de fogo, pólvora, cavalos e espadas, em troca de farinha de mandioca, milho e indígenas aprisionados para serem escravizados. Em consequência, esse tipo de escambo (troca direta de produtos) estimulou, da mesma forma que ocorria na África, a ocorrência das guerras intertribais.

Longe de ser um caso esporádico, a escravização dos indígenas foi regulamentada pela Coroa portuguesa e legitimada pelo poder religioso, exercido pela Igreja católica. As chamadas "Guerras Justas", que deveriam ser travadas contra povos inimigos e antropofágicos – desde que fossem autorizadas pela Coroa e pelos governadores –, eram usadas como justificativa para o aprisionamento dos povos indígenas. E essas guerras foram usadas, outras tantas vezes, fora do seu contexto original, contra povos que não tinham as características que justificassem esse embate militar.

Assim, amparados por uma legislação variada e contraditória, colonos e jesuítas se beneficiaram do trabalho compulsório dos indígenas por meio de: alianças contra outros grupos nativos; ataques dos colonos aos aldeamentos dos jesuítas; dominação dos "índios bravos", ou seja, dos indígenas que eram hostis e resistentes à conversão católica; entre outros recursos que foram usados na época. Mesmo com esse quadro, o fato é que o sistema colonial implantado no Brasil necessitava de mão de obra abundante e que ela fosse fonte de lucro para os mercadores, uma mercadoria por meio da qual se pudesse obter um ganho, comprando barato e vendendo caro.

Nesse sentido, os africanos foram introduzidos à força nas colônias americanas, sobretudo no Brasil, como forma de suprir a mão de obra da grande lavoura e para aumentar os lucros dos mercadores escravocratas e proporcionar controle e renda extra à Coroa em forma de impostos e taxações. Só assim o sistema colonial americano/português poderia atender à crescente demanda do moderno sistema capitalista, que se consolidava na Europa e se difundia pelo mundo por meio das Grandes Navegações. Como afirma o historiador Luiz Felipe de Alencastro:

> Mesmo não sendo impossível, a acumulação proporcionada pelo trato de escravos índios se mostrava incompatível com o sistema colonial. Esbarrava na esfera mais dinâmica do capital mercantil (investido no negócio negreiro), na rede fiscal da Coroa (acoplada ao tráfico atlântico africano), na política imperial metropolitana (fundada na exploração complementar da América e da África portuguesa) e no aparelho ideológico de Estado (que privilegiava a evangelização dos índios). Esse feixe de circunstâncias inviabilizava um sistema regular de intercâmbios similar ao do trato negreiro.

ALENCASTRO, Luiz Felipe de. *O trato dos viventes*: formação do Brasil no Atlântico Sul. São Paulo: Companhia das Letras, 2000. p. 126-127.

Atividades

1. Existem algumas interpretações a respeito da passagem do trabalho escravo dos povos indígenas originários para o trabalho dos povos africanos no processo de colonização das Américas, em especial do Brasil. Segundo o texto, quais elementos justificaram a introdução do trabalho dos africanos escravizados no Brasil?

2. O imaginário da escravidão, bem como suas práticas, ainda está presente atualmente, atravessando nosso cotidiano. Pesquise práticas, palavras, ideias, concepções, entre outros aspectos que se originaram no período escravocrata e estejam presentes na comunidade em que você vive e/ou na sociedade brasileira.

Diálogos

No texto abaixo são apresentadas algumas características das pesquisas acadêmicas que foram desenvolvidas pelo professor Ramatis Jacino, na Faculdade de Filosofia, Letras e Ciências Humanas (FFLCH), da Universidade de São Paulo (USP).

Leia o texto e responda à questão proposta a seguir.

Pessoas negras excluídas do mercado de trabalho

Entre 1912 e 1920, a população negra da cidade de São Paulo perdeu postos de trabalho, foi prejudicada por leis municipais que de forma explícita ou não a proibiam de exercer certas profissões, além de ter sido retirada de terras onde desenvolvia a agricultura de subsistência. "Esses fatores podem ser considerados indícios de que houve uma construção ideológica gestada pelas elites que visava à exclusão do negro da sociedade brasileira", aponta o pesquisador Ramatis Jacino, professor do ensino médio, em sua tese de doutorado pela Faculdade de Filosofia, Letras e Ciências Humanas (FFLCH) da USP.

Jacino analisou cerca de 43 mil boletins de ocorrência emitidos na cidade na segunda década após a abolição da escravatura, entre 1912 e 1920. "Com o fim da escravidão, os únicos documentos oficiais que mencionavam a cor da pele e a profissão exercida eram os boletins de ocorrência da polícia", explica. O pesquisador também analisou anúncios de jornais da época e alguns processos criminais.

No mestrado, que abordou o mesmo tema, a análise esteve focada na população negra que vivenciou o período pré e pós-abolição. Jacino pesquisou os anos de 1872 e 1890 (datas em que houve recenseamento na cidade) e pôde verificar quais profissões os negros exerciam na época. A maioria era ligada à baixa qualificação e mal remuneradas: trabalhadores domésticos, criados, amas-secas, jornaleiros, carregadores, operários da construção civil, artífices, parteiras, etc., mas havia também alguns jornalistas, professores e intelectuais.

Já no doutorado, sob a orientação da professora Vera Lúcio Amaral Ferlini, da FFLCH, o foco foi a primeira geração de negros que nasceu após a abolição. O pesquisador comparou os dois períodos e ficou surpreso ao perceber que, de 1912 a 1920, com a industrialização da cidade, os negros haviam perdido as ocupações que antes exerciam. Profissões de ama-seca, domésticas e criados começaram a ser exercidas por imigrantes. Isso levou a um processo de [maior] marginalização da população negra.

[...]

Também merece destaque o discurso ideológico que foi apropriado pelas oligarquias de que a população negra não era adequada para ao trabalho assalariado e que eram inferiores aos brancos. "A meu ver, esse discurso tinha a intenção de branquear a sociedade. Para as elites, a sociedade moderna e capitalista que eles almejavam precisava ser branca" finaliza.

DIAS, Valéria. Após abolição, negro foi excluído do mercado de trabalho. *Agência USP de Notícias*, São Paulo, 11 mar. 2013. Disponível em: http://www.usp.br/agen/?p=130331. Acesso em: 10 maio 2022.

- Identifique os grupos sociais presentes nas pesquisas desenvolvidas por Ramatis Jacino. Em seguida, analise as relações entre esses grupos, considerando as formas de trabalho estabelecidas no período destacado pelas pesquisas e suas consequentes implicações sociais.

Transição para o trabalho livre no Brasil

Em 1884, as províncias do Ceará e do Amazonas aboliram a escravidão em seus territórios. A historiografia tem questionado tal evento devido à continuidade de cativos em determinados municípios, porém o seu sentido simbólico foi significativo. O presidente do Amazonas determinou o mesmo quanto à abolição. No ano seguinte, diversas cidades gaúchas (Uruguaiana, São Borja e Pelotas) fizeram o mesmo.

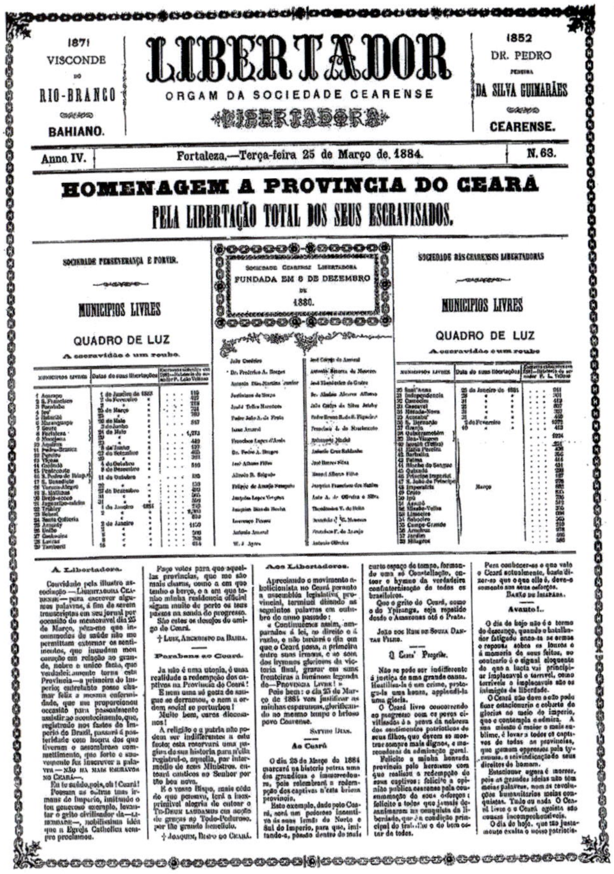

1871 VISCONDE DO RIO-BRANCO BAHIANO.

LIBERTADOR

ORGAM DA SOCIEDADE CEARENSE LIBERTADORA

1852 DR. PEDRO PEREIRA DA SILVA GUIMARÃES CEARENSE.

Anno IV. | Fortaleza,—Terça-feira 25 de Março de 1884. | N. 63.

HOMENAGEM A PROVINCIA DO CEARÁ PELA LIBERTAÇÃO TOTAL DOS SEUS ESCRAVISADOS.

MUNICIPIOS LIVRES

QUADRO DE LUZ

Capa do jornal *Libertador*, publicado no dia 25 de março de 1884 pela Sociedade Cearense Libertadora em homenagem à libertação total dos escravizados do estado do Ceará, primeiro estado a abolir a escravidão.

Desde os primórdios da colonização portuguesa, a história brasileira foi mais marcada por traços de continuidade do que de rupturas. A abolição da escravidão e a transição para o trabalho livre apontam para o fato de haver o domínio das continuidades estruturais na nossa sociedade, na medida em que a libertação oficial dos negros cativos em 13 de maio de 1888 não provocou grandes mudanças na estrutura socioeconômica vigente, tendo até mesmo mantido exclusões e o padrão agroexportador por décadas após o fim definitivo do trabalho escravo. Para tanto, contou-se também com a Lei de Terras, editada ainda em 1850, segundo a qual as terras públicas por todo o país só poderiam ser adquiridas por compra, condição que inviabilizava o acesso às pessoas advindas da escravidão, que fora extinta. A esse respeito o economista brasileiro Celso Furtado (1920-2004) pondera que:

> Abolido o trabalho escravo, praticamente em nenhuma parte houve modificações de real significação na forma de organização da produção e mesmo na distribuição da renda. Sem embargo, havia-se eliminado uma das vigas básicas do sistema de poder formado na época colonial e que, ao perpetuar-se no século XIX, constituía um fator de entorpecimento do desenvolvimento econômico do país.

FURTADO, Celso. *Formação econômica do Brasil*. São Paulo: Cia. Editora Nacional, 1967. p. 149.

Aliás, o predomínio das permanências em detrimento das mudanças também havia prevalecido na independência política do Brasil, ocorrida em 1822, pois a ordem socioeconômica não sofrera alteração nem mesmo em suas estruturas marcadamente coloniais – como o escravismo, o latifúndio e o domínio político da aristocracia.

Os membros da Regência Trina Permanente Francisco de Lima e Silva, José da Costa Carvalho e João Braulio Moniz, junto com o Ministro da Justiça Diogo Antonio Feijó, assinaram a Lei de 7 de novembro de 1831, que dizia em seu 1º artigo que os escravos que entrassem no Brasil a partir daquela data eram livres. Uma lei que nunca saiu do papel e buscava acalmar os ânimos dos ingleses. Na imagem, José da Costa Carvalho. Litografia de S. A. Sisson, 1857.

Da mesma forma, após a independência política do Brasil, o tráfico de escravizados continuou sendo legal e amplamente praticado no país. Enquanto isso, prevalecia o desenvolvimento capitalista, que havia sido consolidado com a Revolução Industrial iniciada na Inglaterra e visava ampliar seus mercados. Foi nesse contexto que a escravidão, tida como um obstáculo ao crescimento do capitalismo, impulsionou as atuações pelo seu fim, tendo à frente a liderança inglesa nas pressões internacionais.

Em troca do reconhecimento da independência do Brasil, o governo inglês conseguiu de dom Pedro I o compromisso de extinguir o tráfico negreiro até 1830. Esse acordo só se efetivou com a Regência, após a abdicação de dom Pedro I, com a lei de 1831, que não saiu do papel, lei típica "para inglês ver".

O golpe final contra o tráfico negreiro veio com a promulgação do Bill Aberdeen, na Inglaterra, em 1845. Os ingleses davam a si mesmos as prerrogativas de interceptar e aprisionar qualquer embarcação envolvida no tráfico de escravizados. Cedendo aos interesses ingleses, o governo brasileiro decretou, em 1850, a Lei n. 581, também chamada Lei Eusébio de Queiroz, que punha fim ao tráfico atlântico de escravizados no Império brasileiro. Mesmo assim, o tráfico continuou sendo praticado ilegalmente, mas de forma bastante reduzida. Além disso, houve forte impulso do tráfico interno – interprovincial – das províncias do norte e do nordeste para as lavouras do sudeste.

Se na primeira metade do século XIX o governo brasileiro teve de ceder às pressões internacionais, na segunda metade as pressões internas foram as mais decisivas. Dessas ganharam força os movimentos abolicionistas de várias tendências, contando com intelectuais, clérigos e outros setores ativistas, bem como com as lutas de resistência das pessoas escravizadas, enfraquecendo a ordenação das estruturas da sociedade escravocrata.

Em 1871, com objetivo de acalmar os anseios abolicionistas, foi decretada a Lei n. 2.040, a chamada Lei do Ventre Livre. Na essência, essa lei definia que a partir daquela data os filhos de escravizados eram considerados livres. Nos anos 1880, os conflitos entre escravocratas e abolicionistas se intensificaram, seguindo-se a aprovação, pelo governo imperial, em 1885, da Lei n. 3 270, mais conhecida como Lei dos Sexagenários. Essa medida visava dar liberdade aos escravizados maiores de 60 anos, ao mesmo tempo que transformava a proteção de escravizados fugidos em crime passível de prisão. Contudo, os abolicionistas intensificaram o apoio às fugas em massa das fazendas, prática que os escravizados adotavam desde a época colonial, como comprovam os inúmeros quilombos criados durante todo o longo período escravocrata.

Finalmente, o governo imperial não resistiu às pressões e decretou, em 13 de maio de 1888, a Lei n. 3 353, que ficou conhecida como Lei Áurea. Assim, depois de décadas de lutas e pressões, finalmente foi extinta a escravidão no Brasil.

Trabalho assalariado e outras formas de trabalho

O trabalho assalariado se caracteriza pela troca da força de trabalho por um salário, geralmente pago em dinheiro, a forma de representação do valor nas sociedades modernas. Essa definição pode parecer simplória, mas contempla pensadores das mais diferentes escolas econômico-filosóficas, desde Ludwig von Mises (1881-1973), expoente liberal da Escola Austríaca de pensamento econômico, até Karl Marx, o representante da corrente socialista de pensamento. Em sua referência ao trabalho assalariado, Marx afirmava que:

> Apesar da diversidade das suas indicações, todos concordarão neste ponto: o salário é a soma em dinheiro que o capitalista paga por um determinado tempo de trabalho ou pela prestação de determinado trabalho.
>
> MARX, Karl. *Trabalho assalariado e capital*. Lisboa: Editorial Avante, 1982. p. 9.

Buyenlarge/Archive Photos/Getty Images

Mulheres trabalhando na montagem da fuselagem do bombardeiro B-17 durante a Segunda Guerra Mundial (1939-1945), na Califórnia (Estados Unidos) em 1942.

A forma assalariada do trabalho foi generalizada no tempo e no espaço, e hoje podemos afirmar que ela cobre grande parte da produção de mercadorias no mundo capitalista e, também, nos últimos representantes do socialismo real, como a China, cujo governo se autodefine como uma economia socialista de mercado, com exceção de algumas poucas atividades exercidas fora do âmbito do assalariamento.

O trabalho assalariado, sem ser predominante, já era utilizado desde a Antiguidade e na Idade Média europeia. Nesses períodos prevaleceram, como vimos, a escravidão e a servidão, respectivamente, como formas de trabalho. A forma salário só se sobrepôs predominantemente aos outros tipos de trabalho com os desdobramentos da Revolução Industrial a partir, principalmente, do século XIX. O assalariamento massivo substituiu as formas de servidão que havia na Europa, herdadas da sociedade feudal, em um primeiro momento, para depois substituir o trabalho escravo nas colônias americanas e nas sociedades tradicionais na Ásia, na África e na Oceania.

Se há certo consenso na definição do trabalho assalariado, o mesmo não ocorre com a compreensão sobre seu valor. Como determinar o preço da força de trabalho, expresso no salário? Segundo os representantes do liberalismo, a Escola Austríaca de Ludwig von Mises, o salário é calculado por duas leis fundamentais:

- **Primeira:** a lei da oferta e da procura indica que o aumento da demanda por determinado tipo de trabalho tende a aumentar o preço desse trabalho – isto é, o salário recebido por quem o faz.
- **Segunda:** o capitalista paga no presente pela produção daquilo que só será vendido no futuro. Isso significa que o valor do salário é calculado no momento em que o trabalhador faz o trabalho, e não quando todo o processo de pro-

dução é completado. Portanto, o valor do trabalho será menor do que aquilo que foi produzido, pois o capitalista ainda não sabe, com certeza, quanto será seu lucro após o processo produtivo ter se completado.

Segundo o pensamento marxista, a remuneração do trabalhador demonstra a situação de exploração que lhe é imposta pelo capitalista. A expressão mais evidente, segundo Karl Marx, é a da chamada "mais-valia", isto é, a diferença entre o que o trabalhador produz e a remuneração que recebe. Diante da quantidade de horas que trabalha, produzindo certo valor, o trabalhador fica com uma parte menor, sendo esse valor a mais apropriado pelo dono da empresa, o que garante o processo de acumulação de capitais. Proporcionalmente, a ampliação de horas de trabalho e a introdução de diversas tecnologias e equipamentos aumentam os valores produzidos, e não a remuneração dos trabalhadores, só fazendo ampliar essa mais-valia.

LAFARGUE, Paul. *O direito à preguiça*. Domínio público, 1883. Disponível em: www.dominiopublico.gov.br/download/texto/ma000018.pdf. Acesso em: 2 fev. 2022.

Quanto a isso, vale citar o marxista **Paul Lafargue** (1842-1911), na obra *O direito à preguiça*, que propõe reduzir a jornada de trabalho substancialmente considerando os avanços tecnológicos, desde que servissem para os que trabalham, e não para os que ficam com a mais-valia. Ou seja, a proposta é trabalhar menos horas diárias e manter ou mesmo aumentar a remuneração.

Há, ainda, outras formas de produzir e vender mercadorias e de prestar serviços dentro das sociedades capitalistas. Uma delas é a chamada economia solidária, que se caracteriza pela tomada de decisão coletiva entre os trabalhadores, renunciando às formas hierárquicas da gestão capitalista tradicional. Na economia solidária, as informações são socializadas e as orientações fluem de baixo para cima, vislumbrando-se uma alternativa à desigualdade e à marginalização produzidas pela competição e às relações de subordinação impostas pelo capitalismo.

Existem também as cooperativas de trabalho, impulsionadas há algumas décadas como forma de fazer frente aos níveis de desemprego que cresciam rapidamente. Cooperativas de trabalho são sociedades constituídas de trabalhadores para o exercício de suas atividades, com proveito comum, autonomia e autogestão, a fim de obter melhor qualificação, renda, situação socioeconômica e condições gerais de trabalho.

Não podemos nos esquecer de que o trabalho em condições análogas à escravidão sobrevive no tecido social, mas é proibido por lei no Brasil e pode resultar em uma pena de cinco a dez anos de reclusão para o empregador que sujeitar seus empregados ao trabalho mediante fraude, coação ou quaisquer outros tipos de violência.

Atividades

1. Como vimos, o trabalho assalariado se caracteriza pela troca da força de trabalho por um valor que, nas sociedades modernas e capitalistas, é uma soma em dinheiro. Em pequenos grupos orientados pelo professor, pesquisem o salário mínimo no Brasil.

a) Quando o salário mínio foi instituído no Brasil? Qual é o seu valor atual e como é feito o cálculo para determinar seu valor?

b) Façam um levantamento sobre os valores do salário mínimo em dois outros países, de livre escolha.

2. Façam uma discussão no grupo e, depois, montem um texto coletivo:

a) comparando o salário mínimo no Brasil com o dos outros dois países;

b) apontando justificativas para as diferenças ou semelhanças encontradas.

Trabalho criativo

Monster Ztudio/Shutterstock

Imagine uma sociedade em que a tecnologia transforme tanto as relações sociais que acabe modificando completamente o que entendemos como trabalho. Nessa sociedade, boa parte dos empregos, tais como os que reconhecemos hoje, deixaria de existir. Mesmo não significando propriamente o fim do trabalho – pois trabalhar vai muito além do que estar empregado –, um processo assim afetaria significativamente a vida de uma imensa maioria de pessoas.

O trabalho criativo é uma nova proposta para organizar a atividade humana e, como toda novidade, gera desconfianças, mas também oxigena as reflexões sobre o mundo do trabalho e da prestação de serviços.

Essa ideia ganhou força na década de 1990, quando, após a derrocada da União Soviética e do socialismo real, o mundo assistiu à expansão do capitalismo em sua forma neoliberal e a uma onda de expectativas em torno de um novo patamar de desenvolvimento em um mundo cada vez mais globalizado. No entanto, com o passar dos anos, essas perspectivas não se confirmaram e o desemprego e o subemprego continuaram rondando persistentemente diversas sociedades, principalmente nos países em desenvolvimento.

O progresso tecnológico-industrial tem infundido uma nova marca ao mundo do trabalho: o produto do trabalho humano tem deixado de ser um espelho do indivíduo, o fruto de sua realização e de sua capacidade emancipatória. O trabalhador, não raramente, teve que abandonar sua subjetividade na execução do trabalho e passou a ser guiado por métodos cada vez mais racionais e repetitivos, isolando-o da sua criatividade. Essa forma de produção foi o signo do trabalho na modernidade, que deparou com ondas de crescimento e estabilização ao longo dos séculos XIX e XX, mas que suscitou questionamentos com relação a sua forma ética, surgindo propostas de superação desse modelo homogeneizante.

O sociólogo italiano Domenico de Masi (1938-) tornou-se conhecido por repensar a maneira como deveríamos trabalhar. Em seu livro *O ócio criativo, De Masi* propôs um novo modelo social, chamado por ele de "sociedade pós-industrial", na qual o trabalho repetitivo seria substituído por uma atividade intelectual criativa. A esse respeito, De Masi afirma que:

> Assim sendo, acredito que o foco desta nossa conversa deva ser esta tríplice passagem da espécie humana: da atividade física para a intelectual, da atividade intelectual de tipo repetitivo à atividade intelectual criativa, do trabalho labuta nitidamente separado do tempo livre e do estudo ao "ócio criativo", no qual estudo, trabalho e jogo acabam coincidindo cada vez mais.

DE MASI, Domenico. *O ócio criativo*: entrevista a Maria Serena Palieri. Rio de Janeiro: Sextante, 2000. p. 17.

Assim, para De Masi, o trabalho criativo envolve estudo, aperfeiçoamento e boa dose de interações lúdicas. Além disso, o trabalho criativo ocorre na medida em que está associado aos propósitos de vida dos trabalhadores, ou seja, quando há a junção da atividade laboral com a realização de tarefas que tragam bem-estar ao trabalhador ou à comunidade.

O trabalho criativo traz possibilidades reais de impacto positivo na vida do trabalhador muito além de prover o seu sustento, e pode se expressar em formas cooperativas de trabalho. Desde as primeiras cooperativas que surgiram no século XIX, como resposta ao paradigma do trabalho industrial, hoje já aglutinam mais de 1 bilhão de pessoas ao redor do mundo. O modelo cooperativo pauta-se por valores como autoajuda, responsabilidade, equidade e solidariedade, valores que podem servir de alicerce para o trabalho criativo.

Atividades

3. Que diferenças podemos apontar entre o trabalho tradicional na sociedade industrial e o trabalho criativo?

4. A década de 1990 trouxe à tona o problema do desemprego em larga escala, também chamado de desemprego estrutural. Relacione o desemprego estrutural com o processo de globalização e o desenvolvimento tecnológico.

5. Como uma das respostas às elevadas taxas de desemprego, atualmente, está a ideia de empreendedorismo. Como você avalia a questão do empreendedorismo? Ele é uma alternativa viável para a massa de desempregados? E para você, empreender poderia estar entre uma de suas possibilidades de projeto de vida? Pesquise e liste as vantagens e as desvantagens de abrir e gerir um negócio próprio.

6. Leia o texto e, em grupo, discutam: Como vocês imaginam que seria o mundo do trabalho em uma sociedade no qual o principal motivo do trabalho não seja econômico-financeiro?

> [...] Qual será o projeto de uma sociedade que não mais eleja a produção e o consumo econômico como foco central? Certamente as profundas transformações que estão ocorrendo, e que são absorvidas e explicadas de diferentes modos, hão de levar a uma redefinição do conceito de trabalho que privilegie a natureza humana.
>
> Nessa reconceituação, o trabalho criativo, enquanto espaço articulado para conter a diversidade, aparece como alternativa que contempla os aspectos objetivos e subjetivos, fundados numa ética que leva à realização pessoal. [...]

VALENTI, Geni Dornelles; SILVA, Regina Schiavini da. Trabalho criativo e ética: o início da nova história. *Revista de Administração de Empregos*. São Paulo, v. 35, n. 1, p. 27, jan./fev. 1995.

Saiba+

O ócio criativo. Domenico de Masi. Sextante, 1995.

No livro, o sociólogo italiano faz uma crítica à sociedade que idolatra o trabalho e propõe um modelo de sociedade que valorize também o estudo e o tempo livre criativo.

Raízes do conservadorismo brasileiro. Juremir Machado da Silva. Civilização Brasileira, 2017.

O autor, historiador, jornalista e professor analisa os discursos políticos e jornalísticos do início do século XIX buscando rastrear os fundamentos conservadores que envolveram o contexto da Lei Áurea e, pouco depois, a ordenação republicana. Nessa obra, são apontadas as raízes de injustiças, privilégios e discriminações que ainda subsistem fortemente em nosso tempo.

Quanto vale ou é por quilo? Direção: Sérgio Bianchi. Brasil, 2005. 110 min.

Inspirado no conto "Pai contra mãe", de Machado de Assis, o filme faz uma analogia entre o mercado de escravos no Brasil, no século XVIII, e o trabalho assistencialista de certas organizações não governamentais (ONGs) atuais, que usam dinheiro público e privado para construir uma boa imagem de si mesmas, por meio de jogadas de *marketing*, mas que se beneficiam mais com esses recursos do que as comunidades a que afirmam pretender dar assistência.

Diálogos

1. Leia a matéria a seguir e o relato em destaque, depois faça o que se pede.

> [...]
>
> A página **Senti na Pele**, no Facebook, divulga relatos e episódios racistas vividos por negros no Brasil. São situações recorrentes, vividas em casa, no trabalho e em relações familiares e que muitas vezes passariam despercebidas por quem não é vítima.
>
> "O racismo muitas vezes vem disfarçado em piadas, brincadeiras e no fundo está carregado de um preconceito que o brasileiro insiste em esconder, mas que se reflete na violência urbana, nas oportunidades de educação e emprego, no acesso aos bens de consumo, capital cultural, na representação política, e nos relacionamentos interpessoais", diz a página. O objetivo é dar voz e mostrar que as vítimas não estão sozinhas. Políticas públicas recentes como as políticas de cotas visam reconhecer, do ponto de vista institucional, os efeitos históricos da segregação nas trajetórias de vida de negros e pardos.
>
> Mas seja do ponto de vista das relações sociais, das estruturas de oportunidades, ou da vitimização violenta, o país ainda tem esse como um tema fundamental.
>
> Veja um dos relatos da página:
>
> "Na posição de graduação, mulher e graduada, dentro do instituto que estou até hoje, eu era a única negra. Continuo sendo a ÚNICA negra nessa posição. Doutora então, sou a única mesmo. Hoje eu posso dizer, com certeza, que sou a primeira doutora negra em Vigilância Sanitária no Brasil."
>
> Christina – Engenheira química e doutora em Vigilância Sanitária
>
> [...]

DIAS, Tatiana. Cinco relatos que dão a dimensão do racismo no Brasil hoje. *Nexo*, São Paulo, 31 dez. 2015. Disponível em: www.nexojornal.com.br/expresso/2015/12/31/Cinco-relatos-que-d%C3%A3o-a-dimens%C3%A3o-do-racismo-no-Brasil-hoje. Acesso em: 10 maio 2022.

Senti na Pele/Facebook

Página da comunidade Senti na pele, no Facebook. Disponível em: https://www.facebook.com/sentinapele. Acesso em: 18 jul. 2022.

- Caracterize a situação retratada no texto, analisando as razões pelas quais isso ainda costuma acontecer no Brasil. Em seguida, proponha algumas ações que possam contribuir para a superação desse tipo de situação.

2. Leia as informações fornecidas pelo infográfico e responda às questões propostas.

Brasil: pessoas (gênero e cor) em ocupações informais por regiões (%)

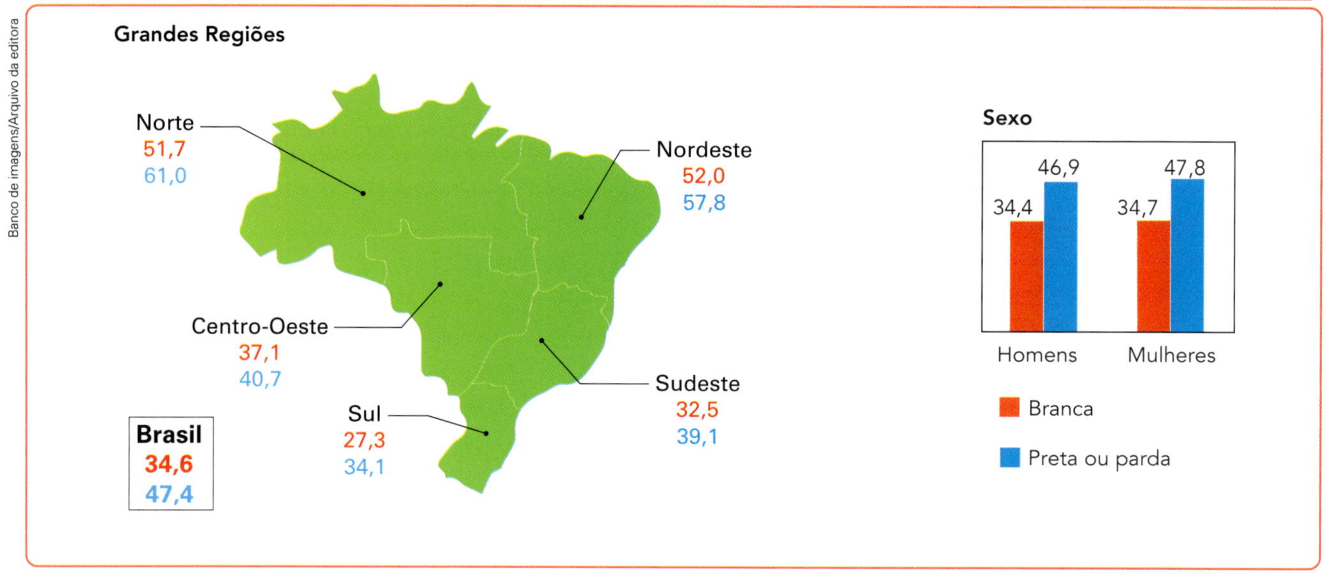

Fonte: IBGE. Pesquisa Nacional por Amostra de Domicílios Contínua 2018. *In*: IBGE. Desigualdades sociais por cor ou raça no Brasil. *Estudos e Pesquisas – informação demográfica e socioeconômica*, n. 41. IBGE, 2019. Disponível em: https://biblioteca.ibge.gov.br/visualizacao/livros/liv101681_informativo.pdf. Acesso em: 10 maio 2022.

a) Elabore um breve texto comparando as diferenças entre regiões com base na composição de suas populações.

b) Analise as condições de trabalho existentes no Brasil baseando-se nas informações fornecidas pelo infográfico.

c) Avalie as implicações sociais decorrentes da informalidade no mercado de trabalho.

3. Leia a notícia abaixo e responda à questão.

Caravana da Juventude Negra já atrai muita gente

Além de criatividade e talento, a arte de organizar eventos exige muita técnica. E a melhor forma de adquiri-la é investir em qualificação profissional. Foi com essa ideia na cabeça que Yury dos Santos Gomes, 21 anos, procurou a Caravana da Juventude Negra, que aportou no início desta semana perto de sua casa, na cidade de Santa Maria.

A Caravana é um projeto da Secretaria de Políticas para as Mulheres, Igualdade Racial e Direitos Humanos (Semidh), em parceria com o governo federal. Durante os próximos três meses, uma carreta, equipada com computadores, máquinas fotográficas e filmadoras, estúdio de som e ilha de edição, vai percorrer 12 cidades do DF, levando cursos de informática, audiovisual, internet (*sites*, *blogs* e redes sociais), de cinegrafista e de empreendedorismo para jovens negros. A cada semana, a carreta estacionará na área central de uma cidade.

DISTRITO FEDERAL. Secretaria de Estado da Mulher. Caravana da Juventude Negra já atrai muita gente. *SMDF*, Brasília, DF, 1º jul. 2015. Disponível em: www.mulher.df.gov.br/na-primeira-semana-caravana-da-juventude-negra-ja-atrai-muita-gente. Acesso em: 10 maio 2022.

- Explique a importância do projeto retratado na notícia.

A Revolução Industrial

Atualmente, o uso cotidiano da palavra "revolução" acontece numa infinidade de contextos diferentes, inclusive em comerciais de produtos: de cosméticos a lançamento de carros, do esporte à indumentária e terapias etc. Quase sempre assentados no senso comum que pressupõe rompimento com o antes e transformação. Até golpes de Estado ditos libertários, que instalaram ditaduras, se apossaram do termo, como aconteceu no século XX na América Latina, ressignificando um novo grupo no poder sem profundas alterações sociais, econômicas e culturais.

Sabemos que o uso da palavra revolução no final da Idade Média e início da Modernidade referia-se ao movimento dos corpos celestes. Mas foi no século XVIII que transmudou para rompimentos e transformações na vida social, econômica, política e cultural ganhando mais amplitude e o seu sentido de força e concretude.

Nas Ciências Humanas, quando usamos a palavra **revolução**, de modo geral nos referimos a uma mudança política brusca e profunda, como a Revolução Francesa (1789-1799), a Revolução Haitiana (1794-1801) e a Independência dos Estados Unidos (1776), também caracterizada como uma revolução.

Utilizamos o conceito de revolução para explicar também as transformações econômicas e técnicas que tiveram grande impacto na humanidade ou em determinadas sociedades humanas. Na História moderna, as transformações provocadas pelo desenvolvimento industrial na Inglaterra, a partir do final do século XVIII, também têm sido caracterizadas como Revolução Industrial. E, nesse caso, não se trata de um fenômeno breve, mas de uma profunda mudança que impactou a dinâmica histórica e, consequentemente, os acontecimentos que compreendem o período do século XIX ao início do século XX.

Trabalhos em chapa nas forjas de Abainville, de Ignace François Bonhommé (1809-1881), de 1838 (óleo sobre tela). A pintura descreve um processo completo de metalurgia, desde a fundição do ferro nos fornos até o rolamento para o transformar em chapas. Na obra, a oficina está cheia de trabalhadores que transportam o carvão e lidam com ferramentas pesadas.

Com a Revolução Industrial, prevaleceu a transformação, de forma acelerada, no modo como se produziam e se vendiam mercadorias e como as pessoas viviam e trabalhavam.

Desde a Idade Média, a produção de mercadorias era quase toda artesanal. Isso significa que o mesmo trabalhador ou artesão era responsável pela confecção do artefato como um todo. Um mesmo sapateiro, por exemplo, com os próprios instrumentos de trabalho, cortava o couro, colava, costurava, pregava a sola, e assim por diante até o acabamento.

Atividade

- Observe a pintura e produza um pequeno texto articulando os seguintes aspectos:
  a) o avanço tecnológico produtivo daquele momento e o espaço físico da metalurgia;
  b) as condições de trabalho;
  c) a pintura como representação.

Durante a Idade Moderna, desenvolveu-se o sistema de manufaturas, em que, em uma fábrica, cada trabalhador desenvolvia uma atividade diferente: um cortava o couro, outro colava, outro costurava, outro fazia o acabamento, etc., caracterizando a divisão social do trabalho. Com isso, o ritmo de produção era acelerado em razão da especialização do trabalhador, e o proprietário da fábrica podia lucrar mais.

Com a Revolução Industrial (maquinofaturas), esse processo intensificou-se, fazendo com que a indústria se tornasse a principal atividade econômica. Entre os fatores que tornaram isso possível, na sua fase inicial – conhecida como Primeira Revolução Industrial –, podemos citar o desenvolvimento do uso das máquinas a vapor e do minério de ferro, e a abundância de mão de obra disponível para o trabalho assalariado.

> [...] Se a transformação rápida, fundamental e qualitativa que se deu por volta da década de 1780 não foi uma revolução, então a palavra não tem qualquer significado prático. De fato, a revolução industrial não foi um episódio com um princípio e um fim. Não tem sentido perguntar quando se "completou", pois sua essência foi a de que a mudança revolucionária se tornou norma deste então. Ela ainda prossegue; quando muito podemos perguntar quando as transformações econômicas chegaram longe o bastante para estabelecer uma economia substancialmente industrializada, capaz de produzir, em termos amplos, tudo que desejasse dentro dos limites das técnicas disponíveis, uma "economia industrial amadurecida" para usarmos o termo técnico. [...]
>
> Sob qualquer aspecto, este foi provavelmente o mais importante acontecimento na história do mundo, pelo menos desde a invenção da agricultura e das cidades. E foi iniciado pela Grã-Bretanha. É evidente que isto não foi acidental. [...]
>
> HOBSBAWM, Eric. *A Era das Revoluções (1789-1848)*. Rio de Janeiro: Paz e Terra, 1977. p. 45.

Essa crescente mecanização da produção começou na área têxtil, especialmente quando um motor a vapor foi acoplado às máquinas de fiar e tecer, ganhando maior sofisticação técnica e aumento da produção. Do setor têxtil, a mecanização alcançou o setor metalúrgico, impulsionando a produção em série e levando à modernização e à expansão dos transportes, como o barco e a locomotiva a vapor, produzido sobretudo pela queima do carvão mineral. A industrialização, iniciada na Inglaterra, logo alcançou o continente europeu e o resto do mundo, atingindo Bélgica, França, Estados Unidos, Itália, Alemanha, Japão e Rússia. Por volta de 1860, a Revolução Industrial assumiu novas características – daí ser denominada Segunda Revolução Industrial –, contando com inovações técnicas, como a invenção da eletricidade, a transformação do ferro em aço, a ampliação dos meios de transporte (ferrovias, automóvel e avião) e de comunicação (como a invenção do telégrafo e do telefone) e o desenvolvimento da indústria química e de outros setores.

Look and Learn/Bridgeman Images/Easypix Brasil/Coleção Particular

A Revolução Industrial, de Ronald de Lampitt (1906--1988), artista e ilustrador inglês que, além de pintor de cenas rurais, ficou conhecido por suas ilustrações para livros infantis e revistas. As ferrovias e os trens a vapor impulsionaram a Revolução Industrial na agilização do transporte de mercadorias dos centros industriais para os portos e outras cidades.

Conceitos

Pioneirismo industrial e a supremacia inglesa

A Revolução Industrial começou na Inglaterra em razão de um conjunto de fatores. Foi o país que mais acumulou capital durante a fase do capitalismo comercial e, nos séculos XVII e XVIII, usando seu poderio naval e comercial, conseguiu formar o maior império colonial da época. Esse processo teve início com a vitória inglesa contra a Invencível Armada espanhola de 1588, seguido dos Atos de Navegação de 1651, que atingiram especialmente a Holanda, sua maior rival no comércio e nos mares, e, depois, pelo Tratado de Methuen, de 1703, assinado com Portugal, que abria os mercados portugueses e os de suas colônias aos manufaturados ingleses.

O final da Guerra dos Sete Anos (1756-1763), em que a Inglaterra subjugou a França, último país potencialmente concorrente daquele país na Europa, que confirmou sua situação após as guerras napoleônicas do início do século XIX. Assim, passo a passo, a política internacional inglesa foi consolidando sua supremacia mundial, transformando-a na maior potência econômica do mundo. Seu domínio se estenderia até o início do século XX.

Internamente, já no século XVII, ocorreram transformações significativas na sociedade e na economia inglesa, como a implantação de um poderoso sistema bancário e a revolução agrícola. O Banco da Inglaterra, fundado logo após a Revolução Gloriosa (1688-1689) e associado à Companhia das Índias, fomentou as relações coloniais estimulando a produção de algodão, matéria-prima básica para o processo que levou o país à Revolução Industrial. A mecanização da indústria têxtil logo foi aplicada no setor metalúrgico, tendo as instituições financeiras servido de respaldo aos crescentes investimentos.

No campo, o estímulo à produção com técnicas e instrumentos inovadores e o êxodo rural provocado pelos cercamentos integraram o trabalho rural ao sistema capitalista em desenvolvimento.

Cercamentos: processo de privatização das terras comunais, em que viviam pequenos proprietários e agricultores pobres, tomadas por grandes proprietários de terras, os *robber barons*, em português, "barões salteadores".

Paralelamente, as levas de camponeses que se transferiram para as cidades formaram um grande contingente de mão de obra disponível, o chamado exército industrial de reserva, essencial para a Revolução Industrial.

Essa volumosa e barata mão de obra vinha ao encontro dos anseios industriais, que podiam aplicar grandes somas de capitais em novas instalações, já que o custo da força de trabalho era muito pequeno.

Politicamente, a Revolução Gloriosa sepultou o absolutismo ao estabelecer a supremacia do Parlamento e inaugurar o Estado liberal inglês, pré-requisito para a plenitude capitalista burguesa que se instalaria com as maquinofaturas. A própria aristocracia inglesa, por não dispor de pensões, como acontecia na França, acabou vendo com simpatia as atividades comerciais e industriais, integrando-se a elas muitas vezes.

Por último, a Inglaterra contava com abundância de minério de ferro e carvão mineral, matérias-primas fundamentais para a construção e o funcionamento das máquinas e para a produção de energia.

A industrialização mudou profundamente o caráter das condições do comércio entre a Inglaterra e as outras nações. Em meados do século XIX, cerca de 90% das importações inglesas eram de matérias-primas e cerca de 90% das exportações eram de produtos industrializados. O país chegou a ser responsável pela produção de 40% de todos os produtos maquinofaturados vendidos no mundo inteiro.

Reprodução/Coleção particular

Moinho têxtil: algodão, de 1834. Com a introdução de novas tecnologias, a produção de tecidos na Inglaterra adquiriu grandes dimensões, mas as fábricas eram geralmente locais insalubres, onde se explorava a mão de obra barata.

Diálogos

Um dos livros mais conhecidos do cientista social alemão Friedrich Engels (1820-1895) é *A situação da classe trabalhadora na Inglaterra*, publicado pela primeira vez em 1845. Leia um trecho dessa obra a seguir. Observe também a imagem e faça as atividades propostas.

Gustave Doré/Coleção particular

Testemunhos provindos de fontes as mais diversas confirmam que as habitações operárias nos piores bairros urbanos, somadas às condições gerais de vida dessa classe, provocam numerosas doenças. [...] as doenças pulmonares são a consequência inevitável dessa condição habitacional e, por isso, são particularmente frequentes entre os operários. [...] a péssima atmosfera de Londres, em especial nos bairros operários, favorece ao extremo o desenvolvimento da tuberculose. [...] Além de outras doenças respiratórias [...] o grande rival da tuberculose, causador de devastações entre os operários, é o tifo. Segundo relatórios oficiais sobre as condições sanitárias da classe operária, esse flagelo universal é provocado pelo péssimo estado das habitações operárias, a má ventilação, a umidade e a sujeira.

ENGELS, Friedrich. *A situação da classe trabalhadora na Inglaterra*. São Paulo: Boitempo, 2010. p. 138.

Essa gravura, produzida pelo artista francês Gustave Doré (1832-1883), representa aspectos da vida na rua Wentworth, no bairro de Whitechapel, em Londres. Segundo pesquisadores, esse bairro abrigava grande parte do operariado urbano. Em 1869, o jornalista Blanchard Jerrold (1826-1884) e o artista Gustave Doré se uniram para produzir um livro ilustrado sobre a cidade de Londres. A obra, chamada *Londres, uma peregrinação*, foi publicada em 1872.

1. Retome o trecho selecionado da obra de Engels e faça um comentário sobre as condições de vida dos operários em suas habitações, ou seja, em sua vida privada.

2. Para realizar uma análise completa do trecho da obra de Engels, é interessante fazer uma leitura voltada à questão da saúde. Dessa maneira, você será capaz de ler essa fonte de modo interdisciplinar e descobrirá outros pontos que talvez não ficassem tão claros sem esse tipo de leitura. Para isso, pesquise as duas doenças citadas por Engels: tuberculose e tifo.

- Anote suas descobertas e, com base nelas, responda: O que a disseminação dessas doenças tinha a ver com as condições de moradia dos operários?
- Cite pelo menos duas doenças que hoje podem ser relacionadas às más condições nas moradias urbanas de parte da população no Brasil. Justifique.

3. A gravura de Gustave Doré foi feita quase trinta anos após a publicação do livro *A situação da classe trabalhadora na Inglaterra*. De que modo o artista representou os homens e as mulheres na cena? E as crianças? Elabore sua resposta explicando a relação entre a intenção do artista ao retratar a cena e o estilo de seu desenho.

As consequências sociais da Revolução Industrial

A industrialização na Inglaterra trouxe enriquecimento rápido aos comerciantes, donos das indústrias e do sistema financeiro, mas não significou a melhoria das condições de vida da maioria da população. Os trabalhadores, de modo geral, viviam com baixos salários e em moradias precárias, em bairros sem saneamento básico.

Candidatos à admissão em uma enfermaria casual, de Luke Fildes (1843-1927), de 1874. Nessa pintura, podemos observar homens, mulheres e crianças pobres em frente a uma delegacia de polícia, em Londres, à espera de um ingresso para passar a noite em uma acomodação temporária nas *workshouses* ("casas de trabalho").

Com o imenso crescimento das cidades industriais, aumentaram a precariedade das habitações, os cortiços onde vivia grande parte dos trabalhadores, a insalubridade e o tráfego constante de cavalos. No início do século XIX, Londres era a maior cidade do mundo, com quase 1 milhão de habitantes. Em outras cidades, em que predominava a atividade industrial, a situação era parecida. Às precariedades, somavam-se os novos desafios de como garantir o suprimento de alimentos para tantos em tão pouco espaço, o que fazer com a imensa quantidade de lixo e esgoto, como controlar as epidemias, como a da cólera, que se espalhava mais facilmente nas grandes cidades, e o que fazer com a poluição do ar e dos rios.

Trem cruzando o viaduto de Stockport. Litografia de 1845. Observe na imagem, que retrata Manchester, na Inglaterra, a poluição às margens do rio Mersey, as chaminés das fábricas e o tráfego de pedestres e cavalos à esquerda do rio.

Além disso, as condições de trabalho no interior das fábricas eram precárias. Nas fábricas de tecidos, por exemplo, o ambiente era mantido geralmente fechado e úmido, para evitar que as fibras se rompessem e assim houvesse atraso na produção. Isso, porém, criava ao mesmo tempo um local propício para a proliferação de fungos, bactérias e vírus e para a disseminação de doenças. Sem contar que os trabalhadores ficavam constantemente com ferimentos decorrentes de acidentes de trabalho, uma vez que sua saúde e sua segurança não eram adequadamente reguladas pela legislação. Também não havia garantias trabalhistas por parte dos empregadores, como indenizações, dessa forma eles não se sentiam pressionados a aperfeiçoar os procedimentos técnicos para evitar riscos no manuseio das máquinas.

Entre os trabalhadores também havia mulheres e crianças, mão de obra frequentemente utilizada por ser barata. Muitas vezes, ficavam submetidos ao trabalho por mais de doze horas por dia, o que ampliava seu esgotamento físico, pois eles já tinham condições precárias de alimentação e viviam em locais insalubres.

> [...] Os empregadores britânicos daquela época [...] constantemente reclamavam da "preguiça" do operário ou de sua tendência para trabalhar até que tivesse ganho um salário tradicional de subsistência semanal, e então parar. A resposta foi encontrada numa draconiana disciplina' da mão-de-obra (multas, um código de "senhor e escravo" que mobilizava as leis em favor do empregador etc.), mas acima de tudo na prática, sempre que possível, de se pagar tão pouco ao operário que ele tivesse que trabalhar incansavelmente durante toda a semana para obter uma renda mínima. Nas fábricas onde a disciplina do operariado era mais urgente, descobriu-se que era mais conveniente empregar as dóceis (e mais baratas) mulheres e crianças: de todos os trabalhadores nos engenhos de algodão ingleses em 1834-47, cerca de um quarto eram homens adultos, mais da metade era de mulheres e meninas, e o restante de rapazes abaixo dos 18 anos. Outra maneira comum de assegurar a disciplina da mão de obra, que refletia o processo fragmentário e em pequena escala da industrialização nesta fase inicial, era o subcontrato ou a prática de fazer dos trabalhadores qualificados os verdadeiros empregadores de auxiliares sem experiência. [...]
>
> HOBSBAWM, Eric. *A Era das Revoluções (1789-1848)*. Rio de Janeiro: Paz e Terra, 1977. p. 67.

Saiba+

Tempos difíceis. Charles Dickens. Boitempo, 2014.
Nesse romance, o autor britânico retrata a vida das pessoas na fictícia e cinzenta Coketown, em uma clara representação das grandes cidades industriais da Inglaterra do século XIX.

Nas minas de carvão, a situação era ainda pior. Crianças de 9, 10 anos puxavam pequenos vagões carregados de carvão com uma corda amarrada à cintura. Por causa do calor, frequentemente trabalhavam sem roupa, em meio a desabamentos, explosões e intoxicações, alguns dos riscos que afligiam os trabalhadores nas minas de carvão.

Collection Christophel © Renn Productions /France 2 Cinéma/AFP

Cena do longa-metragem *Germinal*, de Claude Berri (Bélgica, França e Itália), 1993. O filme, baseado no romance homônimo do escritor francês Émile Zola (1840-1902), retrata a vida de trabalhadores de uma mina de carvão no norte da França, em meados do século XIX. Cansados das condições desumanas em que viviam e trabalhavam, os mineiros decidem entrar em greve, mas são brutalmente reprimidos pelas autoridades.

A expansão da Revolução Industrial

Apesar das consequências sociais, especialmente para a nova classe operária que trabalhava nas fábricas, o processo de industrialização representou também um considerável aumento da riqueza e do poder dos empresários da indústria, do comércio e das finanças nos vários países onde se desenvolveu.

Trabalhadores na linha de montagem da fábrica de automóveis Ford, em Michigan (Estados Unidos), 1913. Com o objetivo de ampliar seus lucros, os empresários levaram ao extremo a especialização do trabalho, passando a fabricar artigos em série, o que barateava o custo por unidade. Surgiram as linhas de montagem, esteiras rolantes em que circulavam as partes do produto a ser montado, de forma a ampliar e agilizar a produção e a aumentar sua eficiência. Essa especialização produtiva era decorrente dos estudos dos engenheiros estadunidenses Frederick Winslow Taylor (1856-1915) e Henry Ford (1863-1947).

Contudo, essa dinâmica capitalista da Revolução Industrial se deu de forma diferente nos países onde ocorreu, uma vez que as condições sociais, políticas, econômicas e demográficas de cada um eram diferentes. Na França, por exemplo, a Revolução Industrial só pôde se desenvolver com mais vigor a partir da segunda metade do século XIX. Até então, fora limitada pela constante instabilidade gerada pelas guerras napoleônicas, pela Revolução de 1830 e pela Revolução de 1848.

Na região da Confederação Germânica, por sua vez, nas primeiras décadas do século XIX, a industrialização ainda era inicial e tímida. Essa confederação era composta de 39 Estados soberanos e liderada pelo Império Austríaco – absolutista e de economia agrária. À Áustria, contrapunha-se a Prússia, mais desenvolvida comercial e industrialmente, onde seus grupos empresariais e políticos pretendiam edificar um grande Estado germânico que se projetasse no cenário internacional.

O passo fundamental para a unidade foi dado inicialmente em 1834, com a criação do **Zollverein**. Mas foi com a unificação da Alemanha, tendo à frente o chanceler Otto von Bismarck (1815-1898), finalizada em 1871, que a indústria alemã teve um impulso imenso, a ponto de se rivalizar com a indústria inglesa. Em 1900, a Alemanha superou a Grã-Bretanha na produção de aço e, com seu crescimento, pôs em risco a hegemonia britânica mundial, causando muitos atritos. A exigência alemã de uma nova divisão colonial que a favorecesse, somada às alianças político-militares, entre outros fatores, levaram à Primeira Guerra Mundial (1914-1918).

Zollverein: união alfandegária que derrubou as barreiras aduaneiras entre os Estados alemães, proporcionando efetiva união econômica e dinamizando o poderio da Prússia e o capitalismo alemão.

Daniel Boone, o personagem central (retratado ao lado.) que dá título ao filme, é considerado um grande herói norte-americano. É lembrado como um dos desbravadores do "Oeste selvagem", ou seja, das terras situadas no lado ocidental do atual território dos Estados Unidos.

Nos Estados Unidos, após a independência, o governo republicano consolidou o desenvolvimento comercial, financeiro e industrial do país, atraindo com isso grande número de imigrantes europeus. O progressismo e o crescimento demográfico estimularam a conquista de territórios na América do Norte (expansão interior) e a ampliação da atuação econômica em todo o continente americano (expansão exterior).

Em meados do século XIX, o país atingiu dimensões continentais, com a expropriação dos povos originários e a compra de áreas coloniais pertencentes a potências europeias – caso da Louisiana, que pertencia à França; da Flórida, domínio da Espanha; e do Alasca, comprado da Rússia. Além disso, foram anexados os territórios mexicanos do Texas, da Califórnia, do Novo México, do Arizona, de Utah e de Nevada após a guerra entre os Estados Unidos e o México (1845-1848). Esse ideal de "dilatação das fronteiras" sustentava-se em parte na ideia de Destino Manifesto, segundo a qual Deus teria reservado um destino glorioso aos Estados Unidos.

A conquista da costa oeste deu aos Estados Unidos acesso direto, via oceano Pacífico, aos cobiçados mercados da China e do Japão. No leste, a anexação da Flórida abriu caminho para o Golfo do México e o mar das Antilhas, pontos estratégicos importantes para alcançar toda a América Latina.

Estados Unidos: Guerra de Secessão (1861-1865)

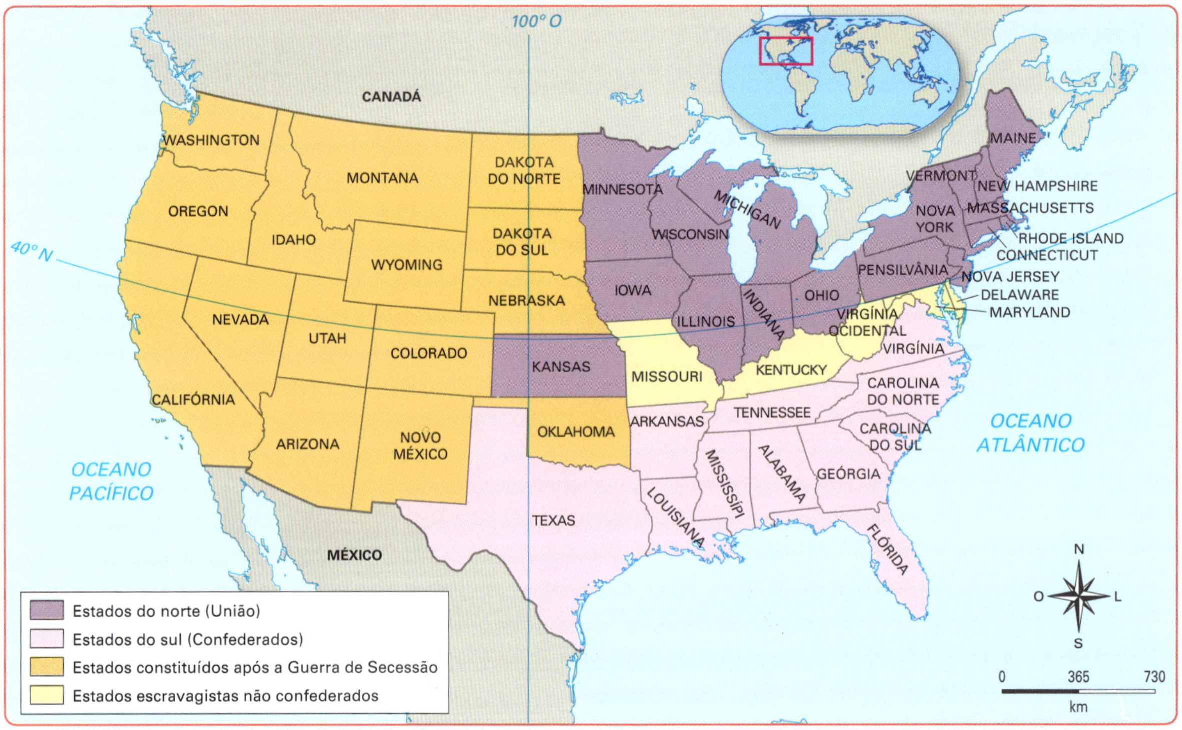

Fonte: elaborado com base em ATLAS da História do mundo. São Paulo: Folha de S.Paulo, 1995. p. 218.

As acentuadas desigualdades entre os estados do norte e os do sul desencadearam a Guerra de Secessão nos Estados Unidos. O mapa mostra, com a divisão política atual do país, a posição que os estados adotaram no conflito.

Após a Guerra de Secessão e a abolição da escravidão, o desenvolvimento industrial – que impulsionou a construção de ferrovias ligando o país de costa a costa e promoveu sua fluidez territorial – tornou os Estados Unidos, já no final do século XIX, a maior potência emergente mundial, com o maior parque industrial do planeta. A prosperidade tornou-se ainda mais atrativa para a imigração, resultando em grande crescimento demográfico: de pouco mais de 30 milhões de habitantes em 1865, a população estadunidense passou para mais de 90 milhões em 1900.

Peter Newark American Pictures/Bridgeman Images/Easypix Brasil

Imigrantes procurando emprego na cidade de Nova York (Estados Unidos), c. 1910.

Os grandes centros da dinamização capitalista com a Revolução Industrial, contudo, não se limitaram à Europa e aos Estados Unidos.

Em 1854, os Estados Unidos organizaram uma investida militar sobre o Japão e, sob a ameaça de seus navios de guerra, obrigaram os japoneses a abrir os portos ao comércio mundial, fechados desde o século XVIII. A abertura comercial japonesa deu início à ocidentalização do país, que passou por profundas transformações econômicas, militares, técnicas e científicas. A sujeição do Japão ao Ocidente, ao mesmo tempo, ativou no país o nacionalismo e a oposição ao **xogum**, por ter permitido a abertura.

Conceitos

Xogunato

A origem do xogunato no Japão remonta ao século VIII. O nome **xogum** foi criado como um título dado a comandantes militares. Do século XII até o fim da instituição militar **xogunato**, em 1868, o imperador passou a delegar ao xogum a autoridade para governar o país, embora fosse seu governante legítimo. O xogunato ganhou enorme prestígio e acabou sendo dominado por uma única família – Tokugawa –, rival de outros clãs poderosos no século XIX. Instalado na cidade de Edo, antigo nome de Tóquio, o xogunato Tokugawa se sobrepunha até mesmo ao poder do imperador – o qual também era chamado de micado e morava na cidade sagrada de Kyoto.

Reprodução/Coleção particular

Com a renúncia ao cargo de xogum, em 1868, Tokugawa Yoshinobu (1837-1913) pôs fim ao xogunato, e o imperador Meiji assumiu o papel de governante do país.

© Archives Charmet/Bridgeman Images/Easypix Brasil

O imperador Meiji Mutsuhito (1852-1912) apresenta a Constituição do Império do Japão. Xilogravura, 1889. No Japão, sob o reinado de Mutsuhito, ocorrido entre 1867 e 1912, houve a centralização do poder e a modernização da sociedade, permitindo ao país que se destacasse como grande potência industrial no final do século XIX.

Entretanto, diferentemente da China, dominada pelas potências imperialistas, o imperador Meiji Mutsuhito decidiu modernizar o Japão para que o país pudesse enfrentar o imperialismo europeu e, sobretudo, o estadunidense. Apoiado pelos opositores às transformações, especialmente pelos clãs rivais do xogunato, Mutsuhito promoveu a centralização política. Dessa forma, ele inaugurou uma nova fase na história japonesa, a partir de 1868: a era do industrialismo e da modernização, que ficou conhecida como Era Meiji (do japonês "governo ilustrado").

O Japão industrializou-se rapidamente, ao mesmo tempo que empreendeu uma política imperialista de expansão, principalmente em relação à China. No início do século XX, o Japão já se tornara um dos países mais avançados e poderosos do mundo, por causa de sua dinâmica desenvolvimentista, superior à de muitos países industriais do Ocidente. O Japão também passou a realizar maior expansão imperialista, o que logo esbarrou no expansionismo estadunidense, que avançava sobre o oceano Pacífico, originando muitos atritos entre o país e os Estados Unidos no decorrer das décadas de 1930 e 1940.

Atividade

- Observe o texto e a imagem a seguir e faça o que se pede: Armas, dominação e lucros impulsionaram a conquista imperialista da África no século XIX. E, no século XXI, continuam sendo fatores para dominação? Em grupos, conversem sobre essa questão. Considerem aspectos internacionais e nacionais ou mesmo regionais. Tráfico de drogas ilícitas, milícias e contrabando de armas integram essa dinâmica em nossos dias? Pesquisem o assunto na internet para obter dados para a conversa. Listem as conclusões das conversas. Por fim, elaborem um roteiro para um noticiário de rádio ou para um *podcast*, apontando se o conhecimento histórico do passado abre ou não espaço para a discussão de questões da atualidade.

Hulton Archive/Getty Images

Alvo da partilha imperialista, a África foi palco de várias disputas entre as potências industriais. Essa charge, do final do século XIX, representa o colonizador britânico Cecil Rhodes (1853-1902), que personifica as ambições do domínio britânico no continente africano.

As tecnologias e a expansão imperialista

O que as armas de carregamento automático, a metralhadora, a navegação a vapor, o quinino e outros inventos conseguiram foi diminuir o custo, tanto em termos financeiros quanto humanos, da penetração, conquista e exploração de novos territórios. O efeito da redução dos custos foi tão significativo que agora não só o governo, como grupos menores podiam participar do imperialismo. A Bombay Presidence abriu a Rota do mar Vermelho, a Royal Niger Company conquistou o califado de Sokoto, e até indivíduos como Macgregor Laird, William Mackinnon, Henry Stanley e Cecil Rhodes puderam reivindicar o direito a vastos territórios que depois se converteram em partes de impérios.

Tendo-se tomado tão mais barato, devido ao fluxo das novas tecnologias do século XIX, o imperialismo começou a ganhar aceitação entre os povos e os governos da Europa e levou as nações a se transformar em impérios.

HEADRICK, Daniel R. *The Tools of Empire*: Technology and European Imperialism in the Nineteenth Century. New York: Oxford University Press, 1981. p. 205.

Trabalho: emancipação × alienação

Atualmente, nas chamadas sociedades modernas, o trabalho é um dos elementos mais importantes para a formação da identidade das pessoas. Elas, muitas vezes, se definem e são definidas, principalmente, pela profissão que exercem. Muitas delas têm satisfação em realizar um trabalho bem-feito. O trabalho que desenvolvem e o ambiente social que se forma em torno dele contribuem para a formação de seus valores éticos e morais. Em contextos de empresas familiares ou de associações profissionais, por exemplo, elas se sentem parte de uma coletividade, desenvolvendo o sentimento de pertencimento.

dotshock/Shutterstock

O ambiente de trabalho influencia a formação dos trabalhadores, podendo lhes trazer ou não a sensação de realização.

O trabalho pode assumir diversas formas, e as sociedades, em geral, tendem a situá-las em uma escala de valores. Aristóteles (384 a.C.-322 a.C.) define quatro categorias de trabalho, da menos à mais desejável. A primeira categoria é aquela que visa suprir as necessidades básicas da existência humana, como a produção de alimentos. A segunda é composta de técnicas, como a marcenaria, que permitem a criação de objetos duráveis. Na época de Aristóteles, tanto a primeira quanto a segunda categorias eram geralmente deixadas a cargo de escravos ou de pessoas consideradas socialmente inferiores. Em seguida, vem a categoria que compreende as atividades que requerem o exercício de capacidades ou virtudes do caráter, como a arte de governar. E, finalmente, a quarta categoria, que fica no topo dessa hierarquia, se refere às atividades voltadas à contemplação, que envolvem primordialmente o intelecto, como a Matemática, a Astronomia e a Metafísica.

DeAgostini/Getty Images

Escultura em mármore de Aristóteles, filósofo grego e fundador da escola peripatética. Aristóteles é autor da obra *Retórica*. Essa escultura é uma cópia romana do original grego esculpido por Lísipo. Museu Nacional Romano Palazzo Altemps, Roma (Itália).

Mesmo na Antiguidade clássica, a tipologia de Aristóteles não era consensual, sendo objeto de críticas, pois não se pode governar ou fazer cálculos matemáticos sem antes garantir alimentação e moradia para o povo. Dessa forma, em certo sentido, a primeira e a segunda categorias poderiam ser consideradas primordiais e, consequentemente, mais importantes que a terceira e a quarta. Mas, a partir da era moderna, essa concepção passou a ser questionada com mais intensidade, pois ela parte do princípio de que os seres humanos são naturalmente desiguais. Para Aristóteles, assim como para a maioria dos pensadores antigos, os escravos são escravos porque nasceram para ser escravos, enquanto os governantes e os sábios nasceram para ser governantes e sábios. Para o pensamento moderno, pelo contrário, todos os seres humanos são iguais por natureza e as diferenças entre eles existem por causa de convenções sociais.

Na era moderna, segundo o filósofo inglês John Locke (1632-1704), os seres humanos são dotados de direitos naturais, entre eles a vida, a liberdade e a propriedade. Para Locke, a propriedade é o resultado do trabalho humano. Se observarmos os objetos à nossa volta, constataremos que a maioria deles tem valor econômico, isto é, pode ser comprada ou vendida. O que confere esse valor aos objetos é o trabalho necessário à sua produção, distribuição e comercialização. Ao que não é resultado do trabalho – por exemplo, o ar que respiramos – não se atribui valor econômico. (Porém, hoje, pode-se dizer que "se vende ar puro" por anúncios de lotes imobiliários do campo.)

Reprodução/Biblioteca Municipal de Rouen, França.

A imagem representa uma cena de um mercado da Baixa Idade Média. Obra de Nicole Oresme (*c.*1320-1382). Bibliothèque Municipale, Rouen (França). Quando Locke elaborou sua teoria, a burguesia comercial estava em processo de fortalecimento na Europa.

O posicionamento de Locke em relação ao trabalho tem sido usado ao longo da História para justificar posições políticas e econômicas de caráter liberal, alinhadas aos interesses da burguesia. A defesa do direito à propriedade individual faz muito sentido quando é usada como crítica à interferência do Estado na economia. Mas a concepção de Locke também serve de princípio norteador do marxismo, uma das principais correntes de pensamento que teorizam a questão do trabalho.

Karl Marx e Friedrich Engels afirmam que as relações de trabalho devem ser o ponto de partida para o estudo das sociedades humanas. Para eles, o aspecto mais característico da existência humana é a nossa capacidade de nos engajarmos conscientemente no trabalho coletivo. De acordo com a teoria marxista, a realização plena da existência humana se dá quando planejamos coletivamente o que fazemos, como fazemos, como interagimos uns com os outros e como distribuímos os produtos do nosso trabalho. Segundo essa conceção, ao ficar submetidos ao modo de produção capitalista, os seres humanos sofrem um processo de alienação dessa essência humana associada ao trabalho.

Embora o conceito de alienação possa ser aplicado a outras esferas da vida humana, como a religião e a política, é na exploração do trabalho submetido à economia capitalista que a existência humana se torna marcantemente alienada. No capitalismo, os trabalhadores vendem sua força de trabalho aos detentores do capital, são submetidos a sistemas de controle que diminuem sua autonomia e são explorados em uma engrenagem que mantém os salários achatados para reduzir os custos de produção. O capitalismo, dessa forma, transforma o ser humano em mero fator mecânico do processo de produção.

Atividade

1. Observe a imagem e leia o texto da charge. Depois escreva que conclusão a charge sugere sobre o trabalho fabril, apontando os elementos que justificam essa dedução.

Frank & Ernest, Bob Thaves © 1996 Thaves/Dist. by Andrews McMeel Syndication

THAVES. Frank e Ernest. *Jornal do Brasil*, Rio de Janeiro, 19 fev. 1997.

Partindo do princípio de Locke de que o trabalho é o que confere valor econômico aos bens de consumo, Marx e Engels constatam que grande parte desse valor não é repassada aos trabalhadores, mas apropriada pelos capitalistas, o que, para esses teóricos, configura uma situação de injustiça social. Ainda segundo Marx e Engels, as tensões oriundas das relações de trabalho levarão os trabalhadores a organizar um movimento coletivo de derrubada do capitalismo como modo de produção.

Podemos identificar outro posicionamento crítico ao sistema capitalista e às relações de trabalho que esse sistema engendra nos escritos do economista e filósofo alemão **Max Weber** (1864-1920). Para esse filósofo, a racionalização seria o processo mais característico das economias modernas, e sua principal forma de manifestação seria a burocracia. Weber é contemporâneo de Frederick Taylor e, enquanto este propõe a racionalização como um modelo a ser adotado no processo industrial, aquele explicita seus aspectos negativos.

WEBER, Max. *A ética protestante e o "espírito" do capitalismo*. São Paulo: Companhia das Letras, 2004.

Muitas análises de Weber eram feitas com base na construção de tipos ideais, que seriam modelos abstratos de representação dos fenômenos sociais. O tipo ideal weberiano de burocracia incorpora elementos que encontramos com frequência em ambientes de trabalho, como divisão do trabalho, hierarquia, proliferação de regras e procedimentos formais, além da centralização da autoridade nas relações de poder. Para Weber, a racionalização e a burocratização são as ferramentas ideais de controle sobre os trabalhadores em uma sociedade industrial.

Allan Cash Picture Library/Alamy/Fotoarena

Gerente de uma fábrica sentado em seu escritório com vista para os funcionários. Foto da década de 1950.

Tanto Marx quanto Weber e Taylor teceram suas observações tendo como objeto o capitalismo em seus estágios iniciais de desenvolvimento. Desde então, outros filósofos e sociólogos acrescentaram novos conceitos, identificaram novas formas de relações de trabalho ou desenvolveram abordagens com base em perspectivas teóricas diferentes das adotadas por eles. Desse modo, houve uma ampliação no âmbito das pesquisas, de modo a incorporar as diferentes formas de organização da sociedade capitalista, que, nos dias de hoje, assumem as formas mais variadas e estão inseridas em uma dinâmica de globalização da economia. Além disso, algumas tentativas de aplicação de partes das teorias marxistas em governos ditos socialistas não trouxeram o resultado esperado.

Atividades

2. Troque ideias com o professor e os colegas sobre a importância do trabalho na vida humana. Como o trabalho e o desemprego afetam a vida das pessoas?

3. Qual é a diferença entre trabalho manual e trabalho intelectual? Qual dessas duas categorias é mais valorizada em nossa sociedade? Por quê?

4. Cite um filme, uma série de televisão ou uma telenovela que apresente pessoas em situações de trabalho. O trabalho é representado de maneira positiva ou negativa nessas produções? De que modo podemos relacionar o conceito de alienação a esses contextos específicos de atividade profissional?

Lutas sociais e sindicatos

Com a Revolução Industrial, os trabalhadores na Inglaterra reagiram às péssimas condições em que viviam e trabalhavam e se organizaram para exigir mudanças. Uma das primeiras manifestações desse tipo foi o movimento luddista (1810-1813), inspirado em um suposto trabalhador chamado Ned Ludd. Para os luddistas, as máquinas eram responsáveis pelos problemas sociais trazidos pela industrialização e, portanto, deveriam ser destruídas.

Ao mesmo tempo, formaram-se as primeiras organizações trabalhistas, as *trade unions*, que procuravam catalisar as insatisfações e organizar as lutas da classe operária e que, por isso, eram vistas pelos industriais como órgãos de ação criminosa. Esse foi o início de uma série de lutas por direitos trabalhistas que marcaram as décadas seguintes da história social dos trabalhadores.

Reprodução/Coleção particular

A Carta ao Povo foi escrita por William Lovett (1800-1877).

Em 1838, os operários ingleses elaboraram uma petição ao Parlamento inglês, a *Carta do povo*, que reivindicava o sufrágio universal, o voto secreto, o fim do critério censitário (renda mínima pessoal) para votar e ser votado, a remuneração dos eleitos e a realização de eleições anuais. O documento foi rejeitado pelo Parlamento, mas inspirou um movimento de massas, o movimento cartista, que pressionou os governantes e obteve algumas conquistas, como a regulamentação do trabalho infantil e feminino, a permissão para que as associações políticas existissem e a jornada de trabalho de dez horas diárias. Mais do que isso, o cartismo foi um importante marco na organização dos trabalhadores.

William Edward Kilburn/Royal Collection Trust Her Majesty Queen Elizabeth II, 2021/Bridgeman Images/Easypix Brasil

Reunião cartista em Kennington Common, Londres (Inglaterra), em 10 de abril de 1848. Foto de William Edward Kilburn (1818-1891). Esse daguerreótipo (equipamento primitivo que produzia fotografia sem negativo, inventado em 1837 por Louis-Jacques-Mandé Daguerre) registra uma imensa multidão em um dos comícios cartistas realizados no sul de Londres, em 1848, que clamava por reformas políticas.

Mais tarde, os movimentos populares se fortaleceram e, em 1858, conquistaram o fim do censo eleitoral para a Câmara dos Comuns e, em 1867, a ampliação do direito de voto, deixando ainda de fora os trabalhadores industriais mais pobres. Posteriormente, foi estabelecido o voto secreto, mas as mulheres ainda não votavam, e o direito ao voto foi estendido aos trabalhadores rurais. No final dos anos 1880, os sindicatos foram oficialmente reconhecidos, e a duração da jornada de trabalho dos adultos (homens e mulheres) e das crianças também foi regulamentada.

Na Inglaterra, após as eleições de 1906, as disputas políticas e a busca pela ampliação dos direitos eleitorais e sociais estruturaram definitivamente o Partido Trabalhista, formado em 1893 por líderes sindicais, e levaram à criação da lei do sufrágio universal britânico, em 1918. Mesmo assim, quanto às mulheres, essa lei estendia o direito de votar somente àquelas com mais de 30 anos. Somente dez anos depois da criação da lei as mulheres maiores de 21 anos passaram a ter direito ao voto, como acontecia com os homens.

Em meio às lutas sociais surgiu uma série de propostas de reforma social, conhecidas como "socialismos". Algumas formas de socialismo sugeriam uma transformação pacífica da sociedade, contando até com algum apoio do governo e das elites burguesas. Robert Owen (1771-1858), empresário inglês da primeira metade do século XIX, por exemplo, defendia a organização da sociedade em comunidades cooperativas formadas por operários, baseada no sistema de autogestão. Outros pensadores socialistas, pelo contrário, diziam que uma transformação pacífica da sociedade não passava de utopia. Karl Marx e Friedrich Engels diziam que só a luta de classes podia trazer o fim da exploração à qual os trabalhadores da indústria estavam submetidos.

MPI/Getty Images/Coleção particular

Essa obra, de 1832, retrata o que restou da comunidade utópica de New Harmony, no estado de Indiana (Estados Unidos), que havia sido construída com base nos princípios defendidos pelo industrial e socialista britânico Robert Owen. A cidade de New Harmony fora projetada para dar "maiores vantagens físicas, morais e intelectuais a cada indivíduo".

Saiba+

As sufragistas. Direção: Sarah Gavron. França e Reino Unido, 2015. 106 min.

Em 1912, na cidade de Londres, uma jovem mãe trabalhadora se engaja no ativismo político radical, apoiando o direito de voto das mulheres.

Diálogos

- Leia a seguir o texto de um historiador britânico do século XX sobre o movimento luddista na Inglaterra:

O movimento luddite na Inglaterra, que atingiu o auge em 1811-1812, começou como um levantamento dos fabricantes de meias no condado de Nottingham. Nessa altura, a manufatura de meias era ainda uma indústria caseira. A malha produzia-se em máquinas manuais, em pequenas oficinas, mas os artífices eram empregados por patrões que possuíam as máquinas e as matérias-primas. Em 1811, os operários das meias queixaram-se de que os patrões estavam lançando no mercado quantidades excessivas de produto ao mesmo tempo barato e vistoso, e, para se manterem em concorrência, diminuíam os salários, tornando mais dura a vida dos operários. Estes pediam o regresso aos métodos tradicionais de produção e venda e às tabelas anteriores de pagamento e serviam-se do terror como principal argumento. Estavam tão bem organizados que se podia pensar que um único cérebro planejava todos os movimentos contra os industriais. Contudo, parece provável que vários chefes dos bandos destruidores de máquinas, que aterrorizavam a região, usassem o nome terrível de "General Ludd". Os luddites agiam em grupos de cerca de cinquenta e invadiam, rápidos, uma aldeia após outra para destruir as máquinas de malhas, desaparecendo tão silenciosamente como tinham chegado, sem que as autoridades os conseguissem apanhar. [...]

Supunha-se que os ataques luddistas à vida e à propriedade dos industriais faziam parte de uma conspiração geral dos trabalhadores para derrubar o governo. [...] O Parlamento organizou comissões secretas para acompanhar a situação e foi informado de que os insurretos dos distritos revoltados possuíam uma organização de tipo militar. Aos magistrados locais foram então enviados reforços que lhes permitissem lutar contra os destruidores de máquinas e, em janeiro de 1813, foram enforcados 17 em Iorque: três pelo assassinato de Horsfall e os outros pelo ataque à fábrica de Cartwright. Estas medidas ajudaram a restaurar a lei e a ordem, embora houvesse novas revoltas e destruição de máquinas em Midlands em junho de 1816, quando 53 máquinas foram partidas na fábrica de Heathcote Boden, em Loughborough.

HENDERSON, W. O. *A Revolução Industrial*. São Paulo: Verbo: Edusp, 1979. p. 178-180.

a) Em que consistia o movimento luddista?

b) Por que o governo reprimiu tão violentamente os luddistas?

c) Podemos dizer que o movimento de quebra de máquinas obteve sucesso? Explique.

d) Os luddistas poderiam ter levado adiante, de outro modo, sua insatisfação com as condições de trabalho? Como?

As lutas trabalhistas e as internacionais operárias

As novas ideias socialistas estavam inseparavelmente ligadas aos movimentos dos trabalhadores e aos seus projetos de mudança social. Em 1864, o movimento operário voltou a ganhar força quando, em Londres, foi fundada a Primeira Internacional Operária, também chamada de Associação Internacional dos Trabalhadores. Os primeiros encontros foram marcados pelas divergências entre marxistas, anarquistas e sindicalistas. O conflito teórico entre Marx e o filósofo russo Mikhail Bakunin (1814-1876) ganhou maior repercussão com os acontecimentos da Comuna de Paris (1871), um governo popular de curta duração.

Em 1872, em um congresso realizado em Haia, nos Países Baixos, Bakunin e seus seguidores anarquistas foram expulsos da Internacional e, em 1876, a própria associação foi dissolvida por causa da divisão entre os trabalhadores.

Em uma nova investida trabalhista, foi fundada a Segunda Internacional Operária (1889), com um sentido mais reformista e menos revolucionário, adotando os ideais do Partido Social Democrata da Alemanha, primeiro partido político socialista. Segundo esses ideais, o socialismo seria alcançado lentamente, pelas reformas, pelo voto e pela via parlamentar. Mas a união dos trabalhadores foi breve: no início do século XX, os marxistas revolucionários, liderados pelo russo Vladimir Lenin (1870-1924) e pela alemã Rosa Luxemburgo (1871-1919), opuseram-se aos moderados.

As massas trabalhadoras dividiram-se ainda mais durante a Primeira Guerra Mundial (1914-1918), sepultando a Segunda Internacional Operária. No ano de 1919, em Moscou, em meio à Revolução Russa, formou-se a Terceira Internacional, que assumiu o nome de Internacional Comunista e seria o embrião dos partidos comunistas de todo o mundo.

Os moderados ou reformistas da Segunda Internacional Operária, discordantes dos revolucionários russos, tentaram reorganizá-la, adotando para ela, a partir de 1923, o nome de Internacional Socialista, base dos partidos socialistas. A partir de então, comunistas e socialistas separaram-se, pois têm visões de mundo e propostas políticas diferentes. Enquanto os socialistas passaram a ser rotulados pelos comunistas de seguidores do reformismo utópico, os comunistas passaram a ser acusados de radicais, revolucionários e autoritários.

Look and Learn/Bridgeman Images/Easypix Brasil

Congresso de Genebra realizado em 1866, na Suíça. Esse foi o primeiro congresso da Associação Internacional dos Trabalhadores e é lembrado por estabelecer a jornada útil de oito horas diárias, um dos principais objetivos do movimento socialista.

As lutas trabalhistas no Brasil

No Brasil, o movimento operário começou a se constituir após a abolição da escravidão, no final do século XIX, e teve suas primeiras atuações no início do século XX. Nessa época, o país já contava com um contingente operário de mais de 100 mil trabalhadores. Muitos deles eram imigrantes europeus ou descendentes de europeus e tinham influências anarquistas e socialistas.

Na primeira década do século XX, no Brasil, já tinham ocorrido greves envolvendo tecelões, alfaiates, portuários, mineradores, carpinteiros e ferroviários. Mas foi em 1917 que, na cidade de São Paulo, teve início uma grande greve geral, agravada pela morte do sapateiro espanhol José Gimenez Martinez em um confronto com a polícia, o que insuflou ainda mais o movimento. A morte de Martinez, jovem sindicalista e militante anarquista, ocorrida durante manifestações em apoio aos grevistas de grandes estabelecimentos fabris nos bairros da Mooca e do Brás, foi o estopim da greve geral. O assassinato do sindicalista pela polícia paralisou o comércio e a indústria nas principais cidades do Brasil.

Acervo Iconographia/Reminiscências

Multidão de operários em greve desce a ladeira do Carmo a caminho do bairro do Brás, na cidade de São Paulo (SP), durante a Greve Geral de 1917, uma das mais expressivas manifestações trabalhistas ocorridas no Brasil no início do século XX.

Esse contexto de manifestações de trabalhadores exigindo melhores salários e melhores condições de trabalho também era impulsionado por notícias vindas do exterior. A Revolução Russa de 1917 servia de inspiração a muitos ativistas no Brasil, tanto que, na época, o governo brasileiro promulgou uma lei que permitia a expulsão de estrangeiros que ameaçassem a ordem e a segurança do país. Em 1922, foi fundado o Partido Comunista Brasileiro (PCB), que se alinharia ao Partido Comunista da União Soviética (PCUS).

A partir de 1930, sob o governo de Getúlio Vargas, a relação entre os movimentos trabalhistas e o governo passou a sofrer profundas transformações, como a promulgação de diversas leis trabalhistas. Embora essas leis significassem, de fato, ganhos para a classe trabalhadora no Brasil, é preciso não perder de vista que elas faziam parte de um projeto populista, que visava legitimar a autoridade de Getúlio após o golpe do Estado Novo (1937). Os sindicatos, por exemplo, continuaram a existir, mas passaram a ser submetidos ao controle do Estado.

Nos anos 1950 e 1960, os sindicatos voltaram a se fortalecer e a ter forte participação na vida política do Brasil. Em 1962, foi criado o Comando Geral dos Trabalhadores (CGT), fazendo convergir princípios trabalhistas, nacionalistas e comunistas. Contudo, após a tomada do poder pelos militares, em 1964, esta e muitas outras organizações trabalhistas foram dissolvidas e as greves passaram a ser violentamente reprimidas pelo regime militar.

Em 1983, já no processo de abertura política, ocorreu o Primeiro Congresso Nacional da Classe Trabalhadora, que levaria à criação da Central Única dos Trabalhadores (CUT). Uma das principais lideranças trabalhistas desse período era o metalúrgico Luiz Inácio Lula da Silva (1945-), também conhecido como Lula, que, em 2002, seria eleito presidente do Brasil e reeleito em 2006.

Arquivo do jornal Folha de São Paulo/Folhapress

1º Congresso Nacional da Classe Trabalhadora (Conclat), o evento no qual foi fundada a CUT, na cidade de São Bernardo do Campo (SP), em 1983.

Atualmente, o movimento operário brasileiro conta com diversas centrais sindicais além da CUT, entre elas a União Geral dos Trabalhadores (UGT) e a Força Sindical (FS), que congregam milhares de sindicatos.

Atividade

- Para essa discussão, formem um grupo de quatro ou cinco alunos e levantem dados sobre as organizações sindicais que existem em seu município ou estado. Depois discutam sobre as atuações recentes dessas organizações: Quais foram essas atuações? Que resultados tiveram? Elas são válidas ou não? Quais são as principais críticas que empresários e parte dos trabalhadores fazem aos sindicatos?

Leis trabalhistas e direitos humanos

De forma geral, os princípios gerais dos direitos humanos surgiram nos séculos XVII e XVIII, em um contexto de questionamento em relação à concentração de poderes nas mãos de monarcas absolutistas. Desde o início, defendia-se, portanto, o direito à vida, o mais fundamental de todos os direitos, mas também o direito à liberdade e à igualdade. Contudo, como falar de liberdade e igualdade em sociedades que admitiam a existência da escravidão? Esse paradoxo foi rapidamente percebido e passou a ser utilizado pelos movimentos sociais em prol da abolição da escravidão a partir do processo de independência do Haiti (1791-1804), no qual os ideais da Revolução Francesa serviram de inspiração para os revolucionários haitianos, que queriam se ver livres dos senhores de escravos franceses.

A Declaração dos Direitos do Homem e do Cidadão, de 1789, promulgada na França logo no início da Revolução Francesa, nada dizia de específico sobre o trabalho. Em uma segunda Declaração dos Direitos do Homem e do Cidadão, promulgada em 1793, lia-se no artigo 18:

> [...] Todo homem pode empenhar seus serviços, seu tempo; mas não pode se vender nem ser vendido; sua pessoa não é uma propriedade alienável. A lei não reconhece a domesticidade; só pode haver um compromisso de cuidado e reconhecimento entre o homem que trabalha e aquele que o emprega.

CONSTITUIÇÃO de 24 de junho de 1793. Tradução dos autores. Disponível em: https://www.conseil-constitutionnel.fr/les-constitutions-dans-l-histoire/constitution-du-24-juin-1793. Acesso em: 11 maio 2022.

Essa declaração, que criticava a escravidão, servia de preâmbulo à nova Constituição jacobina, promulgada em agosto de 1793, mas que só vigoraria até outubro daquele ano. De qualquer modo, já havia naquele momento a preocupação em reconhecer um vínculo entre os direitos humanos e a questão do trabalho.

O direito ao trabalho só seria explicitamente formulado em 1846, pelo líder socialista Louis Blanc (1811-1882), em um contexto de crise financeira e aumento do desemprego, que desembocaria mais tarde na Revolução de 1848, na França. A Revolução Francesa havia defendido o direito de liberdade e o de propriedade, mas o princípio da igualdade se via comprometido pelo fato de que alguns tinham muitas posses e outros viviam na miséria. Não poderia haver igualdade já que a propriedade era dividida de forma desigual. Além disso, o direito de voto estava condicionado a uma renda mínima e, com isso, os pobres não tinham direito à participação na vida política da França. Desse modo, as lutas por direitos trabalhistas, pelas garantias às liberdades individuais e pela ampliação de direitos políticos foram constantes em todo o século XIX e continuaram como lemas de lutas no século XX.

A publicação da Declaração Universal dos Direitos Humanos, em 1948, pela Organização das Nações Unidas (ONU), serve de marco para o que poderíamos chamar de nova geração dos direitos humanos. O ponto de partida teria sido representado pela implementação de ideias iluministas nas constituições dos Estados nacionais modernos, visando ao equilíbrio entre os poderes e à garantia de direitos individuais e coletivos básicos, como a vida, a liberdade e a propriedade.

Nessas primeiras manifestações se falava em "homens", o que excluía as mulheres, e se falava em garantias contra um Estado opressor, mas não se propunham políticas públicas de acesso à saúde, à educação, à habitação, ao lazer e ao trabalho. De forma diferente, a nova geração de direitos humanos buscava manter o ideal de liberdade, ao mesmo tempo que se empenhava em reduzir as desigualdades sociais. Um dos fatores mais importantes dessa declaração é a defesa do direito ao trabalho.

No artigo 23 da Declaração Universal dos Direitos Humanos se lê:

> [...]
>
> 1. Toda a pessoa tem direito ao trabalho, à livre escolha do trabalho, a condições equitativas e satisfatórias de trabalho e à proteção contra o desemprego.
>
> 2. Todos têm direito, sem discriminação alguma, a salário igual por trabalho igual.
>
> 3. Quem trabalha tem direito a uma remuneração equitativa e satisfatória, que lhe permita e à sua família uma existência conforme com a dignidade humana, e completada, se possível, por todos os outros meios de proteção social.
>
> 4. Toda a pessoa tem o direito de fundar com outras pessoas sindicatos e de se filiar em sindicatos para defesa dos seus interesses.
>
> [...]

UNITED NATIONS Human Rights Office of the High Commissioner. Declaração Universal dos Direitos Humanos. Disponível em: www.ohchr.org/EN/UDHR/Documents/UDHR_Translations/por.pdf. Acesso em: 11 maio 2022.

Apesar do evidente mérito da Declaração Universal dos Direitos Humanos, a introdução de leis trabalhistas, em muitos países, é anterior à iniciativa da ONU.

O México, por exemplo, promulgou uma Constituição, em 1917, na qual constavam importantes artigos com o objetivo de proteger o trabalhador, como a jornada de trabalho de oito horas diárias e o salário mínimo. Na Alemanha, em 1919, a Constituição de Weimar igualmente garantia direitos sociais aos trabalhadores, seguindo as diretrizes da recém-criada Organização Internacional do Trabalho (OIT), após o fim da Primeira Guerra Mundial.

Archive Photos/FPG/Getty Images

Eleanor Roosevelt (1884-1962) segurando a Declaração Universal dos Direitos Humanos, das Nações Unidas, em 1949. Eleanor, que foi primeira-dama e diplomata estadunidense, presidiu a Comissão de Direitos Humanos da ONU, que produziu o documento.

No Brasil, as primeiras leis trabalhistas datam do final do século XIX e início do XX, como a lei que proibiu o trabalho de menores de 12 anos e estabeleceu o direito a férias uma vez por ano. A Constituição de 1934 definia uma série de direitos trabalhistas, como salário mínimo, jornada de trabalho de oito horas diárias, repouso semanal, férias remuneradas e assistência médica e sanitária. Em 1943 foi promulgada a Consolidação das Leis do Trabalho (CLT) e, mais tarde, foram acrescentados outros direitos trabalhistas a essa regulamentação, como décimo terceiro salário e descanso semanal remunerado.

Desde sua promulgação, a CLT tem passado por inúmeras modificações, de modo a se adequar às mudanças sociais e econômicas que ocorrem ao longo do tempo.

Nas últimas décadas, a legislação trabalhista tem sido tema de constante discussão, envolvendo, de um lado, os defensores dos direitos contra a precarização do trabalho e, de outro, os defensores da redução de custos, da firmação de contratos temporários e da flexibilização das leis de trabalho, de modo a tornar, segundo eles, a atividade produtiva mais eficiente.

A Reforma Trabalhista foi sancionada em 13 de julho de 2017 pelo Presidente Michel Temer, Lei n. 13.467, e passou a vigorar em 11 de novembro 2017, deixou defensores e críticos com seus resultados. A Reforma alterou mais de 100 itens da Consolidação das Leis Trabalhistas (CLT) e flexibilizou uma série de direitos dos empregados no Brasil. Quase cinco anos depois, não serviu de alavanca, como diziam, para aumentar o emprego no país, dizem uns. Outros afirmam que a reforma tem contribuído para a geração de empregos. José Pastore, economista e professor da Universidade de São Paulo especializado em mercado de trabalho, defende a contribuição. Já Cíntia Fernandes, advogada especialista em Direito do Trabalho e sócia do escritório Mauro Menezes & Advogados, aponta o oposto. Para a advogada, a reforma potencializou a precarização e a informalidade do trabalho e, dessa forma, afetou de forma negativa as condições de trabalho e a economia do país. Pastore aponta que a reforma não só manteve os direitos previstos no texto original da Consolidação das Leis Trabalhistas (CLT), como também acrescentou novas seguranças. Para entender, o melhor é acessar *sites* sobre o assunto e buscar dados mais atualizados, buscando as divergências.

Saiba+

Artigo 23: direito ao trabalho. Disponível em: https://brasil.un.org/pt-br/81917-artigo-23-direito-ao-trabalho. Acesso em: 2 fev. 2022.

O *site* da ONU apresenta um pouco da história do artigo 23, da Declaração Universal dos Direitos Humanos, que trata do direito ao trabalho.

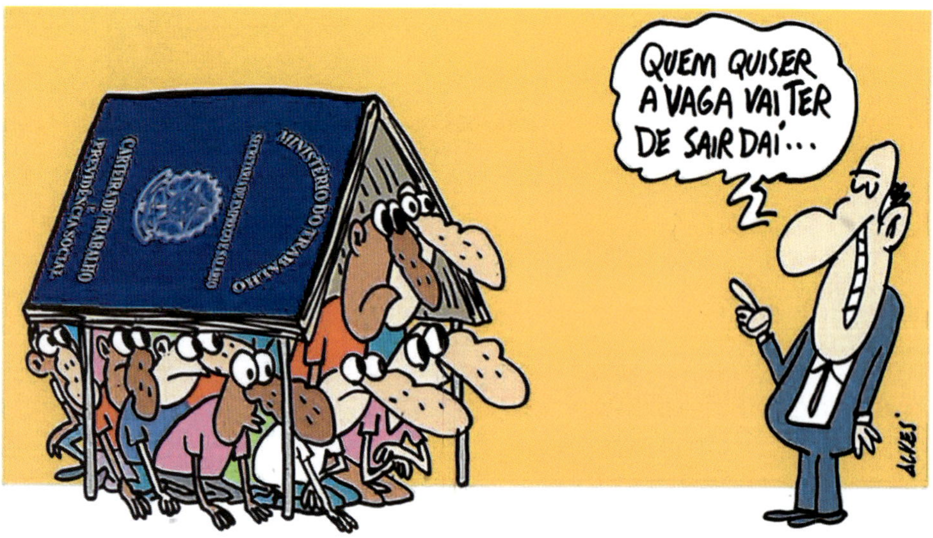

© Alves/Acervo do cartunista

ALVES. Disponível em: www.sinposba.org.br/index.php/2018/10/08/. Acesso em: 18 jul. 2022.

Atividade

- A charge mostra lados contrapostos sobre a questão trabalhista. Escreva um texto curto explicando quais são esses lados e interpretando a mensagem do chargista.

Divisão internacional do trabalho

A expressão **divisão do trabalho** é usada nas teorias econômicas e sociológicas para designar a separação de tarefas que ocorre em um sistema econômico, de modo que cada indivíduo ou um grupo de indivíduos, determinadas instituições e/ou determinada(s) região(ões) do espaço geográfico se encarregam de produzir um tipo específico de trabalho ou de realizar uma etapa do processo de produção. Na Antiguidade clássica, filósofos como Platão e Aristóteles relacionavam a formação da pólis com a atribuição de diferentes tarefas aos seus habitantes. Mas é na era moderna que esse conceito se tornou mais significativo, uma vez que o surgimento das manufaturas e, posteriormente, da industrialização e da racionalização da produção passaram a exigir a divisão social do trabalho.

Adam Smith (1723-1790), por exemplo, apresenta um exemplo particularmente marcante do modo como a divisão racional do trabalho pode levar ao aumento da produção. Trata-se de uma fábrica de alfinetes: um trabalhador sozinho, desempenhando todas as etapas da confecção de um alfinete, conseguiria produzir cerca de vinte unidades por dia, enquanto dez trabalhadores, cada um responsável por uma etapa, produziriam 48 mil alfinetes por dia!

SMITH, Adam. *Uma investigação sobre a natureza e a causa da riqueza das nações*. São Paulo: Madras, 2009.

All Star Picture Library/Alamy/Fotoarena

Cena do filme *Tempos modernos* (1936), de Charles Chaplin (Estados Unidos, 87 min). Nesse emblemático filme, um trabalhador luta para viver e se adaptar à sociedade industrial moderna.

A divisão do trabalho manifesta-se espacialmente quando diferentes lugares, regiões ou países se especializam na produção de determinado bem ou serviço. Nesse caso, pode-se dizer que há divisão territorial do trabalho. Um exemplo clássico do passado não muito distante foi a diferenciação que se fazia entre o que era produzido no campo e o que era produzido na cidade. Quando esse processo ultrapassa as fronteiras de um país, dizemos que se trata de uma **divisão internacional do trabalho**.

A divisão internacional do trabalho tem suas origens no início da Idade Moderna. Essa divisão caracterizava o **pacto colonial**: as colônias produziam matérias-primas e as metrópoles europeias produziam artigos manufaturados. Os europeus vinham à América em busca de metais preciosos, algodão, açúcar, tabaco, entre outros produtos, assim como iam à Ásia em busca de especiarias, seda, perfumes, etc. Nesse contexto, era proibido que muitas colônias criassem manufaturas, pois assim o predomínio metropolitano nas trocas comerciais era mantido.

Conceitos

Pacto colonial

A palavra **pacto** quer dizer "acordo, combinação, contrato aceito entre as partes envolvidas". No entanto, **pacto colonial** é a denominação que se dá à imposição colonizadora das metrópoles sobre suas colônias. Para que obtivessem sempre o maior lucro possível, as Coroas europeias impunham às populações coloniais como as terras seriam divididas e cultivadas e a maneira como os bens seriam produzidos. A metrópole detinha a exclusividade de todo o comércio importante realizado em suas colônias e exercia forte controle sobre toda a produção, quase sempre proibindo o desenvolvimento de manufaturas que pudessem concorrer com os produtos importados do reino.

A Revolução Industrial expandiu mundialmente o consumo e disseminou a padronização cultural e de valores, porém desenvolveu-se de forma desigual e combinada entre os países, contribuindo para diferenciá-los em desenvolvidos e em desenvolvimento e acentuando a divisão internacional do trabalho.

Leemage/Corbis Historical/Getty Images

Poluição das fábricas de cobre na Cornualha, Inglaterra. Gravura da Revolução Industrial publicada em *História da Inglaterra*, por Rollins, 1887. Coleção particular.

Além de promover maior especialização do trabalhador e aumento da divisão social do trabalho, a industrialização aumentou a divisão territorial do trabalho, que foi acentuada ao longo de todo o processo. Se ocorreu a aglomeração industrial em um primeiro momento, em razão de isso ser vantajoso economicamente, as evoluções técnicas e político-econômicas do capitalismo criaram novas condições e alteraram algumas regras do jogo, sempre mantendo sua premissa básica: a busca do lucro.

Novas fontes de energia, novas matérias-primas, novos hábitos de consumo e comportamento, novos sistemas de gestão associados ao desenvolvimento das técnicas, tanto produtivas como de transporte e comunicação, transformaram as possibilidades de reprodução do capital e implicaram novos arranjos sociais e territoriais.

A indústria passou a separar sua unidade de planejamento e gestão, o "escritório", da sua unidade produtiva, a fábrica propriamente dita, onde se concentravam as máquinas e os operários.

A partir de meados do século XX, as grandes empresas passaram a ser distribuídas mundialmente (ou seja, a se tornar multinacionais), instalando filiais em locais que antes eram seus centros consumidores ou seus fornecedores de matérias-primas, expandindo-se para os países em desenvolvimento, atraídas pelo custo baixo de mão de obra, pela legislação e pelo regime fiscal (impostos) mais favoráveis, pela ausência de regulamentação ambiental ou menos rigor nessa regulamentação, entre outros fatores. Nessas localidades, o processo transcorreu de forma diferente daquela como sucedeu nos países desenvolvidos, levando ao rápido e caótico crescimento urbano, superpovoando algumas poucas cidades, que tiveram seus problemas socioespaciais acentuados, como poluição, falta de moradia e especulação mobiliária, desafios que estão presentes em todas as grandes cidades do mundo, mas que são bem mais acentuados naquelas localizadas nos países em desenvolvimento.

Desenvolvimento da Divisão Internacional do Trabalho (DIT)

Capitalismo comercial

Origem da DIT

Fórmula Produções/Arquivo da editora

Capitalismo industrial → financeiro (até a Segunda Guerra Mundial)

Consolidação da DIT

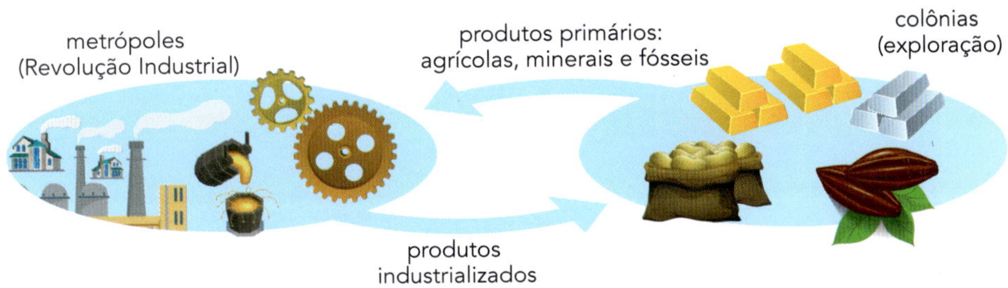

Fórmula Produções/Arquivo da editora

Capitalismo financeiro → informacional (após a Segunda Gurra Mundial)

DIT clássica

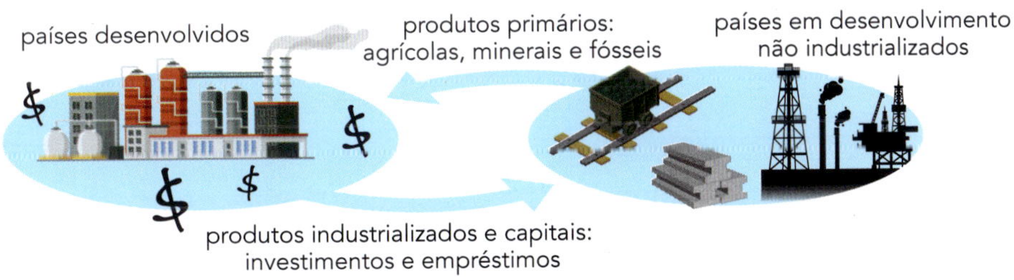

Fórmula Produções/Arquivo da editora

Nova DIT

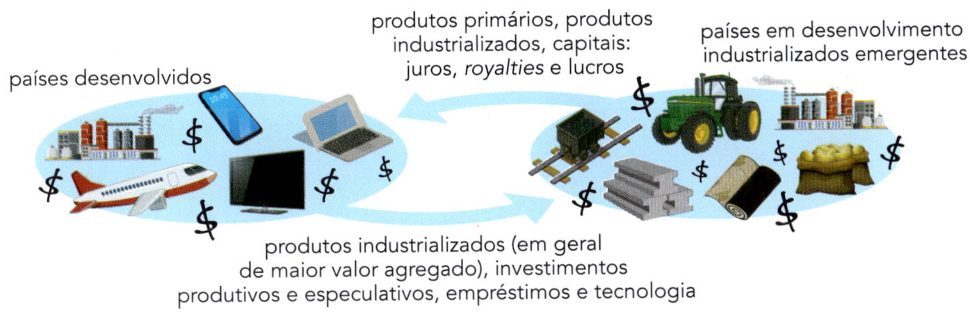

Fórmula Produções/Arquivo da editora

Na fase atual da industrialização, as indústrias fragmentam sua produção, isto é, instalam suas fábricas, agora divididas em muitas unidades superespecializadas, de acordo com as vantagens comparativas locacionais mais adequadas a cada etapa do processo produtivo. A cadeia produtiva se tornou global, ou seja, espalhada espacialmente e organizada por meio de unidades próprias ou de empresas contratadas (terceirizadas), para a fabricação de diferentes peças ou de partes do produto. Nenhum bem de grande investimento tecnológico e que é produzido em série atualmente, como computadores, automóveis, televisores, celulares e *smartphones*, é produzido em apenas uma fábrica.

Ao serem fragmentadas em cadeias de produção especializadas, as indústrias passam a se dispersar territorialmente segundo outras lógicas, levando alguns lugares a competirem uns com os outros, na tentativa de atrair essas indústrias. Isso porque, se as indústrias se instalarem nesses lugares, há a expectativa de que elas gerarão empregos, aumentarão a arrecadação de impostos e dinamizarão as economias locais. Isso se revela nas transformações que ocorrem no espaço geográfico, nas instalações técnicas e na busca por desregulamentações políticas e econômicas, com o objetivo de promover fluidez territorial e a consequente unificação dos lugares por meio do mercado.

Keystone-France/Gamma-Keystone/Getty Images

Vista aérea da fábrica da Ford em Highland Park, em Detroit (Estados Unidos), na década de 1940. Na época, era considerada uma das maiores unidades industriais do mundo. Durante a Segunda Guerra Mundial, suas linhas de montagem foram adaptadas para a fabricação de aviões, motores de aviões, tanques e outros equipamentos de guerra.

Conexões Linguagens e suas Tecnologias

O trabalho impacta diferentes dimensões da vida humana, incluindo as manifestações artísticas, e é tema constante de livros, músicas, filmes e nas artes plásticas.

No início do século XX, em razão das muitas transformações pelas quais as sociedades passavam, o trabalho e as relações e os conflitos sociais que dele surgiam estiveram presentes em manifestações artísticas vanguardistas.

Um dos artistas que se dedicaram às representações ligadas ao mundo do trabalho e aos seus impactos no cotidiano foi o pintor mexicano Diego Rivera (1886-1957).

Entre as muitas obras de Rivera sobre o tema trabalho, uma que se destaca é *O homem controlador do Universo*. Nela, o artista representa os grupos sociais e as oposições existentes na relação capitalista.

A obra, produzida em 1934, foi feita originalmente para o Rockefeller Center, em Nova York, Estados Unidos. Após divergências entre Rivera e John Rockefeller, o mural foi destruído e a composição foi pintada no Palácio de Belas Artes da Cidade do México, no México, com um novo título, *Homem, controlador do Universo*.

Gill_figueroa/Shutterstock

Diego Rivera iniciou seus estudos em arte na Escola de Belas-Artes de San Carlos, na capital do México. Como muralista mexicano, utilizou a técnica de afresco a serviço da história e da revolução. Suas obras contavam a história mexicana e continham fortes críticas políticas e sociais. Foi casado com a também artista mexicana Frida Kahlo, com quem passou 25 anos. Estátuas em homenagem a Diego Rivera e Frida Kahlo na Cidade do México (México). Foto de 2022.

Recriação do detalhe central do mural *Homem na encruzilhada, olhando com esperança e visão para um futuro novo e melhor*, do muralista mexicano Diego Rivera.

1. Com base no que você estudou até agora, identifique os diferentes grupos representados na obra de Diego Rivera.

2. Considerando suas experiências pessoais, faça uma ilustração, fotografia ou colagem que represente as relações de trabalho no mundo atual.

Diálogos

1. A imagem e os textos a seguir, produzidos, respectivamente, em 1871, 1747, 1934 e 1973, descrevem diferentes aspectos da vida e do trabalho do operariado industrial. Com base nos textos e na imagem, faça uma dissertação sobre o tema "O trabalho na era industrial". Na sua dissertação, procure abordar as seguintes questões:

- Qual é o tipo de qualificação necessária para o trabalhador industrial?
- Na sociedade industrial, qual é a relação que se estabelece entre o trabalho intelectual e o trabalho manual?
- Que mudanças e/ou permanências podem ser identificadas no trabalho industrial entre a primeira Revolução Industrial, no século XVIII, e os dias de hoje?

Rischgitz/Hulton Archive/Getty Images

Gravura representando o pagamento a crianças pelo seu trabalho em olaria. Autoria desconhecida, 1871.

Texto 1 (1747)

É fato notório [...] que a penúria até certo grau estimula a indústria; e que o operário que pode prover às suas necessidades trabalhando só três dias ficará ocioso e bêbado o resto da semana [...]. Os pobres, nos condados onde há manufaturas, jamais trabalharão mais horas do que é preciso para custear a alimentação e suas orgias semanais [...] sem temor podemos dizer que uma redução dos salários das manufaturas laníferas seria uma bênção e uma vantagem para a nação e não seria um prejuízo real para os pobres. Com esse recurso, poderíamos preservar nosso comércio, manter nossas rendas e, além de tudo, corrigir as pessoas.

SMITH, J. Memoirs of Wool, 1747. In: GORZ, André. *Crítica da divisão do trabalho*. 2. ed. São Paulo: Martins Fontes, 1989. p. 65.

Texto 2 (1934)

As mulheres são metidas num trabalho inteiramente maquinal, no qual só se lhes pede rapidez. Quando digo maquinal, nem imagine que seja possível sonhar com outra coisa enquanto se trabalha, e muito menos refletir. Não. O trágico dessa situação é que o trabalho é maquinal demais para fornecer assunto ao pensamento, e, além disso, impede qualquer outro pensamento. Pensar é ir menos depressa; ora, há normas de rapidez estabelecidas por burocratas sem piedade e que é preciso cumprir, para não ser despedido. [...]

II – O mistério da fabricação é claro, o operário ignora o uso de cada peça: 1) a maneira como se ajusta às outras; 2) a sucessão das operações por que passa; 3) o uso final do conjunto.

Mas tem mais: a relação de causas e efeitos no interior do próprio trabalho não é apreendida.

Não há nada de menos instrutivo que uma máquina [...].

WEIL, Simone. *A condição operária e outros estudos sobre a opressão*. Rio de Janeiro: Paz e Terra, 1979. p. 68 e 96.

Texto 3 (1973)

A crescente qualificação social dos trabalhadores não reside, ao contrário do que afirma tese bem difundida, no aumento do seu conhecimento útil ou inútil (escolar); na escola, eles aprendem bem menos do que antigamente. Se são escolarizados é que, com o pretexto da instrução e enquanto ela se processa (desviada de seu objeto aparente), pretende-se socializá-los de uma certa maneira: ensinar-lhes a veneração pelo Saber dos Outros e pela cultura erudita monumental, em detrimento da cultura viva não codificada; ensinar-lhes a submissão, a disciplina, o respeito à hierarquia. É precisamente isto que não funciona mais: a crise da escola e do despotismo da fábrica estão intimamente ligadas. [...] E a "cultura do trabalho" torna-se inaceitável, porque há muito tempo já se transformou em seu oposto: na descultura do trabalhador, visando adaptá-lo à desumanização da fábrica, à divisão hierárquica, parcelada, do trabalho militarizado.

GORZ, André. *Crítica da divisão do trabalho*. São Paulo: Martins Fontes, 1989. p. 85.

Ao fazer sua dissertação, lembre-se de:

a) identificar as ideias principais de cada texto;

b) considerar pontos em comum entre os textos;

c) registrar em um rascunho as ideias que pretende mobilizar na sua dissertação, sem perder de vista os tópicos propostos anteriormente;

d) elaborar uma introdução para a sua dissertação, apresentando o tema ao leitor;

e) desenvolver sua argumentação buscando expor de maneira lógica e articulada as ideias que registrou no rascunho;

f) terminar sua dissertação com um parágrafo conclusivo.

2. O texto a seguir é um artigo da Consolidação das Leis do Trabalho (CLT) brasileira. Leia-o com atenção e responda às questões.

> [...]
>
> Art. 389 – Toda empresa é obrigada:
>
> I – a prover os estabelecimentos de medidas concernentes à higienização dos métodos e locais de trabalho, tais como ventilação e iluminação e outros que se fizerem necessários à segurança e ao conforto das mulheres, a critério da autoridade competente;
>
> II – a instalar bebedouros, lavatórios, aparelhos sanitários; dispor de cadeiras ou bancos, em número suficiente, que permitam às mulheres trabalhar sem grande esgotamento físico;
>
> III – a instalar vestiários com armários individuais privativos das mulheres, exceto os estabelecimentos comerciais, escritórios, bancos e atividades afins, em que não seja exigida a troca de roupa e outros, a critério da autoridade competente em matéria de segurança e higiene do trabalho, admitindo-se como suficientes as gavetas ou escaninhos, onde possam as empregadas guardar seus pertences;
>
> IV – a fornecer, gratuitamente, a juízo da autoridade competente, os recursos de proteção individual, tais como óculos, máscaras, luvas e roupas especiais, para a defesa dos olhos, do aparelho respiratório e da pele, de acordo com a natureza do trabalho.
>
> § 1º – Os estabelecimentos em que trabalharem pelo menos 30 (trinta) mulheres com mais de 16 (dezesseis) anos de idade terão local apropriado onde seja permitido às empregadas guardar sob vigilância e assistência os seus filhos no período da amamentação.
>
> § 2º – A exigência do § 1º poderá ser suprida por meio de creches distritais mantidas, diretamente ou mediante convênios, com outras entidades públicas ou privadas, pelas próprias empresas, em regime comunitário, ou a cargo do SESI, do SESC, da LBA ou de entidades sindicais.
>
> [...]

BRASIL. Decreto-Lei n. 5 452, de 1º de maio de 1943. Aprova a *Consolidação das Leis do Trabalho*. Rio de Janeiro, 1943. Disponível em: http://www.planalto.gov.br/ccivil_03/decreto-lei/del5452.htm. Acesso em: 11 maio 2022.

a) De modo resumido, de que trata o artigo 389 da CLT?

b) Que direitos esse artigo assegura especificamente para as mulheres? Explique o motivo pelo qual a condição feminina é colocada em destaque no artigo.

c) Crie um diálogo entre um trabalhador e um advogado trabalhista. O primeiro está reclamando das condições precárias de seu ambiente de trabalho e o segundo esclarecendo quais são as obrigações da empresa, de acordo com a legislação.

#EnemVestibular

1. (Enem – 2019)

A partir da segunda metade do século XVIII, o número de escravos recém-chegados cresce no Rio e se estabiliza na Bahia. Nenhum lugar servia tão bem à recepção de escravos quanto o Rio de Janeiro.

FRANÇA, R. *O tamanho real da escravidão*. O Globo, 5 abr. 2015 (adaptado).

Na matéria, o jornalista informa uma mudança na dinâmica do tráfico atlântico que está relacionada à seguinte atividade:

a) Coleta de drogas do sertão.
b) Extração de metais preciosos.
c) Adoção da pecuária extensiva.
d) Retirada de madeira do litoral.
e) Exploração da lavoura de tabaco.

2. (Enem – 2019)

O Ministério do Trabalho e Emprego (MTE) realizou 248 ações fiscais e resgatou um total de 1 590 trabalhadores da situação análoga à de escravo, em 2014, em todo o país. A análise do enfrentamento do trabalho em condições análogas às de escravo materializa a efetivação de parcerias inéditas no trato da questão, podendo ser referenciadas ações fiscais realizadas com o Ministério da Defesa, Exército Brasileiro, Instituto Brasileiro do Meio Ambiente e dos Recursos Naturais Renováveis (Ibama) e Instituto Chico Mendes de Conservação da Biodiversidade (ICMBio).

Disponível em: http://portal.mte.gov.br. Acesso em: 4 fev. 2015 (adaptado).

A estratégia defendida no texto para reduzir o problema social apontado consiste em:

a) Articular os órgãos públicos.
b) Pressionar o Poder Legislativo.
c) Ampliar a emissão das multas.
d) Limitar a autonomia das empresas.
e) Financiar as pesquisas acadêmicas.

3. (Enem – 2019)

Lei n. 601, de 18 de setembro de 1850

D. Pedro II, por Graça de Deus e Unânime Aclamação dos Povos, Imperador Constitucional e Defensor Perpétuo do Brasil: Fazemos saber, a todos os nossos súditos, que a Assembleia Geral decretou, e nós queremos a Lei seguinte:

Art. 1º Ficam proibidas as aquisições de terras devolutas por outro título que não seja o de compra.

Disponível em: www.planalto.gov.br. Acesso em: 8 ago. 2014 (adaptado).

Considerando a conjuntura histórica, o ordenamento jurídico abordado resultou na:

a) mercantilização do trabalho livre.
b) retração das fronteiras agrícolas.
c) demarcação dos territórios indígenas.
d) concentração da propriedade fundiária.
e) expropriação das comunidades quilombolas.

4. (Enem – 2018)

Queremos saber o que vão fazer
Com as novas invenções
Queremos notícia mais séria
Sobre a descoberta da antimatéria

E suas implicações

Na emancipação do homem

Das grandes populações

Homens pobres das cidades

Das estepes, dos sertões

GILBERTO GIL. Queremos saber. O viramundo. São Paulo: Universal Music, 1976 (fragmento).

A letra da canção relaciona dois aspectos da contemporaneidade com reflexos na sociedade brasileira:

a) A elevação da escolaridade e o aumento do desemprego.
b) O investimento em pesquisa e a ascensão do autoritarismo.
c) O crescimento demográfico e a redução da produção de alimentos.
d) O avanço da tecnologia e a permanência das desigualdades sociais.
e) A acumulação de conhecimento e o isolamento das comunidades tradicionais.

5. (Enem – 2014)

NEVES, E. Engraxate. Disponível em: www.grafar.blogspot.com. Acesso em: 15 fev. 2013.

Considerando-se a dinâmica entre tecnologia e organização do trabalho, a representação contida no cartum é caracterizada pelo pessimismo em relação à:

a) ideia de progresso.
b) concentração do capital.
c) noção de sustentabilidade.
d) organização dos sindicatos.
e) obsolescência dos equipamentos.

6. (Enem – 2019)

No sistema capitalista, as muitas manifestações de crise criam condições que forçam a algum tipo de racionalização. Em geral, essas crises periódicas têm o efeito de expandir a capacidade produtiva e de renovar as condições de acumulação. Podemos conceber cada crise como uma mudança do processo de acumulação para um nível novo e superior.

HARVEY, D. *A produção capitalista do espaço*. São Paulo: Annablume, 2005 (adaptado).

A condição para a inclusão dos trabalhadores no novo processo produtivo descrito no texto é a

a) associação sindical.
b) participação eleitoral.
c) migração internacional.
d) qualificação profissional.
e) regulamentação funcional.

7. (UERR – 2020)

A década de 60 foi marcada por discussões sobre a necessidade de reforma agrária no Brasil, principalmente nas regiões Norte e Nordeste que sofriam mais com a concentração fundiária, surgindo a criação da organização das Ligas Camponesas e muitos outros conflitos. Assim, em março de 1963, foi aprovado um documento que visava regulamentar as relações de trabalho no campo, que até então estavam à margem da legislação trabalhista. Esse documento ficou conhecido como:

a) Estatuto do Trabalhador Rural.
b) Estatuto das Terras.
c) Estatuto da Criança e Adolescente.
d) Lei das Terras.
e) Movimento dos Trabalhadores Sem-Terra.

8. (UERR – 2020)

20 de novembro – Dia da Consciência Negra – Indicativo para professores

05/11/2009

O dia 20 de novembro é o dia da Consciência Negra. A data foi escolhida pelo Movimento Negro em contraposição ao 13 de maio (dia da suposta abolição da escravatura) e é uma homenagem a Zumbi dos Palmares, que faleceu neste dia há 308 anos. Zumbi foi o líder do Quilombo dos Palmares – que é considerado o maior foco de resistência negra à escravidão no Brasil. Mais de três séculos após a sua morte, constata-se que o racismo não deixou de existir, ou de se manifestar cruelmente. Na verdade, a opressão de cor somente modernizou-se, assim como a sociedade da opressão modernizou suas formas de dominação durante os anos.

https://www.geledes.org.br/20-de-novembro-dia-da-consciencia-negra-indicativo-paraprofessores/?gclid=EAIaIQobChMIjbfomLWy5AIV-ggmRCh0iZQEoEAAYASAAEgJAFvD_BwE

Em um texto dissertativo, discorra sobre a importância dos movimentos que tratam as questões raciais afrodescendentes para a construção da sociedade.

9. (USF-SP – 2019)

A escravidão no Brasil foi abolida com a Lei Áurea, assinada pela princesa Isabel em 1888. Apesar de passados 130 anos, o problema do trabalho escravo no Brasil está longe de ser solucionado. Em 1995, o governo federal brasileiro reconheceu a existência do trabalho escravo contemporâneo perante a Organização Internacional do Trabalho. Segundo dados do Ministério Público do Trabalho, entre 1995 e 2016 foram libertos cerca de 52 mil trabalhadores em situação análoga à escravidão no Brasil. Desses, quase 70% em atividades na zona rural.

O trabalho análogo à escravidão não é meramente um descumprimento das leis trabalhistas, ele fere diretamente o direito de dignidade humana. Segundo a Organização Internacional do Trabalho e o Ministério Público do Trabalho, configuram o trabalho escravo na atualidade:

a) Perseguição étnica com relação aos afrodescendentes e índios.
b) Trabalho forçado, jornadas de trabalho exaustivas, servidão por dívida e condições degradantes de trabalho.
c) Trabalho informal, uso da mão de obra infantil e descumprimento da CLT.
d) Aprisionamento do trabalhador, violência física, trabalho autônomo e condições insalubres de trabalho.
e) Retenção da carteira de trabalho, condições insalubres de trabalho, trabalho informal e aprendiz legal.

10. (UPE – 2019)

Observe o texto a seguir sobre a condição humana:

O trabalho é a atividade humana por excelência, pela qual o homem transforma o mundo e a si mesmo. Por isso, se num primeiro momento a natureza se apresenta como destino, é o trabalho que surge como condição de transcendência e liberdade, a não ser nos sistemas onde persistem formas de exploração que levam à alienação.

(ARANHA, Maria Lúcia Arruda; MARTINS, Maria Helena Pires. Filosofando: Introdução à Filosofia, São Paulo: Moderna, 1993, p. 1.)

O texto acima retrata a dimensão do trabalho como condição ímpar da atividade humana, que favorece o distanciamento, numa perspectiva crítica, da visão do homem em relação ao mundo e a si mesmo. Sobre esse assunto, assinale a alternativa CORRETA.

a) O conceito de trabalho sempre esteve ligado ao homem numa perspectiva crítica e positiva.
b) Numa perspectiva crítica, o homem se autoproduz e dignifica sua natureza pelo trabalho.
c) O homem se dignifica num sistema de exploração do trabalho alienante.
d) A alienação é a possibilidade de transcendência e de liberdade humana.
e) O valor do trabalho está na sua dimensão teórica e acrítica.

11. (UFPR – 2020)

Considere o seguinte excerto:

O estudo objetivo e sistemático da sociedade e dos comportamentos humanos é um desenvolvimento relativamente recente, cujos primórdios datam de fins do século XVIII. Um desenvolvimento-chave foi o uso da ciência para compreender o mundo – a ascensão de uma abordagem científica ocasionou uma mudança radical na perspectiva e na sua compreensão. Uma após a outra, as explicações tradicionais e baseadas na religião foram suplantadas por tentativas de conhecimento racionais e críticas. [...] O cenário que dá origem à sociologia foi a série de mudanças radicais introduzidas pelas "duas grandes revoluções" da Europa dos séculos XVIII e XIX. [...] A ruptura com os modos de vida tradicionais desafiou os pensadores a desenvolverem uma compreensão tanto do mundo social como do natural. Os pioneiros da sociologia foram apanhados pelos acontecimentos que cercaram essas revoluções e tentaram compreender sua emergência e consequências potenciais.

(GIDDENS, Anthony. Sociologia. Porto Alegre: Artmed, 2005. p. 27-28.)

Quais são as revoluções a que Anthony Giddens faz referência?

a) Revolução Russa e Revolução Chinesa.
b) Revolução dos Cravos e Revolução Francesa.
c) Revolução Industrial e Revolução Inglesa.
d) Revolução Francesa e Revolução Industrial.
e) Revolução Proletária e Revolução Comunista.

12. (Cesupa – 2020)

Leia o texto:

Ir ao mercado e passar as compras em um caixa automático, pedir um Uber e ser levado por um carro completamente automatizado que dispensa motorista, ir ao banco e resolver todas as pendências no caixa eletrônico ou até mesmo pelo aplicativo de celular, fazer uma ligação para a central de uma empresa e ser atendido por um robô. A cada dia essas atividades tornam-se mais comuns. Trabalhos que antes eram desempenhados por funcionários agora são feitos por máquinas. Sem contar as funções que, independentemente da tecnologia, foram reunidas e absorvidas por um único trabalhador, como os motoristas de ônibus, que além de dirigir o veículo ainda precisam cobrar a passagem. Cobrador e telefonista são exemplos de ocupações extintas em muitos lugares do globo.

Fonte: EVANGELISTA. A. P. Seremos líderes ou escravos da Indústria 4.0?. Publicado em Escola Politécnica de Saúde Joaquim Venâncio. EPSJV/Fiocruz | publicado em 05/07/2018. http://www.epsjv.fiocruz.br/noticias/ reportagem/seremos-lideres-ou-escravos-da -industria-40. Acessado em 12/08/19.

De acordo com o texto, apesar das comodidades do cotidiano, em relação ao mundo do trabalho, a 4ª Revolução Industrial, contribui para:

a) Migração de mão de obra do setor terciário para o setor secundário que ainda emprega muitos trabalhadores.
b) Diminuição gradativa dos postos de trabalhos e aumento do desemprego entre trabalhadores não qualificados para as novas funções.
c) Eliminação dos trabalhadores autônomos devido aos estímulos ao vínculo com as instituições públicas.
d) Redução da carga horária dos operários para aumentar o tempo livre para o lazer e compras.

Construção e uso de amostragem

Para começar

Vimos nesta unidade como o conceito de trabalho tem mudado ao longo dos séculos, de acordo com as transformações econômicas e sociais pelas quais o mundo passa periodicamente. O trabalho passou de algo que dizia respeito apenas a atividades rurais para um elemento valorizado, capaz de ditar a estrutura de uma sociedade e incitar revoluções.

Recentemente, o trabalho sofreu mais uma redefinição e ganhou um aspecto extra: passou a ser definido como trabalho criativo. Ele seria fruto de uma atividade intelectualmente rica, diferentemente do trabalho industrial, repetitivo e sem propósito claro. No trabalho criativo, o trabalho, o lazer e o estudo se fundem, criando um mundo de possibilidades e propósitos.

Rawpixel.com/Shutterstock

Gravação de vídeo em estação de metrô com transmissão direta para a internet.

Forma-se, então, uma nova categoria de profissionais. Os trabalhadores criativos não necessariamente geram produtos físicos (embora estes possam ser o resultado de sua labuta). Seu foco está em criar bens intangíveis, como ideias, conceitos, textos e informações visuais. Torna-se possível ganhar a vida em atividades que nem sequer existiam no século passado. Quer um exemplo? Pense em um *web designer*, profissional que desenha ambientes virtuais funcionais e atrativos esteticamente. Essa profissão passou a existir apenas recentemente e é essencial para a economia de hoje. O mesmo se dá com os programadores, que são responsáveis por criar a estrutura da internet, de *sites*, aplicativos, jogos, programas, enfim, uma miríade de produtos e serviços eletrônicos.

Nesta atividade, em grupos, vocês vão analisar uma profissão nova, a de **influenciador**, que está relacionada principalmente à expansão das redes sociais como ferramenta de conexão e consumo de informação. Os **influenciadores** tornaram-se figuras importantes no mercado publicitário, já que são capazes de conversar com milhares ou milhões de pessoas de maneira direta. De acordo com pesquisa realizada em 2019, o Brasil tem quase 1 milhão de influenciadores digitais.

Saiba +

***Brasil tem quase 1 milhão de digital influencers mapeados por empresa*.** Kelly Dores. *Propmark*, São Paulo, 7 out. 2019. Disponível em: https://propmark.com.br/digital/brasil-tem-quase-1-milhao-de-digital-influencers-mapeados-por-empresa. Acesso em: 2 fev. 2022.

Eles se tornaram formadores de opinião e são capazes de iniciar conversas nas redes sociais e na mídia tradicional. Antes restritas a atores e atrizes e a outras personalidades, as colunas sociais passaram a acompanhar as venturas e desventuras de *youtubers*, blogueiros, *instagramers*, entre outros influenciadores digitais.

Análise de mídias sociais

Considerando o que vocês acabaram de ler, a proposta desta atividade é exercitar uma técnica de pesquisa totalmente relacionada ao mundo dos influenciadores: a análise de mídias sociais. Esse tipo de estudo permite medir e compreender o alcance, a importância e a influência que determinados perfis têm em plataformas de conteúdo e comunicação. São justamente esses números que orientam a escolha de marcas e grandes empresas na hora de contratarem um influenciador. A capacidade de o influenciador engajar as pessoas, gerando reações, compartilhamentos, visualizações, etc. torna-se algo que, além de quantificado, pode ser precificado.

Estudos desse tipo podem medir:

1. reações, sentimentos e desejos relacionados ao consumo;
2. opiniões e dúvidas a respeito do atendimento ao consumidor;
3. comportamentos e tendências de consumo;
4. identificação de assuntos que geram conversas;
5. crises ou potenciais ameaças;
6. identificação de fãs ou detratores do influenciador;
7. reações a determinados tipos de conteúdo.

Um dos elementos centrais da análise de mídias sociais é o uso de métricas, ou seja, a medição dos fatores estudados. Os números ajudam os pesquisadores a enxergar conexões, padrões e interações que estão ocorrendo nesses ambientes virtuais.

No entanto, não se trata apenas de mensurar números absolutos. Para identificar quem de fato tem influência sobre o público, deve-se analisar também a qualidade das interações geradas por um perfil. Não é incomum que contas em redes sociais tenham milhões de seguidores nominais, mas não consigam transformar esses números em curtidas, visualizações, cliques em *links* e outras reações. Os influenciadores de sucesso não têm apenas um grande número de seguidores, mas também conseguem convencer seu público a executar algum tipo de ação.

Por isso, na análise de mídias sociais, existem algumas métricas que ajudam a avaliar o potencial de um perfil. Primeiro, há a visibilidade, que é a capacidade de alcance dos conteúdos, incluído aí o tamanho da audiência atingida. Segundo, há o nível de engajamento dos seguidores, que mostra se se eles interagem com as publicações e reagem a elas. Terceiro, quando um criador de conteúdo consegue formar a opinião de seu público, verifica-se que ele tem influência. Esses três fatores combinados são a medida da reputação de determinado influenciador, que mostra, de maneira geral, sua importância e suas conexões em uma rede de conexões específica. Por último, há a conversão, uma medida de quanto o influenciador consegue gerar de cliques, compras, enfim, de ações mensuráveis. A conversação é um dos dados mais importantes para marcas e empresas, já que permite saber qual foi o impacto de determinada ação proporcionalmente ao que foi investido para anunciar no canal do influenciador. Esses dados, no entanto, não são úteis apenas para o mundo da publicidade. Eles nos ajudam a compreender a importância e o impacto das conversas que circulam a cada minuto na internet. Cada vez mais, as redes sociais influenciam o mundo para além delas mesmas e dão forma ao mundo, juntamente com as mídias chamadas de tradicionais (TV, rádio, jornais, revistas, livros, etc.).

sondem/Shutterstock

Para fazer

Hoje, os influenciadores digitais são figuras importantes não só na internet, mas também na sociedade como um todo. Capazes de atrair a atenção de milhões de pessoas, eles são essenciais para a economia, a cultura e até a política. Essas personalidades criaram um polo a mais no mundo da mídia e se juntaram ao poder que outras plataformas tiveram durante décadas.

Os grupos devem escolher um influenciador a ser analisado. Vocês farão o estudo de suas métricas, capacidade de influência e de outros dados, e vão direcionar um olhar crítico ao tipo de conteúdo publicado pelo influenciador que escolheram. Nesse estudo, vocês vão avaliar o impacto desses criadores em termos qualitativos e quantitativos.

Para isso, vocês farão uma **análise de mídias sociais**. Com base nela, encontrarão as métricas necessárias para o estudo e produzirão um material criado para redes sociais que vai tentar replicar a lógica da influência. No final, os grupos farão um relatório enumerando os dados encontrados, além dos aprendizados que tiveram, e compartilharão suas descobertas com a turma.

Orientações para iniciar o trabalho:

- Formem grupos com quatro ou cinco participantes. Discutam quais são as tarefas a serem realizadas e certifiquem-se de que o trabalho seja bem dividido entre todos os participantes do grupo, sem que ninguém fique sobrecarregado.
- Determinem um local para a realização das reuniões dos grupos. Também é possível realizar os encontros por chamada de vídeo, caso todos os membros tenham acesso à internet e algum dispositivo para realizar as chamadas (computador, *notebook*, celular, etc.).
- Criem, sob a orientação do professor, um cronograma de etapas para a realização do trabalho. Dessa maneira, vocês evitarão o acúmulo de trabalho na reta final do projeto.

Etapa 1 – Definir o influenciador a ser analisado

1. O primeiro passo é escolher o influenciador que será o objeto da sua pesquisa. Busquem por um nome que seja reconhecido e que use plataformas nas quais seja possível ter acesso aos dados. Não é necessário que o nome escolhido seja do agrado de todos. Priorizem a facilidade de análise.
2. Em seguida, enumerem todas as plataformas digitais usadas pelo influenciador. Ele parece se dedicar mais a uma delas? Se sim, a qual delas? Qual é o uso que ele faz de cada plataforma digital? Que tipos de conteúdo ele publica: vídeos, textos, *memes*, fotos, etc.?

Material necessário

Computador com acesso à internet e programa de processamento de textos e de planilhas; impressora; folhas de papel sulfite tamanho A4.

Etapa 2 – Definir como a pesquisa será feita

1. Enumerem os elementos mais importantes para a pesquisa, ou seja, entre as categorias que foram apresentadas anteriormente (visibilidade, influência, engajamento, reputação e conversão), quais são relevantes? E quais não são?
2. Definam o perfil do influenciador estudado: idade, sexo e escolaridade. Ele é profissional ou amador? Quais são as características do público com o qual ele se comunica? De qual ramo são os principais anunciantes ou patrocinadores relacionados ao influenciador?

Etapa 3 – Criar sua base de dados

Vocês já sabem que a análise de mídias sociais usa dados como base. Antes de coletarem essas informações, definam qual será o período compreendido pela sua análise: semanal, quinzenal, mensal ou anual.

Anotem essas informações em uma planilha eletrônica. Recomendamos que vocês usem essa ferramenta desde o começo do trabalho, pois ela facilita a visualização dos dados que vocês vão coletar.

As métricas que vocês podem usar são:

Métrica de mídia social	Indicador-chave de *performance*	Descrição
Visibilidade	Número atual de seguidores	Quantidade atual de seguidores da plataforma
Influência	Número de crescimento médio de fãs	Crescimento médio de seguidores durante o período de análise
Engajamento	Índice (%) de engajamento	Média de reações e comentários, por dia, dividida pelo número de seguidores
	Interações (%) em postagens	Valor médio de reações, comentários e compartilhamentos por seguidor para todas as postagens
	Número total de interações	Valor total de interações, somando reações, comentários e compartilhamentos
Reputação	Índice (%) de desempenho	Valor de engajamento somado ao crescimento do número de seguidores da página
Conversão	% de aumento de reputação	Valor do engajamento somado à influência

Com a intermediação do professor, discutam: É possível obter todos esses dados considerando os perfis do influenciador? Eles estão disponíveis publicamente? Caso não estejam disponíveis, existem alternativas para obtê-los? Quais?

Etapa 4 – Reunir e organizar os resultados

1. Depois de passarem o período definido coletando as informações mais adequadas para a análise, é hora de sistematizá-las.
2. Para cada métrica escolhida, sistematizem as informações para terem uma ideia geral de como o influenciador se saiu durante o período estudado.

3. Sob a orientação do professor, analisem os dados coletados. O que é possível visualizar por meio deles? O que essas informações dizem a respeito do influenciador analisado por vocês?
4. Além da análise das métricas, vocês farão uma análise crítica do conteúdo que encontraram. A seguinte estrutura é uma sugestão:
   - O influenciador publica conteúdos de qualidade? Ou ele replica notícias falsas, boatos, especulações, entre outros conteúdos não confiáveis?
   - As publicações do influenciador são transparentes quando se trata de propagandas, também chamadas de "parcerias pagas"?
   - O influenciador procura ter uma influência positiva sobre seu público? Por quê?
   - Quais são as publicações que mais se destacam nas plataformas digitais usadas pelo influenciador? De que tipo(s) são essas publicações? Que mensagens elas contêm?

Etapa 5 – Fazer um relatório da análise

Agora, vocês vão sistematizar tudo em um relatório. Comecem apresentando o influenciador escolhido. Em seguida, expliquem os motivos dessa escolha, quais são os elementos analisados no projeto e que métricas são as mais importantes.

O relatório deve mostrar como foi a coleta dos dados e quais foram as principais dificuldades encontradas pelos grupos. Lembrem-se de colocar a sistematização dos dados no relatório.

Vocês encontraram algum(ns) dado(s) surpreendente(s)? Qual(is)?

Expliquem como foi a discussão da análise crítica feita na etapa anterior. Houve discordâncias entre os participantes do grupo? Houve algum consenso entre eles?

Para compartilhar

1. Por último, vocês usarão os dados e as informações da pesquisa feita para criar um produto final que possa ser compartilhado nas redes sociais. A primeira coisa a ser definida é o formato: vídeo, *podcast*, imagens, texto, etc. A única condição é que esse conteúdo possa ser compartilhado diretamente em uma rede social.
2. Definido o formato, escolham uma ou mais plataformas para a publicação do produto. Certifiquem-se de que o conteúdo pode ser postado em redes sociais diferentes – avaliem se não há conflito entre os tipos de formato aceitos em cada uma delas.
3. Criem um roteiro para incluir as principais informações encontradas na pesquisa do grupo. Não é recomendável publicar o relatório na íntegra; por isso, decidam o que vai entrar na publicação e o que poderá ficar de fora. Nesta etapa, decidam também se o conteúdo de vocês precisará de imagens, de arte ou de recursos audiovisuais.
4. Agora, é hora de fazer a publicação. Usem os recursos disponíveis para criar o conteúdo. Se for um vídeo, podem filmar no celular. Caso seja uma arte, usem os programas de *design* disponíveis. Peçam ajuda ao professor caso tenham dúvidas.

Finalizados os conteúdos, compartilhem com o professor e a turma. Foi fácil criar as publicações? Quais foram as dificuldades? Como vocês as resolveram?

Publiquem os conteúdos criados nos perfis de redes sociais adequados. Caso a escola tenha seus perfis, conversem com o professor para que sejam postados lá ou discutam em sala de aula quais são as melhores maneiras de distribuir os conteúdos.

UNIDADE 2

Produção e trabalho nos dias atuais

Estudantes participando de evento de engenharia e tecnologia, em Uttar Pradesh, um estado localizado no norte da Índia. Foto de 2019.

BILLY GRAHAM RAM/Shutterstock

#TáNoFeed

É comum atribuir o rápido desenvolvimento econômico chinês à enorme oferta de mão de obra barata. No entanto, é preciso dar importância a essa mão de obra que é consideravelmente qualificada, com bons índices de escolaridade. O economista Welinton dos Santos, em um artigo sobre o Brics (acrônimo composto das iniciais dos países emergentes, a saber: Brasil, Rússia, Índia, China e África do Sul) publicado em 2012 no jornal russo *Pravda*, afirmou: "A arma secreta do desenvolvimento da China é a educação".

Leia os textos a seguir e reflita sobre a importância da educação na qualificação dos trabalhadores.

Texto 1

Por mais turbulentos que tenham sido os primeiros trinta anos da Revolução Comunista na China, os reformistas do começo dos anos 1980 herdaram do período sob Mao Tsé-tung um país com uma oferta abundante de mão de obra de qualidade do ponto de vista educacional [...], o que serviu de base para a rápida decolagem da economia chinesa. [...] Mesmo com toda a desvalorização do ensino durante a Revolução Cultural, a taxa de escolarização das crianças chinesas chegou a 96% em 1976, ano da morte de Mao. A taxa de alfabetização entre adultos chineses havia chegado a 66% em 1977, quase o dobro dos 36% da Índia no mesmo ano.

LYRIO, Mauricio Carvalho. *A ascensão da China como potência*: fundamentos políticos internos. Brasília: Funag, 2010. p. 38-39.

Texto 2

[...] Em alguns setores da indústria, o Brasil já vive "um apagão de mão de obra", com falta de profissionais qualificados capazes de executar tarefas essenciais ao crescimento do país. Segundo o mais recente levantamento feito pela consultoria Manpower com 41 países ao redor do mundo, o Brasil ocupa a 2ª posição entre as nações com maior dificuldade em encontrar profissionais qualificados, atrás apenas do Japão.

Entre os empresários brasileiros entrevistados para a pesquisa, 71% afirmaram não ter conseguido achar no mercado pessoas adequadas para o trabalho. Para efeitos de comparação, na Argentina o índice é de 45%, no México, de 43% e na China, de apenas 23%. [...]

BARRUCHO, Luís Guilherme. Conheça os cinco vilões do crescimento do Brasil. *BBC Brasil*, 22 ago. 2012. Disponível em: www.bbc.com/portuguese/noticias/2012/08/120821_viloes_crescimento_brasil_lgb.shtml. Acesso em: 28 jan. 2022.

Texto 3

Não sou especialista em Brasil, mas uma coisa estou habilitado a dizer: não creiam que mão de obra barata ainda seja uma vantagem.

Peter Drucker (1909-2005), escritor, professor e administrador austríaco, cujo pensamento é influente no meio acadêmico e empresarial, em palestra proferida em 2005 na ONU.

Atividades

1. O que significa dizer que "a arma secreta" do desenvolvimento da China é a educação? Você concorda com isso? E o Brasil, também a utiliza?

2. Se a afirmação de Peter Drucker for verdadeira, qual o impacto desse novo cenário para o trabalhador e para o empregador?

Conheça a unidade

Objetivos

- Classificar as indústrias de transformação segundo os bens produzidos e identificar produtos oriundos das três categorias: bens intermediários, de capital e de consumo.
- Relacionar o setor industrial com o desenvolvimento dos demais setores econômicos e o mercado consumidor, avaliando a evolução de sua participação no PIB em países com diferentes níveis de desenvolvimento.
- Conhecer as dimensões que compõem o Índice de Desempenho em Competitividade Industrial, assim como a classificação dos países.
- Analisar o processo de desconcentração da produção industrial em escala mundial e o papel das marcas globais.
- Compreender o papel da indústria na economia brasileira e sua distribuição no território nacional.
- Conhecer as gêneses das principais tecnologias que deram origem à Revolução Informacional e avaliar os impactos que vêm provocando nas sociedades.
- Aplicar os conceitos-chave da atual revolução tecnológica como internet das coisas, 5G, robotização, inteligência artificial e indústria 4.0.
- Relacionar as mudanças profissionais provocadas pelas novas tecnologias com o desaparecimento de profissões e o surgimento de novas oportunidades profissionais.
- Compreender as condições econômicas e políticas da organização do trabalho no mundo contemporâneo.
- Identificar continuidades e transformações nas relações entre capital e trabalho na globalização.
- Analisar e compreender os impactos das transformações tecnológicas no mundo do trabalho, identificando a conexão entre essas transformações e os fatores históricos, políticos e sociológicos.
- Conhecer as novas exigências, competências e condições do mercado de trabalho em face das transformações sociais e tecnológicas.
- Problematizar questões relativas ao desemprego, ao subemprego e às desigualdades socioeconômicas.
- Relacionar desemprego, subemprego e desigualdades socioeconômicas com as configurações do mundo do trabalho e as formas de estratificação social.
- Refletir sobre as perspectivas dos jovens em relação ao mundo do trabalho, assim como sobre as diferentes formas de exclusão e de opressão que se configuram nele.

Justificativa

Apesar de sua participação percentual no PIB diminuir cada vez mais e de o número de trabalhadores empregados ser reduzido em razão dos processos de automação, a indústria continua sendo uma atividade econômica muito importante no mundo contemporâneo. Os demais setores da economia – agricultura, comércio e serviços – não funcionariam sem o fornecimento produtos industriais, pois utilizamos diversos bens de consumo duráveis e não duráveis todos os dias. Por isso, o estudo da produção industrial e de sua transformação tecnológica, tanto no mundo como no Brasil, é importante para a compreensão do desenvolvimento econômico e do mercado de trabalho na atualidade.

As novas tecnologias informacionais, a acelerada produção de dados e a conectividade em tempo real têm impactos na organização das sociedades, na dinâmica dos grupos, no comportamento dos indivíduos, no sistema produtivo e nas relações de trabalho. Identificar e analisar essas mudanças torna-se pré-requisito para o exercício pleno da cidadania dos jovens estudantes do Ensino Médio que estão em processo de construção de seus projetos de vida.

A economia mundial tem passado por alterações profundas nas últimas décadas que atingem fortemente o mundo do trabalho. Essas transformações impactam de forma significativa a entrada e a permanência dos jovens no mercado do trabalho, com novas demandas de qualificação e de atuação.

A inserção de novas tecnologias modifica as relações de trabalho e cria desafios para os trabalhadores. As mudanças no campo tecnológico, por sua vez, não estão isoladas dos fatores históricos, geográficos e sociológicos que as possibilitaram.

A BNCC nesta unidade

Competências gerais da Educação Básica: CG1, CG2, CG3, CG4, CG5, CG6, CG7, CG8, CG9, CG10.
Competências específicas de Ciências Humanas e Sociais Aplicadas: 1, 2, 4, 5.
Habilidades de Ciências Humanas e Sociais Aplicadas: EM13CHS101, EM13CHS102, EM13CHS103, EM13CHS105, EM13CHS106, EM13CHS202, EM13CHS206, EM13CHS401, EM13CHS402, EM13CHS403, EM13CHS404, EM13CHS503, EM13CHS504.

Temas contemporâneos transversais

Ciência e Tecnologia
- Ciência e Tecnologia

Economia
- Trabalho; Educação Financeira e Fiscal

A importância da indústria

A indústria caracteriza-se pela transformação de matérias-primas em produtos para outras indústrias e para as atividades primárias (agropecuária e extrativistas) e terciárias (comércio e serviços), e em bens de consumo para a população em geral. Nesse processo transformador, utiliza máquinas e ferramentas, consome energia e emprega trabalhadores, muitas vezes, com alto grau de qualificação.

Apesar de as grandes concentrações industriais estarem restritas a poucas regiões do planeta, a indústria estabelece uma rede em escala local, regional, nacional e mundial, que envolve o fornecimento de matérias-primas, os transportes, o comércio, a disponibilidade de energia, as comunicações, a mobilidade da mão de obra, entre outros fatores, como legislações ambientais e fiscais. Existem indústrias de diversos tipos e em diferentes estágios de desenvolvimento tecnológico. Algumas empregam tecnologia inovadora e abastecem o mercado mundial, enquanto outras usam técnicas tradicionais e fornecem apenas para o mercado nacional ou local. No entanto, todas elas impulsionam a economia e dinamizam as atividades primárias e terciárias da região e do país onde estão instaladas.

Principais polos industriais

Banco de imagens/Arquivo da editora

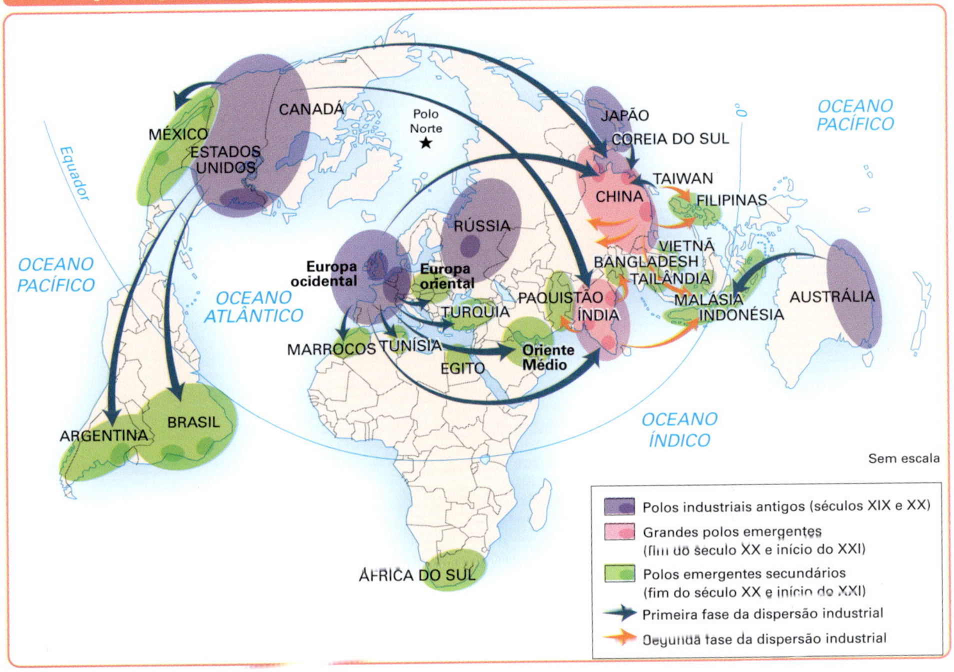

Elaborado com base em: LE MONDE DIPLOMATIQUE. *L'Atlas 2013*. Paris: Vuibert, 2012. p. 48. (Mapa sem escala.)

Atividades

1. De acordo com o mapa, em quais regiões se concentram os polos industriais antigos?
2. Qual a classificação do Brasil em relação ao seu desenvolvimento industrial e em que período ocorreu maior desenvolvimento nesse setor?
3. Onde se concentram os grandes polos industriais emergentes do fim do século XX e início do XXI? Qual a importância desses polos atualmente?

Saiba+

Classificação Nacional de Atividades Econômicas (CNAE) – IBGE. Disponível em: https://concla.ibge.gov.br/busca-online-cnae.html. Acesso em: 1º jun. 2022.

Consulte as seções e subseções da classificação da CNAE no *site* da Comissão Nacional de Classificação (Concla) do IBGE.

Glossário de termos de economia industrial (PUC-SP). Disponível em: www.pucsp.br/~acomin/economes/glosglob.html. Acesso em: 1º jun. 2022.

Para maior compreensão sobre os conceitos da economia industrial, consulte o glossário.

Classificação das indústrias

Segundo a Classificação Nacional de Atividades Econômicas (CNAE) do IBGE, todas as atividades desenvolvidas na economia brasileira estão agrupadas em 21 grandes categorias, que vão de A a U. Essa classificação segue padrões estatísticos internacionais para permitir comparações com outros países.

A CNAE classifica a produção industrial brasileira em duas grandes categorias: **B – indústrias extrativas**, organizadas em 5 setores, e **C – indústrias de transformação**, distribuídas em 24 setores. O que é chamado comumente de indústria da construção civil, o IBGE denominou **F – construção**.

Há outra classificação, mais sintética, com base na qual o IBGE coleta dados e divulga os **indicadores da produção industrial**. Nesta, todos os setores das indústrias de transformação da CNAE estão agrupados em três categorias: **bens intermediários**, **bens de capital** e **bens de consumo**.

De forma geral, quanto mais industrializada e moderna uma economia, maior a participação das atividades terciárias na composição do seu PIB e menor a das atividades primárias.

No entanto, as atividades terciárias também abarcam muitos empregos precários e de baixa remuneração, sobretudo em países em desenvolvimento.

Sistema de transporte

INDÚSTRIAS DE BENS INTERMEDIÁRIOS

São assim denominadas porque fabricam produtos semiacabados a serem utilizados como matérias-primas por outros setores industriais. São também chamadas de indústrias pesadas, por transformarem grandes quantidades de matéria-prima. Tendem a se localizar próximo às fontes de recursos naturais ou de portos e ferrovias, o que facilita a recepção de matérias-primas e o escoamento da produção, reduzindo, assim, seus custos operacionais.

Delfim Martins/Pulsar Imagens

Vista aérea de fábrica de cimento na cidade de Laranjeiras (SE), em 2018.

- Siderurgia
- Petroquímica
- Celulose e papel
- Cimento, etc.

INDÚSTRIAS DE BENS DE CAPITAL

São responsáveis por equipar as indústrias em geral, assim como a agropecuária, o comércio, os serviços e toda a infraestrutura do país. Tendem a se localizar em áreas nas quais há outros setores industriais, nas proximidades de empresas consumidoras de seus produtos, ou seja, em grandes regiões urbano-industriais.

Ernesto Reghran/Pulsar Imagens

Linha de produção de tratores agrícolas na cidade de Canoas (RS), em 2017.

Produzem máquinas e equipamentos para:

- Indústrias em geral
- Agricultura
- Transportes
- Geração de energia, etc.

Participação das atividades econômicas no PIB – 2020

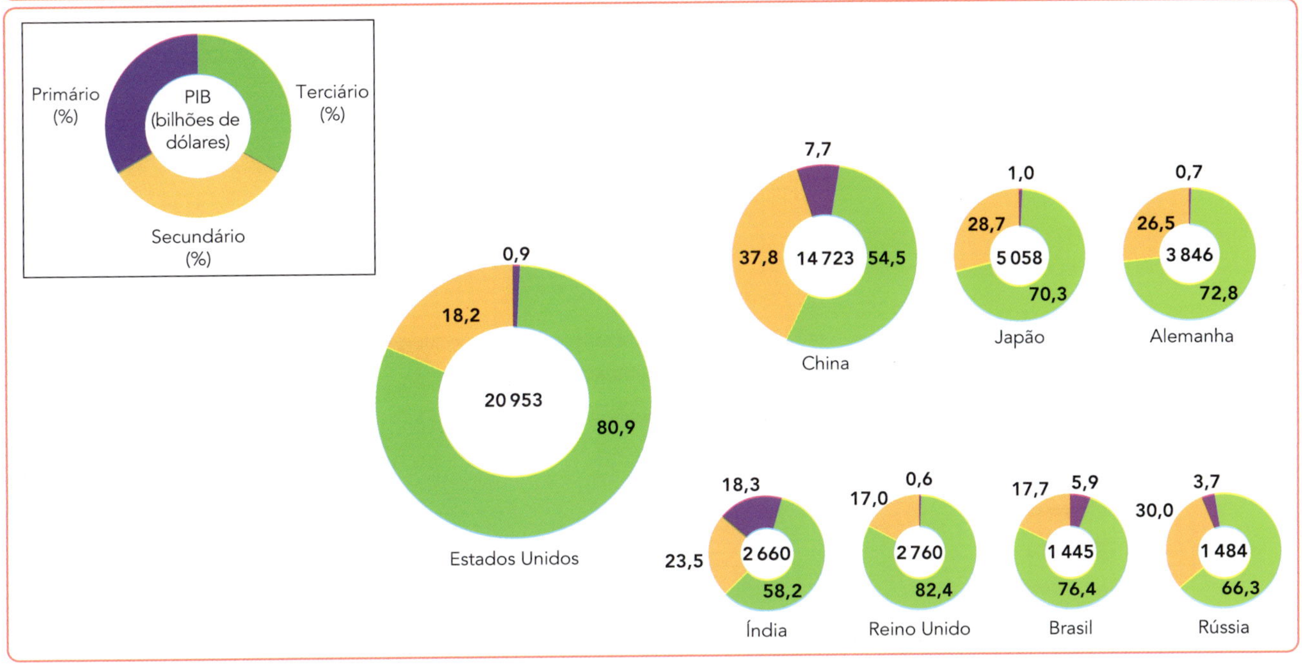

WYM Design/Arquivo da editora

Elaborado com base em THE WORLD BANK. *World Development Indicators*: structure of output. Washington, D.C., 2022. Disponível em: http://wdi.worldbank.org/tables. Acesso em: 18 maio 2022.

INDÚSTRIAS DE BENS DE CONSUMO

Também chamadas de indústrias leves, são as mais dispersas espacialmente: estão localizadas em grandes, médios e pequenos centros urbanos ou mesmo na zona rural de diversos países. Porém, concentram-se preferencialmente em regiões urbano-industriais, onde há maior disponibilidade de mão de obra e mais facilidade de acesso ao mercado consumidor.

Wang Chun/VCG/Getty Images

Indústria têxtil (fábrica de tecidos) em Lianyungang (China), em 2020.

- Não duráveis: alimentos, bebidas, remédios, etc.
- Semiduráveis: vestuário, acessórios, calçados, etc.
- Duráveis: móveis, eletrodomésticos, automóveis, etc.

MERCADO CONSUMIDOR FINAL

Com os avanços tecnológicos nos transportes e o barateamento dos fretes, o mercado consumidor globalizou-se. Entretanto, ele é mais relevante nos países em que a renda é mais elevada (os países desenvolvidos e as regiões mais modernizadas das economias emergentes).

André Coelho/Getty Images

Loja de roupas em *shopping center* do Rio de Janeiro (RJ), em 2020.

- Lojas de roupas, sapatos, eletrodomésticos, automóveis, etc.
- Depósitos de materiais de construção
- Supermercados
- Farmácias, etc.

Diálogos

Você já imaginou como seria a vida humana, caso não existissem indústrias? Mesmo quem vive longe de parques industriais ou nunca viu uma fábrica de perto certamente já consumiu algum produto industrializado. Ou seja, as indústrias exercem influência mesmo em lugares distantes de onde estão instaladas.

- Observe o gráfico e a tabela a seguir e responda às questões.

Países mais industrializados – 1990 e 2018

WYM Design/Arquivo da editora

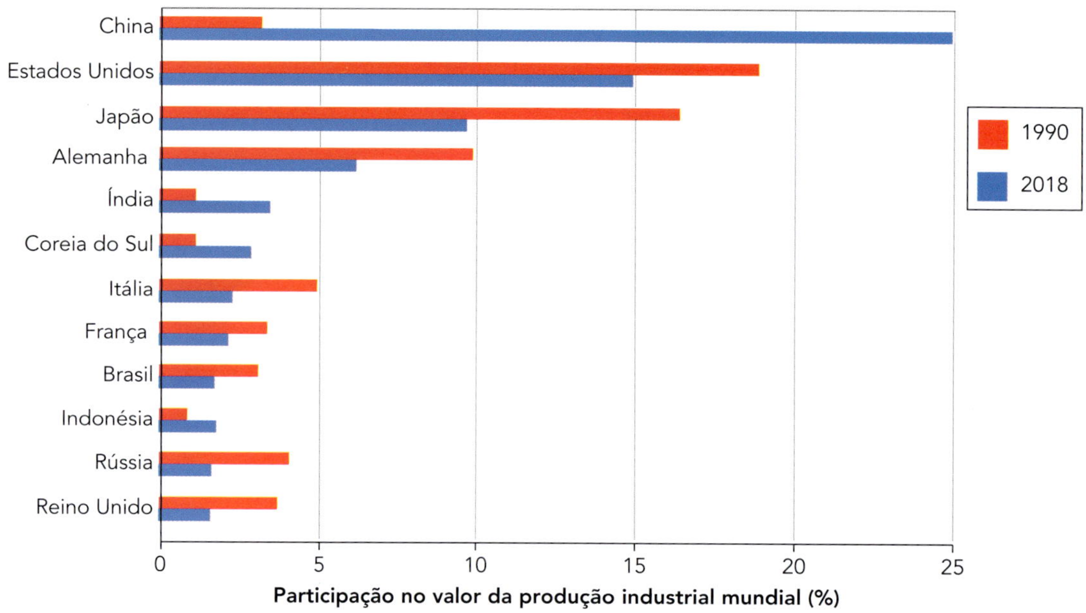

Fonte: elaborado com base em UNITED NATIONS INDUSTRIAL DEVELOPMENT ORGANIZATION. *Industrial Development Report 2020.* Vienna: Unido, 2019. p. 145.

Os seis países com melhor Índice de Desempenho em Competitividade Industrial e o Brasil – 2019

País/posição	Índice*	Valor da produção industrial** como proporção do PIB (%)	Proporção de produtos de média e alta tecnologia no valor da produção
1. Alemanha	0,46	20	61
2. China	0,39	29	41
3. Estados Unidos	0,35	12	47
4. Japão	0,35	22	57
4. Coreia do Sul	0,35	27	64
6. Irlanda	0,33	32	55
42. Brasil	0,08	10	34

* O Índice de Desempenho em Competitividade Industrial pode variar de 0 (zero) a 1 (um): quanto mais próximo de 1, mais competitiva é a indústria do país.
** Inclui apenas as indústrias de transformação.

Fonte: UNITED NATIONS INDUSTRIAL DEVELOPMENT ORGANIZATION. *Unido Statistics Data Portal. Competitive Industrial. Perfomance Index 2019.* Disponível em: https://stat.unido.org/database/CIP%202021. Acesso em: 18 maio 2022.

a) Qual país é a maior potência industrial, considerando a participação no valor da produção industrial mundial? Como foi a evolução dessa participação entre 1990 e 2018? Quais mais se destacaram?

b) Qual posição o Brasil ocupa na participação industrial mundial?

c) Os países industrialmente mais competitivos são também as maiores potências industriais do mundo? Avalie a situação do Brasil.

Distribuição das indústrias

Os fatores locacionais

Fatores locacionais são as diversas características que favorecem a instalação de indústrias em determinado lugar. Para isso, os empresários consideram quais fatores são mais importantes para aumentar a taxa de lucro de seu investimento. Os fatores locacionais variam segundo o tipo de indústria. Os principais são:

- **fontes de matéria-prima**: minerais, agropecuárias, etc.
- **fontes de energia**: petróleo, gás natural, eletricidade, etc.
- **disponibilidade de mão de obra**: pouco qualificada (de baixa remuneração) ou muito qualificada (de alta remuneração).
- **pesquisa e desenvolvimento (P&D)**: parques tecnológicos, **incubadoras**, universidades, centros de P&D.
- **mercado consumidor**: relacionado à quantidade de pessoas e ao poder aquisitivo.
- **logística**: disponibilidade e custos competitivos de transporte e armazenagem.
- **rede de telecomunicações**: cabos de fibra óptica, telefonia fixa e móvel, internet, etc.
- **complementaridade industrial**: proximidade de indústrias afins.
- **incentivos fiscais**: redução ou isenção de impostos concedida pelo Estado nas três esferas de poder.
- **legislação ambiental**: exigências de estudos de impacto ambiental, regras de instalação e funcionamento, etc.

Incubadora: no contexto de pesquisa e desenvolvimento (P&D), ambiente cujo propósito é dar apoio e alavancar novas empresas e iniciativas para o desenvolvimento tecnológico.

Conceitos

Logística

Termo de origem militar que envolve aspectos táticos e estratégicos das operações das Forças Armadas no campo de batalha. Atualmente, em economia, é utilizado para definir o planejamento, a execução e o controle do fluxo de mercadorias e serviços, assim como da infraestrutura de transportes e armazenagem, com o objetivo de melhorar a circulação e reduzir custos.

MoreVector/Shutterstock

Durante a Primeira Revolução Industrial, como o carvão mineral era a principal fonte de energia, as jazidas carboníferas eram um dos fatores locacionais mais importantes para a instalação de fábricas, daí essas áreas terem se tornado grandes regiões industriais. Já no período referente à Segunda Revolução Industrial, no final do século XIX, com a crescente utilização de outras fontes de energia, como o petróleo e a eletricidade, e a modernização dos meios de transporte de carga e de passageiros, as jazidas de carvão perderam importância como fator locacional.

Após o petróleo se tornar importante recurso industrial, a indústria petroquímica foi um dos setores que mais cresceram. Nas primeiras décadas do século XX, quando começaram a ser implantadas, as petroquímicas concentravam-se próximo às reservas de petróleo. No entanto, a construção de oleodutos e de grandes navios petroleiros levou à sua dispersão espacial.

Hoje, a maioria das refinarias de petróleo localiza-se nas proximidades dos grandes centros consumidores, porque é mais barato transportar o petróleo bruto do que seus derivados – gasolina, nafta, querosene e outros.

Em contrapartida, a proximidade das jazidas de minérios, como ferro e manganês, constitui um dos principais fatores para a localização das indústrias siderúrgicas, como as do Quadrilátero Ferrífero (MG), porque é menos oneroso transportar as chapas ou bobinas de aço do que o minério bruto.

Ricardo Moraes/Reuters/Fotoarena

Mina de ferro no município de Mariana, na região do Quadrilátero Ferrífero (MG). Mesmo após o rompimento da barragem de Fundão, localizada nesse município mineiro, em 5 de novembro de 2015, que lançou milhões de toneladas de rejeitos de mineração no rio Doce e provocou uma tragédia socioambiental, minas vizinhas, como a da foto (feita em 10 de novembro de 2015, ou seja, cinco dias após o rompimento), continuavam em operação.

O fator locacional mais importante para a instalação no território das indústrias da Terceira Revolução Industrial e das indústrias 4.0 (que muitos têm chamado de Quarta Revolução) é a disponibilidade de mão de obra altamente qualificada, em razão da sofisticada tecnologia empregada na produção. Por isso, as indústrias inovadoras, assim como os serviços inovadores, estão quase sempre localizados em parques tecnológicos que se desenvolvem preferencialmente em torno de universidades e centros de pesquisa. Por sua vez, esses parques tecnológicos encontram-se próximos ou no interior das principais cidades globais. Parques tecnológicos e cidades globais compõem o exemplo mais acabado do **meio técnico-científico-informacional**, a base geográfica da globalização e da atual revolução técnico-científica.

Logística

Com a mobilidade do capital e das mercadorias pelo mundo, a logística ganhou importância determinante na alocação dos investimentos produtivos no espaço geográfico e tornou-se um dos principais fatores de competitividade. Observe, no gráfico a seguir, o Índice de Desempenho em Logística de alguns países selecionados entre os 160 que constam na publicação do Banco Mundial.

Países com melhor Índice de Desempenho em Logística e outros selecionados – 2018

WYM Design/Arquivo da editora

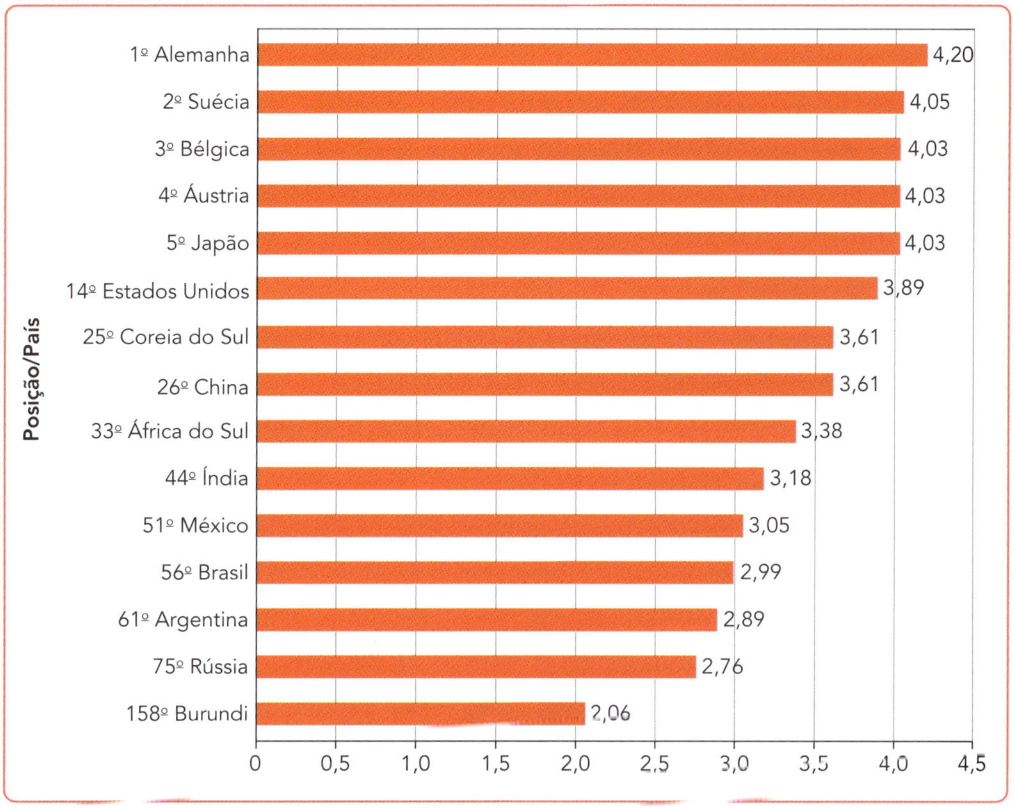

O Índice de Desempenho em Logística é a média dos índices de seis dimensões do comércio internacional: eficiência alfandegária, qualidade da infraestrutura de transporte, embarque a preços competitivos, qualidade dos serviços de logística, capacidade de controlar/rastrear remessas e pontualidade na entrega. Quanto mais próximo de 5, melhor é a logística do país.

Elaborado com base em THE WORLD BANK. International Logistics Performance Index. *Global Ranking 2018.* Disponível em: https://lpi.worldbank.org/international/global. Acesso em: 1º jun. 2022

Com o desenvolvimento tecnológico, e o consequente barateamento dos transportes e melhorias da logística, as indústrias, mesmo as que utilizam muita matéria-prima, como as fabricantes de bens intermediários, já não precisam mais estar localizadas próximo às reservas. O Japão, por exemplo, grande produtor de aço, importa todo o minério de ferro e o carvão utilizados em suas indústrias. As siderúrgicas japonesas localizam-se em áreas litorâneas onde os navios carregados de minérios podem atracar.

Além desses fatores, há outro muito importante para a escolha do local de uma nova fábrica: os incentivos fiscais. Países, estados e municípios concedem isenções de impostos às empresas que pretendem se instalar em seus territórios. Em geral, essas concessões são dadas às indústrias com capacidade multiplicadora, isto é, que atraem outras fábricas. Os governos fazem essas concessões para aumentar a geração de empregos e a arrecadação de impostos, entre outros benefícios.

Fordismo e toyotismo

TAYLOR, Frederick W. *Princípios de administração científica*. 8. ed. São Paulo: Atlas, 2010.

Em 1911, o engenheiro **Frederick Taylor** (1856-1915) publicou o livro *Princípios de administração científica*, no qual defendia um sistema de organização científica do trabalho. Esse sistema consistia em controlar o tempo e os movimentos dos trabalhadores e fracionar as etapas do processo produtivo, de forma que cada operário desenvolvesse tarefas especializadas e repetitivas, com o objetivo de aumentar a produtividade no interior das fábricas.

O industrial e também engenheiro Henry Ford (1863-1947) inovou os métodos de produção ao colocar em prática os princípios do taylorismo em sua empresa, a Ford Motor Company, fundada em 1903, em Dearborn (Estados Unidos). Em 1913, desenvolveu o próprio método de racionalização da produção ao introduzir esteiras rolantes nas linhas de montagem: as peças chegavam até os operários, que executavam sempre as mesmas tarefas referentes à produção de cada parte do carro. Essa superespecialização aumentava a destreza do trabalhador e, portanto, sua produtividade.

Nos anos 1970, houve um esgotamento do modelo de produção fordista e a produtividade se estagnou. Como resposta à crise do fordismo, as empresas passaram a introduzir máquinas e equipamentos tecnologicamente mais avançados, como os robôs, e novos métodos de organização da produção. Essas inovações ficaram conhecidas como **produção flexível**, em contraposição à rigidez do fordismo. Muitos também chamam essas inovações de **toyotismo**, porque começaram a ser desenvolvidas na fábrica da Toyota Motor, em Toyota City (Japão).

O desenvolvimento dessa nova organização da produção gerou relações diferentes de trabalho, outros processos de fabricação e novos produtos. A palavra de ordem passou a ser competitividade e, para aumentá-la, as indústrias buscaram racionalizar a produção, cortando custos e introduzindo processos produtivos tecnologicamente mais avançados. Mas isso exigia mercados para investimento e consumo cada vez mais ampliados, que de nacionais e regionais passaram a ser cada vez mais globais.

© Underwood Archives/Getty Images

A padronização das peças e a fabricação de um único produto em grande quantidade são alguns dos princípios fundamentais do fordismo. Na foto, parte de uma linha de montagem do modelo Ford T, provavelmente em 1913. Produzido entre 1908 e 1926, o Ford T foi um dos primeiros carros fabricados em série.

A **economia de escala**, desenvolvida no interior de grandes fábricas com sistemas de produção rígidos, foi complementada pela **economia de escopo**, desenvolvida em fábricas enxutas e mais flexíveis, em que a produção pode se descentralizar mais facilmente.

O responsável pelo desenvolvimento do toyotismo foi o engenheiro mecânico nascido na China **Taiichi Ohno** (1912-1990). Ele entrou na Toyota em 1943 determinado a implantar mudanças no sistema de produção, com o objetivo de reduzir desperdícios. Em suas palavras: "O objetivo mais importante do Sistema Toyota tem sido aumentar a eficiência da produção pela eliminação consistente e completa de desperdícios".

Essas inovações reduziram significativamente os defeitos de fabricação, pois o controle passou a ser feito pela própria equipe de trabalho ao longo do processo de produção, e não apenas em seu final, como no fordismo. Além disso, foram introduzidas máquinas cada vez mais sofisticadas e, finalmente, os robôs.

Outros métodos de organização da produção desenvolvidos por Taiichi Ohno se disseminaram na indústria, como o *just in time* (do inglês, "no momento certo"), que busca estabelecer uma sintonia fina entre a fábrica, os fornecedores e os consumidores. Essa organização da produção pressupõe um abastecimento contínuo dos insumos (peças e matérias-primas) e um escoamento planejado, para reduzir os estoques. O escoamento da produção para o mercado também é planejado para ocorrer "no momento certo".

Economia de escala: típica da época fordista; mercadorias sem grande variedade de modelos ou cores eram feitas em grande quantidade com o objetivo de baixar os custos de produção. Os ganhos de produtividade vinham da escala de produção e da superespecialização do trabalhador.

Economia de escopo: típica da época toyotista; as mercadorias apresentam grande variedade de modelos e cores e são feitas no sistema de produção flexível, como o *just in time*. Os ganhos de produtividade decorrem da flexibilidade do sistema de produção e do trabalhador e da redução de desperdícios.

OHNO, Taiichi. *O Sistema Toyota de produção*: além da produção em larga escala. Porto Alegre: Bookman, 1997. p. IX.

The Asahi Shimbun/Getty Images

Nos anos 1950, Taiichi Ohno começou a introduzir inovações na Toyota (a foto mostra a linha de produção da empresa em 1980). Ele se aposentou em 1978 como vice-presidente da empresa. A linha de produção foi substituída por equipes de trabalho ou células de produção.

Automação dos processos de produção e os impactos ambientais

A ação humana sempre gerou impactos no meio ambiente, mas, diferente do que em geral aconteceu na história, atualmente há uma preocupação em minimizar esses impactos.

> [...] As novas tecnologias podem contribuir para tornar a produção industrial mais eficiente, com redução de uso de recursos naturais, de geração de resíduos e de consumo de energia.
>
> Inteligência artificial, robótica e ***blockchain*** vêm também sendo utilizados para monitorar fauna e flora, poluição, certificação de origem e controle de cadeias de fornecimento. Por exemplo: o Walmart monitora com ***blockchain*** a cadeia de carne de porco produzida na China; a Everledger (especializada em redução de fraudes) certifica diamantes com ***smart contracts*** e ***machine vision***; e a plataforma Provenance usa as novas tecnologias para tornar cadeias produtivas mais transparentes, por exemplo, evitando a compra de atum pescado com trabalho escravo.
>
> A conectividade também pode promover uma gestão mais eficiente de uso de materiais e criar ciclos circulares por meio da reciclagem, como vem acontecendo com empresas como Philips, IBM, Cisco, GE e AGCO.
>
> Por outro lado, as novas tecnologias, ao reduzir os custos de produção e distribuição, podem induzir a um grande aumento de consumo, gerando impactos ambientais negativos. Segundo o Global E-waste Monitor, o lixo eletrônico cresceu 8% entre 2014 e 2016, e a previsão é de que aumente 17% até 2021. Cientistas que trabalham com biotecnologias alertam também sobre riscos de contaminação ambiental. [...]

iStockphoto/Getty Images

Composição digital de braço mecânico regando plantas. O uso de novas tecnologias pode ser um grande aliado no uso nacional de recursos naturais.

MAGALHÃES, Regina; VENDRAMINI, Annelise. Os impactos da quarta revolução industrial. *Revista Ecológico*, 5 out. 2020. Disponível em: http://revistaecologico.com.br/revista/edicoes-anteriores/edicao-128/os-impactos-da-quarta-revolucao-industrial/. Acesso em: 19 maio 2022.

- Com base em sua leitura e na realidade do lugar onde você vive, elabore um texto explicando como mudanças nos processos de produção podem ajudar a diminuir os impactos causados no meio ambiente.

Exploração do trabalho

Paralelamente ao toyotismo, que se expandiu principalmente nos países desenvolvidos, estão se difundindo novas relações de trabalho, caracterizadas pelos salários baixos e direitos trabalhistas restritos ou inexistentes. A maioria desses empregos tem sido criada em países em desenvolvimento, onde em grande parte ainda se mantém o método de produção fordista, baseado na superexploração dos trabalhadores. No entanto, em muitos deles, como China, Índia e Brasil, também há indústrias modernas e a introdução do toyotismo.

Mesmo em países desenvolvidos, como Estados Unidos e Reino Unido, a flexibilização da **legislação trabalhista**, com a redução dos salários e dos benefícios sociais e previdenciários, tem levado ao enfraquecimento do movimento sindical. Vários fatores contribuem para tal situação: a competição das novas tecnologias e dos novos processos produtivos, a desconcentração da produção industrial e a concorrência dos trabalhadores mal remunerados, numerosos nos países em desenvolvimento.

Feature China/Barcroft Media/Getty Images

Alguns princípios do fordismo, como a superespecialização do trabalhador, ainda são mantidos em países em desenvolvimento. No entanto, os salários são baixos e os direitos trabalhistas não são plenamente respeitados, principalmente em empresas que necessitam de muita mão de obra, como indústrias de vestuário e calçado. Na foto, operária em fábrica de Cixian, na província de Hebei (China), em 2020.

Entretanto, mesmo assim, para milhões de trabalhadores dos países em desenvolvimento, que estavam fora do processo de produção, a qualidade de vida melhorou. Nas cidades, em geral, as oportunidades são maiores do que na zona rural, de onde muitos vieram. Essa realidade é particularmente inquestionável na China, cuja economia atraiu grande volume de investimentos estrangeiros por causa dos baixos custos de sua mão de obra. Desde o início de seu acelerado processo de industrialização, no início dos anos 1980, o país contou com uma grande oferta de trabalhadores, muitos dos quais migrantes da zona rural. Atualmente, com a redução desse processo de migração e a queda nas taxas de natalidade, o valor dos salários tende a subir.

Em geral, quanto maior é a oferta de mão de obra, menores são os salários pagos aos trabalhadores empregados. Em épocas de crise econômica, como a que ocorreu no Brasil entre 2015 e 2016, quando aumenta a taxa de desemprego, o valor médio dos salários tende a cair. Em 2014, antes da crise, a taxa de desemprego no país era de 6,8%. Já em 2017, ao final da crise, essa taxa quase havia dobrado, e chegou aos 12,3%, de acordo com o Fundo Monetário Internacional (FMI).

Custos* dos trabalhadores na indústria de transformação em países selecionados – 2016

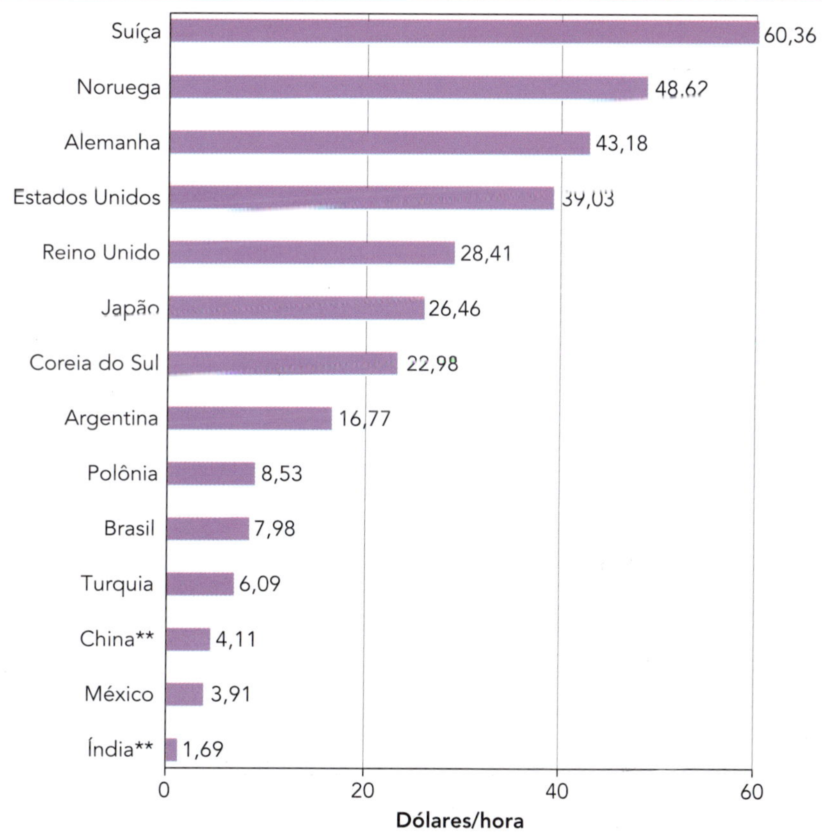

Fórmula Produções/Arquivo da editora

* Inclui o salário recebido pelo trabalhador, mais os benefícios sociais (previdência social, assistência médica etc.) e os impostos.
** O dado da China é de 2013 e o da Índia, de 2014.

Elaborado com base em: THE CONFERENCE BOARD International Labor Comparisons. *The Conference Board*, Apr. 2018. Disponível em: www.conference-board.org/ilcprogram. Acesso em: 16 maio 2022.

Diálogos

Jovens chineses deixam cultura de trabalho de 72 horas por semana

Especialistas criticam a cultura do 996, que prevê 12 horas de trabalho, seis vezes por semana

Por mais de seis anos, Qi Yaqian foi uma integrante orgulhosa da chamada tribo 996 de tecnologia da China, trabalhando à noite e aos finais de semana no Nuomi, um site de negócios em grupo.

Mas quando sua filial fechou em 2017, ela buscou uma carreira menos estressante. Ela agora mora em sua cidade natal no interior da Mongólia, onde aluga cabanas para turistas.

Qi não é a única jovem chinesa a questionar o valor de trabalhar longas horas no setor de tecnologia. Em abril, protestos de empregados do setor contra o excesso de horas extras surgiram on-line, provocando reação de magnatas como o bilionário Jack Ma, da gigante de e-commerce Alibaba.

Os protestos apontam para uma mudança de mentalidade na indústria de tecnologia, cuja inclinação por longas horas tem sido elogiada pelos executivos ocidentais como uma razão para a ascensão econômica da China. [...]

O termo 996 refere-se ao trabalho das 9h às 21h, seis dias por semana. Para algumas empresas, o trabalho 996 tornou-se um distintivo de honra e os pesos-pesados do Vale do Silício, como Mike Moritz, da Sequoia Capital, destacaram a longa jornada como uma vantagem competitiva da China em relação aos Estados Unidos. [...]

Apesar de exceções, como Qi, os executivos estão céticos que a semana de trabalho de 996 está morta.

O resultado das discussões a respeito pode levar à repressão dos funcionários que fazem protestos ou podem tornar mais flexíveis, elevando salários e oferecendo benefícios adicionais, disse Ben Qiu, advogado de Loeb & Loeb, que assessora negócios de risco na China.

Críticos da prática argumentam que a cultura do 996 não é um bom presságio para o futuro do setor, especialmente se a China quiser ultrapassar concorrentes como os Estados Unidos.

"Se o que você precisa da equipe é criatividade, precisa deixar sua equipe ir para casa, assistir a um filme, ir a um encontro, procurar uma livraria, viajar, descansar, criar filhos", disse Sun Fang, que implementou uma política estrita de "não há horas extras" em sua empresa de software XMind.

REUTERS. Jovens chineses deixam cultura de trabalho de 72 horas por semana. *Folha de S.Paulo*, 16 maio 2019. Disponível em: www1.folha.uol.com.br/mercado/2019/05/jovem-chineses-deixam-cultura-de-trabalho-de-72-horas-por-semana.shtml. Acesso em: 27 jan. 2022.

- Após a leitura da reportagem acima, responda às questões.

  a) Identifique o problema retratado na reportagem. Quais impactos sociais e psicológicos a cultura de trabalho descrita pode ter sobre os jovens chineses que trabalham no setor de tecnologia do país?

  b) Avalie o argumento do empresário Sun Fang, contrário à cultura 996.

  c) A partir dessa perspectiva de Sun Fang, proponha soluções criativas ao problema exposto na reportagem.

A indústria no Brasil

Distribuição da produção industrial

Em 2017, a indústria de transformação empregava 7,8 milhões de trabalhadores e foi responsável por 11% do PIB brasileiro. Segundo o IBGE (Pesquisa Industrial Anual – Empresa), as atividades mais importantes naquele ano foram:

monticello/Shutterstock

28,1%
fabricação de produtos alimentícios e bebidas

Didecs/Shutterstock

13,0%
produtos químicos e farmacêuticos

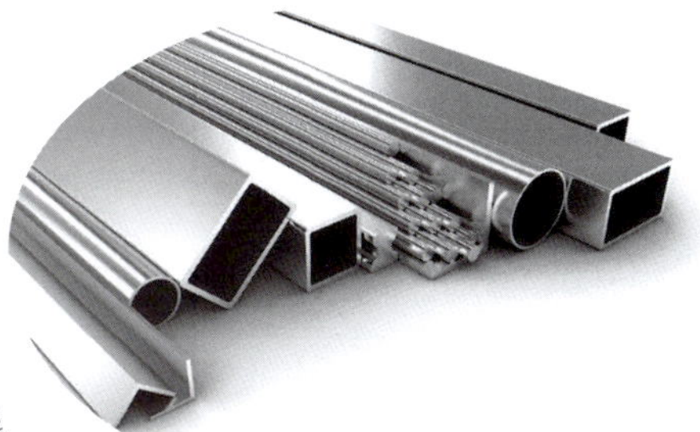

Fotovika/Shutterstock

9,9%
metalurgia

BigBlueStudio/Shutterstock

9,9%
fabricação de veículos automotores

[illegible]hirova i/Shutterstock

7,2%
derivados de petróleo e biocombustíveis

[illegible]/Shutterstock

6,6%
máquinas/equipamentos e materiais elétricos

Vladyslav Starozhylov/Shutterstock

3,6%
informática, eletrônicos e ópticos

Atividades

1. Avaliem os produtos industriais da lista e identifiquem a qual categoria pertencem: bens intermediários, bens de capital ou bens de consumo.
2. Em qual categoria vocês inseriram mais produtos? Quais deles estão mais presentes no dia a dia de vocês?
3. Relacionem a posse desses produtos com a faixa etária e a classe social das pessoas. Quais produtos industriais são mais desejados ou valorizados por vocês? E pelos seus pais? Por que há diferença ou coincidência?

Se somarmos ao número de trabalhadores na indústria de transformação os 2,2 milhões de trabalhadores da construção civil e os 206 mil das indústrias extrativas, o número de trabalhadores na indústria em geral no Brasil subirá para 10,2 milhões em 2017, e a participação do setor no PIB, para 18%.

Alguns aspectos positivos da dinâmica atual do setor industrial no Brasil que se destacam são:

- grande potencial de expansão do mercado interno, com desconcentração da produção e do consumo;
- aumento na produtividade;
- melhora da qualidade dos produtos.

No entanto, a indústria no Brasil ainda enfrenta vários problemas que aumentam os custos e dificultam a maior participação no mercado internacional, como:

- preço elevado da energia elétrica;
- flutuação cambial: quando o dólar está em alta, em relação ao real, isso favorece as exportações de produtos industrializados, porque os exportadores recebem mais, em reais, por unidade vendida; porém, encarece as importações de máquinas e equipamentos para modernizar as indústrias. Quando o dólar está em queda, o processo se inverte: custo maior nas exportações e menor nas importações;
- problemas de logística, como deficiências e altos preços nos transportes, com predomínio do modal rodoviário. Em 2018, o país era apenas o 56º colocado no Índice de Desempenho em Logística;
- baixo investimento público e privado em P&D;
- insuficiente qualificação da força de trabalho;
- sistema de impostos complexo e confuso, além da elevada **carga tributária**;
- barreiras tarifárias e não tarifárias impostas por outros países à importação de produtos brasileiros.

Carga tributária: todos os impostos pagos aos governos municipais, estaduais e federal. Isso inclui tributos sobre o consumo dos mais variados bens, sobre serviços, sobre a produção e cobrados tanto de pessoas físicas como de empresas.

12 Cliques/Shutterstock

O modal rodoviário é o mais utilizado no Brasil. Na foto, circulação em rodovia de Ponta Grossa (PR), 2021.

Esses problemas explicam, em parte, a redução da participação percentual do setor industrial na composição do PIB a partir do início da década de 2010, assim como a redução da oferta de emprego nesse setor no período.

Brasil: número de pessoal ocupado por categoria de indústria – 2008-2019

Categorias	2009	2011	2019
Indústrias de transformação	8049035	8864924	7744703
Indústrias extrativas	179043	225926	208515
Construção civil	2185286	3179768	2283696
Total na indústria	**10413364**	**12270618**	**10236914**

Fonte: IBGE SIDRA. Demografia das empresas e estatísticas de empreendedorismo 2019. Disponível em: https://sidra.ibge.gov.br/pesquisa/demografia-das-empresas/tabelas. Acesso em: 16 maio 2022.

A abertura econômica do país na década de 1990 facilitou a entrada de muitos produtos importados, forçando as empresas instaladas no Brasil a se modernizar e incorporar novas tecnologias ao processo produtivo, como a robótica, para concorrer com as empresas estrangeiras, o que contribuiu para o aumento da produtividade. Muitos setores industriais aumentaram a produção reduzindo a mão de obra. A indústria automobilística, por exemplo, tem produzido mais veículos com menos ocupação de trabalhadores, como mostram os gráficos a seguir, o que gera desemprego estrutural. No entanto, a produtividade brasileira ainda fica abaixo da concorrência internacional.

Esses problemas também inibem a competitividade industrial do país, que é relativamente baixa. Em 2019, por exemplo, o Brasil era apenas o 42º colocado no *ranking* de Desempenho em Competitividade Industrial. Isso explica sua reduzida participação no mercado internacional de produtos industrializados, sobretudo entre os de maior valor agregado (em 2020, o Brasil era apenas o 26º exportador do mundo).

Alex Tauber/Pulsar Imagens

Utilização da robótica em linha de produção de máquinas de lavar roupas, em fábrica na cidade de Rio Claro (SP), 2017.

Produção de veículos na indústria automobilística brasileira* – 1960-2020

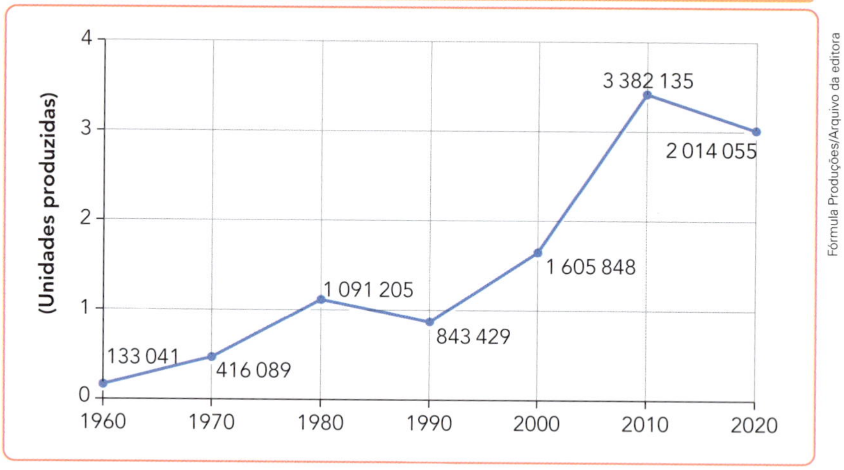

* Inclui automóveis, veículos comerciais leves, caminhões e ônibus.

Elaborado com base em: ASSOCIAÇÃO NACIONAL DOS FABRICANTES DE VEÍCULOS AUTOMOTORES (Anfavea). *Anuário da indústria automobilística brasileira 2021*. p. 46. Disponível em: www.anfavea.com.br/anuario2021/anuario.pdf. Acesso em: 16 maio 2022.

Emprego na indústria automobilística brasileira – 1960-2020

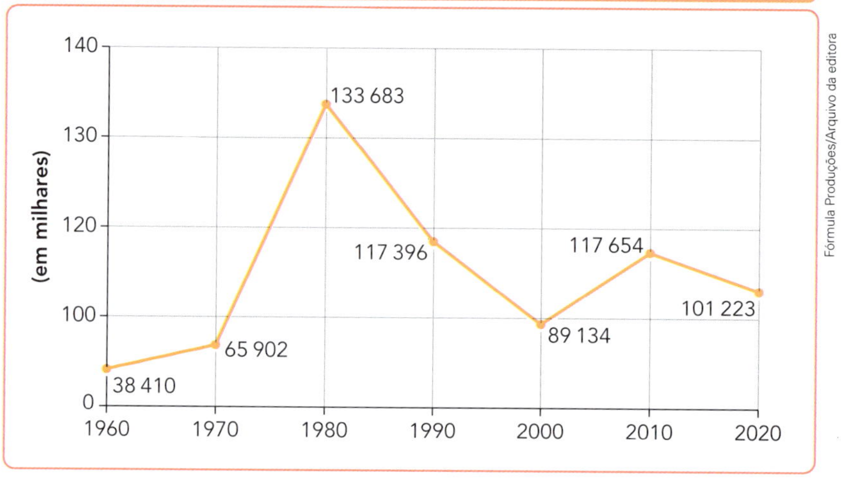

Elaborado com base em: ASSOCIAÇÃO NACIONAL DOS FABRICANTES DE VEÍCULOS AUTOMOTORES (Anfavea). *Anuário da indústria automobilística brasileira 2021*. p. 36. Disponível em: www.anfavea.com.br/anuario202'/anuario.pdf. Acesso em: 16 maio 2022.

Atividade

4. Analise os gráficos acima e observe a charge. Depois, liste argumentos a favor da ideia central da charge ou contrários a ela.

Fonte: GALVÃO, Bruno. *Charges*. São José dos Campos, 30 out. 2012. Disponível em: http://chargesbruno.blogspot.com.br/2012/10/. Acesso em: 19 maio 2022.

As origens da revolução informacional

A economia mundial passou por um rápido crescimento entre o final da Segunda Guerra Mundial (1939-1945) e o início da década de 1970, principalmente nos países desenvolvidos (Estados Unidos, Japão e União Europeia). Nesse período, ocorreu a recuperação econômica do Japão e de países da União Europeia, com destaque para a Alemanha, a maior economia do bloco. Em menos de três décadas, esses dois países emergiram dos escombros da guerra, transformando-se na terceira e na quarta potência econômica mundial, respectivamente. Recuperaram-se, em grande parte, graças à ajuda econômica dos Estados Unidos – a maior potência mundial – no contexto da criação da Doutrina Truman e do Plano Marshall (1947).

No pós-guerra, não apenas os Estados, mas também as empresas desempenharam um importante papel no desenvolvimento econômico e tecnológico. A concorrência entre as grandes corporações capitalistas intensificou-se, tanto dentro de seus países de origem como no mundo todo, já que, ao espalharem filiais em vários países, se transformaram em multinacionais ou transnacionais. O aumento da competição levou as empresas a fazer volumosos investimentos em **pesquisa e desenvolvimento (P&D)**, auxiliadas pelos Estados nos quais têm sede.

No contexto da Guerra Fria, a competição entre as duas superpotências (Estados Unidos e União Soviética) pela produção de armas com maior capacidade de dissuasão e pela conquista do espaço também contribuiu significativamente para o avanço tecnológico em vários setores e não apenas no militar. Muitos produtos que hoje estão difundidos em nosso cotidiano foram desenvolvidos inicialmente no âmbito de projetos militares, como o computador e a internet, símbolos maiores da atual revolução tecnológica. Nos Estados Unidos, a maior sociedade de consumo do mundo, desde a Segunda Guerra, muitas corporações que fornecem equipamentos militares para as Forças Armadas também produzem bens de consumo para a sociedade civil, o que facilitou a migração de tecnologias de um setor para outro. Na antiga União Soviética, essa migração tecnológica foi bem mais limitada, pois não havia uma sociedade de consumo ou uma economia baseada na livre concorrência. Sua economia era rigidamente planificada – só havia competição com a superpotência rival no setor militar, no qual, em geral, ficavam restritos os avanços tecnológicos.

Conceitos

Doutrina Truman e Plano Marshall

Doutrina Truman é o nome pelo qual ficou conhecida a política externa dos Estados Unidos no início da Guerra Fria (1947-1991). Tinha como objetivo principal evitar a expansão da área de influência da União Soviética. Foi elaborada no governo do presidente Harry Truman (1945-1953) e teve como suporte o Plano Marshall, um plano de ajuda econômica aos países capitalistas aliados formulado pelo secretário de Estado George Marshall.

Science Photo Library/Fotoarena

Há mais de 2 mil satélites em órbita na Terra. Há satélites de observação, como os da série Landsat, e o CBERS (Satélite Sino-Brasileiro de Recursos Terrestres); satélites de comunicação, como o Globalstar e o Iridium; e satélites de navegação, como o GPS (Estados Unidos) e o Glonass (Rússia). Na foto, Hylas-1, satélite europeu de comunicação lançado em 2010.

Nas últimas décadas do século XX houve grandes avanços tecnológicos e desenvolveram-se novos ramos industriais e de serviços, que apresentaram crescimento bastante acelerado, como a **informática**, as **telecomunicações**, a **internet**, a **robótica**, a **química fina** e a **biotecnologia**. Embora a sua difusão ocorra de forma desigual, esses rápidos avanços técnicos e científicos causaram fortes impactos na produção e na circulação de mercadorias, nos serviços, na agricultura, nos transportes e na cultura. Eles caracterizam a **Revolução Técnico-Científica** ou **Informacional**.

© Hulton-Deutsch Collection/CORBIS/Corbis/Getty Images

As novas tecnologias também impactaram as artes, como a produção e a difusão musical. A turnê da banda inglesa The Beatles nos Estados Unidos, em 1964, foi o primeiro grande fenômeno de massas do século XX. Na foto, da esquerda para a direita: Paul McCartney, George Harrison e John Lennon.

A expressão **Revolução Técnico-Científica** é muitas vezes empregada para evidenciar que os produtos requerem crescentes investimentos em pesquisa científica e tecnológica ao serem concebidos. São cada vez mais sofisticadas as técnicas exigidas para a fabricação de ***chips***, robôs, satélites, programas de computadores, telefones celulares, remédios e mesmo produtos tradicionais, como automóveis, alimentos, calçados ou um simples aparelho de barbear. Leia o trecho a seguir de um artigo que relata o desenvolvimento de um desses aparelhos.

> [...] O projeto foi desenvolvido durante 6 anos por uma equipe de mais de 500 engenheiros com diplomas no MIT e em Stanford, dois dos principais centros de pesquisa tecnológica do mundo. Da prancheta à fábrica, custou 750 milhões de dólares. É quase o investimento necessário para a criação de um modelo de automóvel [...].
>
> Durante esses 6 anos, a pesquisa tecnológica foi fortemente embasada em ciência, notadamente em Engenharia de Materiais (de modo a direcionar a escolha do material das lâminas) e em Química (para auxiliar no projeto da etapa de confecção das lâminas, em especial na têmpera, um processo essencialmente químico, onde elas são aquecidas e rapidamente resfriadas).
>
> [...]

BOUZADA, Marco Aurelio C.; BARBOSA, Jose Geraldo P. A gestão da inovação na Gillette. *RAI – Revista de Administração e Inovação*, São Paulo, v. 6, n. 1, p. 164-165, 2009. Disponível em: www.revistas.usp.br/rai/article/view/79135/83207. Acesso em: 16 maio 2022.

Cada vez mais, é o conhecimento que agrega valor aos produtos e serviços. Durante a revolução agrícola, na Antiguidade, o principal fator de produção era a terra; nas duas Primeiras Revoluções Industriais (séculos XVIII e XIX), eram a matéria-prima e as fontes de energia; na atual Revolução Tecnológica, o conhecimento é o principal fator de produção, o "recurso" que mais valoriza os produtos e os serviços.

Ao longo da história, as sociedades humanas sempre produziram, acumularam e trocaram informações e conhecimentos. Desde os primórdios da humanidade, qualquer técnica desenvolvida pelo ser humano está imbuída de conhecimentos. No entanto, essas técnicas produtivas desenvolveram-se lentamente. O crescimento da produtividade, de maneira geral, dava-se à custa de mais mão de obra e exploração de maior quantidade de recursos naturais.

Com as Revoluções Industriais dos séculos XVIII e XIX e a introdução de novas **fontes de energia** no processo produtivo – o carvão mineral e depois a eletricidade e o petróleo –, ocorreu inédito salto na produtividade: era a produção em escala, graças à ação do trabalho sobre as matérias-primas e as fontes de energia. Os avanços tecnológicos, entretanto, ainda eram, muitas vezes, fruto de inventores trabalhando isoladamente, e as pesquisas científicas não tinham sido incorporadas sistematicamente à produção industrial.

Na atual Revolução Tecnológica, o aumento da produtividade da economia é cada vez mais baseado no **processamento de informações** e na **geração de conhecimentos**. Hoje é a ação do trabalho, cada vez mais qualificado, sobre informações e conhecimentos (gerando novas informações e conhecimentos) a principal responsável pelo aumento da oferta de bens e serviços e da produtividade, com o correspondente crescimento econômico. Atualmente o avanço tecnológico exige muito investimento em P&D e a contratação de técnicos e cientistas capacitados.

Por isso, alguns estudiosos do assunto preferem nomear as rápidas transformações em curso, marcadas pela aceleração dos avanços tecnológicos, de **Revolução Informacional**, como fizeram o sociólogo espanhol **Manuel Castells** (1942-) e o filósofo francês **Jean Lojkine** (1939-).

CASTELLS, Manuel. *A sociedade em rede*. 7. ed. São Paulo: Paz e Terra. 2003. (A era da informação: economia, sociedade e cultura. v. 1).
LOJKINE, Jean. *A Revolução Informacional*. São Paulo: Cortez, 1995.

Em contraposição à sociedade industrial, criada pelas duas primeiras revoluções industriais, está se gestando a sociedade informacional. O termo **informacional** evidencia a crescente importância das informações e dos conhecimentos, não apenas no aumento da produtividade e da produção dos bens e serviços, mas também na própria utilização.

Cadu Rolim/Fotoarena

A *startup* Pi Project desenvolveu um projeto de respiradores para ajudar no tratamento de pacientes infectados pelo novo coronavírus. O projeto, que utiliza impressão 3D, tem como base estudos do Massachusetts Institute of Technology (MIT). Na foto, Parque Tecnológico de Sorocaba (SP), 2020.

Os motores da Revolução Informacional são os computadores e as telecomunicações. Os computadores passaram por enormes avanços desde a criação do pioneiro **Eniac**, em 1946. O mesmo ocorreu com as telecomunicações desde a invenção do telefone, em 1876, e com o desenvolvimento dos satélites de comunicação, a partir do lançamento do pioneiro Sputnik I, em 1957.

Universal Images Group/Getty Images

Satélite Sputnik I ("companheiro", em russo), lançado pelos soviéticos em 4 de outubro de 1957. Essa primeira versão era uma esfera de 58 cm de diâmetro e 83 kg. Levava um rádio transmissor bastante simples que enviava um sinal *beep* captado na Terra por qualquer radioamador. Não tinha nenhuma função prática, mas foi pioneiro e marcou o início da corrida espacial entre os Estados Unidos e a antiga União Soviética. Oito satélites da série Sputnik foram lançados até 1961.

Bettmann Archive/Getty Images

Telefone construído nos Estados Unidos pelo cientista escocês Graham Bell (1847-1922). Por meio desse aparelho, em 10 de março de 1876, Graham falou com seu colaborador Thomas Watson, que o ouvia em aparelho idêntico instalado em outro cômodo da casa em que trabalhavam: "*Watson, come here, I want you*" (Watson, venha cá, eu preciso de você). Esse fato marcou o início das comunicações via telefone. O sucesso de sua invenção foi tanto que, em 1878, Graham fundaria a própria empresa de telefonia, a Bell Telephone Company.

Conceitos

Eniac

O Eniac (sigla que, em inglês, significa "Computador e Integrador Numérico Eletrônico") foi o primeiro computador da história. Desenvolvido durante a Segunda Guerra Mundial pelo físico John William Mauchly (1907-1980) e pelo engenheiro John Presper Eckert (1919-1995), pesquisadores da Universidade da Pensilvânia, recebeu patrocínio do Exército dos Estados Unidos e tinha como objetivo fazer cálculos balísticos. Nasceu como fruto da ligação entre o desenvolvimento tecnológico e os interesses militares.

Comparado aos atuais microcomputadores, *notebooks* e *tablets*, o Eniac era gigantesco. Pesava 30 toneladas e tinha 12 m de comprimento por 2,75 m de altura, ocupando uma área equivalente a um ginásio de esportes. Funcionava com 70 mil resistores, 18 mil válvulas a vácuo e consumia 375 kW. Quando foi ligado pela primeira vez, consumiu tanta energia que fez as luzes da Filadélfia piscarem.

Em 1943, o governo britânico construiu um equipamento eletromecânico – o Colossus – para decifrar os códigos secretos utilizados pelos alemães durante a Segunda Guerra. Alguns consideram essa máquina o primeiro computador, mas, como foi construído com uma finalidade muito específica e sua existência só veio a público em 1970 (era um projeto secreto), o Eniac foi patenteado e reconhecido como o primeiro computador multiuso totalmente eletrônico da história.

Mauchly e Presper Eckert fundaram a Eckert-Mauchly Computer Corporation (em seguida comprada pela Remington Rand, atualmente Unisys, uma empresa de tecnologia da informação) e, em 1951, produziram o Univac I (sigla para Universal Automatic Computer), o primeiro computador eletrônico disponível comercialmente. Foram produzidas 46 unidades e vendidas a um preço de 1 milhão de dólares cada. Entre outras aplicações, esse computador comercial pioneiro foi usado no Escritório do Censo dos Estados Unidos. Era bem menor que o Eniac, mas mesmo assim tinha 5 mil válvulas e ocupava uma área do tamanho de uma garagem.

Corbis/Getty Images

O Eniac, que ficou pronto em 7 de novembro de 1946, recebendo os últimos reparos antes de ser colocado em uso.

Embora as origens mais remotas da Revolução Informacional estejam no telefone de Bell, no satélite Sputnik e no computador Eniac, as tecnologias que de fato dão suporte a essa revolução são mais recentes e são resultado da microeletrônica, a "revolução dentro da revolução", como afirma Manuel Castells.

MacFormat Magazine/Future/Shutterstock

Esse computador portátil (*tablet*), fabricado em 2019, pesa 483 g, entretanto, sua capacidade de processamento é muitas vezes maior que a do Eniac, que pesava 30 toneladas. Apenas 70 anos separam essas duas máquinas!

O *chip* (microprocessador) foi inventado em 1971 por engenheiros da Intel, empresa do Vale do Silício (Califórnia). Em 1973 foi desenvolvido por uma empresa da região o primeiro microcomputador completo – incluía processador, teclado e monitor – e funcional da história, mas seu preço era muito alto e nem chegou a ser produzido. Até então só estavam disponíveis os caros e enormes computadores centrais (*mainframes*) instalados em salas fechadas e refrigeradas, só acessíveis às grandes empresas.

Em 1977, foi lançado o primeiro microcomputador bem-sucedido comercialmente, o Apple II, desenvolvido por Steve Jobs (1955-2011) e Steve Wosniak (1950-), fundadores da Apple Computer. Em 1981, a IBM, então líder em *mainframes*, lançou o PC (*personal computer*), responsável pela disseminação dos computadores pessoais em empresas e residências. Por ser de arquitetura aberta, diferente do aparelho da Apple, passou a ser amplamente clonado. Foram os clones, com peças baratas fabricadas por empresas do Sudeste Asiático, os grandes responsáveis pela popularização dos PCs. A partir de então, tornou-se necessário produzir os sistemas e programas para alimentá-los.

Em 1975, uma pequena empresa de programas e sistemas de computadores foi fundada por Bill Gates (1955-) e Paul Allen (1953-2018): a Microsoft. O primeiro programa que desenvolveram para os computadores da época utilizava a linguagem Basic. Como resultado do sucesso do sistema operacional DOS, desenvolvido para equipar os milhões de PCs clonados do original IBM, a empresa experimentou um grande crescimento. A partir do lançamento do sistema operacional Windows em 1990, baseado em ícones acionados com um clique no *mouse*, muito mais prático para o usuário (no sistema DOS cada comando tinha de ser escrito na tela do computador), em poucos anos a empresa transformou-se na atual gigante da informática.

A produção de cabos de fibra óptica em escala industrial iniciou-se nos primeiros anos da década de 1970. A fibra óptica é um material feito de silício puro, que permite a propagação de ondas eletromagnéticas próxima à velocidade da luz (300 000 km/s). Por isso, ela possibilita a transmissão de muito mais informações a uma velocidade bem maior do que os antigos cabos de cobre.

Conceitos

Chip

O *chip* tem como matéria-prima básica o silício, um mineral não metálico muito duro que forma cerca de 28% da crosta terrestre. Trata-se, na verdade, de uma placa de silício na qual são impressos microcircuitos integrados. O *chip* é o "cérebro" do computador, responsável pelo processamento de uma infinidade de dados cada vez com maior rapidez. É crescente a incorporação de *chips* em uma enorme gama de produtos, como robôs, automóveis, telefones, máquinas de lavar roupa, etc.

A invenção da internet

Data também dessa época a invenção da internet, inicialmente com o nome de Arpanet. Em 1969, a Arpa (sigla em inglês para Agência de Projetos de Pesquisa Avançada, pertencente ao Departamento de Defesa dos Estados Unidos) instalou uma rede eletrônica interligando os computadores dos centros de pesquisas e laboratórios do governo. Em plena Guerra Fria, garantia-se que, em caso de um ataque de mísseis balísticos soviéticos, mesmo que alguns nós dessa rede fossem destruídos, os demais continuariam funcionando, permitindo a comunicação.

Nessa rede, os computadores comunicam-se por meio do protocolo TCP/IP (sigla em inglês para Protocolo de Controle de Transmissão/Protocolo de Internet), uma espécie de linguagem que permite duas máquinas se conectarem. Essa linguagem foi criada em 1974 pelo cientista da computação Vinton Cerf (1943-) e pelo engenheiro elétrico Robert Kahn (1938-), ainda na época da Arpanet. Por isso, esses dois cientistas estadunidenses são reconhecidos como os criadores da internet.

Essa rede descentralizada e revolucionária foi se desenvolvendo ao longo dos anos 1970, ligando universidades e centros de pesquisas, não apenas dos Estados Unidos, mas também de vários outros países. Nos anos 1980, transformou-se na rede mundial de computadores, gradativamente utilizada por instituições, governos, empresas e pessoas em todo o mundo. No Brasil, a internet começou a ser popularizada nos anos 1990.

A internet talvez seja a tecnologia mais disruptiva inventada nas últimas décadas. Ela mudou completamente a forma como os seres humanos se comunicam, trabalham, se divertem, compram bens e serviços, fazem operações financeiras, etc. Será que ela mudou também o ser humano?

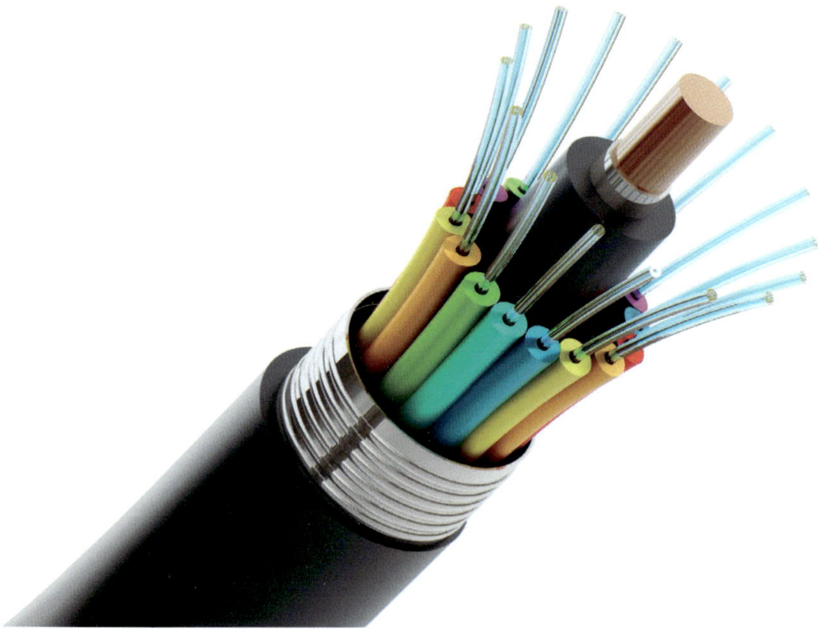

O cabo de fibra óptica é feito em camadas. A camada externa é de plástico resistente para garantir proteção contra intempéries. Logo abaixo, vem uma camada de kevlar (material utilizado em coletes à prova de bala) para garantir o isolamento das fibras e amortecer impactos. Sob o kevlar há outra camada plástica dentro da qual estão as fibras ópticas. Por um único filamento com a espessura de um fio de cabelo, podem-se transmitir 30 mil ligações telefônicas ou 50 programas de televisão por segundo. Foto de 2017.

cigdem/Shutterstock

Atividade

- Pesquisem em um dicionário o significado da palavra "disrupção" e depois discutam por que a internet é uma tecnologia disruptiva. Apontem outras tecnologias que vocês consideram disruptivas.

Internet das coisas e 5G

A **internet das coisas**, também conhecida pela sigla **IoT** (de *Internet of Things*, em inglês), tem relação com o princípio da **interoperabilidade**, que significa basicamente a conexão entre coisas e a rede mundial de computadores por identificação de radiofrequência (*RFID*, sigla em inglês). O termo surgiu em 1999, num artigo intitulado "A coisa da internet das coisas", publicado no *RFID Journal* pelo cientista da computação britânico Kevin Ashton (1968-). No mesmo ano foi um dos fundadores do Auto-ID Center no Massachusetts Institute of Technology (MIT), laboratório de pesquisa que desenvolveu a base da IoT (hoje denominada Auto-ID Lab).

Naquele momento, no entanto, a internet tinha muito mais limitações do que hoje e a interoperabilidade era apenas um projeto. Com o passar dos anos, cada vez mais coisas passaram a ser conectadas a ela: desde os meios de transporte e os *smartphones* até eletrodomésticos, relógios, roupas e maçanetas.

A internet das coisas também tem aplicação na indústria 4.0, da qual falaremos adiante, e pode ser encontrada nas chamadas "cidades inteligentes", que transformaram a concepção atual das cidades (leia o texto na próxima página). Os exemplos de sua aplicação nesse caso são muitos: **iluminação inteligente de espaços públicos**, **monitoramento da poluição**, **localização de vaga de estacionamento**, **gestão de recolhimento e processamento de resíduos**, entre outros.

A aceleração desse processo de junção do mundo físico com o digital, por meio de dispositivos que se comunicam uns com os outros e com *data centers* em nuvem, depende, no entanto, de uma adequada infraestrutura de conexão.

24Novembers/Shutterstock

Arnold O. A. Pinto/Shutterstock

A empresa chinesa Huawei é uma das que estão mais avançadas no desenvolvimento de um sistema 5G e acabou envolvida na guerra comercial e tecnológica entre os Estados Unidos e a China. Os Estados Unidos proibiram a empresa de atuar em seu território e têm pressionado outros países a não instalar seu sistema 5G. Na foto, pavilhão da Huawei em evento de tecnologia em Dubai, Emirados Árabes, em 2020.

A **conexão 5G** é considerada uma solução para facilitar o uso da internet das coisas, pois tem capacidade para absorver conexões simultâneas, de forma eficiente e com menor consumo de energia. Como é esperado que o número de dispositivos conectados à internet das coisas seja maior que a quantidade de *smartphones* em uso, essa conexão precisa de uma rede programada para responder em tempo real e que seja escalável (isto é, que possa se reproduzir em grande quantidade) e versátil. Especialistas em tecnologia preveem que, no futuro, a internet das coisas e o 5G vão permitir inclusive a utilização de veículos autônomos, ou seja, sem motoristas.

[...]

Já é possível ver aplicações práticas da internet das coisas **na organização do trânsito**, **na agilização de tratamentos médicos** e também na **preservação do meio ambiente**, sempre condicionada à capacidade humana de analisar os dados que os dispositivos conectados geram.

Segundo o Gartner, em 2020 já serão 25 bilhões de objetos conectados à internet – um crescimento exponencial sobre os 4,8 bilhões de 2015. De acordo com a consultoria, a tendência é que a internet das coisas esteja cada vez mais presente na vida de todos – e, espera-se, com resultados positivos.

Recentemente, o Fórum Econômico Mundial listou seis áreas nas quais a IoT já faz toda a diferença. Confira [uma delas].

1. Cidades mais inteligentes

Hoje, mais da metade da população mundial já vive em ambientes urbanos. Em 2050, a previsão da ONU é que a proporção suba para dois terços. Por isso, é fundamental cuidar para que as cidades sejam lugares sustentáveis e bem organizados, que suportem o peso das mudanças climáticas e a chegada de mais milhões de habitantes.

A internet das coisas vem ajudando várias cidades a cumprir esse objetivo. Em Barcelona, na Espanha, o uso de água para irrigação em jardins e fontes públicas já é controlado digitalmente, evitando desperdícios. O mesmo acontece com o sistema de iluminação pública, que tem postes dotados de sensores de presença, usados como roteadores para conexão Wi-Fi.

Também em Barcelona, um sistema implantado nas vias públicas avisa os motoristas sobre lugares disponíveis para estacionar seus carros. Por meio de sensores no asfalto, sinais são emitidos para um aplicativo, ajudando o motorista a estacionar rapidamente, o que reduz o trânsito e as emissões de gases pelos veículos. [...]

ÉPOCA NEGÓCIOS ON-LINE. Conheça 6 aplicações da internet das coisas que já estão tornando o mundo melhor. *Globo.com*. 1º mar. 2019. Disponível em: https://epocanegocios.globo.com/Tecnologia/noticia/2019/03/conheca-6-aplicacoes-da-internet-das-coisas-que-ja-estao-tornando-o-mundo-melhor.html. Acesso em: 16 maio 2022.

Atividades

1. O que é necessário para viabilizar a ampliação da conexão de mais itens à internet das coisas?

2. Quais problemas das cidades atuais poderiam ser resolvidos ou minimizados com a implantação da internet das coisas, transformando-as em "cidades inteligentes"?

3. Pensem em algum problema do município em que moram que pode ser resolvido ou melhorado com o uso da internet das coisas.

Robotização

Iniciado no século XX, o processo de **robotização** trata da automação de tarefas antes executadas por seres humanos, ou seja, as tarefas passam a ser executadas por robôs (do tcheco *robota*, "trabalho forçado").

Atividade

1. Qual é a visão que vocês têm dos robôs? Selecionem imagens de robôs em filmes ou desenhos de ficção científica de diferentes épocas. O que mudou e o que permaneceu?

Famosos nos filmes de ficção científica, robôs são máquinas eletromecânicas programáveis para executar movimentos padronizados com o máximo de eficiência possível. Além desse potencial de elevar a produtividade, eles despertam o interesse da indústria e dos negócios em geral pelos benefícios que trazem às empresas quando comparados aos trabalhadores humanos: não tiram férias, não faltam, não adoecem, não necessitam de descanso, não recebem salário, entre outros fatores.

Com o desenvolvimento acelerado da área de robótica, os robôs foram programados para assumir atividades que representavam riscos à saúde dos trabalhadores, como a soldagem de peças e a operação de alto-forno em siderúrgicas. Além das atividades potencialmente perigosas à saúde humana, tarefas com características rotineiras e repetitivas impulsionaram o processo de robotização em busca do aumento da produtividade nas indústrias, mas não apenas nelas.

Muitos hospitais já estão utilizando a robotização em processos complexos e delicados, como no campo das cirurgias robóticas. Leia o texto abaixo, que mostra como funciona um robô operante:

> [...]
>
> O robô é controlado pelo cirurgião através de um console que executa os movimentos cirúrgicos replicados e aperfeiçoados pelos quatro braços do robô. Com imagens em alta definição e 3D, ampliadas em até 15 vezes, o equipamento possui também um dispositivo que filtra eventuais tremores das mãos do médico, conferindo maior precisão ao procedimento. [...]

HOSPITAL Oswaldo Cruz. Centro Especializado em Cirurgia Robótica. *Como funciona o Da Vinci SI*. Disponível em: www.hospitaloswaldocruz.org.br/especialidades/centro-de-cirurgia-robotica. Acesso em: 16 maio 2022.

Ainda na área da saúde, assistimos recentemente à atuação de robôs no combate à pandemia de covid-19. Um hospital de Wuhan, cidade chinesa que foi o primeiro epicentro da pandemia, utilizou robôs não só na recepção, mas também na entrega de alimentos, bebidas e medicamentos aos pacientes infectados, diminuindo assim o contato deles com outras pessoas e minimizando a disseminação do novo coronavírus.

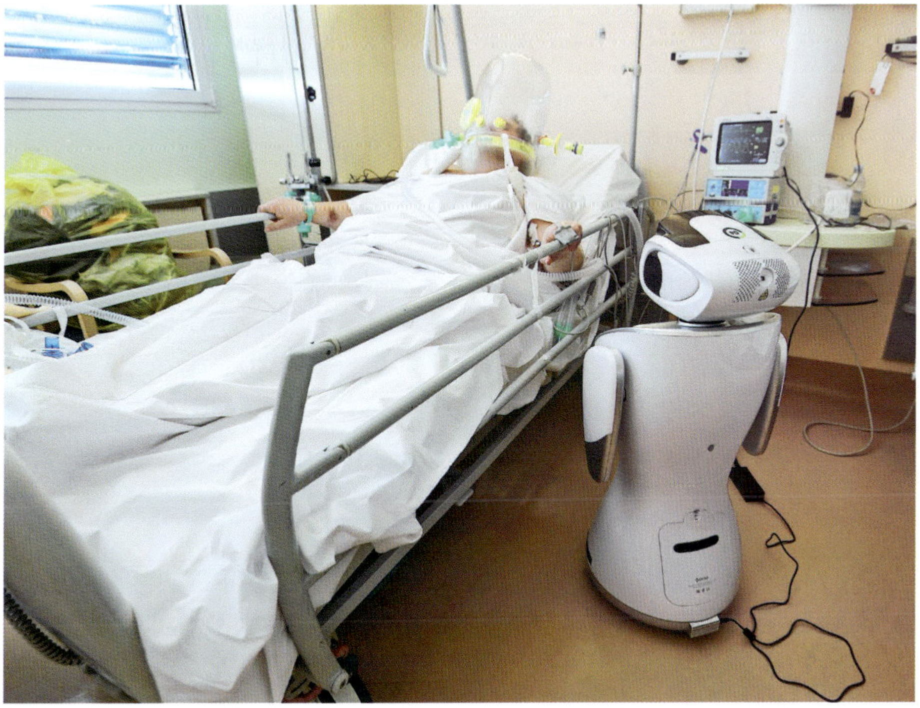

Miguel MEDINA/AFP

Um dos seis robôs que ajudam a equipe da Unidade de Terapia Intensiva (UTI) do hospital Circolo, na cidade de Varese (Itália), a atender pacientes durante a pandemia de covid-19, em abril de 2020.

Apesar de os robôs estarem cada vez mais sendo utilizados em outros setores de atividade, ainda é na indústria que se concentra o maior número deles. O gráfico "Robôs industriais em operação no mundo – 2010-2020" mostra o crescimento do número de robôs industriais, e a maior parte deles funciona em fábricas da China, do Japão, dos Estados Unidos, da Coreia do Sul e da Alemanha, os países líderes em robótica. Observe também que no gráfico "Países que mais instalaram robôs industriais – 2020", a China e o Japão são os países que lideram nessa área.

Robôs industriais em operação no mundo – 2010-2020

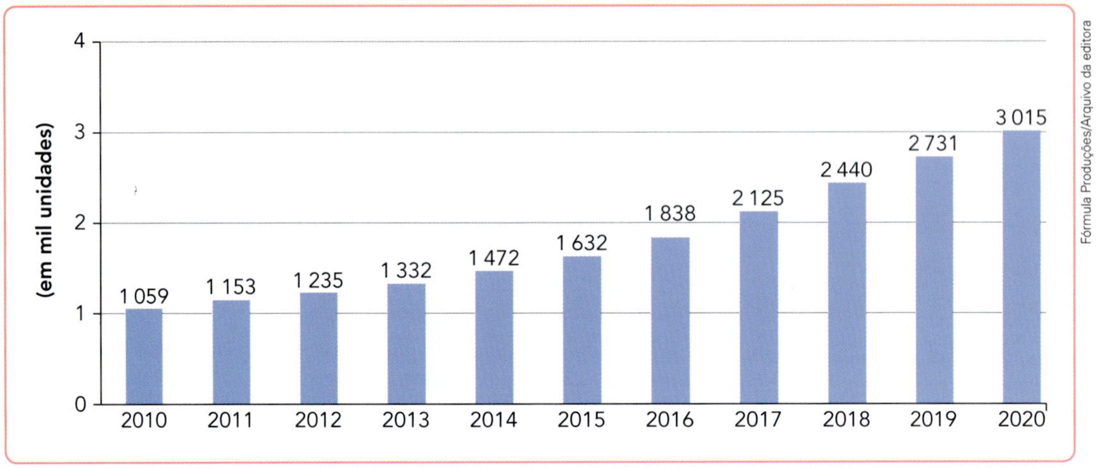

Fonte: INTERNATIONAL FEDERATION OF ROBOTICS (IFR). World Robotics 2021 Edition. IFR, 2021. Disponível em: https://ifr.org/free-downloads/. Acesso em: 1º jun. 2022

Países que mais instalaram robôs industriais – 2020

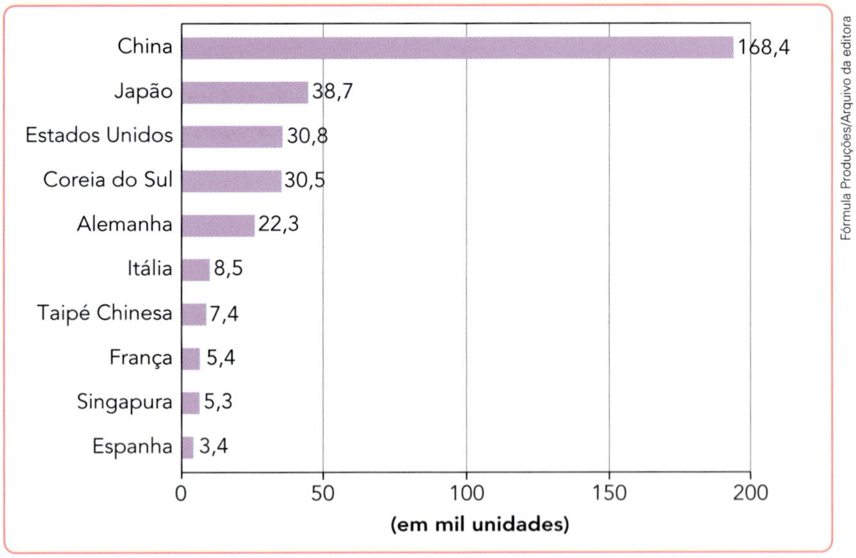

Fonte: INTERNATIONAL FEDERATION OF ROBOTICS (IFR). World Robotics 2021 Edition. IFR, 2021. Disponível em: https://ifr.org/free-downloads/. Acesso em: 1º jun. 2022

Atividade

2. Em pequenos grupos, orientados pelo professor, discutam prós e contras da implementação da robotização nas atividades econômicas.

Diálogos

O mapa abaixo apresenta o índice de utilização de robôs nas linhas de produção para cada 10 000 trabalhadores industriais.

Automação da indústria – 2017

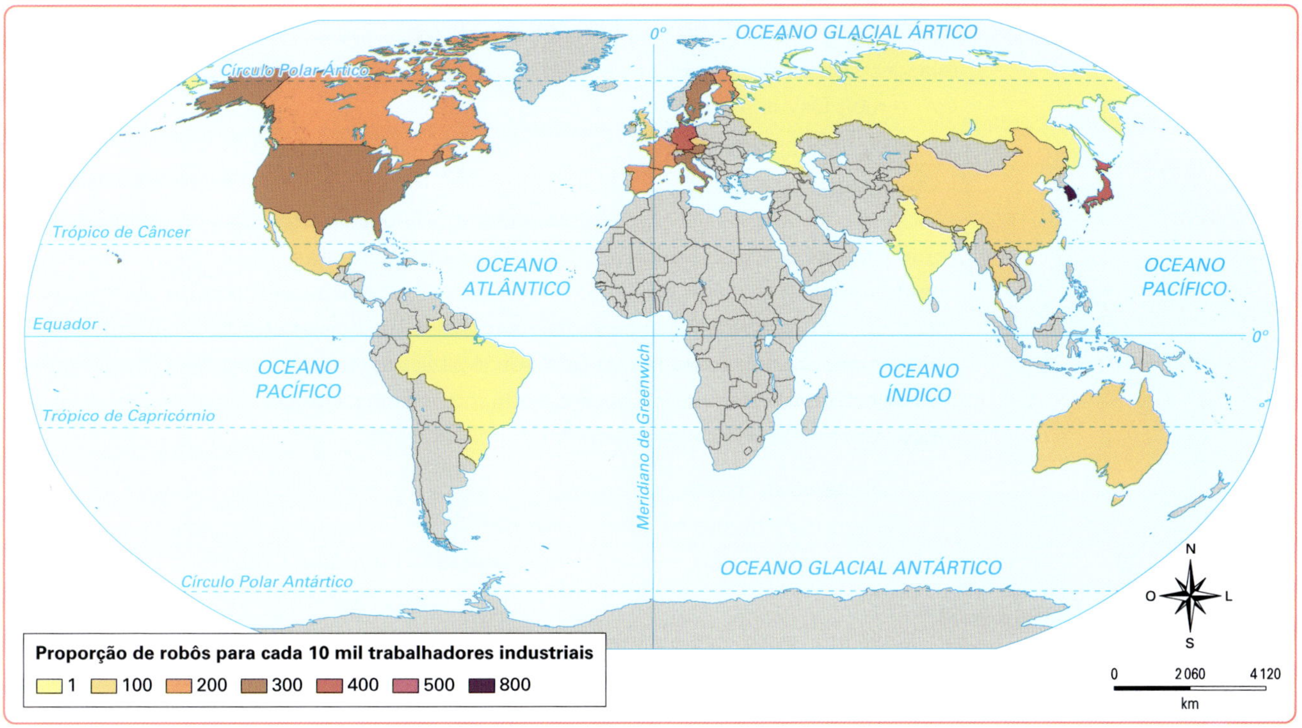

Banco de imagens/Arquivo da editora

Elaborado com base em: KOREA is the country in the world with the most robots per 10,000 workers. *Cámara de comercio España-Corea*. Disponível em: www.camaracomercioespanacorea.es/en/communication/news/838-korea-is-the-country-in-theworld-with-the-most-robots-per-10-000-workers.html. Acesso em: 16 maio 2022.

- Observe o índice dos países e responda às questões.

  a) Identifique os países que apresentam os maiores índices de utilização de robôs nas linhas de produção industriais. Em seguida, indique as razões que levam esses países a registrar índices elevados.

  b) Avalie a posição do Brasil, discutindo medidas que poderiam ser adotadas para o país apresentar índices de automação mais elevados.

  c) Caracterize os impactos sociais negativos decorrentes da utilização intensiva de robôs nas linhas de produção industriais. A seguir, identifique quais grupos e classes sociais podem ser mais impactados pela automação da mão de obra.

  d) Com base nos dados apresentados no mapa, pesquise o índice de desemprego nos países com o maior índice de automação da indústria e elabore um pequeno texto que trate da relação entre esses dois índices.

  e) Agora, compare a relação entre o índice de automação da indústria no Brasil e o índice de desemprego mais atual que você encontrar. Como você acredita que o aumento do índice de automação industrial pode afetar o mercado de trabalho? Justifique sua resposta.

Inteligência artificial

A inteligência artificial (IA) vai além da robotização: consiste na capacidade de um sistema (robô ou computador) não apenas armazenar e processar dados, mas também adquirir, representar e manipular conhecimentos. São sistemas com capacidade de dedução e realização de inferências sobre fatos e conceitos com base em conhecimentos já existentes. De forma mais direta, são máquinas que simulam a capacidade humana de realmente aprender, pensar e agir de forma inteligente.

O termo **inteligência artificial** surgiu em 1956 em um encontro na Universidade de Dartmouth, em New Hampshire (Estados Unidos). O primeiro a utilizá-lo foi o cientista da computação estadunidense John McCarthy (1927-2011) em uma palestra feita nesse encontro, no qual um grupo de cientistas discutiu o tema e dividiu opiniões sobre a capacidade de as máquinas exercerem tarefas humanas.

A inteligência artificial, assim como a robótica, foi tema de muitos filmes e pode ser encontrada na literatura de ficção científica nas últimas décadas. O filme *A.I. – Inteligência Artificial* (2001), de Steven Spielberg, por exemplo, se passa no futuro e mostra as tensas relações sociais entre humanos e robôs, por meio de um casal que tem um "filho adotivo", o robô David.

Embora a área de inteligência artificial seja estudada desde os anos 1950 e tenha frequentado o imaginário popular, só nos últimos anos pode ser vista na prática em aplicações comerciais. Por exemplo, é encontrada em *smartphones* ou computadores, como em assistentes virtuais inteligentes que são comandados por voz e realizam diferentes tarefas apenas por meio de "conversas". Entre as tarefas, estão: fazer ligações, tocar músicas, desenvolver pesquisas na internet, comprar entradas para o cinema ou postar mensagens em redes sociais. Além desses assistentes, atualmente podemos interagir com diversas outras aplicações de inteligência artificial. Veja, na lista a seguir, alguns exemplos de como essa tecnologia é utilizada:

- **aplicativos de rotas**: são capazes de cruzar inúmeros dados e fornecer ao usuário as rotas mais curtas ou com menos trânsito; os aplicativos armazenam as preferências do usuário e os endereços mais visitados para que a interação seja a mais eficiente possível.
- **funcionamento dos portais de buscas**: o retorno das buscas é diferente para cada pessoa; com base em uma análise dos dados dos usuários, são mostradas as respostas, considerando os *sites* visitados, as pesquisas realizadas anteriormente, o perfil do usuário e as publicações curtidas, comentadas ou compartilhadas.
- **comércio eletrônico**: por meio da inteligência artificial, são definidos prazos de entrega para os clientes com custos mais atrativos, com base em prognósticos de vendas para organizar a logística, por exemplo; cupons de desconto também são oferecidos para clientes que já tenham visualizado produtos, mas não os compraram, a fim de incentivar o consumo daquele potencial comprador.
- **mercado financeiro**: investidores podem utilizar inúmeros aplicativos e *softwares* capazes de ajudá-los na organização das finanças e em investimentos financeiros; esses programas são capazes de "aprender" as preferências e os perfis dos usuários por meio das ações tomadas por eles e de respostas fornecidas em cadastros; além disso, robôs inteligentes são responsáveis por monitorar toda a movimentação do mercado financeiro.
- **aplicativos de *streaming***: ao acessar aplicativos como os de provedores de filmes e músicas, cada pessoa recebe sugestões de acordo com o que vê ou ouve; todas as sugestões têm como base robôs inteligentes, que rastreiam as preferências de quem acessa o aplicativo.

Cena do filme *A.I. – Inteligência Artificial* (2001), de Steven Spielberg.

De acordo com a consultoria IDC (International Data Corporation), os gastos mundiais com inteligência artificial alcançaram 37,5 bilhões de dólares em 2019 e estima que atinjam 98 bilhões de dólares em 2023. A maior parte desses gastos concentra-se nos Estados Unidos, na China, no Japão, na Alemanha e em outros países desenvolvidos. Segundo a IDC, em 2019 os investimentos em inteligência artificial na América Latina foram de 488 milhões de dólares (apenas 1,3% dos gastos mundiais). A região, assim como o Brasil, está bem atrás dos líderes.

Os investimentos no setor têm crescido porque as aplicações da robotização e da inteligência artificial vêm se tornando cada vez mais atrativas e acessíveis. No entanto, uma questão muito importante para o uso ético da IA é a necessidade de sua regulamentação. Leia as matérias a seguir.

> O CEO da Microsoft, Satya Nadella, disse nesta quinta-feira no Fórum Econômico Mundial de Davos que a regulamentação do uso e aplicações de inteligência artificial "é crucial", acrescentando ao que foi dito pelo executivo do Google, Sundar Pichai.
>
> Durante uma conversa com o presidente e fundador do Fórum, Klaus Schwab, Nadella alertou para o risco de deixar sem controle o enorme poder que a inteligência artificial dá às máquinas e aos homens que as controlam, para isso que os envolvidos não podem abdicar de sua responsabilidade.
>
> Uma das críticas mais frequentes às ferramentas que utilizam inteligência artificial é o preconceito que mostram – gênero, raça etc. – devido ao viés dos técnicos e que, segundo Nadella, pode ser evitado promovendo a diversidade.
>
> O executivo também se referiu à "dignidade dos dados" que as grandes empresas controlam, dados do consumidor que eles devem ser capazes de controlar a todo momento, não apenas o que são, mas também o uso que deles é feito.

EFE. Microsoft se une ao Google por regulamentação da inteligência artificial. *Exame*, 23 jan. 2020. Disponível em: https://exame.com/tecnologia/microsoft-se-une-ao-google-por-regulamentacao-da-inteligencia-artificial/. Acesso em: 28 jan. 2022.

> O chefe-executivo do Google não deixou dúvidas sobre a importância que, em sua opinião, a inteligência artificial (IA) terá para a humanidade. "A inteligência artificial é uma das coisas mais profundas em que estamos trabalhando como humanidade. É mais profundo do que o fogo ou a eletricidade", disse o CEO da Alphabet, Sundar Pichai, em entrevista hoje durante o Fórum Econômico Mundial em Davos, na Suíça. [...]
>
> "A inteligência artificial não é diferente do clima", disse Pichai. "Você não pode obter segurança com um país ou um conjunto de países trabalhando nela. Você precisa de uma estrutura global." [...]
>
> Tecnologias como reconhecimento facial podem ser usadas para o bem, como encontrar pessoas desaparecidas, ou ter "consequências negativas", como vigilância da população, disse o executivo.

THOMSON, Amy. Inteligência artificial causará mudança mais profunda que o fogo, diz CEO do Google. *Tilt*, 22 jan. 2020. Disponível em: www.uol.com.br/tilt/noticias/bloomberg/2020/01/22/inteligencia-artificial-causara-mudanca-mais-profunda-que-o-fogo-diz-ceo-do-google.htm#:~:text=%22A%20intelig%C3%AAncia%20artificial%20%C3%A9%20uma,Mundial%20em%20Davos%2C%20na%20 Su%C3%AD%C3%A7a. Acesso em: 28 jan. 2022.

Atividades

1. Cite alguns dos problemas que podem surgir com a ampla utilização da inteligência artificial.

2. Qual sua opinião a respeito da possibilidade de preconceito de raça ou gênero, decorrente do uso da inteligência artificial?

Indústria 4.0

O termo **indústria 4.0** originou-se de um projeto de alta tecnologia do governo alemão com o objetivo de associar a automação industrial ao uso de máquinas conectadas para a fabricação de produtos cada vez mais personalizados e baseados em análises de grande quantidade de dados (***big data***). Em 2013, o Grupo de Trabalho da Indústria 4.0, liderado pelo físico Henning Kagermann (1947-), publicou o relatório *Recommendations for implementing the strategic iniatiative Industrie 4.0*, sob o patrocínio do Ministério da Educação e Pesquisa da Alemanha. Desde então, esse conceito, que engloba as principais inovações tecnológicas dos campos de automação e tecnologia da informação (TI), vem sendo amplamente utilizado nas empresas pioneiras em alta tecnologia.

Conceitos

Big data

Big data (do inglês, "grandes dados" ou "megadados") é um conceito da área de TI que define técnicas de processamento e análise de dados muito grandes e/ou variados para serem tratados por técnicas tradicionais. O conceito começou a ser usado no início dos anos 2000 quando o analista de sistemas estadunidense Doug Laney, apreendendo a importância da coleta, do armazenamento e do processamento de grandes quantidades de dados, propôs a ideia síntese dos "três Vs" do *big data*: volume (grandes quantidades), variedade (de fontes) e velocidade (de processamento). Depois, aos "três Vs" originais foram adicionados outros dois: veracidade (confiabilidade) e valor (benefícios gerados).

O grupo de trabalho do projeto alemão caracterizou a **indústria 4.0** considerando seis princípios:

1. **Tempo real**: capacidade de coletar e tratar dados de forma instantânea, permitindo reagir aos acontecimentos em tempo real.
2. **Interoperabilidade**: capacidade dos sistemas de se conectarem com outros sistemas. Quanto maior a conectividade entre os sistemas, maior a capacidade de coleta de dados e a capacidade de tomada de decisões em tempo real. A integração entre os dados coletados na indústria e sistemas de outros setores, como *marketing*, operações e financeiro, permite decisões rápidas e integradas.
3. **Virtualização**: tecnologias de realidade virtual e realidade aumentada, muito conhecidas nos jogos eletrônicos e no cinema, têm um enorme potencial para a indústria, trazendo a representação de uma cópia virtual das fábricas inteligentes e permitindo que os profissionais visualizem produtos e comportamentos de equipamentos. Com a virtualização é possível ainda rastrear e monitorar remotamente todos os seus processos.
4. **Descentralização**: princípio que estabelece que cada pessoa (ou máquina) é capaz de implementar melhorias na produção com base nos dados que recebe. Sem a indústria 4.0, um grande sistema central lida com cada mínima decisão envolvendo as mais diversas áreas da indústria, o que demanda mais tempo.
5. **Modularidade**: o século XXI trouxe um grande aumento na busca por personalização de produtos. Com a coleta de um grande número de dados de produção e consumo, a produção direciona-se para a personalização, com seus componentes sendo baseados em módulos capazes de permitir o acoplamento ou o desacoplamento de recursos, segundo a demanda da fábrica. Isso permite flexibilidade na alteração de tarefas em comparação com o modelo anterior. Um bom exem-

plo de entendimento da modularidade é a indústria automobilística, que utiliza o conceito há alguns anos. Um único modelo de carro permite que a indústria venda tipos diversos de acessórios modulares complementares.

6. **Orientação a serviços**: princípio de que os *softwares* são orientados a disponibilizar soluções como serviços, conectados com toda a indústria. Assim, a conexão entre trabalhadores e máquinas torna-se vital para a realização de determinadas tarefas.

A indústria 4.0 é resultante, portanto, de uma linha contínua de inovação e integração de diversas tecnologias. Ela vem sendo tratada por muitos como a Quarta Revolução Industrial por ter em comum o objetivo de tornar as máquinas mais inteligentes, integrando sistemas físico-cibernéticos, o que implica um grau de complexidade bem mais elevado do que as Revoluções Industriais anteriores.

Quando falamos em revolução na indústria, não tratamos de uma novidade que impacte localmente o processo de alguns fabricantes. Para ser tratado como uma revolução, o impacto da produção deve acontecer em escala mundial e multissetorial. Assim, a tendência tecnológica que observamos aqui se dá pela combinação de novos conceitos e novas tecnologias. Observe o esquema.

Luiz Chesini/www.luizchesini.com.br

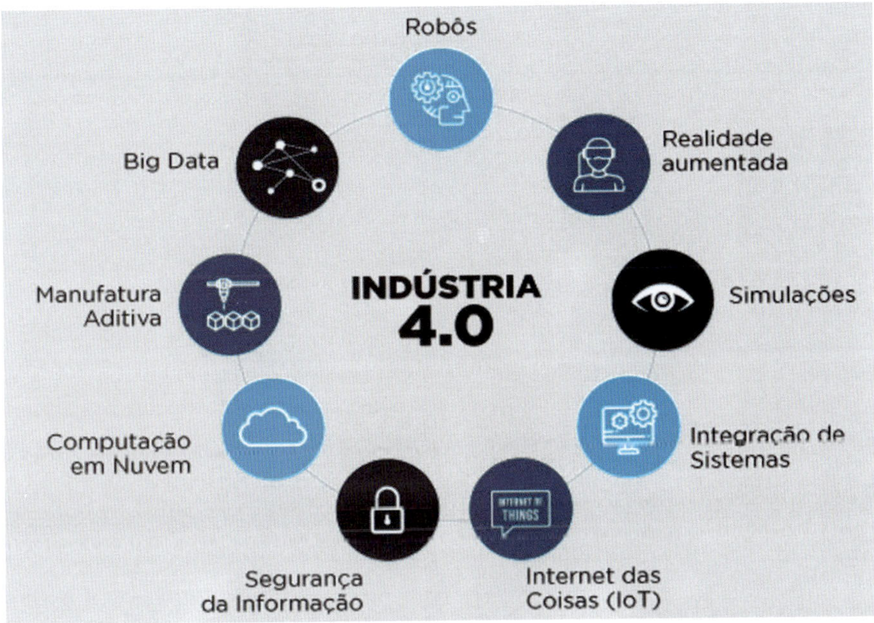

Fonte: CONHEÇA os nove pilares da Indústria 4.0 e sua relevância para a atividade industrial. Disponível em: https://www.luizchesini.com.br/2021/09/11/conheca-os-nove-pilares-da-industria-4-0-e-sua-relevancia-para-a-atividade-industrial/. Acesso em: 4 fev. 2022.

Internet das coisas e sistemas integrados da indústria 4.0

A aplicação da internet das coisas na indústria 4.0 é encontrada, por exemplo, em fábricas integradas por sensores que capturam grandes quantidades de dados por toda a empresa e permitem a gestão de dispositivos de forma remota. Dessa forma, um dos primeiros impactos da internet das coisas sobre a produção industrial está em sua otimização, sem que, muitas vezes, haja a necessidade de intervenção humana.

O monitoramento do desempenho da produção praticamente em tempo real pode ser feito desde a obtenção da matéria-prima até a embalagem e a distribuição dos produtos. A análise desses dados proporciona rapidez nas respostas, ajustando operações e identificando pontos de melhoria nos processos, com ganhos potenciais em custos e segurança.

INTERNET INDUSTRIAL DAS COISAS

a-image/Shutterstock

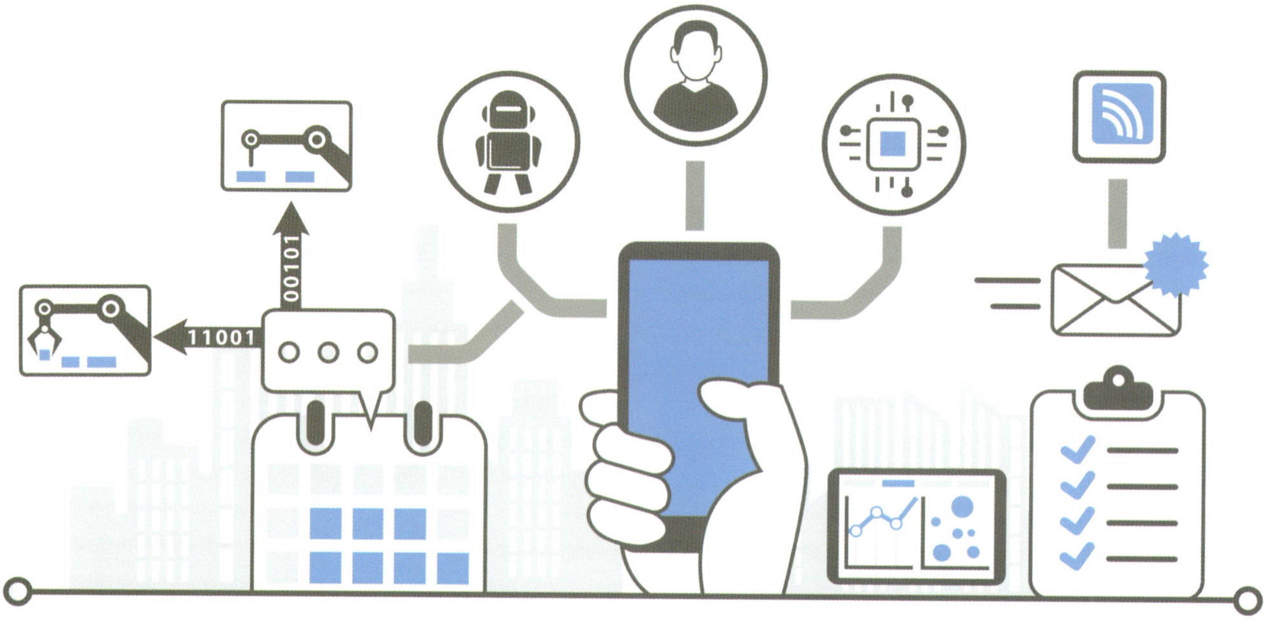

Scott Lewis/Flickr

A radiofrequência (RFID, Radio-Frequency IDentification) é utilizada para ler informações de produtos através de sinais de rádio, com o uso de *microchips* – uma alternativa aos códigos de barras. Na foto, exemplo de identificação por radiofrequência.

A internet das coisas e os sistemas integrados permitem ainda o controle de estoques por meio da identificação por radiofrequência (RFID), um tipo de etiqueta que captura dados. É a mesma tecnologia adotada em cancelas de pedágio e estacionamentos ou no monitoramento do desempenho de maratonistas em corridas. Ao receber um número de série único, cada etiqueta identifica o produto por meio de um *microchip*. A partir daí, o controle do produto no estoque é muito mais eficiente. A etiqueta faz a identificação automática do produto e de todas as informações dele no sistema da empresa, prevenindo assim o roubo e as trocas de mercadoria e ainda reduzindo os erros de armazenamento. A inteligência artificial pode, em combinação com essa tecnologia, solicitar a reposição de determinado produto em estoque quando este atinge um nível crítico, por exemplo.

A internet das coisas na indústria 4.0 também é pensada para possibilitar a melhoria da segurança e da proteção individual: câmeras e sensores capturam dados que são processados por sistemas especializados e informam atitudes inadequadas ou perigosas – disparando automaticamente ações de proteção e prevenção – ou induzem ao autodesligamento de máquinas com mau funcionamento, de forma a evitar acidentes, assim como informam a necessidade de manutenção.

Com o controle integrado e automatizado e a disponibilidade de grandes volumes de dados em tempo real, problemas de qualidade do produto são corrigidos quase instantaneamente, liberando ao mercado lotes de produtos mais bem acabados do que os do estágio anterior da industrialização, que dependiam da verificação humana para os padrões de qualidade.

Diálogos

Observe os gráficos a seguir. O primeiro representa o rendimento médio da população brasileira por cor ou raça e o segundo, os percentuais de jovens de 18 a 24 anos com Ensino Superior completo ou cursando.

Brasil: rendimento médio por cor ou raça – 2012-2018

Fórmula Produções/Arquivo da editora

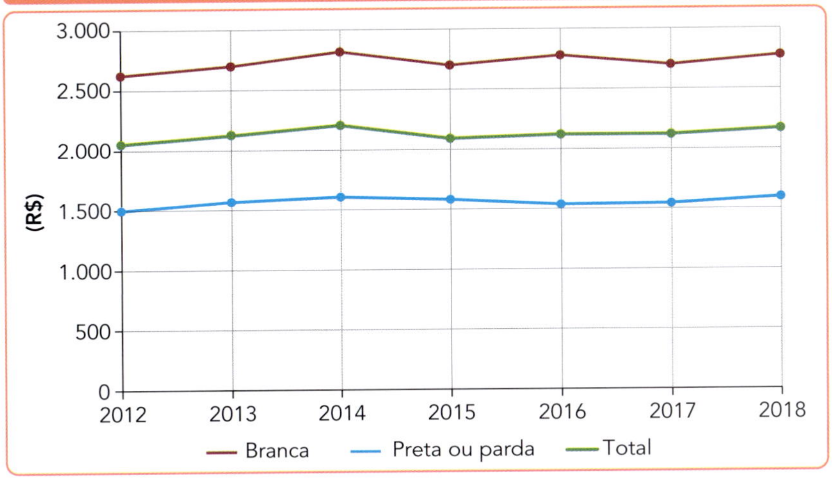

Elaborado com base em: ROUBICEK, Marcelo. A desigualdade racial do mercado de trabalho em 6 gráficos. *Nexo Jornal*, 13 nov. 2019. Disponível em: https://www.nexojornal.com.br/expresso/2019/11/13/A-desigualdade-racial-do-mercado-de-trabalho-em-6-gr%C3%A1ficos. Acesso em: 16 maio 2022.

Brasil: jovens de 18 a 24 anos no Ensino Superior – 2018

Fórmula Produções/Arquivo da editora

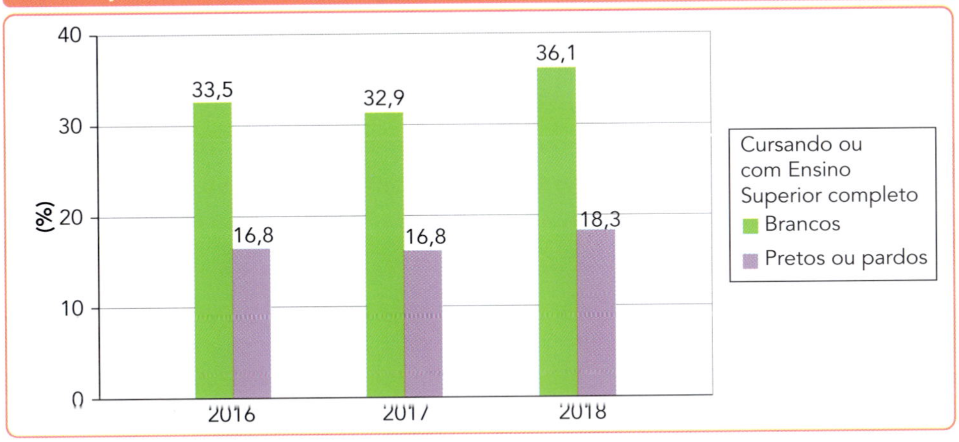

Elaborado com base em: MORENO, Ana Carolina. Taxa de jovens negros no ensino superior avança, mas ainda é metade da taxa dos brancos. *G1*, 6 nov. 2019. Disponível em: https://g1.globo.com/educacao/noticia/2019/11/06/taxa-de-jovens-negros-no-ensino-superior-avanca-mas-ainda-e-metade-da-taxa-dos-brancos.ghtml. Acesso em: 16 maio 2022.

1. Descreva os dados apresentados pelos gráficos e, em seguida, analise e compare as informações obtidas. É possível perceber uma relação entre a renda média da população e o ingresso no Ensino Superior?

2. Elabore um breve texto argumentativo sobre o perfil da força de trabalho brasileira utilizando as informações fornecidas pelos gráficos.

3. Um dos principais polos mundiais de pesquisa e produção de tecnologia de ponta é a região denominada Vale do Silício, localizada no norte da Califórnia (Estados Unidos). Leia a reportagem a seguir, que trata da cultura de trabalho nesse setor de tecnologia, e responda às questões.

Vale do Silício é obcecado por jovens e rejeita velhos

Bob Crum finalmente deixou o setor de tecnologia no ano passado, após décadas trabalhando em empresas do Vale do Silício. Quando seu contrato com a Cisco terminou, ele tentou encontrar um emprego em outro lugar, mas rapidamente descobriu que, aos 62 anos, sua "vasta experiência" era vista como um impedimento, e não uma vantagem, no setor.

"Eles me disseram 'decidimos dar o emprego para alguém em fase inicial da carreira, pois a sua experiência é antiga'. São coisas dolorosas para se dizer a alguém qualificado", conta Crum. "Depois de vários meses tentando voltar ao mundo da tecnologia, eu simplesmente desisti e disse para mim mesmo que estava aposentado do setor." Crum agora trabalha para uma instituição sem fins lucrativos e também se prepara para abrir uma cervejaria artesanal. Mas ele ainda se ressente da maneira como foi tratado pelo setor obcecado por juventude – e aparentemente imune às leis contra a discriminação por idade.

Quando os trabalhadores do setor de tecnologia chegam aos 45 anos, eles veem o número de ofertas de emprego cair, segundo pesquisa da Hired, plataforma de recrutamento do setor. Os salários também começam a cair aos 45 anos, com os candidatos na casa dos 50 e 60 pedindo a mesma remuneração de "millenials" com apenas dois anos de experiência.

Laurie McCann, advogada da AARP, que defende os direitos das pessoas mais velhas nos Estados Unidos, diz que o preconceito de idade no setor tecnológico é "um problema muito grande". Dois terços dos trabalhadores mais velhos do setor afirmam já terem testemunhado ou sofrido discriminação no trabalho, segundo uma pesquisa feita em 2013 pela organização. "As pessoas se gabam do quanto sua força de trabalho é jovem e falam coisas depreciativas sobre os mais velhos, quase como se estivessem acima da lei", diz. [...]

Dan Lyons, autor do livro "Disrupted", sobre sua experiência na startup HubSpot, diz que as empresas de tecnologia precisam reconhecer o valor de uma "força de trabalho multigeracional" e mostrar em seus relatórios de diversidade quantos trabalhadores mais velhos elas empregam. [...]

KUCHLER, Hannah. Vale do Silício é obcecado por jovens e rejeita velhos. *Valor Econômico*, 3 ago. 2017. Disponível em: https://valor.globo.com/carreira/recursos-humanos/noticia/2017/08/03/vale-do-silicio-e-obcecado-por-jovens-e-rejeita-velhos.ghtml. Acesso em: 28 jan. 2022.

a) Levante algumas hipóteses a respeito do que leva ao preconceito de idade contra funcionários mais velhos nas empresas de tecnologia.

b) Reúna-se com um colega e discuta o valor e a relevância do emprego da força de trabalho denominada multigeracional, que agrega funcionários de idades diversas, conforme proposto pelo autor Dan Lyons. Quais seriam suas possíveis vantagens?

4. Leia o texto a seguir e faça o que se pede.

Sistema de reconhecimento facial é usado para ridicularizar mulher de pijama na China

Poderíamos argumentar que é impossível ridicularizar pessoas por algo que elas optam por fazer em público. Mas uma jovem identificada somente como Dong provavelmente pensou que apenas seus vizinhos de Suzhou a veriam do lado de fora de sua casa usando um roupão cor de rosa. Em vez disso, porém, uma foto de sua infração, exibindo seu nome e número de identidade, foi publicada nas redes sociais pelo governo, para que o mundo todo visse.

"Quando esse tipo de coisa acontece é porque uma tecnologia muito sofisticada caiu nas mãos de burocratas de nível muito baixo", afirmou ao *Times* a escritora Hung Huang, que também adora usar pijamas. "E quando falo em baixo nível, quero dizer baixo nível de inteligência."

Há maneira mais traiçoeiras de uso da tecnologia para controlar as pessoas, mas esse incidente evidencia o quão rapidamente o uso de tecnologias como o reconhecimento facial pode fugir do controle. Sistemas de vigilância de alta tecnologia nas mãos erradas, inteligentes ou não, causam preocupação.

O colunista Farhad Manjoo, do *Times*, escreveu que justificava sua apatia em relação à privacidade porque pensava que não tinha nada a esconder. Agora, ele vê a questão com outros olhos.

"Será que quero que qualquer um descubra tudo ao meu respeito?", escreveu ele. "E mais especificamente: É sensato de nossa parte permitir que qualquer entidade descubra tudo sobre todo mundo? Porque é isso que está em jogo."

Manjoo afirmou estar preocupado com a possibilidade de todas as comunicações ou pensamentos serem eventualmente detectados e analisados – um tipo de vigilância que poderia amordaçar o pensamento radical e a criatividade.

"A humanidade seria capaz de sobreviver à possibilidade de algumas empresas saberem mais sobre todos nós do que qualquer um de nós poderia saber sobre nós mesmos?", escreveu ele. "Estou preocupado porque acho que logo seremos forçados a descobrir."

A empresa Clearview AI pode acelerar essa descoberta. Charlie Warzel escreveu no *Times* a respeito da empresa de reconhecimento facial que extrai bilhões de imagens das redes sociais e outros *sites* para auxiliar na identificação de pessoas com seu *software*.

David Scalzo, um dos primeiros investidores da Clearview reconheceu que um possível mau uso desse sistema poderia levar a um futuro distópico – "ou algo assim". Mas ele afirmou que não há sentido em bani-lo, porque a tecnologia inevitavelmente acabará com a privacidade.

Warzel discorda.

"Não temos de nos resignar diante da distopia", escreveu ele. "Isso não é inevitável. Mas será necessário fazer algo a respeito. Temos de imaginar o mundo que queremos e trabalhar por ele." [...]

TODD, Robb. Sistema de reconhecimento facial é usado para ridicularizar mulher de pijama na China. *O Estado de S. Paulo*, 2 fev. 2020. Disponível em: https://internacional.estadao.com.br/noticias/nytiw,tecnologia-reconhecimento-facial-privacidade,70003181667. Acesso em: 28 jan. 2022.

a) Os avanços da tecnologia digital e a perspectiva de, em breve, muitas cidades do mundo se tornarem cidades inteligentes têm levantado importantes questões éticas. Aponte a questão levantada pela notícia.

b) No texto, David Scalzo, um investidor de uma companhia de IA, e Charlie Warzel, um articulista especializado em temas de tecnologia do jornal *New York Times*, expõem visões diferentes acerca do futuro da tecnologia de reconhecimento facial. Compare a visão dos dois autores.

c) Nos últimos anos têm-se disseminado pelas redes sociais jogos e aplicativos que "brincam" com as fotos dos usuários, mas não passam de meios para se criar um banco de dados sobre os indivíduos, armazenando informações sobre seus gostos, hábitos, perfil psicológico, aparência física, etc. Que usos você imagina que esses dados tenham para as empresas que os coletam?

5. O mapa a seguir indica a taxa de acesso à internet em cada região do mundo. Observe-o e responda às questões.

Número de usuários e taxa de penetração – 31 mar. 2021

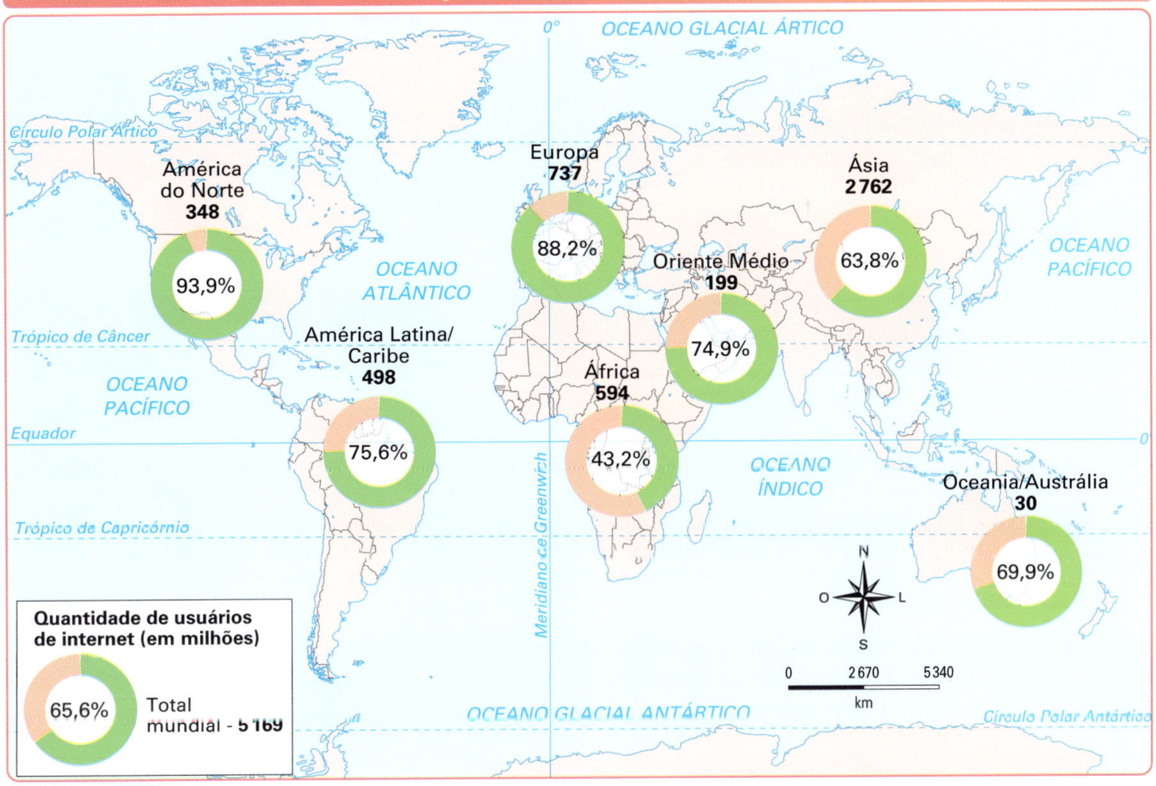

Fonte: INTERNET WORLD STATS. *World internet usage and population statistics 2020 year-Q1 estimates.* Miniwatts Marketing Group, 31 maio 2020. Disponível em: www.internetworldstats.com/stats.htm. Acesso em: 16 maio 2022.

a) Em que região do mundo é maior o acesso à internet? Onde é menor? Qual é a situação da América Latina?

b) Considerando o que você estudou sobre a importância dos recursos digitais para a economia no mundo contemporâneo, comente de que maneira a situação revelada pelos dados presentes no mapa pode interferir no desenvolvimento econômico de cada região.

6. Em sala de aula, sob a coordenação do professor, formem dois grupos. Vocês deverão aprofundar as pesquisas sobre as cidades inteligentes, as tecnologias de reconhecimento facial e as informações acerca do *big data*. Um dos grupos deverá elencar todas as vantagens que julgar existirem nessas novas tecnologias, ao passo que o outro grupo deverá fazer um levantamento dos riscos. Em data previamente marcada pelo professor, os dois grupos realizarão um debate, discutindo as vantagens e desvantagens das aplicações das novas tecnologias digitais.

Contexto político e econômico do mundo globalizado

Vimos de que modo as novas tecnologias têm provocado mudanças importantes em diferentes esferas da atividade humana, sobretudo nas atividades produtivas. Nas últimas décadas, a maioria dos setores da economia foi impactada em seus métodos e ritmos de funcionamento. Da agricultura ao comércio, da indústria ao setor de serviços, de um modo ou de outro, podemos observar alterações significativas, decorrentes do desenvolvimento de novas tecnologias. Novas profissões surgiram, outras foram extintas ou sofreram alterações para continuar existindo.

Esse momento de profundas mudanças tecnológicas, vinculado a outras transformações de ordem social, política e econômica que também impactaram a atividade humana em todo o mundo, ficou conhecido como **revolução informacional** ou **técnico-científica**, a base da **globalização**.

GraphicaArtis/Getty Images

Estados Unidos, 1937.

Taylor Weidman/Bloomberg/Getty Images

Índia, 2017.

Tartila/Shutterstock

O avanço da tecnologia impacta a economia e o mundo do trabalho. O trabalho de telefonista hoje é reduzido, e o número de operadores de *telemarketing* está em queda, em razão do uso da inteligência artificial, nesse caso, o chamado *chatbot*.

Quanto ao trabalho e aos trabalhadores, o momento no qual vivemos é marcado por continuidades e rupturas. Por um lado, com a dissolução da **União Soviética** e o fim da **Guerra Fria** (ambos ocorridos em 1991), o capitalismo se impôs como um sistema econômico hegemônico na maior parte dos países. Por outro, o sistema capitalista passou e continua a passar por importantes reconfigurações em seu funcionamento.

Uma dessas reconfigurações refere-se às condições do trabalho assalariado. Nos anos 1970, os direitos trabalhistas, alcançados pela luta dos trabalhadores nos países desenvolvidos desde a década de 1930, consolidaram-se, e o preço da força de trabalho ficou mais elevado nesses países. Como consequência disso e com a criação de infraestrutura em países periféricos, plantas produtivas foram transferidas para países em desenvolvimento, nos quais tais empresas contavam com incentivos fiscais, menor regulação estatal e mão de obra mais barata. Esse processo de **transnacionalização** das empresas provocou uma reconfiguração da divisão internacional do trabalho, plausível por causa do grande avanço nos sistemas de transporte e comunicação.

Novikov Aleksey/Shutterstock

A Volkswagen é uma das maiores transnacionais do mundo. A sede da empresa é na Alemanha, mas há muitas unidades espalhadas pelo mundo. Na foto, fábrica na Polônia, 2018.

A JBS é uma empresa frigorífica brasileira. Atualmente, é a maior empresa de carne bovina do mundo. Na foto, unidade de Colorado (Estados Unidos), 2021.

Michael Ciaglo/Bloomberg/Getty Images

Concomitantemente a isso, houve um intenso movimento de **monopolização** e **oligopolização** da atividade econômica. Setores nos quais antes atuava uma série de pequenas, médias e grandes empresas passaram a ser controlados por grandes corporações, que surgiram por processos de fusão e aquisição. Nos países em desenvolvimento, muitas empresas locais foram compradas por empresas transnacionais de países desenvolvidos, sendo ligadas a redes globais de produção, distribuição e consumo. Além de baratear os custos de operação em partes específicas da cadeia produtiva, tal estratégia permitiu a essas grandes corporações ganhar terreno em novos mercados consumidores e eliminar concorrentes.

Monopólio: situação na qual uma única empresa domina todo o mercado de um produto ou serviço e assim determina sua produção e seu preço, eliminando qualquer concorrência.

Oligopólio: caracteriza um mercado no qual há poucas empresas concorrendo entre si em determinado setor. Quando elas coordenam ações conjuntas visando a obter maiores lucros, transformam-se em um **cartel**.

Esse processo de concentração econômica, por sua vez, teve forte participação do setor financeiro. Empresas que antes pertenciam a famílias ou a um grupo limitado de sócios passaram a ser de capital aberto, com participação de investidores e ações negociadas nas bolsas de valores. Com isso, as lógicas mais características do mercado financeiro (a especulação, o risco e a maximização dos lucros) passaram a integrar, cada vez mais, as lógicas de decisão empresarial em diversos setores.

Todos esses processos foram favorecidos por uma série de medidas adotadas, em diversos países, sob o paradigma **neoliberal**. Os governos que adotaram essa doutrina econômica promoveram uma ampla reforma do Estado com o objetivo de diminuir os gastos públicos e fortalecer o papel do setor privado na economia. Com isso, muitas empresas estatais foram privatizadas e vários setores da economia tiveram **flexibilizadas** suas regras de funcionamento. A carga tributária e as obrigações trabalhistas das empresas foram reduzidas, com a finalidade de aumentar sua capacidade de investimento e produção em nome da competitividade.

Essa confluência de fatores tecnológicos, econômicos e políticos causou profundas transformações nas situações e condições de trabalho, que se fazem sentir nos dias de hoje em todo o mundo.

Avanço das técnicas e da tecnologia

Historicamente, avanços técnicos e tecnológicos foram responsáveis por processos amplos de mudança nos sistemas de produção e afetaram a estruturação das sociedades e, consequentemente, a forma de vida das pessoas. Dois exemplos que se enquadram nessa definição são justamente a revolução agrícola (ou neolítica), responsável pelo início da sedentarização da espécie humana, e as revoluções industriais, que modificam as formas do trabalho e ampliam a produtividade.

DEA PICTURE LIBRARY/De Agostini/Getty Images

Trabalho agrícola no campo. Pintura de parede da Tumba de Unsu, no oeste de Tebas (Egito), representando o trabalho agrícola. Arte egípcia no Novo Império, Dinastia XVIII.

Inovações no campo da mecânica, da eletricidade e da informática marcam as três revoluções industriais pelas quais passou a humanidade. Além da modificação nas formas de produção, consumo, circulação de bens e informações, e especialmente das relações de trabalho, essas revoluções desencadearam ondas de insegurança entre os trabalhadores e diferentes tipos de protesto, já que algumas profissões se extinguiam enquanto outras eram criadas. No decorrer do século XIX, tal como aponta o historiador britânico Eric Hobsbawm (1917-2012), houve uma desvalorização do salário (já que operar o maquinário não exigia a mesma qualificação que a necessária para a manufatura) e um aumento significativo da jornada de trabalho nas fábricas, que no começo do século XIX costumava ser de 16 horas.

As mudanças técnicas e tecnológicas ampliam as possibilidades de produção e, em muitos aspectos, tornam a vida dos indivíduos e das sociedades mais cômoda, mas a história mostra que a adaptação a essas transformações leva tempo e que, durante esses processos, as condições de trabalho ficam mais precárias. Não é à toa que movimentos contrários às máquinas têm ocorrido desde as primeiras fases da Revolução Industrial.

Atualmente, muitos pesquisadores argumentam que elas serão responsáveis por uma automatização quase completa da produção, consequência de avanços no campo da robótica. A previsão do **Fórum Econômico Mundial** é de que essas transformações afetarão 7 milhões de empregos nos países desenvolvidos até o final da segunda metade do século XXI. A expectativa é que essas transformações afetarão não somente as profissões industriais, mas também as da agricultura, da construção civil e dos serviços, inclusive em áreas tradicionais como Direito e Medicina. Como já ocorreu em outras revoluções tecnológicas, a estimativa é que esses processos impactarão em especial os trabalhadores menos qualificados e as classes sociais desfavorecidas, que já sofrem com a desigualdade.

Entre 1811 e 1812, surgiu na Inglaterra um movimento conhecido como "ludismo", caracterizado pela revolta de trabalhadores que tiveram seus ganhos reduzidos com a industrialização.

Ao longo da história, nem sempre as pessoas dependeram completa e diretamente de seus empregos para sobreviver. A venda da força de trabalho para garantir a subsistência tem sido uma característica das sociedades modernas, em especial depois da Revolução Industrial e da consolidação do modo de produção capitalista. É provável que o mundo atual, com as inevitáveis transformações, necessite de novas reflexões sobre o trabalho, que superem as perspectivas individualistas e competitivas que marcaram os últimos séculos. Afinal, se não houver trabalho digno para todos, o que poderemos fazer como sociedade?

Diálogos

Mundo atual do trabalho

O mundo do trabalho mobiliza preocupações, aspirações, esforços, esperanças, receios e frustrações. É comum ouvirmos pessoas defendendo a ideia de que o sucesso profissional depende de nossos esforços pessoais. Porém, há muitos fatores sociais (históricos, geográficos e econômicos) que interferem no acesso a bons empregos. Sonhamos com o tal sucesso profissional, mas nos deparamos com relações nada ideais ao vivenciarmos a realidade.

Nas últimas décadas, temos assistido a profundas transformações no mundo do trabalho, decorrentes dos avanços da tecnologia e seus impactos nos sistemas produtivos. Muitos empregos foram substituídos por máquinas e novos processos, muitos outros ainda o serão. O mercado de trabalho tem exigido profissionais cada vez mais qualificados sem necessariamente oferecer contrapartida em termos de benefícios. Tem havido a precarização de alguns tipos de trabalho, o que gera bastante ansiedade em quem depende da venda de seu trabalho para ganhar seu sustento.

1. Será que, do modo como as relações sociais estão organizadas no mundo atual, há, de fato, oportunidades de sucesso profissional para todos? Será que temos uma sociedade bem-sucedida na criação de oportunidades e ofertas de emprego e renda?

2. Quando você pensa em sua vida profissional, costuma sentir mais esperança ou preocupação? Por quê?

Novas configurações do mundo do trabalho

Nas últimas décadas do século XX, houve uma **transição de paradigma produtivo** em termos de métodos de organização das empresas e da produção de bens e serviços. Uma série de inovações técnicas, tecnológicas e administrativas – primeiramente na indústria e, depois, em outros setores da economia – fez com que o antigo modelo fordista-taylorista, chamado de **paradigma industrial**, se esgotasse e fosse substituído por um novo modelo, conhecido como **toyotista**, caracterizando o **paradigma pós-industrial**.

A tabela a seguir sintetiza algumas das mudanças envolvidas nessa transformação, porém não se trata de oposições rígidas. Historicamente, observa-se o convívio de velhas e novas formas de produção e do trabalho, e atualmente não é diferente. Além disso, a transição de um paradigma produtivo para outro se faz presente de maneira mais ou menos intensa econômica e geograficamente, isto é, atinge distintamente diversos setores da economia e diferentes países e regiões do mundo.

Paradigma industrial (tendência)	Paradigma pós-industrial (tendência)
Acumulação clássica	Acumulação flexível
Produção em escala	Produção em escopo
Produção em série	Produção customizada
Orientação à oferta (recursos)	Orientação à demanda (consumo)
Concentração territorial da produção	Desconcentração territorial da produção
Integração vertical (produção interna)	Integração horizontal (produção terceirizada)
Divisão rígida do trabalho	Divisão flexível do trabalho
Tarefas parceladas	Multitarefas
Trabalho manual e individual	Trabalho intelectual e em equipe
Treinamento para a função	Formação para o trabalho
Foco na tarefa	Foco no resultado
Liderança autocrática	Liderança participativa
Regulação mediada (Estado/sindicatos)	Negociação direta (empregado/empregador)

Em linhas gerais, pode-se dizer que, nesse novo modelo, o ritmo da produção já não se baseia primordialmente na disponibilidade de matérias-primas, e sim na eficiência para suprir as demandas do mercado consumidor. Implantam-se métodos de produção *just in time* com o objetivo de reduzir estoques e aumentar a eficiência.

Com essa nova orientação, o funcionamento do sistema torna-se maleável: o trabalhador deixa de ter um papel predefinido e fragmentado, uma vez que suas atividades devem ser adequadas às necessidades da equipe, e, a todo momento, ele é convocado a não somente executar tarefas, mas também participar do planejamento e do controle dos processos. Isso exige uma qualificação maior dos trabalhadores e uma atuação polivalente. Os gestores, em vez de adotar posturas rígidas e hierárquicas de comando e de controle, como no modelo industrial fordista, agora tendem a liderar de modo a envolver os membros da equipe de maneira participativa.

Uma aplicação mais ou menos típica desse novo modelo pode ser observada nas unidades das grandes redes mundiais de restaurante *fast food*. Nesses estabelecimentos, a produção é orientada à necessidade imediata dos clientes, e a divisão do trabalho é flexível o suficiente para que, a cada momento, qualquer funcionário (inclusive os líderes) possa exercer a função mais necessária (caixa, preparo, serviço, etc.). O estoque de alimento pronto (formado com base na demanda prevista) é mínimo: o que domina o fluxo de trabalho é a demanda real. Ainda que se trate de um trabalho altamente rotinizado, os trabalhadores são intelectualmente demandados, na medida em que precisam tomar decisões rápidas com foco no resultado.

Geoff Robinson/Shutterstock

Reabertura de lojas de *fast food* após o fechamento total do comércio e serviços durante a pandemia do novo coronavírus, Inglaterra, 2020.

Flexibilização

A adoção de políticas econômicas neoliberais busca reduzir o papel do Estado na organização da sociedade, abrindo mais espaço para a iniciativa privada. Na esteira desse processo, uma das medidas implementadas, ou em implementação, em vários países do mundo foi a desregulamentação, ou seja, a **flexibilização** das leis trabalhistas, que normatizam as relações entre empregadores e empregados.

Um dos fatores que levaram a isso, principalmente nos países europeus, foi a crise econômica dos anos 1980, decorrente do esgotamento do modelo fordista e agravada pela queda dos preços do petróleo. Naquele momento, vários governos viram na flexibilização uma solução para a recessão, o desemprego e a explosão do trabalho informal.

A principal consequência foi o crescimento do número de contratos alternativos de trabalho: os contratos temporários, em oposição aos empregos estáveis e duradouros; os empregos com jornada parcial de trabalho, em vez de jornadas em tempo integral; e os vínculos profissionais sob condições negociadas diretamente entre empregador e empregado, sem intermediação dos sindicatos.

Vale ressaltar que a adoção de métodos típicos do modelo toyotista impulsionou esse processo de desregulamentação. Várias empresas, que passaram a atuar sob o princípio da produção *just in time*, concentrando o foco na eficiência e no atendimento à demanda dos consumidores, flexibilizaram seus processos de trabalho e, consequentemente, os contratos dos empregados.

Em alguns setores da economia, essas novas modalidades de vínculo trabalhista tornaram-se comuns. Em empresas do setor de serviços, como hotéis, restaurantes e companhias aéreas, os contratos temporários passaram a ser amplamente utilizados no sentido de atender às demandas sazonais, relacionadas ao turismo de férias e aos grandes eventos internacionais. Na indústria, empregos com jornada parcial de trabalho passaram a ser utilizados para suprir incrementos temporários na demanda de determinados itens.

Bloomberg/Getty Images

Atendente de bares e restaurantes é uma das funções do setor de serviços que passaram a ter contratos temporários. Na foto, restaurante montado no Parque Ibirapuera, em São Paulo (SP). Foto de 2021.

Conceitos

Terceirização

Refere-se à transferência da **atividade-meio** de uma empresa para outra, à subcontratação de outra empresa, com o objetivo de reduzir custos e ganhar eficiência e ainda possibilitar investimentos financeiros e gerenciais na sua **atividade-fim** e assim ganhar produtividade e competitividade.

Em razão das mudanças técnicas e tecnológicas, vários setores passaram também a depender de uma força de trabalho mais flexível, qualificada e polivalente, apta a atuar em diferentes funções e tarefas. Nesse sentido, diversas categorias profissionais foram reconfiguradas: algumas foram extintas, enquanto outras tiveram de se adaptar à nova realidade, exigindo uma série de novas qualificações. Além da necessidade de completar o Ensino Médio e um curso superior, a formação continuada tornou-se, para muitos trabalhadores, um requisito para permanecer no mercado e obter melhores salários.

Outro fenômeno característico dessa mudança de paradigma é a **terceirização**, ou seja, um contrato por meio do qual a empresa transfere a outra uma ou mais de suas atividades-meio. Para as organizações, essa estratégia tem como vantagem reduzir sua estrutura operacional, diminuir custos e desburocratizar os processos de gestão.

Saiba +

Unesp Notícias: Professor comenta aprovação da terceirização nas atividades-fim. Disponível em: https://www.youtube.com/watch?v=-KZPHIAWtSs. Acesso em: 4 abr. 2022.
Em entrevista concedida em 2018, o professor Renato Dias Baptista comenta a aprovação da terceirização também das atividades-fim e seus impactos no mundo do trabalho.

Atualmente, nas empresas de grande porte, é muito comum que diversas atividades-meio, como as de segurança, limpeza e alimentação, sejam terceirizadas. Na indústria, a terceirização também está diretamente ligada à horizontalização do processo produtivo. Trata-se de uma das estratégias que permitiram às grandes indústrias automobilísticas tornarem-se praticamente só montadoras: terceiriza-se a produção de muitas peças e a empresa responsável pela marca se dedica principalmente a juntá-las para fazer o produto final.

Desse modo, pode-se dizer que os métodos produtivos do paradigma pós-industrial e a desregulamentação da economia são processos interdependentes, que produzem o fenômeno da **flexibilização** em três níveis diferentes: das leis trabalhistas, que se tornam mais maleáveis às necessidades de cada empresa; dos métodos de trabalho, que se ajustam às demandas; e dos contratos de trabalho, intermitentes, variando de acordo com a demanda do mercado, e perfis de profissionais mais qualificados.

Os críticos desse processo afirmam que o termo **flexibilização** é um eufemismo para a perda de direitos e da estabilidade do trabalhador e chamam a atenção para o fato de que essa flexibilidade é conveniente apenas para um lado do sistema produtivo e sempre negativa para quem depende da venda da sua força de trabalho.

© Mifô/Acervo do cartunista

A flexibilização das leis trabalhistas e a maior competitividade do mercado de trabalho geraram um discurso da necessidade da "reciclagem" do trabalhador.

Atividades

1. Que mensagem é veiculada pelo cartum?
2. Você concorda com ela? Justifique sua resposta.

O problema do desemprego

Um dos problemas mais graves relacionados ao universo do trabalho nas sociedades industriais contemporâneas é o desemprego. Considera-se desempregada a faixa da população economicamente ativa definida como **desocupada**, ou seja, aqueles que não exercem atividade econômica no momento, mas estão dispostos a exercê-la e procuram meios de garantir tal realização. É um problema grave e de efeitos potencialmente generalizados – não apenas restritos aos interesses da classe trabalhadora: a falta de ocupação pode desencadear ou fazer piorar os quadros de crises econômicas, uma vez que pessoas sem remuneração costumam ter reduzidos seus hábitos de consumo (às vezes, drasticamente), o que acaba prejudicando o funcionamento da economia em todos os setores.

No Brasil, a Constituição Federal de 1988 e a Consolidação das Leis do Trabalho (CLT), de 1943, oferecem garantias legais do direito ao trabalho – realizado em boas condições e com boa remuneração – e diversos dispositivos acolhem e protegem o(a) trabalhador(a) contra diversas formas (criminosas) de exploração. No entanto, transformações na legislação trabalhista nos últimos anos acabaram minando muitos desses direitos – não sem forte resistência da classe trabalhadora organizada em movimentos, sindicatos e partidos. Seus defensores dizem que essas alterações são necessárias para adequá-las à realidade e à competitividade da atual economia e servem para preservar os empregos. A recente reforma trabalhista no país (Lei n. 13.467, de 2017) instituiu o trabalho intermitente, por exemplo.

Atividades

3. Que mensagens podem ser depreendidas do cartum e dos textos escritos nela?

4. A qual figura de linguagem da língua portuguesa o desenhista recorreu para transmitir sua mensagem?

O gráfico representa a evolução do número de pessoas desocupadas e subutilizadas (subocupadas por insuficiência de horas trabalhadas) nos últimos anos no Brasil.

Taxa desocupação e taxa composta de subutilização de força de trabalho – 2012-2020

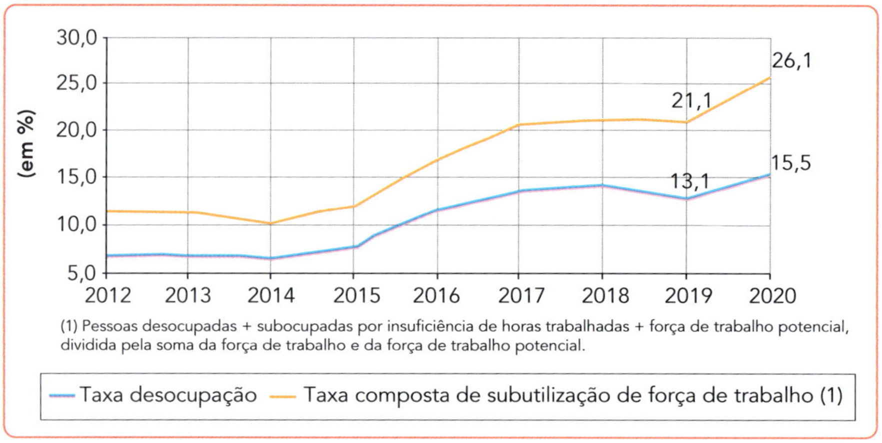

Elaborado com base em SEADE. Força de trabalho e ocupação diminuem e desocupação aumenta. Disponível em: https://produtos2.seade.gov.br/mercado-trabalho/wp-content/uploads/2021/03/SP_Trabalho_Ocup_Rend_2012_2020_MSP.pdf. Acesso em: 1º jun. 2022.

Atividades

5. Segundo os dados do gráfico, a taxa de desemprego e subutilização da força de trabalho no Brasil vem aumentando ou reduzindo no período destacado?

6. De acordo com o gráfico, qual foi o período em que a taxa de desemprego e subutilização da força de trabalho no Brasil aumentou de maneira mais acentuada?

7. Pesquise no *site* do IBGE os dados mais atualizados sobre a taxa de desemprego atual e verifique se ela está maior ou menor que a de 2020.

Saiba +

Eu, Daniel Blake. Direção: Ken Loach. Reino Unido, 2016. 100 min.

O filme trata, de maneira dramática, do problema do desemprego, do subemprego, dos direitos sociais e da burocracia nas sociedades capitalistas contemporâneas.

Precarização das relações de trabalho

A face perversa da flexibilização é a precarização das condições de trabalho e, consequentemente, a deterioração da qualidade de vida dos trabalhadores. Nos países europeus que contavam com sistemas consolidados de proteção social do trabalhador, a flexibilização significou perdas de direitos e reduções salariais.

Se levada ao limite, a desregulamentação isenta o Estado de garantir condições mínimas de trabalho às pessoas. Em vez de contarem com um "mínimo denominador comum" definido por lei, as pessoas são obrigadas a negociar cláusulas de trabalho diretamente com o empregador, o que pode ocasionar a perda de direitos fundamentais, o arrocho salarial e a piora das condições de vida.

Samuel Boivin/NurPhoto/Getty Images

Trabalhadores franceses em manifestação contra a reforma da Previdência, que propõe o aumento da idade mínima para aposentadoria e a redução dos valores pagos, entre outras questões. Paris (França), janeiro de 2020.

Ao mesmo tempo, a flexibilização enfraquece a capacidade de reivindicação dos sindicatos, que, durante muitas décadas, garantiram condições de trabalho adequadas a várias categorias profissionais. Ao individualizar a relação do trabalhador com a empresa, o novo regime enfraquece a consciência de classe e seu poder de negociação, assim como os sindicatos. Soma-se a isso a tendência das empresas a condicionar uma parte da remuneração aos resultados individuais, o que produz formas de competição entre os próprios trabalhadores, que tendem a se enxergar como concorrentes e não como colegas.

No cotidiano de trabalho, a flexibilização pode trazer consequências prejudiciais à saúde do trabalhador. A necessidade de realizar diferentes atividades concomitantemente pode ocasionar doenças relacionadas à **hipersolicitação**. Submetido a cargas maiores de trabalho, às vezes em mais de um emprego, o indivíduo pode sofrer **fadiga**, **estresse** e **ansiedade**.

Outra consequência danosa é a **insegurança financeira**, especialmente nos casos de contratos parciais e contratos por tempo determinado. Como não possuem garantias suficientes de que terão renda assegurada por períodos médios ou longos, esses trabalhadores acabam por acumular, simultaneamente, diversos contratos de curta duração, o que os sobrecarrega e os conduz à exaustão física e mental. Além disso, esses trabalhadores estão mais sujeitos ao **endividamento crônico**.

Em muitas das situações flexíveis, o trabalhador não tem assegurados direitos como férias, décimo terceiro salário, auxílio transporte, licença médica e licença-maternidade, seguro-desemprego, contribuição ao sistema previdenciário (aposentadoria), entre outros mecanismos de proteção social. Com isso, ficam muito vulneráveis tanto no presente, ao perderem emprego, quanto no futuro, na velhice, por não poderem contar com uma renda mensal decorrente da aposentadoria. Aqueles que podem, procuram guardar dinheiro para se precaver. Os que não têm renda para sustentar um padrão de vida adequado no presente buscam algum auxílio em programas do governo, endividam-se ou contam com a rede de solidariedade de amigos e familiares para sobreviver.

Por fim, a necessidade de constante qualificação acaba por "sequestrar" uma parte do tempo livre dos trabalhadores, que se veem pressionados a "investir" seu tempo, e muitas vezes dinheiro, em cursos, treinamentos, pós-graduação. Dessa forma, têm a vida social empobrecida, com poucas horas para o convívio com familiares e amigos, para a prática esportiva, para atividades culturais, para a fruição intelectual, para o lazer e para outras atividades não necessariamente produtivas.

O fenômeno da "uberização" do trabalho

O denominado processo de precarização das relações trabalhistas está associado à reestruturação produtiva, que envolve avanços tecnológicos e demandas do setor empresarial, que argumenta que a excessiva regulamentação reduz a competitividade das empresas. Representantes do setor empresarial também defendem a ideia de que as oscilações da economia, feitas em momentos de crescimento e recessão, exigem formas flexíveis de contratação de funcionários, permitindo contar com mais ou menos mão de obra de acordo com as necessidades cíclicas do mercado. Os altos custos que devem arcar com demissões inibem novas contratações e, assim, deixam de gerar emprego. Por isso, avaliam que o afrouxamento de legislações trabalhistas e a própria terceirização de determinados postos de trabalho são positivos. Porém, essas novas medidas têm gerado empregos com alta rotatividade e muita instabilidade.

Junior Braz/Shutterstock

A ausência de vínculo empregatício pode criar condições precárias de trabalho. Ao mesmo tempo, muitos trabalhadores creem que se sentem livres para flexibilizar os próprios horários. Entregadores de aplicativos em avenida da cidade de São Paulo (SP), 2020.

Esses processos de precarização também são provocados pelo acelerado avanço tecnológico que vivenciamos atualmente. Apesar de ser um fenômeno mais atrelado às classes desfavorecidas e a grupos minoritários, a precarização tende a afetar as classes mais altas e escolarizadas, especialmente por meio dos processos de **"pejotização"**. Esse termo significa transformar o trabalhador em uma **pessoa jurídica**, ou seja, em uma microempresa (ser contratado pelo CNPJ – Cadastro Nacional de Pessoa Jurídica –

e não pelo CPF – Cadastro de Pessoa Física). Muitas funções ou profissões tradicionais passam, então, a ser entendidas como prestação isolada de serviço. A tendência é que isso cresça em profissões em que as pessoas tenham qualificação específica, como jornalismo, arquitetura e até mesmo nas áreas da educação e da saúde. O que no começo estava restrito à terceirização de funções socialmente menos valorizadas, agora se amplia em larga escala. Essa "pejotização" facilita a abertura e o encerramento de contratos, assim como uma significativa redução de impostos, mas as pessoas perdem garantias trabalhistas, como férias, décimo terceiro salário e a participação no Fundo de Garantia do Tempo de Serviço (FGTS).

Uma modalidade recente de trabalho que tem se disseminado em razão dos avanços da tecnologia, em especial da internet e dos aplicativos para celulares, é o serviço prestado sob demanda por meio de plataformas digitais. Resultam de novos modelos de negócio que têm sido classificados como **economia de compartilhamento**, apesar do equívoco a que essa expressão pode induzir.

© Toni D'Agostinho/Acervo do cartunista

A ausência de proteções e garantias trabalhistas caracteriza o fenômeno da "uberização".

Muitos profissionais se cadastram nessas plataformas disponibilizando-se para realizar o trabalho apenas quando existir alguém disposto a utilizar seu serviço. Entretanto, apesar de as plataformas cobrarem um percentual dos prestadores de serviço para cada trabalho que realizam, elas não lhes dão garantias ou proteção social, pois a relação estabelecida não é de patrão-empregado, uma vez que não há contratação formal do trabalhador. Essas empresas alegam que cobram um percentual pelo uso do recurso tecnológico que desenvolveram e que mantêm.

Para o trabalhador, esse tipo de prestação de serviço é vendido como uma parceria, como se ele fosse um empreendedor autônomo, um empresário, que trabalha quando quer e pode, um trabalho intermitente. Mas, na prática, é um pouco diferente. As plataformas digitais criam mecanismos para "estimular" a prontidão do prestador de serviços oferecendo gratificações quando atinge metas diárias ou deixando de acioná-lo, caso ele se recuse a aceitar as demandas que lhe são ofertadas. Observe que a relação é desigual: o trabalhador só tem a opção de aceitar ou não o trabalho, e não de negociar remuneração, horários, bonificações, férias, etc.

Basicamente, esse mercado de trabalho digital é classificado em dois grupos: "contrato zero hora" e "uberização". O primeiro é semelhante à "empreitada", ou seja, o trabalhador recebe pelo trabalho que efetivamente executou. O interessado pelo serviço pesquisa e escolhe na plataforma, por meio de um *site* ou aplicativo, o profissional de que precisa. Em geral, quem estabelece o valor do trabalho é o contratante. O segundo caso aplica-se aos prestadores de serviços por aplicativos. A criação do termo "uberização" decorre da popularidade da empresa Uber, que iniciou seus serviços com transporte de passageiros nos Estados Unidos e hoje tem grande expressão mundial, atuando em outros segmentos, como o de entrega de refeições e o de aluguel de bicicletas. Portanto, o termo se aplica a todas as empresas semelhantes, sobretudo de transporte de pessoas e entrega de objetos e refeições, entre outros.

Atividades

1. Vocês conhecem alguém que trabalha utilizando as plataformas digitais e os aplicativos? Como é a rotina de trabalho dessa pessoa?
2. Se há um problema com o veículo ou um acidente, quem arca com os custos? E nos dias em que deixa de trabalhar por causa de problemas de saúde?
3. Por que essa pessoa optou por esse tipo de trabalho? Como vocês avaliam um trabalho desse tipo?

Ambos os modelos, "contrato zero hora" e "uberização", são classificados pelos estudiosos do trabalho como um tipo de nova servidão. Muitos deles acreditam que essa forma de trabalho, que se popularizou com a chegada dos aplicativos e torna nossa vida mais cômoda, vai se expandir para outras profissões.

Saiba+

Segunda-feira ao sol. Direção: Fernando León de Aranoa. Itália, França e Espanha, 2002. 113 min.
O filme retrata o fechamento da indústria naval em uma cidade portuária espanhola em razão da crise financeira e o impacto disso na vida dos trabalhadores.

Você não estava aqui. Direção: Ken Loach. Reino Unido, Bélgica e França, 2018. 101 min.
O filme revela o impacto que a "uberização" nas relações de trabalho intensificadas após a crise de 2008 pode ter nas relações familiares.

Escravidão contemporânea

A Declaração Universal dos Direitos Humanos, de 1948, assegura a todo ser humano o direito à dignidade e à liberdade. Em seu artigo 4º, a Declaração estabelece: "Ninguém será mantido em escravatura ou em servidão; a escravatura e o trato dos escravos, sob todas as formas, são proibidos".

Em décadas recentes, lideranças mundiais de direitos humanos mostraram-se preocupadas com a permanência do trabalho forçado em diversos lugares do mundo. Em 2014, a Organização Internacional do Trabalho (OIT), agência vinculada à ONU, lançou um novo protocolo, por meio do qual busca pressionar os governos a combater tais formas de exploração e punir seus responsáveis. Ao mesmo tempo, esse novo documento busca abranger modalidades não previstas na Convenção sobre Trabalho Forçado estabelecida em 1930, como o tráfico internacional de pessoas.

Estima-se que, atualmente, cerca de 25 milhões de pessoas estejam submetidas a trabalho análogo à escravidão em todo o mundo. A maior parte delas encontra-se empregada em setores como a construção civil, a agricultura, a indústria têxtil, a mineração e o trabalho doméstico, além das que estão em situação de exploração sexual forçada e outras, ainda, em trabalhos impostos pelo Estado. Muitos dos produtos e serviços que consumimos no dia a dia podem ter o envolvimento de alguma forma de trabalho análogo à escravidão em algum ponto da cadeia produtiva.

No Brasil, forçar pessoas ao trabalho escravo e promover o tráfico de pessoas são crimes previstos em lei. A produção de carvão vegetal, o cultivo do café e da cana-de-açúcar, a construção civil, a indústria têxtil e o trabalho doméstico são alguns dos setores em que há maior número de casos de trabalho análogo à escravidão no país. Graças à pressão de movimentos organizados da sociedade civil e da assinatura de acordos internacionais, houve várias denúncias, e o Ministério Público do Trabalho efetuou centenas de operações de fiscalização. Entre 2003 e 2018, estima-se que cerca de 45 mil trabalhadores foram resgatados e libertados do trabalho análogo à escravidão no Brasil.

Karime Xavier/Folhapress

Cortador de cana em fazenda que recebeu fiscalização após denúncia de trabalho escravo no sul da Bahia, em 2017.

Leia a definição de trabalho análogo à escravidão prevista no Código Penal brasileiro.

> De acordo com o artigo 149 do Código Penal brasileiro, são elementos que caracterizam o trabalho análogo ao de escravo: condições degradantes de trabalho (incompatíveis com a dignidade humana, caracterizadas pela violação de direitos fundamentais [e que] coloquem em risco a saúde e a vida do trabalhador), jornada exaustiva (em que o trabalhador é submetido a esforço excessivo ou sobrecarga de trabalho que acarreta [...] danos à sua saúde ou risco de vida), trabalho forçado (manter a pessoa no serviço através de fraudes, isolamento geográfico, ameaças e violências físicas e psicológicas) e servidão por dívida (fazer o trabalhador contrair ilegalmente um débito e prendê-lo a ele). Os elementos podem vir juntos ou isoladamente. [...] Quando um trabalhador mantém sua liberdade, mas é excluído de condições mínimas de dignidade, temos também caracterizado trabalho escravo.
>
> [...]

REPÓRTER BRASIL. *O que é trabalho escravo?* Disponível em: https://reporterbrasil.org.br/trabalho-escravo/. Acesso em: 16 maio 2022.

Atividades

4. O que possibilita a existência atual do trabalho análogo ao trabalho escravo?

5. Você reconhece alguma dessas características ou condições no trabalho realizado por pessoas que conhece ou em locais que visitou?

6. Como combater essa prática de exploração do trabalhador?

Saiba+

50 for freedom. Disponível em: https://50forfreedom.org/pt/. Acesso em: 1º jun. 2022.

No *site* em português da campanha da OIT contra o trabalho escravo, é possível encontrar uma série de gráficos, mapas e fontes que esclarecem mitos e verdades sobre esse tema e alertam para a importância do combate a essa forma de exploração.

Menino 23 – Infâncias perdidas no Brasil. Direção: Belisário Franca. Brasil, 2016. 79 min.

O documentário *Menino 23* nasceu de pesquisas empreendidas por um professor de História, ao descobrir uma fazenda, no interior de São Paulo, cujos donos eram simpatizantes do nazismo durante as décadas de 1930 e 1940 e utilizaram o trabalho escravo (em trabalho análogo ao trabalho escravo) de dezenas de crianças afrodescendentes, adotadas em um orfanato no Rio de Janeiro.

O mundo do trabalho no futuro

No mundo do trabalho, especialmente, as habilidades e os conhecimentos podem ser valorizados e remunerados de diferentes formas, variando de acordo com o contexto sócio-histórico-geográfico. Afinal, de acordo com a base técnica existente, o sistema produtivo em vigor e as condições oferecidas em cada lugar e em cada época, são exigidos diferentes saberes e habilidades dos seres humanos.

Impulsionadas pela revolução da microeletrônica, as chamadas novas **tecnologias da informação e da comunicação** (TIC) vêm alterando a maneira como nos comunicamos, nos relacionamos e interagimos uns com os outros, e como aprendemos, estudamos, produzimos e trabalhamos.

Sob o signo do novo, que surge a todo instante, o mundo é marcado pela velocidade e pela vertigem. Esse é o mundo em que vivemos, estudamos e, possivelmente, trabalharemos. Logo, se o mundo está em rápida e constante transformação, que saberes e habilidades devemos desenvolver no presente que ainda serão úteis no futuro? É possível prever o que será exigido saber e fazer no futuro?

Essa é a tarefa dos chamados analistas de tendência: identificar, ou ao menos tentar, o que está por vir. Entre erros e acertos, e com base no presente, é possível afirmar que o futuro que se anuncia exigirá das pessoas a obtenção de um vasto repertório de saberes e conhecimentos científicos, aprendido sobretudo nas escolas básicas e universidades, mas não apenas nesses ambientes. Entre eles, vale destacar as competências de interpretação e uso de diferentes linguagens, fluência na utilização das novas tecnologias, independência e autonomia para aprender e habilidades para conviver e trabalhar em grupo.

Charge satirizando a relevância da tecnologia no processo evolutivo.

Trajetórias possíveis

Ao finalizar o Ensino Médio, uma pessoa pode dedicar-se exclusivamente ao mercado de trabalho, dar continuidade à sua educação formal, ingressando em um curso de Ensino Superior, por exemplo, ou fazer os dois ao mesmo tempo. Esta última opção, apesar de ser a mais desafiadora, é a realidade de muitos jovens brasileiros.

O mundo do trabalho é diversificado e dinâmico, podendo ser qualificado como formal ou informal. Se, no primeiro grupo, estão incluídos os trabalhadores assalariados com registro em carteira e os prestadores de serviços com empresas próprias, os chamados microempreendedores individuais, no segundo, encontram-se todos os trabalhadores sem registro ou informais, como vendedores ambulantes e camelôs.

Segundo dados divulgados pela Pesquisa Nacional por Amostra de Domicílios Contínua (Pnad Contínua) de fins de 2019, 41,4% da população ocupada no país não possuía registro formal, atingindo um número recorde até então: cerca de 38,8 milhões de pessoas. Em 2021 esse número baixou para cerca de 34,1 milhões de pessoas ou 39,7 % da população ocupada. O trabalho formal assegura garantias ao trabalhador amparado por um sistema de proteção social, como Seguro Desemprego, Fundo de Garantia do Tempo de Serviço (FGTS), Previdência Social, etc.

Luis War/Shutterstock

VANESSA PINTO FERREIRA/Shutterstock

Trabalhadores informais. Muitos desses trabalhadores são jovens que vivem e trabalham em condições precárias, submetendo-se a uma rotina extenuante em atividades com baixo retorno econômico. Esse fato dificulta a utilização da sua renda para o aprimoramento profissional e pessoal. Na foto da esquerda, vendedor de roupas de banho femininas em praia do Rio de Janeiro (RJ), 2020. Na foto da direita, vendedora de pipoca em Brasília (DF), 2021.

Segundo os dados da Pesquisa Nacional por Amostra de Domicílios (Pnad Educação, 2018), a média de anos de estudos do brasileiro é baixa, correspondendo a 9,3 anos, sendo menor que a de Chile e Argentina (9,9 anos) e bem distante das médias dos países desenvolvidos, como Estados Unidos (13,2 anos) e França (11,6 anos). A média de anos de estudos das pessoas brancas no Brasil é de 10,3 anos e a das pessoas pretas e pardas é de 8,4 anos; a das mulheres é superior à dos homens, 9,5 anos e 9 anos, respectivamente. Mulheres com mais anos de estudo têm uma renda maior do que a de mulheres com menos anos de estudo, mas têm renda inferior à dos homens com nível de estudo semelhante.

O gráfico apresenta dados sobre o nível de instrução dos brasileiros, demonstrando que mais de 50% da população brasileira não concluiu nem o Ensino Médio, que é o mínimo de estudo esperado.

Brasil: nível de instrução das pessoas com 25 anos de idade ou mais – 2019

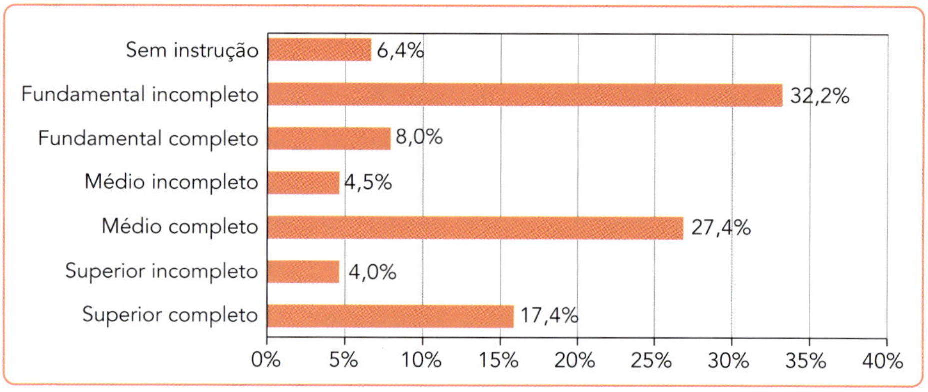

Fórmula Produções/Arquivo da editora

Elaborado com base em IBGE Educa. Disponível em: https://educa.ibge.gov.br/jovens/conheca-o-brasil/populacao/18317-educacao. Acesso em: 1º jun. 2022.

Essa mesma pesquisa ainda revelou que quase 11 milhões de jovens entre 15 e 29 anos não estão ocupados no mercado de trabalho nem estudando ou se qualificando, o que representa 23% da população do país nessa faixa etária. Grande parte disso se explica pelas barreiras que o jovem encontra, como afazeres domésticos e o cuidado de outras pessoas, além da falta de experiência e qualificação para conseguir o primeiro emprego.

Diversas pesquisas brasileiras e internacionais já comprovaram a relação entre renda e educação: quanto mais anos de estudo, maior é ou será a renda de um indivíduo. Em países de grande desigualdade social e econômica, como é o caso do Brasil, essa correlação é ainda mais evidente. As pesquisas também constatam que homens e mulheres negros e mulheres brancas têm renda inferior à de homens brancos, da mesma faixa etária e nível de instrução equivalente. São mazelas que herdamos de nosso processo histórico para as quais temos que encontrar soluções.

Projeto de vida e carreira na juventude

© Flamir/Acervo do cartunista

Charge que trata do uso exagerado, de parte dos jovens, das mídias sociais.

Você, que é jovem e está cursando o Ensino Médio, encontra-se envolvido na sua trajetória de formação buscando a aprendizagem promovida pela escola e na escola. Outras dimensões da vida, como saúde, arte, esporte, amparo social, por exemplo, também despertam seu interesse e envolvem suas relações afetivas, seus desejos de conhecer, experimentar, ser, ter ou fazer. Afinal, o jovem não está limitado ao estudo, apesar da importância que a formação escolar assume nessa etapa da vida de todos nós.

Existe também a possibilidade de que o mundo do trabalho já faça parte do seu cotidiano, seja por necessidade, dada a sua condição de vida, seja pelo desejo de maior autonomia financeira. A questão é que, se ainda não faz parte dos seus afazeres cotidianos, em breve fará. Educação e trabalho são dimensões muito relevantes em nossa vida atualmente.

Além disso, a pessoa que você quer ser quando adulto tem a ver com o jovem que você é hoje e, portanto, com as escolhas que faz nessa etapa da vida. Os estudos, a reflexão e as aprendizagens ampliam o seu conhecimento de mundo, tornando suas escolhas e fazeres conscientes, tornando você um sujeito autônomo e agindo de forma emancipada.

Conceitos

Emancipação e alienação

São dois conceitos elaborados pelas correntes marxistas, desde o pensamento original do alemão Karl Marx (1818-1883), passando pelo neomarxismo da Teoria Crítica da Escola de Frankfurt, e estão profundamente imbricados.

Segundo os teóricos dessa escola de pensamento, a sociedade mercantil, capitalista clássica, tenderia a construir pessoas alienadas, presas em uma redoma limitante, formada por trabalho e consumo, sem consciência plena do que realizam. A reflexão crítica, portanto, teria como objetivo libertá-las desse círculo vicioso, de emancipá-las por meio da conscientização. Apesar de suas origens históricas, esses conceitos foram se dissociando de uma cartilha exclusivamente revolucionária e passaram a ser utilizados em outros contextos, menos com propósitos de construção de um novo projeto coletivo de sociedade e mais associados à dimensão individual, ou seja, para a construção de sujeitos autônomos, que fazem escolhas conscientes.

O contexto externo

A dinâmica do mundo do trabalho está atrelada à realidade política e econômica de cada sociedade. De modo geral, em momentos de crescimento econômico, há novas oportunidades de emprego e muitos negócios são criados; em compensação, em períodos de recessão, alguns negócios são obrigados a fechar e muitos trabalhadores perdem os empregos.

Logo, há uma dinâmica no mundo do trabalho que não depende apenas do desempenho do trabalhador na atividade profissional exercida. Crises econômicas, alta concorrência entre empresas, utilização de máquinas em substituição a atividades exercidas por trabalhadores, isolamento social imposto por pandemias, entre outros fatores, podem ampliar os índices de desemprego na população ativa.

Profissões e carreiras dão identidade às pessoas, que podem ser reconhecidas socialmente pelo que fazem e como fazem. Entretanto, para aqueles que não têm condições materiais mínimas para uma vida digna, a renda é um tema urgente e tende a se sobrepor às reflexões envolvidas na construção de um projeto de vida, como a realização pessoal por meio do trabalho.

Atividade

1. De que forma você se vê nesse futuro que se anuncia? Dedicando-se exclusivamente a um trabalho, a uma carreira, ou buscando conciliar as duas coisas?

Empreendedorismo

É comumente propagada a ideia de que alguns arranjos econômicos criativos, como o empreendedorismo, podem ajudar a melhorar a vida das pessoas e a economia. Em geral, os jovens estão mais antenados com as questões de seu tempo e conseguem apresentar soluções inovadoras. Por isso, na era da internet e dos aplicativos, existem muitas empresas fundadas por jovens empreendedores, como Apple, Microsoft, Google, Facebook, entre outras marcas mundialmente conhecidas.

mentalmind/Shutterstock

Múltiplos fatores estão envolvidos no sucesso de pessoas empreendedoras, como criatividade, escolaridade e capacidade de investimento.

O economista austríaco Joseph Schumpeter (1883-1950) defende o empreendedorismo como um dos pilares fundamentais das sociedades capitalistas. Para ele, tais iniciativas seriam o centro da atividade econômica e o pilar de mudanças sociais. Empreender significa identificar oportunidades e buscar recursos para concretizá-las. Em uma sociedade competitiva, essa é realmente uma das formas de ascensão social e de transformação da economia.

Na lógica do empreendedorismo, o sucesso profissional depende muito das atitudes pessoais, o que envolve sobretudo a motivação do indivíduo. Contudo, há dados que mostram que a habilidade de empreender também está relacionada ao índice de escolaridade de uma pessoa e ao acesso que ela tem a recursos econômicos.

O debate econômico, político e sociológico em torno da questão do empreendedorismo vincula-se a perspectivas mais individuais de enfrentar os desafios relacionados ao trabalho, ao crescimento econômico e ao combate às desigualdades sociais. A capacidade do jovem de se imaginar no futuro também é algo fundamental.

Não podemos esquecer, no entanto, que muitos de nossos sonhos dependem de oportunidades propiciadas pela sociedade e que, por mais que futuro, sucesso e felicidade sejam questões individuais, elas não podem ser desvinculadas por completo da nossa vida coletiva. E o Estado tem um papel muito importante, pois é o único que poderia oferecer educação de qualidade para todos, igualando minimamente as oportunidades. O filósofo grego Aristóteles já afirmava que nós nos realizamos em coletividade, pois "o homem é um animal político".

Não é fácil nos conhecermos e equilibrarmos nossas aspirações individuais, a construção de um projeto de vida, com as possibilidades apresentadas pela sociedade. Contudo, não vivemos isolados. Por isso, o sucesso de nossas ações – seja no campo do trabalho, seja em aspectos mais subjetivos – depende muito da construção de valores coletivos e do desenvolvimento social.

Saiba+

Sebrae. Disponível em: www.sebrae.com.br. Acesso em: 1º jun. 2022.

O portal do Serviço Brasileiro de Apoio às Micro e Pequenas Empresas (Sebrae) apresenta diversos conteúdos interessantes para os empreendedores, sobretudo aos iniciantes. O *site* disponibiliza gratuitamente o curso "Aprenda a empreender", que dá orientações para quem quer começar o próprio negócio.

Conaje – Confederação Nacional de Jovens Empresários. Disponível em: http://conaje.com.br. Acesso em: 1º jun. 2022.

Esse *site* traz informações úteis para explicar o que é o empreendedorismo, qual é o perfil mais adequado das pessoas que têm sucesso abrindo e gerenciando uma empresa e fornece orientações sobre como começar a empreender.

Willian Moreira/Futura Press

A ideia de empreendedorismo tem sido muito difundida e estimulada entre as pessoas mais jovens. Na foto, Feira do Empreendedor do Sebrae, em São Paulo (SP), 2019.

Atividades

2. Como você tem se posicionado diante dos desafios de conciliar o presente com o futuro, projetos individuais com projetos coletivos?

3. Como tem se preparado para o mundo do trabalho?

Jovens e as perspectivas de emprego

O mercado de trabalho passa, atualmente, por um processo de crise, e os jovens são diretamente afetados por essa situação. No primeiro trimestre de 2019, 7,3 milhões de jovens brasileiros, ou seja, 41,8% da população entre 18 e 24 anos, faziam parte do grupo dos subutilizados (desempregados, jovens que desistiram de procurar emprego ou que tinham disponibilidade para trabalhar mais horas por semana) – o maior número registrado desde que a Pesquisa Nacional por Amostra de Domicílios (Pnad) começou a ser feita, em 2012. Por ter, geralmente, menos experiência e baixa qualificação, em momentos de crise, a população jovem é mais vulnerável. Além disso, atualmente, com a Reforma da Previdência, os contribuintes terão de trabalhar mais tempo para conseguir se aposentar, o que gera uma concorrência maior no mercado.

Os jovens do Amapá e do Acre, onde o desemprego ultrapassa o índice de 40% da população entre 18 e 24 anos, são os que mais sofrem. Mesmo em Santa Catarina, o estado com o menor índice de desemprego entre os jovens, a situação é preocupante: a taxa de desemprego alcança os 14,5%, superando o índice de desemprego geral total do país (12,7%). Atualmente, é comum que muitos jovens passem a exercer atividades informais ou autônomas. Alguns não conseguem nem mesmo ingressar no mercado de trabalho ou finalizar os estudos, em decorrência dos obstáculos que enfrentam, como a necessidade de se responsabilizarem pelos afazeres domésticos ou de cuidar de outras pessoas; barreira essa que recai, especialmente, nas mulheres jovens.

O futuro do jovem

Pesquisas sobre a população brasileira mostram que a base da pirâmide etária do país vem encolhendo, enquanto o topo vem se alargando. Isso indica que o número de crianças vem diminuindo e o de idosos, aumentando. Estima-se que em 2030 o número de idosos no país ultrapasse o de crianças.

Brasil: pirâmide etária – 1970

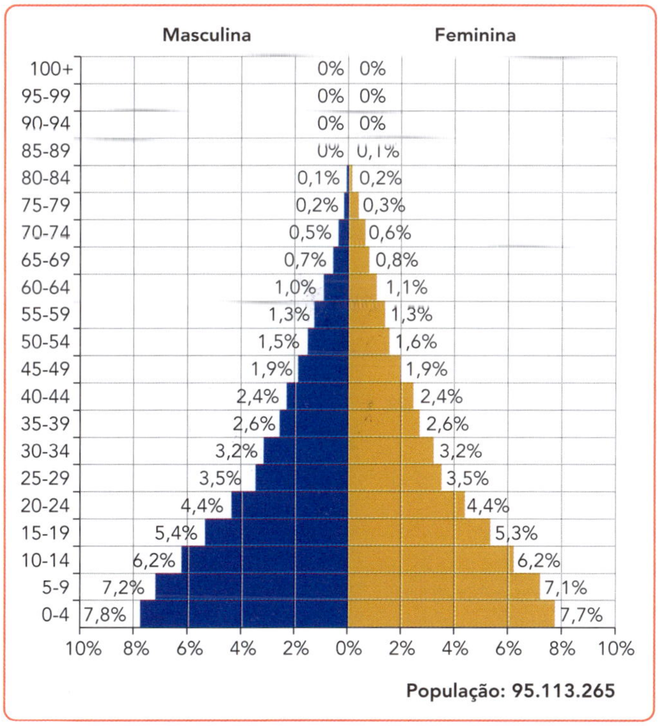

Fonte: elaborado com base em BRASIL, 1970. *Populationpyramid.net*. Disponível em: www.populationpyramid.net/pt/brasil/1970/. Acesso em: 1º jun. 2022

Ilustrações: Fórmula Produções/Arquivo da editora

Brasil: pirâmide etária – 2019

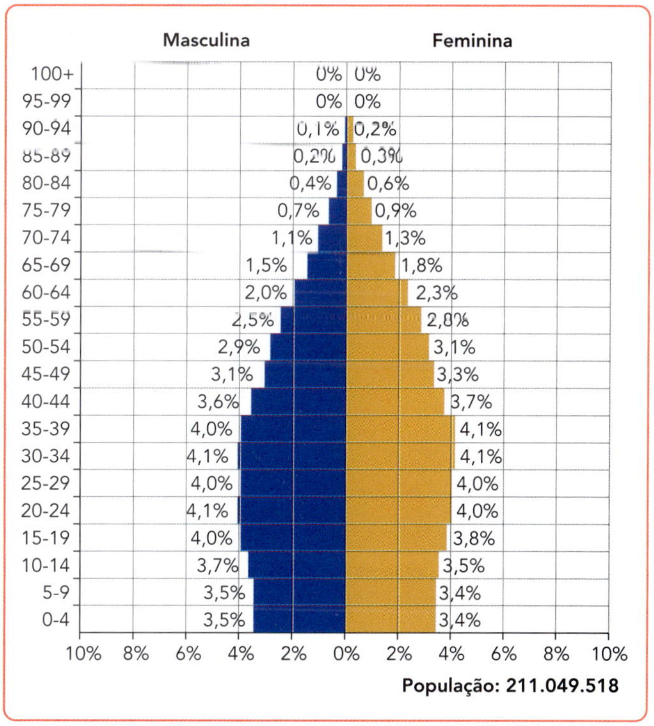

Fonte: elaborado com base em UNITED NATIONS. Population Division. *World Population Prospects 2019*. Online Edition. Disponível em: https://population.un.org/wpp/Download/Standard/Population/;BRASIL2019.PopulationPyramid.net. Disponível em: www.populationpyramid.net/pt/brasil/2019/. Acesso em: 1º jun. 2022

Isso significa que, se por um lado o país poderá investir menos em creches, escolas e atendimento a gestantes e crianças, por outro, os investimentos em cuidados e atendimento médico para idosos, como asilos ou casas de repouso, além de hospitais e clínicas médicas deverão aumentar; sem mencionar a atenção que deverá ser dada ao sistema previdenciário. Esses dados sobre o envelhecimento da população brasileira foram utilizados como justificativa por parte dos deputados federais e senadores que defenderam o aumento do tempo de contribuição mínima dos trabalhadores para a aposentadoria, na chamada Reforma da Previdência, aprovada em 2019.

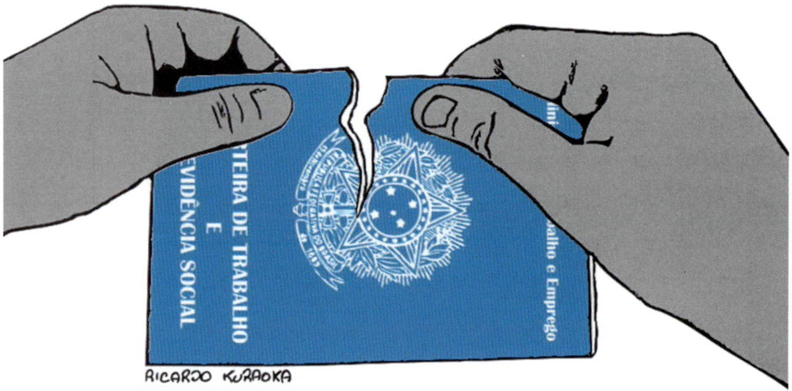

Charge de Ricardo Kuraoka sobre a Reforma da Previdência.

© Ricardo Kuraoka/Acervo do artista

Indicadores relacionados ao envelhecimento populacional das regiões do Brasil – 2000, 2015 e 2030*

Indicador	Ano	Norte	Nordeste	Sul	Sudeste	Centro-Oeste
Percentual de idosos	2000	5,2	8,0	8,9	8,9	6,4
	2015	7,1	10,2	13,7	13,3	9,8
	2030*	11,8	16,0	21,9	21,1	16,5
Expectativa de vida ao nascer	2000	67,9	67,4	71,9	71,1	70,8
	2015	72,0	72,8	77,5	77,2	74,9
	2030*	74,8	76,1	81,0	80,4	77,7
Taxa de mortalidade infantil	2000	31,0	45,2	16,9	20,1	22,6
	2015	18,1	17,5	9,7	10,7	14,8
	2030*	13,1	11,1	6,1	6,9	10,3
Taxa de fecundidade	2000	3,2	2,7	2,2	2,1	2,3
	2015	2,1	1,8	1,6	1,6	1,7
	2030*	1,6	1,6	1,5	1,4	1,5

* Projeção.

Fonte: REIS, Carla; BARBOSA Larissa; PIMENTEL, Vitor. O desafio do envelhecimento populacional na perspectiva sistêmica da saúde. BNDES Setorial 44, p. 87-124, 2016. Disponível em: https://www.bndes.gov.br/wps/portal/site/home/conhecimento/noticias/noticia/envelhecimento-transicao-demografica. Acesso em: 16 maio 2022.

Para você, que hoje é jovem, essa transição demográfica da população brasileira pode provocar dois tipos de consequências. A primeira é que você e os jovens de sua geração conviverão com mais idosos do que as gerações anteriores conviveram. A segunda refere-se justamente à sua aposentadoria: você terá de contribuir mais tempo com o sistema previdenciário e poderá se aposentar mais tarde que a geração anterior à sua.

Atividade

- Você já parou para pensar sobre o sistema previdenciário e sua aposentadoria? Pode parecer cedo, mas, quanto antes você conhecer como funciona o sistema previdenciário, mais chance terá de fazer escolhas adequadas e de adotar práticas que serão benéficas a seu futuro. Para isso, você terá de fazer cálculos sobre o ano de sua aposentadoria, o valor necessário para viver, quanto deverá poupar e como.

  Conversem sobre o que cada um de vocês pensa sobre até que idade pretendem trabalhar, que renda calculam que será necessária na aposentadoria e que estratégias podem ser adotadas para concretizar seus planos. Se possível, sob orientação do professor, convidem um profissional especializado da área previdenciária para esclarecer as dúvidas de vocês em sala de aula.

Conexões Projeto de vida

Jovens, escola e o mercado de trabalho

Com as mudanças implementadas no Ensino Médio, os estudantes passaram a contar com um importante componente curricular que os auxiliará a entender e se integrar ao mercado de trabalho, o componente curricular Projeto de vida.

SpeedKingz/Shutterstock

É muito comum ver jovens não concluindo o curso superior por falta de afinidade com a área escolhida. Este fato revela a importância de orientar o/a estudante da educação básica sobre questões de trabalho e seu projeto de vida. Ter consciência de suas aptidões colabora com escolhas mais assertivas ao longo da vida.

Quase a metade dos jovens que concluem o ensino superior não trabalham em sua área de formação. Essa afirmação é sustentada por dados do Instituto de Pesquisa Econômica Aplicada (Ipea). De acordo com um levantamento dessa instituição, o número exato dos jovens que trabalham em outras áreas que não aquela que ele ou ela escolheu como a de sua profissão é de 44,2%. Ao se considerar todas as idades, ou seja, jovens recém-formados e aqueles que já concluíram o curso superior há alguns anos, a parcela é de 38%. [...]

Chega a ser injusto exigir que um estudante que nunca foi incitado a refletir com profundidade sobre si mesmo e suas aptidões deva escolher a profissão que vai guiar pelo menos os primeiros anos de sua vida adulta. O despreparo para a escolha da profissão e até da área de atuação dentro dessa opção é latente e fica evidente nas estatísticas do começo deste artigo. Porém, a BNCC aparece como uma luz no final desse túnel escuro.

[...]

CONTIN, Alex. "Trabalho e projeto de vida" por um propósito pessoal. *Info Geekie*, 7 nov. 2019. Disponível em: https://www.geekie.com.br/blog/trabalho-e-projeto-de-vida-competencia-bncc. Acesso em: 19 maio 2022.

- Como a escola ajuda ou pode ajudar na construção do seu projeto de vida e na sua entrada no mercado de trabalho?

1. Leia o texto e faça o que se pede.

É inconcebível que a humanidade possa existir sem trabalho. A nova ética do trabalho começa em primeiro lugar com a ideia de que o trabalho é necessário para a personalidade humana. Mas homens e mulheres lutamos há tanto tempo contra o trabalho compulsório que perdemos a noção de que, se não trabalhássemos, não poderíamos existir como seres humanos. Estamos na conjunção histórica de dois eventos importantes: o apogeu das lutas massivas contra as formas fatigantes de trabalho e a revolução tecnológica que eliminou as razões pelas quais se trabalhava antigamente. Então temos de reafirmar que as pessoas têm de trabalhar, mas não precisam trabalhar como antigamente e pelas mesmas razões. Não podemos buscar novos caminhos ou novas razões a menos que acreditemos que existem razões humanas para trabalhar [...]

BOGGS, Grace Lee. Revolution and Evolution in the Twentieth Century (1974). *In*: HOOKS, Bell. *Teoria feminista*: da margem ao centro. São Paulo: Perspectiva, 2020. *E-book*.

a) A autora do texto aponta duas formas de conceber o trabalho. Em grupos, reflitam sobre quais são essas formas e depois busquem exemplos de "trabalhos" que se vinculem a cada uma delas.

b) Quais seriam "as razões pelas quais se trabalhava antigamente" e por que, na visão da autora, elas não são mais compatíveis com o mundo atual?

c) Pesquisem e formulem estratégias para lidar com a crise do trabalho, considerando a hipótese de que no futuro possa não haver emprego para todos os que necessitam.

Para concluir, elaborem um vídeo apresentando, de forma sucinta e criativa, os resultados de sua pesquisa. Compartilhem os resultados com os outros grupos da sala de aula.

2. No Brasil, há conjuntos de leis, tanto no âmbito federal como no âmbito estadual e municipal, que beneficiam os idosos. Forme um grupo com mais quatro colegas e pesquisem algumas dessas leis, retratando seus propósitos e quem tem direito a elas. Depois, respondam às questões a seguir.

a) Avaliem se essas leis são respeitadas nos ambientes por onde vocês circulam. Conversem para trocar experiências e estratégias de ação visando à intervenção em situações reais nas quais os idosos não estão tendo seus direitos respeitados.

b) Para além dos direitos legais, que outras atitudes os jovens poderiam desenvolver junto à população idosa para que ela se sinta valorizada, respeitada e inserida socialmente? Pesquisem boas práticas cujo foco sejam os idosos, propostas por grupos de jovens, escolas, igrejas, associações de bairros e/ou agremiações da sociedade civil, e procurem adequar alguma delas à realidade de vocês.

- Para concluir, apresentem ao restante da turma os resultados da pesquisa que realizaram.

3. Você conhece a proposta de renda mínima universal?

a) Faça uma pesquisa na internet para elaborar uma noção inicial sobre o que é esse conceito.

b) Encontre argumentos favoráveis e contrários a essa proposta, identificando suas fontes (nome, formação, profissão/trabalho/instituição e nacionalidade).

- Na sala de aula, debata com os colegas sobre a viabilidade dessa proposta e as prováveis consequências para a sociedade, em especial para a comunidade à qual vocês pertencem.

4. Você faz ou já fez algum tipo de trabalho voluntário? Conhece alguém que faça ou já tenha feito? Sobre esse assunto, leia o texto.

Adolescente adere ao trabalho voluntário

Para psicólogo da Unesp, participação de jovens ajuda no amadurecimento e na compreensão da cidadania

Eles são jovens, inseguros e, frequentemente, rotulados de rebeldes, mas estão descobrindo um jeito novo de mostrar que podem ser responsáveis e muito solidários quando querem. Adolescentes de todo o país estão descobrindo as vantagens de exercer um trabalho voluntário.

"Comecei a valorizar a minha vida depois de perceber que há pessoas que precisam de muito mais coisas do que eu", diz a estudante gaúcha Carolina Simm, 15. Ela descobriu o voluntariado ao assistir a uma palestra da ONG Parceiros Voluntários, de Porto Alegre (RS), no colégio Monteiro Lobato, no ano passado. A ONG desenvolve um programa que incentiva adolescentes a participar de trabalhos voluntários.

"Ouvi declarações de jovens que já tinham aderido ao voluntariado e me interessei. Descobri como é gratificante ver o sorriso de uma criança carente e saber que posso fazer algo de bom para ela." Carolina participa de atividades de recreação com crianças excepcionais em uma escola na periferia de Porto Alegre. [...]

Segundo o psicólogo da Unesp (Universidade Estadual Paulista) Nelson Silva Filho, mestre em psicologia da saúde e especialista em adolescência, o trabalho voluntário pode ser muito benéfico ao desenvolvimento do jovem.

"O voluntariado permite ao adolescente confrontar fantasia e realidade e dá a ele a possibilidade de entrar na idade adulta por um ritual de passagem diferente do tradicional vestibular. Isso traz uma dimensão da cidadania que implica o amadurecimento." [...]

DINIZ, Melissa. Adolescente adere ao trabalho voluntário. *Folha de S.Paulo, 30 abr. 2001*. Disponível em: www1.folha.uol.com.br/fsp/cotidian/ff3004200107.htm. Acesso em: 28 jan. 2022.

- Organize um debate com os colegas de sala a respeito da importância do trabalho voluntário. Orientem-se pelas questões a seguir: Que tipo de trabalho é esse? Qual é a finalidade dele? Quais são as instituições ou as ONGs que realizam propostas com as quais vocês concordam? Quais as necessidades que vocês identificam na comunidade em que vivem e que possibilidades de engajamento consideram viáveis?

5. Trabalho como sobrevivência. Trabalho como realização. Trabalho como forma de se colocar no mundo e fazer parte de uma sociedade. Trabalho como exploração... Como você enxerga o trabalho? Você já imaginou de que forma ingressará no mercado de trabalho? Já sonhou com isso? De que maneira esse tema se integra à sua vida atual e aos seus projetos futuros?

Elabore um texto descritivo-narrativo para explicar seu ponto de vista, considerando suas experiências de vida e os conceitos estudados ao longo desta unidade.

Qualit Design/Shutterstock

1. (Enem – 2013)

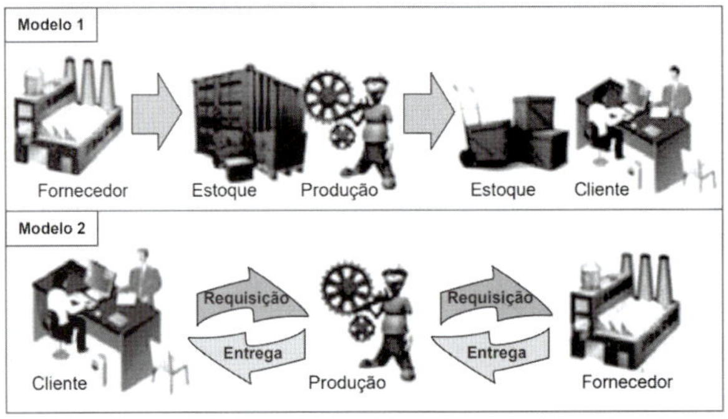

Disponível em: http://ensino.univales.br. Acesso em: 11 maio 2013 (adaptado).

Na imagem, estão representados dois modelos de produção. A possibilidade de uma crise de superprodução é distinta entre eles em função do seguinte fator:

a) Origem da matéria-prima.
b) Qualificação da mão de obra.
c) Velocidade de processamento.
d) Necessidade de armazenamento.
e) Amplitude do mercado consumidor.

2. (Enem – 2012)

Disponível em: http://primeira-serie.blogspot.com.br. Acesso em: 7 dez. 2011 (adaptado).

Na imagem do início do século XX, identifica-se um modelo produtivo cuja forma de organização fabril baseava-se no(a)

a) autonomia do produtor direto.
b) adoção da divisão sexual do trabalho.
c) exploração do trabalho repetitivo.
d) utilização de empregados qualificados.
e) incentivo à criatividade dos funcionários.

3. (Enem – 2012)

Outro importante método de racionalização do trabalho industrial foi concebido graças aos estudos desenvolvidos pelo engenheiro norte-americano Frederick Winslow Taylor. Uma de suas preocupações fundamentais era conceber meios para que a capacidade produtiva dos homens e das máquinas atingisse seu patamar máximo. Para tanto, ele acreditava que estudos científicos minuciosos deveriam combater os problemas que impediam o incremento da produção.

Taylorismo e Fordismo. Disponível em: www.brasilescola.com. Acesso em: 28 fev. 2012.

O Taylorismo apresentou-se como um importante modelo produtivo ainda no início do século XX, produzindo transformações na organização da produção e, também, na organização da vida social. A inovação técnica trazida pelo seu método foi a

a) utilização de estoques mínimos em plantas industriais de pequeno porte.
b) cronometragem e controle rigoroso do trabalho para evitar desperdícios.
c) produção orientada pela demanda enxuta atendendo a específicos nichos de mercado.
d) flexibilização da hierarquia no interior da fábrica para estreitar a relação entre os empregados.
e) polivalência dos trabalhadores que passaram a realizar funções diversificadas numa mesma jornada.

4. (Enem – 2017)

O comércio soube extrair um bom proveito da interatividade própria do meio tecnológico. A possibilidade de se obter um alto desenho do perfil de interesses do usuário, que deverá levar às últimas consequências o princípio da oferta como isca para o desejo consumista, foi o principal deles.

SANTAELLA, L. *Culturas e artes do pós-humano*: da cultura das mídias à cibercultura. São Paulo: Paulus, 2003 (adaptado).

Do ponto de vista comercial, o avanço das novas tecnologias indicado no texto está associado à

a) atuação dos consumidores como fiscalizadores da produção.
b) exigência de consumidores conscientes de seus direitos.
c) relação direta entre fabricantes e consumidores.
d) individualização das mensagens publicitárias.
e) manutenção das preferências de consumo.

5. (Enem – 2016)

A mundialização introduz o aumento da produtividade do trabalho sem acumulação de capital, justamente pelo caráter divisível da forma técnica molecular-digital do que resulta a permanência da má distribuição da renda: exemplificando mais uma vez, os vendedores de refrigerantes às portas dos estádios viram sua produtividade aumentada graças ao just in time dos fabricantes e distribuidores de bebidas, mas para realizar o valor de tais mercadorias, a forma do trabalho dos vendedores é a mais primitiva. Combinam-se, pois, acumulação molecular-digital com o puro uso da força de trabalho.

OLIVEIRA, F. Crítica à razão dualista e o ornitorrinco. Campinas: Boitempo, 2003.

Os aspectos destacados no texto afetam diretamente questões como emprego e renda, sendo possível explicar essas transformações pelo(a)

a) crise bancária e o fortalecimento do capital industrial.
b) inovação toyotista e a regularização do trabalho formal.
c) impacto da tecnologia e as modificações na estrutura produtiva.
d) emergência da globalização e a expansão do setor secundário.
e) diminuição do tempo de trabalho e a necessidade de diploma superior.

6. (Enem – 2015)

No final do século XX e em razão dos avanços da ciência, produziu-se um sistema presidido pelas técnicas da informação, que passaram a exercer um papel de elo entre as demais, unindo-as e assegurando ao novo sistema uma presença planetária. Um mercado que utiliza esse sistema de técnicas avançadas resulta nessa globalização perversa.

SANTOS, M. Por uma outra globalização. Rio de Janeiro: Record, 2008 (adaptado).

Uma consequência para o setor produtivo e outra para o mundo do trabalho advindas das transformações citadas no texto estão presentes, respectivamente, em:

a) Eliminação das vantagens locacionais e ampliação da legislação laboral.
b) Limitação dos fluxos logísticos e fortalecimento de associações sindicais.
c) Diminuição dos investimentos industriais e desvalorização dos postos qualificados.
d) Concentração das áreas manufatureiras e redução da jornada semanal.
e) Automatização dos processos fabris e aumento dos níveis de desemprego.

7. (Vunesp – 2021)

A agricultura 4.0 é a conexão em tempo real dos dados coletados pelas tecnologias digitais com o objetivo de otimizar a produção em todas as suas etapas. Representará a chegada da Internet das Coisas ao campo. "No futuro, a agricultura será autonômica, independente. Os equipamentos conectados, com apoio de inteligência artificial e aprendizado de máquina, irão analisar os dados da cadeia produtiva e tomar as decisões. Caberá ao agricultor acompanhar, monitorar e endossar os processos em curso", diz Fernando Martins, conselheiro de empresas de tecnologia voltadas ao agronegócio.

(Domingos Zaparolli. "Agricultura 4.0". Pesquisa Fapesp, janeiro de 2020.)

Caso se concretize no cenário brasileiro, a agricultura 4.0 tem potencial para promover

a) a qualificação profissional da mão de obra, ainda que possa promover mudanças na estrutura fundiária.
b) a superação do campesinato, embora deva permanecer ligada às práticas de cultivo tradicionais.
c) a ampliação dos cultivos, a despeito dos baixos recursos comumente destinados aos insumos.
d) o aumento da produtividade, embora tenda a reforçar as desigualdades no campo.
e) o aumento das exportações, ainda que possa desabastecer o mercado interno.

8. (Uece – 2019)

Atente para o seguinte enunciado:

A crise econômica que o Brasil vem enfrentando nos últimos anos resultou em uma triste realidade para os trabalhadores: o aumento da informalidade – empregados de pequenas empresas sem registro, o comércio ambulante, a execução de reparos ou pequenos consertos, a prestação de serviços pessoais (de empregadas domésticas, babás) e de serviços de entrega (de entregadores, motoboys), a coleta de materiais recicláveis, motorista de aplicativos como o UBER etc.). Apenas em 2017 foram criadas 1,8 milhão de vagas no setor informal, enquanto 685 mil vagas com carteira assinada foram perdidas.

Disponível em: https://financasfemininas.com.br/estudoconsequencias-do-crescimento-do-emprego-informal-nobrasil/

Considerando o enunciado acima, é correto afirmar que

a) o aumento do trabalho informal no Brasil é reflexo do aumento da liberdade de escolha do trabalhador em relação ao trabalho assalariado e da sua condição empreendedora.
b) todos os trabalhadores fazem a economia funcionar, mas as condições de trabalho e renda a que se submetem aqueles da informalidade são precárias.
c) não estar amparado pela carteira assinada significa menos custo para o trabalhador, que passa a ter mais garantias de renda, com menos encargos sociais e previdenciários.
d) o crescimento da informalidade expressa a força do empreendedorismo e da liberdade pessoal de escolhas no mercado formal de trabalho.

9. (FCL-SP – 2019)

Reprodução/Faculdade Cásper Libero, 2019.

Charge da Laerte, publicada na Folha de São Paulo, 14/04/2015.

A charge da cartunista Laerte remete à nova situação das relações trabalhistas criada recentemente no Brasil, e alude:

a) à precarização das relações de trabalho promovida pela Lei da Terceirização e pela reforma da legislação trabalhista, que permitem a terceirização irrestrita pelas empresas.

b) aos benefícios da Lei da terceirização e à reforma da previdência, que possibilitam aos trabalhadores, agora livres das amarras e interesses dos sindicatos, negociarem diretamente com seus patrões.

c) à Lei de Responsabilidade Fiscal e à reforma da legislação trabalhista, que reduzem os encargos sociais e colocam os trabalhadores e empregadores em condições iguais de negociação.

d) à ascensão dos trabalhadores terceirizados, graças à reforma da previdência, a uma nova e melhor condição, explicitada pela acomodação das cadeiras nas alturas, e não mais em posições inferiores.

e) à nova Lei do Empreendedorismo, que acaba com as relações baseadas na antiga Consolidação das Leis do Trabalho (CLT) e transforma todos os trabalhadores em pessoas jurídicas.

10. (Unicentro-PR – 2019)

O desemprego provocado pelo surgimento de novos processos produtivos e tecnologias é denominado

a) conjuntural.

b) estrutural.

c) sazonal.

d) informal.

e) formal.

11. (UEL-PR – 2018)

Leia o texto a seguir.

O prefixo "des" indica anomalia. "Desemprego" é o nome de uma condição claramente temporária e anormal, e, assim, a natureza transitória e curável da doença é patente. A noção de "desemprego" herdou sua carga semântica da autoconsciência de uma sociedade que costumava classificar seus integrantes, antes de tudo, como produtores, e que também acreditava no pleno emprego não apenas como condição desejável e atingível, mas também como seu derradeiro destino. Uma sociedade que, portanto, classificava o emprego como uma chave – a chave – para a solução dos problemas ao mesmo tempo da identidade pessoal socialmente aceitável, da posição social segura, da sobrevivência individual e coletiva, da ordem social e da reprodução sistêmica.

BAUMAN, Z. Vidas despedaçadas. Rio de Janeiro: Jorge Zahar, 2005. p. 19.

Com base no texto e nos conhecimentos sobre as transformações mais recentes quanto ao tema desemprego no capitalismo, considere as afirmativas a seguir.

I. A tendência no capitalismo globalizado é tornar os postos de trabalho mais flexíveis para atender necessidades das grandes corporações, levando a questionamentos do modelo taylorista-fordista.

II. A perda de identidade em relação ao emprego no capitalismo contemporâneo confirma o fato de que a categoria trabalho deixou de ser essencial para a produção e reprodução da vida social.

III. As políticas antissindicais que acompanham as práticas neoliberais apresentam como resultado a supressão das crises econômicas globais com o restabelecimento do pleno emprego.

IV. O desemprego, no capitalismo globalizado, tem a longa duração como seu traço característico, enquanto avança o emprego precário e de alta rotatividade, como nos call centers.

Assinale a alternativa correta.

a) Somente as afirmativas I e II são corretas.

b) Somente as afirmativas I e IV são corretas.

c) Somente as afirmativas III e IV são corretas.

d) Somente as afirmativas I, II e III são corretas.

e) Somente as afirmativas II, III e IV são corretas.

12. (Uneb-BA – 2019)

Os fatores locacionais da indústria são elementos socioespaciais necessários para atrair o maior número possível de fábricas e empresas em um determinado local. Os conhecimentos referentes aos fatores de localização industrial permitem afirmar:

a) A proximidade do mercado consumidor constitui o fator fundamental para a instalação das indústrias típicas da revolução técnico-científica.

b) Desde a Primeira Revolução Industrial, a necessidade de mão de obra qualificada constituiu um fator decisivo para instalação de indústrias.

c) A mais equitativa distribuição das fontes de energia e matérias-primas no Planeta favoreceu a desconcentração industrial, uma vez que esse processo busca, sobretudo, menores custos de produção.

d) Enquanto etapa do processo produtivo, a logística para o armazenamento e o escoamento da produção tornou-se inviável, diante do avanço tecnológico em infraestrutura de transporte e de comunicação.

e) Fatores locacionais, como disponibilidade de mão de obra e mercado consumidor, foram, e continuam sendo, importantes para localização de indústrias, sobretudo as de bens de consumo, o que, dentre outros fatores, mostra que o fenômeno industrial sempre esteve ligado às concentrações urbanas.

A formulação de questionários

Para começar

Trabalho vem da palavra *tripalium*, do latim. No contexto romano, *tripalium* é o nome de um instrumento de trabalho que foi transformado em instrumento de tortura. Apesar desse contexto pouco agradável, o significado de trabalho foi sendo modificado ao longo da história e está ligado à ideia de valor humano e de satisfação das nossas necessidades.

Atualmente, o conceito de trabalho deve ser analisado como parte desse modelo de produção que visa ao lucro, à criação de necessidades de consumo e ao desenvolvimento tecnológico. Não à toa, uma das consequências mais importantes do capitalismo é a tecnologia atual: comunicação 5G, *big data*, robotização, entre outros. A atuação desses elementos tecnológicos não se restringe às técnicas e formas mais eficientes de produção. Essa tecnologia modifica as formas de relação de trabalho, armazenamento, acesso a informações e comunicação entre pessoas.

Toda essa complexidade implica pensar o mundo do trabalho considerando as relações históricas, econômicas, geográficas, filosóficas e sociais que o compõem. Cada um desses elementos é muito complexo, mas não é necessário dominar todos eles; o importante é destacar os pontos principais de cada uma dessas disciplinas e de que forma elas se conectam na construção de um quadro mais transparente sobre o trabalho.

Nossa proposta é ajudá-los a ter uma visão ampla do mundo do trabalho, o que possibilita a criação de estratégias para a vida profissional. Além disso, o exercício da interdisciplinaridade é muito interessante, pois articula disciplinas – aparentemente desconectadas – em torno de questões e necessidades concretas/reais.

Para realmente entender esse mundo do trabalho e as novas tecnologias, convidamos vocês para uma experiência de pesquisa com aplicação de questionários na comunidade escolar. Com base nessa investigação, vocês vão conseguir entender quais são as principais dúvidas, medos, expectativas e necessidades dos colegas em relação ao mundo do trabalho.

O questionário como técnica de pesquisa

O questionário é uma técnica de coleta de dados superimportante, principalmente em pesquisas quantitativas, ou seja, quando o objetivo é compreender um fenômeno social usando um grande número de dados/respostas. Os questionários captam quais são as condições de vida, os hábitos, valores e conhecimentos de um determinado grupo. Por exemplo, dados como renda, acesso à saúde, educação, saneamento básico, entre outros, são essenciais para o governo detectar quais são as áreas mais pobres e quais serviços e equipamentos são mais urgentes. Por isso, as pesquisas e os dados estatísticos são tão importantes para a implementação de políticas públicas ou qualquer projeto destinado a atender um grande número de pessoas.

Há três tipos de perguntas que podemos usar para construir questionários:

- Questões fechadas: em que os entrevistados têm de escolher entre as opções de resposta oferecidas. Esse tipo de questão é usado para levantar informações de forma rápida e direta. Isso porque as perguntas fechadas facilitam a contagem e a comparação dos dados.

- Questões abertas: em que a pessoa tem liberdade para responder o que ela quiser. Esse tipo de pergunta é usado quando as possibilidades de resposta são infinitas. Geralmente são usadas para obter informações mais detalhadas sobre o entrevistado ou sobre seus hábitos e preferências.
- Questões semiabertas: em que não há apenas respostas determinadas (fechadas), mas também um campo no qual o entrevistado pode escrever livremente. Esse tipo de questão mantém a facilidade de contagem e comparação dos dados (característica das questões fechadas) e, ao mesmo tempo, permite que novas informações apareçam (característica das questões abertas), o que possibilita análises mais aprofundadas.

É importante frisar que uma variável (informação ou dado que está sujeito a variação) pode ser captada por questões fechadas ou abertas. Por exemplo, é possível saber o grau de escolaridade do entrevistado perguntando de maneira aberta ou fechada.

A escolha entre uma forma ou outra depende de quão específica precisa ser a resposta. Por exemplo, se for uma pesquisa sobre profissões que estão surgindo no mercado de trabalho, uma questão aberta é mais adequada. Primeiro, porque não seria possível apresentar todas as profissões em uma questão fechada. Segundo, porque, provavelmente, nem os pesquisadores saberiam elencar todas as novas profissões.

Rawpixel.com/Shutterstock

Na hora de aplicar as perguntas, o pesquisador não precisa fornecer a folha do questionário ao entrevistado. Pode ser mais fácil ele mesmo ler as perguntas e, depois de ouvir a resposta, escolher a alternativa mais próxima.

Para construir as perguntas, os pesquisadores devem: 1) definir o tamanho do questionário; 2) formular as questões de maneira clara, simples e lógica. Quanto ao tamanho, um questionário deve ter entre seis e dez perguntas. Isso porque muitas perguntas podem tornar a entrevista maçante. O resultado pode ser um entrevistado que responde sem pensar, de maneira rápida, com o objetivo de ir embora.

Antonio Guillem/Shutterstock

Outra questão muito importante é que, ao elaborar um questionário, deve-se estar atento ao código de ética. Nesse caso, alguns cuidados são essenciais.

Ao fazer perguntas que possam causar constrangimento, é importante usar o bom-senso. Se o questionário for sobre qualquer assunto muito pessoal, como doenças venéreas, aborto ou problemas psiquiátricos, a melhor opção é fazer um questionário *on-line* e que garanta o anonimato. Dessa forma, os entrevistados se sentirão mais à vontade para responder.

Devemos nos certificar, ainda, de que o entrevistado autoriza o uso de suas respostas. Isso deve ser feito por meio de um termo de autorização que a pessoa deve assinar.

Também é importante ficar atento para que as respostas não sejam conduzidas. Essa indução pode ser feita de diferentes maneiras:

- apresentando informações que influenciem uma percepção negativa ou positiva (por exemplo, se a pesquisa é de opinião sobre o governo atual, não se devem fazer perguntas como: De acordo com as últimas notícias de corrupção, qual é a sua opinião sobre o governo atual?);
- fazendo perguntas que tragam a resposta no próprio enunciado (como: Os trabalhadores preferem o horário de descanso?);
- propondo perguntas que levem a pessoa a responder o que ela sabe que é correto (por exemplo: Você se considera uma pessoa ética?).

Para fazer

Etapa 1 – Apresentando objetivo geral, perfil e tamanho da amostra

Vamos começar apresentando o **objetivo geral** da pesquisa, pois ele é sempre o principal guia da investigação. Nosso objetivo geral é: *Conhecer as expectativas dos estudantes de Ensino Médio em relação ao mundo do trabalho e à tecnologia.*

Com o objetivo estabelecido, podemos definir nosso **público-alvo**: estudantes de Ensino Médio.

Para simplificar, sugerimos que a pesquisa seja feita na escola em que você estuda, com estudantes de outros anos do Ensino Médio. Ou seja, os entrevistados têm idade entre 15 e 17 anos e cursam o Ensino Médio.

Em relação ao tamanho da amostra, a regra é que ela seja sempre proporcional ao tamanho do grupo que se quer estudar. Portanto, para uma escola, uma amostra com cerca de 100 questionários é suficiente. Se cada grupo aplicar em uma turma, teremos uma amostragem bem representativa desse universo escolar.

Etapa 2 – Grupo de trabalho e escolha dos objetivos específicos

Definam quem serão os integrantes do grupo, com no máximo cinco pessoas. Organizem uma agenda para reuniões (*on-line* ou presenciais) e estipulem datas de entrega para cada etapa.

É comum que projetos de pesquisa tenham **objetivos específicos**, pois eles ajudam a alcançar o objetivo geral por caminhos eficientes e variados.

Alguns dos objetivos específicos da nossa pesquisa são:

- Verificar o conhecimento de conceitos históricos, como Primeira, Segunda, Terceira e Quarta Revolução Industrial, ou taylorismo, fordismo, toyotismo, flexibilização do trabalho, etc. Esse objetivo vai guiar perguntas que ajudam a perceber se os estudantes dominam de forma satisfatória os conhecimentos necessários para a compreensão do mundo do trabalho atual.
- Conhecer a experiência dos estudantes com os recursos tecnológicos (quantos celulares, computadores ou aparelhos de televisão eles têm em casa, quantos e quais aplicativos utilizam, etc.). Esse objetivo vai guiar as perguntas sobre a experiência de seus colegas com o mundo tecnológico. Isso é importante para um quadro de comparação entre a experiência real dos estudantes e as exigências do mundo do trabalho.
- Compreender quais são os pontos de confiança/desconfiança dos estudantes em relação às tecnologias. Esse objetivo vai mostrar como eles se sentem em relação a tecnologias, exigências e dificuldades do mercado de trabalho. Por exemplo, vocês podem perguntar se os estudantes sabem que os aplicativos vendem informações pessoais (histórico de navegação na internet, localização, etc.) e se eles se importam ou não com isso.

Rawpixel.com/Shutterstock

Etapa 3 – Construindo a estrutura do questionário

Agora que já definiram quais objetivos específicos guiarão o questionário de vocês, chegou a hora de organizar as divisões lógicas e as perguntas.

O tamanho ideal de um questionário pode variar de acordo com o objetivo, mas o ideal é ter entre seis e dez perguntas fechadas, para não tornar a entrevista maçante.

Uma estrutura possível:

- 1ª pergunta: de aquecimento, só para quebrar o gelo e ajudar o entrevistado a entrar no ritmo do questionário. Geralmente é algo relativo à própria pessoa, como nome, idade ou gênero.
- 2ª, 3ª e 4ª perguntas: sobre o primeiro objetivo específico.
- 5ª, 6ª e 7ª perguntas: sobre o segundo objetivo específico.
- 8ª, 9ª e 10ª perguntas: sobre o terceiro objetivo específico.

Lembrem-se de que vocês podem determinar quantos objetivos específicos sua pesquisa terá e podem mudar a estrutura proposta. Caso considerem que um objetivo é mais relevante do que outro, vocês podem fazer mais perguntas de um bloco.

Etapa 4 – Aplicação do teste

É comum que um questionário apresente erros que só aparecem durante a aplicação ou na hora de organizar os dados. Portanto, é extremamente importante fazer um teste. Para isso, apliquem o questionário para cerca de 20% ou 30% da amostragem total. O teste vai indicar, por exemplo, o tempo de aplicação do questionário, se há algum viés ou inconsistência nas perguntas e se os entrevistados estão realmente entendendo as perguntas de forma clara.

Este é o momento de corrigir os erros, que, embora pareçam pequenos, influenciam muito na qualidade dos dados levantados.

Vejam com o professor qual seria a melhor forma ou o melhor momento de aplicar o teste.

Apliquem o teste no grupo selecionado e, caso seja necessário, façam correções nas perguntas.

Etapa 5 – Aplicação do questionário e tabulação

ChristianChan/Shutterstock

Após a correção das perguntas e a realização do teste, escolham em qual turma será aplicado o questionário.

Discutam com a turma e o professor qual seria a melhor forma de aplicação do questionário. É importante que seja um local calmo, em que os estudantes possam se concentrar nas respostas. Há também a possibilidade de se estipular um prazo para a resposta de um formulário *on-line*.

Repassem as perguntas e respostas obtidas para uma tabela ou planilha e elaborem um gráfico (de colunas, barras ou setores) para cada uma delas.

Etapa 6 – Análise dos resultados

Após a tabulação dos dados obtidos, vocês podem fazer a análise dos gráficos em articulação com a teoria estudada.

Para isso, vocês podem produzir pequenos textos individuais (cerca de uma página) sobre os resultados que chamaram mais a atenção. São esses textos (análises) que vão guiar o **produto final** do trabalho de vocês.

Se, por exemplo, muitos estudantes responderem que têm pouco acesso à internet, isso significa que o contato que o estudante tem com tecnologia é baixo para os padrões exigidos no mercado de trabalho, atualmente. Nesse caso, retome as informações sobre a importância da tecnologia para a competitividade industrial e para a formação de mão de obra qualificada.

Não há problema algum se os dados apontarem para um resultado diferente do que vocês estavam esperando. Isso mostra que uma realidade social só pode de fato ser compreendida quando analisada de forma cuidadosa e metódica.

Para compartilhar

Depois das análises, será necessário divulgar os resultados para a comunidade escolar. Sugerimos a produção de um vídeo com a apresentação dos dados e da análise articulados com a discussão sobre **trabalho**, **industrialização** e **tecnologia**.

O vídeo pode ser postado em diferentes plataformas e redes sociais, e a sua produção pode ser feita com base em uma apresentação dos participantes. É importante fazer uso de gráficos ou tabelas para expor os dados e utilizar os conteúdos na apresentação da análise.

metamorworks/Shutterstock

Respostas #EnemVestibular

Unidade 1

1. (Enem – 2019): B.
2. (Enem – 2019): A.
3. (Enem – 2019): D.
4. (Enem – 2018): D.
5. (Enem – 2014): A.
6. (Enem – 2019): D.
7. (UERR – 2020): A.
8. (UERR – 2020): Espera-se que o estudante articule as manifestações atuais sobre a questão racial, verificando em que medida essas ações causam impacto e mudança social. É possível falar sobre o movimento Vidas Negras Importam e a oposição por movimentos que reivindicam que há uma suposta igualdade social.
9. (USF-SP – 2019): B.
10. (UPE – 2019): B.
11. (UFPR – 2020): D.
12. (Cesupa – 2020): B.

Unidade 2

1. (Enem – 2013): D.
2. (Enem – 2012): C.
3. (Enem – 2012): B.
4. (Enem – 2017): D.
5. (Enem – 2016): C.
6. (Enem – 2015): E.
7. (Vunesp – 2021): D.
8. (Uece – 2019): B.
9. (FCL-SP – 2019): A.
10. (Unicentro-PR – 2019): B.
11. (UEL-PR – 2018): B.
12. (Uneb-BA – 2019): E.

Lista de siglas das atividades extraídas de provas oficiais

Cesupa – Centro Universitário do Estado do Pará
FCL-SP – Fundação Cásper Líbero (São Paulo)
Uece – Universidade Estadual do Ceará
UEL-PR – Universidade Estadual de Londrina (Paraná)
UERR – Universidade Estadual de Roraima
UFPR – Universidade Federal do Paraná
Uneb-BA – Universidade do Estado da Bahia
Unicentro-PR – Universidade Estadual do Centro-Oeste (Paraná)
UPE – Universidade de Pernambuco
USF-SP – Universidade São Francisco (São Paulo)
Vunesp – Fundação para o Vestibular da Universidade Estadual Paulista

PROJETO MÚLTIPLO

CIÊNCIAS HUMANAS e Sociais Aplicadas

Claudio Vicentino
Bacharel em Ciências Sociais pela Universidade de São Paulo (USP)
Professor de História no Ensino Médio e em cursos pré-vestibulares
Autor de obras didáticas e paradidáticas para Ensino Fundamental e Ensino Médio

Eduardo Campos
Bacharel e licenciado em Geografia pela Universidade de São Paulo (USP)
Mestre em Educação pela USP
Coordenador educacional e pedagógico do Ensino Fundamental (anos finais) e do Ensino Médio
Professor na Educação Básica e no Ensino Superior

Eustáquio de Sene
Bacharel e licenciado em Geografia pela Universidade de São Paulo (USP)
Mestre e doutor em Geografia Humana pela USP
Professor de Geografia do Ensino Médio na rede pública e em escolas particulares
Professor de Metodologia do Ensino de Geografia na Faculdade de Educação da USP por cinco anos

ENSINO MÉDIO

VOLUME ÚNICO | PARTE E

Convívio democrático

editora ática

Sumário

UNIDADE 1

Os desafios do nosso tempo

Manoej Paateel/Shutterstock

Vista aérea de Mumbai (Índia), em 2020. Em primeiro plano, Dharavi Slum, que, com cerca de 750 mil habitantes, é a maior favela da Índia e uma das maiores do mundo.

#TáNoFeed

O mundo é marcado por profundas desigualdades sociais e econômicas entre os países e no interior de cada um deles. Essas disparidades se materializam nas paisagens, principalmente dos países em desenvolvimento, onde, em geral, elas são mais acentuadas. Ou seja, configuram-se também como desigualdades espaciais ou mais precisamente socioespaciais, porque as dimensões social, econômica e espacial das desigualdades estão imbricadas, como mostra o texto a seguir.

> A desigualdade social sempre esteve presente em nossa sociedade e em todas as partes do mundo. [...]
>
> A segregação [...] não se refere somente à renda. [...] Estar em situação de vulnerabilidade social é mais abrangente que estar em situação de pobreza, pois se refere à condição de não possuir ou não conseguir usar ativos materiais e imateriais que permitiriam ao indivíduo ou grupo social lidar com a situação de pobreza. Dessa forma, os lugares vulneráveis são aqueles nos quais os grupos sociais enfrentam riscos e a impossibilidade de acesso a serviços e direitos básicos de cidadania, como condições habitacionais, sanitárias, educacionais, de trabalho e de participação e acesso diferencial à informação e às oportunidades oferecidas de forma mais ampla àqueles que possuem essas condições. [...]
>
> Se tomarmos dois indivíduos igualmente pobres, com características individuais semelhantes, como escolaridade, renda e estrutura familiar, mas que habitam locais diferentes, o futuro deles será diferente. O efeito-vizinhança pode ser compreendido como os benefícios ou prejuízos socioeconômicos que acometem alguns segmentos sociais dada sua localização no espaço. Para este trabalho são consideradas duas dimensões principais da desigualdade: a social e a espacial. A dimensão social pode ser aferida pela renda, escolaridade, ocupação; já a espacial se relaciona com a localização dos grupos sociais no território e o consequente acesso desigual a oportunidades de emprego, serviços e espaços públicos, equipamentos urbanos, mobilidade urbana, dentre outros, sintetizando o acesso à cidade. [...]

MOTTA, Eduardo Marchetti Pereira Leão da. *Desigualdade socioespacial e o efeito-vizinhança em favelas de Belo Horizonte*. Dissertação (mestrado) – Universidade Federal de Minas Gerais, Escola de Arquitetura. Belo Horizonte, 2017. p. 14-15. Disponível em: https://repositorio.ufmg.br/handle/1843/MMMD-AU-8R7U. Acesso em: 27 jun. 2022.

Atividades

1. Explique a diferença entre estar em situação de vulnerabilidade social e em situação de pobreza. Por que aquela é mais abrangente que esta?
2. O que você entende por desigualdade socioespacial? Você considera que tal desigualdade interfere no acesso a serviços e direitos básicos? Dê exemplos, se possível, de seu lugar ou região.
3. Observe a foto. Como você percebe as disparidades materializadas na paisagem geográfica?

Conheça a unidade

Objetivos

- Diferenciar os conceitos de desigualdade e diferença na interpretação de injustiças sociais.
- Problematizar a classificação do desenvolvimento de um país por meio de dados estatísticos isolados.
- Analisar o Índice de Desenvolvimento Humano (IDH) de diferentes países para identificar a desigualdade socioeconômica que existe no mundo.
- Relacionar a desigualdade política entre os Estados ao grau de vulnerabilidade por meio do Índice de Fragilidade dos Estados (IFE).
- Conhecer o Índice de Percepção da Corrupção (IPC) para relacionar o grau de corrupção em um país com IDH e IFE.
- Reconhecer as diversas manifestações de violência envolvidas nos processos políticos, econômicos, sociais e culturais ao longo da História; analisar as circunstâncias dessas manifestações e refletir criticamente sobre elas.
- Identificar diferentes formas de violência, seus significados e usos e avaliar mecanismos para combatê-las.
- Identificar os grupos mais sujeitos à violência ao longo da História e na atualidade, analisar as demandas de tais grupos e refletir sobre ações para a redução das desigualdades.
- Compreender o debate em torno da reação à violência e a importância de adotar uma consciência crítica e responsável para que possa ser possível um posicionamento ético e o exercício efetivo da cidadania.

Justificativa

Compreender o significado dos conceitos de "desigualdade" e "diferença" é importante porque viabiliza uma análise mais embasada da conjuntura nacional e internacional, assim como conhecer e utilizar os conceitos de IDH, IFE e IPC, percebendo como esses índices expressam realidades que se correlacionam. São metodologias bastante eficientes para analisar e combater as desigualdades socioeconômicas, sem, no entanto, desvalorizar as diferenças entre as pessoas nem as diferenças culturais entre os países.

Ao longo da história, diferentes sociedades passaram por variados processos marcantes de violência. Muitos desses processos se refletem na atualidade combinados a novas dinâmicas por meio das quais a violência pode ser entendida. Como reação, os grupos sociais atingidos procuram encontrar mecanismos tanto de resistência quanto de luta por direitos. O estudo da violência do ponto de vista das Ciências Humanas permite lidar com o tema de forma ampla e mais profunda, tendo em vista a formação de uma consciência cidadã e a atuação crítica e propositiva no mundo.

A BNCC nesta unidade

Competências gerais da Educação Básica: CG1, CG2, CG3, CG4, CG5, CG6, CG7, CG8, CG9, CG10.
Competências específicas de Ciências Humanas e Sociais Aplicadas: 1, 4, 5, 6.
Habilidades de Ciências Humanas e Sociais Aplicadas: EM13CHS101, EM13CHS102, EM13CHS106, EM13CHS402, EM13CHS501, EM13CHS502, EM13CHS503, EM13CHS601, EM13CHS602, EM13CHS606.
Competências específicas de Ciências da Natureza e suas Tecnologias: 2, 3.
Habilidades de Ciências da Natureza e suas Tecnologias: EM13CNT207, EM13CNT208, EM13CNT305.

Temas contemporâneos transversais

Cidadania e civismo

- Educação em Direitos Humanos
- Processo de envelhecimento, respeito e valorização do idoso

Multiculturalismo

- Diversidade cultural

Desigualdade e diferença

No dia a dia, as palavras "desigualdade" e "diferença", muitas vezes, são utilizadas como sinônimos; no entanto, no contexto histórico e sociocultural, elas não têm o mesmo significado. É importante fazer a distinção entre elas para que possamos compreender melhor a realidade social, cultural e econômica do Brasil e do mundo, que é muito rica em diferenças, porém marcada por profundas desigualdades. Os diagramas a seguir trazem exemplos de **desigualdades** e de **diferenças** que vão esclarecer esses conceitos.

Desigualdade × diferença

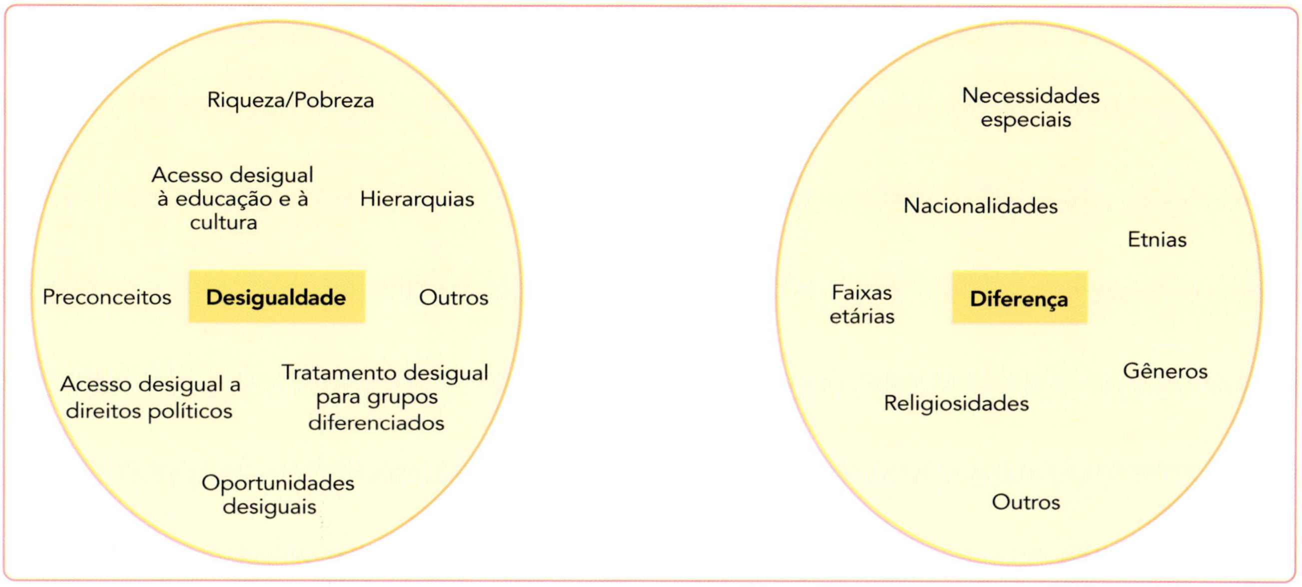

Banco de imagens/Arquivo da editora

Fonte: BARROS, José D'Assunção. Igualdade e diferença: uma discussão conceitual mediada pelo contraponto das desigualdades. *Revista Brasileira de Educação*, Rio de Janeiro, v. 23, 2018. p. 5.

Ao longo da história, as lutas sociais contra imposições e violências se orientaram e continuam se orientando por valorizar as diferenças e combater as desigualdades.

Algumas formas de desigualdade, como veremos ao longo desta unidade, de tão arraigadas socialmente, passam a ser vistas como fenômenos naturais, o que evidentemente não são. Elas são resultantes de uma construção social, portanto, podem, e devem, ser combatidas e reduzidas (em nenhum período da história elas foram completamente eliminadas). Já as diferenças são múltiplas, têm um grau maior de permanência e, em geral, não podem ou são muito difíceis de serem transformadas, mesmo as que foram construídas culturalmente. E as diferenças não são em si positivas ou negativas.

A crítica à desigualdade entre os homens ("homens" como conceito antropológico, sinônimo de espécie) é antiga. Uma das mais conhecidas é a do filósofo iluminista francês Jean-Jacques Rousseau (1712-1778).

Em seu livro *A origem da desigualdade entre os homens*, publicado em 1754, ele afirma:

Discurso sobre a origem da desigualdade entre os homens

Concebo na espécie humana duas espécies de desigualdades. Uma, que chamo de natural ou física, porque é estabelecida pela natureza e que consiste na diferença das idades, da saúde, das forças do corpo e das qualidades do espírito ou da alma. A outra, que pode ser chamada de desigualdade moral ou política porque depende de uma espécie de convenção e que é estabelecida ou pelo menos autorizada pelo consentimento dos homens. Esta consiste nos diferentes privilégios de que gozam alguns em prejuízo dos outros, como ser mais ricos, mais honrados, mais poderosos do que os outros ou mesmo fazer-se obedecer por eles.

ROUSSEAU, Jean-Jacques. *A origem da desigualdade entre os homens*. São Paulo: Lafonte, 2017. p. 29.

Atividade

- Após ler o trecho do livro de Rousseau, compare a afirmação dele com os diagramas da página anterior. Aponte um aspecto da definição feita pelo filósofo que pode dificultar a interpretação dos conceitos de desigualdade e diferença atualmente.

O exemplo de desigualdade mais conhecido e visível tanto social quanto geograficamente nas paisagens, sobretudo urbanas, é a desigualdade socioeconômica, isto é, a oposição entre riqueza e pobreza, que consta no primeiro diagrama. A desigualdade de acesso à riqueza produz outras formas de desigualdade, como acesso desigual a bens e serviços, educação, cultura, assistência médica, lazer e até mesmo direitos políticos.

O Brasil é um exemplo disso, pois, como veremos adiante, é um dos países mais desiguais do ponto de vista socioeconômico: segundo o Banco Mundial, em 2020 os 10% mais ricos da sociedade brasileira detinham 53,9% do rendimento nacional, ao passo que aos 10% mais pobres cabe apenas 1,6%.

A desigualdade e a injustiça social atravessam gerações, num círculo vicioso no qual os filhos de famílias pobres, com poucas exceções, tendem a permanecer pobres.

Para quebrar esse círculo vicioso, o Estado em suas três esferas teria de garantir uma educação pública de qualidade para toda a população. Trata-se de um direito de todo cidadão. Uma educação pública de qualidade e gratuita seria a melhor forma de igualar minimamente as oportunidades entre as classes sociais, que hoje são muito desiguais.

No entanto, mesmo uma educação formal de qualidade não consegue compensar totalmente as desvantagens, em termos de **capital cultural**, apresentadas pelos estudantes oriundos de famílias pobres. Oportunidades de viajar, até mesmo para outros países, aprender uma língua estrangeira, ter acesso a bens culturais diversos, que famílias ricas e de classe média podem proporcionar aos filhos, tornam-se barreiras para famílias pobres que não têm como oferecer esses benefícios aos filhos por insuficiência de renda.

A educação formal pode compensar parte dessas desvantagens, mas não compensa todas elas. Portanto, o discurso da meritocracia, muito em voga hoje em dia, só faria sentido se as oportunidades fossem iguais, se o ponto de partida fosse exatamente o mesmo para todos os estudantes, o que, na realidade, não é. Enquanto não há igualdade de oportunidades na formação inicial dos jovens, têm sido tomadas algumas medidas compensatórias, por exemplo, estabelecer cotas sociais e/ou raciais nas universidades federais e estaduais para estudantes de escolas públicas.

Certamente, em países muito desiguais, como África do Sul, Brasil, México e Nigéria, entre outros, muitos talentos são desperdiçados por falta de oportunidade e de estímulo. Essa é uma das principais limitações que impedem países em desenvolvimento, como o nosso, de darem um salto educacional e tecnológico para se tornarem nações menos desiguais e com melhores condições de vida para toda a população. Países que se desenvolveram e apresentam altos índices de desenvolvimento humano, como a Alemanha, a França, o Japão, a Finlândia e, mais recentemente, a Coreia do Sul, fizeram isso com base em altos investimentos em educação, em tecnologia e na construção de um sistema de ensino básico público, gratuito e de qualidade para toda a população; criaram também políticas econômicas que propiciaram aos jovens acesso ao mercado de trabalho e que favoreceram a melhoria na distribuição da renda.

Conceitos

Capital cultural

Conceito criado pelo sociólogo francês Pierre Bourdieu (1930-2002) para expressar o fato de que, além do capital econômico, o capital cultural também pode reproduzir distinção social e gerar desigualdades.

A cultura geral, as formas de se comunicar, o senso estético e o conhecimento, entre outros, são bens simbólicos que, quanto mais se tem, mais fácil fica sua acumulação e o trânsito entre segmentos sociais privilegiados. Famílias de maior renda têm condições de oferecer aos seus filhos bens e serviços, como livros, assinatura de jornais e revistas, viagens, acesso à internet, entre outros, que farão com que eles acumulem mais capital cultural e tenham melhor desempenho escolar, ao contrário do que acontece com os filhos de famílias de menor renda, que não têm acesso a tais bens e serviços, por exemplo.

Pode ocorrer ainda de famílias de origem pobre enriquecerem financeiramente, porém não ampliarem seu capital cultural na mesma proporção por não reconhecerem os valores das classes sociais mais altas e, assim, não investirem em viagens internacionais, aprendizagem de idiomas, visitas a museus, entre outros.

Saiba +

Que horas ela volta? Direção: Anna Muylaert. Brasil, 2015. 110 min.

A filha de uma empregada doméstica pernambucana vai a São Paulo para prestar vestibular e fica hospedada na casa dos patrões da mãe. Essa curta convivência evidencia as veladas barreiras de classe e os preconceitos que existem numa sociedade desigual como a brasileira.

Diferenças não justificam desigualdades

Alinhada com a Declaração Universal dos Direitos Humanos, que em seu artigo 1º apregoa que "todos os seres humanos nascem livres e iguais em dignidade e direitos", a Constituição Federal de 1988, em seu artigo 5º, institui que "todos são iguais perante a lei, sem distinção de qualquer natureza". O inciso I desse artigo afirma que "homens e mulheres são iguais em direitos e obrigações". Ou seja, embora homens e mulheres sejam biologicamente diferentes, isso não pode legitimar desigualdades de oportunidades e desrespeito a direitos humanos elementares, como remunerar um homem mais que uma mulher que desempenha a mesma função ou privar as mulheres dos direitos básicos concedidos aos homens. Mas a conquista de um direito básico, muitas vezes, pode levar anos. No Brasil, o direito ao voto, por exemplo, foi concedido às mulheres apenas pelo Código Eleitoral de 1932 (Decreto n. 21076), quando foram igualadas aos homens como cidadãs. Em comparação, a Nova Zelândia, primeiro país a permitir o voto feminino, fez isso em 1893, e a Arábia Saudita, o último, em 2015.

Há muitas **desigualdades de gênero** que precisam ser superadas, como a questão salarial, que ainda é muito desigual no mundo todo. A Islândia foi o primeiro país a dar um passo contra esse cenário, aprovando em 2018 uma lei que proíbe a desigualdade salarial entre homens e mulheres.

Outras parcelas da população continuam lutando para ter seus direitos básicos assegurados, como LGBTQIA+, negros, indígenas, portadores de mobilidade reduzida, idosos, entre outros grupos. Há muitos casos em que diferenças são instrumentalizadas para criar ou justificar desigualdades. Mas o mundo já reconhece que nenhum tipo de diferença entre os seres humanos pode ser usado para criar ou justificar desigualdades.

ZUMA Press, Inc./Alamy/Fotoarena

Ativistas lideram marcha do movimento Black Lives Matter na cidade de Nova York (Estados Unidos), em 2020. O movimento internacional, cuja origem se deu na comunidade afro-estadunidense, entre outros objetivos, organiza protestos contra a morte de pessoas negras pela polícia.

Diálogos

1. Observe a charge abaixo. Troque ideias com os colegas e, depois, faça o que se pede. A charge traduz um dos maiores problemas brasileiros. Identifique-o.

©Toni D'Agostinho/Acervo do cartunista

2. Com base nos dados apresentados no gráfico e em seus conhecimentos, responda às questões.

Brasil: nível de instrução das pessoas com 25 anos de idade ou mais – 2019

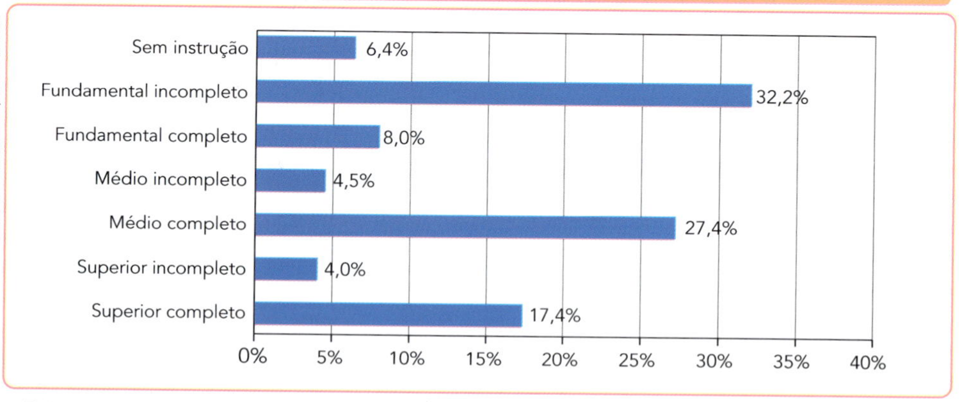

Fórmula Produções/Arquivo da editora

Elaborado com base em IBGE Educa. Disponível em: https://educa.ibge.gov.br/jovens/conheca-o-brasil/populacao/18317-educacao.html. Acesso em: 30 maio 2022.

a) Que forma de desigualdade é diretamente decorrente do acesso desigual à educação e de desvantagens em relação ao capital cultural?

b) Cruzando os dados do gráfico com outros que você conhece sobre a realidade brasileira, é possível afirmar que o discurso da meritocracia é uma farsa? Para quem a manutenção desse discurso é conveniente?

3. Observe o gráfico e, em grupo de três estudantes, façam o que se pede nos itens a seguir.

Brasil: desigualdade de gênero – 2016

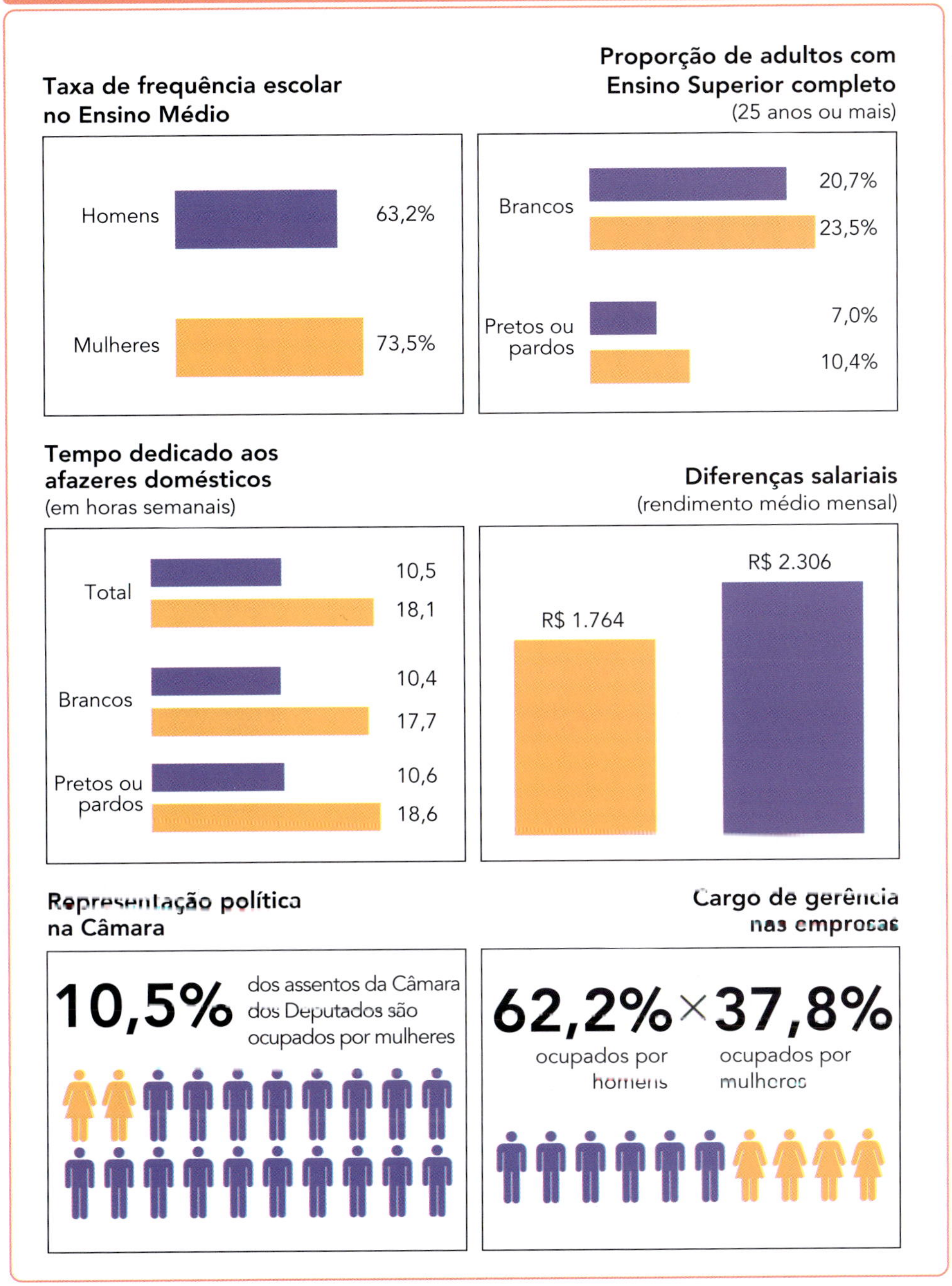

Fórmula Produções/Arquivo da editora

Fonte: elaborado com base em CALEGARI, Luiza. A desigualdade de gênero no Brasil em um gráfico. *Exame*, 7 mar. 2018. Disponível em: https://exame.com/brasil/a-desigualdade-de-genero-no-brasil-em-um-grafico/. Acesso em: 30 maio 2022.

a) Com base nos dados disponíveis, façam uma avaliação da condição feminina no Brasil.

b) Determinem o papel das políticas afirmativas na consolidação da democracia brasileira.

Heterogeneidade crescente no mundo

Desde o início das Grandes Navegações, no final do século XV, houve transferência de riqueza das colônias para as metrópoles, fruto da exploração colonialista e depois imperialista, o que criou as bases para um desenvolvimento econômico desigual entre os países. A diferença de renda no mundo (considerando a renda *per capita* dos países e das regiões) não era muito evidente no início da expansão colonial, mas foi aumentando progressivamente ao longo do desenvolvimento do capitalismo e tornou-se muito acentuada no final do século XX. Acompanhe a discrepância dessa evolução na tabela abaixo.

Regiões selecionadas: renda *per capita* (dólares de 1990)

Região/País	1500	1870	1950	1998	Aumento entre 1500 e 1998 (%)
Europa ocidental	774	1974	4594	17921	2215
Mundo anglo-saxão*	400	2431	9288	26146	6437
Japão	500	737	1926	20413	3983
Ásia (exceto Japão)	572	543	635	2936	413
América Latina	416	698	2554	5795	1293
África	400	444	852	1368	242
Mundo	565	867	2114	5709	910

* Estados Unidos, Canadá, Austrália e Nova Zelândia.

Fonte: elaborada com base em MADDISON, 2006. *In*: THE WORLD BANK. *World Development Report 2009*. Washington, DC: The World Bank, 2009. p. 109.

Atividade

1. Leia a tabela e responda: Quais países/regiões do mundo mais aumentaram e quais menos aumentaram a renda *per capita* a partir de 1870? Por quê?

Quando surgiu a expressão "países subdesenvolvidos"? Entre as décadas de 1940 e 1960, várias guerras e guerrilhas de libertação nacional eclodiram na África e na Ásia, desencadeando um processo generalizado de descolonização nos dois continentes (na América Latina esse processo aconteceu no século XIX). Surgiram vários países independentes, todos caracterizados por graves problemas socioeconômicos oriundos de um passado de colonização de exploração – altas taxas de natalidade e mortalidade, baixa expectativa de vida, subnutrição, analfabetismo, entre outros problemas associados à pobreza. Estatísticas e avaliações de organismos internacionais, como a Organização das Nações Unidas (ONU) e o Banco Mundial, há muito demonstram que a maioria dos povos que habitam essas ex-colônias tem um padrão de vida muito inferior ao considerado satisfatório em termos de alimentação, moradia, saneamento básico, saúde, educação e trabalho. A gravidade desses problemas levou governos e instituições internacionais, como a ONU, a ter consciência das desigualdades entre os países e, como tentativa de compreender essa realidade, criar os conceitos de **subdesenvolvimento** e Terceiro Mundo.

Conceitos

Terceiro Mundo

Conceito utilizado pela primeira vez pelo demógrafo francês Alfred Sauvy (1898-1990) em um artigo publicado em 1952, no qual estabeleceu uma comparação entre os países subdesenvolvidos, após a Segunda Guerra Mundial (1939-1945), e o Terceiro Estado, na época da Revolução Francesa. Concluiu o artigo, intitulado "Três Mundos, um planeta", com a seguinte frase: "Pois enfim esse Terceiro Mundo, ignorado, explorado, desprezado, tal como o Terceiro Estado, também quer ser alguma coisa".

Sauvy parafraseou a frase do abade Emmanuel Joseph Sieyès (político francês simpatizante do movimento revolucionário), que, em 1789, ao se referir ao grupo de deputados eleitos pela burguesia e pelos camponeses, qualificou-o de Terceiro Estado, em contraposição ao Clero (Primeiro Estado) e à Nobreza (Segundo Estado).

No período da Guerra Fria (1947-1991), em uma tentativa de regionalização do espaço geográfico mundial, era comum classificar os Estados nacionais em um dos "três mundos": o Primeiro formado por países capitalistas desenvolvidos, sob a liderança dos Estados Unidos; o Segundo composto de países socialistas, sob a liderança da União Soviética, e o Terceiro integrado por países subdesenvolvidos, capitalistas em sua maioria, mas também por alguns socialistas não alinhados com a então superpotência do leste. As nações do Terceiro Mundo se localizavam na Ásia, na África e na América Latina.

Jonas Gratzer/LightRocket/Getty Images

Foto de 2018. Lixo nas ruas da Favela Rio das Pedras, no Rio de Janeiro (RJ).

Jonas Gratzer/LightRocket/Getty Images

A foto, de 2020, mostra a favela de Balkhu, em Katmandu (Nepal), na qual as pessoas vivem sem sistema de esgotos e tratamento de água. As desigualdades sociais são bem visíveis nas paisagens dos países em desenvolvimento, sobretudo quando o tema é saneamento básico.

Após a Segunda Guerra Mundial, o fato de pertencer ao Terceiro Mundo tinha um significado geopolítico e socioeconômico e expressava identidade entre os países que pertenciam a esse grupo. Em 1955, foi realizada em Bandung (Indonésia) uma conferência que reuniu as nações recém-independentes da Ásia e da África. Nesse encontro, o Terceiro Mundo passou a ser identificado como uma terceira via de desenvolvimento, uma alternativa ao capitalismo estadunidense e ao socialismo soviético. Com isso, a Conferência de Bandung lançou as bases do movimento dos países não alinhados.

Hoje em dia, na etapa informacional do capitalismo, esse conceito ganhou caráter pejorativo (sinônimo de pobreza), e nenhum país quer ser identificado como pertencente a esse grupo (o mesmo ocorre com "subdesenvolvido"). Assim, o conceito de Terceiro Mundo é historicamente datado.

Desde 1991, com o fim da União Soviética e, portanto, da Guerra Fria, o Segundo Mundo deixou de existir. Com o surgimento das economias emergentes, o grupo de países então classificados de Terceiro Mundo ficou muito heterogêneo. E, mesmo no interior dos países desenvolvidos, aumentam os índices de desigualdade social, marginalização e pobreza, principalmente a partir da crise financeira iniciada nos Estados Unidos em 2008/2009 e agravada com a crise econômica provocada pela pandemia de covid-19. Assim, embora eventualmente ainda sejam empregadas, atualmente não faz sentido usar as expressões Primeiro Mundo e Terceiro Mundo para agrupar os países.

Desigualdades socioeconômicas mundiais

É muito difícil agrupar os mais de duzentos Estados do mundo em apenas duas ou três categorias, pois há grande heterogeneidade entre eles do ponto de vista social e econômico.

Os antigos países "subdesenvolvidos", atualmente chamados **países em desenvolvimento**, apresentam profundas desigualdades sociais e regionais e Índice de Desenvolvimento Humano (IDH) menor do que o dos países desenvolvidos. Essa é a realidade de vários Estados africanos, asiáticos e latino-americanos.

Mo Azizi/Shutterstock

Os Emirados Árabes Unidos são um país emergente, cuja economia é voltada para a exploração do petróleo. O país está entre os 10 maiores produtores mundiais. O governo faz grandes investimentos em construções modernas, como o Museu do Futuro, em Dubai, em destaque iluminado durante a noite. Foto de 2021.

Grande parte dessas nações não conseguiu diversificar sua economia e continua exportando produtos agrícolas e minerais, como na época do colonialismo. Entretanto, nesse grupo considerado em desenvolvimento, há países cujas condições socioeconômicas são bastante diversas. Por isso existem subclassificações, como **países emergentes** e **países menos desenvolvidos**.

De acordo com o glossário do G20 (Grupo dos 20), "países emergentes" são aqueles em rápido processo de crescimento econômico e industrialização, que avançam da condição de países em desenvolvimento para a de países desenvolvidos. Segundo a FTSE, empresa britânica especializada na classificação de países e empresas, os emergentes situam-se entre as economias desenvolvidas e as chamadas "economias de fronteira", que, no jargão do meio empresarial, são consideradas menos desenvolvidas do que os países emergentes.

Entretanto, não há uma classificação consensual dos países incluídos na categoria "emergente". A ONU, por meio de sua agência para o comércio e o desenvolvimento, a United Nations Conference on Trade and Development (Unctad), lista 38 países nessa categoria, entre os quais o Brasil. No entanto, a expressão "economia emergente" é mais utilizada no mundo dos negócios.

Classificação da FTSE – 2021

Banco de imagens/Arquivo da editora

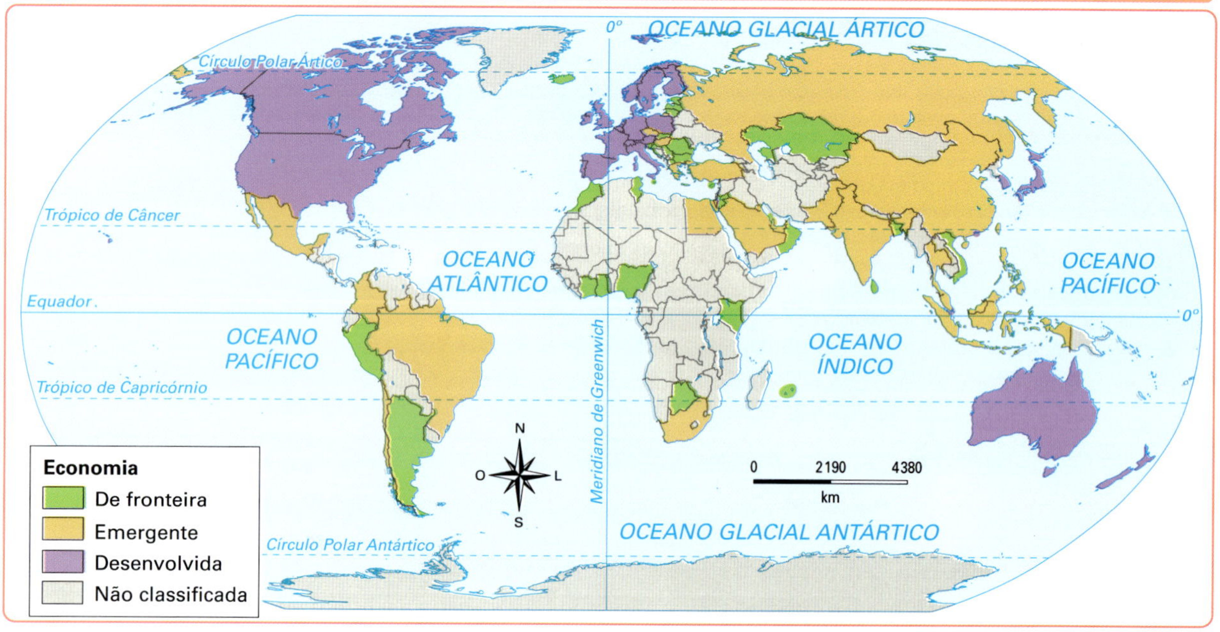

Fonte: elaborado com base em FTSE Russell. *FTSE Equity Country Classification. September 2021*. p. 5. Disponível em: https://research.ftserussell.com/products/downloads/FTSE-Country-Classification-Update_latest.pdf. Acesso em: 30 maio 2022.

Segundo a ONU, os "países menos desenvolvidos" são os mais pobres do mundo e apresentam graves problemas socioeconômicos e os piores IDHs. Em 2020, eram classificados nessa categoria 46 países: 33 na África, 12 na Ásia/Pacífico e um na América, o Haiti. Alguns dos antigos países socialistas têm feito reformas de cunho capitalista e, por esse motivo, a ONU os classifica como **economias em transição**, conforme se pode observar no mapa a seguir.

Classificação da ONU – 2019

Banco de imagens/Arquivo da editora

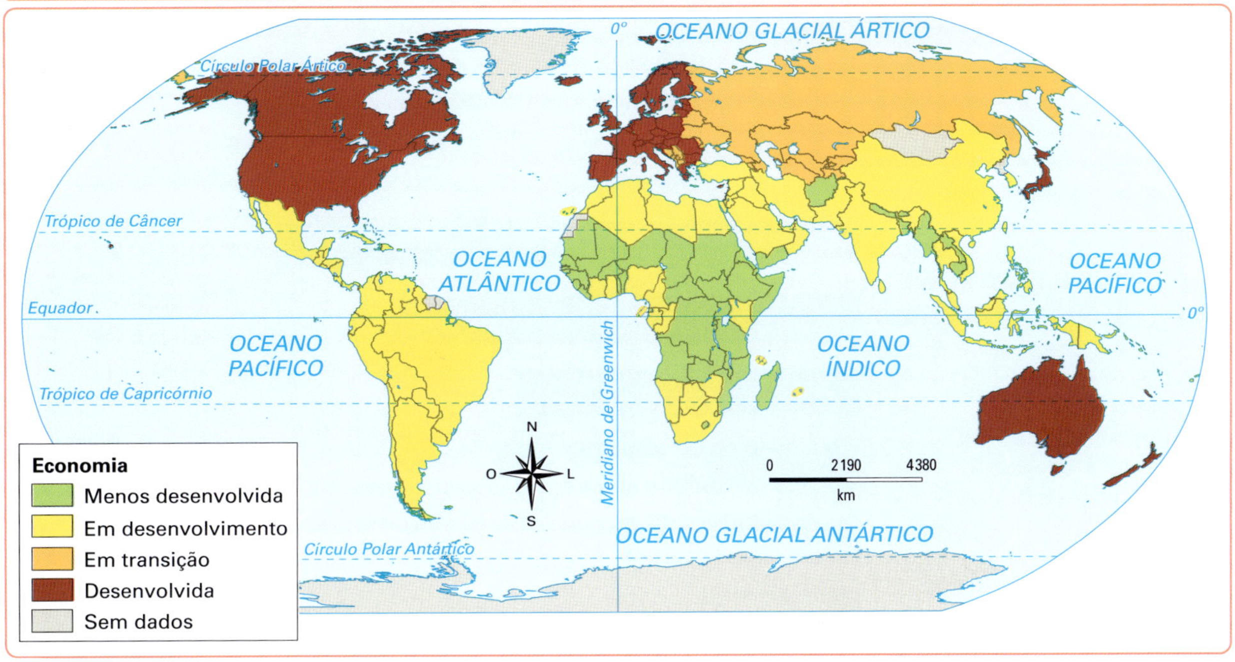

Fonte: elaborado com base em UNITED NATIONS. *World Economic Situation and Prospects 2021*. New York: United Nations, 2021. p. 125-129. Disponível em: https://www.un.org/development/desa/dpad/wp-content/uploads/sites/45/WESP2021_FullReport.pdf. Acesso em: 30 maio 2022.

Reconhecendo a dificuldade de classificação dos países, a ONU faz a seguinte ressalva: "As designações 'desenvolvido', 'em transição' e 'em desenvolvimento' foram adotadas por conveniência estatística e não necessariamente expressam um julgamento sobre o estágio alcançado por um país em particular no processo de desenvolvimento".

Veja exemplos da dificuldade de classificar países tão diversos em três ou quatro categorias:

- A Coreia do Sul, país com IDH muito elevado e uma das economias mais modernas e competitivas do mundo, ainda aparece no grupo das economias em desenvolvimento na publicação *World Economic Situation and Prospects 2021* (Situação Econômica Mundial e Perspectivas 2021) da ONU, como se pode ver no mapa acima. Na classificação estatística da Unctad, agência da ONU, aparece como economia emergente. Segundo a FTSE, a Coreia do Sul é classificada como economia desenvolvida. Ou seja, dependendo da fonte, o país aparece em cada uma das três categorias.
- No mapa da ONU, os antigos países socialistas que ingressaram na União Europeia, como a Polônia, não são classificados como economias em transição, mas como economias desenvolvidas. Já a Rússia, herdeira da antiga superpotência, é considerada uma economia em transição. A Unctad classifica esses dois países como economias emergentes, enquanto a FTSE reconhece a Polônia como país desenvolvido. A Rússia era considerada economia emergente no relatório 2020 da FTSE, mas no relatório 2021 foi excluída da lista por causa das sanções internacionais impostas ao país. Na classificação do meio empresarial, apenas um representante dos antigos países socialistas aparece como economia desenvolvida.

Segundo o *Atlas do desenvolvimento global 2013*, do Banco Mundial, as economias de baixa e média renda são muitas vezes definidas como economias em desenvolvimento. Por sua vez, os países de renda alta são em geral definidos como economias desenvolvidas, mas há exceções: a Arábia Saudita é um país de alta renda, mas não é considerado desenvolvido nem por instituições internacionais, como a ONU, como se observa no mapa "Classificação da ONU – 2019", nem por empresas de classificação de países, como a FTSE, que, como vimos no mapa da página anterior, classifica a Arábia Saudita como "economia emergente". Agora, observe o gráfico "Países selecionados: Rendimento Nacional Bruto (RNB)* *per capita* – 2019".

Países selecionados: Rendimento Nacional Bruto (RNB)* *per capita* – 2019

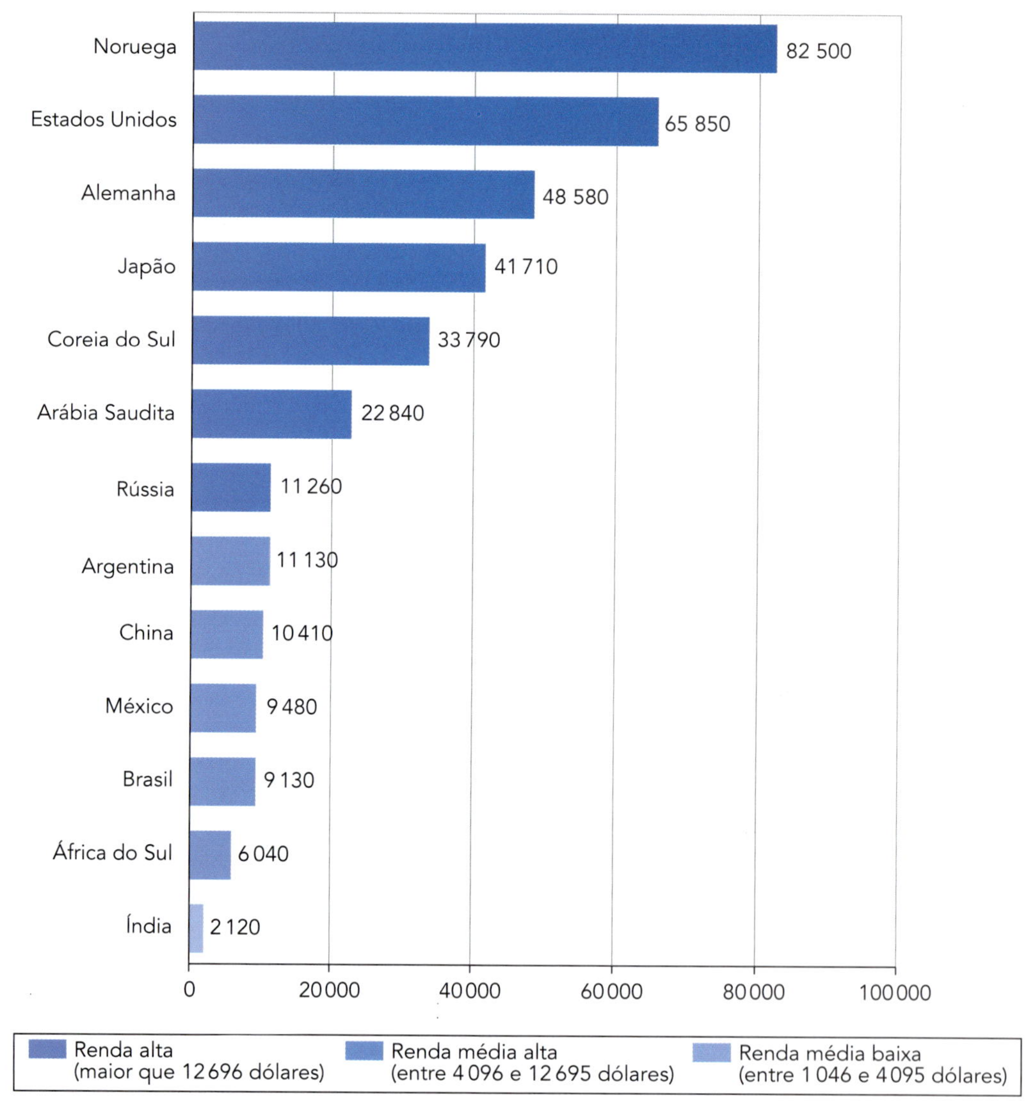

WYM Design/Arquivo da editora

*Rendimento Nacional Bruto (RNB) é diferente do Produto Interno Bruto (PIB). O PIB mostra a produção interna de um país gerada por todos os setores de sua economia; o RNB mostra essa produção mais os rendimentos que entram em seu território e menos os que saem. Por exemplo: dinheiro enviado ao exterior ou recebido de fora do país, pagamento ou recebimento de empréstimos, exportações/importações, etc. Se um país recebe mais rendimentos do que envia ao exterior, terá um RNB maior que o PIB; se, ao contrário, mais envia ao exterior do que recebe, terá um RNB menor que o PIB.

Fonte: elaborado com base em THE WORLD BANK. *World Development Indicators 2022*. Washington, DC: The World Bank Group, 13 jan. 2022. Disponível em: http://wdi.worldbank.org/tables. Acesso em: 30 maio 2022.

O Brasil, país de renda média alta e classificado como "economia emergente", tem uma das piores distribuições de renda do mundo, de acordo com dados do Banco Mundial. Por isso, desde 2016, o Banco Mundial não faz mais essa correlação entre desenvolvimento e renda, embora a correlação, de forma geral, continue existindo na realidade.

A tabela a seguir mostra como, de maneira geral, o rendimento nacional bruto se distribui de forma muito mais desigual nos países em desenvolvimento, principalmente em alguns emergentes.

Países selecionados: distribuição de renda

País* (ano da pesquisa)	Percentual sobre o total do rendimento nacional		Índice de Gini**
	10% mais pobres	10% mais ricos	
Eslovênia (2019)	4,2	20,7	24,4
Noruega (2019)	3,4	22,4	27,7
Coreia do Sul (2016)	2,8	24,0	31,4
Alemanha (2018)	3,1	25,1	31,7
Bangladesh (2016)	3,7	26,8	32,4
Japão (2013)	2,9	26,4	32,9
Índia (2011)	3,5	30,1	35,7
Níger (2018)	3,2	31,1	37,3
China (2019)	2,8	29,5	38,2
Estados Unidos (2019)	1,8	30,8	41,5
Argentina (2020)	1,7	30,3	42,3
Rep. Dem. do Congo (2012)	2,1	32,0	42,1
Sudão do Sul (2016)	1,3	33,2	44,1
México (2020)	1,8	35,5	45,4
Brasil (2020)	1,6	39,4	48,9
Namíbia (2015)	1,0	47,3	59,1
África do Sul (2014)	0,9	50,5	63,0

* A Arábia Saudita não disponibiliza esse dado.

** O coeficiente de desigualdade, nome em homenagem ao seu criador, o estatístico italiano Corrado Gini (1884-1965), varia de zero, que indica plena igualdade, a cem, situação de máxima desigualdade, mostrando como a renda está distribuída em um país.

Fonte: elaborada com base em THE WORLD BANK. *World Development Indicators*. Washington, DC: The World Bank Group, 2022. Disponível em: http://wdi.worldbank.org/table/1.3. Acesso em: 27 jun. 2022.

Atividade

2. Analise os dados da tabela e faça o que se pede:

a) Que país apresenta a melhor distribuição de renda no mundo? E a pior? Comente a situação do Brasil.

b) Estabeleça uma comparação entre os países desenvolvidos e os países em desenvolvimento quanto à distribuição de renda.

c) Crescimento do PIB sem distribuição de renda é injustiça social, porém distribuição de renda sem crescimento do PIB é justiça social sem meios. Comente essa frase e dê exemplos.

A desigualdade relativa ao acesso à riqueza pode ser revertida, pois é uma construção social. No plano individual, uma pessoa pobre pode enriquecer e uma pessoa rica pode empobrecer. O mesmo ocorre com grupos sociais maiores. Um país pode enriquecer, considerando a renda *per capita*, ainda que em seu interior continuem existindo pessoas ricas e pessoas pobres, porque esse indicador nada mais é do que o PIB ou RNB dividido pela população, ou seja, é uma média. Ele é um bom indicador de produtividade econômica, mas não retrata a real distribuição de renda na sociedade.

A China, por exemplo, protagonizou um dos mais acelerados processos de enriquecimento da história, no entanto, paralelamente aumentou a desigualdade social. Segundo o Banco Mundial, em 1981, quando começaram as reformas que impulsionaram seu crescimento econômico, 97,8% da população chinesa vivia abaixo da linha internacional de pobreza (com menos de 2 dólares por dia). Em 2019, após décadas de crescimento acelerado do PIB, o percentual da população vivendo abaixo da linha internacional de pobreza (agora ajustada para 3,20 dólares por dia) foi reduzido para apenas 1,7%. A renda *per capita* chinesa subiu de 530 dólares, em 1994, para 10 410 dólares, em 2019.

Para se ter uma dimensão do rápido crescimento econômico da China, no mesmo período, a renda *per capita* do Brasil subiu de 2970 para 9130 dólares. Ou seja, nesse período, a China aumentou muito sua produtividade econômica e sua riqueza *per capita*, superando a brasileira, e se transformou num país de renda média, embora mais desigual. De todo modo, é um feito notável o país ter tirado milhões de pessoas da miséria para uma condição de classe média. Vale ressaltar que, mesmo em países democráticos e bastante igualitários, como Noruega e Japão, há desigualdade social, há pessoas ricas (algumas muito ricas) e pessoas pobres; a diferença é que os pobres são minoritários e a maior parte da população faz parte da classe média.

Meeh/Shutterstock

Na foto, homem em situação de rua em Tóquio (Japão), em 2019. Embora minoritárias, nos países desenvolvidos também há pessoas socioeconomicamente marginalizadas.

Saiba+

Global Inequality: China. Disponível em: https://www.youtube.com/watch?v=nCyRvStXeYQ. Acesso em: 30 maio 2022.

O vídeo *Desigualdade global: China* apresenta algumas ações realizadas no país para combater a desigualdade.

A pobreza extrema

De acordo com dados do Banco Mundial, nos países em desenvolvimento, ainda há um elevado percentual de pessoas vivendo em situação de pobreza extrema, sobretudo na África subsaariana e no sul da Ásia, regiões onde se concentra a maioria dos países menos desenvolvidos.

São consideradas pobres pessoas que vivem com renda inferior a 3,20 dólares PPC por dia – portanto, abaixo da linha internacional de pobreza. Pessoas extremamente pobres são aquelas que sobrevivem com menos de 1,90 dólar PPC por dia, o limite da miséria. Observe as tabelas a seguir.

PPC: sigla de Paridade do Poder de Compra, método utilizado para estabelecer comparações entre o PIB (e a renda *per capita*) dos países, no qual a paridade do poder de compra é calculada para ajustar esses indicadores. O dólar estadunidense (US$) ajustado pela PPC é mais adequado para comparar os PIBs dos países do que o dólar corrente, usado pelo Banco Mundial (que considera só a variação da taxa de câmbio), pois este último não mostra com precisão as diferenças de capacidade de compra e de padrão de vida da população de cada país.

Países selecionados: população abaixo da linha internacional de pobreza extrema

País (ano da pesquisa)	População total (milhões de habitantes) em 2020	% da população vivendo com menos de 1,90 dólar PPC por dia
Alemanha (2018)	83,2	0,0
Coreia do Sul (2016)	51,8	0,2
Noruega (2019)	5,4	0,2
China (2019)	1 410,9	0,1
Argentina (2020)	45,4	1,6
Japão (2013)	125,8	0,7
Estados Unidos (2019)	329,5	1,0
México (2020)	128,9	3,1
Brasil (2020)	212,6	1,7
Namíbia (2015)	2,5	13,8
Bangladesh (2016)	164,7	14,3
África do Sul (2014)	59,3	18,7
Índia (2011)	1 380,0	22,5
Nigéria (2018)	206,1	39,1
Níger (2018)	24,2	41,4
Sudão do Sul (2016)	11,2	76,5
Rep. Dem. do Congo (2012)	89,6	77,2

Fonte: elaborada com base em THE WORLD BANK. *World Development Indicators*. Washington, DC: The World Bank Group, 13 jan. 2022. Disponível em: http://wdi.worldbank.org/tables. Acesso em: 30 maio 2022.

Mundo: regiões com maiores contingentes de pessoas vivendo na extrema pobreza			
Região	Número de pobres (milhões)		
	1990	2002	2019
África subsaariana	280,9	392,0	435,6*
Sul da Ásia	557,1	576,5	291,0**
Leste da Ásia e Pacífico	977,3	538,6	19,9
América Latina e Caribe	67,7	63,2	24,1
Europa e Ásia central	11,5	26,7	5,1
Oriente Médio e norte da África	14,8	9,8	27,3*
Mundo em desenvolvimento	1 913,3	1 611,5	803,0

* 2018
** 2013

Fonte: elaborada com base em THE WORLD BANK. *World Development Indicators*. Washington, DC: The World Bank Group, 13 jan. 2022. Disponível em: http://wdi.worldbank.org/tables. Acesso em: 30 maio 2022.

Atividade

3. Analise os dados das tabelas e responda às questões.

a) Como os números da pobreza extrema evoluíram no mundo no período retratado?

b) Quem mais contribuiu para a redução da pobreza extrema por região e por país?

c) Onde há maior índice de pobreza extrema: no Japão ou na China? Em qual deles há mais pessoas pobres? Compare-os com o Brasil.

Saiba +

Quem quer ser um milionário? Direção: Danny Boyle. Estados Unidos e Reino Unido, 2008. 120 min. Jovem de origem pobre, que trabalha servindo chá em uma empresa de *telemarketing*, inscreve-se para participar do programa de TV *Quem quer ser um milionário?*. O filme retrata as contradições da sociedade indiana: apesar das altas taxas de crescimento econômico e da modernização, há milhões que vivem na miséria em habitações precárias.

A pobreza é desigual entre os países, mesmo nas regiões em que se concentram mais pessoas pobres. Compare, por exemplo, a taxa de extrema pobreza da África do Sul com a da República Democrática do Congo, ambas situadas na África subsaariana. A oposição entre países desenvolvidos, em geral situados no topo da tabela, e países em desenvolvimento, em geral na parte de baixo, divide a maior parte dos Estados em dois grupos, como se formassem dois mundos dissociados. Além de não apreender a história de cada país (em geral, os países pobres foram colônias) e suas peculiaridades socioeconômicas e culturais, essa classificação transmite a ideia de que o "subdesenvolvimento" é um estágio para o desenvolvimento, quando a maioria dos países desenvolvidos da atualidade não foi considerada subdesenvolvida no passado. Por isso, a ONU, em seus documentos, usa a expressão "combate à pobreza", e não "ao subdesenvolvimento".

Além disso, o rápido crescimento econômico que vem ocorrendo em diversos países em desenvolvimento desde os anos 1990 tem alterado o panorama mundial. Países emergentes, como China, Brasil, Índia e México, entre outros, são, em muitos aspectos (PIB, produção industrial, recursos naturais e potencial do mercado interno), mais ricos do que muitos países classificados como desenvolvidos. Porém, apesar de as elites desses países terem alto padrão de vida, o IDH de suas populações é inferior ao dos países desenvolvidos. Além disso, a infraestrutura produtiva (energia, telecomunicações, portos, rodovias, etc.) muitas vezes apresenta problemas.

Desigualdades socioeconômicas: Índice de Desenvolvimento Humano

O economista indiano Amartya Sen (1933-), um dos criadores do IDH e ganhador do prêmio Nobel de Economia em 1998, define desenvolvimento como um processo de expansão das liberdades reais dos seres humanos, o que inclui renda satisfatória, acesso a bons serviços públicos e garantia de direitos políticos e civis, entre outras conquistas. Leia o trecho a seguir.

> O desenvolvimento requer que se removam as principais fontes de privação de liberdade: pobreza e tirania, carência de oportunidades econômicas e destituição social sistemática, negligência dos serviços públicos e intolerância ou interferência excessiva de Estados repressivos [...]. Às vezes a ausência de liberdades substantivas relaciona-se diretamente com a pobreza econômica, que rouba das pessoas a liberdade de saciar a fome, de obter uma nutrição satisfatória ou remédios para doenças tratáveis, a oportunidade de vestir-se ou morar de modo apropriado, de ter acesso a água tratada ou saneamento básico. Em outros casos, a privação de liberdade vincula-se estreitamente à carência de serviços públicos e assistência social, como por exemplo a ausência de programas epidemiológicos, de um sistema bem planejado de assistência médica e educação ou de instituições eficazes para a manutenção da paz e da ordem locais. Em outros casos, a violação da liberdade resulta diretamente de uma negação de liberdades políticas e civis por regimes autoritários e de restrições impostas à liberdade de participar da vida social, política e econômica da comunidade.
>
> SEN, Amartya. *Desenvolvimento como liberdade*. São Paulo: Companhia das Letras, 2000. p. 18.

Composição do Índice de Desenvolvimento Humano (IDH)

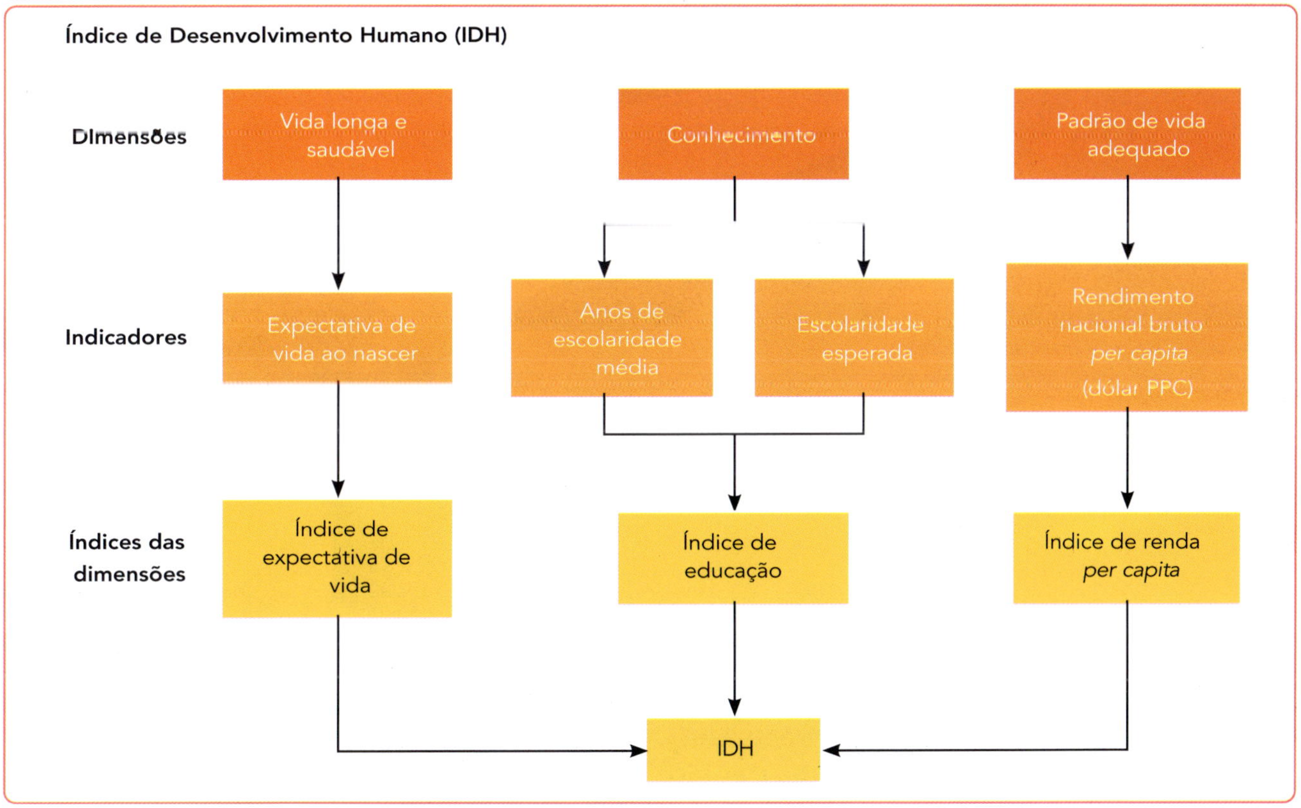

Banco de imagens/Arquivo da editora

Fonte: UNDP. *Human Development Reports*. Human Development Index (HDI). New York, 2020. Disponível em: http://hdr.undp.org/en/content/human-development-index-hdi. Acesso em: 30 maio 2022.

Macroeconômico: refere-se à macroeconomia, ramo da economia que se ocupa do estudo do comportamento do sistema econômico como um todo em suas grandes variações estatísticas: PIB, taxa de crescimento econômico, taxa de inflação, nível de renda e emprego, entre outros.

Assim, analisar o desenvolvimento de um país apenas do ponto de vista macroeconômico, como tradicionalmente tem sido feito, significa obter uma visão parcial e limitada da realidade. Para conhecer as condições de vida de uma população, é preciso considerar não apenas os indicadores econômicos (como PIB e renda *per capita*), mas também os indicadores sociais (expectativa de vida, mortalidade infantil e analfabetismo, por exemplo) e políticos (respeito aos direitos humanos, participação política da população, entre outros), além da sustentabilidade ambiental. Por isso, desde 1990, o **Programa das Nações Unidas para o Desenvolvimento (Pnud)** calcula e divulga o **IDH** de quase todos os países.

Durante muito tempo, a pobreza foi encarada apenas como uma limitação na renda das pessoas, mas atualmente deve ser considerada uma privação das capacidades humanas básicas, como propõe Amartya Sen. Ela está relacionada à restrição à cidadania e aos direitos humanos, daí a importância de programas de complementação de renda e de investimentos em melhorias dos serviços públicos, como saúde, educação e saneamento básico. Por isso, complementando o IDH, em 2010, o Pnud criou o Índice de Pobreza Multidimensional (IPM), que mede a pobreza da população de um país pela intensidade de privações, e não apenas pela renda.

Steven Van Aerschot/Shutterstock

Sk Hasan Ali/Shutterstock

Na foto acima, pessoas em estação ferroviária de Titisee-Neustadt (Alemanha), em 2020. Na foto ao lado, pessoas viajam no teto de trem em Daca (Bangladesh), em 2019. O abismo socioeconômico entre os dois países é gritante e se revela na infraestrutura de serviços básicos, como transporte público.

Países selecionados: IDH – 2019				
Posição/país	IDH	Expectativa de vida ao nascer (anos)	Escolaridade média/ escolaridade esperada* (anos)	Rendimento nacional bruto *per capita* (dólar PPC)
Desenvolvimento humano muito elevado				
1º Noruega	0,957	82,4	12,9 / 18,1	66 494
6º Alemanha	0,947	81,3	14,2 / 17,0	55 314
17º Estados Unidos	0,926	78,9	13,4 / 16,3	63 826
19º Japão	0,919	84,6	12,9 / 15,2	42 932
23º Coreia do Sul	0,916	83,0	12,2 / 16,5	43 044
40º Arábia Saudita	0,854	75,1	10,2 / 16,1	47 495
46º Argentina	0,845	76,7	10,9 / 17,7	21 190
52º Rússia	0,824	72,6	12,2 / 15,0	26 157
Desenvolvimento humano elevado				
74º México	0,779	75,1	8,8 / 14,8	19 160
84º Brasil	0,765	75,9	8,0 / 15,4	14 263
85º China	0,761	76,9	8,1 / 14,0	16 057
114º África do Sul	0,709	64,1	10,2 / 13,8	12 129
Desenvolvimento humano médio				
130º Namíbia	0,646	63,7	7,0 / 12,6	9 357
131º Índia	0,645	69,7	6,5 / 12,2	6 681
133º Bangladesh	0,632	72,6	6,2 / 11,6	4 976
Desenvolvimento humano baixo				
161º Nigéria	0,539	54,7	6,7 / 10,0	4 910
179º Iêmen	0,470	66,1	3,2 / 8,8	1 594
185º Sudão do Sul	0,433	57,9	4,8 / 5,3	2003
189º Níger	0,394	62,4	2,1 / 6,5	1 201

* Número de anos de escolaridade que uma criança em idade de entrada na escola pode esperar ter se as taxas de matrícula por idade permanecerem as mesmas ao longo de sua vida escolar.

Fonte: elaborada com base em PNUD. *Relatório de Desenvolvimento Humano 2020*. Nova York: Programa das Nações Unidas para o Desenvolvimento, 2020. p. 343-346. Disponível em: https://hdr.undp.org/sites/default/files/hdr2020_pt.pdf. Acesso em: 27 maio 2022.

Atividade

- Analise os dados da tabela e responda às questões propostas.
  a) Qual país apresenta o IDH mais elevado do mundo? E o mais baixo? Qual é a posição do Brasil?
  b) Uma renda *per capita* mais elevada sempre corresponde a um IDH mais elevado? Dê exemplos.
  c) Identifique a correlação entre renda e desenvolvimento humano e aponte medidas que podem melhorar as condições de vida de uma população.

Desigualdades políticas: Índice de Fragilidade dos Estados

Saiba+

Hotel Ruanda. Direção: Terry George. Estados Unidos, Reino Unido, Itália e África do Sul, 2004. 120 min.

Baseado na história real de Paul Rusesabagina, gerente de um hotel em Kigali, capital de Ruanda. Em 1994, durante o conflito entre hutus e tútsis, Rusesabagina, que era hutu, salvou a vida de mais de 1 200 pessoas da etnia tútsi, abrigando-as no hotel em que trabalhava.

Além dos problemas sociais, outro problema que vários países em desenvolvimento enfrentam são as guerras, a maioria delas civis, ou a violência associada ao tráfico de drogas ou à instabilidade política.

Esses conflitos atingem principalmente países que o **Fund for Peace** (Fundo para a Paz, ONG com sede em Washington, Estados Unidos) chama de "Estados frágeis", termo que define nações em que o Estado apresenta tal grau de desestruturação que não consegue cumprir sua missão de garantir paz, segurança e coesão social aos habitantes de seu território. A classificação é feita pelo **Índice de Fragilidade dos Estados (IFE)**, composto de doze indicadores sociais, econômicos, políticos e militares. As notas para cada um desses indicadores variam de um a dez, e a média final compõe um único indicador. Quanto mais próximo de 120, maior a fragilidade do Estado e a desagregação social; quanto mais próximo de zero, mais sustentável é o Estado e mais coesa é a sociedade. Em 2021, o Iêmen era o Estado mais vulnerável, e a Finlândia, o mais sustentável.

Dos nove Estados com maior IFE, em situação de alerta alto e muito alto, seis são da África subsaariana e três ficam na Ásia.

Os três Estados mais vulneráveis, os três mais sustentáveis e outros selecionados – 2021

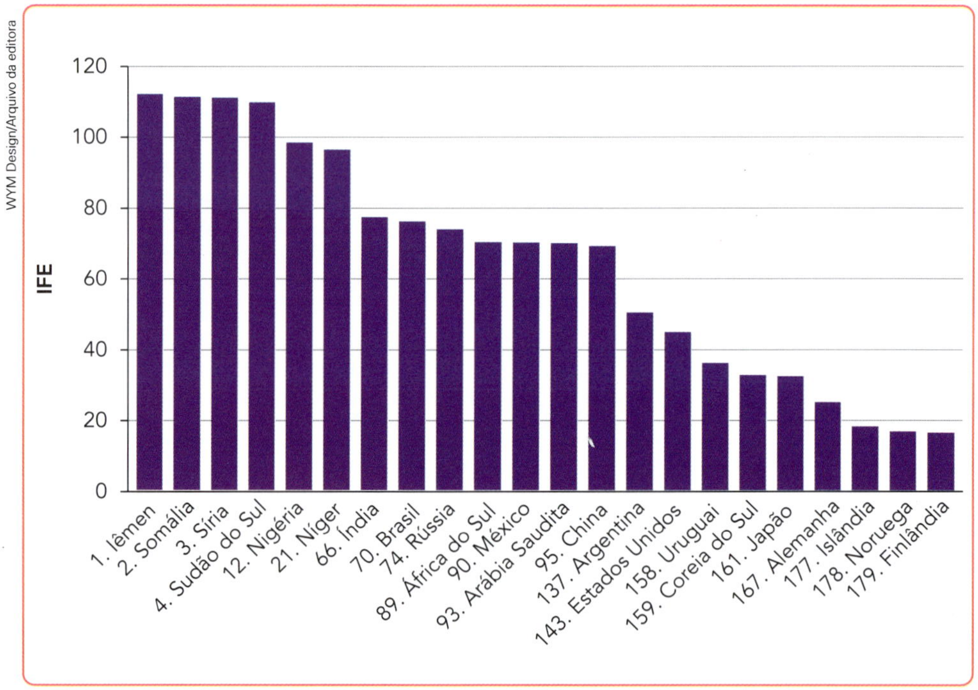

Fonte: elaborado com base em FUND FOR PEACE. *Fragile States Index: Annual Report 2021*. Washington, DC: The Fund for Peace, 2021. p. 49 e 50. Disponível em: https://fragilestatesindex.org/wp-content/uploads/2021/05/fsi2021-report.pdf. Acesso em: 30 maio 2022.

Atividade

- Estabeleça correlações entre os países do gráfico anterior com os países que aparecem no gráfico da página 610. A que conclusões você chega?

Em virtude das tensões e das instabilidades políticas, muitos dos Estados mais pobres e vulneráveis do mundo, como o Níger, último colocado em IDH, têm elevadas despesas militares, destinando menos recursos do orçamento para investimentos sociais, como educação. De acordo com dados do Banco Mundial, em 2020, esse país da África subsaariana comprometeu 2,4% do PIB com despesas militares e 3,5% com educação. No mesmo ano, a Noruega, primeira colocada em IDH, gastou 1,9% de seu PIB com despesas militares e 7,6% com educação.

Comparativamente, entretanto, o percentual com gastos militares nas maiores potências econômicas mundiais, embora seja numericamente menor que nos países mais pobres, representa muito mais dinheiro em razão do tamanho de seus PIBs. De acordo com o Banco Mundial, no mesmo ano de 2020, por exemplo, os Estados Unidos gastaram 3,7% de seu PIB com armas, o que corresponde a 775 bilhões de dólares e equivale a exatamente 56,5 vezes o PIB do Níger.

E este é outro ponto que vale ressaltar: os países "menos desenvolvidos" não produzem armamentos, por isso os importam de países desenvolvidos e de alguns emergentes. Apenas os Estados Unidos são responsáveis por quase 40% das exportações mundiais de armas (veja o gráfico). Portanto, é sempre necessário colocar em perspectiva a análise da situação de países que sofrem com conflitos constantes. Apontá-los como únicos responsáveis pelos confrontos é ignorar que a guerra é um dos negócios mais lucrativos do mundo e que os conflitos que desagregam social e economicamente os países vulneráveis são fonte de imenso lucro para muitos dos países considerados sustentáveis.

Os dez maiores exportadores de armas – 2017-2021

WYM Design/Arquivo da editora

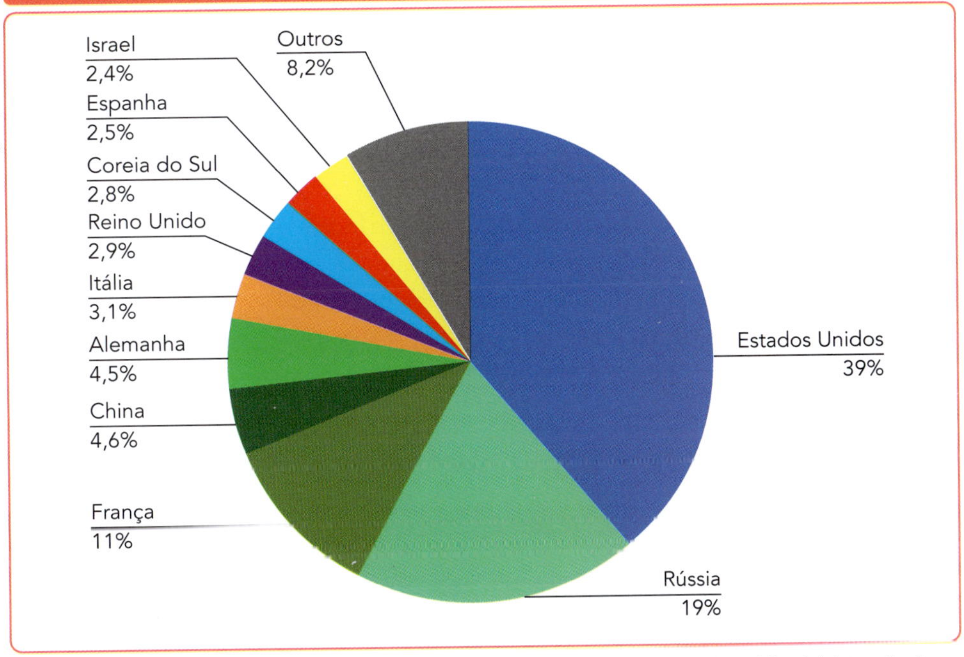

Fonte: elaborado com base em SIPRI Arms Transfers Database, Mar. 2022. *In*: WEZEMAN, Pieter D. *et al.* Trends in international arms transfers, 2021. *SIPRI Fact Sheet*, mar. 2022. Disponível em: https://www.sipri.org/sites/default/files/2022-03/fs_2203_at_2021.pdf. Acesso em: 28 jun. 2022.

Note como a situação dos países mais pobres é perversa: eles têm um PIB baixo e gastam proporcionalmente mais com armas, destinando menos para investimentos sociais, como saúde e educação. Possuem graves problemas institucionais e pressões externas que influenciam em suas políticas, e as consequências se refletem na falta de perspectivas econômicas que leva muitos jovens, principalmente do sexo masculino, a serem aliciados por grupos armados.

Para superar a falta de perspectivas econômicas e o desalento que impera em muitos países menos desenvolvidos, é preciso romper o círculo vicioso pobreza-violência-pobreza, principalmente nos Estados frágeis. Não é uma tarefa fácil por causa dos interesses dos grupos que detêm o poder nesses países e dos exportadores de armas. Porém, a conscientização internacional nesse sentido mobilizou os países do mundo a estabelecer os Objetivos de Desenvolvimento Sustentável, que estipulou como objetivo 1 "acabar com a pobreza em todas as suas formas, em todos os lugares" e como objetivo 10 "reduzir a desigualdade dentro dos países e entre eles".

Desigualdade e corrupção: Índice de Percepção da Corrupção

BOBBIO, Norberto; MATTEUCCI, Nicola; PASQUINO, Gianfranco. *Dicionário de Política*. 7. ed. Brasília: Editora UnB, 1995. p. 291.

De acordo com o *Dicionário de Política*, do filósofo italiano **Norberto Bobbio** (1909--2004), corrupção é "o fenômeno pelo qual um funcionário público é levado a agir de modo diverso dos padrões normativos do sistema, favorecendo interesses particulares em troca de recompensa". Evidentemente, para um funcionário público se corromper deve existir um corruptor, que pode ser pessoa física (indivíduo) ou jurídica (empresa).

Trata-se de um grave problema nos países em desenvolvimento, sobretudo nos menos desenvolvidos que, com poucas exceções, são, ou foram por longo período, governados por ditaduras ou regimes democráticos pouco consolidados, sob o comando de elites em geral indiferentes ao bem-estar social do restante da população. Em casos extremos, uma pessoa chega a comandar todo um país, caracterizando um **Estado predatório**.

Conceitos

Estado predatório

Conceito criado pelo sociólogo espanhol Manuel Castells (1942-) para nomear a apropriação do Estado por governantes que deixam de cumprir muitas de suas atribuições básicas e dedicam-se a satisfazer os interesses de sua família, da classe social ou do grupo étnico detentor do poder.

Já em países em desenvolvimento que atingiram certo grau de industrialização, como a maioria dos emergentes, é comum um grupo social ou partido político se apropriar do aparelho de Estado utilizando-o para favorecimentos, como a concessão de **subsídios** e de **incentivos fiscais** a grupos econômicos ligados ao poder, muitas vezes em detrimento de investimentos sociais que beneficiariam toda a população.

Subsídio: benefício concedido pelo governo a pessoas, empresas ou setores da economia. Esse benefício pode ser instituído na forma de pagamento da diferença entre o preço de custo (mais alto) e o preço de mercado (mais baixo) de determinado bem, pode ocorrer na forma de empréstimos a juros abaixo da taxa de mercado ou, ainda, como isenção de impostos.

Incentivo fiscal: subsídio concedido pelos governos (federal, estaduais ou municipais) em operações ou atividades que queiram incentivar, geralmente na forma de redução ou mesmo isenção de impostos.

A corrupção está arraigada no setor público em razão da falta de transparência dos governos, da fragilidade do sistema jurídico e da impunidade dos corruptores. Como é impossível mensurar com precisão essa prática, a **Transparência Internacional** (ONG com sede em Berlim, Alemanha) criou o **Índice de Percepção da Corrupção (IPC)**, elaborado anualmente com base em pesquisas e entrevistas feitas por diversas entidades junto a setores da sociedade mundial e de cada país.

Com base no IPC, os países são classificados segundo o grau de corrupção percebido no setor público, variando de zero (altamente corrupto) a cem (altamente honesto). Como se pode observar no gráfico a seguir, a corrupção existe em todos os países – tanto nos desenvolvidos quanto nos emergentes e nos menos desenvolvidos, mas com graus variados.

Os três Estados mais honestos, os três mais corruptos e outros selecionados – 2020

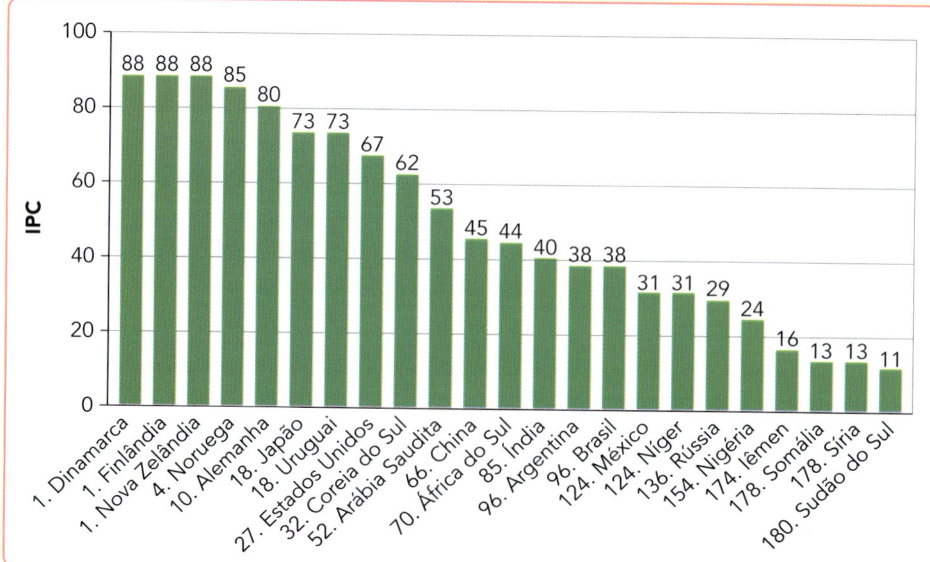

WYM Design/Arquivo da editora

Fonte: elaborado com base em TRANSPARENCY INTERNATIONAL. *Corruption Perceptions Index: 2021*. Berlim, 2021. Disponível em: https://www.transparency.org/en/cpi/2021. Acesso em: 28 maio 2022.

Atividade

- Organizem-se em grupos e façam as atividades.

a) Observem os países que aparecem no gráfico anterior e vejam a posição da maioria deles na tabela de IDH (página 607). Qual é a correlação que se pode estabelecer?

b) Discutam as questões a seguir sobre o tema corrupção. Para isso, considerem a correlação dos dados de IPC e de IDH feita no item **a** e as informações no esquema da página seguinte.

- O que é corrupção? Por que existe corrupção?
- Em que grupo de países o índice de corrupção é maior?
- Quais são as consequências da corrupção na sociedade?
- O que é possível fazer para combater a corrupção?

c) Façam uma pesquisa na internet sobre a corrupção no mundo e registrem as principais ideias levantadas. Por fim, apresentem as conclusões para a turma.

O Escritório das Nações Unidas sobre Drogas e Crime (UNODC) avalia que "a corrupção mina as instituições democráticas, retarda o desenvolvimento econômico e contribui para a instabilidade governamental". O combate a ela exige um Poder Judiciário independente e atuante, punição exemplar dos responsáveis (corruptos e corruptores) e, sobretudo, a consciência de que essa prática é um crime contra toda a sociedade, exigindo mudança de postura de todos os cidadãos. A pesquisa "Corrupção na política: eleitor – vítima ou cúmplice?", feita pelo Ibope em 2006, revelou que 75% dos entrevistados, caso tivessem oportunidade, cometeriam ao menos uma das práticas de corrupção apontadas na sondagem. No esquema a seguir, o Ministério Público Federal brasileiro lista dezoito tipos de corrupção definidos em lei.

Tipos de corrupção

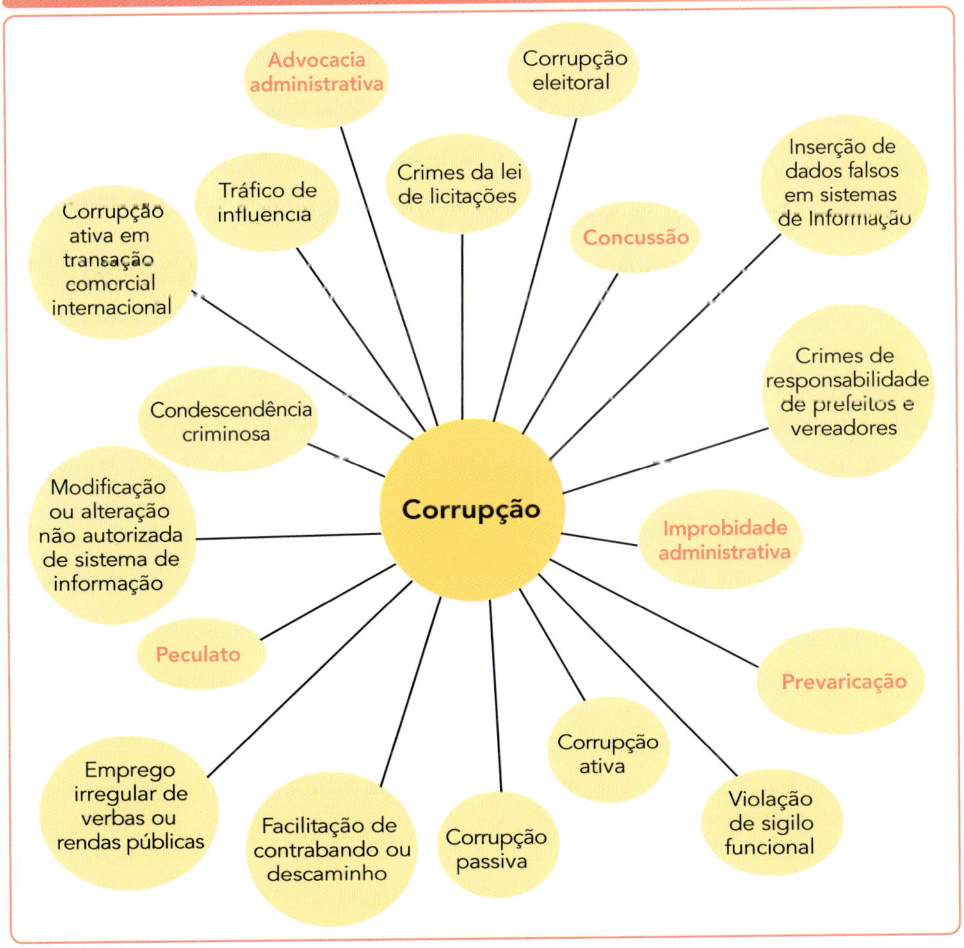

Banco de imagens/Arquivo da editora

Fonte: MPF Combate à Corrupção. *Tipos de corrupção*. Brasília, 2020. Disponível em: www.combateacorrupcao.mpf.mp.br/tipos-de-corrupcao. Acesso em: 30 maio 2022.

Advocacia administrativa: utilização indevida do cargo exercido por funcionário público para defender interesses de terceiros perante a administração pública.
Concussão: exigência de dinheiro ou qualquer outra vantagem indevida, mediante influência do cargo exercido, para o próprio funcionário público ou para outros.
Improbidade administrativa: enriquecimento ilícito ou obtenção de vantagem patrimonial em razão de cargo, mandato, função, emprego ou atividade exercidos na administração pública.
Prevaricação: não assumir as responsabilidades do cargo público, retardando ou deixando de praticar um dever ou praticando-o contra dispositivos legais visando satisfazer interesses pessoais.
Peculato: desvio de dinheiro ou qualquer outro bem, pelo qual o funcionário público é responsável em razão de seu cargo, para proveito de si próprio ou de outros.

Saiba+

Ministério Público Federal (MPF) – Combate à corrupção. Disponível em: www.combateacorrupcao.mpf.mp.br. Acesso em: 30 maio 2022.
Para saber mais sobre os tipos de corrupção e a atuação do Ministério Público em casos de corrupção no país.

Observe a imagem e leia o texto a seguir. Se possível veja o vídeo *Words kill wars* (Palavras matam guerras). Disponível em: https://www.adot.com/campaigns/Words_Kill_Wars#thumbs-8. Acesso em: 28 maio 2022.

Reprodução/Fundação ADOT

ADOT.COM. *Words kill wars*. Disponível em: https://www.adot.com/campaigns/Words_Kill_Wars#thumbs-8. Acesso em: 28 jun. 2022.

O que está acontecendo na Ucrânia?

A guerra na Ucrânia representa uma enorme ameaça para os 7,5 milhões de crianças e adolescentes do país. Muitas casas foram danificadas ou destruídas, enquanto os danos à infraestrutura civil deixaram centenas de milhares de pessoas sem água potável ou eletricidade. O país está com falta de suprimentos críticos.

Até 8 de maio [2022], mais de 5,8 milhões de refugiados haviam fugido da Ucrânia e milhões de pessoas foram deslocadas internamente. Mulheres e meninas que viajam sozinhas estão especialmente em risco de violência de gênero. Para muitos outros, a vida mudou para o subsolo, à medida que as famílias buscam segurança em abrigos, metrôs ou porões, muitas vezes por horas a fio. As mulheres estão dando à luz em maternidades improvisadas, com suprimentos médicos limitados. [...]

Enquanto isso, ataques à infraestrutura do sistema de água e falta de energia deixaram cerca de 1,4 milhão de pessoas se acesso à água na Ucrânia. Outros 4,6 milhões de pessoas têm acesso limitado. Além disso, ataques a hospitais, instalações de saúde e equipamentos médicos – e a morte e ferimentos de profissionais de saúde – estão dificultando ainda mais o acesso das pessoas a cuidados de emergência, cuidados básicos de saúde e medicamentos.

UNICEF Brasil. *O que está acontecendo na Ucrânia?* Brasília, 2022. Disponível em: https://www.unicef.org/brazil/guerra-na-ucrania-representa-ameaca-imediata-para-criancas-e-adolescentes. Acesso em: 28 jun. 2022.

1. Qual é o tema central que permite relacionar a campanha com o texto do *site* do Unicef?

2. Reflita sobre o sentido da imagem e sobre o recurso visual usado pela agência de propaganda para causar impacto no observador. Pense em como a propaganda o afeta e nas ideias que ela lhe sugeriu.

3. Nesta unidade, estudamos os efeitos da instabilidade política sobre os programas sociais dos Estados menos desenvolvidos e de que maneira essa instabilidade favorece os interesses da indústria bélica. Agora, inspirados pela campanha da ADOT e tendo como base as informações estudadas, reúnam-se em trios e, juntos, criem uma peça de campanha que combata as políticas armamentistas como solução para a instabilidade política nos países menos desenvolvidos e que sugira uma solução pacífica para ela.

Diálogos

- Leia o texto a seguir e responda às atividades.

Quebrar o pacto implícito que se estabelece com a prática da corrupção é um dos enormes desafios que os brasileiros têm pela frente. A urgência faz parte da nossa própria agenda democrática, que prevê a distribuição equânime de direitos. Conforme definiu Luís Roberto Barroso, ministro do Supremo Tribunal Federal: "A corrupção é um crime violento, praticado por gente perigosa. [...] A corrupção mata na fila do SUS, na falta de leitos, [...] de medicamentos, nas estradas que não têm manutenção". Ela também resulta da disseminação de práticas autoritárias de governo, as quais, no decorrer da história, visaram tanto perpetuar-se no poder, a partir do uso de procedimentos ilegais, como enriquecer de maneira ilícita.

Por sinal, estudos da Fundação Getúlio Vargas (FGV), do ano de 2009, estimam que a economia brasileira perde com a corrupção, anualmente, de 1% a 4% do Produto Interno Bruto (PIB), o que corresponde a um valor superior a 30 bilhões de reais. Em 2010, uma pesquisa da Federação das Indústrias do Estado de São Paulo (Fiesp) apontou que o custo anual da corrupção no país significa de 1,38% a 2,3% do PIB. Em 2013, o levantamento feito pela Confederação Nacional da Indústria (CNI) mostrou que cada real desviado pela corrupção representa um dano de três reais para a economia e para a sociedade.

O Brasil carrega uma triste tradição de escândalos envolvendo políticos que realizam operações fraudulentas com o dinheiro público, beneficiando pessoalmente os donos dos esquemas. Os fatores que explicam essa persistente prática de corrupção estão ligados ao passado, mas não se limitam a ele. Em primeiro lugar, a ausência de mecanismos seguros de fiscalização das instituições nacionais e dos políticos brasileiros tendeu a deixar ainda pior um cenário ruim. Ademais, a falta de transparência no trato do bem público funciona como estímulo para que as autoridades convivam mais folgadamente com tal prática.

A captura do Estado por interesses particulares e a consequente prática de corrupção que se instaura visando à própria conservação desse tipo de esquema é um dos principais fatores que explicam a crise que vivemos atualmente. Além de afetar a economia, alocando recursos de forma ineficiente, a corrupção tem o poder de instalar uma burocracia inapta, na medida em que o funcionamento desta não é gerido pelas necessidades do Estado, mas pela distribuição farta de cargos e verbas para os "amigos fiéis", que trocam "favores" e "interesses". Por último, a corrupção viceja quando há uma mentalidade mais ampla que não só a aceita, como a naturaliza em seu cotidiano. A corrupção pública se prolonga nas práticas individuais que visam sempre "dar um jeitinho", "quebrar um galho", "fechar um olho". [...]

SCHWARCZ, Lilia Moritz. *Sobre o autoritarismo brasileiro*. São Paulo: Companhia das Letras, 2019. p. 122-123.

a) Por que a corrupção é um entrave para o desenvolvimento de um país?

b) De acordo com a autora, a identificação e a prisão dos corruptos é capaz de sozinha debelar a corrupção no Brasil? Explique.

c) Como a corrupção afeta a relação entre as esferas pública e privada?

Violência e suas manifestações

O conceito de violência é complexo, abrangente e se desdobra de tantas e diversas formas que é difícil estabelecer uma única classificação que aborde todas as suas manifestações. O termo tem origem no latim, *violentia*, que expressa o ato de violar outrem ou de se violar.

Em linhas gerais, a **violência** costuma ser definida como um comportamento deliberado que produz danos físicos – ferimento, tortura, morte – ou psíquicos – intimidações, coerções, humilhações, ameaças, ofensas. Porém, em uma concepção filosófica mais ampla, é possível entender a violência como uma prática que expressa atos contrários à liberdade e à vontade de alguém. Alguns tipos – guerras, rebeliões e tumultos civis – são ostensivamente abordados e mostrados pela mídia, enquanto outros são menos visíveis, embora sejam relativamente comuns no cotidiano e ocorram em lares, locais de trabalho e até mesmo em instituições sociais destinadas ao cuidado do público. Por isso, refletir especificamente sobre essas manifestações é útil para tomar consciência de tais modalidades de violência, que nem sempre são percebidas.

Nick Ut/AP Photo/Imageplus

A violência se manifesta de diversas formas e em diferentes níveis, podendo se entrelaçar em suas causas, e literalmente deixa marcas na sociedade e nas pessoas. Na imagem, vemos uma das mais famosas fotos da Guerra do Vietnã (1955-1975), que mostra crianças fugindo após um ataque de bombas de napalm feito pelos Estados Unidos, em 1972. A garota nua é Kim Phuc (1963-), na época com 9 anos, que teve suas roupas queimadas enquanto fugia. Hoje, ela vive no Canadá, é embaixadora da Boa Vontade da Unesco e tem uma fundação que ajuda crianças vítimas de guerras, mas leva no corpo e na mente as marcas da violência. Veja uma entrevista dela de 2019 exibida pela Camões TV. Disponível em: https://www.youtube.com/watch?v=TmaPxwa0OVA. Acesso em: 30 maio 2022.

O sociólogo norueguês Johan Vincent Galtung (1930-), reconhecido mundialmente por seus estudos sobre violência e paz, definiu três tipos principais de violência: direta, estrutural e cultural. A seguir, conheceremos melhor cada um deles.

Atividade

1. Você conhece a Declaração Universal dos Direitos Humanos de 1948, sabe quantos artigos a compõem e quais são eles? Acesse a página da Unesco para entender o que são os direitos humanos, no *site* brasileiro (disponível em: https://www.unicef.org/brazil/declaracao-universal-dos-direitos-humanos. Acesso em: 30 maio 2022.). Em seguida, sob a mediação do professor, debata com os colegas quais são as principais características dos direitos humanos e de que forma podemos relacioná-las com a temática da violência.

Violência pessoal ou direta

A violência pessoal ou direta é a intencional, aquela que busca causar dano a alguém. De modo mais rigoroso,

> [...] A Organização Mundial da Saúde [OMS] define violência como: o uso intencional da força física ou do poder, real ou em ameaça, contra si próprio, contra outra pessoa, ou contra um grupo ou uma comunidade, que resulte ou tenha grande possibilidade de resultar em lesão, morte, dano psicológico, deficiência de desenvolvimento ou privação.
>
> A definição utilizada pela OMS associa intencionalidade com a prática do ato propriamente dito, independentemente do resultado produzido. Os incidentes não intencionais – tais como a maioria das lesões de trânsito e queimaduras acidentais – estão excluídos da definição. [...]

KRUG, Etienne G. *et al*. *Relatório mundial sobre violência e saúde*. Genebra: Organização Mundial da Saúde, 2002. p. 5. Disponível em: https://opas.org.br/wp-content/uploads/2015/09/relatorio-mundial-violencia-saude.pdf. Acesso em: 30 maio 2022.

Ainda segundo a OMS, são quatro os tipos de dano que a vítima da violência direta pode sofrer: físico, sexual, psicológico ou de privação/negligência. Essa definição é utilizada pela ONU para fazer o levantamento estatístico mundial de violência e para propor formas de combatê-la.

Violência estrutural ou indireta

A violência estrutural ou indireta, como o próprio nome diz, manifesta-se de forma indireta, por meio da estrutura do sistema socioeconômico, que, muitas vezes, priva indivíduos ou determinados grupos de acesso a educação, saúde e alimentação básica, sistema de transportes e integração com mercados de consumo. Enquanto a violência direta é um fato cuja ação pode ser atribuída a alguém, a violência estrutural é um processo em que o sujeito que pratica a ação não é determinado, não é conhecido ou não é relevante, o que torna essa forma de violência sutil e enraizada na sociedade, às vezes até vista como parte "natural" do sistema. Segundo Johan Galtung:

> Nós nos referiremos ao tipo de violência onde há um agente que comete a violência como violência pessoal ou direta, e à violência onde não há tal ator como violência estrutural ou indireta. Em ambos os casos indivíduos podem ser mortos ou mutilados, atingidos ou machucados em ambos os sentidos dessas palavras, e manipulados por meios de estratégias de cenoura e porrete. Mas enquanto no primeiro caso essas consequências podem ter sua origem traçada de volta até pessoas e agentes concretos, no segundo caso isso não é mais significativo. Talvez não haja nenhuma pessoa que diretamente cause dano a outra na estrutura. A violência é embutida na estrutura e aparece como desigualdade de poder e consequentemente como chances desiguais de vida.

GALTUNG, Johan. Violence, peace, and peace research. *Journal of Peace Research*, v. 6, n. 3, 1969, p. 171 *apud* CONTI, Thomas V. *Os conceitos de violência direta, estrutural e cultural*. 31 maio 2016. Disponível em: http://thomasvconti.com.br/2016/os-conceitos-de-violencia-direta-estrutural-e-cultural/. Acesso em: 30 maio 2022.

Galtung pesquisou formas para identificar e até mesmo medir a violência estrutural em uma sociedade, o que, a princípio, é mais difícil do que reconhecer a violência direta. A forma mais eficaz que o autor encontrou foi comparar diferentes **expectativas de vida** entre setores da sociedade de acordo com a posição social.

A expectativa de vida é um conceito estatístico que indica a média do tempo de vida de determinada população e está relacionada com a qualidade de vida, já que fatores como educação, saúde e saneamento básico, por exemplo, influenciam-na diretamente. Aplicando o método de Galtung à realidade brasileira, poderíamos usar como exemplo um gráfico que expõe a expectativa de vida de pessoas negras e brancas em cada unidade da Federação.

Expectativa de vida ao nascer por raça/cor e unidade federativa do Brasil – 2017

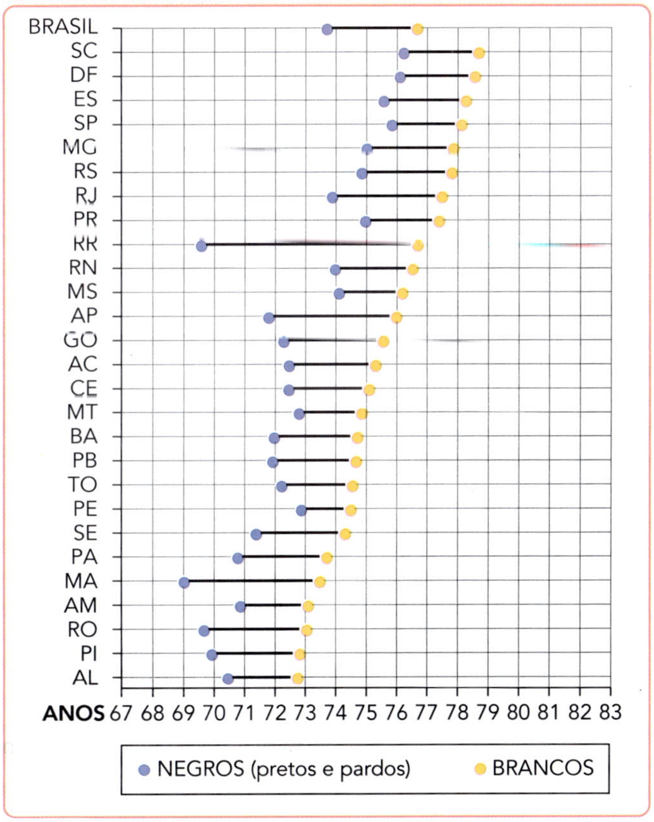

Fórmula Produções/Arquivo da editora

Fonte: elaborado com base em PNAD 2017 (Pesquisa Nacional por Amostra de Domicílios) Via Radar IDHM PNUD (Programa das Nações Unidas para o Desenvolvimento).

Atividades

2. Compare a situação do estado onde você vive com a dos demais estados brasileiros.

3. Em qual estado brasileiro a discrepância entre os dados é maior? O que poderia explicar essa grande diferença?

4. Que conclusão podemos tirar a partir do gráfico de expectativa de vida, considerando a definição de Galtung sobre violência estrutural?

Violência cultural

A violência cultural se embasa em diferenças culturais, étnicas e de gênero e pode se manifestar através da arte, religião, ideologia, linguagens e ciência. Ela não está nas crenças e nos costumes em si, mas na forma como eles são utilizados para justificar ou legitimar formas de violência sem que pareça ser errado, ou seja, não necessariamente aparece como causadora direta ou indireta da violência, mas como legitimadora ou justificadora de atos violentos.

Por isso, a violência cultural pode ser considerada a forma mais sutil, indireta e duradoura de agressões ao longo do tempo, e mudanças nesse campo podem ser extremamente lentas e difíceis de serem percebidas. Nas palavras de Galtung:

> Por "violência cultural" nós queremos dizer aqueles aspectos da cultura, a esfera simbólica da nossa existência – exemplificada pela religião e a ideologia, a linguagem e a arte, a ciência empírica e formal (lógica, matemática) – que pode ser utilizada para justificar ou legitimar a violência direta ou estrutural. [...] A violência cultural faz com que a violência direta e estrutural apareça, ou mesmo seja sentida como, correta – ou ao menos não errada. Assim como a ciência política trata de dois problemas – o uso do poder e a legitimação do uso do poder – os estudos da violência são sobre dois problemas: o uso da violência e a legitimação desse uso.

GALTUNG, Johan. Cultural Violence. *Journal of Peace Research*, v. 27, 1º ago. 1990, p. 291 *apud* CONTI, Thomas V. *Os conceitos de violência direta, estrutural e cultural*. 31 maio 2016. Disponível em: http://thomasvconti.com.br/2016/os-conceitos-de-violencia-direta-estrutural-e-cultural/. Acesso em: 7 mar. 2022.

Para utilizar esse conceito, é importante não incorrer no erro da generalização e reproduzir concepções preconceituosas, afirmando, por exemplo, que uma religião é violenta, como se a religião inteira fosse violenta.

É aconselhável explicitar qual é o elemento violento em uma cultura, evitando assim reproduzir injustiças. Em vez de afirmar categoricamente que determinada cultura é violenta, é mais correto destacar que determinado aspecto de determinada cultura é um exemplo de violência cultural.

Muitas manifestações de violência envolvem mais de um tipo da classificação de Galtung. Por isso mesmo, o autor aponta que a violência direta é a única visível aos olhos. Entretanto, ao analisarmos sua causa, veremos que há muitos fatores referentes às violências estrutural e cultural, o que pode ser simbolizado na imagem a seguir.

Conceitos

Paz cultural

Para se opor à violência cultural, Galtung utiliza o conceito de "paz cultural", referindo-se a aspectos de uma cultura que justifiquem e legitimem ações para a promoção da paz. Por exemplo, elementos da cultura popular, obras de arte, símbolos nacionais como hinos, bandeiras, etc. podem ser usados para promover a união e legitimar ações pacíficas.

Contudo, os mesmos recursos podem ser usados para incitar a violência, por isso é preciso tomar muito cuidado para não confundir a paz cultural com impor uma cultura sobre a outra, o que é em si um ato de violência cultural. Por exemplo, ainda que os portugueses, ao chegarem à América, afirmassem que queriam cristianizar os diferentes grupos indígenas, a imposição da cultura europeia a esses grupos foi um processo de violência cultural – com desdobramentos de violência direta e estrutural –, pois essa outra cultura lhes foi imposta independentemente da vontade desses grupos.

Bettmann Archive/Getty Images

Membros da organização Ku Klux Klan em Homestead (Estados Unidos), em 1923. Exemplo de manifestação de violência cultural, essa organização, conhecida por praticar ações contra negros, foi criada no sul dos Estados Unidos, depois da Guerra de Secessão (1861-1865), em reação contrária a medidas que visavam estender aos negros direitos civis e políticos que a população branca já tinha garantidos.

Tipos de violência

Banco de imagens/Arquivo da editora

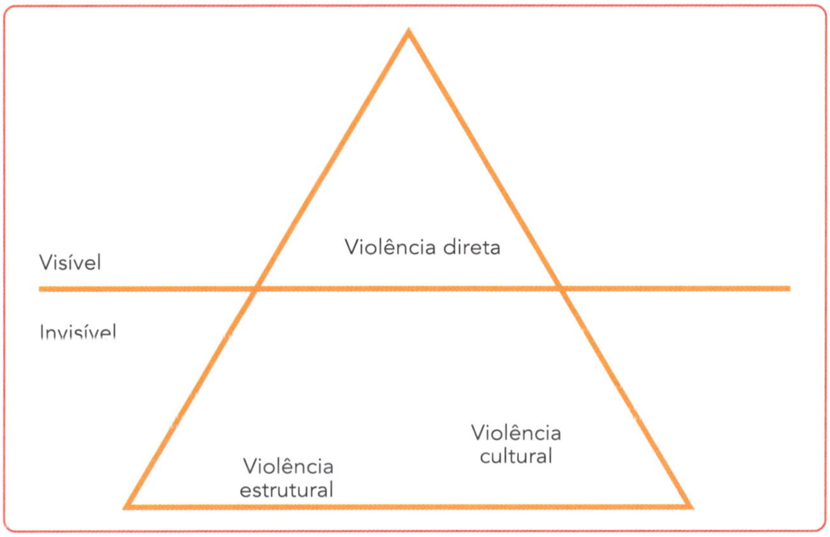

Fonte: elaborado com base em CONTI, Thomas V. *Os conceitos de violência direta, estrutural e cultural*. 31 maio 2016. Disponível em: http://thomasvconti.com.br/2016/os-conceitos-de-violencia-direta-estrutural-e-cultural/. Acesso em: 30 maio 2022.

Atividades

5. Debata com os colegas as três formas de violência identificadas no esquema e indiquem se e como elas se manifestam no Brasil.

6. Pensando nas classificações de violência propostas por Galtung, que tipo de análise mais profunda pode ser feita diante de um evento um tanto recorrente na sociedade brasileira, como o furto de um celular?

7. Vocês reconhecem manifestações de violência cultural na comunidade, bairro ou mesmo na escola? Há, por exemplo, piadas frequentes a algum tipo de comportamento social ou crença religiosa? São ridicularizados cortes de cabelo, penteados, roupas e outras características que associam as pessoas a algum tipo de cultura regional, etnia ou religião?

Destaques históricos das sociedades diante da violência

A violência é um instrumento de dominação recorrente utilizado por povos e Estados com fins de conquistas e domínios ao longo da história. Tomaremos alguns casos da história ocidental, fazendo alguns recortes. Destacaremos alguns exemplos que nos permitem refletir sobre o uso sistemático da violência em três períodos históricos: na Idade Média, na Idade Moderna e no mundo contemporâneo.

Idade Média e Idade Moderna europeias

Analisando as práticas de violência do mundo medieval sobre as Cruzadas e os valores culturais religiosos da Europa cristã e a Inquisição, constatamos como os tipos de violência definidos por Galtung se combinam.

No caso das Cruzadas, por exemplo, temos também a violência cultural, já que elas foram expedições de caráter militar-religioso que partiram da Europa em direção à Palestina com o objetivo manifesto de restabelecer o controle cristão sobre a Terra Santa, que estava sob domínio dos muçulmanos desde o século VII. Mas ainda temos a violência direta, na medida em que muitas batalhas foram travadas, com um elevado saldo de mortos e feridos.

A tomada de Jerusalém pelos cruzados, 15 de julho de 1099. 1847. Émile Signol (1804-1892). A Terra Santa, região entre o rio Jordão e o mar Mediterrâneo, que engloba os lugares que Jesus teria percorrido, é considerada o centro espiritual do mundo em razão de seu valor histórico para três grandes religiões monoteístas: cristianismo, judaísmo e islamismo.

O sentido da conquista, isto é, da violência realizada contra os povos ditos "infiéis", constava da convocação para as Cruzadas feita pelo papa Urbano II, realizada no Concílio de Clermont, em 1095. Além do argumento religioso usado como pretexto para as Cruzadas, havia outros fatores que impulsionaram as expedições, como as condições sociais dos participantes das Cruzadas visando às conquistas e aos interesses dos reis e dos comerciantes em controlar o leste do Mediterrâneo.

Vale ressaltar que a força do poder da Igreja não estava restrita ao plano espiritual; era também territorial. Isso porque ela se tornou, pouco a pouco, a maior proprietária de terras na Idade Média e estabeleceu fortes vínculos com a estrutura feudal. Além dos territórios diretamente controlados pelo papa (o Patrimônio de São Pedro), o alto clero (formado por bispos, arcebispos e abades) e várias ordens religiosas possuíam muitos feudos. O **celibato clerical**, estabelecido nos primeiros séculos do cristianismo, contribuía para a manutenção do patrimônio eclesiástico feudal, ao evitar a divisão entre possíveis herdeiros de integrantes do clero.

O crescente apego de parte do clero aos bens materiais provocou reações dentro da própria Igreja. Surgiram, assim, ordens religiosas que procuravam afastar seus membros das tentações do mundo por meio do isolamento em mosteiros e abadias, votos de castidade, de pobreza e de silêncio.

Apesar de todo o poder e influência da Igreja católica na sociedade, a estrutura da Igreja medieval encontrou dificuldade em manter a homogeneidade da doutrina cristã. Surgiram seitas, facções ou orientações que, embora fundadas em princípios cristãos, se opunham à doutrina oficial da Igreja. Essas dissidências eram chamadas de heresias.

Os movimentos heréticos representavam uma ameaça ao poder da Igreja, que passou a empreender uma verdadeira guerra contra eles. Foram efetivadas cruzadas contra os hereges, destacando-se Inocêncio III, papa entre 1198 e 1216, como grande organizador da repressão contra os heréticos.

Um século mais tarde, esses movimentos ainda desafiavam a Igreja católica, que buscou por todos os meios prender e punir seus membros, estendendo-se também na perseguição aos judeus, até mesmo, em algumas regiões, marcando-os com um **sinal infamante**.

Criaram-se ainda, em 1232, no papado de Gregório IX, os tribunais da Inquisição, com o objetivo de interrogar (inquirir) para obter a confissão de culpa e sentenciar o acusado. Mais tarde, em 1270, o papa Alexandre IV recomendou a utilização de métodos de tortura física para extorquir a confissão e punir exemplarmente. Com essa determinação, a administração desse interrogatório e da sentença passou a ser de responsabilidade dos próprios membros da Igreja, principalmente da **ordem dos dominicanos**.

Celibato clerical: na Igreja católica, condição imposta aos membros do clero que os proíbe de se casarem, de terem relações sexuais e de conceberem herdeiros, sob a alegação de que só assim se dedicariam integralmente à vida religiosa.

Sinal infamante: a Inquisição condenava os judeus por suas crenças, tidas como heréticas. Também os obrigava a usarem um pedaço circular de tecido vermelho, a "rodela", costurada em suas roupas, uma marca ancestral da futura estrela amarela da época europeia nazista dos anos 1930 e 1940.

Ordem dos dominicanos: ordem religiosa católica fundada em 1216 por São Domingos de Gusmão. A "ordem dos pregadores" foi fundada com o principal objetivo de pregar a palavra de Deus e efetuar a conversão ao cristianismo.

Galileu enfrentando a Inquisição. 1857. Cristiano Banti (1824-1904). Os tribunais da Inquisição funcionaram por séculos, perseguindo todos que discordassem da Igreja, incluindo intelectuais como Galileu Galilei, que foi levado a julgamento por heresia em 1633 por defender a teoria heliocêntrica, segundo a qual a Terra gira em torno do Sol. Para não ser queimado vivo, Galileu teve de renegar suas ideias diante do tribunal de frades dominicanos, mas ainda assim foi sentenciado a passar o resto de sua vida em prisão domiciliar.

Em seguida, já entrando para o período denominado Idade Moderna europeia, as práticas medievais do tribunal da Inquisição – também chamado de Tribunal do Santo Ofício – foram continuadas e ampliadas. Seu apogeu deu-se a partir do século XVI, confirmado com a Reforma católica efetivada a partir do Concílio de Trento (1545 e 1563) e com outras medidas contra o protestantismo nas décadas seguintes. Nessa época, o Tribunal do Santo Ofício deixou de ser subordinado diretamente ao papado e estabeleceu vínculos políticos com o Estado nas regiões onde atuava, o que deu ainda mais força às perseguições e execuções. Assim, associava-se aos objetivos das monarquias, propondo-se a defender tanto a Igreja quanto o Estado centralizado.

Os métodos da Inquisição

Em 1478, os reis de Aragão e Castela, Fernando e Isabel, recorreram à Inquisição para a investigação, julgamento e punição de **mouros** e cristãos-novos (judeus convertidos à fé católica) que supostamente continuavam a praticar seus antigos rituais religiosos em segredo, após a conversão. A perseguição aos convertidos levaria à expulsão dos judeus da Espanha em 1492. Em 1542, o papa criou a Congregação do Santo Ofício para combater as **religiões protestantes**. Na península Ibérica, a Inquisição não se resumia ao julgamento de mouros e cristãos-novos, seu controle alcançava toda a população. Considerada uma das mais violentas da Europa, foi extinta apenas no século XIX.

Mouros: originalmente, esse termo indica os berberes e outros povos oriundos da província romana de Mauritânia, localizada no norte da África. Mas, após a invasão islâmica da península Ibérica, o termo foi sendo expandido, passando a designar muçulmanos que viviam na Europa.

Religiões protestantes: religiões cristãs que romperam com a Igreja católica em decorrência da Reforma protestante iniciada em 1517 pelo professor de teologia alemão Martinho Lutero (1483-1546).

akg-images/Album/Fotoarena

Gravura de cerca de 1550 representando a execução de condenados à morte na fogueira na região das montanhas Harz, norte do atual território alemão. A tortura foi amplamente utilizada pela Inquisição desde o período medieval, assim como o confisco de bens, a exposição pública e, em casos mais graves em que não havia confissão ou arrependimento, a morte, geralmente na fogueira.

Caça às bruxas

A sociedade medieval era marcada pela hierarquia entre as ordens (clero, nobreza e servos). Isso ocorria também na distinção entre homens e mulheres. As funções femininas variavam de acordo com o grupo social a que pertenciam. Enquanto as camponesas, além do cuidado com a casa e com os filhos, participavam do plantio e da colheita de alimentos, as mulheres e as filhas dos artesãos ajudavam no trabalho e as nobres ficavam mais confinadas e ociosas. A Igreja aconselhava os homens a manter sua esposa sob vigilância constante e assegurar sua obediência. Uma mulher insubmissa punha em risco não só a família, mas toda a ordem social.

Os religiosos, por, em tese, abdicarem do contato sexual com mulheres, o que era considerado um desvio da virtude, e se guiarem por uma interpretação bíblica que situa Eva como figura central da decadência humana, alimentavam uma visão ainda mais negativa sobre elas, que eram encaradas como instrumentos de tentação, mais fáceis de serem manipuladas pelo demônio. De acordo com escritos dos clérigos, as mulheres eram naturalmente propensas à **luxúria** e incapazes de orientar-se pela voz da razão, o que as tornava presas fáceis das tentações. Pelo olhar religioso, elas tendiam a reproduzir o **pecado original**: sempre prontas a seduzir os homens e provocar sua ruína a mando do diabo.

Luxúria: um dos sete pecados capitais de acordo com a doutrina católica, caracterizado pelo desejo sexual desmedido.
Pecado original: explicação cristã para a origem do mal e da imperfeição humana. Segundo essa explicação, Adão e Eva não deveriam comer o fruto da árvore do conhecimento do bem e do mal. Porém, ambos foram instigados por uma serpente e comeram o fruto proibido. Consequentemente, foram expulsos do Jardim do Éden.

Esse era um quadro propício para responsabilizar mulheres por fenômenos não explicados ou tidos como feitiçaria. Por isso, segundo o historiador francês **Jacques Le Goff** (1924-2014), a sociedade medieval considerava "a bruxaria um fenômeno essencialmente feminino", o que deu abertura para começarem as caçadas e as perseguições às mulheres acusadas de serem bruxas. As pessoas acusadas dessa prática eram julgadas e, quase sempre, condenadas pela Inquisição.

Reprodução/Biblioteca Central de Zurique, Áustria.

LE GOFF, Jacques. *A história deve ser dividida em pedaços?* São Paulo: Editora da Unesp, 2015. p. 92.

Atividade

- E hoje, vivemos em uma sociedade mais tolerante com outras crenças e religiões? Vocês identificam algum discurso ou pregação de líderes religiosos que desautorizam crenças diferentes das suas? Como é a convivência entre católicos, evangélicos e umbandistas, por exemplo, no bairro ou na comunidade de vocês? Já houve algum caso de violência contra pessoas ou contra centros religiosos na cidade de vocês? O que fazer para combater esse tipo de atitude?

Saiba+

As bruxas de Salem. Direção: Nicholas Hytner. Estados Unidos, 1996. 124 min.
Abigail Williams se envolveu com John Proctor, um fazendeiro casado, quando trabalhou para ele, mas foi despedida após o fim do caso. Revoltada, ela lidera um ritual oculto, ao lado de outras mulheres, pedindo a morte da esposa de John.

Diálogos

- Leia os textos abaixo e, com base no que você estudou nesta unidade e nos seus conhecimentos sobre o tema, responda às questões a seguir.

Os turcos e os árabes atacaram e avançaram pelo território da Romênia até a parte do Mediterrâneo chamada o Braço de São Jorge, e penetraram mais a cada dia nos países dos cristãos; eles os venceram sete vezes em batalha, matando e fazendo grande número de cativos, destruindo as igrejas e devastando o reino. [...]

Por isso eu vos apregoo e exorto, tanto aos pobres como aos ricos – e não eu, mas o Senhor vos apregoa e exorta – que como arautos de Cristo vos apresseis a expulsar esta vil ralé das regiões habitadas por nossos irmãos, levando uma ajuda oportuna aos adoradores de Cristo. Eu falo aos que estão aqui presentes e o proclamo aos ausentes, mas é Cristo quem convoca [...].

Se os que forem lá perderem a sua vida durante a viagem por terra ou por mar ou na batalha contra os pagãos, os seus pecados serão perdoados nessa hora; eu o determino pelo poder que Deus me concedeu.

Os que estão habituados a combater maldosamente, em guerra privada, contra os fiéis, lutam contra os infiéis, e levem a um fim vitorioso a guerra que devia ter começado há tempo. Os que até agora viviam em brigas se convertam em soldados de Cristo. Os que até agora eram mercenários por negócios sórdidos, ganhem no presente as recompensas eternas. Os que se fatigaram em detrimento de seus corpos e de suas almas, se esforcem no presente por dupla recompensa [...].

CHARTRES, Foucher de. *In*: PEDRERO-SÁNCHEZ, Maria Guadalupe. *História da Idade Média*: textos e testemunhas. São Paulo: Editora da Unesp, 2000. p. 83-84.

O Tribunal do Santo Ofício, só em Portugal, processou mais de quarenta mil pessoas, queimou mais de 1 800 nas fogueiras, além de condenar a vários castigos mais de 29 mil... Na Espanha foram penitenciadas mais de 340 mil pessoas.

Tão ou mais graves e vis foram as técnicas de tortura aplicadas pela Inquisição, como queimar as plantas dos pés do interrogado, estraçalhar os músculos e carnes de todo o seu corpo ou aplicar um ferro em brasa em sua boca. A variedade e sofisticação das peças de tortura criadas para a Inquisição demonstram a importância dada ao suplício como forma de redenção dos condenados. Comumente um médico acompanhava os inquisidores para indicar o grau de tortura que o "pecador" poderia ainda suportar.

NOVINSKY, Anita. *A Inquisição*. São Paulo: Brasiliense, 1982. p. 82.

a) O texto de Foucher de Chartres apresenta as justificativas dos cristãos para suas ações contra os não cristãos. Com base nos seus conhecimentos, esses argumentos são verdadeiros e válidos? Justifique sua resposta.

b) O texto de Anita Novinsky apresenta a atuação do Tribunal do Santo Ofício em Portugal. Como esse texto entra em conflito ou concordância com o texto anterior? Justifique sua resposta.

c) Atualmente, vemos ações de Estados nacionais ou de grupos que se assemelham às ações que presenciamos por parte dos cristãos em relação aos não cristãos durante a Idade Média? Dê exemplos.

Guerras, Holocausto e genocídio no século XX

As grandes mudanças que iniciaram a Idade Contemporânea, passando pela Revolução Industrial, iniciada no final do século XVIII, a Independência dos Estados Unidos (1776) e a Revolução Francesa (1789), entre outras, foram integrantes da denominada "era das revoluções". Esses acontecimentos e seus desdobramentos formaram um período fértil em violências decorrentes das lutas sociais, tanto nos próprios confrontos entre dissidentes e as forças da ordem como nas implementações das novas formas de produção, acompanhadas ainda de guerras de disputas imperialistas. Os nacionalismos e o socialismo completaram o quadro dos confrontos do século XIX, com continuidades no século XX, a exemplo da Grande Guerra (Primeira Guerra Mundial de 1914-1918), a Revolução Russa (1917), o nazifascismo e a Segunda Guerra Mundial (1939-1945), e continuaram com as descolonizações, confrontos sociais, ditaduras, guerras civis e conflitos étnicos do final do século XX.

No caso nazista do **Holocausto** também encontramos motivos estruturais e culturais que desencadearam violência direta, chegando ao extremo do extermínio de judeus, negros, ciganos, homossexuais, opositores políticos e pessoas com deficiências.

Holocausto: termo que deriva da palavra greco-latina *holocaustum* e significa "completamente queimado". É utilizado para designar extermínio em massa, como o massacre de 6 milhões de judeus nos campos de concentração nazista durante a Segunda Guerra Mundial.

O historiador **Eric Hobsbawm** (1917-2012) caracteriza a Primeira e a Segunda Guerra Mundial como um único conflito que marcou a "era da guerra total" e deixou um saldo devastador de mais de 50 milhões de mortos e milhões de feridos. A Segunda Guerra Mundial deixou também a barbárie das centenas de campos de concentração de extermínio nazistas, onde ocorria o assassinato em massa de prisioneiros, incluindo o uso de câmaras de gás e fornos crematórios.

HOBSBAWM, Eric. *Era dos extremos*: o breve século XX (1914-1991). São Paulo: Companhia das Letras, 1994. p. 37.

O grau de destruição material da Segunda Guerra foi inédito: grandes cidades da Alemanha e do Japão foram devastadas por ataques aéreos arrasadores. Centenas de milhares de civis morreram nesses bombardeios. Foi a primeira vez que a população civil foi colocada, em larga escala, na linha de frente da guerra. O ponto culminante de tais práticas foram os ataques com bombas atômicas ao Japão.

Everett Collection/Shutterstock

As bombas atômicas lançadas pelos Estados Unidos em 6 e 9 de agosto de 1945, com o pretexto de encurtar a guerra, devastaram, respectivamente, as cidades japonesas de Hiroshima e Nagasaki, reduzindo a escombros sua infraestrutura e matando milhares de pessoas em questão de segundos. Na imagem, destroços do Museu de Ciência e Indústria em Hiroshima. Ninguém sabe o número exato, mas, de acordo com a BBC*, apenas nos dias das explosões morreram cerca de 214 mil pessoas: 140 mil em Hiroshima e 74 mil em Nagasaki. Até hoje, esse ataque é considerado extremo e desproporcional, em violência e magnitude.

*Disponível em: https://www.bbc.com/portuguese/internacional-53670979. Acesso em: 30 maio 2022.

O nazismo e os campos de concentração

O nazismo alemão e a Segunda Guerra Mundial deixaram marcas de um imenso genocídio, destacadamente com os seus campos de concentração e de extermínio.

Esses campos de terror espalhados por territórios europeus sob domínio nazista eram prisões fortemente cercadas e vigiadas para impedir fugas. De início eram espécies de acampamentos para isolar setores da população tidos como ameaçadores à segurança do Estado. Na Europa sob domínio nazista, cerca de 11 milhões de pessoas, entre adultos e crianças, foram aprisionadas em campos de concentração, especialmente judeus, ciganos, comunistas e homossexuais.

Fine Art Images/Album/Fotoarena

Prisioneiros do campo de concentração nazista de Auschwitz (Polônia), no momento da libertação por soldados soviéticos em janeiro de 1945.

Para controlar essa população foram desenvolvidas medidas de terror, degradação e aviltamento do ser humano. Torturas, experiências médicas monstruosas, desnutrição, execuções, regime intenso de trabalho nos próprios campos ou em empresas privadas alemãs foram constantes, provocando milhões de mortes.

Diversos empresários não só utilizaram o trabalho forçado dos prisioneiros como se apropriaram de seus recursos econômicos. No extremismo do terror, os sobreviventes eram assassinados nas câmaras de gás e seus corpos, incinerados nos fornos crematórios. Essa política de extermínio foi chamada de "solução final".

A seguir, reproduzimos um texto do historiador e membro do exército britânico, Michael Richard Daniell Foot, conhecido como M. R. D. Foot (1919-2012), com a descrição da chegada de prisioneiros a um campo de concentração e um mapa com a localização dos principais campos nazistas.

> Ao chegar a um campo [de concentração], os prisioneiros eram despidos: todo seu cabelo era cortado. Recebiam uma camisa e uma saia ou uma calça (de acordo com o sexo) de tamanho indiscriminado. Em seguida eram agrupados e distribuídos como animais, sem qualquer respeito pela idade ou estado de saúde. [...]
>
> Em vários campos – Auschwitz foi o pior deles – testaram injeções destinadas a produzir esterilidade em mulheres, experiências tão devastadoras, tanto física como mentalmente, que as sobreviventes só podiam ser enviadas para os fornos de Birkenau.
>
> FOOT, M. R. D. As atrocidades nazistas. *In*: *Século XX*. São Paulo: Abril, 1968. p. 2060.

Principais campos de concentração nazistas – 1933-1945

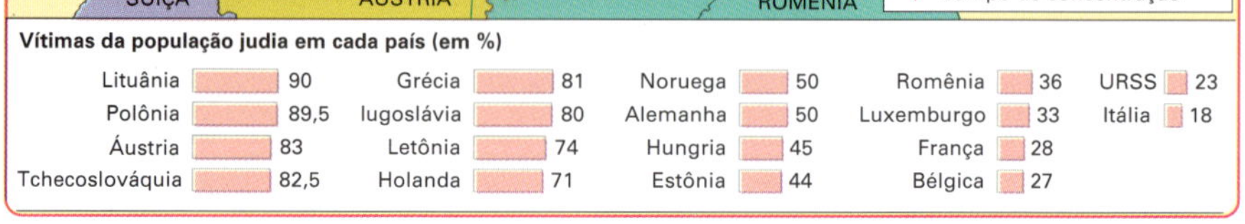

Banco de imagens/Arquivo da editora

Fonte: elaborado com base em FOOT, M. R. D. As atrocidades nazistas. *In*: *Século XX*. São Paulo: Abril, 1968. p. 2060.

Milhares de pessoas e diversas instituições, algumas com participação direta, outras por simpatia, condescendência e até mesmo omissão, tanto na Alemanha como fora dela, tiveram responsabilidades nesse genocídio. No texto a seguir, o historiador brasileiro Jorge Ferreira discute em que medida ocorreram a participação e o envolvimento da população alemã no Holocausto.

ERIC SCHWAB/AFP

Soldado estadunidense à porta de câmara de gás no campo de concentração nazista de Dachau (Alemanha), após a libertação do local pelo exército dos Estados Unidos em abril de 1945.

> [...] tanto na Alemanha quanto nos países invadidos sabia-se que os judeus eram enviados em vagões ferroviários para algum lugar. Mas sabiam para onde e para o quê? É verdade que não houve ordem explícita de Hitler ou de Goebbels para o extermínio – argumento muito utilizado pelos "revisionistas". Mas não foi preciso. O nazismo tomou uma infinidade de medidas que, isoladas e justapostas, permitiu que os alemães ignorassem, ou desejassem ignorar, o que estava acontecendo [...]. A compartimentação das atividades que envolviam o extermínio, desde o ponto de partida ao de chegada, assegurava que um profissional não soubesse a exata função do outro. Mas como os ferroviários poderiam desconhecer o destino dos passageiros amontoados nos vagões, os trabalhadores químicos não perceber para que fabricavam o gás **cyklon**, os juristas, os funcionários, os policiais, entre tantas outras categorias, ignorar a finalidade de suas funções? Sabemos que o nazismo tornou as câmaras de gás um segredo de Estado, mas a estratégia não impediu que milhares de pessoas conhecessem, ou ao menos suspeitassem de sua existência. Se o número dos "executores diretos" do extermínio é calculado entre 300 mil e 400 mil pessoas, os "indiretos", sem dúvida, são multiplicados em muitas vezes. Portanto, pelo menos na Alemanha, é difícil garantir que "poucos sabiam". [...]

FERREIRA, Jorge. Problematizando a Segunda Guerra Mundial. *Tempo*, Rio de Janeiro, v. 1, n. 1, p. 189-194, 1996. Disponível em: www.historia.uff.br/tempo/resenhas/res1-2.pdf. Acesso em: 30 maio 2022.

Cyklon (ou zyklon): produto à base de ácido cianídrico, cloro e nitrogênio usado inicialmente como pesticida e depois como o gás que provocou as mortes nos campos de concentração e extermínio alemães, durante a Segunda Guerra Mundial.

Atividade

1. Os campos de concentração estavam às vistas de centenas de milhares de alemães. Em grupo, discutam alguns possíveis motivos para a cooperação ou no mínimo conivência com a extremada violência como parte da essência política do nazismo. Ao final, concluam o debate tomando o texto como referência: na Alemanha, "poucos", "uma maioria" ou "todos" sabiam sobre os campos de concentração e extermínio?

O revisionismo ao qual o texto se refere é o estudo e a reinterpretação de um acontecimento histórico, baseado em uma possível ambiguidade e imparcialidade na descrição de fatos na historiografia. A expressão "negacionismo histórico" também pode ser usada para se referir ao revisionismo que rejeita evidências maciças de um acontecimento. É o caso de correntes que negam o Holocausto, por exemplo. Nesse sentido, os documentos e o próprio método científico da história são negados.

Ao evidenciar que provavelmente muitas pessoas sabiam ou ao menos suspeitavam de que o regime nazista estava exterminando uma grande quantidade de pessoas consideradas indesejadas, o texto nos leva a refletir sobre como a população civil pode, em determinadas ocasiões, compactuar com atos de violência realizados pelo Estado.

A filósofa **Hannah Arendt** (1906-1975), pensadora judia de origem alemã que elaborou vários estudos sobre teoria e filosofia política, descreveu o conceito da "banalidade do mal" para tratar desse tema. Ao ser convidada por uma revista dos Estados Unidos para cobrir o julgamento do carrasco nazista Adolf Eichmann, em Jerusalém (Israel), em 1962, ela se propôs a refletir sobre o que levaria o ser humano a realizar crimes atrozes sem nenhum aparente constrangimento, que foi o que revelaram as respostas do acusado (seu relato redundou em cinco artigos para a revista *The New Yorker* e posteriormente no livro *Eichmann em Jerusalém: um relato sobre a banalidade do mal*).

> ARENDT, Hannah. *Eichmann em Jerusalém*: um relato sobre a banalidade do mal. São Paulo: Companhia das Letras, 2000.

Arendt encontrou a resposta no "mal banal", um tipo de mal que não tem origem na maldade em si, mas na falta de pensamento crítico que leva muitas pessoas a simplesmente aceitar tudo o que lhes é imposto, agindo como se fossem máquinas desprovidas de razão e sentimento, sem refletir sobre o que isso realmente significa, sem questionar quais serão as consequências de sua ação ou omissão. O regime nazista determinou que judeus e outras minorias deveriam ser perseguidos porque ameaçavam o ideal de raça pura ariana e a maioria da população não questionou, foi conivente, e, com o passar do tempo, isso se tornou banal, resultando na morte de 6 milhões de judeus, além de outras minorias.

Atividade

2. Com base no texto acima, podemos nos questionar sobre nossa sociedade atual: Quais condutas violentas são conhecidas da população e por que muitas vezes as pessoas não as denunciam ou não se manifestam contra elas?

Saiba+

Negação. Direção: Mick Jackson. Estados Unidos e Reino Unido, 2016. 111 min.
A escritora e historiadora Deborah E. Lipstadt luta para provar a verdade histórica de que o Holocausto realmente ocorreu quando David Irving a processa por difamação.

Diálogos

1. Leia o trecho a seguir e, em seguida, faça o que se pede.

> [...]
>
> O monstro da guerra total do século XX não nasceu já do seu tamanho. Contudo, de 1914 em diante, as guerras foram inquestionavelmente guerras de massa. Mesmo na Primeira Guerra Mundial, a Grã-Bretanha mobilizou 12,5% de seus homens para as Forças Armadas, a Alemanha 15,4 %, e a França quase 17%. [...]
>
> Podemos observar de passagem que um tal nível de mobilização de massa, durante anos, não pode ser mantido, a não ser por uma economia industrializada de alta produtividade e – ou alternativamente – em grande parte nas mãos de setores não combatentes da população. As economias agrárias tradicionais não podem em geral mobilizar uma proporção tão grande de sua força de trabalho, a não ser sazonalmente, pelo menos na zona temperada, pois há momentos no ano agrícola em que todos os braços são necessários (por exemplo, para a colheita). Mesmo em sociedades industriais, uma tão grande mobilização de mão de obra impõe enormes tensões à força de trabalho, motivo pelo qual as guerras de massa fortaleceram o poder do trabalhismo organizado e produziram uma revolução no emprego de mulheres fora do lar: temporariamente na Primeira Guerra Mundial, permanentemente na Segunda.
>
> Também neste caso, as guerras do século XX foram guerras de massa, no sentido de que usaram, e destruíram, quantidades até então inconcebíveis de produtos durante a luta. [...]
>
> Mas a produção também exigia organização e administração – mesmo sendo seu objetivo a destruição racionalizada de vidas humanas de maneira mais eficiente, como nos campos de extermínio alemães. Falando em termos mais gerais, a guerra total era o maior empreendimento até então conhecido do homem, e tinha de ser conscientemente organizado e administrado.
>
> HOBSBAWM, Eric. *Era dos extremos:* o breve século XX (1914-1991). São Paulo: Companhia das Letras, 1995. p. 51-52.

a) A Primeira Guerra Mundial foi a primeira "guerra total" da História. Em que aspecto ela se diferenciou das guerras anteriores?

b) Basta uma guerra produzir muitos mortos e envolver muitos países para que ela seja classificada como uma "guerra total"?

c) Por que a "guerra total" é característica das sociedades altamente industrializadas?

2. Observe a imagem ao lado. Depois, resolva a atividade proposta.

a) Qual era a situação das regiões da Alsácia-Lorena no período em que a gravura foi publicada?

b) Quais atrativos possuía a Alsácia-Lorena que justificassem as disputas por seus territórios? Pesquise em enciclopédias, livros ou *sites*.

c) Na gravura, a Alsácia-Lorena é corporificada como uma mulher. Descreva-a, atentando para suas vestimentas, expressão facial, atitude e postura corporal.

d) A gravura dá alguma pista do que ocasionou o aprisionamento da Alsácia-Lorena? Explique.

Litografia produzida na França entre 1914 e 1918 na qual se lê: "Os alsacianos e os lorenos são franceses!".

A investigação da biologia sobre a violência humana

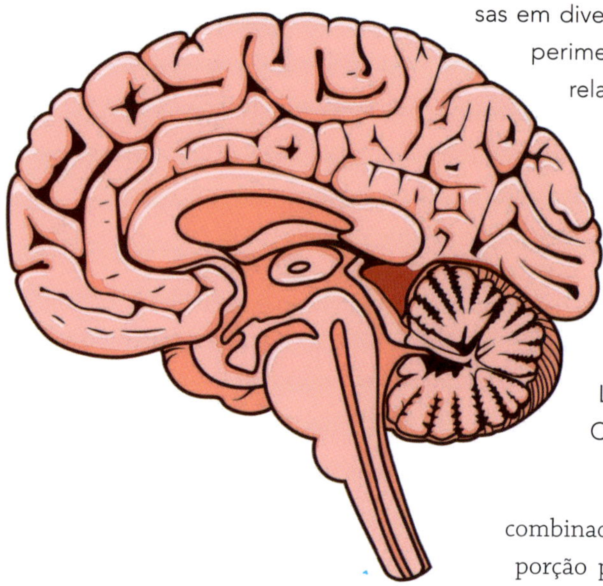
Alexander_P/Shutterstock

O comportamento violento do ser humano inspira pesquisas em diversas áreas de conhecimento. Existem experimentos, por exemplo, que buscam analisar a relação entre agressividade e comportamento.

O cérebro humano é formado por três partes: a inferior é a mais primitiva e responsável pelas ações involuntárias (como a respiração); a parte intermediária rege nossas emoções; e o cérebro racional é o responsável pela consciência, aprendizado e linguagem. Leia o texto da psicobióloga Silvia Helena Cardoso.

> [...] Nossa mente é resultado da ação combinada e integrada de todas estas partes. É na porção primitiva do cérebro que são gerados os atos e comportamentos mais básicos para a sobrevivência e preservação da espécie (os mecanismos de agressão, de defesa, as posições hierárquicas no grupo e a delimitação de território).
>
> Apesar da impressionante dominância do neocórtex, até hoje conduzimos muitos de nossos atos com base em nosso cérebro primitivo, como os nossos antepassados, há milhares de anos: possuímos comportamentos ritualísticos, matamos para comer, tendemos a discriminar pessoas fora do nosso grupo imediato (família, aldeia, raça, etc.), defendemos nosso espaço (domínio territorial). Sobre esse pano de fundo biológico, desenvolveram-se as múltiplas culturas humanas, tão diversas entre si, mas todas tendo muitas coisas em comum, como a chamada "mente tribal". Alguns autores [...] opinam, inclusive, que o tribalismo foi fundamental para a evolução acelerada do cérebro humano, ao promover competição acirrada e genocídio entre tribos. A cultura, entretanto, é o resultado da interação de genes com os ambientes, incluindo aprendizagem social, e é capaz de evoluir também. Nem os genes e nem o ambiente sozinhos podem ser responsáveis por nosso comportamento: ambos são importantes, em quantidades variáveis, dependendo do tipo de comportamento. [...]

CARDOSO, Silvia Helena. Transcendendo a mente tribal. *Revista Cérebro & Mente*, n. 9, 2001. Disponível em: www.cerebromente.org.br/n09/tribal.htm. Acesso em: 30 maio 2022.

1. Qual é a diferença entre o cérebro dos seres humanos e o das outras espécies animais? Como essa diferença interfere na questão da agressividade?

2. Segundo a psicobióloga Silvia Helena Cardoso, a cultura "é o resultado da interação de genes com os ambientes, incluindo aprendizagem social, e é capaz de evoluir também". Considerando essa frase, que outras causas, além das biológicas, poderiam explicar o comportamento violento do ser humano?

Violências na sociedade atual

Genocídios

O termo **genocídio** refere-se ao ato de extermínio sistemático de um grupo nacional, étnico, racial ou religioso e foi utilizado pela primeira vez em 1944 por **Raphael Lemkin** (1900-1959). Apenas após os acontecimentos da Segunda Guerra Mundial a Comunidade Internacional reuniu-se para tentar coibir esse crime, tipificado pela Convenção para a Prevenção e Punição do Crime de Genocídio, documento aprovado pela ONU em 1948:

LEMKIN, Raphael. *Genocídio*. Escritos. Madrid: Centro de Estudios Politicos y Constitucionales, 2015. (Coleção Civitas).

> [...] Artigo II – Na presente Convenção, entende-se por genocídio qualquer dos seguintes atos, cometidos com a intenção de destruir, no todo ou em parte, um grupo nacional, étnico, racial ou religioso, tal como:
>
> - assassinato de membros do grupo;
> - dano grave à integridade física ou mental de membros do grupo;
> - submissão intencional do grupo a condições de existência que lhe ocasionem a destruição física total ou parcial;
> - medidas destinadas a impedir os nascimentos no seio do grupo;
> - transferência à força de crianças do grupo para outro grupo. [...]

PORTAL DE DIREITO INTERNACIONAL. *Convenção para a Prevenção e a Repressão do Crime de Genocídio*. Nova York, 9 dez. 1948. Disponível em: https://www.oas.org/dil/port/1948%20Conven%C3%A7%C3%A3o%20sobre%20a%20Preven%C3%A7%C3%A3o%20e%20Puni%C3%A7%C3%A3o%20do%20Crime%20de%20Genoc%C3%ADdio.pdf. Acesso em: 30 maio 2022.

Apesar de a palavra só ter sido criada no século XX, desdobrando-se em leis nacionais (no Brasil, a Lei n. 2889, de 1956, reconheceu o genocídio como crime e estabeleceu punições), as práticas genocidas datam de muitos séculos, por exemplo, a colonização dos continentes americano e africano, que se fez pela exploração, pela perseguição e pelo extermínio de povos que neles habitavam, sendo responsável por muitas das desigualdades socioeconômicas persistentes ainda hoje. Assim, podemos considerar as populações indígenas e afrodescendentes como vítimas de genocídio.

Indígenas e afro-brasileiros

Na região amazônica continua havendo seguidos conflitos entre as comunidades indígenas e os responsáveis pelas atividades de exploração madeireira, extração de minérios e desenvolvimento da agropecuária, particularmente comuns na periferia da floresta. Nesse quadro, uma das principais demandas no sentido de proteção dos grupos indígenas é a demarcação de suas terras, direito garantido pela Constituição Federal de 1988, mas até hoje ainda não efetivado plenamente.

> [...] Art. 231. São reconhecidos aos índios sua organização social, costumes, línguas, crenças e tradições, e os direitos originários sobre as terras que tradicionalmente ocupam, competindo à União demarcá-las, proteger e fazer respeitar todos os seus bens. [...]

PRESIDÊNCIA DA REPÚBLICA. Casa Civil. Subchefia para Assuntos Jurídicos. Disponível em: www.planalto.gov.br/ccivil_03/constituicao/constituicao.htm. Acesso em: 30 maio 2022.

Avener Prado/Folhapress

Joenia Wapichana (1973-) foi eleita deputada federal em 2018, tornando-se a primeira mulher indígena a ocupar uma cadeira no Congresso brasileiro.

Fernando Rabelo/Folhapress

Abdias do Nascimento.

Atualmente, cresce também o debate acerca da violência contra a população negra no Brasil, particularmente da juventude. Dados mostram que, além de ser mais atingida pela violência urbana, ela é a que mais sofre pelo encarceramento e pela letalidade policial. Em outras palavras, o tema nos remete à conjugação entre racismo e desigualdades socioeconômicas, quando direitos sociais – como o acesso a educação, trabalho, renda e saúde – são dificultados ou mesmo negados à população negra.

Na década de 1970, alguns intelectuais e militantes dos movimentos negros já apontavam a existência de violência racial no Brasil. Abdias do Nascimento (1914-2011) – professor universitário, artista, político e ativista dos direitos das populações negras – afirmava que o racismo sempre existiu no Brasil, ainda que de forma dissimulada, e apontava uma perseguição sistemática também às manifestações culturais afro-brasileiras desde a colonização até a contemporaneidade.

Nas palavras de Abdias:

> O processo de miscigenação, fundamentado na exploração sexual da mulher negra, foi erguido como um fenômeno de puro e simples genocídio. O "problema" seria resolvido pela eliminação da população afrodescendente. Com o crescimento da população mulata, a raça negra iria desaparecendo sob a coação do progressivo clareamento da população do país. Tal proposta foi recebida com elogios calorosos e grandes sinais de alívio otimista pela preocupada classe dominante.

NASCIMENTO, Abdias do. *O genocídio do negro brasileiro*: processo de um racismo marcado. 4. ed. São Paulo: Perspectiva, 2018. p. 84.

Abdias aponta, portanto, o incentivo à miscigenação da população, em uma continuidade da colonização, como a implantação de um processo de genocídio da população negra tendo em vista um "embranquecimento do país". Essa ideia é importante para pensarmos as raízes históricas das desigualdades vividas ainda hoje. Ou seja, ao refletirmos sobre a violência contra a população afrodescendente, assim como à população indígena, estamos lidando com um processo histórico que se iniciou na colonização e que ocorre ainda nos dias atuais, tendo passado por mudanças significativas, porém mantendo desigualdades que contribuem para o extermínio ou a desvalorização dessas populações.

Saiba +

O genocídio do negro brasileiro: processo de um racismo marcado. Abdias do Nascimento. 4. ed. Perspectiva, 2018.

O livro aborda a violência e os abusos contra a população negra, bem como o histórico da escravidão no Brasil.

Violência urbana e marginalidade no Brasil

A violência urbana, embora exista nos mais diversos lugares, apresenta-se, de forma geral, mais exposta, diversa e complexa nas grandes cidades. No Brasil, praticamente todas as grandes capitais lidam com esse problema. Definido como uma série de práticas que inclui furtos, assaltos, agressões, sequestros e homicídios, o fenômeno se propaga, sobretudo, em decorrência da desigualdade social, que incentiva a criminalidade, e do enfrentamento do Estado por meio de métodos pouco eficazes.

O comércio ilícito e as drogas

O tráfico internacional de drogas ilícitas vem se expandindo desde a década de 1980, com o crescimento de crimes relacionados à comercialização clandestina, além do consumo acelerado. Na produção, muitos agricultores empobrecidos de alguns países passaram a produzir a coca, produto de rentabilidade mais alta do que outras culturas. A folha de coca é o ingrediente principal para a produção de cocaína, produto de rentabilidade altíssima para os grupos que controlam o tráfico internacional. Nesse quadro, a América Latina tornou-se a principal produtora de cocaína, em especial Colômbia, Peru e Bolívia, com produções que abastecem desde então os Estados Unidos, países da Europa e o Brasil, que, além de mercado consumidor, é rota de escoamento.

Com a explosão do consumo e a popularização da droga, especialmente nos países desenvolvidos, seu comércio se tornou mais intenso e rentável. A falta de perspectivas das populações mais carentes – como a juventude marcada pelo desemprego e pela falta de esperanças – contribui para esse aumento do consumo de narcóticos, assim como para o aumento no número de jovens aliciados para trabalhar para o tráfico.

As facções de crime organizado envolvidas no comércio ilícito de drogas têm hierarquia produtiva e comercial, com delimitação de mercado baseada na força e na violência entre grupos. À frente delas há líderes com acentuado poder de decisão e manutenção do controle da comunidade da qual fazem parte. Em muitos casos, o ingresso no tráfico se apresenta como uma das poucas alternativas para vários jovens vítimas da violência estrutural, o que lhes nega acesso à educação e ao mercado de trabalho formal.

No entanto, é importante não cair em estereótipos e associar o consumo e o tráfico de drogas apenas às populações mais pobres. Drogas como cocaína e heroína, entre tantas outras, são substâncias cujo consumo está associado às classes A e B, por serem muito caras, e são comumente traficadas por jovens de classe média, que transitam nessas esferas sociais. Com o avanço da tecnologia, o perfil do tráfico e dos traficantes de drogas também tem mudado.

A atuação das milícias

No contexto do Brasil atual, milícias são grupos paramilitares que controlam determinadas áreas do território, oferecendo um misto de segurança privada, serviços clandestinos e coação. Nas décadas de 1960 e 1980, surgiram vários grupos de extermínio ou de pessoas que utilizavam meios ilegais para resolver conflitos em cidades como Recife, Salvador, Rio de Janeiro e São Paulo. Esses grupos eram vistos como soluções alternativas às falhas na segurança pública dos governos estadual e federal e, ao longo dos anos, foram assumindo novas funções e novas representações, como cobrança dos moradores de uma taxa de proteção; centralização clandestina de serviços de gás, televisão a cabo, máquinas caça-níqueis, imóveis e transporte alternativo; oposição aos narcotraficantes e ao domínio territorial de facções; segurança alternativa provida por policiais, bombeiros, vigilantes, agentes penitenciários e militares, fora de serviço ou ativos, como integrantes da milícia.

Apesar de o Congresso Brasileiro ter aprovado, em setembro de 2012, a Lei n. 12 720, que tipifica como crime a formação de milícia ou de organização paramilitar, o serviço provido por ela vem aumentando sua autoridade e influência em certos lugares, a ponto de ser útil a candidatos políticos ao atuar em campanhas eleitorais. Desse modo, milícia e política cada vez mais se confundem na disputa de poder e domínio por determinados territórios. Segundo José Cláudio Alves, sociólogo e professor da Universidade Federal Rural do Rio de Janeiro (UFRRJ):

> [...] A relação das milícias com o Estado é determinante para o que ela se transformou nos dias de hoje, uma estrutura de poder absoluta, ampla, autoritária, expressiva e crescente no Rio de Janeiro. Tenho dito que a milícia atua com duas faces que são determinantes: a legal e a ilegal.
>
> A face legal da milícia é a condição de ter acesso a informações privilegiadas do Estado a respeito de terras, propriedades, monopólios de comércios, pagamentos de impostos, sobre operações policiais que blindam a milícia de prisões; tudo isso faz parte da dimensão legal. Também faz parte dessa dimensão o fato de a polícia operar o judiciário na sua ponta com investigações, repressões, ou seja, o processo jurídico inicial envolvido na dimensão do judiciário é controlado pela polícia e seus agentes e isso dá mais poder aos milicianos.
>
> A face ilegal, que é a face criminosa, assassina, torturadora, totalitária, obstrui qualquer tipo de contestação do seu poder que mata e executa quem se contrapõe a ela. A milícia só tem esse poder todo graças à dimensão legal das informações e dos postos que esses agentes ocupam dentro do Estado.
>
> Assim, a face legal e a ilegal se complementam e se projetam uma na outra, criando uma estrutura totalitária, fechada, blindada, intocável. [...] A regra é que membros de milícias são intocáveis, seus negócios se ampliam e eles têm dimensões crescentes desse poder e agora expressam isso a partir do assassinato de pessoas que ocupam cargos no âmbito político e que são contrárias aos seus interesses.

FACCHIN, Patricia. As milícias crescem velozmente por dentro do Estado. Entrevista especial com José Cláudio Alves. *Instituto Humanitas Unisinos*, 18 mar. 2019. Disponível em: http://www.ihu.unisinos.br/159-noticias/entrevistas/587500-as-milicias-crescem-velozmente-por-dentro-do-estado-entrevista-especial-com-jose-claudio-alves. Acesso em: 30 maio 2022.

Saiba +

Marielle. Direção: Caio Cavechini. Brasil, 2020. 50 min.

Documentário sobre a história da vereadora Marielle Franco e do atentado contra ela e seu motorista, Anderson Gomes, que culminou na morte de ambos, cuja investigação aponta o envolvimento das milícias do Rio de Janeiro.

Atividades

1. Por que, segundo o autor, o êxito da ação das milícias no Brasil decorre de sua associação com o que ele discrimina como "face legal"?

2. A ação das milícias é bastante demarcada territorialmente, ou seja, ela se manifesta de forma intensa e violenta apenas em algumas áreas. Por que isso ocorre?

Violência de Estado

Max Weber (1864-1920), intelectual, jurista e economista alemão considerado um dos fundadores da Sociologia, utilizou a expressão "monopólio da violência" para se referir à definição de Estado. Em sua concepção, ele é caracterizado como uma "relação de dominação de homens sobre homens" apoiada no monopólio dos meios de coação legítima. Ou seja, apenas o Estado pode usar legitimamente a força física dentro de seu território correspondente.

WEBER, Max. *Economia e sociedade*: fundamentos da sociologia compreensiva. Brasília: UnB, 1999. v. 2, p. 526.

Embora, de fato, somente certos agentes estatais, como as polícias civil e militar, no caso brasileiro, tenham amparo jurídico para empregar a coerção, nem sempre esta é, de fato, legítima e aceita pela população. Nesse sentido, a agressividade indiscriminada da ação policial dentro das comunidades do Rio de Janeiro, por exemplo, tem sido criticada por diferentes setores da sociedade. Os moradores se queixam frequentemente do abuso policial, do uso desproporcional da força, que apenas em alguns casos ganham os noticiários e chamam a atenção da população como um todo.

Jorge hely veiga/Shutterstock

Pessoas participam de manifestação no centro do Rio de Janeiro (RJ), em junho de 2020. A frase "Vidas negras importam" faz referência ao movimento estadunidense *Black Lives Matter*. Em maio, em mais um caso de ação policial letal, o menino João Pedro, de 14 anos, foi morto, enquanto brincava na casa do tio, após ser atingido por policiais que participavam de uma operação em um morro de São Gonçalo.

Na história do Brasil republicano, a violência do Estado sobre grupos sociais mais pobres ou atuações por direitos foi uma constante na denominada manutenção da ordem. Entre tantos outros exemplos nas primeiras décadas republicanas estão a repressão violenta contra o arraial de Canudos (1896-1897), a Revolta da Vacina (1904) e a do Contestado (1912-1916), as greves operárias de 1917 e várias outras. Nas décadas pós-1930, os exageros repressores continuaram com prisões indiscriminadas, torturas e execuções, que couberam especialmente à ditadura do Estado Novo (1937-1945) e à civil-militar (1964-1985), como denunciadas na Comissão Nacional da Verdade. O modelo desta última ditadura do Brasil, similar a várias outras de então na América Latina, fundava-se na sistematização da Doutrina de Segurança Nacional, que justificava ações militares como forma de proteger um suposto "interesse da segurança nacional" em tempos de crise.

Para fazer frente a atuações do Estado que violam ou ameaçam violar direitos garantidos, as pessoas têm atuado das mais diferentes formas, por exemplo, assinando petições e participando de pesquisas do Senado Federal sobre projetos de lei; denunciando atos de violência; procurando conscientizar pessoas ao redor; participando de manifestações públicas em praças e avenidas, etc. Protestos amplos e por causas diversas ganharam impulso nos últimos anos. Um exemplo de protesto que se espalhou pelo mundo recentemente é o *Black Lives Matter* (Vidas Negras Importam), que partiu de um acontecimento na cidade de Minneapolis, nos Estados Unidos. Após a morte de George Floyd (1973-2020), um cidadão negro, asfixiado por Derek Chauvin (1976-), um policial branco, vários protestos ocorreram em diversas cidades clamando por justiça.

Kerem Yucel/AFP

As manifestações puseram em evidência os debates que envolvem a violência policial contra os negros nos Estados Unidos e o racismo estrutural de forma mais geral. Ainda que muitas pessoas não concordem com as táticas violentas utilizadas, muitos cidadãos simpatizaram com os protestos que resultaram em tombamento de viaturas policiais, destruição das fachadas de lojas e incêndio em delegacias. Tal fato, mais uma vez, trouxe à tona a discussão sobre a violência policial e das manifestações, sobre a legitimidade da prática efetivada.

Manifestantes em meio a destroços e chamas nos arredores de delegacia de polícia incendiada, em maio de 2020, durante protestos pela morte de George Floyd, em Minneapolis (Estados Unidos).

Atividade

3. Como vocês avaliam o papel da polícia na cidade de vocês? O policiamento e a ação dos policiais são semelhantes em todos os bairros? Como a população enxerga a polícia? Todos acham que ela é violenta? Que hipóteses vocês têm para explicar a forma como a polícia atua? Que ações poderiam ser adotadas para aproximar os policiais da população local de forma positiva?

Violência de gênero

A violência de gênero é definida como qualquer ato contra uma pessoa em razão de sexo ou gênero. Embora também possa vitimar homens e meninos, é mais comum contra mulheres e meninas e membros da comunidade LGBTQIA+, especialmente em países muçulmanos menos democráticos, sobretudo na África e no Oriente Médio. Entretanto, é um problema social vivido também em muitos outros países, como aqui no Brasil.

Pode ocorrer em diferentes espaços sociais, como no trabalho, em casa (violência doméstica), em um local público e até nas redes sociais, incluindo atitudes como discriminação trabalhista, assédio, estupros, prostituição forçada, castração total ou parcial, ataques misóginos, homofóbicos e transfóbicos e tráfico de pessoas, constituindo grave violação dos direitos humanos.

Violência contra a mulher

Suas causas têm raízes socioculturais bastante antigas, que partem da desigualdade de poder entre homens e mulheres e se perpetuam com alguns estereótipos e papéis de gênero que veiculam a imagem da mulher como inferior ao homem, como vimos na representação da figura feminina na Idade Média.

No Brasil, medidas para combater a violência contra a mulher estão amparadas na Lei n. 11 450/2006, mais conhecida como Lei Maria da Penha, em homenagem a Maria da Penha Maia Fernandes (1945-), que sofreu repetidas agressões por parte do marido e cujo caso ganhou projeção nacional por causa da negligência da Justiça brasileira. Foi um marco que criou mecanismos para coibir e prevenir a violência doméstica e familiar contra a mulher.

Apesar dos avanços no aumento das denúncias, ainda há muitos desafios. O machismo de magistrados, policiais, delegados e da sociedade em geral dificulta o cumprimento da lei. Ainda é grande a disparidade entre a quantidade de denúncias e a quantidade de inquéritos, ocorrendo também uma demora injustificável para a punição dos agressores. Muitas mulheres sentem-se pressionadas e expostas e desistem de seus direitos. Muitas também são vistas como não merecedoras de justiça e tidas até mesmo como culpadas pela agressão que sofrem. Enquanto isso, os números da violência continuam crescendo e colocam o Brasil entre os cinco países mais violentos do mundo contra as mulheres. Dados do Fórum Brasileiro de Segurança Pública de 2022 revelam que, só em 2021, 56.098 mulheres e meninas foram estupradas no Brasil, ou seja, uma mulher ou menina foi estuprada a cada 10 minutos. Apontam também que, entre 2019 e 2021, 73.442 meninas e adolescentes menores de 17 anos foram vítimas de estupro; e somente no primeiro semestre de 2021, foram 13.925 vítimas.

Desde 2016, a Empresa Brasil de Comunicação (EBC) criou a campanha **#NãoÀCulturaDoEstupro** com a veiculação nas redes sociais dos questionamentos mostrados na próxima página.

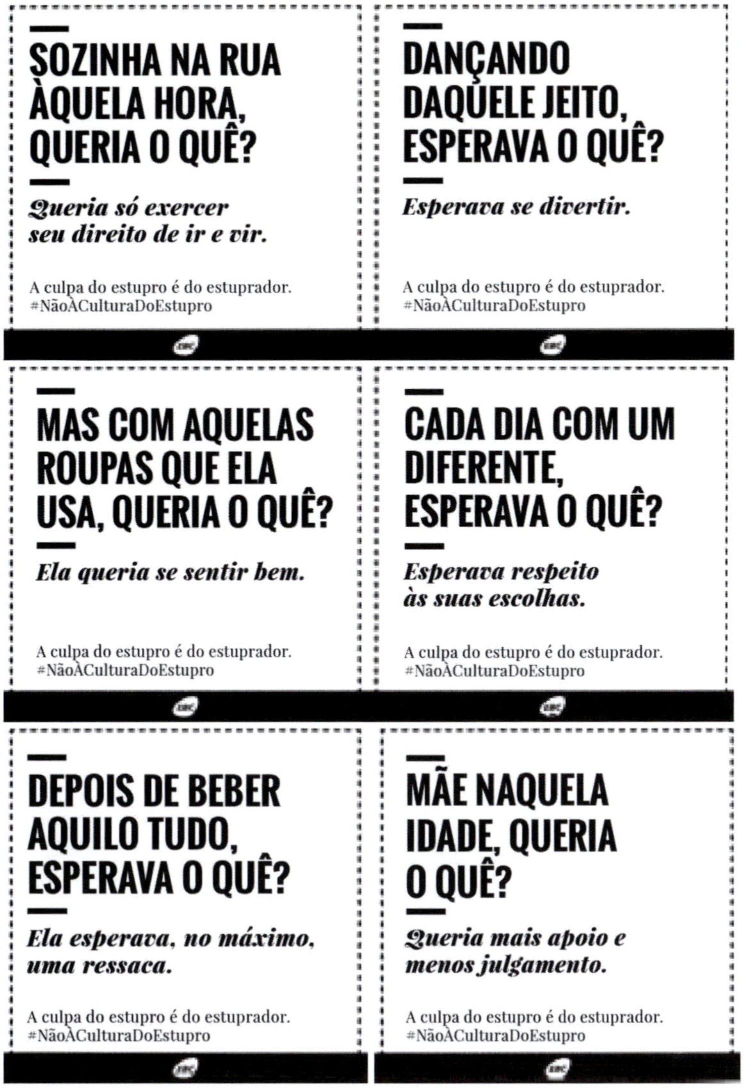

Campanha realizada pela EBC. Disponível em: https://www.ebc.com.br/cidadania/2016/06/o-que-e-cultura-do-estupro. Acesso em: 30 maio 2022.

Atividades

4. Qual é o sentido geral das perguntas dos quadros?
5. Todos os quadros trazem a mensagem "A culpa do estupro é do estuprador". Qual é o significado dessa frase?
6. Considerando que se trata de uma campanha contra a "cultura do estupro", como você definiria essa expressão?
7. Retomando os tipos de violência segundo a definição de Galtung, em qual tipo você diria que a cultura do estupro se enquadra?

Saiba+

Sobrevivi... posso contar. Maria da Penha. 2. ed. Saraiva, 2012.
Maria da Penha é uma farmacêutica do Ceará que sofreu com a negligência da Justiça brasileira quando tentou denunciar o marido por agressões e tentativa de homicídio. Seu caso só foi solucionado quando ela recorreu à Comissão Interamericana de Direitos Humanos da Organização dos Estados Americanos e o Estado brasileiro foi condenado por omissão e negligência, tendo de reformular suas leis de combate à violência doméstica, criando a Lei Maria da Penha. No livro, publicado pela primeira vez em 1994, Maria narra as violências sofridas por ela e pelas três filhas.

Conceitos

LGBTQIA+

Sigla que se refere a pessoas lésbicas, *gays*, bissexuais, transexuais, travestis, transgêneros, *queer*, intersexuais, assexuais, e o símbolo + procura englobar outras identidades de gênero e sexualidade como as de pessoas pansexuais, etc.

LGBTfobia

Termo usado para se referir ao ato ou demonstração de ódio ou rejeição a pessoas LGBTQIA+.

Violência contra a população LGBTQIA+

As pessoas **LGBTQIA+** enfrentam diariamente constrangimentos e não se sentem seguras em manifestar sua identidade de gênero ou suas relações afetivas em bares, restaurantes e locais públicos. Nas ruas, enfrentam assédio e ameaças verbais; no trabalho e nas escolas, adolescentes e jovens muitas vezes são vítimas de assédio moral (*bullying*). Tradicionalmente, nossa cultura se fundamenta numa estrutura heteronormativa, isto é, considera como padrão ou "normal" a pessoa heterossexual (que sente atração pelo sexo oposto), e todas as outras formas de variações de comportamento e orientação sexual são tratadas como desvios "antinaturais". Ainda que esse preconceito não se legitime cientificamente, ele interfere na forma como as pessoas tratam quem consideram diferente.

Em junho de 2019, o Supremo Tribunal Federal (STF) decidiu a favor da criminalização da **LGBTfobia**. Apesar de a decisão ser um marco histórico na defesa de direitos LGBTQIA+, o Brasil ainda é o país que mais mata pessoas LGBTQIA+ no mundo, e isso considerando que os dados oficiais são escassos, já que muitas ocorrências não são notificadas, seja pelo medo e pela pressão que as vítimas sofrem, seja pela resistência de delegados e investigadores dos casos.

Também em 2019, o *Atlas da Violência* do Instituto de Pesquisa Econômica Aplicada (Ipea) incluiu dados sobre essa população pela primeira vez. Já em 2021, também foram incluídas as violências contra pessoas com deficiência e contra indígenas.

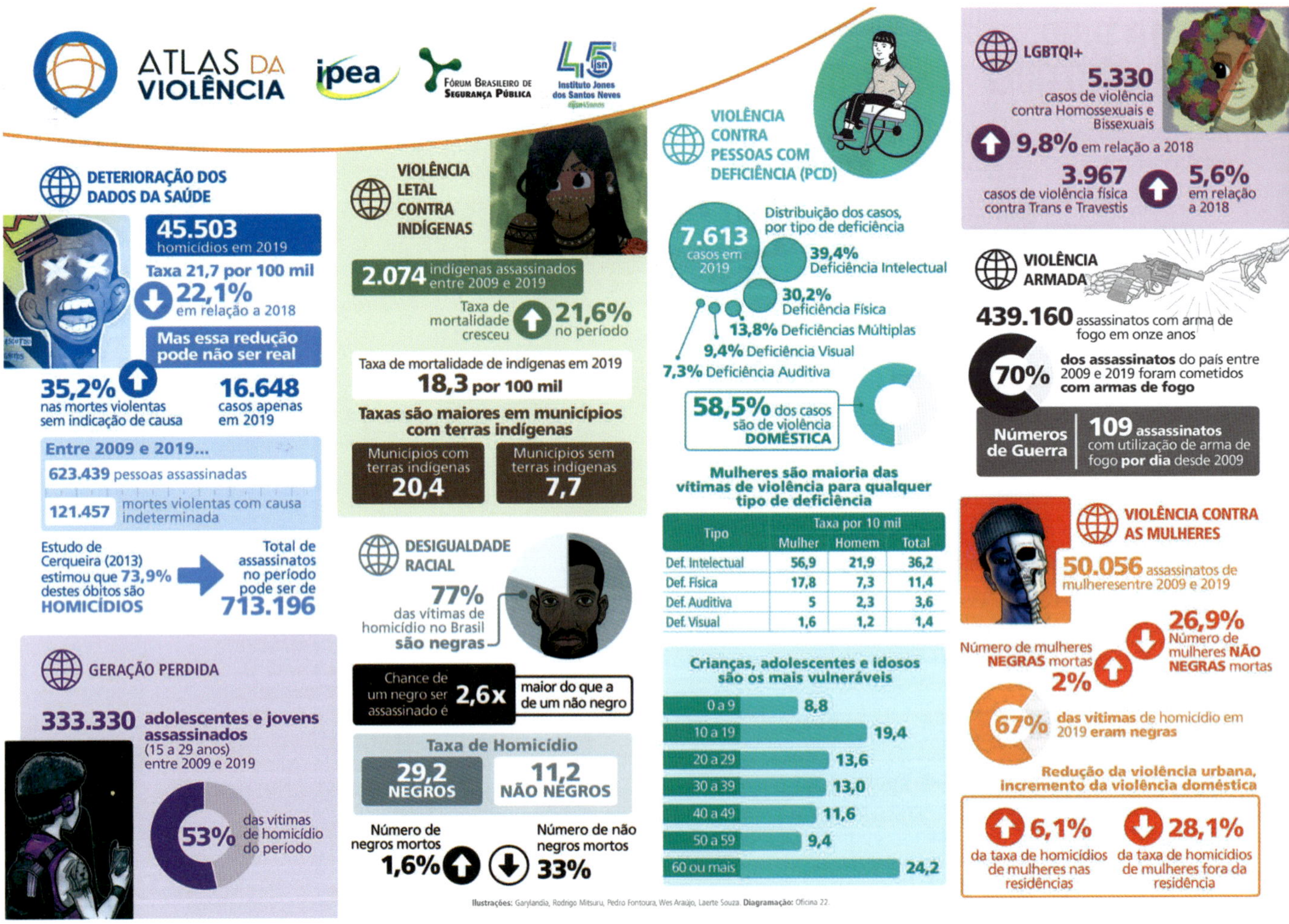

IPEA/Fórum Brasileiro de Segurança Pública. *Atlas da Violência*. Disponível em: https://forumseguranca.org.br/wp-content/uploads/2021/08/atlas-violencia-2021-infografico-v4.pdf. Acesso em: 30 maio 2022.

Atividades

8. Considerando a classificação de Galtung, você diria que o infográfico acima considera todos os tipos de violência? Justifique sua resposta.
9. Considerando a própria identidade, quais dados do *Atlas da Violência* se referem a seus grupos de pertencimento?

Reflexões sobre os mecanismos de combate à violência

Como vimos até aqui, a violência é um fenômeno complexo, no qual se conjugam fatores como desigualdade social, características culturais e sensação de impunidade. Retomando os conceitos de violência direta, estrutural e cultural, percebemos que para combatê-la é necessário implementar e efetivar ações que lidem com esses fatores, o que exige vontade política por parte dos governantes e da sociedade, além de grande investimento econômico para resultados que surgirão apenas a longo prazo, o que, por si só, já representa um empecilho para grupos políticos que querem resultados imediatos.

Por ser o tipo mais visível, a violência direta é também a mais conhecida, e as formas de combatê-la estão entre as mais divulgadas; no geral, elas tendem à punição dos agressores, seja para tentar dissuadir novos atos de violência, seja para excluir esses agentes do convívio social.

Cartaz da campanha lançada pela Associação dos Magistrados Brasileiros (AMB) e pelo Conselho Nacional de Justiça (CNJ). A campanha incentiva a denúncia de violência contra a mulher.

O combate à violência estrutural é mais complexo e depende de ações menos imediatas do que coibição da violência direta. O enfrentamento da desigualdade social é essencial nessa esfera, aumentando a expectativa de vida e garantindo mais acesso à educação e melhores oportunidades no mercado de trabalho formal. O mesmo pode ser dito da violência cultural: intervenções educativas e de conscientização podem resultar na redução de ações discriminatórias. Como são medidas de resultados a longo prazo, nem sempre se percebe sua atuação no combate à violência.

Como vimos com o triângulo de Galtung, as violências estruturais e culturais em geral constituem a causa invisível de atos de violência direta visíveis. Ou seja, punir as ações de violência direta não basta para garantir a diminuição da violência se as causas estruturais e culturais não forem atingidas. Sendo assim, é necessária uma reflexão mais profunda sobre as medidas que contemplam apenas as agressões diretas e uma consideração sobre propostas de combate e prevenção que envolvam o tema de forma mais ampla.

Por isso, medidas como a redução da maioridade penal precisam ser analisadas com muito cuidado. O tema é recorrente, em especial quando ocorrem crimes chocantes cometidos por adolescentes. Os principais argumentos na defesa de tal ideia são que um adolescente mais jovem já tem consciência sobre seus atos (geralmente a ideia proposta é de 16 anos) e que a maioridade penal aos 18 anos gera uma sensação de impunidade entre os jovens, estimulando-os ao comportamento criminoso.

Por outro lado, os argumentos contrários são de que o endurecimento da lei não necessariamente coibiria crimes, não atacaria os motivos que levam os jovens à criminalidade e ainda levaria ao aumento da população carcerária, em um país que tem mais de 700 mil presos, facilitando o recrutamento de jovens por facções criminosas e dificultando-lhes a oportunidade de reinserção social.

Em contrapartida, a implementação de políticas públicas que visem diminuir a evasão escolar e as vulnerabilidades dos jovens que se encontram no circuito da criminalidade, criando alternativas a ela, é apresentada como medida de alto impacto sobre a redução da violência, mesmo que a longo prazo. Nesse sentido, os governos necessitam investir na educação pública e na recuperação de pessoas que abandonaram a escola, criando programas de acompanhamento aos estudantes considerados problemáticos e aos egressos do sistema de medidas socioeducativas.

O debate sobre violência exige uma postura problematizadora, que busque compreender os diferentes atos de violência não como eventos isolados, mas como fenômenos da sociedade que requerem a reflexão sobre nossas responsabilidades. Questionar as consequências de nossos atos sobre nossos círculos sociais e a sociedade de forma mais ampla, nossa postura ética diante de manifestações de violência, pode nos ajudar a pensar sobre suas causas mais profundas e buscar estratégias para exercermos nossos papéis como cidadãos.

Matthias Kestel/Alamy/Fotoarena

Banksy é o pseudônimo de um artista pintor de grafites e telas, ativista político e diretor de cinema britânico, cujo nome real nunca foi confirmado publicamente. Sua arte de rua utiliza o estêncil (técnica para imprimir imagens sobre superfícies) e caracteriza-se por fazer críticas políticas e sociais. A imagem *Soldier throwing flowers* (ou *Soldado atirando flores*) é um grafite feito por ele em 2005, na Palestina.

Atividades

1. Observe o grafite de Banksy, acima, e responda às questões propostas:

a) Qual é o estranhamento causado pela imagem?

b) Ela remete a alguma cena que você já presenciou ou já viu em fotografias ou na televisão?

c) Agora, debata com os colegas da turma: O grafite de Banksy faz uma apologia a atitudes violentas ou procura ser um mecanismo de combate à violência?

2. Converse com os colegas para avaliar as relações entre os alunos na escola e na sala de aula. Elas são amistosas, inclusivas, tolerantes e respeitosas? Pensem em atitudes que vocês poderiam tomar diante de alguma manifestação de violência entre alunos. Pode ser interessante vocês simularem uma situação. Por exemplo, pequenos grupos se revezam na apresentação para a classe de uma dramatização para representar a violência no espaço escolar e na sequência o grupo todo debate sobre as estratégias para evitá-la e sobre como agir quando ocorrer.

- Os excertos a seguir apresentam casos em que houve violação dos direitos do indivíduo. As vítimas eram de classe média baixa, apresentavam dificuldades financeiras e não tinham completado os anos básicos de estudo. A partir da leitura e da análise dos excertos e da imagem, responda aos itens.

O assassinato cometido por homônimo

Era apenas uma coincidência de um nome em comum, mas erros e mais erros da Justiça brasileira transformaram a vida do pernambucano Marcos Mariano da Silva. Em 1976, o então mecânico e motorista foi preso por um assassinato cometido por um homônimo na mesma cidade em que morava, Cabo de Santo Agostinho (PE). Condenado, passou seis anos encarcerado, até o verdadeiro criminoso ser detido por outro delito. Três anos depois, ele foi parado numa ***blitz*** e reconhecido por policiais que sabiam da primeira acusação, mas não de sua inocência. O juiz que cuidou dessa nova prisão tampouco se preocupou em ler seu processo e o mandou de volta para o presídio, onde permaneceu até 1998. [...] Em 2011, no dia em que o Superior Tribunal de Justiça (STJ) decidiu pelo pagamento de uma indenização de R$ 2 milhões, Marcos sofreu um infarto e morreu.

MIRANDA, André; TINOCO, Dandara. As injustiças da justiça brasileira: erros e descasos em processos criminais levam à prisão inocentes por até duas décadas. *O Globo*, 26 jan. 2016. Disponível em: https://oglobo.globo.com/brasil/as-injusticas-da-justica-brasileira-18541969. Acesso em: 30 maio 2022.

HIV contraído na prisão

Para Héberson Lima, de 34 anos, o tempo em que esteve na prisão levou não apenas dois anos e sete meses, mas também tomou dele trabalho, saúde, a família e a vontade de viver. O então auxiliar de serviços foi preso em 2003, ao ser acusado por um vizinho de estuprar uma criança de 9 anos em Manaus. No cárcere, ele foi violentado e adquiriu HIV. O caso mudou de rumo apenas quando a defensora pública Ilmair Faria Siqueira constatou que, embora a vítima tivesse reconhecido Héberson, as feições descritas pela menina não coincidiam com as do acusado. [...]

Entre idas e vindas de processos pedindo indenização, ele agora aguarda o desfecho de ação em que solicita R$ 150 mil do Estado em favor dos dois filhos, de 13 e 15 anos.

MIRANDA, André; TINOCO, Dandara. As injustiças da justiça brasileira: erros e descasos em processos criminais levam à prisão inocentes por até duas décadas. *O Globo*, 26 jan. 2016. Disponível em: https://oglobo.globo.com/brasil/as-injusticas-da-justica-brasileira-18541969. Acesso em: 30 maio 2022.

Menina presa com vinte homens

[...], espera-se que uma jovem receba uma indenização de R$ 85 mil por outro descaso da Justiça. Em 2007, quando tinha 15 anos, ela foi levada por furto de um celular para uma delegacia de Abaetetuba, no interior do Pará. Tanto o delegado quanto a juíza que analisaram seu caso tiveram certeza se tratar de um rapaz e a deixaram por mais de um mês numa cela com 20 homens. [...]

MIRANDA, André; TINOCO, Dandara. As injustiças da justiça brasileira: erros e descasos em processos criminais levam à prisão inocentes por até duas décadas. *O Globo*, 26 jan. 2016. Disponível em: https://oglobo.globo.com/brasil/as-injusticas-da-justica-brasileira-18541969. Acesso em: 30 maio 2022.

a) Segundo o artigo 10 da Declaração Universal dos Direitos Humanos, "todo ser humano tem direito, em plena igualdade, a uma audiência justa e pública por parte de um tribunal independente e imparcial, para decidir sobre seus direitos e deveres ou do fundamento de qualquer acusação criminal contra ele". Em que as situações expostas nos excertos deixaram de assegurar o direito que está posto nesse artigo? Argumente.

b) Em duplas, discutam sobre a mensagem da imagem e associem-na com os excertos.

© Joaquín Salvador Lavado (Quino)/Fotoarena

c) Em duplas, pesquisem os envolvidos em uma das injustiças apresentadas e redijam um texto pedindo explicações. Argumentem sobre a violência da ação e como ela fere os direitos humanos do indivíduo.

#EnemVestibular

1. (Enem – 2019)

A criação do Sistema Único de Saúde (SUS) como uma política para todos constitui-se uma das mais importantes conquistas da sociedade brasileira no século XX. O SUS deve ser valorizado e defendido como um marco para a cidadania e o avanço civilizatório. A democracia envolve um modelo de Estado no qual políticas protegem os cidadãos e reduzem as desigualdades. O SUS é uma diretriz que fortalece a cidadania e contribui para assegurar o exercício de direitos, o pluralismo político e o bem-estar como valores de uma sociedade fraterna, pluralista e sem preconceitos, conforme prevê a Constituição Federal de 1988.

RIZZOTO, M. L. F. et al. Justiça social, democracia com direitos sociais e saúde: a luta do Cebes. *Revista Saúde em Debate*, n. 116, jan./mar. 2018 (adaptado).

Segundo o texto, duas características da concepção da política pública analisada são:

a) Paternalismo e filantropia.
b) Liberalismo e meritocracia.
c) Universalismo e igualitarismo.
d) Nacionalismo e individualismo.
e) Revolucionarismo e coparticipação.

2. (Enem – 2012)

Cada uma das personagens adota uma forma diferente de designar os países "não desenvolvidos", porém, atualmente tem-se adotado a terminologia "países em desenvolvimento" porque

Reprodução/Enem, 2012.

a) representa melhor a ausência de desigualdades econômicas que se observa hoje entre essas nações.
b) facilita as relações comerciais no mercado globalizado ao aproximar países mais e menos desenvolvidos.
c) indica que os países estão em processo de desenvolvimento, reduzindo o estigma inerente ao termo "subdesenvolvidos".
d) demonstra o crescimento econômico desses países, que vem sendo maior ao longo dos anos, erradicando as desigualdades.
e) reafirma que durante a Guerra Fria os países que eram subdesenvolvidos alcançaram estágios avançados de desenvolvimento.

3. (Enem – 2014)

Na imagem, é ressaltado, em tom mais escuro, um grupo de países que, na atualidade, possuem características político-econômicas comuns no sentido de:

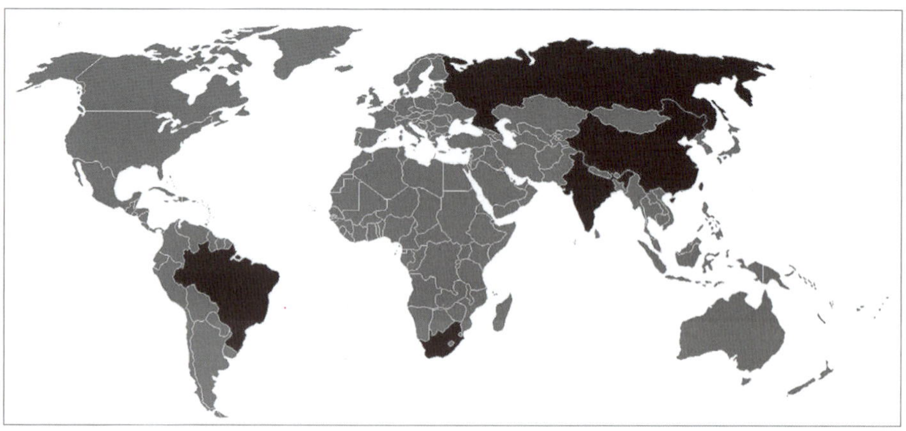

Reprodução/Enem, 2014.

Disponível em: www.ipta.gov.br. Acesso em: 2 ago. 2013.

a) adotarem o liberalismo político na dinâmica dos seus setores públicos.
b) constituírem modelos de ações decisórias vinculadas à social-democracia.
c) instituírem fóruns de discussão sobre intercâmbio multilateral de economias emergentes.
d) promoverem a integração representativa dos diversos povos integrantes de seus territórios.
e) apresentarem uma frente de desalinhamento político aos polos dominantes do sistema-mundo.

4. (Enem – 2018)

A elaboração da Lei nº 11 340/06 (Lei Maria da Penha) partiu, em grande medida, de uma perspectiva crítica aos resultados obtidos pela criação dos Juizados Especiais Criminais direcionada à banalização do conflito de gênero, observada na prática corriqueira da aplicação de medidas alternativas correspondentes ao pagamento de cestas básicas pelos acusados.

VASCONCELOS, F. B. Disponível em: www.cartacapital.com.br. Acesso em: 11 dez. 2012 (adaptado).

No contexto descrito, a lei citada pode alterar a situação da mulher ao proporcionar sua

a) atuação como provedora do lar.
b) inserção no mercado de trabalho.
c) presença em instituições policiais.
d) proteção contra ações de violência.
e) participação enquanto gestora pública.

5. (Udesc – 2015)

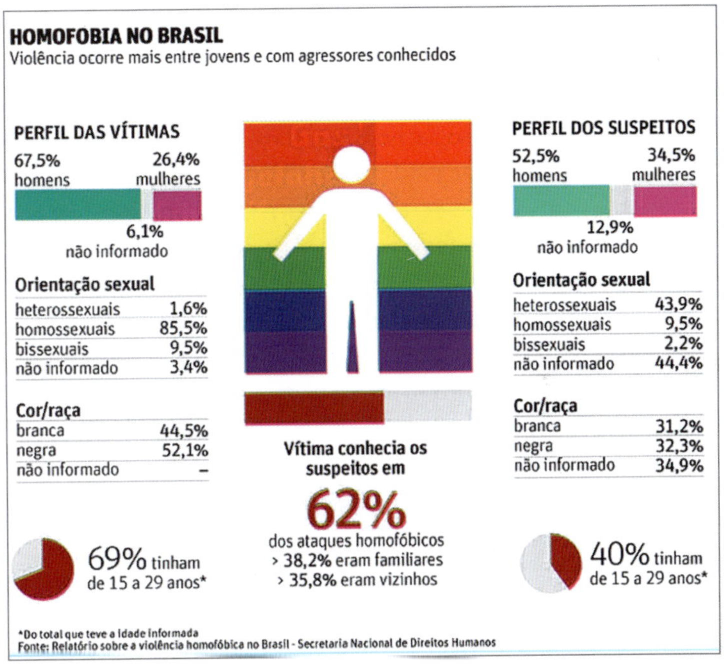

Com base nos dados apresentados acima, assinale a alternativa correta.

a) A maior parte dos homofóbicos é do sexo masculino, jovem, branco e desconhecido da vítima.
b) Os dados apontam a correlação entre homofobia, faixa etária e questões raciais.
c) Os casos de homofobia são predominantemente vinculados ao tipo dos próprios homossexuais, uma vez que se relacionam com pessoas contatadas em chats ou em locais de pouca segurança, como parques e boates gays.
d) A maior parte dos suspeitos prefere não informar sua orientação sexual, o que também se aplica ao perfil das vítimas.
e) Embora porcentagem considerável de mulheres tenham sido vítimas de violência, não se constata índice relevante de mulheres suspeitas de homofobia.

6. (UEL-PR – 2011)

Leia o texto a seguir, que remete ao debate sobre questões de gênero.

A violência contra a mulher acontece cotidianamente e nem sempre ganha destaque na imprensa, afirmou a ministra da Secretaria de Políticas para as Mulheres, Nilcéa Freire [...]. "Quando surgem casos, principalmente com pessoas famosas, que chegam aos jornais, é que a sociedade efetivamente se dá conta de que aquilo acontece cotidianamente e não sai nos jornais. As mulheres são violentadas, são subjugadas cotidianamente [...]", afirmou a ministra. [...] "Eliza morreu porque contrariou um homem que achou que lhe deveria impor um castigo. Ela morreu como morrem tantas outras quando rompem relacionamentos violentos", disse a ministra.

(VIOLÊNCIA contra as mulheres é diária, diz ministra, Agência Brasil, Brasília, 11 jul. 2010.)

Com base no texto e nos conhecimentos socioantropológicos sobre o tema, é correto afirmar:

a) Questões de gênero são definidas a partir da classe social, razão pela qual são mais presentes nas camadas populares do que entre as elites.
b) As identidades sociais masculina e feminina são configuradas a partir de características biológicas imutáveis presentes em cada um.
c) As diferenças de gênero são determinadas no terreno econômico, daí o fato de serem produto da sociedade capitalista.
d) As experiências socialistas do século XX demonstram que nelas as questões de gênero são resolvidas de modo a estabelecer a igualdade real entre homens e mulheres.
e) As relações de gênero são construídas socialmente e favorecem, nas condições históricas atuais, a dominação masculina.

7. (UPE – 2015)

Observe a tabela a seguir:

Diferença entre as populações de brancos e negros no Brasil (em médias)

	Analfabetismo	Proporção de pobres (família)	Proporção de crianças pobres	Domicílios com banheiros e água encanada
BRASIL	12,9	32,8	46,0	77,0
Brancos	8,3	22,2	20,2	87,0
Negros	18,7	45,5	43,1	65,1

(Fonte: ESCÓSSIA, Fernanda. Raças ocupam posições, e negro sofre mais. Folha de São Paulo, 2, out. 2003. Caderno Especial Qualidade de Vida, p. A-4. Adaptado)

Ela apresenta as principais dimensões que caracterizam a desigualdade racial no Brasil.

Com base nas médias nela apresentadas, é CORRETO afirmar que

a) a proporção de negros analfabetos é menor que a média nacional.

b) os domicílios com banheiro e água encanada representam a dimensão mais desigual, mostrando a proximidade do negro em relação ao branco.

c) a desigualdade social no Brasil aumentou significativamente, pois a proporção de pobres negros foi maior que a de brancos e a da média nacional juntas.

d) as formas de perseguição étnica e racial no Brasil são relações sociais, que refletem a desigualdade existente, apresentada na tabela.

e) há uma desigualdade forte no país entre brancos e negros, e os dados são insuficientes para perceber todas as dimensões sociais que tornam os indivíduos desiguais.

8. (Ufpel-RS – 2019)

"O Programa das Nações Unidas para o Desenvolvimento Humano (Pnud) estabeleceu, no Relatório do Desenvolvimento Humano de 1990, que a situação de pobreza atinge as pessoas que vivem com menos de 1,25 dólar por dia. O Banco Mundial considera a faixa de menos de 2 dólares por dia para definir a população pobre e menos de 1 dólar por dia para definir a pobreza extrema".

(ALMEIDA, RIGOLIN, 2017, p. 59)

Outro ponto interessante a se destacar é que existem diversas maneiras de se medir e de se avaliar a pobreza no mundo. Uma das formas é a análise, por exemplo, dos indicadores socioeconômicos. Outra seria por meio da análise do Índice de Desenvolvimento Humano (IDH).

Sobre o Índice de Desenvolvimento Humano, é correto afirmar que leva em consideração os seguintes aspectos:

a) a expectativa de vida, o grau de escolaridade e o lazer.

b) a renda *per capita*, plano de saúde e o grau de escolaridade.

c) a expectativa de vida, o grau de escolaridade, o local em que reside e se possui automóvel.

d) a expectativa de vida, o grau de escolaridade e a renda *per capita*.

e) a quantidade de indústrias no país e o número de empregados.

9. (Uece – 2019)

Atente para o seguinte excerto:

"Em 2017, as pessoas que compuseram o grupo do 1% mais rico da população brasileira obtiveram rendimento médio mensal de R$ 27.213, enquanto a metade mais pobre da população chegou à marca de R$ 754, menos que um salário mínimo por mês. A desigualdade social entre os grupos chega a 36,1 vezes, entretanto, quando se separa por região, no Nordeste, a diferença chega a 44,9 vezes [...]".

Disponível em: https://economia.ig.com.br/2018-04-11/desigualdade-renda-ibge.html

O texto acima informa dados sobre a situação de distribuição de renda no Brasil e a concentração de riqueza entre os mais ricos e a população pobre. Com base nas informações apresentadas, é correto afirmar que as desigualdades sociais

a) caracterizam-se principalmente pela desigualdade econômica decorrente da má distribuição de renda na sociedade, ou seja, quando a renda é distribuída de forma desigual na sociedade.

b) serão superadas pelas iniciativas individuais, sem a necessidade de políticas públicas que favoreçam a distribuição de renda.

c) são processos sociais próprios do funcionamento natural das sociedades e dizem respeito aos comportamentos e responsabilidades assumidos por cada um.

d) existem e se justificam porque há diferenças de grupos sociais e de regiões, fazendo com que cada um obtenha seus rendimentos conforme suas qualidades e méritos individuais.

10. (IF Sudeste MG – 2018)

Leia o texto abaixo, que discorre sobre a temática da fome:

A fome como desafio ético e espiritual

Nada mais humanitário, social, político, ético e espiritual que saciar a fome dos pobres da Terra. Um místico medieval da escola holandesa John Ruysbroeck (1293-1381) bem disse: "Se estiveres em êxtase diante de Deus e um faminto bater em sua porta, deixe o Deus do êxtase e vá atender o faminto. O Deus que deixas no êxtase é menos seguro do que o Deus que encontras no faminto".

Jesus mesmo encheu-se de compaixão e saciou com pão e peixe a centenas de famintos que o seguiam. No núcleo central de sua mensagem se encontra o Pai Nosso e o Pão Nosso, na famosa oração do Senhor. Somente está na herança de Jesus quem mantêm sempre unidos o Pai Nosso com o Pão Nosso. Só esse poderá dizer Amém.

Os níveis de pobreza mundial são estarrecedores. A Oxfam, que anualmente mede os níveis de desigualdade no mundo, concluiu em janeiro de 2017 que somente 8 pessoas possuem igual renda que 3,6 bilhões de pessoas, quer dizer, cerca da metade da humanidade. Tal fato é mais que a palavra fria "desigualdade". Ético politicamente traduz uma atroz injustiça social e, para quem se move no âmbito da fé judaico-cristã, esta injustiça social representa um pecado social e estrutural que afeta Deus e seus filhos e filhas.

A pobreza é sistêmica, pois é fruto de um tipo de sociedade que tem por objetivo acumular mais e mais bens materiais sem qualquer consideração humanitária (justiça social) e ambiental (justiça ecológica). Ela pressupõe pessoas cruéis, cínicas e sem qualquer sentido de solidariedade, portanto, num contexto de alta desumanização e até de barbárie. Causa-nos profunda tristeza o fato de termos que viver dentro de um sistema que só sobrevive à condição de que o dinheiro produza mais dinheiro, não para termos mais vida senão apenas mais riqueza. (...)

BOFF, Leonardo. *A fome como desafio ético e espiritual*. Mai. 2017. Disponível em: <https://leonardoboff.wordpress.com>. Acesso em: 25 mar. 2018.

A partir do texto acima e de seus conhecimentos sobre a questão da fome no mundo, marque a alternativa CORRETA.

a) A fome não é um fator presente ao longo de toda a história da humanidade. Ondas de mortes causadas pela falta de alimentos não eram algo comum até bem pouco tempo.

b) As últimas décadas não foram de grande evolução no combate à fome em escala global. Nas últimas décadas, apenas 0,1% da população superou o problema. Mais de 50% da população mundial vive sem uma dieta que forneça o mínimo de calorias e nutrientes para uma vida saudável.

c) Os padrões e hábitos alimentares adotados nos países ricos e transportados para os países pobres têm minimizado a difícil situação alimentar de grande parcela de suas populações.

d) Na primeira década do século XXI, o mundo passou pelo maior aumento populacional da História devido à brusca queda da taxa de mortalidade, gerando preocupações sobre a capacidade dos países em produzir comida para todos.

e) A fome é um flagelo que afeta mais de 800 milhões de pessoas em todo o mundo. Embora mais da metade dessas pessoas estejam nos continentes africano e asiático, há famintos na América Latina, Europa e também nos Estados Unidos, em bolsões de pobreza extrema.

11. (Uece – 2019)

Atente para os seguintes dados: "No Brasil, doze mulheres são assassinadas todos os dias, em média, segundo os dados oficiais dos estados relativos a 2017. São 4.473 homicídios dolosos, sendo 946 feminicídios, ou seja, casos de mulheres mortas em crimes de ódio motivados pela condição de gênero".

Disponível em: https://g1.globo.com/monitor-da-violencia/noticia/cresce-n-de-mulheres-vitimas-de-homicidio-no-brasil-dados-de-feminicidio-sao-subnotificados.ghtml

Em relação aos crimes de homicídios contra mulheres, é correto dizer que

a) o aumento de assassinatos de mulheres no Brasil é resultado direto do aumento da criminalidade violenta que caracteriza a violência urbana no País.

b) todo homicídio é violento e se constitui em crime perante a lei, não havendo características de natureza nem de motivações que o distingam dos demais.

c) a violência contra as mulheres, na maioria dos casos, é praticada por homens que se orientam por um modelo de dominação masculina que vincula masculinidade à violência.

d) a violência contra mulheres no Brasil é resultado da exposição das próprias mulheres na vida pública, sendo elas próprias as responsáveis pela situação.

A realidade sob investigação: o método do estudo de caso

Para começar

Nesta unidade, analisamos que o conflito, seja entre indivíduos, seja entre sociedades, pode ocorrer por razões diversas. No entanto, o que se verifica em todo conflito é sempre a discordância de ideias entre duas ou mais partes envolvidas.

Ao estudar o conflito social, alguns teóricos chegaram à conclusão de sua inevitabilidade. A desigualdade social existente nas sociedades motivaria os conflitos, que, nesse caso, funcionariam como mola propulsora para o surgimento de uma nova ordem social. Porém, mesmo com a nova ordem, desigualdades seriam deflagradas e, como consequência, novos conflitos surgiriam.

Atualmente, quando abrimos o jornal, navegamos por *sites* de notícias ou assistimos à televisão, tomamos conhecimento de diversos conflitos, muitos dos quais nos causam horror, envolvendo países diversos ou segmentos de uma mesma população. Talvez você conheça ou já tenha visto programas de televisão especializados em noticiar assaltos, homicídios, roubos, entre outros crimes. Geralmente, nesses programas, que se proclamam defensores da ordem e da moral, a conduta da polícia é sempre valorizada – ainda que muitas de suas ações causem danos físicos ou mesmo a morte de pessoas.

Determinadas pela Constituição Federal de 1988, que garante, como dever do Estado, a ordem e a segurança pública, além da incolumidade de pessoas, as polícias civis e militares respondem aos governadores dos estados brasileiros. Entre seus deveres estão apurar infrações contra as ordens políticas e sociais, prevenir e reprimir o tráfico ilícito de entorpecentes e de drogas e preservar a ordem pública.

Charge de Benett, publicada no jornal *Folha de S.Paulo*, em 12 de dezembro de 2019, critica a reação das pessoas a outra charge que satirizou a ação violenta da polícia militar em Paraisópolis, em São Paulo, dias antes.

Entretanto, não são incomuns os abusos de poder por policiais, como na manifestação de 2013 contra o aumento da passagem de ônibus em São Paulo. Iniciada de forma pacífica, a manifestação se transformou em um verdadeiro campo de batalha entre a polícia e os manifestantes. Como resultado, muitas pessoas ficaram feridas, e um fotógrafo que cobria o evento perdeu o olho esquerdo devido aos danos provocados por uma bala de borracha disparada por um policial militar.

O estudo de caso e a letalidade policial

Você, provavelmente, já ouviu a música "Um homem na estrada", do grupo de *rap* Racionais MC's, em que um homem, recém-saído do presídio, narra suas esperanças de uma vida em liberdade, mas se depara com a realidade da vida na favela, do desemprego e do preconceito. Ao final, injustamente acusado de participar de assaltos na região em que vive, é morto pela polícia durante uma troca de tiros. No noticiário, porém, a informação é que a morte se deveu, possivelmente, a acertos de conta entre "quadrilhas rivais".

Como os Racionais MC's, outros *rappers* brasileiros buscam denunciar, seja nas letras de suas canções, seja nos clipes de suas músicas, as dificuldades diárias enfrentadas pela população das periferias e favelas das grandes cidades brasileiras, muitas vezes vítimas da ação de policiais. No clipe de "Minha alma (A paz que eu não quero)", de O Rappa – banda que mescla os estilos musicais *rap*, *reggae* e *rock* –, o que seria um passeio de domingo de um grupo de jovens negros de uma favela do Rio de Janeiro termina em confronto entre os moradores da favela e a polícia, depois que um dos garotos, ao pegar um dinheiro do chão a fim de restituir ao dono, é pego e executado por policiais.

O *rap* (do inglês *Rhythm and Poetry* – "Ritmo e Poesia") é um estilo musical caracterizado por letras de cunho social acompanhadas por uma batida forte e rítmica. Em muitas canções, verifica-se a presença de um personagem que, com um olhar bastante atento e crítico em relação à sociedade, faz um relato de sua vida, apontando, ao mesmo tempo, a desigualdade social e seu efeito para as classes mais humildes da população.

Saindo do universo artístico e buscando exemplos na realidade enfrentada por muitas pessoas, em 2020 o mundo ficou chocado com a morte violenta do *rapper* afro-estadunidense George Floyd (1973-2020) durante uma abordagem policial, em Minneapolis, nos Estados Unidos. O policial Derek Chauvin pressionou o joelho sobre o pescoço de Floyd por oito minutos, causando-lhe a morte por asfixia. Após isso, uma onda de protestos contra a polícia racista de Minneapolis foi noticiada nos Estados Unidos e no mundo. No entanto, essa não é a primeira vez que policiais brancos agem com violência contra a população negra estadunidense.

tetiana.photographer/Shutterstock

Apesar da pandemia de covid-19, protestos contra a morte de George Floyd reuniram milhares de pessoas, brancas e negras, em Nova York (Estados Unidos), em junho de 2020. No cartaz, *Black Lives Matter* ("Vidas Negras Importam") faz referência ao movimento ativista internacional que luta contra a violência direcionada aos negros.

Aliás, você pode ter se recordado de casos semelhantes que tenham sido noticiados no Brasil, não? Entre esses casos, um dos mais polêmicos foi a morte do músico Evaldo Rosa dos Santos na tarde do dia 7 de abril de 2019, durante a ação de soldados do Exército em patrulhamento na Zona Norte do Rio de Janeiro. O carro em que Evaldo estava com a família, a caminho de um chá de bebê, foi alvejado por 62 tiros de fuzil dos 257 disparados pelos militares. O catador de papelão Luciano Macedo, que buscou socorrer o músico e sua família no momento dos disparos, também acabou atingido por tiros de fuzis, falecendo dias depois. Ao todo, doze militares foram indiciados pelo homicídio de Evaldo e de Luciano, e em outubro de 2021 oito dos militares foram condenados.

Fabio Teixeira/AP Photo/Imageplus

Marcas de bala no carro em que estavam Evaldo Rosa dos Santos, sua esposa, seu filho com então 7 anos, uma amiga da família e o sogro do músico.

Brasil e Estados Unidos são, portanto, dois países distintos em muitos aspectos, mas que compartilham entre si o fato de que sua população negra tem um risco maior de morrer em ações policiais. Nos Estados Unidos, a chance de um negro morrer em ações da polícia é 2,9 vezes maior do que a de um branco. No Brasil, o número é de 2,3.

Por muito tempo considerado um país de "democracia racial", o Brasil, na verdade, ainda sofre das mazelas do regime escravista – que vigorou na sociedade brasileira por mais de três séculos – e de uma abolição incompleta, que lançou os libertos, isto é, os ex-escravizados e seus descendentes, à própria sorte, sem assistência para enfrentar a nova vida em liberdade. Como consequência, os negros ainda hoje são a maioria nas periferias e nas favelas brasileiras, onde, por sua vez, é verificada a maior parte dos casos de mortes de pessoas em ações policiais.

Para compreender mais profundamente os crimes cometidos por policiais contra pessoas negras de baixa renda, poderíamos recorrer ao estudo de caso, método de pesquisa utilizado em muitas disciplinas, entre as quais a Sociologia, que busca investigar fenômenos contemporâneos em contextos sociais específicos.

Um estudo de caso pode ser de três tipos:

- **Causal:** busca, por meio de dados quantitativos, identificar as causas de certo fenômeno. No caso do tema escolhido, um estudo de caso de tipo causal procuraria averiguar, por exemplo, os motivos pelos quais mais negros morrem em ações da polícia do que brancos.
- **Exploratório:** utiliza abordagem qualitativa para encontrar soluções em relação a dado fenômeno. Mais uma vez, tomando nosso exemplo, um estudo de caso de tipo exploratório averiguaria as soluções possíveis para evitar que negros morram nas ações da polícia.
- **Descritivo:** com base em dados quantitativos, descreve os fenômenos. No nosso exemplo, um dos objetivos poderia ser traçar o perfil de pessoas negras vítimas das ações policiais.

Um pesquisador poderia optar por um dos três tipos ou integrar dois deles, como o causal e o descritivo. Além disso, seria possível escolher entre os enfoques qualitativo e quantitativo.

A escolha do tipo de estudo de caso e do enfoque depende do objetivo que se tem ao realizar o trabalho de pesquisa. Assim, para conhecer os detalhes sobre as vítimas das açoes da polícia (como gênero sexual, idade e classe social, entre outras questões), seria mais apropriado um estudo de casos de tipo descritivo, utilizando fontes diversas, como notícias de jornais, dados estatísticos divulgados por organizações em favor dos direitos humanos, entrevistas, etc.

Segundo o anuário 2021 do **Fórum Brasileiro de Segurança Pública**, em 2020 ocorreram 50033 mortes violentas intencionais. Desse número, 12,8% aconteceram durante abordagens de policiais, isto é, 6416, o que equivale à média de 17,5 mortes por dia. Entre as vítimas, 98,4% eram homens, 68,8% eram jovens entre 18 e 29 anos e 78,9% eram negros.

Fórum Brasileiro de Segurança Pública (FSBSP): órgão não governamental que integra profissionais de diversas áreas – entre os quais pesquisadores; cientistas sociais; policiais federais, civis e militares; gestores públicos – e tem como objetivo oferecer informações relacionadas à violência no Brasil e às políticas de segurança pública.

No anuário 2019 do FBSP, foi constatado que a maioria dos mortos por policiais (81,5%) tinha somente o Ensino Fundamental completo ou incompleto. Uma parte muito pequena (2,3%) ingressara no ensino superior, e o restante (16,2%), no Ensino Médio. No entanto, do total de vítimas, somente 15,9% dos registros apresentavam informações referentes à escolaridade.

Os gráficos a seguir mostram esses dados. Com base em sua análise, chegou-se à conclusão de que as vítimas por ação policial no Brasil possuem um perfil bem determinado: homens, negros e de baixa escolaridade.

Brasil: vítimas decorrentes de intervenções policiais e a população, segundo a raça/cor – 2020

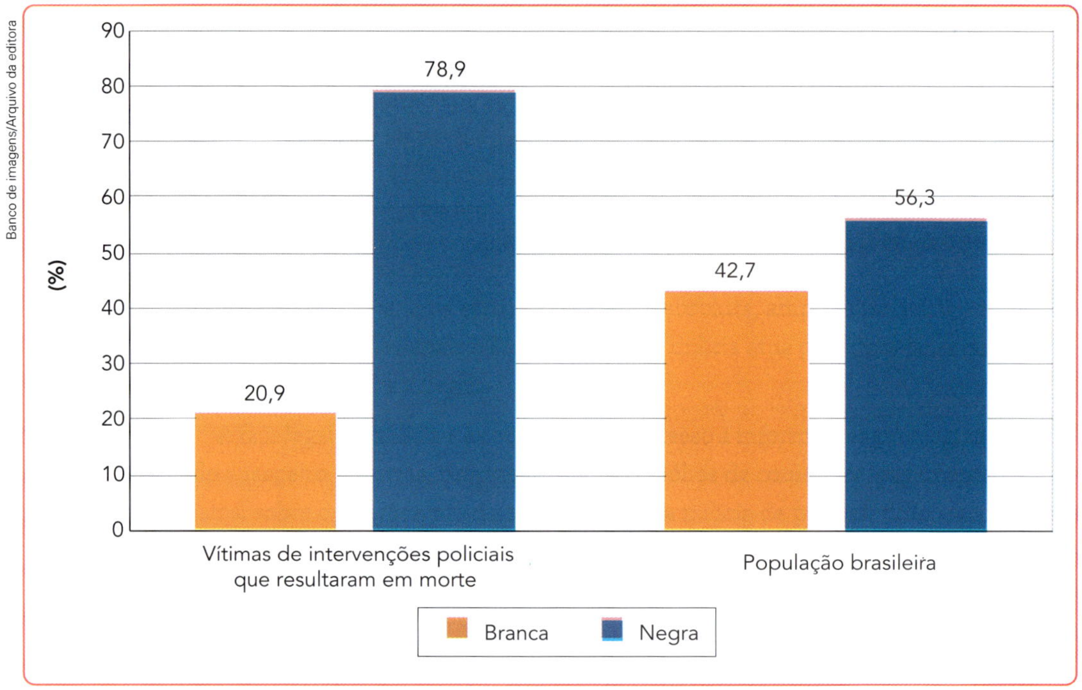

Fonte: FÓRUM BRASILEIRO DE SEGURANÇA PÚBLICA. *Anuário Brasileiro de Segurança Pública 2021*, ano 15. São Paulo, 2021. p. 67. Disponível em: https://forumseguranca.org.br/wp-content/uploads/2021/10/anuario-15-completo-v7-251021.pdf. Acesso em: 30 maio 2022.

Brasil: Mortes decorrentes de intervenções policiais no Brasil, por faixa etária – 2020

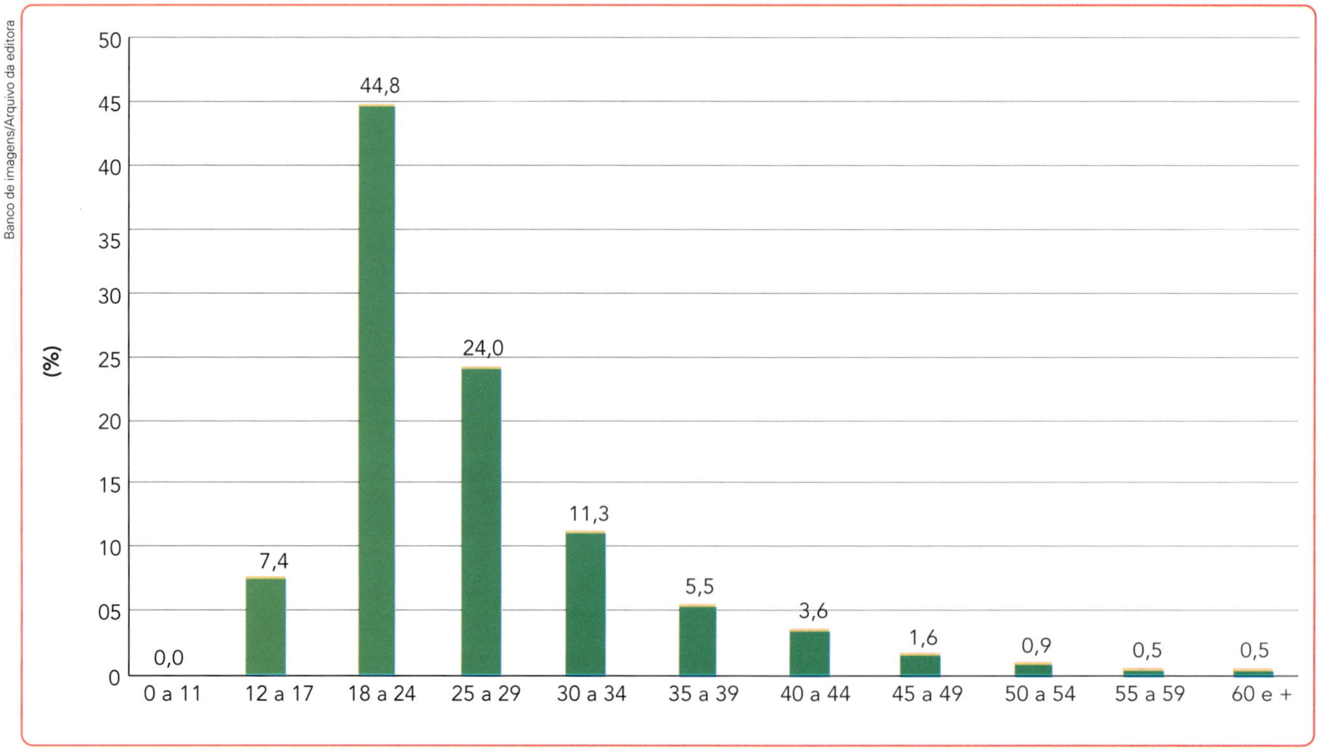

Fonte: FÓRUM BRASILEIRO DE SEGURANÇA PÚBLICA. *Anuário Brasileiro de Segurança Pública 2021*, ano 15. São Paulo, 2021. p. 68. Disponível em: https://forumseguranca.org.br/wp-content/uploads/2021/10/anuario-15-completo-v7-251021.pdf. Acesso em: 30 maio 2022.

Para fazer

Chegou o momento de conhecer os dados acerca da letalidade policial, isto é, o perfil de mortos durante as ações militares na capital do estado em que você reside.

Antes de iniciar, porém, é importante compreender que nem todas as mortes ocorrem durante confrontos entre bandidos e policiais. Se você realizar um levantamento das reportagens relacionadas à morte de pessoas durante ações policiais no Brasil, verá que em muitas das mortes os policiais confundiram trabalhadores com criminosos. Em algumas situações, os policiais procuram justificar a violência forjando supostos ataques por parte das vítimas introduzindo no local do crime armas que pertenceriam à vítima. Nos depoimentos eles alegam ter sido alvo de tiroteios, sendo, portanto, obrigados a agir em legítima defesa.

Como instituição pertencente ao Estado, a função das polícias é proteger os cidadãos e os patrimônios, investigar os crimes e prender criminosos, jamais promover a violência ou praticar a justiça com as próprias mãos.

Assim, você e sua turma farão um estudo de caso tendo como objetivo traçar o perfil de pessoas que foram assassinadas por policiais em 2020, na capital do estado onde moram. Para isso, sigam as orientações a seguir:

- Dividam-se em grupos de cinco participantes.
- Façam um levantamento bibliográfico de textos que abordem o tema da letalidade policial na capital do estado em que residem. É muito importante selecionar os textos em fontes confiáveis.
- Selecionem reportagens e dados estatísticos relacionados às mortes cometidas por policiais em ação.
- Analisem as fontes e façam um relatório com base na análise produzida.
- Criem um *rap* sobre o tema e apresentem aos colegas de outras turmas.

Material necessário

Computador com acesso à internet, programa de edição de texto e impressora.

Etapa 1 – Definir o tema da pesquisa

1. Esse é o primeiro passo para a realização de um estudo de caso, que requer uma pesquisa prévia sobre o tema a ser investigado, a fim de verificar como outros autores trataram do assunto. Nesse projeto, o tema já foi definido: a letalidade policial na capital do estado em que você e sua turma vivem.
2. Estabeleçam os objetivos da pesquisa. Com base no tema proposto, delimitem os pontos que pretendem investigar. Sendo a orientação desta seção o desenvolvimento de um estudo de caso de tipo descritivo. O resultado final deve apresentar o perfil das vítimas em ações policiais, identificando, portanto, o gênero sexual, a idade e a classe social, que pode ser investigada com base na escolaridade, na profissão ou na renda das vítimas.

Etapa 2 – Fazer o levantamento da bibliografia sobre o tema

1. Selecionem em *sites* de busca, em bancos virtuais de dissertação e de teses de universidades federais ou estaduais e em *sites* de revistas acadêmicas alguns trabalhos que abordem o tema da violência policial no estado em que vivem. Caso tenham sido

selecionadas dissertações, teses ou livros, verifiquem qual dos capítulos traça um panorama geral sobre o tema.

2. Dividam, entre os membros do grupo, a leitura e o fichamento dos textos selecionados. Cada integrante pode ficar responsável por um texto específico.
3. Façam cópias (manuscritas ou digitais) de cada texto, de modo que todos os integrantes tenham uma cópia.
4. Marquem reuniões para discutir os textos e os fichamentos produzidos. É importante que todos tenham noção do que trata cada texto selecionado.

Etapa 3 – Selecionar as fontes

1. Selecionem pelo menos dez artigos de jornais ou de revistas que relatem a morte, nos três últimos anos, de pessoas em ações policiais na capital do estado em que vocês vivem.
2. Pesquisem dados estatísticos em *sites* de organizações estatais ou não governamentais acerca da letalidade policial na capital do estado em que vivem, no ano vigente ou no ano anterior. Uma das formas de conseguir os dados estatísticos seria inserir no campo de pesquisa dos *sites* de busca a frase-chave "letalidade policial no estado ou na cidade do Rio de Janeiro", por exemplo. Caso não encontrem estudos estatísticos relacionados ao tema, selecionem reportagens de *sites* de notícias que tragam essas informações.
3. Evitem utilizar dados extraídos de *blogs* ou cuja fonte não esteja discriminada.
4. Lembrem-se de sempre anotar a origem dos dados selecionados. No caso das notícias de jornais, anotem o nome do jornal, a data de publicação e a autoria, se constar.

Etapa 4 – Analisar as fontes

1. Leiam as reportagens selecionadas, procurando anotar em uma tabela à parte, para cada reportagem lida, os dados da tabela "Análise das reportagens".
2. Façam a contagem do total de policiais envolvidos e do número de vítimas nas ações relatadas por todas as reportagens. Verifiquem a idade das vítimas que mais aparece nas reportagens, bem como cor, escolaridade, profissão, entre outros dados que julgarem relevantes. Em relação à idade, é possível criar faixas etárias, por exemplo, 10-20, 20-30, 30-40, etc. A escolaridade pode ser dividida em Ensino Fundamental, Ensino Médio e Ensino Superior, completos ou incompletos. Além disso, verifique se a profissão das vítimas é relatada nas reportagens e se é mencionado o motivo pelo qual a ação foi realizada.
3. Organizem tabelas ou gráficos que mostrem os dados.

Análise das reportagens
Informações sobre a reportagem
Título da reportagem
Ano em que foi escrita

Jornal veiculado
Local em que foi registrado o evento
Informações sobre policiais e vítimas em ações da polícia
Nº de policiais envolvidos na ação
Nº de vítimas envolvidas
Idade das vítimas
Cor das vítimas
Escolaridade das vítimas
Ocupação ou profissão das vítimas
Causa alegada pelos policiais para a realização da abordagem/ação

Etapa 5 – Elaborar um relatório de pesquisa

1. Escrevam um texto fazendo um balanço dos dados obtidos por meio da pesquisa e comparando-os com o perfil das vítimas em ações policiais no Brasil, como um todo, apresentado anteriormente nesta seção.
2. Exponham os dados da pesquisa aos demais grupos. Se possível, utilizem programas de apresentação de *slides* para mostrar à turma os dados organizados por meio de gráficos e tabelas.

Para compartilhar

1. Ouçam *raps* que abordem questões sociais, como "Um homem na estrada" e "Fim de semana no parque", do grupo musical Racionais MC's.
2. Criem um *rap* baseado nos resultados a que chegaram com o estudo de caso. Cada grupo deverá produzir o próprio *rap* e não poderá utilizar palavrões ou expressões de baixo calão.
3. Organizem com o professor e a direção da escola um dia para apresentarem, no pátio da escola, ou algum evento *on-line*, os *raps* produzidos.
4. Criem cartazes e convites com o horário, a data e o local das *performances* ou divulguem essas informações nas redes sociais da escola, se ela tiver alguma.

UNIDADE 2

Direitos e impasses

Edmar Barros/Futura Press

Imigrantes venezuelanos atravessando a fronteira do Brasil com a Venezuela. Foto de 2018. Em busca de melhores condições de vida, milhares de venezuelanos seguem em direção ao Brasil para fugir da crise política e econômica que assola aquele país.

#TáNoFeed

No passado, a Venezuela abrigou milhares de refugiados da região e de outras partes do mundo. Agora, a quantidade de venezuelanos forçados a deixar suas casas continua a crescer, e um significante número deles precisa de proteção internacional. Mais de 4 milhões de venezuelanos deixaram seu país até o momento, de acordo com dados dos governos que estão acolhendo esse fluxo, fazendo com que essa seja uma das maiores crises de deslocamento no mundo atualmente.

Houve um aumento de 8 mil por cento no número de venezuelanos buscando o reconhecimento do status de refúgio no mundo desde 2014, principalmente nas Américas. Muitos venezuelanos que se encaixam no critério como refugiado não estão se registrando para os procedimentos de refugiados, optando por outras formas legais de estadia, que são mais fáceis e rápidas de se conseguir e que permitem acesso ao mercado de trabalho, educação e serviços sociais.

No entanto, centenas de milhares de venezuelanos permanecem sem documentação ou permissão para residir regularmente em países vizinhos, e, assim, não possuem a garantia de acesso a direitos básicos. Isso os faz particularmente vulneráveis à exploração laboral e sexual, tráfico, violência, discriminação e xenofobia.

A maioria dos refugiados e migrantes da Venezuela chegando em países vizinhos são famílias com crianças, mulheres grávidas, pessoas idosas e pessoas com deficiência. Muitas vezes obrigados a viajar por rotas irregulares em busca de segurança, eles podem ser vítimas de contrabandistas, traficantes e grupos armados clandestinos. À medida que mais e mais famílias chegam com cada vez menos recursos, elas precisam imediatamente de documentação, proteção, abrigo, alimentos e cuidados médicos.

Países anfitriões e comunidades na Argentina, Brasil, Chile, Colômbia, Costa Rica, Equador, México, Panamá, Peru e Caribe têm sido generosos ao receber os venezuelanos, mas estão cada vez mais sobrecarregados e alguns estão chegando a um ponto de saturação.

ACNUR Brasil. Venezuela. Disponível em: https://www.acnur.org/portugues/venezuela/. Acesso em: 27 maio 2022.

Atividade

- Atualmente, muitos venezuelanos têm migrado para cidades do norte do Brasil e de lá se dirigido às grandes capitais do país em busca de oportunidades e melhores condições de vida. Nesse processo, eles enfrentam muitas dificuldades. Pensando nessa situação, responda às seguintes perguntas.

  a) Que impacto tem a vinda de refugiados venezuelanos para a infraestrutura das cidades?

  b) Por que as pessoas migram? Que fatores podem fazer com que elas decidam mudar de país?

  c) Quais as dificuldades de infraestrutura e culturais um imigrante venezuelano enfrentaria no lugar em que você vive?

  d) Se você precisasse se mudar para outro país, quais elementos de sua cultura (festas, músicas, alimentos) você tentaria preservar?

Conheça a unidade

Objetivos

- Relacionar as transformações produtivas e o mundo do trabalho à transformação das cidades e à expansão da urbanização.
- Identificar os principais problemas da vida urbana atual nas grandes cidades, associando-os com as diferenças socioespaciais.
- Avaliar as condições de vida e cidadania da população urbana especificamente pelo aspecto da mobilidade.
- Compreender as transformações na propagação e no processamento de informações, com ênfase na área da informática.
- Refletir sobre o advento da internet e as mudanças sociais geradas pela ampliação da comunicação interpessoal a distância e pela simultaneidade no fluxo das informações, e compreender como essas dinâmicas de comunicação interferem em eventos políticos.
- Problematizar o uso cotidiano da tecnologia, o acesso social às informações, a confiabilidade das fontes e a privacidade de dados, bem como outros aspectos sociológicos significativos.
- Comparar e compreender processos de transformação social e cultural ocorridos ao longo do século XX e em andamento no século XXI no Brasil e no mundo, posicionando-se criticamente em relação a eles.
- Contextualizar diferentes manifestações artísticas de acordo com época e local de produção, analisando as relações entre as obras e a sociedade.
- Identificar o impacto das transformações socioculturais, avaliando criticamente as possibilidades de atuação cidadã na contemporaneidade.
- Analisar situações da vida cotidiana em que tradições e valores são questionados, desnaturalizando padrões estabelecidos, e propor ações que promovam solidariedade e respeito à diversidade.

Justificativa

Pensar a vida na cidade é um ótimo recurso para avaliar a cidadania de que desfrutam seus habitantes, compreender como os espaços urbanos estão organizados e por que há tanta diferença socioespacial atualmente, sobretudo nas grandes cidades dos países em desenvolvimento. As grandes cidades, além de maior população, concentram problemas sociais e ambientais, como acesso a moradia e mobilidade urbana de qualidade, ao mesmo tempo que apresentam diversidade cultural, irradiam novidades e oferecem muitas possibilidades culturais e profissionais. A reflexão sobre esse cenário na atualidade, contudo, só pode se completar se forem considerados os fenômenos relacionados à internet: interconexão e "bolhas sociais", acesso a informações e *fake news*, uso e compartilhamento de dados pessoais.

Além disso, o século XX foi marcado por transformações intensas e aceleradas, identificadas e experienciadas no mundo todo, ainda que de forma desigual segundo os lugares. Muitas características das sociedades e culturas atuais foram definidas naquele período. O século XXI, por sua vez, consolidou e expandiu algumas dessas mudanças, ao mesmo tempo que trouxe novos questionamentos de padrões estabelecidos. Por meio do estudo de fenômenos socioculturais dos últimos tempos, como a urbanização, a expansão da educação, as novas manifestações artísticas, a luta das mulheres por sua emancipação e conquista de direitos, a rebeldia juvenil e as transformações na configuração da família, é possível contextualizar e analisar criticamente tais transformações e seus impactos no mundo atual. Além disso, esse estudo permite tomar um posicionamento consciente e crítico na contemporaneidade.

A BNCC nesta unidade

Competências gerais da Educação Básica: CG1, CG2, CG3, CG4, CG5, CG6, CG7, CG8, CG9, CG10.

Competências específicas de Ciências Humanas e Sociais Aplicadas: 1, 2, 3, 4, 5, 6.

Habilidades de Ciências Humanas e Sociais Aplicadas: EM13CHS101, EM13CHS102, EM13CHS103, EM13CHS104, EM13CHS105, EM13CHS106, EM13CHS201, EM13CHS202, EM13CHS206, EM13CHS301, EM13CHS401, EM13CHS501, EM13CHS502, EM13CHS503, EM13CHS504, EM13CHS602, EM13CHS605, EM13CHS606.

Competências específicas de Ciências da Natureza e suas Tecnologias: 1, 2, 3.

Habilidades de Ciências da Natureza e suas Tecnologias: EM13CNT101, EM13CNT207, EM13CNT301, EM13CNT303, EM13CNT310.

Competências específicas de Matemática e suas Tecnologias: 1, 2, 3.

Habilidades de Matemática e suas Tecnologias: EM13MAT102, EM13MAT201, EM13MAT314.

Temas contemporâneos transversais

Ciência e tecnologia

Cidadania e civismo

- Vida familiar e social
- Educação em Direitos Humanos

Meio ambiente

- Educação para o consumo

Multiculturalismo

- Diversidade cultural

Meio urbano: diferentes realidades

Neste começo de século XXI, a maior parte da população mundial vive em cidades, um fenômeno que altera uma marca que até então sempre caracterizou a sociedade humana: a vida no campo.

Mas o que é uma cidade? Leia a seguir a definição dada pelo sociólogo estadunidense Robert Ezra Park (1864-1944):

> [...] a cidade é algo mais do que um amontoado de homens individuais e de conveniências sociais, ruas, edifícios, luz elétrica, linhas de bonde, telefones etc.; algo mais também do que uma mera constelação de instituições e dispositivos administrativos – tribunais, hospitais, escolas, polícia e funcionários civis de vários tipos. Antes, a cidade é um estado de espírito, um corpo de costumes e tradições e dos sentimentos e atitudes organizados, inerentes a esses costumes e transmitidos por essa tradição. Em outras palavras, a cidade não é meramente um mecanismo físico e uma construção artificial. Está envolvida nos processos vitais das pessoas que a compõem; é um produto da natureza, e particularmente da natureza humana.

PARK, Robert Ezra. A cidade: sugestões para a investigação do comportamento humano no meio urbano. *In*: VELHO, Otávio Guilherme (org.). *O fenômeno urbano*. Rio de Janeiro: Zahar, 1967. p. 25.

As maiores aglomerações urbanas – 2020

Banco de imagens/Arquivo da editora

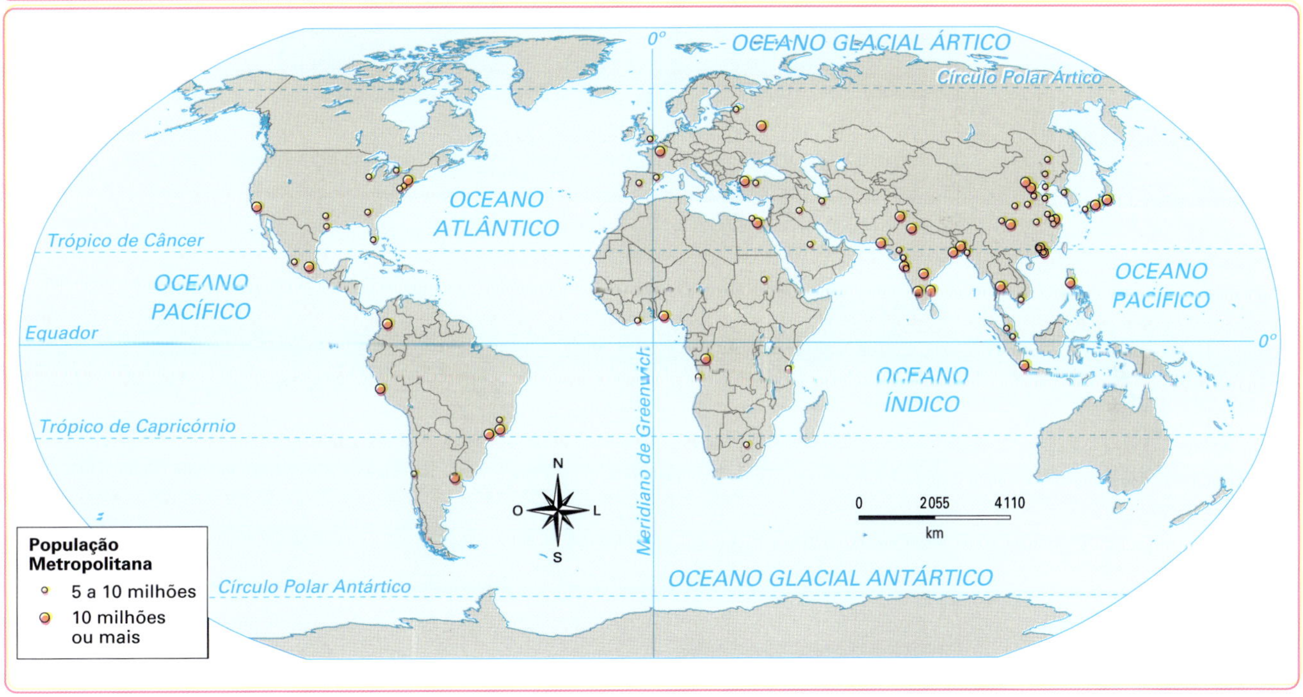

Fonte: UN-HABITAT. *Global state of metropolis* 2020. Nairobi: UN-Habitat, 2020. p. 3. Disponível em: https://unhabitat.org/sites/default/files/2020/09/gsm-population-data-booklet-2020_3.pdf. Acesso em: 30 maio 2022.

Segundo estimativas da Divisão de População da Organização das Nações Unidas (ONU), 55% da população mundial, em 2018, era urbana. Ainda há muita gente vivendo na zona rural, mas o ritmo da mudança dessa condição tem se acelerado. Se as taxas de crescimento das populações rural e urbana mundial, 1% e 1,8% ao ano, respectivamente, assim permanecerem, por volta de 2030 teremos 60% da população mundial vivendo nas cidades. No Brasil, oficialmente, quase 85% da população habita as cidades.

Helissa Grundemann/Shutterstock

Ponte Hercílio Luz em Florianópolis (SC), 2018. As grandes cidades quase sempre estão se transformando para se adequarem ao ritmo e ao fluxo intensos, que também se alteram com o tempo. As obras são uma constante na paisagem urbana.

A vida na cidade implica viver numa parcela do espaço geográfico onde há maior concentração de pessoas, variedade de trabalho e instituições do que aquela presente no campo. É um espaço com mais **fixos e fluxos artificiais**.

Conceitos

Fixos e fluxos artificiais

Ruas, praças, habitações, agências bancárias, fábricas, órgãos públicos, centros médicos e hospitais, escolas, terminais rodoviários, estacionamentos, postes e linhas de transmissão de energia e telefonia, lojas, etc. são exemplos de fixos artificiais. Os fluxos artificiais são resultado direto ou indireto das ações que partem dos fixos, atravessam-nos ou se instalam neles, dando-lhes sentido e finalidade. Os fluxos financeiros e de capital, de mercadorias, de pessoas, o consumo, a comunicação, o transporte, as decisões e ordens do poder público e de empresas privadas, todos eles baseados na ciência e na técnica e colocados em movimento para atender às necessidades sociais, são exemplos de fluxos artificiais.

Atividade

1. Vivendo ou não em cidades, é o ritmo e o modo de organização urbano do trabalho e da vida que controlam o que acontece em todos os lugares. Reflita com os colegas de turma sobre as questões a seguir e, depois, registre suas conclusões sobre cada uma delas:

a) Quais as principais vantagens e desafios de se viver em grandes cidades?

b) Que fatores distinguem as possíveis experiências da vida urbana de seus habitantes?

Uma cidade pode ser formada por realidades socioespaciais muito diferentes. Bairros arborizados, que contam com redes de serviços e transporte e bons índices de segurança, oferecem para seus moradores e frequentadores uma experiência de cidade bem diferente daquela vivida em bairros periféricos (ou mesmo centrais, porém degradados), com oferta reduzida de serviços e transporte e com maiores índices de violência.

Para além da sensibilidade subjetiva de cada indivíduo, a vida urbana depende da parte da cidade em que cada um vive, circula e trabalha. Também depende de como cada indivíduo é visto pela sociedade à qual pertence. Apesar de tanta diferença, porém, todos os habitantes urbanos guardam também experiências e saberes comuns.

Leia, a seguir, dois trechos publicados em jornais sobre a violência a que jovens moradores de região urbana estão submetidos. O primeiro deles trata de episódios ocorridos na zona sul da cidade do Rio de Janeiro (RJ), onde estão muitos dos bairros de classes sociais mais altas; o segundo relata episódio ocorrido no bairro periférico de Paripe, em Salvador (BA), que está entre aqueles com maiores índices de violência na cidade.

Onda de assaltos a jovens preocupa moradores da Zona Sul do Rio

[...] Uma onda de assaltos a adolescentes está deixando pais muito preocupados e obrigando os moradores da Zona Sul do Rio de Janeiro a mudarem sua rotina. A maioria dos casos tem acontecido próximo a colégios particulares, cursinhos e clubes da região.

Segundo a mãe de um jovem, sete adolescentes voltavam do Clube Federal quando foram abordados por um homem armado entre as ruas Dias Ferreira e Visconde de Albuquerque. O assaltante levou cinco celulares. A delegacia do Leblon, que é responsável pela área, informou que apenas uma das vítimas foi à delegacia.

Uma outra mãe diz que o filho foi assaltado em plena luz do dia. "Tive o meu filho assaltado duas vezes às 12h30, na Ataulfo de Paiva, saindo da escola Santo Agostinho. As duas vezes roubaram o celular dele. As pessoas se diziam armadas. Eram maiores. A gente fez boletim de ocorrência. Foram duas vezes na mesma semana que antecedia as eleições," diz a mãe.

[...]

ONDA de assaltos a jovens preocupa moradores da Zona Sul do Rio. *G1*, 17 out. 2016. Disponível em: http://g1.globo.com/rio-de-janeiro/noticia/2016/10/onda-de-assaltos-adolescentes-preocupa-moradores-da-zona-sul-do-rio.html. Acesso em: 2 fev. 2022.

Luciana Whitaker/Pulsar Imagens

Leblon, no Rio de Janeiro (RJ), em 2017, bairro mencionado na notícia acima. Ele é um exemplo de região que oferece boa estrutura para seus moradores e frequentadores.

“Gosto de ter meu cabelo assim”, diz jovem agredido por PM que também fez insultos racistas em Salvador

[...] “A gente estava no ponto de ônibus, porque a gente tinha vindo da praia. Aí a gente parou para conversar. Ficou tarde, e aí fui levar a amiga de minha namorada no ponto. Chegou lá, demorou muito de passar ônibus, e meu colega me chamou para dormir na casa dele. Aí foi todo mundo para a casa dele, e chegando lá, um menino, colega meu, me parou com um carro e ficou na pista”, disse o jovem.

“Veio a viatura, e aí [os policiais] perguntaram o que estava acontecendo. A gente falou que não aconteceu nada e que a gente só estava conversando, aí ele foi e fez a abordagem”, contou a vítima. [...]

“Ele deu um chute na perna do meu colega, para ele abrir a perna. Eu falei que eu era trabalhador, aí ele foi e fez isso [agrediu a vítima].”

O jovem lembra que o policial disse que ele não era trabalhador, era um “vagabundo” e “ladrão”, por causa do cabelo *black power*.

“[Disse] Que eu era vagabundo, ladrão, com aquele cabelo ali, que eu não era trabalhador não”, lembrou o adolescente. [...]

Nas filmagens, também é possível ouvir o policial chamar o jovem de “viado”. Um dos militares agrediu um rapaz com murros e chute, e fez insultos racistas ao se referir ao cabelo dele.

[...]

“GOSTO de ter meu cabelo assim”, diz jovem agredido por PM que também fez insultos racistas em Salvador. *G1*, 4 fev. 2020. Disponível em: https://g1.globo.com/ba/bahia/noticia/2020/02/04/gosto-de-ter-meu-cabelo-assim-diz-jovem-agredido-por-pm-que-tambem-fez-insultos-racistas-em-salvador.ghtml. Acesso em: 2 fev. 2022.

Romildo de Jesus/Futura Press

Rua de Paripe, em Salvador (BA), 2020, bairro onde ocorreu o fato descrito na notícia acima. Regiões periféricas de grandes centros urbanos, em geral, não oferecem serviços de qualidade para seus moradores e frequentadores.

Atividades

2. Compare os tipos de violência urbana exemplificados nos dois trechos. Qual a relação deles com o lugar em que aconteceram e a classe social e cor dos envolvidos?

3. Você e os colegas já vivenciaram algum tipo de violência no dia a dia? Se sim, descrevam a situação.

Em geral, a violência urbana guarda estrita relação com os lugares. Segundo **Loïc Wacquant** (1960-), sociólogo francês que estuda a desigualdade urbana, a violência, a dominação racial, a penalização e a teoria social, existem enclaves urbanos, habitados predominantemente pela população mais pobre, onde os índices de homicídios ou de pessoas encarceradas seriam mais altos do que em outros espaços da cidade. Três fatores presentes nos guetos contribuiriam para esse cenário:

- Despacificação das relações sociais: a infiltração da violência no tecido social. Conflitos entre vizinhos, amigos ou no trânsito passam a ser resolvidos com violência, por meio de brigas e até uso de armas de fogo.
- Colapso das instituições públicas: ausências de hospitais, creches, centros culturais e esportivos que prestem serviço de qualidade para a população.
- Informalidade econômica: parcela significativa dos moradores dos bairros mais pobres não tem emprego fixo ou renda adequada para sobreviver.

WACQUANT, Loïc. *As duas faces do gueto*. São Paulo: Boitempo, 2008.
WACQUANT, Loïc. *Punir os pobres*: a nova gestão da miséria nos Estados Unidos. Rio de Janeiro: Revan, 1969.

Atividade

4. Com base nos conceitos apresentados, participe de uma roda de conversa com a turma sobre:

a) o que é necessário fazer para acabar com os problemas urbanos ou reduzi-los;
b) quais atores sociais devem contribuir para essas mudanças;
c) quais encaminhamentos e soluções podem ser propostos para resolver esses problemas.

Atualmente, grande parte das cidades é administrada ou fortemente influenciada por agentes privados que dispõem de capital econômico e político para adequá-las às suas necessidades, as quais não coincidem necessariamente com as da população, ao menos de todos os segmentos sociais.

A desigualdade pode ser claramente percebida em todas as cidades ao redor do mundo, mas, sem dúvida, é mais acentuada em países em desenvolvimento. Nesses países, a mesma unidade territorial (o município, no caso brasileiro) abriga bairros com indicadores sociais discrepantes, que parecem retratar realidades de países com níveis de desenvolvimento humano muito diferentes.

Na cidade de São Paulo (SP), por exemplo, segundo levantamento de dados de fontes públicas e oficiais realizado pela Rede Nossa São Paulo, publicados no *Mapa da desigualdade 2019*, a idade média ao morrer em toda a cidade era de 68,7 anos. No bairro de Moema, zona sul da capital, porém, a média da idade ao morrer era de 80,6 anos, contra 57,3 anos no bairro Cidade Tiradentes, no extremo da zona leste (veja essas informações no mapa a seguir).

Essa discrepância também pode ser percebida, pelos moradores de vários centros urbanos, em conteúdos socioespaciais.

São Paulo: idade média ao morrer - 2021

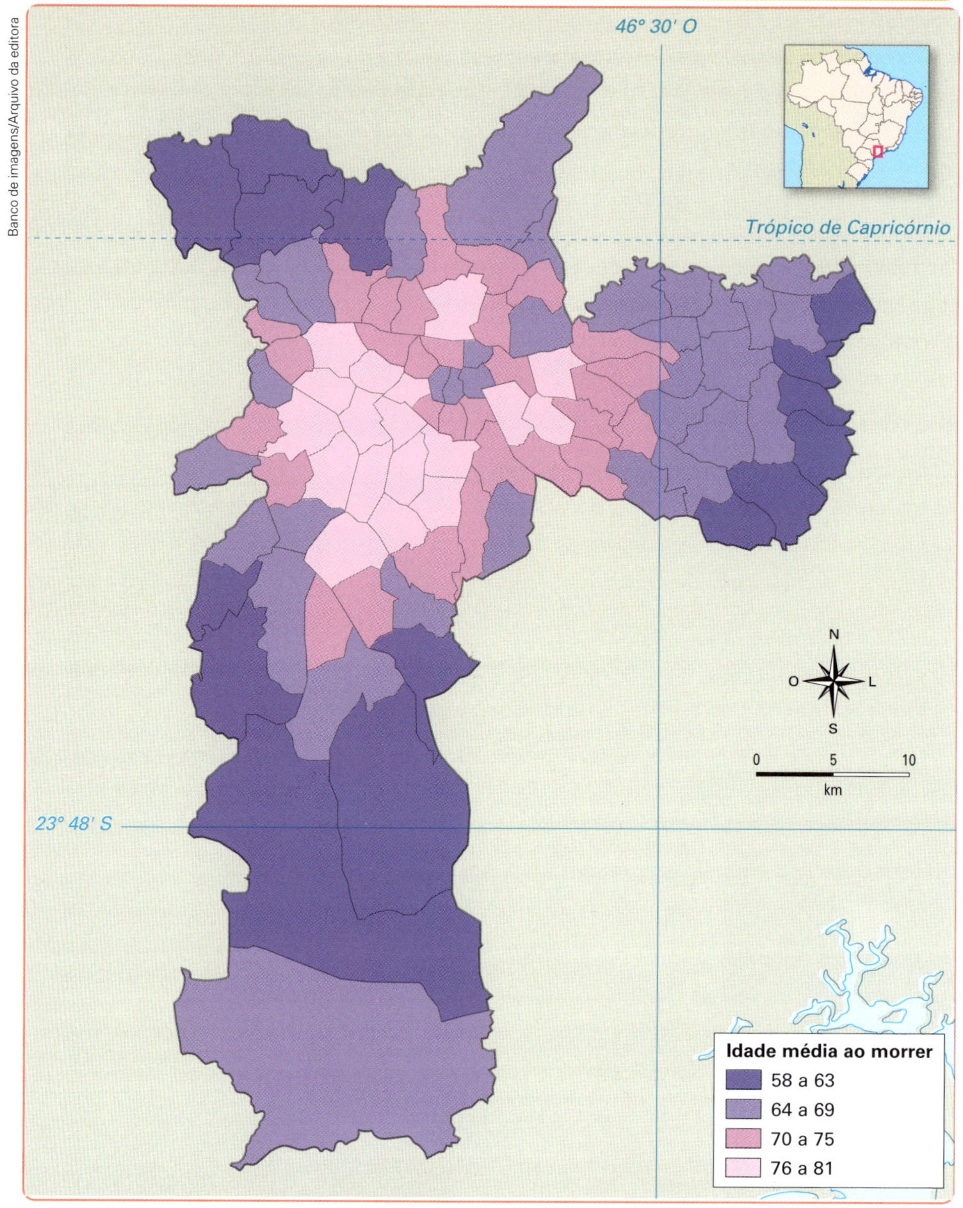

Fonte: elaborado com base em REDE nossa São Paulo. *Mapa da desigualdade 2021*. Disponível em: www.nossasaopaulo.org.br/wp-content/uploads/2021/10/Mapa-Da-Desigualdade-2021_Mapas.pdf. p. 37. Acesso em: 23 maio 2022.

Atividades

5. Como a desigualdade social se manifesta espacialmente no município de São Paulo? É possível identificar algum padrão?

6. E no município onde você vive, acontece algo semelhante ou não? Explique e confronte sua explicação com o ponto de vista dos colegas.

Saiba +

Cidades@. Disponível em: https://cidades.ibge.gov.br. Acesso em: 23 maio 2022.

Nesse *site*, mantido pelo Instituto Brasileiro de Geografia e Estatística (IBGE), estão disponíveis tabelas, gráficos e mapas com indicadores sociais e econômicos dos municípios brasileiros.

Diálogos

1. O conhecimento matemático e as técnicas de engenharia necessários para a construção de edifícios altos são de domínio humano há muito tempo, como provam as antigas pirâmides do Egito e de países da América, por exemplo. Essas grandes construções ficaram, até um período bem recente, restritas a alguns pontos da paisagem urbana, em razão da limitação para utilizá-las no cotidiano. O que possibilitou a construção de grandes edifícios para uso residencial e comercial foi a invenção, em 1853, do elevador predial de passageiros com sistema de segurança em caso de rompimento de cabo. Hoje são raras as grandes cidades sem altos edifícios, os chamados arranha-céus.

StockLeb/Shutterstock

A construção das cidades materializa um panorama urbano, uma linha artificialmente desenhada no horizonte vista pelo observador mais distante (*skyline*, em inglês), como representado no exemplo acima. Como seria a representação de sua cidade? Elabore o panorama urbano dela, utilizando o suporte e a técnica em que tiver mais habilidade ou que queira aprimorar, como desenho em grafite, colagem, *software* para criação de imagens, transformação de fotografia em desenho, etc. Antes, converse com o professor e os colegas sobre como a produção será divulgada, pois isso interfere na decisão de seu tamanho, técnica e suporte.

2. É possível conciliar liberdade e segurança? Qual desses dois conceitos é mais valorizado pela sociedade atual? A quais indícios você pode recorrer para sustentar sua hipótese?

3. Leia um trecho da entrevista dada pela socióloga holandesa Saskia Sassen (1947-) sobre a formação de favelas e periferias e, em seguida, faça o que se pede.

> [...] O crescimento acelerado das favelas e periferias não é acidente. Todo ano, milhões de pequenos agricultores são expulsos de suas terras, substituídos por uma mina, uma nova expansão urbana, etc. O único lugar aonde podem ir são as favelas das grandes cidades.

SASSEN, Saskia. Os invisíveis do sistema [entrevista]. *Fronteiras do Pensamento*, 14 out. 2017. Disponível em: https://valor.globo.com/eu-e/noticia/2017/02/10/os-invisiveis-do-sistema.ghtml. Acesso em: 8 mar. 2022.

a) Por que a autora afirma que as favelas não são um acidente?

b) Certamente a resolução dos problemas sociais urbanos exige alterações amplas e estruturais que compreendem posicionamentos filosóficos sobre a compreensão de ser humano e de sociedade e pode implicar ou não políticas de geração de emprego, formação escolar, distribuição de renda, acesso a moradia, etc. Mas, enquanto essas questões ainda estão por ser resolvidas, como agir com os milhares de pessoas passando necessidades? Dar esmola ajuda ou atrapalha? E doar comida? Esse é um problema exclusivo do Estado ou de todas as pessoas? E as ONGs, fazem diferença? Como conhecê-las e participar delas? De que maneira você, jovem, pode contribuir para amenizar esse problema? Pense nessas questões e participe de uma roda de conversa em sala de aula. Registrem uma síntese das principais conclusões, ideias e informações que levantarem.

c) Que tal partir para a ação e se engajar de alguma forma? Se considerar que é o caso, o que acha que poderia e gostaria de fazer?

Mobilidade urbana

Joa Souza/Shutterstock

Congestionamento em Salvador (BA), em 2021. Na avaliação de mobilidade urbana, as cidades brasileiras apresentam baixos índices de qualidade. Segundo dados do IBGE, 10% da população das regiões metropolitanas gasta mais de uma hora no trajeto casa-trabalho.

Uma das grandes queixas dos moradores das grandes cidades é o trânsito intenso. As vias urbanas costumam apresentar índices elevados de tráfego de veículos, aumentando o tempo de deslocamento dos moradores. Além disso, o trânsito é responsável por uma significativa parcela de mortes decorrentes de acidentes. No Brasil, as estatísticas apontam a morte de cinco pessoas por hora.

Entretanto, a mobilidade urbana é algo muito maior que o uso de veículos automotores, coletivos ou individuais. Trata-se da forma de deslocamento cotidiano de pessoas e bens no espaço urbano, o que inclui veículos não automotores, como bicicletas, e os deslocamentos a pé. As cidades com trânsito intenso, com modos de condução violentos e ausência de vias seguras para ciclistas e pedestres (ciclovias ou ciclofaixas e calçamento adequado para pedestres, iluminadas e rodeadas por uma vida urbana, como estabelecimentos comerciais, por exemplo), tendem a inibir esses tipos de deslocamentos, ativos, por se tornarem perigosos, ainda mais se a realidade social desse espaço for caracterizada por roubos e assaltos.

Portanto, aprimorar a mobilidade urbana envolve melhorar o fluxo de pessoas, o que nem sempre significa aumentar a velocidade de deslocamento, mas sim a segurança das vias, pois as pessoas podem preferir gastar mais tempo em um trajeto, percorrendo-o a pé ou de bicicleta, para evitar poluir o ar, economizar dinheiro com passagem ou combustível, desfrutar da paisagem, praticar atividade física, etc.

Andrew B. Singer/Acervo do cartunista

SINGER, Andy [Advertência]. *In*: LUDD, Ned. (org.). *Apocalipse motorizado*: a tirania do automóvel em um planeta poluído. 2. ed. rev. São Paulo: Conrad/Editora do Brasil, 2005. p. 32.

Atividades

1. Qual a relação do uso do automóvel com o texto de advertência escrito pelo autor da charge?

2. A qual analogia o chargista recorre para fazer a crítica ao automóvel?

Os quilômetros de tráfego lento têm a ver com um conjunto de fatores que variam em cada cidade e país. Em grande parte deles, porém, o processo de urbanização desregulamentado ou não voltado para o atendimento das necessidades da maior parte da população está na raiz do problema; por exemplo, o espraiamento da cidade para as periferias que distanciou o trabalho da moradia, levando os moradores dessas localidades a se deslocarem muitos quilômetros diariamente. Além disso, há pouco investimento em transporte público coletivo de qualidade, em oposição ao incentivo do uso do transporte individual, sobretudo os automóveis, cuja associação com sucesso, prosperidade e liberdade é veiculada em filmes e propagandas. Esse incentivo se dá pelas reformas urbanas marcadas por construção de avenidas, túneis, pontes e viadutos, aterros, canalização de córregos e rios, tudo na tentativa de aumentar a fluidez para os automóveis, e não para os transportes coletivos, ciclistas e pedestres. Trata-se de uma realidade muito aguda nas cidades dos países em desenvolvimento, que passaram ou ainda passam por rápido crescimento. Mas também é vivida em Nova York, Paris, Londres, Tóquio, etc., embora essas cidades contem com extensas redes de metrô.

A mobilidade urbana também é uma questão de coletividade. Mais carros na rua representam maior ocupação de espaço urbano, isto é, lentidão do tráfego e mais poluição. Veja, nas representações a seguir, a proporção espacial que cada meio de transporte utiliza em relação ao número de passageiros que carrega.

Eficiência no uso do espaço urbano por tipo de veículo de transporte

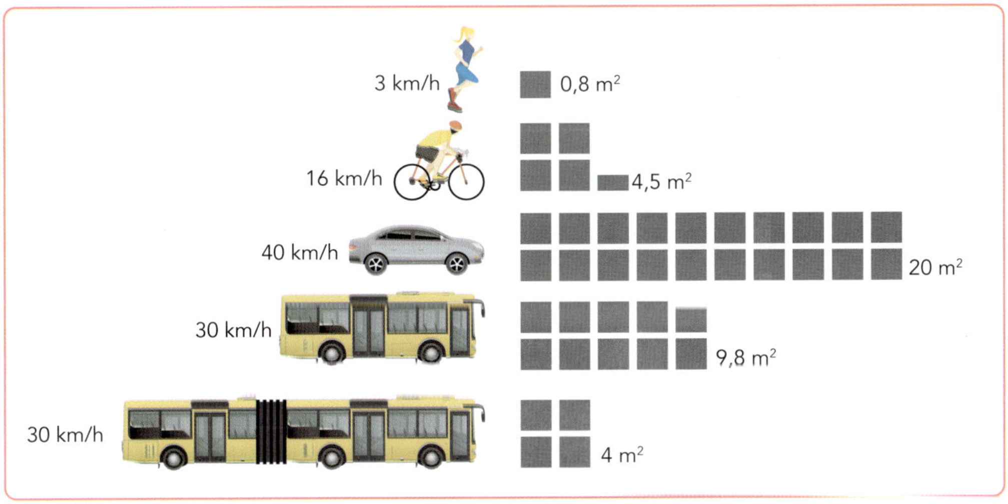

Fórmula Produções/Arquivo da editora

Fonte: elaborado com base em MOBILIDADE urbana: um desafio para as cidades brasileiras. *EBC*, 17 ago. 2017. Disponível em: https://www.ebc.com.br/especiais/mobilidade-sustentavel. Acesso em: 23 maio 2022.

Reprodução/Departamento de trânsito de Munique, Munique, Alemanha.

Fotos produzidas pelo departamento de trânsito de Munique (Alemanha), em 2001, para campanha sobre o desperdício do espaço urbano.

Outro desafio para as grandes cidades em países em desenvolvimento, em que muitos sítios urbanos não são planos, mas formados por morros que foram ocupados pela população mais pobre, é possibilitar transporte para essas localidades. Quem mora no alto do morro sabe a dificuldade de levar, por exemplo, uma máquina de lavar ou geladeira por vielas e escadarias acima. Se o poder público não age, a população busca alternativas.

Algumas tentativas governamentais têm sido feitas para solucionar ou amenizar esse problema. Uma delas é a instalação de transporte por cabos aéreos, os teleféricos, que se mostraram uma proposta interessante em Medellín (Colômbia) e La Paz (Bolívia). No Rio de Janeiro, o sistema foi implementado no Complexo do Alemão e ficou em operação entre 2011 e 2016. Cessou a atividade por falta de pagamento do poder público ao consórcio responsável e consequente falta de manutenção.

Alamy/Fotoarena

Na cidade do Rio de Janeiro, por exemplo, são comuns grupos de mototaxistas no sopé do morro esperando moradores para transportá-los para cima. Comunidade da Rocinha, no Rio de Janeiro (RJ).

O sistema teleférico de Medellín (Colômbia), que opera na cidade desde agosto de 2004, foi o primeiro a ser usado como transporte público na América Latina. Foto de 2018.

Alexander Canas Arango/Shutterstock

Outras soluções para mobilidade em outros contextos e bastante exitosas têm sido implementadas em cidades no Brasil e no mundo. Uma já bastante antiga e eficiente são os trens subterrâneos (metrôs), muito adequados porque são de alta capacidade, não poluem diretamente o ar (são movidos a eletricidade) e não enfrentam o trânsito das vias terrestres (ruas e avenidas). Porém, têm alto custo de construção e processo de implantação demorado.

Os veículos leves sobre trilhos (VLT), movidos a energia elétrica, também têm se mostrado uma alternativa em muitas cidades. São de instalação mais barata e rápida que o metrô, porém provocam impacto na paisagem urbana e disputam espaço com outros veículos e pedestres.

Os ônibus também ganharam nova feição, com veículos bi ou triarticulados, assemelhando-se a trens. Alguns dispõem de sistemas de elevação e rebaixamento mecânico dos carros para facilitar o embarque e desembarque de passageiros. A instalação de estações para cobrança da passagem em roletas fora dos veículos ou pagamento com cartão magnético no interior deles, motores mais silenciosos e ar-condicionado proporcionam mais conforto ao passageiro e tornam essa opção de transporte mais atrativa. Vias preferenciais ou corredores exclusivos reduzem o tempo das viagens e são exemplos de propostas bem-sucedidas, geralmente de implantação rápida e barata.

Vitoriano Junior/Shutterstock

Ônibus e ponto de parada em Curitiba (PR), em 2018. A Rede Integrada de Transporte dessa cidade é um dos sistemas de transportes mais eficientes do Brasil: tem aproximadamente 80 quilômetros de vias exclusivas e atende cerca de 2 milhões de passageiros por dia.

Entretanto, cada realidade é única. Soluções para uma cidade podem não servir para outra em razão de sua extensão territorial e topografia (sítio geográfico), presença de muitos corpos de água, tipo de clima, aspectos culturais, políticos e econômicos, etc. Enrique Peñalosa (1954-), ex-prefeito da cidade de Bogotá (Colômbia), reconhecido pelo investimento na transformação da cidade por meio da melhoria de seu aspecto urbano privilegiando o transporte coletivo e o uso de bicicletas, afirma que as cidades devem ser pensadas para os mais vulneráveis, especialmente idosos e crianças, pois, se o meio urbano for seguro para eles, será para todos.

Atividade

3. Observe os equipamentos urbanos do município em que você mora ou de outro que conheça e responda:

a) O tempo que o semáforo de pedestres fica aberto para as pessoas cruzarem as ruas é suficiente para idosos realizarem o percurso com tranquilidade e segurança?

b) Além das vias tradicionais para veículos, há faixas especiais para ciclistas? Os motoristas respeitam os ciclistas? Você considera que é seguro pedalar pela cidade?

O problema da má qualidade do transporte coletivo, especificamente o da superlotação, aflige sobretudo as mulheres, colocando-as em situação de vulnerabilidade ao assédio sexual. Trata-se de um problema agravado em países de cultura machista, em que uma significativa parcela da população tende a subestimar os altos índices de violência de gênero, apesar das leis e políticas públicas existentes para divulgar e proteger os direitos das mulheres.

Marlon Costa/Futura Press

Vagão de trem exclusivo para mulheres, em Recife (PE), 2017. Em alguns municípios cujos índices de violência de gênero são especialmente mais graves, iniciativas do poder público têm reservado para as mulheres vagões de metrôs e trens e assentos e áreas dentro de ônibus. Entretanto, ainda são comuns o desrespeito a essa finalidade e a falta de fiscalização.

Outro problema do transporte público urbano é o preço da passagem, bastante elevado para trabalhadores de baixa renda. No Brasil, segundo a *Pesquisa de Orçamento Familiar 2017-2018*, do IBGE, a despesa com transporte público representou em média 18,1% do total do orçamento das famílias brasileiras. Pela primeira vez, o gasto com mobilidade urbana superou o destinado à alimentação, que foi de 17,5% no mesmo período.

O distanciamento da moradia em relação ao trabalho, ao lazer e aos bens culturais e públicos é um dos principais responsáveis pelo problema da mobilidade dos grandes centros urbanos. A solução seria aproximar todos esses elementos. Entre as diversas possibilidades, podemos citar a oferta habitacional nas áreas centrais ou a descentralização do trabalho e demais serviços, isto é, incentivar a criação de empregos e equipamentos públicos nas periferias. Isso reduziria custos tanto para o Estado, na instalação de infraestrutura de vias de transporte, quanto para a população, nas viagens cotidianas. Além disso, se não for bem planejada e executada, a melhoria da infraestrutura dos meios de transporte, como instalação de estações de metrô e trens urbanos, pode servir à especulação urbana, valorizando o entorno e expulsando os mais pobres para bairros ainda mais distantes.

Uma coisa é certa: as soluções para boa parte de nossos problemas devem ser buscadas em ações coletivas, pois a cidade é um espaço social. E, se incluirmos nessa reflexão a questão ética para avaliarmos se é moralmente aceitável alguns poucos viverem bem enquanto outros não, talvez a conscientização e a indignação possam impulsionar as mudanças necessárias.

Saiba +

Apocalipse motorizado: a tirania do automóvel em um planeta poluído. Ned Ludd (org.). Conrad, 2004.

Coletânea de textos sobre os problemas do uso do automóvel no espaço urbano e a defesa do transporte coletivo e do uso da bicicleta como meio de transporte.

Diálogos

Uma paisagem é uma leitura do espaço geográfico, um recorte do mundo, uma parte de algo maior. Podemos percebê-la por meio dos sentidos ao vivenciá-la em nossos deslocamentos cotidianos e por meio de recortes feitos por outras pessoas, como fotografias e projeções de som e imagem.

Aprender a interpretar as paisagens é uma das habilidades que nos ajudam a compreender o mundo, as relações que a sociedade estabelece com o meio para produzir e organizar o espaço geográfico. É um raciocínio espacial que também serve para avaliar discursos, identificar as intenções de quem faz uso da paisagem para tentar comunicar uma informação. Veja um exemplo:

Eduard Constantin/Shutterstock

ImAAm/Shutterstock

As imagens retratam as três maiores pirâmides egípcias, construídas entre 2700 a.C. e 2600 a.C., no Egito antigo. As pirâmides foram construídas para serem túmulos dos faraós Quéops, Quéfren e Miquerinos, da 4ª dinastia, e estão localizadas na região da cidade velha de Gizé, situada a cerca de 25 km da atual cidade do Cairo.

Ambas as paisagens retratam uma parte do Egito, um destino turístico desejado por muitas pessoas. Porém, os ângulos e as escalas utilizadas para produzi-las favorecem a veiculação ou omissão de informações sobre um mesmo lugar. Essa é apenas uma forma de manipular a informação por meio da paisagem, muito frequente em panfletos turísticos, folhetos de vendas de imóveis e propagandas políticas.

Imagens produzidas em diversos horários, dias da semana e épocas do ano comunicam informações diferentes. A avenida central de uma grande cidade numa segunda-feira útil e chuvosa, nas primeiras horas da manhã, apresentará um fluxo de automóveis muito mais intenso que numa manhã de domingo ensolarado, por exemplo.

1. Com base nos exemplos citados, escolha um lugar no seu bairro ou município para retratar sua paisagem de formas diferentes com a intencionalidade de representar fatos e informações também distintos.

2. Utilize uma câmera digital (pode ser a do celular) para registrar a paisagem e selecione duas fotos. Com os colegas, organizem a exposição das imagens em ambiente virtual, publiquem-nas em sites ou em redes sociais.

A sociedade em rede

O impacto das redes sociais no cotidiano

As chamadas redes sociais digitais ou virtuais são um elemento muito presente, e polêmico, na contemporaneidade. Elas nos trazem muitas possibilidades de vivências em um cenário cada vez mais marcado pela interconexão. Nem sempre, no entanto, tais experiências são positivas. Essas mesmas redes podem acentuar o abismo social que já existe fora dela – embora sejam chamadas de redes sociais e teoricamente sirvam para promover maior ligação entre as pessoas. Desse modo, como podemos compreender, adequadamente, o que são as redes sociais e que função elas têm (ou deveriam ter) em nossa vida cotidiana?

LÉVI-STRAUSS, Claude. *Mito e significado*. Lisboa: Edições 70, 2000.

Antes de mais nada, é preciso definir, no campo das Ciências Sociais, o conceito de **rede**. Segundo o antropólogo francês **Claude Lévi-Strauss** (1908-2009), no livro *Mito e significado*, "cada um de nós é uma espécie de encruzilhada onde acontecem coisas". A imagem de uma rede, em seu sentido mais literal (uma rede de pesca, por exemplo), é composta de diversos pontos atravessados por linhas, formando nós que mantêm a coesão da malha, garantindo que cumpra o seu papel (a pesca) e impedindo que ela se desfaça.

CASTELLS, Manuel. *A sociedade em rede*. São Paulo: Paz e Terra, 2003. p. 65. (A Era da Informação: Economia, Sociedade e Cultura, 1).

Portanto, tomando a afirmação de Lévi-Strauss, podemos entender o conceito de rede aplicado à vida social em um sentido metafórico; e, de fato, foi com tal significado que ele surgiu na Sociologia, durante a primeira metade do século XX. Em uma rede social, os pontos seriam os indivíduos, as linhas seriam as possibilidades de vivências oferecidas pela vida em sociedade e as "coisas" de que fala o antropólogo seriam as nossas escolhas, decisões individuais tomadas com base nessas mesmas vivências. Para o sociólogo espanhol **Manuel Castells** (1942-), "uma das características principais da sociedade informacional é a lógica de sua estrutura básica em redes, o que explica o uso do conceito de 'sociedade em rede'".

gremlin/E+/Getty Images

Representação visual das relações de um indivíduo em diversas redes sociais.

No entanto, para além dessa definição básica, a ideia de rede possui significados bastante ambíguos. Uma rede pode acolher, proteger – como uma rede de descanso; entretanto, a rede de pesca tem o objetivo de aprisionar. Além disso, uma rede pode agrupar e, consequentemente, comunicar, distribuir.

Merrick Morton/Columbia Pictures/Courtesy Everett Collection/Fotoarena

Cena do filme *A rede social* (2010), de David Fincher (Estados Unidos, 120 min). No longa-metragem, baseado em fatos reais, o estudante da Universidade de Harvard Mark Zuckerberg e seus colegas de faculdade, entre eles o brasileiro Eduardo Saverin, criam, em 2004, o Facebook, um site de rede social que mais tarde se tornaria o maior do mundo, com mais de 2 bilhões de usuários ativos.

Toda essa multiplicidade de sentidos pode ser aplicada ao entendimento das redes sociais digitais ou virtuais. Elas foram criadas nas primeiras décadas do século XXI com um discurso público de acolher, agrupar e permitir maior comunicação imediata, em tempo real, entre as pessoas, em escala global, contribuindo assim para a abolição simbólica das fronteiras territoriais e nacionais. Seria a realização do sonho com que a própria internet (justamente a rede mundial de computadores) se tornou um fenômeno público, a partir de meados dos anos 1990, conforme defende o filósofo e sociólogo francês **Pierre Lévy** (1956-): "o estabelecimento de uma nova sociedade horizontal, igualitária, sem hierarquias, na qual a produção, divulgação e troca de conhecimentos e experiências sejam empreendidas de modo livre, desimpedido, colaborativo, diversificado e solidário".

LÉVY, Pierre. *Cibercultura*. São Paulo: Editora 34, 1999.

No entanto, o sonho não demorou muito para começar a ganhar tons mais obscuros. As redes sociais digitais, com um número cada vez maior de usuários, foram se tornando grandes corporações empresariais. Nos últimos anos, inclusive, essas empresas ganharam manchetes nos noticiários por suspeita de controle e uso inescrupuloso de dados pessoais de seus usuários e de algoritmos que produzem o efeito de controlar como os indivíduos acessam e se relacionam nas redes. Ao contrário do propósito inicial, passaram a formar "bolhas sociais" nas quais as pessoas estabelecem contato predominantemente com outras de características sociais, psicológicas e comportamentais muito semelhantes às próprias. Isso prejudica a diversidade das vivências, potencializa diversos tipos de preconceitos e reforça o viés de confirmação: a tendência em só aceitarmos como "real" aquilo que confirma nossas expectativas, crenças, preconceitos.

Saiba+

Black mirror. Criado por Charlie Brooker. 2011-2019.

A série televisiva apresenta episódios com histórias únicas e independentes, cada uma delas tematizando problemas filosóficos, psicológicos ou sociais advindos do uso extensivo da tecnologia em nossa sociedade, seja existente, seja hipotética. O episódio "Queda livre" (temporada 3) é um mergulho nos efeitos mais nocivos do vício nas redes sociais.

Persona: segundo a teoria do psiquiatra suíço Carl Jung (1875-1961), a palavra latina *persona*, "máscara" em português, representa o indivíduo que se apresenta como real ao mundo, mas que, de fato, é uma variante muito diferente da verdadeira.

Além de tudo, ainda há o efeito psicologicamente perturbador das pessoas que, em uma rede social digital, podem assumir múltiplas **personas**, o que pode provocar, no próprio indivíduo e em outros, sensações de solidão, frustração, autodepreciação e até mesmo quadros de depressão.

Ao retomarmos a metáfora da rede de pesca, cada nó tem a mesma função e poder e todos seguram igualmente a rede. Contudo, nas redes de comunicação, entre elas as redes sociais digitais, o funcionamento é outro. Pelas linhas e nós dessas redes passam informações e dados que são enviados de apenas alguns pontos, e não de todos. A maior parte dessa rede é somente receptora. Isso significa que os nós nessas redes não são iguais: alguns têm poder para movimentá-la, e outros, não. Não se trata, portanto, de um sistema animado horizontalmente, mas sim pontual e verticalmente.

Esses problemas ainda estão longe de ser resolvidos e fazem parte das pautas principais do debate público nas sociedades informacionais de hoje.

Atividades

1. Realize um debate sobre o tema "As redes sociais digitais: integração ou solidão?".

a) Durante o debate, procure promover trocas de vivências que você e os colegas têm, cotidianamente, no uso de redes sociais: Você as utilizam? Com que frequência? E as pessoas que você conhece, como interagem com elas?

b) O produto do debate pode ser uma redação individual no formato de crônica (pequeno texto literário baseado no cotidiano com o objetivo de promover reflexão) que apresente alguma vivência, própria ou não, no ambiente virtual das redes sociais.

2. As charges costumam explorar bastante a ironia como figura de linguagem para chamar a atenção para um aspecto da sociedade ou o comportamento de alguma personalidade pública. Explique que ironia está presente na charge de Alpino.

Alpino/Acervo do cartunista

ALPINO. *Tempos modernos.*

3. A charge representa um tipo de família e um tipo de classe social. Elabore uma charge dialogando com a ideia central explorada pelo chargista Alpino, retratando, de forma irônica, o cotidiano de outro tipo de configuração familiar e/ou classe social.

Diálogos

1. Em 2018, os jornais *The New York Times* e *The Guardian* revelaram que a empresa britânica Cambridge Analytica obteve dados de 50 milhões de perfis do Facebook para usá-los a favor da campanha eleitoral de Donald Trump para a presidência dos Estados Unidos. Faça uma pesquisa sobre o assunto para responder às perguntas a seguir e compartilhe suas conclusões com o professor e os colegas.

a) Como os dados dos usuários do Facebook foram obtidos pela empresa Cambridge Analytica?

b) Você avalia que o Facebook seja realmente responsável pelo vazamento desses dados? Forme grupos e debatam sobre o tema.

c) Você se sente seguro ao usar a internet? Costuma usar alguma estratégia para preservar seus dados pessoais nas redes sociais que frequenta? Qual?

2. Reúnam-se em grupo e criem estratégias ou projetos para implementar medidas públicas relacionadas aos seguintes temas:

a) segurança de dados pessoais na internet;

b) liberdade de acesso às informações;

c) combate às *fake news*;

d) prevenção de *ciberbullying*;

e) divulgação científica;

f) combate aos discursos de ódio.

3. As redes sociais podem ser ferramentas úteis para a inserção dos jovens no mercado de trabalho e, mais do que isso, abrem para eles novas formas remuneradas de atuação. Sobre esse tema, leia o texto a seguir.

> A influência das redes sociais como LinkedIn, Facebook e Instagram no mercado de trabalho está cada dia mais presente e pode ser favorável quando bem utilizada e desfavorável quando mal aplicada, podendo fazer toda diferença no momento da seleção.
>
> Para alguns especialistas, a exposição excessiva nas redes sociais pode influenciar de forma negativa uma busca ou recolocação no mercado de trabalho, uma vez que se torna mais comum as empresas fazerem uso dessa ferramenta no momento de uma contratação. Desta forma, é importante lembrar que, mesmo as redes sociais sendo pessoais, no momento que você permite o acesso de outras pessoas a suas publicações, elas deixam de ser individuais.
>
> O importante é saber utilizar de forma útil e vantajosa sem ter que omitir quem realmente você é. Assim, é necessário apenas tomar cuidados com os excessos, tais como: postagens com insatisfação do término de final de semana, exposição com roupas sensuais, [...] entre outras, pois de acordo com o que é divulgado nas páginas sociais é possível avaliar comportamentos.

CENTRO Universitário UniRuy. *As redes sociais e o mercado de trabalho*. Disponível em: https://www.wyden.com.br/uniruy/noticias/redes-sociais-e-o-mercado-de-trabalho. Acesso em: 2 fev. 2022.

Partindo do que é dito no texto e de sua realidade, responda:

a) Você pensa nas redes sociais como uma ferramenta de inserção no mercado de trabalho?

b) Como as redes podem ser úteis para a realização do seu projeto de vida?

O império do efêmero e suas consequências

O sonho da interconexão como aproximação, superação de barreiras e intercâmbio cultural foi, aos poucos, perdendo seu verniz quando as redes sociais se tornaram um lucrativo negócio. Quanto mais tempo permanecemos conectados, mais dinheiro rendemos às empresas que controlam esses segmentos do mercado. Em razão disso, as plataformas foram desenhando mais e mais estratégias para prender a nossa atenção. Redes sociais com seus *feeds* que nunca terminam, séries que já conectam o final de um episódio ao começo do outro, jogos para *smartphones* gratuitos, mas repletos de propaganda de produtos e serviços... O espetáculo que prende nossa atenção nunca termina, apenas muda de forma ou aparência.

Psicólogos, psiquiatras e neurologistas têm discutido bastante a respeito dos efeitos dessa conexão contínua aos aparelhos de comunicação que nos cercam. Aspectos como concentração e memória e o aumento de transtornos de ansiedade entre crianças e adolescentes podem estar relacionados ao uso excessivo de plataformas digitais. Vivemos cercados de estímulos distribuídos pelos fluxos ininterruptos de informação. Muitas pessoas relatam que sentem uma forte dificuldade para se desconectar. Hoje em dia, inclusive, há termos para nomear transtornos relacionados à ausência do celular, como **nomofobia**. Vivemos algo para o qual alguns pensadores, como os filósofos alemães Theodor Adorno (1903-1969) e Max Horkheimer (1895-1973), já alertavam desde a metade do século passado: os efeitos perversos da massificação cultural e da espetacularização da vida.

Nomofobia: neologismo resultante da fusão entre a redução do termo inglês *no mobile phone* com o radical grego *fobia*. Descreve o medo irracional de ficar sem o telefone celular ou *smartphone* ou de não poder usá-lo por algum motivo, como ausência de sinal, término do pacote de dados ou da carga da bateria.

A interconexão, por vezes, potencializa o esfriamento das relações mais próximas. Segundo o sociólogo e filósofo polonês naturalizado britânico **Zygmunt Bauman** (1925-2017), acostumamo-nos às relações rápidas e pouco onerosas, uma vez que os vínculos e demandas do cotidiano, muitas vezes, exigem mais esforço para serem mantidos. Então é corriqueiro que, nos tempos atuais, algumas pessoas prefiram tais relações, de caráter mais efêmero e mediadas por telas, à construção de vínculos duradouros. Ao mesmo tempo, na obra *Amor líquido: sobre a fragilidade dos laços humanos*, Bauman relata que é como se sentíssemos falta de algo que nos complete e passamos a agir com nossas relações da maneira como agimos com os demais produtos de consumo: uma busca permanente por satisfação que nunca chega. Um desejo que leva a outro desejo, que leva a outro desejo e assim sucessivamente.

BAUMAN, Zygmunt. *Amor líquido*: sobre a fragilidade dos laços humanos. Rio de Janeiro: Zahar, 2004.
BAUMAN, Zygmunt. *Modernidade líquida*. Rio de Janeiro: Zahar, 2001.
BAUMAN, Zygmunt. *O mal-estar da pós-modernidade*. Rio de Janeiro: Zahar, 1998.

Alguns filmes e séries de nosso tempo projetam uma realidade de pessoas sempre conectadas enquanto estão cada vez mais solitárias. Nessas projeções ficcionais de um futuro não tão distante, perdemos a conexão com a vida concreta, com as relações de carne e osso, e passamos a interagir permanentemente com tecnologias cada vez mais sofisticadas. As discussões filosóficas são as mais profundas possíveis, e elas tomam conta do nosso imaginário por meio de filmes, livros e séries, o que nos mostra que a indústria cultural, muitas vezes, não se exime de problematizar os efeitos causados por ela mesma.

Contudo, nem sempre é fácil alcançar a tão almejada felicidade. Para o filósofo sul-coreano Byung-Chul Han (1959-), vivemos sob a lógica do hiper-rendimento. Cobramos de nós mesmos lugares de destaque nas áreas em que atuamos, esperamos ter sucesso nas redes sociais e influenciar outras pessoas. Vivemos interconectados, porém cansados, com a sensação de que já não podemos parar. Isso acontece porque não conseguimos mais separar o nosso tempo de trabalho do tempo de lazer. A vida pessoal e a vida profissional, com o advento da internet, estão cada vez mais interligadas e indistintas. Esse é um fenômeno que afeta sobretudo as classes médias, mas há desdobramentos dessa cultura de rendimento contínuo que afetam as relações e os discursos sobre o trabalho e, com isso, abrangem uma significativa parcela da sociedade.

Warner Bros. Pictures/Everett Collection/Fotoarena

Cena do filme *Ela* (2013), de Spike Jonze (Estados Unidos, 100 min). Em um futuro próximo, um escritor solitário desenvolve um relacionamento com um sistema operacional desenhado para atender a suas necessidades.

Saiba+

Bling Ring – A gangue de Hollywood. Direção: Sofia Coppola. Estados Unidos, 2013. 90 min.

Inspirado em eventos reais, o filme retrata um grupo de adolescentes obcecados pela fama que usa a internet para rastrear celebridades e roubar suas casas.

Sociedade do cansaço. Byung-Chul Han. Tradução de Enio Paulo Giachini. Vozes, 2017.

Vivemos em uma época em que poderíamos trabalhar menos e ganhar mais, mas a ideologia da positividade opera uma inversão: submetemo-nos a trabalhar mais e a receber menos. Desse modo, doenças como depressão, transtornos de personalidade, síndromes como hiperatividade e *burnout* tiveram um aumento significativo. Para Han, a sociedade, disciplinar e repressora, do século XX perde espaço para uma nova forma de organização coercitiva: a violência neuronal.

O mundo pós-internet

As redes e os fluxos de dados marcam o nosso cotidiano, e nesse universo, que conhecemos e reconhecemos, a realidade em que existimos, as experiências materiais (ou físicas) se entrelaçam com as experiências digitais. Os contatos são cada vez mais amplificados, e as novas tecnologias proporcionam ambientes e experiências virtuais, que passam a coexistir com o mundo material.

Nesse contexto, há uma transformação da maneira como acessamos informações, uma vez que elas passam a depender cada vez menos de intermediários para circular. Ideias fantasiosas, boatos e opiniões sem nenhum embasamento na realidade sempre existiram; porém, antes do advento da internet, essas ideias não circulavam de modo muito amplo, ficando restritas a grupos menores, e nem tão rapidamente. Isso acontecia porque o ato de tornar algo público dependia da intermediação de setores comunicacionais, e os processos em geral eram muito caros e demorados. Em função disso, muitas ideias não circulavam.

Atualmente, tornar-se famoso ou compartilhar as próprias opiniões é algo completamente diferente do que já foi um dia.

Montagem sobre pintura de Franz Hals com retrato do filósofo René Descartes (1596-1650). A expressão cartesiana "Penso, logo existo" é tão popular que, inúmeras vezes, já foi explorada fora do universo mais tradicional da Filosofia, servindo, atualmente, de inspiração para *memes* que marcam a cultura digital.

Na segunda metade do século XX, o artista estadunidense Andy Warhol (1928-1987) afirmou que "no futuro, todos serão famosos durante 15 minutos". Essa frase era um prenúncio dos tempos em que a propagação dos meios de comunicação permitiria que um número cada vez maior de pessoas conseguisse participar da cultura de massa de alguma maneira e alcançar algum grau de fama, ainda que transitória. A frase de Warhol era uma reflexão sobre a sociedade do espetáculo que se apresentava como a mais pura realidade naquele contexto dos anos 1960-1970.

Em 2015, ao receber um título de doutor *honoris causa*, o filósofo e escritor italiano Umberto Eco (1932-2016) proferiu, em seu discurso, que "o drama da internet é que ela promoveu o idiota da aldeia a portador da verdade". Essa frase se tornou um emblema desses novos tempos em que a relação com o conhecimento e, portanto, com a verdade foi desorganizada por causa da proliferação sem precedentes de informações sem nenhum embasamento factual ou fundamentação científica.

Conceitos

Sociedade do espetáculo

Assim como tudo pode ser apropriado e virar objeto de consumo, na era das telecomunicações tudo tende a virar espetáculo. Essa ideia nos remete a um conceito bastante relevante, produzido pelo escritor, cineasta e ativista francês **Guy Debord** (1931-1994) e disseminado em seu livro *A sociedade do espetáculo*, lançado em 1967. Produzir continuamente o entretenimento esvaziado de criticidade, e que alimenta o consumo por meio da publicidade, marcaria formas de dominação das sociedades no século XX.

A espetacularização tem presença constante nos meios de comunicação, especialmente no jornalismo, pois rende audiência. Na TV, todos os eventos podem se tornar verdadeiros *shows* de entretenimento, até mesmo notícias catastróficas, como tragédias aéreas ou crimes hediondos. Elas serão transmitidas e retransmitidas enquanto durar a audiência. Depois serão substituídas por novas imagens de novos eventos. Serão intercaladas por publicidades atrativas, que, por sua vez, evocam imagens de bem-estar e as associam a determinados bens de consumo.

Para Debord, no mundo atual, tudo se tornou representação. As representações fragmentadas cumprem, assim, o papel de gerar uma falsa sensação de integração social. Todos passam a se reconhecer nesses eventos televisionados. Eles aparecem em falas cotidianas sobre novelas, jogos de futebol ou assuntos que ocupam as manchetes de jornais ou que são os mais falados nos telejornais. Você precisa saber o que está acontecendo para se sentir parte da sociedade, mas tudo é tão fragmentado e efêmero que de fato nunca pertencemos a nada. Então transitamos de um espetáculo a outro e desejamos que nossa vida também se torne parte do espetáculo, por meio de algo que nos faça ser notados.

DEBORD, Guy. *A sociedade do espetáculo*. Rio de Janeiro: Contraponto, 1997.

Rubens Chaves/Pulsar Imagens

Pessoas assistem à televisão em bar de Uberlândia (MG), em 2014. Somos indivíduos em meio a multidões de pessoas. Essa experiência esvaziada de significados da vida nas metrópoles se tornou um prato cheio para a proliferação da cultura do espetáculo e suas formas de entretenimento fácil. Isso implica um processo de alienação próprio do apogeu da era da televisão, na segunda metade do século XX.

A morte da verdade

A verdade é um desafio que se apresenta a todos os que procuram conhecer o mundo de modo seguro, coerente e confiável. Por mais que tentem se aproximar da essência dos fatos, os próprios filósofos e cientistas admitem que seus conhecimentos são construções ou hipóteses: tentativas de se aproximar daquilo que, em razão de nossas limitações, talvez não esteja ao nosso alcance. Porém, mesmo que a verdade não se apresente como algo concreto, único e acessível, não podemos perdê-la de vista, sob o risco de passarmos a atribuir credibilidade a qualquer coisa dita ou escrita.

As áreas formais de conhecimento se comprometem com métodos e critérios qualitativos que garantam a confiabilidade das informações produzidas e divulgadas. Afinal, se não pudermos diferenciar minimamente os fatos das opiniões, todas as narrativas sobre o mundo podem ser construídas por meio de jogos de poder ou interesse ideológico – em que não é o fato que importa, mas somente aquilo que faz sentido ou interessa ao sujeito que veicula a informação.

Apagados da história: a fotomanipulação da era Stalin

[...] Em 1924, após a morte de Lenin, principal líder da Revolução Bolchevique de 1917, Leon Trotsky e Josef Stalin passaram a dividir a influência sobre o partido comunista, que, na prática, governava a União Soviética. Depois de intensa disputa interna, em 1925 Stalin assumiu o poder e tratou de eliminar a memória do rival.

[...] Defensor da internacionalização da revolução comunista, Trotsky [...] era uma pedra na bota de Stalin, que pretendia consolidar o socialismo num só país. Expulso da União Soviética em 1925, Trotsky acabou assassinado em 1940, no México, e foi, pouco a pouco, apagado de documentos e fotografias.

APAGADOS da história: a fotomanipulação da era Stalin. *Aventuras na História*, 9 dez. 2019. Disponível em: https://aventurasnahistoria.uol.com.br/noticias/galeria/foto-manipulacao-stalin.phtml. Acesso em: 2 fev. 2022.

World History Archive/Alamy/Fotoarena

World History Archive/Alamy/Fotoarena

Na primeira imagem, Vladimir Lenin (1870-1924) se dirige às tropas que vão para o *front* lutar durante a guerra civil russa, na atual praça do Teatro Bolshoi, Moscou (Rússia), 1920. Nela, Leon Trotsky (1879-1940) estava nos degraus do palanque. Na segunda imagem, Trotsky desapareceu. Na Rússia soviética, o governo tentou reescrever o passado eliminando ex-aliados das fotos oficiais.

Especialistas analisam como a informação costuma ser manipulada por agentes de poder e, até mesmo, por meios de comunicação oficiais. A diferença, agora, como ressaltou Umberto Eco, é que todos podem criar e compartilhar "as próprias verdades". Se em seus primórdios a internet despontava como uma revolução libertadora, aos poucos a comunicação humana foi se mostrando um processo extremamente problemático e complexo, com novas formas de manipulação, o que levou ao surgimento do conceito de **pós-verdade**.

Duke/Acervo do cartunista

DUKE. *O Tempo*, 4 abr. 2017. Disponível em: https://www.otempo.com.br/charges/charge-o-tempo-04-04-2017-1.1456107. Acesso em: 19 abr. 2022.

Para a crítica literária estadunidense Michiko Kakutani (1955-), o termo pós-verdade pode ser associado a três fenômenos: o descaso pelos fatos; a substituição da razão pela emoção; e a corrosão da linguagem.

Como vimos, a informação requer responsabilidade e compromisso com a verdade, especialmente quando ela tem um caráter formador de opinião pública e é amplamente veiculada. Do contrário, temos o problema descrito por Eco, em que uma opinião ou versão tendenciosa dos fatos, e até mentirosa, especialmente quando serve a um interesse particular, pode ter o mesmo peso de um conhecimento ou argumento construído com embasamento teórico e seriedade. Assim, presas em suas "bolhas sociais", as pessoas passam a reduzir a experiência do mundo a uma série de ideias que se ajustam à própria visão da realidade.

Saiba+

O perigo de uma história única. Disponível em: www.ted.com/talks/chimamanda_ngozi_adichie_the_danger_of_a_single_story. Acesso em: 23 maio 2022.

Nessa palestra, gravada em 2019, a escritora nigeriana Chimamanda Ngozi Adichie (1977-), além de apresentar sua autêntica voz cultural, alerta sobre o perigo de ouvirmos apenas uma única história sobre algo ou alguém, o que pode causar a falta de uma verdadeira compreensão sobre determinado assunto.

Esse fenômeno, que foi definido pelo dicionário da Universidade de Oxford, em 2016, como **pós-verdade**, está associado à propagação sem freio de mentiras, opiniões sem embasamento e, até mesmo, de discursos de ódio, inclusive nas redes sociais, onde se tornaram cada vez mais populares ao serem curtidos e compartilhados. Surge, assim, uma série de *sites* e postagens com informações falsas sobre diversas áreas de conhecimento, alimentando boatos, teorias conspiratórias e negacionismo da ciência e da história, também nomeadas de "fatos alternativos".

Conceitos

"Fatos alternativos"

Trata-se da tentativa de substituir argumentos factuais por afirmações que não podem ser comprovadas. Essa expressão ganhou projeção quando a conselheira política estadunidense Kellyanne Conway (1967-) foi questionada por um jornalista, durante uma entrevista para a TV, sobre a afirmação de que a cerimônia de posse do ex-presidente dos Estados Unidos Donald Trump (1946-), em 20 de janeiro de 2017, teria sido a maior da história, apesar de as fotos comparativas com a posse do ex-presidente Barack Obama (1961-) indicarem o contrário. Confrontada com a evidente mentira, a conselheira presidencial refutou alegando que o governo trabalhava com "fatos alternativos" ao que foi apresentado. Ao que o jornalista replicou: "Fatos alternativos não são fatos, são falsidades".

Atividades

1. Na sua opinião, as teorias conspiratórias são perigosas ou inofensivas? Por quê?

2. Por que é comum que os adeptos das teorias conspiratórias acreditem em várias delas ao mesmo tempo?

3. Faça uma busca na internet sobre um "fato alternativo" e, com a orientação do professor, compartilhe com os colegas os principais argumentos que estruturam esse pensamento e por que ele deve ser refutado.

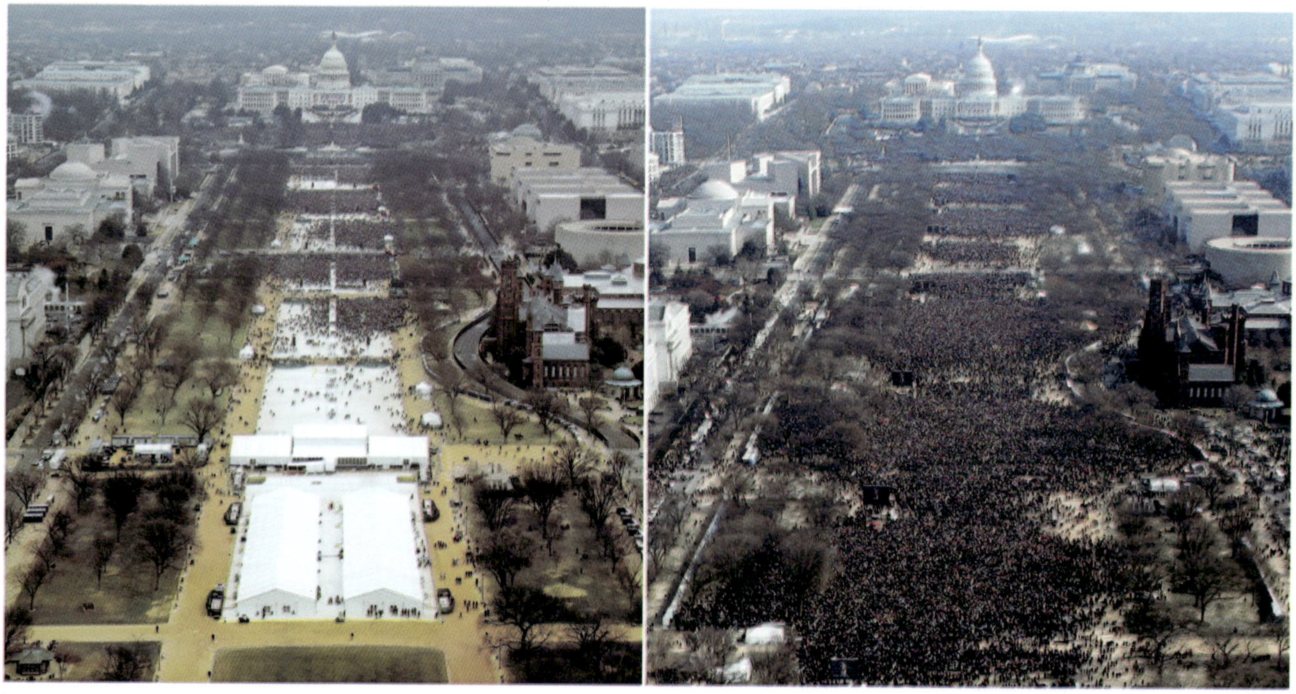

Lucas Jackson/Stelios Varias/Reuters/Fotoarena

À esquerda, público presente em frente ao Capitólio, em Washington (Estados Unidos), durante a cerimônia de posse de Donald Trump, em 2017. À direita, público na posse de Barack Obama, em 2009, no mesmo local.

Privacidade e segurança

A segurança dos dados pessoais também é algo que tem sido muito debatido após o advento da internet. No mundo todo, há inúmeros casos de dados privados que são "vazados" nas redes sociais digitais ou vendidos para empresas. As motivações são diversas: podem ter origem em desavenças pessoais ou na obtenção de lucro por empresas que trabalham com a venda de banco de dados de seus usuários.

No campo pessoal, a maior parte da difusão virtual de informações para prejudicar alguém configura o *ciberbullying*, que é o *bullying* que avança para além dos muros das escolas ou do trabalho e se espalha nas redes. Com o auxílio de ferramentas da internet, imagens e textos usados para difamar e desmoralizar alguém se tornam públicos e podem acarretar efeitos moral e psicologicamente desastrosos às vítimas. O *ciberbullying* mostra que, por mais que na internet possamos permanecer muitas vezes anônimos, estamos muito vulneráveis e expostos a vários tipos de violência.

Há também os casos que envolvem o vazamento de dados sigilosos de governos e as próprias interferências em processos eleitorais por meio da propagação de boatos e falsidades. Se no campo privado há uma série de problemas, na vida pública isso não é diferente. O que muda é a proporção que os casos assumem, pois passam a influenciar a vida de um grande contingente de pessoas.

Recentemente tornaram-se públicos alguns fatos que explicitaram a manipulação e a espionagem que governos e empresas fazem em aplicativos de comunicação, redes sociais e *sites* de busca.

Edward Snowden (1983-), ex-administrador de sistemas da Agência de Inteligência dos Estados Unidos (CIA, na sigla em inglês), foi acusado pelo governo dos Estados Unidos de espionagem por vazar informações sigilosas de segurança de Estado para os jornais *The Guardian* e *The Washington Post*. Ele tornou públicas informações sobre alguns programas de vigilância que os Estados Unidos usam para espionar a própria população e governos, empresas e pessoas de vários países da Europa e da América Latina, incluindo o Brasil. Os monitoramentos usavam como base os servidores de empresas, como Facebook e Google.

Sorbis/Shutterstock

Autobiografia de Edward Snowden em exposição em livraria de Berlim (Alemanha). Foto de 2019. No livro, o ex-administrador de sistemas da CIA faz um relato sobre o sistema de espionagem do governo dos Estados Unidos.

O caso, deflagrado em 2013, torna públicas a fragilidade dos dados de usuários de internet e as políticas de vigilância que os Estados Unidos aplicam em níveis nacional e internacional.

O WikiLeaks existe desde 2006, e seu fundador e principal editor é o jornalista e ciberativista australiano Julian Assange (1971-). Depois de anos de atuação como *hacker*, ele fundou o WikiLeaks como uma plataforma de divulgação de documentos secretos. Suas invasões e demais interferências em computadores estavam vinculadas ao seu ativismo, pois ele defendia uma internet livre e a completa publicidade das informações. Assange acredita que a internet é, hoje em dia, totalmente controlada por governos e corporações econômicas. Ele é acusado nos Estados Unidos de espionagem e conspiração para realizar intrusão em computadores, especialmente em razão dos vazamentos realizados pelo WikiLeaks. Em 2019, foi preso na Inglaterra.

Karl Nesh/Shutterstock

Após a prisão de Julian Assange na embaixada do Equador, em Londres (Inglaterra), manifestações contrárias e a favor do jornalista ganharam as ruas. No cartaz, leia-se: "Não extradite Assange. Jornalismo não é crime". Foto de 2020.

Os casos de Snowden e Assange são marcos dos incontáveis debates e estudos sobre os impactos da internet nos dias atuais, com ênfase em atos de espionagem, vigilância e manipulação política e em articulações e disputas econômicas por publicidade. Recentemente, novos eventos vieram à tona, mostrando o quanto a opinião das pessoas está vulnerável às chamadas *fake news*, que nada mais são do que mentiras ou boatos lançados propositalmente nas redes de comunicação para causar interferências na opinião pública. As *fake news* propagadas sem nenhum controle por meio da internet tiveram recentemente importantes papéis em eventos políticos: elas influenciaram as eleições de Donald Trump, nos Estados Unidos, assim como o Brexit (processo de saída do Reino Unido da União Europeia, por meio de plebiscito realizado em 2016). E, em muitas outras localidades do planeta, elas também foram marcantes. Ainda sobre notícias falsas, o jornal *The Washington Post* aferiu que Donald Trump fez 2 140 alegações falsas ou enganosas apenas em seu primeiro ano de mandato. Boa parte dessas declarações foi propagada por meio de redes sociais, como o Twitter.

Em 2018, veio a público o escândalo da Cambridge Analytica, que demonstrou a conexão de interesses econômicos a causas políticas e, mais uma vez, o uso de dados de usuários da internet e a manipulação política nas redes, favorecendo processos eleitorais. No caso, os dados dos usuários foram coletados entre 2014 e 2016 pela empresa (que atua no ramo do *marketing* político) por meio de contas do Facebook e usados na elaboração e no direcionamento de propagandas que favoreceram o então candidato Donald Trump.

Saiba +

SaferNet. Disponível em: www.safernet.org.br. Acesso em: 23 maio 2022.

A SaferNet Brasil é uma ONG fundada em 20 de dezembro de 2005, com foco na promoção e defesa dos direitos humanos na internet no Brasil. Seu site traz dicas de navegação segura, proteção de dados e canais de denúncia.

Depois de Lúcia. Direção: Michel Franco. França e México, 2012. 93 min.

Roberto acaba de se mudar com a filha Alejandra para a Cidade do México após a morte da esposa. Alejandra, matriculada em um novo colégio, passa a ser vítima de *bullying*. Entretanto, ela decide não falar desses incidentes a ninguém.

Conexões Linguagens e suas Tecnologias

Andy Warhol, principal representante do movimento artístico visual conhecido como *pop art*, interessava-se pelas imagens continuamente propagadas e repetidas nos meios de comunicação de massa.

Brownie Harris/Corbis/Getty Images

Andy Warhol. O artista faleceu em 22 de fevereiro de 1987.

Transformou tudo em produto visual, assumindo uma estética própria da publicidade: ícones do cinema e da política, produtos de consumo cotidiano e até mesmo imagens de acidentes que figuravam nos jornais.

Todas as suas obras absorviam elementos dessa cultura *pop*, que ele trabalhava e apresentava com cores intensas. Os retratos são um exemplo fundamental da obsessão de Warhol pela cultura das celebridades. Graças à técnica da serigrafia, o artista produziu imagens em massa de suas musas, apagando nesse processo as imperfeições que as tornavam humanas. Entre as mais famosas está a *Green Marilyn*, de 1962. Pesquise essa obra na internet.

- Em duplas, pesquisem as obras de Warhol e a época em que foram produzidas. Coletem também informações sobre o artista e seu estilo. Em seguida, reflitam sobre a questão a seguir, e, com a orientação do professor, compartilhem suas anotações com os colegas.

  A atitude de Warhol parece criticar ou exaltar o excesso de exposição midiática das imagens?

1. Como você avalia a qualidade da mobilidade urbana no município ou no bairro em que vive?

   a) É seguro e possível se deslocar a pé e de bicicleta?

   b) Que tipos de transporte coletivo estão disponíveis e como a população avalia esse serviço?

   c) As pessoas se sentem satisfeitas com o sistema coletivo de transporte ou, quando podem, preferem um veículo particular?

   d) Há trechos de vias congestionados com frequência?

2. No município em que você vive há muitos usuários de motocicletas? Trace um perfil desses usuários, como sexo, faixa etária, classe social, tipo de uso que fazem do veículo (se para deslocamento, ferramenta de trabalho ou lazer). Quais considerações você pode fazer após essa caracterização?

3. Os fragmentos a seguir apresentam ideias de dois pensadores contemporâneos que buscam entender o modo como vivemos na atualidade. Ao ler os textos, procure notar se as ideias destacadas se relacionam ou não com o seu cotidiano e com a realidade no seu entorno. Depois, siga o roteiro para realizar a atividade.

Texto 1

[...]

Lipovetsky expõe que a sociedade hipermoderna [...] é individualista e exalta o consumo, a moda, o bem-estar, o desejo e a vida privada. É uma sociedade que tem como eixo temporal o presente, na qual é preciso inovar sem parar e onde há um inchaço da esfera da comunicação e do consumo. Lipovetsky afirma que "feita uma análise a partir dos anos 80, a lógica de presente só se acentuou com a pressão de duas novas mudanças: a globalização e, posteriormente, a internet".

Ao discutir acerca do consumismo da sociedade do presente, Lipovetsky defende que há um novo paradoxo: "a sociedade do presente é a sociedade hedonista, do prazer do consumo. Antes havia o medo de passar fome, hoje há o medo de morrermos por conta do que temos para comer, do mal que esses alimentos podem fazer à saúde".

Cena do filme *Os delírios de consumo de Becky Bloom* (2009), de P. J. Hogam (Estados Unidos, 104 min). Uma jornalista consegue um emprego em uma publicação financeira de Nova York ao mesmo tempo que enfrenta o vício de consumo de moda.

TOUCHSTONE PICTURES/ZUCKERMAN, ROBERT/Album/Fotoarena

Os membros da sociedade hipermoderna vivem numa felicidade paradoxal, pois apesar da sociedade de consumo e da comunicação trazer muitas satisfações, eles são obrigados a se organizar sob as regras econômicas. "A sociedade hipermoderna dá a impressão de felicidade porque com o auxílio dos avanços tecnológicos temos avanço na expectativa de vida, na liberdade sexual, contudo, as doenças como depressão e ansiedade desenvolvem-se cada vez mais."

Em seus estudos da sociedade hipermoderna, o filósofo aponta que as características mais acentuadas nos indivíduos são o acúmulo de informações e a "produtivização" da vida cotidiana. "Vivemos uma modernidade desenfreada, uma modernidade hiperbólica em que não há mais limites, e tudo entra na lógica da competição econômica, em um sentido de liberalização globalizada."

Lipovetsky ainda defende que temos que cuidar para que o consumo seja parte e não o todo da vida. Que o todo sejam os valores da vida, e que a modernidade de amanhã seja mais justa, criativa, e menos consumista do que a sociedade de hoje.

LUZ, Flávia; ALENCAR, Bruna de. Gilles Lipovetsky discute a hipermodernidade na ECA. *Escola de Comunicações e Artes da Universidade de São Paulo (ECA-USP)*, 23 ago. 2012. Disponível em: http://www3.eca.usp.br/noticias/gilles-lipovetsky-discute-hipermodernidade-na-eca. Acesso em: 24 fev. 2022.

Texto 2

O sujeito de desempenho está livre da instância externa de domínio que o obriga a trabalhar ou que poderia explorá-lo. É senhor e soberano de si mesmo. Assim, não está submisso a ninguém ou está submisso apenas a si mesmo. É nisso que ele se distingue do sujeito de obediência. A queda da instância dominadora não leva à liberdade. Ao contrário, faz com que liberdade e coação coincidam. Assim, o sujeito de desempenho se entrega à liberdade coercitiva ou à livre coerção de maximizar o desempenho. O excesso de trabalho e desempenho agudiza-se numa autoexploração. Esta é mais eficiente que uma exploração do outro, pois caminha de mãos dadas com o sentimento de liberdade. O explorador é ao mesmo tempo o explorado. Agressor e vítima não podem mais ser distinguidos. Essa autorreferencialidade gera uma liberdade paradoxal que, em virtude das estruturas coercitivas que lhe são inerentes, se transforma em violência. Os adoecimentos psíquicos da sociedade de desempenho são precisamente as manifestações patológicas dessa liberdade paradoxal.

HAN, ByungChul. *Sociedade do cansaço*. Petrópolis: Vozes, 2019. Edição eletrônica.

- Em grupos, produzam um vídeo, de até 5 minutos, a respeito de um dos temas apresentados a seguir. Os temas foram extraídos de ideias de Gilles Lipovetsky e de Byung-Chul Han, dois importantes pensadores da atualidade, como vimos. Antes de montar o roteiro do vídeo, pesquisem mais os autores e cada um dos assuntos elencados.
  - Consumo e moda
  - Individualismo e narcisismo
  - Tudo é efêmero?
  - Felicidade paradoxal
  - Sociedade do desempenho e adoecimento psíquico
  - Consumismo e hedonismo

Saiba +

Exaustos-e-correndo-e-dopados. Eliane Brum. *El País*, 4 jul. 2016. Disponível em: https://brasil.elpais.com/brasil/2016/07/04/politica/1467642464_246482.html. Acesso em: 23 maio 2022.

Artigo da jornalista brasileira Eliane Brum (1966-) sobre a sociedade do desempenho, em que se trabalha e se consome cada vez mais, e o mal-estar que essa dinâmica tem causado às pessoas.

As transformações culturais do século XX ao século XXI

No século XX e agora também no século XXI, os avanços tecnológicos, as mudanças econômicas e políticas e as guerras foram e estão sendo acompanhadas de inúmeras e profundas transformações nas formas de pensar e viver.

Segundo o historiador britânico Eric Hobsbawm (1917-2012), diante de novidades, as pessoas buscam palavras para nomeá-las. Nas décadas de 1950 e 1960, tal processo era visível na obra de intelectuais do Ocidente, que utilizavam a preposição "pós" como prefixo em diversos termos para definir períodos, eras ou correntes de pensamento vigentes durante o século XX. Assim, o mundo tornou-se pós-industrial, pós-imperial, pós-moderno, pós-estruturalista, pós-marxista, **pós-Gutenberg**. Ou seja, mesmo após a expansão imperialista, a disseminação da imprensa e a influência do marxismo nas lutas trabalhistas que representavam grandes novidades no século XIX, o mundo não parava de se transformar. Nas palavras de Hobsbawm:

Pós-Gutenberg: denominação usual na mídia para "pós-livros"; trata-se de publicações eletrônicas que surgiram após a época da escrita impressa, como publicações na internet, textos nas "nuvens", etc.

> A novidade dessa transformação está tanto em sua extraordinária rapidez quanto em sua universalidade. Claro, as partes desenvolvidas do mundo, isto é, para fins práticos, as partes central e ocidental da Europa e a América do Norte, além de uma pequena faixa de ricos e cosmopolitas em toda parte, há muito viviam num mundo de constante mudança, transformação tecnológica e inovação cultural. Para eles, a revolução da sociedade global significou uma aceleração ou intensificação de movimento a que já se achavam acostumados em princípio. Afinal, os nova-iorquinos de meados da década de 1930 já olhavam para cima e viam um arranha-céu, o Empire State Building (1934), cuja altura só foi ultrapassada na década de 1970, e mesmo então por uns modestos trinta metros, mais ou menos. Foi preciso algum tempo para se notar, e outro tanto para se avaliar, a transformação de crescimento material quantitativo em distúrbios qualitativos da vida, mesmo naquelas partes do mundo. Mas para a maior parte do globo, as mudanças foram igualmente súbitas e sísmicas. Para 80% da humanidade, a Idade Média acabou de repente em meados da década de 1950; ou talvez melhor, sentiu-se que ela acabou na década de 1960.
>
> HOBSBAWM, Eric. *Era dos extremos*: o breve século XX – 1914-1991. São Paulo: Companhia das Letras, 2016. p. 283.

No século XX, portanto, diferentes regiões do planeta viveram transformações semelhantes e aceleradas. Contudo, muitas vezes, as pessoas que experimentaram essas transições não as assimilaram imediatamente em toda a sua extensão. As mudanças na vida dos indivíduos, por mais dramáticas que sejam, frequentemente são vividas de forma paulatina, e não são concebidas como transformações permanentes. A decisão da população rural de procurar trabalho na cidade, por exemplo, não necessariamente implicou uma transformação mais duradoura em sua mentalidade. Não havia intenção de mudar seu estilo de vida para sempre, mesmo que esse tenha sido o resultado. É o nosso olhar de fora e, geralmente, de uma época posterior que reconhece com mais facilidade a grandiosidade das alterações sociais e culturais.

Vamos estudar algumas áreas específicas nas quais essas transformações ocorreram.

Roberto Orgiu/Shutterstock

Elena Ermakova/Shutterstock

O Empire State Building (imagem acima) é um arranha-céu de 102 andares e 381 metros de altura localizado no centro de Manhattan, em Nova York (Estados Unidos). Ele se manteve como o edifício mais alto do mundo por quase quarenta anos, desde a sua conclusão, no início de 1931, até a construção da Torre Norte do complexo original do World Trade Center, no final de 1970. Os arranha-céus que começaram a ser construídos no final do século XX nos Estados Unidos se espalharam pelo mundo nas primeiras décadas do século XXI, simbolizando a urbanização e o surgimento das principais metrópoles. Em 2020, o edifício mais alto do mundo encontrava-se em Dubai (Emirados Árabes Unidos), o Burj Khalifa (imagem ao lado), que tem 828 metros de altura e 163 andares. No mesmo ano, estava em construção, na Arábia Saudita, um arranha-céu projetado para ter mais de mil metros de altura.

Atividade

1. Por estarmos inseridos em sua dinâmica, talvez não percebamos os eventos do presente como um todo. Quais desses eventos que estamos vivenciando poderiam ser descritos no futuro como uma revolução ou algo semelhante?

Saiba +

***Era dos extremos:* o breve século XX – 1914-1991**. Eric Hobsbawm. Companhia das Letras, 2016.

Ensaio histórico panorâmico em que o célebre historiador britânico relata as transformações ocorridas no mundo ao longo do século XX, desenvolvendo a tese de que o período teve como marco inicial a eclosão da Primeira Guerra Mundial, em 1914, e como marco final a derrocada da União das Repúblicas Socialistas Soviéticas, em 1991.

Nas artes

Saiba+

O gabinete do dr. Caligari. Direção: Robert Wiene. Alemanha, 1920. 78 min.

Considerado uma das grandes obras do movimento expressionista alemão no cinema, o filme conta a história do sonâmbulo Cesare, que perambula pela cidade e concretiza as previsões de seu mestre, o dr. Caligari.

O século XX foi marcado por contradições e turbulências nas artes, que, aliás, se tornaram acessíveis para um público consideravelmente mais amplo e com menor poder aquisitivo graças às reproduções. Ou seja, o mercado de artes se popularizou por meio da indústria cultural.

Já no início do século, sobretudo na Europa, era notável o alargamento do horizonte cultural da população. Alguns fatores colaboravam para essa difusão: a educação escolar obrigatória, o papel educativo dos sindicatos e a multiplicação da tiragem dos jornais. As mudanças promovidas pela massiva industrialização e urbanização modificavam o modo de viver de grandes parcelas da humanidade, despertavam novas visões de mundo e, consequentemente, provocavam novas maneiras de fazer e de consumir arte.

Um exemplo é o surgimento da literatura de folhetim, publicada em capítulos nos jornais e acessível a um público numeroso. Entre as narrativas mais comuns, estavam as histórias policiais, como as do personagem Sherlock Holmes, criado por Arthur Conan Doyle (1859-1930).

Na arquitetura e no *design*, a ***Art Nouveau*** ou **Arte Nova**, que surgiu no final do século XIX na Bélgica, vigorou até aproximadamente a segunda década do século XX, apresentando um estilo que acompanhava as inovações da sociedade industrial e sendo bastante utilizada em vitrais e em peças publicitárias. Um dos principais expoentes desse movimento – cujas características mais relevantes eram a exuberância decorativa, as formas ondulantes e elegantes, o uso de novos materiais e tecnologias, a recorrência de formatos de folhagens e contornos sinuosos, o sentido ascendente e entrelaçado e as influências das gravuras japonesas, do barroco e do rococó francês – foi o pintor e ilustrador tcheco Alphonse Mucha (1860-1939).

Reprodução/Acervo Biblioteca Nacional da França, Paris.

FreeProd33/Shutterstock

À esquerda, *F. Champenois Imprimeur-Éditeur*. 1897. Alphonse Mucha (1860-1939). Coleção particular. À direita, foto de 2019 da majestosa Galeria Lafayette, com sua cúpula de vidro e aço, em Paris (França), projetada por Georges Chedanne (1861--1940). Essas são duas obras representativas da *Art Nouveau*.

Street with Women [Rua com mulheres]. 1908. Wassily Kandinsky (1866-1944) ilustra uma paisagem urbana alemã com cores vivas e pinceladas marcadas, sem respeitar uma proporção realista, tendo em conta as dimensões das pessoas e das casas, como era característico das obras expressionistas.

Nas artes visuais, as vanguardas foram movimentos de ruptura com a tradição. Elas rejeitavam as técnicas clássicas e buscavam libertar a arte e a cultura das amarras e dos parâmetros estabelecidos até então. Entre elas, destacam-se o Expressionismo, o Cubismo, o Futurismo, o Dadaísmo e o Surrealismo.

O **Expressionismo** procurava interpretar o mundo por meio dos sentimentos, expressando um universo psicológico, sobretudo de emoções densas, como a angústia, por meio do contraste e da intensidade das cores. A técnica da pintura era abrupta, com grossas camadas de tinta. Os temas principais eram a exploração do trabalho, a miséria, a solidão e a loucura.

O **Cubismo** rompeu com os modelos estéticos que só valorizavam a perfeição das formas, caracterizando-se pelo tratamento geométrico das formas da natureza. A ideia de arte como pura imitação da natureza era recusada em retratos simplificados e abstratos. Um de seus notáveis expoentes foi o pintor espanhol Pablo Picasso (1881-1973).

Por sua vez, o **Futurismo** tinha como principal característica a valorização da tecnologia e da velocidade, e suas obras tentavam expressar a aceleração de movimentos reais. Predominou na França e na Itália, onde os artistas se identificavam com o discurso propagandeado pelo fascismo. Na literatura futurista, era comum o uso de onomatopeias e frases fragmentadas, que transmitiam a ideia de velocidade.

O **Surrealismo** nasceu como reação ao racionalismo e ao materialismo da sociedade ocidental. Influenciado pelas ideias da psicanálise, os artistas surrealistas tinham como objetivo usar o potencial do subconsciente e dos sonhos como fonte para a criação de imagens fantásticas. O Surrealismo se manifestou também na escultura, na literatura, no teatro e no cinema. Um dos artistas mais representativos desse movimento artístico foi o pintor espanhol Salvador Dalí (1904-1989).

O **Dadaísmo** tinha um caráter ilógico, antirracionalista e de protesto. Por meio da ironia, buscava questionar a arte e improvisar, com um caráter radical e agressivo. Suas obras criticavam o consumismo e os valores burgueses. Além das artes plásticas, o movimento se difundiu na literatura, na qual os poetas cultivavam a disposição aleatória das palavras.

A flacidez da arte

Já se disse que ser moderno é fazer parte de um universo onde tudo o que é sólido desmancha no ar. E na arte tal afirmação ganha validade a cada instante. "Na medida em que existe alguma lei observável na história coletiva da arte, ela é, tal como a lei da vida do artista, individual, a lei não do progresso, mas da reação. Seja em grande ou em pequena escala, o equilíbrio da vida estética é permanentemente instável."

COLLINGWOOD, Robin George apud READ, Herbert. *História da pintura moderna*. Rio de Janeiro: Zahar, 1980. p. 9.

Guernica, de Pablo Picasso, 1937. Museu Nacional Centro de Arte Rainha Sofia (Madri, Espanha). Picasso foi precursor do movimento cubista e, nessa obra, estão a dor e a revolta causadas pelo bombardeio à cidade basca de Guernica, durante a Guerra Civil Espanhola (1936-1939).

Saiba+

Futurismo, Dadaísmo e Surrealismo com as divas pop: parte 5. Rodrigo Retka. Arte de Segunda, 4 maio 2020. Disponível em: https://www.youtube.com/watch?v=PEi1yvdGKlU. Acesso em: 23 maio 2022.

Neste vídeo do canal Arte de Segunda, o historiador da arte Rodrigo Retka analisa os principais aspectos dos três movimentos artísticos comparando-os com o trabalho de três divas *pop* da atualidade.

A segunda metade do século XX foi marcada pela emergência de tendências e estilos que acompanhavam e utilizavam em suas obras os avanços tecnológicos da era digital, dos meios de comunicação, da indústria cultural e da globalização. Tais tendências e estilos foram chamados genericamente de Pós-Modernismo. Eclética, híbrida e sem hierarquizações, a arte pós-moderna apresenta o lúdico, o humor, a metalinguagem, a pluralidade de gêneros, a polifonia, a intertextualidade, a ironia, as fragmentações, as desconstruções de princípios e valores e a "espetacularização".

No século XXI, as artes têm acentuado a diluição das fronteiras entre as linguagens, e a própria definição da arte tem sido questionada. Categorias clássicas, como desenho, escultura e gravura, nem sempre se aplicam a uma obra, pois há uma enorme diversidade de estilos, perspectivas, técnicas e abrangência de linguagens artísticas (dança, música, moda, fotografia, pintura, teatro, escultura, literatura, *performances*, *happenings*, instalações, videoarte, etc.). A participação do espectador tem sido cada vez mais requisitada, a ponto de algumas manifestações artísticas o considerarem coautor.

Mother and Child Divided [Mãe e filho divididos], de Damien Hirst (1965-), 1993. Nessa obra, o artista inglês exibe uma vaca e um bezerro cortados ao meio e conservados em formol. Cada metade está em uma das câmaras de vidro que, dispostas paralelamente, permitem que o público transite entre elas, observando as entranhas dos animais e questionando a manipulação humana da natureza.

O Brasil recebeu grande influência das vanguardas europeias no século XX. A **Semana de Arte Moderna**, organizada em São Paulo (SP), em 1922, é considerada o marco da chegada das novidades culturais, sobretudo aquelas vindas da Europa. Ainda que sob influência externa, para os artistas brasileiros, pensar a modernização implicava um rompimento com o colonialismo cultural, na busca de uma nova linguagem para a interpretação da nossa realidade.

Nas artes plásticas, Lasar Segall e Anita Malfatti introduziram as vanguardas europeias em 1917, sendo precursores da Semana de Arte Moderna. Outros artistas seguiram essa nova maneira de considerar as artes, como o escultor Victor Brecheret e os pintores Vicente do Rego Monteiro, Di Cavalcanti e Tarsila do Amaral. Outros nomes de grande relevância são Candido Portinari, que se destacou na década de 1930 e, a partir dos anos 1950, Arcangelo Ianelli, Tomie Ohtake, Manabu Mabe, Antônio Bandeira e Cícero Dias.

Nascida no Japão, em 1913, Tomie Ohtake veio para o Brasil em 1935. Tornou-se uma das maiores representantes do abstracionismo. Em sua carreira, trabalhou com esculturas, gravuras e pinturas. Faleceu aos 101 anos, em 2015.

Na **arquitetura**, são destaques Lina Bo Bardi, responsável pelo projeto do Museu de Arte de São Paulo Assis Chateaubriand (Masp), Lúcio Costa e Oscar Niemeyer, que projetaram Brasília (DF), a capital do país. Niemeyer também é o responsável pelo Conjunto Moderno da Pampulha, em Belo Horizonte (MG), que foi declarado Patrimônio Cultural da Humanidade em 2016. A música e o cinema também são formas artísticas que passaram por importantes transformações no século XX.

O **Tropicalismo** (ou Tropicália) foi um movimento iniciado em 1967. Mesclou aspectos tradicionais da cultura brasileira com elementos das vanguardas e da cultura pop. Manifestou-se principalmente na música, com nomes como Caetano Veloso, Gal Costa, Gilberto Gil, Tom Zé e Os Mutantes. Esse movimento também teve influência nas artes plásticas, com Hélio Oiticica, e no teatro, sobretudo nas peças de José Celso Martinez Corrêa.

Saiba+

Tropicália ou panis et circencis. Caetano Veloso, Gal Costa, Gilberto Gil, Nara Leão, Os Mutantes e Tom Zé. Philips Records, 1968.

Lançado em 1968 e apresentando uma sonoridade revolucionária para a época, o disco *Tropicália* é considerado o manifesto do movimento tropicalista e um dos mais importantes da música nacional.

O **Cinema Novo** foi um movimento que buscou uma nova estética para retratar a realidade brasileira, afastando-se das fórmulas do cinema hollywoodiano. Por meio de produções independentes, os cineastas do movimento refletiam as questões políticas e sociais do Brasil das décadas de 1960 e 1970. Seus principais representantes foram Glauber Rocha, Nelson Pereira dos Santos, Carlos (Cacá) Diegues, Joaquim Pedro de Andrade e Paulo César Saraceni.

> Sem dúvida, em meio à efervescência do período pré-68, o Cinema Novo colocou-se como a vanguarda-estética e ideológica da produção cultural: pensando o cinema enquanto linguagem e forma de conhecimento da realidade brasileira e equacionando politicamente o campo das relações econômicas que determinam a produção cinematográfica, o movimento pode definir um projeto político-cultural avançado, constituindo-se, como diria Paulo Emílio [Salles Gomes, crítico de cinema], "numa bandeira indiscutivelmente revolucionária que ainda não encontrou sua revolução". [...]

HOLLANDA, Heloisa Buarque de; GONÇALVES, Marcos A. *Cultura e participação nos anos 60*. 7. ed. São Paulo: Brasiliense, 1989. p. 49.

Reprodução/Copacabana Filmes

Cena do filme *Deus e o Diabo na Terra do Sol* (1964, Brasil, 119 min), de Glauber Rocha (1939-1981), um dos marcos do Cinema Novo.

Na educação

A disseminação da educação formal é um dos grandes fenômenos da transformação social que o mundo viveu no século XX. Para atender à demanda de mão de obra minimamente alfabetizada nos centros urbanos, foi necessária uma ampliação das redes de educação pública e privada.

Nesse contexto, o Estado de bem-estar social destacou-se como modelo de organização política, econômica e sociocultural em que padrões mínimos de educação, saúde, habitação, renda e seguridade social a todos os cidadãos precisavam ser garantidos à população pelo Estado. Sua implantação na Europa ocidental e na América do Norte após a Segunda Guerra Mundial (1939-1945) visou enfrentar alguns problemas causados pelo processo de industrialização e de concentração da riqueza. No caso da educação, o governo precisava garantir vagas em escolas secundárias e universidades para atender à demanda econômica de mão de obra qualificada.

Em muitos países, contudo, esse acesso à educação teve um aumento muito mais quantitativo, sem acompanhamento qualitativo. As universidades, por exemplo, não estavam preparadas para receber um aumento no influxo de estudantes, o que impulsionou movimentos estudantis e lutas por mais direitos e transformações sociais.

A educação no Brasil também passou por essas transformações gerais. A implementação de um ensino público laico, isto é, desvinculado da religião, veio com a Proclamação da República, no final do século XIX. Porém, somente em 1930, no governo de Getúlio Vargas (1882-1954), houve a criação de um Ministério da Educação e Saúde Pública.

Durante o Estado Novo (1937-1945), um regime ditatorial, foi introduzido o ensino profissionalizante, com a criação de escolas técnicas, como o Serviço Nacional de Aprendizagem Industrial (Senai). Nessa época, as salas de aula ainda eram separadas por gênero e havia disciplinas específicas para as mulheres, como Economia Doméstica. Um dos objetivos da política educacional do país era "abrasileirar" imigrantes e seus descendentes, proibindo o ensino de língua estrangeira e a importação de livros didáticos e difundindo a língua portuguesa, a geografia e a história do Brasil, incluindo os elementos da arte popular e do folclore.

Alunas da Escola Estadual Professora Leonor Castellano, em Barracão (PR), participam do desfile cívico de 7 de setembro, na década de 1970. Durante o Estado Novo e na ditadura militar-civil, a disciplina de Educação Moral e Cívica fazia parte do currículo escolar com o objetivo de promover atividades cívicas fundamentadas na moral, no patriotismo e na família.

No regime militar (1964-1985), o caráter profissionalizante e tecnicista imposto à educação foi acentuado. O objetivo era formar um estudante que entrasse no mercado de trabalho qualificado como técnico, sem aumentar, assim, a demanda por vagas, que eram insuficientes, nas poucas universidades existentes no país. Os governos militares também criaram o Movimento Brasileiro de Alfabetização (Mobral) com o intuito, não alcançado, de eliminar o analfabetismo no Brasil.

Antes dos governos militares, nos anos 1950 e 1960, tiveram destaque movimentos por mudanças que traziam propostas inovadoras para a educação. Uma dessas propostas era a do educador pernambucano Paulo Freire (1921-1997), que teve de se exilar no Chile, pois, com o golpe civil-militar de 1964, esses movimentos foram considerados subversivos e proibidos. Só quando o regime militar acabou, uma nova Lei de Diretrizes e Bases começou a ser discutida e, finalmente, aprovada em 1996, estabelecendo ampla liberdade de ensino para professores e escolas. Darcy Ribeiro (1922-1997), outro importante intelectual brasileiro, foi um dos formuladores da atual Lei de Diretrizes e Bases.

João Pires/Estadão Conteúdo

Paulo Freire foi um dos mais destacados intelectuais brasileiros. Seus livros foram traduzidos para diversas línguas, influenciando o debate sobre o processo educativo em diferentes lugares. Em oposição à educação tradicional, sua pedagogia visa à formação de um indivíduo crítico sobre a realidade que o cerca.

Reprodução/Editora Paz e Terra

Capa do livro *Pedagogia do oprimido*, de Paulo Freire. O livro, escrito entre 1964 e 1968, tornou-se referência mundial no que se refere ao ensino e educação.

Os anos finais do século XX e iniciais do XXI foram marcados por tendências alinhadas à ideia de Estado mínimo no Brasil. Ao mesmo tempo, sistemas públicos de educação básica adotaram a aprovação automática como forma de combater a repetência e a promoção da "escola inclusiva", ou seja, a inclusão de alunos com deficiências e necessidades especiais de várias naturezas nas escolas regulares. Porém, nem sempre se verificou a reavaliação da concepção de ensino e aprendizagem para adequá-la a essa nova parcela da sociedade que conquistou o direito de frequentar a escola. O mesmo aconteceu com a formação e a valorização adequada de profissionais que poderiam contribuir para uma educação pública de qualidade, de acordo com o novo modelo.

No Ensino Superior, programas como o Programa Universidade para Todos (Prouni) e o Sistema de Seleção Unificada (Sisu) – criados em 2004 e 2009, respectivamente –, assim como a adoção de cotas sociais e raciais em algumas instituições, aumentaram muito o acesso nas últimas décadas. A criação de novas universidades federais também ampliou de forma significativa o número de vagas, promovendo a entrada de pessoas das camadas de baixa renda nas universidades públicas brasileiras. Ainda assim, nos últimos anos, a falta de investimento público tem provocado precarização do Ensino Superior.

Atualmente, o impacto da tecnologia e da internet está mudando a educação. Além de facilitar o acesso à pesquisa e à informação e de proporcionar mais recursos em salas de aula e laboratórios, diversas tecnologias, como hipermídias, possibilitam a educação a distância (EAD).

Existem diversos cursos ministrados a distância, desde níveis técnicos até pós-graduações. Durante a pandemia da covid-19, em 2020, redes de ensino tiveram de suspender as aulas presenciais e muitas delas utilizaram recursos de ensino a distância. Nesse período, pôde-se verificar de forma mais evidente que, no Brasil, apesar do avanço das tecnologias, o acesso a elas ainda ocorre de forma muito desigual, pois a utilização dessas ferramentas é comprometida pela situação socioeconômica das pessoas.

insta_photos/Shutterstock

A sala de aula virtual, que já vinha em crescimento na Educação a Distância (EAD), foi um importante recurso durante a pandemia da covid-19.

Nos valores sociais

A grande mudança que afetou a maior parte das sociedades durante o século XX e nos afeta no século XXI diz respeito ao papel notavelmente maior desempenhado pelas mulheres. A presença feminina no mercado de trabalho, contudo, não era uma novidade. Durante a Revolução Industrial, por exemplo, mulheres de classes sociais mais baixas já constituíam boa parte do operariado.

Bridgeman Images/Easypix Brasil

Passeata de mulheres em Nova York (Estados Unidos), em 1970. A segunda onda de feminismo se espalhou pelo mundo na década de 1960 e demandou igualdade entre os gêneros.

A novidade foi a entrada de mulheres das classes média e alta no mercado de trabalho, principalmente mulheres casadas que passaram a trabalhar fora de casa. Essa mudança, acompanhada da admissão cada vez maior de mulheres no Ensino Superior, foi o pano de fundo para o reflorescimento de movimentos feministas a partir da década de 1960.

Apesar das desigualdades, no geral, considera-se que a primeira onda de feminismo mundial ocorreu no final do século XIX e início do século XX; a segunda aconteceu na década de 1960 e começou nos Estados Unidos, espalhando-se rapidamente pelos países desenvolvidos do Ocidente e por países em desenvolvimento, em especial, entre as classes média e alta. Nas décadas seguintes, a consciência em prol da igualdade entre os gêneros se disseminou entre as classes menos favorecidas, de forma que as mulheres se tornaram uma força política consideravelmente importante, mais que o percebido na primeira onda feminista.

International Film Circuit/Music Box Films

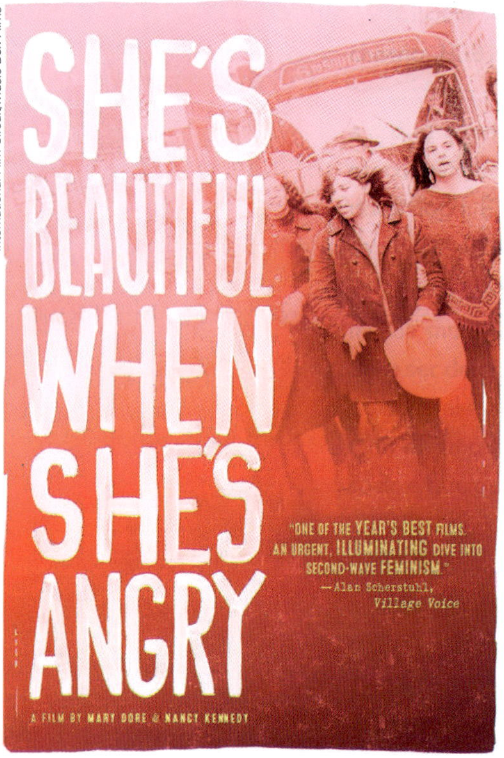

Foto da capa do documentário *She's beautiful when she's angry* [Ela fica linda quando está com raiva], que narra a história de mulheres que lutaram por direitos, nos Estados Unidos, entre os anos 1960 e 1970.

O mundo ocidental partilhava características comuns, como a predominância do casamento heterossexual monogâmico e patriarcal, no qual o marido era tido como superior à esposa, e os pais, superiores aos filhos. Contudo, na segunda metade do século XX, tais arranjos básicos e existentes há gerações começaram a mudar com grande rapidez. O número de separações e divórcios (quando passaram a ser legalizados) aumentaram consideravelmente. Cresceu também o número de pessoas que viviam só e os relacionamentos que não se enquadravam no padrão heterossexual.

Apesar de não serem poucas as exceções, em maior ou menor grau e velocidade, essas transformações ocorriam em boa parte do mundo. Os papéis e as expectativas sobre o gênero feminino mudaram consideravelmente e a demanda por liberdade e autonomia se tornou cada vez mais forte. As mulheres foram cruciais na revolução moral e cultural da década de 1960, mostrando que as configurações das famílias e das atividades domésticas se transformavam. O feminismo, com o tempo, passou a trazer questões que interessavam a todas, por exemplo, a demanda por licença-maternidade.

No Brasil, as mudanças sociais também estiveram fortemente relacionadas com os processos de urbanização e industrialização. A modernização da economia brasileira, principalmente a partir dos anos 1960, com a incorporação dos padrões de produção e consumo dos países desenvolvidos, e a crescente industrialização ampliaram a oferta de empregos nas cidades. A população acompanhou essa mudança.

Saiba+

She's beautiful when she's angry [Ela fica linda quando está com raiva]. Direção: Mary Dore. Estados Unidos, 2014. 1 h 32 min.

Documentário que apresenta a criação e a evolução do movimento feminista nos Estados Unidos nos anos 1960 e 1970.

Brasil: taxa de urbanização – 1940-2015

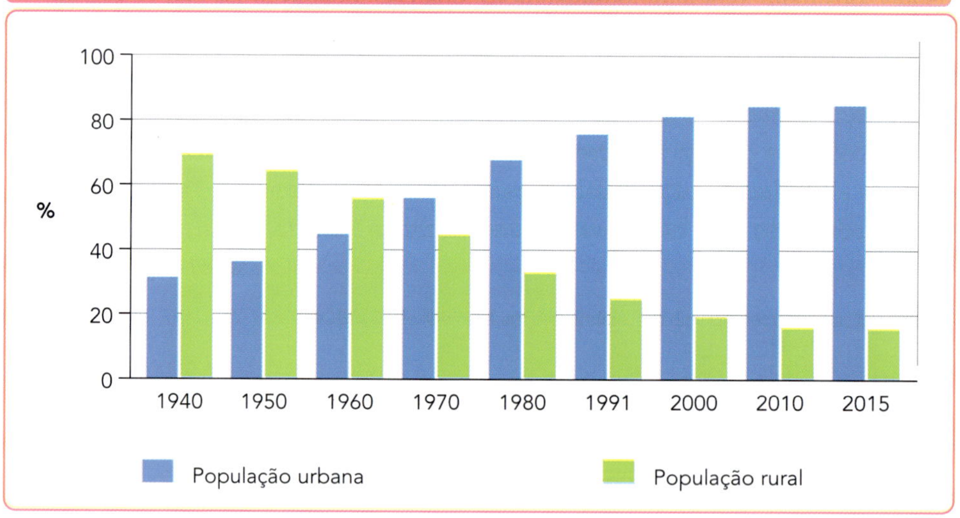

Fórmula Produções/Arquivo da editora

Fonte: elaborado com base em IBGE. *Séries históricas e estatísticas*. Taxa de urbanização, 1940-2010. Disponível em: https://seriesestatisticas.ibge.gov.br/series.aspx?no=10&op=0&vcodigo=POP122&t=taxa-urbanizacao; IBGE. *Pesquisa Nacional por Amostra de Domicílios*. 2015. Disponível em: www.ibge.gov.br/estatisticas-novoportal/sociais/populacao/9127-pesquisa-nacional-por-amostra-de-domicilios.html?=&t=o-que-e. Acesso em: 23 maio 2022.

A urbanização acelerada, os influxos externos de transformação dos costumes e o surgimento de um mercado de trabalho feminino para as camadas médias foram fatores importantes para o aparecimento de novos padrões de comportamento. Como ocorria em outras partes do mundo, também no Brasil os jovens ganhavam mais liberdade para se relacionar, iniciar sua vida sexual e escolher seus parceiros amorosos, as mulheres conquistavam certa autonomia e expunham suas insatisfações diante de uma dupla moral sexual, que admitia, por exemplo, o adultério masculino, mas não o feminino.

Outro abalo na estrutura patriarcal com relação à figura do "pai de família", mesmo nas classes média e alta, decorreu do fato de o homem ter deixado de ser o único provedor do lar após o ingresso das mulheres no mercado de trabalho. Esposa e filhos reivindicavam novos papéis sociais, chocando-se com as velhas tradições, ainda presentes e hegemônicas. Publicações como o *Jornal das Moças*, que circulou no Brasil entre 1914 e 1965, combatiam essas mudanças e se colocavam explicitamente a serviço dos "bons costumes" e da "família estável".

Em outras palavras, valorizavam uma moral tradicional, em que o pai era o chefe da família, a autoridade máxima diante da esposa e dos filhos. Voltadas para o público de classe média, tais publicações defendiam um modelo de mulher que se dedicava à casa, ao casamento e à maternidade.

Reprodução/Coleção particular

Capa da revista *Jornal das Moças*, de 1954.

A participação feminina no mercado de trabalho era vista como uma ameaça à ordem social e à harmonia familiar. Embora nem todas as publicações da época adotassem a mesma postura, era comum que a maioria apresentasse artigos e colunas com orientações práticas e conselhos para que as moças agissem no sentido de conquistar e manter um bom marido e ser uma boa esposa e mãe, como no trecho a seguir de uma coluna escrita por Helen Palmer, pseudônimo de Clarice Lispector (1920-1977):

> As mulheres têm muita influência sobre a vida do marido, especialmente, no setor de trabalho. Por trás de todo homem casado que trabalha, está a sombra da esposa. Esta poderá ajudá-lo a subir muito além dos outros, ou fará tanto peso para baixo que ele desistirá de lutar. Uma coisa é estimular pelo elogio e camaradagem, outra coisa é queixar-se todo dia de que ele não sobe na vida e ganha menos do que se gasta em casa. Isso pode arruinar a vida de um marido. Que deve você fazer para animar seu marido? Em primeiro lugar, mostrar-lhe por pequenas coisas que você tem confiança nele, que espera dele grandes coisas e que ele é seu herói. Faça a sua parte, limpando a casa, preparando pratos saborosos e educando as crianças. Ele se sentirá feliz num ambiente sossegado e poderá repousar melhor. No dia seguinte, estará apto para enfrentar novas lutas e poderá conseguir novas vitórias.

PALMER, Helen. A colaboração no lar. *Correio da Manhã*, Rio de Janeiro, 15 jan. 1960. 2º Caderno. p. 5.

Atividades

2. O que o texto revela sobre as relações entre moças e rapazes na época?

3. Nos dias atuais, o que mudou e o que permanece igual nessas relações? Explique sua resposta.

Diálogos

1. O Cinema Novo foi um movimento que marcou a produção cinematográfica brasileira propondo uma nova estética para retratar a realidade nacional. Esse movimento podia ser sintetizado pela frase: "Uma câmera na mão, uma ideia na cabeça".

Atualmente, jovens e adultos podem ter em suas mãos câmeras digitais ou celulares e podem produzir diferentes conteúdos, que, por sua vez, podem ser disponibilizados em diferentes plataformas.

Partindo dos seus conhecimentos sobre as mudanças e transformações nos costumes no mundo atual, elabore um texto justificando como o acesso a recursos digitais pode dar um novo sentido à frase que sintetiza a proposta do Cinema Novo.

View Apart/Shutterstock

As novas gerações são de nativos digitais, ou seja, pessoas que cresceram tendo as novas tecnologias à disposição.

2. Leia o trecho da canção e, a seguir, responda às questões.

Maria Bonita

Com o cangaço no meio do mundo
Uma Maria resolveu morar
Largou casa, família, costumes
Largou Santo e benção no altar
Largou renda por peso de ferro
Foi Maria pra depois Bonita
[...]
Não se deite na trilha dos gados
Não se deite no chão
Não se prenda na mesa
Não se prenda à avareza
Não pro mundo cão
Subverta o resto de tudo
Viva ou não por um triz
Com o punhal na mão
Malícia no coração
Seja mais que feliz

MARIA Bonita. Intérprete: MC Tha. *In*: RITO de Passá. São Paulo: Elemess, 2019.

Andy Santana/Futura Press

Thaís Dayane da Silva (1993-), a MC Tha. Cantora e compositora, seu trabalho tem influências de *funk*, *pop*, tropicalismo e tradição africana.

a) De que forma a letra da canção se relaciona com a questão da mulher no cenário de transformação dos costumes ao longo do século XX?

b) Como é possível estabelecer relação entre a pauta feminista na atualidade e a figura de Maria Bonita, que esteve ligada ao cangaço no início do século XX?

c) Na sua opinião, a imagem de Maria Bonita deveria ser reverenciada? Justifique sua resposta.

3. Ao longo do século XX, a educação e o processo de ensino e aprendizagem passaram por muitas transformações. Na primeira metade do século XXI, a pandemia de covid-19 forçou mais uma transformação no processo de ensino. As escolas, por força da realidade, passaram a ser mais digitais.

Em uma sociedade profundamente marcada por abismos sociais, como a brasileira, a digitalização do processo de ensino representa vantagens ou desvantagens? Justifique sua resposta.

Luciola Zvarick/Pulsar Imagens

Professor da rede pública em Carmo do Rio Claro (MG) orienta alunos em aula virtual durante a pandemia de covid-19, em 2020.

Nas linguagens

A linguagem é o mecanismo pelo qual transmitimos conceitos, ideias e sentimentos. Diferentes conjuntos de signos ou sinais são considerados formas de linguagem, como a pintura, a música e a dança. A língua é um dos instrumentos de comunicação possíveis dentro desse universo das linguagens. Ela se desenvolve em sociedade e pode se manifestar de forma oral ou gestual, como a Língua Brasileira de Sinais (Libras).

Vimos como as linguagens artísticas se modificaram do século XX ao XXI. Agora vamos abordar algumas transformações linguísticas ocorridas nesse mesmo período.

É importante considerar que a língua está em constante mutação. Ela é influenciada por vários aspectos, desde os sociopolíticos até a modificação natural que algumas palavras sofrem por seus falantes. A língua portuguesa usada no Brasil, por exemplo, tem sido transformada por diversos fatores, como os estrangeirismos, os neologismos e gírias, a influência da internet, a variação linguística e ainda os acordos ortográficos assinados entre países cujo idioma oficial é a língua portuguesa.

Estrangeirismo é o processo que introduz palavras oriundas de outros idiomas na língua portuguesa. Possui duas categorias. A primeira é o aportuguesamento, quando a grafia e a pronúncia da palavra são adaptadas para o português, como em "hambúrguer", que deriva do inglês *hamburger*. Na segunda categoria de estrangeirismo não há aportuguesamento, conserva-se a forma original da palavra, como em *mouse* (utilizada da mesma forma em inglês).

Palavras estrangeiras estão presentes no nosso cotidiano. Na imagem, uma propaganda de loja em São Paulo (SP), nos anos 1910, com o nome em francês (*Au bon Marché*).

As pessoas, em geral, estão tão acostumadas com a presença dos estrangeirismos na língua que, muitas vezes, desconhecem que uma série de palavras tem sua origem em outros idiomas. No Brasil, e mesmo no Ocidente, de forma geral, ao longo do século XX, cresceu consideravelmente a influência da língua inglesa. Se no século XIX o francês era a língua estrangeira que geralmente ocupava nossos currículos escolares, desde o século XX o inglês ocupou esse espaço.

Isso ocorreu, em grande parte, em razão da influência econômica e cultural dos Estados Unidos. A indústria cultural norte-americana foi uma das que mais prosperou. Hollywood até hoje leva a língua inglesa, através de filmes e séries, para todo o mundo. O mesmo ocorre com o mercado fonográfico. Desde a explosão do *rock and roll* nos anos 1950, consumimos tantas músicas em inglês que acabamos incorporando seu vocabulário. Outros produtos, serviços e até mesmo ações ligadas à cultura estadunidense contribuíram para a disseminação de palavras de origem inglesa, como *shopping*, *milkshake*, *designer*, *fitness*, *notebook*, *internet*, *e-mail*, *site*, *pendrive*, *drive thru*, *fast food*, *show*, *shampoo*, *delivery*, etc. Em geral, essas palavras ou expressões definem novidades ou têm origem em novas tecnologias, mas muitas delas são desnecessárias, pois já existem correspondentes em português, como é o caso de "entrega-se" e "entregamos em domicílio", que em muitos estabelecimentos comerciais vêm sendo substituídas por *delivery*, cuja tradução do inglês é exatamente "entrega".

Os **neologismos** são as criações de novas palavras. Elas podem ocorrer na própria língua do país. É o caso das palavras "presidenciável" e "carreata", por exemplo. Podem ocorrer também a partir de palavras estrangeiras, como "roqueiro" e "deletar". Esses termos surgem como um modo de suprir uma necessidade vocabular. Ou seja, transformações sociais e culturais criam a necessidade de expressar ações, estados e sentimentos para os quais algumas vezes ainda não existem palavras específicas.

No processo de criação de palavras novas, merecem destaque as **gírias**, que consistem no uso de palavras não convencionais para substituir expressões formais da língua. As gírias surgem geralmente em um determinado grupo, mas podem ser incorporadas à linguagem coloquial de outras camadas sociais. São palavras que se caracterizam por não permitirem a identificação do seu significado de maneira literal. Por essa razão, muitas vezes também não é possível traduzi-las para outra língua de modo literal.

As gírias se originam de acordo com a cultura de uma determinada época e lugar ou região, algumas permanecem por mais tempo, outras são esquecidas. Nem sempre é possível recuperar seu significado original. Por exemplo, a expressão "sebo nas canelas" era usada nos anos 1960 para dizer que uma pessoa teria de correr, se apressar. Sua tenebrosa origem remete a décadas anteriores, quando eram realizadas corridas de crianças no Ceará. Para essas corridas, o sebo de carneiro, passado nas pernas das crianças, esquentando e ardendo a pele, fazia com que corressem mais rápido para que o vento aliviasse o ardor.

Como na década de 1960 os jovens adquiriram maior liberdade para escolher seus pares amorosos, tornaram-se mais comuns os locais e as situações de paquera e as gírias utilizadas nesse sentido também. Por exemplo: "boa pinta" e "broto" eram expressões usadas para dizer que a pessoa era bonita; ter "borogodó" significava ter charme; "dar tábua" era se recusar a dançar; "papo furado" era a conversa que não seguia adiante ou que envolvia alguma promessa que não se cumpria.

Atualmente a **internet** exerce grande influência na linguagem, principalmente dos jovens. O "internetês" foi o neologismo criado para se referir às simplificações informais da escrita que procuram trazer maior rapidez para a comunicação virtual. Consiste em uma codificação que utiliza caracteres alfanuméricos (**emoticons**) e a redução de letras das palavras. Por exemplo: tb = também; sdd = saudade; kd = cadê; flw = falou. Símbolos também são usados para expressar sentimento, como :) para felicidade e :(para tristeza.

Muitos criticam essas novas formas de escrita adotadas pelos jovens, afirmando que prejudicam o uso da norma-padrão da língua. No entanto, é necessário considerar que as abreviações não nasceram com a internet. O "vc" que vemos hoje, por exemplo, é uma abreviação do "você", que já foi "vossa mercê" no século XIX. Ou seja, a língua se adapta ao estilo de vida das pessoas que a utilizam, ainda que as variantes formais e informais sejam utilizadas em grupos e espaços diferentes.

BB Seguros/Banco do Brasil

O uso de gírias também está presente no nosso dia a dia, como na imagem de uma campanha publicitária de um banco que usa gírias regionais relacionadas a dinheiro.

As **variações linguísticas** reúnem as variantes da língua que são reinventadas a cada dia. Elas envolvem diversos aspectos históricos, sociais, culturais, geográficos, entre outros.

Assim, há a variação geográfica, relacionada com o local ou a região em que é desenvolvida, chamada também de regionalismo. Por exemplo, o termo "mandioca" designa em São Paulo e Minas Gerais o mesmo alimento chamado de "macaxeira" no Nordeste e de "aipim" no Rio de Janeiro, entre outros nomes menos conhecidos utilizados no país.

A variação histórica ou diacrônica ocorre com o desenvolvimento da história, tal como o português medieval e o atual. O quadrinho abaixo apresenta um exemplo dessa variação:

Fabio Coala/Acervo do cartunista

COALA, Fábio. Evolução da língua. *Mentirinhas*, 14 fev. 2010. Disponível em: https://mentirinhas.com.br/mentirinhas-6. Acesso em: 8 mar. 2022.

Na tirinha, a mudança do vocabulário entre os jovens, característica da variação histórica, é acompanhada por uma mudança de comportamento.

A palavra "galanteio" significa elogio, aproximação com intenção de ter uma conversa amorosa com alguém. Além das palavras usadas na paquera, percebemos uma mudança de atitude, principalmente nas personagens caracterizadas como femininas que conquistaram maior liberdade para se expressar e agir nos relacionamentos ao longo do tempo.

Diastrática: aquilo que se distribui ou se diferencia de acordo com estratos ou escalas de estrutura social.
Diafásica: que se distribui ou se diferencia de acordo com o estilo de expressão ou situação de comunicação.

A variação social ou **diastrática** ocorre de acordo com o grupo ou classe social envolvido. Aqui se enquadram os jargões e a linguagem técnica de algumas áreas profissionais, como os profissionais da medicina, advocacia, informática, etc. Também engloba as gírias específicas de cantores de *rap*, *funk*, surfistas, entre outros.

Por fim, a variação situacional ou **diafásica** ocorre de acordo com o contexto, por exemplo, situações formais e informais.

Portanto, podemos concluir que as sociedades convivem com variedades linguísticas diferentes, usadas por diferentes grupos sociais, com diferentes acessos à educação formal, e essas diferenças surgem ainda mais na língua falada que na língua escrita.

Pessoas de um mesmo grupo social podem se expressar de forma diferente de acordo com as situações, sejam formais, sejam informais. Há falares característicos para grupos específicos, como profissionais de uma mesma área, jovens, grupos marginalizados e outros.

Da ditadura à democracia: a atuação dos intelectuais e dos jovens

Os anos rebeldes da década de 1960

Na segunda metade do século XX, houve o avanço de uma cultura juvenil significativamente forte, que passou a se reconhecer como agente social independente. Esse fato apontou uma mudança na relação entre as gerações, sobretudo nos países desenvolvidos e, num segundo momento, nas classes alta e média urbanas de países em desenvolvimento.

Essa juventude do pós-guerra foi simbolizada, em especial nos Estados Unidos, pela figura do personagem que vive intensamente e morre jovem, consagrada nos anos 1950 pelo astro de cinema James Dean (1931-1955) e depois nos anos 1960 por ícones da música, como Janis Joplin (1943-1970), Jimi Hendrix (1942-1970) e Jim Morrison (1943-1971).

A contestação era sua principal marca. Para os rapazes e as moças criados em uma era de pleno emprego, era muito difícil compreender a experiência dos pais após a crise de 1929, pois, para eles, o emprego era algo que se podia conseguir ou abandonar a qualquer momento, o que era inconcebível para a geração anterior, que taxava os jovens de rebeldes sem causa, associando-os à **contracultura**.

Contracultura: movimento de rebeldia e insatisfação que rompeu com comportamentos da cultura dominante (daí seu nome), posicionando-se contra valores disseminados pela indústria e pelo mercado cultural e contra valores ocidentais tradicionais, como o casamento e a aceitação social de algumas drogas e a proibição de outras.

Na costa oeste dos Estados Unidos, surgiu o movimento hippie, formado por jovens que pregavam o pacifismo, o amor livre e a liberdade sexual, o respeito à natureza e uma vida mais simples, em oposição ao consumismo, caracterizando-se também por uma estética psicodélica.

As mudanças ocorreram também no vestuário. Até então, mesmo crianças e adolescentes usavam calça e camisa social. Agora surgiam as calças jeans, desbotadas e rasgadas, que se tornaram um símbolo de contestação, as roupas coloridas e com inspirações étnicas e as minissaias.

Sam Hammat/The Boston Globe/Getty Images

Leif Skoogfors/CORBIS/Corbis/Getty Images

À esquerda, manifestantes em passeata contra a Guerra do Vietnã (1955-1975), em Boston (Estados Unidos), 1965. À direita, a cantora Joan Baez (1941-) apresenta-se em Nova York (Estados Unidos), 1975, em comemoração pelo fim daquela guerra. Desde o final da Segunda Guerra Mundial (1939-1945), tornou-se evidente para a nova geração que o mundo era governado por homens bem mais velhos que a maior parte da população adulta. Essa nova geração passou a questionar por que, enquanto os mais velhos faziam política, os jovens tinham de lutar e perder a vida em conflitos armados. Contra a Guerra do Vietnã lançaram as palavras de ordem "Faça amor, não faça guerra".

Saiba+

***Woodstock: 3 dias de paz, amor e música*.** Direção: Michael Wadleigh. Estados Unidos, 1970. 3 h 05 min.

Documentário sobre Woodstock, festival de música realizado nos Estados Unidos em 1969, que se tornou um marco da contracultura.

A puberdade e as mudanças da adolescência

A puberdade abrange um amplo conjunto de mudanças corporais, emocionais e comportamentais que ocorrem durante a adolescência, na transição entre a infância e a idade adulta. Nessa fase, o corpo humano adquire maturidade sexual, ou seja, o indivíduo torna-se capaz de se reproduzir. Também surgem questionamentos e conflitos pessoais.

As principais alterações ocorridas no corpo são: aceleração do crescimento ósseo linear; desenvolvimento das características sexuais secundárias (pelos faciais e pubianos, modificação da voz, desenvolvimento dos seios); intensificação da atividade hormonal; amadurecimento dos testículos e ovários; aquisição da capacidade de reprodução.

O trecho a seguir, do texto "Como funciona o cérebro do adolescente", explica mais sobre tais mudanças:

> [...]
>
> Há outro dado nesse complexo processo: a maturação do cérebro não se dá de maneira homogênea, mas em ritmos diferentes em cada região. As novas tecnologias de imagem mostram que a última parte do cérebro a amadurecer – o córtex pré-frontal – é justamente a região onde se processam comportamentos tipicamente de adultos, como capacidade de planejamento, concentração, inibição de impulsos e empatia. Ao mesmo tempo que o corte do excesso de sinapses aperfeiçoa o funcionamento dessa importante área, as novas e melhoradas fibras com mielina permitem que diferentes partes dentro do pré-frontal se comuniquem melhor.
>
> "Essa integração resulta em um aperfeiçoamento da linguagem e da coordenação motora, por exemplo", diz Herculano-Houzel. "Não por acaso, pacientes adultos que sofreram lesões no córtex apresentam comportamentos típicos de adolescentes", completa.
>
> Com o amadurecimento do córtex pré-frontal, o adolescente vai se aproximando do mundo adulto, embora de maneira não muito suave. "Nessa fase, começam a se desenvolver o comportamento autorreflexivo, a autorregulação e o raciocínio, levando a uma maior consciência crítica de si e dos outros", diz Berlim de Mello. "Por isso, eles tendem a ver incongruências no mundo dos adultos. Ao contrário da criança, que tende a ser alegre, o adolescente é mais irritadiço e nega ou questiona o que vem antes dele." Como o cérebro ainda está se consolidando, as oscilações de humor são comuns, assim como o comportamento reativo.
>
> "Eles começam a olhar o mundo de forma mais profunda, mas o lado emocional não está totalmente amadurecido. Daí surgem embates com os adultos e com a família", explica a neuropsicóloga. "Além disso, eles são mais impulsivos, reativos e intensos. Percebem as incongruências, mas não sabem como lidar com elas."
>
> Se, por um lado, a maturidade emocional do adolescente oscila, é nessa fase também que ele passa a possuir ferramentas que o preparam para a vida adulta. Surge a capacidade de tomar decisões, julgar e planejar. No córtex pré-frontal, uma região chamada córtex orbitofrontal (localizada atrás dos olhos) é a última a amadurecer e promove as capacidades de usar emoções para nortear decisões e de criar empatia pelos outros – características fundamentais da vida adulta.
>
> [...]

STAM, Gilberto. Como funciona o cérebro do adolescente. *Revista Educação*, 17 nov. 2016. Disponível em: https://revistaeducacao.com.br/2016/11/17/como-funciona-o-cerebro-do-adolescente/. Acesso em: 8 mar. 2022.

1. Qual é a relação entre puberdade e adolescência?

2. Com base na leitura do texto, quais são as possíveis relações entre as transformações biológicas e o comportamento dos adolescentes?

3. Quais capacidades surgidas na adolescência preparam para a vida adulta?

O maio de 1968 na França

Em maio de 1968, explodiu a maior revolta estudantil da década na França. Vários fatores contribuíram para essa insurreição: desde a década de 1950, repercutia no país a luta pela descolonização e independência de países africanos que estavam sob domínio de nações europeias; o desemprego crescia; havia insatisfação com a Guerra do Vietnã, então em sua fase mais violenta. Ademais, protestos de universitários e grupos políticos em todo o mundo começaram a questionar a ocupação do Vietnã pelos Estados Unidos.

Outros eventos que refletiram nos movimentos estudantis franceses foram o assassinato de Martin Luther King Jr. (1929-1968), líder da luta pelos direitos civis dos negros nos Estados Unidos, e os acontecimentos da **Primavera de Praga**.

Os estudantes franceses, que já se encontravam em um estado de efervescência, ficaram ainda mais mobilizados contra as reformas propostas pelo governo para o sistema educacional do país, que aumentava consideravelmente o ingresso de universitários em um sistema que não estava preparado física, organizacional e intelectualmente para receber um influxo tão grande.

Primavera de Praga: série de reformas empreendidas na então Tchecoslováquia (esse país, pertencente ao bloco socialista, dividiu-se em República Tcheca e Eslováquia em 1993) que ampliava os direitos civis e as liberdades individuais e rompia com o autoritarismo imposto pela União Soviética. As mudanças eram defendidas por diversas parcelas da população, especialmente os jovens. Porém, o governo da União Soviética ordenou a invasão de Praga, a capital do país, e a destituição do governo de Alexander Dubcek (1921-1992), o que incitou ainda mais o movimento dos estudantes em Praga e em outros países em apoio a eles.

Hulton-Deutsch Collection/Corbis/Getty Images

Policial lança bomba de gás para dispersar a multidão em Paris (França), maio de 1968. A revolta estudantil francesa demonstrava a profunda insatisfação com a falta de liberdade e perspectivas.

Em uma visão mais ampla, as manifestações estudantis na França aconteciam esporadicamente desde 1966. O sociólogo Michel Thiollent (1947-), que na época era estudante e participou do movimento, resume as razões da insatisfação estudantil no período:

> [...]
>
> De modo geral, entre os principais temas de contestação universitária, destacam-se: a recusa do caráter classista da universidade; a denúncia da falsa neutralidade e da falsa objetividade do saber; a denúncia da parcelização e tecnocratização do saber; a contestação dos cursos *ex cathedra*; a denúncia dos professores conservadores ligados à política do governo; o questionamento do lugar que, na divisão capitalista do trabalho, os diplomados irão ocupar; a denúncia da escassez de possibilidade de empregos qualificados (problemas dos "*débouchés*"). [...]

THIOLLENT, Michel. Maio de 1968 em Paris: testemunho de um estudante. *Tempo Social (Rev. Sociol. USP)*, São Paulo, v. 10, n. 2, p. 63-100, out. 1998. p. 70. Disponível em: https://www.scielo.br/j/ts/a/444DQVn33fzbR57dbgDDWWy/?format=pdf&lang=pt. Acesso em: 2 fev. 2022.

O início das manifestações se deu na Universidade Paris X Nanterre (atualmente Universidade Paris Nanterre, uma das treze resultantes da divisão, ocorrida em 1971, da antiga Universidade de Paris), quando estudantes ocuparam a instituição em retaliação à punição de colegas que protestavam contra a Guerra do Vietnã. Em 2 de maio, ocorreu um confronto violento com a polícia, e os estudantes que participavam foram ameaçados de expulsão pela administração da universidade.

Diante da violência e da repressão policial, os protestos espalharam-se por outras universidades, chegando à Sorbonne, unidade mais importante da antiga Universidade de Paris. As ruas da capital francesa foram tomadas por barricadas, e o número de presos e feridos aumentou. Segundo Michel Thiollent, os policiais incendiavam carros para que a opinião pública ficasse contra os estudantes, que respondiam lançando paralelepípedos. O movimento ganhou o apoio dos trabalhadores que, por sua vez, aproveitaram para reivindicar melhorias em suas condições de trabalho. Convocados pelos sindicatos, eles iniciaram uma greve geral que, segundo estimativas, mobilizou cerca de 10 milhões de trabalhadores franceses.

KEYSTONE-FRANCE/Gamma-Rapho/Getty Images

Estudantes ocupam a Universidade de Sorbonne, em Paris, maio de 1968.

michaket/Shutterstock

Representação da frase "É proibido proibir" que foi escrita em pichação, em Paris. A frase também se tornou um lema famoso entre a juventude do Brasil nos anos 1960, após Caetano Veloso lançar uma música com os mesmos dizeres.

O governo do general Charles de Gaulle (1890-1970) recorreu às Forças Armadas para acabar com os protestos dos estudantes e concedeu aumento salarial aos operários, que terminaram a greve. Sem o apoio dos trabalhadores, os estudantes ficaram enfraquecidos. A população se dividia: uns eram a favor das reivindicações; outros clamavam pela volta da "ordem".

Mesmo após seu fim, o movimento continuou provocando uma grande revisão de valores pela geração dos anos 1960. Os questionamentos morais e políticos dos jovens ganharam visibilidade e serviram de incentivo para vários movimentos sociais no mundo que defendiam as liberdades civis e democráticas, a liberdade sexual, a luta feminista, a igualdade entre negros e brancos, o consumo consciente, os direitos dos imigrantes e outras minorias.

Saiba+

1968, quando a Terra tremeu. Roberto Sander. Vestígio, 2018.

1968, o ano que não terminou. Zuenir Ventura. Objetiva, 2018.

Essas obras trazem um painel do emblemático ano de 1968. Enquanto o livro de Roberto Sander apresenta um panorama, mês a mês, dos principais acontecimentos no mundo, o de Zuenir Ventura faz uma análise dos eventos e das consequências do turbulento ano no Brasil e no mundo.

Atividade

1. Em sua ocupação da Universidade de Sorbonne, os estudantes pregaram frases nas paredes, entre elas: "Sejam realistas: façam o impossível"; "As paredes têm ouvidos"; "Seus ouvidos têm paredes".

Discutam tais frases, no contexto de 1968, e relacionem com outras frases de movimentos recentes que vocês viram ou conheceram mais de perto.

Movimento estudantil no Brasil

O movimento estudantil brasileiro já tinha uma atuação destacada na década de 1960, principalmente pela articulação da União Nacional dos Estudantes (UNE), que se tornou um dos primeiros alvos dos governos militares, quando tomaram o poder em 1964, pois consideravam o movimento subversivo.

No mesmo ano, a **Lei Suplicy** estabeleceu uma "contraofensiva preventiva", para controlar as entidades estudantis, subordinando-as à regulamentação do Estado e ao controle direto do Ministério da Educação.

Lei Suplicy: patrocinada pelo então ministro da Educação Flávio Suplicy de Lacerda (1903-1983), essa lei vetava ações, manifestações ou propagandas de caráter político-partidário por parte das entidades estudantis, que também ficavam proibidas de incitar, promover e apoiar ausências coletivas às aulas.

Com a queda dos investimentos do governo federal na educação, os estudantes se manifestaram e foram duramente reprimidos. Assim, a luta contra a repressão policial se tornou o aspecto central das manifestações universitárias dos anos seguintes. O movimento estudantil constituiu-se em um importante foco de resistência e mobilização social à ditadura civil-militar. Suas reivindicações e manifestações influenciaram os rumos da política.

Os estudantes continuavam protestando por causas específicas, como a ampliação de vagas nas universidades públicas, melhores condições de ensino e contra a privatização. Também se engajaram na defesa das liberdades democráticas e na luta por justiça social, contando com o apoio de alguns grupos políticos, como a Ação Popular (AP), e de dissidências comunistas, como o Partido Comunista do Brasil (PCdoB), a Aliança Libertadora Nacional (ALN), o Movimento Revolucionário Oito de Outubro (MR-8), a Dissidência Comunista da Guanabara (DIGB) e a Dissidência Universitária de São Paulo (DISP).

Em março de 1968, o estudante secundarista Edson Luís de Lima Souto (1950-1968) foi morto pela polícia militar no Rio de Janeiro (RJ). Edson jantava no Restaurante Central dos Estudantes, conhecido como Calabouço, onde os estudantes planejavam realizar um protesto contra a alta do preço da comida. Alegando que eles iriam atacar a Embaixada dos Estados Unidos, os policiais invadiram o restaurante e o mataram à queima-roupa.

Reprodução/Arquivo Nacional/Correio da Manhã

Caixão de Edson Luís de Lima Souto sendo carregado em passeata em sua homenagem. O corpo do estudante foi levado até as escadarias da Assembleia Legislativa do Rio de Janeiro (RJ), onde foi velado. No dia seguinte, mais de 50 mil pessoas participaram do cortejo até o Cemitério São João Batista. Os manifestantes colaram cartazes por toda a cidade onde se lia: "Mataram um estudante. E se fosse seu filho?", "Bala mata fome?" e "Os velhos no poder, os jovens no caixão".

Evandro Teixeira/CPDOC JB/AJB

Passeata dos 100 mil, no Rio de Janeiro (RJ), em 26 de junho de 1968.

Sua morte marcou o início de intensas mobilizações. A UNE decretou greve geral, entidades estudantis de vários estados, sindicalistas, artistas, religiosos e intelectuais solidarizaram-se com o ato. No dia 21 de junho, os estudantes marcaram uma manifestação em frente à sede do *Jornal do Brasil*. A polícia dispersou o movimento com gás lacrimogêneo, balas, cassetetes, deixando um saldo de três mortos e mais de mil prisões.

Como resposta, no dia 26 de junho ocorreu um novo ato. Diante da pressão popular, o governo aprovou esse ato. As ruas da Cinelândia, no centro do Rio de Janeiro, foram tomadas por estudantes, artistas, políticos, ativistas e trabalhadores, na manifestação que ficou conhecida como Passeata dos 100 mil.

O fotógrafo Evandro Teixeira (1935-), então funcionário do *Jornal do Brasil*, fez, entre outras, a fotografia acima, que foi considerada a imagem definitiva da passeata. A multidão preenchia todo o espaço. No canto superior esquerdo da imagem, a faixa com os dizeres "Abaixo a ditadura. Povo no poder", que deixava clara a mensagem de oposição ao regime militar.

Sob o impacto das imagens, o poeta Carlos Drummond de Andrade (1902-1987) escreveu o poema "Diante das fotos de Evandro Teixeira", publicado no livro *Amar se aprende amando*. Leia os trechos a seguir.

[...]
Das lutas de rua no Rio em 68, que nos resta,
mais positivo, mais queimante
do que as fotos acusadoras,
tão vivas hoje como então,
a lembrar como exorcizar?
[...]
Fotografia: arma de amor,
de justiça e conhecimento,
pelas sete partes do mundo,
viajas, surpreendes, testemunhas
a tormentosa vida do homem
e a esperança de brotar das cinzas.

ANDRADE, Carlos Drummond de. Diante das fotos de Evandro Teixeira. *In: Amar se aprende amando*: poesia de convívio e de humor. São Paulo: Companhia das Letras, 2018. p. 52.

Atividades

2. Qual é a importância da fotografia de Evandro Teixeira ressaltando o poema de Carlos Drummond de Andrade?

3. Qual é a esperança representada pela imagem e retomada no poema?

Ainda naquele ano, em 2 de outubro, um conflito entre estudantes da Faculdade de Filosofia, Ciências e Letras da Universidade de São Paulo (FFCL-USP), que lutavam contra a ditadura, e da Universidade Presbiteriana Mackenzie, conhecida por ter alunos membros do Comando de Caça aos Comunistas (CCC) e apoiadores do regime militar, marcou a radicalização política do momento. A Batalha da Maria Antônia, como ficou conhecida, começou na rua Maria Antônia, no bairro de Higienópolis, em São Paulo (SP), e durou 22 horas. Durante o confronto, um secundarista foi assassinado com um tiro na cabeça por um membro do CCC.

No mesmo mês, durante a realização do XXX Congresso da UNE, em Ibiúna, interior de São Paulo, mais de 900 estudantes foram presos, entre eles as principais lideranças estudantis do país, como Luís Travassos, da UNE, Vladimir Palmeira e Franklin Martins, da União Metropolitana dos Estudantes (UME), e José Dirceu, da União Estadual dos Estudantes (UEE), prisões essas que abalaram o movimento estudantil.

Como resposta à mobilização política de parte da população que se manifestava contra a ditadura, foi promulgado o Ato Institucional nº 5 (AI-5), em dezembro de 1968, que intensificava a repressão por parte do regime, mergulhando o Brasil na fase mais dura de perseguições e torturas. Por essa razão, a nova geração de estudantes teve mais dificuldade para reorganizar o movimento. Só em 1979, o Congresso de reconstrução da UNE, em Salvador (BA), reivindicou mais recursos para as universidades, a defesa do ensino público e gratuito e a libertação de estudantes presos.

O movimento estudantil voltou às ruas para defender a consolidação da democracia e, em 1984, os estudantes participaram ativamente da campanha das Diretas Já, com manifestações e intervenções importantes nos comícios populares, que reuniram milhões de pessoas em todo o Brasil.

Fernando Santos/Folhapress

Comício realizado em 25 de janeiro de 1984, na Praça da Sé, no centro de São Paulo (SP), com cerca de 300 mil pessoas. O maior ato da campanha das Diretas Já reuniu cerca de 1,5 milhão de pessoas no vale do Anhangabaú, também em São Paulo, em 16 de abril de 1984.

Saiba+

***Cultura brasileira:* utopia e massificação (1950-1980)**. Marcos Napolitano. Contexto, 2006.

O livro apresenta um retrato amplo e detalhado da cultura brasileira, mapeando os vários caminhos pelos quais transitou a vida cultural em nosso país entre 1950 e 1980. Aborda, entre outros assuntos, o processo de socialização e massificação da cultura, a arte como meio de representação das aspirações da sociedade e a cultura usada como elemento de apoio ou de crítica ao regime militar.

***No Laboratório das Palavras:* histórias da Pontifícia Universidade Católica de São Paulo**. Coletânea de documentos (1979-1985). Luciara Frota; Yvone Avelino; Edgar Gomes; Carlos Lopes (orgs.). Socer, 2015.

Esse e-book é um primoroso documento histórico no qual estão presentes as narrativas que se desenvolveram na instituição no contexto da ditadura civil-militar. Os testemunhos apontam para tramas políticas, sociais e religiosas que compreendem a construção da identidade de uma geração de alunos e professores.

Mundo recente e os modos de ser e viver das culturas juvenis

Carles Feixa Pampols (1962-), professor de Antropologia social da Universidade Pompeu Fabra, em Barcelona (Espanha), entende o conceito de culturas juvenis como um conjunto de formas de vida e valores característicos e distintos de determinados grupos de jovens. Ele se refere à maneira como jovens expressam suas experiências de forma coletiva, mediante a produção de distintos estilos de vida que perpassam seu tempo livre e sua convivência na família, na escola, na igreja, entre outras instituições.

As práticas das culturas juvenis são construídas com base em determinadas contingências históricas, econômicas e sociais. Assim, os jovens das classes sociais alta e média, por exemplo, geralmente têm mais oportunidade de estudar e adiar seu ingresso na vida adulta, evitando as responsabilidades decorrentes. Os jovens das classes sociais mais baixas, por outro lado, muitas vezes necessitam ingressar cedo no mundo do trabalho, antecipando uma série de responsabilidades profissionais e familiares. À medida que se constroem, essas culturas juvenis produzem mudanças significativas nos sujeitos e nas próprias instituições responsáveis por sua formação. Isso significa que não se deve falar em juventude, mas em juventudes, porque as realidades são diversas.

Roberto Candia/AP Photo/Imageplus

Fabiola Pilquil, estudante do Ensino Médio no Chile, em uma sala de aula durante greve de fome feita pelos estudantes chilenos em 2011. As manifestações estudantis de 2011 no Chile visavam mudanças na Constituição chilena e na implementação da educação gratuita para todos os cidadãos.

Mauricio Simonetti/Pulsar Imagens

Estudantes em uma das 213 escolas públicas de São Paulo, em 2015. Os estudantes ocuparam escolas por três meses para protestar contra a reorganização do ensino público no estado, o que afetaria boa parcela dessa população.

Combate à intolerância, ao preconceito e à discriminação

Em plena revolução digital e com o advento das redes sociais, há quem diga que as juventudes contemporâneas são alienadas e desinteressadas de questões políticas e sociais. Porém, muitos jovens estão engajados em movimentos sociais, incluindo aqueles que lutam contra manifestações de intolerância e preconceito. Nos últimos anos, tornou-se recorrente sua participação, por exemplo, nos movimentos negros e feministas.

As juventudes do século XXI são marcadas pela diversidade. Entretanto, ainda precisam lidar com a intolerância, o preconceito e a discriminação, que podem se manifestar contra características de raça, etnia, religião, orientação sexual, posicionamento político, faixa etária, entre outros. Muitas vezes, essas manifestações são violentas, com agressões físicas, verbais ou psicológicas.

A **intolerância** é caracterizada pela falta de habilidade e/ou vontade de reconhecer e respeitar diferenças, crenças e opiniões. Ela faz com que o diferente seja visto como uma ameaça e tem como consequência comum o isolamento de indivíduos ou grupos. Exemplo disso é a exclusão social de minorias, como indígenas, imigrantes e refugiados. O **preconceito** é um prejulgamento, uma concepção preconcebida, sem fundamentação, que surge de crenças e superstições que, por vezes, sustentam ódio ou repúdio a determinado grupo. A **discriminação** é a maneira como o preconceito é manifestado. É percebida no tratamento injusto ou negativo que uma pessoa recebe por pertencer a determinado grupo (como etnia, faixa etária, condição socioeconômica ou gênero).

AFP PHOTO/EVARISTO SA/AFP

Jovens na Marcha das Mulheres Negras, em Brasília (DF), em 2015. No século XXI, os jovens continuam presentes nos movimentos sociais, como nos movimentos feministas e antirracistas.

Discutir temas relacionados às formas de discriminação mais comuns (racismo, machismo, LGBTfobia, etc.) é uma maneira de lidar com esses problemas, que devem ser combatidos em prol de uma convivência saudável. O estudo e o conhecimento ajudam a desfazer mentiras e ideias preconcebidas que, em geral, são as bases de pensamentos preconceituosos e intolerantes. Além disso, o debate permite a conscientização por meio do diálogo. É ouvindo o outro que podemos conhecê-lo, desconstruir opiniões preconcebidas e entender como cada um pensa e se sente.

Devemos ter em mente que as pessoas são livres para emitir opiniões. Hoje em dia, fala-se muito em liberdade de expressão, que, de fato, é um direito fundamental que deve ser defendido e preservado para que a democracia exista. No entanto, existem grupos que alegam que o direito à liberdade de expressão lhes autoriza a dizer o que querem, mesmo que isso caracterize calúnia, difamação ou injúria a outros grupos ou pessoas, e que o impedimento a tais opiniões é censura.

Entretanto, censura é bem diferente de responsabilização. A postura crítica e questionadora deve ser valorizada, mas não se pode confundir liberdade de expressão com manifestações discriminatórias. Ou seja, em um ambiente democrático, as pessoas podem proferir ideias e pontos de vista, desde que não ofendam nem discriminem ninguém. E, caso isso aconteça, devem ser responsabilizadas judicialmente por isso.

O filósofo político Norberto Bobbio (1909-2004) discutiu essa questão:

> Na maioria das situações em que está em causa um direito do homem, ao contrário, ocorre que dois direitos igualmente fundamentais se enfrentem, e não se pode proteger incondicionalmente um deles sem tornar o outro inoperante. Basta pensar, para ficarmos num exemplo, no direito à liberdade de expressão, por um lado, e no direito de não ser enganado, excitado, escandalizado, injuriado, difamado, vilipendiado, por outro. Nesses casos, que são a maioria, deve-se falar de direitos fundamentais não absolutos, mas relativos, no sentido de que a tutela deles encontra, em certo ponto, um limite insuperável na tutela de um direito igualmente fundamental, mas concorrente. E, dado que é sempre uma questão de opinião estabelecer qual o ponto em que um termina e o outro começa, a delimitação do âmbito de um direito fundamental do homem é extremamente variável e não pode ser estabelecida de uma vez por todas.

BOBBIO, Norberto. *A era dos direitos*. Rio de Janeiro: Campus, 1992. p. 24.

Atividade

1. Com base no texto de Bobbio e no que foi estudado até aqui, comente:

a) O significado do dito popular "Seu direito termina quando começa o do outro".

b) A diferença entre censura e responsabilização.

Saiba+

O preço da vergonha. Monica Lewinsky. TED Talks. Disponível em: https://www.ted.com/talks/monica_lewinsky_the_price_of_shame?language=pt. Acesso em: 23 maio 2022.

Nessa palestra gravada em 2015, Monica Lewinsky (1973-) fala sobre como a falta de responsabilização ao se extrapolar os limites da liberdade de expressão pode levar ao *bullying*, muitas vezes com consequências fatais.

Prática de virtudes: respeito, empatia, solidariedade, coragem e perseverança

A intolerância, o preconceito e a discriminação devem ser combatidos com respeito, empatia, solidariedade, coragem e perseverança.

A palavra **respeito** vem do latim *respectus*, particípio passado de *respicere*, que significa "olhar outra vez" (*re* = "de novo"; *specere* = "olhar"), valorizar e/ou reconhecer algo ou alguém, demonstrando uma atitude positiva por meio de falas e condutas que expressem a estima em relação a uma pessoa ou coisa. Respeitar uma pessoa não significa concordar com tudo o que ela diz ou faz. Significa não a discriminar nem a ofender por suas características ou por suas escolhas e formas de viver, desde que estas não causem dano aos outros.

Para respeitar qualquer pessoa, devemos sobretudo ouvi-la sem preconceitos, buscando compreender e lidar com posturas e pensamentos diferentes do nosso, praticando **empatia**, que é justamente o exercício de se colocar no lugar do outro e tentar ver um fato ou uma situação da perspectiva dessa pessoa.

Cada um tem suas experiências e trajetórias, e podemos aprender com essas diferenças. Para desenvolver uma conversa empática com alguém, é preciso ouvir com atenção e interesse, sem fazer julgamentos de acordo com nossos valores pessoais. O objetivo é criar sintonia com o outro e manifestar vontade genuína de compreendê-lo.

Recentemente, em especial nas redes sociais, tem se usado muito a expressão "mimimi" para se referir a pessoas que expõem seus pontos de vista sobre determinados assuntos e são acusadas de estarem se vitimizando. Ao exercer a empatia, é fundamental não diminuir a dor do outro, pois cada indivíduo vivencia experiências de maneiras diferentes, e o que pode parecer fácil para alguém pode ser muito difícil para outrem.

Jorge Dan Lopez Reuters/Fotoarena

Rigoberta Menchú (1959-) em manifestação na Cidade da Guatemala, em 2013. Essa indígena guatemalteca foi laureada com o prêmio Nobel da Paz, em 1992, por seus esforços e práticas de virtude na campanha de Direitos Humanos em defesa de povos indígenas.

A empatia anda de mãos dadas com a **solidariedade**, que é uma postura de identificação com a situação do próximo e compreensão dela. A palavra vem do latim *solidus*, que significa "firme", "inteiro", "sólido". A ideia é que esse sentimento de solidez e consistência moral gere uma cooperação mútua e desinteressada entre duas ou mais pessoas.

Podemos ser solidários de diversas formas, seja oferecendo apoio emocional e amizade, seja por meio de uma ação direta de auxílio. É fundamental não perdermos a capacidade de nos indignar. Quando evitamos uma injustiça ou um ato de discriminação contra outra pessoa, estamos sendo solidários, desenvolvendo um senso de coletividade e atuando para uma convivência melhor.

Isso se relaciona diretamente com a **coragem**, que vai muito além da capacidade de agir apesar do medo, do temor e da intimidação. A palavra vem do latim *coraticum*, derivada da raiz cor, que significa "coração". Para desenvolver coragem, é preciso identificar nossos medos e nossas inseguranças, reconhecer nossas virtudes e nossos defeitos. Portanto, demonstrar coragem não significa necessariamente se colocar em um confronto – o que, dependendo da situação, pode ser muito perigoso –, mas ter a firmeza e a prudência de caráter para agir de acordo com o que é correto e, principalmente, saber quando é o momento de agir e onde. Às vezes, a atitude mais corajosa que alguém pode ter é pedir ajuda ou ter a ponderação de agir por vias diplomáticas.

No dia a dia, por exemplo, atos de coragem que podem ter repercussões positivas consistem em atitudes simples, como não ser conivente com piadas machistas ou racistas feitas por colegas ou familiares e avisá-los, sempre de maneira respeitosa, que tal atitude não é aceitável; não ser complacente com a disseminação de *fake news*; mudar hábitos para ter um estilo de vida mais sustentável, etc. Por mais que sejam atitudes simples, nem sempre é fácil colocá-las em prática diariamente, e é aí que entra a perseverança.

Nem sempre vencemos um desafio na primeira tentativa. A **perseverança** é uma qualidade daquele que persiste, que tem constância nas suas ações e não desiste diante das dificuldades. Para perseverar, devemos investigar nossas dificuldades, traçando estratégias para lidar com elas. Também devemos reconhecer nossas habilidades, aumentando nossa autoestima e autoconfiança. Podemos incentivar a perseverança em outra pessoa, ajudá-la a descobrir seus pontos fortes e estimulá-la a acreditar que pode fazer o melhor.

Atividade

2. Vamos pensar em uma situação em que as práticas de virtude podem ser usadas para combater uma discriminação. Se um colega confessa a você que sofreu um ataque racista, machista, xenófobo ou homofóbico na escola e que não sabe como reagir, o que você pode fazer para ajudá-lo?

Saiba +

"S" de Solidariedade. Sabrina Fernandes. 2020.
Nesse vídeo do canal Tese Onze, a socióloga Sabrina Fernandes (1988-) explica que, embora relacionadas, a empatia não é um pré-requisito para a solidariedade e que esta é fundamental para a criação de uma sociedade mais justa.

Muitas vezes, pessoas brancas questionam o que podem fazer para ajudar na luta contra o racismo. Demonstrar respeito, solidariedade e empatia é um primeiro passo para se posicionar.

Nesse sentido, a filósofa Djamila Ribeiro (1980-), em artigo no qual comenta o racismo sofrido pela jornalista Maria Júlia Coutinho (1978-), tem uma boa resposta:

> É urgente que pessoas brancas discutam racismo pelo viés da branquitude, que se questionem. Que reflitam e perguntem a si mesmas: quantas vezes contribuí com a baixa autoestima da minha amiga negra ao fazer piadas sobre o cabelo dela? Quantas vezes fui obstáculo no sonho de uma pessoa negra por achar que filha de empregada doméstica não pode fazer faculdade com meu filho? Quantas vezes internalizei que mulheres negras deveriam me servir em vez de entender que são empurradas a isso por conta do racismo e do machismo estruturais?
>
> Sem esses questionamentos, não serve de nada mostrar indignação. Já estamos fartas de campanhas que não mexem nas estruturas e não questionam privilégios. Não adianta se revoltar com as ofensas que Maju sofreu julgando que são coisas isoladas, que só acontecem às vezes, quando o racismo é uma realidade para a qual muitos fecham os olhos.
>
> Não adianta se incomodar com isso e ser contra cotas, ser fã de humoristas racistas, chamar militantes de vitimistas. Ou ainda ser a favor da redução da maioridade penal quando se sabe que ela só vai encarcerar jovens negros, porque se julga que jovens brancos ricos ou de classe média são "de boa família" e "cometeram um erro".
>
> Não dá para ter indignação seletiva, se revoltar com o que aconteceu com a jornalista e se calar quando é com o porteiro, com o menino da periferia.
>
> No Brasil, até quem se coloca contra certas atitudes racistas não sabe ou finge não saber como o racismo age. Racismo é um sistema de opressão que vai além de ofensas, negando direitos. Como disse o antropólogo Kabengele Munanga certa vez numa entrevista: "O racismo é um crime perfeito no Brasil, porque quem o comete acha que a culpa está na própria vítima; além do mais, destrói a consciência dos cidadãos brasileiros sobre a questão racial".

RIBEIRO, Djamila. O racismo dos outros. In: RIBEIRO, Djamila. *Quem tem medo do feminismo negro?* São Paulo: Companhia das Letras, 2018. p. 70-71.

MAURO PIMENTEL/AFP/Getty Images

Filósofa, escritora e ativista Djamila Ribeiro em evento no Rio de Janeiro, 2018.

Atividades

3. Como a postura de questionamentos sugerida por Djamila Ribeiro se relaciona com a ideia de empatia?

4. Como podemos entender a expressão "indignação seletiva" utilizada pela autora?

Saiba+

Quem tem medo do feminismo negro? Djamila Ribeiro. Companhia das Letras, 2018.
Seleção de artigos publicados por Djamila Ribeiro no blog da revista *Carta Capital*, entre 2014 e 2017, discutindo questões relativas a sexismo e racismo presentes na sociedade brasileira.

Diálogos

Observe novamente a reprodução da tela *Guernica*, de Pablo Picasso, que representa os horrores do ataque nazista à cidade basca de mesmo nome. Pintada em tempo recorde, a tela foi apresentada, ainda em 1937, na Exposição Internacional de Paris.

Guernica, de Pablo Picasso, 1937. Museu Nacional Centro de Arte Rainha Sofia (Madri, Espanha). Picasso foi precursor do movimento cubista e, nessa obra, estão a dor e a revolta causadas pelo bombardeio à cidade basca de Guernica, durante a Guerra Civil Espanhola (1936-1939).

Em 26 de abril de 1937, uma unidade da Força Aérea da Alemanha, chamada Legião Condor, bombardeou a cidade de Guernica, na Espanha, para fazer um cálculo da quantidade de explosivos necessária para aniquilar uma cidade. Guernica foi totalmente destruída pelos bombardeios.

Na ocasião, Pablo Picasso estava exilado em Paris e inspirou-se nos relatos sobre o bombardeio de Guernica para pintar uma das obras de arte mais famosas da história.

1. Faça uma descrição da tela:

a) Quais foram as cores utilizadas?

b) O que você acha que as figuras representadas na tela significam?

c) Como as figuras estão dispostas na tela?

d) Quais impressões essa obra causa em você?

e) Em sua opinião, por que Picasso pintou o contorno de uma flor brotando no centro da tela? Qual seria o significado dessa flor?

2. Uma anedota muito conhecida diz que, durante a Segunda Guerra Mundial, o general alemão Otto Abetz, que governava a cidade de Paris ocupada pelos nazistas, dirigiu-se a Picasso e, referindo-se à tela *Guernica*, perguntou: "Foi o senhor quem fez este horror?", ao que, com toda a elegância, Picasso teria respondido: "Não, senhor general. Esse horror foi feito pelos senhores!". Explique a resposta de Picasso dada ao general nazista.

3. Observe a foto a seguir, a cidade de Guernica depois do bombardeio, e compare-a com o quadro de Pablo Picasso. A foto e a pintura enfatizam o mesmo aspecto da cidade bombardeada? Explique.

Bettmann Archive/Getty Images

Guernica (Espanha), em abril de 1937, depois do bombardeio feito pela Força Aérea da Alemanha.

4. Como vimos, o período em que vivemos pode ser considerado um tempo de luta pela manutenção dos direitos já conquistados e um tempo em que a expansão de novos direitos a serem alcançados se faz importante. Para refletir sobre essa questão, leia os trechos da entrevista realizada com o sociólogo brasileiro Marcello Barra.

No Brasil, percebe-se uma polarização: uma relação de amor com o transporte privado (carro ou moto) e um certo desprezo quando se trata de transporte coletivo. Isso reflete a realidade?

Essa é uma questão bastante contraditória. De um lado, a sociedade capitalista e individualista prima pelo indivíduo sobre o todo, por isso, o transporte individual reflete, em parte, o modelo da sociedade em que vivemos. Existe a tendência de amor pelo aspecto individual e de desprezo pelo coletivo. Mas esse modelo individualista não consegue sobreviver, especialmente numa grande cidade. O automóvel individual começa a demandar horas para o deslocamento e torna-se parte importante do problema. E isso não é uma questão só brasileira. Há um consenso no meio acadêmico de que sem o transporte coletivo não há saída e as cidades serão foco de revoltas ainda maiores.

Nos países desenvolvidos, percebe-se a mesma fúria contra o transporte público?

Não nas mesmas dimensões. Na sociedade francesa, o transporte coletivo é consagrado como um direito, realizado de maneira mais plena. Lá, percebe-se que a revolta é contra os carros, o transporte individual. Aqui é contra o transporte público porque não é um direito consagrado e vigente, que funcione de maneira orgânica.

Faltam políticas públicas para o transporte público no Brasil?

A realidade é que não existem políticas públicas para o transporte no Brasil. Essa é a nossa realidade. É triste. Houve uma revolta que mobilizou a sociedade e teve resultados vazios. [...] Existe uma política de transporte, mas de transporte individual. Quando se dá incentivo às montadoras, quando se reduzem impostos sobre o consumo de veículos individuais, configura-se uma política do transporte individual. Mas não é uma política pública porque ela teria esse transporte como complemento, não como seu fator principal como percebemos hoje.

SEM TRANSPORTE de qualidade, cidades serão foco de revoltas ainda maiores, afirma sociólogo. *Revista NTU Urbano*, ano III, n. 13, jan./fev. 2015. p. 9. Disponível em: www.ntu.org.br/novo/upload/Publicacao/Pub635629598079065291.pdf. Acesso em: 2 fev. 2022.

1. (Enem – 2016)

O conceito de função social da cidade incorpora a organização do espaço físico como fruto da regulação social, isto é, a cidade deve contemplar todos os seus moradores e não somente aqueles que estão no mercado formal da produção capitalista da cidade. A tradição dos códigos de edificação, uso e ocupação do solo no Brasil sempre partiram do pressuposto de que a cidade não tem divisões entre os incluídos e os excluídos socialmente.

QUINTO JR., L. P. Nova legislação urbana e os velhos fantasmas. *Estudos Avançados (USP)*, n. 47, 2003 (adaptado).

Uma política governamental que contribui para viabilizar a função social da cidade, nos moldes indicados no texto, é a

a) qualificação de serviços públicos em bairros periféricos.
b) implantação de centros comerciais em eixos rodoviários.
c) proibição de construções residenciais em regiões íngremes.
d) disseminação de equipamentos culturais em locais turísticos.
e) desregulamentação do setor imobiliário em áreas favelizadas.

2. (Enem – 2017)

O comércio soube extrair um bom proveito da interatividade própria do meio tecnológico. A possibilidade de se obter um alto desenho do perfil de interesses do usuário, que deverá levar às últimas consequências o princípio da oferta como isca para o desejo consumista, foi o principal deles.

SANTAELLA, L. *Culturas e artes do pós-humano*: da cultura das mídias à cibercultura. São Paulo: Paulus, 2003 (adaptado).

Do ponto de vista comercial, o avanço das novas tecnologias, indicado no texto, está associado à

a) atuação dos consumidores como fiscalizadores da produção.
b) exigência de consumidores conscientes de seus direitos.
c) relação direta entre fabricantes e consumidores.
d) individualização das mensagens publicitárias.
e) manutenção das preferências de consumo.

3. (Enem – 2015)

Na sociedade contemporânea, onde as relações sociais tendem a reger-se por imagens midiáticas, a imagem de um indivíduo, principalmente na indústria do espetáculo, pode agregar valor econômico na medida de seu incremento técnico: amplitude do espelhamento e da atenção pública. Aparecer é então mais do que ser; o sujeito é famoso porque é falado. Nesse âmbito, a lógica circulatória do mercado, ao mesmo tempo que acena democraticamente para as massas com os supostos "ganhos distributivos" (a informação ilimitada, a quebra das supostas hierarquias culturais), afeta a velha cultura disseminada na esfera pública. A participação nas redes sociais, a obsessão dos selfies, tanto falar e ser falado quanto ser visto são índices do desejo de "espelhamento".

SODRÉ, M. Disponível em: http://alias.estadao.com.br. Acesso em: 9 fev. 2015 (adaptado).

A crítica contida no texto sobre a sociedade contemporânea enfatiza

a) a prática identitária autorreferente.
b) a dinâmica política democratizante.
c) a produção instantânea de notícias.
d) os processos difusores de informações.
e) os mecanismos de convergência tecnológica.

4. (Enem – 2011)

Em meio às turbulências vividas na primeira metade dos anos 1960, tinha-se a impressão de que as tendências de esquerda estavam se fortalecendo na área cultural. O Centro Popular de Cultura (CPC) da União Nacional dos Estudantes (UNE) encenava peças de teatro que faziam agitação e propaganda em favor da luta pelas reformas de base e satirizavam o "imperialismo" e seus "aliados internos".

KONDER, L. *História das ideias socialistas no Brasil*. São Paulo: Expressão Popular, 2003.

No início da década de 1960, enquanto vários setores da esquerda brasileira consideravam que o CPC da UNE era uma importante forma de conscientização das classes trabalhadoras, os setores conservadores e de direita (políticos vinculados à União Democrática Nacional – UDN –, Igreja Católica, grandes empresários, etc.) entendiam que esta organização

a) constituía mais uma ameaça para a democracia brasileira, ao difundir a ideologia comunista.

b) contribuía com a valorização da genuína cultura nacional, ao encenar peças de cunho popular.

c) realizava uma tarefa que deveria ser exclusiva do Estado, ao pretender educar o povo por meio da cultura.

d) prestava um serviço importante à sociedade brasileira, ao incentivar a participação política dos mais pobres.

e) diminuía a força dos operários urbanos, ao substituir os sindicatos como instituição de pressão política sobre o governo.

5. (Enem – 2010)

O modernismo brasileiro teve forte influência das vanguardas europeias. A partir da Semana de Arte Moderna, esses conceitos passaram a fazer parte da arte brasileira definitivamente. Tomando como referência o quadro *O mamoeiro*, identifica-se que, nas artes plásticas, a:

Reprodução/ENEM, 2010.

O mamoeiro. 1925. Tarsila do Amaral (1886-1973). Óleo sobre tela, 65 cm × 70 cm. Instituto de Estudos Brasileiros da Universidade de São Paulo (São Paulo, Brasil).

a) imagem passa a valer mais que as formas vanguardistas.

b) forma estética ganha linhas retas e valoriza o cotidiano.

c) natureza passa a ser admirada como um espaço utópico.

d) imagem privilegia uma ação moderna e industrializada.

e) forma apresenta contornos e detalhes humanos.

6. (Uece – 2020)

Atente para o seguinte trecho extraído de uma reportagem do Jornal Estadão:

***Bikeboys* rodam 12 horas por dia e 7 dias por semana para ganhar R$ 936**

"[...] Existem cerca de 30 mil entregadores ciclistas cadastrados nos aplicativos de entrega de comida na capital paulista. O número dá a dimensão de uma atividade que, há um ano, passava desapercebida em São Paulo. Hoje, os ciclistas com caixa nas costas tomam as paisagens dos centros comerciais nas horas de pico da fome – das 12h às 15h e das 19h às 22h –, além de serem presença constante em calçadas próximas a *shopping centers*, restaurantes ou supermercados nos fins de semana.

Um perfil desse trabalhador foi traçado em junho pela Associação Brasileira do Setor de Bicicletas (Aliança Bike), coordenado pelo instituto Multiplicidade e apoiado pelo Laboratório de Mobilidade Urbana da Universidade Federal do Rio de Janeiro (UFRJ). Após entrevistas com 270 ciclistas em São Paulo, o levantamento concluiu que 75% desses profissionais têm idade entre 18 e 27 anos e, como Samuel Marques, pedalam cerca de 12 horas por um salário médio mensal de R$ 936. Realizam diariamente dez entregas, a R$ 5 cada. Seis em cada dez ciclistas trabalham todos os dias da semana, sem folgas".

Renato Jakitas e Tiago Queiroz, São Paulo - 15/09/201908h28. Trecho de matéria disponível em: https://economia.uol.com.br/noticias/estadaoconteudo/2019/09/15/bikeboys-rodam-12-horas.htm. Acesso em: 10/11/2019.

Partindo de uma perspectiva sociológica crítica sobre essas novas condições de exploração do trabalho de prestação de serviços na era digital, assinale a afirmação verdadeira.

a) O aumento do desemprego no Brasil é certamente uma oportunidade para muitas pessoas empreenderem, como fazem os *bikeboys*.

b) O trabalho dos *bikeboys* retrata a forma como essas novas modalidades de atividade trazem muito mais vantagens e garantias ao trabalhador.

c) O *bikeboy* demonstra a nova face do trabalho informal, intermitente e precarizado, que reduz ainda mais os ganhos do trabalhador.

d) O *bikeboy* é um privilegiado nessa nova era digital de prestação de serviços, uma vez que pode trabalhar de acordo com sua disposição.

7. (Famema-SP – 2020)

Reprodução/FAMEMA, 2020.

Depreende-se com a leitura da charge que as redes sociais

a) melhoram a saúde do homem, quando usadas intensamente.

b) podem ocasionar prejuízos à saúde do ser humano.

c) promovem situações salutares de convivência humana.

d) permitem o aguçamento da percepção das pessoas.

e) influenciam pouco a saúde, assim como as atividades físicas.

8. (UEL-PR – 2019)

Escândalos recentes sobre a exposição de dados dos usuários do Facebook alimentaram os debates sobre a privacidade nas redes sociais, um tema que se conecta com a questão do poder e suscita preocupações sobre o quanto as pessoas e suas relações tornam-se expostas ou protegidas com o uso das novas tecnologias de informação.

Com base nos conhecimentos sociológicos sobre redes sociais e sociedade contemporânea, assinale a alternativa correta.

a) A revolução tecnológica atual originou-se da resistência social à reestruturação global do capitalismo e moldou-se pela lógica da liberdade em oposição aos interesses mercantis.

b) O novo das redes sociais é que, diferentemente das mídias tradicionais, são empreendimentos anticapitalistas por não cobrarem dos usuários o acesso aos serviços de informação.

c) As interações via redes sociais tornam mais fluidas as fronteiras entre as esferas pública e privada no mundo contemporâneo.

d) A força política das *fake news*, nas recentes eleições presidenciais nos EUA, teve como motor a ausência de medidas estatais e privadas para regular os termos de uso das redes sociais.

e) Os sistemas de comunicações digitais, ao criarem novos espaços de diálogo sobre os problemas sociais, retiram do Estado sua principal função: o uso do monopólio legítimo da violência.

9. (UFJF-MG – 2020)

Sobre a Semana de Arte Moderna, ocorrida em São Paulo em 1922, é CORRETO afirmar:

a) Foi um movimento que criticava a influência estrangeira na cultura brasileira, rejeitando o "colonialismo mental", defendendo a cultura nacional.

b) O movimento foi exclusividade dos poetas homens, excluindo o talento das escritoras mulheres consideradas muito radicais, uma vez que defendiam o fim do conservadorismo.

c) O movimento ocorreu por ocasião do centenário da independência do Brasil, com o objetivo de reforçar o espírito conservador do país e valorizar a cultura estrangeira moderna e suas inovações.

d) O movimento atingiu todo o Brasil e todas as classes sociais, se mostrando extremamente democrático, rompendo com a desigualdade de classes.

e) Foi um movimento conservador que redescobriu a identidade brasileira como não miscigenada, de tradição rural-agrária, recusando o desenvolvimento cosmopolita.

10. (UFRGS-RS – 2020)

Em agosto de 1969, foi realizado, no estado de Nova Iorque, um grande festival de música e arte que ficou conhecido como "Woodstock", considerado marco e expressão do movimento de contracultura.

A respeito dos objetivos desse movimento, é correto afirmar que

a) era composto, majoritariamente, por jovens apoiadores da expansão imperialista dos Estados Unidos no Oriente Médio.

b) representou os ideais conservadores de artistas e intelectuais do Partido Republicano, contrários à expansão de uma nova cultura juvenil que pregava a liberdade sexual.

c) foi um movimento engajado na luta pacifista e contrário à participação dos Estados Unidos na guerra do Vietnã.

d) foi um movimento que, fundado por jovens oriundos do sul do continente, pregava a valorização do folclore e da cultura da América Latina.

e) foi liderado por artistas como Jimi Hendrix, Janis Joplin, Joan Baez e Bob Dylan, defensores do caráter neutro da cultura em relação aos assuntos políticos.

11. (UEMG – 2014)

Texto I

Passeata dos Cem Mil (1968)

Texto II

Manifestações em 2013

Reprodução/UEMG, 2014.

Texto III

GERAÇÕES 4

Ouço um tropel atrás de mim.

Muitos alaridos.

Eles querem passar. Passem.

Mas, por favor, não destruam as pontes

as fontes

pois podem delas precisar

quando exaustos de tanto avanço

quiserem

— recomeçar.

(Sísifo desce a montanha)

A Passeata dos Cem Mil (1968) foi um movimento que marcou a resistência da população brasileira frente à ditadura militar instalada no Brasil. Em 2013, eclodiu pelo País uma série de manifestações que chamaram a atenção da opinião pública e das autoridades, em vista de sua força de mobilização.

Considerando-se o contexto histórico e as características dessas manifestações, é CORRETO afirmar que

a) os dois movimentos, alvos de repressão militar com força desproporcional, apresentaram questionamentos semelhantes, pois lutavam contra governos autoritários que impediam a liberdade de expressão.

b) a Passeata dos Cem Mil sofreu forte repressão, ao passo que o movimento de 2013 não sofreu nenhuma, pois a primeira aconteceu em um período ditatorial, e a segunda ocorreu em um período democrático, com manifestações pacíficas.

c) as manifestações de 2013, em meio a protestos violentos, desejavam a derrubada da presidente da república, considerada culpada pelos problemas do País, ao passo que a Passeata dos Cem Mil reivindicava mudanças nas regras eleitorais.

d) os dois movimentos, surgidos em contextos políticos diferentes, tiveram grande participação de jovens, principalmente estudantes, que acreditavam poder mudar o País através de grande mobilização popular.

12. (Fuvest-SP – 2022) Henri Lefebvre, em clássico livro – *O direito à cidade* –, escrito em meados do século passado (1968), afirmou, acerca do fenômeno urbano, que se poderia definir como "*sociedade urbana* a realidade social que nasce à nossa volta". Atualmente, segundo a ONU, 55% da população mundial vive em cidades e a expectativa é de que esta proporção aumente para 70% até 2050. Com relação às populações urbanas do mundo, em geral, e do Brasil, em particular, é correto afirmar o seguinte:

a) O Brasil acompanha essa tendência verificada pela ONU, pois ainda não pode ser considerado um país totalmente desenvolvido, já que não é industrializado, nem urbanizado.

b) O Brasil já ultrapassou em muito essas projeções indicadas pela ONU, e uma das consequências disso é o enfraquecimento do agronegócio, hoje reduzido a 1/3 de sua economia.

c) Tais projeções indicam, em média, as populações que vivem ou que se deslocarão para as cidades consideradas médias ou grandes nos países do mundo.

d) Para um país ser considerado urbanizado, é necessário que sua população urbana ultrapasse os 70%, identificando uma realidade social, que, segundo Lefebvre, possa ser caracterizada como "sociedade urbana".

e) Lefebvre diria que os índices da ONU subestimam a quantidade de pessoas que vivem sob condições, ritmos e atividades ditados pelas "sociedades urbanas", independentemente de viverem nos campos ou nas cidades.

13. (Unesp-SP – 2022)

A partir do momento em que determinado espaço (periférico ou central, mas tido como degradado e desvalorizado) passa a ser incorporado pelas estratégias do mercado imobiliário, em geral articuladas com as do Estado, temos como tendência uma imanente possibilidade de conflito.

(Glória da A. Alves. "A mobilidade/imobilidade na produção do espaço metropolitano". In: Ana F. A. Carlos et. al. (orgs.). *A produção do espaço urbano*, 2019.)

Nas cidades brasileiras, uma manifestação do conflito destacado no excerto é

a) a formação de zonas econômicas especiais.
b) a realização do ajuste estrutural.
c) o incremento da segregação socioespacial.
d) o estímulo à inversão demográfica.
e) a ampliação da centralidade urbana.

14. (UEL-PR – 2022) Leia o texto a seguir.

Na história existiram muitas mulheres artistas, mas poucas foram reconhecidas, reforçando a importância do pensamento de Ana Mae Barbosa sobre reescrever a história da Arte que eliminou parte dos seres humanos deste planeta, a metade feminina.

Adaptado de: BARBOSA, Ana Mae. *Mulheres não devem ficar em silêncio*: arte, design, educação. São Paulo: Cortez, 2019, p. 430.

Com base no texto e nos conhecimentos sobre a história das artes visuais, relacione as imagens a seguir, produzidas por artistas mulheres, com os períodos artísticos

(I)

(II)

(III)

(IV)

Reprodução/UEL-PR, 2022.

(A) Nas imagens renascentistas, reconhecem-se dados técnicos, como a perspectiva e o jogo entre o claro e o escuro, numa representação que simula a realidade a partir de grandes temas.
(B) O impressionismo, ao perceber o caráter dinâmico da luz, rompeu com o realismo acadêmico, desvalorizando os contornos rígidos e enfatizando a cor, as tonalidades e as pinceladas.
(C) O modernismo brasileiro negou os padrões da arte acadêmica, buscando soluções para lidar de modo não convencional com as formas clássicas, entre as quais, o retrato.
(D) Na arte contemporânea, dispõe-se de grande diversidade de recursos materiais por meio dos quais é possível alterar os modos de conceber a realidade, multiplicando as percepções cotidianas.

Assinale a alternativa que contém a associação correta.

a) I-A, II-C, III-B, IV-D.
b) I-C, II-A, III-D, IV-B.
c) I-C, II-A, III-B, IV-D.
d) I-C, II-B, III-D, IV-A.
e) I-D, II-A, III-C, IV-B.

15. (UFGD-MS – 2022)

A campanha das Diretas Já tinha dimensão cívica, natureza republicana e jeito de festa. [...] O palanque dos comícios reunia as principais lideranças da frente suprapartidária – Ulysses Guimarães, Leonel Brizola, Lula, Tancredo Neves, Fernando Henrique Cardoso, Franco Montoro –, e os discursos eram acompanhados por uma multidão eufórica e comovida. Por outro lado, o engajamento de intelectuais do porte de Antônio Cândido, Lygia Fagundes Telles e Celso Furtado, de jogadores de futebol, como Sócrates e Reinaldo, e de artistas, como Chico Buarque, Maria Bethânia, Paulinho da Viola, Juca de Oliveira, Fernanda Montenegro e Fafá de Belém, foi decisivo para difundir as representações e os ideais de um projeto democrático. A campanha era tão grandiosa que acendeu na população a esperança de vitória.

SCHWARCZ, Lilia Moritz; STARLING, Heloisa Murgel. *Brasil*: uma biografia. São Paulo: Companhia das Letras, 2015, p. 484 (fragmento).

Nos anos iniciais da década de 1980, o processo de redemocratização do Brasil marcou-se pela campanha das Diretas Já. Sobre esse movimento popular, assinale a alternativa correta.

a) Por meio da aprovação, no Congresso Nacional, da Emenda Constitucional Dante de Oliveira foi conquistado o direito de eleições presidenciais diretas em 1985.

b) Esse movimento foi inserido na abertura política controlada pelos militares e buscou defender eleições presidenciais diretas em 1985, porém, não se conseguiu aprovar no Congresso Nacional a Emenda Constitucional Dante de Oliveira.

c) Os governos militares apoiaram a Emenda Constitucional Dante de Oliveira, que garantiu eleições presidenciais diretas em 1985.

d) Esse movimento defendeu direitos civis, humanos, políticos e sociais na Assembleia Constituinte, o que diminuiu desigualdades sociais e extremismos políticos.

e) Esse movimento foi amparado na lei de anistia política, acabando com as divergências entre opositores e defensores do regime militar, dando condições para a realização de eleições presidenciais diretas em 1985.

16. (UEL-PR – 2020) Algumas vanguardas artísticas europeias criadas na primeira metade do século XX foram manifestações artístico-literárias que criticavam uma concepção tradicional de museu, introduzindo uma estética marcada pela experimentação e pela subjetividade, que influenciaria fortemente diversas manifestações culturais em todo o mundo.

Sobre as principais correntes vanguardistas e suas respectivas características, assinale a alternativa correta.

a) O Surrealismo apresentava a exaltação da tecnologia, das máquinas, da velocidade e do progresso.

b) O expressionismo evidenciava a decomposição e a fragmentação das formas geométricas, afirmando que um mesmo objeto poderia ser visto de vários ângulos.

c) O Cubismo valorizava a subjetividade e buscava transmitir ao mundo a situação do homem, com seus vícios e horrores.

d) O Futurismo defendia a criação por meio das experiências nascidas no imaginário e na atmosfera onírica, sem interferências da razão.

e) O Dadaísmo surgiu como oposição à guerra e ressaltava a espontaneidade da arte pautada na liberdade de expressão, no absurdo e na irracionalidade.

17. (Uerj – 2019)

O álbum de músicas Tropicália ou *Panis et circensis* foi lançado em 1968. A fotografia que estampou sua capa foi realizada na casa de Oliver Perroy, fotógrafo da Editora Abril, em São Paulo. Cada um levou seus apetrechos, até um penico, comicamente usado por Rogério Duprat como se fosse uma xícara. A imagem ficou tão famosa que se tornou uma espécie de cartão-postal do movimento tropicalista.

Adaptado de f508.com.br.

Reprodução/UERJ, 2019.

No contexto do final da década de 1960, o Tropicalismo, que causou polêmicas com produções como a do álbum citado, tornou-se símbolo de:

a) purismo estético

b) extremismo político

c) tradicionalismo artístico

d) experimentalismo cultural

18. (Unesp-SP – 2022) Observe a charge de Belmonte, publicada na primeira página da Folha da Noite, em 20 de fevereiro de 1922.

Reprodução/Unesp-SP, 2022.

Ao representar a Semana de Arte Moderna, a charge ironiza

a) o atraso da arte brasileira em relação ao que era produzido no resto do Ocidente.

b) a inexistência de preocupações, entre os artistas da vanguarda, com a cultura popular.

c) a irracionalidade que caracterizava a produção dos participantes da vanguarda.

d) o descompasso entre as propostas renovadoras da vanguarda e o gosto tradicional do público.

e) a formação técnica limitada dos artistas, que não conseguiam obter efeitos realistas.

Técnica de grupo focal para compreender a juventude no século XXI

Para começar

Pensar em século XXI significa discutir de que modo as tecnologias, em especial a internet, passa a ser um recurso essencial no cotidiano de boa parte da população, sendo os jovens uma parcela significativa desse contingente. Além disso, é preciso considerar que a pandemia de covid-19, que começou em 2020, não apenas tornou mais evidente a importância da internet como também ressaltou o abismo existente entre aqueles que têm e os que não têm condições de acesso a esse recurso. Tudo indica que estamos vivenciando a criação de novos paradigmas nas relações de trabalho e o surgimento de um mercado de aplicativos para quase tudo. A questão é que esses novos paradigmas têm consequências importantes. Deve-se discutir a dependência da internet e a extrema flexibilização do trabalho em casa (*home office*) e dos serviços oferecidos por aplicativos.

Além disso, o mundo interconectado virtualmente apresenta consequências psicológicas. A construção de "bolhas" diz respeito a formas de se isolar de uma convivência rica em diversidade de ideias. Isso ocorre pela própria rede de amigos, que geralmente têm afinidades de pensamento nas redes sociais, mas também pela manipulação de *softwares* que detectam o tipo de informação que uma pessoa acessa e passa a mostrar somente conteúdo do mesmo tipo na internet.

De maneira geral, pode-se concluir que essa combinação cria uma ilusão de certeza de que nosso pensamento é o correto. Como consequência, surge uma geração em que as pessoas se fecham no conforto de suas bolhas e passam a rejeitar e excluir aqueles que pensam de maneira diferente do que acreditam ser a verdade.

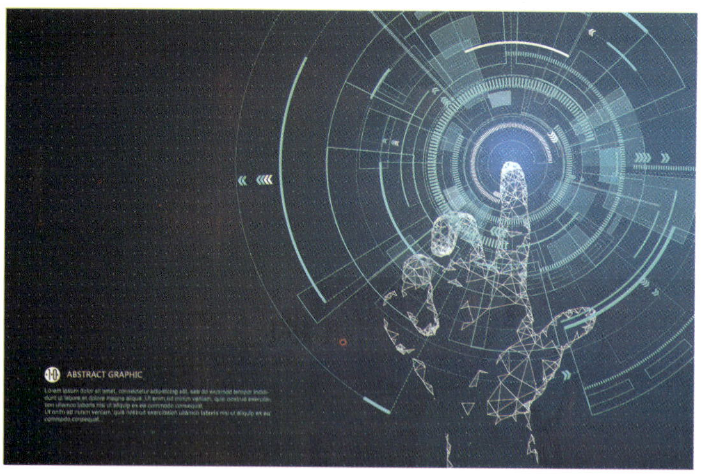

Liu zishan/Shutterstock

Por outro lado, esse mundo interconectado permite uma comunicação planetária em tempo real. O que acontece no Brasil pode virar notícia mundial em questão de minutos. As pessoas podem se organizar mundialmente em torno dos mesmos objetivos, sendo capazes de se confrontar e criar empatia com outras realidades.

A praticidade e o poder de difusão de plataformas de vídeo se mostram como uma forma de empoderamento e democratização dos meios de comunicação, que podem ser usadas até mesmo para a autoexpressão artística e filosófica. Contudo, aumentam as possibilidades de disseminação de *fake news* e do fenômeno da pós-verdade, ou seja, pessoas que produzem e acessam conteúdos desconsiderando a ciência, os fatos e a ética.

Trata-se de um cenário complexo. Daí a importância de tentarmos entender como os jovens se percebem e atuam diante de tantas possibilidades e necessidades de expressão no mundo contemporâneo. E, ainda, de que forma podem construir sua cidadania e seus relacionamentos pessoais e profissionais com mais segurança e autonomia, considerando os desafios e as possibilidades da tecnologia no século XXI.

Para isso, propomos uma atividade de pesquisa com grupo focal para investigar "o papel da juventude no cotidiano tecnológico do século XXI". Consideramos que a técnica de grupo focal permite entender o mundo de forma qualitativa, captando a percepção dos jovens sobre as questões comentadas. Além disso, esse tipo de metodologia nos ajuda a desenvolver qualidades de escuta e sensibilidade, fundamentais para a construção de crítica social e de cidadania, elementos importantes no processo de formação da juventude.

O grupo focal como metodologia de pesquisa

A técnica de grupo focal surgiu na década de 1920, como uma forma de suprir as necessidades de entender características, gostos e opiniões do mercado consumidor que a Estatística não conseguia analisar. Nas décadas de 1970 e 1980, foi muito utilizada em pesquisas de comunicação e avaliação de programas de televisão e filmes.

eveleen/Shutterstock

Essa técnica visa captar o embate de opiniões sobre um mesmo tema, além de captar novos pontos de vista e situações sobre determinado produto ou serviço pesquisado. Por isso, é importante que o grupo seja constituído de pessoas diversas e que cada uma possa expor posicionamentos, visões e ideias sobre o mesmo tema.

Se a diversidade é um ponto importante para o grupo focal, o compartilhamento de algumas características também é essencial e depende da necessidade de cada pesquisa. Por exemplo, em uma pesquisa sobre um produto voltado para a classe média alta, pode-se considerar salário, escolaridade ou local de residência como características compartilhadas por todos os integrantes do grupo focal. Dessa forma, é possível ouvir diferentes opiniões sobre um produto, sem perder de vista o objetivo principal, que é entender o que os consumidores – nesse caso, de classe média alta – querem ao procurar o tipo de produto que está sendo apresentado.

O ponto principal dessa técnica é a participação direta e espontânea de cada membro, o que cria uma atmosfera natural de conversa. Esse modo informal de interação pode levar ao desalinhamento dos objetivos da pesquisa, justamente por passar a impressão de que se trata apenas de uma conversa em grupo. Portanto, trata-se de uma técnica que exige da equipe e, principalmente, da pessoa que coordena a interação muito rigor e clareza dos objetivos da pesquisa.

Também é comum que essa técnica seja utilizada em conjunto com outras técnicas ou metodologias que deem um suporte mais claro e direto para a interpretação do grupo focal. De fato, a técnica do grupo focal é boa para captar novas ideias e pontos de vista que surgem de forma espontânea na interação. Porém, esse tipo de interação resulta em dados muito diversos, dificultando a tabulação e interpretação. Por isso, deve-se usar um breve questionário como complemento de pesquisa. Assim, é possível obter informações adicionais que vão ajudar a compreender melhor cada participante, seus gostos e pontos de vista.

Para fazer

Agora que está claro do que trata a técnica de grupo focal, que tal começar a preparar a pesquisa sobre o papel da juventude no cotidiano tecnológico do século XXI? Seria interessante saber de que forma os valores dos jovens na contemporaneidade se entrelaçam com as tecnologias atuais, criando possibilidades de expressão e protagonismo.

WAYHOME studio/Shutterstock

É preciso também entender e discutir as consequências psicológicas da dependência da tecnologia, do *cyberbullying*, das bolhas externas e internas, das limitações do conhecimento e da produção de desinformação por meio das *fake news*, da frustração e da solidão das redes sociais.

Etapa 1 – Definir grupo de trabalho e objetivos

Organizem-se em grupos e conversem com o professor sobre o tempo de produção deste trabalho. De acordo com o tempo disponível e com as etapas descritas aqui, organizem uma agenda com datas definidas para a entrega de cada uma delas.

Definam o objetivo geral e os objetivos específicos. O tema da pesquisa é **o papel da juventude no cotidiano tecnológico do século XXI**. Por ser um tema muito amplo, é preciso definir o objetivo geral e alguns objetivos específicos para que se tenha um roteiro claro. Com base na discussão proposta na seção "Para começar", apresentamos dois objetivos gerais. Em grupo, leiam e definam qual dos dois objetivos vocês vão trabalhar com o grupo focal.

Objetivo geral A

- Analisar de que forma os estudantes utilizam a tecnologia para pensar e se engajar politicamente sobre desigualdades econômicas, hierarquias e luta de grupos minoritários por visibilidade política.

Objetivos específicos A

- Captar o ponto de vista dos estudantes sobre globalização, tecnologia e flexibilização do trabalho.
- Compreender como os estudantes pensam e agem em relação às discriminações de gênero e raça (misoginia, racismo e homofobia).
- Analisar a forma pela qual os estudantes utilizam a internet (canais, jornais, redes sociais, etc.) para se informar, discutir e difundir debates acerca de certos temas, como desigualdades, discriminações de raça, gênero, condições socioeconômicas e orientação sexual, e verificar de que maneira procuram se proteger das *fake news*.

Objetivo geral B

- Analisar de que modo a juventude utiliza a internet para socializar e se nela encontra caminhos para se expressar de maneira criativa, autônoma e autêntica.

Objetivos específicos B

- Analisar quais são as redes sociais ou aplicativos que os estudantes usam para socializar e quanto tempo por dia eles dedicam a esse tipo de sociabilidade.
- Verificar se a utilização dessas plataformas tende a ser mais passiva (apenas observação e poucas interações) ou mais ativa (muitas interações e produção de conteúdo).
- Entender que tipo de produção é essa (fotos, postagens, *stories*, vídeos, palestras, páginas com conteúdo, etc.).
- Compreender como os estudantes se sentem utilizando plataformas na internet (ansiosos, tranquilos, felizes, frustrados, etc.), captando os possíveis motivos pelos quais se sentem dessa forma.

Etapa 2 – Criar hipóteses e categorias para futura organização dos dados

Com base na discussão sobre o tema (objetivo geral A ou objetivo geral B) e os objetivos específicos, pensem em hipóteses, ou seja, possíveis respostas dos participantes em relação a cada um dos objetivos específicos. A hipótese é uma ideia sobre o que será respondido, mas não necessariamente corresponderá à resposta real do grupo focal. Por isso, é preciso criar categorias de respostas que incluam as possibilidades de práticas e visões de mundo que podem aparecer como resposta na interação.

Criem algumas categorias de posicionamento que os participantes possam apresentar na interação. Por exemplo, na pergunta sobre racismo, misoginia e homofobia, seria preciso criar categorias como "Tende a discordar da misoginia; tende a concordar com a misoginia".

Façam tabelas com as categorias para cada objetivo específico. Essas tabelas serão retomadas na etapa 5 e são essenciais para a análise dos dados. Segue um exemplo de tabela:

Sobre o que pensam	Misoginia		Homofobia		Racismo	
	Tende a concordar	Tende a discordar	Tende a concordar	Tende a discordar	Tende a concordar	Tende a discordar
Nome	\\\\\\\\\\\\	\\\\\\\\\\\\	\\\\\\\\\\\\	\\\\\\\\\\\\	\\\\\\\\\\\\	\\\\\\\\\\\\
Nome	\\\\\\\\\\\\	\\\\\\\\\\\\	\\\\\\\\\\\\	\\\\\\\\\\\\	\\\\\\\\\\\\	\\\\\\\\\\\\
Nome	\\\\\\\\\\\\	\\\\\\\\\\\\	\\\\\\\\\\\\	\\\\\\\\\\\\	\\\\\\\\\\\\	\\\\\\\\\\\\

Etapa 3 – Formar o grupo focal e elaborar documentos

Escolham o grupo focal dentro da própria escola, que deve conter entre 8 e 12 pessoas. Sugerimos que todas pertençam a uma só turma, mas que não sejam muito próximas umas das outras. Essa seria uma maneira de montar um grupo homogêneo (idade e escolaridade) e, ao mesmo tempo, garantir maior diversidade de ideias e posicionamentos.

Escolham o local onde a interação vai acontecer e marquem data e horário do encontro. Pode ser na própria escola, em um momento após o período escolar, ou na casa de alguém da equipe de trabalho. O importante é que seja um local silencioso, com uma mesa capaz de acomodar todos os participantes de maneira confortável, e que os pesquisadores se certifiquem de que não haverá interferência. Uma plataforma digital também pode ser utilizada para o encontro.

Escrevam um termo de consentimento livre e esclarecido para o direito de uso das informações fornecidas pelos participantes (veja o **Modelo de termo de consentimento** a seguir). Não se esqueçam de dar a opção de anonimato ao participante, caso ele deseje.

Elaborem um pequeno questionário com perguntas básicas sobre os participantes da interação. O objetivo é construir um perfil mais claro das características individuais dos colaboradores. Essas informações vão ajudar a entender melhor o ponto de vista de cada um. Vocês podem adicionar as informações que acharem necessárias. Algumas caraterísticas importantes são:

- nome;
- gênero;
- raça/etnia;
- renda familiar;
- religião;
- idade.

Modelo de termo de consentimento

Eu, [nome do participante do grupo focal], portador do RG: [número do documento], declaro que, por livre e espontânea vontade, concordei em participar da pesquisa "O papel da juventude no cotidiano tecnológico do século XXI", que está sendo realizada pelo [ano e turma dos pesquisadores] da escola [nome da escola].

Minha colaboração se fará por meio da interação em um grupo focal. Declaro, ainda, que o uso de meus dados e opiniões [deve ser feito de maneira anônima/não precisa ser feito de maneira anônima], e que o uso das minhas afirmações deve servir apenas aos objetivos desta pesquisa.

[local e data]

Assinatura do participante

Etapa 4 – Realizar e registrar as sessões

Escolham o coordenador da interação. É necessário que seja alguém comunicativo para estimular a conversa e que tenha foco e objetividade. Essa pessoa deve interferir sempre que a conversa estiver se distanciando dos objetivos estabelecidos. Tem, ainda, a responsabilidade de manter a boa convivência da interação e intervir em momentos ou situações de discussão em virtude de pontos de vista muito diferentes. Também é papel do coordenador estimular a conversa, o que requer boa dose de sensibilidade. É importante que realinhamentos sejam feitos de maneira natural para não quebrar o ritmo da conversa nem inibir os participantes.

Selecionem duas pessoas para cuidar da gravação. Utilizem dois gravadores de voz para o caso de algum deles quebrar ou apresentar algum problema técnico. Muitos celulares contam com aplicativos para gravação de som. No caso do encontro virtual, selecione plataformas que permitam a gravação e garantam que mais de uma pessoa tenha acesso a esse recurso.

Os outros membros do grupo de pesquisa devem ficar responsáveis por observar a interação e fazer anotações de alguma colocação ou postura que considerem relevante para o objetivo da pesquisa. No grupo focal, toda forma de expressão é importante, incluindo a corporal.

Organizem os participantes em volta da mesa. Certifiquem-se de que o ambiente se manterá silencioso: desliguem os celulares e avisem pessoas de fora (familiares, funcionários da escola, etc.) da necessidade de silêncio no local. Os observadores devem estar fora da roda de interação, de modo que tenham mais facilidade em perceber e registrar o que se passa na conversa. Preparem os equipamentos de gravação no centro da mesa para que possam captar a voz de todos os participantes de maneira igual. Em ambiente virtual, peça os mesmos cuidados aos participantes, que estejam em locais calmos e silenciosos, que fechem outros aplicativos ou páginas na internet e que mantenham sempre as câmeras ligadas.

Com tudo organizado, a gravação deve começar. Só então o coordenador deve explicar os objetivos da pesquisa para o grupo focal e, depois, iniciar a interação.

Antes de iniciar a conversa, apresente o termo de consentimento e peça a assinatura dos participantes. Esse termo deve ser guardado pela equipe.

Etapa 5 – Categorizar

Dividam o tempo de gravação de maneira igual entre todos os membros do grupo. Por exemplo: se o grupo é composto de seis pessoas e a gravação foi de duas horas, basta dividir 120 minutos por 6. Assim, cada membro ficará responsável por 20 minutos de transcrição (transformação do áudio em texto), o que tornará o trabalho mais rápido e bem distribuído.

Juntem todas as partes da transcrição e, em grupo, marquem todas as informações que se referem a um objetivo com uma cor de marca-texto. Ao final, a transcrição estará identificada com três cores (objetivo geral A) ou com quatro cores (objetivo geral B) diferentes. Por exemplo, de verde as partes referentes ao objetivo específico "A"; de azul, ao objetivo "B"; e de amarelo, ao objetivo "C". Assim, ficará fácil detectar cada um dos objetivos específicos no texto.

Façam pequenos grupos de duas pessoas. Cada grupo ficará responsável por categorizar e analisar um objetivo específico. Por exemplo, duas pessoas vão categorizar a parte do texto que corresponde ao objetivo "A" (cor verde), outras duas, a que corresponde ao objetivo "B" (cor azul) e outras duas, a que corresponde ao objetivo "C" (cor amarela).

Preencham os quadros que vocês elaboraram na etapa 2 de acordo com as respostas e visões de mundo que identificaram nas transcrições.

Sobre o que pensam	Misoginia		Homofobia		Racismo	
	Tende a concordar	Tende a discordar	Tende a concordar	Tende a discordar	Tende a concordar	Tende a discordar
Andréa	\\\\\\\\\\\\	X	X	\\\\\\\\\\\\	\\\\\\\\\\\\	X
Carlos	X	\\\\\\\\\\\\	\\\\\\\\\\\\	X	\\\\\\\\\\\\	X
Maria	X	\\\\\\\\\\\\	X	\\\\\\\\\\\\	X	\\\\\\\\\\\\

Etapa 6 – Analisar os dados

Com base no conhecimento de vida e nas discussões teóricas sobre o tema, cada pequeno grupo de estudantes deve escrever as interpretações que considera mais importantes sobre o objetivo específico que categorizou. A interpretação deve articular os dados, a discussão teórica e a percepção dos participantes sobre o tema, na tentativa de compreender o ponto de vista deles. Nesse caso, deve-se recorrer ao questionário, pois as características pessoais podem ajudar a entender por que as pessoas pensam de determinada maneira.

GaudiLab/Shutterstock

Em grupo, troquem ideias e interpretações sobre cada objetivo específico tendo em vista a elaboração do relatório final.

Etapa 7 – Elaborar o relatório final

Organizem a escrita do relatório em:

- Apresentação do objeto de pesquisa: façam uma apresentação do tema e da importância que ele tem atualmente, sobretudo no cotidiano juvenil.
- Apresentação do objetivo geral e dos objetivos específicos.
- Discussão teórica do tema: vocês podem retomar a leitura da Unidade 2, mas, de preferência, se basear em nova bibliografia (artigos científicos, monografias, dissertações e teses).
- Apresentação da técnica de grupo focal: apresentem a técnica com base em artigos científicos disponíveis na internet e descrevam o grupo focal usado na pesquisa: o número de participantes, as características compartilhadas (idade e escolaridade) e as características específicas (gênero, religião, etnicidade, classe social). Também é necessário fazer uma descrição geral da interação em si. Descrevam as maiores dificuldades enfrentadas e o que podem melhorar em futuras interações de grupo focal, bem como a percepção geral dos pesquisadores. Não se preocupem se tiveram muitas dificuldades durante a atividade do grupo focal. O mais importante é apresentar os pontos positivos e negativos de maneira clara e direta, pois ter consciência das dificuldades mostra que o grupo se envolveu com seriedade nessa prática de pesquisa.
- Análise do material levantado: apresentem os dados categorizados e a interpretação que fizeram.
- Conclusão: façam um resumo dos pontos principais da interpretação do material obtido.

Para compartilhar

Depois de concluírem o relatório final, escolham uma forma de difusão dos resultados da pesquisa: vídeo, *podcast* ou seminário.

Caso optem por vídeo ou seminário, organizem uma apresentação de cerca de 15 minutos com um resumo de todos os pontos do relatório. De todas as etapas, é importante dar ênfase à interação do grupo focal e à interpretação dos dados. No caso de a apresentação ser feita em vídeo, é interessante utilizar recursos, como animações, tabelas ou gráficos.

Se escolherem produzir um *podcast*, seria interessante organizar uma apresentação de mais ou menos 15 minutos em formato de conversa ou entrevista.

Respostas #EnemVestibular

Unidade 1

1. (Enem – 2019): C.
2. (Enem – 2012): C.
3. (Enem – 2014): C.
4. (Enem – 2018): D.
5. (Udesc – 2015): B.
6. (UEL-PR – 2011): E.
7. (UPE – 2015): D.
8. (Ufpel-RS – 2019): D.
9. (Uece – 2019): A.
10. (IF Sudeste MG – 2018): E.
11. (Uece – 2019): C.

Unidade 2

1. (Enem – 2016): A.
2. (Enem – 2017): D.
3. (Enem – 2015): A.
4. (Enem – 2011): A.
5. (Enem – 2010): B.
6. (Uece – 2020): C.
7. (Famema-SP – 2020): B.
8. (UEL-PR – 2019): C.
9. (UFJF-MG – 2020): A.
10. (UFRGS-RS – 2020): C.
11. (UEMG – 2014): D.
12. (Fuvest-SP – 2022): E.
13. (Unesp-SP – 2022): C.
14. (UEL-PR – 2022): B.
15. (UFGD-MS – 2022): B.
16. (UEL-PR – 2020): E.
17. (Uerj – 2019): D.
18. (Unesp-SP – 2022): D.

Lista de siglas das atividades extraídas de provas oficiais

Famema-SP – Faculdade de Medicina de Marília (São Paulo)
Fuvest-SP – Fundação Universitária para o Vestibular (São Paulo)
IF Sudeste MG – Instituto Federal de Educação, Ciência e Tecnologia do Sudeste de Minas Gerais
Udesc – Universidade do Estado de Santa Catarina
Uece – Universidade Estadual do Ceará
UEL-PR – Universidade Estadual de Londrina (Paraná)
UEMG – Universidade Estadual de Minas Gerais
Uerj – Universidade do Estado do Rio de Janeiro
UFGD-MS – Universidade Federal da Grande Dourados (Mato Grosso do Sul)
UFJF-MG – Universidade Federal de Juiz de Fora (Minas Gerais)
Ufpel-RS – Universidade Federal de Pelotas (Rio Grande do Sul)
UFRGS-RS – Universidade Federal do Rio Grande do Sul
Unesp-SP – Universidade Estadual Paulista "Júlio de Mesquita Filho" (São Paulo)
UPE – Universidade de Pernambuco

PROJETO MÚLTIPLO

CIÊNCIAS HUMANAS e Sociais Aplicadas

Claudio Vicentino
Bacharel em Ciências Sociais pela Universidade de São Paulo (USP)
Professor de História no Ensino Médio e em cursos pré-vestibulares
Autor de obras didáticas e paradidáticas para Ensino Fundamental e Ensino Médio

Eduardo Campos
Bacharel e licenciado em Geografia pela Universidade de São Paulo (USP)
Mestre em Educação pela USP
Coordenador educacional e pedagógico do Ensino Fundamental (anos finais) e do Ensino Médio
Professor na Educação Básica e no Ensino Superior

Eustáquio de Sene
Bacharel e licenciado em Geografia pela Universidade de São Paulo (USP)
Mestre e doutor em Geografia Humana pela USP
Professor de Geografia do Ensino Médio na rede pública e em escolas particulares
Professor de Metodologia do Ensino de Geografia na Faculdade de Educação da USP por cinco anos

ENSINO MÉDIO

VOLUME ÚNICO | PARTE F

Construção da cidadania

editora ática

Sumário

UNIDADE

1 Dimensões da cidadania

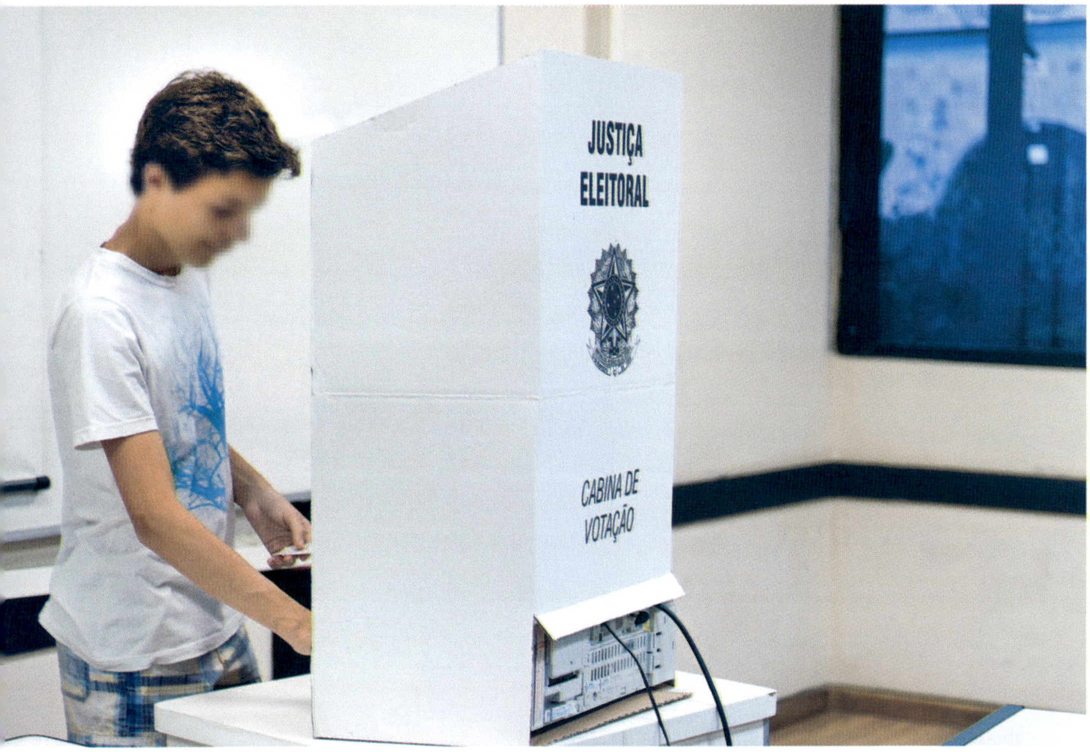

Luciana Whitaker/Pulsar Imagens

Jovem votando nas eleições de 2014 na cidade do Rio de Janeiro (RJ).

Manifestações a favor da Amazônia, em São Paulo (SP). Foto de 2019.

#TáNoFeed

O texto abaixo, elaborado pela cientista política Mônica Sodré, pelo professor da USP e cientista político José Álvaro Moisés e pelo sociólogo Floriano Pesaro, aponta que a democracia está sob risco em vários países, incluindo o Brasil. Ao final, responda às questões propostas.

Nem só de eleições vivem as democracias

Pela primeira vez neste século, a maior parte do mundo não é uma democracia. Isso não se explica apenas pelas suas dificuldades em locais nos quais já estava consolidada – como nos EUA e na Europa ocidental –, mas também pelo surgimento de regimes híbridos, que mantêm os aspectos eleitorais enquanto suprimem liberdades de imprensa e de expressão, caso de Hungria e Filipinas.

Sua retração global é sentida em disputas eleitorais enviesadas, vulnerabilidade a rupturas, manifestações populares, desrespeito à oposição, censura à imprensa, esvaziamento dos partidos e dos Parlamentos e perseguições.

Regimes democráticos não se realizam somente com a garantia de eleições livres, regulares e justas. Sua realização envolve o entendimento cotidiano de seus valores, incorporados em suas normas e comportamentos, e a existência de condições, inclusive materiais, que assegurem aos cidadãos a capacidade de interferir nos rumos do país e da política.

Sua superioridade frente a outras formas de organização da vida coletiva se justifica por três aspectos: é a única na qual os direitos de existência, expressão e participação das minorias são respeitados e preservados, as decisões são consideradas vinculativas por excelência e, por fim, na qual se pressupõe aceitação às regras do jogo.

No Brasil, nosso período democrático mais longevo completou 30 anos e nossa democracia liberal encontra-se sob risco permanente e com gradativa morte de seu vigor.

Morre todos os dias, quando há estímulo da violência por parte de quem ocupa postos de poder. Quando os que ocupam tais posições reivindicam para si a representação exclusiva do povo e seus interesses. Quando os limites entre público e privado ficam quase invisíveis. Quando há esforço para refundar o passado e brigar com a ciência. Quando a desinformação vira arma e as instituições passam a ser orientadas por uma visão que tem como finalidade esvaziá-las de capacidade. Quando a inserção internacional e, portanto, a capacidade de cooperação e relacionamento externos são comprometidas. Quando não há mais imagem externa a zelar.

SODRÉ, Mônica; MOISÉS, José Álvaro; PESARO, Floriano. Nem só de eleições vivem as democracias. *Folha de S.Paulo*, 9 ago. 2020. Disponível em: www1.folha.uol.com.br/opiniao/2020/08/nem-so-de-eleicoes-vivem-as-democracias.shtml. Acesso em: 7 jun. 2022.

Dazo/Shutterstock

Atividades

1. Quais são os entraves e as ameaças à democracia apontados no artigo?
2. Em que aspectos a democracia é um regime político superior, segundo os autores?
3. Se a democracia é um sistema no qual prevalece a vontade da maioria, por que os autores afirmam que nesse regime os direitos das minorias são respeitados e valorizados?
4. Como podemos revigorar a atual democracia brasileira?

Conheça a unidade

Objetivos

- Compreender os conceitos de democracia e ditadura tendo em vista sua origem na Antiguidade clássica e seu uso em contextos políticos contemporâneos.
- Conhecer os contextos de surgimento e desenvolvimento de diferentes regimes políticos na América Latina nos séculos XIX e XX.
- Relacionar as políticas populistas e desenvolvimentistas do Brasil a contextos históricos específicos.
- Identificar as motivações de elites econômicas e sociais e os interesses estrangeiros no surgimento e no desenvolvimento de regimes ditatoriais no Brasil.
- Reconhecer a renda média do trabalho como indicador de inserção social e dado que revela a desigualdade social.
- Compreender a particularidade dos desafios da mulher na inserção e na valorização no mercado de trabalho.
- Reconhecer o papel do preconceito e do racismo como mecanismos que dificultam a ascensão social e econômica de grupos minoritários.
- Refletir sobre as diferentes formas de exclusão e opressão às quais estão submetidos as mulheres, os afrodescendentes, os indígenas, os idosos e os jovens.

Justificativa

Conceitos relativos a regimes e práticas políticas, tais como democracia, ditadura, populismo, paternalismo, desenvolvimentismo, entre outros, são importantes para a compreensão de situações históricas específicas. Ao mesmo tempo, essas situações exemplificam e esclarecem melhor a própria compreensão desses conceitos. Tendo foco em contextos políticos da América Latina nos séculos XIX e XX, a unidade contribui para estimular a reflexão dos estudantes quanto à história política latino-americana contemporânea.

A cidadania é desigualmente exercida pela população brasileira em variados contextos, tanto espacial quanto etário, de sexo ou gênero e ainda de cor, raça ou etnia. Apesar das grandes conquistas e dos avanços em nosso sistema legal para a promoção do reconhecimento das diferenças e das necessidades dos variados segmentos sociais no país, a vida cotidiana das denominadas minorias sociais (categoria sociológica), que não correspondem necessariamente às minorias numéricas, ainda está muito distante dos segmentos privilegiados, como grupos de brancos, sobretudo homens adultos.

E isso se manifesta de forma explícita em como essas minorias são vistas e (des)valorizadas socialmente e materializadas em diferentes indicadores sociais, como trabalho, renda e violência.

A BNCC nesta unidade

Competências gerais da Educação Básica: CG1, CG2, CG3, CG4, CG5, CG6, CG7, CG8, CG9, CG10.
Competências específicas de Ciências Humanas e Sociais Aplicadas: 1, 4, 5, 6.
Habilidades de Ciências Humanas e Sociais Aplicadas: EM13CHS101, EM13CHS102, EM13CHS103, EM13CHS402, EM13CHS403, EM13CHS503, EM13CHS504, EM13CHS601, EM13CHS602, EM13CHS603, EM13CHS606.
Competência específica de Linguagens e suas Tecnologias: 6.
Habilidade de Linguagens e suas Tecnologias: EM13LGG604.

Temas contemporâneos transversais

Cidadania e Civismo

- Educação em Direitos Humanos
- Processo de envelhecimento, respeito e valorização do idoso

Multiculturalismo

- Educação para a valorização do multiculturalismo nas matrizes históricas e culturais brasileiras
- Diversidade cultural

Saúde

- Saúde

Economia

- Trabalho

Democracia e ditadura no Brasil e na América Latina

Nós, seres humanos, vivemos em culturas diferentes, e os modos de organização política variam muito de uma sociedade para outra. De maneira geral, podemos identificar sociedades nas quais a organização é estabelecida de forma autoritária, sob um governo centralizado. Em outras, as decisões são tomadas de forma coletiva e dialogada. Essas formas de organização são, quase sempre, associadas, respectivamente, à ditadura e à democracia.

A palavra **ditadura** tem origem na Antiguidade, na Roma republicana. Depois de se libertarem do domínio etrusco, em 509 a.C., e antes de constituírem um império, a partir de 27 a.C., os romanos consideravam o Senado o principal órgão político. Não se tratava de uma democracia, mas de uma República aristocrática, pois os senadores eram representantes da elite, uma minoria da população. Mas suas decisões eram tomadas a partir do diálogo sobre a *rex-publica*, o respeito à coisa pública, ao *publicus*, coisa do povo, na busca de entendimentos em relação ao que seria melhor para a cidade. Porém, em épocas de crise, como em uma guerra, as decisões tinham de ser tomadas rapidamente e, por isso, se instituía um ditador, do latim *ditactor*, o que ditava os decretos, com amplos poderes por um período máximo de seis meses. Em outras palavras, a ditadura era um tipo de governo provisório, extraordinário, acionado em situações excepcionais, com a finalidade de cuidar da administração da cidade até que a situação de crise fosse resolvida.

Assim, essa ditadura antiga não carregava um caráter pejorativo de ilegalidade. Situação diferente de ditadura na modernidade em que se tornou um sinônimo de governo autoritário, perdendo o aspecto de transitoriedade que tinha na Roma antiga. Nesse sentido, se tivéssemos de buscar na Antiguidade um governo com algumas similaridades com as ditaduras contemporâneas, perceberíamos que elas se assemelham mais ao despotismo ou à tirania. E, nesse quadro, são exemplares as do mundo grego e mesmo de outros povos antigos que, em meio às tensões e aos conflitos internos, certas personagens assumiam o poder e se garantiam nele sobretudo pela força, reprimindo descontentamentos e impondo suas decisões.

As ditaduras contemporâneas geralmente são estabelecidas com base em um golpe de Estado, ou seja, na derrubada de uma ordem constitucional legítima. A partir de sua implementação a ditadura se firma como um governo regido por um líder ou por um grupo de líderes e se caracteriza por sua intolerância ao pluralismo político e à participação popular. Em uma ditadura não existe um partido de oposição de direito e de fato e, caso exista, quase sempre é apenas como formalidade política.

As ditaduras podem ser de vários tipos:

- **Ditaduras militares**: o governo é exercido por membros de alta patente das Forças Armadas, representados por um desses membros que exerce o papel de líder, ou por juntas militares. Frequentemente as ditaduras militares integram representantes civis das elites.
- **Ditaduras de partido único**: o partido no poder tem a prerrogativa de escolher todos os cargos, controlando assim a política de modo completo.
- **Ditaduras pessoais**: o poder se concentra nas mãos de uma única pessoa.

- **Ditaduras monárquicas**: o poder é conferido a um rei em caráter hereditário. Atualmente, as monarquias são bem menos comuns do que no passado e, geralmente, se integram a uma ordem democrática, na qual o poder do rei é simbólico ou partilhado com representantes do povo. Mas há situações em que o monarca destitui esses representantes, passando a governar de forma autoritária, ditatorial.

Wang Zhao/AFP

O presidente da China, Xi Jinping, à frente na foto, 19º Congresso do Partido Comunista Chinês, em 2017. Na China, a ditadura de partido único vigora desde que o Partido Comunista tomou o poder, em 1949, no contexto da Revolução Chinesa.

James Devaney/FilmMagic/Getty Images

Na foto, a família real no Palácio de Buckingham durante comemoração oficial, em 2015, em Londres (Inglaterra). A monarquia no Reino Unido é integrada a um regime parlamentarista democrático.

Atividade

1. Os ditadores e os governos ditatoriais não se caracterizam por uma pessoa ou um restrito grupo de pessoas governando contra a vontade de todos. Quase sempre eles contam com o apoio de uma parcela da população. Por que isso acontece? Argumente apresentando exemplos atuais ou passados.

A palavra **democracia** também tem origem na Antiguidade, mas na Grécia clássica. *Demos* eram subdivisões territoriais da cidade de Atenas com base nas quais eram elaboradas listas de pessoas com direito à cidadania. Unida à palavra *kratia*, que significa poder ou governo, o termo democracia fazia referência a um regime político no qual as decisões eram tomadas não por um indivíduo apenas ou por um pequeno grupo, mas pelo conjunto dos cidadãos via assembleias. Além disso, os cargos eram rotativos, de modo que todo cidadão de uma democracia grega, em algum momento da vida, poderia ocupar uma posição política de destaque.

No mundo contemporâneo a participação dos cidadãos nas decisões do Estado passou a ocorrer por meio da **democracia representativa**, na qual os cidadãos elegem seus representantes políticos, que, por sua vez, cuidam da administração pública. O sociólogo alemão **Max Weber** (1864-1920) explica essa mudança argumentando que o Estado nacional moderno, diferentemente da pólis grega antiga, apresenta uma burocracia demasiadamente complexa para permitir a participação direta dos cidadãos nas decisões do Estado.

O economista austríaco **Joseph Schumpeter** (1883-1950), por sua vez, associa o modelo moderno de democracia ao comportamento do consumidor em uma sociedade capitalista. Assim como o consumidor tem a liberdade de escolher o produto que vai comprar, podendo optar por diferentes marcas e modelos, também na democracia representativa os eleitores optam por uma proposta de governo entre as várias que lhe são apresentadas. Da mesma forma que as empresas avaliam o potencial de um produto por meio de pesquisas de *marketing*, os partidos políticos também podem avaliar as chances de um candidato por meio de pesquisas eleitorais.

WEBER, Max. *Economia e sociedade*. 4. ed. Brasília: Editora UnB, 2015. v. 2.

SCHUMPETER, Joseph. *Capitalismo, socialismo e democracia*. São Paulo: Editora Unesp, 2017.

TOCQUEVILLE, Alexis de. *A democracia na América*. São Paulo: Edipro, 2019.

Um dos maiores riscos de uma democracia moderna é o que o pensador político francês **Alexis de Tocqueville** (1805-1859) chamava de "tirania da maioria". Imagine a promulgação de uma lei que tenha impacto negativo para uma minoria da população. Se a questão fosse posta em votação, essa minoria sempre teria seus interesses e necessidades submetidos aos votos da maioria. Por isso é que as democracias representativas do mundo contemporâneo também são **democracias constitucionais**. O Estado tem dispositivos legais que protegem as minorias contra possíveis injustiças sociais.

A democracia, seja a antiga, sejam as contemporâneas, envolve o poder e os embates sociopolíticos quanto a liberdade e direitos. Como veremos a seguir, foi longa e nada simples a trajetória histórica das pressões e das lutas por mudanças e conquistas. A democracia expõe potencialidades para enfrentar e vencer barreiras à melhor vivência social, heranças que continuam na dependência de cada um de nós.

Atividade

2. Veja abaixo o sentido de utopia, apontado pelo jornalista e escritor uruguaio Eduardo Galeano (1940-2015), citado no livro *Política: para não ser idiota*, de Sergio Cortella e Renato Janine Ribeiro.

> A utopia está lá no horizonte. Me aproximo dois passos, ela se afasta dois passos. Caminho dez passos e o horizonte corre dez passos. Por mais que eu caminhe, jamais alcançarei. Para que serve a utopia? Serve para isso: para que eu não deixe de caminhar.

CORTELLA, Mario Sergio; RIBEIRO, Renato Janine. *Política*: para não ser idiota. Campinas, SP: Papirus: 7 Mares, 2010. p. 21.

a) Tomando o sentido de utopia de Eduardo Galeano, como você o associa com a afirmação mais acima, no parágrafo que começa com "A democracia, seja a antiga [...]"?

b) Considerando sua resposta à pergunta acima, a democracia se mostra como algo pronto, fechado, permanente e acabado? Por quê?

Do século XIX ao XX: América hispano--portuguesa nos limites da independência

Os limites da independência

Desde 2010, têm ocorrido eventos comemorativos do bicentenário da independência nas regiões americanas colonizadas por espanhóis e portugueses. As comemorações favorecem embates em torno da memória e da história, além de possibilitar reavaliações nas experiências latino-americanas. A independência política de toda a América Latina manteve fortes laços de subordinação nas relações internacionais, em especial com a Inglaterra, a maior potência mundial nos períodos em que ocorreu o processo de independência dos países latino-americanos. Porém, quando voltamos o olhar para o interior de cada um dos novos países independentes, é possível identificar diferentes limites ao efetivo exercício da cidadania pela maior parte da população.

Assim, as novas nações que se formavam na América Latina no século XIX carregavam enormes limitações: tanto no plano das relações externas dos novos Estados, até mesmo com diversas intervenções de países alheios à região (Inglaterra, França, Estados Unidos), como nas relações internas. Em outras palavras, talvez devêssemos sempre usar aspas ao falar em "independência", seja a do Brasil, seja a dos demais países da América Latina.

Cenários da América hispânica: da independência ao século XXI

No início do século XIX, estima-se que a população total da América espanhola era de aproximadamente 22 milhões de habitantes. Destes, mais de 12 milhões eram indígenas; 6 milhões, mestiços (descendentes de espanhóis e populações locais); 800 mil, negros escravizados; e 3 milhões, *criollos*.

Os *criollos*, membros das elites hispano-americanas, desejavam romper com as metrópoles monopolistas que lhes dificultavam as transações mercantis, sobretudo com a Inglaterra. Para os colonos, a Coroa espanhola restringia os setores produtivos, além de limitar o acesso aos cargos administrativos e políticos. Para a Inglaterra, contudo, interessava a independência das colônias, uma vez que isso eliminaria as barreiras monopolistas comerciais e ativaria novos mercados, indispensáveis ao seu progresso industrial. *Criollos* e ingleses tinham interesses convergentes na independência das colônias espanholas na América.

Os *chapetones*, grupo minoritário da América espanhola (cerca de 300 mil indivíduos), composto de espanhóis nascidos na metrópole, ocupavam os altos cargos da administração colonial, vivendo em permanente confronto com a elite local – e desejavam a manutenção das relações metrópole-colônia. Os *criollos*, guiados pelos ideais iluministas liberais e pelo exemplo da independência dos Estados Unidos, eram partidários do livre-comércio e da luta pela emancipação política, embora não cogitassem mudanças na estrutura socioeconômica.

As rebeliões locais, de um lado, como manifestações isoladas, sinalizavam o esgotamento do sistema colonial; de outro, expressavam diversos projetos de independência. Diversas rebeliões eclodiram na América hispânica contra os espanhóis e seu domínio, organizadas tanto por *criollos* quanto por indígenas.

Dentre estas últimas, destacou-se a rebelião em 1780, de Tupac Amaru II (1738-1781), no Vice-Reinado do Peru. Essas rebeliões e outras manifestações do século XVIII traziam à tona outros "projetos" de independência, diferentes daqueles que acabaram sendo realizados pelas elites coloniais, seja com os *criollos* na região hispânica, seja com os membros da aristocracia na América portuguesa.

Monumento representando Tupac Amaru II, sua esposa e seus filhos. Praça de Armas em Cuzco (Peru), em fotografia de 2017.

Craig Lovell/Eagle Visions Photography/Alamy/Fotoarena

Rebeliões latino-americanas – século XVIII

Banco de imagens/Arquivo da editora

Fonte: elaborado com base em BLACK, Jeremy (ed.). *World History Atlas*. Londres: Dorling Kindersley, 2004. p. 126 e 148.

Atividade

1. Observe que as datas das rebeliões são muito próximas, sugerindo que pairavam no continente ideais libertários. Entretanto, na época não havia meios de comunicação instantâneos como temos hoje.

a) Como esse "espírito revolucionário" e o desejo de mudanças se se disseminavam?

b) Quais eram os segmentos sociais responsáveis por isso?

c) Os segmentos sociais regionais eram unidos num só projeto para realizar as mudanças ou a independência ou havia diferenças?

O processo de independência da América espanhola foi impulsionado pelo enfraquecimento do Reino da Espanha – com a invasão de Napoleão Bonaparte (1769-1821), que destituiu o rei Carlos IV (1788-1808), da dinastia Bourbon, e coroou José Bonaparte (1768-1844), seu irmão –, que incentivou o movimento autonomista liderado pelos *criollos*. A revolução que libertou a maioria dos países latino-americanos ocorreu entre 1817 e 1825, tendo como líderes Simón Bolívar (1783-1830) e José de San Martín (1778-1850), que percorreram quase toda a América do Sul hispânica, com o apoio efetivo da Inglaterra e dos Estados Unidos.

Embora tivessem conseguido acabar com o domínio metropolitano e obtido a liberdade política, os novos Estados latino-americanos continuaram atrelados à dependência econômica externa. Atendendo aos interesses do desenvolvimento capitalista, a América Latina, governada pela aristocracia *criolla*, assumiu a função de fornecer matérias-primas e consumir produtos industrializados ingleses.

No Congresso do Panamá (1826), quando quase toda a América Latina já estava independente, Bolívar tentou concretizar seu ideal de unidade política, defendendo alianças entre os Estados hispano-americanos, a criação de uma força militar comum e a abolição da escravidão, entre outras medidas. Seus esforços de solidariedade continental – ideal de pan-americanismo bolivarista –, no entanto, encontraram a oposição dos ingleses, dos estadunidenses e das próprias oligarquias locais e de seus dirigentes, como a monarquia brasileira de dom Pedro I, recém-instalada e comprometida com as elites escravistas.

M. Seemuller/DEA/Album/Fotoarena/Museu Bolivariano, Caracas, Venezuela.

Simón Bolívar saudando a bandeira após a batalha de Carabobo, obra do pintor venezuelano Arturo Michelena. Simón Bolívar foi um dos principais líderes na América Latina após as guerras de independência.

Atividade

2. Para discutir em grupos, faça uma pesquisa sobre Simón Bolívar e seu ideal de pan-americanismo, considerando os seguintes aspectos:

a) Em que medida o ideal de Bolívar esbarrava nos interesses estadunidenses e ingleses?

b) Quanto aos interesses do Brasil independente, havia coincidência ou oposição? Em quais aspectos?

c) Desde o século XIX, a história do Brasil e a dos demais países latino-americanos correm em paralelo. Vivemos quase sempre voltados à maior aproximação ou ao distanciamento deles? Por quê?

No aspecto político, chefes locais, em geral líderes oriundos das forças militares mobilizadas pelos *criollos* nas guerras de independência, passaram a disputar o poder de suas respectivas regiões. Na fragmentação da América hispânica em vários novos Estados, os comandantes carismáticos, autoritários, personalistas, chefes que irradiavam magnetismo pessoal na condução de seus comandados, foram denominados caudilhos.

México: projetos de independência em confronto

Em 1810, ocorreu a primeira tentativa de emancipação política no México (na época, Vice-Reinado de Nova Espanha), que se distinguiu dos demais movimentos da América espanhola por ter sido uma iniciativa das massas populares e por seu caráter predominantemente rural. Encabeçando a insurreição, sucederam-se Miguel Hidalgo (1753-1811), padre Morelos (1765-1815) e Vicente Guerrero (1782-1831), que deram ênfase às reformas sociais populares, propondo o fim da escravidão e a igualdade de direitos e opondo-se à aristocracia fundiária e aos altos funcionários. Os ideais populares divergiam dos propósitos das elites *criollas* mexicanas, que quase sempre estiveram mais atreladas aos *chapetones* e controlavam a maior parte das áreas rurais, sendo metade das terras mexicanas pertencente ao clero.

Para os mestiços e os indígenas que formavam cerca de 80% dos 6 milhões de habitantes da região, a luta pela independência do México deveria incluir propostas para resolver a situação fundiária a favor dos camponeses diante do então controle da aristocracia.

Enviado pelo vice-rei para lutar contra os insurretos mexicanos, Agustín Itúrbide (1783-1824), de forma oportunista, aliou-se a Guerrero em 1821 formulando o **Plano de Iguala**, que proclamava a independência do México, a igualdade de direitos entre *criollos* e espanhóis, a supremacia da religião católica, o respeito à propriedade e um governo monárquico. Era a confirmação de um projeto de independência que atendia aos interesses das mesmas elites (*criollos*, *chapetones* laicos e o clero) que dominavam o México na fase colonial. Em 1822, Itúrbide proclamou-se imperador, com o título de Agustín I.

Itúrbide acabou deposto e fuzilado num levante republicano em 1824, e o México confirmava efetivamente sua independência da Espanha e elegia seu primeiro presidente, o general Guadalupe Vitória. A estrutura agrária e social que mantinha a maioria da população submetida ao controle das elites mexicanas permaneceu basicamente a mesma.

Luisa Ricciarini/Bridgeman Images/Easypix/Museu Histórico Nacional, Castelo de Chapultepec, Cidade do México, México.

Agustín Itúrbide, pintura anônima feita aproximadamente em 1821.

Saiba +

O general em seu labirinto. Gabriel García Márquez. Record, 2003.

O autor reconstrói o passado da América Latina segundo a lógica de um de seus libertadores, Simón Bolívar.

Conexões Arte

Simbologias históricas – uma obra de Diego Rivera

Neste mural, Rivera retrata alguns personagens da Guerra de Independência [do México], iniciada em 1810, por meio da representação pictórica dos líderes de maior vulto desse fato histórico: Hidalgo e Morelos, de um lado, ocupam o centro desta cena, enquanto, no canto esquerdo, o Imperador Itúrbide aparece com um peso negativo, aliás o único a ser representado com esta conotação. Deste grupo central, o padre Hidalgo é o personagem principal que carrega na sua mão direita uma corrente quebrada, simbolizando a liberdade, a ruptura, o fim do domínio colonial, enquanto em sua mão esquerda sustenta um estandarte com a imagem da Virgem de Guadalupe. Ao lado de Hidalgo está o padre José María Morelos, o principal general e ideólogo da Guerra. Morelos aponta seu braço para a direita, em direção ao futuro, gesto este acompanhado por um estranho personagem situado mais abaixo que se encontra vestido com uma armadura e uma planta de milho a seus pés como símbolo da terra e que está carregando uma espada em sua mão direita e uma espingarda na esquerda. Da mesma forma que Morelos, este personagem indica, com sua espada, a direção do futuro para um grupo de camponeses armados com rifles e sabres. Seus interlocutores são os camponeses mas também o espectador dos murais.

É importante notar neste detalhe as duas intenções de Rivera como artista engajado politicamente. O primeiro aspecto a ser destacado é a relação e o sentido eminentemente social que o autor empresta às lutas pela independência, expressa na questão da demanda por terras pelos camponeses. Esse aspecto estabelece uma relação entre passado e presente, pois na guerra pela independência está em questão o "pensamento social mexicano", ou uma "revolução agrária" [...].

A representação da águia ocupa uma posição central, um pouco mais abaixo da representação do padre Miguel Hidalgo. Esta imagem está baseada num monumento de pedra pertencente à cultura mexicana, encontrado em 1926 na ala sul do Palácio Nacional, outrora o local onde se situava o Palácio de Montezuma. O ponto principal do monumento é a águia que sustenta em seu bico uma serpente apoiada sobre um pé de nopales, que simboliza a fundação de Tenochtitlán. Desta maneira, Rivera se apoia na arqueologia para reforçar o mito que funda a identidade cultural mexicana e serve de vínculo tangível entre o México moderno e seu passado remoto.

Deste modo, reforça-se sobre este achado um capital ideológico. É a imagem do centralismo político, como reflexo de um Estado forte, condição que, desde o século passado, se pensava como indispensável para integrar uma nação. O discurso que este símbolo traz refere-se ao mito de origem e a sede do poder político contemporâneo.

Este inclusive é o símbolo da atual bandeira mexicana. [...] Visualmente se estabelece então uma poderosa fonte de legitimidade política.

VASCONCELLOS, Camilo de Mello. As representações das lutas de independência no México na ótica do muralismo: Diego Rivera e Juan O'Gorman. *Revista de História*, n. 153, dez. 2005. p. 283-304.

1. Leia no texto a descrição do mural *A Guerra de Independência do México*, de Diego Rivera, e pesquise na internet a imagem dessa obra. O artista organizou as figuras da composição numa sequência cronológica. Que segmento da pintura representa a história colonial mexicana? Que segmento representa a história mais recente do México?

2. Na composição, vários elementos interagem para que a história mexicana seja mostrada como uma história de lutas. Identifique pelo menos três desses elementos.

Destaques da América Latina depois da independência

México

Após a instalação da República, em 1824, o México passou a viver um período de instabilidade política sob a forma de ditaduras e de dependência econômica. As condições sociais se deterioraram com a perda de quase metade de seu território, após a guerra travada contra os Estados Unidos, em 1848, e as intervenções estrangeiras sucessivas, como a dos franceses, entre 1861 e 1867, que tentaram instalar na região o governo Habsburgo de Maximiliano, um prolongamento do Segundo Império napoleônico na América.

Essas condições propiciaram a instalação da ditadura de Porfirio Díaz (ele governou em dois períodos: 1877-1880 e 1884-1911), sob a qual ocorreram intensa concentração fundiária e entrada de elevadas somas de capital estrangeiro, voltadas para a exploração e o controle dos recursos minerais e da produção de artigos de exportação. Dessa forma, para a população local, em sua maioria concentrada nas áreas rurais, aumentaram a miséria e a dependência em relação aos grandes senhores.

No início do século XX, esse quadro levou ao crescimento da insatisfação da população, o que provocou greves operárias nas cidades e revoltas na zona rural. Dessas lutas surgiram líderes populares, como Emiliano Zapata (1879-1919) e Pancho Villa (1878-1923), que comandaram milhares de camponeses nas exigências por distribuição de terras por meio de reforma agrária, opondo-se aos latifundiários, aos quais se juntaram a Igreja e as elites constituídas. Parte da elite, no entanto, sob o comando de Francisco Madero (1873-1913), insurgia-se contra Porfirio Díaz. Essas forças uniram os exércitos revolucionários e depuseram Porfirio Díaz em maio de 1911.

As camadas populares permaneceram insatisfeitas com as tímidas medidas sociais tomadas por Madero, que foi assassinado em 1913. O general Victoriano Huerta (1850-1916) reinstalou a ditadura, ligada aos interesses dos Estados Unidos.

Pancho Villa voltou a lutar contra as forças federais, enquanto Zapata liderava no sul a revolução camponesa pela reforma agrária. As pressões levaram Huerta a renunciar em 1914 em favor de um governo constitucional liderado por Venustiano Carranza (1859-1920).

Universal History Archive/Getty Images

Na foto de 1915, os líderes populares Pancho Villa (no centro) e Emiliano Zapata (à direita) no palácio presidencial da Cidade do México.

Joseph Martin/Album/ZUMA Press/Glow Images/Museu de Arte Moderna, Nova York, EUA.

Populares mexicanos seguindo Zapata. Pintura de Orozco, 1931.

Em 1917, foi promulgada a nova Constituição liberal do país e Carranza foi eleito presidente. Insatisfeitos com o não atendimento de suas reivindicações, sobretudo a redivisão fundiária, os movimentos populares continuaram em luta. Entretanto, perderam força, principalmente com o assassinato de Zapata, em 1919, e o afastamento de Villa, em 1920, seguido de seu assassinato, em 1923. Assim, institucionalizou-se o projeto liberal.

Na década de 1930, a reforma agrária, motivo da revolução de 1910, ainda não havia sido realizada: mais de 80% das terras mexicanas estavam em mãos de pouco mais de 10 mil grandes proprietários. As manifestações nacionalistas e as reivindicações sociais encontraram no presidente Lázaro Cárdenas (1895-1970), governante no período 1934-1940, um representante que expropriou terras e companhias estrangeiras, nacionalizou o petróleo e estimulou a formação de sindicatos camponeses e operários.

O partido do governo passou a chamar-se Partido da Revolução Mexicana, transformado em 1948 no **Partido Revolucionário Institucional (PRI)**, que permaneceu hegemônico no poder, vencendo todas as eleições presidenciais, até ser derrotado em 2000.

Nas últimas décadas do século XX, entretanto, o latifúndio voltou a dominar a estrutura agrária do país e houve intensa subordinação aos capitais internacionais, levando a economia a sucessivas crises. Diante da imensa dívida externa e do grave quadro inflacionário, em 1990 o presidente Carlos Salinas de Gortari (1948-) buscou acordos internacionais que atraíssem investimentos estrangeiros, em especial dos Estados Unidos.

A íntima vinculação ao bloco econômico norte-americano, unindo-se à economia de dois dos gigantes do capitalismo, Estados Unidos e Canadá, possibilitou a integração do México ao Acordo Norte-Americano de Livre-Comércio **(Nafta)**, oficializada em 1º de janeiro de 1994 e comemorada como uma passagem para o mundo desenvolvido.

Esse episódio, entretanto, foi ofuscado pelo levante do **Exército Zapatista de Libertação Nacional (EZLN)**, que tomou várias cidades no estado de **Chiapas**, uma região empobrecida no sudeste do país.

Os zapatistas, como ficaram conhecidos, proclamavam a exigência de "pão, saúde, educação, autonomia e paz" para os camponeses da região. Liderados por um homem mascarado, autodenominado "subcomandante Marcos", sublevavam-se contra o governo e denunciavam o Nafta como danoso ao povo mexicano.

Rodrigo Pardo/AFP

Na foto, membros do Congresso Nacional Indígena, do México, prestam solidariedade ao EZLN durante manifestações que lembram os 100 anos de morte do líder Emiliano Zapata, na cidade de San Cristóbal de las Casas (México). O levante dos zapatistas em 1994 representou um sério revés à economia de mercado da integração neoliberal mexicana, além de derrotar o exército mexicano e tomar a capital do estado de Chiapas, San Cristóbal de las Casas. Foto de 2019.

A economia mexicana mergulhou na instabilidade em meio a acusações de envolvimento do governo em assassinatos, especialmente o irmão do presidente, Raúl Salinas (1946-), e escândalos de corrupção. As eleições deram vitória ao novo candidato do PRI, Ernesto Zedillo (1951-), que assumiu o cargo em dezembro de 1994.

Nas eleições presidenciais de 2000, tiveram fim 71 anos seguidos de governo do PRI, quando Vicente Fox (1942-) venceu a eleição para a Presidência pelo Partido de Ação Nacional (PAN).

Nas eleições de 2006, Felipe Calderón (1962-), do mesmo partido, elegeu-se presidente com o apoio de Fox, derrotando por pouca margem de votos Andrés Manuel López Obrador (1953-), do Partido da Revolução Democrática (PRD), num clima de acusações de fraudes e contestações. Depois de uma breve ausência, o PRI voltou ao poder com a vitória do seu candidato Peña Nieto (1966-), empossado em dezembro de 2012. Em 2018 foi sucedido por Andrés Manuel López Obrador, contrário ao neoliberalismo e defendendo políticas mais à esquerda. Suas medidas de mudanças esbarraram em forte oposição e foram seguidas de crises, aprofundadas em 2020 por causa dos efeitos da pandemia do novo coronavírus.

Atividade

1. Discutam em grupo a Revolução Mexicana de 1910 e o movimento zapatista dos anos 1990, contando com dados obtidos em pesquisas (internet, livros, etc.) que considerem as seguintes questões:

a) Que aspectos demonstram ligações entre os dois acontecimentos?

b) As permanências ou as mudanças continuam no México atual?

América Central e Caribe

Inicialmente unida ao México, a América Central proclamou sua independência em 1823, formando as Províncias Unidas da América Central. Essa união durou pouco em virtude de pressões inglesas e estadunidenses, fragmentando-se em repúblicas autônomas a partir de 1838.

As pressões, principalmente dos Estados Unidos, desdobraram-se em intervenções e apoio à formação de ditaduras, a exemplo da Guatemala em 1871, em prol da separação do Panamá da Colômbia em 1903 e nas décadas seguintes em Honduras, Nicarágua, Cuba, entre outras. As lutas locais e as guerrilhas estabelecidas diante do intervencionismo e dos governos autoritários conturbaram a região no século XX.

Caso bastante singular foi o de Cuba. A independência cubana em relação à Espanha só aconteceu em 1898, sob a liderança de José Martí (1853-1895). Em 1901, os Estados Unidos oficializaram o seu domínio sobre a ilha, impondo à Constituição cubana a chamada **Emenda Platt**, que lhes dava o direito de intervir no país sempre que seus interesses estivessem ameaçados, além de obrigá-lo a lhes ceder a baía de Guantánamo. Seguiram-se governos ditatoriais apoiados pelos Estados Unidos e, em meio à Guerra Fria, em 1959, o movimento guerrilheiro liderado por Fidel Castro (1926-2016) e Che Guevara (1928-1967) depôs o ditador Fulgêncio Batista (1901-1973), assumindo o governo do país e implantando um regime de partido único: o Partido Comunista Cubano. Diante das medidas do novo governo, cresceram as tensões com os Estados Unidos, desdobrando-se na aproximação de Cuba com a então União Soviética e no aprofundamento do programa socialista, o que redundou em tentativas de intervenções por parte dos Estados Unidos e num isolamento político de Cuba que persiste até hoje, mesmo depois do fim da União Soviética e do bloco socialista.

Esse duradouro estado de lutas e guerras na América Central reforçou o quadro de empobrecimento e miséria, bastante comum em toda a América Latina, ativando por décadas a ebulição político-ideológica e o permanente desejo de mudanças. No início do século XXI, apesar de certo avanço econômico, sobretudo no setor de turismo, os países da América Central ainda apresentam índices de pobreza e de pobreza extrema superiores à média da América Latina (observe o mapa da próxima página).

Diante desse quadro geral, o avanço nas lutas por direitos na América Latina sofreu uma forte reversão a partir de meados do século XX. Nessa época, grupos poderosos das elites nacionais latino-americanas, apoiados pelos Estados Unidos, respaldaram intervenções militares sob o pretexto de conter a expansão internacional do comunismo, dando até mesmo como justificativa os desdobramentos do governo cubano em alinhamento com a União Soviética. Assim, seguiu-se a montagem dos diversos regimes ditatoriais que predominaram na América Latina durante o contexto da Guerra Fria (1947-1991).

CEPAL. *Anuario Estadístico de América Latina y el Caribe 2019*. Santiago, 2020. p. 24.

A transição para a democracia nas décadas finais do século XX, por sua vez, reforçou inúmeros desafios que precisavam ser enfrentados. Para citar apenas um dos mais graves: ainda são muito elevados os índices de pobreza na região. Segundo a **Comissão Econômica para a América Latina e o Caribe (Cepal)**, em 2018 a pobreza atingia 30% da população latino-americana, o que corresponde a 191 milhões de pessoas, e a pobreza extrema, 10,7%, ou seja, 68 milhões de pessoas ainda vivem na miséria. Observe no mapa abaixo os índices de pobreza por país.

Pobreza e pobreza extrema* na América Latina – 2018

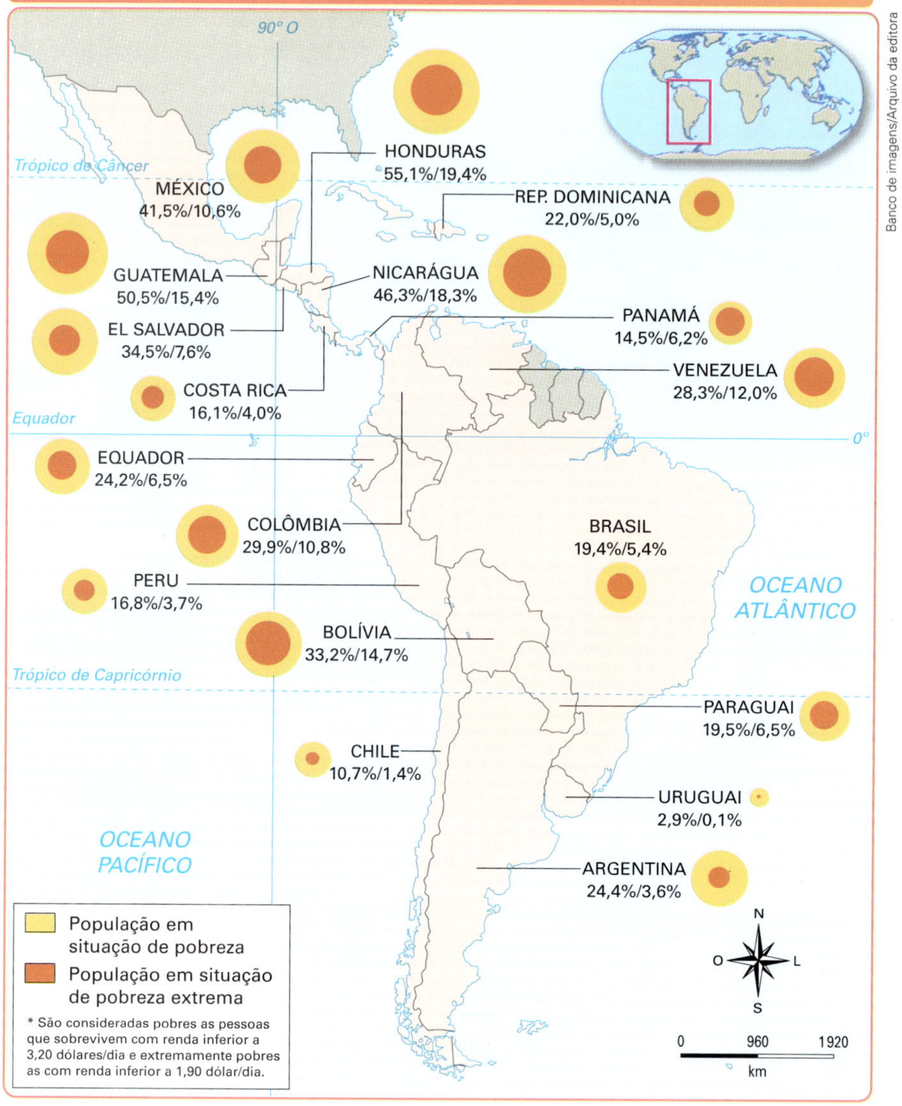

Fonte: elaborado com base em CEPAL. *Anuario Estadístico de América Latina y el Caribe 2019*. Santiago, 2020. p. 26.

Atividade

2. Depois de observar o mapa, responda:

a) Que país apresenta o maior percentual da população vivendo na pobreza e na pobreza extrema? E qual apresenta o menor percentual? Em que região eles se localizam?

b) Qual é a situação do Brasil?

c) Dados mais recentes apontam reversão ou aprofundamento dessas desigualdades?

Tomemos, como exemplo de turbulência política da América Latina, os casos do Peru e da Argentina. Os governos militares no Peru terminaram com o general Morales Bermúdez (1921-), que governou até 1980. A democratização, no entanto, acabou tendo baixas momentâneas, como aconteceu na última década do século XX, em 1992, quando o presidente Alberto Fujimori (1938-) fechou o Congresso e tomou em suas mãos todos os poderes nacionais, ignorando a Constituição, anulando direitos e reelegendo-se sucessivamente por três vezes.

Durante seu longo governo, o ato mais bem-sucedido de Fujimori foi ter diminuído o poder de ação do grupo terrorista Sendero Luminoso, sem, contudo, ter reduzido os problemas sociais do país. O prolongamento de seu mandato e as medidas intransigentes por ele impostas à sociedade peruana não impediram que um escândalo de compra de parlamentares viesse a público.

Não tendo condições políticas nem apoio militar para se manter no poder, Fujimori pediu asilo político ao Japão em novembro de 2000. Em agosto de 2001, o Congresso do Peru aprovou, por unanimidade, uma "acusação constitucional" contra o ex-presidente, por homicídio, corrupção e sequestros durante os anos em que esteve no poder. De 2001 a 2018, os presidentes que o sucederam também foram acusados de corrupção e condenados. Em 2020 o governo de Martín Vizcarra (1963-), iniciado em 2018, acrescentou às dificuldades políticas de atritos com o Parlamento os efeitos da pandemia do coronavírus.

A **Argentina** é outro exemplo latino-americano de instabilidade política e social, mudanças e crescentes dificuldades econômicas e políticas nas últimas décadas. Em meio a acirradas disputas políticas, em 1943 Juan Domingo Perón (1895-1974) chegou ao poder, obtendo imediato apoio popular em decorrência das reformas trabalhistas que promoveu, bem como prestígio, devido à liderança política de sua esposa, Eva Perón (1919-1952).

Em 1952, depois da morte de Evita, como Eva Perón ficou conhecida, as crescentes dificuldades econômicas e pressões políticas culminaram em um golpe que derrubou Perón em 1955, seguindo-se eleições, golpes de Estado e o retorno de Perón ao poder. Eleito presidente em 1973, faleceu no ano seguinte, sendo sucedido por Isabelita Perón (1931-), sua então esposa e vice-presidente. Um novo golpe militar depôs Isabelita em 1976, dando início a uma repressiva e violenta ditadura militar, marcada por sequestros de opositores e rapto de filhos de jovens ativistas políticos torturados e mortos. Estima-se em cerca de 30 mil o número de desaparecidos políticos.

M Selcuk Oner/Shutterstock

Vista do palácio do governo em Lima (Peru). Foto de 2019.

Keystone-France/Gamma-Keystone/Getty Images

Na foto, Juan Domingo Perón ao lado de sua mulher, Eva, em Buenos Aires (Argentina), em 1950.

Somente com o fracasso na Guerra das Malvinas, em 1982, contra a Inglaterra, que detinha a posse desse território reivindicado pela Argentina no Atlântico Sul e chamado pelos ingleses de Falklands, é que a ditadura militar ruiu, devolvendo o governo aos civis. A redemocratização foi realizada com a eleição de Raúl Alfonsín (1927-2009), da União Cívica Radical (UCR), cujo governo não conseguiu conter a crescente crise financeira e inflacionária por que passava o país.

O cenário de crises seguidas, com descontrole administrativo e financeiro, ampliou as manifestações de protestos nos governos seguintes no início deste século: em 2003 venceu as eleições o peronista Néstor Kirchner (1950-2010), sucedido em 2007 por sua esposa, Cristina Kirchner (1953-), reeleita em 2011, ambos pelo Partido Justicialista (também conhecido como Partido Peronista). Em 2015 foi eleito o empresário Mauricio Macri (1959-) do Proposta Republicana e, em 2019, Alberto Fernández (1959-) do Partido Justicialista.

Vale destacar que, em julho de 2012, as "Mães e Avós da Praça de Maio" obtiveram êxito na Justiça ao conseguir a condenação de várias autoridades argentinas, cujas penas variaram de 5 a 50 anos de prisão por atuações criminosas durante a ditadura militar.

Daniel Garcia/AFP

As "Mães e Avós da Praça de Maio" em Buenos Aires, em 2011. Na Plaza de Mayo, em seguidas manifestações, mães e avós exigiam explicações oficiais sobre os desaparecidos durante a ditadura argentina. Esse movimento obteve grande repercussão nacional e internacional.

Atividade

3. Como primeiro passo, em grupos de três a quatro colegas, façam uma pesquisa (na internet, em livros, revistas, etc.) sobre as "Mães e Avós da Praça de Maio" e registrem os dados sobre o histórico desse movimento, suas atuações e seus resultados. Em seguida, cada grupo deve apresentar aos demais os dados coletados. Por fim, discutam coletivamente:

a) Quem são as mães e avós que criaram esse movimento?

b) Tomem os casos pesquisados sobre o que aconteceu com os filhos e os netos delas durante a ditadura militar: Quais foram os desfechos dos casos tratados?

Diálogos

1. Com suas palavras, explique a seguinte afirmação da historiadora Maria Ligia Prado:

> A independência política e a formação dos Estados nacionais na América Latina se fizeram a partir do rompimento do sistema colonial, dirigidas por setores dominantes da colônia, descontentes com a impossibilidade de usufruir as "novas vantagens" que o capitalismo do novo século lhes oferecia. [...] Além disso, aqui havia, antes da colonização espanhola e portuguesa, culturas autóctones que se rebelaram e lutaram para sobreviver depois do impacto da chegada dos europeus.
>
> Junto a elas estavam os negros africanos que também foram incorporados a este continente.
>
> PRADO, Maria Ligia. *A formação das nações latino-americanas*. São Paulo: Atual, 1985. p. 2.

2. Quando nos dedicamos a estudar ou pesquisar determinado assunto, percebemos que sempre há algo novo a ser descoberto. Leia o trecho a seguir e responda às questões propostas.

> Em época de Copa do Mundo, ressurge o estereótipo do argentino, [que] usa qualquer artimanha para vencer, pior adversário do Brasil. Contudo, essa rivalidade tem fundamento histórico ou é um mito midiático restrito ao folclore do futebol? Segundo historiadores, a suposta e encarniçada rivalidade entre brasileiros e argentinos pode não ser apenas um folclore, mas também não é tão grande como propagam alguns locutores e comentaristas esportivos.
>
> A rivalidade entre brasileiros e "hermanos" é, inclusive, maior para nós do que para eles, acredita a historiadora Lívia Magalhães [...]. "Na verdade, o grande rival argentino, pelo menos no futebol, ainda é a Inglaterra, no imaginário social deles [...]", diz. "Acho que o Brasil compra mais isso, de que no futebol o grande inimigo é a Argentina, mas eles não nos consideram o primeiro rival."
>
> [...] há muito tempo, nada nas relações político-econômicas [entre Brasil e Argentina] respalda qualquer motivo para uma rivalidade séria. [...] [Porém], do lado brasileiro, incentivo midiático à rivalidade e até hostilidade por parte dos brasileiros é o que não falta [...].
>
> MARETTI, Eduardo. Rivalidade de argentinos é maior com ingleses e uruguaios do que com brasileiros. *Rede Brasil Atual*, São Paulo, 13 jun. 2014. Disponível em: https://www.redebrasilatual.com.br/politica/2014/06/rivalidade-de-argentinos-e-maior-com-ingleses-e-uruguaios-do-que-com-brasileiros-2740/. Acesso em: 7 jun. 2022.

a) O termo "estereótipo" tem origem grega: é formado pelos vocábulos *stereos*, "sólido", e *typos*, "impressão" ou "molde", significando "impressão sólida". O estereótipo consiste em uma ideia, conceito ou modelo atribuído a pessoas ou a grupos sociais, quase sempre sem nenhuma fundamentação teórica. Esse trecho de reportagem pretende desconstruir um estereótipo. Reflita sobre o trecho e responda: O desconhecimento sobre algo (ou alguém) pode fortalecer estereótipos? Por quê?

b) Em um exercício de desconstrução do "estereótipo do argentino", o autor do texto nos informa sobre quem colabora para "alimentar" esse estereótipo e cita elementos que o enfraquecem, ou seja, que são capazes de negá-lo. Releia a reportagem e explique de que maneira o autor do texto faz isso.

c) Em sua opinião, há nesta unidade algum caso de desconstrução de estereótipos? Em caso positivo, explique qual é o estereótipo e como ele foi desconstruído.

Brasil: da independência ao século XXI

Coube a dom Pedro I (1798-1834) e à aristocracia empreender o processo de independência, cuja participação popular apenas ocorreu nos enfrentamentos com as tropas portuguesas.

Essa independência do Brasil trouxe o fim da subordinação a Portugal, mas não modificou a estrutura produtiva ou a ordenação da sociedade brasileira. Significou a libertação de amarras coloniais, mas a dependência econômica permaneceu enquanto foram mantidos os privilégios ingleses.

Diferentemente do que ocorreu em outras ex-colônias americanas, que após longas lutas por independência adotaram o regime republicano, no Brasil foi instituído o regime monárquico. A ordem socioeconômica não sofreu alteração imediata, nem mesmo em suas estruturas predominantemente coloniais, como o escravismo, o latifúndio e o domínio político da aristocracia. Mas é preciso destacar que o processo de emancipação política e de construção do Estado Imperial não foi pacífico nem envolveu apenas um único projeto político.

Coroação de dom Pedro I como primeiro imperador do Brasil, em 1822, representada em pintura de Jean-Baptiste Debret, de 1828.

Na estruturação do novo Estado independente, em meio às disputas políticas prevaleceu o poder do imperador, que outorgou a primeira Constituição do Brasil. Essa Constituição de 1824, segundo a historiadora Keila Grinberg, não apresentava

> [...] critério racial que diferenciasse os descendentes de africanos de qualquer outro cidadão brasileiro. Enquanto os libertos (alforriados que tinham obtido a liberdade) propriamente ditos não podiam ser eleitores, seus filhos e netos poderiam exercer os direitos de cidadania brasileira em toda sua plenitude, caso tivessem a renda e a propriedade exigidas.

GRINBERG, Keila. Cidadania. *In: Dicionário do Brasil Imperial (1822-1889)*. Direção Ronaldo Vainfas. Rio de Janeiro: Objetiva, 2002. p. 139.

Assim, com tais barreiras, a Constituição restringia ou impedia a participação política dos grupos sociais menos favorecidos e mantinha a essência elitista. Contava também com o Poder Moderador, cujo exercício era atribuição exclusiva do imperador.

Ao longo do período em que vigorou a Constituição de 1824, a despeito da afirmação da igualdade de direitos civis para todos os cidadãos, o exercício cotidiano da cidadania quase nunca foi o mesmo entre brancos e negros, entre ricos e pobres, entre senhores poderosos e demais indivíduos, em virtude de influências, fraudes, pressões e outros recursos de favorecimento.

Um exemplo contrário ao projeto vitorioso da independência realizada por dom Pedro I foi a Confederação do Equador, trazendo à tona "outro projeto de país". A imposição da Constituição de 1824 provocou protestos em várias províncias, principalmente no nordeste. Além disso, crises como a do açúcar e do algodão, relacionadas à concorrência estrangeira, e os crescentes impostos determinados pelo governo central geraram descontentamento na população.

Em Pernambuco, a população rebelou-se quando dom Pedro I nomeou um novo presidente para a província. Sob o comando do governador deposto, Manuel de Carvalho Paes de Andrade (1774-1855), o movimento, de caráter separatista, republicano e basicamente urbano e popular, espalhou-se pelo nordeste, obtendo a adesão do Rio Grande do Norte, do Ceará, da Paraíba e depois de Alagoas e Sergipe. Em outras províncias vizinhas, como Piauí e Pará, também ocorreram manifestações de apoio.

As províncias rebeldes formaram a **Confederação do Equador**, cujo nome faz referência à sua localização geográfica, próximas à linha do equador. Os revoltosos decidiram extinguir o tráfico negreiro e convocar o recrutamento geral para enfrentar as tropas monárquicas.

Além de Paes de Andrade, os principais líderes do movimento foram Joaquim do Amor Divino Rebelo (1779-1825), que ficou conhecido como **frei Caneca**, divulgador dos ideais republicanos em seu jornal, e **Cipriano Barata** (1762-1838), veterano das insurreições anteriores na Bahia e, em Pernambuco, dirigente de vários jornais do nordeste. Um dos participantes, o major Emiliano Mundurucu, redigiu um manifesto por uma revolução de caráter radical, como a haitiana, atemorizando aliados e inimigos da Confederação.

Para dominar os rebelados, dom Pedro I contou com empréstimos feitos pela Inglaterra. Os revoltosos foram brutalmente reprimidos, sofrendo ataques por terra e por mar.

Os revoltosos foram julgados por um tribunal presidido por Lima e Silva, que condenou à execução dezesseis participantes. Até a pena de enforcamento de frei Caneca teve de ser trocada para a de fuzilamento, pois os responsáveis pela execução da sentença, mesmo sob ameaças, recusaram-se a enforcar o padre carmelita.

O governo de dom Pedro I durou até sua abdicação, em 1831, embarcando para Portugal e entregando o trono ao seu filho dom Pedro de Alcântara (1825-1891), então com 5 anos de idade. Como o futuro imperador era menor de idade, decidiu-se que, obedecendo à Constituição de 1824, o governo seria exercido por uma regência. Era o início do período regencial, que durou de 1831 a 1840, considerado por alguns historiadores um dos mais agitados da história brasileira.

Abdicação de dom Pedro I, pintura de Aurélio Figueiredo, do século XIX. Vê-se, sentado ao lado da mãe, o menino dom Pedro de Alcântara. O futuro imperador ficaria sob os cuidados de José Bonifácio até alcançar a maioridade.

Atividade

1. A agitação do período regencial pode ser mais bem compreendida considerando-se as diversas rebeliões. Em grupos de seis colegas, cada um de vocês deve pesquisar uma das seguintes rebeliões regenciais, anotando os aspectos mais importantes para apresentar aos demais membros do grupo: Cabanagem (Grão-Pará – 1835-1840), Sabinada (Bahia – 1837-1838), Balaiada (Maranhão – 1838-1841), Farroupilha (Rio Grande do Sul – 1835-1845), Revolta de Carrancas (Minas Gerais – 1833) e Revolta dos Malês (Bahia – 1835). Após a apresentação aos colegas de grupo, discutam coletivamente as seguintes questões:

a) Há aspectos comuns entre as rebeliões? Em que são diferentes entre si?

b) Segundo as pesquisas, como são rememoradas recentemente essas rebeliões nas regiões em que aconteceram?

Os excluídos nessa história do Brasil: negros e indígenas

Em muitos aspectos, a vida no Império não se distinguia muito da que predominara no período colonial. A grande mudança política representada pela independência não implicou significativas mudanças sociais e econômicas. Os setores da sociedade que eram subjugados não viram alterações expressivas em sua condição de vida, exceto pela participação de alguns batalhões formados por negros nas guerras de independência. Muitos escravizados conseguiram a liberdade por terem participado daqueles conflitos.

O olhar dos indígenas

> O Brasil é uma invenção! E a invenção do Brasil ela nasce exatamente da invasão. Inicialmente feita pelos portugueses e depois continuada pelos holandeses, depois continuada pelos franceses, em um modo sem parar, onde as invasões nunca se deram um fim. Nós estamos sendo invadidos agora! [...] Quando os brancos chegaram, eles foram admitidos como mais um na diferença. E se os brancos tivessem educação, eles poderiam ter vivido no meio daqueles povos e vivido outro tipo de experiência. Mas eles chegaram aqui com a má intenção de assaltar essa terra e escravizar o povo que vivia aqui. E foi o que deu errado. [...] A descoberta do Brasil, aquela missa lá é um mito de origem. Nós somos adultos, a gente não precisa ficar embalado com essas histórias. A gente pode buscar entender a nossa história com as diferentes matizes que ela têm, e ser capaz de entender que não teve um evento fundador do Brasil. [...] Os nossos mundos estão todos em guerra. [...]. Não tem paz em lugar nenhum [...] A guerra continua até hoje [...].

Transcrição de depoimento de Ailton Krenak. Guerras do Brasil – Episódio 1. *Nossa história viva*, 2020. Disponível em: www.youtube.com/watch?v=VeMlSgnVDZ4&list=PLb-f5dAjBAFbOI_w8JRJI3PyfF5SyafsK&index=10&t=0s. Acesso em: 7 jun. 2022.

Atividades

2. O que Ailton Krenak quer dizer com "o Brasil nasce como invenção e invasão"?

3. Por que ele aponta, em seu depoimento, que não houve um evento fundador do Brasil?

4. Você concorda com o autor de que a guerra continua? Por quê?

Os povos originários estavam fora de toda a movimentação política no Rio de Janeiro e nas capitais das províncias. Desde o período da colônia, os indígenas eram considerados um obstáculo para o projeto de país almejado pelas elites, um grupo visto como "inferior" que atrapalhava as atividades econômicas e que, muitas vezes, não interessava nem como escravizado. A atitude desses povos discriminados, contudo, não era de passividade.

Além das fronteiras da sociedade dominante, onde acabava o alcance do Estado ou dos proprietários, começavam terras distantes e relativamente livres para negros, indígenas e mestiços.

Esses grupos promoviam saques, atacavam povoações e faziam emboscadas contra as expedições governamentais. Os "brancos" viviam, assim, em constante alerta diante da ameaça de que essa contínua guerra sociorracial pudesse espalhar-se e destruir a ordem estabelecida.

Interior de uma oca de índios bororos, aquarela de Adrien Taunay (1803-1828), 1827. Após a independência, os grupos indígenas continuavam alvo de discriminação por parte da sociedade dominante, com a participação ou conivência dos órgãos estatais.

Brasil: do século XIX à República da Era Vargas

O período regencial do Império terminou com a antecipação da maioridade de dom Pedro II, em 1840. O Segundo Reinado (1840-1889) pode ser considerado o apogeu da Monarquia brasileira, evidente representante dos interesses das elites. A centralização política e administrativa permaneceu, ao passo que as revoltas herdadas do período anterior, além de outros movimentos sociais que colocavam em risco a ordem monárquica, foram "pacificados". No vértice do poder, os partidos Conservador e Liberal, às vezes sozinhos, às vezes juntos, como no período da "conciliação" entre 1853 e 1858, integraram o governo de dom Pedro II.

As elites escravistas-exportadoras, em especial a açucareira e a cafeeira, assim como seus representantes na organização imperial, marcaram a feição do país durante o Segundo Reinado, mantendo a ordem socioeconômica construída ao longo da colonização.

A questão escravista, a abolição, a expansão do cultivo de café e os conflitos externos foram algumas das marcas do Segundo Reinado no Brasil.

Entretanto, apesar de certa continuidade, novas forças sociais emergiram na segunda metade do século XIX, principalmente a partir do advento de indústrias e do processo de urbanização. A mão de obra escravizada foi gradualmente substituída pela assalariada, constituída basicamente de imigrantes.

Ao mesmo tempo que o caráter elitista permanecia na esfera política, a economia tornava-se mais racional e produtiva. O sudeste tornou-se o novo polo econômico do país, com grande crescimento populacional e mudanças na estrutura étnico-social.

No Brasil, periferia dos centros de desenvolvimento econômico mundiais do período, ansiava-se por mudanças e assistia-se ao colapso da monarquia após os anos seguintes à Guerra do Paraguai (1864-1870) e a questão das lutas abolicionistas.

Em 15 de novembro de 1889, um golpe liderado pelos militares pôs fim ao poder de dom Pedro II e instaurou a República, forma de governo cujos ideais estiveram presentes no Brasil em vários movimentos políticos desde a época colonial.

Venda de escravos no Rio de Janeiro (RJ), ilustração de François Biard.

A Constituição de 1891, oficializando em direitos o novo regime republicano, estabelecia, por exemplo, que o voto se tornava um direito de todos os homens maiores de 21 anos, exceto mendigos, padres, soldados e analfabetos. Até então, as pessoas tinham de ter uma renda mínima para poder votar. Houve ainda a divisão de poderes e maior autonomia das províncias, que se tornaram estados de uma federação. A Constituição de 1891 também trazia importantes garantias individuais, como o direito de ir e vir, o direito de associação, a liberdade de imprensa e o direito de exercício profissional.

Apesar desses méritos, as primeiras décadas após a Proclamação da República foram marcadas por fraudes eleitorais, pelo **coronelismo** via **voto de cabresto**, pela política do **café com leite** e pelo domínio de oligarquias rurais. Em outras palavras, na prática, tratava-se de uma sociedade oligárquica e não democrática.

O final da década de 1920 foi marcado por uma crise ao mesmo tempo econômica e política. Do ponto de vista econômico, a quebra da Bolsa de Valores de Nova York, em 1929, afetou profundamente o Brasil, já que os Estados Unidos eram o principal comprador do café brasileiro. No âmbito político, as divergências entre Minas Gerais e São Paulo, sobre a sucessão presidencial, levaram ao colapso da política do café com leite. Esses fatores contribuíram para que acontecesse um levante revolucionário em 1930, a partir do qual o político gaúcho Getúlio Vargas (1882-1954) assumiu a Presidência da República.

Tratava-se de uma solução provisória até que se elaborasse uma nova Constituição, mas Getúlio dominaria o cenário político, exercendo a Presidência entre 1930 e 1945, e, logo depois, novamente, entre 1951 e 1954. Como o movimento que o havia levado ao poder em 1930 era composto de grupos diversos – a oligarquia mineira, lideranças políticas do nordeste, o **tenentismo**, as camadas médias urbanas, entre outros –, não demorariam a surgir divergências. Logo no início de seu governo, Getúlio tomou medidas de caráter autoritário, como a dissolução do Congresso e a nomeação de interventores nos estados, que desempenhariam o papel de governadores.

Conceitos

Café com leite

Os paulistas, responsáveis pela maior parte da produção de café, e os mineiros, responsáveis pela criação de gado leiteiro, controlavam as sucessões políticas presidenciais; quase sempre um presidente paulista era seguido de um mineiro, e vice-versa.

Coronelismo

Pessoas influentes em uma região, que chefiavam milícias formadas por civis, recebiam do governo imperial o título de coronel. A origem do título reporta à Guarda Nacional, criada em 1831 como auxiliar das Forças Armadas e do Corpo Permanente (a polícia) no combate às agitações políticas do período regencial. Mesmo após a extinção da Guarda Nacional, em 1918, os proprietários de terra continuaram gozando do prestígio e da patente de coronéis, impondo à população local a sua vontade e obrigando-a a votar em seus candidatos.

Tenentismo

Movimento formado por jovens oficiais de baixa patente, principalmente tenentes e capitães oriundos da classe média, que lideraram vários levantes militares nos anos 1920. Eles acreditavam que cabia ao Exército a tarefa de moralizar a política e derrubar a República oligárquica.

Voto de cabresto

Designa o voto que é feito para atender aos interesses dos poderosos locais; "cabresto" é o arreio de corda ou couro que serve para prender e controlar o animal.

O maior foco de descontentamento era São Paulo, que havia perdido a predominância na cena política. Partindo do pressuposto de que a promulgação de uma nova Constituição imporia limites ao autoritarismo de Vargas, os paulistas reivindicavam a imediata convocação de uma Assembleia Constituinte. As tensões levaram ao início da Revolução Constitucionalista de 1932. Um dos principais acontecimentos da época foi o assassinato de quatro estudantes que participavam de uma manifestação. Das iniciais do nome desses estudantes (Martins, Miragaia, Dráusio e Camargo) surgiu o nome do movimento revolucionário: MMDC. Apesar do significativo apoio da população do estado de São Paulo, os revolucionários foram derrotados pelas forças legalistas de Getúlio em pouco mais de dois meses.

De qualquer modo, Getúlio não pôde mais conter as pressões sociais e no ano seguinte tomou posse uma Assembleia Constituinte. Em 16 de julho de 1934 foi promulgada uma nova Constituição, que limitava o poder do presidente, como a garantia de *habeas corpus* e o mandado de segurança, além de incluir importantes leis trabalhistas, como a instituição da Justiça do Trabalho, jornada de trabalho de oito horas semanais, salário mínimo, repouso semanal remunerado, indenização por demissão sem justa causa, entre outras. O Código Eleitoral, por sua vez, instituía o voto secreto e o direito de voto a homens e mulheres maiores de 18 anos. Antes só os homens com mais de 21 anos é que podiam votar.

Com a nova Constituição em vigor foram convocadas eleições nas quais Getúlio saiu vitorioso. No plano econômico o governo brasileiro teve de lidar com os efeitos da crise de 1929, que derrubou a exportação do café, principal produto brasileiro para o mercado externo. A partir de então, a agricultura de exportação se tornou mais diversificada, estimulando a produção de frutas, por exemplo. Ao mesmo tempo, a indústria brasileira encontrou um clima favorável para se desenvolver, pois, com a desvalorização da moeda, os produtos estrangeiros se tornavam mais caros.

Em 1935 ocorreu a Intentona Comunista, um levante que se iniciou no Rio Grande do Norte e teve desdobramentos em outros estados. Os revoltosos, agrupados em torno da Aliança Nacional Libertadora (ANL), liderada por Luis Carlos Prestes (1898-1990), pretendiam derrubar Getúlio Vargas e implantar um governo comunista no Brasil. O movimento, que havia sido mal calculado, fracassou e provocou uma violenta repressão não só aos comunistas, mas a todos os opositores do governo.

Avelino Ginjo/Museu da Imagem e do Som, São Paulo, SP.

Passeata no centro da cidade de São Paulo (SP) durante a Revolução Constitucionalista, em 1932.

Acervo Iconographia/Reminiscências

Comício da Aliança Nacional Libertadora (ANL) na Cinelândia, Rio de Janeiro (RJ). Foto de 1935.

O autoritarismo de Vargas contava com o apoio de setores do Exército e de grupos dominantes da sociedade civil. Nesse contexto, em 1937, Vargas deu um golpe de Estado antes que se encerrasse seu mandato constitucional. Usando como pretexto a ameaça comunista, decretou estado de guerra, condição que lhe permitia prender qualquer pessoa sem ordem judicial. A ação foi baseada na divulgação de um suposto plano comunista – chamado **Plano Cohen** –, que mais tarde descobriu-se ter sido elaborado pela própria equipe de Getúlio Vargas como forma de justificar o golpe.

Em 10 de novembro de 1937, Vargas apresentou uma nova Constituição, que estabelecia uma ditadura, que ficou conhecida por **Estado Novo**. Nesse período, que se estenderia até 1945, o presidente tinha poderes para dissolver o Congresso. Além disso, extinguiam-se os partidos políticos, abolia-se a liberdade de imprensa e os estados passariam a ser governados por interventores. Para censurar a imprensa e manipular a opinião pública o governo criou o Departamento de Imprensa e Propaganda (DIP). Em muitos aspectos o Estado Novo se assemelhava aos regimes ditatoriais na Europa, como o nazismo alemão ou o fascismo italiano.

O nazismo alemão também encontrava eco na Ação Integralista Brasileira (AIB), movimento de extrema direita fundado pelo jornalista Plínio Sampaio. Mas, em função de desentendimentos e tentativa de golpe contra Getúlio Vargas, os integralistas foram perseguidos e presos ou exilados ainda em 1938.

Na economia, prevaleceu o controle estatal, estimulando a industrialização. O início da Segunda Guerra Mundial, em 1939, dificultou as importações de produtos industrializados, exigindo sua produção no Brasil, o que levou o governo a estimular a implantação de novas fábricas e a ampliação das já existentes. Vargas também criou grandes empresas estatais de indústria de base, indispensáveis ao desenvolvimento dos demais setores industriais, surgindo, assim, a Companhia Siderúrgica Nacional (CSN), em Volta Redonda (RJ), e a Companhia Vale do Rio Doce, em Itabira (MG), para a extração e o processamento de minérios.

Em 1938, o governo criou o Conselho Nacional do Petróleo para controlar a exploração e o fornecimento do petróleo e seus derivados. O primeiro poço petrolífero foi perfurado em 1939, em Lobato, no Recôncavo Baiano.

Com o desenvolvimento da Segunda Guerra Mundial o Brasil alinhou-se aos países aliados contra a Alemanha e a Itália. Isso gerou um paradoxo, pois o Brasil combatia no exterior os países cujos regimes mais se assemelhavam ao que existia na política interna. Isso abriu espaço para movimentos de contestação ao regime, de modo que, em 1945, no mesmo ano em que terminava a guerra na Europa, o Estado Novo também chegava ao fim.

Populismo e paternalismo na Era Vargas

A Era Vargas foi marcada por uma política populista e paternalista. Segundo o sociólogo estadunidense **Allan Johnson** (1946-), o **populismo** "é uma ideologia ou movimento social que deposita fé na sabedoria do homem comum e por isso mesmo desconfia das elites, tais como a política, a intelectual, a empresarial, etc.". Na maioria das vezes, o populismo se identifica com as lideranças carismáticas, que se apresentam como porta-vozes da vontade do povo e conseguem subjugar as demais forças políticas graças ao apoio popular que recebem.

JOHNSON, Allan G. *Dicionário de Sociologia*. Rio de Janeiro: Zahar, 1997. p. 179.

O **paternalismo**, por sua vez, pode ser definido como um conjunto de relações sociais ou um sistema de trabalho estabelecido com um caráter de proteção. De modo análogo à autoridade do pai de família em uma estrutura patriarcal, o político paternalista se apresenta como protetor dos cidadãos e, ao mesmo tempo, como autoridade que não admite questionamentos. De um ponto de vista filosófico, segundo o filósofo **Gerald Dworkin** (1937-), o paternalismo se constitui na "interferência de um Estado ou de um indivíduo sobre outra pessoa, contra a vontade desta, sob a alegação de que essa interferência a beneficia ou a protege". Nesse sentido, uma política paternalista é aquela em que o líder político trata os cidadãos como crianças a serem educadas ou incapazes de serem autônomas e que, por isso, devem obedecer às determinações do líder do Estado porque supostamente não sabem o que é melhor para si mesmas.

DWORKIN, Gerald. Paternalism. *Stanford Encyclopedia of Philosophy*. Disponível em: https://plato.stanford.edu/entries/paternalism/#Intr. Acesso em: 7 jun. 2022.

Nos regimes populistas da América Latina, a política era baseada em uma ampla mobilização social, que tem como preceito a integração das classes populares, rejeitando assim a noção de luta de classes. Esses governos populistas estimulavam a industrialização por meio da intervenção do Estado, sob o manto de uma ideologia nacionalista associada à personificação de um grande líder. De acordo com essa ideologia, a soberania popular encontraria sua voz nos discursos do líder carismático. No populismo, a crise era frequentemente representada como uma divisão entre os setores modernos e tradicionais de uma sociedade, e essa crise só poderia ser superada por meio da subordinação das massas ao líder carismático.

Esse é exatamente o caso do populismo na Era Vargas. Administrando um governo que teve origem na confluência de forças divergentes com o fim específico de suplantar a hegemonia paulista em âmbito federal, Getúlio Vargas adotou políticas de caráter autoritário para manter-se no poder, uma vez que era impossível atender aos interesses de grupos diversos. Um exemplo disso foi o modo como a instituição de uma legislação trabalhista, primeiramente na Constituição de 1934 e depois na promulgação da Consolidação das Leis do trabalho, em 1943, foi utilizada para alçar Vargas à imagem de "pai dos pobres". Ao mesmo tempo que garantia direitos trabalhistas, e com isso angariava apoio popular, o presidente transformava os sindicatos em "colaboradores do Estado", proibindo que eles desenvolvessem atividades políticas ou se filiassem a organizações sindicais internacionais. Nesse sentido, a política de Vargas era não só populista, mas também paternalista, na medida em que submetia os trabalhadores aos seus cuidados e à sua orientação.

Acervo Iconographia/Reminiscências

Trabalhadores homenageiam Getúlio Vargas em 1940 no Rio de Janeiro (RJ).

Atividades

1. Como o governo Vargas se integra nessa visão populista e paternalista?
2. Como vocês analisam essa tutela sobre os cidadãos?
3. Vocês conhecem exemplos recentes de populismo e de paternalismo?

Movimentos e lutas sociais na Era Vargas

O autoritarismo de Estado enfrentava, contudo, a resistência de movimentos sociais que se faziam presentes em frentes diversas e não raro eram bem diferentes entre si, tanto do ponto de vista ideológico como de organização social.

Um movimento que remontava ao século XIX, mas que ainda era atuante na Era Vargas, era o **cangaço**. Mais do que grupos armados de marginais que saqueavam cidades e vilas no Sertão nordestino, os cangaceiros também representavam uma espécie de **banditismo social**, algo que muitos historiadores consideram uma forma primitiva de protesto social organizado. O banditismo social, como fenômeno sociológico, pode ser encontrado em diversos locais e épocas, tendo na imagem lendária de Robin Hood um de seus principais modelos. Sem deixar de ser criminoso, Robin Hood, personagem da Inglaterra medieval, era também um herói, que supostamente repartia com os pobres o que roubava dos ricos. Sem negar que os cangaceiros agissem na maioria das vezes também como criminosos, na imaginação popular eles eram frequentemente vistos como "vingadores" ou "justiceiros".

Benjamin Abrahão/Fundação Joaquim Nabuco, Recife, PE.

O grupo de Virgínio Fortunato da Silva (ao centro), conhecido como Moderno. Ele era cunhado de Lampião. A foto foi feita por Benjamim Abrahão entre 1936 e 1937.

A relação do governo de Vargas com o cangaço era ambígua. Ao mesmo tempo que o presidente havia concedido um indulto a Antônio Silvino, um conhecido cangaceiro, em 1944, o cangaço não deixava de ser um problema para as elites, em especial os latifundiários. O mais famoso dos cangaceiros foi Virgulino Ferreira da Silva (1898-1938), conhecido pelo apelido de Lampião. Após um conflito entre oligarquias rurais, em 1919, no qual seu pai foi morto pela polícia, Lampião chefiou um bando de cangaceiros até 1938, quando foi morto em uma emboscada armada por uma tropa policial.

Outro importante movimento na Era Vargas foi o comunismo, representado principalmente pelo Partido Comunista Brasileiro (PCB), no qual o nome de Luís Carlos Prestes (1898-1990) despontava como uma de suas principais lideranças. Nos anos 1930 o PCB uniu-se à ANL, uma ampla frente de movimentos de esquerda, que em 1935 articulou a Intentona Comunista, um plano frustrado de rebelião, com o objetivo de implantar o comunismo no Brasil. A repressão do governo Vargas ao comunismo foi intensa e Prestes ficaria preso até 1945, quando Vargas anistiou os prisioneiros políticos. Ironicamente, o PCB acabou apoiando a permanência de Vargas no poder nos anos finais da Segunda Guerra Mundial, já que o Brasil lutava ao lado dos Aliados, que tinham não só países capitalistas, como Estados Unidos, França e Inglaterra, mas também a União Soviética como um de seus integrantes. A vitória dos Aliados trouxe prestígio à União Soviética, e isso se refletiu no fortalecimento do PCB no final do governo Vargas.

O término do governo Vargas no Estado Novo foi marcado por pressões de grupos que defendiam uma reforma constitucional e o fim da ditadura. Dessa forma, surgiram novos partidos, doze ao todo, sendo quatro deles os mais importantes: Partido Social Democrata (PSD), de políticos alinhados à ditadura de Vargas; Partido Trabalhista Brasileiro (PTB), que congregava os sindicalistas associados ao presidente; a União Democrática Nacional (UDN), formada por representantes de banqueiros e empresários; e o Partido Comunista Brasileiro (PCB), que havia se rearticulado após um período de repressão. Ao final de seu governo, Getúlio Vargas conseguiu apoio de parte da sociedade, que defendia a instauração de uma Assembleia Constituinte com Getúlio, movimento que ficou conhecido como **queremismo** por causa da palavra de ordem "Queremos Getúlio!". Contudo, ainda assim o governo não resistiu a uma intervenção militar, apoiada pelos setores contrários à permanência de Vargas na Presidência.

Comício queremista no largo da Carioca, no Rio de Janeiro (RJ), em 1945.

As medidas tomadas para a implantação do regime ditatorial do Estado Novo

Os cinco primeiros anos do regime correspondem à progressiva, mas definitiva consolidação do poder de Estado. [...] Os últimos grupos oposicionistas ativos seriam definitivamente isolados, pela violência, no ano de 1938.

Pela nova Carta [a Constituição de 1937], o Presidente dispunha de plenos poderes, legislativos e executivos; era-lhe permitido também demitir e transferir funcionários, reformar e afastar militares que representassem ameaça aos "interesses nacionais". Pelo artigo 186, era declarado estado de emergência em todo o território nacional, o que tornava possível ordenar prisões, exílio, invasão de domicílio; instituía-se a prisão preventiva; tornava-se legal a censura de todas as comunicações. [...]

Tornado constitucional o estado de emergência, foram institucionalizados os instrumentos necessários para sua consecução: o Departamento de Propaganda [DIP], encarregado também da censura [...]; o Código de Imprensa, publicado em dezembro de 1937, tornava ilegal qualquer referência desrespeitosa às autoridades públicas. Foi instituída a "Hora do Brasil", emissão radiofônica diária e obrigatória, através da qual eram divulgados os programas governamentais e as palavras do presidente.

Uma das medidas de efeitos políticos imediatos, o decreto de 3 de dezembro, determinava a dissolução de todos os partidos e proibia quaisquer símbolos, gestos e uniformes identificadores.

SOLA, Lourdes. O golpe de 37 e o Estado Novo. *In*: MOTA, Carlos Guilherme (org.). *Brasil em perspectiva*. 16. ed. Rio de Janeiro: Bertrand Brasil, 1987. p. 266-267.

Atividades

4. Quais foram os principais pilares estabelecidos por Vargas na implantação da ditadura?

5. Como foram tratados os grupos e partidos oposicionistas?

6. Em que medida um programa radiofônico, como a *Hora do Brasil*, deu sustentação a um governo ditatorial? E como a censura à imprensa contribui para esse resultado?

7. Como se posiciona, atualmente, o programa *A Voz do Brasil*? Combinem um dia para todos ouvirem uma transmissão. Anotem os temas abordados e como eles foram descritos, se de forma favorável, crítica ou imparcial ao governo. Em sala de aula compartilhem suas interpretações.

Atuações governamentais no Brasil democrático pós-Estado Novo

Com o fim do Estado Novo e a saída de Getúlio Vargas do poder, José Linhares (1886-1957), o presidente do Supremo Tribunal Federal, assumiu a Presidência da República até que se elaborasse uma nova Constituição e se realizassem novas eleições.

A Assembleia Constituinte foi eleita em dezembro de 1945 e finalizou seus trabalhos em setembro do ano seguinte. A nova Carta Constitucional restabelecia a República Federativa, com vinte estados e cinco territórios, e definia as atribuições específicas da Federação, dos estados e dos municípios. As eleições se fariam por meio do voto direto para todos os níveis, e o presidente governaria por um período de cinco anos. Apesar de excluir o voto dos analfabetos, a nova lei estendia a obrigatoriedade do voto feminino a todas as mulheres maiores de 18 anos, diferentemente da Constituição de 1934, que restringia a participação política somente às mulheres que exerciam atividade pública remunerada. A legislação trabalhista manteve-se em grande parte a mesma que havia sido definida na Constituição de 1934. A organização sindical se configurava como órgão colaborador do Estado e o direito de greve, apesar de reconhecido, ficava dependente de regulamentação posterior.

Nas eleições presidenciais de 1945, o general Eurico Gaspar Dutra (1883-1974) venceu o pleito, e o início de seu governo foi marcado pelo alinhamento aos Estados Unidos e por uma política econômica liberal, favorecida pelo fato de que o Brasil havia saído da Segunda Guerra com um lastro positivo de exportações.

Quando o presidente Dutra estava em via de terminar o mandato, Getúlio Vargas surgia novamente na cena política e conseguindo a vitória em 1950.

Getúlio daria continuidade ao populismo, que confirmava o que ficou conhecido como Era Vargas. Seu governo, contudo, encontrava dificuldade em conter a inflação crescente, que exigia a tomada de medidas impopulares. Por outro lado, ele não poderia desconsiderar as reivindicações dos trabalhadores, seu principal eleitorado. Enfrentando uma série de greves, em 1953 o governo cedeu, atendendo a muitas reivindicações dos grevistas. Outra medida de impacto foi o aumento de 100% dado ao salário mínimo, tendo à frente o ministro do Trabalho João Goulart (1919-1976). Essas medidas acirraram os ânimos da oposição, composta principalmente de integrantes da UDN e militares anticomunistas.

Um atentado contra Carlos Lacerda (1914-1977), deputado pela UDN e ferrenho porta-voz da oposição, complicou ainda mais a situação de Vargas. Descobriu-se que o autor do atentado, que feriu levemente Lacerda e matou Rubens Vaz (1922-1954), major da Aeronáutica que o acompanhava, era um guarda-costas de Vargas. Com as especulações sobre a ligação de Vargas com o atentado, o presidente era pressionado a renunciar. Na manhã de 1954 Vargas se suicidou com um tiro no peito, deixando uma carta na qual acusava a aliança de seus opositores com grupos internacionais contra o regime de garantia do trabalho. O suicídio de Vargas trouxe grande comoção nacional e, ao mesmo tempo, impediu que a UDN e os militares anticomunistas tomassem o poder por meio de um golpe de Estado.

Acervo Iconographia/Reminiscências

Carlota Pereira de Queiroz, a primeira deputada brasileira, durante seu primeiro discurso em 1933. A Constituição de 1934 trouxe inovações, como a representação classista.

Após o suicídio de Vargas, o vice-presidente, João Fernandes Campos Café Filho (1899-1970), assumiu a Presidência da República. Em 1955, realizou-se a eleição do novo presidente, na qual saiu vitorioso Juscelino Kubitschek (1902-1976), também conhecido como JK, candidato do PSD e do PDT. Antes da posse de JK, Café Filho foi hospitalizado e substituído pelo presidente da Câmara, Carlos Luz (1894-1961). Nesse contexto a UDN e setores da Marinha e da Aeronáutica tentaram tomar o poder, mas foram impedidos por um "golpe preventivo" dado pelo ministro da Guerra, o general Teixeira Lott (1894-1984), que mobilizou as tropas do exército no Rio de Janeiro para garantir que Juscelino Kubitschek assumisse a Presidência.

Os anos do governo de Juscelino Kubitschek foram de relativa estabilidade política e econômica. Em certo sentido, dava continuidade em muitos aspectos à política getulista, porém evitando excessos. Mesmo porque PSD e PTB, os dois partidos que serviam de base de sustentação de Getúlio, tinham divergências. Assim, JK evitava o conservadorismo do PSD, mas ao mesmo tempo evitava avançar em demasia nas reivindicações do operariado para não ser identificado com "propostas comunistas". Mesmo assim, apesar de manter boas relações com os militares, dois levantes de setores da Aeronáutica, um em Jacareacanga (PA), em 1956, outro em Aragarças (GO), em 1959, foram isolados e facilmente sufocados.

O que mais marcou o governo de Juscelino Kubitschek foi sua política econômica, definida em seu plano de metas, que abrangia cinco grandes áreas – energia, transportes, educação, alimentação e indústrias de base – além da proposta de transferência do Distrito Federal para o interior do Brasil com a construção de Brasília. A promessa de JK era a de desenvolver o Brasil "50 anos em 5". Sob seu governo ocorreu uma acelerada expansão da indústria automobilística, das usinas hidrelétricas, de rodovias, da produção de aço e da construção naval. Tratava-se de uma política nacional-desenvolvimentista na qual o país se abria ao capital estrangeiro, mas o Estado mantinha o controle da indústria de base e da produção de energia.

Keystone-France/Gamma-Keystone/Getty Images

Juscelino (à esquerda) no dia de sua posse, em 1956, acompanhado de Nereu Ramos (no centro) e do vice-presidente João Goulart (à direita).

Fox Photos/Hulton Archive/Getty Images

Congresso Nacional em construção. Brasília (DF), em 1960.

Atividade

- A ideia de interiorização da capital remonta à época do Império. Era defendida por razões estratégicas e econômicas. Em 1946, a nova Constituição determinou estudos e, em 1956, Juscelino comprometeu-se a efetivar a transferência da capital. A primeira etapa de sua construção foi concluída em quase quatro anos.

  Temas para a discussão:

  a) O plano da nova capital previa grandes construções e amplas vias voltadas para os automóveis, sem o mesmo planejamento para abrigar a imensa população de migrantes que chegou à região. Como foi feito o assentamento da maioria dos migrantes?

  b) Considerando o aspecto geográfico, a instalação inicial da nova capital do país aproximava ou afastava o poder central de alguns dos principais núcleos de pressão social da época, como Rio de Janeiro e São Paulo?

Embora o desenvolvimento econômico no governo de JK tenha alcançado muitos resultados positivos, isso se fez à custa do déficit do orçamento federal. Para resolver esse problema foi proposto um plano de estabilização, tendo à frente o engenheiro Lucas Lopes (1911-1994) como ministro da Fazenda e Roberto Campos (1917-2001) como presidente do Banco Nacional de Desenvolvimento Econômico (BNDE). Contudo, o plano acabou não se realizando, uma vez que previa acordos com o Fundo Monetário Internacional (FMI), organização internacional ligada à Organização das Nações Unidas (ONU). Muitos setores da sociedade brasileira viam esses acordos como contrários aos princípios nacionalistas do governo. Outro problema dos anos JK foi a desigualdade regional na qual o desenvolvimento econômico ocorreu, privilegiando a região Sudeste. A criação da Superintendência do Desenvolvimento do Nordeste (Sudene) não foi suficiente para resolvê-lo.

Arquivo do jornal O Estado de S. Paulo/Agência Estado

Jânio Quadros durante comício na campanha eleitoral de 1960, na cidade de Igarapava (SP). Jânio tinha como uma de suas principais promessas de campanha "varrer a corrupção" para longe do Brasil. Assim, era comum que em sua campanha as pessoas comparecessem empunhando vassouras.

Na campanha de sucessão presidencial despontou Jânio Quadros (1917-1992), candidato lançado por um partido pequeno, o Partido Trabalhista Nacional (PTN), mas que teve o apoio da UDN. Com um discurso de crítica à corrupção e à desordem financeira, Jânio venceu com facilidade seus adversários, o general Lott, apoiado pelo PSD e pelo PTB, e Adhemar de Barros (1901-1969), pelo PSP. Mas como vice-presidente saiu vitorioso João Goulart, apelidado de Jango, da chapa do general Lott. Isso era possível porque nas eleições de 1960 era permitido votar em candidatos a presidente e vice de partidos diferentes. No campo da política externa o governo de Jânio procurava marcar sua independência diante da polarização que havia na época da Guerra Fria entre Estados Unidos e União Soviética, não aderindo a nenhum dos blocos de forma explícita. No tocante à economia, o maior problema era o déficit orçamentário, que foi combatido por meio da desvalorização cambial, da redução de gastos públicos e de subsídios para importação de trigo e petróleo. Embora isso implicasse um aumento no custo de vida para a população, por outro lado teve repercussão positiva junto aos credores internacionais, o que facilitou a renegociação das dívidas.

Em 25 de agosto de 1961, pouco antes de completar sete meses de governo, Jânio Quadros renunciou à Presidência, em circunstâncias que, até hoje, não são muito bem explicadas. Na época, Jânio indicava a renúncia devido à ação de "forças terríveis", porém sem explicitar do que se tratava. Muitos historiadores acreditam que Jânio Quadros pretendia fazer com que seus adversários se mobilizassem para evitar seu afastamento da Presidência, uma vez que o vice, João Goulart, era conhecido por sua aproximação com os partidos mais à esquerda. Mas o fato é que essa mobilização foi relativamente pequena e a renúncia, de modo geral, foi bem aceita tanto pelo Congresso quanto pelos militares e pela população.

Quando Jânio Quadros renunciou à Presidência, seu vice, João Goulart, estava em uma visita à China, e o governo foi exercido interinamente nesse momento de crise pelo deputado Ranieri Mazzilli (1910-1975), presidente da Câmara na época. Enquanto grupos de militares exigiam o afastamento de João Goulart, defensores da legalidade, como o governador Leonel Brizola (1922-2004), do Rio Grande do Sul, reagiam com a possibilidade de uma guerra civil. Como solução conciliatória, os grupos conservadores aceitaram a posse de João Goulart, mas com a adoção do regime parlamentarista, no qual o presidente tem seus poderes reduzidos.

Em 1963 foi realizado um plebiscito, no qual a maioria dos votantes se manifestou contra o regime parlamentarista. Com a volta do presidencialismo e tendo seus poderes aumentados, João Goulart pretendia dar início a uma série de reformas de base, isto é, mudanças que permitissem a superação das desigualdades sociais. As reformas de base incluíam uma reforma agrária, para a democratização do uso da terra; uma reforma educacional, de combate ao analfabetismo e valorização do magistério; uma reforma fiscal, que visava aumentar a arrecadação e conter as remessas de lucros ao exterior; uma reforma eleitoral, com a proposta do direito de voto para analfabetos e militares de baixa patente; uma reforma urbana, permitindo a locatários a possibilidade de comprar os imóveis em que viviam; e uma reforma bancária, visando aumentar as linhas de crédito para os produtores.

Como as reformas de base desagradavam em muitos aspectos certos grupos poderosos, João Goulart percebeu que não conseguiria viabilizá-las por meio de acordos com o Congresso e decidiu implementá-las por decreto. Em um importante comício, em 13 de março de 1964, no Rio de Janeiro, em frente à estação Central do Brasil, o presidente anunciava os projetos que nacionalizavam refinarias de petróleo e desapropriavam as propriedades com mais de 100 hectares ao longo de rodovias e ferrovias federais.

As reformas propostas por João Goulart tinham o apoio do movimento estudantil, de movimentos rurais, como as Ligas Camponesas, de setores progressistas da Igreja católica e de entidades trabalhistas, como o Comando Geral dos Trabalhadores (CGT). Contudo, também era forte a oposição dos setores conservadores, representados por grupos como a Frente Patriótica Civil-Militar, o Instituto de Pesquisas e Estudos Sociais (Ipes), a Sociedade Brasileira para a Defesa da Tradição, Família e Propriedade (TFP) e o Instituto Brasileiro de Ação Democrática (Ibad). Em 19 de março de 1964 ocorreu uma grande manifestação em São Paulo, com o nome de Marcha da Família com Deus pela Liberdade, reunindo cerca de 500 mil pessoas, e outra no Rio de Janeiro. O evento mostrava a força do conservadorismo e contribuiu para a articulação de um movimento que levaria à deposição de João Goulart da Presidência.

Em 31 de março, tropas de Minas Gerais deslocaram-se rumo ao Rio de Janeiro. Ao mesmo tempo, importantes autoridades políticas, como Magalhães Pinto (1909-1996), governador de Minas Gerais, Adhemar de Barros, de São Paulo, e Carlos Lacerda, da Guanabara (hoje Rio de Janeiro), deram apoio à intervenção militar. Pretendendo evitar o derramamento de sangue, João Goulart viajou para o Rio Grande do Sul e posteriormente se exilou no Uruguai. O governador do Rio Grande do Sul, Leonel Brizola, pretendia organizar uma resistência ao golpe de Estado que estava em curso, mas não obteve a adesão esperada. O governo passou a ser exercido por uma junta militar, dando origem a um período de ditadura, que se estenderia por mais de vinte anos.

Arquivo do jornal O Estado de S. Paulo/Agência Estado

Marcha da Família com Deus pela Liberdade, em 1964, no Rio de Janeiro (RJ).

Diálogos

- Em duplas, leiam atentamente o texto abaixo, que reproduz trechos da carta-testamento de Getúlio Vargas, e respondam às questões propostas.

Trechos da carta-testamento de Getúlio Vargas, agosto de 1954

Mais uma vez, as forças e os interesses contra o povo condenaram-me novamente e se desencadeiam sobre mim.

Não me acusam, insultam; não me combatem, caluniam e não me dão o direito de defesa. Precisam sufocar a minha voz e impedir a minha ação para que eu não continue a defender, como sempre defendi, o povo e principalmente os humildes. Sigo o destino que me é imposto. Depois de decênios de domínio e espoliação dos grupos econômicos e financeiros internacionais, fiz-me chefe de uma revolução e venci. Iniciei o trabalho de libertação e instaurei o regime de liberdade social. Tive de renunciar. Voltei ao governo nos braços do povo. A campanha subterrânea dos grupos internacionais aliou-se à dos grupos nacionais revoltados contra o regime de garantia do trabalho. A lei de lucros extraordinários foi detida no Congresso. Contra a justiça da revisão do salário mínimo se desencadearam os ódios. Quis criar a liberdade nacional na potencialização de nossas riquezas através da Petrobras; mal começa esta a funcionar, a onda de agitação se avoluma. A Eletrobrás foi obstaculada até o desespero. Não querem que o trabalhador seja livre. Não querem que o povo seja independente [...].

Tenho lutado mês a mês, dia a dia, hora a hora, resistindo a uma pressão constante, incessante, tudo suportando em silêncio, tudo esquecendo, renunciando a mim mesmo, para defender o povo que agora se queda desamparado. Nada mais vos posso dar, a não ser o meu sangue. Se as aves de rapina querem o sangue de alguém, querem continuar sugando o povo brasileiro, eu ofereço em holocausto a minha vida. Escolho este meio de estar sempre convosco [...].

Ao ódio respondo com o perdão. E aos que pensam que me derrotaram, respondo com a minha vitória. Era escravo do povo e hoje me liberto para a vida eterna. Mas esse povo de quem fui escravo não mais será escravo de ninguém. Meu sacrifício ficará para sempre em sua alma e meu sangue será o preço do seu resgate.

Lutei contra a espoliação do Brasil. Lutei contra a espoliação do povo. Tenho lutado de peito aberto. O ódio, as infâmias, a calúnia não abateram o meu ânimo. Eu vos dei a minha vida. Agora ofereço a minha morte. Nada receio. Serenamente dou o primeiro passo no caminho da eternidade e saio da vida para entrar na história.

Cartaz produzido pelo Departamento de Imprensa e Propaganda (DIP), do governo Getúlio Vargas – Estado Novo, convocando para a manifestação trabalhista de 1º de maio.

Citado em DEL PRIORE, Mary *et al. Documentos de história do Brasil:* de Cabral aos anos 90. São Paulo: Scipione, 1997. p. 98-99.

a) Que interesses Getúlio Vargas afirma desarmar ao cometer suicídio? Justifique sua resposta com passagens do texto.

b) Na carta, a quem Getúlio Vargas se refere no trecho "Não querem que o trabalhador seja livre. Não querem que o povo seja independente"?

Mobilizações sociais e atuações nos governos ditatoriais do Brasil

O regime implantado no Brasil em 1964 foi uma ditadura em razão de seu caráter autoritário e da concentração de poderes nas mãos dos chefes militares, embora com muita participação civil no governo. Havia, desde o início, uma divergência bastante clara entre um grupo ligado à Escola Superior de Guerra (ESG), que defendia o diálogo com grupos políticos conservadores tradicionais, notadamente da UDN e de parcela do PSD, e outro, conhecido como linha-dura, mais radical e mais avesso à participação da sociedade civil no governo. Mesmo assim, de modo geral havia o consenso de combater o comunismo e garantir a ordem, seja por meio da repressão às manifestações de oposição ao regime, seja por meio de intensa propaganda institucional. Além disso, o país rompia com o posicionamento de autonomia em relação à política externa, assumindo de modo mais explícito seu alinhamento na Guerra Fria ao bloco capitalista, liderado pelos Estados Unidos.

Do ponto de vista econômico, o regime adotava uma política com alguns aspectos neoliberais, na qual o desenvolvimento e a diversificação da economia se faziam a partir de empréstimos no exterior e da abertura da economia brasileira ao capital internacional. Os empréstimos garantiam a construção de obras de infraestrutura, como estradas, hidrelétricas, refinarias de petróleo, entre outras. Ao mesmo tempo, o regime estimulava a vinda de empresas estrangeiras, que se beneficiavam de incentivos fiscais, mão de obra barata e abundância de recursos naturais.

Com a saída de João Goulart, o governo passou a ser exercido por uma junta militar que, em 9 de abril de 1964, decretou o Ato Institucional número 1 (AI-1), uma lei que fortalecia o Poder Executivo, permitindo-lhe governar por meio de decretos, cassar mandatos políticos em qualquer nível, suspender direitos políticos de adversários do regime e expurgar servidores públicos. O AI-1 instituiu ainda os Inquéritos Policiais Militares que, dotados de poderes excepcionais, podiam prender os opositores do regime. A prática de tortura, quando investigada, era arquivada por "insuficiência de provas". Depois desse ato institucional, foram promulgados vários outros, sempre com o objetivo de fortalecer o poder do núcleo militar e reprimir qualquer forma de oposição.

Arquivo do jornal Folha de São Paulo/Folhapress

Posse de Humberto de Alencar Castelo Branco. Ele se tornou presidente em 1964 e prometeu eleições para o ano seguinte, mas permaneceu no poder até 1967.

O primeiro presidente do Brasil sob o regime militar foi o general Humberto de Alencar Castelo Branco (1897-1967), eleito pelo Congresso em 11 de abril de 1964. Em seu governo foram revogados os decretos de João Goulart, que estabeleciam a nacionalização das refinarias de petróleo e a desapropriação de terras para reforma agrária. A União Nacional dos Estudantes (UNE) e as Ligas Camponesas foram colocadas na ilegalidade. Centenas de pessoas tiveram seus direitos políticos cassados, entre elas os ex-presidentes Juscelino, Jânio e Jango, e milhares de funcionários públicos foram demitidos.

No campo econômico foi posto em prática o Programa de Ação Econômica do Governo (Paeg), sob a responsabilidade do ministro do Planejamento, Roberto Campos, e do ministro da Fazenda, Otávio Bulhões (1906-1990). Com o objetivo de restabelecer as finanças públicas, o programa previa o achatamento dos salários, o fim dos subsídios ao trigo e ao petróleo e o aumento da arrecadação de impostos. O Paeg conseguiu atingir o objetivo de reduzir o déficit público, mas isso com o sacrifício dos trabalhadores, que passaram a ganhar menos e ainda sofriam com o aumento dos preços.

Em 1965 foi decretado o Ato Institucional número 2 (AI-2), que ampliava os poderes do presidente, regulamentava a eleição indireta para presidente da República e extinguia os partidos políticos existentes, implementando o sistema bipartidário. A partir de então haveria somente dois partidos, a Aliança Renovadora Nacional (Arena), que representava os partidários do governo, e o Movimento Democrático Brasileiro (MDB), no qual se agrupavam os movimentos de oposição. Outro Ato Institucional, o AI-3, estabelecia eleições indiretas para governadores dos estados. Em janeiro de 1967 foi aprovada uma nova Constituição, que ampliava os poderes do Executivo.

Arquivo do jornal O Estado de S. Paulo/Agência Estado

Plenário da Câmara Federal na instalação do Movimento Democrático Brasileiro (MDB), em 1966.

Em outubro de 1966, o Congresso elegeu como presidente o general Artur da Costa e Silva (1899-1969), tendo um civil, Pedro Aleixo (1901-1975), como vice, que tomaram posse em março do ano seguinte. Costa e Silva era representante da linha dura do regime e iniciava seu governo com uma nova Carta constitucional que permitia ao Poder Executivo exercer a censura prévia à imprensa e incluía a Lei de Segurança Nacional, pela qual se tipificavam crimes políticos. Na prática, a manifestação de opiniões contrárias ao regime podia ser passível de prisão com amparo da lei.

No governo Costa e Silva a oposição ao regime se tornou mais articulada e, ao mesmo tempo, mais diversificada. Políticos conservadores tradicionais, como Carlos Lacerda, sentindo-se à margem do cenário político, uniram-se a outros mais progressistas, como Jango e Juscelino, formando um bloco de oposição chamado Frente Ampla. Em junho de 1968, cerca de 100 mil manifestantes compareceram ao funeral do adolescente Edson Luís de Lima (1950-1968), assassinado pela polícia durante um protesto contra as más condições sanitárias de um restaurante para alunos secundaristas no Rio de Janeiro. O próprio Congresso Nacional dava mostras de maior autonomia, negando-se a suspender as imunidades parlamentares que permitiriam o cerceamento da liberdade de expressão dos deputados.

Repressão policial na missa de sétimo dia do estudante Edson Luís, na cidade do Rio de Janeiro (RJ), em 1968.

Acervo Iconographia/Reminiscências

Atividade

1. O uso da violência foi uma constante durante o regime militar e os opositores eram considerados inimigos. Os protestos e as manifestações eram vistos como ameaça à segurança nacional. Na foto de 1968, a polícia atua de modo truculento em missa de sétimo dia de estudante na cidade do Rio de Janeiro. Temas para a discussão:

a) Os protestos e as manifestações populares podem ser considerados uma ameaça à segurança nacional? Por quê?

b) Citem exemplos de manifestações populares recentes, preferencialmente ocorridas no município ou no estado onde vocês moram, e expliquem o que estava sendo reivindicado e, se houve, como se deu a repressão.

Paralelamente a essas movimentações, surgiram grupos que optaram por estratégias de luta armada, como a Aliança de Libertação Nacional (ALN), o Movimento Revolucionário 8 de Outubro (MR-8), a Vanguarda Popular Revolucionária (VPR), a Vanguarda Armada Revolucionária (VAR-Palmares), entre outros. O objetivo desses grupos era formar um movimento guerrilheiro e, com isso, derrubar o regime militar.

Como resposta à rearticulação da oposição, o regime militar agiu com medidas mais duras, entre elas a promulgação do Ato Institucional número 5 (AI-5). Por meio dele, o presidente tinha o direito de fechar o Congresso, nomear interventores para estados e municípios, cassar mandatos, suspender direitos políticos e demitir servidores públicos. Acusados de crimes contra a segurança nacional perdiam o direito de *habeas corpus*.

No plano econômico, o governo Costa e Silva marcou o início do que mais tarde seria chamado "milagre econômico" brasileiro, um crescimento significativo do PIB brasileiro, que se estenderia até 1973. Tendo à frente o economista Delfim Netto (1928-) como ministro da Fazenda, o Brasil obteve empréstimos no exterior, o que permitiu o fortalecimento de empresas estatais, como Petrobras, Vale do Rio Doce, Eletrobras, Companhia Siderúrgica Nacional, entre outras. Até o final dos anos 1960 produtos industrializados passaram a fazer parte da pauta de exportação, aumentando também a diversidade de produtos agrícolas e matérias-primas para o mercado externo. Essa situação econômica favorável permaneceria até 1973, quando ocorreu uma alta nos preços do petróleo, como consequência da Guerra do Yom Kippur, entre árabes e israelenses. O "milagre econômico" desmoronou também por causa da alta dos juros dos empréstimos internacionais.

Em agosto de 1969 o presidente Costa e Silva sofreu um derrame cerebral e não pôde continuar no cargo. Seu vice, Pedro Aleixo, que havia manifestado a intenção de afrouxar o regime, foi impedido pelos militares de assumir a Presidência. Passados dois meses, o Alto Comando das Forças Armadas indicou o general Emílio Garrastazu Médici (1905-1985), chefe do Serviço Nacional de Informações (SNI), uma espécie de serviço de espionagem do governo federal à época.

Durante o governo Médici a luta armada, como forma de oposição, continuou realizando sequestros de diplomatas estrangeiros, para trocá-los por prisioneiros políticos, e operações de guerrilha, como a do Vale do Ribeira e a do Araguaia. A luta armada, porém, não teve sucesso em mobilizar a sociedade contra a ditadura, e, como cada grupo lutava sem articulação com os demais, os órgãos de repressão com o tempo conseguiram desmantelar os focos de revolta e assassinar muitos de seus principais líderes, denominados terroristas pelo governo. O governo Médici estendeu-se até março de 1974, quando então tomou posse o general Ernesto Geisel (1907-1996), com o desafio de retomar o crescimento econômico e restabelecer a democracia. Tratava-se de uma abertura política "lenta, segura e gradual", nas palavras do próprio Geisel. Ou seja, a distensão do regime não poderia escapar do controle dos grupos militares então no poder.

Em outubro de 1975 o jornalista Vladimir Herzog (1937-1975) foi morto em uma sessão de tortura nas dependências do II Exército em São Paulo. As prisões, torturas e mortes eram frequentes durante o regime militar, mas esse fato em particular gerou grande comoção popular. Alguns meses depois o mesmo ocorreu com o operário Manuel Fiel Filho (1927-1976), fato que motivou o presidente a demitir o comandante do II Exército, um sinal importante de que a linha dura tinha ido longe demais.

Apesar de alguns avanços, como maior liberdade de imprensa e importantes vitórias do MDB nas eleições para deputados e senadores de 1974, o governo Geisel também apresentou retrocessos. Um deles foi o chamado "pacote de abril", um decreto de 1976 pelo qual se fechava o Congresso, se estendia o mandato presidencial para seis anos e se estabeleciam eleições indiretas para um terço dos senadores.

Diante da pressão popular e de instituições civis, como a Ordem dos Advogados do Brasil (OAB), mais tarde o Congresso foi reaberto e o AI-5 foi revogado. Outro importante foco de resistência era o Sindicato dos Metalúrgicos do ABC paulista, no qual despontava a liderança do sindicalista Luiz Inácio da Silva, também conhecido como Lula, que se elegeria presidente da República décadas mais tarde, em 2003.

Juca Martins/Olhar Imagem

Repressão policial à greve dos metalúrgicos do ABC, em São Bernardo do Campo (SP), em 1980.

Em 1979, Geisel passou a faixa presidencial para o general João Batista Figueiredo (1918-1999), eleito de forma indireta. Sob o governo de Figueiredo, o processo de abertura política teve continuidade com a Lei da Anistia, que permitiu a volta ao Brasil de políticos da oposição que haviam sido exilados do país. Ainda em 1979 o governo deu início a uma reforma partidária que extinguiu os antigos partidos – Arena e MDB – possibilitando o retorno do pluripartidarismo. Na prática, a Arena simplesmente mudou de nome, passando a se chamar Partido Democrático Social (PDS), enquanto o MDB se fragmentou, dando origem ao Partido do Movimento Democrático Brasileiro (PMDB). Outros partidos surgiram – o Partido Trabalhista Brasileiro (PTB), o Partido Democrático Trabalhista (PDT) e o Partido dos Trabalhadores (PT). Em 1982, ocorreram eleições diretas para governador, mas as eleições diretas para presidente só aconteceriam no final daquela década.

O processo de abertura encontrou resistência de setores da linha dura do Exército, que passaram a executar atos de terrorismo. Um dos casos mais amplamente divulgados foi o atentado ocorrido no Riocentro, em 1981. Dois militares planejaram colocar bombas no local onde haveria um *show* de música para depois responsabilizar os grupos de oposição pelo episódio. Uma das bombas, porém, explodiu no carro em que os militares estavam, matando um e ferindo o outro gravemente. Outra reação contrária à abertura efetivou-se em atentados a bancas de jornais que vendiam publicações de oposição e a entidades civis que defendiam o fim da ditadura, como a OAB.

Rolando de Freitas/Estadão Conteúdo

Manifestação pelas eleições diretas presidenciais na Praça da Sé, em São Paulo (SP), em janeiro de 1984.

As greves na região industrial do ABC, em São Paulo, seguidas de outras manifestações violentamente reprimidas, aumentaram o desgaste do poder autoritário do governo e, no final de 1983, os partidos de oposição encamparam a campanha pela eleição direta para presidente da República.

O movimento, conhecido como Diretas Já, mobilizou o país de norte a sul em manifestações que envolviam centenas de milhares de pessoas. Seu objetivo era pressionar o Congresso a aprovar uma emenda constitucional que reinstituísse as eleições diretas para presidente. A emenda, porém, foi derrotada por apenas 22 votos numa sessão a que vários parlamentares deixaram de comparecer.

O novo presidente foi, mais uma vez, eleito indiretamente. Dois civis concorreram à sucessão presidencial: Tancredo Neves (1910-1985), da Frente Liberal, que reunia tanto opositores como colaboradores da ditadura, e Paulo Maluf (1931-), do Partido Democrático Social (PDS, antigo Arena). A vitória coube a Tancredo Neves, que tinha José Sarney (1930-) como vice na chapa presidencial.

Antes de tomar posse, no entanto, Tancredo ficou gravemente doente, vindo a falecer, e Sarney foi quem assumiu a Presidência da República em 1985. Ironicamente, a ditadura militar tinha fim com o início do governo de um político que, no passado, era um dos apoiadores daquele regime.

Atuações sociais para a democracia: as heranças paternalistas e autoritárias no século XXI

A democracia, com todas as inúmeras limitações que encontra no Brasil, assim como no restante da América Latina, não é resultado de uma concessão feita pelo Estado ou por grupos poderosos ligados ao Estado e atuantes na sociedade. Ela foi conquistada duramente pela luta dos movimentos populares contra as forças autoritárias que dominaram a vida política desde o Brasil colônia. A consolidação da democracia, estendendo-a e integrando a ela a justiça social, também não decorrerá de uma concessão: terá de ser buscada e conquistada.

Essa busca é árdua, mas deve continuar, sob pena de o Brasil ser sempre uma potência de relativa grandeza, mas na qual a maioria dos brasileiros continuará excluída dos direitos básicos da cidadania, sem condições dignas de vida, vegetando à margem da riqueza de uns poucos.

Seriam necessários muitos livros para estudar os inúmeros e graves problemas que afligem a população brasileira de hoje: altos índices de analfabetismo e evasão escolar; grande mortalidade infantil, provocada pela subnutrição e pela falta de saneamento; deficiência dos serviços públicos de educação e de saúde prestados à população; deterioração dos salários, entre os mais baixos do mundo; permanência de trabalho escravo em vários pontos do país; imensa taxa de desemprego; favelização crescente na periferia das cidades; grande número de mendigos e crianças abandonadas nas ruas; elevados índices de violência urbana e no campo, diretamente relacionada ao crescimento da miséria; chacinas nas prisões, no campo e nas periferias das grandes cidades, pela polícia ou por grupos armados; a questão do meio ambiente; entre outros.

A independência do Brasil já completa dois séculos e ainda apresenta muitas contradições. Por um lado, é uma sociedade que se informatiza e se moderniza em muitos setores, podendo ser comparada às dos países mais desenvolvidos e ricos do chamado mundo desenvolvido. Por outro, é um país ainda com altos índices de pobreza e miséria.

Fazer com que esses dois "Brasis" se encontrem, diminuindo as desigualdades sociais e as injustiças, será o principal desafio das novas gerações. Esse desafio só será superado com o fortalecimento dos movimentos sociais comprometidos com avanços progressistas e populares. Essa luta tem muitas frentes: as organizações sindicais, estudantis e de bairro; o movimento dos sem-terra e o dos sem-teto; os movimentos ecológicos, que lutam contra a degradação do meio ambiente; e os movimentos de todos aqueles considerados "minorias políticas": os índios, os negros, as mulheres, as pessoas LGBTQIA+.

Só assim se conseguirá consolidar a democracia política e transformá-la em uma democracia plena que possibilite que toda a sociedade tenha direito a condições dignas de vida.

Alfredo Rizzutti/Agência Estado

Passeata pelas Diretas Já, movimento pelo restabelecimento de eleições diretas, em São Paulo (SP), 1984.

Atividades

2. Atualmente, existe mais confiança no governo por parte da população?
3. Você poderia citar exemplos de desonestidade na política hoje em dia?
4. O que você acha do estereótipo do político como sendo um homem desonesto? A desconfiança do povo em relação ao governo serve para melhorar ou para piorar o país?

1. Leia o trecho a seguir e faça as atividades.

> [...] nem os intelectuais hispano-americanos e brasileiros, nem os governos hispano-americanos e brasileiros consideravam o Brasil parte da "América Latina" – expressão que se referia somente à América Espanhola – pelo menos até a segunda metade do século XX, quando os Estados Unidos e o resto do mundo exterior começaram a pensar o Brasil como parte integrante de uma região chamada "Latin America". Mesmo agora, os governos brasileiros e os intelectuais brasileiros, exceto talvez da esquerda, continuam sem convicção profunda de que o Brasil é parte da América Latina.
>
> BETHELL, Leslie. O Brasil e a ideia de "América Latina" em perspectiva histórica. *Estudos Históricos*, Rio de Janeiro, 2009. Disponível em: www.scielo.br/scielo.php?script=sci_arttext&pid=S0103-21862009000200001. Acesso em: 7 jun. 2022.

a) Considerando o que você aprendeu nesta unidade, aponte uma diferença marcante entre o processo de independência da América portuguesa e o processo de independência das colônias da América espanhola. Depois, explique como se desenvolveu essa diferença.

b) Você concorda com a opinião de Leslie Bethell, que diz: "Mesmo agora, os governos brasileiros e os intelectuais brasileiros [...] continuam sem convicção profunda de que o Brasil é parte da América Latina"? Por quê? Procure identificar em seu cotidiano alguns elementos que servem para justificar sua resposta.

2. Leia o texto abaixo, do historiador brasileiro Paulo Vizentini, e responda às questões.

> Três meses após a derrubada de Vargas, o general Eurico Gaspar Dutra tomava posse como presidente eleito. O condestável do Estado Novo e simpatizante do Eixo era agora um fiel aliado de Washington. Essa seria a marca de seu governo. Uma mudança dessa magnitude resultava tanto de uma nova relação de forças internas como, sobretudo, externas. Prenunciavam-se os anos da Guerra Fria e uma nova ordem mundial, o que alterava profundamente as possibilidades de inserção internacional do Brasil. [...]
>
> A diplomacia brasileira não apenas alinhava-se automaticamente com as posições americanas nas organizações internacionais, como às vezes chegava a exceder-se em seu apoio. Em outubro de 1947 o Brasil rompeu relações diplomáticas com a União Soviética a partir de um incidente sem maior importância. Na verdade, essa ruptura fazia parte de uma política mais ampla, e fora longamente preparada pelo governo.
>
> VIZENTINI, Paulo. Do nacional-desenvolvimentismo à PEI. *In*: FERREIRA, J. *et al.* (org.). *O Brasil republicano*. Rio de Janeiro: Civilização Brasileira, 2003. p. 198-200.

a) De acordo com o texto, que mudanças o governo de Dutra impôs à política externa brasileira quando comparado ao governo do Estado Novo?

b) Que fatores do cenário internacional, implementados após a Segunda Guerra, foram responsáveis por essa mudança? Explique.

c) Para o autor, que reais motivos levaram o Brasil a romper relações diplomáticas com a União Soviética em 1947?

3. A figura a seguir é a reprodução de um cartaz do Movimento Feminino pela Anistia no Brasil, divulgado em 1975.

Cartaz do Movimento Feminino pela Anistia no Brasil, de 1975.

a) Preste atenção à imagem. Que mudanças você nota nos desenhos das personagens femininas da primeira fileira superior até a fileira inferior do cartaz?

b) O que acontecia no cenário político nacional em 1975, quando o cartaz foi divulgado?

c) Por que o cartaz convoca o leitor para "sair da sombra"?

d) Em sua opinião, a divulgação de movimentos como o que vemos no cartaz foi importante para mudar o cenário político brasileiro? Explique.

4. Leia o texto abaixo, do historiador brasileiro Marcos Napolitano. Em seguida, responda às questões.

> A partir dos eventos ocorridos no "ciclo grevista" de 1978/1980, os sujeitos coletivos puderam definir suas identidades e articular suas reivindicações frente ao Estado. Neste processo, a "questão democrática" foi reelaborada historicamente, deixando de ser apenas um tema que inspirava a resistência contra a ditadura, para nortear diversos projetos de sociedade.
>
> A "questão operária" consolidou, no espaço público, uma outra formulação da "questão democrática", que se exercitava desde o início dos anos 70: não mais se tratava de criar a produção do consenso mas, sobretudo, aprimorar a equação do conflito.

NAPOLITANO, Marcos. As greves do ABC: a questão social encontra a questão democrática. *In*: NAPOLITANO, Marcos. *Cultura e poder no Brasil republicano*. Curitiba: Juruá, 2002. p. 104.

a) Releia o texto e identifique quem eram os participantes do que o autor chama de "ciclo grevista" e por que eles estavam insatisfeitos.

b) De acordo com o autor, por que as greves dos metalúrgicos redefiniram o movimento pela volta da democracia e introduziram novas questões entre os opositores da ditadura militar? Justifique.

Diversidade, particularidades e igualdade

A efetivação da cidadania deve se manifestar na vida cotidiana das pessoas. A inserção desse valor no conjunto de leis e normas que regem as mais variadas instituições é um dos passos essenciais para que todos tenham seus direitos garantidos. Princípios que devem ser incorporados pela nossa cultura e a partir dos quais conduzimos todas as nossas ações no mundo público.

O desafio que vivemos atualmente é fazer valer na prática os direitos conquistados e que estão registrados em nossas leis, como na Constituição Federal de 1988, chamada Constituição Cidadã. Ao lançarmos um olhar mais atento aos vários segmentos sociais, que historicamente nunca desfrutaram de reconhecimento, oportunidades e direitos em sua totalidade, percebemos o quanto, na prática, a cidadania plena ainda está distante para muitos e que novas conquistas e mudanças de comportamento são necessárias.

Uma boa forma para avaliar quanto a cidadania é vivida plenamente pelas pessoas é examinar os lugares sociais que os diferentes segmentos da sociedade ocupam. Nesse aspecto, destaca-se a inserção no mundo do trabalho em razão de sua importância simbólica, do *status* que aufere e da condição material que ele proporciona por meio do salário, da renda.

Os tipos de profissão, emprego, jornada e remuneração são muito variados. A reunião de dados estatísticos nos possibilita afirmar que essas diferenças não se dão apenas em razão do mérito e da competência de cada indivíduo. Esses dados revelam padrões que diferenciam homens, mulheres, brancos, negros, indígenas, jovens e idosos, entre outros, e, portanto, têm razões históricas.

Brasil: médias de renda – 2020

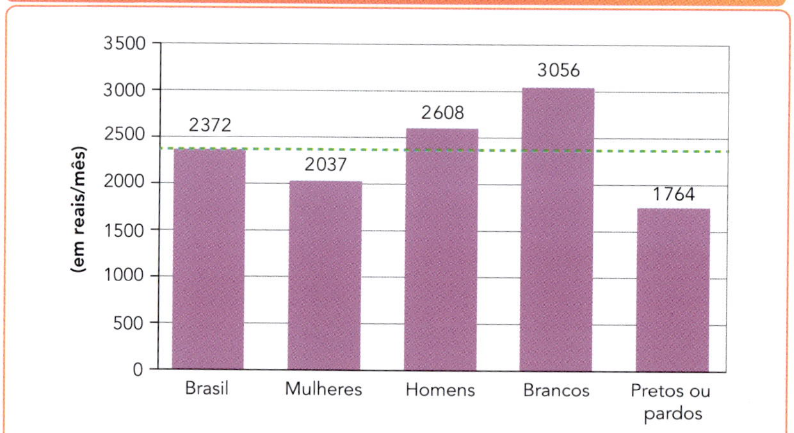

Fórmula Produções/Arquivo da editora

Fonte: elaborado com base em IBGE. *Síntese de Indicadores Sociais: uma Análise das Condições de Vida da População Brasileira 2021*. p. 27. Disponível em: https://biblioteca.ibge.gov.br/visualizacao/livros/liv101892.pdf. Acesso em: 7 jun. 2022.

Atividades

1. Qual é o percentual da diferença de média de renda entre o grupo social de média mais elevada e o grupo social de média mais baixa?

2. Que inferência pode ser feita sobre a média de renda ao se associar dois indicadores de distinção social, a cor e o sexo? Ou seja, qual grupo provavelmente tem maior e menor média de renda ao considerar homens brancos, homens pretos e pardos, mulheres brancas e mulheres pretas e pardas?

Emancipação das mulheres

As mulheres e os homens, historicamente, possuem funções diferentes na realização do trabalho. Isso é o que chamamos de **divisão sexual do trabalho**. Nos primórdios da história, essa divisão não era hierárquica (ou seja, uma função não era considerada mais importante do que outra), mas sim complementar. Se pensarmos, por exemplo, nas sociedades em que os homens eram responsáveis por caçar animais selvagens e as mulheres, pela colheita, ambos os trabalhos eram considerados igualmente importantes para a sobrevivência da comunidade. Assim, a divisão sexual do trabalho não foi desde sempre (nem é em nenhuma sociedade, mesmo nos dias de hoje...) indício de desigualdade.

SSPL/Science Museum/Getty Images

Em maio de 1955, a revista *Housekeeping Monthly* publicou o artigo "O guia da boa esposa", no qual ditava o que a mulher deveria fazer para ser prestativa com seu marido e filhos.

Atualmente, é grande o número de mulheres que também trabalham fora de casa em busca do sustento de sua família ou para complementar a renda familiar. O aumento do trabalho assalariado feminino representa, sem dúvida, um aspecto fundamental no processo de emancipação da mulher em sociedades ocidentais capitalistas. Mas será que isso a deixa em posição de igualdade em relação ao homem na nossa sociedade? Diversos estudiosos afirmam que sobre a força de trabalho feminina existem, em maior intensidade, precarização e exploração. Vamos procurar entender, agora, o que isso quer dizer, como e por que acontece.

Trabalho não é a mesma coisa que emprego. Há diversas formas de trabalho que não são necessariamente remuneradas. O trabalho doméstico, por exemplo, é uma delas. Não estamos falando do trabalho realizado por diaristas ou empregadas domésticas, mas daquele que as pessoas realizam na própria casa.

Prostock-studio/Shutterstock

Recentemente, os meios de comunicação de massa passaram a veicular mais imagens de homens e mulheres dividindo os afazeres domésticos. Entretanto, não é incomum essa atividade ser considerada de responsabilidade da mulher, atribuindo ao homem o papel de ajudante.

Você já reparou que as pessoas que têm um trabalho que gera riqueza são consideradas bem-sucedidas e aquelas que recebem pouco (ou nada) pelo trabalho que produzem são vistas de forma inferiorizada pela sociedade? Quando perguntamos a uma criança "O que você quer ser quando crescer?", referimo-nos à profissão que ela vai escolher para exercer no futuro. Em outras palavras, seria quase a mesma coisa que perguntar: "Qual profissão você quer ter para ganhar dinheiro quando crescer?". Você percebe que comumente partimos do pressuposto de que a criança deve ter ambições, que essas ambições devem estar relacionadas a quanto prestígio social ela vai ter e que esse prestígio está diretamente relacionado a quanto dinheiro vai ganhar?

vicova/Shutterstock

Para muitas mulheres, trabalhar fora de casa representa uma busca por liberdade, pois só assim elas não dependerão economicamente do marido nem de outros familiares e vão alcançar, de fato, sua autonomia. O problema é que nem todas as mulheres conseguem entrar no mercado de trabalho e grande parte delas, quando consegue, recebe salários menores do que os recebidos pelos homens e, até mesmo, em alguns casos, exercendo a mesma função. Além disso, trabalhar fora de casa não garante, necessariamente, a autossuficiência econômica.

Grupamentos ocupacionais	Rendimento médio habitual do trabalho principal (R$)		Participação de mulheres na população ocupada (%)	Percentual de horas trabalhadas na semana de referência pelas mulheres em relação ao de homens (%)	Razão do rendimento médio habitual* de mulheres em relação ao de homens (%)
	Homem	Mulher			
Total	2 491	1 978	45,6	88,4	79,4
Diretores e gerentes	6 216	4 435	41,8	95,5	71,3
Profissionais das ciências e intelectuais	5 890	3 819	63,0	90,3	64,8
Técnicos e profissionais de nível médio	3 320	2 386	45,2	95,4	71,9
Trabalhadores de apoio administrativo	2 071	1 785	64,5	97,2	86,2
Trabalhadores dos serviços, vendedores dos comércios e mercados	1 958	1 295	59,0	88,0	66,2
Trabalhadores qualificados da agropecuária, florestais, da caça e da pesca	1 397	999	21,1	82,6	71,5
Trabalhadores qualificados, operários e artesãos da construção, das artes mecânicas e outros ofícios	1 752	1 150	16,2	83,0	65,7
Operadores de instalações de máquinas e montadores	1 895	1 303	13,8	92,3	68,8
Ocupações elementares	1 060	952	55,3	86,1	89,8
Membros das Forças Armadas, policiais e bombeiros civil-militares	5 301	5 338	13,2	89,8	100,7

* Rendimento médio habitual do trabalho principal da população de 25 a 49 anos de idade ocupada na semana de referência, por sexo, segundo os grupamentos ocupacionais, participação de mulheres na ocupação e razão (%) do rendimento de mulheres em relação ao de homens – Brasil – 4º trimestre – 2018.

Fonte: IBGE, Diretoria de Pesquisas, Coordenação de Trabalho e Rendimento. *Pesquisa Nacional por Amostra de Domicílios Contínua*. Disponível em: https://agenciadenoticias.ibge.gov.br/agencia-sala-de-imprensa/2013-agencia-de-noticias/releases/23923-em-2018-mulher-recebia-79-5-do-rendimento-do-homem. Acesso em: 7 jun. 2022.

Atividades

3. As maiores desigualdades de remuneração entre homens e mulheres são observadas em que tipos de ocupação? Que hipóteses podem explicar esse fato?

4. Dos grupos ocupacionais listados na tabela, em quais a participação das mulheres é inferior? O que poderia explicar isso?

5. É possível relacionar gênero e formação escolar? Explique dando exemplos da tabela.

Apesar da crescente participação da mulher no mercado de trabalho, seu percentual de remuneração é bem menor do que o auferido pelo trabalho masculino, assim como seus direitos e suas condições laborais. Às mulheres, em geral, têm sido reservadas áreas de trabalho intensivo. As áreas de maior desenvolvimento tecnológico ainda são destinadas majoritariamente aos homens. Assim, a expansão do trabalho feminino tem se verificado, especialmente, em atividades mais precarizadas ou informais e, ainda, com jornadas mais prolongadas.

A mulher trabalhadora, em geral, possui dupla ou tripla jornada porque, além de trabalhar fora, "deve" cuidar das tarefas da casa e dos filhos. Mesmo em famílias que buscam dividir igualitariamente as funções domésticas, é comum ouvirmos: "Ele é um ótimo marido, **ajuda** a esposa em suas tarefas". O trabalho doméstico ainda é visto como função exclusiva da mulher. Por mais emancipadas que as mulheres sejam em relação às de gerações mais antigas, essa emancipação é apenas parcial porque o trabalho que realizam ainda não é valorizado igualitariamente ao dos homens e, muitas vezes, nem é percebido como trabalho quando é do tipo doméstico. Apesar de vivermos em uma sociedade declaradamente competitiva, nem sempre os termos dessa competição são justos com as pessoas envolvidas, como ocorre na competição entre homens e mulheres no mercado de trabalho.

O trabalho doméstico no Brasil é historicamente exercido pelas mulheres negras. Faxineiras e diaristas são majoritariamente mulheres negras. Apenas em 2015 foi promulgada a lei garantindo direitos trabalhistas às pessoas que exercem essa profissão. Desde o período colonial, mulheres negras são responsáveis pelas atividades mais fundamentais, desde a organização da casa até a amamentação das crianças, mesmo que não fossem seus filhos. Na imagem, *Mãe preta*, do pintor Lucílio de Albuquerque (1877-1939).

Há ainda outro problema: não raras vezes, o trabalho feminino está mais diretamente ligado à autopreservação do que à autorrealização, principalmente em se tratando de mulheres de classes de baixa renda. Com dupla ou tripla jornada de trabalho, sem tempo para o lazer, sem independência econômica e, em geral, empregada em um trabalho alienante, será possível que a mulher consiga se sentir realizada? Vivemos em uma sociedade de consumo e, portanto, acreditamos que o trabalho só é importante se der conta de nossas necessidades materiais, daí a desvalorização do trabalho feminino quando enquadrado na condição de trabalho doméstico. Receber um salário baixo ou não receber nenhum salário é sinônimo de fracasso pessoal, de insucesso.

E se considerássemos o trabalho como uma forma de contribuir para a sociedade, como um exercício de criatividade? E se pudéssemos experimentar a satisfação de desempenhar tarefas que nos beneficiam e aos demais, será que encararíamos o trabalho como algo estressante, depressivo ou degradante? Os trabalhadores do lar são inferiorizados em relação aos outros, como se realizassem um trabalho menor, e acabam, por isso, se sentindo menos importantes. Se, em vez de valorizarmos apenas a riqueza material, pudéssemos valorizar a importância que o trabalho tem para a comunidade como um todo, se o trabalho que exercemos pudesse funcionar como forma de afirmação (e não de negação) da nossa identidade, será que sofreríamos da mesma maneira?

Leia a seguir a opinião de duas ativistas pela conquista de direitos civis sobre a remuneração do trabalho doméstico.

Texto I

O Movimento pela Remuneração das Tarefas Domésticas desencorajava as mulheres de procurar empregos fora de casa, argumentando que "a escravidão a uma linha de montagem não é libertação da escravidão de uma pia de cozinha". Entretanto, as porta-vozes da campanha insistem que não defendem o aprisionamento contínuo das mulheres no ambiente isolado da sua casa. Elas alegam que, embora se recusem a trabalhar no mercado capitalista em si, não desejam atribuir às mulheres a responsabilidade permanente pelas tarefas domésticas. [...] Assim que as mulheres conquistarem o direito de serem pagas por seu trabalho, elas poderão levantar reivindicações por salários mais altos, obrigando, assim, os capitalistas a promover a industrialização das tarefas domésticas. Seria essa uma estratégia concreta para a libertação feminina ou um sonho irrealizável?

DAVIS, Angela. *Mulheres, raça e classe*. São Paulo: Boitempo, 2016.

Texto II

Muitas mulheres realizam atividades de serviço no mercado de trabalho, sendo mal remuneradas ou não tendo nenhum tipo de remuneração (como no trabalho doméstico). O trabalho doméstico e outros tipos de atividade de serviço são especialmente desvalorizados no capitalismo patriarcal. As ativistas feministas que defendem o pagamento de salário às donas de casa viram nisso uma forma de dar à mulher algum poder econômico e de atribuir valor ao seu trabalho. Mas parece improvável que remunerar o trabalho doméstico possa levar a sociedade a atribuir valor a esse tipo de tarefa, uma vez que, em geral, as atividades de serviço não são valorizadas, independentemente de serem remuneradas ou não. E, quando há remuneração, as pessoas que fazem esse tipo de trabalho continuam sendo exploradas psicologicamente. Assim como o trabalho doméstico, as atividades que desempenham são estigmatizadas como degradantes. [...] Se as mulheres recebessem salários pelo trabalho doméstico, é improvável que um dia ele deixasse de ser designado como "trabalho de mulher" e passasse a ser reconhecido como uma atividade importante.

HOOKS, Bell. *Teoria feminista*: da margem ao centro. São Paulo: Perspectiva, 2019.

Atividades

6. Por que algumas ativistas feministas viram na remuneração do trabalho doméstico uma forma de emancipação feminina? Quais argumentos são defendidos por elas?

7. Por que a autora do texto II acredita ser "improvável que remunerar o trabalho doméstico possa levar a sociedade a atribuir valor a esse tipo de tarefa"? Que argumentos ela defende?

8. Em sua opinião, a remuneração do trabalho doméstico pode ser uma alternativa para a desigualdade de gênero? Explique.

Saiba +

Vida Maria. Direção: Márcio Ramos. Brasil, 2007. 9 min.

O curta-metragem de animação conta a história de uma menina de 5 anos de idade que se diverte aprendendo a escrever o próprio nome. Como as mulheres das gerações mais antigas de sua família, Maria se vê obrigada a abandonar os estudos para cuidar dos afazeres domésticos e trabalhar na roça.

A inclusão de pessoas negras e indígenas

Pessoas negras

Assim como as mulheres em relação aos homens, a população negra brasileira também tem menos acesso ao mercado de trabalho do que a população branca. Pessoas negras vivem, estudam e ganham menos do que as pessoas brancas. O Brasil possui, segundo dados do **IBGE** (Pnad 2022), mais da metade da sua população formada por pretos (10,7%) e pardos (45%), na terminologia desse órgão para a autodeclaração dos entrevistados.

IBGE. *Conheça o Brasil – População e raça.* Disponível em: https://educa.ibge.gov.br/jovens/conheca-o-brasil/populacao/18319-corouraca.html. Acesso em: 7 jun. 2022.

Como vimos, as pessoas negras ainda são o segmento social mais inferiorizado considerando a média de renda, segundo o critério raça ou cor. Em 2020, segundo dados do IBGE (Pnad 2020), o registro da renda média do trabalho apontava grande desigualdade: R$ 1 764,00 para pretos e pardos e R$ 3 056,00 para brancos. Segundo a Pnad Contínua do primeiro trimestre de 2022, dos 12 milhões de desocupados no Brasil, 63,1% eram de pessoas negras. No mesmo período, a taxa de desocupação era mais elevada entre pretos (13,3%) e pardos (12,9%) do que entre os brancos (8,9%). Veja no gráfico a seguir como essa desigualdade varia de acordo com a escolaridade.

Brasil: rendimento por hora – média real do trabalho principal – 2020

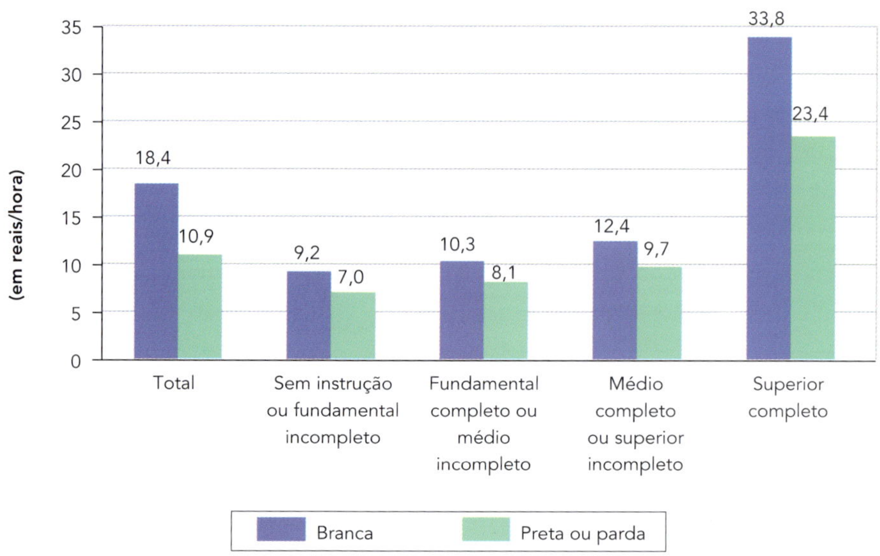

Fórmula Produções/Arquivo da editora

Fonte: elaborado com base em IBGE. *Síntese de Indicadores Sociais: uma Análise das Condições de Vida da População Brasileira 2021*. Disponível em: https://biblioteca.ibge.gov.br/visualizacao/livros/liv101892.pdf. Acesso em: 7 jun. 2022.

Nas últimas décadas, foram implementadas no Brasil algumas políticas para diminuir essa diferença gritante, como as cotas "raciais" para o ingresso em universidades públicas. Ainda assim, apesar da relevância desse tipo de medida para aumentar a participação do negro nesses espaços de aprendizagem, ele não consegue romper por si só, de fato, os obstáculos e desafios profissionais enfrentados pelos afrodescendentes.

Mesmo quando conseguem ingressar na faculdade, os negros têm mais dificuldade de acesso à formação complementar e de encontrar estágios voltados à área de sua formação acadêmica. E, quando conseguem concluir o curso, diversas barreiras dificultam seu ingresso no mercado de trabalho. No setor bancário, apenas 20% dos trabalhadores são negros e raramente participam de cargos de diretoria, exercendo quase sempre funções de produção.

Alice Vergueiro/Futura Press

Preparativos para assembleia de alunos da Faculdade de Direito da USP, em 2015, em apoio à adoção de cotas sociais e raciais pela universidade.

Essa desigualdade, mesmo após mais de 130 anos da abolição da escravidão, é resultado do racismo estrutural da sociedade brasileira. Veja o que diz sobre isso o filósofo e advogado negro Silvio Almeida (1976-):

> Em resumo: o racismo é uma decorrência da própria estrutura social, ou seja, do modo "normal" com que se constituem as relações políticas, econômicas, jurídicas e até familiares, não sendo uma patologia social e nem um desarranjo institucional. [...]
>
> O que queremos enfatizar do ponto de vista teórico é que o racismo, como processo histórico e político, cria as condições sociais para que, direta ou indiretamente, grupos racialmente identificados sejam discriminados de forma sistemática. Ainda que os indivíduos que cometam atos racistas sejam responsabilizados, o olhar estrutural sobre as relações sociais nos leva a concluir que a responsabilização jurídica não é suficiente para que a sociedade deixe de ser uma máquina produtora de desigualdade racial.
>
> ALMEIDA, Silvio. *O que é racismo estrutural?* Belo Horizonte: Letramento, 2018. p. 38-39.

Ale Silva/Futura Press

Garis em greve na cidade do Rio de Janeiro, em 2014, onde cerca de metade da população é composta de pessoas negras. Observe que na foto quase não há pessoas brancas fazendo esse tipo de trabalho, de grande relevância pública, mas pouco valorizado socialmente.

Além de todos esses obstáculos, os pretos e pardos ainda precisam enfrentar outra dificuldade: a violência. Dados do Mapa da Violência de 2018, estudo realizado pelo Instituto de Pesquisa Econômica Aplicada (Ipea) e pelo Fórum Brasileiro de Segurança Pública (FBSP), evidenciam o racismo estrutural que existe no Brasil: em 2017, 75,5% das vítimas de homicídios eram indivíduos negros.

Em dez anos (2007 a 2017), a taxa de mortes de negros cresceu 33,1% comparada à de não negros, que cresceu 3,3%. Em decorrência do racismo estrutural e institucional que existe em nosso país, a cor da pele, muitas vezes, é fator de exclusão para o ingresso no mercado de trabalho.

Atividades

1. Qual é o percentual de diferença de renda média, aferido por hora, entre brancos e pretos ou pardos?
2. Em qual nível de escolaridade a diferença de rendimento é maior? Qual é a sua hipótese para explicar essa situação?
3. Defina, com suas palavras, o que é racismo estrutural.
4. Dê exemplos do cotidiano (olhares, gestos, palavras e comportamentos) que estão associados ao racismo estrutural.

Saiba +

Estrelas além do tempo.
Direção: Theodore Melfi.
Estados Unidos, 2016.
127 min.
O filme retrata a história do protagonismo e da relevância de três cientistas negras da Nasa durante a Guerra Fria para o êxito dos Estados Unidos no embate com a então União Soviética.

O ingresso da mulher negra no mercado de trabalho é ainda mais difícil. Diferentemente das brancas, as mulheres negras sabem, pela própria experiência, que o trabalho não necessariamente as liberta ou é indício de realização pessoal porque, na maioria dos casos, elas foram, ao longo de séculos, exploradas ou desumanizadas. Além disso, o crescente ingresso das mulheres na força de trabalho nunca significou, de fato, que as mulheres como um todo estão adquirindo poder econômico. Se, na nossa sociedade, como vimos, há desvantagem em ser mulher e há desvantagem em ser negro, a mulher negra encontra-se em uma posição duplamente vulnerável.

Indígenas

Ao falarmos das populações indígenas, paira no imaginário social uma ideia generalizante, como se elas fossem um único povo. Os equívocos mais frequentes sobre os povos originários são:

- apenas uma representação genérica de indígena, desconsiderando a diversidade de povos, culturas e línguas dos indígenas que vivem no Brasil;
- a ideia de que possuem "culturas atrasadas", que estão em "estágio civilizatório" inferior ou anterior ao da cultura branca ocidental;
- a concepção de que têm "culturas congeladas", ou seja, que vivem e pensam hoje como viviam e pensavam há 500 anos;
- que os indígenas pertencem apenas ao passado e hoje não protagonizam ações constituintes da sociedade brasileira em toda sua complexidade, até mesmo produtiva (mundo intelectual e mundo do trabalho, por exemplo);
- que os indígenas não são brasileiros e que a população brasileira não é resultado da contribuição dos variados povos originários.

Segundo dados do IBGE, a partir dos censos realizados entre 1991 e 2010, há 305 etnias e 274 línguas indígenas reconhecidas no Brasil. As diversas tradições e estruturas sociais contribuem para a diversidade e a riqueza cultural do país.

Brasil: distribuição da população indígena* – 2010

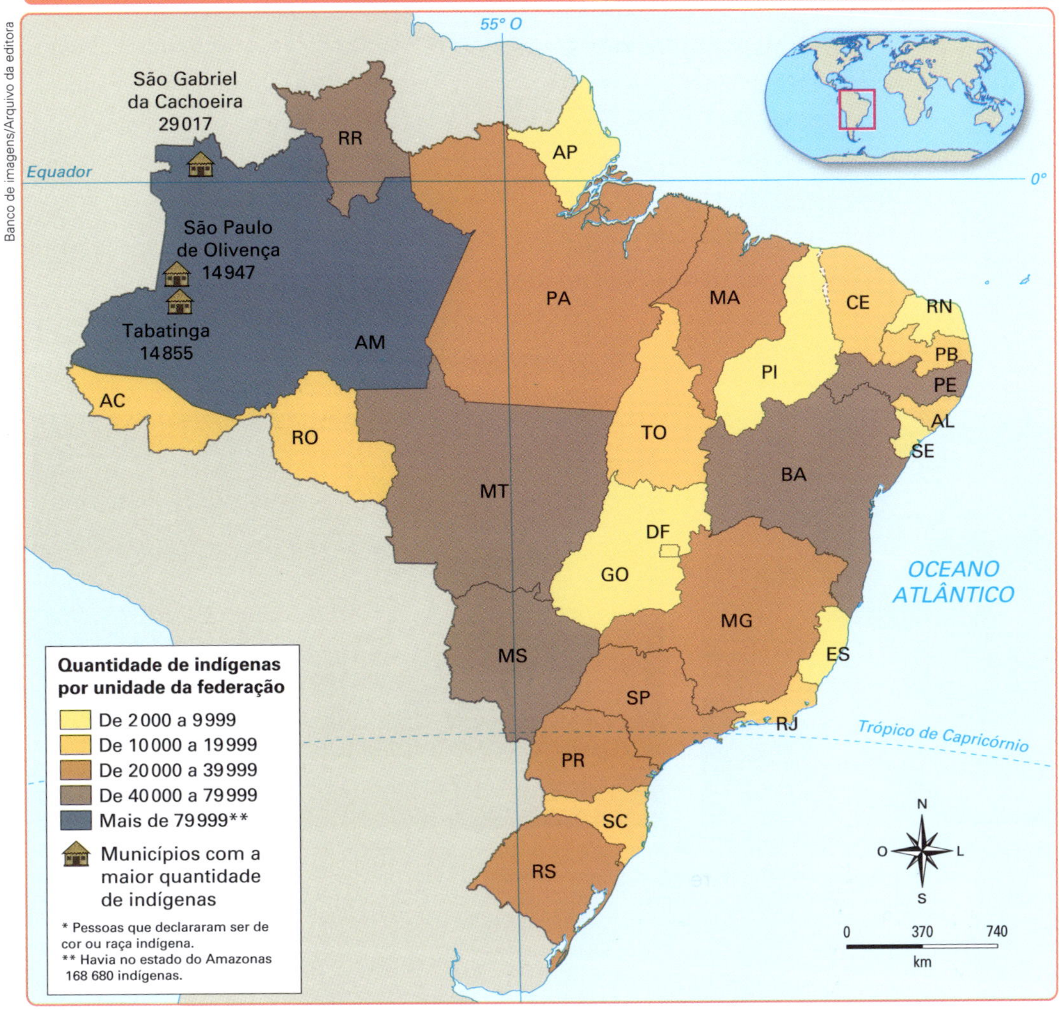

Fonte: elaborado com base em IBGE Educa. *Conheça o Brasil. População – Indígenas.* Disponível em: https://educa.ibge.gov.br/jovens/conheca-o-brasil/populacao/20506-indigenas.html. Acesso em: 7 jun. 2022.

Além disso, há muitos povos originários brasileiros inseridos em ambientes urbanos, como evidencia o gráfico a seguir.

Brasil: população indígena – 1991-2010

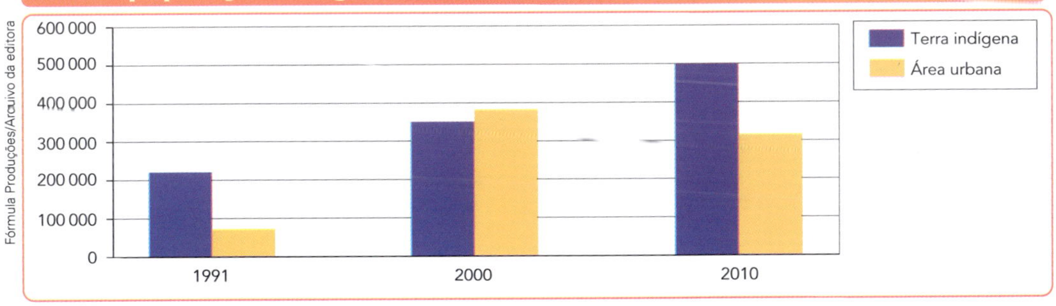

Fonte: elaborado com base em NASCIMENTO, Adir Casaro; VIEIRA, Carlos Magno Naglis. O índio e o espaço urbano: breves considerações sobre o contexto indígena na cidade. *Cordis. História: Cidade, Esporte e Lazer*, São Paulo, n. 14, p. 118-136, jan./jun. 2015. Disponível em: https://revistas.pucsp.br/index.php/cordis/article/viewFile/26141/18771. Acesso em: 7 jun. 2022.

Atividades

5. Segundo o mapa, quais estados brasileiros apresentam maior número de indígenas? O que poderia explicar isso?

6. Descreva a evolução da distribuição espacial do indígena entre a área urbana e a rural de acordo com o gráfico. Levante hipóteses para explicar a grande diferença de números entre os dados de 1991 e de 2010.

7. Segundo o mapa, qual é a quantidade de indígenas que vivem no estado onde você mora? Comparando com a população do Brasil, esse número é alto ou baixo? E comparando com o total da população do estado em que você reside?

A inserção das populações indígenas urbanas no mercado de trabalho, apesar das políticas afirmativas que ao longo do tempo foram sendo implementadas (como cotas para populações indígenas em algumas universidades e cargos públicos), ainda é precária. Os estereótipos em torno da representação dos povos originários brasileiros não são condizentes com a realidade – corpo nu, pintado, com cocar e adereços, muitas vezes idênticos aos de nativos estadunidenses dos filmes de Hollywood, ou mesmo a ideia, que gerações mais antigas de brasileiros aprenderam na escola, do "índio" como preguiçoso, infantilizado ou incapaz – e em nada contribuem para a sua inclusão.

A desigualdade em relação às populações não indígenas, quando o assunto é a inserção no mercado de trabalho, é evidente. Para conseguir emprego, muitos chegam a camuflar suas origens e conseguem apenas vagas mal remuneradas.

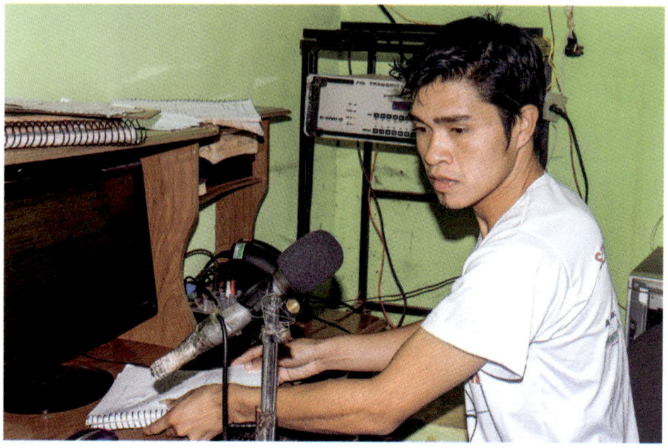
Cassandra Cury/Pulsar Imagens

Eduardo Zappia/Pulsar Imagens

Há uma considerável demanda por parte de indígenas pela integração no mercado de trabalho. Isso também é consequência das condições precarizadas de vida (e de trabalho) em que muitas pessoas dessas populações se encontram. Na foto da esquerda, radialista indígena da etnia Terena apresentando programa de rádio na Aldeia Córrego do Meio, em Sidrolândia (MS), 2015. Na foto da direita, indígena trabalhando em seu ateliê, em Garopaba (SC), 2020.

Em Barra do Garças (MT), por exemplo, os Xavante não estão inseridos em organizações, comércio, indústria; a predominância da população economicamente ativa indígena está em serviços públicos, como Funai e Funasa, e nas próprias aldeias. O xavante Simão Tsesó ódi Tsórópsé, em entrevista à *Revista Panorâmica On-Line*, de 2017, afirma:

> [...] deixamos currículos nas empresas de Barra das Garças, e percebemos que mesmo que nossos conhecimentos sejam de igual formação e experiência, sempre são escolhidos os currículos do homem branco, não conseguimos entender por que a sociedade e o mercado de trabalho faz essa distinção com o índio.

MEDINA, Alessandro; FERREIRA, Camila Rodrigues Viana. O índio urbano: a perspectiva do índio xavante junto ao mercado de trabalho em Barra do Garças/MT. *Revista Panorâmica On-Line*. Barra do Garças, MT, v. 23, p. 245-254, jul./dez. 2017.

Saiba+

Ideias para adiar o fim do mundo. Ailton Krenak. Companhia das Letras, 2019.
Esse livro é uma adaptação de duas palestras de Ailton Krenak (1953-), importante liderança indígena, realizadas em Portugal. O autor traz reflexões sobre questões ambientais, pensamento científico, povos originários, entre outras.

Atividade

8. Segundo o antropólogo brasileiro Darcy Ribeiro (1922-1997), autor do livro *O povo brasileiro*, para que haja democracia racial é necessário, antes de tudo, que haja democracia social. A partir do estudo que fizemos até agora sobre a inclusão das mulheres, dos negros e das populações indígenas no Brasil, podemos afirmar que somos bem-sucedidos como sociedade? Conseguimos alcançar, de fato, uma democracia social?

Integração de jovens e idosos na sociedade

Os idosos

A Organização Mundial da Saúde (OMS) considera idosa a pessoa com 60 anos ou mais. Ter um elevado número de pessoas nessa faixa etária é hoje, para o Brasil, um grande desafio, que tende a aumentar ao longo das próximas décadas, porque está ocorrendo, segundo o IBGE, uma elevação do índice de envelhecimento da população. Segundo a pesquisa *Projeções da população*, atualizada pelo IBGE em 2018, em 2043 um quarto da população brasileira será de idosos. Segundo o Departamento Intersindical de Estatística e Estudos Socioeconômicos (Dieese), ao final de 2021, os idosos contabilizavam cerca de 38 milhões de pessoas, 18% do total da população brasileira.

Brasil: número de jovens e de idosos e índice de envelhecimento (IE) – 2010-2060

Fórmula Produções/Arquivo da editora

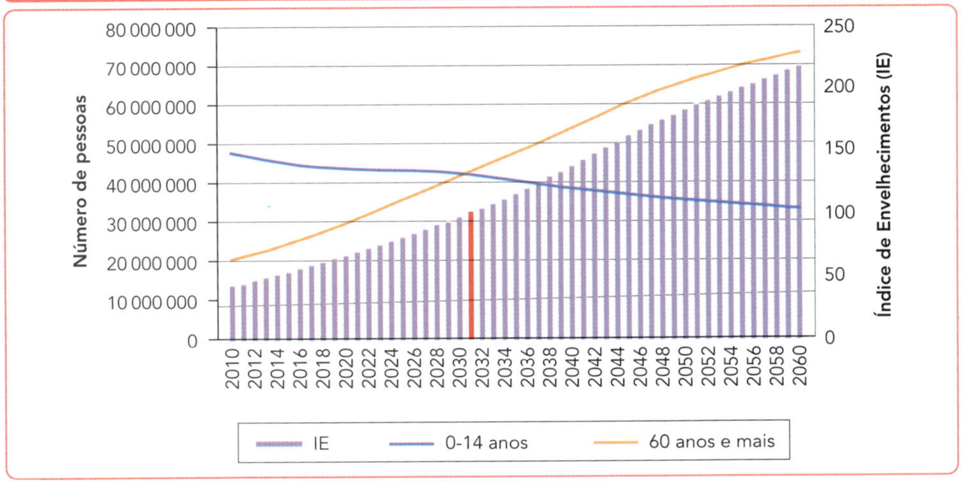

Fonte: IBGE. Projeções da população (revisão 2018). *In*: ALVES, José Eustáquio Diniz. O envelhecimento populacional segundo as novas projeções do IBGE. *EcoDebate*, 31 ago. 2018. Disponível em: www.ecodebate.com.br/2018/08/31/o-envelhecimento-populacional-segundo-as-novas-projecoes-do-ibge-artigo-de-jose-eustaquio-diniz-alves/. Acesso em: 7 jun. 2022.

Em 2022, 7,0% das vagas do mercado de trabalho eram ocupadas por idosos. Com a elevação do índice de envelhecimento e com as novas regras para aposentadoria, espera-se, majoritariamente, a permanência desse trabalhador na atividade laboral. Assim, uma adequação, tanto dos idosos quanto das organizações contratantes, faz-se necessária para evitar a exclusão social dessa parcela da população.

Felipe Manorov Gomes/Shutterstock

O problema das relações de trabalho envolvendo trabalhadores idosos deve ser amplamente discutido, com o intuito de evitar a discriminação, a vulnerabilidade e a exclusão social às quais tais indivíduos estão expostos, bem como de facilitar sua permanência ou reinserção no mercado. Na imagem, uma costureira e sua assistente em uma pequena loja em São Paulo (SP), 2020.

Se encararmos o trabalho como forma de integração com o mundo, como possibilidade de adquirir conhecimento, como parte constituinte da nossa identidade e, também, como possibilidade de ter maior autonomia no sentido socioeconômico (no caso do trabalho remunerado), é fácil entender por que tantos idosos relutam em se aposentar.

É importante que o indivíduo que está prestes a se aposentar crie condições de fortalecer antigos vínculos ou de estabelecer novos vínculos sociais, mesmo que a partir de atividades que não lhe tragam, necessariamente, vínculos empregatícios. Estimular as pessoas mais velhas a ter diversas formas de participação efetiva na sociedade, seja trabalhando, seja investindo na área social, dedicando-se a trabalhos voluntários ou a atividades prazerosas (sendo elas religiosas, culturais ou voltadas para a própria família), é uma possibilidade de enfrentarmos essa questão.

Com maior experiência de vida, os idosos têm muito a acrescentar à sociedade como um todo e ao mercado de trabalho, no qual as trocas de experiência são enriquecedoras tanto para as empresas quanto para os trabalhadores. Assim, o desenvolvimento de políticas públicas voltadas para essa faixa etária é necessário para possibilitar que os idosos sejam encarados como cidadãos ativos, com direitos protegidos por lei. Dessa forma, o idoso poderia vivenciar essa etapa de sua vida de forma digna, humana e gratificante.

Quem são os idosos no nosso tempo

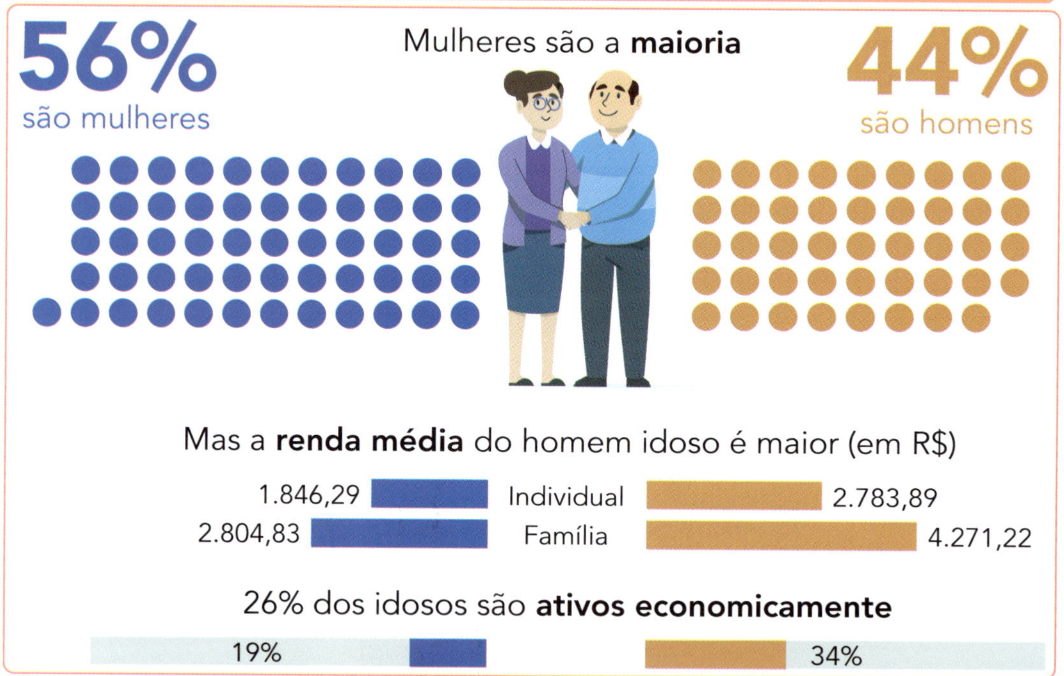

Fórmula Produções/Arquivo da editora

Fonte: elaborado com base em PINTO, Ana Estela de Sousa. Para mais de 90%, existe preconceito contra os idosos no Brasil. *Folha de S.Paulo*, 26 nov. 2017. Disponível em: www1.folha.uol.com.br/cotidiano/2017/11/1938235-para-mais-de-90-existe-preconceito-contra-os-idosos-no-brasil.shtml. Acesso em: 7 jun. 2022.

Os jovens

A partir do século XX, sobretudo no mundo ocidental, a juventude foi sendo constituída como uma fase da vida bastante particular. Em um primeiro momento, o reconhecimento de sua existência se limitou ao entendimento dessa fase da vida como uma transição entre a infância e a maturidade; e, dependendo do contexto sociocultural, também como um período preparatório, de educação e aquisição de habilidades profissionais, anterior à entrada do indivíduo no mercado de trabalho ou à constituição de uma família.

A partir do fim da Segunda Guerra Mundial (1939-1945), mas sobretudo durante a década de 1960, os jovens começaram a assumir cada vez mais o protagonismo nas sociedades ocidentais, identificando-se como um grupo social específico. Além de questionarem valores vigentes do "mundo adulto", passaram a adotar atitudes que os diferenciavam de seus pais e avós, desde posição política a corte de cabelo, visando exteriorizar suas ideias e seus projetos de vida para o mundo.

Richard Frieman-Phelps/Gamma-Rapho/Getty Images

Jovens participam do festival de Woodstock em 1969, nos Estados Unidos.

Entretanto, como bem explicitou o sociólogo **Karl Mannheim** (1893-1947), as gerações devem ser analisadas como problema sociológico, encaradas como um fenômeno sócio-histórico. Logo, sob essa ótica, todo comportamento juvenil deve ser analisado de modo a evitar naturalizações que associam o comportamento contestatório a uma fase da vida.

MANNHEIM, Karl. O problema sociológico das gerações. *In*: FORACCHI, Marialice M. (org.). *Karl Mannheim*: Sociologia. São Paulo: Ática, 1982. p. 67-95.

Na história recente, por exemplo, é possível encontrar jovens alinhados a ideais mais conservadores, como é o caso dos *yuppies*. Essa expressão, que data dos anos 1980, designa o jovem profissional urbano que incorpora os valores competitivos da sociedade e busca se destacar profissionalmente para alcançar o sucesso financeiro. Hoje em dia, tais valores podem ser vinculados ao empreendedorismo, que consiste no processo associado à criação de algo inovador que pode resultar na criação de novos produtos e em novas oportunidades de negócios.

Leia a seguir um trecho que problematiza as políticas públicas direcionadas aos jovens brasileiros.

> No que diz respeito às políticas públicas, percebe-se como os jovens há muito têm constado como seu alvo privilegiado. Isso se deve em grande medida à ideia de pensá-los, principalmente se pobres, como um problema. O equívoco maior de muitas políticas públicas de trabalho e formação profissional para a juventude é justamente pautar-se por, ou tomar como pressuposto, um caminho apenas utilitário de garantir ou oferecer subsídios para a inserção no mercado de trabalho, seja ela qual e como for. Quando se preparam os jovens apenas segundo essa concepção, sem considerar a importância de uma ampliação de repertório que lhes possibilite a construção de um projeto por si e para si, a formação é reduzida a uma dimensão meramente instrumental, que pode inclusive gerar culpas individuais e sofrimentos por eventuais fracassos, não garantindo a necessária autonomia.

PEREIRA, Alexandre Barbosa. Jovens, qual será o futuro? *Le Monde Diplomatique Brasil* (ed. 99), 1º out. 2015. Disponível em: https://diplomatique.org.br/jovens-qual-sera-o-futuro/. Acesso em: 7 jun. 2022.

Atividade

1. Leia o texto e debata com os colegas os seguintes aspectos:

a) Qual é a crítica central presente no texto?

b) Vocês concordam com a tese do autor do texto? Justifiquem a posição de vocês, preferencialmente, com exemplos concretos.

c) Que políticas públicas voltadas aos jovens vocês conhecem? O que é preciso fazer para se beneficiar delas? Elas atendem bem às necessidades dos jovens? Por quê?

1. Leia os trechos abaixo e realize as atividades.

Mesmo enfrentando um enorme preconceito, alguns trabalhadores negros conseguiram se incluir no competitivo mercado de trabalho das principais cidades brasileiras, em fábricas ou em empregos informais. Alguns deles conseguiram se destacar, o que possibilitou a formação de algumas poucas famílias de classe média. Para discutir a discriminação e pensar alternativas para melhorar as condições de vida dos afro-brasileiros, trabalhadores e intelectuais negros criaram associações, grêmios, clubes e jornais. Em 1931, a Frente Negra Brasileira foi criada com o objetivo de integrar a população negra em pé de igualdade com o restante da sociedade. Rapidamente, a ela se associaram cerca de cem mil integrantes pelo País. Foi assim até 1938, quando a Frente Negra e todas as publicações da imprensa negra foram fechadas durante a ditadura Vargas.

HOMERO, Vilma. *O avesso da história*: da África ao Brasil afrodescendente. Fundação Carlos Chagas Filho de Amparo à Pesquisa do Estado do Rio de Janeiro (Faperj). Disponível em: www.faperj.br/?id=3557.2.0. Acesso em: 7 jun. 2022.

Ainda hoje sabemos muito pouco sobre os crimes cometidos pela ditadura contra as populações indígenas. O mais importante documento de denúncia sobre esses crimes – o "Relatório Figueiredo" [...] fez um trabalho de apuração impressionante: incluiu relatos de dezenas de testemunhas, apresentou documentos e identificou cada uma das violações que encontrou – assassinatos de índios, prostituição de índias, sevícias, trabalho escravo, apropriação e desvio de recursos do patrimônio indígena. Ele também apurou as denúncias sobre a existência de caçadas humanas de indígenas feitas com metralhadoras e dinamite atiradas de aviões, as inoculações propositais de varíola em populações indígenas isoladas e as doações de açúcar misturado a estricnina.

STARLING, Heloisa. Ditadura militar e populações indígenas. *Brasil. Doc.* Projeto República – Universidade Federal de Minas Gerais. Disponível em: www.ufmg.br/brasildoc/temas/5-ditadura-militar-e-populacoes-indigenas/. Acesso em: 7 jun. 2022.

a) Descreva as violações de direitos de populações afrodescendentes e indígenas nos textos apresentados.

b) Organizem um grupo de no máximo seis pessoas e façam uma pesquisa em instituições que trabalham com causas indígenas ou afrodescendentes. Escolham um projeto ou causa com que o grupo se identifique e façam contato com a instituição para que ela responda a um questionário.

c) Preparem um questionário com no máximo quatro perguntas. A ideia é que vocês conheçam um pouco mais o trabalho das pessoas que lutam em favor das minorias étnicas. Pensem no que gostariam de saber sobre motivações, angústias, dificuldades e recompensas do trabalho que elas desenvolvem.

d) Com base nas informações levantadas no questionário, o grupo deve pensar em intervenções a serem feitas na própria escola ou em ambientes virtuais da escola. Elas podem ser: colagens, desenhos, pinturas, poemas, letras de música, maquetes, bonecos ou qualquer outro tipo de intervenção artística que possa ser exposto.

2. Leia os textos a seguir, observe as imagens e realize as atividades.

Texto I
Entrevista dada pela professora Ynaê

A efervescência dos anos 1960 trouxe à tona os diferentes movimentos libertários, entre eles o Black Power americano, o reggae jamaicano e as lutas anticolonialistas na África. Os reflexos no Brasil se fizeram sentir nas décadas seguintes, com o surgimento de várias organizações de Movimento Negro pelo País, ao longo dos anos 1970 e 1980. "Embora seja inegável que inúmeras conquistas tenham sido alcançadas, como a configuração do racismo como crime inafiançável ou a lei de cotas para o ingresso de negros na universidade – também alvo de enorme polêmica –, essa luta ainda está longe de acabar", conclui.

HOMERO, Vilma. *O avesso da história*: da África ao Brasil afrodescendente. Fundação Carlos Chagas Filho de Amparo à Pesquisa do Estado do Rio de Janeiro (Faperj). Disponível em: www.faperj.br/?id=3557.2.0. Acesso em: 7 jun. 2022.

Texto II
Fala do Cacique Raoni

Você tem que, desde a juventude, entender que a política é construída na ocupação de espaços. Temos que ter indígenas na esquerda, na direita, no centro. Temos que ocupar e levar as nossas pautas. A juventude, que hoje vai para a universidade e tem uma formação melhor do que a geração de 40 anos atrás, tem que ocupar e aceitar essa responsabilidade [...] Antes, a escola veio para ensinar os indígenas a ler e a escrever, a se "civilizar", era a tal da civilização. Eu abordo a importância da formação dos professores indígenas. Agora é a hora em que nós, povos indígenas, podemos escrever nossa história, podemos colocar em pauta dentro da universidade os nossos saberes, os nossos conhecimentos para serem, não só divulgados, mas também ser respeitado o nosso conhecimento.

ALMEIDA, Tamíris. Povos indígenas: Nós vamos ocupar espaços e vamos continuar lutando, porque nós resistimos há 520 anos e não é agora que vamos desistir. *Futura*. [*s.l.*] Disponível em: https://www.futura.org.br/direitos-povos-indigenas-2020/. Acesso em: 7 jun. 2022.

Mulher negra com criança branca presa às costas. Fotógrafo não identificado, Bahia, cerca de 1870.

Representação de padre Antonio Vieira, em obra anônima do século XVIII.

Faça uma relação entre as imagens e os textos considerando que as imagens são representações de situações vividas por indígenas e africanos no século XVI e os textos são de 2018 e de 2020.

a) O que eles estão representando enquanto estrutura social e visão de mundo? Aponte de que forma cada grupo (afrodescendentes e indígenas) relaciona organização coletiva, estudo (formal ou não formal) e visibilidade política em busca de respeito e condições de igualdade na sociedade atual.

b) A partir da relação entre as imagens históricas e as falas reproduzidas nos textos, façam uma discussão sobre o termo "vitimização", utilizado por aqueles que acham que as lutas e as pautas dos grupos minoritários ou minoritarizados são "exageradas" ou que não condizem com a realidade dos dias atuais.

Inadequação juvenil?

São variadas as interpretações sobre os jovens e as juventudes. Atualmente há uma classificação do comportamento juvenil, mais especificamente dos anos iniciais da juventude, o que se convencionou chamar de adolescência, que é ambivalente. Há um conjunto de associações negativas e positivas a esse momento da vida, que, assim como a juventude, é histórico e definido pelas dimensões biológica, psicológica e cultural.

© João Montanaro/Acervo do cartunista

A percepção negativa da adolescência se expressa, sobretudo, nas preocupações dos adultos quanto aos riscos a que os mais jovens são submetidos e a que se submetem. Expressa-se, também, nos sentimentos vividos pelos próprios adolescentes, quase todos envolvidos na dificuldade de se autorreconhecerem dotados de um novo corpo e com capacidades cognitivas mais complexas e, ainda, na percepção de interdição que recebem do mundo adulto para usufruir o que já se sentem preparados para vivenciar.

As necessidades e os interesses dos jovens entram em choque com os valores sistematizados na sociedade da qual fazem parte. Potencialmente aptos a atuar no mundo, encontram regras, normas e interdições impostas pelas gerações que os antecederam, que não os autorizam a viver como poderiam ou gostariam. Sentem desconforto com algumas regras e proibições por não entender o sentido delas e não encontrar muitos marcos concretos de quando, enfim, conquistarão o reconhecimento e o respeito dos adultos quanto à sua individualidade e autonomia. Ou ainda por discordarem de alguns deles: ter 18 anos, ganhar dinheiro, ser famoso, morar sozinho, constituir família, fazer faculdade.

A adolescência é identificada com a imaturidade, a impetuosidade, a necessidade de pertencimento e, consequentemente, mais sujeita à influência do grupo, o que potencialmente aumenta o comportamento de risco de quem está vivendo essa condição. Isso se traduziria em experimentações das mais variadas, como a iniciação sexual sem os devidos cuidados para a preservação física e emocional, ficando mais sujeitos a infecções sexualmente transmissíveis, gravidez indesejada, abortos clandestinos e risco de vida; uso precoce e abusivo de cigarro, álcool, drogas lícitas e ilícitas; flerte com pequenos e grandes delitos que podem levar à delinquência crônica.

Everett Collection/Fotoarena/Shining Excailbur Pictures

O filme *Kids*, lançado em 1995, chocou muitos telespectadores por representar nas telas dos cinemas um grupo de adolescentes de Nova York de ambos os sexos, alienados e apáticos, distante dos olhares dos pais, numa época pré-popularização da internet e ainda distante dos *smartphones*, que passava a maior parte do tempo consumindo álcool e drogas, cometendo pequenos delitos, praticando sexo de forma não segura e assumindo comportamentos suicidas, caracterizando assim uma "geração perdida".

Escolares de 13 a 17 anos – 2019

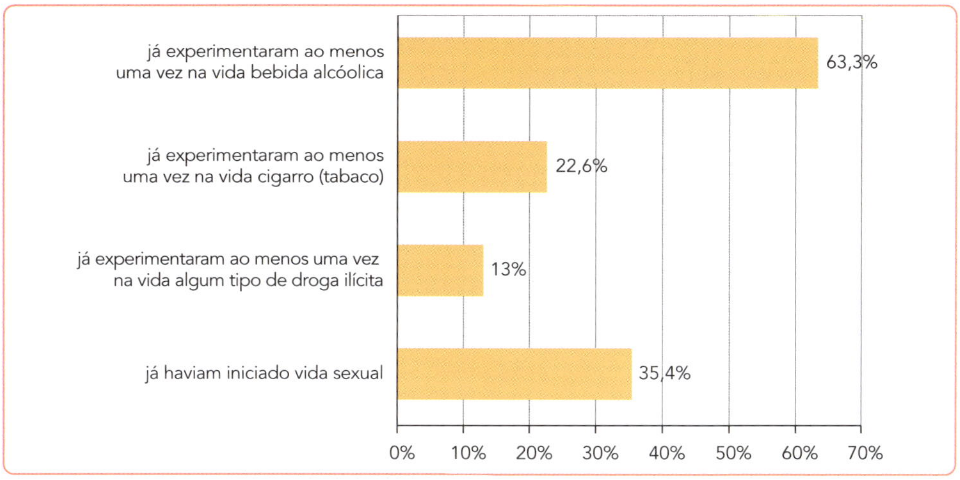

Fórmula Produções/Arquivo da editora

Fonte: elaborado com base em IBGE. *Pesquisa Nacional de Saúde da Escola*: 2019. p. 68, 73, 79, 83. Disponível em: https://biblioteca.ibge.gov.br/visualizacao/livros/liv101852.pdf. Acesso em: 7 jun. 2022.

Apesar de alguns números sobre o comportamento de risco juvenil serem elevados, como indicam pesquisas realizadas pelo IBGE, os percentuais são bem menores do que aqueles que povoam o imaginário popular, até mesmo dos próprios adolescentes, muitos com a percepção de que "todo mundo" está fazendo ou já fez algo, exceto ele.

Um aspecto demográfico da população brasileira que se torna cada vez mais preocupante é o aumento das mortes de adolescentes e adultos jovens do sexo masculino por causas violentas, como assassinatos e acidentes automobilísticos, decorrentes de excesso de velocidade, de imprudência ou do uso de álcool ou drogas. Isso provoca impactos na distribuição etária da população e na proporção entre os sexos, além de trazer implicações socioeconômicas, com a diminuição da qualidade de vida da população em geral (em decorrência da insegurança generalizada) e o aumento de gastos com prevenção e coibição da violência, vigilância à venda de drogas, entre outros. Além, é claro, das perdas para as famílias e amigos e seus desdobramentos emocionais.

Entretanto, sabe-se que esses comportamentos não acometem todos os jovens, tampouco são despertados por mudanças hormonais, além de não serem características genéticas, impressas no DNA. Eles têm explicações multifatoriais. Uma delas é o limbo no qual a sociedade colocou as pessoas dessa faixa etária ao consolidar a adolescência e ampliar o período de transição entre a infância e o mundo adulto, instituindo uma moratória maior para a conquista da autonomia. Não saber ao certo o que fazer e como se comportar, a quem recorrer, onde e como buscar apoio e ajuda gera muita insegurança. E, se abandonados à própria sorte, buscam apenas acolhida em seus pares, pelos quais são mais facilmente reconhecidos como iguais.

Muitos pesquisadores do comportamento humano, como sociólogos, antropólogos, psicólogos e psicanalistas, apontam que a ausência de marcos simbólicos e ritos de passagem mais claros e definitivos na sociedade moderna ocidental é a causa do desconforto e da inadequação sentida pelos adolescentes e que se desdobra nos variados comportamentos com os quais convivemos hoje.

Jose Lucena/Futura Press

Os interesses da juventude são múltiplos. Na foto de 2019, adolescentes se reúnem em manifestação do grupo internacional Fridays for Future, em Goiânia (GO).

O trecho a seguir foi retirado de um artigo da antropóloga Lucia Helena Rangel. Nele, ela discute os rituais de passagem entre a infância e o mundo adulto em diferentes sociedades, destacando e comparando o comportamento da sociedade ocidental com o dos povos indígenas brasileiros.

> [...] Cada sociedade elege o modo e o momento de transformar uma criança em um ser adulto. Em nossa sociedade construímos um padrão de sociabilidade que passou a incluir, em tempos recentes, uma fase intermediária chamada adolescência. Essa etapa da vida não corresponde, necessariamente, a uma fase biológica definida; criamos, na verdade, uma fase psicológica cuja finalidade é adiar a transformação da criança em adulto. Os avós das pessoas adultas de hoje casavam-se com idade entre 13 e 18 anos; muito comum era o casamento entre uma moça de 15 e um rapaz de 18 anos.
>
> A adolescência tem sido cada vez mais ampliada para certas camadas sociais, em nossa sociedade. O retardamento do início das funções produtivas é um dos fatores mais importantes que explicam o fenômeno; quer seja pela falta de empregos, quer pelas exigências de formação profissional cada vez mais especializada, as camadas mais altas da hierarquia social dependem da instituição escolar para alongar a adolescência de seus filhos, deixando-os no limbo da indefinição juvenil, às vezes por mais de dez anos. Por outro lado, nas camadas sociais mais baixas o fenômeno inverte-se, exigindo de crianças de 7, 10 ou 12 anos que abandonem a escola para trabalhar, porque precisam contribuir para o orçamento familiar, mesmo que seja em troca de salários irrisórios. [...]
>
> Nas sociedades indígenas, a adolescência não é uma fase nem social nem psicológica, porque não é necessária. O corpo dos jovens está apto para a procriação e em seu processo educativo já treinou a aquisição das habilidades práticas pertinentes ao seu gênero sexual; portanto, cabe à sociedade promover sua transformação em adulto. Neste sentido, para completar sua socialização, essa passagem é realizada através de um ritual de iniciação que é um dos mais importantes no ciclo cerimonial. As marcas corporais femininas, a primeira menstruação especialmente, são o indicativo do momento que o ritual deve acontecer. Os rapazes, cujas marcas corporais são menos nítidas, mas que regulam em idade com as meninas que nasceram em período próximo a eles, são identificados por sua estatura, produção de esperma e, muitas vezes, entram em processo ritual muito cedo a partir de nove ou 10 anos. Os rituais de iniciação dos jovens podem durar de um a cinco anos, dependendo de como cada sociedade elabora o processo. [...]

RANGEL, Lucia Helena. Da infância ao amadurecimento: uma reflexão sobre rituais de iniciação. *Interface*, Botucatu, SP, v. 3, n. 5, ago. 1999. Disponível em: www.scielo.br/scielo.php?script=sci_arttext&pid=S1414-32831999000200019. Acesso em: 7 jun. 2022.

Saiba+

Os incompreendidos.
Direção: François Truffaut. França, 1959. 96 min.
O filme narra a história de um garoto francês cercado por adultos que não se ocupam efetivamente de sua educação. Na busca de identificação com seus colegas ele passa a cometer pequenos delitos, até ser pego.

Atividades

2. Segundo a autora, o que tem levado à ampliação do período da adolescência para as sociedades ocidentais? Esse fenômeno se aplica amplamente na sociedade?

3. Por que a adolescência não é uma fase necessária entre as sociedades indígenas, ainda segundo a autora?

4. Em sua opinião, quando você se tornará adulto? Que conquistas precisa realizar para ter esse novo *status*? E você quer ser reconhecido como adulto?

Geração e tempo geracional

Para as Ciências da natureza, "geração", entre outros significados, se refere à reprodução ou à transição entre pais e filhos. Mas "geração" pode se referir ainda ao conjunto de pessoas contemporâneas – uma definição muito utilizada em contextos sociais.

O período médio entre duas gerações consecutivas é chamado "tempo de geração" e ele é variável entre diferentes espécies. Entre os humanos, por exemplo, o tempo de geração é longo, de, em média, 30 anos. Já entre vírus e bactérias, assim como outros organismos patogênicos, o tempo de geração é muito mais curto, sendo, às vezes, de poucos minutos. E são esses organismos com tempo de geração muito curto que são utilizados para os estudos da Genética, uma vez que as informações genéticas são transmitidas de geração em geração e podem ser percebidas mais facilmente. Foi observando um organismo com o tempo geracional curto (ervilhas) que Gregor Mendel realizou seus experimentos e estabeleceu as bases para o estudo da hereditariedade.

Outro organismo comumente utilizado em estudos genéticos são as moscas-da-fruta (*Drosophila melanogaster*). Isso porque elas possuem um tempo de geração de cerca de 10 dias.

Mas não é apenas nas Ciências da Natureza que o conceito de geração tem seus impactos. Nas Ciências Humanas e Sociais Aplicadas ele também tem sua importância. Veja o texto a seguir.

> No pensamento social contemporâneo, a noção de geração foi desenvolvida em três momentos históricos, que correspondem a três quadros sociopolíticos particulares: durante os anos 1920, no período entreguerras, as bases filosóficas são formuladas em torno da noção de "revezamento geracional" (sucessão e coexistência de gerações), existindo um consenso geral sobre este aspecto [...]. Durante os anos 1960, na época do protesto, uma teoria em torno da noção de "problema geracional" (e conflito geracional) é fundamentada sobre a teoria do conflito [...]. A partir de meados dos anos 1990, com a emergência [da] sociedade em rede, surge uma nova teoria em torno da noção de "sobreposição geracional". Isto corresponde à situação em que os jovens são mais habilidosos do que as gerações anteriores em um centro de inovação para a sociedade: a tecnologia digital [...].

FEIXA, Carles; LECCARDI, Carmem. O conceito de geração nas teorias sobre juventude. *Sociedade e Estado*, Brasília, v. 25, n. 2, p. 185-204, ago. 2010. Disponível em: https://www.scielo.br/j/se/a/QLxWgzvYgW4bKzK3YWmbGjj/?lang=pt. Acesso em: 7 jun. 2022.

Rawpixel.com/Shutterstock

- Pense em um adulto com idade aproximada de 25 anos que viva na sua comunidade e responda:
  a) Você considera que você e esse adulto fazem parte da mesma geração?
  b) De acordo com o pensamento social contemporâneo, qual é sua relação com esse indivíduo? Você acredita que haja um "revezamento geracional", um "problema geracional" ou uma "sobreposição geracional"?

Diálogos

1. Em grupos de quatro estudantes, leiam o texto a seguir e, depois, debatam as questões.

O sociólogo brasileiro Ricardo Antunes afirma que “uma vida cheia de sentido fora do trabalho supõe uma vida dotada de sentido dentro do trabalho” e ainda que “uma vida desprovida de sentido no trabalho é incompatível com uma vida cheia de sentido fora do trabalho. [...] Uma vida cheia de sentido somente poderá efetivar-se por meio da demolição das barreiras existentes entre tempo de trabalho e tempo de não trabalho, de modo que, a partir de uma atividade vital cheia de sentido, autodeterminada, para além da divisão hierárquica que subordina o trabalho ao capital hoje vigente e, portanto, sob as bases inteiramente novas, possa se desenvolver uma nova sociabilidade [...] na qual liberdade e necessidade se realizam mutuamente.”

ANTUNES, Ricardo. Socialismo, lutas sociais e novo modo de vida na América Latina. *Revista Direito e Práxis*, Rio de Janeiro, v. 8, n. 3, jul./set. 2017. Disponível em: https://www.scielo.br/scielo.php?script=sci_arttext&pid=S2179-89662017000302212. Acesso em: 7 jun. 2022.

a) Na opinião de vocês, por que o autor afirma que para que a vida tenha sentido fora do trabalho ela deve ter sentido dentro do trabalho?

b) Na vida cotidiana, que trabalhos vocês exercem? Vocês gostam de exercer essas funções ou as consideram exaustivas e/ou entediantes?

c) Quais trabalhos são exercidos por seus familiares? Vocês consideram que todos os membros da sua família trabalham o mesmo tempo ou alguns trabalham mais do que outros? Por que isso acontece?

d) Vocês consideram vital para a sua saúde mental uma conciliação entre o tempo de trabalho e o tempo de não trabalho? O que vocês gostam de fazer quando não estão trabalhando?

e) O que o autor quer dizer com “divisão hierárquica que subordina o trabalho ao capital hoje vigente”? Na opinião do grupo, existem trabalhos mais valorizados do que outros? Se sim, o que faz com que isso ocorra?

Mascha Tace/Shutterstock

Por questões culturais, muitas vezes, algumas profissões são consideradas mais “importantes” do que outras.

2. Reflitam sobre as respostas do grupo e busquem encontrar pontos em comum entre vocês. Em quais aspectos os hábitos da sua família e suas ambições pessoais se aproximam e em quais se distanciam da família de seus colegas? Listem as semelhanças e as divergências.

   a) Utilizando como base o que há em comum entre você e os colegas de grupo, reflitam sobre o que é padrão na maioria das famílias.

   b) Ao final da atividade, cada grupo deve, oralmente, socializar com a turma as conclusões às quais chegou.

3. Leia o texto a seguir e responda às questões.

Robert Adrian Hillman/Shutterstock

É comum que as pessoas alterem hábitos e comportamentos de acordo com uma nova etapa da vida.

Seguramente você se reconhece como uma pessoa jovem. Estando cursando o Ensino Médio, não importa o ano nem se você foi retido em anos anteriores, você deve mesmo se reconhecer como um jovem. Talvez alguns estudantes do Ensino Médio na modalidade Educação de Jovens e Adultos (EJA) não tenham essa mesma segurança para se autodeterminarem jovens. Não nos referimos àqueles com 50 ou 60 anos de idade. Mas àqueles com menos de 40 anos. Ou ainda, quem sabe, àqueles com 33 anos, ou 29 anos. E será que mesmo quem tem mais de 40 ou 50 anos não pode se sentir jovem e assim ser visto pela sociedade? Ser jovem tem relação com o sentimento singular de cada um, com suas atitudes e com o modo como os outros o enxergam? Quando então alguém deixa de ser jovem? E quando começa a ser? Você se lembra do dia em que deixou de ser criança e se tornou um jovem? E o adolescente: é uma criança ou um jovem?

Reflita sobre as perguntas propostas a seguir, anote suas respostas ou algumas palavras-chave que encontrou para respondê-las e, então, dialogue com os colegas, com a mediação do professor.

a) Em sua opinião, a qual faixa etária pertence o jovem?

b) Em que momento da vida você avalia que se tornou jovem?

c) Quais gostos e hábitos que mantinha quando criança você abandonou? E quais novos valores e comportamentos você passou a adotar?

d) E os outros, sobretudo os adultos, como eles olhavam para você quando era criança e como o enxergam agora?

e) Quais são seus projetos depois que finalizar o Ensino Médio? As possibilidades de vida futura do jovem são as mesmas para todos?

1. (Enem – 2016)

A Operação Condor está diretamente vinculada às experiências históricas das ditaduras civil-militares que se disseminaram pelo Cone Sul entre as décadas de 1960 e 1980. Depois do Brasil (e do Paraguai de Stroessner), foi a vez da Argentina (1966), Bolívia (1966 e 1971), Uruguai e Chile (1973) e Argentina (novamente, em 1976). Em todos os casos se instalaram ditaduras civil-militares (em menor ou maior medida) com base na Doutrina de Segurança Nacional e tendo como principais características um anticomunismo militante, a identificação do inimigo interno, a imposição do papel político das Forças Armadas e a definição de fronteiras ideológicas.

PADRÓS, E. *et al. Ditadura de Segurança Nacional no Rio Grande do Sul (1964-1985)*: história e memória. Porto Alegre: Corag, 2000 (adaptado).

Levando-se em conta o contexto em que foi criada, a referida operação tinha como objetivo

a) coordenar a modificação de limites territoriais.
b) sobrevivência de oficiais exilados.
c) interferência de potências mundiais.
d) repressão de ativistas oposicionistas.
e) implantação de governos nacionalistas.

2. (Enem – 2014)

Texto I

O presidente do jornal de maior circulação do país destacava também os avanços econômicos obtidos naqueles vinte anos, mas, ao justificar sua adesão aos militares em 1964, deixava clara sua crença de que a intervenção fora imprescindível para a manutenção da democracia.

Disponível em: http://oglobo.globo.com. Acesso em: 1 set. 2013 (adaptado).

Texto II

Nada pode ser colocado em compensação à perda das liberdades individuais. Não existe nada de bom quando se aceita uma solução autoritária.

FICO, C. A educação e o golpe de 1964. Disponível em: www.brasilrecente.com. Acesso em: 4 abr. 2014 (adaptado).

Embora enfatizem a defesa da democracia, as visões do movimento político-militar de 1964 divergem ao focarem, respectivamente:

a) Razões de Estado – Soberania popular.
b) Ordenação da Nação – Prerrogativas religiosas.
c) Imposição das Forças Armadas – Deveres sociais.
d) Normatização do Poder Judiciário – Regras morais.
e) Contestação do sistema de governo – Tradições culturais.

3. (Enem – 2010)

Ato Institucional nº 5

Art. 10 – Fica suspensa a garantia de habeas corpus, nos casos de crimes políticos, contra a segurança nacional, a ordem econômica e social e a economia popular.

Art. 11 – Excluem-se de qualquer apreciação judicial todos os atos praticados de acordo com este Ato Institucional e seus Atos Complementares, bem como os respectivos efeitos.

Disponível em: http://www.senado.gov.br. Acesso em: 29 jul. 2010.

Nos artigos do AI-5 selecionados, o governo militar procurou limitar a atuação do Poder Judiciário, porque isso significava

a) a substituição da Constituição de 1967.
b) o início do processo de distensão política.
c) a garantia legal para o autoritarismo dos juízes.
d) a ampliação dos poderes nas mãos do Executivo.
e) a revogação dos instrumentos jurídicos implantados durante o regime militar de 1964.

4. (Enem – 2016)

Texto I

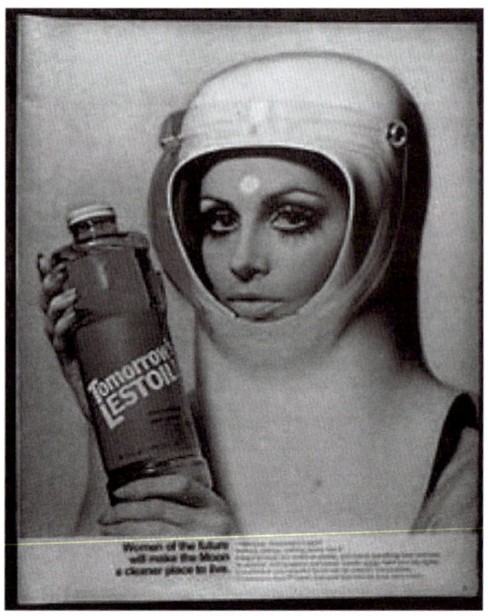

Tradução: "As mulheres do futuro farão da Lua um lugar mais limpo para se viver".

Texto II

Metade da nova equipe da NASA é composta por mulheres

Até hoje, cerca de 350 astronautas americanos já estiveram no espaço, enquanto as mulheres não chegam a ser um terço desse número. Após o anúncio da turma composta 50% por mulheres, alguns internautas escreveram comentários machistas e desrespeitosos sobre a escolha nas redes sociais.

Disponível em: https://catracalivre.com.br. Acesso em: 10 mar. 2016.

A comparação entre o anúncio publicitário de 1968 e a repercussão da notícia de 2016 mostra a

a) elitização da carreira científica.
b) qualificação da atividade doméstica.
c) ambição de indústrias patrocinadoras.
d) manutenção de estereótipos de gênero.
e) equiparação de papéis nas relações familiares.

5. (Enem – 2017)

Muitos países se caracterizam por terem populações multiétnicas. Com frequência, evoluíram desse modo ao longo de séculos. Outras sociedades se tornaram multiétnicas mais rapidamente, como resultado de políticas incentivando a migração, ou por conta de legados coloniais e imperiais.

GIDDENS. A. *Sociologia*. Porto Alegre: Penso, 2012 (adaptado).

Do ponto de vista do funcionamento das democracias contemporâneas, o modelo de sociedade descrito demanda, simultaneamente,

a) defesa do patriotismo e rejeição ao hibridismo.
b) universalização de direitos e respeito à diversidade.
c) segregação do território e estímulo ao autogoverno.
d) políticas de compensação e homogeneização do idioma.
e) padronização da cultura e repressão aos particularismos.

6. (Enem – 2017)

A participação da mulher no processo de decisão política ainda é extremamente limitada em praticamente todos os países, independentemente do regime econômico e social e da estrutura institucional vigente em cada um deles. É fato público e notório, além de empiricamente comprovado, que as mulheres estão em geral sub-representadas nos órgãos do poder, pois a proporção não corresponde jamais ao peso relativo dessa parte da população.

TABAK, F. *Mulheres públicas*: participação política e poder. Rio de Janeiro: Letra Capital, 2002.

No âmbito do Poder Legislativo brasileiro, a tentativa de reverter esse quadro de sub-representação tem envolvido a implementação, pelo Estado, de

a) leis de combate à violência doméstica.
b) cotas de gênero nas candidaturas partidárias.
c) programas de mobilização política nas escolas.
d) propagandas de incentivo ao voto consciente.
e) apoio financeiro às lideranças femininas.

7. (Vunesp – 2019)

Distribuição da população indígena no Brasil

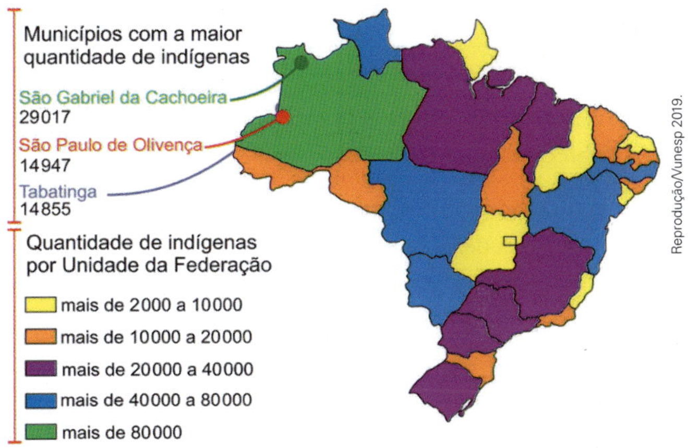

(https://educa.ibge.gov.br)

No contexto da demarcação de terras indígenas no Brasil, o mapa permite concluir que

a) a afirmação de que a população indígena se limita à região Norte caracteriza um mito.
b) a necessidade de reservas indígenas restringe-se aos estados de população predominantemente rural.
c) a concentração de população indígena privilegia estados da Amazônia Legal.
d) a necessidade de reservas se faz presente apenas em estados com elevado número de indígenas.
e) a cultura indígena mantém-se preservada apenas em estados da porção meridional do território.

8. (Uece – 2019)

No calendário oficial do Brasil, o dia 20 de novembro é o dia da Consciência Negra. A data faz referência à luta do Movimento Negro no país, que procura comemorar a resistência histórica e atual da população negra. Considerando essa data comemorativa, que em algumas cidades brasileiras é um dia feriado, observe a charge a seguir

Angeli, Folha de São Paulo, 20/11/2006.

Assinale a opção que corresponde à posição crítica do chargista sobre o dia da Consciência Negra no Brasil.

a) A charge faz crítica ao Movimento Negro, que incita a discórdia racial na sociedade brasileira.

b) O chargista demonstra como a população negra contribui minimamente para a economia brasileira.

c) O chargista demonstra como os negros trabalhadores encontram alternativas para erradicar a miséria do país.

d) A charge de Angeli demonstra a persistência da desigualdade social e racial na sociedade brasileira.

9. (Uece – 2021)

Leia atentamente a seguinte matéria jornalística:

"Mulheres ganham 19% menos que homens – no topo a diferença é de mais de 30%

A presença das mulheres no mercado de trabalho no Brasil passou por mudanças substanciais nos últimos 50 anos. A participação delas entre os trabalhadores do país mais que dobrou. Os salários, embora ainda longe dos recebidos pelos homens nas mesmas profissões, também reduziram bastante a distância. Esse efeito, porém, não aparece com a mesma intensidade dentro das profissões mais bem remuneradas, como engenharia, medicina ou advocacia. Nelas, a presença feminina também disparou e, entre médicos e dentistas, por exemplo, as mulheres já são mais de 70%. A diferença salarial nos grupos do topo, porém, mudou bem pouco de 1970 para cá, e as mulheres ainda seguem ganhando cerca de 30% menos que os colegas homens nas mesmas profissões.

[...]. São estas as principais conclusões apontadas por um estudo feito pela economista Laísa Rachter (Ibre/FGV) que comparou a presença de mulheres e os salários médios praticados no mercado de trabalho de todo o país desde 1970, com base nos dados do censo, entre 1970 e 2010, e da Pesquisa Nacional por Amostra de Domicílios Contínua (PNAD Contínua), para 2020. 'A maternidade, os filhos e os afazeres domésticos ainda pesam mais sobre as mulheres, e demandam mais flexibilidade. A cultura organizacional ainda promove os profissionais baseada em critérios masculinos, como estar totalmente disponível ao trabalho ou trabalhar várias horas', disse a pesquisadora da FGV".

Juliana Elias, CNN Brasil Business, São Paulo, 02 de abril de 2021. Texto adaptado.

Partindo das informações na matéria acima, avalie as seguintes proposições:

I. Depois de 50 anos, as mulheres ainda não possuem as mesmas condições de trabalho e ganho salarial que os homens.

II. A igualdade de condições de trabalho e de salários entre homens e mulheres hoje são conquistas próprias do mundo empresarial.

III. As profissionais liberais, nesse período, são as que mais conquistaram paridade salarial e igualdade diante dos colegas homens.

IV. A cultura das organizações, de modo geral, persiste valorizando colaboradores que não tenham maiores obrigações familiares.

É correto somente o que se afirma em

a) I e III.

b) II e III.

c) II e IV.

d) I e IV.

10. (Mack-SP – 2018)

O excerto abaixo aponta para uma dimensão de análise a respeito das ditaduras implantadas na América Latina. Leia-o.

"Esse plano [de análise], por mais difuso, é de mais difícil apreensão. Ficou patente nos boicotes que industriais e comerciantes realizaram no Chile para desgastar a presidência de Salvador Allende; na conhecida 'Marcha da Família com Deus pela Liberdade', realizada em São Paulo em protesto contra João Goulart pouco antes de sua deposição; na lealdade de parte das camadas médias e altas chilenas para com a figura incensada do general Augusto Pinochet; nas redes de cumplicidade com o sistema repressivo durante o regime militar na Argentina".

Maria Lígia Prado e Gabriela Pellegrino. História da América Latina. São Paulo: Contexto, 2016, p. 168.

No contexto considerado, o texto aponta para uma cultura política autoritária que, nas sociedades em questão,

a) se limitava à atuação repressiva das autoridades militares, em consonância com setores populares, em busca de melhores perspectivas políticas e econômicas.
b) ultrapassava o domínio das Forças Armadas e do Estado e se disseminava por meio de posturas autoritárias de extensos setores sociais que apoiaram os golpes.
c) ultrapassava a articulação política interna e criava condições para uma aliança de amplos setores sociais com grandes potências imperialistas do continente europeu.
d) criava condições para o surgimento de grupos sociais opositores, com destacada atuação parlamentar e guerrilheira contra os regimes de exceção no continente.
e) impossibilitava qualquer organização de grupos civis, pois concentrava todo e qualquer poder em grupos das Forças Armadas articulados com os governos nacionais.

11. (Urca-CE – 2019)

> "O processo de democratização, embora comandado parcialmente e liderado pelo próprio ditador, levou à sua deposição, em 29 de outubro de 1945. Mas o PTB herdaria seu prestígio político junto às massas trabalhadoras e sindicais."
>
> (Adaptado de VAINFAS, Ronaldo. A luz própria de Leonel Brizola: do trabalhismo getulista ao socialismo moreno. IN: FERREIRA, Jorge e AARÃO, Daniel. Revolução e Democracia: 1964. Rio de Janeiro: Civilização Brasileira. 2007, p. 482).

Assinale a alternativa que indica corretamente o ditador deposto:

a) Leonel Brizola;
b) Getúlio Vargas;
c) João Goulart;
d) Fernando Collor de Mello;
e) Luís Inácio Lula da Silva.

12. (Unifeso-RJ – 2016)

> "A independência do Brasil e a formação do Estado imperial impuseram a necessidade de se construir a nação, que até então não existia. Cabia instituir no país uma unidade territorial, política e ideológica, criando uma memória coletiva que unificasse as populações em torno de uma única identidade histórica e cultural. A ideologia do novo Estado brasileiro baseava-se nos valores europeus de modernização, progresso e superioridade do homem branco. Aos políticos e intelectuais dos oitocentos colocava-se, então, um grande desafio. Como construir uma nação e uma história de brancos a partir de uma realidade repleta de índios e negros?"
>
> (Almeida, Maria Regina Celestino de. Os índios na História do Brasil. Rio de Janeiro: Ed FGV, 2010, p. 135)

De acordo, com a autora, a ideologia do Estado nacional brasileiro após a independência se baseou

a) na construção de um discurso unificador da nação a partir do modelo civilizacional europeu.
b) na preservação da cultura negra como máxima expressão da nacionalidade.
c) na ideia de inclusão social a partir da condenação da escravidão.
d) no respeito à diversidade dos povos indígenas.
e) na sustentação da ideia de incompatibilidade do convívio entre negros e índios.

#Multiplicar

Relembrar é preciso: como foi a ditadura militar-civil no Brasil?

Para começar

Nesta unidade, conhecemos o conceito de democracia, que, do grego *demokratia*, significa "poder do povo". Vimos que os brasileiros, assim como muitos cidadãos de países latino-americanos, nem sempre viveram em um Estado Democrático de Direito.

Em três momentos de sua história, o Brasil viveu sob ditadura, isto é, sob uma forma de governo autoritária na qual não há espaço para a expressão livre da vontade popular: com o fim da Monarquia e a instauração da República, na chamada República da Espada, que se deu entre 1889 e 1894; entre 1937 e 1945, no período conhecido como Estado Novo; e durante a ditadura militar-civil, entre 1964 e 1985.

Ocorrido no contexto da Guerra Fria, o golpe de 1964, que destituiu João Goulart da Presidência, foi o mais longo período de ditadura no Brasil, que contou com o apoio da elite e de parte da classe média brasileira, que, temendo a ocorrência de reformas sociais que significassem a perda de seus privilégios, aliaram-se aos militares sob a justificativa de livrar o Brasil da ameaça comunista.

Entretanto, diferentemente do que certos políticos acreditavam, a instauração da ditadura não significou sua ascensão ao poder. Dessa forma, muitos daqueles que apoiavam o golpe voltaram-se contra o regime militar, passando, assim, a lutar contra ele. Entre os políticos mais conhecidos, encontra-se Carlos Lacerda, da antiga União Democrática Nacional (UDN), que acabou se aliando aos seus antigos opositores, Juscelino Kubitschek e João Goulart, na organização da Frente Ampla, que buscava, entre outros objetivos, o restabelecimento de eleições livres.

Acervo Iconographia/Reminiscências

Apesar dos riscos de serem presas e torturadas, muitas pessoas, entre as quais jovens estudantes, não se calaram perante a ditadura, que vigorou por mais de vinte anos no Brasil. Na imagem, jovem picha a fachada do Teatro Municipal do Rio de Janeiro, em junho de 1968.

Com o recrudescimento do regime militar, o sonho de muitos daqueles que haviam lutado e morrido pela restauração de seus direitos políticos, isto é, de participar das eleições, fosse como candidatos, fosse como eleitores, apenas seria concretizado no final da década de 1980, com a Constituição de 1988, que estendeu o direito ao voto direto e secreto aos analfabetos – os quais, nas Constituições anteriores, estavam excluídos da vida política –, e com o retorno das eleições diretas para presidente, ocorridas no ano seguinte à promulgação da chamada Constituição Cidadã.

Marcia Zoet/Folhapress

O movimento Diretas Já ocorreu entre 1983 e 1984 e envolveu diversos segmentos da sociedade. Seu objetivo era, por meio de grandes comícios, lutar pelo retorno do direito popular ao voto para presidente da República. Na foto, comício realizado na praça da Sé, em São Paulo (SP), em 1984.

Entrevistar para investigar

Você já participou de alguma entrevista, como a de emprego? Se não, você provavelmente já deve ter assistido a uma entrevista pela televisão ou acompanhado alguma por rádio, certo? E já deve ter percebido que para que uma entrevista – do francês *entrevue* – seja realizada são necessárias pelo menos duas pessoas, e que ela pode ter vários objetivos, que variam conforme a finalidade para a qual é realizada.

Entre os objetivos de uma entrevista, podemos indicar a necessidade de conhecer uma pessoa e suas experiências ou de saber a opinião dela acerca de determinado assunto. Para isso, as entrevistas baseiam-se em diálogos alimentados por uma sequência de perguntas e respostas, sendo o "entrevistador" quem faz as perguntas e o "entrevistado" quem as responde.

Durante as eleições, por exemplo, alguns institutos promovem entrevistas com o eleitorado de diversas regiões do Brasil para conhecer a opinião deles sobre os representantes elegíveis e, assim, verificar quais candidatos têm maiores chances de vencer nas urnas. Além disso, nesse mesmo período, canais de televisão buscam entrevistar os candidatos aos cargos de prefeito das grandes cidades brasileiras, de governadores e de presidente, a fim de apresentar aos espectadores seus projetos políticos.

Em boa parte dos programas de televisão e de rádio, há entrevistas que ora são baseadas em questionários preestabelecidos, ora o entrevistador conduz a conversa de forma mais espontânea. Há, ainda, aquelas entrevistas em que o entrevistador, embora tenha um questionário como base, também elabora suas questões de acordo com a resposta do entrevistado. A esse tipo denominamos entrevista semiestruturada.

Na disciplina de História, há um campo chamado História Oral, em que os historiadores realizam entrevistas com pessoas que presenciaram certos acontecimentos ou viveram em determinadas conjunturas, recolhendo, além das informações pessoais ou gerais sobre o período, os pontos de vista e as emoções das pessoas entrevistadas. No entanto, o uso das entrevistas na História Oral não diminui o papel das fontes escritas para a investigação do passado. Na realidade, esses dois tipos de fonte são complementares, cada qual com sua importância e especificidade.

O desenvolvimento da tecnologia teve um papel importante para a História Oral, uma vez que as entrevistas podem ser tanto gravadas quanto filmadas, sendo que os arquivos produzidos são, normalmente, armazenados em arquivos virtuais, ocupando, assim, pouco espaço físico.

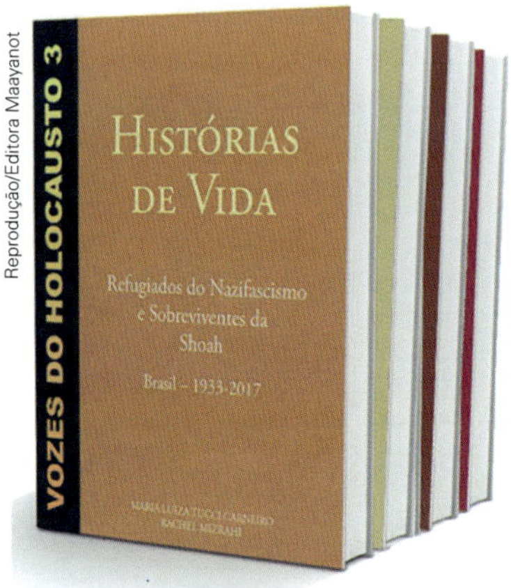

Volumes de *Vozes do Holocausto*, publicados em 2018, obras com os depoimentos de sobreviventes e de filhos de sobreviventes do Holocausto.

Atualmente, diversas universidades públicas possuem laboratórios ou centros de estudos nos quais equipes de pesquisadores desenvolvem pesquisas no âmbito da História Oral. Na Universidade de São Paulo (USP), o Laboratório de Estudos sobre Etnicidade, Racismo e Discriminação (LEER-USP) dedica-se, entre outras atividades, a colher depoimentos de sobreviventes e de filhos de sobreviventes do Holocausto que vivem no Brasil.

No caso desse laboratório, após o depoimento dessas pessoas, que geralmente são gravados e/ou filmados, é feito um trabalho de transcrição literal das entrevistas, isto é, a passagem para texto escrito da entrevista gravada. A transcrição da entrevista nada mais é do que a produção de um texto biográfico com base no conteúdo apresentado no depoimento. Por fim, no caso dos depoimentos de sobreviventes e filhos de sobreviventes do Holocausto, houve a publicação de volumes com as histórias coletadas denominados *Vozes do Holocausto*.

Para fazer

Agora é a vez de vocês realizarem uma entrevista semiestruturada, isto é, que conta com um questionário preestabelecido, mas que permanece livre para fazer perguntas com base nas respostas dos entrevistados e no desenrolar da entrevista.

O objetivo desta proposta é que vocês exercitem tanto a capacidade de ouvir e aprender com a experiência de outras pessoas quanto de argumentar e formular questões com base em determinado assunto.

A entrevista terá como objetivo colher o depoimento de pessoas que assistiram ao processo de redemocratização no Brasil, em meados da década de 1980. Portanto, é necessário escolher pessoas acima de 50 anos de idade e que tenham lembranças sobre a ditadura e sobre o processo democrático dos anos 1980. Para isso, sigam as orientações.

- Dividam-se em grupos de até cinco integrantes.
- Tenham domínio tanto sobre o tema da ditadura no Brasil quanto em relação aos acontecimentos que culminaram em seu fim e que marcaram o processo de redemocratização. Dessa forma, façam a leitura do conteúdo e, se necessário, complementem a leitura com pesquisas em *sites* confiáveis e livros da biblioteca da escola.
- Cada grupo deverá produzir três entrevistas e realizar, como atividade final, um *podcast*, que será armazenado em um *site* de hospedagem de arquivo de áudio e ficará disponível publicamente. Vejam no boxe ao lado o material necessário para a realização da atividade.

Material necessário

Computador com acesso à internet; programa de processamento de texto; papel e impressora; gravador; programa de edição de áudio.

Etapa 1 – Levantar informações sobre o tema

1. Releiam os conteúdos referentes à ditadura e ao fim da ditadura civil-militar no Brasil.
2. Se julgarem necessário, pesquisem em livros, artigos de revista e *sites* acadêmicos e/ou institucionais mais informações sobre o fim da ditadura no Brasil. É importante compreender bem o movimento Diretas Já, isto é, quando ocorreu esse movimento, como foi organizado, quem foram os participantes, etc.
3. Façam fichamentos dos textos lidos, procurando destacar os principais acontecimentos que marcaram o período da ditadura no Brasil e o movimento Diretas Já. Em seguida, façam cópias (manuscritas, fotocopiadas ou digitalizadas) dos fichamentos produzidos, de modo que cada integrante tenha em mãos o fichamento de cada texto selecionado pelo grupo.
4. Marquem uma reunião com todos os integrantes do grupo para um bate-papo sobre a ditadura no Brasil. Todos deverão ter compreendido bem o que foi esse regime político e como ele foi derrubado pela sociedade brasileira.

Etapa 2 – Escolher os entrevistados e elaborar o questionário

1. Escolham três pessoas conhecidas do grupo (como parentes e familiares) que tenham entre 50 e 70 anos para serem entrevistadas. As pessoas escolhidas não necessariamente precisam ter participado diretamente do movimento Diretas Já, mas é importante que tenham lembrança sobre o período que marcou o fim da ditadura e sobre o processo de redemocratização brasileiro. Se possível, escolham pessoas com perfis distintos em relação a idade, sexo, profissão, escolaridade, entre outros.
2. Marquem com os entrevistados o dia, o horário e o local (ou a plataforma) para a realização das entrevistas. Não é necessário que todos os membros do grupo estejam presentes, mas sim que haja pelo menos um entrevistador e um integrante do grupo para fazer a gravação e auxiliar na entrevista.
3. Elaborem um questionário a ser aplicado a cada um dos entrevistados. Façam perguntas pessoais e sobre os anos que marcaram o fim da ditadura no Brasil e o movimento Diretas Já. O questionário servirá para dar início à conversa e nortear o tema da entrevista. Entretanto, a entrevista não deve ser resumida à aplicação do questionário. Dessa forma, fiquem atentos às respostas dos entrevistados para, com base nelas, realizar perguntas que considerarem relevantes.
4. Elaborem questões tendo em vista o tempo da entrevista, que deverá ser de 10 a 15 minutos para cada entrevistado. Vejam um modelo de questionário.

Entrevista sobre o fim da ditadura civil-militar no Brasil
Entrevistado
1. Nome completo:
2. Idade:
3. Sexo:
4. Escolaridade:
5. Estado civil
Informações sobre a ditadura
1. Quantos anos você tinha quando foi instaurada a ditadura no Brasil, em 1964?
2. Na sua opinião, o que foi a ditadura no Brasil?
3. Do que você se lembra sobre esse período?
4. Qual é sua opinião sobre esse período?
5. Você assistiu a algum movimento de contestação da ditadura? Onde você assistiu? Qual era o movimento? Onde ele ocorreu? Quem eram os participantes?
6. Você participou do movimento Diretas Já? Se sim, como foi?
7. Se não participou do movimento Diretas Já, acompanhou esse movimento por jornais impressos, rádio ou televisão?
8. Qual era sua opinião sobre o movimento Diretas Já na época em que ele ocorreu?
9. Qual é sua opinião hoje sobre o movimento Diretas Já?
10. Você acha que ele foi importante para o fim da ditadura? Por quê?
11. Qual foi o principal fator que, na sua opinião, trouxe o fim da ditadura no Brasil?
12. Esse período afetou sua vida pessoal? De que forma?

Etapa 3 – Aplicar a entrevista

1. Escolham um local tranquilo e silencioso para gravar a entrevista ou, em caso de entrevista *on-line*, peçam aos entrevistados que estejam em local semelhante. Verifiquem, antes de dar início à atividade, se o som do gravador ou o sistema de gravação da plataforma *on-line* está funcionando corretamente.
2. Façam previamente termos de autorização para a gravação da entrevista em áudio e/ou vídeo e peçam aos entrevistados que assinem os termos. Expliquem a eles que o conteúdo da entrevista será utilizado unicamente para fins escolares, assim, não haverá comercialização dos áudios e/ou vídeos produzidos. No entanto, trechos das entrevistas poderão entrar nos *podcasts*, que ficarão armazenados em programas que hospedam arquivos em áudio. Caso os entrevistados não se sintam confortáveis em apresentar seu nome completo, utilizem somente o primeiro nome ou pseudônimos, tanto durante as entrevistas quanto posteriormente, na gravação dos *podcasts*.
3. Conversem com os entrevistados sobre assuntos corriqueiros antes de dar início às entrevistas. Dessa forma, eles poderão ficar mais à vontade para responder às questões.
4. Fiquem atentos às respostas dos entrevistados para cada questão. O questionário pode ser aplicado, mas é importante que sejam feitas perguntas baseadas nas informações que os entrevistados fornecerem.
5. Observem se os entrevistados desviam a atenção para outros assuntos. Caso isso aconteça, procurem redirecionar a entrevista para o assunto proposto.

Dmytro Zinkevych/Shutterstock

Estudante realizando trabalho de entrevista.

6. Procurem não ultrapassar o tempo da entrevista, mas não a encerrem de forma brusca. Lembrem-se de agradecer aos entrevistados pela participação.

Etapa 4 – Transcrever a entrevista

1. Façam a transcrição da entrevista. Para isso, ouçam um trecho do áudio e/ou vídeo e, em seguida, transcrevam, em um programa de texto, o que foi ouvido. Realizem esse procedimento até completar todo o tempo da entrevista.
2. Ouçam novamente a entrevista, fazendo, ao mesmo tempo, a leitura do texto transcrito. Certifiquem-se de que nenhum trecho foi suprimido.
3. Marquem o tempo em que as questões são feitas para facilitar a edição do arquivo em áudio e/ou vídeo.
4. Salvem as transcrições no computador e, se possível, façam a impressão da entrevista transcrita.

Victorpr/Shutterstock

Algum dos entrevistados pode ter bastante conhecimento acerca do assunto, por isso é importante que ele compartilhe a experiência que teve.

Para compartilhar

1. Criem um *podcast* com o conteúdo da entrevista, isto é, um arquivo em áudio com conteúdo informativo. Para isso, escrevam um texto, que será posteriormente narrado, relatando as causas que levaram ao fim da ditadura no Brasil. Mencionem os movimentos de contestação da ditadura, entre os quais as Diretas Já, e selecionem trechos da fala dos entrevistados que julgarem importantes para compor o conteúdo do *podcast*.
2. Releiam o texto, corrigindo eventuais erros de gramática e de vocabulário. Além disso, atentem para que não tenha faltado nenhuma informação relevante.
3. Selecionem um integrante do grupo para fazer a leitura do texto. Antes de iniciar a gravação, ele deve treinar um pouco em voz alta para que a leitura seja fluida.
4. Façam a gravação do áudio e salvem o arquivo em uma pasta, com a gravação dos outros grupos.
5. Pesquisem *sites* que hospedem *podcasts* gratuitamente e façam a inscrição em um deles. Atentem para o formato do áudio exigido na gravação.
6. Façam o *upload* dos *podcasts* gravados, deixando o arquivo público para que outras pessoas possam acessar o conteúdo.
7. Marquem uma data para divulgar o *podcast* para as demais turmas da escola e aproveitem para compartilhar a experiência de entrevistar diferentes pessoas.

UNIDADE

2 Caminhos da cidadania

Arranha-céus e museu de estrutura de aço (no primeiro plano) em Shenzhen, província de Guangdong (China), em foto de 2019. Até os anos 1970, a cidade era um pequeno vilarejo, mas, a partir de 1979, ao tornar-se uma Zona Econômica Especial (ZEE), sua população cresceu em média 11,9% ao ano, a mais alta taxa do mundo. Naquele ano, a cidade contava com 52 mil moradores; em 2016, sua população chegou aos 10,8 milhões de habitantes.

Eric007/Shutterstock

#TáNoFeed

O mundo está repleto de cidades de todos os tamanhos. No entanto, tornou-se predominantemente urbano apenas neste século.

Os países desenvolvidos completaram seu processo de urbanização, mas em diversos países em desenvolvimento o crescimento urbano tem sido acelerado, provocando grandes transformações socioeconômicas e nas paisagens das principais cidades. Por um lado, essa tendência oferece novas formas de acesso aos serviços públicos e à cidadania, mas, por outro, gera problemas urbanos.

Para começarmos a estudar esse assunto, leia os trechos a seguir.

Segregação socioespacial e precariedade habitacional

Associado ao desequilíbrio no aproveitamento do solo urbano e à contraposição entre esvaziamento do centro expandido e crescimento periférico, há outro desequilíbrio importante na cidade, que estabelece, *grosso modo*, uma distribuição bem definida das distintas classes sociais: os mais pobres vivendo predominantemente nas áreas periféricas e seus assentamentos precários e os de maior renda, no centro expandido e seu entorno, onde existe maior oferta de infraestrutura e empregos. Tal distribuição representa, para os mais pobres, maior distância das oportunidades, maior tempo gasto no deslocamento casa-trabalho-casa e maior precariedade habitacional e urbana. Trata-se, portanto, de uma condição estrutural que favorece a reprodução da pobreza ao longo das gerações e impede uma redução mais acelerada das desigualdades de renda. [...]

SÃO PAULO (Município). Secretaria Municipal de Desenvolvimento Urbano. *SP 2040: a cidade que queremos*. São Paulo: SMDU, 2012. p. 32.

O direito à cidade

O direito à cidade é muito mais que a liberdade individual de ter acesso aos recursos urbanos: é um direito de mudar a nós mesmos, mudando a cidade. Além disso, é um direito coletivo e não individual, já que essa transformação depende do exercício de um poder coletivo para remodelar os processos de urbanização. [...]

HARVEY, David. O direito à cidade. *Piauí*, ed. 82, jul. 2013. Disponível em: https://piaui.folha.uol.com.br/materia/o-direito-a-cidade/. Acesso em: 17 mar. 2022.

Atividades

1. O que significa dizer que "uma distribuição bem definida das distintas classes sociais [na cidade]" é uma "condição estrutural que favorece a reprodução da pobreza ao longo das gerações"? Pode-se dizer que o grau de cidadania de uma pessoa varia conforme sua posição no território da cidade?

2. Como as pessoas podem romper esse círculo vicioso, transformando essa "condição estrutural" e modificando as condições do lugar onde vivem? Como podem exercer os direitos de cidadãs, independentemente de sua localização no território?

3. Com base em sua experiência e na observação da realidade, você acredita que no Brasil o direito à cidade, como propõe David Harvey, é assegurado para todos? Você conhece, em seu município, algum movimento organizado para assegurar os direitos da cidadania, entre os quais o direito à cidade?

Conheça a unidade

Objetivos

- Relacionar o conceito de cidade na *civitas* romana e na *pólis* grega aos conceitos de cidadão e política.
- Identificar a desigualdade socioespacial urbana na vida cotidiana dos indivíduos segundo suas classes sociais.
- Associar a localização dos indivíduos no espaço urbano ao maior ou menor acesso à cidadania.
- Compreender o processo de urbanização, diferenciando suas especificidades nacionais e regionais.
- Aplicar os conceitos de cidade, metrópole, megalópole e urbanização para compreensão da vida urbana e suas relações socioespaciais.
- Aplicar os conceitos de hierarquia e rede urbana para compreensão das relações entre as cidades no território.
- Reconhecer os principais problemas urbanos, com destaque para a moradia, pensando em formas de atuação cidadã.
- Identificar as dificuldades de acesso à moradia no mundo e no Brasil e refletir sobre as possíveis soluções.
- Reconhecer os Direitos Humanos como uma construção social ao longo da história.
- Conhecer a História dos Direitos Civis e a Declaração Universal dos Direitos Humanos de 1948.
- Distinguir os conceitos de diferenças e desigualdades mobilizados na elaboração dos Direitos Humanos.
- Aplicar os conceitos de multiculturalismo, universalismo e relativismo para a compreensão dos Direitos Humanos.
- Relacionar o *Bill of Rights* (Inglaterra), a Declaração dos Direitos (Estados Unidos) e a Declaração dos Direitos do Homem e do Cidadão (França) aos princípios edificantes dos Direitos Humanos.
- Diferenciar direitos de primeira, segunda e terceira geração e relacioná-los a seus contextos e aos Direitos Humanos.
- Conhecer os artigos da Declaração Universal dos Direitos Humanos.
- Reconhecer o papel das principais organizações não governamentais (ONGs) internacionais e suas áreas de atuação.
- Mobilizar os princípios estruturantes dos Direitos Humanos para a compreensão e o engajamento em atuações locais, nacionais e internacionais.

Justificativa

O conceito de cidade surgiu associado ao conceito de cidadão. Ambos têm uma origem comum tanto na Grécia quanto na Roma da Antiguidade. Hoje em dia, esses conceitos estão imbricados na prática urbana de milhões de cidadãos que têm protestado em diversas cidades do mundo contra o racismo e a injustiça e em defesa da democracia. Por isso, estudar a cidade e sua complexidade ajuda a compreender a relação do exercício da cidadania com o espaço urbano. Se por um lado o avanço da urbanização em todo o mundo trouxe uma série de conquistas, por outro gerou diversos problemas relacionados às desigualdades socioeconômicas, que precisam ser conhecidos em suas causas e consequências para serem adequadamente enfrentados e solucionados.

É necessário conhecer a origem dos Direitos Humanos, elencados na Declaração Universal de 1948, que remonta ao século XVIII e teve desdobramentos em pactos internacionais e em leis nacionais após a Segunda Guerra Mundial. Trata-se de um marco civilizacional muito importante para a noção de pertencimento à humanidade. Nesse sentido, é interessante conhecer o embate entre universalismo e relativismo na questão dos Direitos Humanos, buscando um ponto de equilíbrio que contemple o respeito às diferenças culturais e, ao mesmo tempo, aos Direitos Humanos. É fundamental que cada indivíduo conheça os direitos inerentes à condição humana para que possamos exercê-los plenamente na construção e manutenção da cidadania e para que possamos cobrá-los, caso estejam sendo negligenciados ou violados.

A BNCC nesta unidade

Competências gerais da Educação Básica: CG1, CG2, CG3, CG4, CG5, CG6, CG7, CG8, CG9, CG10.
Competências específicas de Ciências Humanas e Sociais Aplicadas: 1, 2, 5, 6.
Habilidades de Ciências Humanas e Sociais Aplicadas: EM13CHS101, EM13CHS105, EM13CHS106, EM13CHS204, EM13CHS206, EM13CHS502, EM13CHS503, EM13CHS604, EM13CHS605, EM13CHS606.
Temas contemporâneos transversais
Cidadania e Civismo
- Vida familiar e social
- Educação em Direitos Humanos

Meio ambiente
- Educação ambiental

Multiculturalismo
- Educação para a valorização do multiculturalismo nas matrizes históricas e culturais brasileiras

A cidade e o cidadão

Pesquisas arqueológicas indicam que a origem das primeiras cidades remonta a aproximadamente 3000 a.C. Elas começaram a se desenvolver a partir do momento em que algumas sociedades tiveram condições de produzir alimentos suficientes para garantir a subsistência dos agricultores e abastecer os moradores urbanos, que, assim, puderam se dedicar a outras atividades. Dessa forma, ocorreu uma gradativa divisão do trabalho entre o campo e a cidade. Foi na cidade que se desenvolveram o comércio e o artesanato, de modo que ela passou a ser o centro de poder.

Antiguidade: as primeiras cidades

Banco de imagens/Arquivo da editora

Fonte: elaborado com base em DUBY, Georges. *Atlas Histórico Mundial*. Barcelona: Larousse, 2007. p. 16.

Estima-se que, por volta de 2500 a.C., Ur chegou a ter cerca de 50 mil habitantes e a Babilônia, maior cidade da época, 80 mil moradores.

Ur e Babilônia, duas das primeiras cidades do mundo, foram construídas na Mesopotâmia, no vale dos rios Tigre e Eufrates (no atual Iraque). De acordo com parâmetros atuais, seriam cidades pequenas, mas, para a época, eram grandes aglomerações. Outras cidades também foram erguidas e estavam associadas a vales fluviais, como Mênfis e Tebas, no vale do Nilo, Pequim e Hang-chou, no vale do rio Amarelo. Ainda na Antiguidade, as cidades foram se tornando cada vez maiores. Atenas, a mais importante cidade-Estado grega, em seu auge, por volta do século V a.C., chegou a ter aproximadamente 400 mil habitantes.

Portanto, desde sua origem, as cidades que mais cresceram em geral eram centros de poder, isto é, as capitais dos impérios na Antiguidade e, mais recentemente, dos Estados nacionais. Roma é um bom exemplo: a cidade, hoje capital da Itália, foi também a capital do Império Romano e chegou a abrigar, em seu apogeu, no início da era cristã, entre 700 mil e 1 milhão de habitantes, o que, mesmo para os parâmetros atuais, seria uma cidade grande. Aliás, a própria palavra **capital** é derivada do latim *caput*, que significa "cabeça". Roma foi a cabeça do Império Romano e comandou um vasto território sob seu controle.

As palavras **cidade**, **cidadão** e **civil** derivam do latim *civitas* ("cidade, reunião de cidadãos"), *civis* ("moradores da cidade") e *civilis* ("pertencente ao cidadão, de cidade"), respectivamente. A *civitas* romana era entendida como um lugar de reunião de pessoas com objetivos comuns, submetidas à mesma lei, e girava em torno da participação dos cidadãos romanos na vida pública. No entanto, apenas homens livres nascidos em Roma eram considerados cidadãos; mulheres, estrangeiros e escravos não tinham cidadania romana e, portanto, não podiam votar nem se candidatar às eleições.

Saiba+

Gladiador. Diretor: Ridley Scott. Estados Unidos, 2000. 155 min.
O filme conta a história de Maximus (Russell Crowe), general do Exército romano que se torna escravo e, então, gladiador. Embora o enredo não seja estritamente fiel aos eventos históricos, o filme mostra como o Império Romano se estendia amplamente por áreas como sudoeste da Espanha e norte da África, além de trazer uma bela reconstituição da capital, Roma.

A etimologia da palavra **cidade** também pode ser encontrada no contexto grego da *pólis*, que era como os helenos chamavam suas cidades-Estados, dentre as quais se destacava Atenas. Segundo o filósofo político italiano **Norberto Bobbio** (1909-2004), o significado clássico e moderno de política é "derivado do adjetivo originado de *pólis* (*politikós*), que significa tudo o que se refere à cidade e, consequentemente, o que é urbano, civil, público [...]". Ou seja, a *pólis* grega era o local de exercício da política, da cidadania. No entanto, era uma concepção de cidadania diferente da que temos atualmente. No século V a.C., época do apogeu de Atenas, cidadãos eram apenas os homens livres nascidos nessa *pólis*, filhos de pai e mãe atenienses; as mulheres, os estrangeiros e os escravos não eram considerados cidadãos e, portanto, não exerciam a cidadania, ou seja, não praticavam a política.

BOBBIO, Norberto; MATTEUCCI, Nicola; PASQUINO, Gianfrancesco. *Dicionário de Política*. 7. ed. Brasília: Editora UnB, v. 2, 1995. p. 954.

DUROZOI, Gérard; ROUSSEL, André. *Dicionário de Filosofia*. 2. ed. Campinas: Papirus, 1995. p. 79.

Assim, desde sua concepção greco-romana, a cidade está associada ao exercício da cidadania, da política, hoje em dia estendidas a todos, sem exceção, ao menos nos países onde vigora o Estado democrático de direito. Segundo o *Dicionário de Filosofia* de **Gérard Durozoi** e **André Roussel**, em sua origem "do latim *civitas*, a cidade é uma **comunidade política organizada**, que possui um mínimo de autonomia" e "o **cidadão** é aquele que usufrui os direitos e cumpre os deveres definidos pelas leis e costumes da cidade". Durozoi e Roussel ainda acrescentam: "a cidadania é, antes de mais nada, o resultado de uma *integração social*, de modo que 'civilizar' significa em primeiro lugar 'tornar cidadão'".

Isso ajuda a compreender por que, quando cidadãos querem protestar contra alguma arbitrariedade do Estado, contra alguma violência ou injustiça, em geral organizam uma manifestação política na cidade (em ruas centrais, importantes), pois é ela o espaço do exercício da cidadania por excelência.

Matheus W Alves/Futura Press

A 1ª Marcha das Mulheres Indígenas, realizada em 2019 com o tema "Território: nosso corpo, nosso espírito", levou 2 500 representantes de 130 povos a Brasília (DF) não só para protestar contra projetos do governo Jair Bolsonaro que pretendem liberar a mineração em territórios indígenas, prejudicando o modo de vida e a sobrevivência das populações originais, mas também para pressionar o governo federal pela preservação e demarcação das terras indígenas.

Atividade

- Embora em um contexto bastante diferente, tivemos e ainda temos no Brasil situações de exclusão social semelhantes às expostas no texto. Fomos o último país da América a acatar a abolição formal da escravidão da era moderna, o que ocorreu apenas em 1888, e o direito de voto das mulheres só foi conquistado em 1932, com a publicação do primeiro Código Eleitoral (Decreto n. 21.076).

  Converse com os colegas sobre que impactos e consequências a falta de cidadania e a desigualdade de direitos têm no desenvolvimento de uma sociedade.

O processo de urbanização

Como vimos, ao longo da história, as cidades foram se constituindo como centros de poder e de negócios, e, em virtude da combinação de fatores naturais, econômicos, culturais e políticos, muitas se especializaram em determinadas funções – político-administrativas, industriais, portuárias, turísticas, religiosas, etc. –, enquanto outras são multifuncionais.

Catherine Zibo/Shutterstock

As grandes metrópoles, especialmente as que são cidades globais e têm muitas conexões com o mundo, como Paris (França), são multifuncionais. Na foto, de 2021, turistas observam a vista panorâmica da região histórica da capital francesa.

Na Alta Idade Média europeia, durante o feudalismo, as cidades perderam importância em razão da descentralização político-econômica característica desse sistema de produção e da consequente fragmentação do poder e da redução das trocas comerciais. Durante a Baixa Idade Média e nos primórdios do capitalismo, com o aumento das atividades comerciais, as cidades ganharam impulso e passaram a adquirir cada vez mais importância porque voltaram a ser o centro dos negócios. Com a formação dos Estados modernos, as capitais voltaram a ganhar importância, porém foi somente a partir do capitalismo industrial que se iniciou um **processo de urbanização** contínuo, que se estende até os dias de hoje.

Conceitos

Urbanização

É um processo socioeconômico complexo que transforma o espaço geográfico, convertendo áreas anteriormente rurais em assentamentos urbanos, além de mudar a distribuição espacial da população do campo para a cidade. Inclui mudanças nas ocupações dominantes, estilo de vida, cultura e comportamento e, portanto, altera a estrutura demográfica e social tanto das áreas urbanas quanto das rurais. A principal consequência da urbanização é o aumento do número e da área ocupada pelos assentamentos urbanos, assim como dos residentes urbanos em comparação com os rurais. [...]

A taxa de urbanização é expressa como a porcentagem da população residente em áreas urbanas, definidas de acordo com os critérios utilizados pelos governos nacionais para distingui-las das áreas rurais. Na prática, a urbanização se refere ao aumento da porcentagem da população residente em áreas urbanas e ao crescimento associado ao número de moradores urbanos, ao tamanho das cidades e à área total ocupada por assentamentos urbanos.

UNITED NATIONS. Department of Economic and Social Affairs. *Population Division.* World Urbanization Prospects 2018. Highlights. New York, 2019. p. iii. [Tradução dos autores]

Entre os séculos XVIII e XIX, durante as duas primeiras Revoluções Industriais, as principais cidades dos atuais países desenvolvidos europeus tiveram um crescimento muito rápido, decorrente do processo de industrialização, que gerou vários postos de trabalho, atraindo um grande contingente de pessoas do campo.

Todavia, a urbanização ainda era um fenômeno circunscrito a esses países precursores do processo de industrialização, e, até o final do século XX, o mundo era predominantemente rural. Observe o gráfico.

Mundo: evolução da população urbana e rural – 1950-2050

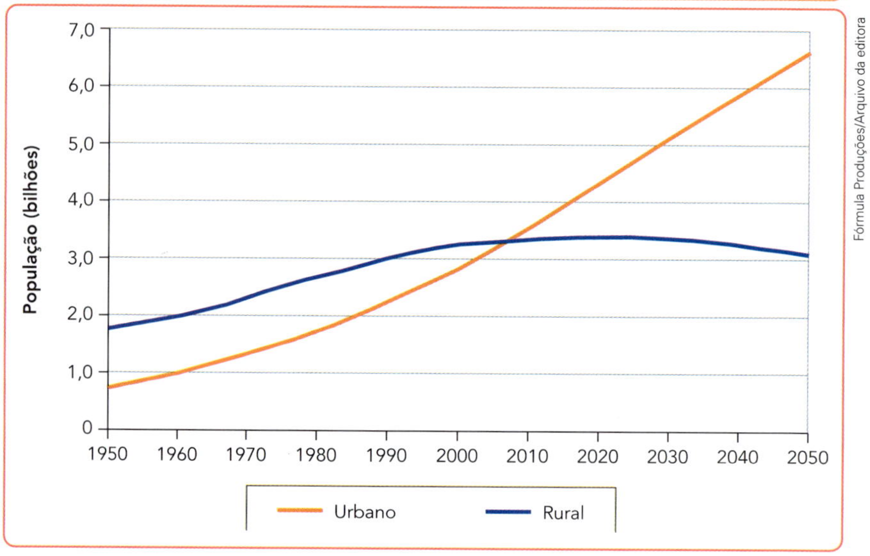

Fonte: elaborado com base em UNITED NATIONS. Department of Economic and Social Affairs. *Population Division*. World Urbanization Prospects 2018. Highlights. New York, 2019. p. 5.

Atividade

1. Analise o gráfico e responda:

a) A partir de quando o mundo se tornou predominantemente urbano? Qual é a projeção para o futuro?

b) Como se dá o processo de urbanização no município onde você mora? A cidade está crescendo ou não?

Historicamente, a urbanização foi condicionada por dois fatores: os de **atração**, que estimulam as pessoas a migrar para as cidades; e os de **repulsão**, que as impulsionam a sair do campo. Os fatores de atração estão associados às transformações provocadas na cidade pela industrialização, sobretudo geração de empregos, tanto no setor industrial quanto no de comércio e serviços, o que não necessariamente se reflete em melhoria da qualidade de vida. O crescimento desenfreado de cidades nem sempre foi acompanhado de crescimento de infraestrutura, e a maior parte dos trabalhadores que iam para a cidade em busca de emprego ganhava muito pouco e morava em **cortiços**. Além disso, doenças e epidemias eram frequentes pela falta de saneamento básico e de higiene. Só com o passar do tempo e com a luta por direitos trabalhistas, sobretudo no século XX, a elevação da renda dos trabalhadores e os investimentos governamentais em infraestrutura urbana melhoraram as condições de vida nas cidades de muitos países da Europa, da América do Norte e da Ásia.

Os fatores de repulsão são típicos de alguns países em desenvolvimento, principalmente nos menos desenvolvidos. Estão associados às más condições de vida na zona rural, por causa da **estrutura fundiária** bastante concentrada, dos baixos salários, da falta de apoio aos pequenos agricultores, do arcaísmo das técnicas de cultivo e da falta de infraestrutura,

Cortiço: não há uma conceituação oficial para cortiço, que pode ser informalmente definido como moradia que, embora regular, está localizada em zonas degradadas das cidades, na qual os membros de duas ou mais famílias pobres dividem os espaços coletivos da residência, como cozinha, banheiro e tanque de lavar roupa. A infraestrutura quase sempre é precária e há uma superlotação dos cômodos, com condições de higiene inadequadas.

Estrutura fundiária: número, tamanho e distribuição dos imóveis rurais.

que torna a agricultura mais suscetível às intempéries; embora, em regiões que se modernizaram, o processo de mecanização das atividades agrícolas também contribua para a migração rural-urbana. O resultado é o êxodo rural, que, nas grandes metrópoles, provoca o agravamento dos problemas urbanos em razão do aumento abrupto da população.

Após a Segunda Guerra, a urbanização se acelerou em muitos países em desenvolvimento que ainda eram agrícolas, mas estavam em processo de industrialização, principalmente na América Latina. Em contrapartida, a Ásia e, sobretudo, a África, apesar da aceleração recente, ainda são continentes pouco urbanizados. Ou seja, suas maiores cidades ainda vão crescer muito, com todas as vantagens e todos os problemas decorrentes disso.

O continente africano, em especial, é um caso que tem chamado a atenção. Após um passado de colonização e de exploração humana e de recursos naturais por potências imperialistas europeias, que não investiram em desenvolvimento urbano nem de instituições, a África tem protagonizado, desde os anos 2000, altos índices de crescimento econômico e de urbanização. Isso porque a China vem investindo muito dinheiro em projetos, sobretudo de infraestrutura e telecomunicações, em vários países do continente, em especial da África subsaariana, que, historicamente, sempre apresentou os menores índices de desenvolvimento. Alguns críticos alegam que se trata de um neocolonialismo, outros afirmam que se trata de uma relação de *soft power* (poder brando) na qual a China busca estabelecer uma área de influência em um grande continente, geralmente negligenciado por outras potências e que, ao mesmo tempo, representa um potencial mercado consumidor para produtos chineses.

Taxa de urbanização por regiões (porcentagem da população total)

Regiões	1950	2020
América do Norte	63,9	82,6
América Latina e Caribe	41,3	81,2
Europa	51,7	74,9
Oceania	62,5	68,2
Ásia	17,5	51,1
Africa	14,3	43,5
Mundo	29,6	56,2

Fonte: UNITED NATIONS. Department of Economic and Social Affairs. *Population Division*. World Urbanization Prospects 2018. Highlights. New York, 2019. p. 6. UNITED NATIONS Human Settlements Programme (UN Habitat). *World Cities Report 2020*. Nairobi, 2020. p. 12. Disponível em: https://unhabitat.org/sites/default/files/2020/10/wcr_2020_report.pdf. Acesso em: 12 jun. 2022.

Apesar de as áreas urbanizadas concentrarem percentual cada vez maior da população mundial, a proporção de pessoas que vivem nas grandes aglomerações urbanas continua pequena. Como mostra o gráfico a seguir, embora as aglomerações de mais de 10 milhões de habitantes, designadas pela Organização das Nações Unidas (ONU) de megacidades, venham crescendo, metade dos moradores urbanos ainda se concentra em pequenas e médias cidades, situadas na faixa de menos de 500 mil habitantes. Em 2018, segundo a Divisão de População da ONU, a população urbana correspondia a 55% do total mundial, e estima-se que chegue a 68% em 2050. A tendência no futuro é que cada vez mais pessoas se concentrem nas maiores cidades – acima de 500 mil habitantes.

Saiba+

ABC do desenvolvimento urbano. Marcelo Lopes de Souza. Bertrand Brasil, 2003.
Livro de divulgação científica voltado às pessoas leigas com o intuito de qualificá-las para o debate sobre a cidade e os problemas urbanos.

O menino que descobriu o vento. Direção: Chiwetel Ejiofor. Reino Unido e Malauí, 2019. 113 min.
O filme conta a história real de William Kamkwamba, um garoto que, inspirado num livro de ciências, desenvolveu um moinho de vento elétrico e salvou a vila em que morava, no Malauí, da fome devastadora provocada pela seca. O filme mostra o êxodo que acontecia na vila em decorrência da falta de infraestrutura para lidar com as intempéries.

Mundo: distribuição da população urbana, segundo o tamanho das cidades – 1990-2030

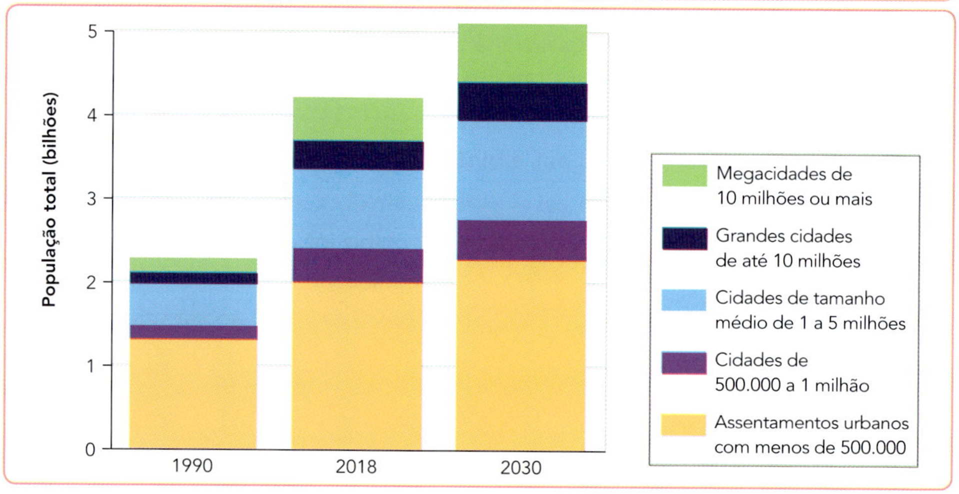

Fonte: elaborado com base em UNITED NATIONS. Department of Economic and Social Affairs. *Population Division.* World Urbanization Prospects: the 2018 Revision. New York, 2019. p. 58.

Taxa de urbanização em países desenvolvidos e emergentes – 2020

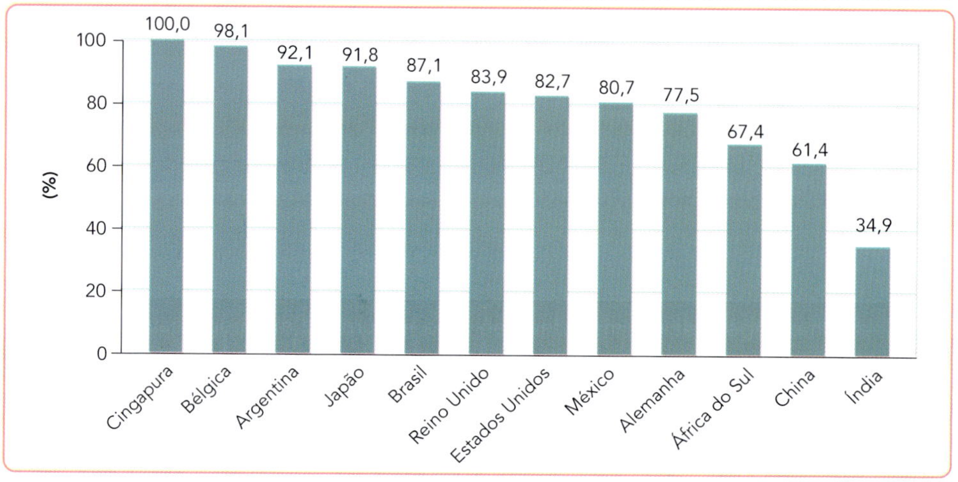

Fonte: elaborado com base em UNITED NATIONS Human Settlements Programme (UN Habitat). *World Cities Report 2020.* Nairobi, 2020. p. 305-310. Disponível em: https://unhabitat.org/sites/default/files/2020/10/wcr_2020_report.pdf. Acesso em: 27 maio 2022.

Saiba +

Divisão de População das Nações Unidas. Disponível em: https://www.un.org/development/desa/pd/. Acesso em: 19 abr. 2022. *Site* (em inglês) com informações sobre população e urbanização mundiais, incluindo as megacidades.

Taxa de urbanização em países em desenvolvimento não industrializados – 2020

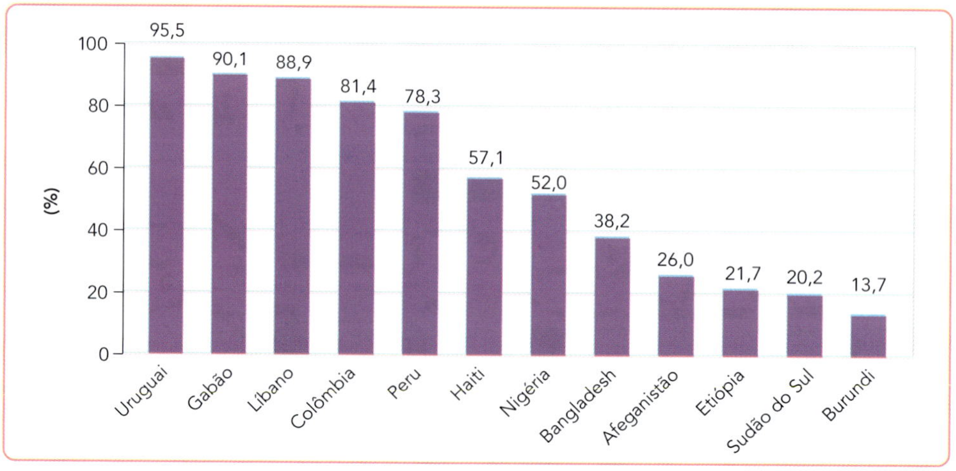

Fonte: elaborado com base em UNITED NATIONS Human Settlements Programme (UN Habitat). *World Cities Report 2020.* Nairobi, 2020. p. 305-310. Disponível em: https://unhabitat.org/sites/default/files/2020/10/wcr_2020_report.pdf. Acesso em: 27 maio 2022.

Atividade

2. Analise os gráficos e responda:

a) Quais são as faixas de cidades que ganharam mais população no período 1990-2018? Qual é a projeção para o futuro?

b) O que você percebe ao analisar as taxas de urbanização nos dois grupos de países? Há homogeneidade?

Rede e hierarquia urbanas

As cidades são muito diferentes entre si. Extensão territorial, número de habitantes e diversidade de serviços e funções proporcionam experiências de vida distintas em cada uma delas. A urbanização, no entanto, transforma o modo de vida das pessoas. Estamos mais distantes da natureza e menos sujeitos aos seus ritmos na organização de nossa vida. O ritmo urbano tende a se sobrepor ao ritmo rural e a submetê-lo.

Captain Wang/Shutterstock

Vista aérea do complexo viário na proximidade de Shanghai (China), em 2018.

As cidades se relacionam com outras cidades. Assim, um aspecto importante que também deve ser considerado no estudo da Geografia urbana é a posição e a função que cada uma delas ocupa na **rede urbana**, conceito que indica o conjunto de cidades – de um mesmo país ou de países vizinhos – que se interligam umas às outras por meio dos sistemas de transporte e de telecomunicação, pelos quais se dão os fluxos de pessoas, mercadorias, serviços, informações e capitais. Essa noção foi desenvolvida a partir da "teoria das localidades centrais", proposta pelo geógrafo alemão **Walter Christaller** (1893-1969), num livro lançado em 1933 e traduzido para o inglês em 1966. A partir daí, passou-se a utilizar o conceito de rede urbana para se referir à crescente articulação e hierarquização entre as cidades, resultante da expansão do processo de industrialização-urbanização.

CHRISTALLER, Walter. *Central places in Southern Germany*. Englewood Cliffs, N.J.: Prentice-Hall, 1966.

Em muitos países em desenvolvimento, particularmente naqueles de baixo índice de industrialização e urbanização, as redes são bastante desarticuladas, e as cidades estão dispersas no território. Já nos países desenvolvidos, elas são mais densas e articuladas por causa dos altos índices de industrialização e de urbanização, da economia diversificada e dinâmica, dos mercados internos com alta capacidade de consumo e dos grandes investimentos em transportes e telecomunicações. Em geral, são regiões do planeta onde se desenvolveram as **metrópoles** e, sobretudo, as **megalópoles**, como Boswash (observe o mapa a seguir).

A megalópole de Boswash, nos Estados Unidos

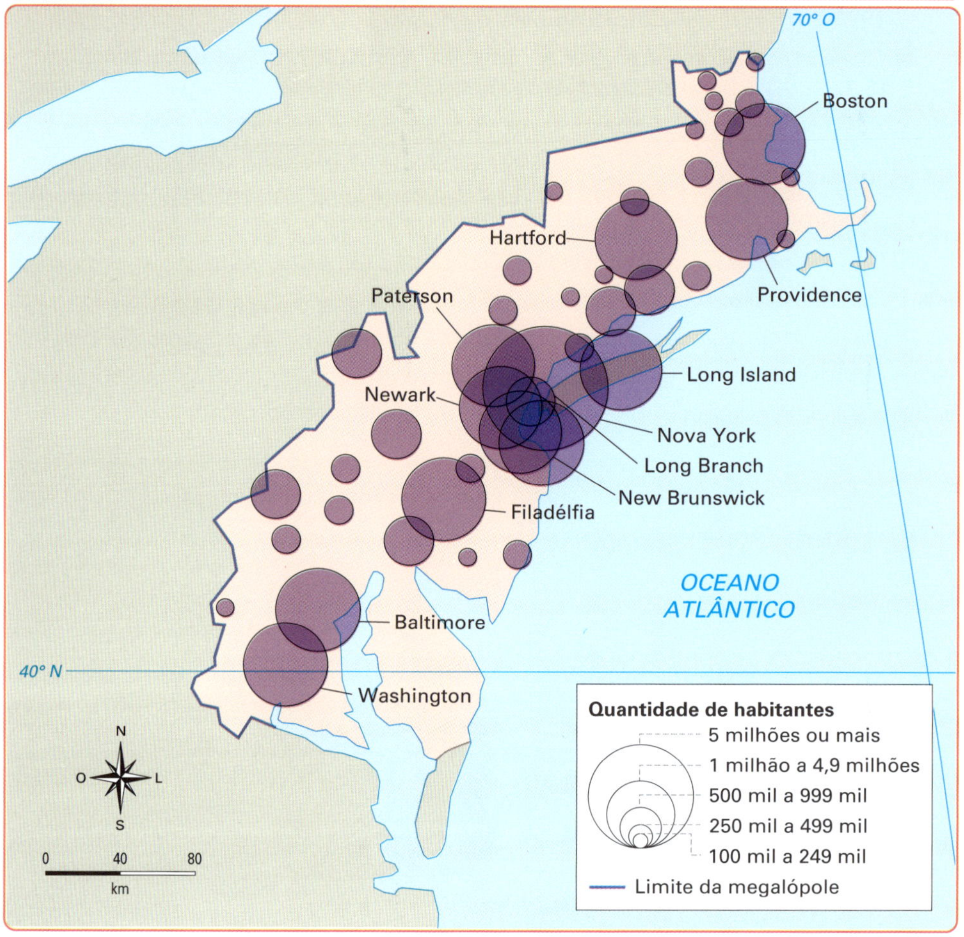

Fonte: elaborado com base em CHARLIER, Jacques (dir.). *Atlas du 21e siècle édition 2012*. Groningen: Wolters-Noordhoff; Paris: Éditions Nathan, 2014. p. 144. (Original sem data.)

Conceitos

Metrópoles

No Brasil, as maiores aglomerações urbanas têm sido legalmente reconhecidas como **regiões metropolitanas**, que também costumam ser chamadas de **metrópoles** (do grego *metrópolis*, "cidade-mãe" ou "cidade-matriz"). Nelas, há sempre um município-núcleo, com maior capacidade polarizadora e que lhe dá nome, como São Paulo, Salvador, Curitiba, Belém, etc.

As regiões metropolitanas foram criadas por lei para facilitar o planejamento urbano de seus municípios. Isso é executado por órgãos especialmente criados para esse fim, como a Empresa Paulista de Planejamento Metropolitano S.A. (Emplasa), fundada em 1975 e encarregada de planejar as regiões metropolitanas que formam a **Macrometrópole Paulista**. A Emplasa foi extinta pelo governo paulista em 2019, e seu acervo foi incorporado ao Instituto Geográfico e Cartográfico de São Paulo (IGC-SP). Com isso, o estado ficou sem uma empresa de planejamento territorial de suas metrópoles.

Megalópoles

Uma **megalópole** é formada quando os fluxos de pessoas, capitais, informações, mercadorias e serviços entre duas ou mais metrópoles estão fortemente integrados por modernas redes de transporte e telecomunicação.

A primeira megalópole a se estruturar no mundo, denominada informalmente Boswash, abrange um cordão de cidades, no nordeste dos Estados Unidos, que se estende de Boston até Washington, tendo Nova York como a metrópole mais importante. Ainda nos Estados Unidos, há San-San, que se estende de San Francisco a San Diego, passando por Los Angeles, na Califórnia, e Chipitts (também conhecida como megalópole dos Grandes Lagos), que vai de Chicago a Pittsburgh e se estende até o Canadá, por cidades como Toronto, a maior desse país.

A megalópole japonesa situa-se no sudeste da ilha de Honshu, no eixo que se estende de Tóquio até o norte da ilha de Kyushu, passando por Osaka e Kobe.

Na Europa, a megalópole se desenvolveu no noroeste do continente, englobando as aglomerações do Reno-Ruhr, na Alemanha, as áreas metropolitanas de Paris, na França, e de Londres, no Reino Unido; portanto, é transnacional.

No Brasil, a megalópole nacional em formação é composta das regiões metropolitanas do Rio de Janeiro e de São Paulo, estendendo-se por outras que compõem a Macrometrópole Paulista.

Dentro da rede urbana, as cidades são os nós dos sistemas de produção e distribuição de mercadorias e da prestação de serviços diversos, que se organizam segundo níveis hierárquicos distribuídos de forma desigual pelo território. Por exemplo, o Centro-Sul do Brasil possui uma rede urbana com grande número de metrópoles, capitais regionais e centros sub-regionais bastante articulados entre si. Já na Amazônia, as cidades são esparsas e bem menos articuladas, o que leva centros menores a exercerem o mesmo nível de importância na hierarquia urbana regional que outros maiores localizados no Centro-Sul.

Outro fator importante que devemos considerar ao analisar os fluxos no interior de uma rede urbana é a condição de acesso proporcionada pelos diferentes níveis de renda da população. Um morador de maior renda de uma cidade pequena muitas vezes consegue estabelecer mais conexões econômicas e culturais que um morador de pouca renda de uma grande metrópole. A mobilidade das pessoas entre as cidades da rede urbana depende de seu nível de renda.

Segundo o IBGE, as regiões de influência das cidades brasileiras são delimitadas principalmente pelo fluxo de consumidores que utilizam o comércio e os serviços públicos e privados no interior da rede urbana. Ao realizar o levantamento para a elaboração do mapa da rede urbana, investigou-se a organização dos meios de transporte entre os municípios e os principais destinos das pessoas que buscam produtos e serviços. São Paulo, a grande metrópole nacional, mais Rio de Janeiro e Brasília, metrópoles nacionais, estendem suas influências por praticamente todo o território brasileiro. Observe o mapa da hierarquia urbana no Brasil.

Brasil: rede urbana, segundo o IBGE – 2018

Banco de imagens/Arquivo da editora

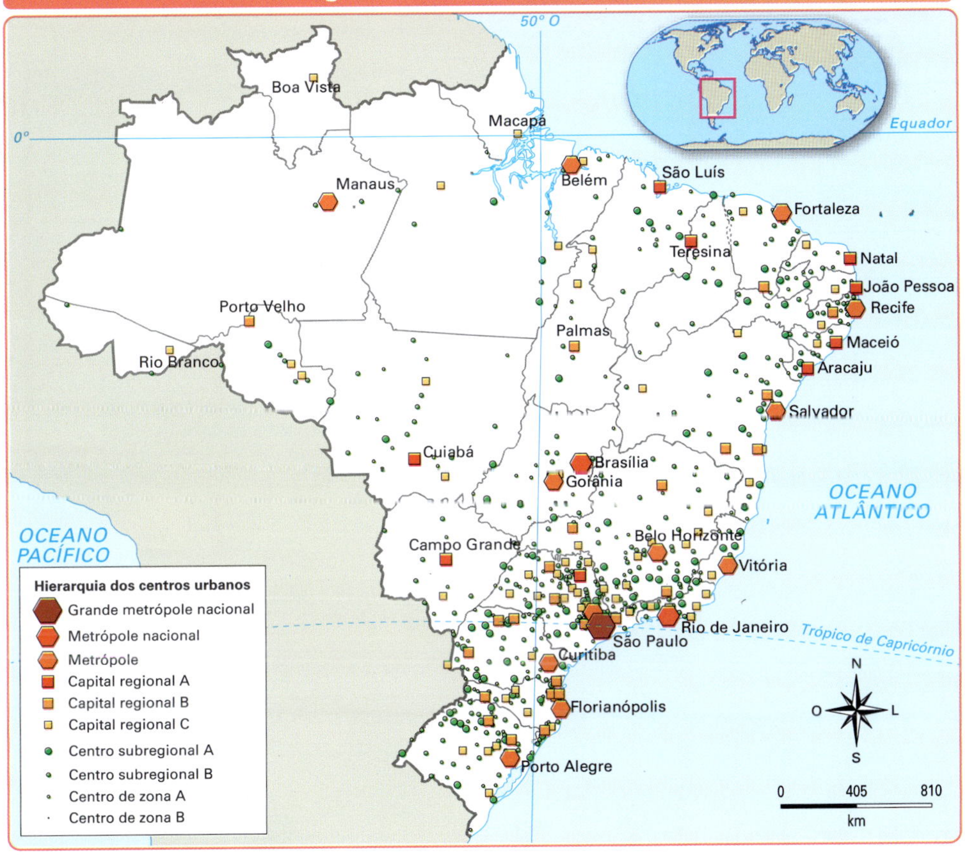

Fonte: elaborado com base em IBGE. *Regiões de influência das cidades 2018.* Rio de Janeiro, 2020. Disponível em: https://geoftp.ibge.gov.br/organizacao_do_territorio/divisao_regional/regioes_de_influencia_das_cidades/Regioes_de_influencia_das_cidades_2018_Resultados_definitivos/mapas/Mapa_1-Rede_urbana-Brasil-2018.pdf. Acesso em: 19 abr. 2022.

Atividade

1. Observe o mapa e responda:

a) Quais são as cidades mais influentes do Brasil? Por quê?

b) Qual é a posição que a cidade em que você vive ocupa na rede urbana brasileira? Ela aparece na classificação do IBGE?

Como vimos, o conceito de **hierarquia urbana** surge na mesma época do conceito de rede urbana e indica o ordenamento das cidades nas relações que estabelecem no território segundo seu poder e influência. Por exemplo, como mostra o mapa *Brasil: rede urbana, segundo IBGE – 2018*, a metrópole nacional é o nível máximo de poder e influência econômica na rede urbana de um país, e a vila, o nível mais baixo, por isso sofre influência de todas as outras. Todavia, essa concepção tradicional de hierarquia urbana já não oferece uma boa descrição das relações estabelecidas entre as cidades no interior da rede urbana. Com os avanços da revolução técnico-científica, a acelerada modernização dos sistemas de transporte e de telecomunicação, o barateamento e a maior facilidade de obtenção de energia, a disseminação de aviões, trens e automóveis mais velozes, enfim, com a redução do tempo de deslocamento, as relações entre as cidades já não seguem essa dinâmica. No atual estágio informacional do capitalismo, estruturou-se uma nova hierarquia urbana, na qual a relação da vila ou da cidade local pode se dar com o centro regional, com a metrópole regional ou até mesmo diretamente com a metrópole nacional. Compare os esquemas a seguir.

Saiba+

IGC-SP/Emplasa. Disponível em: https://geo.emplasa.sp.gov.br/Mapa?contexto=emplasageo. Acesso em: 19 abr. 2022.

O Sistema de Informações Metropolitanas (SIM) contém dados sobre as regiões metropolitanas e aglomerações urbanas do estado de São Paulo (a Macrometrópole Paulista) e do Brasil.

Esquema clássico de relações entre as cidades em uma rede urbana

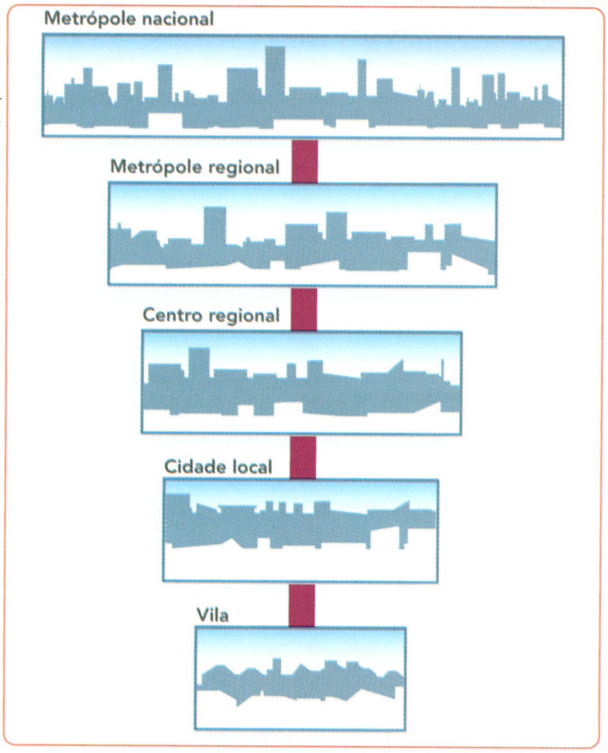

Cassiano Rôda/Arquivo da editora

Fonte: elaborado com base em SANTOS, Milton. *Metamorfoses do espaço habitado.* 5. ed. São Paulo: Hucitec, 1997. p. 55.

Esquema atual de relações entre as cidades em uma rede urbana

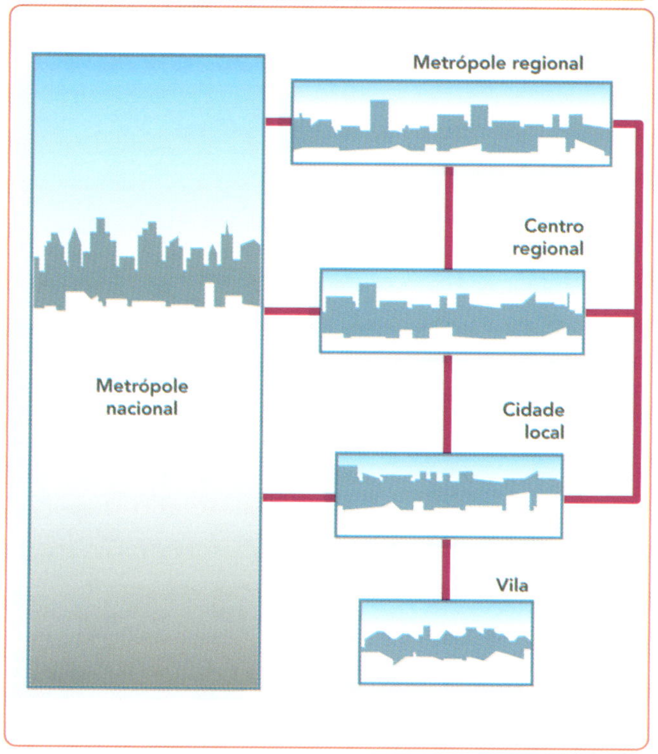

Cassiano Rôda/Arquivo da editora

Fonte: elaborado com base em SANTOS, Milton. *Metamorfoses do espaço habitado.* 5. ed. São Paulo: Hucitec, 1997. p. 55.

Conceitos

Aglomerações urbanas

Segundo a Divisão de População da ONU, **aglomeração urbana** "refere-se à população contida no interior de um território contíguo, habitado em níveis variáveis de densidade, sem levar em conta os limites administrativos das cidades". Em outras palavras, é um conjunto de cidades em grande parte conurbadas, isto é, interligadas pela expansão periférica da malha urbana de cada uma delas ou pela integração socioeconômica historicamente comandada pelo processo de industrialização e, atualmente, cada vez mais, pelo desenvolvimento do comércio e dos serviços.

Macrometrópole Paulista

Nome que a Emplasa criou para definir a megalópole estadual formada pelas regiões metropolitanas de São Paulo, Campinas, Sorocaba, Baixada Santista, Vale do Paraíba e Litoral Norte; pelas aglomerações urbanas de Jundiaí e Piracicaba; mais a unidade regional de Bragantina. Ela abrange 174 municípios (50% da área urbana do estado) e, em 2018, abrigava 33,7 milhões de habitantes (74,6% da população estadual) e gerava 82% do PIB do estado de São Paulo.

Atividade

2. Há dois conceitos fundamentais para compreender as cidades e suas relações no espaço geográfico – rede urbana e hierarquia urbana.

a) Conceitue-os, mostrando suas diferenças.

b) Explique as diferenças fundamentais entre o esquema clássico e o esquema atual de hierarquia urbana.

O capitalismo, em sua atual etapa informacional, com o avanço das técnicas que sustentam a globalização e a consequente aceleração de fluxos no espaço geográfico planetário, criou uma rede urbana mundial cujos principais nós ou pontos de interconexão são as chamadas **cidades globais**.

No mundo, há várias hierarquizações de cidades, das quais a mais conhecida é a produzida pelo grupo de pesquisa Globalization and World Cities (GaWC), ligado à Universidade de Loughborough, no Reino Unido, que classifica as cidades globais em alfa, beta e gama, de acordo com o grau de conexão com outras cidades da rede urbana mundial e com a capacidade de polarização que exercem. Observe o mapa a seguir e perceba que nem sempre as maiores cidades são as mais conectadas. O grau de conexão não tem a ver apenas com o tamanho da população, mas sobretudo com a infraestrutura que a cidade possui e com sua capacidade de oferecer bens e serviços variados, o que gera diversos fluxos de entrada e saída.

As cidades globais Alfa, segundo o GaWC – 2020

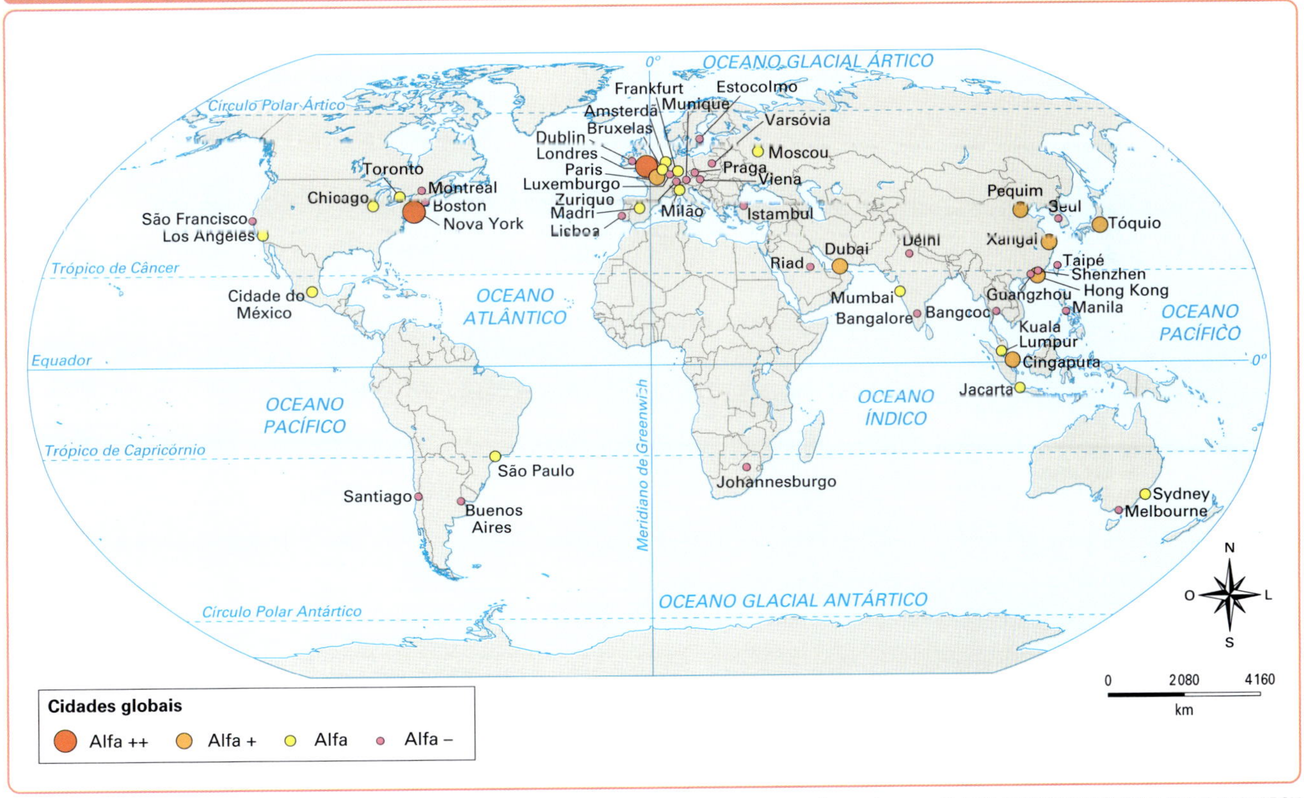

Banco de imagens/Arquivo da editora

Fonte: elaborado com base em GLOBALIZATION AND WORLD CITIES RESEARCH NETWORK (GaWC). *The World According to GaWC 2020.* Loughborough, 21 ago. 2020. Disponível em: https://www.lboro.ac.uk/microsites/geography/gawc/world2020t.html. Acesso em: 3 jun. 2022.

- Leia o texto e, em seguida, compare a classificação das cidades globais alfa feita pelo grupo de estudos GaWC com a do Instituto de Pesquisas *The Mori Memorial Foundation*.

O papel das cidades globais

A questão internacional mais ventilada nos últimos anos foi o ressurgimento do nacionalismo [...] porém, [essa] não é a principal das várias tendências que estão moldando nosso futuro. Pode muito bem ser um "momento" e não um movimento de longo prazo. Esta é a tese de um importante texto postado poucas semanas atrás por Ivo Daalder, presidente do Chicago Council on Global Affairs. Ele escreveu: "A tendência mais importante de nossa época é a urbanização. Pela primeira vez na história, a população é mais urbana que rural. E o ritmo da urbanização está aumentando a olhos vistos. Só este ano as cidades ganharão 80 milhões de pessoas. São 200 mil por dia. A maioria delas está se mudando para cidades com 500 mil habitantes ou mais. As grandes cidades respondem por três quartos da oferta mundial de bens, serviços e empregos. [...]".

Obviamente, nem tudo são flores. As dificuldades com que as megalópoles se deparam são o reverso da moeda. [...]

Mudanças climáticas têm um impacto, ao que tudo indica, crescente na vida urbana. [...] Tais áreas são grandes poluidoras da água e da atmosfera, respondendo por setenta por cento das emissões de CO_2. Devido à falta de dinheiro e de vontade política ou competência por parte das autoridades, a poluição dos cursos d'água é uma dolorosa cena que os residentes de São Paulo são obrigados a contemplar diariamente.

LAMOUNIER, Bolívar. O papel das cidades globais. *IstoÉ*, 13 jun. 2019. Disponível em: https://istoe.com.br/o-papel-das-cidades-globais/. Acesso em: 10 fev. 2022.

Cidades globais, segundo *The Mori Memorial Foundation* – 2020

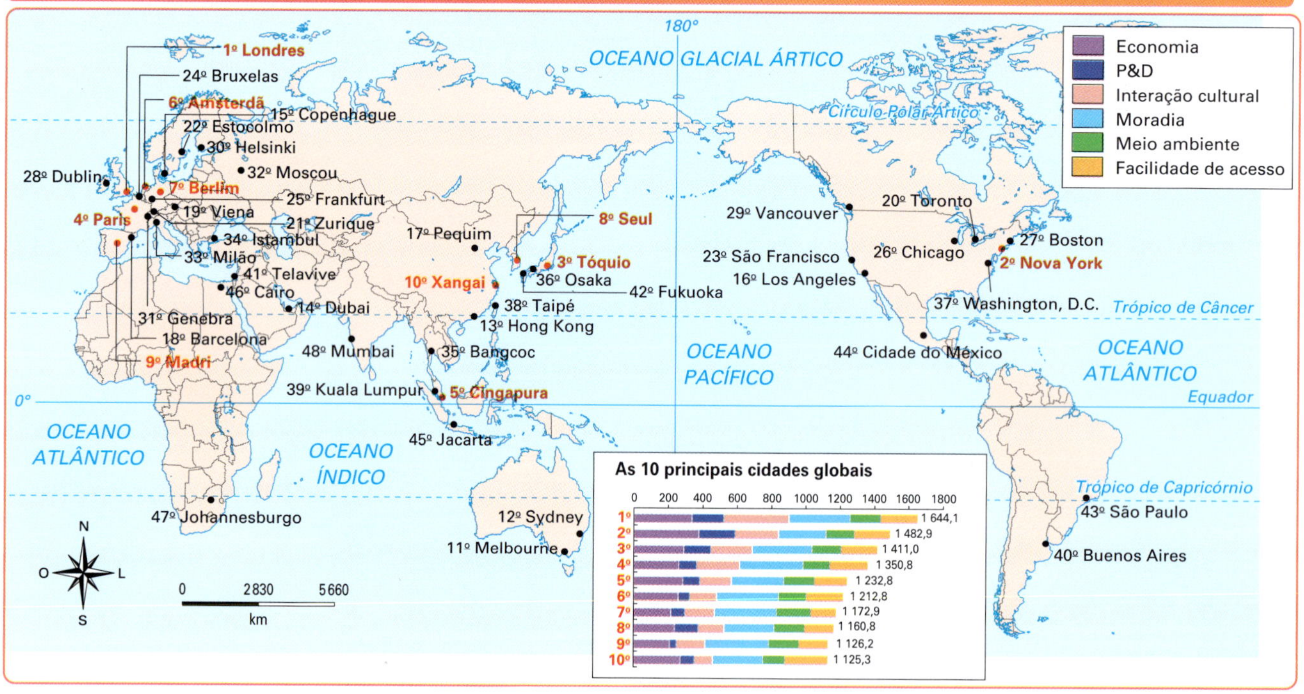

Banco de imagens/Arquivo da editora

Fonte: elaborado com base em INSTITUTE FOR URBANS STRATEGIES. THE MORI MEMORIAL FOUNDATION. *Global Power City Index 2021*. Disponível em: http://mori-m-foundation.or.jp/english/ius2/gpci2/index.shtml. Acesso em: 19 abr. 2022.

a) Quais cidades estão entre as dez principais nas duas classificações?

b) Há alguma cidade brasileira nas duas classificações? Qual é a posição dela nos dois *rankings* de cidades globais? O que se pode concluir disso?

c) Aponte as semelhanças e as diferenças nas projeções cartográficas de ambos os mapas.

d) O que significa dizer que "a tendência mais importante de nossa época é a urbanização"? Qual é o papel das cidades globais? Que problemas elas enfrentam?

Diálogos

1. O professor, arquiteto e urbanista Candido Malta Campos Filho (1936-) propõe que as pessoas avaliem em três níveis a organização de sua vida em relação ao acesso ao comércio e serviços:

- apoio imediato à moradia, utilizado diária ou semanalmente, como quitanda, açougue, bar, padaria, cabeleireiro, mercadinho, etc.;
- apoio imediato à moradia, mas com menor demanda, como lojas de roupas e eletrodomésticos, grandes supermercados;

tele52/Shutterstock

Embora a urbanização seja fenômeno global, ainda é difícil encontrar serviços básicos em todas as partes de uma cidade.

- apoio a outras atividades urbanas, com frequência bem menor que as duas anteriores, como relojoaria, loja de automóveis, equipamentos industriais, entre outros.

Rawpixel.com/Shutterstock

Ir a pé para a escola é uma possibilidade para poucas pessoas nos grandes centros urbanos.

A diferença de demanda implica a distância a que cada estabelecimento deveria estar do local de moradia para garantir boa qualidade de vida, determinando aquilo a que se pode ter acesso a pé ou não. Campos Filho diz ainda que as escolas para crianças e jovens deveriam ser acessíveis a pé, e o trajeto, seguro o suficiente para eles irem sozinhos, assim como a distância de nossa casa até o acesso ao ponto ou entrada do sistema de transporte coletivo. Observe o croqui da malha urbana que ele apresenta e elabore um similar para retratar a sua realidade espacial.

Lógica da localização da moradia em relação ao comércio e serviços locais

Banco de imagens/Arquivo da editora

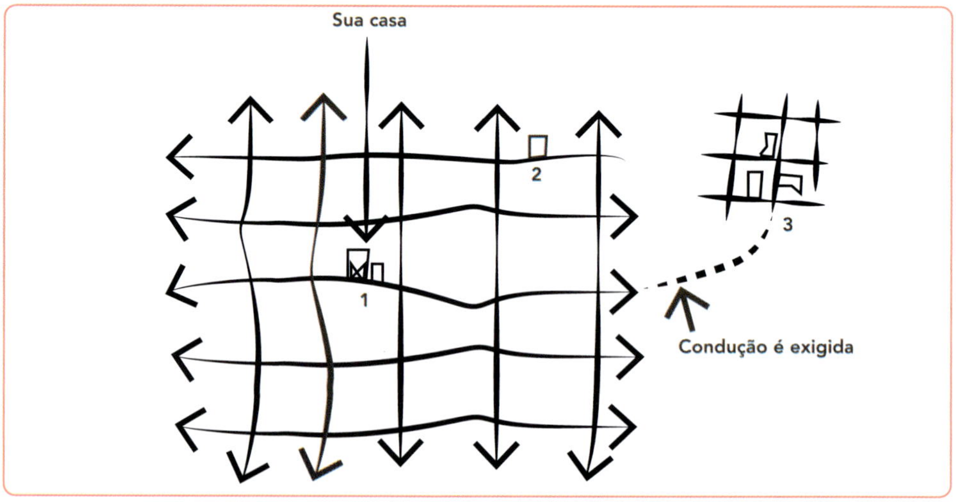

Fonte: elaborado com base em CAMPOS FILHO, C. M. *Reinvente seu bairro*. São Paulo: Editora 34, 2010. p. 18.

2. Elabore dois croquis cartográficos do bairro em que você mora, um deles para representar a realidade atual, localizando e nomeando os principais problemas urbanos presentes, e o segundo representando como deveria ser organizado o espaço urbano do bairro para favorecer a justiça social e a qualidade ambiental.

Os problemas sociais urbanos

Desigualdades e segregação socioespacial

Em qualquer grande cidade do mundo, o espaço urbano é fragmentado, apresentando funções comerciais, financeiras, industriais, residenciais e de lazer. É comum que funções diferentes coexistam não apenas no centro, mas também em bairros que, assim, polarizam seus vizinhos. Por isso, essas cidades são policêntricas.

Essa fragmentação, quase sempre associada a um intenso crescimento urbano, impede que os habitantes vivenciem a cidade como um todo, pois eles se atêm apenas aos fragmentos que fazem parte do seu dia a dia. O lugar de moradia, trabalho, estudo ou lazer é onde se estabelecem as relações pessoais e sociais. Entretanto, em uma metrópole, tais lugares tendem a não ser coincidentes, o que provoca deslocamentos e aumento de congestionamentos. Pode-se dizer, então, que a grande cidade não é um lugar, mas um conjunto de lugares, e que os cidadãos a vivenciam parcialmente. As desigualdades sociais se materializam na paisagem urbana. Quanto mais acentuadas as disparidades de renda entre a população, maiores são as desigualdades de moradia, de acesso aos serviços públicos e, portanto, de oportunidades culturais e profissionais. Consequentemente, a segregação socioespacial, isto é, a separação das classes sociais em bairros diferentes em virtude do poder aquisitivo desigual, e os problemas urbanos são maiores também. Observe as fotos.

Joao Carlos Gomes/Shutterstock

Luiz Souza/Futura Press

As duas fotos são da cidade do Rio de Janeiro (RJ). À esquerda, praia de Ipanema, na zona sul, com o morro Dois Irmãos ao fundo, em 2017. À direita, Vicente de Carvalho, bairro da zona norte, com o morro do Juramento ao fundo, em 2015. É possível que muitas pessoas vivam na zona sul sem conhecer bairros mais distantes do centro da cidade, do mesmo modo que muitos moradores da periferia pouco frequentam os bairros centrais.

O medo da violência urbana e a busca por mais segurança e tranquilidade vêm impulsionando a criação de condomínios fechados, sobretudo nas metrópoles. Para isso, muitas pessoas de alto e médio poder aquisitivo mudam-se para esse tipo de conjunto residencial. Esse fenômeno acentua a segregação socioespacial e reduz os espaços urbanos públicos, uma vez que promove o crescimento de espaços privados e de circulação restrita. Além disso, muitos bairros, ao perderem habitantes, sofrem um processo de deterioração urbana, caso de algumas áreas do centro de grandes cidades, como São Paulo (SP), Rio de Janeiro (RJ), Salvador (BA), Recife (PE), São Luís (MA), entre outras. Muitas prefeituras procuram revitalizar as áreas degradadas das cidades por meio de incentivos fiscais para atrair comerciantes e prestadores de serviços, o que acaba gerando outros problemas como resultado da gentrificação.

Gelina Savina/Shutterstock

Pelourinho, em Salvador (BA), em 2020, após o projeto de revitalização urbana.

Gentrificação

Gentrificação é um conceito criado pela socióloga britânica Ruth Glass (1912-1990), derivado da palavra inglesa *gentrification* (*gentry*, "pequena nobreza"), para descrever transformações observadas em alguns bairros operários da cidade de Londres que se tornaram bairros nobres. Em linhas gerais, a gentrificação é a valorização de determinado espaço urbano combinada com a especulação imobiliária e tem ocorrido em muitas grandes cidades, sobretudo em áreas centrais que antes eram desvalorizadas e que, por terem custo de vida mais baixo, abrigavam população de baixa renda.

Quando empresas do setor imobiliário adquirem imóveis nessas áreas com a intenção de reformá-los ou derrubá-los para a construção de novos empreendimentos, começam a pressionar o poder público a fazer reformas "modernizantes", como abertura de avenidas, instalação de museus e equipamentos culturais, que atraem comércios elitistas, até que se torne impossível para moradores de renda mais baixa continuar arcando com os custos de vida na região. O problema não é a revitalização de uma área antes degradada, mas a especulação imobiliária e financeira, que eleva os preços de aluguéis e de serviços e que, na prática, efetua a substituição de uma classe social de menor poder aquisitivo por outra com mais recursos financeiros, perpetuando a segregação socioespacial ao marginalizar pessoas mais pobres em regiões periféricas e dificultando-lhes o acesso aos serviços centrais da cidade.

Aleutie/Shutterstock

A gentrificação pode se dar pela chegada de novos investidores e moradores a um bairro degradado ou por pressão para obras de revitalização urbana e consequente aumento do preço dos imóveis e do custo de vida, impossibilitando que moradores que sempre viveram na região tenham condições de arcar com o aumento de preços.

As ações de revitalização urbana executadas no Pelourinho, em Salvador, no Recife Antigo, em Recife, no bairro da Luz, em São Paulo, no centro histórico de São Luís, o projeto Porto Maravilha, no centro do Rio de Janeiro, entre outros exemplos, em alguma medida caracterizam processos "gentrificadores".

> [...] Além dos dissensos sobre as causas e agentes responsáveis pelos processos de gentrificação, intelectuais e ativistas de diferentes espectros políticos divergem quanto aos seus efeitos, havendo quem denuncie as expulsões e o aumento da desigualdade e da segregação nas cidades, e quem defenda o processo como sendo benéfico por atrair investimentos e promover melhorias em regiões tidas como degradadas. [...]

ALCÂNTARA, Maurício Fernandes de. Gentrificação. *In*: *Enciclopédia de Antropologia*. São Paulo: Universidade de São Paulo, Departamento de Antropologia. 2018. Disponível em: http://ea.fflch.usp.br/conceito/gentrificação. Acesso em: 10 mar. 2022.

Atividade

1. Como quase tudo que diz respeito às ações humanas, há diferentes leituras e interpretações para um mesmo fato ou fenômeno. Converse com os colegas sobre o assunto. Há algum caso de gentrificação na cidade ou na região em que vocês moram? O que vocês pensam sobre isso?

O problema da moradia

A cidadania também se expressa nas condições materiais de vida das pessoas. E morar, ter uma casa, um lar, é um direito humano fundamental para que todos tenham segurança física e emocional. A falta de moradia, porém, é um problema crônico das grandes cidades. Uma de suas causas é o êxodo populacional, pois muitas cidades de países em desenvolvimento não conseguiram criar as condições econômicas para absorver a grande quantidade de pessoas que em pouco tempo migraram da zona rural e das cidades menores, aumentando o número de desempregados. Para sobreviver, muitas pessoas se submetem ao subemprego e à economia informal.

Como os rendimentos, mesmo para trabalhadores da economia formal, em geral são baixos, muitos não têm condições de arcar com os altos custos de aquisição de um imóvel ou do aluguel de residências confortáveis e bem localizadas no território municipal, áreas que justamente são as mais valorizadas e, portanto, mais caras. A saída que encontram é partir em busca de imóveis com preços mais baixos na periferia distante, onde a rede comercial e de serviços públicos, como escolas, postos de saúde, equipamentos de lazer e cultura, tende a ser menor ou até ausente, e menos servida pelo sistema de transporte, o que impacta a vida pessoal cotidiana com a perda de horas no ir e vir do trabalho. Ou essas pessoas se veem impelidas a habitar imóveis em condições inadequadas, como os cortiços, ou a formar favelas ou outros tipos de **aglomerado subnormal**, porém em áreas centrais. Essa é a face mais visível do crescimento desordenado das cidades e da segregação socioespacial.

Conceitos

Aglomerado subnormal

De acordo com o IBGE, aglomerado subnormal é um tipo de ocupação irregular de terrenos públicos ou privados para a habitação em áreas urbanas. Geralmente, o aglomerado subnormal possui um padrão irregular, está localizado em áreas que não deveriam ser ocupadas e, na maioria das vezes, sem a oferta de serviços públicos essenciais. Esses aglomerados recebem várias nomeações, como favelas, invasões, grotas, baixadas, comunidades, vilas, ressacas, loteamentos irregulares, mocambos e palafitas, entre outras.

De acordo com o Programa das Nações Unidas para os Assentamentos Humanos (agência da ONU sediada em Nairóbi, Quênia, mais conhecida como UN-Habitat), uma ou mais das seguintes características definem um assentamento urbano precário, que o IBGE denomina aglomerado subnormal:

- Ocupação irregular: as pessoas ocupam terrenos dos quais não possuem título de propriedade.
- Condições inseguras de habitação.
- Baixa qualidade estrutural das construções e moradias apertadas e superlotadas.
- Acesso inadequado a saneamento básico – água potável e tratamento de esgoto – e a demais infraestruturas.

Chico Ferreira/Pulsar Imagens

As moradias precárias foram erguidas nos interstícios da cidade formal, geralmente onde havia terrenos disponíveis, muitas vezes em áreas inadequadas para ocupação, como morros, sujeitos a desmoronamentos e deslizamentos, e margens de rios e córregos, sujeitas a alagamento, e, por isso, menos valorizadas. Na foto, Beco do Sururu, assentamento precário à beira do rio Capibaribe, em Recife (PE), em 2015.

Atividade

2. Como é a questão da moradia no lugar em que você vive? As moradias em geral são adequadas ou apresentam problemas? Caso apresentem problemas, o que você acha que é possível fazer para melhorar essa situação? O que você pensa da possibilidade de as pessoas, em vez de terem a propriedade da moradia, pagarem aluguel social, ou seja, um aluguel subsidiado pelo Estado? Observe a foto e pesquise outros exemplos de aluguel social no mundo.

Kua Chee Siong/Singapore Press Holdings/AFP

Edifícios residenciais construídos pelo Estado no distrito de Toa Payoh (Cingapura) – os prédios mais baixos, em primeiro plano –, em 2017. Segundo o Housing & Development Board (HDB), órgão governamental que constrói e administra os prédios, cerca de 80% da população vive em moradias como essas, os chamados HDB *flats*, pelos quais pagam aluguel social.

Saiba+

***Deficit* habitacional atinge maior marca em 10 anos; solução pode vir da academia.** Ed Wanderley e Lorena Barros. *Último Segundo*, 31 ago. 2019. Disponível em: https://ultimosegundo.ig.com.br/brasil/2019-08-31/deficit-habitacional-atinge-maior-marca-em-10-anos-solucao-pode-vir-da-academia.html. Acesso em: 21 abr. 2022.

Infográfico animado sobre *déficit* habitacional e diferenciações e definições conceituais a respeito das diferentes categorias de habitação precária.

***Parasita*.** Direção: Bong Joon-ho. Coreia do Sul, 2019. 132 min.

O filme, ganhador de quatro Oscars, conta a história da família de Ki-taek, que vive em um cortiço e tenta ascender socialmente ao enganar uma família rica. Também mostra que, mesmo em países ricos, há pessoas vivendo em moradias precárias e como até mesmo coisas simples, como áreas verdes e acesso a áreas ensolaradas, são negadas àqueles que vivem nas periferias.

Os governos têm grande parcela de responsabilidade nesse processo, pois não implantaram políticas públicas adequadas, sobretudo no setor habitacional, para enfrentar o problema. Nos países em que políticas públicas foram adequadas, paralelamente ao aumento da oferta de empregos e à elevação da renda e da qualidade de vida, as moradias precárias foram bastante reduzidas ou até mesmo erradicadas.

Um dos melhores exemplos é Cingapura. De acordo com o Banco Mundial, em 1965, quando o país se tornou independente, 70% de sua população vivia em condições muito precárias: a renda *per capita* era de 2 700 dólares ao ano, e o desemprego atingia 14% da População Economicamente Ativa (PEA). Após cinco décadas de elevados investimentos públicos em habitação, em infraestrutura urbana e em serviços públicos de qualidade, houve crescimento econômico sustentado, elevação e melhor distribuição da renda, erradicação das submoradias e, consequentemente, melhoria da qualidade de vida da população. Segundo o Banco Mundial, em 2019, Cingapura tinha uma renda *per capita* de 59 590 dólares, e, em 2020, o desemprego atingia 3,1% da PEA masculina e 3,2% da feminina.

A carência de habitações seguras e confortáveis é um problema mundial, porém é mais acentuado nos países em desenvolvimento. Segundo a UN-Habitat, o percentual de pessoas que vivem em assentamentos precários caiu de 28% da população urbana mundial em 2000 para 24% da população urbana mundial em 2018. Ainda é um número muito alto, uma vez que corresponde a pouco mais de 1 bilhão de pessoas (exatamente 1,033 bilhão).

O Leste da Ásia é a região com maior número absoluto de submoradias. Embora a China e a Índia tenham reduzido significativamente a quantidade de pessoas que vivem em moradias precárias, ainda são os países que apresentam os maiores números absolutos. É preciso lembrar que, juntos, eles detêm cerca de 36% da população mundial.

O maior número relativo de moradores em assentamentos precários aparece na África subsaariana. Na Nigéria, país com o maior número de habitantes em submoradias nessa região, o percentual de pessoas que vivem em habitações precárias atinge mais da metade da população urbana. Nesse subcontinente, no entanto, há países com percentuais bem mais altos, como a República Centro-Africana, onde 98,5% da população urbana vive em favelas, um recorde mundial.

O Brasil é o oitavo país com maior contingente de moradores em assentamentos precários, com 15% da população vivendo nessas condições.

Número de moradores em assentamentos urbanos precários por região – 2018

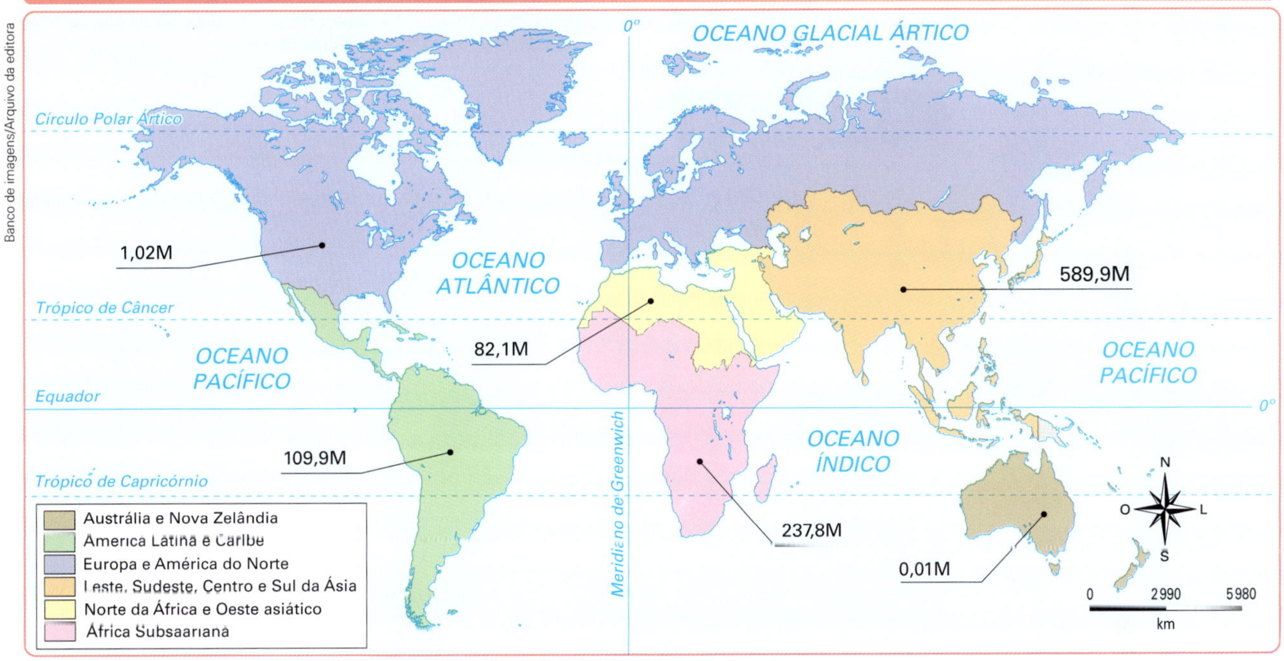

Fonte: elaborado com base em UNITED NATIONS Human Settlements Programme (UN-Habitat). *World Cities Report 2020*. Nairobi, 2020. p. 26. Disponível em: https://unhabitat.org/sites/default/files/2020/10/wcr_2020_report.pdf. Acesso em: 6 jun. 2022.

Países com maior número de moradores em assentamentos urbanos precários* – 2018

País	Total de moradores (em milhões)	% do total da população urbana
China**	191,1	25,2
Índia	160,3	34,8
Nigéria	52,6	53,3
Indonésia	44,8	30,4
Rep. Dem. do Congo	30,0	80,4
Bangladesh	29,0	47,6
Paquistão	27,9	38,0
Brasil	27,8	15,2

* A UN-Habitat usa o termo *slum* (do inglês), no entanto, reconhece que essa palavra é utilizada para definir uma grande variedade de tipos de assentamento urbano precário espalhados por diferentes países. No Brasil, como vimos, o IBGE utiliza o termo técnico aglomerado subnormal para definir diversos tipos de moradia precária, porém a maioria das pessoas chama essas habitações precárias de favelas.

** Os dados disponíveis são de 2014.

Fonte: UNITED NATIONS Human Settlements Programme (UN Habitat). *World Cities Report 2020*. Nairobi, 2020. p. 319-321. Disponível em: https://unhabitat.org/sites/default/files/2020/10/wcr_2020_report.pdf. Acesso em: 27 maio 2022.

Asim Hafeez/Bloomberg/Getty Images

Na foto, vista parcial de Orangi Town, em Karachi (Paquistão), 2017. Nessa favela, a maior do mundo, vivem cerca de 2,4 milhões de pessoas. Em São Paulo (SP), cidade brasileira com o maior número de moradores em assentamentos precários, são cerca de 1,5 milhão de pessoas vivendo nessas condições, mas espalhadas por mais de 1 500 favelas. Esse número corresponde a 5,4% do total de pessoas que moram precariamente em todo o Brasil.

Atividade

3. Com base na observação das fotos ao longo do conteúdo e no conhecimento da realidade brasileira e mundial, responda:

a) De que forma as desigualdades sociais se materializam nas paisagens urbanas?

b) Essa realidade é visível na paisagem do lugar em que você vive?

Na tentativa de encaminhar soluções para diversos problemas urbanos, entre os quais os assentamentos precários, foi realizada em Istambul, na Turquia, em 1996, a Conferência das Nações Unidas sobre Assentamentos Humanos – Habitat II. A primeira reunião, Habitat I, aconteceu em Vancouver, Canadá, em 1976; e a Habitat III ocorreu em Quito, Equador, em 2016.

A Habitat II reuniu representantes dos países-membros da ONU e de diversas ONGs. Nesse encontro, ficou decidido que os governos deveriam criar condições para que o acesso à moradia segura, habitável, salubre e sustentável fosse universalizado. Diversos governos, porém, entre os quais o dos Estados Unidos e o do Brasil, foram contra a proposta de que a habitação fosse considerada um direito universal do cidadão e, portanto, garantida pelo Estado, para não serem cobrados judicialmente pela não garantia desse direito.

Em diversas cidades do mundo, tanto nos países em desenvolvimento quanto nos desenvolvidos, pessoas sem teto se organizam para lutar pelo direito à moradia urbana adequada e por melhores condições de vida. Uma ou outra dessas organizações tem atuação nacional, mas a maioria delas atua localmente. Há também organizações com atuação internacional, como a TETO (ou TECHO, em espanhol), organização não governamental (ONG) criada em 1997, no Chile, que atua em quase toda a América Latina, até mesmo no Brasil.

Saiba +

TETO (TECHO). Disponível em: https://teto.org.br/. Acesso em: 21 abr. 2022.
Essa ONG busca juntar voluntariado e comunidade para um trabalho em conjunto na busca de soluções para melhorar as condições de vida das pessoas excluídas e sem moradia. Para saber mais sobre sua atuação, acesse o *site* da organização em português.

Diálogos

- Os trechos a seguir são recortes de entrevistas e opiniões de diferentes atores sociais (advogados, pesquisadores, empresários, professores universitários) sobre casos distintos, mas todos dialogando com a questão da moradia. Leia e, em seguida, faça as atividades.

Texto A

[...] "Chegamos ao recorde da série histórica de déficit habitacional. Hoje, ele ocorre, sobretudo, pela inadequação da moradia – famílias que dividem a mesma casa, moram em cortiços, favelas – e pelo peso excessivo que o aluguel passou a ter no orçamento das famílias nos últimos anos", afirma Robson Gonçalves, da FGV. [...]

"É uma oportunidade para o mercado, são poucos os países do mundo que têm uma demanda tão expressiva", diz Alexandre Frankel, presidente da Vitacon. "Vemos um novo ciclo se formando no setor e, se tudo correr bem na economia, os próximos dois anos podem ser de retorno a um momento melhor do mercado imobiliário."

"Temos de olhar com otimismo para o mercado, que é saudável e tem uma forte demanda, não só dos consumidores de baixa renda. A demanda é grande entre os que dependem de financiamento com recursos da poupança também", avalia o presidente da MRV, Eduardo Fischer. Ele lembra que os juros básicos estão em um patamar baixo, a 6,5% ao ano, o que alivia na hora de contratar um financiamento imobiliário. [...]

GAVRAS, Douglas. Déficit habitacional é recorde no país. *Estadão*. São Paulo, 7 jan. 2019. Disponível em: https://economia.uol.com.br/noticias/estadao-conteudo/2019/01/07/deficit-habitacional-e-recorde-no-pais.htm. Acesso em: 10 mar. 2022.

Texto B

[...] "O emprego tem relação direta com a moradia. Por causa do alto índice de desemprego, as pessoas passam a morar em situações precárias porque não têm acesso ao trabalho nem condições de pagar um aluguel", diz o advogado Benedito Barbosa, 59.

Barbosa trabalha com ações de despejo pelo Centro Gaspar Garcia de Direitos Humanos, uma ONG para inclusão social de moradores de habitações precárias, desde 2006.

Estima-se que em São Paulo, com seu 1,8 milhão de desempregados, existam 391 mil domicílios em espaços precários (como favelas e cortiços), somando 2 milhões de pessoas – ou 11% da população. [...]

Para Aluízio Marino, 32, doutorando em Planejamento e Gestão do Território pela Universidade Federal do ABC, o termo "déficit habitacional" é incorreto. "A moradia é vista como mercadoria, não como direito. Então, não é que faltam moradias. O que falta é uma política habitacional adequada", afirma. [...]

SILVA, Eduardo. São Paulo tem déficit de 474 mil moradias, diz estudo. *Folha de S.Paulo*. São Paulo, 7 set. 2019. Disponível em: https://www1.folha.uol.com.br/cotidiano/2019/09/sao-paulo-tem-deficit-de-474-mil-moradias-diz-estudo.shtml. Acesso: 10 mar. 2022.

Texto C

A juíza federal substituta da 3ª Vara da Justiça Federal no Amazonas, Raffaela Cássia de Sousa, determinou, em sentença assinada no último dia 09 de novembro, a reintegração de posse do terreno onde está localizada desde 2014 a comunidade indígena Parque das Tribos, no bairro Tarumã, na zona oeste de Manaus. No local vivem cerca de mil famílias. Elas são originárias de 35 etnias, entre elas, Apurinã, Baré, Mura, Kokama, Tikuna, Wanano, Sateré-Mawé e Tukano.

Na decisão judicial, que atendeu ação movida pelo empresário do ramo imobiliário Hélio Carlos de Carli, a juíza determina o uso da força policial para expulsar os indígenas do imóvel. [...]

"Ela [juíza] afirma que não encontrou informações sobre a consolidação, mas há investimentos públicos no Parque das Tribos. As ruas estão asfaltadas com dinheiro público. Existe terraplanagem, eletrificação das ruas, energia legalizada pela Eletrobras, escola indígena com dois professores pagos pela prefeitura de Manaus. Do ponto que ela toma como precedente na decisão do STF, o Parque das Tribos está consolidado e, portanto, está inviável a desocupação", disse o advogado Isael Munduruku, que defende a comunidade Parque das Tribos. [...]

FARIAS, Elaíze. Juíza manda expulsar indígenas do Parque das Tribos... *Amazônia Real*. Manaus, 26 nov. 2018. Disponível em: https://amazoniareal.com.br/juiza-manda-expulsar-indigenas-do-parque-das-tribos-comunidade-que-recebeu-infraestrutura-da-prefeitura-de-manaus%E2%80%AF/. Acesso em: 10 mar. 2022.

Texto D

[...] Uma política habitacional de abrangência nacional, em um país de dimensões continentais, não pode ter como único programa a construção e a transferência de propriedade de novas unidades habitacionais. É preciso associar programas de urbanização de favelas e assentamentos precários, melhorias habitacionais, regularização fundiária, ocupação de áreas vazias e subutilizadas, recuperação de imóveis em áreas centrais para moradia social e, ainda, um programa de locação social para as famílias de menor renda, que não têm condição de arcar com os custos decorrentes da propriedade individual. [...]

ROLNIK, Raquel. Programa Minha Casa Minha Vida precisa ser avaliado... *Blog da Raquel Rolnik*, 10 nov. 2014. Disponível em: https://raquelrolnik.wordpress.com/2014/11/10/programa-minha-casa-minha-vida-precisa-ser-avaliado-nota-publica-da-rede-cidade-e-moradia/. Acesso em: 10 mar. 2022.

a) Identifique as opiniões expressas sobre o tema, agrupando-as de acordo com afinidade ou não de seus pontos de vista, e, em seguida, elabore um breve texto relacionando os fatos apresentados nesses diferentes trechos.

b) Por fim, escreva um artigo dissertativo-argumentativo sobre a causa e a solução para o problema da moradia no Brasil (ou na sua cidade, se preferir). Informe-se com seus professores sobre as características desse gênero textual ou consulte a internet: há muitos *blogs*, vídeos e *sites* que ensinam como escrevê-lo. Converse com eles também sobre a possibilidade de publicar seu artigo no *site* da escola, no jornal do bairro ou em outro meio de divulgação.

c) Elabore outro texto dissertativo-argumentativo relacionando a segregação socioespacial existente no Brasil, a falta de direitos da cidadania, como o direito à cidade, em sentido mais amplo, e à moradia, em sentido mais restrito; a falta de oportunidades de estudo, trabalho e lazer, e as consequências disso tudo na vida de muitos jovens.

Gênese dos Direitos Humanos

Os Direitos Humanos como construção política e social decorrem de uma longa história. São muitas as divergências sobre o início dessa construção, mas nela estão as lutas, as revoluções, os movimentos sociais, bem como a história das ideias, além das concepções filosóficas, éticas, políticas e religiosas que atuaram sobre os acontecimentos e foram por eles influenciadas. Foi com base nas reflexões desses fatos, processos e experiências que se construíram ou se reconstruíram conceitos acerca da sociedade e do ser humano, assim como sobre os direitos fundamentais de cada indivíduo.

WATTERSON, B. *Calvin e Haroldo.* O Progresso Científico deu "Tilt". São Paulo: Best News, 1991.

Formar um conjunto de regras para os seres humanos viverem em grupos e se constituírem como clãs, povos e sociedades é uma prática muito antiga. Entretanto, dificilmente essas regras eram pautadas em princípios que assegurassem o respeito a todos de forma igualitária ou justa. A distinção entre os indivíduos, seja por meio de força, gênero, etnia, cor, religião, seja por qualquer outro marcador de diferença, foi utilizada em diferentes lugares e épocas para constituir e "legitimar" situações de privilégios e ameaças.

Essa distinção e as regras de organização social são muito antigas e podem ser identificadas em sítios arqueológicos, registros rupestres e escritos, como aqueles elaborados por Platão (428/427 a.C.-348/347 a.C.) e Aristóteles (384 a.C.-322 a.C.), pensadores gregos que reconhecidamente se debruçaram sobre as concepções filosóficas desses temas na Antiguidade e refletiram sobre ética e moral, como muitos outros pensadores depois deles até a atualidade. Já na Modernidade, destacaram-se os pensadores ingleses Thomas Hobbes (1588-1679), John Locke (1632-1704) e o franco-suíço Jean-Jacques Rousseau (1712-1778).

Foram esses últimos que desenvolveram teorias de governos assentados no contratualismo. Locke, por exemplo, sustentava que os seres humanos, ao viverem em sociedade sob um poder político, o fariam mediante um contrato social. Por meio desse contrato, recebiam a garantia do Estado a determinados direitos inalienáveis da dignidade humana, como o direito à vida, à liberdade e à propriedade. Assim, o contrato social é um pacto civilizatório pelo qual os seres humanos se afastam de seu estado natural para preservar o essencial de seus direitos.

Entre os avanços civilizatórios dos últimos séculos, três documentos, comentados a seguir, sistematizaram concepções sobre os direitos individuais, como resultados de embates, lutas e conquistas de diferentes contextos históricos. Tais documentos tratam de questões comuns e foram os precursores dos Direitos Humanos que conhecemos atualmente:

- os direitos individuais proclamados no *Bill of Rights* (Declaração de Direitos) inglês da Revolução Gloriosa de 1689;
- a Declaração dos Direitos de 1791, as primeiras 10 emendas à Constituição dos Estados Unidos (redigida em 1787);
- a Declaração dos Direitos do Homem e do Cidadão da Revolução Francesa de 1789.

Leia partes desses documentos a seguir.

Documentos

A Declaração Inglesa de Direitos – 1689

E, portanto, os ditos lordes espirituais e temporais, e os comuns, respeitando suas respectivas cartas e eleições, estando agora reunidos como plenos e livres representantes desta nação, considerando mui seriamente os melhores meios de atingir os fins acima ditos, declaram, em primeiro lugar (como seus antepassados fizeram comumente em caso semelhante), para reivindicar e garantir seus antigos direitos e liberdades:

1. Que é ilegal o pretendido poder de suspender leis, ou a execução de leis, pela autoridade real, sem o consentimento do Parlamento.

2. Que é ilegal o pretendido poder de revogar leis, ou a execução de leis, por autoridade real, como foi assumido e praticado em tempos passados. [...]

8. Que devem ser livres as eleições dos membros do Parlamento.

9. Que a liberdade de expressão, e debates ou procedimentos no Parlamento, não devem ser impedidos ou questionados por qualquer tribunal ou local fora do Parlamento. [...]

13. E que os Parlamentos devem reunir-se com frequência para reparar todos os agravos, e para corrigir, reforçar e preservar as leis.

E reclamam, pedem e insistem que todas essas premissas constituem seus direitos e liberdades inquestionáveis; e que nenhumas declarações, julgamentos, atos ou procedimentos, para prejuízo do povo em alguma das ditas premissas, devem ser, de alguma maneira, tomadas no futuro como precedente ou exemplo.

UNIVERSIDADE DE SÃO PAULO. *Biblioteca Virtual de Direitos Humanos*. Disponível em: http://www.direitoshumanos.usp.br/index.php/Documentos-anteriores-%C3%A0-cria%C3%A7%C3%A3o-da-Sociedade-das-Na%C3%A7%C3%B5es-at%C3%A9-1919/a-declaracao-inglesa-de-direitos-1689.html. Acesso em: 26 jun. 2020.

A Declaração Americana dos Direitos – 1791

Porque muitos cidadãos temiam que o novo governo central estabelecido pela Constituição dos Estados Unidos se tornasse demasiado poderoso foram propostas emendas para proteger a liberdade de expressão, de imprensa, de religião e de outros direitos básicos. Foram aprovadas dez que hoje são conhecidas como a Declaração dos Direitos.

Emenda I (Ratificada em 15 de Dezembro de 1791)

O Congresso não legislará no sentido de estabelecer uma religião, nem proibir o livre exercício de uma; nem cerceando a liberdade de expressão, ou de imprensa; ou o direito de o povo se reunir pacificamente e dirigir petições ao Governo para reparação de injustiças.

Emenda III (Ratificada em 15 de Dezembro de 1791)

Nenhum soldado deve, em tempo de paz, ficar alojado em qualquer casa sem o consentimento do proprietário, nem em tempo de guerra, a não ser da forma prescrita pela lei.

Emenda IV (Ratificada em 15 de Dezembro de 1791)

O direito do povo à inviolabilidade de pessoas, casas, documentos e propriedade pessoal contra buscas e apreensões não razoáveis não deve ser violado, e não devem ser emitidos mandatos a não ser com causa provável apoiada por juramento ou declaração e descrevendo especificamente o local da busca e as pessoas ou coisas a serem apreendidas.

Emenda V (Ratificada em 15 de Dezembro de 1791)

Nenhuma pessoa será detida para responder por um crime capital, ou outro crime infame, salvo por denúncia ou acusação perante um Grande Júri [...]; nem pode qualquer pessoa ser julgada duas vezes pelo mesmo crime cuja condenação possa levar à pena capital ou ao encarceramento; nem ser obrigada a servir de testemunha em qualquer processo criminal contra si mesma, nem ser privada de vida, liberdade ou bens sem o devido processo legal; nem a propriedade privada poderá ser expropriada para uso público sem justa indenização.

Emenda VI (Ratificada em 15 de Dezembro de 1791)

Em todos os processos penais o acusado terá direito a um julgamento rápido e público por um júri imparcial do Estado e distrito onde o crime tenha sido cometido, distrito esse que será previamente estabelecido por lei, e a ser informado da natureza e causa da acusação; a ser confrontado com as testemunhas de acusação; a ter um processo obrigatório para obtenção de testemunhas a seu favor e a ter a assistência de um advogado para sua defesa.

[...]

Emenda IX (Ratificada em 15 de Dezembro de 1791)

A enumeração de certos direitos na Constituição não deverá ser interpretada como negação ou coibição de outros direitos inerentes ao povo.

Emenda X (Ratificada em 15 de Dezembro de 1791)

Os poderes não delegados aos Estados Unidos pela Constituição, nem por ela negados aos Estados, são reservados aos Estados ou ao povo, respectivamente.

EMBAIXADA DOS ESTADOS UNIDOS DA AMÉRICA. *A Declaração dos Direitos*. Disponível em: https://photos.state.gov/libraries/adana/30145/publications-other-lang/PORTUGUESE-CONTINENTAL.pdf. Acesso em: 26 jun. 2020.

A Declaração de Direitos do Homem e do Cidadão – 1789

Os representantes do povo francês, reunidos em Assembleia Nacional, tendo em vista que a ignorância, o esquecimento ou o desprezo dos direitos do homem são as únicas causas dos males públicos e da corrupção dos Governos, resolveram declarar solenemente os direitos naturais, inalienáveis e sagrados do homem, a fim de que esta declaração, sempre presente em todos os membros do corpo social, lhes lembre permanentemente seus direitos e seus deveres [...].

Em razão disto, a Assembleia Nacional reconhece e declara, na presença e sob a égide do Ser Supremo, os seguintes direitos do homem e do cidadão:

Art. 1º Os homens nascem e são livres e iguais em direitos. As distinções sociais só podem fundamentar-se na utilidade comum.

Art. 2º A finalidade de toda associação política é a conservação dos direitos naturais e imprescritíveis do homem. Esses direitos são a liberdade, a propriedade, a segurança e a resistência à opressão. [...]

Art. 4º A liberdade consiste em poder fazer tudo que não prejudique o próximo. Assim, o exercício dos direitos naturais de cada homem não tem por limites senão aqueles que asseguram aos outros membros da sociedade o gozo dos mesmos direitos. Estes limites apenas podem ser determinados pela lei. [...]

Art. 6º A lei é a expressao da vontade geral. [...] Ela deve ser a mesma para todos, seja para proteger, seja para punir. Todos os cidadãos são iguais a seus olhos e igualmente admissíveis a todas as dignidades, lugares e empregos públicos, segundo a sua capacidade e sem outra distinção que não seja a das suas virtudes e dos seus talentos. [...]

Art. 9º Todo acusado é considerado inocente até ser declarado culpado e, se julgar indispensável prendê-lo, todo o rigor desnecessário à guarda da sua pessoa deverá ser severamente reprimido pela lei.

Art. 10º Ninguém pode ser molestado por suas opiniões, incluindo opiniões religiosas, desde que sua manifestação não perturbe a ordem pública estabelecida pela lei. [...]

UNIVERSIDADE DE SÃO PAULO. *Biblioteca Virtual de Direitos Humanos*. Disponível em: www.direitoshumanos.usp.br/index.php/Documentos-anteriores-%C3%A0-cria%C3%A7%C3%A3o-da-Sociedade-das-Na%C3%A7%C3%B5es-at%C3%A9-1919/declaracao-de-direitos-do-homem-e-do-cidadao-1789.html. Acesso em: 26 jun. 2020.

Atividades

1. Reúna-se com colegas e comparem os documentos e discutam as semelhanças e as diferenças que vocês identificaram entre eles.
2. Considerando a realidade de vocês, elaborem conjuntamente, com a ajuda de ferramentas que permitam editar documentos *on-line*, um texto em formato semelhante aos que acabaram de ler relacionando os direitos e deveres dos estudantes da escola em que vocês estudam.

Os desdobramentos das revoluções burguesas dos séculos XVII ao XVIII, destacadamente a da Inglaterra de 1689 e a da França de 1789, impulsionaram a adoção de leis de direitos por muitos países no século XIX. Eram as ideias e os acontecimentos contra o Antigo Regime, uma sociedade baseada na posse de determinados privilégios e poderes, fomentando a luta por direitos fundamentais das **liberdades** individuais, como os direitos civis e políticos. Esses direitos são também conhecidos como **direitos de primeira geração**, segundo denominação criada em 1979 pelo jurista tcheco-francês Karel Vasak (1929-2015). Vasak tomou como referência os lemas da Revolução Francesa – *liberté, égalité et fraternité* (liberdade, igualdade e fraternidade) – para formar três gerações de direitos. Como veremos, a Declaração Universal de 1948 tornou esses direitos indivisíveis.

Os **direitos da primeira geração** firmaram os marcos jurídicos básicos que garantiriam aos governados as defesas contra o absolutismo, o que exigiria novas atuações para superar a ordem social fundada na perspectiva de sujeitos que passariam de súditos a cidadãos, com base na ideia de **liberdade**.

Na organização das guardas nacionais em luta contra os invasores absolutistas contrários à Revolução, em 1790, Robespierre defendia em seus discursos, entre tantas outras, as palavras "liberdade, igualdade, fraternidade". Como outros lemas revolucionários, esse também acabou caindo em desuso nos anos seguintes à Revolução Francesa. Contudo, ressurgiu nas jornadas revolucionárias no final dos anos 1840 e foi inscrito na Constituição francesa como fundamento da República criada na Revolução de 1848.

Os desdobramentos da Revolução Industrial e as lutas trabalhistas por melhores condições de vida resultaram no reconhecimento de direitos econômicos, sociais e culturais conhecidos como **direitos de segunda geração**. Predominante no contexto histórico dos séculos XIX e XX, a noção sobre esses direitos estava atrelada aos ideais de **igualdade**, visando superar o âmbito nacional para alcançar o mundial. Buscando condições dignas para todas as pessoas, tais direitos econômicos e sociais foram incluídos nas Constituições de vários países e nas convenções internacionais, como a Carta das Nações Unidas de 1945 e subsequentes, em que os países-membros da ONU, que na ocasião eram apenas cinquenta, assumiam o compromisso de respeitar as liberdades fundamentais e os direitos socioeconômicos.

Nas últimas décadas do século XX, ganharam impulso os direitos coletivos de diferentes povos e comunidades. São direitos centrados na **fraternidade** e na igualdade universais, supranacionais, tidos como **direitos de terceira geração**, como o direito de ter acesso a bens culturais, o direito de grupos sociais vulneráveis contarem com a proteção dos órgãos públicos, ou, no caso dos povos originários, o direito de desfrutar de um meio ambiente saudável. Os direitos de migrantes, refugiados e povos originários, assim como o direito à democracia, à informação e ao pluralismo, são considerados por muitos como direitos de quarta geração, misturando-se com a geração anterior.

A construção dos Direitos Humanos foi produto de uma longa história ocorrida predominantemente nos países da Europa e em outros países ocidentais. Após a formação da ONU e a publicação da Declaração Universal dos Direitos Humanos, em 1948, a proposta era a de que os direitos universais atingissem todas as pessoas em todo o mundo, como pressupõe o próprio título do documento.

A internacionalização dos Direitos Humanos ganhou reforço após a aprovação do Pacto Internacional sobre Direitos Civis e Políticos, que contempla os direitos de primeira geração, e do Pacto Internacional sobre Direitos Econômicos, Sociais e Culturais, que contempla os direitos de segunda geração. Ambos foram aprovados pela Assembleia Geral da ONU, em 1966. Diversamente da Declaração de 1948, que era uma declaração de princípios e valores, esses documentos obrigam os países signatários a incorporar esses direitos em seus respectivos ordenamentos jurídicos, ou seja, os dois pactos têm força de lei.

No Brasil, esses pactos foram incorporados às leis por meio do **Decreto n. 591**, de 6 de julho de 1992, que, em seu artigo 1º, decreta: "O Pacto Internacional sobre Direitos Econômicos, Sociais e Culturais, apenso por cópia ao presente decreto, será executado e cumprido tão inteiramente como nele se contém."; e do **Decreto n. 592**, de 6 de julho de 1992, que, em seu artigo 1º, decreta: "O Pacto Internacional sobre Direitos Civis e Políticos, apenso por cópia ao presente decreto, será executado e cumprido tão inteiramente como nele se contém".

BRASIL. *Decreto n. 591, de 6 de julho de 1992.* Atos Internacionais. Pacto Internacional sobre Direitos Econômicos, Sociais e Culturais. Promulgação. Brasília, DF: Presidência da República. Casa Civil. Subchefia para Assuntos Jurídicos. Disponível em: http://www.planalto.gov.br/ccivil_03/decreto/1990-1994/d0591.htm. Acesso em: 10 mar. 2022.

BRASIL. *Decreto n. 592, de 6 de julho de 1992.* Atos Internacionais. Pacto Internacional sobre Direitos Civis e Políticos. Promulgação. Brasília, DF: Presidência da República. Casa Civil. Subchefia para Assuntos Jurídicos. Disponível em: http://www.planalto.gov.br/ccivil_03/decreto/1990-1994/D0592.htm. Acesso em: 10 mar. 2022.

Acervo Última Hora/Folhapress

Manifestação estudantil contra a repressão do governo sobre setores da sociedade que lutavam pela democracia em 1977, em São Paulo (SP).

Atividade

3. Quinze anos antes dos decretos acima (591 e 592), vivíamos os tempos sombrios da ditadura. Em grupos, pesquisem dados sobre esses dois contextos distintos, a ditadura e a incorporação dos decretos, e pautem a discussão a partir dos Pactos por Direitos com base nos tópicos a seguir.

a) Como se realizou a transição que pôs fim à ditadura.

b) A Constituição de 1988 e os Direitos Políticos e Econômicos.

Leia a seguir os artigos da Declaração Universal dos Direitos Humanos.

Declaração Universal dos Direitos Humanos

Artigo 1.

Todos os seres humanos nascem livres e iguais em dignidade e direitos. São dotados de razão e consciência e devem agir em relação uns aos outros com espírito de fraternidade.

Artigo 2.

Todo ser humano tem capacidade para gozar os direitos e as liberdades estabelecidos nesta Declaração, sem distinção de qualquer espécie, seja de raça, cor, sexo, idioma, religião, opinião política ou de outra natureza, origem nacional ou social, riqueza, nascimento, ou qualquer outra condição.

[...]

Artigo 3.

Todo ser humano tem direito à vida, à liberdade e à segurança pessoal.

Artigo 4.

Ninguém será mantido em escravidão ou servidão; a escravidão e o tráfico de escravos serão proibidos em todas as suas formas.

Artigo 5.

Ninguém será submetido à tortura nem a tratamento ou castigo cruel, desumano ou degradante.

Artigo 6.

Todo ser humano tem o direito de ser, em todos os lugares, reconhecido como pessoa perante a lei.

Artigo 7.

Todos são iguais perante a lei e têm direito, sem qualquer distinção, a igual proteção da lei. Todos têm direito a igual proteção contra qualquer discriminação que viole a presente Declaração e contra qualquer incitamento a tal discriminação.

Artigo 8.

Todo ser humano tem direito a receber dos tribunais nacionais competentes remédio efetivo para os atos que violem os direitos fundamentais que lhe sejam reconhecidos pela constituição ou pela lei.

Artigo 9.

Ninguém será arbitrariamente preso, detido ou exilado.

Artigo 10.

Todo ser humano tem direito, em plena igualdade, a uma audiência justa e pública por parte de um tribunal independente e imparcial, para decidir sobre seus direitos e deveres ou do fundamento de qualquer acusação criminal contra ele.

Artigo 11.

Todo ser humano acusado de um ato delituoso tem o direito de ser presumido inocente até que a sua culpabilidade tenha sido provada de acordo com a lei, em julgamento público no qual lhe tenham sido asseguradas todas as garantias necessárias à sua defesa.

[...]

Artigo 12.

Ninguém será sujeito a interferências em sua vida privada, em sua família, em seu lar ou em sua correspondência, nem a ataques à sua honra e reputação. Todo ser humano tem direito à proteção da lei contra tais interferências ou ataques.

Artigo 13.

Todo ser humano tem direito à liberdade de locomoção e residência dentro das fronteiras de cada Estado.

Todo ser humano tem o direito de deixar qualquer país, inclusive o próprio, e a este regressar.

Artigo 14.

Toda pessoa, vítima de perseguição, tem o direito de procurar e de gozar asilo em outros países.

[...]

Artigo 15.

Todo ser humano tem direito a uma nacionalidade.

Ninguém será arbitrariamente privado de sua nacionalidade, nem do direito de mudar de nacionalidade.

Artigo 16.

Os homens e mulheres de maior idade, sem qualquer restrição de raça, nacionalidade ou religião, têm o direito de contrair matrimônio e fundar uma família. Gozam de iguais direitos em relação ao casamento, sua duração e sua dissolução.

[...]

Artigo 17.

Todo ser humano tem direito à propriedade, só ou em sociedade com outros.

Ninguém será arbitrariamente privado de sua propriedade.

Artigo 18.

Todo ser humano tem direito à liberdade de pensamento, consciência e religião [...].

Artigo 19.

Todo ser humano tem direito à liberdade de opinião e expressão [...].

Artigo 20.

Todo ser humano tem direito à liberdade de reunião e associação pacífica.

Ninguém pode ser obrigado a fazer parte de uma associação.

Artigo 21.

Todo ser humano tem o direito de tomar parte no governo de seu país diretamente ou por intermédio de representantes livremente escolhidos.

Todo ser humano tem igual direito de acesso ao serviço público do seu país.

A vontade do povo será a base da autoridade do governo; esta vontade será expressa em eleições periódicas e legítimas, por sufrágio universal, por voto secreto ou processo equivalente que assegure a liberdade de voto.

Artigo 22.

Todo ser humano, como membro da sociedade, tem direito à segurança social e à realização [...] dos direitos econômicos, sociais e culturais indispensáveis à sua dignidade e ao livre desenvolvimento da sua personalidade.

Artigo 23.

Todo ser humano tem direito ao trabalho, à livre escolha de emprego, a condições justas e favoráveis de trabalho e à proteção contra o desemprego.

[...]

Artigo 24.

Todo ser humano tem direito a repouso e lazer, inclusive à limitação razoável das horas de trabalho e férias periódicas remuneradas.

Artigo 25.

Todo ser humano tem direito a um padrão de vida capaz de assegurar a si e a sua família saúde e bem-estar [...].

A maternidade e a infância têm direito a cuidados e assistência especiais. Todas as crianças, nascidas dentro ou fora do matrimônio, gozarão da mesma proteção social.

Artigo 26.

Todo ser humano tem direito à instrução. A instrução será gratuita, pelo menos nos graus elementares e fundamentais. A instrução elementar será obrigatória. A instrução técnico-profissional será acessível a todos, bem como a instrução superior, está baseada no mérito.

[...]

Artigo 27.

Todo ser humano tem o direito de participar livremente da vida cultural da comunidade, de fruir as artes e de participar do processo científico e de seus benefícios.

Todo ser humano tem direito à proteção dos interesses morais e materiais decorrentes de qualquer produção científica, literária ou artística da qual seja autor.

Artigo 28.

Todo ser humano tem direito a uma ordem social e internacional em que os direitos e liberdades estabelecidos na presente Declaração possam ser plenamente realizados.

Artigo 29.

Todo ser humano tem deveres para com a comunidade, na qual o livre e pleno desenvolvimento de sua personalidade é possível.

No exercício de seus direitos e liberdades, todo ser humano estará sujeito apenas às limitações determinadas pela lei, exclusivamente com o fim de assegurar o devido reconhecimento e respeito dos direitos e liberdades de outrem e de satisfazer as justas exigências da moral, da ordem pública e do bem-estar de uma sociedade democrática.

Esses direitos e liberdades não podem, em hipótese alguma, ser exercidos contrariamente aos objetivos e princípios das Nações Unidas.

Artigo 30.

Nenhuma disposição da presente Declaração pode ser interpretada como o reconhecimento a qualquer Estado, grupo ou pessoa, do direito de exercer qualquer atividade ou praticar qualquer ato destinado à destruição de quaisquer dos direitos e liberdades aqui estabelecidos.

NAÇÕES UNIDAS. *Declaração Universal dos Direitos Humanos*. Disponível em: https://www.unicef.org/brazil/declaracao-universal-dos-direitos-humanos. Acesso em: 10 fev. 2022.

Atividades

4. Comparem a Declaração Universal dos Direitos Humanos com os três documentos vistos anteriormente. O que esse documento tem em comum com esses outros?

5. Busquem a gênese dos Direitos Humanos ou elementos que indiquem a preocupação com eles.

6. Elaborem um quadro para classificar a efetivação dos direitos discriminados nos artigos na comunidade, no bairro ou no município onde vocês vivem. Estipulem níveis de efetivação, variando entre não efetivado, em efetivação e plenamente efetivado.

Reflexões sobre os Direitos Humanos

Críticas aos Direitos Humanos como valor universal apontam uma possível oposição em relação ao relativismo cultural ao embutir a noção de homogeneização cultural promovida pelo Ocidente cristão sobre outras tradições culturais e religiosas, criando um nivelamento que, de alguma forma, eliminaria as diferenças culturais. Além disso, poderiam ser vistos como uma nova investida eurocêntrica contra as sociedades que querem preservar sua alteridade, a exemplo das culturas tradicionais originárias, orientais e as islâmicas, entre tantas.

BENEVIDES, Maria Victoria de Mesquita. Os direitos humanos como valor Universal. *Lua Nova*, n. 34. São Paulo, dez. 1994. Disponível em: https://www.scielo.br/j/ln/a/8GCM9kByj5jGxMsZNHzSWkG/?lang=pt. Acesso em: 21 abr. 2022.

Como aponta a socióloga brasileira **Maria Victoria Benevides**: "O relativismo cultural representa uma faca de dois gumes: pode significar proteção às minorias como também a complacência com costumes que atentam contra a dignidade do ser humano (mutilações rituais, ou castigos degradantes, por exemplo) ou, no outro extremo, a escalada de conflitos étnicos. [...] Muitos estudiosos consideram que a oposição universalidade e direito à cultura encerra um dilema. Considero, no entanto, que a única saída é defender, em todas as situações, a hierarquia dos princípios e das normas, o respeito primordial aos direitos humanos e às liberdades fundamentais já universalmente reconhecidos".

Da mesma forma, porém, é preciso defender a diversidade cultural (multiculturalismo) contra uma imposição destruidora de um lado e, de outro, também os Direitos Humanos, em busca de uma combinação possível. Enfim, um diálogo intercultural, tomando diferentes valores, princípios, tradições para se complementar e garantir o respeito efetivo aos direitos fundamentais.

O texto a seguir, de Renata Carvalho Derzié Luz, servidora do Superior Tribunal de Justiça, reforça essa reflexão.

> Não há dúvidas de que, com a globalização e o desenvolvimento tecnológico ocorridos nas últimas décadas, se deu um intercâmbio cultural entre os países, possibilitando, de alguma forma, a unificação de alguns direitos fundamentais do ser humano. Mas isso não pode ser visto de forma absoluta e engessada, pois, da mesma forma que o intercâmbio cultural permitiu a unificação e uma maior isonomia, ele também acentuou as diferenças, que devem ser respeitadas e analisadas individualmente, de acordo com o arcabouço histórico e cultural de cada nação.
>
> A almejada igualdade entre os povos somente existirá no momento em que houver respeito às suas diferenças, sejam elas culturais, consuetudinárias, valorativas etc.
>
> Dessa forma, o diálogo intercultural, apesar de ter nuances de utopia, se apresenta como a melhor alternativa para a efetiva proteção dos Direitos Humanos, na medida em que coaduna e harmoniza ideologias distintas, adequando os Direitos Humanos às diferenças existentes entre os povos.

Em maio de 2017, uma manifestação em solidariedade ao povo Guarani-Kaiowá, com a presença do cacique Ládio Veron, foi realizada em Paris (França).

Obviamente, não podem os valores culturais de determinada nação servirem de véu para encobrir atrocidades praticadas em detrimento do ser humano. Contudo, é preciso, antes de se fazer qualquer tipo de julgamento, proceder à contextualização cultural de qualquer ato para então, a partir daí, elencar os direitos fundamentais a serem protegidos.

A ideia é compatibilizar visões isoladas de mundo à ordem global calcada na proteção incondicional à dignidade da pessoa humana, ainda que esta não seja absoluta para todos os povos e nações.

LUZ, Renata Carvalho Derzié. Direitos Humanos, o confronto entre o universalismo e o relativismo cultural. *Revista Âmbito Jurídico*, n. 160, ano XX, maio 2017. Disponível em: https://ambitojuridico.com.br/cadernos/direitos-humanos/direitos-humanos-o-confronto-entre-o-universalismo-e-o-relativismo-cultural/. Acesso em: 10 mar. 2022.

Atividade

1. Uma vez identificado um hábito, uma prática ou uma tradição cultural de algum povo que seja contrário aos Diretos Humanos, que ações a comunidade mundial poderia adotar para promover sua adequação?

Em relação a esses debates, é preciso também ter clareza sobre os conceitos de diferença e desigualdade, que, muitas vezes, são tomados erroneamente como sinônimos.

No contexto dessas reflexões, a palavra **diferença** refere-se à ideia da diversidade de culturas e, portanto, de pluralismo cultural. Numa convivência fundada no reconhecimento das diferenças, elas não expressam superioridade ou inferioridade, mas reforçam o respeito à identidade de cada povo, ou seja, suas crenças, seus costumes e seus valores. A palavra **desigualdade**, por sua vez, tem a ver com condições socioeconômicas e políticas e, consequentemente, com acessos distintos de pessoas e de grupos de pessoas aos direitos, bens e serviços públicos, como saúde, educação, saneamento básico, entre outros. A desigualdade expressa, de algum modo, vantagens ou desvantagens de uma pessoa ou de um grupo em relação a um conjunto de direitos que deveriam ser garantidos a todos, mas não o são. Por isso, desigualdade geralmente implica situações de vulnerabilidade e exclusão sociais.

Para reforçar essas distinções, é possível recorrer à afirmação do sociólogo português Boaventura de Sousa Santos (1940-):

> [...] temos o direito a ser iguais quando a diferença nos inferioriza; e temos o direito a ser diferentes quando a igualdade nos descaracteriza. Daí a necessidade de uma igualdade que reconheça as diferenças e de uma diferença que não produza, alimente ou reproduza as desigualdades.

SANTOS, Boaventura de Sousa. *Reconhecer para libertar*: os caminhos do cosmopolitanismo multicultural. Rio de Janeiro: Civilização Brasileira, 2003. p. 56.

Nesse embate entre o respeito às diversas culturas e a universalidade dos Direitos Humanos, o filósofo e professor brasileiro Giuseppe Tosi (1951-), da Universidade Federal da Paraíba (UFPB), destaca:

> Afirmar, portanto, que os Direitos Humanos são uma "ideologia" que surgiu num determinado momento histórico, vinculada aos interesses de uma determinada classe social na sua luta contra o Antigo Regime, não significa negar que eles possam vir a ter uma validade que supere aquelas determinações históricas e alcance um valor mais permanente e universal. De fato, apesar de ter surgido no Ocidente, a doutrina dos Direitos Humanos está se espalhando a nível planetário. [...]

[...] Acredito, porém, olhando o mundo com o otimismo da vontade e o pessimismo da razão [...], que os direitos da pessoa humana constituem um terreno não simplesmente tático, mas estratégico para a luta política de transformação da sociedade. Existe um movimento real, concreto, histórico, amplo, quase-universal de luta pelos Direitos Humanos, no mundo inteiro. É um movimento pluralista, polissêmico, vário, polêmico, divergente, mas é um movimento histórico concreto com uma linguagem, uma abrangência, uma articulação, uma organização que supera as fronteiras nacionais, tanto horizontalmente, através das redes, quanto verticalmente: do bairro às Nações Unidas.

A questão dos Direitos Humanos, entendida em toda a sua complexidade aponta para um espaço de u-topia (ou melhor de eutopia, de bom-lugar) e funciona como uma ideia ou ideal regulador, como diria Kant, um horizonte que nunca poderá ser alcançado porque está sempre mais além, mas sem o qual não saberíamos nem sequer para onde ir.

TOSI, Giuseppe. Os direitos humanos: reflexões iniciais. *In*: TOSI, Giuseppe (org.). *Direitos humanos*: história, teoria e prática. João Pessoa: Editora UFPB, 2004. p. 33-34. Disponível em: www.cchla.ufpb.br/ncdh/wp-content/uploads/2015/08/Direitos-Humanos-Historia-Teoria-e-Pratica.pdf. Acesso em: 10 mar. 2022.

Atividades

2. Como o autor interpreta os Direitos Humanos no mundo atual?

3. No texto, de que forma o autor demonstra o que chama de "otimismo da vontade" e "pessimismo da razão"?

4. Você concorda com o autor ou discorda dele? Justifique.

A Declaração de 1948 foi corroborada pela Declaração de Direitos Humanos de Viena, documento assinado por 171 países reunidos na capital da Áustria em 1993 durante a realização da Conferência Mundial sobre os Direitos Humanos. O parágrafo 5º do item I reforça que:

[...] 5. Todos os Direitos Humanos são universais, indivisíveis, interdependentes e inter-relacionados. A comunidade internacional deve tratar os Direitos Humanos, globalmente, de maneira justa e equânime, com os mesmos critérios e a mesma ênfase. Embora se deva ter em mente o significado das particularidades nacionais e regionais e os diversos antecedentes históricos, culturais e religiosos, compete aos Estados, independentemente dos seus sistemas políticos, econômicos e culturais, promover e proteger todos os Direitos Humanos e as liberdades fundamentais. [...]

PORTAL DE DIREITO INTERNACIONAL. *Declaração e Programa de Ação de Viena*. Disponível em: https://www.oas.org/dil/port/1993%20Declara%C3%A7%C3%A3o%20e%20Programa%20de%20Ac%C3%A7%C3%A3o%20adoptado%20pela%20Confer%C3%AAncia%20Mundial%20de%20Viena%20sobre%20Direitos%20Humanos%20em%20junho%20de%201993.pdf. p. 4. Acesso em: 10 mar. 2022.

Os termos desse documento, sobretudo no trecho transcrito acima, e a assinatura por um número elevado de países reforçam a crescente aceitação da comunidade internacional acerca do caráter universal dos Direitos Humanos, respeitando as especificidades nacionais e regionais e as diferenças históricas, culturais e religiosas, mas tendo como referência a proteção desses direitos e das liberdades fundamentais.

Nesse encontro, foi recomendada à Assembleia Geral da ONU a criação do Escritório do Alto Comissariado das Nações Unidas para os Direitos Humanos (ACNUDH), escritório ligado ao Secretariado da ONU e sediado em Genebra (Suíça). O ACNUDH é o principal órgão de Direitos Humanos da ONU e responsável pela sua promoção e proteção no mundo, e para isso mantém a cooperação com governos, ONGs e outras agências da ONU.

O Conselho de Direitos Humanos também faz parte do sistema das Nações Unidas em defesa dos direitos fundamentais dos indivíduos. Esse Conselho foi criado em 2006 (e substituiu a Comissão sobre Direitos Humanos da ONU, que funcionou por sessenta anos) como um órgão subsidiário da Assembleia Geral, a quem responde diretamente. É composto de 47 países-membros eleitos para um período de três anos e foi criado para fortalecer a promoção e a proteção dos Direitos Humanos. Para tanto, avalia permanentemente a situação dos Direitos Humanos em todos os países-membros da ONU, buscando solucionar situações de violação dos direitos fundamentais, fazendo recomendações à Assembleia Geral e propondo, conforme o caso, respostas emergenciais. O Conselho de Direitos Humanos está situado na sede do ACNUDH, em Genebra, órgão com o qual trabalha em estreita sintonia.

Fabrice Coffrini/AFP

Sessão especial do Conselho de Direitos Humanos das Nações Unidas sobre a Síria, realizada em Genebra (Suíça), em 2014.

Esse entendimento de compatibilizar o respeito à diversidade cultural com o respeito aos Direitos Humanos, apoiados um no outro, foi corroborado também pela Declaração Universal sobre a Diversidade Cultural. Esse documento, adotado pela Organização das Nações Unidas para a Educação, a Ciência e a Cultura (Unesco), foi aprovado por 185 países-membros da ONU na 31ª Conferência Geral da Unesco realizada em 2001, em Paris (França). Ele reforça a ideia de que a proteção aos Direitos Humanos é o pressuposto básico, o ponto de partida, para o respeito à diversidade cultural. Portanto, o respeito à diversidade não pode ser invocado para justificar eventuais violações aos princípios mais amplos da dignidade da vida humana. Veja o que diz o documento em seu artigo 4º:

> [...] A defesa da diversidade cultural é um imperativo ético, inseparável do respeito pela dignidade da pessoa humana. Implica o compromisso de respeitar os Direitos Humanos e as liberdades fundamentais, em particular os direitos das pessoas que pertencem a minorias e os dos povos autóctones. Ninguém pode invocar a diversidade cultural para violar os Direitos Humanos garantidos pelo direito internacional, nem para limitar seu alcance. [...]

UNESCO. *Declaração Universal sobre a Diversidade Cultural*.
Disponível em: www.unesco.org/new/fileadmin/MULTIMEDIA/HQ/CLT/diversity/pdf/declaration_cultural_diversity_pt.pdf. p. 3.
Acesso em: 21 jun. 2020.

1. Reúna-se com quatro colegas e leiam o trecho a seguir da Constituição Brasileira de 1988 para realizar a atividade.

Constituição Brasileira de 1988

Art. 3º: Constituem objetivos fundamentais da República Federativa do Brasil:

I – construir uma sociedade livre, justa e solidária;

II – garantir o desenvolvimento nacional;

III – erradicar a pobreza e a marginalização e reduzir as desigualdades sociais e regionais;

IV – promover o bem de todos, sem preconceitos de origem, raça, sexo, cor, idade e quaisquer outras formas de discriminação.

BRASIL. *Constituição da República Federativa do Brasil de 1988*. Brasília, DF: Presidência da República. Casa Civil. Disponível em: www.planalto.gov.br/ccivil_03/constituicao/constituicao.htm. Acesso em: 10 fev. 2022.

a) Considerem a Declaração dos Direitos Humanos e os conceitos de diferença e desigualdade. Analisem se as normas estabelecidas pela Constituição de 1988 respeitam as diferenças e se as igualdades estão estabelecidas. Identifiquem e registrem esses trechos.

b) Em seguida, investiguem se o que está previsto na Constituição pode ser comprovado na realidade brasileira. Para isso, pesquisem e registrem situações de desigualdades:

- no lugar onde fica a comunidade escolar ou em sua região;
- no país;
- no mundo.

c) Ao final, listem os dados levantados e descrevam as principais dificuldades e necessidades observadas na comunidade escolar ou em seu entorno, em sua região, no Brasil e no mundo em relação aos Direitos Humanos.

2. Com base nos dados levantados e nas conversas do grupo, reflitam e elaborem propostas de ações sociais alternativas, plurais, que contribuam para a redução das desigualdades. Aproveitem para descobrir se já existem ações sociais similares sendo realizadas:

a) em escala local ou regional;

b) em escala nacional.

3. Selecionem argumentos, propostas e ações para aprofundar, principalmente, situações como: violência contra a mulher, o direito à educação, preconceitos e discriminação, violência escolar, violência contra os animais, entre outras que considerarem significativas no contexto de vocês.

a) Apresentem um questionário sobre os principais temas, atitudes e transformações necessárias para a construção de um ambiente em que todos percebam suas diferenças, particularidades, identidades e ambições. Lembrando que o respeito mútuo à diversidade é o caminho inicial da colaboração.

b) Levantem junto aos colegas propostas que contribuam para o esclarecimento, apontando o contexto e o histórico dos Direitos Humanos como uma conquista social, definindo metas e objetivos a serem alcançados na construção de uma sociedade cada vez mais próxima da promoção e proteção dos Direitos Humanos.

4. Anotem as principais dificuldades enfrentadas e, se necessário, revejam os procedimentos a fim de buscarem sempre o diálogo, esclarecimento de dúvidas e colocações que podem ou devem ser superadas na sociedade, bem como aquelas que mostram as conquistas a serem mantidas.

5. O texto a seguir discute as críticas realizadas pela filósofa alemã Hannah Arendt (1906-1975) sobre a visão dos contratualistas a respeito da natureza dos Direitos Humanos. Leia o texto e responda à questão.

> As críticas de Hannah Arendt aos Direitos Humanos, conforme eles se apresentam nas declarações de 1776 e 1789, podem ser estendidas aos contratualistas nos quais os atos revolucionários, em boa parte, se inspiraram. A fundamentação no direito natural, a identificação dos direitos dos cidadãos como o direito daqueles subordinados às leis dos Estados nacionais e, consequentemente, a transformação dos Direitos Humanos em direitos civis são próprias da filosofia dos contratualistas.
>
> Segundo Arendt, o confronto com a tradição dos Direitos Humanos torna-se evidente com a desintegração de diversos Estados-nação europeus entre as duas Grandes Guerras e no período imediatamente após a Segunda, quando do grande deslocamento espacial da população emergiram dois grandes atores fundamentais: os apátridas e as minorias. [...]
>
> A crítica de Arendt aos Direitos Humanos, na concepção dos contratualistas e nas afirmações das declarações revolucionárias, não se reduz somente à sua fundamentação na "natureza humana", mas se estende a sua relação com a soberania nacional. O ser humano, na sua individualidade abstrata, só assumia seu rosto de cidadão por intermédio do povo ao qual pertencia. Os Direitos Humanos, portanto, só se definiam com a emancipação de um povo ou, em outras palavras, com a constituição de um Estado nacional soberano. [...]
>
> A proposta da filosofia política de Hannah Arendt para a reconstrução dos Direitos Humanos apoia-se no reconhecimento do direito a ter direitos. Ela vai buscar na moral universalista e cosmopolita kantiana o fundamento para se construir um espaço público internacional, em que a política e o direito se efetivem além das fronteiras dos Estados nacionais.

BRITO, Fausto. A ruptura dos Direitos Humanos na filosofia política de Hannah Arendt. *Kriterion*, Belo Horizonte, v. 54, n. 127, p. 177-196, jun. 2013. Disponível em: www.scielo.br/pdf/kr/v54n127/n127a10.pdf. Acesso em: 10 mar. 2022.

- Com base na leitura do texto e do conteúdo discutido, analise de que forma o ponto de vista de Hannah Arendt se contrapõe à visão dos contratualistas a respeito da natureza dos Direitos Humanos.

Os Direitos Humanos e a atuação das ONGs

Não há dúvida de que os Direitos Humanos continuam sendo desrespeitados em quase todo o mundo e, para serem efetivados, para cumprirem sua missão de justiça, precisam ultrapassar a soberania dos Estados nacionais e serem assumidos por todas as instituições da sociedade e, no limite, por todas as pessoas. Atualmente, como se depreende do trecho a seguir escrito pelo filósofo italiano Norberto Bobbio (1909-2004), a questão não é mais de leis, que já são bem abrangentes tanto em nível internacional como em nível nacional (salvo exceções), mas de sua aplicação na prática.

> Com efeito, o problema que temos diante de nós não é filosófico, mas jurídico e, num sentido mais amplo, político. Não se trata de saber quais e quantos são esses direitos, qual é sua natureza e seu fundamento, se são direitos naturais ou históricos, absolutos ou relativos, mas sim qual é o modo mais seguro para garanti-los, para impedir que, apesar das solenes declarações, eles sejam continuamente violados. [...]
>
> Quando digo "contém em germe", quero chamar a atenção para o fato de que a Declaração Universal é apenas o início de um longo processo, cuja realização final ainda não somos capazes de ver.

BOBBIO, Norberto. *A era dos direitos*. Rio de Janeiro: Campus, 1992. p. 17-19.

Assim, a Declaração Universal dos Direitos Humanos, tomada como uma síntese do passado e motivação para o futuro, como vimos, foi contemplada nos pactos internacionais e incorporada no ordenamento jurídico da maioria dos países com a definição clara dos direitos a serem respeitados. O dia 10 de dezembro, dia de sua criação, tem sido apontado como a data de celebração do Dia Internacional dos Direitos Humanos.

Granger/Fotoarena

Criados em 1948, os Direitos Humanos se tornaram leis nas décadas seguintes, mas ainda são bastante desrespeitados. Na imagem, Eleanor Roosevelt, ex-primeira-dama dos Estados Unidos, observa uma impressão da Declaração dos Direitos Humanos, em 1949.

Além dos Estados e seus ordenamentos jurídicos constitucionais e infraconstitucionais (leis ordinárias, leis complementares, decretos, etc.), dos organismos intergovernamentais e dos tratados internacionais, existem inúmeras ONGs que atuam na promoção e proteção dos Direitos Humanos. Mas o que são ONGs?

As ONGs são associações da sociedade civil, de iniciativa privada, sem fins lucrativos e que prestam algum serviço de caráter público, mas não estatal. Compõem o terceiro setor, sendo o Estado o primeiro setor, e as empresas privadas com fins lucrativos o segundo setor. Em geral, as ONGs são mantidas por meio de doações de pessoas e empresas, mas uma parte delas também recebe dinheiro do Estado para suas ações solidárias. Há milhares de ONGs no mundo todo e elas podem ter uma atuação local, nacional ou mundial.

Nas leis brasileiras não existe a figura jurídica de organização não governamental, mas de organização da sociedade civil (OSC). Assim, as ONGs, incluindo as internacionais, são classificadas no Brasil como OSC. Segundo o **Mapa das Organizações da Sociedade Civil do Instituto de Pesquisa Econômica Aplicada (Ipea)**, em 2019 havia 781 921 OSCs no país. No entanto, elas são, em sua maioria, associações locais, de atuação bastante restrita, e não ONGs de atuação internacional, como algumas que serão apresentadas a seguir. A grandeza do número de OSCs no Brasil se deve também ao fato de as entidades assim classificadas serem contabilizadas por Cadastro Nacional da Pessoa Jurídica (CNPJ). Por exemplo, a organização religiosa Igreja Universal do Reino de Deus contabiliza 7 090 OSCs porque cada templo religioso em território brasileiro tem um CNPJ próprio e, consequentemente, é contabilizado separadamente. Como se vê no gráfico, as OSCs atuam em diversas áreas, com destaque para desenvolvimento e defesa de direitos.

IPEA. *Mapa das Organizações da Sociedade Civil*. Indicadores, 2020. Disponível em: https://mapaosc.ipea.gov.br/indicadores. Acesso em: 25 mar. 2022.

Brasil: distribuição das OSCs por área de atuação – 2020

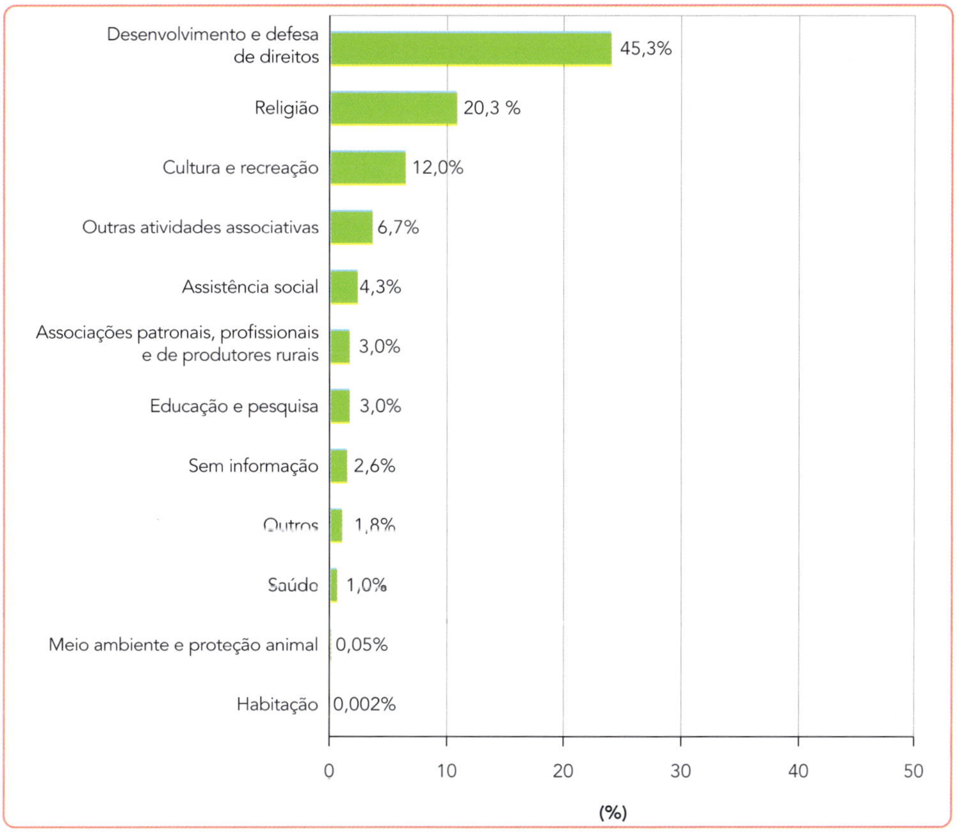

Banco de imagens/Arquivo da editora

Fonte: elaborado com base em IPEA. Mapas das Organizações da Sociedade Civil. *Distribuição de OSCs por área de atuação, Brasil, 2020.* Disponível em: https://mapaosc.ipea.gov.br/indicadores. Acesso em: 25 maio 2022.

As ONGs têm um papel importante, ao lado dos Estados, na ordem mundial contemporânea. A seguir, vamos estudar algumas das mais conhecidas e atuantes no mundo na promoção e proteção aos Direitos Humanos e alguns acontecimentos ligados à atuação de cada uma delas.

Saiba +

Instituto de Pesquisa Econômica Aplicada (Ipea). Mapa das Organizações da Sociedade Civil. Disponível em: https://mapaosc.ipea.gov.br/mapa. Acesso em: 21 abr. 2022.

Nesse *site* do Ipea, é possível consultar o nome das OSCs que atuam no Brasil e visualizá-las por município, estado e região.

Principais ONGs de atuação nacional e internacional

Anti-Slavery International

A ONG mais antiga do mundo é a **Anti-Slavery International** (Antiescravidão Internacional), fundada em 1839 no Reino Unido. No início, ela contribuía com o Império Britânico no movimento de abolição que pôs fim ao comércio transatlântico de escravizados.

Atualmente ela trabalha para acabar com formas remanescentes de escravidão, buscando influir em diversos agentes da sociedade, desde governos, passando por instituições internacionais e empregadores até os cidadãos em geral.

A proposta da Anti-Slavery International é atuar em locais em que a escravidão ainda está presente, executando as seguintes ações:

- averiguar e expor situações de escravidão;
- identificar formas cabíveis de eliminar abusos relacionados a tais situações;
- dar suporte às vítimas de escravidão em sua luta pela liberdade;
- qualificar pessoas e grupos vulneráveis à escravidão para a exigência de respeito aos direitos e para conseguir proteção;
- atuar com representantes políticos para tomar medidas adequadas e implementar leis eficazes;
- e trabalhar com empresas privadas para identificar e abordar a escravidão em cadeias produtivas globais.

Human Rights Watch

Outra organização importante é a ONG internacional **Human Rights Watch** (HRW), fundada em 1978 e com sede em Nova York (Estados Unidos). Tem importante atuação nas investigações sobre violações de Direitos Humanos, elaborando relatórios divulgados nos meios de comunicação. É apoiada por organizações locais em todo o mundo e conta com o suporte de especialistas em Direitos Humanos, como advogados, jornalistas e pesquisadores acadêmicos de diversas origens e nacionalidades. Entre os temas de sua atuação estão o combate ao comércio de armas, a luta pelos direitos LGBTQIA+, das pessoas com deficiência, das crianças, das mulheres e dos migrantes, a defesa do direito à liberdade de expressão e o combate ao terrorismo e à tortura.

LGBTQIA+: sigla que se refere a pessoas lésbicas, *gays*, bissexuais, transexuais, travestis, transgêneros, *queer*, intersexuais, assexuais, e o símbolo + procura englobar outras identidades de gênero e sexualidade, como as de pessoas pansexuais, etc.

HUMAN RIGHTS WATCH

Logotipo da Human Rights Watch.

Quanto ao Brasil, destacamos o posicionamento da Human Rights Watch sobre a **Comissão Nacional da Verdade**, instaurada para apurar violações aos Direitos Humanos durante a ditadura civil-militar (1964-1985), cujo relatório final foi apresentado em 2014.

Na página da organização no Brasil, é possível encontrar o texto integral com posicionamento sobre a Comissão da Verdade, além de outros casos que repercutem no país.

Brasil: Comissão da Verdade expõe atrocidades da Ditadura

[...] O relatório final identifica 377 indivíduos, dos quais quase 200 ainda estão vivos, como responsáveis por violações dos Direitos Humanos consideradas pelo documento como crimes contra a humanidade, incluindo tortura, execuções e desaparecimentos forçados. A Comissão considerou que os abusos constituíram "uma ação generalizada e sistemática", conduzida como parte de uma "política de Estado" concebida e implementada a partir de decisões emanadas do mais alto escalão do governo.

"A Comissão traz uma fundamental contribuição ao oferecer um relato categórico e por muito tempo aguardado sobre os mais graves crimes cometidos durante a ditadura", disse Maria Laura Canineu, Diretora da Human Rights Watch no Brasil. "De igual importância está a indicação pela Comissão do caminho para uma próxima e crucial medida para o Brasil: garantir que aqueles que cometeram atrocidades sejam levados à justiça." A Comissão da Verdade identificou 434 pessoas mortas ou desaparecidas durante o regime ditatorial, um aumento em relação ao número oficial anterior, que registrava 362 pessoas. O novo número inclui 192 pessoas mortas, 210 desaparecidas e 33 que desapareceram e cujos corpos foram encontrados mais tarde. A Comissão apenas incluiu casos cuja comprovação foi possível em função do trabalho realizado e concluiu que o número real poderia ser ainda maior se tivesse obtido acesso a documentos produzidos pelas Forças Armadas, oficialmente dados como destruídos.

O relatório contém relatos dramáticos do sofrimento de centenas de brasileiros que foram detidos e torturados por membros das Forças Armadas e da polícia, muitos dos quais jamais foram encontrados.

HUMAN RIGHTS WATCH. *Brasil*: Comissão da Verdade expõe atrocidades da ditadura. São Paulo, 14 dez. 2014. Disponível em: www.hrw.org/pt/news/2014/12/10/265291. Acesso em: 10 fev. 2022.

Saiba+

Human Rights Watch. Disponível em: https://www.hrw.org/pt. Acesso em: 21 abr. 2022.

Para conhecer a atuação dessa ONG na defesa dos Direitos Humanos no Brasil e em diversos países onde ela atua, acesse o *site*.

Anistia Internacional

A **Anistia Internacional (Amnesty International)** foi criada a partir da iniciativa de intelectuais britânicos sob a liderança do advogado e ativista político britânico Peter Benenson (1921-2005). Em 28 de maio de 1961, ele publicou o artigo "Os prisioneiros esquecidos" no jornal londrino *The Guardian* chamando a atenção para o fato de que todo dia se leem notícias de que alguém em algum lugar do mundo foi preso, torturado ou executado por causa de sua opinião ou religião, consideradas inaceitáveis por governantes. Ele denunciou que à época havia milhões de pessoas presas em todo o mundo apenas por expressar seu pensamento, sua opinião, sua religião ou suas crenças. Após essas considerações, escreveu:

> Foi por isso que começamos a Apelação para a Anistia, 1961. A campanha, aberta hoje, é resultado de uma iniciativa de um grupo de advogados, escritores e editores em Londres, que compartilham a convicção subjacente expressa por Voltaire: "Detesto seus pontos de vista, mas estou preparado para morrer pelo seu direito de expressá-los". Estabelecemos um escritório em Londres para coletar informações sobre os nomes, números e condições dos que decidimos chamar de Prisioneiros de Consciência, e assim os definimos: "Qualquer pessoa que seja fisicamente impedida (por prisão ou outro constrangimento) de expressar (em forma de palavras ou símbolos) uma opinião que ele honestamente defende e que não advoga ou tolera a violência pessoal".

BENENSON, Peter. The forgotten prisoners. *The Guardian*. Londres, 28 maio 1961. Tradução dos autores. Disponível em: www.theguardian.com/uk/1961/may/28/fromthearchive.theguardian. Acesso em: 10 fev. 2022.

Logotipo da Anistia Internacional no Brasil.

A Anistia Internacional, cuja sede fica em Londres (Reino Unido), conta com mais de 7 milhões de apoiadores em mais de 150 países. Como um movimento global, realiza ações e campanhas para que os Direitos Humanos sejam respeitados e protegidos. Em 1977, recebeu o prêmio Nobel da Paz. São várias denúncias de violações de direitos e represálias violentas contra defensores de Direitos Humanos em diversos países, incluindo o Brasil. O sistema prisional, os direitos indígenas e o direito à terra e à moradia estão entre suas tantas outras atuações.

Saiba+

Anistia Internacional. Disponível em: https://anistia.org.br/campanhas/o-que-sao-direitos-humanos/. Acesso em: 21 abr. 2022.

Veja no *site* a discussão sobre Direitos Humanos (o que são, como surgiram, para que servem) e, em "Publicações", consulte o Informe anual que relata as atividades da Anistia Internacional na defesa dos Direitos Humanos no Brasil (em 2021 estava disponível o Informe 2020).

Atividade

1. Em grupos de quatro a cinco estudantes, acessem os *sites* indicados e selecionem algumas das atuações mais recentes para discussão, considerando os itens a seguir.

a) Qual é a importância das atuações escolhidas?

b) Há concordâncias ou divergências no grupo sobre essas atuações? Por quê?

c) Quais medidas podem ser tomadas quanto aos casos escolhidos?

Médicos Sem Fronteiras

A ONG **Médicos Sem Fronteiras (MSF)** foi fundada em 1971 em Paris (França). Sua atuação recebeu o prêmio Nobel da Paz em 1999, trazendo visibilidade a situações emergenciais em diversas regiões do mundo. Veja a seguir como a organização se define:

> [...] é uma organização humanitária internacional que leva cuidados de saúde a pessoas afetadas por conflitos armados, desastres naturais, epidemias, desnutrição ou sem acesso à assistência médica. Oferece ajuda exclusivamente com base na necessidade das populações atendidas, sem discriminação [de raça], religião ou convicção política e de forma independente de poderes políticos e econômicos. Também é missão da MSF chamar a atenção para as dificuldades enfrentadas pelas pessoas atendidas em seus projetos.

MEDECINS SANS FRONTIERES
MÉDICOS SEM FRONTEIRAS

Reprodução/Médicos Sem Fronteiras

Logotipo da Médicos Sem Fronteiras.

MÉDICOS SEM FRONTEIRAS. Disponível em: https://guiadefontes.msf.org.br/organizacao/medicos-sem-fronteiras/#:~:text=M%C3%A9dicos%20Sem%20Fronteiras%20(MSF)%20%C3%A9,nenhum%20acesso%20%C3%A0%20assist%C3%AAncia%20m%C3%A9dica. Acesso em: 9 maio 2022.

Em seu *site*, também são destacados os princípios da organização:

Independência

Médicos Sem Fronteiras é independente: não está atrelada a poderes políticos, militares, econômicos ou religiosos e tem liberdade de ação, decidindo onde, como e quando atuar com base em sua própria avaliação do contexto e das necessidades. [...]

Imparcialidade

[...] oferece ajuda humanitária e cuidados de saúde àqueles que mais precisam, sem discriminação de raça, gênero, religião, nacionalidade ou convicção política. [...]

Neutralidade

Em situações de conflito, MSF não toma partido. A neutralidade é crucial para as equipes conseguirem chegar a qualquer pessoa afetada, independentemente do lado do conflito em que esteja. [...]

Transparência

MSF avalia constantemente os projetos que implementa e presta contas à sociedade e aos doadores sobre a gestão dos recursos captados e resultados de suas ações. [...]

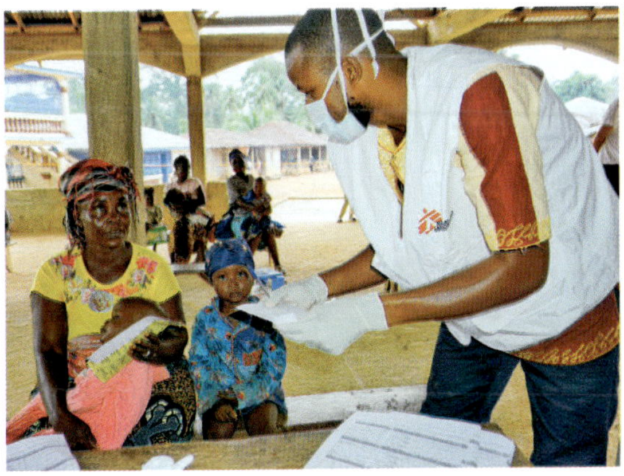

Saidu Bah/AFP

Ética médica

[...] Em primeiro lugar, vem o dever de prestar assistência a quem precisa, sem prejudicar indivíduos ou grupos. A ética médica fala de respeito à autonomia e à confidencialidade dos pacientes e de seu direito a acessar todas as informações necessárias para que possam consentir procedimentos e tomar decisões com respaldo. [...]

MÉDICOS SEM FRONTEIRAS. Disponível em: https://vidasrecicladas.org/medico-sem-fronteiras/#:~:text=M%C3%A9dicos%20Sem%20Fronteiras%20%C3%A9%20independente,do%20contexto%20e%20das%20necessidades. Acesso em: 9 maio 2022.

Oxfam

O nome Oxfam, ONG fundada no Reino Unido em 1942, vem da contração de Oxford Committee for Famine Relief (Comitê de Oxford para o alívio da fome). A organização foi criada com o objetivo de fazer uma campanha para levar comida a mulheres e crianças famintas na Grécia ocupada pelos nazistas durante a Segunda Guerra Mundial. Depois da guerra, a Oxfam continuou seu trabalho de ajuda a pessoas pobres na Europa. À medida que as condições de vida dos europeus foram melhorando, passou a ajudar pessoas pobres nos países em desenvolvimento.

A Oxfam International foi criada em 1994, no Reino Unido, por um grupo de organizações não governamentais independentes, formando uma confederação de ONGs. Elas se juntaram para ter maior capacidade de ação no combate à pobreza e às injustiças sociais no mundo. Atualmente, a Oxfam International está presente em mais de noventa países e seu secretariado fica em Nairóbi (Quênia).

A **Oxfam Brasil** foi criada em 2014 com o objetivo de atenuar as causas da pobreza, das injustiças sociais e das desigualdades em território brasileiro. A Oxfam Brasil é uma das 21 afiliadas da Confederação Oxfam. No Brasil, ela atua em três áreas temáticas:

- Justiça social e econômica;
- Juventudes, raça e gênero;
- Setor privado e Direitos Humanos.

Logotipo da Oxfam Brasil.

Em seu *site*, é possível conhecer os projetos para cada uma dessas áreas, consultar dados e informações a respeito da realidade socioeconômica do país e assistir a vídeos curtos, tudo com a intenção de dar respostas a uma questão crucial que se coloca no contexto brasileiro atual: Por que enfrentar as desigualdades? Verifique as ações propostas pela ONG para combater as profundas desigualdades sociais brasileiras.

Leia abaixo um texto sobre uma das atuações da Oxfam Brasil:

Trabalhadores da fruta no RN conseguem vitória em negociação salarial com ajuda da Oxfam Brasil

O estado do Rio Grande do Norte é um dos maiores produtores de frutas do Brasil e, no ano passado, viu suas exportações aumentarem significativamente, garantindo bons lucros. Mas não para todos. Os trabalhadores rurais tentaram negociar durante todo o final de 2021 um aumento salarial que pelo menos repusesse a inflação acumulada em 12 meses, mas os produtores se recusavam. Só depois de muita pressão, inclusive de supermercados da Europa e Estados Unidos – compradores das frutas da região –, chegou-se a um acordo, ainda que não totalmente satisfatório para os trabalhadores: conseguiram repor pouco mais da metade da inflação do período (cerca de R$ 50) em seus salários.

A Oxfam Brasil e seus apoiadores tiveram papel importante na pressão realizada sobre os produtores para que voltassem a negociar e aceitassem as exigências dos trabalhadores.

O Brasil é hoje o terceiro maior produtor de frutas do mundo e a região Nordeste é o grande polo nacional desse cultivo, que gera cerca de R$ 40 bilhões por ano. No entanto, os trabalhadores que atuam no setor estão entre os 20% mais pobres do país. [...]

OXFAM Brasil. Trabalhadores da fruta no RN conseguem vitória em negociação salarial com ajuda da Oxfam Brasil. *OXFAM Brasil*, 23 fev. 2022. Disponível em: https://www.oxfam.org.br/noticias/trabalhadores-da-fruta-no-rn-conseguem-vitoria-em-negociacao-salarial-com-ajuda-da-oxfam-brasil/. Acesso em: 3 jun. 2022.

Atividade

2. Formem grupos de três a quatro estudantes. Cada grupo deve escolher uma das ONGs estudadas e levantar suas atuações mais recentes. Depois da conversa em grupo sobre as ações coletadas, os grupos deverão fazer uma breve apresentação das atuações da ONG que escolheram. O passo seguinte é debater o conjunto dessas atuações, avaliando e ressaltando a importância do papel das ONGs pesquisadas. Alguma delas atua no lugar ou na região em que vocês vivem?

Repórteres Sem Fronteiras

Atualmente com sede em Paris (França), a **Repórteres Sem Fronteiras** (RSF) é uma organização independente fundada em 1985, em Montpellier (França), por quatro jornalistas. A organização defende que a liberdade de expressão é uma das liberdades primordiais do ser humano e o alicerce de qualquer democracia. O propósito da liberdade de imprensa no sistema democrático é denunciar práticas ilícitas ou abusivas de autoridades governamentais. Em suas atuações, a ONG tem publicado relatórios diários em diversos idiomas sobre a liberdade de expressão e informações sobre os ataques que ela recebe. O dia 3 de maio, adotado pela RSF como o Dia Internacional da Liberdade de Imprensa, foi reconhecido oficialmente pela Assembleia Geral da ONU em 1992.

RSF REPÓRTERES SEM FRONTEIRAS

Logotipo da ONG Repórteres Sem Fronteiras.

A publicação da Classificação Mundial da Liberdade de Imprensa feita pela ONG tem grande repercussão internacional, já que é um instrumento de medida para pressionar diversos países a zelar por um ambiente de maior liberdade de imprensa.

Classificação mundial da liberdade de imprensa 2021: os quatro países mais bem posicionados e outros selecionados

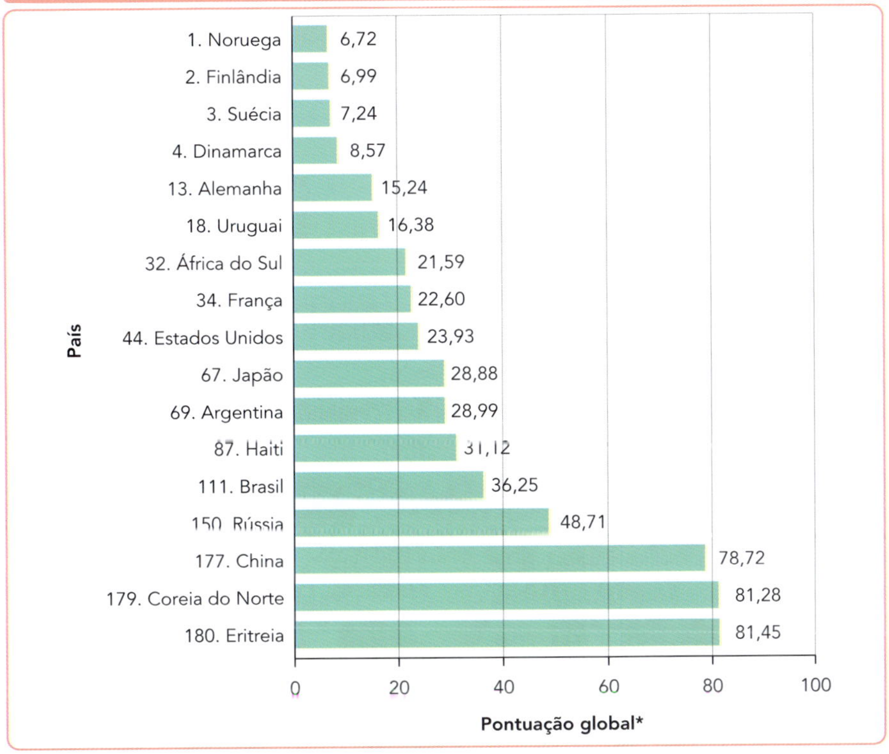

* O grau de liberdade dos jornalistas é sintetizado num índice que avalia: pluralismo, independência dos meios de comunicação, ambiente midiático e autocensura, leis que regem o setor, transparência e qualidade de infraestrutura de informação.

Fonte: elaborado com base em REPÓRTERES SEM FRONTEIRAS. *Ranking Mundial da Liberdade de Imprensa 2021*: vacina contra a desinformação, o jornalismo segue cerceado em mais de 130 países. Disponível em: https://rsf.org/pt-br/ranking-mundial-da-liberdade-de-imprensa-2021-vacina-contra-desinformacao-o-jornalismo-segue. Acesso em: 4 jul. 2022.

Atividades

3. Quais são os países mais bem posicionados em termos de liberdade de imprensa entre os 180 pesquisados? Em que região do mundo eles se localizam? Em qual dos países pesquisados há mais restrições à liberdade de imprensa?

4. Qual é a posição do Brasil? Vocês acham que nosso país está bem situado no *ranking* global de liberdade de imprensa?

5. Pesquisem no *site* https://rsf.org/pt/brasil e discutam em grupo sobre o ambiente de trabalho dos jornalistas no Brasil. Verifiquem se tem havido restrição ao trabalho desses profissionais, como violência e intimidações, e se houve campanhas para desacreditar a imprensa. Por fim, discutam ainda: Como se insere a importância desses profissionais na preservação de um ambiente democrático? Qual é o papel deles em um mundo repleto de *fake news*?

Observatório da Imprensa

Observatório da Imprensa
Você nunca mais vai ler jornal do mesmo jeito

Logotipo do Observatório da Imprensa.

Sobre a imprensa no Brasil, vale destacar também o trabalho realizado pelo grupo **Observatório da Imprensa**, criado por iniciativa do Instituto para o Desenvolvimento do Jornalismo (Projor) com o Laboratório de Estudos Avançados em Jornalismo (Labjor), da Universidade Estadual de Campinas (Unicamp). Nasceu como *site* (www.observatoriodaimprensa.com.br/; acesso em: 21 abr. 2022) em 1998 e depois teve versão televisiva em redes públicas de televisão, como a TVE, no Rio de Janeiro, e a TV Cultura, em São Paulo. Como instituição apartidária e pluralista, mostra-se como entidade civil, porém não governamental, acompanhando o desempenho da mídia brasileira.

É, num sentido amplo, um fórum de opiniões em busca da objetividade analítica do que acontece entre nós e no mundo, tendo a mídia como referência, ressaltando o importante papel do jornalista como aponta Alberto Dines (1932-2018), fundador do Observatório da Imprensa:

> "Nosso ofício que começa e se esgota a cada novo dia é, no entanto, o exercício da permanência, da duração. Por melhor ou pior que tenha sido a edição anterior, o que vale é a seguinte. E depois dela, a outra. É nunca acabar, ou eterno renascer. Um grande jornal faz-se com a consciência do tempo. Os fios que importam são os invisíveis, aqueles que amarram o leitor de volta todos os dias para a maravilhosa aventura de saber um pouco mais".

Início Sobre Fale Conosco Envie seu Artigo

Observatório da Imprensa
Você nunca mais vai ler jornal do mesmo jeito

ESPECIAIS SEÇÕES E-BOOK CARTAS NA MESA ATLAS DA NOTÍCIA VÍDEOS ARQUIVO PARCEIROS

Portal Humanidades Observatorio de Midia da UFRRJ

A biografia do autor ainda não foi cadastrada.

Artigos de Portal Humanidades Observatorio de Midia da UFRRJ

Equidade Racial

Mídia e o retrato das domésticas na pandemia

por Portal Humanidades Observatorio de Midia da UFRRJ

11 de agosto de 2020

As mãos que redigiram esse texto não são calejadas pelo uso de vassouras, rodos, panos e esfregões. Muito menos as que carregam a exaustão de outros afazeres domésticos. Além disso, queremos ressaltar que não temos a pretensão de estarmos acima do bem e do mal ao tentarmos analisar as abordagens da mídia e retratá-las em [...]

Aos leitores

Os artigos publicados nesta página não refletem necessariamente uma opinião do Observatório da Imprensa, já que somos um fórum de opiniões. Procuramos publicar os textos recebidos como parte de nosso compromisso com a diversificação das fontes de informação. Como ninguém é dono da verdade, a melhor forma de buscar a objetividade é através do contato com perspectivas e opiniões diferenciadas, o que nos permite neutralizar o discurso do ódio e da intolerância.

ARTIGOS RECENTES

A geopolítica libanesa na grande mídia
por Francisco Fernandes Ladeira
18 de agosto de 2020

Dificultando o acesso ao livro
por Jose Luiz Alqueres
18 de agosto de 2020

Jornalismo na Colômbia: liberdade

Em agosto de 2020, o *site* do Observatório destacava a divulgação jornalística do caso da primeira morte relacionada à covid-19, no Rio de Janeiro, da empregada doméstica Cleonice Gonçalves, 63 anos, que teve sua vida interrompida sem ao menos ter sido avisada sobre essa doença pela sua patroa, que retornara de uma viagem à Itália, que então passava pelo crescimento da pandemia. Para mais detalhes sobre a questão, acesse o *site* indicado acima.

Os Direitos Humanos no mundo e os desafios em crescimento

Em fevereiro de 2020, o então secretário-geral da ONU, o português António Guterres (1949-), mostrou-se alarmado com o crescimento do número de violações aos Direitos Humanos em todo o mundo. Durante sua apresentação na abertura da sessão anual do Conselho de Direitos Humanos da ONU, em Genebra, alertou que "os Direitos Humanos enfrentam desafios crescentes" e acrescentou que "nenhum país está a salvo". Disse ainda que "os medos estão a aumentar" e "os direitos humanos estão sob ataque em todo lado". Conclamou a comunidade internacional para a urgência de ações para a reversão dessa tendência.

Reprodução/ONU

lev radin/Shutterstock

António Guterres é secretário-geral da ONU desde 2017.

Em seu discurso, também fez referência à situação dos imigrantes que buscam entrar na Europa: ressaltou o caso "de civis presos em regiões devastadas pela guerra, famintos e bombardeados à revelia do direito internacional" e ressaltou a preocupação com o "tráfico de seres humanos, que afeta todas as regiões do mundo".

Outras indicações de violências apontadas pelo secretário-geral da ONU foram quanto ao crescimento da violência contra meninas e mulheres, aos ataques aos defensores dos direitos das mulheres e à manutenção de leis de submissão e exclusão feminina por parte de governos. Também enfatizou veementemente a preocupação com o aumento de leis repressivas e as restrições crescentes à liberdade de expressão, de religião, de reunião e de associação. Ainda se referiu de forma crítica ao crescimento do populismo, que tem dividido populações e minado o Estado democrático de direito.

LUSA. ONU alarmada com aumento das violações dos direitos humanos no mundo. *Expresso*, 24 fev. 2020. Disponível em: https://expresso.pt/internacional/2020-02-24-ONU-alarmada-com-aumento-das-violacoes-dos-direitos-humanos-no-mundo. Acesso em: 21 abr. 2022.

Na mesma sessão, a Alta Comissária da ONU para os Direitos Humanos, a ex-presidente do Chile Michelle Bachelet (1951-), reforçou o pedido de urgência em ações para não deixar "os jovens e os seus filhos num incêndio gigantesco e incontrolável de crises de Direitos Humanos que se misturam e se agravam".

Nesse tal "incêndio" de crises, alguns governantes, historicamente, têm escolhido políticas públicas para cuidar da vida de sua população, ou, no seu inverso, eleger os que podem viver melhor e os que devem sofrer ou mesmo morrer.

FABRICE COFFRINI/AFP/Getty Images

Michelle Bachelet está no cargo de Alta Comissária da ONU desde 2018.

A primeira tendência, de governantes cuidarem da vida da população, está inclusa, como vimos, no contratualismo teórico dos filósofos modernos, como John Locke, e nas Constituições e Tratados Internacionais, a exemplo da Declaração Universal dos Direitos Humanos. Também, claro, nas inúmeras atuações da sociedade civil organizada por conquistas e transformações, sobretudo as ONGs.

No lado oposto, encontra-se a **necropolítica**, conceito criado em 2003 pelo filósofo e historiador camaronense, atual professor da Universidade de Johanesburgo (África do Sul), **Achille Mbembe** (1957-). Esse conceito pode ser exemplificado historicamente por eventos como o colonialismo, o escravismo, os campos de concentração nazistas e em diferentes casos do passado. Em escala local, pode ser identificado em diretrizes políticas de governantes que privilegiam o ataque a "inimigos" internos, como dissidentes políticos e religiosos, minorias sociais, pobres, etc. O confronto, a perseguição e a eliminação de determinados grupos são eixos que caracterizam a necropolítica.

MBEMBE, Achille. *Necropolítica*. São Paulo: N-1 Edições, 2018.

Daniel Bockwoldt/picture alliance/Getty Images

Achille Mbembe é filósofo e historiador camaronense. Criador do conceito necropolítica.

Cesar Diniz/Pulsar Imagens

Na necropolítica, o Estado extrapola o uso legítimo da força e formula uma sociedade dividida entre "grupos amigos" e "grupos inimigos". Essa divisão dos grupos sociais leva também à categorização de lugares que passam a ser considerados "protegidos" e lugares que passam a ser vistos como subalternos, sob "licença" de matar, como é o caso de comunidades e favelas, áreas de densidade populacional de negros e pobres, em geral. A necropolítica geralmente está associada a um caráter xenofóbico e racista.

O racismo contemporâneo, apesar de presente no mundo todo e atingir diferentes povos e grupos sociais, é mais marcado e violento contra os negros. A despeito das diferenças da forma como ocorre em cada país, como Estados Unidos, Brasil ou África do Sul, o racismo molda a organização social, econômica e política de várias sociedades e se traduz em desigualdade e violência vividas de forma mais aguda pela população negra.

A ciência já comprovou que, geneticamente, há apenas uma raça, a humana, independentemente dos traços físicos e da cor da pele das pessoas, e que tais características nada têm a ver com inteligência, habilidades específicas ou qualquer predisposição comportamental, ética ou moral. O pensamento fundado em raças tem origem na Idade Moderna, no contexto da formação dos Estados europeus, mas foi no século XVIII, na França, que o conceito de raça passou a ser utilizado como um sistema de classificação humana. A formação do conceito racialista reforçou os propósitos colonialistas, tanto para a subjugação de povos originários não europeus, a escravização de negros na África levados à força para a América, como para a expansão imperialista no século XIX.

Porém, apesar de a Biologia e a Antropologia afirmarem que não há diferenças biológicas ou culturais que justifiquem o tratamento desigual entre os seres humanos, a discriminação, com base em uma noção cultural de raça construída historicamente, permanece como um fator político que, segundo o jurista brasileiro **Silvio Almeida** (1977-), é "utilizado para naturalizar desigualdades, justificar a segregação e o genocídio de grupos sociologicamente considerados minoritários". Por meio dessa naturalização, o racismo é estabelecido de forma estrutural, pois está na base da organização social. Ou seja, o racismo, que engendra preconceito e discriminação negativa praticados de forma direta ou indireta, leva à estratificação social caracterizada pela desvantagem que todo um grupo social tem no mercado de trabalho e em todas as instâncias sociais ao longo do tempo.

ALMEIDA, Silvio. *O que é racismo estrutural?* Belo Horizonte: Letramento, 2018.

Saiba +

***Racismo estrutural*.** Silvio Almeida. Pólen, 2019.
O filósofo e jurista Silvio Almeida apresenta dados estatísticos e discute como o racismo está na estrutura social, política e econômica da sociedade brasileira. O autor analisa, portanto, como o problema não se restringe à ação de indivíduos com motivações pessoais, já que o racismo está infiltrado nas instituições e na cultura brasileiras.

MÁRCIO FERNANDES DE OLIVEIRA/ESTADÃO CONTEÚDO

Além de filósofo e professor, Silvio Almeida estuda as questões raciais.

A compreensão de que o racismo é institucional e estrutural nos ajuda a explicar por que os piores indicadores sociais estão sempre associados à população negra. Além disso, as vítimas de homicídio por armas de fogo são em sua maioria negras, a população carcerária é formada predominantemente por negros, os negros têm as menores rendas mensais, as profissões menos valorizadas socialmente e de remuneração menor são exercidas em maior número por negros, há pouca participação de negros em cargos gerenciais e de chefia, etc.

Essa constatação ajuda a explicar também a quantidade de balas "perdidas" que matam os jovens negros pobres das periferias das cidades brasileiras e o assassinato do cidadão negro George Floyd em Minneapolis, Estados Unidos, em 2020, por um policial branco, mais um entre tantos outros, que desta vez resultou em fortes manifestações populares em boa parte do mundo e colocou em pauta a herança escravagista na constituição das sociedades ocidentais e a urgência em reparar as atrocidades do passado de forma a impedir sua perpetuação no presente e no futuro.

É esse o quadro que vivenciamos na atualidade e que deixa muitas questões para reflexão.

Thony Serdoura/Fotoarena

Um protesto organizado pela ONG Rio da Paz, em 2019, enfileirou cruzes com placas identificadas com nomes de crianças mortas por balas perdidas desde 2007.

A garantia dos Direitos Humanos e seus impactos na saúde

Criar mecanismos para que as populações possam usufruir dos seus direitos fundamentais não é somente uma forma de permitir o exercício da cidadania, mas também de levar às populações mais carentes o acesso a infraestruturas e serviços que garantem uma vida mais saudável. Leia a seguir um texto do Centro Brasileiro de Estudos da Saúde sobre o tema e responda à questão proposta.

> As violações de direitos humanos são condições que, explícita ou implicitamente, levam a resultados adversos para a saúde das pessoas e populações vulneráveis em todo o mundo.
>
> Nos dias atuais, no provocante e complexo campo que une a Saúde Pública e os Direitos Humanos, encontramos ferramentas de investigação para avaliar a supressão de direitos na saúde das populações, seja por meio de leis repressivas, do dissenso social, das violências, em especial destaque as de gênero, raça e etnia, de violações em áreas de conflito ambiental e pela posse da terra, ou da desigual determinação social das enfermidades, entre tantas outras formas de supressão. A abordagem contemporânea da Saúde Pública, alicerçada nos direitos humanos, pode auxiliar na compreensão e prevenção de violações, ofertando recomendações para futuros programas e estratégias das políticas de saúde [...].
>
> As políticas e programas de saúde têm a capacidade de promover ou violar os direitos humanos, incluindo o direito à saúde, dependendo da forma como são concebidos ou executados. Medidas que os respeitem e os protejam mantêm a responsabilidade do setor da saúde em lidar com a saúde de todos, sempre na perspectiva da dignidade da pessoa humana. A omissão das políticas de Saúde Pública em relação às populações mais pobres caracteriza também uma violação dos direitos humanos, na medida em que todos deveriam ter igual acesso à saúde. As violações ou a falta de atenção aos direitos humanos podem ter sérias consequências para a saúde. A discriminação visível ou implícita na prestação de serviços de saúde viola os direitos humanos fundamentais. Muitas pessoas com transtornos mentais ainda são internadas contra sua vontade, apesar de serem capazes de tomar decisões sobre o seu futuro.
>
> Portanto, precisamos avaliar o impacto das políticas de Saúde Pública, na tentativa de promover a melhoria, tanto da competência da Saúde Pública quanto da sensibilidade desta em relação aos direitos humanos. Adotar medidas para respeitar e proteger os direitos humanos mantém a responsabilidade do setor da saúde em lidar com a saúde de todos.

CEBES. Direitos Humanos e Saúde: construindo caminhos, viabilizando rumos. *Centro Brasileiro de Estudos de Saúde*, 20 maio 2017. Disponível em: http://cebes.org.br/biblioteca/direitos-humanos-e-saude-construindo-caminhos-viabilizando-rumos/. Acesso em: 10 fev. 2022.

- Elabore um texto explicando se no lugar em que você vive os direitos humanos são garantidos e como isso afeta ou não a saúde da população.

Diálogos

1. Leia a notícia e responda à questão proposta.

Metrô do Rio retira propaganda de estação após acusações de racismo

Uma peça publicitária do Metrô Rio instalada na estação Antero de Quental, no Leblon, vem gerando polêmica dentro e fora dos vagões. Criada para promover a Linha 4, que liga a Zona Norte da cidade à Barra da Tijuca, passando por bairros nobres da Zona Sul, a propaganda mostra dois casais isolados – um formado por negros, outro formado por brancos – com a legenda: "Linha 4, conectando de ponta a ponta". Nas redes sociais, choveram críticas à publicidade que, na opinião de internautas, carrega um preconceito subliminar.

ZUAZO, Pedro. Metrô do Rio retira propaganda de estação após acusações de racismo. *Extra*. 18 set. 2017. Disponível em: https://extra.globo.com/noticias/rio/metro-do-rio-retira-propaganda-de-estacao-apos-acusacoes-de-racismo-21838389.html. Acesso em: 10 fev. 2022.

- Analise a situação apresentada na notícia acima, relacionando-a com a visão sobre racismo estrutural proposta pelo jurista Silvio Almeida. Em seguida, reflita sobre alguma ação que poderia ser realizada por você, caso deparasse com esse tipo de situação.

2. O trabalho análogo à escravidão ainda persiste em diversas regiões do mundo e representa um dos mais graves problemas de ordem moral a serem combatidos, por ferir a dignidade da pessoa humana e violar os Direitos Humanos. Leia a notícia a seguir, publicada no ano de 2020.

Sem máscaras e endividados: 24 indígenas guarani são resgatados de trabalho escravo em fazenda do MS

Em poucos dias de colheita, trabalhadores perceberam que a promessa de pagamento de R$ 100 diários para colher mandioca em uma fazenda em Itaquiraí, no Mato Grosso do Sul, terminaria com dívidas, exposição à covid-19, jornadas de 11h e condições humilhantes. Os trabalhadores – indígenas da etnia guarani – fotografaram os alojamentos onde estavam morando durante a colheita e pediram socorro a uma liderança da aldeia.

Na foto, cômodos pequenos, sem camas. Colchões velhos sem lençóis estavam no chão, junto às roupas e pertences dos trabalhadores. No banheiro, mais lama e sujeira. Na cozinha, panelas velhas em cima de um fogão imundo. Sem máscaras ou equipamentos de proteção à covid-19, os trabalhadores também não tinham cobertores suficientes. Dormiam no frio.

SUAREZ, Joana. Sem máscaras e endividados: 24 indígenas guarani são resgatados de trabalho escravo em fazenda do MS. *Repórter Brasil*, 9 jul. 2020. Disponível em: https://reporterbrasil.org.br/2020/07/sem-mascaras-e-endividados-24-indigenas-guarani-sao-resgatados-de-trabalho-escravo-em-fazenda-do-ms/. Acesso em: 10 fev. 2022.

- Reúnam-se em grupo e discutam de que forma a notícia acima retrata uma situação de violência e de violação dos Direitos Humanos. Em seguida, pesquisem situações similares ocorridas recentemente na unidade da Federação em que vocês vivem, por meio de notícias, reportagens e demais publicações de jornais e revistas impressos ou digitais. Por fim, selecionem as principais informações levantadas e elaborem um *podcast* com o objetivo de sensibilizar a comunidade escolar sobre o tema. Considerem inserir no *podcast* alguns mecanismos avaliados pelo grupo que podem contribuir para o combate a esse tipo de problema.

3. Leia a notícia a seguir e faça o que se pede.

ONU Direitos Humanos, UNIC Rio e Observatório de Favelas reúnem jovens fotógrafos no Dia dos Direitos Humanos

O Centro de Informação das Nações Unidas (UNIC Rio) e o Escritório Regional para a América do Sul do Alto Comissariado das Nações Unidas para os Direitos Humanos (ACNUDH), em parceria com o Observatório de Favelas, comemoram o Dia Internacional dos Direitos Humanos, celebrado em 10 de dezembro, com uma exposição fotográfica e roda de conversa com jovens fotógrafos de comunidades cariocas. As atividades acontecem no Museu do Amanhã e no Palácio Itamaraty, no centro do Rio de Janeiro. Neste ano, o tema da data adotada pela Assembleia Geral da ONU em 1948 é como jovens podem atuar na defesa dos Direitos Humanos.

A partir das 15h30 do dia 10 de dezembro [de 2019], nove fotógrafos da Maré – bairro carioca da região norte do Rio que, não obstante as disputas e conflitos que atravessam o seu território, é solo fértil para projetos, redes e espaços que promovem os Direitos Humanos por meio de atividades culturais, ativismo e participação – discutem como é possível promover os Direitos Humanos por meio de atividades culturais e ativismo. Durante uma semana, estes jovens participaram de oficinas do projeto Imagens do Povo, ação do Observatório de Favelas que desde 2004 alia a técnica fotográfica à formação crítica em relação a questões sociais e Direitos Humanos.

NAÇÕES UNIDAS. Brasil. ONU Direitos Humanos, UNIC Rio e Observatório de Favelas reúnem jovens fotógrafos no Dia dos Direitos Humanos. *UNIC Rio*, 10 dez. 2019. Disponível em: https://acnudh.org/pt-br/no-rio-de-janeiro-onu-reune-jovens-fotografos-no-dia-dos-direitos-humanos/. Acesso em: 10 fev. 2022.

a) Você já presenciou alguma situação na sua comunidade escolar ou no bairro em que vive em que os princípios da Declaração Universal dos Direitos Humanos foram violados? Compartilhe sua experiência com os colegas.

b) Agora, reúnam-se em grupo e reflitam sobre essas situações. Planejem uma data para que possam se reunir fora do ambiente escolar e fotografar tais circunstâncias de violação dos Direitos Humanos nos diferentes espaços de vivência do cotidiano de vocês.

c) Reúnam o material registrado e o apresentem para os demais colegas.

4. Observe as informações fornecidas pelo mapa e responda às questões.

Ranking de proteção de direitos humanos – 2019

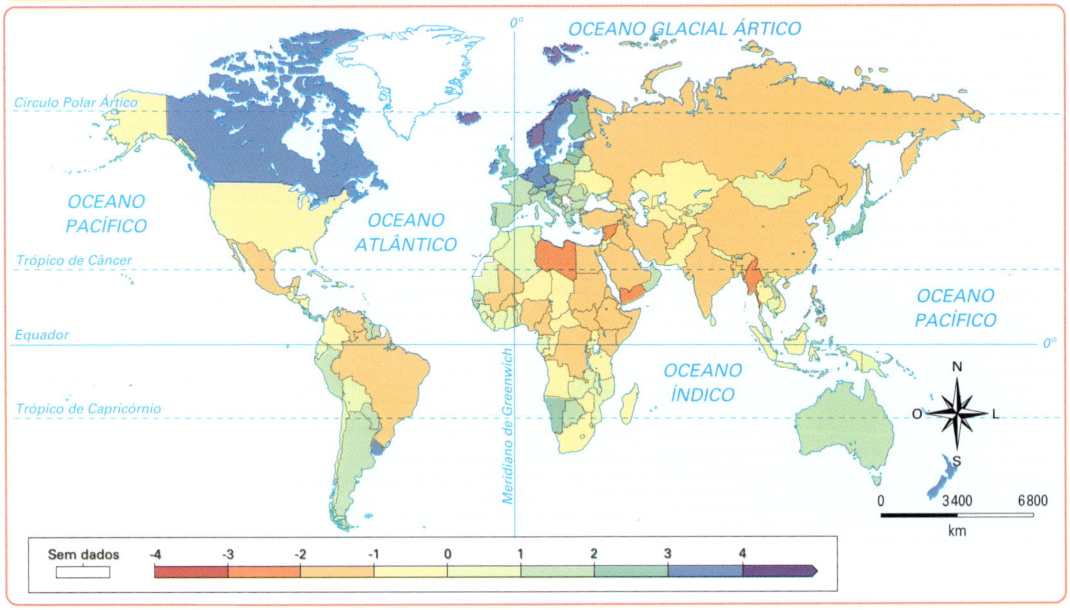

Banco de imagens/Arquivo da editora

Fonte: elaborado com base em HUMAN RIGHTS. *Our World in Data*. Disponível em: https://ourworldindata.org/human-rights. Acesso em: 22 abr. 2022.

a) Analise a situação do Brasil com base nas informações fornecidas pelo mapa.

b) Pesquise o papel da ONU na promoção dos Direitos Humanos no mundo. Em seguida, avalie a atuação da organização ao longo das últimas décadas, considerando as informações apresentadas pelo mapa.

1. (Enem PPL – 2012)

Tales Azzi/Pulsar Imagens

RIBEIRO, L. C. Q.; SANTOS, JUNIOR, O. A. Desafios da questão urbana. *Le Monde Diplomatique Brasil.* Ano 4, n. 45, abr. 2010. Disponível em: http://diplomatique.uol.com.br. Acesso em: 22 ago. 2011.

A imagem registra uma especificidade do contexto urbano em que a ausência ou ineficiência das políticas públicas resultou em

a) garantia dos direitos humanos.

b) superação do déficit habitacional.

c) controle da especulação imobiliária.

d) mediação dos conflitos entre classes.

e) aumento da segregação socioespacial.

2. (Enem PPL – 2017)

Está cada vez mais difícil delimitar o que é rural e o que é urbano. Pode-se dizer que o rural hoje só pode ser entendido como um *continuum* do urbano do ponto de vista espacial; e do ponto de vista da organização da atividade econômica, as cidades não podem mais ser identificadas apenas com a atividade industrial, nem os campos com a agricultura e a pecuária.

SILVA, J. G. O novo rural brasileiro. *Nova Economia*, n. 7, maio 1997.

As articulações espaciais tratadas no texto resultam do(a)

a) aumento da geração de riquezas nas propriedades agrícolas.

b) crescimento da oferta de empregos nas áreas cultiváveis.

c) integração dos diferentes lugares nas cadeias produtivas.

d) redução das desigualdades sociais nas regiões agrárias.

e) ocorrência de crises financeiras nos grandes centros.

3. (Enem – 2013)

Trata-se de um gigantesco movimento de construção de cidades, necessário para o assentamento residencial dessa população, bem como de suas necessidades de trabalho, abastecimento, transportes, saúde, energia, água etc. Ainda que o rumo tomado pelo crescimento urbano não tenha respondido satisfatoriamente a todas essas necessidades, o território foi ocupado e foram construídas as condições para viver nesse espaço.

MARICATO, E. *Brasil, cidades*: alternativas para a crise urbana. Petrópolis: Vozes, 2001.

A dinâmica de transformação das cidades tende a apresentar como consequência a expansão das áreas periféricas pelo(a)

a) crescimento da população urbana e aumento da especulação imobiliária.

b) direcionamento maior do fluxo de pessoas, devido à existência de um grande número de serviços.

c) delimitação de áreas para uma ocupação organizada do espaço físico, melhorando a qualidade de vida.

d) implantação de políticas públicas que promovem a moradia e o direito à cidade aos seus moradores.

e) reurbanização de moradias nas áreas centrais, mantendo o trabalhador próximo ao seu emprego, diminuindo os deslocamentos para a periferia.

4. (Enem – 2019)

A Declaração Universal dos Direitos Humanos, adotada e proclamada pela Assembleia Geral da ONU na Resolução 217-A, de 10 de dezembro de 1948, foi um acontecimento histórico de grande relevância. Ao afirmar, pela primeira vez em escala planetária, o papel dos Direitos Humanos na convivência coletiva, pode ser considerada um evento inaugural de uma nova concepção de vida internacional.

LAFER, C. Declaração Universal dos Direitos Humanos (1948). In: MAGNOLI, D. (org.). *História da paz*. São Paulo: Contexto, 2008.

A declaração citada no texto introduziu uma nova concepção nas relações internacionais ao possibilitar a

a) superação da soberania estatal.

b) defesa dos grupos vulneráveis.

c) redução da truculência belicista.

d) impunidade dos atos criminosos.

e) inibição dos choques civilizacionais.

5. (Enem – 2017)

A participação da mulher no processo de decisão política ainda é extremamente limitada em praticamente todos os países, independentemente do regime econômico e social e da estrutura institucional vigente em cada um deles. É fato público e notório, além de empiricamente comprovado, que as mulheres estão em geral sub-representadas nos órgãos do poder, pois a proporção não corresponde jamais ao peso relativo dessa parte da população.

TABAK, F. *Mulheres públicas*: participação política e poder. Rio de Janeiro: Letra Capital, 2002.

No âmbito do Poder Legislativo brasileiro, a tentativa de reverter esse quadro de sub-representação tem envolvido a implementação, pelo Estado, de

a) leis de combate à violência doméstica.

b) cotas de gênero nas candidaturas partidárias.

c) programas de mobilização política nas escolas.

d) propagandas de incentivo ao voto consciente.

e) apoio financeiro às lideranças femininas.

6. (Enem – 2010)

Em nosso país queremos substituir o egoísmo pela moral, a honra pela probidade, os usos pelos princípios, as conveniências pelos deveres, a tirania da moda pelo império da razão, o desprezo à desgraça pelo desprezo ao vício, a insolência pelo orgulho, a vaidade pela grandeza de alma, o amor ao dinheiro pelo amor à glória, a boa companhia pelas boas pessoas, a intriga pelo mérito, o espirituoso pelo gênio, o brilho pela verdade, o tédio da volúpia pelo encanto da felicidade, a mesquinharia dos grandes pela grandeza do homem.

HUNT, L. *Revolução Francesa e Vida Privada*. In: PERROT, M. (org.). "História da Vida Privada: da Revolução Francesa à Primeira Guerra". Vol. 4. São Paulo: Companhia das Letras, 1991 (adaptado).

O discurso de Robespierre, de 5 de fevereiro de 1794, do qual o trecho transcrito é parte, relaciona-se a qual dos grupos político-sociais envolvidos na Revolução Francesa?

a) À alta burguesia, que desejava participar do poder legislativo francês como força política dominante.

b) Ao clero francês, que desejava justiça social e era ligado à alta burguesia.

c) A militares oriundos da pequena e média burguesia, que derrotaram as potências rivais e queriam reorganizar a França internamente.

d) À nobreza esclarecida, que, em função do seu contato com os intelectuais iluministas, desejava extinguir o absolutismo francês.

e) Aos representantes da pequena e média burguesia e das camadas populares, que desejavam justiça social e direitos políticos.

7. (UFPR – 2018)

No artigo "Gênero e sexualidade na análise do espaço urbano", de Joseli Maria Silva (2007), é apontada uma série de características da relação entre pobreza, gênero e espaço urbano. Vejamos duas delas:

[...] as mulheres de baixa renda, em geral, possuem uma vivência reduzida do espaço total da cidade, desenvolvem deslocamentos menos extensos e frequentes do que os estabelecidos pelos homens dos mesmos locais. Além disso, os motivos dos deslocamentos estão relacionados com seu papel da maternagem e, fora deste, não há registros de deslocamentos para realizar interesses particulares.

As narrativas das proibições masculinas em relação aos deslocamentos realizados pelas mulheres, ao controle do vestuário, locais e horários são regulares em todas as pesquisas atualmente realizadas [...]. Impressionante é a constatação da naturalização dos códigos de honra internalizados pelas próprias mulheres, que promovem, por conta disso, uma autorregulação.

Com base nessas informações, assinale a alternativa correta.

a) As fortes desigualdades no país, fruto das diferenças de gênero, justificam a necessidade de os homens terem uma vivência mais ampla do espaço total da cidade.

b) O aumento de famílias monoparentais femininas contribui com a democratização da cidade como espaço de lazer.

c) As mulheres que possuem filhos sob seu encargo ampliam sua vivência do espaço total da cidade, por somarem seus interesses aos dos filhos.

d) O controle masculino da espacialidade do cotidiano feminino exerce-se a partir da própria mulher.

e) O uso do espaço urbano por homens e mulheres de baixa renda é regido pelas mesmas regras sociais, restringindo os deslocamentos de ambos ao cuidado dos filhos.

8. (Fuvest-SP – 2019)

Em Barcelona, em 2012 e 2013, a cada 15 minutos uma família recebia ordem de despejo. Desde então, o panorama da habitação mudou totalmente. "(...) Estamos assistindo uma onda de especulação imobiliária (...) que agora se foca no aluguel", explica Daniel Pardo da Associação de Moradores para um Turismo Sustentável. "Este fenômeno pôs em marcha um processo acelerado e violento de expulsão de inquilinos", acrescenta. Onde a pressão da especulação imobiliária internacional e a indústria do turismo causaram um aumento substancial nos preços dos aluguéis, os catalães têm hoje de gastar mais de 46% dos seus salários com o aluguel. Para os jovens até os 35 anos, a taxa de esforço aumenta até os 65% (...). "Não queremos que os habitantes de Barcelona sejam substituídos por pessoas com maior poder de compra", diz a porta-voz do Sindicato dos Inquilinos. Só em Barcelona, 15 fundos de investimento imobiliário possuem 3.000 apartamentos.

"Os habitantes querem a sua cidade de volta". Reportagem de Ulrike Prinz para o Goethe-Institut Madrid. Maio/2018. Adaptado.

Os conceitos que explicam as dinâmicas urbanas descritas no excerto são:

a) Financeirização e Industrialização.

b) Gentrificação e Segregação.

c) Aglomeração e Conurbação.

d) Industrialização e Segregação.

e) Conurbação e Gentrificação.

9. (UEG-GO – 2019)

A rede urbana tradicional era constituída por relações hierárquicas de subordinação de uma pequena cidade em relação a uma imediatamente maior. Atualmente, é possível o habitante de uma vila se comunicar diretamente com uma metrópole nacional ou mundial sem a necessidade de obedecer a nenhuma hierarquia. A concretização dessa grande transformação depende:

a) da ampliação da rede de telefonia celular e da diversificação dos serviços públicos.

b) dos avanços no sistema de transportes e da ampliação da distribuição das fontes de energia.

c) da renda das pessoas e do acesso que elas possuem em relação aos recursos tecnológicos.

d) dos recursos tecnológicos disponibilizados à população independentemente de sua condição social.

e) da distribuição da população em diferentes locais do planeta, desde espaços rurais até metropolitanos.

10. (UFT-TO – 2019)

Leia o fragmento a seguir:

"Todos os seres humanos nascem livres e iguais em dignidade e direitos. São dotados de razão e consciência e devem agir em relação uns aos outros com espírito de fraternidade".

Fonte: (Declaração Universal dos Direitos Humanos, Artigo 1º).

Sobre os direitos humanos, assinale a alternativa correta.

a) Pode-se afirmar que a luta pelos direitos humanos é constante, pois historicamente não abarcou a totalidade dos seres humanos.

b) Pode-se afirmar que os direitos humanos devem ser estendidos aos indivíduos de acordo com sua capacidade individual.

c) Pode-se afirmar que a declaração dos direitos humanos privilegia os direitos daqueles que cometem atos ilícitos.

d) Pode-se afirmar que os direitos humanos são garantidos em sua amplitude nos regimes totalitários, contemplando as diferenças sociais.

11. (Uece – 2021)

Nos últimos anos, uma expressão conceitual passou a ser bastante difundida e discutida publicamente para tratar da discriminação racial: racismo estrutural. Silvio Almeida, jurista e filósofo, em sua obra sobre esta conceituação, procura demonstrar como o racismo na sociedade brasileira, por exemplo, é naturalizado e/ou normalizado, e está incrustado nas relações sociais cotidianas.

ALMEIDA, Silvio. *Racismo Estrutural*. São Paulo: Sueli Carneiro/Pólen, 2019.

Afirmar que "o racismo é estrutural" significa dizer que o racismo

a) é uma decorrência da própria estrutura social, que é constituída pelas relações políticas, econômicas e culturais.

b) está incorporado na Constituição brasileira, que submete os negros à inferioridade.

c) existe devido à estrutura fisiológica das raças, embora se saiba que as diferenças culturais são diversas das diferenças biológicas.

d) está na subjetividade das pessoas que, sem a devida orientação mental, discriminam negros de brancos.

12. (UFPR – 2019)

No preâmbulo da Declaração Universal dos Direitos Humanos, lê-se:

"[...] Considerando que o desconhecimento e o desprezo dos direitos do Homem conduziram a atos de barbárie que revoltam a consciência da Humanidade e que o advento de um mundo em que os seres humanos sejam livres de falar e de crer, libertos do terror e da miséria, foi proclamado como a mais alta inspiração do Homem [...]". (grifo nosso)

A partir dos conhecimentos sobre o contexto histórico dessa declaração, assinale a alternativa que indica os eventos históricos em que ocorreram "atos de barbárie" no século XX, antes da publicação desse documento e que tiveram impacto na sua elaboração.

a) Guerra Civil Russa e construção da Cortina de Ferro na Europa.

b) Primeira Guerra Mundial e limpeza étnica na Iugoslávia.

c) Guerra Civil Espanhola e ataques terroristas da Al-Qaeda nos Estados Unidos.

d) Guerra Russo-Japonesa e genocídio dos tutsis em Ruanda.

e) Segunda Guerra Mundial e Holocausto.

O que acontece na praça?

Para começar

Os séculos XX e XXI apresentam incontáveis transformações no estilo de vida das pessoas. Entre elas, está o acelerado processo de urbanização em todo o mundo. A Revolução Industrial, o desenvolvimento tecnológico e o estabelecimento do capitalismo como modo de produção levaram ao crescimento das cidades, à especialização do trabalho e a uma moderna rede de comunicações que possibilita maior eficiência na distribuição e no acesso a bens e serviços. Mas será que serviços como saúde, educação, lazer, saneamento básico e pavimentação de ruas são ofertados igualmente em todo o território nacional? A falta de serviços e estruturas básicas para boa parte da população brasileira mostra violações aos Direitos Humanos.

Trata-se de uma situação complexa e real. Por isso, é importante que, como brasileiros e estudantes, vocês se dediquem a observar, registrar e analisar essa realidade na cidade onde vocês vivem hoje. Muitas vezes passamos, sem nos darmos conta, por locais em que várias violações são cometidas. Não porque essas violências sejam escondidas, mas porque passamos a enxergá-las como "naturais". A naturalização de fenômenos sociais nada mais é do que enxergar como "natural" algo que na realidade é fruto de processos históricos. Muitas vezes, esses processos são atravessados por relações desiguais de poder e violência. Por isso, é importante desnaturalizar o olhar para as situações cotidianas, em especial aquelas relacionadas à violação dos Direitos Humanos.

O cenário da desigualdade é visível nas diversas paisagens das cidades, sejam grandes, sejam médias, sejam pequenas. Essa desigualdade se apresenta em diferentes espaços, como é o caso das praças centrais das cidades, em que é possível ver a circulação de vários tipos de pessoas, de diferentes origens e classes sociais. Nesses lugares se misturam gerações (crianças, adultos e idosos), homens, mulheres, pessoas LGBTQI+, pessoas que apenas "passam" por ali, outras que trabalham, conversam, passam o tempo, dormem ou vivem ali, por falta de um local adequado de moradia.

Gerson Gerloff/Pulsar Imagens

Praça Dante Alighieri em Caxias do Sul (RS). Foto de 2019.

Essa diversidade, comum em praças, faz delas um ambiente interessante para se compreender um pouco da lógica local e analisar de que forma os diferentes grupos acessam e utilizam esses espaços públicos da cidade.

Para fazer esse exercício, vamos empregar o método de observação participante. Ele permite treinar um olhar desnaturalizado, ajudando a perceber situações cotidianas com base em perspectivas menos preconceituosas. Também ajudará a desenvolver uma nova postura de observação. A partir desses olhares, será possível encontrar padrões e significados importantes em situações que passam despercebidas e que, muitas vezes, parecem não ter sentido algum. Prontos para novos olhares?

Observar para desnaturalizar

A observação participante surgiu na disciplina de Antropologia para compreender a lógica de pensamento e das estruturas de determinada sociedade. Inicialmente, no final do século XIX e início do XX, era utilizada no contato com não ocidentais, geralmente indígenas, africanos e asiáticos. Atualmente, trata-se de um método extremamente utilizado em pesquisas que procuram entender a própria sociedade e as dinâmicas e lógicas locais, pois permite enxergar a estrutura da cidade, os diferentes níveis de sociabilidade e os usos do espaço geográfico.

Por exemplo, pode-se perceber os fluxos, os trajetos e pontos de encontro de diferentes grupos sociais na cidade (*punks*, surdos, motociclistas, ciclistas, *skatistas*, veganos, entre outros).

Mas também é possível perceber relações mais específicas, como os motivos, os significados e as negociações da ocupação dos espaços. Os grupos compartilham os mesmos lugares? Como as relações de compartilhamento ou "domínio" do espaço são feitas e por quê?

Pode-se entender ainda a estrutura física da cidade e como a presença ou ausência de instituições impacta a paisagem, a circulação, o acesso e o tipo de uso dos espaços.

A proposta deste projeto é treinar um olhar inspirado na observação participante e buscar lógicas mais simples em uma praça da cidade, por ser um local bem delimitado onde é possível perceber padrões em poucas saídas de campo.

A(s) praça(s) de seu bairro ou cidade é(são) realmente um espaço aberto e democrático ou existe algum sinal de controle ou repressão? O que os equipamentos ali instalados e a circulação de pessoas podem revelar sobre trabalho, lazer, desigualdades e políticas públicas? O que cada grupo ali pode revelar sobre divisão do trabalho e hierarquias sociais? Essas são algumas perguntas às quais esta atividade, inspirada na observação participante, pretende responder. Vamos lá?

Material necessário

Caderno de campo; água; lanche; lápis ou caneta; máscara; álcool em gel; guarda-chuva; computador com acesso à internet; programa de processamento de textos.

Para fazer

Etapa 1 – Definir o grupo de trabalho, o tema da pesquisa e os objetivos

1. Formem um grupo de trabalho com seis estudantes.
2. O tema da pesquisa é "Observação participante na praça: direitos humanos e desigualdades". O objetivo é observar o espaço, como as pessoas circulam, o que fazem, quais relações constroem, de modo a revelar se a praça é um local onde há ou não o acesso a Direitos Humanos e o direito à cidade. Para isso, é necessário definir o objetivo geral, que é "compreender a estrutura e as dinâmicas sociais da praça com base na ideia de Direitos Humanos", sobretudo em relação aos artigos a seguir.
   - Artigo 1 – O direito de igualdade;
   - Artigo 22 – O direito à proteção social;
   - Artigo 23 – O direito ao trabalho;
   - Artigo 24 – O direito ao repouso e lazer;
   - Artigo 25 – O direito a um padrão de vida adequado.
3. Dentro do objetivo geral, temos os objetivos específicos, que nada mais são do que pontos essenciais de observação nas praças, conforme apresentado a seguir.
   - A estrutura física da praça.
   - Instituições presentes.
   - Grupos no local.

Etapa 2 – O campo de observação e a agenda de trabalho

1. Escolham uma praça movimentada que vocês conhecem e que seja usada por pessoas de várias idades e grupos.
2. Conversem com o professor sobre o tempo que terão para realizar os campos de observação e preparem uma agenda de trabalho considerando as seguintes etapas:

   a) Três saídas em campo: é o momento em que vocês vão fazer a observação da praça. As saídas devem acontecer em dias diferentes e durar no máximo três horas para não ficar muito cansativo.
   b) Registros dos relatos de campo: trata-se do momento em que vocês vão descrever o que aconteceu em campo.
   c) Organização de categorias: momento de organizar os dados de campo (descritos nos relatos de campo) de acordo com cada objetivo específico.
   d) Elaboração de relatório: aqui os dados de campo devem ser analisados de acordo com a teoria sobre Direitos Humanos e a bibliografia sobre o tema.
   e) Produção final para a apresentação do trabalho: hora de mostrar os resultados do trabalho de forma criativa na internet ou para a comunidade escolar.

Etapa 3 – Planejar a pesquisa de campo

1. Cada espaço público tem horários e regras próprios, por isso a primeira saída deve ter o intuito de observar a estrutura física do local, conhecer as instituições, os possíveis horários de atividades coletivas na praça (se houver), entre outras informações gerais. Essas informações podem ser levantadas com pessoas que trabalham no local, em instituições próximas ou na internet. Por exemplo, se houver uma igreja, será necessário conversar com algum responsável e perguntar quais são os horários de missa, quais são as mais cheias e se há trabalhos assistenciais, etc. As atividades não precisam ser organizadas por uma instituição, podem acontecer na própria praça pela organização dos frequentadores, como aula de ioga pela manhã, presença de grupos de dança depois do horário de aula, grupos de artesanato, jogos de tabuleiro, etc. De acordo com a agenda de atividades que vocês conseguirem, o grupo deve organizar o segundo e o terceiro campos, sempre considerando as atividades e os horários que vão permitir maior contato com as pessoas.
2. É aconselhável que o grupo todo vá junto para o campo e que, chegando ao local, façam a observação em pequenos grupos ou individualmente. Isso porque um grupo grande costuma chamar a atenção e pode fazer com que os frequentadores da praça se sintam desconfortáveis ou desconfiados. Além disso, nesse tipo de grupo, a interação geralmente fica sob a responsabilidade de uma ou duas pessoas. A ideia é que todos trabalhem habilidades de comunicação, façam perguntas e sejam ativos.
3. A frequência das saídas de campo também é importante. Uma vez por semana é o ideal, pois permite o tempo necessário para a escrita do relato de campo e para absorver e pensar a experiência antes de fazer outra saída. Além disso, o período de uma semana não é muito longo e mantém a continuidade do trabalho. Organizem o material para ir a campo:

   - Caderno de campo: pequeno bloco de notas ou caderno que seja de fácil manuseio. No caderno de campo, vocês devem anotar brevemente situações, frases ou mesmo palavras-chave sobre o campo. Essas anotações vão servir para ativar a memória no momento de escrever o relato de campo (item a ser explicado na etapa 5).
   - Água, lanche, lápis ou caneta.
   - Guarda-chuva, casaco, a depender da região onde vocês vivem. O clima é outro ponto sutil, mas importante do trabalho. Consulte a previsão do tempo antes de confirmar o campo. Se houver probabilidade de chuva, valerá a pena remarcar.
   - Quem quiser pode usar câmera fotográfica ou celular para ajudar no registro de campo. Nesse caso, é preciso preparar um termo de consentimento para uso de imagem, que deve ser assinado pelas pessoas eventualmente fotografadas. Esse termo deve conter: o nome da pessoa, o número do RG, um breve texto informando que a pessoa autoriza o uso da imagem para o projeto a ser realizado, a data, o local e a assinatura.

- Máscara e álcool em gel, caso a situação da pandemia do novo coronavírus ainda não esteja controlada no momento da realização dos campos. Se assim for, é importante manter o distanciamento social e seguir as normas sanitárias em vigor no seu município.

Etapa 4 – Ir a campo

1. Procurem ser neutros: um pesquisador sempre deve observar o objeto de análise da forma mais imparcial possível. A ideia de neutralidade é silenciar os julgamentos, sejam positivos, sejam negativos. O que cada pessoa, situação e o próprio espaço têm a revelar é importante para percebermos a estrutura social da qual fazemos parte, e, para ouvir essas revelações, é preciso estar aberto e assumir uma postura humilde em relação ao outro. Por isso, um pesquisador em campo não julga. Esse posicionamento vai permitir a abertura necessária para compreender o outro a partir do ponto de vista dele, o que é extremamente importante nessa metodologia.
2. Estranhem o que vocês costumam considerar normal, ou seja, percebam a diferença do outro, mas não a julguem. O estranhamento geralmente acontece no contato entre culturas diferentes. Mas como "estranhar" a própria cultura? Imaginem um estrangeiro que passou toda a vida em uma comunidade afastada no Alasca. Agora imaginem que essa pessoa faz parte do grupo de observação participante na praça com vocês. Certamente ela ficará surpresa e curiosa com tudo o que observar, não é? Tentem reproduzir esse estranhamento e a curiosidade do estrangeiro no seu olhar sobre a praça. É importante frisar que, nesse caso, estranhar significa assumir uma postura de desconhecimento ou ignorância sobre o ambiente.
3. Usem todos os sentidos: estamos acostumados a supervalorizar a visão e acabamos não dando atenção ao olfato, ao tato e à audição. Olhem para locais para os quais vocês não olhariam (andares de cima dos prédios, detalhes das fachadas, organização dos fios de eletricidade), prestem atenção nos cheiros, nas conversas, nos sotaques ou em outras línguas, percebam as diferenças de temperatura, luminosidade e ruído entre um ambiente e outro. Somente com essa percepção do ambiente já é possível ter uma série de informações sobre as regras, os cuidados e as finalidades do local.
4. Usem o caderno de campo: anotem tudo o que lhes chamar a atenção. Pode ser uma frase ou até uma palavra que faça vocês se lembrarem daquele momento. Lembrem-se de que a ideia do campo é captar o ponto de vista e a experiência das pessoas com quem vocês vão interagir. Se quiserem, podem utilizar a fotografia como recurso.
5. Interajam com as pessoas na praça. Tenham iniciativa e puxem assunto. Não é obrigatório vocês se identificarem como pesquisadores, mas se perceberem que a outra pessoa está desconfiada ou se vocês mesmos não estiverem à vontade, podem se identificar como pesquisadores que estão fazendo um trabalho para a escola. Às vezes, essa informação quebra a desconfiança e a conversa fica mais solta.
6. Os pontos de observação deverão ser os seguintes.

   a) A estrutura física da praça: tamanho, cuidados gerais com a estrutura do local, como limpeza, arborização, presença de brinquedos para crianças, iluminação, acessibilidade, etc.

   - Este objetivo específico vai mostrar de que forma a estrutura da praça está mais ou menos adequada ao lazer e à sociabilidade. Prestem atenção na estrutura, na limpeza e na segurança. A praça tem rampas para cadeira de rodas? O terreno está bem asfaltado ou há buracos no pavimento? A iluminação da praça é boa e oferece mais segurança à noite? Ela está limpa? Há áreas para brinquedos ou academias ao ar livre, bancos, mesas, etc.?

Delfim Martins/Pulsar Imagens

Equipamento de lazer para crianças na Praça da Estação em Quixadá (CE). Fotografia de 2018.

b) Instituições presentes: igreja, museus, casas de acolhida, posto policial, escolas, faculdades, comércio, entre outras.

Clemildo Silva/Shutterstock

Igreja na praça da cidade de Pinto Bandeira (RS). Fotografia de 2020.

- A presença de instituições pode valorizar muito a região onde a praça está localizada. Escolas, faculdades, igrejas, museus, entre outras, valorizam e movimentam o local. Por isso é importante que percebam que tipos de instituição há nos arredores da praça. De que forma essas instituições influenciam a presença de pessoas e grupos que frequentam o local? Aquelas instituições tornam a praça um local privilegiado na cidade? Prestem atenção nos agentes institucionais. Policiais, assistentes sociais, pessoas que fazem trabalhos ligados à igreja, etc. mostram de forma clara quais são as demandas sociais do local.

c) Grupos no local: idosos, jovens, crianças, trabalhadores, pessoas em situação de rua, etc.

Eduardo Zappia/Pulsar Imagens

Artista apresenta espetáculo de bonecos em praça no centro de Garopaba, SC, em 2019.

- As praças são ocupadas por diferentes grupos sociais. Muitas vezes, o motivo da presença desses grupos parece óbvio (trabalho, escola, igreja, lazer ou algum serviço oferecido), mas o ponto de vista dos frequentadores pode aprofundar muito nossas percepções. A ideia principal desse contato é justamente entender os usos e significados daquele espaço público para as pessoas presentes. Por exemplo, quem tem casa e comida farta provavelmente vai à praça para lazer. Por outro lado, pode haver grupos que literalmente moram na praça, neste caso ela pode ser vista como lar; já outro grupo pode considerar a praça local onde se estabelecem amizades ou se praticam atividades físicas ou algum esporte. As respostas são diversas e conhecê-las requer entrar em contato com o outro, ouvir, apreender seu ponto de vista, suas queixas e suas motivações.

d) Com base nesse contato e nos "significados da praça", pode-se perceber desigualdades sociais, a praça como lugar de acesso e/ou violação do direito à cidade e aos Direitos Humanos e constitucionais.

João Prudente/Pulsar Imagens

Jogo de baralho reúne idosos em praça no centro da cidade de Santa Bárbara do Oeste (SP), em 2019.

Luis War/Shutterstock

Pessoa em situação de rua dormindo em praça no centro de Belo Horizonte (MG), em 2019.

Etapa 5 – O relato de campo e a sistematização dos dados

1. Depois de cada campo, vocês devem fazer um relato de campo. Utilizem o caderno de campo como base e desenvolvam os detalhes daquilo que ouviram: queixas, elogios, motivações e pontos de vista das pessoas sobre o local. Lembrem-se de registrar também as percepções que vocês tiveram sobre o ambiente.
2. Façam uma categorização das informações nos objetivos específicos usando marca-textos de cores diferentes para cada um dos objetivos. Por exemplo:
   - estrutura da praça: caneta verde;
   - instituições: caneta azul;
   - grupos sociais: caneta amarela.
3. Juntem todos os relatos de campo e discutam em grupo cada um desses objetivos. O que o campo revelou sobre esses pontos?

Etapa 6 – Escrever o relatório e divulgar os resultados

- A estrutura do relatório deve conter:

  a) Introdução: apresentem brevemente o tema, os objetivos e o método utilizado no projeto.

  b) Desenvolvimento: relacionem os dados de campo com a discussão teórica das unidades. Neste momento, é importante fazer uma análise articulando a subjetividade dos frequentadores com conceito de praça e a função delas nas cidades, além da identificação do cumprimento ou violação dos Direitos Humanos.

  c) Campo: descrevam a experiência de vocês. Como vocês se sentiram, quais foram as dificuldades e as surpresas? A percepção de vocês sobre a praça mudou ou continuou igual?

  d) Conclusão: retomem brevemente os pontos principais finalizando com uma opinião geral do trabalho e o que poderia ser melhorado em futuros campos.

Para compartilhar

1. Façam a difusão do relatório construindo uma página nas redes sociais. Neste caso, cada grupo deve criar *stories* e postagens sobre um aspecto que tenha lhe chamado mais a atenção no campo. Devem ser usados os dados do caderno de campo e relatos, bem como fotografias, desde que não exponham nenhuma pessoa com quem tenham tido contato (a menos que as pessoas fotografadas tenham assinado o termo de consentimento para uso de imagem).
2. Divulguem a página para as outras turmas da escola, colegas e familiares. Provavelmente, muitas pessoas vão olhar essa praça com outros olhos!

Respostas #EnemVestibular

Unidade 1

1. (Enem – 2016): D.
2. (Enem – 2014): A.
3. (Enem – 2010): D.
4. (Enem – 2016): D.
5. (Enem – 2017): B.
6. (Enem – 2017): C.
7. (Vunesp – 2019): A.
8. (Uece – 2019): D.
9. (Uece – 2021): D.
10. (Mack-SP – 2018): B.
11. (Urca-CE – 2019): B.
12. (Unifeso-RJ – 2016): A.

Unidade 2

1. (Enem PPL – 2012): E.
2. (Enem PPL – 2017): C.
3. (Enem – 2013): A.
4. (Enem – 2019): B.
5. (Enem – 2017): B.
6. (Enem – 2010): E.
7. (UFPR – 2018): D.
8. (Fuvest-SP – 2019): B.
9. (UEG-GO – 2019): B.
10. (UFT-TO – 2019): A.
11. (Uece – 2021): A.
12. (UFPR – 2019): E.

Lista de siglas das atividades extraídas de provas oficiais

Fuvest-SP – Fundação Universitária para o Vestibular (São Paulo)
Uece – Universidade Estadual do Ceará
UEG-GO – Universidade Estadual de Goiás
UFPR – Universidade Federal do Paraná
UFT-TO – Universidade Federal do Tocantins
Unifeso-RJ – Centro Universitário Serra dos Órgãos (Rio de Janeiro)
UPM-SP ou Mack-SP – Universidade Presbiteriana Mackenzie (São Paulo)
Urca-CE – Universidade Regional do Cariri (Ceará)
Vunesp – Fundação Vestibular da Universidade Estadual Paulista

Referências bibliográficas

ABBAGNANO, N. *Diccionario de Filosofía*. México, D.F.: Fondo de Cultura Económica, 1998.

ABREU, A. A. de (org.). *Caminhos da cidadania*. Rio de Janeiro: FGV, 2009.

ACNUR Brasil. *"Refugiados" e "migrantes"*: perguntas frequentes. 22 mar. 2016. Disponível em: www.acnur.org/portugues/2016/03/22/refugiados-e-migrantes-perguntasfrequentes/. Acesso em: 6 jun. 2022.

ACNUR Brasil. *4 dados para entender a situação da Venezuela*. 28 nov. 2019. Disponível em: www.acnur.org/portugues/2019/11/28/4-dados-para-entender-asituacaoda-venezuela/. Acesso em: 6 jun. 2022.

ADDA, J. *Os problemas da globalização da economia*. Barueri: Manole, 2004.

ADORNO, T.; HORKHEIMER, M. *Dialética do esclarecimento*: fragmentos filosóficos. Rio de Janeiro: Jorge Zahar Ed., 1985.

ALENCASTRO, L. F. de. *O trato dos viventes*: formação do Brasil no Atlântico Sul. São Paulo: Companhia das Letras, 2000.

ALMEIDA, C. A. *Cultura e sociedade no Brasil*: 1940-1968. São Paulo: Atual, 1996.

ALMEIDA, S. *O que é racismo estrutural?* Belo Horizonte: Letramento, 2018.

ALVES, Maria Zenaide; OLIVEIRA, Igor. Juventudes e territórios: o campo e a cidade. *In*: CORREA, Licinia Maria; ALVES, Maria Zenaide; LINHARES, Carla (org.). *Cadernos temáticos*: juventude brasileira e Ensino Médio. Belo Horizonte: Ed. da UFMG, 2014. p. 26. Disponível em: http://observatoriodajuventude.ufmg. br/publication/view/colecao-cadernos-tematicos-juventudese-territorios-o-campo-e-a-cidade/. Acesso em: 6 jun. 2022.

ANTUNES, R. *Os sentidos do trabalho*: ensaio sobre a afirmação e a negação do trabalho. São Paulo: Boitempo, 1999.

ARAUJO, M. P. *et al*. *Ditadura e democracia na América Latina*. Rio de Janeiro: Ed. da FGV, 2008.

ARBIX, G. *et al*. (org.). *Brasil, México, África do Sul, Índia e China*: diálogo entre os que chegaram depois. São Paulo: Unesp: Edusp, 2002.

ARENDT, H. *Eichmann em Jerusalém*: um relato sobre a banalidade do mal. São Paulo: Companhia das Letras, 2000.

ARENDT, H. *Entre o passado e o futuro*. São Paulo: Perspectiva, 2011.

ARRIGHI, G. *A ilusão do desenvolvimento*. 4. ed. Petrópolis: Vozes, 1998.

ARRIGHI, G. *Adam Smith em Pequim*: origens e fundamentos do século XXI. São Paulo: Boitempo, 2008.

BARROS FILHO, C. de; POMPEU, J. *A Filosofia explica as grandes questões da humanidade*. Rio de Janeiro: Casa da Palavra; São Paulo: Casa do Saber, 2013.

BARROS, J. D. Igualdade e diferença: uma discussão conceitual mediada pelo contraponto das desigualdades. *Revista Brasileira de Educação*, Rio de Janeiro, v. 23, 2018. p. 1-25.

BASCHET, J. *A civilização feudal*: do ano mil à colonização da América. São Paulo: Globo, 2006.

BATISTA JR., Paulo Nogueira. *Mitos da "globalização"*. São Paulo: IEA-USP, 1997.

BAUMAN, Z. *Modernidade e Ambivalência*. Rio de Janeiro: Zahar, 1999.

BENEVIDES, Maria Vitória. *A cidadania ativa*. São Paulo: Ática, 1998.

BENEVOLO, L. *História da cidade*. São Paulo: Perspectiva, 2007.

BOBBIO, N.; MATTEUCCI, N.; PASQUINO, G. *Dicionário de Política*. 7. ed. Brasília: Editora UnB, 1995. v. 1 e 2.

BORGES, E.; MEDEIROS, C. A.; D'ADESKY, J. *Racismo, preconceito e intolerância*. São Paulo: Atual, 2009.

BOTELHO, A.; SCHWARCZ, L. M. (org.). *Agenda brasileira*: temas de uma sociedade em mudança. São Paulo: Companhia das Letras, 2011.

BRAGA, M. B. *Prebisch era realmente contra o livre-comércio?* Considerações sobre a origem do pensamento estruturalista. Texto para discussão: Série Economia. Ribeirão Preto (SP): Faculdade de Economia, Administração e Contabilidade de Ribeirão Preto – Universidade de São Paulo (FEA-RP), fev. 2008.

BRASIL. Ministério da Ciência, Tecnologia, Inovações e Comunicações. *Estudo de projetos de alta complexidade: indicadores de parques tecnológicos*. Brasília: Centro de Apoio ao Desenvolvimento Tecnológico (UnB), 2019.

BRASIL. Ministério da Educação. *Base Nacional Comum Curricular*. Brasília, 2018. Disponível em: http://basenacionalcomum.mec.gov.br/images/BNCC_EI_EF_110518_versaofinal_site.pdf. Acesso em: 23 set. 2021-mar. 2022.

BRESCIANI, M. S. M. *Londres e Paris no século XIX*: o espetáculo da pobreza. São Paulo: Brasiliense, 1982.

BROWN, James H.; LOMOLINO, Mark V. *Biogeografia*. Ribeirão Preto: Funpec, 2006.

BROWN, L. R. *Plano B 4.0*: mobilização para salvar a civilização. São Paulo: Ideia: New Content, 2009.

BRUNDTLAND, Gro Harlem *et al*. *Nosso futuro comum*. 2. ed. Rio de Janeiro: Ed. da FGV, 1991.

BUCKINGHAM, Will *et al*. *O livro da filosofia*. Tradução de Douglas Kim. São Paulo: Globo, 2011.

BULL, Hedley. *A sociedade anárquica*: um estudo da ordem na política mundial. Brasília, DF: Editora Universidade de Brasília/Instituto de Pesquisa de Relações Internacionais; São Paulo: Imprensa Oficial do Estado, 2002.

BUORO, A. *et al*. *Violência urbana*: dilemas e desafios. São Paulo: Atual, 2010.

CAMPOS FILHO, C. M. *Reinvente seu bairro*: caminhos para você participar do planejamento da sua cidade. São Paulo: Editora 34, 2003.

CANÊDO, L. B. *A Revolução Industrial*. 22. ed. São Paulo: Atual; Campinas: Unicamp, 2003.

CAPEL, H. *La Cosmópolis y la ciudad*. Barcelona: Ediciones del Serbal, 2003.

CARDOSO, C. F. S. *O trabalho compulsório na antiguidade*. Rio de Janeiro: Graal, 2003.

CARRIÈRE, J. *O círculo dos mentirosos*: contos filosóficos do mundo inteiro. São Paulo: Códex, 2004.

CARVALHO, Marcos de. *O que é natureza*. São Paulo: Brasiliense, 2003. (Primeiros passos, 243).

CASTELLS, M. *A sociedade em rede*. 7. ed. Rio de Janeiro: Paz e Terra, 2003. (A era da informação: economia, sociedade e cultura, 1).

CASTELLS, M. *Fim de milênio*. Rio de Janeiro: Paz e Terra, 1999. (A era da informação: economia, sociedade e cultura, 3).

CASTELLS, M. *O poder da identidade*. 2. ed. Rio de Janeiro: Paz e Terra, 1999. (A era da informação: economia, sociedade e cultura, 2).

CASTELLS, M.; HALL, P. *Technopoles of the world*: the making of 21st industrial complexes. London/ New York: Routledge, 1994.

CASTRO, A. B. de. O cenário internacional, a nova empresa e a nova competição. *In*: Dossiê "Caminhos do desenvolvimento", *Revista USP*, n. 93, São Paulo, mar./abr./maio 2012. p. 11-20.

CASTRO, I. E. de; GOMES, P. C. C.; CORRÊA, R. L. (org.). *Olhares geográficos*: modos de ver e viver o espaço. Rio de Janeiro: Bertrand Brasil, 2012.

CENTRO DE ESTUDOS DE INTEGRAÇÃO E DESENVOLVIMENTO (CINDES). *Brasil, o multilateralismo comercial e a OMC*: uma perspectiva de médio prazo. Relatório final. Rio de Janeiro, jun. 2012. p. 7 11.

CHAUI, M. *Convite à Filosofia*. São Paulo: Ática, 2008.

CHAUI, M. *O que é ideologia*. São Paulo: Brasiliense, 2017.

CHOMSKY, Noam. *Quem manda no mundo?* São Paulo: Planeta, 2017.

CONTI, Thomas V. *Os conceitos de violência direta, estrutural e cultural*. 31 maio 2016. Disponível em: http://thomasvconti.com.br/2016/os-conceitos-de-violencia-direta-estrutural-e-cultural/. Acesso em: 25 fev. 2022.

COSTA E SILVA, A. *A enxada e a lança*: a África antes dos portugueses. São Paulo: Nova Fronteira, 2006.

COSTA, A. C. G. da (org.). *O mundo, o trabalho e você*. São Paulo: Instituto Ayrton Senna, 2009.

COSTA, A. C. G. da (org.). *Protagonismo juvenil*: adolescência, educação e participação democrática. Salvador: Fundação Odebrecht, 2000.

COSTA, W. M. da. *Geografia política e geopolítica*: discursos sobre o território e o poder. São Paulo: Hucitec: Edusp, 1997.

CUNHA, A. M. A China e o Brasil na nova ordem internacional. *In*: Dossiê "China: desenvolvimento econômico e segurança internacional". *Revista de Sociologia e Política*, Curitiba, v. 19, n. suplementar, nov. 2011. p. 9-29.

DALLARI, Dalmo de Abreu. *Elementos de teoria geral do Estado*. 20. ed. São Paulo: Saraiva, 1998.

DAVIS, M. *Planeta favela*. São Paulo: Boitempo, 2006.

DAVIS, M. *Holocaustos coloniais*: clima, fome e imperialismo na formação do Terceiro Mundo. Rio de Janeiro: Record, 2002.

DAYRELL, Juarez. *O rap e o funk na socialização da juventude*. Belo Horizonte: Humanitas, 2005.

DE DECCA, E. *1930*: o silêncio dos vencidos. 3. ed. São Paulo: Brasiliense, 1986.

DEBORD, Guy. *A sociedade do espetáculo*. Rio de Janeiro: Contraponto, 1997.

DIAMOND, Jared. *Colapso*: como as sociedades escolhem o fracasso ou o sucesso. Rio de Janeiro: Record, 2005.

DIAMOND, Jared. *O mundo até ontem*: como podemos aprender com as sociedades tradicionais. São Paulo: Record, 2014.

DIAS, L. A. (org.). *Cidade e História*: uma análise de processos de urbanização e construção de cidadania. Curitiba: CRV, 2010.

DIAS, V. Após abolição, negro foi excluído do mercado de trabalho. *Agência USP de Notícias*, São Paulo, 11 mar. 2013. Disponível em: http://www.usp.br/agen/?p=130331. Acesso em: 8 fev. 2022.

DOLLFUS, Oliver. Geopolítica do sistema-mundo. *In*: SANTOS, Milton *et al*. (org.). *Fim de século e globalização*. São Paulo: Hucitec, 1993. (Coleção O novo mapa do mundo).

DOWBOR, Ladislau. *A era do capital improdutivo*: por que oito famílias têm mais riquezas do que a metade da população do mundo? São Paulo: Autonomia Literária, 2017.

DREYER-EIMBCKE, O. *O descobrimento da Terra*: história e histórias da aventura cartográfica. São Paulo: Melhoramentos/Edusp, 1992.

DUARTE, P. A. *Fundamentos de Cartografia*. 2. ed. Florianópolis: UFSC, 2003.

DUBY, G. (org.). *A sociedade cavaleiresca*. São Paulo: Martins Fontes, 1989.

DUBY, G. (org.). *História da vida privada*: da Europa feudal à Renascença. São Paulo: Companhia das Letras, 1990. v. 2.

DULLEY, Richard Domingues. *Noção de natureza, ambiente, meio ambiente, recursos ambientais e recursos naturais*. Agric. São Paulo, v. 51, n. 2, jul./dez. 2004. p. 15-26.

DUPAS, G. *Economia global e exclusão social*: pobreza, emprego, Estado e o futuro do capitalismo. São Paulo: Paz e Terra, 2000.

ENGELS, F. *A situação da classe trabalhadora na Inglaterra*. Lisboa: Presença, 1975.

ESCHRIQUI, Jorge. *Cidadania e ensino de história*. Brasília, DF: Thesaurus, 2018.

FAIRBANK, J. K.; GOLDMAN, M. *China*: uma nova história. Porto Alegre: L&PM, 2007.

FAUSTO, Boris. *Getúlio Vargas*: o poder e o sorriso. São Paulo: Companhia das Letras, 2006.

FEBVRE, Lucien. *Honra e pátria*. Rio de Janeiro: Civilização Brasileira, 1998.

FERNÁNDEZ-ARMESTO, Felipe. Então você pensa que é humano? Uma breve história da humanidade. São Paulo: Companhia das Letras, 2007.

FERREIRA, J. S. W. *O mito da cidade-global*: o papel da ideologia na produção do espaço urbano. Petrópolis: Vozes; São Paulo: Ed. da Unesp; Salvador: Anpur, 2007.

FERRY, L. *Aprender a viver*: Filosofia para os novos tempos. Rio de Janeiro: Objetiva, 2006.

FONTANA, J. *História dos homens*. Bauru: Edusc, 2004.

FONTANA, J. *Introdução ao estudo da história geral*. Bauru: Edusc, 2000.

FRANCO JR., H. *A Eva barbada*: ensaios de mitologia medieval. São Paulo: Edusp, 1996.

FRIEDRICH, O. *Olympia*: Paris no tempo dos impressionistas. São Paulo: Companhia das Letras, 1993.

FURET, F.; OZOUF, M. (org.). *Dicionário crítico da Revolução Francesa*. Rio de Janeiro: Nova Fronteira, 1989.

GAGGERO, Horacio. *Historia de América en los siglos XIX y XX*. Buenos Aires: Alique Grupo Editor, 2011.

GIDDENS, A. *O Estado-nação e a violência*. São Paulo: Edusp, 2001.

GIDDENS, A. *Sociologia*. Porto Alegre: Artmed, 2005.

GIDDENS, A. *A política da mudança climática*. Rio de Janeiro: Zahar, 2010.

GODIN, S. *A ilusão de Ícaro*: exemplos na vida e no trabalho de pessoas que ousaram voar mais alto. Rio de Janeiro: Elsevier, 2013.

GOMES, A. C.; D'ARAÚJO, M. C. *Getulismo e trabalhismo*. São Paulo: Ática, 1989.

GOMES, P. C. da C. *A condição urbana*: ensaios de geopolítica da cidade. 4. ed. Rio de Janeiro: Bertrand Brasil, 2012.

GONÇALVES, R. *O Brasil e o comércio internacional*. São Paulo: Contexto, 2003.

HABERMAS, J. *Técnica e ciência como "ideologia"*. Lisboa: Edições 70, 1994.

HAN, B. C. *Sociedade do cansaço*. Petrópolis: Vozes, 2017.

HARVEY, D. *A condição pós-moderna*: uma pesquisa sobre as origens da mudança cultural. 2. ed. São Paulo: Loyola, 1993.

HARVEY, D. *A produção capitalista do espaço*. 2. ed. São Paulo: Annablume, 2006.

HARVEY, D. *O novo imperialismo*. São Paulo: Loyola, 2004.

HAWKEN, Paul. *The Ecology of Commerce*: a Declaration of Sustainability. New York: Harper Collins, 1993.

HAWKING, S. W. *Uma breve história do tempo*: do *big bang* aos buracos negros. 2. ed. Rio de Janeiro: Rocco, 1988.

HELD, D.; McGREW, A. *Prós e contras da globalização*. Rio de Janeiro: Jorge Zahar, 2001.

HOBSBAWM, E. *A era das revoluções*: 1789-1848. 12. ed. Rio de Janeiro: Paz e Terra, 2000.

HOBSBAWM, E. *A era do capital*. 2. ed. Rio de Janeiro: Paz e Terra, 1979.

HOBSBAWM, E. *A era dos impérios*: 1875-1914. 19. ed. São Paulo: Paz e Terra, 2015.

HOBSBAWM, E. *Da Revolução Industrial inglesa ao imperialismo*. 5. ed. Rio de Janeiro: Forense, 2003.

HOBSBAWM, E. *Era dos extremos*: o breve século XX, 1914-1991. 2. ed. São Paulo: Companhia das Letras, 2014.

HOBSBAWM, E. *Globalizações, democracia e terrorismo*. São Paulo: Companhia das Letras, 2007.

HOBSBAWM, E. *Nações e nacionalismo desde 1870*: programa, mito e realidade. Rio de Janeiro: Paz e Terra, 1990.

HOLMGREN, David. *Permacultura*: princípios e caminhos além da sustentabilidade. Porto Alegre: Via Sapiens, 2013.

IANNI, Octavio. *Teorias da globalização*. Rio de Janeiro: Civilização Brasileira, 1995.

ISAACSON, W. *Einstein*: sua vida, seu universo. São Paulo: Companhia das Letras, 2007.

JACOBI, P. *Cidade e meio ambiente*: percepções e práticas em São Paulo. São Paulo: Annablume, 1999.

JACOBS, J. *Morte e vida de grandes cidades*. São Paulo: Martins Fontes, 2014.

JAPIASSÚ, H.; MARCONDES, Danilo. *Dicionário básico de filosofia*. 4. ed. Rio de Janeiro: Jorge Zahar, 2006.

JOHNSON, A. G. *Dicionário de Sociologia: guia prático da linguagem*. Rio de Janeiro: Jorge Zahar Ed., 1997.

JORGE, M.; PROUS, A.; RIBEIRO, L. *Brasil rupestre*: arte pré-histórica brasileira. Curitiba: Zencrane Livros, 2006.

KARNAL, L. *História dos Estados Unidos*: das origens ao século XXI. São Paulo: Contexto, 2008.

KIM, D. (trad.). Vários colaboradores. *O livro da filosofia*. São Paulo: Globo, 2011.

KLEIN, Naomi. *Sem logo*: a tirania das marcas em um planeta vendido. Rio de Janeiro: Record, 2008.

KRENAK, Ailton. "Não é a primeira vez que profetizam nosso fim; enterramos todos os profetas", diz Ailton Krenak. [Entrevista cedida a] Elaíze Farias. *Amazônia.org*, 12 fev. 2020. Disponível em: https://amazonia.org.br/2020/02/naoe-a-primeira-vez-que-profetizam-nosso-fim-enterramostodos-os-profetas-diz-ailton-krenak/. Acesso em: 4 jun. 2020.

KRENAK, Ailton. *Ideias para adiar o fim do mundo*. São Paulo: Companhia das Letras, 2019.

KUCINSKI, B. *A síndrome da antena parabólica*: ética no jornalismo brasileiro. São Paulo: Fundação Perseu Abramo, 1998.

KUMAR, K. *Da sociedade pós-industrial à pós-moderna*: novas teorias sobre o mundo contemporâneo. Rio de Janeiro: Jorge Zahar Ed., 1997.

LE GOFF, J. *A civilização do ocidente medieval*. Bauru: Edusc, 2005.

LE GOFF, J. *Os intelectuais na Idade Média*. Rio de Janeiro: José Olympio, 2006.

LEFEBVRE, H. *O direito à cidade*. São Paulo: Centauro, 2001.

LEONARD, M. *O que a China pensa?* São Paulo: Larousse, 2008.

LEVINE, Robert. *Pai dos pobres?* O Brasil e a era Vargas. São Paulo: Companhia das Letras, 2001.

LÉVI-STRAUSS, C. *Antropologia estrutural dois*. Rio de Janeiro: Tempo Brasileiro, 1993.

LÉVY, P. *Cibercultura*. São Paulo: Editora 34, 1999.

LEYSHON, A. Annihilating space?: the speed-up of communications. *In*: ALLEN, J.; HAMNETT, C. (ed.). *A shrinking world? Global unevenness and inequality*. Oxford: Oxford University Press, 1995.

LIPIETZ, A. *Audácia*: uma alternativa para o século XXI. São Paulo: Nobel, 1991.

LIPOVETSKY, Gilles. *O império do efêmero*: a moda e seus destinos nas sociedades modernas. São Paulo: Companhia das Letras, 1989.

LOJKINE, J. *A revolução informacional*. São Paulo: Cortez, 1995.

MACEDO, José Rivair. *A mulher na Idade Média*. São Paulo: Contexto, 1997.

MACEDO, José Rivair. *Epidemias e pandemia antes da era moderna*. GT de Ensino de História e Educação ANPHU/RS, Live 22 abril 2020.

MACEDO, José Rivair. *Introdução*: Cinema e Idade Média: perspectivas de abordagem. *In*: MACEDO, José Rivair; MONGELLI, Lênia Márcia (org.). A Idade Média no cinema. Cotia: Ateliê Editorial, 2009.

MACEDO, José Rivair. *Riso, cultura e sociedade na Idade Média*. Porto Alegre: Ed. da UFRGS; São Paulo: Ed. da Unesp, 2000.

MARX, K.; ENGELS, F. *Manifesto do partido comunista*. São Paulo: Global, 1984.

MASSEY, D. *Pelo espaço*: uma nova política da espacialidade. Rio de Janeiro: Bertrand Brasil, 2008.

MATTOS, H. M. *Escravidão e cidadania no Brasil monárquico*. Rio de Janeiro: Jorge Zahar Ed., 2000.

MCDONOUGH, William; BRAUNGART, Michael. *Cradle to Cradle*: Remaking the Way we Make Things. New York: North Point Press, 2002.

MEIRELLES, D. S. O conceito de serviço. *Revista de Economia Política*, v. 26, n. 1 (101), São Paulo, jan./mar. 2006. p. 119-136.

MELLO, F. A. F. *O desafio da escolha profissional*. Campinas: Papirus, 2000.

MELLO, J. R. O cotidiano no imaginário medieval. São Paulo: Contexto, 1992.

MELLO, N. A. de; THÉRY, H. *Atlas do Brasil*: disparidades e dinâmicas do território. São Paulo: Edusp, 2009.

MILLER, G. Tyler. *Ciência ambiental*. São Paulo: Cengage Learning, 2008.

MOÏSE, D. *A geopolítica das emoções*: como as culturas do Ocidente, do Oriente e da Ásia estão remodelando o mundo. Rio de Janeiro: Elsevier, 2009.

MOLLAT, M. *Os pobres na Idade Média*. Rio de Janeiro: Campus, 1989.

MORENO, J. *O futuro das cidades*. São Paulo: Senac, 2002.

MUNFORD, L. *A cidade na história*. Belo Horizonte: Itatiaia, 1965.

NAPOLITANO, Marcos. *1964*: história do regimo militar brasileiro. São Paulo: Contexto, 2014.

NOVAIS, F. (dir.); SCHWARCZ, L. M. (org.). *Contrastes da intimidade contemporânea*. São Paulo: Companhia das Letras, 1999. (História da vida privada no Brasil, 4).

NYE JR., J. S. *O paradoxo do poder americano*: por que a única superpotência do mundo não pode prosseguir isolada. São Paulo: Unesp, 2002.

OHNO, T. *O sistema Toyota de produção*: além da produção em larga escala. Porto Alegre: Bookman, 1997.

ORTIZ, R. *Mundialização e cultura*. 2. ed. São Paulo: Brasiliense, 1994.

OZOUF, Mona. *Varennes*: a morte da realeza, 21 de junho de 1791. São Paulo: Companhia das Letras, 2009.

PEARCE, Fred. *O aquecimento global*. Causas e efeitos de um mundo mais quente. São Paulo: Publifolha, 2002.

PERROT, M. (org.). *História da vida privada*: da Revolução Francesa à Primeira Guerra. São Paulo: Companhia das Letras, 1991. v. 4.

PETITFILS, J. C. *Os socialismos utópicos*. Rio de Janeiro: Jorge Zahar Ed., 1978.

PINSKY, J. *As primeiras civilizações*. 19. ed. São Paulo: Atual, 1994.

PISCIONE, D. P. *Secrets of Silicon Valley*: what everyone else can learn from the innovation capital of the world. New York: Palgrave Macmillan, 2013.

PNUD. *Relatório de Desenvolvimento Humano 2019*. Nova York: Programa das Nações Unidas para o Desenvolvimento, 2019.

POCHMANN, M. *A batalha pelo primeiro emprego*. São Paulo: Publisher Brasil, 2000.

POMER, Leon. *O surgimento das nações*. São Paulo: Atual; Campinas: Editora da Unicamp, 1985.

POUTIGNAT, P.; STREIFF-FENART, J. *Teorias da etnicidade*. São Paulo: Ed. da Unesp, 1998.

PRADO, Maria Ligia; PELEGRINO, Gabriela. *História da América Latina*. São Paulo: Contexto, 2014.

PROENÇA DOS SANTOS, Maria das Graças Vieira. *História da arte*. São Paulo: Ática, 2009.

QUEIROZ FILHO, A. P. de; RODRIGUES, M. *A arte de voar em mundos virtuais*. São Paulo: Annablume, 2007.

RAFFESTIN, Claude. *Por uma geografia do poder.* São Paulo: Ática, 1993.

REIS, C.; BARBOSA L.; PIMENTEL, V. O desafio do envelhecimento populacional na perspectiva sistêmica da saúde. *BNDES Setorial 44*, 2016. p. 87-124.

REIS, Daniel Aarão (coord.). *Modernização, ditadura e democracia*: 1964-2010. Rio de Janeiro: Objetiva, 2014.

RIBEIRO, Wagner Costa. *A ordem ambiental internacional.* 2. ed. São Paulo: Contexto, 2005.

ROCHA, S. *Pobreza no Brasil*: afinal, de que se trata? Rio de Janeiro: Ed. FGV, 2005.

ROLNIK, R. *O que é cidade.* São Paulo: Brasiliense, 1988.

ROSS, Jurandyr L. Sanches (org.). *Geografia do Brasil.* 6. ed. São Paulo: Edusp, 2011. (Didática, 3).

ROUSSEAU, J-J. *A origem da desigualdade entre os homens.* São Paulo: Lafonte, 2017.

SACK, Robert David. *Human territoriality*: its theory and history. New York: Cambridge University Press, 1986.

SALGADO-LABORIAU, Maria Lea. *História ecológica da Terra.* 2. ed. São Paulo: Edgard Blucher, 2001.

SANTOS, Milton. A natureza do espaço: técnica e tempo, razão e emoção. São Paulo: Hucitec, 1996.

SANTOS, Milton. *A urbanização brasileira.* 3. ed. São Paulo: Hucitec, 1996.

SANTOS, Milton. *Globalização, território, política e geografia em debate.* Itajaí: Univali, 2008.

SANTOS, Milton. *Metamorfoses do espaço habitado.* São Paulo: Edusp, 2008.

SANTOS, Milton. *O espaço do cidadão.* São Paulo: Nobel, 1987.

SANTOS, Milton. *Por uma outra globalização*: do pensamento único à consciência universal. Rio de Janeiro: Record, 2000.

SANTOS, Milton. *Técnica, espaço, tempo*: globalização e meio técnico-científico-informacional. São Paulo: Hucitec, 1994.

SAQUET, Marcos Aurelio; SPOSITO, Eliseu Savério (org.). *Territórios e territorialidades*: teorias, processos e conflitos. São Paulo: Expressão Popular, 2009.

SARTRE, Jean-Paul. *O existencialismo é um humanismo.* Rio de Janeiro: Vozes, 2012.

SASSEN, S. *As cidades na economia global.* São Paulo: Studio Nobel, 1998.

SAVATER, Fernando. *Ética para meu filho.* São Paulo: Martins Fontes, 1993.

SCARLATO, F. C. *População e urbanização brasileira. In*: ROSS, J. L. S. (org.). Geografia do Brasil. São Paulo: Edusp, 2011.

SCHWARCZ, L. M.; GOMES, F. dos S. (org.). *Dicionário da escravidão e liberdade*: 50 textos críticos. São Paulo: Companhia das Letras, 2018.

SCHWARCZ, Lilia Moritz; STARLING, Heloisa Murgel. *Brasil*: uma biografia. São Paulo: Companhia das Letras, 2015.

SCHWARTZMAN, S. *As causas da pobreza.* Rio de Janeiro: FGV, 2004.

SEN, Amartya. *Desenvolvimento como liberdade.* São Paulo: Companhia das Letras, 2000.

SEVCENKO, N. *A corrida para o século XXI*: no loop da montanha-russa. São Paulo: Companhia das Letras, 2001.

SLEE, T. *Uberização*: a nova onda do trabalho precarizado. São Paulo: Elefante, 2017.

SOARES JR., Amilton Quintela; SANTOS, Mauro Augusto dos. A territorialidade e o território na obra de Robert David Sack. *Geografia* (Londrina). v. 17, n. 1, abr. 2018. p. 7-25.

SPÓSITO, E. S. *Redes e cidades.* São Paulo: Ed. da Unesp, 2008.

SPOSITO, M. E. B. *Capitalismo e urbanização.* São Paulo: Contexto, 2005.

TASSINARI, Antonella Maria Imperatriz. *Sociedades indígenas*: introdução ao tema da diversidade cultural. *In*: SILVA, Aracy Lopes da; GRUPIONI, Luís Donisete Benzi (org.). A temática indígena na escola: novos subsídios para professores de 1º e 2º graus. Brasília, DF: MEC/Mari/Unesco, 1995.

THE FUND FOR PEACE. *Fragile States Index Annual Report 2019.* Washington, D.C., 2019. Disponível em: https://fragilestatesindex.org/wp-content/uploads/2019/03/9511904-fragilestatesindex.pdf. Acesso em: 25 fev. 2022.

THE WORLD BANK. *World Development Indicators 2020.* Washington, D.C., 2020. Disponível em: http://wdi.worldbank.org/tables. Acesso em: 25 fev. 2022.

THOMPSON, E. P. *A formação da classe operária inglesa.* Rio de Janeiro: Paz e Terra, 1987. 3 v.

THOMPSON, G.; HIRST, P. *Globalização em questão.* Petrópolis: Vozes, 1998.

TOSI, Giuseppe (org.). *Direitos humanos*: história, teoria e prática. João Pessoa: Editora UFPB, 2004.

TRANSPARENCY INTERNATIONAL. *Corruption Perception Index 2019.* Berlim, 2019. Disponível em: www.transparency.org/en/cpi/2019/results. Acesso em: 25 fev. 2022.

UJVARI, Stefan Cunha. *A história da disseminação dos microrganismos.* Estudos Avançados, v. 22, n. 64, p. 172. São Paulo, dez. 2008.

UJVARI, Stefan Cunha. *A história da humanidade contada pelos vírus, bactérias, parasitas e outros microrganismos.* São Paulo: Contexto, 2012.

UJVARI, Stefan Cunha. *A história e suas epidemias.* A convivência do homem com os microrganismos. Rio de Janeiro: Senac Rio; São Paulo: Senac São Paulo, 2003.

UNITED NATIONS INDUSTRIAL DEVELOPMENT ORGANIZATION. *Industrial Development Report 2020.* Vienna: Unido, 2019.

VEIGA, J. E. da. *Cidades imaginárias*: o Brasil é menos urbano do que se calcula. Campinas: Autores Associados, 2002.

VIGEVANI, T.; OLIVEIRA, M. F.; LIMA, T. *Diversidade étnica, conflitos regionais e direitos humanos.* São Paulo: Ed. da Unesp, 2008.

VOVELLE, Michel. *A Revolução Francesa*: 1789-1799. São Paulo: Unesp, 2012.

VOVELLE, Michel. *Jacobinos e jacobinismo.* Bauru: Edusc, 2000.

VYGOTSKY, L. S. *Pensamento e linguagem.* 2. ed. São Paulo: Martins Fontes, 2003.

WALLERSTEIN, I. *Após o liberalismo*: em busca da reconstrução do mundo. Petrópolis: Vozes, 2002.

WEBER, M. *Economia e sociedade*: fundamentos da sociologia compreensiva. Brasília: Ed. UnB, 1999. v. 2.

WESSELING, H. L. *Dividir para dominar*: a partilha da África (1880-1914). Rio de Janeiro: Ed. UFRJ/Revan, 1998.